正说历朝八十后

李晓丽 主编

正说历史人物

上

中国书籍出版社
China Book Press

图书在版编目（CIP）数据

正说历朝八十后 / 李晓丽主编 . — 北京：中国书籍出版社，2019.1
ISBN 978-7-5068-7143-3

Ⅰ . ①正… Ⅱ . ①乔… Ⅲ . ①皇后—列传—中国
Ⅳ . ① K827=2

中国版本图书馆 CIP 数据核字 (2018) 第 273555 号

正说历朝八十后

李晓丽　主编

图书策划	成晓春　崔付建
责任编辑	牛　超
责任印制	孙马飞　马　芝
出版发行	中国书籍出版社
地　　址	北京市丰台区三路居路 97 号（邮编：100073）
电　　话	（010）52257143（总编室）（010）52257140（发行部）
电子邮箱	eo@chinabp.com.cn
经　　销	全国新华书店
印　　刷	三河市华东印刷有限公司
开　　本	710 毫米 × 1000 毫米　1/16
字　　数	1010 千字
印　　张	59.5
版　　次	2019 年 5 月第 1 版　2019 年 5 月第 1 次印刷
书　　号	ISBN 978-7-5068-7143-3
定　　价	148.00 元（全三册）

版权所有　翻印必究

·目录·

秦	001 / 秦始皇之母子楚夫人
汉	008 / 高祖刘邦皇后吕雉
	018 / 文帝刘恒皇后窦氏
	023 / 景帝刘启皇后王娡
	026 / 武帝刘彻皇后陈阿娇
	029 / 武帝刘彻皇后卫子夫
	034 / 附：武帝刘彻夫人李氏
	038 / 附：武帝刘彻婕妤赵氏
	042 / 昭帝刘弗陵皇后上官氏
	046 / 宣帝刘询皇后霍成君
	048 / 元帝刘奭皇后王政君
	055 / 成帝刘骜皇后赵飞燕
	065 / 光武帝刘秀皇后阴丽华
	069 / 章帝刘炟皇后窦氏
	076 / 和帝刘肇皇后邓绥
	088 / 顺帝刘保皇后梁妠
三国	094 / 魏文帝曹丕皇后郭氏
	098 / 附：魏文帝曹丕妃甄洛
	104 / 蜀后主刘禅皇后张氏
	107 / 吴帝孙权皇后步氏

晋	110 /	武帝司马炎皇后杨艳
	115 /	武帝司马炎皇后杨芷
	121 /	惠帝司马衷皇后贾南风
	136 /	晋惠帝司马衷及前赵国主刘曜皇后羊献容
	143 /	康帝司马岳皇后褚蒜子
南北朝	151 /	南宋明帝刘彧皇后王贞风
	154 /	附：南宋明帝刘彧贵妃陈妙登
	158 /	附：南陈后主陈叔宝妃张丽华
	161 /	北魏文成帝拓跋浚皇后冯氏
	176 /	北魏孝文帝拓跋宏皇后冯润
	181 /	北魏孝明帝元诩太后胡氏
	206 /	北齐文宣帝高洋皇后李祖娥
	211 /	北齐武成帝高湛皇后胡氏
隋	218 /	文帝杨坚文献皇后独孤氏
	228 /	附：文帝杨坚宣华夫人陈氏
	232 /	炀帝杨广皇后萧氏
唐	240 /	太宗李世民皇后长孙氏
	249 /	高宗李治皇后王氏
	258 /	高宗李治皇后武则天
	279 /	附：高宗李治淑妃萧氏
	284 /	中宗李显皇后韦氏
	293 /	附：中宗李显昭仪上官婉儿
	301 /	玄宗李隆基皇后王氏

	306 /	玄宗李隆基皇后武氏
	311 /	附：玄宗李隆基贵妃杨玉环
	329 /	肃宗李亨皇后张氏
	337 /	顺宗李诵皇后王氏
	341 /	宪宗李纯皇后郭氏
五代	349 /	后梁太祖朱温皇后张惠
	358 /	后唐庄宗李存勖皇后刘玉娘
	370 /	附：后唐明宗李嗣源淑妃王氏
	377 /	后晋高祖石敬瑭皇后李氏
	385 /	南唐后主李煜皇后周娥皇
	389 /	南唐后主李煜皇后小周氏
	393 /	附：后蜀后主孟昶贵妃徐氏
宋	399 /	太祖赵匡胤皇太后杜氏
	405 /	真宗赵恒皇后刘氏
	417 /	附：真宗赵恒妃李氏
	422 /	仁宗赵祯皇后郭氏
	428 /	仁宗赵祯皇后曹氏
	449 /	英宗赵曙皇后高氏
	466 /	哲宗赵煦皇后孟氏
	481 /	高宗赵构皇后吴氏
	486 /	光宗赵惇皇后李凤娘

辽

493 / 辽太祖耶律阿保机皇后述律平

512 / 辽景宗耶律贤皇后萧绰

526 / 辽兴宗耶律宗真皇太后萧耨斤

531 / 辽道宗耶律洪基皇后萧观音

金

538 / 金海陵王完颜亮皇太后徒单氏

542 / 附：金海陵王完颜亮丽妃石哥

546 / 附：金章宗完颜璟元妃李师儿

西夏

554 / 西夏景宗李元昊皇后野利氏

560 / 西夏毅宗李谅祚皇后梁氏

565 / 西夏惠宗李秉常皇后梁氏

元

570 / 太祖铁木真皇后孛儿帖

585 / 太祖铁木真皇后也遂

591 / 太祖铁木真皇后也速干

594 / 太祖铁木真皇后歌璧

600 / 太祖铁木真皇后忽兰

604 / 附：太祖铁木真妃合答安

609 / 世祖忽必烈皇后察必

619 / 成宗铁穆耳皇太后阔阔真

628 / 武宗海山皇太后答己

640 / 泰定帝也孙铁木耳皇后八不罕

646 / 文宗图帖睦尔皇后卜答失里

657 / 惠宗妥欢帖睦尔皇后答纳失里

661 / 惠宗妥欢帖睦尔皇后完者忽都

明

- 671 / 太祖朱元璋皇后马秀英
- 685 / 成祖朱棣皇后徐氏
- 697 / 仁宗朱高炽皇后张氏
- 706 / 宣宗朱瞻基皇后孙氏
- 712 / 英宗朱祁镇皇后钱氏
- 719 / 代宗朱祁钰皇后汪氏
- 725 / 宪宗朱见深皇后王氏
- 730 / 附：宪宗朱见深妃万贞儿
- 745 / 孝宗朱祐樘祐皇后张氏
- 750 / 世宗朱厚熜皇后陈氏
- 755 / 世宗朱厚熜皇后方氏
- 763 / 附：穆宗朱载垕贵妃李氏
- 768 / 附：神宗朱翊钧贵妃郑氏

清

- 780 / 太祖努尔哈赤皇后阿巴亥
- 788 / 太宗皇太极皇后哲哲
- 791 / 附：太宗皇太极妃布木布泰
- 807 / 世祖福临（顺治）皇后博尔济吉特氏
- 810 / 世祖福临（顺治）皇后博尔济吉特氏
- 813 / 附：世祖福临（顺治）贵妃董鄂氏
- 818 / 圣祖玄烨（康熙）皇后赫舍里氏
- 820 / 附：圣祖玄烨（康熙）妃乌雅氏
- 826 / 世宗胤禛（雍正）皇后钮祜禄氏
- 829 / 附：世宗胤禛（雍正）裕妃耿氏
- 832 / 高宗弘历（乾隆）皇后富察氏
- 835 / 附：高宗弘历（乾隆）贵妃魏佳氏

841 / 附：高宗弘历（乾隆）容妃和卓氏

849 / 仁宗颙琰（嘉庆）皇后钮祜禄氏

853 / 宣宗旻宁（道光）皇后钮祜禄氏

856 / 附：宣宗旻宁（道光）贵妃博尔济吉特氏

861 / 文宗奕詝（咸丰）皇后钮祜禄氏

871 / 附：文宗奕詝（咸丰）贵妃叶赫那拉氏

892 / 穆宗载淳（同治）皇后阿鲁特氏

905 / 德宗载湉（光绪）皇后叶赫那拉氏

920 / 附：德宗载湉（光绪）珍妃他他拉氏

【秦】

秦始皇之母子楚夫人

子楚夫人(？~前228)，秦始皇的生母，赵国人。一说姓薛，故称薛姬。谥号"帝太后"。她在秦朝历史上具有十分重要的地位。虽说她不过是政治交易的一枚棋子，但她扑朔迷离的身世、经历，连此及彼、烘云托月的关键作用，实在可说是开历朝历代后妃宫闱历史的先河。

一、子楚生子　身世迷离

子楚夫人生下儿子秦始皇，历史上已有定论。但秦始皇的父亲是谁，却扑朔迷离。

子楚夫人

事情还得从秦昭王四十二年(前265)说起。这一年，秦昭王的孙子、太子安国君柱的儿子、14岁的异人被送到赵国做人质。

赵国都城邯郸当时是一座繁华的大城市。酒楼、妓馆在夜晚红灯闪烁，富商大贾和达官贵人、风流公子和市井无赖进进出出，令这位异人艳羡不已。

在这些风流豪客中，便有来自卫国濮阳的大商人吕不韦。吕不韦决心不像父亲那样铢积寸累地捞取财富，他要做一件一本万利的大买卖。有一次，他问父亲干农活耕田能获利几倍，父亲说大约十倍；他又问贩卖珠玉珍宝能获利几倍，父亲说大约百倍；他又问先用金钱收买和操纵一个国君，再从中牟利，能获利几倍，父亲惊得目瞪口呆。

吕不韦就是怀着这样的政治野心来到邯郸的，灯红酒绿并没有磨耗掉他的壮志，他终于发现异人正是他理想的人选。吕不韦以他商人的眼光审视异人，认为异人是一件可以囤积的奇货。[1]

吕不韦对异人说："你的母亲不受你的父亲安国君的宠爱，他宠幸的是华阳夫人。但华阳夫人没有生下儿子，按制度，要立哪位夫人生的儿子为嫡长子，看来华阳夫人起着决定性作用。"

异人点了点头，十分痛苦。吕不韦又笑着说："现在，你有20多个兄弟，而你年龄居中。一旦你的祖父去世，你的父亲安国君继位，你是不容易被立为太子的。"

吕不韦

异人羞愧地低下了头。吕不韦又说："我同情你的处境，愿意倾尽家财供你享用，供你上下打点。"异人眼噙热泪说："如果我在您的资助下能够当上秦王，我愿意与你共享富贵！"

于是，吕不韦首先出钱，让异人阔绰起来。然后，便携重金来到秦都咸阳，首先见到华阳夫人的弟弟阳泉君，请他引见华阳夫人。

吕不韦对这位美貌的妇人说："您的丈夫安国君不久便可能继承王位了，最有希望被立为太子的便是子傒，而子傒的生母与您积怨最深，这对您来说是件不幸的事。"

华阳夫人意识到危机，不由花容失色。吕不韦又胸有成竹地说："现在赵国当人质的异人，十分恭顺，他的生母夏氏不讨安国君欢心。如果您认异人为儿子，劝安国君立他为太子，异人一定对您感恩戴德！"

望着吕不韦带来的珍贵钱物，华阳夫人点了点头。她劝安国君把异人从赵国招回来。但就在这时，秦始皇的生母闯进了吕不韦和异人的世界。

她是一位姿容艳美且又能歌善舞的女子，被吕不韦视为至宝，她生活在邯郸。一天，她对吕不韦说自己已经怀上了吕不韦的孩子。

政治思维异常敏捷的吕不韦便有了一个离奇的计策。他让她打扮得风姿绰

---

[1]语见《史记·吕不韦列传》："此奇货可居。"

约，接着请异人来府上饮酒。

异人经不起这位女子的撩人风情，便诚恳地请求吕不韦把她赠给自己。吕不韦起初显得十分生气，但沉思了一会儿，便诚挚地说："我已经为你倾家荡产了，难道还吝惜一个女人吗？！"

时值秦赵长平大战，异人回不了咸阳。一年之后，即秦昭王四十八年（前259）一月，她生下一个儿子，秦国国君姓嬴，便取名叫嬴政，又因为生在赵国，而赵秦两国有着共同的祖先蜚廉（蜚廉一子恶来为秦之先人，一子季胜为赵之先人），便也称赵政，他就是秦始皇。

秦木篦彩绘角抵图

关于秦始皇的生父是谁，有三种说法：一说是吕不韦，史载他的母亲嫁给异人前，已与吕不韦同居而怀上了嬴政，吕不韦为了使自己的亲生儿子继承秦国王位，便设计把她送给异人。第二种说法是异人，史载她"大期"而生子政，而"大期"即超过十二个月，所以不可能是吕不韦的儿子，而是异人的儿子。第三种说法是其他人，这种可能性也是存在的。

二、淫乱惹祸　终遭赦免

昭王五十年（前257），在吕不韦的大力帮助下，异人终于回到咸阳。华阳夫人认他为儿子，改名子楚，因为华阳夫人有着楚国贵族的血统。但是异人的儿子及其母亲（暂称为子楚夫人）却被这两个政治野心家抛在邯郸。赵国因子楚逃回秦国，转而想杀掉子楚的夫人及儿子。但因子楚的夫人是赵国豪富人家的女儿，因而得以隐藏下来，从而保全了母子二人的性命。[1]

昭王五十六年（前251），昭王病逝。太子安国君柱即位，是为秦孝文王。但是，这位苦苦等待了几十年的秦王刚即位三天便猝然而死，或许是平日因荒淫

[1] 事见《史记·吕不韦列传》："赵欲杀子楚妻子，子楚夫人赵豪家女也，得匿，以故母子竟得活。"

而空虚的身体经受不起即位的狂喜。

于是，太子异人即子楚即位，是为秦庄襄王。他首先授吕不韦丞相之职，封为文信侯，以蓝田（今陕西蓝田县）十二个县为食邑，后改为食河南洛阳十万户。然后派人将还在邯郸的子楚夫人和嬴政接回秦国。

在子楚离开邯郸后这漫长的六年多的时间中，始皇母子备尝艰辛。秦赵的关系不时恶化，嬴政母子也时常有性命之虞。

初步实现了政治抱负的吕不韦开始独断国政，并全身心地投入。子楚夫人也回到了秦国。她仍钟情于吕不韦，与他私通。

秦跽坐女陶俑

庄襄王三年（前247）五月，年仅35岁的庄襄王去世。太子嬴政即位，是为始皇帝，子楚夫人便成为事实上的皇太后（当时尚无皇太后的称谓）。

13岁的小皇帝尊吕不韦为相国，又加封吕不韦为"仲父"，想必这是应吕不韦自己的请求而为。

"仲父"的政治含义是很深刻的。它曾是春秋时代齐国管仲的称号。齐桓公任用管仲为相，号为"仲父"，进行改革，发展生产，富国强兵，桓公自己却从不干涉管仲的主张。吕不韦获得"仲父"的称号，是要始皇像桓公支持和信任管仲那样对待自己。事实上，从公元前246年至前237年这十年间，吕不韦是秦国的大政方针的制定者。

始皇太后被安置在渭河以南的甘泉宫里，这位风韵犹存的半老徐娘欲火中烧。吕不韦处理完朝政，便来到甘泉宫，与太后肆意淫乐。

但是，政治野心颇大的吕不韦没有沉湎于女色，他决定摆脱太后对他的无休无止的纠缠，把精力用到秦国的富强和兼并事业中去。于是，他找到了一个叫嫪毐的人，让他代替自己满足太后的欲望。

吕不韦先指使嫪毐故意犯错，再给他施以假腐刑，让他冒充宦官。这样，嫪毐便得以完善的男人来侍奉太后。太后也并不怪罪吕不韦的这种安排。

但不久，吕不韦却后悔起来了。嫪毐的势力开始膨胀，太后封他为长信侯，封地在山阳。不久，又将河西的太原郡封给他。嫪毐非但不感谢吕不韦的引荐，反而与吕不韦分庭抗礼。他广召门客，拥有家僮数千。朝臣中的不少趋炎附势之徒纷纷从吕不韦的周围脱离，转去投靠了嫪毐。

秦彩绘兽首凤形漆勺

嫪毐的骄横不法及其与太后的丑闻，首先引起嬴政的强烈不满。有一次，黄河的鱼西上渭河，河水又不断泛滥，致使鱼上平地。嬴政大吃一惊，按阴阳五行学说，这是一种可怕的征兆，"鱼属阴类，臣民之象也"，它们上岸，岂不是象征着臣民要反天吗？！嬴政首先嫉恨起嫪毐来。

嫪毐纵淫有术，竟让偌大年纪的太后在两年内生下两个孩子。这事毕竟不宜张扬，所以早在怀孕之初，太后就谎称因卜卦不吉，需迁居以避灾祸，于是主动从咸阳迁居雍城，以避人耳目。[1]

嬴政这年22岁了，按秦国传统，他要独立施政了。嫪毐自知深遭嬴政嫉恨，所以远比吕不韦焦急。他不甘坐以待毙，决定以武力叛乱的形式消灭嬴政和吕不韦，以夺取政权。

秦王政九年（前238）四月，嬴政到雍城蕲年宫举行加冠仪式。嫪毐趁咸阳空虚之际，拿着伪造好的秦王和太后的玉玺和调兵令符，征发了一部分武装力量，向雍城出发。

早有准备的嬴政立即派相国昌平君和昌父君率兵迎击，叛军被打败。后来，嫪毐被俘，被枭首示众。

嬴政怒气未消，派人搜查太后所居的寝宫，发现了她与嫪毐所生的两个小儿子。嬴政感到一阵恶心，当即把两个婴儿打死，并把太后幽禁在雍城棫阳宫，

[1] 事见《史记·吕不韦列传》："有身，太后恐人知之，诈卜当避时，徙宫居雍。"

严禁她自由活动。

就在嫪毐被处死后的一个月，嬴政又下令免去吕不韦的相国之职，理由是吕不韦保举嫪毐入宫，犯了用人不当的罪行。从此嬴政开始了亲政。

有一天，有一个臣下请求嬴政赦免太后，被处以"蒺藜"之刑，即用铁制的蒺藜抽打。但不久，一个来自齐国沧州的茅焦又来进谏，斥责嬴政不孝。嬴政天良发现，赦免了太后，把太后从雍地仍接回咸阳居住。但他担心生母与吕不韦鸳梦重温，又让自己丢脸，便令吕不韦"就国河南"，即离开咸阳去洛阳的封地。[1]

吕不韦虽被逐回洛阳，却仍然有着巨大的政治活动能量，门前的宾客络绎不绝，高谈阔论。这又引起嬴政的猜忌，便下诏斥责吕不韦道："你对秦国有什么功德，秦国竟然封你于河南，食十万户？你与秦国有什么血统关系，竟

清人绘《阿房宫图》

然号称仲父？你还是带家属滚到蜀地去吧！"[2]

---

[1] 事见《史记·吕不韦列传》："及齐人茅焦说秦王，秦王乃迎太后于雍，归复咸阳，而出文信侯就国河南。"

[2] 语见《史记·吕不韦列传》："君何功于秦？秦封君河南，食十万户。君何亲于秦？号称仲父。其与家属徙处蜀！"

秦王政二十年（前235），吕不韦知道秦王政绝不会放过自己，绝望地饮毒酒自尽于蜀地。

从此，史书上再也没有了子楚夫人的记载。她的儿子开始进行大规模的兼并统一战争，到公元前221年，终于实现"六王灭，四海一"的局面，他自称始皇帝，建立了中国历史上第一个全国统一的封建王朝。

名家评说

母既不贞，子安得不流为暴虐？

——蔡东藩《前汉演义》

【汉】

高祖刘邦皇后吕雉

吕雉（？～前180），汉高祖刘邦皇后，字娥姁，单父（今山东单县）人。父吕公，母吕媪。公元前202年被立为皇后。吕后是一位极不平常的女中豪杰，她以果断与狠毒而著称。在秦末群雄纷争的环境中，她辅佐刘邦在逆境之中奋斗创业，建立西汉政权。刘邦得天下后，叛乱频仍，吕后设计缚杀韩信保根本，族杀彭越除隐患，残酷迫害情敌戚夫人为人彘。吕后临死之前也不忘将刘氏天下变为吕氏天下，然最终还是被周勃等人扫荡了吕氏集团。吕后是中国历史上一个有很大影响的女性。

一、嫁与刘邦　化险为夷

吕后生得漂亮，而且聪明伶俐，性格活泼好动。尤其是那双会说话的眼睛，很是招人疼爱。吕雉父亲吕公是沛县（今江苏省西北端）县令的好友，因遭人诬陷到沛县县令家躲避。沛县的官吏豪杰听说县令家里来了位旧交，都纷纷前往看望。当时刘邦仅是一小小亭长（秦法：乡村十里为亭，十亭为乡），他也到县令家问候。吕公善看相，在酒令之间细看刘邦乃一贵相。他生得相貌堂堂，方盘大脸，高鼻梁，美须髯。酒足饭饱以后，刘邦正要告辞，吕公热情挽留。吕公诚恳地对刘邦说："我一向喜欢研究相术，今天见到阁下，相貌贵不可言，愿阁下自爱。我的长女相貌不恶，想收你做子婿，不知意下如何？"

吕　雉

刘邦真是又惊又喜,当下欣然允诺。事后,吕公回到内室,和吕夫人谈起此事,吕夫人生气地对丈夫说:"你一向说这个女儿命相奇贵,要嫁给贵人。沛县县令与你友善,欲娶之,你却不同意。怎么现在要把爱女随便许给刘季(刘邦小名刘季)呢?"[1]吕公不顾老伴的反对,最终还是将女儿嫁给了刘邦。

刘邦任亭长,不常在家,很少从事生产。吕雉则留在家中帮助家计,下田劳作,夫妻二人十分恩爱。婚后数年,吕氏生了一女一子。

秦二世元年(前209),刘邦响应陈胜起义,吕氏宗族几乎全部参加了刘邦的起义队伍,随他转战南北。公元前205年刘邦统帅的汉军自汉中东下,乘项羽在山东作战,后方空虚,连续作战打到彭城(今江苏徐州)。项羽得知此信迅速回军,大败汉军。刘邦与数十骑败逃途中经过家乡沛县,想将家人一起带走,不想刘邦父亲太公和吕雉已被项羽扣作人质,只有儿子刘盈姊弟在路上遇到刘邦,得以安全逃离。

西汉熏炉

此时吕雉之兄吕泽带领一支汉军驻守在下邑(今安徽砀山),他接应了疲惫不堪的刘邦,才使刘邦有了一立足之地。此后楚汉两军在荥阳一带对峙3年之久,直到公元前203年九月,楚汉签订以鸿沟为界中分天下的停战协定以后,项羽才将太公和吕雉送还刘邦。不久,项羽败灭,刘邦正式称帝,随后吕氏也成了皇后。

吕后的儿子刘盈被册立为太子,女儿封为鲁元公主嫁与张敖为妻。鲁元公主最受宠于吕后。

吕后最大的敌人,是刘邦的宠妃戚夫人。她不仅是情敌,还威胁到太子刘盈的合法地位。这位戚夫人是刘邦起兵之初在山东时所娶。戚夫人所生一子名如意,刘邦说他像自己,甚为宠爱,封10岁的如意为赵王。

---

[1] 语见《汉书·高祖帝纪》:"吕媪怒吕公曰:'公始常欲奇此女,与贵人。沛令善公,求之,不与,何自妄许与刘季?'"

这时的吕后已年老色衰，刘邦总是带着戚夫人南征北讨，太子刘盈仁和，刘邦不喜欢他，说他懦弱无用。戚夫人虽然受宠，但她并不知足，她希望刘邦立如意为太子，母以子贵，日后，她也许会成为皇后、皇太后，刘邦也有此意。不过，废立太子须和朝中大臣计议，刘邦在朝中提出后，结果遭到各大臣的一致反对。因为刘盈被立为太子已有8年之久，如无罪被废，将大失人心，动摇国家根本。吕后在东厢偷听大臣的争论，内心也十分紧张、恐慌。这时，有人建议吕后去请教留侯张良。于是吕后密使其兄建成侯吕释之去请教张良。

陈胜、吴广起义旧址

张良是一足智多谋之士。张良诡秘地说，皇上得天下后，有四个德高望重的高士——东园公、绮里季、夏黄公、甪里先生，称为"商山四皓"，不肯做皇上的臣子，皇上曾礼请他们出山，但他们鉴于皇上好谩骂侮辱儒士，逃入深山隐居不出。如果太子能谦恭其辞，请他们去太子府中做太子宾客，令皇上看到，必有助于太子的声望。吕释之回禀吕后，依计而行，这四位高士竟然真的被太子请到了家里。

公元前192年，淮南王英布叛乱。此时刘邦正生病，决定派太子刘盈领兵去征讨。刘盈从来没有领兵打过仗，实在难以胜任。这时太子宾客东园公等四皓为太子献策，去见吕释之，说太子将兵，有功不能增加他的秩位，无功恐怕要影响太子地位。吕释之觉得此话有理，立即去见吕后。吕后当然替儿子着想，所以，二话没说找了一个机会，依照四皓之计劝说刘邦。刘邦十分不悦，只好亲自带兵征讨。到第二年消灭英布后回朝，刘邦又重提废太子的意旨，正巧朝中举行庆宴，太子由四皓随从上朝拜贺。刘邦看见太子身边这四位自己多次请不动的老者非常尊重太子，十分惊奇地说："我以前请你们，你们不出山却逃避我，现在追随我儿，这是为何？"四皓说："太子仁孝恭敬，尊礼儒士，天下士子都引颈愿为太子所用。"拜贺礼完成后，四皓随太子身后缓步离去。刘邦在殿上目送四

人，召戚夫人前来，指给她看说："我本想废太子，但太子有这四位高士辅佐，羽翼已成，现在无须更动了。"[1]这一场废太子的斗争，以吕氏的胜利而告终。

二、智除诸王　鸩杀赵王

吕后早年勤俭持家，劳作田间，但在协助刘邦得天下后，由于政治环境不平静，此叛彼逆，环境险恶，磨炼出了她那杰出干练的才能和刚毅的性格。当然，她对于政敌的残酷无情、心狠手毒，也使满朝文武震惊和恐惧。

刘邦手下的一员大将楚王韩信，在楚汉战争中立下汗马功劳。刘邦得天下后，怀疑他谋反，降封为淮阴侯，留在长安加以监视。这使韩信十分颓丧，心中常怀怨愤。他采取了一种消极反抗的办法，称病闭门不出。这种软禁生活使他在长安一住四年，韩

萧　何

信对刘邦由失望、怨恨，逐渐地走上了谋反的道路。汉十年（前197）代相陈豨自立为代王，公开打出了反叛的旗帜。韩信在长安秘密与陈豨通谋，乘刘邦不在京城，准备假传命令，赦免城中被拘禁的罪犯和奴隶，发兵袭击吕后及太子，一举颠覆刘邦政权，自己取而代之。谁知韩信家人中有一人得罪韩信，韩信将他囚起来要杀他，此人之弟为救其兄，连夜告变于吕后。汉十一年（前196）正月，吕后同相国萧何合谋，让人诈称从皇上那里来，说陈豨兵败身死，列侯群臣皆上朝祝贺。韩信听说后，一阵恐慌，不知所措，推说身体不适不能上朝。相国萧何特来会见韩信，并激将他说："你虽然身体欠安，但应该强打精神上朝祝贺，以表示对朝廷的拥戴。"韩信只得勉强入宫朝贺。一进宫门，韩信束手就擒，吕后立即宣布他的罪状，下令将他斩于长乐宫悬锤之室。韩信的亲戚朋友也被斩尽杀绝。

在刘邦得天下后，封帮助刘邦打天下的英雄彭越为梁王，都于山东定陶。

---

[1]语见《汉书·张良陈平王陵周勃列传》："四人为寿已毕，趋去。上目送之，召戚夫人指视曰：'我欲易之，彼四人为辅，羽翼已成，难动矣。吕氏真乃主矣。'"

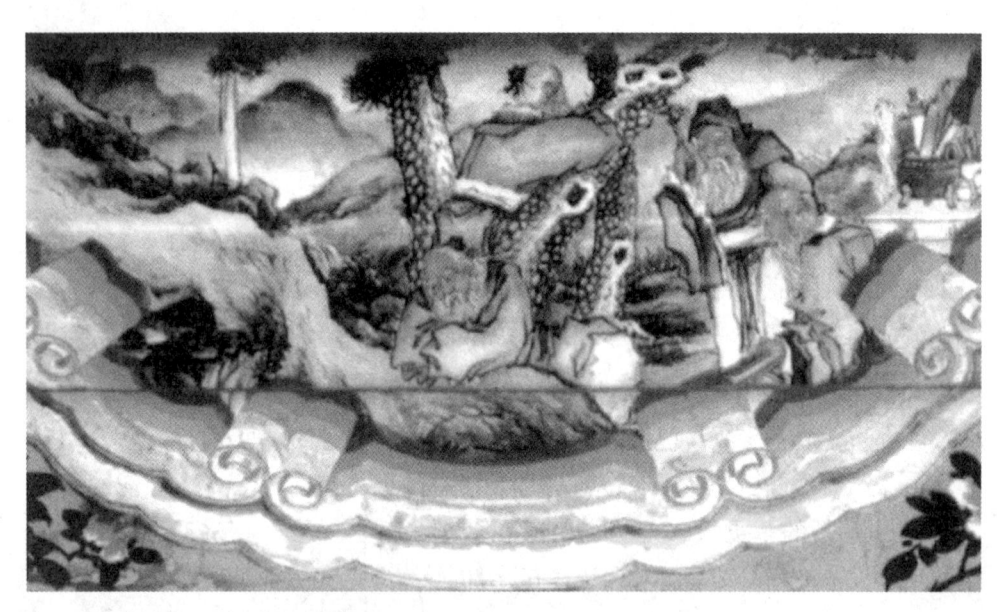

颐和园长廊中的"商山四皓"图

后因彭越以生病为由，没有奉诏征讨陈豨而被诬告成谋反，刘邦将其贬为庶人，并流放到蜀地的青衣（今四川临邛西南）。彭越来到郑县（今陕西华县），适逢吕后从长安去洛阳路经此地，便向吕后陈述自己的冤情，希望吕后允许他回昌邑老家做一个平民百姓。吕后佯为许诺，将彭越带回洛阳。谁知吕后却对刘邦说："彭越戎马功高，现在如果把他流放到蜀地，岂不是自遗祸患。不如杀之，以除后患。所以我便与他一同回来了。"[1]刘邦觉得吕后的话很有道理，于是将彭越交吕后全权处理。吕后即刻威逼彭越舍人诬告他谋反，廷尉王恬开依照吕后的指令把彭越定成夷灭宗族的大罪，就这样为刘邦汗洒疆场、战功赫赫的彭越，做了6年诸侯王，最后因刘邦、吕后一纸诏书，便含冤而死，而且骨肉被菹为醢，遍赐诸侯王，其遭遇之惨，令人发指。由此可见吕后处事的果断与狠毒。

汉十二年（前195）四月，刘邦死后，太子刘盈17岁即帝位，为惠帝。尊吕后为皇太后。五月，刘邦的葬礼刚完，吕后便利用皇太后的权力，报复戚夫人及其子刘如意。她先将戚夫人囚于永巷，剪去她的头发，带上脚镣手铐，穿上罪衣裙，罚她做苦工舂米。此时，戚夫人的儿子赵王刘如意远在千里之遥的河北，

---

[1] 语见《汉书·韩信彭越英布卢绾吴芮列传》："吕后言上曰：'彭越壮士也，今徙之蜀，此自遗患，不如遂诛之。妾谨与俱来。'"

不知她的遭遇。所以戚夫人时常一边舂米，一边悲歌："子为王，母为虏，终日舂薄暮，常与死为伍！相离三千里，当谁使告汝？"吕后闻知大怒，为了不留隐患，她决定斩草除根，于是先后四次遣使者去赵国，召赵王刘如意来长安，准备与戚夫人一起处死，以除后患。

吕氏对戚夫人的憎恨，刘邦早已听说，他担心自己百年以后，戚夫人母子难保性命。御史赵尧献计，选一有地位、正直而素为吕后、太子及群臣所敬畏的人作赵相，以保卫赵王。刘邦经慎重考虑，便选中了敢言力争的御史周昌。当吕后使者传令要赵王去长安，周昌见来意不善而不肯奉诏。吕后随即派人召周昌去长安问话，待周昌离赵，又派使者召赵王。赵王也不敢不动身赴长安了。

惠帝刘盈得知赵王来长安处境危险，便率先赶到长安城外东灞，将这个差点夺去他帝位的幼弟接到了自己宫中，使太后杀赵王之企图一时难以实现。一天，惠帝晨起出外习射，刘如意独自留在宫中，吕后钻此空当，遣人携毒酒强迫赵王饮下，将这个可怜的12岁的赵王鸩杀。[1]戚夫人悲痛欲绝。吕后又想出了一个惨绝人寰的酷刑，先砍断戚夫人的四肢，将她眼珠挖去，又用一种药熏耳致聋，给她饮以哑药使哑不能言，并且使她在猪圈里居住，称之为"人彘"。[2]吕后还得意地让同情戚夫人的惠帝前往观赏。当惠帝知道惨不忍睹的活怪物就是昔日美貌动人的戚夫人时，悲痛地大哭起来，他觉得母亲太残忍了。从此在吕后专权的淫威下，惠帝"日饮为淫乐，不听政"，自己戕害自己。自此，卑劣的权力欲和复仇欲使吕后决心除掉一切拦在她权力之路上的障碍。

吕后似乎对任何人都不敢相信，内心时常存有嫉恨和戒心，几乎达到变态反常的心理。她一生钟爱她的一儿一女，对于蔑视她的儿女地位的，不论是谁她都会因嫉妒而施毒手。公元前193年，楚元王刘交、齐悼惠王刘肥前来朝见。有一天惠帝与齐王宴饮，当时吕后也在场。刘肥是高祖刘邦八个儿子中的长子，是惠帝的异母兄长，所以，惠帝便以家人的礼节请齐王坐上座。吕后见此大怒，令人倒了两杯毒酒，放于齐王面前，命令齐王起身向她献酒祝寿。于是齐王急忙起身，此时惠帝也站了起来，二人端起酒来一同向她举酒祝寿。见到此情形，吕后

---

[1] 事见《汉书·外戚列传上》："数月，帝晨出射，赵王不能蚤起，太后伺其独居，使人持鸩饮之。迟帝还，赵王死。"

[2] 事见《史记·吕太后本纪》："太后遂断戚夫人手足，去眼，煇耳，饮瘖药，使居厕中，命曰'人彘'。"

拜将台——传说是刘邦拜韩信为大将军时所设之坛

很恐慌，急忙起身倒掉了惠帝杯中的酒。齐王觉得奇怪，也就没敢喝自己杯中的酒，他装作醉酒的样子离开了席宴。事后一打听，才知道杯中是毒酒。[1]

吕后为了加快培植吕氏集团势力，竟然将惠帝亲姊鲁元公主与赵王张敖所生之女立为帝后。外甥女嫁舅舅完全乱了辈分，婚后张皇后未生孩子。如立刘邦其他儿子来继承皇位，又非亲生。于是，吕后命将惠帝另一姬妾所生儿子交由张皇后抚养，然后杀掉孩子的生母。惠帝死后，吕后就立张皇后的养子为帝，称之为少帝，吕后以皇太后之尊临朝听政。

三、大封诸吕　终成泡影

刘邦死后，吕后继承了刘邦事业，掌握了国家大权。汉惠帝七年（前188）八月，惠帝病逝。这时年逾花甲的吕后呼天抢地，却干嚎而无眼泪。张良的儿子张辟疆聪明绝顶，年15岁，任侍中，看透了吕后的心思，低声对丞相陈平说："太后独有孝惠，今崩，何以太后哭而不哀？"陈平疑惑不解，两眼奇怪地盯着张辟疆，张辟疆对陈平耳语道："惠帝的儿子都在稚龄，太后内心畏惧老臣宿将不好统帅。丞相最好建议太后拜太后亲属吕产、吕台、吕禄为将。让他们领京城

---

[1] 事见《史记·吕太后本纪》："二年，楚元王、齐悼惠王皆来朝。十月，孝惠与齐王燕饮太后前，孝惠以为齐王兄，置上坐，如家人之礼。太后怒，乃令酌两卮鸩，置前，令齐王起为寿。齐王起，孝惠亦起，取卮欲俱为寿。太后乃恐，自起泛孝惠卮。齐王怪之，因不敢饮，佯醉去。问，知其鸩……"

禁军，使诸吕都入宫居中用事，如此吕后心安。而君等也可以脱祸。"陈平依此而行，果然大得吕后的欢欣，吕后这才哭而也哀。[1]

惠帝死后，一个以吕后为首的外戚集团，以封王诸吕为契机，很快地组织了起来。吕泽儿子吕台、吕产，吕释之子吕禄及其他吕姓亲族多人，借吕后权势很快都加官晋爵。聪明的吕后知道守卫京师的南军和北军有举足轻重的地位，于是就使吕台、吕产、吕禄当了这两支军队的统帅，使朝廷内外变成了名副其实的吕家天下。惠帝死后，吕后又大封诸吕为王，巩固自己的地位和权力。除此之外，吕后想方设法让诸吕之女嫁给刘姓的王侯，以使吕氏家族永远延续下去。这时候，被吕后立为皇帝的那一位连名字也没留下来的少年天子——少帝，知道了自己的身世。小小的年纪不知利害，说出了"太后杀我母，我大了以后，一定要造反"，不料这句话传入吕氏耳中。吕后对此很是担心，害怕将来发生动乱，于是立即把他囚于永巷，对外宣布小皇帝生病，不准周围的侍臣接近他。后又将少帝幽杀，立惠帝另一假子常山王刘义为帝，更名为弘。[2]

吕后八年（前180）七月，年近七旬的吕后预感到自己将不久于人世，也清楚刘氏集团决不会甘于屈居吕氏集团的统治之下，自己死后势必有一场你死我活的斗争。因而她精心地为家人做了应变的准备。她任赵王吕禄为上将军，统帅北

西汉乐舞杂技陶俑群

---

[1] 事见《史记·吕太后本记》："辟强曰'帝毋壮子，太后畏君等。君今请拜吕台、吕产、吕禄为将，将兵居南北军，及诸吕皆入宫，居中用事，如此则太后心安，君等幸脱祸矣。'丞相乃如辟强计。太后说，其哭乃哀。"
[2] 事见《史记·吕太后本记》："太后闻而患之，恐其为乱，乃幽之于永巷中，言帝病甚，左右莫得见。……帝废位，太后幽杀之。五月丙辰，立常山王义为帝，更名曰弘。"

吕氏生前御用之宝——"皇后之玺"

军；梁王吕产统领南军。汉朝的军制，首都的禁卫军分南军、北军，南军掌卫戍宫城，北军掌卫戍首都。控制了首都和宫廷的卫戍部队，以防兵变。吕后还谆谆告诫吕禄、吕产："高帝平定天下之后，曾与大臣们有约，说：'不是刘氏子弟却称王者，天下共同击杀之。'现在吕氏称王，大臣们有所不平。我如果死后，皇帝年少，大臣们恐怕要发动政变。你们一定要掌握兵权，守卫住皇宫，千万不要为我送丧，不要被人制伏。"[1]而且没有忘记以吕产为相国，以吕禄女为帝后，为巩固吕氏的权力做了最后的努力。

公元前180年，吕后崩，果然刘邦长孙齐王刘襄自山东发兵，刘姓诸侯王声讨诸吕之罪，要求共同发兵讨伐吕氏集团。就这样，以周勃、陈平为首的刘氏集团，几天之内，通过一场宫廷政变，便痛快淋漓地扫荡了吕氏集团，迎刘邦另一个儿子代王刘恒为帝，是为汉文帝。

名家评说

孝惠皇帝、高后之时，黎民得离战国之苦，君臣俱欲休息乎无为，故惠帝垂拱，高后女主称制，政不出房户，天下晏然。刑罚罕用，罪人是希。民务稼穑，衣食滋殖。

——汉·司马迁《史记》

偏憎偏爱，系妇人之通病，而吕后尤甚。亲生子女，爱之如掌上

---

[1] 语见《史记·吕太后本纪》："吕太后诫产、禄曰：'高帝已定天下，与大臣约，曰：非刘氏王者，天下共击之。今吕氏王，大臣弗平。我既崩，帝年少，大臣恐为变。必据兵卫宫，慎毋送丧，毋为人所制。'"

珠，旁生子女，憎之如眼中钉……

——蔡东藩《前汉演义》

妇道从夫，乃古今之通例，吕雉若不为刘家妇，如何得为皇后，如何得为皇太后！富贵皆出自夫家，奈何遽忘刘氏，徒欲尊宠诸吕乎？

——蔡东藩《前汉演义》

刘邦豁达刘盈弱，吕氏专恣独断多。

不有周陈为左袒，谁知汉帜竟如何？

——张英玉《历代名媛百咏》

文帝刘恒皇后窦氏

窦氏（？~前135），汉文帝刘恒皇后，清河（今河北清河及枣强、南宫一部分）。公元前178年被立为皇后。历朝历代的后妃只有参与朝政，才能成为被人们关注的人物，窦氏也不例外。文帝刘恒死后，窦氏干预朝政，推崇黄老思想，影响了景帝一朝，也左右了武帝朝初期的朝政。她在世时，汉武帝刘彻想有所作为而屡被掣肘，只是在她过世后才得以大展拳脚。

一、终成皇后　人老珠黄

公元前195年，汉高祖刘邦驾崩，皇后吕雉以皇太后的身份操纵国政。她把皇宫中皇帝未曾御幸过的宫女分赐给诸侯王，每王五人。有个姓窦的宫女在遣送之列。

窦氏一行五人到了代国的王宫，做了代王刘恒的嫔妃。窦氏年轻貌美，妩媚动人，而且聪明伶俐。在新来的五个嫔妃中，刘恒特别喜欢窦氏，经常与窦氏同欢。过了几年，窦氏生了一个女孩，取名刘嫖。后又生下了第二个孩子，是个男婴，取名刘启；之后又生一子取名刘武。

公元前188年，汉惠帝病死。

惠帝死后，皇太后吕雉立惠帝的太子为帝。其实少帝不是惠帝皇后张氏所生，而是另一个妃子生的。过了四年，小皇帝知道了自己的身世，口出怨言，皇太后大惊，废黜了他，另立恒山王刘弘为帝。

公元前180年，吕太后去世。她死后，汉高祖老臣周勃等人发动宫廷政

西汉龙凤纹重环玉佩

变，杀掉了当权的吕氏子弟，废黜刘弘，迎立代王刘恒为帝，是为文帝。

在刘恒称帝之前，他的结发之妻王后便病逝了；而且她生的四个儿子在刘恒君临天下后不久，也相继病亡。文帝即位不久，群臣上书，奏请立皇太子。这时，在文帝诸子中，数窦氏所生的刘启年龄大，刘启被立为太子。母以子贵，窦氏随之也就成了皇后，入主后宫。她所生的女儿刘嫖，被封为"馆陶长公主"。[1]

窦皇后追封早死的父母为安成侯、安成夫人。她有兄弟二人，兄叫窦长君，弟叫窦少君。弟少君被人贩子掠卖，不知去向。

窦氏所使用的长信宫灯

窦氏做了皇后不久，有人上书，称自己是窦皇后的弟弟窦少君。文帝派人召那个自称是窦少君的人入京审查。这个人说出了窦氏的家庭住址和父母的姓氏，而且回忆了他被掠卖前与姐姐相处的日子。他满怀深情地望着窦氏说道："姐姐应选入宫时，替我洗了个澡，又喂我饭吃，和我在驿站诀别，然后才走。"[2] 他的话刚完，窦皇后就抱着他痛哭起来。这人果真是窦少君。

文帝重重地赏赐了窦长君、窦少君。窦氏兄弟谦逊退让，不敢以富贵骄人。

第二年，窦皇后小儿子刘武被封为代王。过了两年，改封为淮阳王。

汉文帝沿用惠帝以来"无为而治"的黄老思想治国理民，这对于恢复、发展战乱后的社会经济、文化是极为有利的。窦皇后也十分热衷这一思想，她的儿子刘启和窦氏子弟都学习黄老学说。

---

[1] 事见《汉书·外戚列传上》："代王王后生四男，先代王未入立为帝而王后卒，及代王为帝后，王后所生四男更病死。文帝立数月，公卿请立太子，而窦姬男最长，立为太子。窦姬为皇后，女为馆陶长公主。"
[2] 语见《汉书·外戚列传上》："姊去我西时，与我决传舍中，丐沐沐我，已，饭我，乃去。"

过了几年，窦氏年长色衰，在一场大病中失明。从此，她逐渐失宠，文帝另结新欢。[1] 对此，窦皇后自然是无可奈何，只能暗自悲叹而已。

使她欣慰的是，最喜爱的小儿子刘武在公元前168年改封为梁王。

二、母以子贵　掌控实权

公元前157年，汉文帝刘恒病逝。皇太子刘启即位，是为景帝。这样，景帝母亲窦氏由皇后变成了皇太后。

景帝即位的第四年，梁王刘武入朝，景帝款待他的皇弟。当时景帝还没立太子，喝到高兴的时候，兴奋至极的景帝对皇太后窦氏说："朕千秋万岁后，把帝位传给皇弟。"太后听罢，十分高兴，因为她非常宠爱小儿子刘武。谁知，她的侄子窦婴端着一杯酒，敬献给景帝，直言极谏道："天下，乃高祖的天下。父子相传，是汉家的祖制，皇上怎么能传位给梁王！"这下可气坏了窦太后。过了几天，愤懑难平的窦太后下令把窦婴从皇戚的名簿上除了名。[2]

到汉景帝时，在秦代遭到禁锢的儒学已有很大的恢复、发展，开始与黄老思想抗衡。景帝对儒学和黄老思想都不置可否，这实际上是怂恿了儒学与黄老思想的争权夺利。在这种局面下，窦太后坚决维护黄老思想的统治地位，打击儒学。有一次，齐儒、《诗》博士辕固生，当着窦皇后的面轻辱黄老思想的代表作《老子》，结果太后大怒，下令把辕固生扔进猪圈，让他和野猪搏斗，幸亏景帝暗中送给他一把利剑，刺死野猪，方幸免于难。窦皇后默然不语，没有再对他治罪。事后不久，景帝便打发辕固生离开京师，去做清河王太傅。[3]

窦太后想让景帝立刘武为皇位继承人。尽管景帝曾在酒酣之时说要让刘武做太子，但这不过是一时戏言，其实他是不愿意传位给弟弟的。但不这样做，又

---

[1] 事见《汉书·外戚列传上》："窦皇后疾，失明。文帝幸邯郸慎夫人、尹姬，皆无子。"

[2] 事见《汉书·窦婴田蚡灌夫韩安国列传》："孝王朝，因燕昆弟饮。是时上未立太子，酒酣，上从容曰：'千秋万岁后传王。'太后欢。婴引卮酒进上曰：'天下者，高祖天下，父子相传，汉之约也，上何以得传梁王！'太后由此憎婴……太后除婴门籍，不得朝请。"

[3] 事见《汉书·儒林·辕固列传》："……乃使固入圈击彘。上知太后怒，而固直言无罪，乃假故利兵。下，固刺彘正中其心，彘应手而倒。太后默然，亡以复罪。后上以固廉直，拜为清河太傅……"

违背母后的意愿。正左右为难之际，公卿大臣以古制、祖训为由，坚决反对兄终弟及。景帝乘机立了儿子刘荣为皇太子。但不到一年，景帝便瞧着刘荣不顺眼，又把他废除了。窦太后见状，乘机再次进言，让景帝立刘武为嗣。

有个叫袁盎的大臣，听说窦太后要景帝传位刘武，便上书景帝，说此事不妥。景帝乘机立刘彻为太子，窦

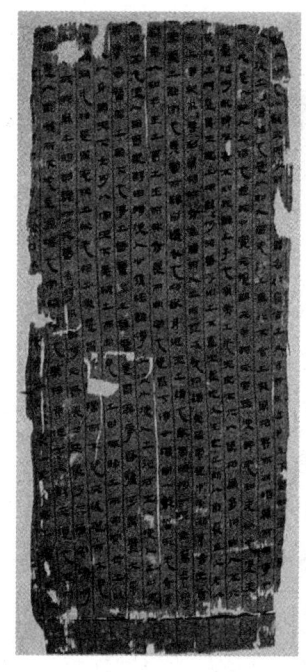

《老子》帛书

太后的愿望再次落空。梁王刘武听说袁盎从中作梗，气急败坏地派刺客去刺杀袁盎。景帝龙颜大怒，敕令缉捕凶手，刘武怕事情暴露，他迫令参与刺杀的刺客自杀，又托姐姐馆陶长公主刘嫖去求母后为他说情。在窦太后的干预下，梁王无罪开释。从此以后，景帝越来越疏远梁王刘武。

公元前144年，梁王刘武病死。窦太后闻讯整日涕泣，不吃不喝，骂道："皇上果然杀了吾儿！"景帝惊慌，不知如何是好，姐姐馆陶长公主给景帝出主意，让景帝把梁国一分为五，刘武的5个儿子都封为王，5个女儿都赐给汤沐邑，窦太后转悲为喜。[1] 三年后，景帝病逝，太子刘彻即位，是为武帝，尊窦太后为太皇太后。

有个叫田蚡的人，是武帝的舅舅，颇受信用。田蚡便通过太皇太后，推荐窦婴出任丞相。武帝听从之，以窦婴为相，拜田蚡为太尉。

窦婴、田蚡举荐以传《诗》闻名的儒学大师申公的学生赵绾、王臧为御史

---

[1] 事见《汉书·文三王·梁孝王武列传》："及闻孝王死，窦太后泣极哀，不食，曰：'帝果杀吾子！'帝哀惧，不知所为。与长公主计之，乃分梁为五国，尽立孝王男五人为王，女五人皆令食汤沐邑。奏之太后，太后乃说，为帝壹餐。"

西汉彩绘胎漆耳杯

大夫、郎中令。为弘扬儒学,还打算在长安建一座太学,推举申公来主持太学。武帝派人携带厚礼,用安车驷马把申公接到了长安。

太皇太后窦氏听说此事,一向崇奉黄老思想的她怒不可遏,把武帝责备了一通,罢免窦婴、田蚡的官职,迫令赵绾、王臧自杀。

其实到此时,黄老无为而治已经不适应封建统治的需要了,改弦更张,用儒家思想来治国理民,是历史发展的趋势。太皇太后扮演的是逆历史潮流的角色。

建元六年(前135),太皇太后病死,与文帝合葬霸陵。

名家评说

　　有薄太后之为姑,复有窦皇后之为妇,两人境遇不同,而其悲欢离合之情迹,则如出一辙,可谓姑妇之间,无独有偶者矣。语有之:塞翁失马,安知非福,两后亦如是耳。

——蔡东藩《前汉演义》

景帝刘启皇后王娡

王娡（？~前126），景帝刘启皇后，槐里（治所在今陕西兴平东南）人。父王仲，母臧儿。公元前150年被立为皇后。一场"宫廷风波"使王娡做了皇后，其子刘彻做了皇太子。王娡做梦都没想到，她这个宫廷风波的旁观者，轻而易举地做了母仪天下的皇后，儿子刘彻名正言顺地成了帝位继承人。王皇后心满意足地度过了晚年。

王娡的母亲叫臧儿，她早年间曾求神问卜，卜筮的结果说她的女儿皆当富贵，臧儿十分高兴。可是长女王娡早已嫁给平民金王孙，并生有一女。万般无奈，臧儿偷偷把王娡姐妹送进了皇宫。

王氏姐妹进了皇宫，被派去侍奉皇太子刘启。刘启一见王家长女王娡便很是钟情，封她为王夫人。

刘启宫中还有一个佳丽，叫栗姬，也很受宠爱。栗姬生了一个儿子，取名刘荣。王夫人则生了两个女儿。

公元前157年，汉文帝病逝，太子刘启即位，是为景帝。景帝极不情愿地顺从薄太后之意封薄妃为皇后。

这年，王夫人喜得贵子，取名刘彘。王夫人当初有孕在身时，曾梦见太阳入怀，汉景帝说这是个吉梦，是大福大贵的征兆。[1]

景帝登基六年后，群臣上书，请立太子。皇后薄氏无子。景帝的两个儿子中，栗姬所生的刘荣年长，便立刘荣为皇太子。同时封王

馆陶长主公家连鼎

---

[1] 事见《汉书·外戚列传上》："男方在身时，王夫人梦日入其怀，以告太子，太子曰：'此贵征也。'"

夫人生的刘彘为胶东王。

栗姬的儿子刘荣被立为皇太子，母以子贵，栗姬身价倍增，得意之极。景帝的姐姐——馆陶长公主刘嫖嫁给堂邑侯陈午，生有一女，馆陶长公主想许给皇太子刘荣为妃，谁知竟被栗姬一口回绝。馆陶长公主心中十分不快，转而请与王夫人联姻，把女儿嫁给胶东王刘彘，王夫人欣然应允。

不久，薄太后病逝，薄皇后随之被废黜。栗姬十分高兴，她想：吾儿是皇太子，皇后非我莫属，她已幻想当皇后的荣耀。

在栗姬忘乎所以的时候，馆陶长公主正在伺机报复她，在她面前碰壁而与王夫人联姻的馆陶长公主绝对不会让凤冠落在栗姬头上的。刘嫖一有机会便在弟弟景帝面前诋毁栗姬。

但景帝仍意欲立栗姬为皇后。他曾对栗姬说："我百岁后，你要好好照顾诸妃所生的皇子皇女。"心胸狭窄的栗姬却不肯答应，景帝大失所望。

为了阻止栗妃当上皇后，王夫人又心生一计：唆使人催促负责礼仪的大行官员上书景帝："子以母贵，母以子贵。现皇后位空，国家不能没有国母，今后皇太子母应正位为皇后。"景帝对栗妃的气还没消，听完大行官员的奏疏，龙颜大怒，说："这事岂是汝辈所当言！"诏令诛杀那个上书的官员，废黜皇太子刘

阳陵遗址

荣为临江王。[1] 后立王夫人为皇后，刘彘为皇太子，并改名叫刘彻。

一场"宫廷风波"最终使王娡成了母仪天下的皇后，儿子刘彻成了帝位继承人。公元前138年，景帝病逝，太子刘彻即位，是为武帝，立陈妃为皇后，尊王皇后为皇太后，迁居长乐宫。

王太后当初与金王孙所生的女儿仍然留在金家，太后不愿提起这件事，金家也不敢前去认亲。后来有人禀告武帝，武帝命人备好车驾，亲去金家迎接那个同母异父的姐姐。她的家在长陵（治所在今咸阳市东北）小市，武帝的车驾直抵其门，她的家人惊恐万状，武帝同母异父的姐姐慌忙逃跑并躲藏起来。后来左右人把她搀扶出来拜见武帝，武帝下车说道："大姐，为何藏匿得如此之深呢？"然后武帝把其姐载着直奔母后下榻的长乐宫，拜谒母后。王太后母女相对而泣。[2] 武帝摆酒宴祝贺家人团圆并赐给姐姐钱千万、奴婢三百人、田百顷、府第一座，号为"修成君"。武帝这个姐姐修成君此时已出嫁，生一女一男。武帝把外甥女许配给诸侯王，封外甥为"修成子仲"。

皇太后王娡在长乐宫度过了她的晚年。元朔三年（前126），皇太后寿终正寝，与景帝合葬阳陵。

名家评说

薄皇后为栗姬所排，无辜被废，而王美人又伺栗姬之后，并栗太子而挤去之，天道好还，何报应之巧耶？独怪景帝为守成令主，乃为二三妇人所播弄，无故废后，是为不义；无端废子，是为不慈。且王美人为再醮之妇，名节已失，亦不宜正位中宫，为天下母，君一过多矣，况至再至三乎！

——蔡东藩《前汉演义》

---

[1] 事见《汉书·外戚列传上》："王夫人又阴使人趣大臣立栗姬为皇后。大行奏事，文曰：'子以母贵，母以子贵，今太子母号宜为皇后。'帝怒曰：'是乃所当言邪！'遂案诛大行，而废太子为临江王。"

[2] 事见《汉书·外戚列传上》："……乃车驾自往迎之。其家在长陵小市，直至其门，使左右入求之。家人惊恐，女逃匿。扶将出拜，帝下车立曰：'大姊，何藏之深也？'载至长乐宫，与俱谒太后，太后垂涕，女亦悲泣。"

武帝刘彻皇后陈阿娇

陈阿娇（生卒不详），汉武帝刘彻皇后。父陈午，官至堂邑侯；母馆陶长公主刘嫖。

陈阿娇的母亲、汉景帝的姐姐馆陶长公主刘嫖原本想将女儿许配给皇太子刘荣做妃子，岂料遭到刘荣母亲栗姬的拒绝。一场"宫廷风波"过后，陈阿娇又嫁给了刘荣的同父异母弟弟胶东王刘彻，也就是后来的汉武帝。也许陈阿娇天生就有皇后命，然而，她虽然做了皇后，最终却被武帝刘彻废为庶人，退居长门宫。

公元前157年的一天，君临天下二十三年的汉文帝刘恒驾崩，太子刘启即位，是为景帝。薄皇后侍奉景帝多年，却无子嗣，景帝便立栗姬所生的刘荣为皇太子。母以子贵，栗姬得意扬扬，以为薄皇后不为景帝宠爱，她头上的桂冠说不定哪一天就会戴到自己的头上来。

当朝天子汉景帝的姐姐馆陶长公主刘嫖登门求婚，想把女儿许配给刘荣做妃子。谁知被栗姬一口回绝。因为平日里馆陶长公主为讨好皇上便把宫中的美人们一一推荐给皇上，对此，栗姬十分嫉恨。[1]

馆陶长公主愤懑不已，一心想报复栗姬。虽说她的丈夫陈午只是个堂邑侯，可她是当朝天子的姐姐，长公主的地位是极高的，仪服与诸侯王等同。

西汉秋香色地菱形隐纹花叶纹经锦枕

馆陶长公主先去找景帝夫人王娡，向王夫人的儿子胶东王刘彻求婚，王夫人欣然应允。接着，馆陶长公主便开始诋毁栗姬和她的儿子刘荣，盛赞王夫人和她的儿子刘彻。

不久，薄太后去世，薄皇后被

---

[1] 事见《汉书·外戚列传上》："长公主嫖有女，欲与太子为妃，栗姬妒，而景帝诸美人皆因长公主见得贵幸，栗姬日怨怒，谢长主，不许。"

废黜。景帝想立栗姬为皇后，十分信任地对她说："我百岁后，诸嫔妃生的皇子就靠你照顾了。"谁知栗姬竟不肯答应，而且还出言不逊。

景帝开始相信姐姐馆陶长公主的话了。最终废黜皇太子刘荣为临江王；立胶东王刘彻为皇太子，王夫人为皇后。

刘彻立为皇太子后，便娶陈阿娇为妃。公元前141年，景帝驾崩，刘彻即皇帝位，是为武帝。立陈妃为皇后。

西汉陶水榭——当时的建筑模型

陈皇后自恃其母有恩于武帝，骄横擅宠，激起武帝的反感，原本就不喜欢陈皇后的武帝越来越疏远、冷落她，另寻新欢。

一天，武帝去灞水岸边祭神，在回京的路上，他去了姐姐平阳公主家。在平阳公主家里，他见到了一个有倾城之貌的歌伎，此人姓卫名子夫，武帝为之倾倒。皇姐见状，就把卫子夫送给了武帝。

武帝十分宠爱卫子夫，陈皇后妒火中烧，几次对卫子夫暗下毒手，想置她于死地，但都没有得手。[1]卫子夫和嫔妃觉察到皇后的阴谋，奏告了武帝。武帝龙颜大怒，但想起馆陶长公主的恩德，他只得把怒火压下去，没有处置陈皇后，只是再也不到她那里去了。

陈皇后暗害卫子夫不成，又惹得武帝更加厌弃。她无计可施了，闷闷不乐。这时，她听说有一种叫作"巫蛊"的巫术能咒死人，决定铤而走险。她让手下的宫女楚服等用"巫蛊"诅咒卫子夫和那些得宠的嫔妃。可事与愿违，不但没

[1]事见《汉书·外戚列传上》："……闻卫子夫得幸，几死者数焉。"

有达到目的，阴谋却又泄露了。

武帝闻讯，遂命人查办陈皇后诅咒一事，楚服等宫女以"大逆不道"的罪名枭首示众，牵扯此案而被杀的，达三百余人。武帝遣人赐给陈皇后一道诏书：皇后违失妇德，巫术咒人，不可再为天下母。命皇后交出玺绶，退居长门宫。[1]

陈氏偷鸡不成，反蚀一把米，数年后，废后陈氏病亡，埋在她祖父汉文帝的霸陵附近。

名家评说

……害人适以利人，是可为妇女好妒者，留下龟鉴。天下未有无敌害人，而能自求多福者也。

——蔡东藩《前汉演义》

---

[1]事见《汉书·外戚列传上》："元光五年，上遂穷治之，女子楚服等坐为皇后巫蛊祠祭祝诅，大逆无道，相连及诛者三百余人。楚服枭首于市。使有司赐皇后策曰：'皇后失序，惑于巫祝，不可以承天命。其上玺绶，罢退居长门宫。'"

武帝刘彻皇后卫子夫

卫子夫（？～前95），汉武帝刘彻皇后，河东平阳（今山西临汾）人。父郑季，母卫媪。公元前128年被立为皇后。谥号"思后"。一个偶然的机会，血气方刚的汉武帝刘彻见到了歌伎卫子夫，并为其美色所倾倒，将其纳入宫中。十分受宠的卫子夫在武帝二十九岁那年又为武帝生了他生平中第一个儿子，武帝欣喜若狂。母以子贵，令多少嫔妃羡慕的皇后桂冠戴在了卫子夫头顶。但谁又会料到，这么一个宠儿最终会绝望自杀，死后没有仪式、没有陪葬，而被装进又薄又小的棺材里，埋在长安南郊。

一、天姿国色 入宫受宠

卫子夫出身卑贱，她的母亲卫媪是平阳侯曹寿家的婢女。父亲郑季，在平阳侯府供职，与卫媪私通，生了三男三女。卫媪是奴隶，她生的子女也是奴隶，在平阳侯府做事。三女卫子夫生得漂亮，而且身段窈窕。后来，卫子夫被平阳公主带到长安的公主府，教她歌舞，成了公主府的一名歌伎。

一天，汉武帝去灞水岸边祭神。礼毕回京的路上，路过姐姐平阳公主的府第。皇上驾临，平阳公主置办酒席，热情款待。武帝边饮边观赏公主府伎女们的歌舞。突然，他眼睛豁然一亮，目光停留在了歌伎卫子夫身上。酒宴中，武帝起来更衣，卫子夫

霍去病墓前的马踏匈奴石刻

便在尚衣轩中侍奉武帝,武帝便御幸了卫子夫。武帝回到座位上,甚是欢悦,赐平阳公主金千斤。[1]酒宴结束后,平阳公主便把卫子夫敬献给皇上,武帝十分欢喜。在送卫子夫上车回宫时,平阳公主拍着她的背说:"好啦,强食之,倚重自己。你马上就要显贵了,希望

汉武帝茂陵旁的霍去病墓

不要忘记我帮过的忙。"[2]卫子夫随武帝进了庄严、豪华的皇宫。

后宫佳丽成群,卫子夫入宫后,武帝便把她忘记了。一年多了,卫子夫未能见上武帝一面。适逢遣散无用的宫女,心灰意冷的卫子夫便请武帝把她遣散出宫。武帝这才想起卫子夫,觉得对不住她,便把她留在身边侍奉。卫子夫从此得宠。而且她的兄弟卫长君、卫青被授予侍中官职,成为武帝的近臣。

卫子夫一连为武帝生了三个女孩。元朔三年(前128),她又生下一个男婴,取名刘据。

汉武帝二十九岁才得了这个儿子,甚是喜爱。母以子贵,卫子夫生下刘据不久,便被立为皇后,入主后宫。

卫皇后的弟弟卫青、外甥霍去病统兵出击匈奴,屡建奇功,被封长平侯、冠军侯。甚至卫青三个襁褓中的儿子,也皆封列侯。卫氏外戚,声势显赫。

[1]事见《汉书·外戚列传上》:"帝起更衣,子夫侍尚衣轩中,得幸。还坐欢甚,赐平阳主金千斤。"

[2]语见《汉书·外戚列传上》:"子夫上车,主拊其背曰:'行矣!强饭勉之。即贵,愿无相忘!'"

刘据七岁那年，武帝下诏，定他为继承人。

汉武帝雄才大略，好大喜功，而皇太子却秉性仁慈、温厚恭谨，父子性格、志趣相悖。随着皇太子渐渐长大，武帝对太子越瞧越不顺眼，嫌他的继承人缺少他那种气魄。

之后，武帝的妃子接连给他生了几个儿子。在诸子中，武帝特别喜欢赵婕妤所生的刘弗陵。刘弗陵年方五六岁，长得又高又壮，聪睿多智。武帝常对人说："此儿像我。"有心让他继承帝位。皇太子刘据开始失宠，他的母后也被冷落了。

二、人老珠黄　绝望自杀

容貌是嫔妃们的本钱，人老珠黄的卫皇后渐渐被冷落深宫，曾经对她百般宠爱的汉武帝早已另求新欢。

终于，一场灾难落到了失宠的卫氏母子身上。

征和二年（前95）的一天，皇太子派一个使臣去甘泉宫，向武帝请示一件事。使臣乘车奔驰在驰道上，只有皇帝可以在驰道上行走，臣子走驰道是犯上。碰巧，这事让奉皇帝之命缉捕奸宄、察举不法的绣衣使者江充瞧见了，他立即下令逮捕那个使臣，投入监狱，车马没收。[1]

皇太子听说后，大惊，马上派人去找江充求情。江充不买账，上奏武帝。武帝龙颜大悦，赞道："为臣者，就应当这样！"江充与太子从此发生龃龉。

这时，汉武帝年已六十八岁，衰老多病。江充害怕武帝死后，太子即位报复，于是想先下手除掉太子。于是，他便上书，说武帝染疾，乃巫蛊为祟。[2]而且煞有其事地奏告武帝："臣看皇宫之中，弥漫着巫蛊之气。"想把祸水引入宫中，再设法引到皇太子身上。武帝于生死之事本来就很迷信，听江充一说，便信以为真，敕令江充到他的后宫中查处，命韩说、章赣等协助江充。

江充首先查办那些被武帝冷落的不幸女子，贵为皇后的卫氏也不得不接受江充的盘查。接着，江充派人到太子宫中东刨西掘。他们拿着事先准备好的木

---

[1] 事见《汉书·蒯通伍被江充息夫躬列传》："后充从上甘泉，逢太子家使乘车马行驰道中，充以属吏。"

[2] 事见《汉书·蒯通伍被江充息夫躬列传》："后上幸甘泉，疾病，充见上年老，恐晏驾后为太子所诛，因是为奸，奏言上疾祟在巫蛊。"

偶,硬说那是从太子宫中挖出来的。

皇后、太子万分惊恐,太子急忙找他的师傅石德商议对策。石德说:"江充奸贼扬言木偶是在太子宫中挖出来的,您有口难辩,以老臣之见,不如矫诏逮捕江充,查究他的阴谋。您难道忘了赵高诈杀公子扶苏而立胡亥之事吗?"

太子被逼到了这般地步,也只有铤而走险了。他派人把计谋奏告母后卫氏,卫氏也觉得只能如此了,下令把皇后的车马拉出来,运载弓箭兵刃;打开武库,取出武器;征发皇后的卫士,告令百官江充造反。[1] 由皇太子指挥缉捕江充、韩说、章赣一帮奸佞。太子的人马到韩说府,杀了韩说。章赣逃往甘泉宫给武帝报信去了。江充被怒不可遏的太子下令处死。

西汉陶射俑

太子图一时痛快杀了江充,可是江充被杀,查证江充诬告一事因无人证而落空。太子的冤案难以澄清,又落了个杀人灭口的罪名。万般无奈,太子只好举兵起事,以图来日了。

正在甘泉宫养病的武帝听说太子起兵,顿时龙颜大怒。武帝赐诏丞相刘屈牦:"以牛车为楯,毋与叛贼短兵相接,用弓弩射杀。坚闭城门,毋令反贼逃出。"[2] 武帝抱病移镇长安城西的建章宫,征发长安一带的军队,由刘丞相统率,镇压叛乱。

太子势单力薄,乃赦免长安城中的囚徒,把他们武装起来;征发长水、宣曲两支少数民族骑兵,与丞相指挥的军队大战于长安城中。双方血战五日,最终

---

[1] 事见《汉书·武五子·戾太子据列传》:"太子使舍人无且,持节夜入未央宫殿长秋门,因长御倚华具白皇后,发中厩车载射士,出武库兵,发长乐宫卫,告令百官曰江充反。"

[2] 语见《汉书·武五子·戾太子据列传》:"以牛车为橹,毋接短兵,多杀伤士众。坚闭城门,毋令反者得出。"

太子寡不敌众，兵败逃跑。二十天后，走投无路的太子自杀。

太子刘据逃走、京中乱事平息之后，汉武帝杀了放走太子的人，又诏遣宗正刘长乐、执金吾刘敢，奉策收皇后玺绶，逼皇后卫子夫自杀。[1]就这样，曾被武帝百般宠爱的卫皇后含冤而死。

后来，一直到汉宣帝刘询即位，因为宣帝是太子刘据遗世的唯一血脉，这才改葬卫后，追谥"思后"，置园邑三百家，长丞周卫奉守于此。

名家评说

卫氏子夫，以歌女进身，排去中宫，得为继后，贵及一门，当其专宠之时，弟兄通籍，姊妹叨荣，何其盛也！……太子败而卫后死，卫后死而卫氏一门，存焉者寡。人生如泡影，富贵若幻梦，何苦为此献媚取荣耶？

——蔡东藩《前汉演义》

---

[1] 事见《汉书·外戚列传上》："诏遣宗正刘长乐、执金吾刘敢奉策收皇后玺绶，自杀。"

附：武帝刘彻夫人李氏

李夫人（生卒不详），汉武帝刘彻夫人。昭帝即位后，追尊号"孝武皇后"。李氏因其貌美，并且善歌舞，而被武帝宠幸。李氏因病不幸早逝，武帝悲痛万分，作赋以抒心中之情，寄托哀思，被传为后宫佳话。

一、色绝艺佳　一朝入宫

汉武帝刘彻自幼喜欢音乐、歌舞。李氏的兄长李延年对音乐很有研究，而且善歌舞，为此，汉武帝刘彻非常喜欢他。李延年所作之曲，听者常为之感动。

一日，李延年再次为武帝唱歌跳舞，李延年边舞边唱："北方有佳人，绝世而独立，一顾倾人城，再顾倾人国。宁不知倾城与倾国，佳人难再得！"李延年唱完后，只见武帝叹息连连。李延年上前问道："不知陛下为何叹气？"武帝说道："世上难道真的有如此这般倾城倾国之美人？"平阳公主接过刘彻的话说道："延年的妹妹貌美超人！"武帝连忙下诏，召李氏进宫，武帝一见，果然貌美善舞。就这样李氏开始了她的宫廷生活。[1]

李氏体态轻盈，貌若天仙，肌肤洁白如玉，而且同其兄长一样也善歌舞。

---

[1] 事见《汉书·外戚列传上》："初，夫人兄延年性知音，善歌舞，武帝爱之。每为新声变曲，闻者莫不感动。延年侍上起舞，歌曰：'北方有佳人，绝世而独立，一顾倾人城，再顾倾人国。宁不知倾城与倾国，佳人难再得。'上叹息曰：'善！世岂有此人乎？'平阳公主因言延年有女弟，上乃召见之，实妙丽善舞。"

西汉四乐舞俑

武帝被李氏深深吸引,从此便开始宠幸她。李氏为武帝生一子,史称昌邑哀王。武帝对李氏百般恩爱,李氏对武帝也是真心喜欢。两人时常在一起载歌载舞,好不尽兴。

二、深谙宫闱 极享哀荣

谁知好景不长,李氏染病卧床不起。

尽管李氏病重,武帝依然惦记着她,对其他嫔妃毫无兴趣。此时,卫皇后已色衰失宠,武帝念念不忘的只有李氏。他亲自去李氏的寝宫探视,谁知,李夫人将全身蒙入被中,不让他看。武帝不解其意,执意要看,李夫人蒙被说道:"臣妾长期抱病在床,相貌已变得丑陋,不可以看陛下。臣妾想将儿子昌邑王及妾的兄弟托付于陛下。"武帝劝道:"夫人如此重病,不能起来,让朕看看你,你当面将所托之事告诉我,岂不更好?"李氏仍然蒙着被说:"妇人貌不修饰,不得以见夫君,臣妾也不敢以不修饰的相貌见陛下,请陛下谅解。"武帝又好言相劝:"夫人若能见我,朕将赐给夫人黄金千金,并且给夫人的兄弟加官晋爵。"李氏执意不见,仍然蒙着被说:"能否给兄弟加官,权力在陛下,并不在乎是否一见。"武帝强行要看,可李氏裹着被子,翻身背对武帝,哭了起来。武帝无可奈何,十分不悦,起身离去。[1]

汉武帝刘彻走后,李夫人的姐妹们你一言、我一语地责备李氏。夫人的姐

---

[1]事见《汉书·外戚列传上》:"初,李夫人病笃,上自临候之,夫人蒙被谢曰:'妾久寝病,形貌毁坏,不可以见帝。愿以王及兄弟为托。'上曰:'夫人病甚,殆将不起,一见我属托王及兄弟,岂不快哉?'夫人曰:'妇人貌不修饰,不见君父。妾不敢以燕婧见帝。'上曰:'夫人弟一见我,将加赐千金,而予兄弟尊官。'夫人曰:'尊官在帝,不在一见。'上复言欲必见之,夫人遂转乡歔欷而不复言。于是上不说而起。"

汉宫图

"夏阳扶荔宫"砖文,扶荔宫是汉武帝时修建的避暑名宫之一

姐奇怪地责问李氏:"你为何不能亲自见陛下,将兄弟们托付给陛下?你为何那么恨陛下?"夫人感慨地说:"我之所以不见陛下,就是想将兄弟们托付给陛下。你们想,我地位低下,能够被陛下宠幸,完全是因为有姣好的容貌。如果色衰,就会失宠于陛下,若失宠也就没有什么恩惠可言了。陛下之所以思念我,非要见我,这都是因为平日我的容貌艳丽不俗而吸引了陛下。如今,我已失去原有的美丽,容貌变得丑陋不堪,陛下见后一定失望,定会不再宠爱我,又怎会提拔我的兄弟呢?"[1]李夫人的姐妹们觉得李氏的话有一定道理,所以,也就不再说什么了。

果然,李夫人死后,汉武帝刘彻按皇后的礼仪将她安葬,并按其遗愿,封李夫人的兄长李广利为贰师将军、海西侯,封李延年为协律都尉。汉武帝日夜思念有倾城倾国之貌的李夫人,让人将李夫人的容貌画在甘泉宫。尽管如此,武帝依然不能忘记李夫人,总回忆与她在一起的情景。此时齐人少翁说他能将李夫人的魂请出来,武帝点头应允。

---

[1]语见《汉书·外戚列传上》:"夫人曰:'所以不欲见帝者,乃欲以深托兄弟也。我以容貌之好,得从微贱爱幸于上。夫以色事人者,色衰而爱弛,爱弛则恩绝。上所以挛挛顾念我者,乃以平生容貌也。今见我毁坏,颜色非故,必畏恶吐弃我,意尚肯复追思闵录其兄弟哉!'"

于是，夜深人静之时，少翁设帷帐，点灯烛，摆好酒肉，让武帝在另一个帷帐遥望此帐。武帝似乎看见李夫人在帐中而坐，又出来徐徐而步。[1]从此，武帝愈加思念李夫人，忍受着相思之苦，遂作诗曰："是邪，非邪？立而望之，偏何姗姗其来迟！"为表达自己的思念之情，武帝让乐工作曲作词歌唱李夫人，并且又作赋一首，以哀悼李夫人。

后元二年（前87），汉武帝驾崩，其子八岁的刘弗陵即帝位，是为昭帝。

昭帝即位后，大将军霍光按武帝的旨意，上奏昭帝，追尊李夫人为"孝武皇后"。

名家评说

绝代佳人出北方，倾城倾国宠专房。
可怜早逝魂难返，望眼欲穿悲武皇。

——张英玉《历代名媛百咏》

相关链接

汉武帝作赋哀悼李夫人。其辞曰：美连娟以修嫮兮，命樔绝而不长，饰新宫以延贮兮，泯不归乎故乡。惨郁郁其芜秽兮，隐处幽而怀伤，释舆马于山椒兮，奄修夜之不阳。秋气憯以凄泪兮，桂枝落而销亡，神茕茕以遥思兮，精浮游而出畺。托沈阴以旷久兮，惜蕃华之未央，念穷极之不还兮，惟幼眇之相羊。函荾荴以俟风兮，芳杂袭以弥章，的容与以猗靡兮，缥飘姚虖愈庄。燕淫衍而抚楹兮，连流视而娥扬，既激感而心逐兮，包红颜而弗明。欢接狎以离别兮，宵寤梦之芒芒，忽迁化而不反兮，魄放逸以飞扬。何灵魂之纷纷兮，哀裴回以踌躇，势路日以远兮，遂荒忽而辞去。超兮西征，屑兮不见。浸淫敞怳，寂兮无音，思若流波，怛兮在心。

——引自《汉书》

---

[1]事见《汉书·外戚列传上》："上思念李夫人不已，方士齐人少翁言能致其神。乃夜张灯烛，设帷帐，陈酒肉，而令上居他帐，遥望见好女如李夫人之貌，还幄坐而步。"

附：武帝刘彻婕妤赵氏

赵氏（生卒不详），汉武帝刘彻婕妤，河间（今河北献县东南）人。其父官至中黄门。她因"奇"而被汉武帝所"幸"，故生皇子"钩弋子"，即后来的昭帝刘弗陵。汉武帝为了不使太后临朝的事件发生，胁逼赵氏，致使赵氏忧郁而死，成为封建帝王政治斗争的牺牲品。

一、母生也奇　以奇入宫

赵氏父亲姓赵，名不详，生前为中黄门，因犯法而被处死在长安。赵氏就出生于这样一个仕宦人家。

赵氏的降临，曾带给赵家一阵恐慌。其母遭十月怀胎之艰辛，生出的赵氏却是奇怪的女子。赵氏两手握成拳头，任何人也掰不开，赵氏的父母为此唉声叹气：这孩子长大怎能嫁得出去。

西汉帛书云气占图

随着岁月的流逝，赵氏渐渐长大，两只眼睛透出一种睿智，让人感到聪明绝顶，而且赵氏肌肤嫩白、光亮，相貌妩媚娇柔，只是两手依然握成拳状，不能伸开。赵氏的父母见女儿已出落成亭亭玉立的大姑娘，心中更增添了一份惆怅：女儿虽然相貌不凡，但其手奇形怪状，使人难以接受，谁人敢娶？

汉武帝朝广开三边，各种珍奇异宝源源不断流入中原，致使皇宫陈设布置穷极豪华。汉武帝刘彻喜欢巡游，他曾出巡十多次。元封元年（前110），他北至朔方，南下中岳嵩山，东巡海上，至泰山封禅。再沿海北上至碣石（今河北昌黎），又向西北经九原（今内蒙古包头西），然后返回长安，行程达一万八千里。赵氏就是武帝巡狩时发现的。

有一次，汉武帝刘彻巡狩路过河间。汉武帝有个喜观天相、占卜凶吉的侍从，看着河间的天空，神秘地对武帝说："河间上空飘有祥云，此地肯定有奇女。"武帝立即下诏寻找奇女。[1]

此时的武帝已开始相信迷信。随着年龄的增长，武帝日渐感到衰老，开始寻找长生不老仙药。元鼎五年（前112），方士栾大自称能找到长生不老之仙药，武帝信以为真，封其为天士将军、地士将军、大通将军等职，赐黄金万斤，并将女儿长公主嫁于他。元封元年（前110），谎言露馅儿，武帝一怒之下腰斩了栾大。但他依然相信鬼神，追求一些新奇的人和事。所以，当听身边以观望天相、占卜凶吉的侍从说此地有奇女时，武帝精神顿时为之一振，遂命随行官员速去寻找。

果然如侍者所言，一会儿的工夫，随行官员就找到一位年轻漂亮的女子。武帝被其相貌吸引，但并未感到此女子的特别。武帝左右看出主子的心思，遂告诉他：此女天生双手握成拳状，虽年已十余岁，但依然不能伸开。武帝唤此女过来，见其双手果真是紧握拳状，便伸出双手将这女子的手轻轻一掰，谁知这少女的手竟被分开。随后，武帝命人将此女扶入随行的辎车，将其带回皇

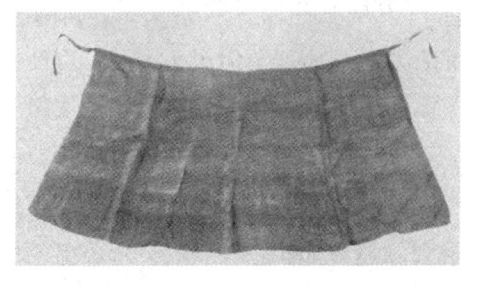

西汉绛紫绢裙

---

[1] 事见《汉书·外戚列传上》："武帝巡狩过河间，望气者言此有奇女，天子亟使使召之。"

宫，号为"拳夫人"。[1]此女便是赵氏。

"拳夫人"入宫以后，很是得宠，不久就被封为婕妤。婕妤是汉武帝创设的嫔妃称号，其尊位仅次于皇后。汉代内宫制度沿袭秦的称号，皇后之下，统称"夫人"。武帝之时，又创制了婕妤、娥、容华、充依。赵氏被封为婕妤后，便搬进了未央宫的钩弋宫。因此，武帝称她为"钩弋"。赵氏入宫后，可谓春风得意，武帝对她言听计从，经常临幸于赵氏。

二、子生也奇　因奇即位

太始二年（前95），赵氏怀孕，心中分外高兴，自己总算可以为皇帝生皇子了。自从怀孕后，赵氏每日数着妊娠的天数，盼望着皇子降临人世。谁知过了十个月，赵氏毫无反应，这可急坏了赵氏。武帝刘彻对赵氏腹中的婴儿抱有希望，因为以观望天象为事的侍从曾言"此女有天子之气"。此时的武帝对太子刘据已开始厌烦，一心想废掉他，所以也希望赵氏再为他生下皇子，将来继承他的大业。可皇子迟迟不降临于世。四个月过后，也就是太始三年（前94），赵氏突然腹痛，随后生下一子，取名弗陵，字不，号为"钩弋子"。

刘弗陵的降临，引起宫人议论纷纷：常人都是十月怀胎而生，赵氏怎会十四个月？武帝刘彻却大喜，说道："据说当年尧也是十四月而生，想不到我儿亦如此。"遂命钩弋宫门为"尧母门"。[2]

自从赵氏生了皇子刘弗陵后，武帝刘彻对赵氏母子格外照顾，对赵氏更是宠爱有加。

卫皇后和太子刘据死后，武帝一心想立刘弗陵为皇太子。刘弗陵聪明伶俐，虽年仅六岁，但虎头虎脑，身体健壮，武帝十分喜欢，逢人便说："此儿像朕。"刘弗陵出生的怪诞增添了武帝立刘弗陵为太子的决心。可惜弗陵年幼，使武帝犹豫不决。武帝害怕自己死后，弗陵年幼，由赵氏临朝，母壮子幼，导致类似吕后临朝干政的事件发生。为了汉室天下正常延续，征和四年（前89），武帝在甘泉宫让人画了一张周公背成王朝见大臣图，并赐给奉车骑都尉霍光。

---

[1] 事见《汉书·外戚列传上》："既至，女两手皆拳，上自披之，手即时伸。由是得幸，号曰拳夫人。"

[2] 语见《汉书·外戚列传上》："上曰：'闻昔尧十四月而生，今钩弋亦然。'乃命其所生门曰尧母门。"

汉武帝晚年性格古怪多疑，常常做些出人意料之事。一日，赵氏与武帝在甘泉宫避暑，赵氏因言语乖谬而得罪武帝，遭到痛斥，并被杀死。其实，这一次汉武帝一点也不怪，他杀赵氏，就在于担心"母壮子幼"而出现不利于刘氏天下的局面。

后元二年（前87），武帝刘彻突然病倒，而且病情急剧恶化。在他身边侍奉的霍光涕泣叩问："如有不讳，谁来当嗣？"武帝说："朕前赐画之意：意弗陵，君行周公之事。"[1]随后武帝召刘弗陵，立其为皇太子；封霍光为大司马大将军，金日磾为车骑将军，上官桀为左将军，桑弘羊为御史大夫，嘱咐他们辅佐皇太子。次日，汉武帝刘彻驾崩，年仅八岁的弗陵即位，是为汉昭帝。

刘弗陵即位后，追尊生母赵氏为皇太后，并将赵氏所葬之处"云阳"称为"云陵"。并将赵氏的父亲赵公尊为"顺成侯"。

宋人绘《汉宫图》

名家评说

披手开拳应有缘，母因子贵理当然。
汉皇好色多恩宠，钩弋宫中爱怎蠲。

——张英玉《历代名媛百咏》

---

[1] 语见《汉书·霍光金日磾列传》："光涕泣问曰：'如有不讳，谁当嗣者？'上曰：'君未谕前画意邪？立少子，君行周公之事。'"

昭帝刘弗陵皇后上官氏

上官氏（？~前37），昭帝刘弗陵皇后，陇西上邽（今甘肃天水）人。父上官安，官至车骑将军；母霍光之女。始元四年（前83），被立为皇后。昭帝刘弗陵皇后上官氏是汉代年龄最小的皇后，一生享尽荣华富贵。她夹在父祖与外祖父争权夺利的争斗中，然而却自始至终稳坐皇后宝座。昭帝驾崩，豆蔻年华的她便成了寡妇。之后，她又成为太后、太皇太后，最后寿终正寝于长乐宫。

一、父祖钻营　少为皇后

后元二年（前87）二月，武帝驾崩，皇太子即位，是为昭帝。

上官氏

昭帝8岁即位，未谙世事，于是，群臣商量决定由武帝之女鄂邑公主养护昭帝，并以昭帝的名义下诏，尊鄂邑公主为鄂邑长公主，让她入住皇宫，养护昭帝。

汉武帝遗命霍光为大司马大将军，金日䃅为车骑大将军，桑弘羊为御史大夫，上官桀为左将军，共同辅佐皇太子。三年后顾命大臣之一的金日䃅病死。霍、上官两家结亲，霍光的女儿嫁给上官桀的儿子上官安为妻。由于这层关系，上官桀的权势仅次于霍光。

尽管如此，上官父子犹不满足，仍然寻找一切机会千方百计地往上爬。他们讨好昭帝的姐姐鄂邑长公主，并取得信任。

昭帝12岁那年，鄂邑长公主为其选皇后。多方挑选，最后，鄂邑长公主看中了一个姓周的女孩。上官安有一个6岁的女儿，他早就有心让女儿入主后宫，

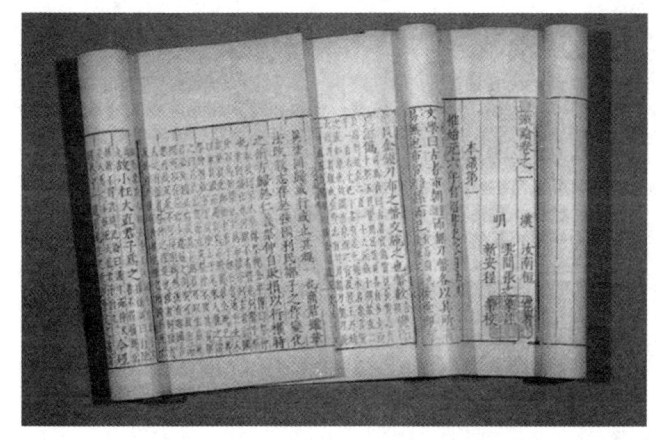

上官桀更是如此，父以女贵这个道理，这聪明的父子自然明白。上官父子见公主选了周家女入宫，上官安便风风火火地去找岳父大人霍光，恳求岳父出面，让他的女儿、即霍光的外孙女入主后宫。[1]霍光也有他的打算，一来他觉得昭帝还是个乳臭未干的毛孩子，还不到立皇

霍光以昭帝的名义举行了一场"盐铁会议"，这次会议留下了详细记录，后整理成书——《盐铁论》。图为该书书影

后的年龄；二来外孙女也太小，另外，他也不愿让上官安的后代做皇后，尽管是他的外孙女，故没答应。

上官安见状，又跑去找丁外人。丁外人是鄂邑长公主的情夫，霍光为讨好公主竟以昭帝名义，让丁外人专职侍奉鄂邑长公主。上官安与丁外人关系甚密，如今这个机会，上官安是不会放过的。上官安讨好地对丁外人说："听说公主有选立皇后的打算，我有个女儿，容貌端丽，请长公主垂爱。这事成与不成，全仰仗阁下。汉家惯例，列侯尚公主，阁下何愁不封侯？"丁外人大喜，这是两全其美的好事，凭他与公主的关系，这还不是小事一桩。于是，他马上去找鄂邑长公主，长公主对丁外人向来是言听计从，于是二话不说遂改初衷，答应立上官女为皇后。

就这样，6岁的上官氏被迎入皇宫，封为婕妤。婕妤是后妃中的第三等级，位次皇后、昭仪，位视上卿，爵比列侯。一个月后，上官氏封为皇后，成为汉代年龄最小的一个皇后。[2]

---

[1] 事见《汉书·外戚列传上》："长主内周阳氏女，令配耦帝。时上官安有女，即霍光外孙，安因光欲内之。"

[2] 事见《汉书·外戚列传上》："安素与丁外人善，说外人曰：'闻长主内女，安子容貌端正，诚因长主时得入为后，以臣父子在朝而有椒房之重，成之在于足下，汉家故事，常以列侯尚主，足下何忧不封侯乎？'外人喜，言于长主。长主以为然，诏召安女入为婕妤，安为骑都尉。月余，遂立为皇后，年甫六岁。"

二、两家争斗 一人得安

上官父子感恩丁外人,上官安天天去为丁外人求封,霍光就是不答应。无奈上官安只得退一步恳求霍光给丁外人封光禄大夫,谁知霍光还是不答应。[1]上官父子极为恼怒。

鄂邑长公主听说霍光拒绝封她的情夫,也甚为怨恨。

受遗诏辅政四大臣之一的御史大夫桑弘羊是前朝权臣,论资格、功劳、才能,他都自以为在霍光之上。但其权势不仅低于霍光,也不如上官桀。他曾替子弟谋官,遭到霍光的严词拒绝,因而对霍光也极为怨恨。

于是,上官父子、鄂邑长公主和桑弘羊结成联盟,携手反对霍光。他们担心朝中势力不够,又联络了燕王刘旦。燕王一直对昭宗和霍光不满。所以,四方一拍即合,马上着手行动。

上官桀等人暗中收集霍光的材料,由刘旦遣人上疏,弹劾霍光道:"霍光去长安东的广明亭检阅御林军,道上驻跸,太官供备饮食,僭用了天子礼仪;他任人唯亲,过去,苏武出使匈奴,被拘留20年仍不投降,归汉后才拜为典属国。今天长史杨敞无才无功,却封其为搜粟都尉;霍光专权自恣,擅自调动校尉。臣怀疑他图谋不轨。臣愿归王玺,宿卫京师,保卫皇上。"[2] 不料,昭帝识破了他们的计谋,把燕王的奏疏留下,不肯下发。

桑弘羊像

---

[1]事见《汉书·霍光金日䃅列传》:"桀、安欲为外人求封,幸依国家故事以列侯尚公主者,光不许。又为外人求光禄大夫,欲令得召见,又不许。"
[2]语见《汉书·霍光金日䃅列传》:"光出都肆郎羽林,道上称跸,太官先置。又引苏武前使匈奴,拘留二十年不降,还乃为典属国,而大将军长史敞亡功为搜粟都尉。又擅调益莫府校尉。光专权自恣,疑有非常。臣旦愿归符玺,入宿卫,察奸臣变。"

上官桀一伙仍不甘心失败，决定铤而走险。他们密谋后定计：由鄂邑长公主出面宴请霍光，伏兵格杀霍光，同时除掉燕王刘旦，废除昭帝，拥立上官桀为帝。

不料，他们的阴谋被稻田使者燕仓听到，后又奏告昭帝与霍光。霍光发兵，果敢地逮杀上官父子、丁外人。燕王刘旦、鄂邑长公主自杀身亡。

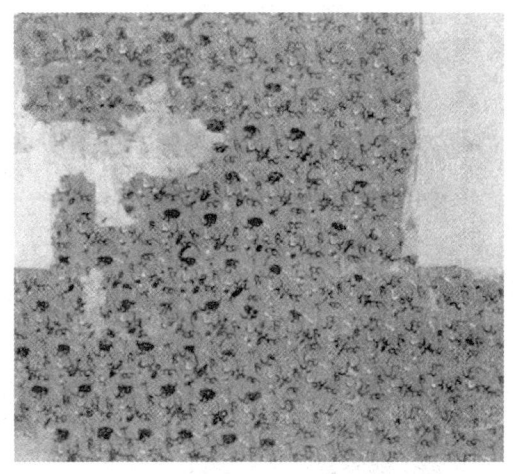

西汉黄地印花敷彩纱

上官皇后年仅8岁，没有参与父祖的阴谋活动，加上她是霍光的外孙女，所以不但保全了性命，且皇后的凤冠也没被摘掉。这场政变后，朝政安定。

霍光的政敌在这场政变中均被铲除，为了延续霍氏家族与刘氏家族的皇亲关系，霍光急于想让外孙女生个皇储。此时宫廷的一切大权全由霍光把持，所以宫廷大臣和御医都看霍光的眼色行事。他们领会霍光的用意，马上上书昭帝，建议皇帝除了皇后外，应当少近女色才能保证龙体安康。于是，他们让皇后下了一道命令：为了龙体圣安，后宫的宫女不得侍宿皇上。命令宫女须穿连裆裤，多扎几条腰带。这样除了上官皇后外，众多后宫佳丽再无可能侍宿昭帝。[1]

虽然上官皇后专房擅宠，却没如愿以偿生个皇子皇女。

元凤七年（前74）昭帝驾崩。上官氏做了十年的皇后，豆蔻年华便成了寡妇。

昭帝无嗣，霍光等迎立武帝之孙昌邑王刘贺为帝，尊上官皇后为皇太后，移居长乐宫。刘贺荒淫无道，于是霍光等人来到长乐宫，奏告刘贺无道，不可为帝。上官太后同意废黜刘贺。

废黜刘贺后，霍光等在上官太后面前把武帝曾孙刘询夸赞了一番，说他躬行节俭，慈仁爱人，奏请迎立武帝曾孙刘询为帝。上官太后准奏刘询登上了帝位，是为宣帝。年方16岁的上官太后，成了太皇太后。

从此，上官太皇太后不问政事，在长乐宫中颐养天年。建昭二年（前37），上官太皇太后寿终正寝，与昭帝合葬于平陵。

[1]事见《汉书·外戚列传上》："……虽宫人使令皆为穷绔，多其带，后宫莫有进者。"

宣帝刘询皇后霍成君

霍成君

霍成君（生卒不详），汉宣帝刘询皇后。父霍光，官至博陆侯；母显。公元前70年，被立为皇后。霍成君借助父亲霍光的权势，名正言顺地取代了许皇后，而且耀武扬威。遗憾的是霍皇后始终未获得宣帝的宠幸，最后被皇帝一纸诏书成为废后。昔日的荣华富贵已不属于她，陪伴她的只有抑郁与仇恨，无奈之下，霍氏自杀结束了生命。

宣帝即位后，霍光的夫人想让她的小女儿霍成君做皇后。但是，宣帝却立患难之妻许平君为皇后，霍夫人为此大为光火。

本始三年（前71）春正月，霍夫人指使御医淳于衍毒死了身怀皇子的许皇后。[1] 宣帝强忍悲愤，对许皇后的死因，不敢有什么表示。

原本恐慌的霍夫人见宣帝不追究许皇后死因才放下心来，于是让霍光把小女儿送入宫中。汉宣帝不敢得罪掌握大权的霍光，只得接纳霍女做了皇后。但宣帝依然念记着许皇后，对霍氏十分反感，但因她是当朝权臣的女儿，况且是霍光拥立自己为帝的，所以宣帝只好装出一副宠爱她的样子，晚间总是召她侍宿。霍皇后十分得意，一反许皇后俭约的行为，仪服车驾极为华丽；赏赐官属，动辄千万钱。[2]

---

[1] 事见《汉书·霍光金日䃅列传》："显爱小女成君，欲贵之，私使乳医淳于衍行毒药杀许后。"

[2] 事见《汉书·外戚列传上》："皇后辇驾侍从甚盛，赏赐官属以千万计，与许后时县绝矣。上亦宠之，颛房燕。"

地节二年（前68），霍光病死，宣帝隆重地安葬了霍光，然后亲理朝政。汉宣帝深知，霍家还控制着各部门的权力，为此他首先剥夺霍氏集团的领兵权，然后把部分霍氏集团的成员流放边郡，分散、削弱霍氏集团的势力。

在打击霍氏集团的同时，宣帝重用祖母史良娣和皇后许氏两家的子孙，形成一个核心集团。并且立许皇后之子刘奭为皇太子。霍夫人闻讯，遂指使女儿霍皇后毒杀太子。霍皇后几次召太子赐食，太子的老师都先尝试，霍皇后怎敢下手。[1]

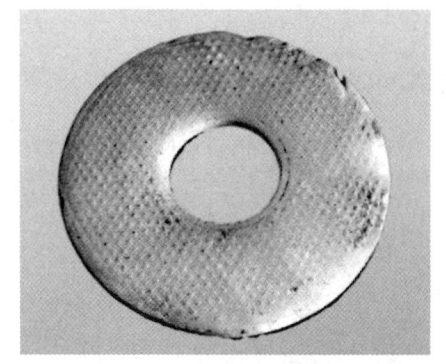

汉玻璃璧

霍夫人见宣帝已开始复仇了，恐怕宣帝追究许皇后的死因，现在霍光又死了，她只好将阴谋杀害许皇后之事如实地告诉了儿子霍禹。霍禹等人惊慌失措，他们商量来商量去，只好铤而走险，别无他法。一个政变阴谋形成了：诱使太皇太后上官氏宴请宣帝外祖母，召丞相以下百官前去祝贺，然后由范明友、郑广汉矫太后诏，斩杀他们，废掉宣帝，拥立霍禹为帝。[2] 不料，他们的叛乱在严阵以待的宣帝面前很快瓦解，宣帝诏令逮捕霍禹诸人。范明友等人自杀，霍夫人、霍禹和郑广汉被抓了起来。

宣帝命人赐霍皇后策文："皇后惑乱失道，丧失妇德，与其母阴谋毒杀皇太子，无人母之恩，不宜奉宗庙，不配承天命。"

霍皇后被废后居于上林苑中的昭台宫。她在昭台宫度过了12个春秋。后宣帝命她徙居云林馆，霍氏自杀。[3]

---

[1] 事见《汉书·外戚列传上》："……复教皇后令毒太子。皇后数召太子赐食，保阿辄先尝之，后挟毒不得行。"

[2] 事见《汉书·外戚列传上》："谋令太后为博平君置酒，召丞相、平恩侯以下，使范明友、邓广汉承太后制引斩之，因废天子而立禹。"

[3] 事见《汉书·外戚列传上》："霍后立五年，废处昭台宫。后十二岁，徙云林馆，乃自杀，葬昆吾亭东。"

元帝刘奭皇后王政君

王政君（？~13），元帝刘奭皇后。父王禁，曾被封为阳平侯；母魏郡李氏女。公元前47年被立为皇后。一个偶然的机会王政君做了太子妃。太子刘奭并不喜欢王政君，但偶然的一次侍宿使王氏生下了刘骜。"母以子贵"，由此，王政君成了掌握实权的皇太后、太皇太后。然而，王政君万万没想到，她一手栽培的侄儿——王莽，竟篡夺了她儿孙的汉室天下。王政君思念汉朝，最后在悲愤、忧郁之中度过她的晚年。

一、"富贵之命" 险丢凤冠

传说王政君的母亲李氏梦月入其怀，遂有身孕，生了政君。政君长大后，婉顺贤惠。及笄许嫁，还未迎娶，所许嫁之人便暴病而亡。后来东平王聘王政君为妾，还未进门，东平王便死了。父亲王禁十分奇怪，找人算了一卦，算卦之人说："你的女儿乃富贵之命，将来所嫁之人一定显贵。"王禁很高兴，便教政君写字读书，弄琴鼓瑟。[1]

政君18岁那年，王禁把她送进了掖庭。

皇太子刘奭的爱妃司马良娣临死前，对皇太子说："妾本不该死，是那些妃嫔诅咒的。"司马良娣死后，刘奭悲痛万分，他想起司马良娣的话，发誓不再接近嫔妃。

汉宣帝听说后，怕断了后嗣，便命皇后另选一名宫女送去东宫，侍奉太子。

一天早上，皇太子朝见母后，皇后叫出挑好了的五个宫女，政君是其中之一，让身边的一个女官——长御问皇太子喜欢哪个。皇太子无意于这五个宫女，

---

[1] 事见《汉书·元后列传》："初，李亲任政君在身，梦月入其怀。及壮大，婉顺得妇人道。尝许嫁未行，所许者死。后东平王聘政君为姬，未入，王薨。禁独怪之，使卜数者相政君，'当大贵，不可言'。禁心以为然，及教书，学鼓琴。"

碍于母后，便随口说道："这个就行。"[1]

当时，王政君距太子最近，长御以为太子指的是王政君，马上回奏皇后。看王政君长相还说得过去，更何况皇太子点头，于是忙命把王政君送去东宫。

相貌平平的王政君，一个偶然的机遇使她成为太子妃。太子刘奭并不喜欢王政君，谁知政君侍宿一夜而怀孕生子。在此之前，太子有许多娣妾，有的御幸长达七八年都没有生子。[2]此后太子刘奭再也没临幸她。

宣帝听说有了嫡孙，高兴万分，亲自给他起名为骜，字太孙，而且时常抱刘骜，逗他玩。

公元前49年宣帝驾崩，刘骜3岁。皇太子刘奭在宣帝驾崩的当天，登上未央宫前殿的龙位，他就是汉元帝。刘骜是他的长子，元帝遂立刘骜为皇太子。

西汉玉璧

按说，母以子贵，刘骜被立为皇太子，他的母亲王政君应该头顶凤冠。但元帝犹豫不决，因为他不宠爱王政君。

他最宠爱的妃子是傅氏和冯氏。傅妃聪明伶俐，善解人意，所以在宫中的人缘极好，虽专宠于元帝，但并不遭众嫔妃的嫉妒。王政君生了刘骜不久，傅妃生了儿子刘康，冯妃生了儿子刘兴。

元帝想把皇后的凤冠戴在傅妃的头上。但是，在那个时代，刘骜既立为皇太子，皇后的桂冠按传统的规制当属于王妃。元帝整整踌躇了三天，他不愿引来非议，最后还是无可奈何地立王妃为皇后。

元帝又创设了一个在宫中的地位次于皇后的名号——"昭仪"。他封心爱

---

[1] 事见《汉书·元后列传》："及太子朝，皇后乃见政君等五人，微令旁长御问知太子所欲，太子殊无意于五人者，不得已于皇后，强应曰：'此中一人可。'"
[2] 事见《汉书·元后列传》："先是者，太子后宫娣妾以十数，御幸久者七八年，莫有子，及王妃壹幸而有身。"

的傅、冯二妃为昭仪，立刘康为定陶王，刘兴为信都王。

王皇后徒有皇后尊号，被冷落一边。而且她的儿子、皇太子刘骜也越来越让元帝不满。

刘骜曾好读经书，恭谨有礼。有一次，元帝召他，他闻诏忙跑。刘骜不敢横穿皇帝专用的驰道，

汉车马过桥画像砖

而是绕了一个大弯。元帝见太子来迟了，责怪太子。刘骜说明了原因，元帝很高兴。但好景不长，刘骜对经书渐渐厌烦了，整日游手好闲喜欢喝酒、游玩。元帝认为刘骜没有什么才能。[1] 元帝多次训斥，但太子屡教不改，于是元帝打算废黜刘骜，另立爱妃之子刘康。

竟宁元年（前33），元帝病重，傅昭仪、刘康在侧侍奉，皇后、太子被拒之门外。

一天，元帝向其近臣透露他要废黜刘骜、另立刘康为继承人的心愿。王皇后、太子听说后，惶恐不知所措。

这时，元帝宠臣侍中史丹闯进元帝寝宫，顿首涕泣而言："皇太子名闻天下，臣民归心。今臣听陛下有废立之意。若是这样，请陛下先赐我死吧！"

元帝见状，长叹一声，说："没有这回事。皇后谨慎，先帝又疼爱太子，寡人岂敢违先帝之意？"[2]

---

[1] 事见《汉书·成帝帝纪》："壮好经书，宽博谨慎。初居桂宫，上尝急召，太子出龙楼门，不敢绝驰道，西至直城门，得绝乃度，还入作室门。上迟之，问其故，以状对。上大说，乃著令，令太子得绝驰道云。其后幸酒，乐燕乐，上不以为能。"

[2] 语见《汉书·王商史丹傅喜列传》："……然无有此议。且皇后谨慎，先帝又爱太子，吾岂可违指！……"

刘骜保全了皇太子的名号。王政君也保全了皇后的凤冠。

二、外戚掌权　终毁汉室

竟宁元年（前33）五月，元帝死于未央宫，终年43岁。刘骜即位，是为成帝。王政君成了皇太后，移居长乐宫。

耽于声色的成帝任命帝舅王凤为大司马大将军领尚书事，掌理朝政。成帝自己整日游山玩水，斗鸡走狗，朝政大权实际上掌握在皇太后王政君和她哥哥王凤的手中，堂堂天子也得看他们的眼色行事。

成帝身体多病，即位多年无子。定陶王刘康来朝，成帝留他在京师伴驾，有以刘康为帝位继承人之意。王凤对此不满，担心刘康做了皇帝对王氏外戚不利，遂借日食为名，奏谏成帝遣刘康回他的定陶国去。成帝无奈，只好与刘康相对涕泣而别。

成帝对于自己大权旁落、王凤专权用事，日渐不满，有罢免王凤之意。恰好京师地方长官京兆尹王章上书成帝，建议成帝贬王凤，推荐中山王的舅舅冯野王取代王凤，结果他们的密谋让王音知道了。

王音是皇太后王政君堂弟王弘的儿子，在宫中任侍中，侍奉成帝左右。成帝与王章密谋时，他不露声色，事后偷偷地通报王凤。于是王凤在家装病，上书辞官。

成帝觉得这是罢免王凤的大好时机，谁知，皇太后出来作梗，她哭哭啼啼，不吃不喝，向成帝施加压力。成帝只好把王音打入死牢，杖毙狱中，妻子流放边陲。

当王氏外戚一个个贵显无比、趾高气扬、骄奢淫逸的时候，年仅13岁的王莽与母亲相依为命，他被服简陋，举止恭谨，小心翼翼地侍奉执掌朝廷大权的姑叔。与那些王家贵公子相比，洁身自好、恭俭有礼的王莽格外引人瞩目。

阳朔三年（前22），王凤病重，王莽在侧侍候，数月未解衣带。王凤十分感动，弥留之

王　莽

汉玉带钩

际,嘱托皇太后和成帝授给王莽一官半职。王莽更加小心谨慎地侍奉姑叔。皇太后对侄子颇有好感。

王凤死后,王根辅政五年,因病上书辞职,推举侄子王莽出任大司马一职。

绥和二年(前7),成帝驾崩,定陶王刘康的儿子刘欣即皇帝位,是为哀帝。哀帝尊皇太后王政君为太皇太后。哀帝即位后,他的祖母傅昭仪、母亲丁姬两家成了新的权贵,与王氏外戚在权益分配上发生冲突。太皇太后命王莽辞职以缓和矛盾。王莽极不情愿地上书辞官。

元寿二年(前1),哀帝驾崩。哀帝无子,太皇太后在哀帝驾崩的当天迫使哀帝把军政大权交给王莽。王莽重登大司马的宝座。他和太皇太后迎立中山王刘兴年仅9岁的儿子刘衎为帝,是为平帝。

平帝年幼有病,不能临政。于是,太皇太后临朝称制,行使皇帝的权力。她依赖王莽,委政于他。[1]

其实王莽觊觎帝位已久。他结党营私,排除异己;又沽名钓誉,广施恩惠。经过几年的经营,他把朝政大权控制了在自己的手中。

王莽对太皇太后是不敢惹的,年迈的太皇太后仍握有相当大的权力。为独揽大权,王莽指使爪牙上书,说太后至尊,不宜操劳过度,一些小事就不必躬亲了。太皇太后闻之十分高兴,规定以后唯有封侯赐爵一事须奏闻于她,其他事一概由王莽裁决。

随着岁月的流逝,平帝逐渐长大了,王莽觉察平帝对他专权十分不满,便先下手鸩杀了平帝,拥立了一个年仅两岁的刘婴为"孺子",自己做起"摄皇帝"来了。

太皇太后万万没有想到,她一手栽培的侄儿竟欲篡夺她儿孙的天下!但悔

---

[1] 事见《汉书·元后列传》:"帝年九岁,当年被疾,太后临朝,委政于莽,莽颛威福。"

之晚矣，此时朝中大权完全落入侄儿王莽手中，自己有名无权，已经没有什么力量能阻止王莽代汉自立了。

到公元8年，王莽将小皇帝刘婴废黜，在爪牙的欢呼声中戴上皇冠，堂而皇之地坐上龙椅之后去谒见太皇太后，说他秉承天命，代汉而立，建立新朝。昔日掌握实权的太皇太后如今只有愤慨、怒骂的能力了。

翌年正月初一，在未央宫前殿隆重地举行了新朝皇帝即位典礼。王莽登上龙座南面称帝，接受百官朝贺。奉太皇太后上"新室文母太皇太后"的玺绶，去掉汉朝的称号。

王莽代汉自立，觉得只有接管汉氏玉玺，才算真正地取代了刘室天下。因此，他称帝不久，便迫不及待地遣王舜去长乐宫向太皇太后索要"汉传国玺"。

西汉鎏金嵌琉璃乳钉纹壶

太皇太后大怒，指着王舜骂道："王舜，你家蒙受汉室皇恩，却不思报答，反而乘汉家人孤势薄，帮王莽篡位。像你们这样的人，猪狗不如。况且你自己以金匮符命作了新皇帝，要变更正朔服制，也应该自己更换玉玺，使之流传万世，为何用此亡国的不祥之玺呢？我乃汉家老寡妇，活不了几天了。我死了，就让这块玉玺随葬，他王莽休想得到！"[1]

王舜伏在地上，羞赧汗颜。很久，又抬头对太皇太后说："皇上意在必得，太后今天不给，明日还能不给吗？"太皇太后担心王莽得不到"汉传国玺"会狗急跳墙，遂拿出玉玺，扔在王舜面前，骂道："我老将死，你们兄弟定受灭

---

[1] 语见《汉书·元后传》："而属父子宗族蒙汉家力，富贵累世，既无以报，受人孤寄，乘便利时，夺取其国，不复顾恩义。人如此者，狗猪不食其余，天下岂有而兄弟邪！且若自以金匮符命为新皇帝，变更正朔服制，亦当自更作玺，传之万世，何用此亡国不祥玺为，而欲求之？我汉家老寡妇，旦暮且死，欲与此玺俱葬，终不可得！"

族的报应！"[1]

汉代在宫中侍奉的官员都着黑貂，王莽更为黄貂。太皇太后思念汉朝，拒绝按新朝礼仪行事，而且命令身边的侍从仍着黑貂。王莽见了，也无可奈何。

太皇太后在悲愤、忧愁中度过了她一生的最后时光。

王莽代汉的第五年二月，太皇太后忧愤而死，享年84岁。太皇太后的遗体被运往渭陵，与元帝合葬。

名 家 评 说

三代以来，《春秋》所记，王公国君，与其失世，稀不以女宠。汉兴，后妃之家吕、霍、上官，几危国者数矣。及王莽之兴，由孝元后历汉四世为天下母，飨国六十余载，群弟世权，更持国柄，五将十侯，卒成新都。位号已移于天下，而元后卷卷犹握一玺，不欲以授莽，妇人之仁，悲夫！

——汉·班固《汉书》

---

[1]语见《汉书·元后传》："舜亦悲不能自止，良久乃仰谓太后：'臣等已无可言者。莽必欲得传国玺，太后宁能终不与邪！'太后闻舜语切，恐莽欲胁之，乃出汉传国玺，投之地以授舜，曰：'我老已死，如而兄弟，今族灭也！'"

成帝刘骜皇后赵飞燕

赵飞燕（生卒不详），成帝刘骜皇后。父赵临，官至成阳侯。永始元年（前16）被立为皇后。

官奴出身的赵飞燕以其倾城倾国之美色赢得了成帝刘骜的欢心。赵飞燕有个妹妹赵合德貌若天仙，却骄妒残忍，入宫后，也得帝专宠。赵飞燕与其妹合德利用成帝对她们如痴如狂的迷恋，竟不择手段将已到而立之年仍无子嗣的成帝刘骜刚刚坠地的两个亲生儿子害死，致使成帝绝嗣。尽管如此，成帝对她们的宠爱仍然有增无减。俗话说："物极必反，盛极必衰"，正当她们忘乎所以之时，厄运降临在这两个宠儿身上。

一、倾城倾国　姐妹受宠

不知是何年何月何日，一个女婴降生在官奴赵临家。守着呱呱啼哭的婴儿，赵临夫妇满脸愁容，家中本就贫困，上天为何又让这孩子生在我赵家，往后的日子可该怎么过啊？出于万般无奈，赵临夫妇决定将这女婴扔掉。一天，赵临夫妇抱着女婴左看右看，

赵飞燕
——从清刻本《百美新咏图传》（颜希源编，王翙绘）

赵夫人更是悲痛难忍。赵夫人将婴儿裹了又裹，然后含泪颤抖着手把婴儿递给赵临，赵临将包裹好的婴孩偷偷放在了荒郊野外。孩子是丢掉了，赵临的心头却异常烦闷，那毕竟是自己的亲生骨肉。三天之后赵临怀着一颗负疚之心，又悄悄来

到丢弃孩子的地方。他大吃一惊，那个被遗弃了三天的女婴居然还活着，他心中窃想，这孩子或许还真有什么福分呢。于是，赵临便把一息尚存的婴儿抱回了家，并开始精心地加以抚育。[1]

一晃十几个年头过去了，昔日的襁褓婴儿，此时已长成了体态婀娜、面如桃花的妙龄少女。她就是后来成为皇后的赵飞燕。

汉代，官奴的子女是国家的财产，他们的命运去留全由官府主宰。起初，赵氏在长安宫里做婢女，后又被打发到了阳阿公主府。

阳阿公主见赵氏容貌俏丽，体态轻盈，而且聪明伶俐，心里十分喜爱，就让人教她演歌习舞，充作府中的舞伎。凭着天赋

西汉降地印花敷彩纱

聪明和辛勤苦练，几年下来，赵氏歌如莺语，舞似燕翔，技艺远在群芳之上。公主当下替她取名曰：飞燕。一时间，飞燕声名鹊起，长安城里都知道阳阿公主府里有个色艺双绝的赵飞燕。

此时，正值西汉后期，在位的乃是汉成帝刘骜。汉成帝既无开疆拓域的雄韬伟略，又乏守城安邦的治国之才，是个地地道道游手好闲的昏君，这一天，成帝微服来到了阳阿公主的府第。

皇帝突然造访，公主府上下一片忙乱。公主盛情设宴，为成帝接驾洗尘。为了助兴，公主命府中舞伎献技。环佩金玉声中，一位绝色佳人款款而来，成帝一见，十分倾心，不知不觉竟看呆了。只见她面如姣花，目似秋水，体态轻盈；歌舞起处，似花枝轻颤，如燕子点水，一曲未尽，便有万种风情，妙不可言。唐代诗仙李白在他的《清平调》中曾这样赞叹飞燕之美，曰：

　　一枝红艳露凝香，云雨巫山枉断肠，

---

[1]事见《汉书·外戚列传下》："孝成赵皇后，本长安宫人。初生时，父母不举，三日不死，乃收养之。"

借问汉宫谁得似，可怜飞燕倚新妆。

席罢，成帝便要带赵飞燕一同回宫。公主便做顺水人情，将她献给了成帝。不久，成帝又听说赵飞燕的妹妹赵合德婉丽美艳，不逊于飞燕，亦令其入宫。

赵氏姐妹虽然出身微贱，但极工于心计，她们以姿色将皇上迷得神魂颠倒，如醉如痴。从此，成帝一心迷恋赵家姐妹，每天在后宫与她们饮酒作乐。然而，赵家姐妹仍不满足。尤其是赵飞燕，她觊觎皇后的宝座已久，处心积虑地要搞垮许皇后以及班婕妤等人。

成帝时期，以许氏外戚与在朝掌权的王氏外戚为代表的外戚争权夺势的斗争十分激烈，几经较量，许氏外戚已呈明显颓势，此时许后已人老珠黄，失去了皇帝的欢心，只能在宫中如履薄冰地挨过时光。赵飞燕看准了这一有利时机，为了登上皇后宝座，她与其妹赵合德姐妹参与陷害许氏。

鸿嘉三年（前18），赵飞燕发难告发许皇后之姊许谒，说她设坛诅咒已怀孕的王美人以及大司马王凤，其中也提到了班婕妤。当时，已过而立之年的成帝正苦于膝下无子，皇统无嗣。飞燕的告发正好触动了成帝，盛怒之下，成帝下令将许谒问罪处死，许皇后则被废入冷宫；班婕妤也受牵连，避往长信宫。就这样赵飞燕巧施计谋，轻易扫清了通往皇后宝座的两大障碍。

成帝也有了立飞燕为后的念头，没想到，这事遭到太后王政君的反对。太

汉铜镜中之舞者像

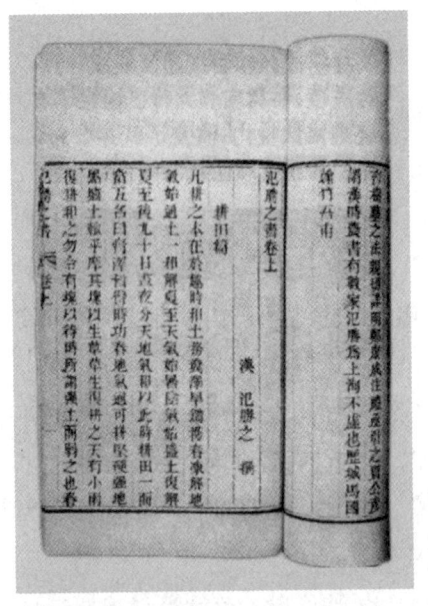

成帝时，出现了中国最早的传统农书——《氾胜之书》。
图为氾胜和《氾胜之书》书影

后虽不是出身于显赫官宦家庭，却也十分看重门第。尤其令成帝恼怒的是，一些大臣也竭力阻挠立后之事，使得成帝进退维谷，左右为难。

正当成帝踌躇之际，淳于长为他谋划。这淳于长是太后王政君的外甥，官拜卫尉。他摸透成帝的心思，感到这是一个巴结成帝的好机会。于是，他便经常到太后那里一会儿夸奖成帝如何孝顺，飞燕如何贤惠；一会儿又言国家不可一日无后。如此再三，凭着三寸不烂之舌，一年的时间过去了，淳于长终于说动了太后。永始元年（前16），飞燕被册封为皇后，戴上了她渴望已久的凤冠。加封之日，成帝不忘淳于长的说服之功，降旨封他为定陵侯。飞燕父亲赵临也被封为成阳侯。[1]

赵飞燕做了皇后，赵合德也由婕妤升为昭仪，仅次于皇后。随着时间的推移，刘骜对赵合德的宠幸更甚于赵飞燕。他让赵合德居于昭阳殿，为讨得赵合德的欢心，成帝大肆修缮昭阳殿。台阶用白玉砌成，门槛包铜涂金，墙壁用黄金、

---

[1] 事见《汉书·外戚列传下》："许后之废也，上欲立赵婕妤。皇太后嫌其所出微甚，难之。太后姊子淳于长为侍中，数往来传语，得太后指，上立封赵婕妤父临为成阳侯。后月余，乃立婕妤为皇后。追以长前白罢昌陵功，封为定陵侯。"

蓝田玉和珍珠、翠羽等来装饰……把座昭阳殿建得金碧辉煌,这在后宫是不曾有过的。[1]可见皇上对赵合德宠爱到何种程度。有诗云:

  卷发新妆丽晓霞,更闻女弟擅容华,
  金缸衔璧流苏带,争羡昭阳第一花。

  其姐姐飞燕皇后与她相比也黯然失色。不过,妹妹并无取代姐姐之心。

二、工于心计　残害帝嗣

  飞燕当上皇后以后,与其妹合德双艳并峙,独宠后宫。许多妃嫔根本难见君王一面,只能暗叹命薄。

  随着时光的流逝,飞燕姊妹又开始担忧起来。飞燕姊妹虽然长期侍奉,却始终未能生下一男半女,而成帝偶尔临幸的其他妃嫔宫女,不少人都怀有身孕。为了继续赢得皇帝的专宠,保住凤冠和昭仪封号,她们决定铤而走险,由飞燕幕后操纵,合德前台动手,姊妹俩极力摧残后宫有子的嫔妃。

  元延元年(前12),有个叫曹宫的宫女,偷偷地告诉同伴:"陛下幸妾。"过了几个月,一个叫曹晓的宫婢发现曹宫腹部隆起,便将她拉到一旁悄问其故,曹宫喜不自禁地说:"御幸有身。"这年十月,曹宫分娩,生了一个儿子。皇上欢喜不已,可是不敢告诉赵氏姐妹,他特地派了六个宫女去伺候曹氏母子。赵合德听说后,大怒,指使中黄门田客暗杀这个新生儿。田客派掖庭狱丞籍武把婴儿抱去暴室狱杀死,并警告他:"只管做事,不要问是谁的孩子!"曹宫面对来夺孩子的籍武,慌恐失措,她无助地紧抱着孩子,哭泣着向籍武恳求道:"请藏好胎衣!您知道这是何等儿!"意指皇上之子。籍武默默地抱着孩子离去了。

  三天后,田客找到籍武,问:"那个孩儿死了没有?"

  "还在暴室狱内,没有死。"籍武说。

  田客返身回到昭阳殿,奏告合德昭仪。一会儿,田客怒气冲冲地出来,

---

[1] 事见《汉书·外戚列传下》:"皇后既立,后宠少衰,而弟绝幸,为昭仪。居昭阳舍。其中庭彤朱,而殿上髹漆,切皆铜沓黄金涂,白玉阶,壁带往往为黄金釭,函蓝田璧,明珠、翠羽饰之,自后宫未尝有焉。"

汉代望楼和庭院建筑，这幅画是采用熟练的透视技法绘制成的建筑鸟瞰图。

厉声对籍武说："皇上与昭仪很生气！责问你为何不杀？"

籍武哭泣道："不杀儿，自知当死；杀之，亦死。"他马上写了一道奏疏："陛下未有继嗣，子无贵贱，惟留意！"然后，请田客将奏疏呈给皇上。田客又进了昭阳殿。

过了一会儿，田客出来说："今夜漏上五刻，你到东交掖门，把孩子交给中黄门王舜。"

籍武在夜里把孩子交给王舜。王舜也不忍心加害孩子，于是找来宫婢张弃，吩咐："你好好哺育这个孩子，不要让别人知道，你有功于社稷，日后必定有赏。"

过了几天，田客又来找籍武。他交给籍武一道诏书，上面写道："告武以篋中之物书予狱中妇人。"籍武从田客手中接过匣子，疑疑惑惑地来到暴室狱，递给里面的妇人。

那妇人打开匣子，发现有两粒丸药，一道诏令，上书："告伟能（即曹宫）：饮此药，休想再入宫！你自知为何。"

原来，这个妇人就是曹宫，她早已被赵合德抓来，关在此处。曹宫看完诏令，愤慨地说："原来是她们姊妹想独霸后宫！我儿头发延至额前，极像皇帝

060

今儿安在？如何才能让皇太后知道这事，为我们母子申冤！"说完，仰头饮药自杀。[1]

合德昭仪怕事情传到皇太后耳中，便杀人灭口，召见曾服侍过曹宫的六个宫婢，说："汝等无过，但也须自杀！"六宫婢亦自缢而死。

过了几天，张弃哺育婴儿之事又让合德昭仪知道了，她派一个叫李南的宫官，持诏书把婴儿提走，残酷地将其杀害了。皇上后来知道了这些事，但已无法挽回。他又不愿惹恼赵昭仪，也就不再追究此事。此后赵昭仪越发地恃宠成骄。

后来，一个姓许的美人又生下了一个儿子。赵氏姐妹知道后大怒。昭仪竟然指着成帝责问道："你常说没到别的宫妃处，只是去过皇后的中宫。那么，许美人是怎么生子的？皇上一直在骗妾。"说完，从床上滚到地下，用头猛烈地撞门边的柱子，号哭着说："陛下今天就打发我走好了！"宫人将饭送来，她也不吃，哭着叫着寻死觅活。

成帝慌了，说："不告诉你，你要生气；告诉你，你也要生气。你这人不可理喻！"说完赌气坐在一旁，也不吃饭了。

昭仪见皇上生气了，便停止哭闹，质问道："皇上既然自认为没错，为什么不吃饭呢？陛下常说决不辜负我。如今美人有子，皇上已辜负了妾，皇上你如

---

[1] 事见《汉书·外戚列传下》："元延元年中宫语房曰：'陛下幸宫。'后数月，晓入殿中，见宫腹大，问宫。宫曰：'御幸有身。'其十月中，宫乳掖庭牛官令舍，有婢六人。中黄门田客持诏记，盛绿绨方底，封御史中丞印，予武曰：'取牛官令舍妇人新产儿，婢六人，尽置暴室狱，毋问儿男女，谁儿也！'武迎置狱。宫曰：'善臧我儿胞，丞知是何等儿也！'后三日，客持诏记与武，问：'儿死未？手书对牍背。'武即书对：'儿见在，未死。'有顷，客出曰：'上与昭仪大怒，奈何不杀？'武叩头啼曰：'不杀儿，自知当死；杀之，亦死！'即因客奏封事，曰：'陛下未有继嗣，子无贵贱，唯留意！'奏入，客复持诏记予武曰：'今夜漏上五刻，持儿与舜，会东交掖门。'武因问客：'陛下得武书，意何如？'曰：'怆也。'武以儿付舜，舜受诏，内儿殿中，为择乳母，告'善养儿，且有赏。毋令漏泄！'舜择弃为乳母，时儿生八九日。后三日，客复持诏记，封如前予武，中有封小绿箧，记曰：'告武以箧中物书予狱中妇人，武自临饮之。'武发箧中有裹药二枚，赫蹏书，曰：'告伟能：努力饮此药，不可复入。女自知之！'伟能即宫。宫读书已，曰：'果也，欲姊弟擅天下，我儿男也，额上有壮发，类孝元皇帝。今儿安在？危杀之矣！奈何令长信得闻之？'宫饮药死。"

元人绘《汉苑图》

何处置？"

成帝见她平静下来，马上好言安抚道："既答应了你们姊妹，就不会再宠许氏了。朕保证没人超过你们姊妹，不要担心。"有了皇上这句话，赵合德才破涕为笑，转而撒娇央告皇上，将孩子带来，让她看看。皇上满口答应。

过了一会儿，成帝派中黄门靳严赐给许美人一道诏令，他吩咐靳严："美人会交给你一件东西，你拿来，放在饰室门帘的南面。"

许美人看了皇上的诏令，很放心地把孩子放进一个苇箧里，交给靳严。但她万万没想到，这竟是她和孩子的永别。靳严按成帝的吩咐把孩子放在饰室门帘的南面，然后离去。

成帝与合德昭仪坐在殿上，叫昭仪身边的侍者于客子打开苇箧，然后叫于客子和其他侍者都出去，关上门。须臾开门，呼于客子等人进来，叫他们把苇箧缄封起来，放在屏风的东面。诏令中黄门吴恭把苇箧交给籍武，并赐诏与武："箧中有死儿，将他埋掉，不可让他人知晓。"籍武在暴室狱的墙下挖了个坑，

把死婴埋了。[1]

两个无辜的婴儿就这样惨死在合德昭仪之手。

赵氏姐妹继续摧残怀孕嫔妃，以至"生子者辄杀，堕胎者无数"！致使成帝从此绝嗣，只能在皇族中另择皇储。

绥和元年（前8），诸王来朝，围绕着立储问题，众藩王之间自有一番明争暗斗，其中，争夺的中心人物是中山王以及定陶王刘欣。刘欣祖母傅昭仪私下以财宝贿赂赵氏姐妹，她们欢喜自不必言，又念自己年长无子，正需找个依靠，此后，便常在成帝面前为刘欣说情，盛赞其贤德。

绥和二年（前7），成帝立刘欣做了太子。

赵家姐妹宠压后宫，又有太子以为后援，可谓盛极一时。

俗话说："物极必反，盛极必衰。"绥和二年（前7）三月十八日，成帝宿于未央宫的白虎殿。天要将明的时候，穿着裤袜的成帝想起床，找衣服，没找到，旋即昏倒，口不能言而死。成帝体格健壮、素无病恙，突得暴病而亡，一时间，宫廷内外众说纷纭。飞燕姐妹承宠已久，在宫中树敌太多。成帝一死，众人便群起而攻之。皇太后王政君下令大司马大将军王莽追查成帝死因，矛头直指合德。合德深感大势已去，只得自杀。

成帝驾崩，飞燕感到失去了靠山，幸喜哀帝刘欣即位后，念及当年推荐有功，对她仍是礼仪有加，尊她为皇太后，并封其弟赵钦为新成侯。[2]

---

[1] 事见《汉书·外戚列传下》："后客子、偏、兼闻昭仪谓成帝曰'常给我言从中宫来，即从中宫来，许美人儿何从生中？许氏竟当复邪！'怼，以手自搞，以头击壁户柱，从床上自投地，啼泣不肯食，曰：'今当安置我，欲归耳！'帝曰：'今故告之，反怒为！殊不可晓也。'帝亦不食。昭仪曰：'陛下自知是，不食为何？陛下常言约不负女，今美人有子，竟负约，谓何？'帝曰：'约以赵氏，故不立许氏。使天下无出赵氏上者，毋忧也！'后诏使严持绿囊书予许美人，告严曰：'美人当有以予女，受来，置饰室中帘南。'美人以苇箧一合盛所生儿，缄封，及绿囊报到书予严。严持箧书，置饰室帘南去。帝与昭仪坐，使客子解箧缄。未已，帝使客子、偏、兼皆出，自闭户，独与昭仪在。须臾开户，呼客子、偏、兼，使缄封箧及绿绨方底，推置屏风东。恭受诏，持箧方底予武，皆封以御史中丞印，曰：'告武：箧中有死儿，埋屏处，勿令人知。'武穿狱楼垣下为坎，埋其中。"

[2] 事见《汉书·外戚列传下》："哀帝既立，尊赵皇后为皇太后，封太后弟侍中驸马都尉钦为新成侯。"

不久，朝中大臣交相奏章，揭发飞燕姊妹残害成帝子嗣之事，但哀帝根本不予追究，只将赵钦削职发配，敷衍了事。

哀帝即位后，外戚斗争更加激烈，哀帝一派的傅氏和丁氏外戚，与在朝掌权的王氏外戚争权夺利，在这场斗争中，飞燕站到傅、丁外戚一边，使得王氏十分嫉恨。

元寿二年（前1），哀帝崩，王氏外戚扶持9岁的平帝刘衎登上了帝位。平帝年幼，朝中大权一并归于王氏。王氏取得绝对权势后，大肆讨伐自己的旧敌。时隔不久，王氏外戚以残害皇子的罪名，将飞燕削去太后封号，幽禁在北宫。随即又废为庶人，令其迁出皇宫，移住成帝的延陵。

在一次重于一次的打击下，赵飞燕彻底地绝望了，终于含恨自尽。

未央宫椒房殿遗址

名家评说

前皇太后与昭仪俱侍帷幄，姊弟专宠锢寝，执贼乱之谋，残灭继嗣以危宗庙，悖天犯祖，无为天下母之仪。

——新帝王莽，引自汉·班固《汉书》

燕燕双飞入汉宫，皇孙啄尽血风红；
古今不少危亡祸，半自蛾眉误主聪。

——蔡东藩《前汉演义》

姐妹相将入汉宫，花开两朵向阳红。
争春媚语知多少，合让昭仪占上风。

——张英玉《历代名媛百咏》

光武帝刘秀皇后阴丽华

阴丽华（？~57），光武帝刘秀皇后。南阳新野（今属河南）人。父亲阴睦，母亲邓氏。建武十七年（41）被立为皇后，在位16年。谥"光烈"，史称"光烈阴皇后"。出身平民的阴丽华以她的美貌赢得了刘秀，得主后宫。阴氏不争宠、不争权，光武帝准备把令历朝历代嫔妃瞩目的凤冠戴在阴氏头顶之时，阴氏以郭贵人有子为由把皇后的宝座让给了郭圣通，自己甘做皇后之下的贵人。她以其德行赢得光武帝的宠爱，最后还是做了母仪天下的皇后。

阴丽华

南阳新野阴家的女儿阴丽华，年方18岁，有倾城倾国之貌。南阳蔡阳人刘秀到了新野姐夫家不久，就听人说起阴丽华的美丽，很是羡慕，并声称"娶妻子就应该娶像阴丽华那样的"。

这时，天下大乱，豪杰蜂起。在南阳宛县（今河南南阳）人李通的鼓动下，刘秀兄弟起兵造反。第二年，刘伯升、刘秀兄弟进军宛县，拥立刘圣公为天子，刘圣公拜伯升大司徒，刘秀太常、偏将国。

驻军宛县期间，刘秀聘娶年轻貌美的阴丽华为妻，了却了心愿。这一年，阴丽华19岁。新婚不久，刘秀升任司隶校尉，要出征洛阳，阴丽华就回新野娘家去了。[1]

---

[1] 事及语见《后汉书·帝纪第一〇上·光烈阴皇后》："光烈皇后讳丽华，南阳新野人。初，光武适新野，闻后美，心悦之。后至长安，见执金吾车骑甚盛，因叹曰：'仕宦当作执金吾，娶妻当得阴丽华。'更始元年六月，遂纳后于宛当成里，时年十九。及光武为司隶校尉，方西之洛阳，令后归新野。"

铜辇车

更始二年（24），刘秀在鄗县（今河北高邑东南）南面祭告天地诸神，当了皇帝，是为光武帝。四个月后，刘秀的车驾驰进洛阳，定洛阳为国都。之后他派侍中傅俊去迎接阴氏。阴氏到洛阳后，光武帝刘秀封她为贵人，与郭圣通名号相同。

第二年，光武帝刘秀想立皇后。他觉得贵人阴丽华文静贤慧，有母仪之态，意欲立她。阴贵人说："郭贵人生有皇子，为天下计，应立郭贵人为是。"听了这番话，光武帝更加喜欢阴氏，并且对阴氏十分敬重，于是光武帝立郭圣通为皇后。[1]

这时天下未定，光武帝时常出征，阴贵人则随军出征，侍奉光武帝。建武四年（28），光武帝统兵征讨割据北方的彭宠，身怀六甲的阴丽华贵人随军出征，在元氏县（今属河北）分娩，生了个男孩。[2]刘秀高兴万分，给他的皇子取名"庄"，阴贵人在戎马倥偬中度过了五年。

这时，一场灾难突然落在阴贵人的家人头上。一伙强盗闯入阴贵人的娘家，劫掠财物，阴贵人的老母邓氏和弟弟阴䜣被强盗所杀。噩耗传来，阴贵人悲痛欲绝，光武帝也很悲伤，追封贵人父亲为宣恩哀侯，弟弟䜣为宣义恭侯，以弟袭父爵。[3]

阴贵人天生丽质，娇艳无比，且很贤惠，举止有礼，深得光武帝刘秀的欢心。这引起年老色衰而失宠的郭圣通皇后的嫉恨，而且时常以皇后的身份呵责阴

---

[1] 事见《后汉书·帝纪第一〇上·光烈阴皇后》："帝以后雅兴宽仁，欲崇以尊位，后固辞，以郭氏有子，终不肯当，故遂立郭皇后。"

[2] 事见《后汉书·帝纪第一〇上·光烈阴皇后》："建武四年，从征彭宠，生显宗于元氏。"

[3] 事见《后汉书·帝纪第一〇上·光烈阴皇后》。

东汉君车画像

贵人。

光武帝越来越厌弃皇后,对她嫉恨阴贵人的行为更为不满。当初,是因为郭圣通生有儿子刘强,所以才立她为皇后。现在,阴贵人也生有儿子刘庄。光武帝对皇太子刘强很有好感,但对他的母后却已非常厌烦。

建武十七年(41),光武帝制诏三公,历数郭圣通皇后的种种罪行,命大司徒戴涉、宗正刘吉持"节"收取郭圣通的皇后玺绶,贬为中山王太后,逐出皇宫。诏立阴贵人为皇后,她的长子刘庄被立为皇太子。[1]

阴丽华母子贵显,但毫无骄奢之行。她恭俭有礼,兢兢业业地处理后宫事务,与嫔妃相处得十分和睦。她举止庄重,不苟言笑,有母仪风范。光武帝对丽华皇后很是宠爱。

中元二年(57),光武帝刘秀在皇城的南宫前殿病死,享年62岁。刘庄即位,是为明帝,尊阴皇后为皇太后。

阴太后待在皇宫里,平平安安地度晚年。永平七年(64)病逝,享年60岁。明帝为她举行了盛大的葬礼。她的灵柩被护送到洛阳城郊的原陵,与光武帝刘秀合葬。

[1] 在《后汉书·帝纪第一〇上·光烈皇后》所载的诏书中,有这样的句子:"阴贵人乡里良家,归自微贱。'自我不见,于今三年。'宜奉宗庙,为天下母。"

名家评说

后在恭俭，少嗜玩，不喜笑谑。性仁孝，多矜慈。

——晋·司马彪《后汉书》

娶妻当得阴丽华，貌美更兼品德嘉。
恭俭持身仁孝著，斯人几见帝王家。

——张英玉《历代名媛百咏》

章帝刘炟皇后窦氏

窦氏(?~97),汉章帝刘炟皇后。扶风平陵人(今属陕西)人。和帝刘肇皇太后。父为东汉开国元勋窦融之孙窦勋,母为沘阳公主。建初三年(78)被立为皇后,在位10年。谥"章德",史称"章德窦皇后"。不过,在做了十多年皇后之后,她又临朝执政近10年。东汉一朝,由皇太后临朝执政人数之多,在中国历史上首屈一指,开其先河者,正是章帝刘炟窦皇后。

一、天灾人祸 塞翁失马

窦氏是开国元勋窦融的曾孙女。[1]

窦融的长子窦穆娶光武帝刘秀女儿内横公主为妻,并且接替他的叔叔窦友任城门校尉。窦穆的儿子窦勋又娶了东海恭王刘强的女儿沘阳公主。到汉明帝时,窦融祖孙三代,在洛阳城已是官府邸宅相望,奴隶成群。其他功臣甚至皇亲,都没有人能和他家相比的。窦氏便出生在这样显赫的官宦之家,她是窦勋的大女儿。[2]

但自永平五年(62)78岁的窦融病逝之后,窦家便开始日渐衰落了。窦融的儿子窦穆不修品行,却拥有万贯家财,明帝借口窦穆无力打理家财,时常派人

---

[1] 事见《后汉书·帝纪第一〇上·章德窦皇后》:"章德窦皇后讳某,扶风平陵人,大司徒融之曾孙。"

[2] 事见《后汉书·帝纪第一〇上·章德窦皇后》:"勋尚东海恭王强女沘阳公主,后其长女也。"

汉宫图

监护他家。没过几年,所派之人上奏说,窦穆父子经常抱怨当今皇上忘恩负义。于是,明帝下令赶窦穆父子离京城回老家——扶风平陵。因为窦勋的夫人是沘阳公主,所以仍然留在了京城。没过多久,窦穆又因贿赂官吏而入狱。窦勋因此受牵连入狱,死在洛阳狱中。

经此一事,窦氏一家如从天上掉到了地下,窦氏的童年也就是在这样一个破落了的"名门"度过的。然而,就是在她家这样破败的时候,相面先生还是说窦氏日后定能大尊大贵。[1]不过,破落的家境,也使知书达礼的窦氏练就了极强的个性。

窦氏6岁就能做很好的文章了,而且天生丽质。建初二年(77)八月,窦氏

---

[1] 事见《后汉书·帝纪第一〇上·章德窦皇后》:"家既败坏,数呼相工问息耗,见后者皆言当大尊贵,非臣妾容貌。"

及其妹妹被选入了长乐宫。由于她那如花似玉的容貌、非凡的举止言谈,不仅得到马太后赏识,更得当朝天子章帝刘炟的喜爱。她以其智慧与后宫嫔妃相处得极为和洽,所以,声誉渐渐传播,为她在群芳中竞争皇后的宝座奠定了基础。[1]

窦氏竭尽女性之媚,独占后宫。建初三年(78),窦氏被立为皇后。她的妹妹也被封为贵人。建初四年(79),马太后病逝。于是宫内权力最大者莫过于窦后了。章帝性格宽厚,所以窦后利用了他的宽厚,独享龙颜。

起初,深得章帝喜欢的还有宋贵人和梁贵人。在建初二年(77),宋贵人入选宫中。第二年生了皇子刘庆,建初四年(79),刘庆被立为皇太子。正当宋贵人沉浸在母以子贵的欢悦之时,窦后的嫉妒心与日俱增,她串通她的母亲沘阳公主,密谋陷害宋贵人。这天,窦后在掖庭门截住了宋贵人的一封信。信上说:"久病思生兔,让家里求生菟。"窦后便借此诬陷她想设蛊道诅咒。章帝经不住窦后再三再四的挑拨,于是宋贵人连同皇太子刘庆渐渐被章帝疏远了。建初七年(82),章帝废皇太子刘庆为清河孝王,[2]而立了由窦后抚养的皇子刘肇为皇太子。宋氏被逐出正宫,并且派小黄门(太监)拷打审问她,宋氏饮药自杀身亡。

再说梁贵人,她是梁统的小孙女。梁统与窦融早年都在西部共事,也是多年的老朋友。建初二年(77),梁氏姐妹双双入选长乐宫,并封为贵人。建初四年(79),梁贵人生下刘肇,窦后一直无子,所以,过养刘肇为她的儿子。梁家暗自庆幸,因为这样刘肇会被立为皇太子,将来做了皇帝,一定不会亏待了生母和母亲一家人。谁知这话传到了窦后的耳朵里,所以除掉梁氏也成了她的目标。

建初七年(82)解决了宋贵人及刘庆后,建初八年,窦氏就诬陷梁贵人,梁氏姐妹被潜杀身而亡。[3]

宋贵人及梁贵人相继惨遭窦后的毒害,使后宫妃嫔惊恐不安,而窦后却以

---

[1] 事见《后汉书·帝纪第一〇上·章德窦皇后》:"年六岁能书,亲家皆奇之。建初二年,后与女弟俱以选例入,见长乐宫,进止有序,风容甚盛。肃宗先闻后有才色,数以讯诸姬傅。及见,雅以为美,马太后亦异也。因入掖庭,见于北宫章德殿。后性敏给,倾心承接,称誉日闻。"

[2] 事见《后汉书·帝纪第一〇上·章德窦皇后》:"初,宋贵人生皇太子庆,梁贵人生和帝。后既无子,并疾忌之,数间于帝,渐致疏嫌。因诬宋贵人挟邪媚道,遂自杀,废庆为清河王。"有关言论,见《后汉书·章帝八王列传·清河孝王庆》。

[3] 事见《后汉书·帝纪第一〇上·章德窦皇后》。

其魅力更加深得章帝的宠爱。在她后宫地位巩固后，便开始涉足于朝政。这种插手是由她的兄弟们参政开始的。

二、临朝执政　飞扬跋扈

窦氏初登皇后宝座不久，汉章帝下诏，拜她的哥哥窦宪为郎，不久，又升迁为侍中、虎贲中郎将；她的弟弟窦笃任黄门侍郎。窦宪兄弟深得汉章帝的信任，参与宫内的机要，并且得到皇帝的大量赏赐。窦宪恃宠日骄，他看好了汉明帝女儿沁水公主的园田，非要强"买"过来。沁水公主被逼无奈，只得默许。后来汉章帝发觉，大怒，找来窦宪训斥道："现在你竟敢抢占公主的田园，其他小民百姓就更不用说了！国家应该把你当孤雏腐鼠扔掉啊！"窦后闻讯，急忙赶来，哭哭啼啼撕毁衣裳要替哥哥去死。[1]章帝面对这位泪人，竟毫无办法，只得赦了窦宪的罪，但从此再也没有授给他重任。

章和二年（88）二月，33岁的章帝崩于章德前殿，年仅10岁的皇太子刘肇

东汉庄园农作图

---

[1] 事及语见《后汉书·列传第一三·窦融》："后发觉，帝大怒，召宪切责曰：'……今贵主尚见枉夺，何况小人哉！国家弃宪如孤雏腐鼠耳。'宪大震惧，皇后为毁服深谢"。

即帝位，是为汉和帝。尊窦皇后为皇太后，因和帝年幼，由母后临朝执政。[1]窦后从此开始了她主掌宫内宫外的政治生涯。窦后下诏：汉章帝圣贤明达，奉行祖宗的治国之道，使天下安宁。现今皇帝年幼多病，我权且辅助他处理政事。边外的天国贤王，都是我国的藩属屏障；朝内文武百官都能严格要求自己，来协同处理本朝的事务，这样，方能解除我后顾之忧。只是在守天下祖业之际，需要有内辅来出谋决断。侍中窦宪兼有才能品行，更以忠孝为重，汉章帝亲受遗诏，任命他为掌典辅助。太尉邓彪有三让的高德和海内归仁的品行，聪颖明达，又是群贤之首，章帝多次赞扬他，并想以此来教化百姓。因此，任邓彪为太傅，赐爵关内侯，录尚书事，处理百官之事。

接着窦氏又更改了章帝时的一些规定。建初三年（78），章帝不忍与诸王分离，就留诸王住在京师，窦太后怕诸王反对她，所以以守边为重作借口，下令全部派遣回封国。当时，北方匈奴不断侵扰，使北方的老百姓不得安宁。窦太后想借盐铁税来增加军费，改变章帝对匈奴安抚妥协的政策，以便大举进攻匈奴。

汉章帝驾崩后，齐殇王的儿子都乡侯刘畅来京吊丧，因为刘畅和步兵校尉邓垒是挚友，邓垒的母亲元氏与长乐宫往来密切，所以，刘畅就借此种关系接近长乐宫，而且很得窦太后的欢心，时常被召到上东门议事。窦宪害怕刘畅被窦太后宠幸，分割他的权力，派刺客暗杀了刘畅，并归罪于刘畅的弟弟利侯刘刚，还派侍御史与青州刺史严刑拷打刘刚等。窦太后发觉后大怒，将窦宪关闭在内宫。[2]恰巧北匈奴再次扰边，南匈奴请求朝廷出兵征讨，窦宪害怕被杀，于是请求戴罪出征匈奴，窦后就同意了他的请求。

这年冬天十月，任窦宪为车骑将军，联合南匈奴大举进攻北匈奴。永元元年（89），双方大战于稽落山，汉军连战连捷，窦宪登上燕然山，刻石勒功，得胜还朝。

由此，窦宪升任大将军，封武阳侯。大将军一职仅次于太傅，但却拥有实权。此时是窦氏家族的鼎盛时期，窦太后的弟弟窦笃任卫尉，窦景和窦环皆任侍中，官职升迁之快超出常人。

由于窦宪平了匈奴，威名大盛。凡是违背其意的人都相继被逼自杀，形成了朝臣大加震慑、望风承旨的局面。

---

[1] 事见《后汉书·窦融列传》："和帝即位，太后临朝。"
[2] 事见《后汉书·窦融列传》："后事发觉，太后怒，闭宪于宫。"

窦宪率兵进攻北匈奴的出发地——鸡鹿塞遗址

三、生前势衰　死后情存

　　窦氏兄弟借窦太后的势力，祸害百姓，引起了众愤。为了平民愤，窦太后只是免了窦景的官，但又以特进就朝位。

　　汉和帝永元四年（93），窦宪阴谋叛逆，但走漏了消息。和帝与宦官密议，决定诛之；因窦宪在朝外，怕他为乱，所以先隐忍未发。等到窦宪和邓叠班师回朝，和帝立即下诏执金吾、五校尉率兵先逮捕了邓叠、邓磊等叛贼，下狱并处死；然后派谒者仆射收了窦宪大将军的印绶，只封冠军侯；令窦宪、窦笃、窦景、窦瓌归其封国，等他们到了封国后，逼迫他们自杀。[1]窦氏宗族、宾客及靠窦氏做官的人也全部免官。

　　从此，东汉外戚势力消沉，宦官势力抬头，并且形成交替执政的格局。窦太后由此被软禁宫中，不得参与政事，这位长期操纵政局的太后，在汉和帝永元

---

[1] 事见《后汉书·帝纪第一〇上·章德窦皇后》："兄宪，弟笃、景，并显贵，擅威权，后遂密谋不轨。永元四年，发觉，被诛。"

九年（97）忧郁而死。

　　窦太后死后，宋氏、梁氏族人上奏要求罢黜窦太后，贬其尊号；太尉张酺等人也上奏，依照光武帝刘秀废黜吕太后的事，并不使其与章帝合葬。和帝念及养育之情，仍然按皇太后的仪式，将她葬于汉章帝陵——敬陵。[1]

---

[1] 事见《后汉书·帝纪第一〇上·章德窦皇后》："九年，太后崩，未及葬，而梁贵人妹嫕上书陈贵人枉殁之状。太尉张酺、司徒刘方、司空张奋上奏，依光武黜吕太后故事，贬太后尊号，不宜合葬先帝。百官亦多上言者。帝手诏曰：'窦氏虽不遵法度，而太后常自减损。……案前世上官皇太后亦无降黜，其勿复议。'于是合葬敬陵。"

和帝刘肇皇后邓绥

邓绥

邓绥（？~121），汉和帝刘肇皇后，殇帝刘隆、安帝刘祜皇太后。永元十四年（102）被立为后，在位3年；元兴元年（105）尊皇太后，在位16年。谥"和熹"，史称"和熹邓皇后"。她出身名门，聪敏贤惠。她因选美入宫，又以其貌美、德高，深得和帝宠爱和钦佩。执掌中宫的邓绥并没有被宫中的繁华奢丽所陶醉，更没有因母仪天下而自傲，而是以谦让宽厚为怀，明智识礼。邓绥临朝执政16年，兢兢业业，勤政爱民，既要综理国政、扶持汉室，又要谨防名高震主、惹火烧身。最后操劳至死。像邓绥这般宽怀大度，谨慎守成，临朝听政16载的人物，在古代后妃中实属罕见。

一、出身名门　志在典籍

邓绥出生于一个显贵的家族。她的祖父是东汉开国功臣太傅邓禹，因战功卓著被册封为高密侯。邓绥的父亲是护羌校尉邓训，母亲阴氏是光烈皇后阴丽华的侄女。

邓绥5岁的时候，祖母因为喜欢，便亲自给她剪头发。当时，邓夫人年事已高，眼有些花了，不小心误伤了孙女的额头，但邓绥忍着痛，没有声张。旁边看见了的人问她，她说不忍心拂老人的意、伤老人的心。[1]

---

[1] 事及语见《后汉书·帝纪第一〇上·和熹邓皇后》："后年五岁，太夫人爱之，自为翦发。夫人年高目冥，误伤后额，忍痛不言。左右见者怪而问之，后曰'非不痛也，太夫人哀怜为断发，难伤老人意，故忍之耳。'"

因家庭环境优裕，所以邓绥从小受到了良好的教育。6岁诵读史书，12岁通习《诗经》《论语》。她听哥哥们朗读经传时，常常提出使诸兄也难以回答的问题。母亲见她不事女工，不以为然。邓绥虽然听从母亲的话，白天做女工，但晚上仍然醉心典籍。因她志在典籍，人们都戏称她为"诸生"。邓训见她禀赋不凡，很是器重，事无大小，常与她商议。[1]

永元四年（92），13岁的邓绥被汉和帝选中入宫。适逢父亲邓训病殁，依照当时的丧服制度，邓绥需在家守丧三年，所以谢绝入宫。汉朝倡导"以孝治天下"，强调子女对父母要"生事之以礼，死葬之以礼"。自幼便习礼通经的邓绥自然要不顾一切为亡父守丧，日夜哭泣，整整三年没吃过盐和菜，以至于许多人都不认识她了。

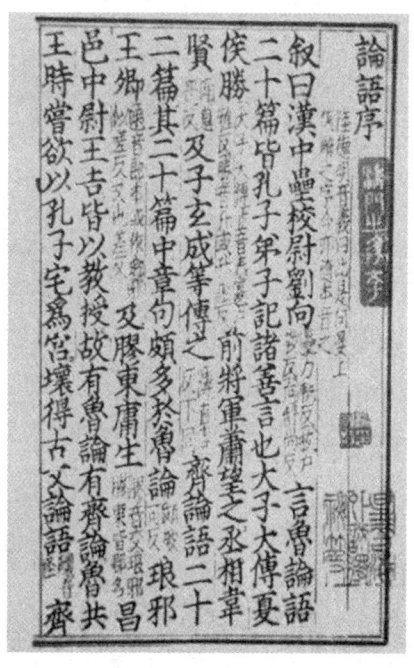

《论语》书影

永元七年，和帝17岁了，虽然后宫已有几位嫔妃，可还需要更多的美女充实后宫。所以，又开始广为挑选美女。名为增广天子继嗣后裔，实际上是为了满足和帝的淫乐纵欲。

此时邓绥守丧服满。三年后的邓绥已是二八华龄，显得更加娇妍多姿，容光焕发。此番内宫选美，邓家十分紧张，因为身为官宦世家的邓家深知皇宫的内幕，女儿入宫，遭皇帝冷落甚至招来大难者比比皆是。但邓家又抱有一种侥幸，因为从若干征兆来看，他们的女儿定会大有出息。

邓绥小的时候，曾梦见自己双手摸天，宽广的青天像有枝钟乳，于是她仰首舐饮。梦醒后觉得很奇怪，便求教于占梦先生，占者十分惊奇地看着邓绥道："古代帝尧曾梦见自己攀天而上，帝汤也曾梦见他仰头舐天，后来他们都成了圣

---

[1] 事见《后汉书·帝纪第一〇上·和熹邓皇后》："六岁能《史书》，十二通《诗》、《论语》。诸兄每读经传，辄下意难问。志在典籍，不问居家之事。母常非之，曰：'汝不习女工以供衣服，乃更务学，宁当举博士邪？'后重违母言，昼修妇业，暮诵经典，家人号曰'诸生'。父训异之，事无大小，辄与详议。"

明的帝王。姑娘这梦乃圣王之前占，是大福大贵的征候。"[1]所以，此次皇帝征召宫女，邓家把它看作一种机会，但为审慎起见，阴夫人又请一位名叫苏文的相士给女儿看相，以定吉凶。

苏文端详邓绥的面相和骨相后，连声称赞说："小姐乃成汤骨相，贵不可言。身长而眉宽，颧高而不露，眼神黑白分明，步履安泰，其声音如鸣凤，清澈响亮。此相贵不可言，乃

汉铜镜

后妃之命。"相士的这一番吹捧话，邓家人听罢，无不欣喜，于是忙收拾行装，装扮邓绥，准备修旨进宫。

二、谦让恭顺　德冠后宫

邓绥怀着惴惴不安的心情来到了汉朝的后宫。她颀长秀美的身段和姝丽莹洁的容貌卓然超群，令左右诧然。因为当时和帝正宠爱着阴贵人，所以最初她与众宫女一样过着孤单凄苦的生活，没有机会接近皇帝。

不久，年将及冠的和帝巡幸后宫时发现了邓绥，大有相见恨晚之感，很快便与邓绥如胶似漆，恩爱难舍。邓绥立即被册封为贵人。邓绥侍奉和帝，极能体贴人意，委婉柔顺且小心翼翼。邓绥身长玉立，端庄中有妩媚，谈吐文雅，既合乎礼仪又略带风趣。和帝得此佳人真是喜不自胜，不知如何安排是好，最后把邓贵人安排在九龙门之内的嘉德宫。

从此，和帝到嘉德宫的次数愈来愈频繁，阴后对此大为嫉恨。而邓贵人却承宠不骄，恭慎如故，极有法度，对阴后丝毫不敢怠慢。她深知争宠结恨极易招致祸患。进谒阴后时，邓绥小心伺候，唯恐被善妒的阴后抓住把柄。甚至对宫女内侍，她也能曲意抚慰，关心备至。所以宫中上下都对她心悦诚服，交口称誉。

---

[1]事见《后汉书·帝纪第一〇上·和熹邓皇后》："后尝梦扪天，荡荡正青，若有钟乳状，乃仰嗽饮之。以讯诸占梦，言尧梦攀天而上，汤梦及天而咶之，斯皆圣王之前占，吉不可言。又相者见后惊曰：'此成汤之法也！'"

和帝对她也日益钟爱。[1]

有一次，邓贵人生病，卧床不起。和帝为使邓贵人尽快康复，准许她的母亲和兄弟进宫来侍奉，并且不限日期。邓绥极力推脱，和帝奇怪。心想其他嫔妃一生可能也没这种机会，而邓贵人却不买他的账。邓贵人见皇上满脸疑容，便说："宫禁至重，臣妾外家人久在内省，为内廷禁令所不许。皇上的恩德，臣妾心领，但会使朝臣对陛下有讥议，对臣妾有毁谤，于公于私都无益处，故贱妾不愿受恩。"和帝听罢，龙颜大悦，大加赞赏："他人都以家人入宫为荣，贵人反以为忧，深自抑损，真令朕佩服啊。"和帝除了对邓绥倍加爱宠外，从内心又多了一份敬重。[2]

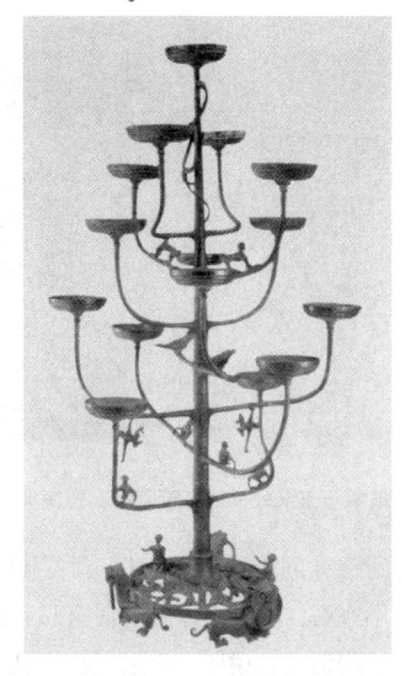

阴后入宫后，一直没有生育，她惧怕邓绥先于自己生子，因此寻找一切机会打击邓绥。面对阴后咄咄逼人的架势，明晓事理的邓绥更加小心。她常常自称身体不适，另选其他宫女入御，希望能为皇上生下子嗣。每当六宫宴会时，诸姬妾贵人竞加修饰，争奇斗艳，想以此引起皇上的注意。而邓绥总是身着素妆且不加修饰。若是服装颜色与阴后相同，为避攀比争宠之嫌，她便及时更换。在和阴后同时进见时，她总是站在一旁，不敢就座。和帝提问时，她常常逡巡而后对，从不先皇后答话。和皇后并行时，弓身细步，以示卑微。[3]和帝见邓绥如此谦抑，劳心曲体，心中十分怜爱，从而更加宠爱邓

汉十五连盏灯

---

[1] 事见《后汉书·帝纪第一〇上·和熹邓皇后》："承事阴后，夙夜战兢；接抚同列，常克己以下之。虽宫人隶役，皆加恩惜。帝深嘉爱焉。"

[2] 事及语见《后汉书·帝纪第一〇上·和熹邓皇后》："及后有疾，特令后母、兄弟入视医药，不限以日数。后言于帝曰：'宫禁至重，而使外舍久在内省，上令陛下有幸私之讥，下使贱妾获不知足之谤。上下交损，诚不愿也。'帝曰：'人皆以数入为荣，贵人反以为忧，深自抑损，诚难及也。'"

[3] 事见《后汉书·帝纪第一〇上·和熹邓皇后》："每有宴会，诸姬贵人竞自修整，簪珥光采，袿裳鲜明，而后独著素，装服无饰。其衣有与阴后同色者，即时解易。若并时进见，则不敢正坐离立，行则偻身自卑。帝每有所问，常逡巡后对，不敢先阴后言。"

成书于东汉的《神农百草经》辑佚本书影

绥。

邓贵人谦让忠顺，上得和帝钟爱，下得宫女侍从的敬佩，德冠后宫，声誉大增。阴后见此情景，内心更加嫉妒，但她一时也想不出对策。此时，她的姨母邓朱给她出主意，让她借用巫蛊诅咒，来陷害邓贵人。

永元十三年（101）夏，和帝染病不起。皇帝病重期间，自皇后以下，皇上不宣召，均不得进见。后宫只有祷告上苍，为天子祈福。阴后见和帝抱病垂危，便密语左右说："我若得志，决不让邓家人再留一个！"[1]宫人竟将密语传给了邓绥。邓绥听后，如闻晴天霹雳，心中十分委屈。她流着眼泪对左右倾诉道："我竭诚尽心地侍奉皇后，竟不能得到她的宽解，看来是上天将降灾于我。如今皇上病危，我决定以自己的性命，乞求上苍保佑皇上龙体大安。可以报答皇帝的钟爱之恩，又可以解脱宗族灭门之祸，不令阴后横施毒手，使我有人彘之讥。"随后邓绥传令宫女赵玉等人准备香案，祷告之后，邓绥欲饮药自尽。侍女赵玉心急如焚，突然想出一条缓兵之计：她向邓绥谎报说，皇上的病已痊愈大半，很快就能康复。邓绥信以为真，转忧为喜，这才放下毒药。事也凑巧，第二天，和帝的病果真好了。

和帝也听到了一些关于阴后巫蛊祝诅的传闻，他对阴后的做法极为憎恶，便私下派人调查此事。而且有人告发邓朱家为皇后供奉巫蛊诅咒，和帝派中常侍张慎等人调查后回禀说确有此事。和帝大怒，下令将邓朱的两个儿子邓奉、邓毅，阴后的弟弟阴轶、阴辅、阴敞均入狱。这些人与阴后一起，秘密祭拜，诅咒邓绥，使皇帝没有子嗣。阴后的父亲阴纲畏罪自杀。和帝觉得阴后失德，不足以母仪天下，便下诏废后，命其迁出长秋宫，废于待罪的桐宫。邓绥却宽宏大量，极力在和帝面前为阴后说好话，但和帝执意不听。阴后被废之后，不久便忧郁而

[1]语见《后汉书·帝纪第一〇上·和熹邓皇后》："我得意，不令邓氏复有遗类。"

死。

永元十四年（102）冬，内外大臣会奏，国家不能无后，请和帝续立皇后。和帝说道："皇后之尊，与朕同体，上承宗庙，母仪天下，唯有德冠后庭的邓贵人，才可胜任。"邓贵人听说后，连忙上书辞谢。邓贵人推让再三，和帝已决计立她为后，无奈只好从命。[1]不久便举行隆重的立后大典，上至皇帝、下至满朝文武，齐集章德殿。皇后面帝而立，由太尉持节捧玺绶，宗正出班宣读策文。之后，皇后拜称臣妾，太尉授玺绶。玉玺用白玉雕成，文曰"皇后之玺"。绶为红色加彩绣。先由一位中常侍跪受，再转授婕妤，婕妤跪受，再转授昭仪，昭仪跪受，然后给皇后披绶带。皇后伏拜，称臣妾敬受。然后奏乐鸣鼓。皇后就座，接受群臣拜贺。22岁的邓绥凭借自己的才貌与德行，终于登上了皇后的宝座。

三、临朝称制　勤政爱民

邓绥登上后位以后，并没有为宫中的繁华奢丽所陶醉，也没有因地位的高升而自傲，仍然处处以谦让宽厚为怀，明智识礼。

当时，郡国献给京师的奇珍异宝很多，地方官更是绞尽脑汁地搜罗珍丽，以求得皇帝的赏赍，然百姓却备受其苦。邓后取消所有这些征发，只让地方在年底贡献些纸墨而已。[2]百姓拍手称快，这一措施既为天下做出勤俭节约的表率，也避免了皇帝玩物丧志，奢侈浪费。

按惯例，皇后正位之后，其宗亲子弟多以受封。故此在汉朝曾多次出现外戚集团分居要职、窃国专权的局面。饱读经史的邓绥对此早有戒备。当和帝要按照成例尊显皇后家族赐官时，邓

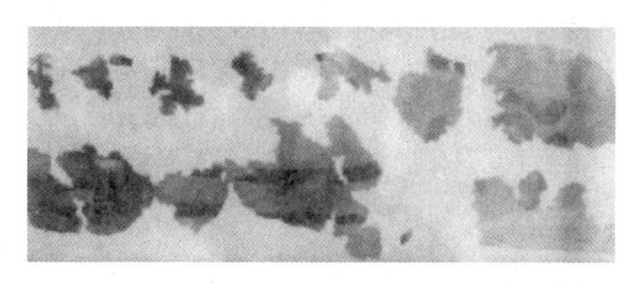

东汉带字纸

---

[1] 事及语见《后汉书·帝纪第一〇上·和熹邓皇后》："会有司奏建长秋宫，帝曰：'皇后之尊，与朕同体，承宗庙，母天下，岂易哉！唯邓贵人德冠后庭，易可当之。'至冬，立为皇后。辞让者三，然后即位。"

[2] 事见《后汉书·帝纪第一〇上·和熹邓皇后》："是时，方国贡献，竞求珍丽之物。自后即位，悉令禁绝，岁时提供纸墨而已。"

东汉陶楼彩绘收租图

后坚决反对,皇帝只好依着邓后。

元兴元年(105),和帝再度染病,终于一病不起,年仅27岁。因和帝死得突然,谁来继承皇位,从未商议过,所以此事也就落到了25岁的邓后身上。

邓后在宫中经过了多次危难。和帝在世时,她那种谦逊自退的做法是为了远避灾祸。九年的宫中生活,使她深知权力的重要。为巩固自己的地位,必须选择一个能够控制的皇位继承人。可惜邓后入宫多年,却没有儿子,后宫所生的皇子大多夭殇。时人视宫中为凶地,后来每有皇子出生,就让奶妈抱出宫外,寄养民间。和帝驾崩后,群臣不知皇嗣下落,无人拥立。邓后告诉众臣,和帝有两个儿子幸存,长子刘胜,为一宫女所生,虽已有8岁,但身有重病,不宜迎立。少子刘隆,出生仅百日,可马上迎入。邓后思忖,刘隆尚在襁褓,可抚养为己子。于是在她的鼓动之下,不足半岁的刘隆登上了皇位,尊邓后为皇太后。因年幼,无法临朝,所以由太后临朝听政,改元延平。

邓太后将和帝安葬于慎陵,正式开始了她的执政生涯。将刘胜封为平原王,同时命令朝中重臣得入禁中。此时的邓后为稳操大权,她不再顾虑重重,将长兄邓骘封为上蔡侯、车骑将军,令他综理朝政,且命邓骘住在宫内,以便随时

商议国事；弟弟邓悝、邓弘、邓阊也都封侯。为便于议事与传达诏命，除自家兄弟外，太后还重用宦官郑众、蔡伦等人为亲信。这不能不说是太后听政的一个弊端。

太后临朝后，接连下诏，大赦天下，凡建武以来因罪遭禁锢者，统统免罪为平民。又下令减少宫内所供应的物资，规定每天只能吃一肉一饭，地方郡国的贡献减半。凡因暴雨受灾的郡国，皆免除田租。所有掖庭侍女以及宗族家的官奴婢，一律遣归，各令婚嫁。各地不合祀典的淫祀统统取缔。这些法令颁布后，百姓无不称快。

谁料，小皇帝刘隆登位8个月便夭殇了。邓太后再次遭遇难题。现在只有刘胜是和帝的唯一的亲生儿子，但邓太后担心第一次未立刘胜，若此次立刘胜，刘胜肯定会怀恨报复，便决计另择一人。

邓太后与邓骘查找玉牒，发现只有和帝兄清河王刘庆的儿子刘祜是皇族最亲近的后代，而且年龄也比较合适。二人商定后又与公卿集议，一致通过。适逢刘祜正在京师王邸之中，邓骘便连夜持节用青盖车迎接刘祜入宫，先封长安侯，不久便策立为皇帝。刘祜成了东汉的新一代皇帝，是为安帝。

邓太后拥立安帝之后，依旧临朝称制，掌握朝中大权。为了避邓氏专权之嫌，邓太后专门做了一些裁抑外戚势力的举措。她诏告司隶校尉、河南尹、南阳太守说："虽怀敬顺之志，但宗门广大，姻戚不少，宾客奸猾，多犯禁宪。你们定要明加检敕，不得庇护。"邓氏亲属犯罪者从此没有特别赦免的事。尽管如此，邓太后临朝执政的做法还是引起了一些大臣的不满，最终导致了一次政变风波。

司空周章多次直言弹劾，太后不予理睬。于是周章串通联络，采取措施，准备以少数亲信，买通宫禁门卫，进入宫门，捕杀邓骘、郑众、蔡伦等，然后囚禁太后，废安帝，改立刘胜为帝。因策划不周，还未动手就被发觉，周章只好自杀，受株连者很多。一场政变阴谋很快就平息了。

从此，邓太后把权力看得更重。凡有提到让她归政的奏疏，她一律毫不客气地加以处置。杜根上书直言，邓太后大怒，命人将杜根装进巨囊，扑杀于殿下，[1]然后弃于城外，后得复苏，保住了性命。邓太后对权力的贪欲已使她丧失

---

[1] 事见《后汉书·列传第四七·杜根》："时和熹邓后临朝，权在外戚。根以安帝年长，宜亲政事，乃与同时郎上书直谏。太后大怒，收执根等，令盛以缣囊，于殿上扑杀之。"

了理智。太后叔父越骑校尉邓康也看不过了,他委婉地建议邓太后"听从公议,自损私权"。太后没有采纳,邓康只好称病不朝。邓太后便派一女侍去探视,那女侍假太后威势倨傲无礼,遭到邓康一顿责骂。太后一气之下,竟罢了邓康的官。[1]从此以后,再也无人敢谈归政的事了。

四、操劳至死 宗族蒙冤

邓太后虽贪图权力不肯还政,但她治国还是相当勤勉的。永初二年(108)夏,京师大旱,邓太后亲自审查冤狱。有位囚犯被逼供招认杀人,他本想诉冤,见狱吏在场,只好作罢。太后察觉其神色不对,便呼唤回来重审。之后,邓太后将其赦免,并将洛阳令收押在洛阳寺内抵罪。

邓太后对经学非常重视,入宫后就一直随曹大家学习经书。曹大家是《汉书》作者班固的妹妹,名昭。班昭博学高才,曾受和帝之命续写了《汉书》中的"八表"和《天文志》,因她14岁时嫁与曹寿为妻,曹寿早死,故此称她"曹大家"。太后有时还向班昭咨以政事。永初三年(109)秋,太后的母亲病故,太后需服丧一年,邓骘也上书乞退。太后很想留他继续执政,与班昭商议,班昭认为邓骘归丧既可成全其孝名,又能赢得谦退的赞誉,邓后接纳她的建议,令邓骘兄弟为母服丧。

太后临朝之时,多次下诏选举明政术、述古今、直言敢谏的贤能之士,把他们吸收到朝廷之中,参与谋议。大将军邓骘等人也极力配合太后,荐举闻名天下的才士如何熙、羊浸、李郃、陶敦等人列于朝官;征辟杨震、朱宠、陈禅等置于幕府,通过这些办法进一步扩大了邓氏外戚的势力,稳定其统治。

鉴于当时学校荒废,永初四年(110),邓太后创办了第一所宫邸学校,主要是整理经传,教授宫人。元初六年(119),邓太后又创办了另一所专门教育王家子女及邓氏子孙的贵胄学校。她还亲自监督考试,足见其对后代教育的重视。

此外,邓太后还根据经书直接制定和实施国家的大政方针,从而扭转了经

---

[1]事见《后汉书·帝纪第一〇上·和熹邓皇后》:"康以太后久临朝政,心怀畏惧,托病不朝。太后使内人问之。时宫婢出入,多能有所毁誉,其耆宿者皆称中大人,所使者乃康家先婢,亦自通中大人。康闻,诟之曰:'汝我家出,尔敢尔邪!'婢怒,还说康诈疾而言不逊。太后遂免康官,遣归国,绝属籍。"

学的衰落局面，缓和了各种矛盾，解决了许多实际问题。

永宁二年（121）春，邓太后因操劳过度，身患重病，但她仍然强支身体乘辇临朝。至三月，终于逝世，年仅41岁。

邓太后执政16年，兢兢业业，勤政爱民，从未有过重大失政。只要听说有百姓受饥，她时常彻夜不寐，亲自裁减宫中的费用，救济灾民。她虽一直掌握朝政大权，但对邓家人却不留情面，严于法禁，使得他们都不敢骄纵犯法。邓骘的儿子邓凤因接受边帅任尚的几匹赠马被发现，邓骘十分惶恐，竟剃光妻子和邓凤的头发，身穿罪人衣裙在家待罪。邓太后对家族管束严格，自有她的一番苦心。然而，在她死后不久，邓氏家族却卷入了灾难的深渊。

班昭像

安帝即位初对邓太后非常恭顺，随着岁月的流逝，他渐渐产生了亲临朝政、独揽大权的想法。邓太后见安帝亲昵宦官，平平庸庸，便不喜安帝。安帝乳母王圣见太后不愿归政，担心邓太后有废安帝可能，便时常在安帝面前说太后的坏话。安帝既愤恨、又恐惧，但碍于太后的权势却又无可奈何。

太后死后，宦官中常侍江京、李闰与王圣狼狈为奸，想推翻邓氏，取悦安帝。邓氏外戚并无阻挠安帝亲政，但宦官江京等人诬告太后兄弟邓悝、邓弘、邓阊等，曾有废黜安帝、谋立平原王刘翼的阴谋。其实邓悝、邓弘、邓阊此时都已经死了，死无对证。安帝却信以为真，认为邓氏子孙大逆不道，免去其官爵，废为庶人，并迫令自杀。邓氏家财田宅全部抄没。邓骘原本连坐，因先前未曾与

春米画像砖

谋,所以,留其性命,免其官职,遣归原籍。邓骘见家族受辱,绝食而死。其子邓凤也绝食身亡。邓骘从弟河南尹邓豹、度辽将军武阳侯邓遵、将作大匠邓畅,得知同宗并坐大罪,为免遭捕系之辱,也都服毒自尽。[1]

邓太后尸骨未寒,家族即惨遭屠戮,天下称冤。大司农朱宠冒死为邓氏申冤,安帝才有所感悟,赦免邓氏子弟,准其归还洛阳,葬邓骘于洛阳北芒山祖茔,遣使吊祭。

安帝遂改永宁二年(121)为建光元年,大赦天下,封江京、李闰为列侯。东汉王室由此走向衰微。

名 家 评 说

邓后称制终身,号令自出,术谢前政之良,身阙明辟之义,至使嗣主侧目,敛袵于虚器,直生怀懑,悬书于象魏。借之仪者,殆其惑哉!然而建光之后,王柄有归,遂乃名贤戮辱,便孽党进,衰敝之来,兹焉有征。故知持权引谤,所幸者非己;焦心恤患,自强者唯

---

[1] 邓骘事见《后汉书·邓禹列传》。

国。是以班母一说,阃门辞事,爱侄微愆,髡剔谢罪。将杜根逢诛,未值其诚乎!但蹊田之牛,夺之已甚。

——南朝宋·范晔《后汉书》

史称邓贵人德冠后宫,称扬不绝;然观于后日之称制终身,不肯还政,意者其入宫之始,毋亦心灵手敏,巧于夺嫡欤?

——蔡东藩《后汉演义》

顺帝刘保皇后梁妠

梁妠（？~150），汉顺帝刘保皇后，冲帝刘炳、质帝刘缵、桓帝刘志三朝皇太后。父梁商，官至大将军。阳嘉元年（132）被立为后，在位12年；继而被尊为皇太后，秉政6年有余。谥号"顺烈"，史称"顺烈梁皇后"。梁妠虽贵为皇后却无骄专之心，即使后来临朝执政也是有志于国。然其兄贪残欲权，飞扬跋扈，汉朝江山危在旦夕。梁皇后对其兄束手无策，一道道救亡图存的诏令如同废纸一般。和平元年（150），梁太后重病缠身，最后带着几分无奈离开了人世。

梁 妠

一、梁小贵人　摘取凤冠

梁妠才貌出众，聪明伶俐，9岁时便能背诵《论语》，谈论《韩诗》也能略举大义，她常把古时贤淑之女的图画放在身边，自我劝诫，深得其父梁商的喜爱。梁商视其为掌上明珠，常对她的兄弟们说：别看梁妠为女子，能光宗耀祖的大概就是妠女了。[1]

永建三年（128），登基3年的顺帝刘保诏令在全国择选13~20岁之间的良家童女以充后宫，要求姿色端丽、吉祥。乌氏（今宁夏固原东南）人梁商的女儿

---

[1] 事及语见《后汉书·帝纪第一〇下·顺烈梁皇后》："九岁能诵《论语》，治《韩诗》，大义略举。常以列女图画置于左右，以自监戒。父商深异之，窃谓诸弟曰：'我先人全济河西，所活者不可胜数。虽大位不究，而积德必报。若庆流子孙者，傥兴此女乎！'"

梁妠和梁商的妹妹两个人天生丽质，尤其是梁妠，更是楚楚动人，举止端庄。负责相面的茅通一见梁妠，连忙拜贺说："日角偃月，相之极贵，臣所未尝见也。"[1]梁妠中选，时年13岁。她的姑姑也同时入选。

入宫之后，梁妠姑侄俩皆获得"贵人"官号。贵人位次皇后，金印紫绶。为了区分梁家两贵人，后宫称梁妠为"梁小贵人"。顺帝还没立皇后，后宫的嫔妃数贵人尊贵。

顺帝对"梁小贵人"格外宠爱，常常引御，几乎不再临幸其他嫔妃，而"梁小贵人"从容辞谢说："后妃若像螽斯虫那样不妒忌，子孙众多，国之福也。若陛下平等对待众妃，妾也可免遭诽谤。"[2]顺帝听后，对"梁小贵人"愈加喜爱，很是欣赏。

四年以后（阳嘉元年，132），百官上书，请立皇后。顺帝除了最宠幸的"梁小贵人"外，还有三个贵人。四人当中立谁，他拿不定主意。最后，他用"抽签"的办法来决定取舍。结果，"梁小贵人"中选。

就这样，年方17岁的梁妠入主后宫，结束了"梁小贵人"的生活，成了母仪天下的皇后。她搬进了富丽堂皇的皇后寝宫——长秋宫。梁皇后谨慎言行，上待顺帝，下统众妃。虽贵为皇后，然无骄专之心。每逢出现了日食、月食，她便认为自己举止失措，上天惩戒。梁妠登上皇后宝座后，她的父亲梁商加位特进，加封户邑，赐安车驷车。长兄梁冀也迁为步兵校尉。梁氏一家从此贵显。士大夫们对此十分忧虑，他们担心重蹈外戚专权的覆辙。众大臣纷纷上书顺帝，疾言外戚专权之祸，建议给梁氏高爵厚禄，不可委之权柄。顺帝非但没有采纳，阳嘉三年（134），诏拜梁商为大将军，总理朝政。梁商不愿就任此职，称疾不起。翌年，顺帝派太常桓焉奉策诣梁商府，宣诏梁商就职。梁商万般无奈，只好诣阙受命，出任大将军。

梁大将军身居大位，柔和谦恭，虚己进贤。每当发生饥荒，他便令家吏用车拉着粮食去赈济贫民，深得百姓的爱戴。朝野上下对他颇多称誉，顺帝也更加倚重。

---

[1] 语见《后汉书·帝纪第一〇下·顺烈梁皇后》。
[2] 语见《后汉书·帝纪第一〇下·顺烈梁皇后》："夫阳以博施为德，阴以不专为义，螽斯则百，福之所由兴也。愿陛下思云雨之均泽，识贯鱼之次序，使小妾得免罪谤之累。"

月神画像砖

但是，梁冀却背着父亲和妹妹不断胡作非为。梁冀游手好闲，嗜酒能饮，踢球下棋，斗鸡走狗，无所不好。而工于心计，心狠手毒，忤犯他的人，必置之死地。

永和六年（141）秋，梁商病故。顺帝特许皇后亲去为父送葬，以示礼敬。

梁商的棺椁还未入土，顺帝为了表示对梁家人的厚爱，又发出一道诏令：任命梁冀继父辅政，为大将军，任命梁冀之弟不疑为河南尹。顺帝把朝政大权再一次交给了梁氏外戚。

二、临朝听政　诸多无奈

建康元年（144）八月，年方三十的顺帝驾崩。梁妠侍奉顺帝16年，但没有生子。和她同年入宫的虞美人生有一子，取名刘炳，年仅两岁，继位为帝，是为冲帝。梁妠被尊为皇太后，临朝听政，掌起了帝国的大权。[1]

梁太后执政后发出的第一道诏令，是以赵峻为太傅，李固为太尉，与自己的长兄梁冀大将军共理朝政。赵峻博学多才，为官严明，不畏权贵。李固好学，

---

[1] 事见《后汉书·帝纪第一〇下·顺烈梁皇后》："建康元年，帝崩。后无子，美人虞氏子炳立，是为冲帝。尊后为皇太后，太后临朝。"

常步行寻师，不远千里，为官刚直不阿，多有建树，也是当时鼎鼎有名的大臣。太后此举，可谓得人。

接着梁太后又发出第二道诏令，诏三公百官推举贤良方正之士，策问治国安民之道。

梁太后有志于国，意欲重振朝政，扭转颓势。然其兄梁冀倚仗梁太后而专权跋扈，恣肆妄为。梁太后不忍除去兄长的权势，反而越来越顺从、倚重他。

绿釉陶六博俑。六博游戏是汉代盛行的一种棋类活动

永熹元年（145）正月，小皇帝刘炳重病垂危。梁大将军见状，瞒着百官，也瞒着太后，寻求帝位继承人。他看中了渤海王刘鸿年仅8岁的儿子刘缵。他派人把刘缵偷偷地接到洛阳都亭，准备冲帝一死，便立刻拥刘缵为帝。

不久，冲帝驾崩。梁太后担心扬、徐一带的农民起义军乘机进攻，于是派中常侍诏令李固等人，不得泄露冲帝驾崩的消息，待确立帝位继承人后再发丧。但李固认为冲帝虽然年幼，仍是天子，不应掩匿其死，梁太后同意了。

冲帝驾崩，朝野上下震动，新皇帝的人选成了朝中每日议论的大事。李固等人认为清河王刘蒜年长有德，可以亲自理朝，欲立之，而这正是梁冀所忌讳的。梁冀单独向梁太后述说了立刘缵为帝的想法。在这关键时刻，一向勤政自谦的梁太后心中，家族的利益占了上风，采纳了其兄的意见，立刘缵为帝，是为质帝。

质帝虽幼，却极为聪慧，深知自己虽贵为天子，不过是梁氏兄妹手中的一个傀儡而已，他对此处境很不满意。梁大将军听说后十分恐惧，他没想到自己亲手扶上帝位的质帝竟如此嫉恨他，担心小皇帝长大掌权找他算账，遂把毒药搀进御膳——煮饼里。质帝食后，中毒发烧，急召太尉李固。结果，质帝话未说完便中毒而死。[1]

皇帝虽是傀儡，但国不可一日无主，梁太后又与梁大将军密谋立章帝曾孙蠡吾侯刘志为帝。因为刘志已与他们的妹妹梁女莹订婚，梁氏兄妹意欲把妹夫扶上帝位，以稳固梁氏的权益。当群臣聚议新君时，梁冀便提议立刘志为帝。太尉李固、司徒胡广、司空赵戒等一班大臣，力主立德行昭著的清河王刘蒜为帝。双方争执不下，梁冀重会公卿大臣，他言辞激切，非刘志不立。胡广、赵戒等官僚碍于梁氏兄弟的权势，便屈服了，唯有李固执意要立刘蒜。梁冀怒气冲冲驰入皇宫，去见梁太后，由太后下诏，罢免李固，后又诛杀。

东汉刺绣云纹粉袋

刘志即皇帝位，是为桓帝。梁太后仍旧临朝听政，桓帝只不过是又一个傀儡皇帝而已。与此同时，梁太后还大批宠幸、封赏、任用宦官。所有这些，不仅朝中大臣侧目，天下人也多所怨望。[2]

此时国势日颓，各地农民纷纷揭竿而起。梁太后接连发出几道诏令，守土之官要恤民爱民；三公九卿上书言朝政得失；赐天下父老、鳏寡孤独粟帛；遣使赈济荆、扬二州灾区；大将军、公卿举贤良方正，策问朝政得失；郡国囚徒减死罪一等，修建皇陵的刑徒减刑六个月……梁太后试图通过这些措施来挽救颓势，保护刘汉王朝和她自己的家族的利益。

但是，她的这些诏令措施被以其兄长大将军梁冀为首的贪官污吏所破坏。梁大将军贪赃枉法，带着钱财到大将军府请罪求官者络绎不绝，上等的物品送进大将军府，剩下的才送进皇宫给皇上。

尽管梁冀如此贪残，但因为他是太后和桓帝皇后的兄长，故满朝大臣对其

---

[1] 事见《后汉书·梁统列传》。
[2] 对于以上诸事，《后汉书·帝纪第一○下·顺烈梁皇后》概括云："兄大将军梁冀鸩杀质帝，专权暴滥，忌害忠良，数以邪说疑误太后，遂立桓帝而诛李固。太后又溺于宦官，多所封宠，以此天下失望。"

敢怒不敢言。王朝在这位权臣的手中渐渐腐败衰颓。梁太后虽有挽救之心，但她又不忍惩办兄长，所以她的一道道救亡图存的诏令措施如同废纸一般，众公卿大臣对这位临朝听政的太后越来越失望、怨恨。

东汉蜡染棉布

和平元年（150）春，梁太后重病缠身，归政桓帝。这位45岁的太后凭自己的才智和德行，原本完全可以选一个出类拔萃、有所作为的贤明皇子；然而，因她的优柔与私心，使汉朝的社稷危在旦夕，实乃可惜。

梁太后将后事安排好之后，仅过了两天，便一命呜呼了。死后与顺帝合葬宪陵。

名家评说

　　梁后具有贵相，与窦后略同，正位以后，虽不若窦后之妒悍，然其后临朝专政，不能裁抑兄弟，终酿成梁冀之祸。

——蔡东藩《后汉演义》

【三国】

魏文帝曹丕皇后郭氏

郭氏

郭氏（184~235），魏文帝曹丕皇后。安平广宗（今河北安平附近）人。父亲郭永，官至南郡太守，母董氏。黄初三年（222）年被立为皇后，在位4年；文帝死后被尊为皇太后，历近10年。尊号"德"，史称"文德郭皇后"。郭氏凭其智谋赢得曹丕的信任，并且借曹丕之手杀了与其争夺皇后位置的甄洛，成为后宫嫔妃们朝思暮想的显赫人物。郭皇后虽贵为皇后，但生活俭朴，反对铺张浪费。后因明帝曹睿所逼，自杀而亡，享年51岁。

东汉灵帝中平元年（184）三月，郭氏出生于一个官宦家庭。她的父亲郭永官至南郡太守，母亲董氏共生有三男二女。郭氏的降临给郭氏家族增添了无尽的喜悦。据说郭皇后幼年时就与众不同，父亲对她的所作所为十分自豪，高兴地称其为女中王，于是就以"女王"为字；[1]至于她的名字，史书无记载。

郭氏出生的那一年，黄巾农民起义刚刚爆发。郭后老家正是作战的主战场。郭后的父母和哥哥、弟弟都先后死去。年幼的郭氏无依无靠，沦为铜鞮侯家的奴婢。后来郭氏被曹丕纳为宫人。

郭氏容貌秀美，尤其是两只会说话的眼睛，更是招人，而且聪明老成，悟

---

[1] 以上诸事见《三国志·魏书·后妃传》："文德郭皇后，安平广宗人也。祖世长吏。后少而父永奇之，曰：'此乃吾女中王也。'遂以'女王'为字。早失二亲，丧乱流离，没在铜鞮侯家。太祖为魏公时，得入东宫。后有智数，时时有所献纳，文帝定为嗣，后有谋焉。"

性极高，很受曹丕的器重。郭氏多次为曹丕出谋划策，曹丕才被立为嗣子。

建安二十五年（220），曹操去世，曹丕继承了魏王的称号和丞相的职位。郭氏升为夫人。同年十一月，曹丕做了皇帝，郭氏又升为贵嫔。

皇后的位置是令人羡慕的，后宫中，有哪一位不朝思暮想得到它呢？郭氏已身居贵嫔的位置，随时都有可能坐上皇后的宝座。但曹丕迟迟不册封皇后。当时，宫中有名有姓的妻妾有六位，郭氏清楚，能和她争夺皇后位置的只有甄洛。甄洛漂亮聪明，很有文才，熟读儒家经典，而且贤淑、善良，这些都是郭氏比不上的。但郭氏自信自己帮助曹丕夺了嗣子的位置，曹丕对此一直念念不忘，所以郭氏对曹丕给她加封皇后凤冠非常自信。为了万无一失，郭氏寻找一切机会打击、诽谤甄洛。一天，郭氏与曹丕来到了洛阳，利用这一千载难逢的机会离间曹丕与甄洛的关系，而远在邺城的甄洛自然没有分辩的机会。郭氏的努力没有白费，曹丕渐渐冷落了甄洛。甄洛独守空房，以烛光做伴，内心十分寂寞，无奈之下，做《塘上行》以抒心中之情，谁知偶然被曹丕发现，曹丕大怒，赐死了甄洛。

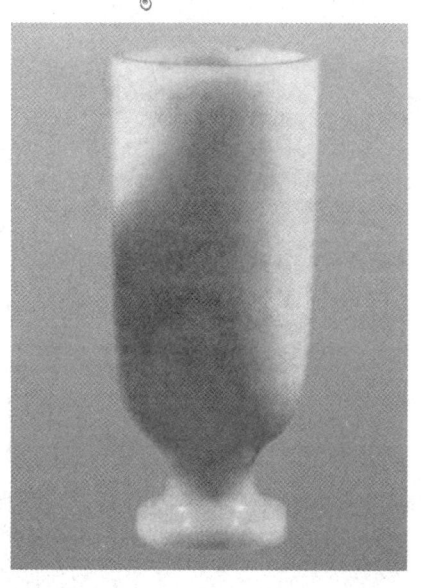

魏玉杯

黄初三年（222），曹丕提出册封郭氏为皇后，但遭到了一些大臣的反对。郭氏闻之，咬牙切齿，但聪明的郭氏采取了欲擒故纵的计谋，便做出一种姿态让这些大臣们看。于是，她上书皇帝曹丕，说："我的确没有娥皇、女英那样的节操，也没有齐女姜氏、任氏那样的品德，不宜充当皇后的大任。"[1]曹丕不顾大臣们的反对，终于立郭氏为皇后。

郭皇后处处留心，对娘家人的管束也特别严厉。做皇后之后，她反把从兄郭表立为父亲郭永的嗣子。黄初六年（225），魏文帝亲征东吴，郭表留下来保卫皇后的安全。郭表想截断河流捕鱼，遭到郭后严厉训斥。姐姐郭昱的儿子孟

---

[1] 文见《魏书》："妾无皇、英厘降之节，又非姜、任思齐之伦，诚不足以假充女君之盛位，处中馈之重任。"

武回到乡里后,想要娶妾,郭后坚决地制止,而且还给亲戚下敕书说:"当今女少男多,应当让她们嫁给那些征战的将士。如果有谁不听话,娶她们做妾,一定给予处罚。"[1]郭后的这些做法,得到了曹丕的称赞。

黄初五年(224),魏文帝想一举平定东吴。他亲御龙舟,进发广陵(今江苏扬州东北),郭皇后留在许昌永始台。这时洪水将城墙楼阁等建筑冲塌,永始台也摇摇欲坠。有关大臣上奏郭皇后,请她离开。郭皇后遥望远方,十分耐心地对他们

《芥子园画谱》中的娥皇、女英

说:"古代楚昭王出游,妻子贞姜留在渐台。那时也是暴雨天气,江水向渐台涌来。因侍者忘记带楚昭王的符,所以她坚决不离去,直到被大水淹没。现在皇上征东吴,我怎能离开呢?"郭皇后周围的大臣侍卫都被她的精神所感动。[2]

郭皇后生活节俭,她的姐姐郭昱死后,儿子孟武想厚葬母亲,并想盖一个

---

[1] 语见《三国志·魏书·后妃传》:"今世妇女少,当配将士,不得因缘取以为妾也。宜各自慎,无为罚首。"

[2] 事及语见《三国志·魏书·后妃传》:"五年,帝东征,后留许昌永始台。时霖雨百余日,城楼多坏,有司奏请移止。后曰:'昔楚昭王出游,贞姜留渐台,江水至,使者迎而无符,不去,卒没。今帝在远,吾幸未有是患,而便移止,奈何?'群臣莫敢复言。"

富丽堂皇的大祠堂。郭皇后知道后，坚决制止。[1]

黄初七年（226），曹丕去世，曹叡即位，是为魏明帝，尊郭皇后为皇太后。曹叡是甄洛的儿子，由于郭皇后没有生过一个儿子，甄洛死后就由郭后抚养。当曹叡知道自己母亲甄洛之死与郭皇后有关时，便多次哭着追问母亲的死因。

青龙三年（235）春天，郭皇后终于因明帝所逼，在许昌自杀。为报生母之仇，明帝命殡葬郭后如甄洛一样。入殓时，郭后乱发撒面，口里塞糠。[2]这年四月，葬于首阳陵西。

---

[1] 事见《三国志·魏书·后妃传》："及孟武母卒，欲厚葬，起祠堂。太后止之曰：'自丧乱以来，坟墓无不发掘，皆由厚葬也。首阳陵可以为法。'"
[2] 以上诸事《晋书》未载，但《魏略》《汉晋春秋》《魏书》都有记载。其中《汉晋春秋》尤为详明，云："初，甄后之诛，由郭后之宠，及殡，令被发覆面，以糠塞口，遂立郭后，使养明帝。帝知之，心常怀忿，数泣问甄后死状。郭后曰：'先帝自杀，何以责问我？且汝为人子，可追仇死父，为前母枉杀后母邪？'明帝怒，遂逼杀之，敕殡者使如甄后故事。"

附：魏文帝曹丕妃甄洛

甄洛（182～221），魏文帝曹丕皇后。父甄逸，远祖曾任汉朝宰相。甄洛本是汉末枭雄袁绍之子袁熙的妻子，曹操大败袁氏以后，曹氏父子被甄洛倾城倾国的美貌所吸引，非但留住了性命，而且还做了曹操儿子曹丕的妃子。曹丕做了皇帝后，甄洛渐渐失宠，因写诗诉怨而惹怒曹丕，引来杀身之祸，含冤自尽。甄洛生前只是曹丕的妃子，死后其子明帝谥予"文昭皇后"。

甄洛

一、初嫁袁熙 独守空房

光和五年（182）十二月，甄洛出生在一个官宦家庭。父亲甄逸曾做过上蔡县令，是汉朝宰相甄邯的后代。

甄洛是甄家最小的女儿，被视为掌上明珠，格外珍爱。甄洛出生不久，每天哭哭闹闹，四肢乱动，常把被子蹬掉。可家人却常常出现幻觉，看到有人持玉衣盖在她的身上，于是惊奇不已。甄洛3岁时，父亲就去世了。一次，甄家特意邀请了一位叫刘良的相面先生看相。刘良看到甄洛时，顿时惊呆了，连连说道："此女贵不可言。"[1]

甄洛的确与其他女孩有些不同。8岁本该是在外蹦蹦跳跳、回家撒娇的年龄。一天，姐姐们都兴高采烈地登上阁楼观看耍马戏，唯独甄洛没有去，她认为"这种出头露面之事，哪能是女孩子所能干的"？姐姐们认为她说的有道理。9

---

[1] 事见《魏书》："每寝寐，家中仿佛见如有人持玉衣覆其上者，常共怪之。逸薨，加号慕，内外益奇之。后相者刘良相后及诸子，良指后曰：'此女贵乃不可言。'"

岁那年，甄洛乘兄长们不在书房，借用他们的文房四宝来写字和作文。后来被哥哥们发现了，都责怪她，但甄洛却歪着脑袋一本正经地说："古代的贤女，没有一个不是从古书中学习做人的道理呢的。不读书，从哪里知道这些呢？"[1]甄洛的哥哥们大为惊讶，都佩服她。甄洛聪明伶俐，悟性极高，不久就能写一手好字，赋一些好诗。尤其是那些儒家经典，留给甄洛深刻的影响。

东汉末年，董卓焚烧洛阳宫殿，胁迫汉献帝迁都长安，致使洛阳城数百万人流离失所、衣食无着。在这种情况下，许多人家不惜贱价以珠宝换粮食。

甄家是富豪，于是就用粮食换取金银珠宝。当时，甄洛才10岁。她对母亲的行为不满，她劝母亲张氏不该借机收购灾民的财宝。如果这样做，一定会引起民愤。她建议母亲用自家仓库里的粮食救济亲戚、朋友及左邻右舍，对他们施恩行惠。张氏欣然采纳了女儿的意见。[2]

甄洛的父亲甄逸逝世之后，大哥甄预也不幸早亡。14岁那年，二哥甄俨也留下一妻一子而去。二哥一直在外做官，是甄家的顶梁柱，他的死对于甄家是个沉重的打击，甄洛尤其感到难过。甄洛见母亲张氏对二嫂不够宽容，就劝母亲应该同情二嫂，她对母亲说："嫂子年纪这么轻就守寡，还得拉扯一个小孩，您对二嫂应该比二哥活着的时候更好，爱她像自己的亲闺女一样，这样才能给嫂子以安慰。"母亲十分感动。[3]甄洛还主动请求母亲，要和二嫂同住，以便抚养好小侄。嫂子对甄洛非常感激，逢人便夸甄洛，使甄洛贤淑之名传遍乡里。

占据冀州（今河北中、南部）、青州（今山东东北部）、幽州（今河北北

---

[1] 事见《魏书》："年八岁，外有立骑马戏者，家人诸姊皆上阁观之，后独不行。诸姊怪问之，后答言：'此岂女人之所观邪？'年九岁，喜书，视字辄识，数用诸兄笔砚，兄谓后言：'汝当习女工。用书为学，当作女博士邪？'后答言：'闻古者贤女，未有不学前世成败，以为己诫。不知书，何由见之？'"

[2] 事及语见《三国志·魏书·后妃传》："后天下兵乱，加以饥馑，百姓皆卖金银珠玉宝物。时后家大有储谷，颇以买之。后年十余岁，白母曰：'今世乱而多买宝物，匹夫无罪，怀璧为罪。又左右皆饥乏，不如以谷振给亲族邻里，广为恩惠也。'举家称善，即从后言。"

[3] 事见《魏略》："后年十四，丧中兄俨，悲哀过制，事寡嫂谦敬，事处其劳，拊养俨子，慈爱甚笃。后母性严，待诸妇有常，后数谏母：'兄不幸早终，嫂年少守节，顾留一子。以大义言之，待之当如妇，爱之宜如女。'母感后言流涕，便令后与嫂共止，寝息坐起常相随，恩爱益密。"

部）和并州（今山西）的袁绍，是汝南汝阳（今河南商水西南）人，他有三个儿子。袁绍听说自己治下有一位名叫甄洛的美貌贤淑的女子，于是派人为他的二儿子袁熙求亲。以袁家的权势，甄家怎敢不依，只好把甄洛嫁给了袁熙。[1]

袁绍将袁熙派往幽州作刺史，袁熙不得不离开新婚不久的甄洛去幽州上任。临行那天，甄洛目送丈夫出了邺城。袁熙走后，甄洛日夜陪伴着袁绍之妻刘氏夫人，送茶送饭，尽儿媳之责。

二、再嫁曹丕　情融被害

建安九年（204），曹操战败袁尚，进入邺城，袁氏官邸及袁氏父子的妻妾等统统受制于曹操。刚刚入城，曹操的次子曹丕便闯进了袁氏官邸。

袁熙到幽州上任后，甄洛心里一直不快。后来袁尚、袁谭弟兄二人兵戈相见，更使她为丈夫担心。曹军攻进城内的消息传来后，她只等一死。当曹丕闯进时，她吓得浑身发抖，不敢抬头。

曹丕命其抬起头来。甄洛心里虽觉不是滋味，但还是将头不情愿地抬了起来。曹丕撩起甄洛的秀发，但见一张鹅蛋脸上两只乌黑的大眼睛，两道弯弯细长的眉毛犹如人工画就，鼻子秀挺而细巧，皮肤白皙似玉，秀发满头，真是妩媚动人。曹丕从未见过如此貌美绝伦的女子。顿时神魂颠倒地端详了半天，依依不舍地起身告辞。

曹操对甄洛的美貌早有所闻，甄洛嫁给袁熙后，曹操曾为之叹息。当他进入邺城后，立即命令把甄洛召来。很快，他就得知曹丕已抢先一步。既然如此，做父亲的和儿子争夺一个女子也太脸上无光了，于是便命人把甄洛迎接过来，赐给曹丕为妻。[2]

曹丕爱甄洛的美貌，更爱她的文才。甄洛没几年就给曹丕生下一子一女，

---

[1] 事见《三国志·魏书·后妃传》："建安中，袁绍为中子熙纳之。"
[2] 以上诸事见《魏略》等。《魏略》云："熙出在幽州，后留侍姑。及邺城破，绍妻及后共坐皇堂上。文帝入绍舍，见绍妻及后，后怖，以头伏姑膝上，绍妻两手自搏。文帝谓曰：'刘夫人云何如此？令新妇举头！'姑乃捧后令仰，文帝就视，见其颜色非凡，称叹之。太祖闻其意，遂为迎取。"《世语》云："太祖下邺，文帝先入袁尚府，有妇人被发垢面，垂涕立绍妻刘后，文帝问之，刘答'是熙妻'，顾擎发髻，以巾拭面，姿貌绝伦。既过，刘谓后'不忧死矣'！遂见纳，有宠。"

即后来的魏明帝曹叡和东卿公主。

曹丕十分宠爱甄洛，但她并不专宠。每当曹丕临幸于她时，她都劝曹丕不要冷落其他嫔妃。她曾对曹丕说："古代皇帝有众多的子孙，才能使帝业长久不衰。我情愿您广求贤惠的女子，以便生育更多的人继承事业。"曹丕因此更加宠爱她。

三国时斗舰模型

而曹丕认为正室任氏心胸狭窄，性情暴躁，没有半点温顺劲儿，所以决定废掉任氏。甄洛流着眼泪替任氏求情，她说："众人都知，我很受您的宠爱，任夫人被废，人们都会认为是我从中挑拨。我希望您不要废掉任氏。"但曹丕还是把任氏废掉了。[1]

甄洛聪明过人，工于心计。她虽口头上不想专宠，其实暗地无时不在与曹丕的妻妾们争宠。她知道岁月无情，自己的姿色越来越不能与曹丕的其他妻妾竞争，于是开始寻找强硬的后台，百般求取曹丕母亲卞氏夫人的欢心。

建安十六年（211）七月，曹操西征，进击韩遂、马超。曹丕镇守邺城，卞氏夫人随行。卞氏夫人中途得病，只得在孟津休养。消息传到邺城，甄洛认为这是讨取卞夫人欢心的好机会，于是便要前往孟津，照料婆婆。曹丕自然不

---

[1] 事见《魏书》："后宠愈隆而弥自抱损，后宫有宠者劝勉之，其无宠者慰诲之。每因闲宴，常劝帝，言'昔黄帝子孙蕃育，盖由妾媵众多，乃获斯祚耳。所愿广求淑媛，以丰继嗣。'帝心嘉焉。其后帝欲遣任氏，后请于帝曰：'任既乡党名族，德、色妾等不及也，如何遣之？'帝曰：'任性狷急，不婉顺，前后忿吾非一，是以遣之耳。'后流涕固请曰：'妾受敬遇之恩，众人所知，必谓任之出，是妾之由。上惧有见私之讥，下受专宠之罪，愿重留意！'帝不听，遂出之。"

让她去。甄洛急得日夜哭泣。曹丕频频派探报传递消息。探报回来后，说卞夫人已经痊愈。甄洛就是不相信，直到后来卞夫人回信，她才转悲为喜。建安十七年（212），曹操班师回邺城。当卞夫人的轿子出现在远处的时候，甄洛早已泪流满面、高兴不已了。卞夫人走下轿来，被她的孝心感动得流下了眼泪，她拉着甄洛的手对左右的人说："我的命真好，娶了如此孝顺的儿媳妇！"[1]

建安二十五年（220），曹操病逝。同年十月，曹丕代汉自立，国号叫"魏"，改年号为"黄初"，都城设在洛阳。

甄洛喜爱研文弄墨，颇有文才

登上皇帝宝座的曹丕自然要增充后宫。此时，山阴公把自己的两个女儿奉献给了曹丕，同时还有贵嫔诸人都为曹丕所宠幸。其中郭贵嫔比甄洛更年轻漂亮，而且更有智慧，因此深受曹丕的宠爱。不久郭贵嫔便取代了甄洛在曹丕心目中的位置。曹丕欲立甄洛为皇后。郭氏挑拨曹丕与甄洛之间的关系，使甄洛渐受

---

[1] 事见《魏书》："十六年十月，太祖征关中，武宣皇后从，留孟津，帝居守邺。时武宣皇后体小不安，后不得定省，忧怖，昼夜泣涕，在右骤以差问告，后犹不信，曰：'夫人在家，故疾每动，辄历时，今疾便差，何速也？此欲慰我意耳！'忧愈甚。后得武宣皇后还书，说疾已平复，后乃欢悦。十七年正月，大军还邺，后朝武宣皇后，望幄座悲喜，感动左右。武宣皇后见后如此，亦泣，且谓之曰：'新妇谓吾前病如昔时困邪？吾时小小耳，十余日即差，不当视我颜色乎！'叹嗟曰：'此真孝妇也。'"

冷落，处于被动地位。后来，曹丕竟立郭贵嫔为皇后。甄洛无可奈何，为抒心中之愤，写下了她那唯一传世的作品《塘上行》，表露了她悲凉伤感的心境。诗中写道：

> 蒲生我池中，其叶何离离！傍能行仁义，莫若妾自知。
> 众口铄黄金，使君生别离。念君去我时，独愁常苦悲。
> 想见君颜色，感结伤心脾。念君常苦悲，夜夜不能寐。
> 莫以豪贤故，弃捐素所爱。莫以鱼肉贱，弃捐葱与薤。
> 莫以麻枲贱，弃捐菅与蒯。出亦复苦愁，入亦复苦愁。
> 边地多悲风，树木何修修。从君致独乐，延年寿千秋。

谁知这首五言诗引来了杀身之祸，曹丕听说不禁大怒，决定将甄洛赐死。

黄初二年（221）六月的一天，一群不速之客突然闯进甄洛居住在邺城的曹氏旧宫，宣读了曹丕赐她死的诏书。甄洛绝望地端起了曹丕赐给她的毒酒，一饮而尽。[1]

甄洛死后，安葬在邺城。郭皇后怕甄氏鬼魂向阎罗王控告，于是下令在安葬时把她的尸体予以特别处理，头发披到脸上，用糠塞住她的口，教她的灵魂有口难言。[2]

黄初七年（226）五月，魏文帝曹丕死去，皇太子曹叡继位，是为魏明帝，追谥生母甄洛为文昭皇后，并立寝庙祭祀。

魏士大夫图

---

[1] 事见《三国志·魏书·后妃传》："后愈失意，有怨言。帝大怒。二年，六月，遣使赐死，葬于邺。"

[2] 事见《汉晋春秋》："初，甄后之诛，由郭后之宠，及殡，令被发覆面，以糠塞口……"

蜀后主刘禅皇后张氏

张氏（生卒不详），蜀后主刘禅皇后。涿郡（今河北涿州）人。父张飞，官至车骑将军；母夏氏。建兴十五年（237）被立为皇后，在位26年。她的同胞姐姐也曾是刘禅皇后。姐姐死后，妹妹张氏又入宫做了刘禅的贵人。不久，又替代了姐姐的位置，做了蜀国的皇后，谁料，贪图享乐的后主刘禅轻易断送了蜀国的江山，张氏的皇后生活自然也就随之而终结，离开了皇宫，随后主刘禅在魏国过着屈辱的生活，忧郁而死。

张氏的父亲张飞与蜀先主刘备是结义兄弟，亲如手足，情同兄弟；其母夏氏家族均为魏国之将侯。张氏可谓出身将门之家。

张氏自幼受家庭熏染，性格豁达开朗，而且聪明过人。张氏时常出入皇宫，所以，对后宫生活也略有所知。原来，建安二十四年（219），刘备称汉中王，其子刘禅被立为太子。刘备的结义兄弟张飞的长女张氏被刘备相中，于是便与张飞商量，让其女进宫做了刘备的如意儿媳。这样，张氏也就有了出入宫禁的机会。

章武元年（221），刘备正式称帝，刘禅被立为皇太子，张飞的长女张氏自然也就被立为太子妃。章武三年（223）夏，刘备病逝，刘禅继位为帝，做了皇帝，改元建兴，太子妃张氏被立为皇后，建兴

刘备托孤之地——白帝城

十五年（237），张皇后病逝。[1]

后主刘禅自幼喜好玩耍。刘备深知刘禅的品行，所以，临死前曾嘱咐诸葛亮："如太子刘禅尚能辅佐，就辅佐他；如果他实在不行，你可自立为君。"后主刘禅对诸葛亮十分尊重，把一切政事都交给诸葛亮处理，刘禅说"政由葛氏，祭则寡人"。诸葛亮尽心尽力辅佐刘禅，平定叛乱，国内经济也有所发展。诸葛亮死前又将国事托付给蒋琬，刘禅听从诸葛亮的遗嘱，任命丞相府长史蒋琬为尚书令兼益州刺史，后来又拜为大将军，接替了诸葛亮的职位。

建兴十五年（237），张飞长女敬哀张皇后病逝，其妹张氏又被送入宫中。

刘禅见张氏的相貌比前皇后张氏更为妩媚动人，而且活泼可爱，便十分喜欢。张氏入宫后便被封为贵人。不久，后主刘禅下诏将张贵人立为皇后，诏曰："朕统承大业，君临天下，奉郊庙社稷，今以贵人为皇后"，并且举行隆重的册封大典，左将军向朗持节向张皇后授皇后玉玺和绶带。[2]并大赦天下，改元为延熙。

此时的后主刘禅已无诸葛亮的制约，蒋琬对他束手无策，因此刘禅毫无顾忌，贪图享乐的劣根性又显露出来。他经常带领宫人、宦官外出游玩，又令人在内宫设置声乐供其赏玩娱乐，不理朝政，对大臣的奏章不予理会。张皇后见蜀外疆危机四起，曾多次劝说，但刘禅不予理睬，依然我行我素。张皇后对后主刘禅的放荡行为只能望而叹之，无可奈何。

---

[1] 事见《三国志·蜀书·二主妃子传》："后主敬哀皇后，车骑将军张飞长女也。章武元年，纳为太子妃，建兴元年，立为皇后。十五年薨，葬南陵。"

[2] 关于这位张皇后的记载，《三国志》比乃姊只多了两行，全文云："后主张皇后，前后敬哀之妹也。建兴十五年，入为贵人。延熙元年春正月，策曰：'朕统承大业，君临天下，奉郊庙社稷。今以贵人为皇后，使行丞相事左将军向朗持节授玺绶。勉修中馈，属肃禋祀，皇后其敬之哉！'咸熙元年，随后主迁于洛阳。"

张　飞

剑门关。三国时诸葛亮曾设官戍守

景耀五年（262），姜维发现魏有伐蜀的迹象，便上书刘禅，建议派重兵防守阳平关（今陕西勉县西）和阴平（今甘肃文县）。但刘禅对此置之不理。第二年，魏军果然伐蜀。魏将邓艾突出奇兵，从阳平出发，越过剑阁天险，直达江油（今四川江油北），蜀太守不战而降。

邓艾又发兵涪城。在邓艾优势兵力的猛烈进攻下，诸葛亮之子诸葛瞻奋勇拼杀，但兵败被杀，涪城失守。邓艾长驱直入，兵临成都城下，刘禅左思右想，准备投降邓艾。

刘禅的儿子北地王刘谌听说父皇欲投降邓艾，十分悲愤，他乞求刘禅说道："父皇，若真的没有办法，也应该父子君臣背城一战，同社稷共存灭，同见先帝，怎么可以投降啊？父皇，我们当与他们奋战才对。"但刘禅贪生怕死，竟率太子、百官缚住双手，抬着棺材，投降邓艾。北地王刘谌不愿忍受屈辱，便杀死妻子，自杀身亡。

蜀灭亡后，张皇后随后主刘禅举家迁往洛阳。魏封刘禅为安乐县公，食邑万户，赐绢万匹，奴婢百人。刘禅对此十分满足，早已忘记他是蜀国之君。魏国为了羞辱蜀国君臣，将刘禅的宫人赐给魏国无妻子的诸将为妻。据《汉晋春秋》记载："（其中的宫人）李昭仪曰：'我不能二三屈辱。'乃自杀。"而作为亡国之君，受辱敌国的后主刘禅却怡然自得，乐不思归。张皇后随着后主刘禅进入魏国后，过着寄人篱下、形同囚徒的屈辱生活。

西晋泰始七年（271），刘禅死于洛阳，终年66岁。

生活在魏国的张皇后思念蜀国，怀念父亲张飞与先主刘备共同厮杀疆场共创的天下。张皇后的皇后生活随蜀国的灭亡而结束，在抑郁忧伤之中死去。究竟卒于何年，无史料记载。

吴帝孙权皇后步氏

步氏（生卒不详），吴大帝孙权皇后。临淮郡淮阴（今江苏淮阴市）人。她生前并未能被册立皇后，但却有皇后之实，人们也称她为皇后；死后于赤乌元年（238）被册立为皇后。步氏因貌美而嫁给孙权，又因生性不好妒，而长久得到孙权的宠爱。她死后被追尊为皇后，而且得到孙权满怀深情的册立诏书，正由此而来。

步氏是临淮郡淮阴县人，与丞相步骘是同族。汉朝末年，她的母亲带她迁居到庐江郡。步氏从小喜欢读书，陶冶性情，为人宽宏大量，其母及亲族都十分

吴孙权营建南京城遗留至今的古城壁

喜欢她。

孙权的哥哥孙策带兵攻打庐江郡，庐江被破，当地百姓被迁到江东。步氏因貌美而被孙权相中，嫁给了孙权。孙权对步氏百依百顺，十分宠爱；步氏对孙权也是无比恩爱。[1]婚后二人生下长女名鲁班，小女名鲁育。孙权对步氏非常疼爱，所以，对步氏生的两个女儿十分娇惯，致使大女儿鲁班性格任性、为所欲为，曾陷诬太子孙和与孙和母亲王皇后，致使王皇后忧郁而死，太子孙和也被废

吴国顶罐女俑

黜。不仅如此，她还将其妹鲁育的两个儿子朱熊、朱损陷害致死，可见其残忍。

步氏的长女鲁班嫉妒、残忍，但步氏却生性不妒，甚至向孙权推荐美女。正因为如此，孙权对其自始至终宠爱无比。步氏随孙权转战南北，颇有贡献。

黄龙元年（229），孙权建立吴国，正式称帝。孙权称帝后一直想将步氏立为皇后，而群臣却竭力反对，建议立孙权的另一个妃子，也就是长子孙登的养母徐氏为后。但孙权执意立步氏，所以，孙权称帝十多年始终未立皇后。不过步氏在皇宫内的威严仅次于孙权，人们都称她为"皇后"，而且孙氏亲戚向孙权上奏时也是以"中宫"称呼步氏。[2]

步氏去世后，群臣按大帝孙权的心意，上奏请追封步氏为皇后，大帝孙权终于了却了心愿，于赤乌元年（238）十月初一，册立步氏为皇后，并授予皇后的印章、丝带。[3]

大帝孙权对步氏备加思念，册立诏书寄托了孙权对步氏的哀思。诏书说：

---

[1] 事见《三国志·吴书·妃嫔传》："吴主权步夫人，临淮淮阴人也。与丞相骘同族。汉末，其母携将徙庐江。庐江为孙策所破，皆东渡江，以美丽得幸于权，宠冠后庭。"

[2] 事见《三国志·吴书·妃嫔传》："夫人性不妒忌，多所推进，故久见爱待。权为王及帝，意欲以为后。而群臣议在徐氏，权依违者十余年。然宫内皆称皇后，亲戚上疏称中宫。"

[3] 事见《三国志·吴书·妃嫔传》："及薨，臣下缘权诣，请追赠名号，乃赠印绶。"

"唉呀皇后！想起你禀受天命辅佐朕，共同承当对天地祭祀，日夜虔诚恭敬，与朕分担劳苦。你使后宫教化严整，无人违背礼义。你为人宽容仁慈，广施恩惠，具有贤淑美好的品德。你受到臣民的仰望、尊敬，远近的人都衷心地拥戴你。朕因为世间上的祸难没有消除，天下还未统一，又因为皇后你素有高雅志向，常抱着谦逊自抑的姿态，所以一直没有册你为后，再说朕认定你寿命长久，会永远与朕一起显扬上天赐给的庇荫。岂料，你忽然终止生命。朕既恨自己的本意没有及早显示，又十分悲伤皇后你永别人世，没能享受上天的赐福。朕万分哀痛，伤心至极。如今派丞相、醴陵侯顾雍，持有节杖，带着朕的文书授予你皇后的位号，并让你陪同已故的皇太后一起享受祭祀。你的灵魂如有灵，将会感到欣慰。呜呼哀哉！"的这篇册立诏书，表达了孙权几十年来对步氏的感情，及对步氏的思念之情。

步氏死后，大帝孙权按皇后的规格、礼仪安葬了步氏，并将其葬在蒋陵。

神凤二年（252）四月，孙权去世，终年71岁，谥为"大皇帝"，七月与步氏一起安葬在蒋陵。

步氏从嫁给孙权就过着养尊处优的生活，在孙权的众后妃中最得孙权的宠爱，可以说步氏在封建社会的后妃中，是一个幸运人物。

名家评说

呜呼皇后！惟后佐命，共承天地，虔恭夙夜，与朕均劳。内教修整，礼义不愆，宽容慈惠，有淑懿之德。民臣县望，远近归心。朕以世难未夷，大统未一，缘后雅志，每怀谦损。是以于时未授名号，亦必谓后年有永，永与朕躬对扬天休。不瘳奄忽，大命近止。朕恨本意，不早昭显，伤后殂逝，不终天禄。愍悼之至，痛于厥心。今使使持节、丞相、醴陵亭侯雍，奉策授号，配食先后。魂而有灵，嘉其宠荣。呜呼哀哉！

——孙权策文，载《三国志·吴书·妃嫔传》

【晋】

武帝司马炎皇后杨艳

杨艳（？~274），晋武帝司马炎皇后。字琼芝，弘农华阴（今陕西华阴东）人。父亲杨文宗，曾在曹魏为官；母赵氏。泰始元年（265）被立为皇后。谥"武元"，故称"武元杨皇后"。杨艳聪慧绰约，精于女红，熟谙典籍，可谓才貌双全。可她一生却犯了两大错误，一是立白痴为太子，二是选中丑陋不堪、刁悍阴狠的贾南风为太子妃，从而于家于国埋下后患。她也做了一件好事，就是在临终前苦劝其夫立其堂妹杨芷为后。然而，正是由于前两桩过失作祟，杨芷及其父母，乃至叔父均被诬谋反、死于非命，还株连三族，尽死于屠刀之下。

杨艳

一、固执己见 白痴为储

杨艳出生在一个显赫的家族，父亲杨文宗曾在曹魏做过通事郎，袭封侯爵位。杨艳出生不久，母亲去世，父亲娶继室后，她被接到舅舅赵俊家抚养，在舅父母的精心培养下，杨艳不仅做得一手好女红，而且熟习古代典籍，工于书法。杨艳稍长，出落得贤淑典雅，美丽动人，又回到了父亲和后母身边。[1]

司马昭听说有这样一个才貌双全且又门第相当的好姑娘，就派人求婚，聘为他的儿子司马炎的妻子。泰始元年（265），司马炎代魏称帝，杨艳即被立为

---

[1] 事见《晋书·后妃列传上》："父文宗……母天水赵氏，早卒。后依舅家，舅妻仁爱，亲乳养后，遣他人乳其子。及长，又随后母段，依其家。"

皇后。

　　杨艳嫁给司马炎后，很受宠爱，共生下三男三女，即儿子司马轨、司马衷、司马柬；女儿平阳公主、新丰公主、阳平公主。只可惜长子司马轨早夭。

　　杨艳与司马炎可谓郎才女貌，鸾凤和鸣，但在对待司马衷的问题上却一错再错。司马衷从小"愚劣"，是个白痴，虽经师傅再三教导，总不开窍。尽管如此，9岁的司马衷还是在泰始三年（267）被立为太子。一次，司马衷听说许多地方百姓因饥荒而死，竟然问左右道："他们为何不食肉糜？"由此可见其痴之一斑。

　　立嗣历来为帝王之大事，皇后杨艳岂能独自做主，武帝司马炎居然也极力赞同。诸如以上"不食肉糜"之类的话，早已在后宫传为笑柄，他俩怎会没有耳闻。为此，司马炎也曾有过矛盾。但他每当忆起其祖父司马懿、父亲司马昭处心积虑，才将曹魏的江山篡为己有，可都还没有来得及登基称帝，就先后一命呜呼了，因此绝不能将自己刚刚得到的皇位，断送在子嗣手里。正因为自己是立国之君，就更应严纲正纪，坚持"立长"的传统，哪怕长子（轨已早逝，衷即为长）是白痴。此外，还有一层潜在的原因，就是他自己也是长子，却自幼不受父亲的喜爱，但却终于继承了王位。

　　当时，不少朝臣认为立司马衷为痴太子，就意味着将会对一个痴皇帝顶礼膜拜、俯首听命，不断有人婉言劝说武帝司马炎废掉他。侍中和峤每与司马炎谈起晋王朝的政权时，都以太子为忧。一天，他对晋帝说："皇太子有淳古之风，而如今世风日下，人情诈伪，恐怕干不了陛下家事。"太子的老师卫瓘也认为太子不能亲理政事，又不敢直言。一次，司马炎欢宴群臣，卫瓘伴作酒醉，跪在武帝宝座前，想说出废太子的话而又不敢明说，只得说："此座可

晋武帝《谯王帖》

惜！"

司马炎也渐渐感到太子不堪大任，于是将朝臣的意见告诉了杨艳，欲废痴子另立。杨艳勃然大怒，反驳司马炎说："立太子应立长而不是立贤，这个古例怎么能破呢！"[1]司马炎一向对杨艳宠爱至极，听了这话，也就打消了废太子的念头。

二、一错再错　悍妇为媳

数年后，司马炎又和杨艳一起议论为痴儿娶太子妃的人选。皇族选妃很重门第，皇帝打算娶名臣卫家女，而杨艳力主娶贾允之女。司马炎提出："卫家的妇女有贤淑传统，长得苗条美丽，皮肤嫩白，而且多擅生子；贾家的妇女却历来妒忌，长得矮小丑陋，皮肤糙黑，又历来生子不多。"因为杨艳得了贾充妻子郭槐大量的金银财宝，郭槐甚至还贿赂了皇后的左右侍从，要杨艳在武帝面前为其丑女说情。杨艳固执己见，然后又密使太子太傅荀𫖮向皇帝司马炎进言，劝皇帝

西晋灰陶加彩女俑

为太子娶贾女为妃。

贾充是平阳襄陵（今山西襄汾县东北）的世家大族，为司马昭杀魏帝曹髦、篡夺帝位立下了汗马功劳。司马炎被立为太子以及当上晋帝，也与贾充的积极活动有密切关联。司马炎念及此恩，不好再争辩，便听从了杨艳的意见，娶贾充的女儿贾南风为太子妃，了却了贾充及其家族之愿。

其实，贾充夫妇之所以这样处心积虑地要将其女南风嫁给太子司马衷为妃，既不是丑妇只能配痴男，也远不止是为了攀龙附凤。贾充早已在朝臣和国人中位居显赫，就是武帝司马炎也要敬他三分，他既不必担心其女无名门之子求婚，也无须为了要许配给龙子龙孙，而将贾南风的终身大事寄托在一个白痴的身

---

[1] 语见《晋书·后妃列传上》："帝以皇太子不堪奉大统，密以语后。后曰：'立嫡以长不以贤，岂可动乎。'"

上。应当说，贾充是"醉翁之意"，自有其更深层次的权衡。而这门亲事的促成，司马炎夫妇未及深究，因而后来自食其果，却为晋朝的国运以及杨氏家族埋下了隐患。聪明一世的武帝司马炎、贤德机敏的皇后杨艳竟然在固执己见册立痴儿司马衷为太子铸成大错之后，又错上加错，将丑女贾南风娶为太子妃，这不啻引狼入室，惹火烧身。

三、行将就木　荐妹续弦

晋武帝司马炎曾以清廉俭朴著称，天长日久，面对一统江山、"无为而治"的政治局面，他渐渐变成了一个荒淫的君主，竭力扩大后宫嫔妃的规模，以满足他的淫欲。泰始九年（273）八月，他下令选名门妇女入宫，规定：凡公卿以下官员的女子，一律应选；挑选未完，禁止婚嫁；若有隐匿不报者，依不敬法条治死罪。那些豪门贵族不敢违抗，纷纷将亲生女儿打扮得花枝招展，送往皇宫，以备选拔。诏令下达后不久，美女齐集宫门。按晋初嫔妃编制规定：在皇后之下，有15个等级，依次是贵嫔、夫人、贵人、淑妃、淑媛、淑仪、修华、修容、修仪、婕妤、容华、充华、美人、才人、中才人。起初，武帝司马炎使杨皇后亲自主持挑选。心存妒忌的杨艳专选高大白皙的留下，而把那些美丽端庄的遣送回家。卞藩的女儿长得眉清目秀，窈窕俏丽，姿色超群。当她款款走近时，司马炎早已心旌摇曳了。杨艳见状醋意大发，令其返家。司马炎龙颜不悦，自此，

西晋太医令王叔和撰著的我国现存最早的脉学专著——《脉经》书影

改由自己亲自挑选，对所有满意的美女，都用红纱在玉臂上打一个结。

经过武帝司马炎精益求精、反复挑选，得到了数十名美女，又分了等级称号。其中封胡芳为贵嫔，封诸葛婉为夫人。杨艳向来受司马炎独钟，不甘心胡芳和诸葛婉与她争宠，不久，她因心情不宁，卧床不起。泰始十年（274）初秋，杨皇后的病势加重，眼看就不久于人世了。司马炎赶去看望，见此情景，热泪夺眶而出，杨艳要他坐在榻旁，慢慢扬起头，断断续续地说："我叔父杨骏的女儿杨芷，美丽动人，十分贤淑。你如能立她为皇后，我死也可瞑目了。"听了这话，司马炎十分伤感，泪流满面，一口答应了她的请求。[1]杨皇后见司马炎已应允，便慢慢地合上了双眼，安详地伏在司马炎腿上去世了。杨艳时年37岁。被安葬在峻阳陵。

名 家 评 说

天地配序，成化两议。王假有家，道在亢俪。姜嫄佐营，二妃兴妫。仰希古昔，冀亦同规。今胡不然，景命凤亏。呜呼哀哉！

我应图箓，统临万方。正位于内，实在嫔嫱。天作之合，骏发之祥。河岳降灵，启祚华阳。奕世丰衍，朱绂斯煌。缵女惟行，受命溥将。来翼家邦，宪度是常。缉熙阴教，德声显扬。昔我先妣，晖曜休光。后承前训，奉述遗芳。宜嗣徽音，继序无荒。如何不吊，背世陨丧。望齐无主，长去蒸尝。追怀永悼，率土摧伤。呜呼哀哉！

陵兆既空，将迁幽都。宵陈凤驾，元妃其徂。宫闱遏密，阶庭空虚。设祖布绋，告驾启涂。服翚褕狄，寄象容车。金路晻蔼，裳帐不舒。千乘动轸，六骥踌躇。铭旌树表，翣柳云敷。祁祁同轨，炭炭蒸徒。孰不云怀，哀感万夫。宁神虞卜，安休玄庐。土房陶簋，齐制遂初。依行纪谥，声被八区。虽背明光，亦归皇姑。没而不朽，世德作谟。呜呼哀哉！

——杨皇后哀策，载唐·房玄龄等《晋书·后妃列传上》

---

[1] 事见《晋书·后妃列传上》："及后有疾，见帝素幸胡夫人，恐后立之，虑太子不安。临终，枕帝膝曰：'叔父（杨）骏女男胤（杨芷小名）有德色，愿陛下以备六宫。'因悲泣，帝流涕许之。"

武帝司马炎皇后杨芷

杨芷（258～292），字季兰，小名男胤。武帝司马炎皇后，在位14年。父杨骏，官至车骑将军，封临晋侯。咸宁二年（276）岁时被立为后。尊号"武悼"，故称"武悼皇后"。杨芷因其堂姐武元皇后杨艳的请求而被立为后，武帝司马炎对她恩宠备至，杨父及族人亦得以高升，几至专权；武帝辞世，杨芷被尊为皇太后。其父杨骏小人得志，颐指气使，不可一世。不久即因福得祸，杨艳及武帝当年为她埋下的隐患终于应验，乃至其父被诬谋反遭诛，且殃及三族；杨芷废为庶人后，母亲处斩，杨芷在饥饿中惨死且不得入"正寝"。

一、堂妹续弦　好心遭忌

武元皇后杨艳临终前，晋武帝司马炎前去探望。杨艳枕在他的腿上，忧心忡忡，泣不成声地请求武帝在她死后，立其堂妹杨芷为皇后。司马炎答应了她的请求，杨艳才心安理得地与世长辞。咸宁二年（276），杨芷被立为皇后。

这时的司马炎，早已沉湎女色，陶醉于众多嫔妃的枕席之间。而杨芷的到来，却令这位年过不惑的皇帝喜出望外，耳目为之一新。[1]

杨芷生于甘露三年（258），被立为皇后的时候才18岁。她楚楚动人，美丽而又纯情，十分惹人怜爱。司马炎对她特别恩宠。可杨芷仅为司马炎生下的一个儿子司马恢，两岁时就夭折了。

杨芷之父杨骏，本来就野心勃勃，只是没有机遇攀升，仍为一个小吏。杨芷立后，女贵父荣，杨骏陡然官至车骑将军，封临晋侯，一跃而成朝中要员。许多朝臣为临晋侯陡升深感不安，认为是天下大乱的不祥之兆。也有好事者提醒过武帝，他不但不予理睬，反倒愈加重用。

杨骏有两个弟弟，即杨珧、杨济。由于受武帝宠信，杨氏三兄弟排斥忠直旧臣，任用阿附新贵，营私弄权，无所不为。

[1] 事见《晋书·后妃列传上》："（后）婉嫕有妇德，美映椒房，甚有宠。"

西晋采桑壁画

　　杨艳皇后在世时，司马炎按其意立她的痴子司马衷为太子，并选勋臣贾充的女儿贾南风为太子妃。贾南风不仅丑陋无比，而且生性妒忌，竟亲手杀死为司马衷怀了孩子的宫女。司马炎听到此事，勃然大怒，要将贾南风打入冷宫。他本来就曾对娶这样的丑女妒妇为儿媳持过异议，此时更痛下决心要为太子另选贤淑女子为妃。杨芷觉得不妥，劝司马炎说："贾充乃当朝第一功臣，不能因为贾南风就忘记了贾家的恩德。贾妃年纪还小，稍长后自会改过。"贾充即南风之父，曾对司马氏篡权、称帝立过汗马功劳。司马炎常念及此，加上杨芷的劝解，渐渐消了怒气，没有再提废太子妃的事。

　　杨芷还多次严厉告诫贾南风，让她改过。可是，贾南风却不认为杨皇后是在帮助自己，反而认定司马炎要废她是杨芷的主意，对皇后十分怨恨。[1]

二、杨氏窃权　后族势炫

　　泰始八年（272）太子婚后，司马炎因荒淫过度，身体日亏，对于他死后的继位问题考虑日多，而太子在宫中说出的痴话、落下的笑柄也就更加多了起来。武帝为了治愈心中这块心病，决定对太子司马衷测试一番。

　　这一天，武帝召来东宫宫吏，将尚书拟出的疑难问题写上，命中史张泓呈

---

[1] 事见《晋书·后妃列传上》："太子妃贾氏妒忌，帝将废之。后言于帝曰：'贾公闾有勋社稷，犹当数世宥之。贾妃亲是其女，正复妒忌之间，不足以一眚掩其大德。'后又数诫厉妃，妃不知后之助己，因以致恨，谓后构之于帝，怨怨弥深。"

116

交太子，立等回复。张泓多了个心眼儿，先将试题交给太子妃贾南风。南风眉头一皱、计上心来，对张泓说："不如你代为作答，将来太子登基，共享荣华富贵。"张泓心领神会。他虽为后宫小吏，却小有文才，片刻答就，让痴太子司马衷歪歪扭扭照葫芦画瓢，抄了一遍。张泓送出跪呈武帝，武帝看后龙颜大悦，当即命群臣传阅。在场的东宫官吏明知这不可能是太子亲自作答的，却众口一词，祝贺太子司马衷成才。于是，在一片"万岁"声中，饮着御酒，餐着御宴，做就了"皇帝的新衣"。

西晋对书俑

由于纵欲过度，当年英姿勃勃的武帝司马炎，在太康十年（289）底一病不起，于是慌忙安排后事。但由于司马炎晚年把政事大都委于皇后杨芷之父杨骏为首的外戚手中，他担心杨氏权力过大，威胁晋朝的江山社稷，便让王佑任北军中侯，典掌禁兵。他还封皇子司马遹为广陵王，精选师资，为其辅佐。

太康十一年（290）三月，武帝病情日重。这时，当年的功勋旧臣不是已经亡故，就是被杨氏家族排斥在外。一次，武帝清醒过来，发现身边全被杨骏所用新贵包围，顿时忧虑重重，怒从中来。在痛斥了杨骏一番之后，武帝想在临终前挑选几个正直大臣参政，以扭转大局。可是，为时已晚，杨骏竟将诏令偷来藏下，根本没有送出宫去。待武帝回光返照，问起他所召汝南王司马亮为何还未进宫朝见时，才知道已无可挽回。于是，病情骤然恶化，旋即逝去。不过，杨芷在武帝临终时请让杨骏辅政，他还是颔首答应了。[1]

当太子司马衷即惠帝继位时，杨骏就成了唯一的顾命大臣。这时的司马衷

---

[1] 事见《晋书·杨骏列传》："及帝疾笃，未有顾命，佐命功臣皆已没矣，朝臣惶惑，计无所从。而骏尽斥群公，亲侍左右，因辄改易公卿，树其心腹。会帝小闲，见所用者非，乃正色谓骏曰：'何得便尔！'乃诏中书，以汝南王亮与骏夹辅王室。骏恐失权宠，从中书借诏观之，得便藏匿。中书监华廙恐惧，自往索之，终不肯与。信宿之间，上疾遂笃，后乃奏帝以骏辅政，帝领之。"

虽已32岁，杨骏却从不把这个天生的白痴放在眼里。他不但住进武帝处理朝政的太极殿，煞有介事地批阅奏折，配备百名虎贲卫队为其保镖，还以惠帝名义加封自己为太尉、太傅、大都督，总揽朝政，他一方面笼络臣心，给他们加官晋爵，一方面又刚愎自用，施使严刑。尽管其所作所为，已在朝野引起非议，尽管一些好心的至爱亲朋，提醒他物极必反，当心大难临头，他却置若罔闻，不听劝阻。于是，时隔不久，就都渐渐与他疏远，以免将来受其牵连。杨骏除了族人外几乎落得了孤家寡人，还得意扬扬，毫不自知。

始建于西晋的北京最古老的寺院——潭柘寺

三、族灭母斩　乏食身死

司马衷即位后，立贾南风为皇后，尊杨芷为皇太后，大权旁落在杨太后和父亲杨骏手中。贾南风虽为皇后，但手中无权，这对早已虎视眈眈、垂涎欲滴地想干预朝政的贾南风来说，岂能容忍，她暗中盘算如何从杨氏家族怀中夺回大权。

永平元年（291），贾后策动楚王司马玮发动了宫廷武装政变。三月八日，在贾南风的指使下，由其死党出面向惠帝司马衷上表，诬称杨骏谋反。惠帝原为白痴，哪有主见，立即宣布首都洛阳城内外全部戒严，并撤销杨骏的所有官职。接着，司马玮亲率400名殿中兵攻打杨骏府第。皇太后杨芷闻讯，万分焦急，急忙写了一封信射出城外，声称"救太傅者有赏"。信射出后，被贾南风派出的侦探拾到，交给了贾南风。贾南风当即把书信公布于众，宣称太后与杨骏共同谋反，并以惠帝的名义下诏幽禁杨芷。经过这次政变，贾南风杀死了杨骏，并迅速逮捕了杨骏之弟杨珧、杨济及其他亲戚，屠灭三族。为了不致波及太大、引起

反感，贾南风暂时给杨芷的老母庞氏留下一命。次日，杨芷和母亲庞氏被押送到永宁宫幽禁。

其实贾南风对杨芷恨之入骨，必欲置于死地而后快。但杨芷毕竟还是皇太后，不便于骤下毒手。之后，贾南风暗暗指使爪牙上表请求废皇太后，掌握在贾南风手中的惠帝于是废皇太后杨芷为庶人。随后，贾南风又指使爪牙上表请求将杨芷母亲庞氏交廷尉正法，惠帝依例下诏批准。

永平元年（219）四月某日，首都洛阳金墉城被凄惨悲凉所笼罩。戒备森严的卫士封锁了城门。刑场中绑着的白发苍苍老庞氏，早已不省人事，瘫软在地。杨芷呼天喊地，先是跪在行刑官面前，苦苦哀求开恩；后又双臂伸向卫士，请求援救。行刑官和卫士泪流满面，但却无可奈何。杨芷万般无奈，夺过卫士的宝剑，割下散乱的头发，跪地连连叩拜，表示宁愿为贾后侍妾以求保存母命。但这仍无济于事，未能动贾南风丝毫恻隐之心，庞氏终被处斩。[1]

晋武士俑

庞氏死后，杨芷又被押回金墉城冷宫。她已不省人事，奄奄一息。不久，贾南风又将侍御杨芷的十余人全部撤走，断绝其饮食。杨芷连续八天未能进食，被活活饿死。于是，杨氏家族全部灭绝。[2]

贾南风并不因杨芷饥饿而死就罢休。她不仅心狠手毒，无所不用其极，而且还非常迷信。杨芷虽死得如此凄惨，贾南风因心怀鬼胎，怕杨芷到阴间告状，于是命令埋葬的人将杨芷脸朝下放入棺材，棺材里还放上了镇压鬼魂的符书，要

---

[1] 事见《晋书·后妃列传上》："庞临刑，太后抱持号叫，截发稽颡，上表诣贾后称妾，请全母命，不见省。"

[2] 事见《晋书·后妃列传上》："初，太后尚有侍御十余人，贾后杀之，绝膳而崩。"

使她在地下万劫不复,永世不得翻身复仇。[1]

名家评说

……德性婉顺,能尽妇道。自从入继中宫,与武帝情好甚欢,大略与前后相似。

——蔡东藩《两晋演义》

---

[1]事见《晋书·后妃列传上》:"贾后又信妖巫,谓太后必诉冤先帝,乃覆而殡之,施诸厌劾符书药物。"

惠帝司马衷皇后贾南风

贾南风（256~300），晋惠帝司马衷皇后。小名旹，平阳襄陵（今山西临汾西南）人。司马昭和司马炎父子吞魏建晋的功臣贾充之女。在武元皇后杨艳的利益权衡之下，又丑又坏的贾南风被立为太子妃，后来又成为皇后。经过两度较量，贾南风终于大权独揽，控制了朝廷。岂知，就在她铲除心腹之患太子司马遹时，也为自己掘下了坟墓，最终死于非命。

一、儿痴媳丑　为子立妃

贾南风生于太平元年（256）。父亲贾充是平阳襄陵的世家大族，为司马昭杀死魏帝曹髦、篡夺帝位立了汗马功劳，因此受到宠信，执掌大权。司马炎被立为晋王太子，乃至当上晋帝，都是和贾充在司马昭面前竭力推崇密不可分。晋初，有歌谣说："贾、裴、王乱纲纪；王、裴、贾，济天下。"意即指贾充与裴秀、王沈等人是司马氏灭亡曹魏、建成西晋的功臣，而贾充更是立晋之勋。贾充奸恶险诈，精于权术。在晋初，贾充与太尉、太子太傅荀觊，侍中、中书监荀勖，越骑校冯统结为党羽，和侍中裴楷、任恺及河南尹庾纯等人为敌，明争暗斗，不遗余力。

晋武帝司马炎继承其父兄遗志，于公元265年篡夺曹魏政权，建晋称帝后不久，即与皇后杨艳商议立太子事。杨艳深得司马炎宠爱，在立嗣问题上，最终还是按杨艳的意见立了司马衷，铸成大错。

原来，司马炎共有26个儿子。其中长子司马轨和次子司马衷均为杨艳皇后所生，可司马轨早夭，司马衷就成了长子。由于封建王朝传统制度，加以司马炎

贾南风

乌桓、鲜卑人的生活图景

自己作为长子，曾受父亲司马昭的冷遇而愤愤不平等因素所致，帝、后商定，于泰始三年（267）元月，立9岁的白痴司马衷为太子。

岁月易逝，转瞬之间，又到了武帝和杨艳皇后择立太子妃的时候了。太子妃乃来日的皇后，满朝文武无不关注此事。而这对于一个天生白痴的太子而言，无疑尤为重要。

泰始七年（271），鲜卑部落酋长秃发树机入侵，司马炎万分忧虑。任恺乘机推荐贾充前去镇压，以便把他排挤出朝。这年七月，司马炎让贾充前去镇抚外患。贾充无法推辞，忧心如焚。直拖到十一月，才准备启程。临行前，贾充向荀勖求救。荀勖左思右想，终于想出一个办法，就是把贾充之女嫁给太子司马衷为妃。并说，如能成就此事，武帝自然会将贾充留下。贾充听了此话，加以荀勖又自告奋勇，设法促成这门亲事，自然高兴万分。

于是，贾充当即唆使其妻郭槐，以大量的金银财宝贿赂杨皇后及其侍从，以求嫁其女为太子妃。[1]尽管杨艳及武帝司马炎的左右近侍，都在其耳边灌输贾充之女的美貌贤惠，武帝还是犹疑不决。

在此之前，司马炎打算娶卫瓘的女儿为太子妃。经杨艳再三争辩后，司马炎仍不同意娶贾充之女为太子妃，说：“我选卫家女是五条理由，而不选贾家女子也是五条理由。卫家女子历来有贤淑的传统，长得苗条美丽，皮肤洁白，而且

[1] 事见《晋书·后妃列传上》："初，贾充妻郭氏使赂后，求以女为太子妃。"

多生儿子；贾家的妇女却历来妒忌，一个个长得又矮又丑，皮肤又糙又黑，还生子不多。"[1]但因杨艳一再固执己见，荀𫖮、荀勖等贾充的死党为了将贾充留在京师，也极力赞扬贾女美丽贤淑。终于，司马炎做出让步，决定娶贾充的女儿为太子妃。

就这样，司马炎不仅在立太子的问题上犯了错误，又在为痴太子选妃的问题上一错再错。

在选贾女时，本来选的是贾充的次女贾午，她长得虽不是多么美丽动人，但还算顺眼。当时司马衷13岁，贾午12岁，也还般配。可是贾午由于年龄小，未发育成熟，个子太矮，穿礼服都撑不起来，于是就换了贾充的长女、15岁的贾南风。

泰始八年（272），贾南风被正式册封为太子妃。

二、母狠女毒　护媳劝帝

这时，武帝司马炎经过立国之初稳定人心，"无为而治"，攻灭孙吴，发展生产，面对统一大局，早已安于现状、不思奋进，沉湎于色欲、物欲之中。就在其册立贾南风为太子妃前，皇后杨艳已病入膏肓，奄奄一息了。临终前，她将武帝叫至床前，声泪俱下地哀求皇帝娶自己的堂妹杨芷为后，武帝也被感动得掉了几滴眼泪，并答应了皇后杨艳的请求。以后，武帝因为收留了东吴孙皓宫中5000多名宫女，使后宫宫女超过万数，可谓佳丽如浮云。即使这样，因杨芷貌美而温存，武帝还是将她立为皇后，并十分宠爱。

贾南风出奇的妒忌，又多权诈，能震慑太子，所以太子非常怕她，任其驾驭。

在太子宫里，贾南风稍不如意，就杀死宫人。一次，她听说一个宫人为傻太子怀上了孩子，大怒，便派人将宫人带到跟前，随后抄起一支短戟，向宫人的大肚子上刺去。宫人惨叫一声倒地，随着血花飞溅，孕期的孩子掉在了地上，[2]令人目不忍睹。

---

[1] 语见《晋书·后妃列传上》："卫公女有五可，贾公女有五不可，卫家种贤而多子，美而长白；贾家种妒而少子，丑而短黑。"

[2] 事见《晋书·后妃列传上》："妃性酷虐，曾手杀数人。或以戟掷孕妾，子随刃坠地。"

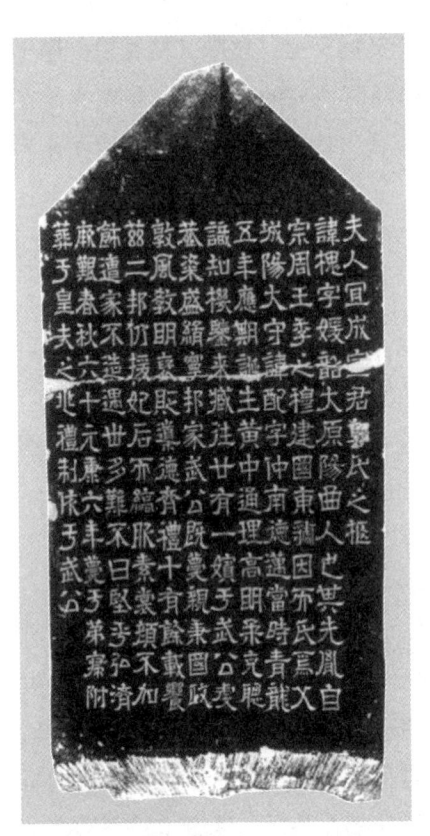

贾后之母郭槐柩铭

贾南风的妒忌主要是受她母亲郭槐的影响。郭槐是贾充的次妻。贾充前妻李氏是个美丽贤淑的女子，因为父亲犯罪被株连，流放到边远地区。后来，贾充才娶了郭槐。司马炎篡魏后，李氏被赦。司马炎特下诏允许贾充置左右夫人，意即要他迎回李氏与郭槐并列为夫人。贾充母也让儿子迎回日夜想念的儿媳李氏。郭槐知道后，又哭又闹，口口声声辱骂罪妇李氏哪能和自己并列。贾充无奈，只好说自己无德无能，不敢设两个夫人。贾充与李氏曾生有两个女儿，长女嫁给司马炎的弟弟司马攸为王妃。她听说母亲不能回家，三天两头在父亲面前哭泣，责备贾充没有良心。贾充只好偷偷为李氏盖了房子住，但自己却始终没敢去。

郭槐无端忌妒，心狠手毒，她亲生的两个男孩，都死在了自己手里。第一个男孩3岁时，乳母抱着玩耍，正好贾充进屋。孩子伸出两手要求父亲来抱，贾充走去从乳母手中接过。不料被郭槐看见了，以为贾充与乳母有染，竟将乳母活活打死。长子因失去乳母啼哭不止，不久病死。第二个男孩刚满周岁，也是因为贾充走去摸了摸乳母怀中的婴儿，被盯梢的郭槐看见，以为乳母勾引贾充，又毒打乳母至死。这个孩子终日啼哭，不久也随乳母而去。就这样，贾充成了"不孝"之子，没有留下一根苗。

其实，司马炎对贾南风之母妒忌成性，早已了如指掌，当初贾充战战兢兢、不敢遵诏置左右二夫人，就是因为悍妇尤妒，他并因此而反对过立贾女为太子妃。当贾南风刺死怀有身孕的宫女的事传到司马炎耳中，他勃然大怒，悔恨自己听了杨艳的话，当即决定废掉贾南风，打入冷宫，以便为太子另选贤淑女子为妃。贾充死党于是轮番地向武帝求情，说是贾南风年幼无知所致，长大自会改过。[1]

---

[1] 语见《晋书·后妃列传上》："贾妃年少，妒是妇人之情耳，长自当差。"

当时，知书达理、非常贤惠的杨芷已入宫当了皇后，她多次告诫贾南风，要其遵守宫廷礼仪，不得随心所欲。贾南风不仅不感婆母之恩，反而以为杨芷在公公面前说自己的坏话，怀恨在心。

与此相反，杨芷还劝慰司马炎，说是贾南风还小，尚可训育；又说贾充是晋朝的一大功臣，不能因为贾南风就忘掉贾家的恩德。于是，司马炎渐渐消了怒气，没有再提废太子妃另立之事。

三、弄虚作假　白痴即位

太子司马衷是个白痴，这是满朝文武尽人皆知的事。司马炎身为其父，更是了如指掌，却又掩耳盗铃，不予承认；如果承认了，那就等于承认自己在立太子的问题上实属荒唐可笑。为了堵住大臣们的嘴，他便演了一出测试太子智力的把戏。

一次，司马炎设下筵席，命太子宫的大小官员欢宴，然后让手下写封奏折，请示关于几件事情的处理办法，密封后派人送给太子，请他裁决。消息传到太子妃贾南风耳中，忙令其亲信给事张泓设法代答，以免露出破绽。张泓认为，应当量体裁衣、就事论事，简单明了地写出处理意见。贾南风一听，正中下怀，就对他说："事情办妥，保你享不尽的荣华富贵。"张泓驾轻就熟，一蹴即就，由太子抄写好送交司马炎。司马炎接过仔细过目后，喜出望外，觉得道理讲得十分清楚，不禁

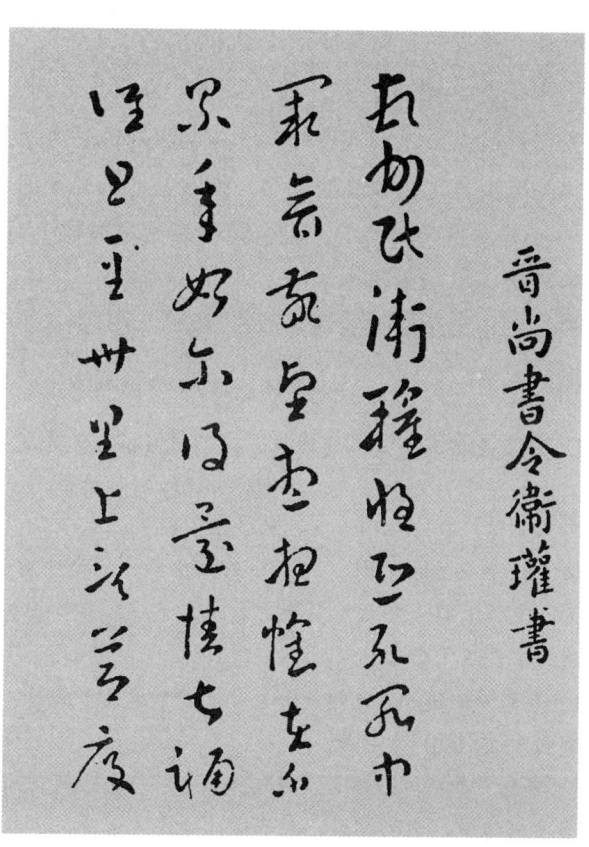

晋尚书令卫瓘《顿册帖》

眉开眼笑，当即得意地拿给曾劝他更换太子的少傅卫瓘看。卫瓘明知是假，又无言以对。大家见太子如此"聪明"，自然忙不迭地向皇上道贺，口称"万岁"。从此也就堵住了那些说司马衷痴呆的大臣们的嘴，更换太子的事再也无人敢提了。[1]

应当说，司马炎虽因前皇后杨艳固执己见，自己也出于种种考虑，明知司马衷是白痴而又立为太子；对太子进行测试，也不过是自欺欺人，掩人耳目，彼此心照不宣而已。其实，真正被测试的，是太子妃贾南风，通过测试，倒是对她的随机应变、耍弄权术的一次锻炼和提高。应当说，真正令武帝打消废太子司马衷另立的，却还有一段故事。

原来，白痴太子娶丑女贾南风之初，一直未见太子妃怀孕，武帝怀疑司马衷不懂房事，却又未便动问，就让自己曾经临幸过的宫女谢玖与司马衷同房，以观动静。事有凑巧，不久，谢玖竟有了身孕。[2] 为避免贾南风妒火横烧，做出蠢事来，武帝忙令人将谢玖迁出东宫。

果然，谢玖生子，武帝得孙，他喜出望外，额手称庆，赐名为遹，常将他留在身边。至此，连白痴太子司马衷对此也毫不知情，直至一次他向其父请安，司马炎指着正在嬉戏的稚童，说这是他的儿子时，才似乎明白过来。

某夜，后宫失火，武帝司马炎站在城楼上观望。蓦地，5岁的孙子跑来拉着爷爷的手，煞有介事地说："夜间失火，十分危急，圣上不应站在有光亮的所在，以防不测。"司马炎大喜过望，没有想到白痴太子竟能有这样绝顶聪明而又如此机警的皇孙。[3] 又一次，司马遹随其祖父去到猪圈，见群猪皆肥，却还在拱

---

[1] 事见《晋书·后妃列传上》："帝常疑太子不慧，且朝臣和峤等多以为言，故欲试之。尽召东宫大小官属，为设宴会，而密封疑事，使太子决之，停信待反。妃大惧，倩外人作答。答者多引古义。给使张泓曰：'太子不学，而答诏引义，必责作草主，更益谴负。不如直以意对。'妃大喜，语泓：'便为我好答，富贵与汝共之。'泓素有小才，且草，令太子自写，帝省之，甚悦。先示太子少傅卫瓘，瓘大跋踖，众人乃知瓘先有毁言，殿上皆称万岁。"

[2] 事见《晋书·后妃列传上》："武帝虑太子尚幼，未知帷房之事，乃遣（谢玖）往东宫侍寝，由是得幸有身。"

[3] 事见《晋书·愍怀太子遹列传》："宫中尝夜失火，武帝登楼望之。太子时年五岁，牵帝裾暗中。帝问其故，太子曰：'暮夜仓卒，宜备非常，不宜令照见人君也。'由是奇之。"

槽争食，他问武帝为何不将肥猪宰杀，奖赏将士，反叫它们糟践粮食。于是，武帝下令，凡肥猪不能再留圈里，一律宰杀犒军，同时抚摸着司马遹的脊背说："这个孩子将使我家兴旺。"还常说他像晋宣帝司马懿。[1] 从此，武帝就断了废司马衷另立的念头，把继承祖业的期望寄托在了皇孙身上。

太熙元年（290）四月，晋武帝司马炎终，太子司马衷继位，是为惠帝，尊皇后杨芷为皇太后，贾南风被封为皇后。

四、大动干戈　独揽朝政

贾皇后总算是"千年的媳妇熬成婆"，但仍惴惴不安，原因是手中无权，一心想从杨氏手中夺取大权。太后杨芷之父杨骏也知贾后乖张残暴，有所畏忌。早在武帝辞世之前，杨骏已权重一时，以致司马炎临死，被其族党围住病榻。为了保住大权，杨骏多树亲党，让他的党羽统领中央禁军。为了取悦于众，他大肆封赏，但因其为政严酷，刚愎自用，反而引起了朝臣的不满。尤其是他排斥汝南王司马亮等辅政，引起了朝臣上下的一致反对。于是，贾后隔岸观火，伺机而动。

杨骏对殿中郎孟观、李肇一向态度傲慢。贾南风遂利用二人与杨骏的矛盾，密命他们设法诛杀杨骏，废除皇太后杨芷。

永平元年（291）三月八日，孟观、李肇在贾后的指使下，向惠帝司马衷上奏，诬称杨骏谋反；惠帝深夜下诏，洛阳城内外全部戒严，撤销杨骏所有官职。同时，又下令东安公司马繇率金殿禁卫军400人，向杨骏发动攻击；派楚王司马玮

晋灰陶加彩持盾武士俑

---

[1] 事见《晋书·愍怀太子遹列传》："尝从帝观豕牢，言于帝曰：'豕甚肥，何不杀以享士，而使久费五谷？'帝嘉其意，即使烹之。因抚其背，谓廷尉傅祗曰：'此儿当兴我家。'尝对群臣称太子似宣帝……"

驻防宫门；任命淮南相刘颂为三公尚书，率军保护金殿。

杨骏得到消息后，紧急召集了文武官员会议。太傅主簿朱振劝杨骏道：皇宫突生变乱，定是宦官小人之辈，替贾后设计阴谋，要加害于他。不如亲自率兵焚烧云龙门，用火势威逼其交出主谋，然后再打开万春门，率领东宫及驻防城外的禁卫部队进宫，搜捕奸党。宫内恐惧，一定会斩杀主谋，逃出劫难。杨骏懦弱胆小、优柔寡断，岂敢照此孤注一掷？亲信们见此情形，旋即四散。

当时，宫城内外隔绝，皇太后杨芷获悉后，万分焦急，急忙写了一封信称："救太傅者有赏。"射出城外。没想到，信被贾南风的侦探拾到，贾南风马上把书信公布于众，算是太后与其父共同谋反的物证。又命弓箭手在附近交叉射击。杨骏见状，惊慌失措，逃到马厩里躲藏，被乱戟杀死。贾南风于是趁热打铁，逮捕了杨骏的弟弟杨珧、杨济及其他亲戚、党羽，并灭其三族，当晚即杀戮数千人。

徐美人墓志（正面）拓本。志文记叙了徐美人养育贾南风的经过以及贾、杨（太后）的倾轧

三月九日，贾南风假惠帝之名，令后军将军荀悝押送皇太后杨芷到永宁宫幽禁，以便借机将其置诸死地。但这时杨芷仍是皇太后，贾南风不便骤下毒手，于是便暗中指使爪牙上表请废太后。经过朝臣的激烈辩论，贾氏一派占了上风，杨芷被废为庶人。随后，贾南风又指使爪牙上表，说杨骏妻庞氏必知其夫谋反内情，现在太后已因同罪废为庶人，特请将庞氏正法。惠帝司马衷遵此下诏。

行刑那天，不仅刑场，整洛阳城都显得阴风惨惨、杀气腾腾。百姓们无不为庞氏母女之冤愤愤不平，却又都噤若寒蝉。杨芷在其父亲、叔叔被灭绝后，本已和母亲在囚禁中苦苦挣扎，苟延残喘。得

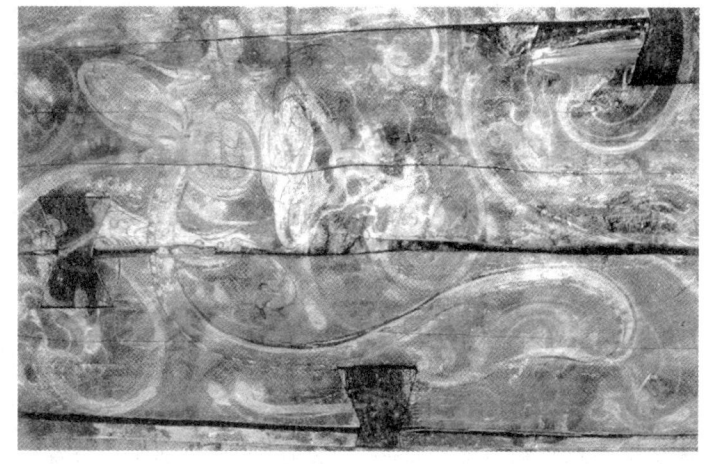

知又要诛杀其母，简直无法自持。她想，如果说父亲杨骏等死于权力之争，还算是他不自量力，张狂而胆怯，算是咎由自取的话，母亲庞氏却完全是无辜的，是受到自己的牵连。为此，杨芷在刑场上抱着母亲号啕大哭之余，割发叩头，表示愿为贾南风侍妾，或以自己的命替老母一死。在场的官兵深受感动，百姓们更是泪湿衣襟。然而贾南风却无动于衷，毫无半分恻隐之心。最后，当庞氏被斩时，刑场上一片恸哭，被废的太后杨芷却是无哭无泪，欲嘶无声了。

不久，杨芷因侍女被贾后夺走，并断炊断饮，终于在元康元年（292）被活活饿死。至此，杨氏三族终于一个不剩地被全部灭绝。[1]

其实，杨太后之父杨骏虽曾在武帝司马炎辞世前后猖獗一时，也只不过是仗恃其女为后，并备受宠爱，因而自己也陡登高位，只不过是小人得志，尚不知宫廷之中的权力争斗之严酷，至于篡位之说，则纯属子虚乌有；杨芷却是个心地善良、贤惠宽厚的女人，既未参与其父弄权，更没有对刁后贾南风存任何歹意，甚至贾后能有今日之贵，还得益于杨芷当年在武帝面前的好心劝说，才打消了司马炎废贾南风的念头。哪知贾后不仅不因此而感其恩，反倒恩将仇报，乃至置诸死地而后快。

晋木棺彩绘伏羲女娲图

---

[1] 事见《晋书·后妃列传上》："及帝崩，尊为皇太后。贾后凶悖，忌后父骏执权，遂诬骏为乱，使楚王玮与东安王繇称诏诛骏。内外隔塞，后题帛为书，射之城外，曰'救太傅者有赏'。贾后因宣言太后同逆。骏既死，诏使后军将军荀悝送后于永宁宫。特全后母高都君庞氏之命，听就后止。贾后讽群公有司上奏……有司希贾后旨……庞临刑，太后抱持号叫，截发稽颡，上表诣贾后称妾，请全母命，不见省。初，太后尚有侍御十余人，贾后夺之，绝膳而崩。"

三月十九日，惠帝司马衷召汝南王司马亮任太宰，与太保卫瓘同时掌权辅政。楚王司马玮也被封为卫将军，直接掌握宫廷卫戍。

司马亮和卫瓘十分讨厌刚愎横暴、诛杀成性的司马玮，盘算着剥夺他的军权。司马玮愤恨之余，向贾后靠拢。贾南风得一亲王为助，大为高兴，遂留司马玮任太子少傅。岐盛一向跟杨骏过往甚密，后来却又帮助司马玮图谋杨骏。卫瓘对这个反复无常的小人十分厌恶，打算逮捕他。岐盛听到风声后，遂与司马玮合谋向皇后贾南风诬陷司马亮、卫瓘策划废帝另立。贾后对司马亮、卫瓘共辅朝政非常不满，于是决定利用司马玮与司马亮、卫瓘二人的矛盾，再一次发动政变。

太熙元年（290）六月，贾南风指使司马衷亲手写下诏书，下达司马玮，让他免去司马亮和卫瓘的官职。司马玮遂令公孙宏、李肇率军包围司马亮王府，命侍中、清河王司马遐逮捕卫瓘。司马亮的部下听到消息后，急忙向其报告，要求火速调兵抵抗。司马亮不肯，终于被杀。与此同时，司马遐率军包围了卫府，卫瓘左右的人要求抵抗，卫亦不以为然，遂束手就擒。

司马玮年轻气盛，对卫瓘、司马亮有私怨，对贾氏后党也心怀不满。在杀死司马亮、卫瓘之后，他的部下劝他乘势诛灭贾后从弟贾模、从舅郭彰，司马玮犹豫不决。贾南风也怕司马玮权势太大，对己不利。正无计可施，太子少傅张华献计于贾南风："楚王司马玮一连杀死两位重臣，天下权威尽将全部集中到他的手中，岂不危及帝、后。最好趁他的权势尚未稳固，指控他擅自杀戮，将其除掉。"贾南风认为这堪称良策，于是以皇帝的名义派人对司马玮的士兵说楚王假传圣旨杀害两位大臣，实属大逆不道。士兵们听了，一哄而散，只剩下司马玮一人，呆若木鸡，束手就擒。于是，司马玮被判处斩刑。公孙宏、岐盛同时被屠灭三族。

贾南风一箭三雕，志得意满。至此，她如愿以偿，大权独揽，将朝廷完全置于自己的控制之下了。

五、斩草除根　嫡子遭殃

贾南风虽颐指气使，耀武扬威，但却始终有一块心病，就是没有亲生儿子。

前文曾提到惠帝和宫女谢玖生了一子叫司马遹。永康元年（290）八月二十六日，刚当上皇帝的司马衷封司马遹为太子。其母谢玖封为夫人。

贾南风嫉恨司马遹被立为太子，只是由于时机不到，不便骤下毒手。司马遹深知贾南风不会宽容自己，可他毕竟是个十多岁孩子，他认为只要给人留下不问政事的印象，就可以避其暗算。于是，他每日跟左右的人游戏、作画，就是不认真读书，甚至也不出席金銮殿上的朝会。不料，他这样做正中贾南风的圈套，于是，她密令宦官引诱太子挥金如土，胡作非为。本来太子宫预算50万钱，司马遹每每消耗成倍的用度，却仍不够挥霍。这样，司马遹的名声一天天坏下去，为贾南风废太子奠定了基础。

这时，曾和司马遹结怨的贾谧也在贾南风面前陷害他，说太子聚敛金银财宝，疲于交往，矛头正对着贾家；不如及早下手，另行选立性情温顺的，才能保住自己。这话正中贾南风下怀，于是，她便开始宣扬司马遹的短处，使人皆知。贾南风又诈称她已怀有身孕，然后暗中把妹妹贾午的婴儿韩慰祖抱进皇宫，打算接替太子。

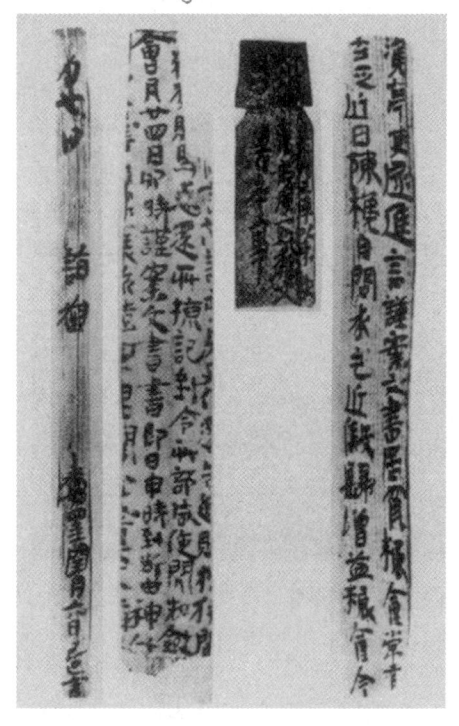

晋木简

贾南风的母亲郭槐深知其心，劝她抚爱太子，以为自己留条后路。郭槐病重时，司马遹亲自伺候，使郭槐深受感动。临死前，一再劝贾南风善待太子。贾南风不仅充耳不闻，反而加快了陷害太子的步伐。

元康元年（299）十二月，太子司马遹的长子司马虨患病，司马遹请求封司马虨一个王爵，司马衷不准。司马虨病势日重，司马遹忙于为子求巫祈神，贾南风认为陷害司马遹的时机已到，便三次派人前去探视，并说皇帝让司马遹快去。

某日一早，司马遹急急忙忙来到宫中。其父皇司马衷让他去见皇后。司马遹来到贾南风的住处，却未见到皇后，反被领到一个空房间里。贾南风派宫女送来美酒三升、红枣一盘，命他全部吃下。司马遹声明他没有三升的酒量。此时，远处传来贾南风的声音，说："你平常为了父皇的欢欣，还饮不少酒，父皇赐给你酒，是祝福你儿子司马虨的病好转。"司马遹赶忙跪地哀求，贾南风勃然大怒说:"真是忤逆不孝!赐酒不饮,难道是怕酒中有毒!"司马遹迫不得已,只好强饮。当饮下两升时,着实不胜酒力,请示减免,宫女非逼司马遹喝完不可。当司马遹把剩下的一升喝下肚时,身热心燥,头昏脑乱,身不由己;贾南风命宫女捧出两份早已拟就的草稿,传贾南风的话说是父皇让他抄写一遍。司马遹虽惊疑有顷,却因饮酒过量,无力判断,只得从命。[1]这两份文件的草稿大意是:皇上和皇后都应自己裁处,不然,司马遹就要亲自去结束他们的性命;要其母亲谢玖同时行动,切勿犹豫,以防后患。司马遹昏醉之中,神志不清,就照抄了一遍。贾南风看后,又令人做些修补,送给司马衷。

西晋青瓷兽形尊

次日,惠帝司马衷召集文武百官,命黄门令拿出司马遹照抄的信和写妥的启书,按贾后事先传授的说:"司马遹应该处死。"随后,把信交给大臣们观看。大家争相传阅后,面面相觑,目瞪口呆。只有老臣张华担心因为废黜太子引变乱,请皇上三思。接着大臣裴頠认为,应和司马遹平常的笔迹比较一下,不然可能有假。贾南风立即拿出司马遹平时所写的书札,对照之后,无人敢说不是司马遹的笔迹。然而因事出突然,又和太子平时言行相距太远,难以为信,使得文武大臣相互辩解,莫衷一是,直到太阳西斜,仍在议论纷纷,还不能做出结论。贾南风担心这样持续下去于己不利,于是改变主意,建议撤销死刑,仅废黜太子

---

[1] 事见《晋书·愍怀太子遹列传》,书中是司马遹给妃子的信中述及的:"鄙素不饮酒,即便遣(宦官陈)舞启说,不堪三升之意。中宫遥呼曰:'汝常陛下前持酒可喜,何以不饮?天与汝酒,当使道文差也。'便答中宫:'陛下会同一日见赐,故不敢辞,通日不饮三升酒也。且实未食,恐不堪。又未见殿下,饮此或至颠倒。'陈舞复传语曰:'不孝耶!天与汝酒饮,不肯饮,中有恶物邪?'遂可饮二升,余有一升,求持还东宫饮尽。逼迫不得已,更饮一升。饮已,体中荒迷,不复自觉。须臾有一小婢持封箱来,云:'诏使写此文书。'鄙便惊起,视之,有一白纸,一青纸。催促云:'陛下停待。'又小婢承福持笔砚墨黄纸来,使写。急疾不容复视,实不觉纸上语轻重。"

为平民。贾南风命东武公司马澹率兵卒押送司马遹、太子妃及三个儿子,一齐囚禁于金墉城。不久,在贾南风的指使下,诛杀了司马遹的母亲谢玖、妃子蒋俊。

贾南风并就未此罢休,又命一黄门向宫廷自首,招认曾与太子司马遹合伙谋害皇帝。又指使惠帝下诏,押解司马遹前往许昌(今河南许昌)囚禁。

三月二十二日,贾南风命令她的情夫、太医令程据配制毒药,以皇帝名义,命黄门孙虑前往许昌,毒杀司马遹。司马遹自从被押解到许昌后,生怕受到谋杀,常在床前自己煮饭。孙虑见无法将药渗入菜里,就强迫司马遹服毒。司马遹不肯,要去厕所,孙虑伺机用药杵将23岁的司马遹打死了。[1]

六、乐极生悲　被臣毒谋

至此,丑后贾南风真可谓大功告成,踌躇满志。虽说还有个白痴司马衷坐着帝位,实则自己事事越俎代庖,俨然女皇。唯一感到遗憾的,是自己终系女后,不能像皇帝那样三宫六院、嫔妃成群。而后宫除了宫女就是阉男,无法满足自己的淫欲。前面提到的配制毒药、为贾南风害死太子提供方便的太医令程据,长得个子高大、皮肤白净,擅长溜须拍马,很招贾后喜爱。贾后借程据经常给自己看病的机会,留他在宫中过夜。但贾南风远远不以此为满足,而是千方百计地寻找更多的面首。她经常派年老的心腹奴婢,在洛阳城里寻找美男子,秘密引他们入宫,与她交欢。贾皇后怕这些宫廷丑闻传播出去,所以,把这些男子玩腻了之后,都一律处死。

一天,贾南风淫欲大发,又派老婢到洛阳城去寻找美男子。老太婆来到城南,看到一个小吏,长得面目清秀,如同女子一般。她顿时眉开眼笑,心想把他搞到宫中,一定会得到贾南风的厚赏,于是便连哄带骗地把他拉进一辆密封的马车,进了皇宫。

早已等得不耐烦的贾南风听到来了一位美男子,高兴万分,命心腹奴婢给小吏洗了香澡,换上华贵的衣服,又吃了山珍海味,然后安排在一个豪华的房间里。夜幕降临,贾南风急匆匆地来到美男子住的房间,和这位小吏过夜。由于这

---

[1] 事见《晋书·愍怀太子遹列传》:"贾后闻之忧怖,乃使太医令程合巴豆杏仁丸。三月,矫诏使黄门孙虑赍至许昌以害太子。初,太子恐见酖,恒自煮食于前。虑以告刘振,振乃徙太子于小坊中,绝不与食,宫中犹于墙壁上过食与太子。虑乃逼太子以药,太子不肯服,因如厕,虑以药杵椎杀之,太子大呼,声闻于外。进年二十三。"

男子出类拔萃，贾南风难舍难分，把他一连留在宫中十多天。最后，贾南风不但没有把他杀掉，还赠给了他一些华贵的服装及金银玉器，才情意绵绵地派人把他送出宫外。

这小吏突然失踪十多天后，又突然归来，已不是原来的装束，而是衣着华丽，举止阔绰。地方官吏为此生疑，予以逮捕，让他说出财富的来源。这位小吏只好一五一十地交代了。开始大家还以为是他在撒弥天大谎，是在诬蔑皇后；待小吏一一道出，说得有根有叶，绘声绘色，地方官吏才哑口无言，不敢再审，连忙将其释放，以免惹火烧身。[1]

晋男侍俑

就在贾皇后沉醉在淫欲和权欲之间，心花怒放、神魂颠倒的时候，一场血光之灾正离她越来越近。她做梦也不会想到，自己的命运竟然如此大起大落，乐极而生悲到死无葬身之地的境遇。

早在太子被废时，一向浑浑噩噩却又见利忘义的司马伦（即汝南王司马亮之弟），在东宫旧将的鼓动下，由投靠贾南风，转而成为讨伐皇后的急先锋。

公元300年四月二日三更时分，赵王司马伦

西晋神兽镜

---

[1] 事见《晋书·后妃列传上》："后遂荒淫放恣，与太医令程据等乱彰内外。洛南有盗尉部小吏，端丽美容止，既给厮役，忽有非常衣服，众咸疑其窃盗，尉嫌而辩之。贾后疏亲欲求盗物，往听对辞。小吏云：'先行逢一老妪，说家有疾病，师义云宜得城南少年厌之，欲暂相烦，必有重报。于是随去，上车下帷，由簏箱中，行可十余里，过六十门限，开簏箱，忽见楼阙好屋。问此是何处，云是天上，即以香汤见浴，好衣美食将入。见一妇人，年可三十五六，短形青黑色，眉后有疵。见留数夕，共寝欢宴，临出赠此众物。'听者闻其形状，知是贾后，惭笑而去，尉亦解意。时他人入者多死，惟此小吏，以后爱之，得全而出。"

经与孙秀策划，把伪造的皇帝诏书下达给皇宫三区禁卫营："皇后贾南风与贾谧等人谋杀了太子。今命车骑将军司马伦入宫，废黜皇后。各将领应听从命令。依令而行者，晋升官职。如敢违命，诛灭三族。"全体将士尽皆从命。司马伦再假传圣旨，打开官门，率部入宫，到御道之南布防。又令齐王司马冏率百人冲向后宫。贾南风突然看到齐王司马冏，大吃一惊，问道："你来此何干？"司马冏对贾后说："奉诏书逮捕皇后。"贾南风也不示弱："我未下诏，何来诏书？"贾南风后悔一直全力对付司马伦，想不到大祸另有所在，后悔莫及地说："系狗当系颈，我反系其尾，怎能不受其害！"[1]贾南风看到大势已去，只得束手就擒。随后，惠帝在司马伦的挟持下，下诏贬贾南风为平民，羁押建始殿，又下诏搜捕贾氏党羽。

这个祸国乱政、凶残无比的贾南风，终于在永康元年（300）四月，被司马伦矫诏用金屑酒赐死了。

名家评说

　　自来称悍后者，莫如吕、武，然吕雉有相夫开国之才，故渐得预政；武曌有蛊主倾城之色，故渐得弄权。何物贾氏才不足以驭众，色不足以动人……古人谓貌美者心毒，不意丑黑如南风，其毒亦若是其甚也！

——蔡东藩《两晋演义》

---

[1] 语见《晋书·后妃列传上》："后惊曰：'卿何为来！'冏曰：'有诏收后。'后曰：'诏当从我出，何诏也？'后至上阁，遥呼帝曰：'陛下有妇，使人废之，亦行自废。'又问冏曰：'起事者谁？'冏曰：'梁、赵'。后曰：'系狗当系颈，今反系其尾，何得不然！'"

晋惠帝司马衷及前赵国主刘曜皇后羊献容

羊献容（生卒不详），晋惠帝司马衷和前赵国主刘曜皇后。泰山南城（今山东泰安县西南）人。出身名门，貌美性善。祖父羊瑾、父亲羊玄之都是高官。羊献容在西晋"八王之乱"中，被其外祖父作为赌注押了出去，随着丑后贾南风之死，当上痴帝司马衷第二任皇后。她不仅四次被废、四次复位，还曾被乱臣假传圣旨赐其自裁而又幸免。数年之后，匈奴兵攻陷洛阳，羊献容令"神射"刘曜一见钟情。待刘曜建赵称帝，封羊献容为皇后。

一、四废四复 九死一生

羊献容

羊献容出生在泰山南城。羊氏家族汉代以来世世高官，羊献容的祖父羊瑾做过宰相，父亲羊玄之做过尚书郎。

公元290年，晋武帝司马炎死后，白痴司马衷继位，即惠帝。司马衷的皇后贾南风凶狠残暴，野心勃勃。她通过宫廷政变，铲除了异己，坐收渔人之利，总揽朝廷大权。这时，早已对皇帝宝座垂涎的诸王纷纷登场，兵戎相见，互相残杀，这就是发生在晋朝历史上有名的"八王之乱"。

永康元年（300），早就窥探时机的赵王司马伦乘势而起，矫诏用金屑酒赐贾南风死。司马伦是司马师和司马昭的九弟，窥伺帝位久矣。贾南风既死，他便紧紧抓住白痴司马衷，事事借口皇帝旨意，来一步步地达到自己称帝的目的。他先让司马衷封自己为使持节、相国等最高位的官职，又把孙秀等一帮最得力的亲信都封做大官。羊献容的外祖父孙旂当时任平南将军，和孙秀是本家，感情至好。恰好在这时，司马伦为了把内外大权全掌握在自己手中，急需要给司马

衷安排一个对自己有利的皇后,以控制后宫。孙旂为了投靠司马伦,就通过孙秀将外孙女羊献容作为资本,荐给司马伦。就这样,羊献容成了皇后的人选。这年十一月,羊献容被司马衷册为皇后。[1]

羊献容当了皇后之后四次被废,又四次复位,并险些被诬丧命的经历,正好是"八王之乱"使西晋生灵涂炭的缩影。

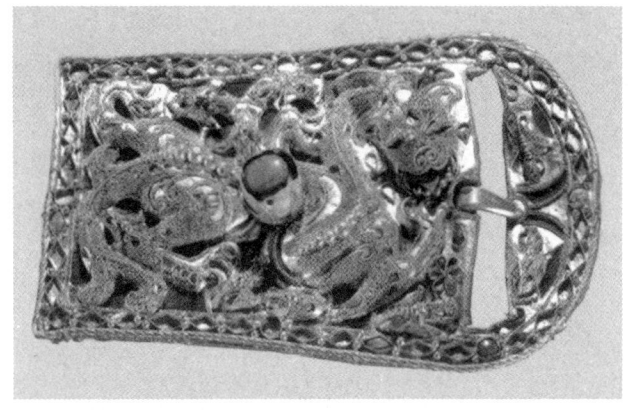

西晋龙纹金带扣

永宁元年(301)初,司马伦迫不及待地逼司马衷交出皇帝的玉玺绶带,强迫他下诏书禅让。司马伦入座帝座。司马衷禅让后被封为太上皇,搬进了一直作为冷宫的金墉城居住。

司马伦篡位惹恼了几位宗王。同年八月,齐王司马冏率先起兵杀死了司马伦的亲信孙秀,逼司马伦下诏退位,又把司马衷从金墉城接了回来。司马冏入朝辅政,掌握了军政大权。这又引起了其他诸王的不满。河间王司马颙联合成都王司马颖、长沙王司马乂等举兵讨伐司马冏。司马乂率兵入宫,挟持司马衷与司马冏展开激战,杀死了司马冏,成了朝廷最有势力的人物。于是,司马颖和司马颙又联合起兵围困了京师洛阳,与司马乂展开激战。与司马冏共事的东海王司马越畏惧二王的强盛,纠集同党拿下司马乂,送给了司马颙的部将张方。终于,司马乂被张方活活烧死。

司马乂既死,司马颙和司马颖联合上表,请求废除司马伦所立皇后羊献容。司马衷遂于永兴元年(304)正月下诏废皇后羊献容为庶人,打入他曾住过的金墉冷宫。

司马颖一心称帝,便上表司马衷称自己为皇太弟。同年七月一日,右卫将军陈眕率军突入云龙门,用皇帝诏书号令文臣武将及禁卫军将士,下令戒严,讨伐司马颖。司马颖逃往老巢邺城(今河北临漳县西南)。七月三日,司马衷下诏

---

[1]事见《晋书·后妃列传上》:"贾后既废,孙秀议立后。后外祖孙旂与秀合族,又诸子自结于秀,故以太安元年立为皇后。将入宫,衣中有火。"

大赦天下。文武官员到金墉城将羊献容迎出来，复皇后位。这是羊献容之被一废一复。

接着，东海王司马越拥奉晋惠帝司马衷御驾北征。就在司马颖与司马越激战之时，中军领军兼京兆太守张方带兵进入洛阳城，把持了朝政，并把羊皇后再次废为庶人。司马越战败后，痴帝司马衷落入司马颖之手。这时驻军幽州（河北北部）的安北将军王浚起兵攻打邺城。

待司马衷回到洛阳后，洛阳城已完全被张方控制。张方凶狠残暴，无恶不作，朝野一片声讨之声。张方眼看洛阳无法久留，就亲自带兵闯入殿中劫持皇帝前往长安（今陕西西安）。

司马伦

司马衷被劫持长安后，尚书仆射荀藩、司隶校尉刘暾、河南伊周馥等人，组成留守朝廷，代惠帝发号施令。十一月七日，留守朝廷下诏复羊献容皇后位。这是羊献容之被二废二复。

永兴二年（305）四月，在长安的中领军兼京兆太守张方又下令废皇后羊献容为庶人。同年十一月，驻守洛阳的立节将军周权，诈称接到皇帝诏书，晋升自己为平西将军，然后迎接皇后羊献容复位。这是羊献容之被三废三复。

后洛阳县长何乔击斩周权，株连皇后羊献容，又废之为庶民。

迁都长安后，司马颙被任太宰。他认为皇后屡次被人利用，对己不利，于是假传旨意，称羊皇后犯上作乱，强迫羊献容自裁。接着，又颁假诏，催促洛阳留守官员立即执行。司隶校尉刘暾等坚决反对，上书皇帝说："平民羊献容，软禁空旷离宫，家门残破，警卫森严，根本不能勾结奸人作乱。无论愚蠢之辈还是智慧之士，都异口同声称其冤枉。若定要诛杀一个走投无路的女子，而使普天下都感到悲痛，对社稷何益！"司马颙勃然大怒，命驻防洛阳的建武将军吕郎逮捕刘暾。刘暾不得已逃出洛阳，投奔青州的高密王司马略。羊皇后最终也逃过了一死。

司马颙的独断专行又引起了其他诸王的不满，他们公推东海王司马越为盟主，准备讨伐司马颙，恭迎司马衷还复旧都洛阳。永兴三年（306）五月，司马

彩绘木牛车

越经过一年的争战,攻下了长安,白痴皇帝司马衷又被用牛车载回洛阳。司马衷下诏迎羊献容复皇后位。[1]

这就是羊献容之四废四复。在此次废、复之间,她还因被诬与奸人勾结作乱,险些枉丧黄泉,实属九死一生。

羊皇后深知兵荒马乱、视人命如草芥的年代,敢于将安危置之度外,仗义执言、明辨是非之不易,所以,当她得知如果不是刘暾等保护,她早已不在人世时,特派人送给刘暾一封信。信中写道:"全赖刘司隶保护,我才得有今日。"不久,刘暾因保护皇后有功,官升光禄大夫。

此后,司马越废皇太弟司马颖,另立司马衷弟豫章王司马炽为皇太弟。光熙元年(306)十一月,晋惠帝司马衷吃面饼中毒突然而亡。终年48岁。有说此乃东海王司马越所为。但却事出有因,查无实据。司马衷死后,皇太弟司马炽继位。光熙元年(306)十一月,司马炽登基,是为怀帝,尊羊献容为惠皇后,住弘训宫。

---

[1]关于羊皇后四废四复之事,《晋书》所载甚略。略云:"成都王(司马)颖伐长沙王(司马)乂,以讨玄之名。(司马)乂败,(司马)颖奏废后为庶人,处金庸城。陈眕等唱伐成都,大赦,复后位。张方入洛,又废后。方逼遣大驾幸长安,留台复后位。永兴初,张方又废后。河间王(司马)颙矫诏,以后屡为奸人所立,遣尚书田淑敕留台赐后死。诏书累至……后遂得免。帝还洛,迎后复位。后洛阳令何乔入,废后。及张方首至,其日复后位。"

二、两国尊后 一肩双挑

晋惠帝司马衷皇后贾南风死后不久，"八王之乱"爆发，为首的都是拥有重兵且镇守要害之地、集军政大权于一身的宗室诸王。他们因惠帝是个白痴，而又都垂涎皇帝宝座，就彼此虎视眈眈，必欲将此夺为己有而后快；他们身边的文武僚属，也多希望飞黄腾达、富贵荣华，于是，纵横捭阖，唯恐天下不乱。在这场为时数年的大混战中，死亡者数十万，流亡者逾百万，毁坏城镇、荒芜农田更是难以数计。"八王之乱"不仅使西晋的社会经济遭到了严重破坏，给百姓带来了无穷的灾难，而且严重削弱了西晋的统治力量。"八王之乱"的最后年月，各地纷纷起兵反晋。

永嘉五年（311），匈奴族所建的汉国国主刘聪看到西晋统治已岌岌可危，便派兵向晋朝发起进攻。同年六月，车骑大将军、中山王刘曜率军攻入洛阳城。这时，官员和百姓都纷纷逃命去了。晋怀帝司马炽企图出逃，结果被刘曜追上，做了俘虏。

羊皇后情知无法逃脱，反倒镇定自若，听天由命，待在弘训宫中。刘曜进

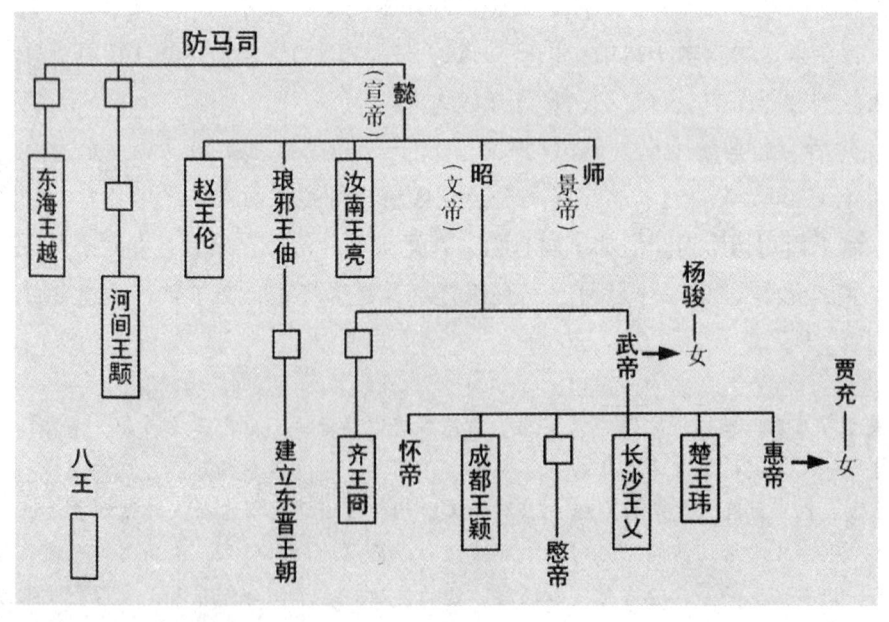

八王在西晋世系中地位

城后便朝弘训宫奔去。羊献容见一员匈奴英武将领闯入宫中，不仅并无杀害之意，反倒被她的美貌和惊悸所吸引。羊献容自离深闺，所识男子就只司马衷这白痴皇帝，与其共枕实为痛苦，绝无欢快可言，何况四废四复险些被迫自尽的颠沛流离的长期非人生活，早已使羊献容忘掉自己是个绝色美女；如今身边突然降临个彪悍汉子，又明知是率军攻入洛阳的武将，也就无可奈何地随了他。当刘曜离开洛阳时，羊皇后和晋怀帝等人一起被带往平阳（今山西临汾西南）。

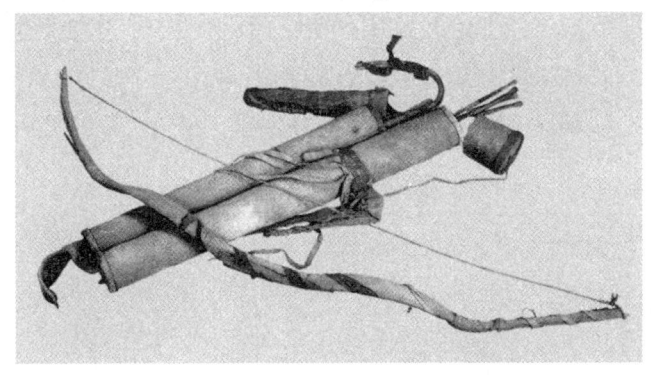

汉晋弓、箭镞、弓袋、刀鞘

　　刘曜幼时父母早逝，寄养于堂伯父刘渊家。8岁时，刘曜随刘渊狩猎，突遇倾盆大雨，避雨中，猛然一阵霹雷闪电，随行者人人胆战心惊，只有刘曜神志自如。从此刘渊对其寄予厚望，极为器重。刘曜自幼喜读军书，尤喜射箭。他身高体壮，射出的箭能将厚皮穿透，被人称道，誉为"神射"。伯父刘渊立汉称帝时，封刘曜为相国、都统中外诸军事，镇守长安。

　　公元311年，刘曜率兵攻陷洛阳。因他少时曾到此游历，对洛阳城的布局极为了解，所以才能直奔弘训宫，从而与美人羊皇后献容结下不解之缘。刘曜性情暴躁，心狠手毒，唯对羊献容百依百顺，言听计从。他将献容带回平阳后，旋即封为妃子。公元318年，刘曜被拥为帝；次年，迁都长安，改国号为赵（史称前赵），又封羊氏为皇后。于是，羊献容又在另一国家，再度为后了。

　　羊皇后共为刘曜生了三个儿子，即刘熙、刘袭、刘阐；长子刘熙后被立为皇太子。一次，刘曜问羊皇后："我与司马衷比，何如？"羊献容不假思索，随口答道："你为开国之君，他乃亡国之君，岂能相提并论。司马衷虽身为帝王，却连皇后、太子（指惠帝司马衷夫人谢玖之子司马遹，被皇后贾南风设计灌醉后，骗其抄写谋反书信，怂恿惠帝将他贬为庶人，囚禁中被贾南风派人杀害）都保不住，甚至最终自身难保。当年，我被迫当他的皇后时，真是苦不堪言，烦闷透顶，简直没有活下去的勇气。因此，那时我看不上天底下的男人。自从有缘和陛下结合，才真正明白何谓男子汉大丈夫，才觉得生活的可贵！"[1]这席出自羊皇后心底的肺腑之言，说得刘曜感动万分。从此，刘曜对羊皇后更是倍加疼爱。

羊皇后辞世后，刘曜悲痛至极，谥为"献文皇后"。

---

[1]语见《晋书·后妃列传上》："曜僭位，以为皇后。因问曰：'吾何如司马家儿？'后曰：'胡可并言？陛下开基之圣主，彼亡国之暗夫，有一妇一子及身三耳，不能庇之，贵为帝王，而妻子辱于凡庶之手。妾尔时实不思生，何图复有今日。妾生于高门，尝谓世间男子皆然。自奉巾栉来，始知天下有丈夫耳。'"

康帝司马岳皇后褚蒜子

褚蒜子（323～384），晋康帝司马岳皇后。祖上累世为官。身为女人，褚蒜子实在是太可怜了，年轻时死了丈夫，人到中年又丧了儿子，寡居一生。可作为皇后、皇太后，她又历经了三度垂帘，把持东晋朝政长达40年之久，与东晋历史上众多的著名人物如庾冰、何充、桓温、谢安等人或密切合作，或机智周旋，为稳定东晋司马氏家族立下了不可磨灭的功绩。

一、名门佳丽　由妃变后

褚蒜子是河南阳翟（今河南禹县）人，太宁元年（323）出生。其曾祖父褚洽曾在晋武帝时当过安东将军，祖父褚𬘘做过武昌太守，其父亲褚裒因参加了平定苏峻之乱而被封都方侯，累迁为司徒、左将军、兖州刺史，都督兖、徐、琅琊诸军事等职。

褚蒜子生长在这样的官宦人家，自然是见多识广；特别是其祖父、父亲在官场上的争斗，使其早年就懂得了很多为人、为官之道。如其父褚裒是"皮里春秋"的代表人物，他表上谨慎寡言，从不议论谁人之好坏，可内心却褒贬是非分明。这些都为褚氏在日后的宫廷斗争中积累了经验。

褚氏以其出身、美貌、聪明和才智被成帝亲自选聘给弟弟琅琊王司马岳。只是因为晋成帝死时，两个皇儿都在襁褓之中，无法继承皇位。当政的中书监庾冰极力劝说病危的成帝将皇位让自己的同胞弟弟琅琊王司马岳，认为此举对国家和社稷有益。于是成帝就在病榻边召入庾冰、何充等人，起草诏书，立司马岳为

褚蒜子

东晋顾恺之绘《女史箴图》卷,用生动画面展示女子的道德与情操

储君。三天后,成帝驾崩,21岁的司马岳登位,为晋康帝。康帝封成帝的长子司马丕为琅琊王,次子司马奕为东海王,庾冰和何充则分别晋升为车骑将军和骠骑将军,共同辅政。褚氏也因此被封为皇后,可谓是一步登天。[1]

可谁知好景不长,仅两年功夫,康帝司马岳就一病不起,命归黄泉,褚后早早地成了未亡人。也正因此,开始了她几度听政的历史。

二、首次垂帘　稳定国事

康帝病重时关于选什么人继承帝位,在朝引起了激烈争论,庾冰仍主张立年长之君,建议推会稽王司马昱嗣君,因为此时康帝长子、褚皇后所生的司马聃只有两岁。庾冰这样做,仍是为了保持庾家的权位,因为皇帝年幼,太后临朝,必然由太后的外家专权,这是前朝的惯例。但是,这时何充已回朝任职,他同庾冰不和,建议立康帝儿子司马聃为太子。康帝答应了,建元二年(344)九月,下诏立聃为太子。这就奠定了褚后的母后地位。

司马聃被立为太子的第三天,父皇去世,何充奉其即位,是为穆帝。尊褚后为太后。此时穆帝年仅两岁,褚太后临朝听政。褚氏仅做了两年皇后,就被尊为皇太后,别的人如何服她呢?但两岁的婴儿怎么能管事?何充与司徒蔡谟一

---

[1] 事见《晋书·后妃列传下》:"后聪朗有识器,少以名家入为琅邪王妃。及康帝即位,立为皇后……"

起，请求褚氏临朝听政。他俩在奏章中说道："社稷危急，百姓悬命，希望太后效法汉之和熹皇后（指汉和帝皇后邓绥）及近代明帝庾皇后的做法，上顺祖宗，下念臣吏。"大臣们对这位皇后的政治才能是有信心的，因为康帝在位时，她曾帮助处理了不少军政大事，都很有分寸。

祖逖率军北伐

褚氏阅罢奏章，又下了一道诏书，写得很感人，大意是：皇帝年幼，应赖公卿大臣同心辅政，现在大家既然恳切上词，我理当不辞众请，只是心头难免又悲又怕，自当勉力从事。[1]

这样的批答恰到好处，表现了褚太后高超的政治手腕和领导艺术。于是，在太极殿上设下白纱帷帐，太后抱着3岁的穆帝垂帘听政。这一年，是晋穆帝永和元年（345），褚太后22岁。何充又投太后所好，上表推荐太后父亲褚裒入朝总揽朝政，但是褚裒坚决不肯，认为外戚应该避嫌，不应重演前朝故事，仍坚持领导镇守京口（今江苏镇江市）。褚太后决定仍请庾冰入朝，但庾冰已患重病，不久就死了。

说是听政，此时的东晋大政褚太后一人也难以决断。庾冰此时已死，庾翼为荆州刺史居兵上游，何充领扬州刺史居重朝中，庾、何二人水火不容，政令难以推行。

为缓和这种局面，褚裒向太后推荐会稽王司马昱为扬州刺史，录尚书事，渐夺何充之权。永和元年（345）八月，庾翼卒，徐州刺史桓温被任命为荆州刺史。褚裒又向司马昱推荐名士殷浩为建武将军、扬州刺史。实际上既增加了抗衡

---

[1] 文见《晋书·后妃列传下》："太后诏曰：'帝幼冲，当赖群公卿士将顺匡救，以酬先帝礼贤之意，且是归德济世之美，则莫重之命不坠，祖宗之基有奉，是其所以欲正位于内而已。所奏恳到，形于翰墨，执省未究，以悲以惧。先后允恭谦挹，思顺坤道，所以不距群情，固为国计。岂敢执守冲暗，以违先旨。辄敬从所奏。'"

东晋顾恺之《列女仁智图》

桓温的力量，又分了司马昱之权。这样，桓温居上游，殷浩据下游，褚裒据江北，三足鼎立，司马昱仍居中辅政。东晋政局相对稳定了多年。

当时的东晋小朝廷，只占有江南一隅，中原和关中以及川蜀的大片土地都被少数民族占领。有占洛阳、邺城一带的后赵石虎（羯人）；占辽宁朝阳地区的前燕慕容皝（鲜卑人）；占巴蜀一带的成国李势（氐人）；关中、陇西一带出现了前秦的苻坚（氐人），还有占据陇西、西城大片土地的前凉张骏（汉人）。北方百姓长期遭受战乱之苦，翘首盼望东晋朝廷能早日北伐，收复失地。东晋一些将领如祖逖、庾亮、褚裒等都做过这方面的努力，但一些大臣往往力加阻挠，一方面是害怕北上将领因此获得成就和威望，影响这些人的政治地位，另一方面是怕北进中原要支出大量国库财富，失去自己在江南的经济利益。所以，几次北伐都没多大进展。但是在褚蒜子临朝的12年里，却有了较大的作为。

升平元年（357）春正月，晋穆帝司马聃已15岁，褚太后为他举行了冠礼之后，便提出归政给穆帝。她诏书上说：皇帝虽已成年，但国家面临艰危，四海未统一，百姓仍困苦不堪，希望大臣们看得远一点，戮力同心，匡扶幼主，我这未亡人能回归别宫，了此残生，也安心了。[1]这份手诏写得委婉动人，满朝大臣听了之后无不感动泣下。从中可以看出，褚蒜子既是一位忧国忧民的太后，也是一

---

[1] 文见《晋书·后妃列传下》："昔以皇帝幼冲，从群后之议，既以暗弱，又频丁极艰，衔恤历祀，沉忧在疚。司徒亲尊德重，训救其弊，王室之不坏，实公是凭！帝既备兹冠礼，而四海未一，五胡叛逆，豺狼当路，费役日兴，百姓困苦。愿诸男子思量远算，戮力一心，辅翼幼主，匡救不逮。未亡人永归别宫，以终余齿。仰惟家国，故以一言托怀。"

位慈爱的母亲。

三、再次垂帘　受制恶人

升平五年（361）夏五月，穆帝暴病而死，年仅19岁。穆帝没有儿子，辅政大臣司马昱请立成帝长子琅琊王司马丕为帝，询问褚太后的意见，褚太后表示同意。司马丕即位为晋哀帝。21岁的他本应励精图治、振兴社稷，但他是个昏庸糊涂的皇帝，对政事不感兴趣，却迷信方士，成天不吃饭，只吃金石药饵，因此年纪轻轻便病倒在床。拖了一年，仍不见好。大臣们忧急异常，只得再次请出褚太后临朝摄政。不过，这一次临朝却比不得上次，这几年间，桓温势力继续发展，已加官侍中、大司马、都督中外诸军、录尚书事、假黄钺，位极人臣。所以，褚太后听政之初，便加桓温扬州牧，召其入朝参政，但被桓温推辞。

兴宁三年（365），哀帝司马丕去世。因哀帝无子嗣，褚太后立哀帝之弟琅琊王司马奕为帝。太后继续听政。

桓温已年近60岁，于太和四年（369），发起第三次北伐，想先建大功，再谋帝位。但遭到失败。桓温又接受臣僚建议，准备废司马奕，改立新帝，借以树立自己的威权。他先令人散布流言，称司马奕患有性病，不能生育。后宫田美人、孟美人同嬖男通奸生有三男，准备建储立王。一时间，京城内外谣言四起。

咸安元年（371）十一月，桓温亲自赶赴建康，暗示褚太后，请废司马奕，改立丞相司马昱，并代太后拟下诏令，呈其过目。虽然桓温握有朝中大权，但废立之事在表面上必须由太后做主。因此，桓温将诏令传入内宫后，也是心中惴惴，唯恐受阻。此时太后正在佛屋烧香，内侍报告"外有

晋简文帝《庆赐帖》

急奏"。太后走至屋门，靠在门上浏览诏令草文，边看边说："我早就料到会如此。"看到一半，索性交给侍从，取笔答道："未亡人遭此百忧，感念存没，心焉如割。社稷大计，由六卿们做主罢了！"[1]实际上是对诏令表示认可。

桓温立即召集百官，宣布此诏，废司马奕为东海王，立司马昱为帝。褚太后自然也就无须临朝听政了，被尊为崇德太后，移居崇德宫。大臣们对此都愤愤不平，但慑于桓温的威势，谁敢出头讲一句话？大家站在神兽门前，看着废帝身穿白色单衣，坐上牛车凄然出宫而去，莫不唏嘘下泪。接着，司马昱穿上龙袍，升座接受百官朝拜，这就是晋简文帝。

四、三次垂帘　后相携手

司马昱虽被立为帝，但国政大事皆委桓温，自己战战兢兢，惟恐被废。即位的第二年六月，简文帝司马昱病重，立10岁的司马曜为皇太子，并下遗诏"大司马桓温依周公居摄故事"，"少子可辅者辅之，如不可，君自取之"。这正合桓温心意。不过，诏书尚未发出，便被侍中王坦之所谏止，改为"家国事一禀大司马，如诸葛武侯、王丞相故事"。既然要像诸葛亮、王导那样辅佐君主，也就等于断了桓温废主自立的口实。七月，简文帝卒，群臣立太子曜为帝。曜年幼，又请出褚太后听政。

桓温本以为简文帝感激自己对他的拥立之功，临终一定会将帝位禅于自己，没想到会发展到如此地步，心中十分恼怒，便气冲冲带着人马赶回建康。文武大臣见桓温来势汹汹，都有些担忧。

当时朝中最有名望的大臣是吏部尚书谢安和侍中王坦之。桓温回朝，独有谢安坦然自若，毫无惊慌之色。这天，谢安与王坦

谢　安

---

[1]事见《晋书·后妃列传下》："（丞）相（桓）温之废海西公也，太后方在佛屋烧香，内侍启云'外有急奏'，太后乃出。尚倚户前视奏数行，乃曰'我本自疑此'，至半便止，索笔答奏云：'未亡人罹此百忧，感念存没，心焉如割。'"

之二人率文武百官去郊外迎接桓温，但见数百名武士簇拥着桓温走来，刀光剑影，旗甲鲜明，吓得王坦之和大臣们手脚冰凉，只有谢安从容不迫。桓温见谢安如此，肃然起敬，请谢安入座。谢安平静地对桓温说："明公因何壁后藏人？"桓温闻听此言，反而大吃一惊，便假笑地说："恐有突变，不得不这样做。"[1]说着，立命左右撤去帐后所列武士。

第二天，桓温入朝见孝武帝，见谢安站在皇帝肩下，目光炯炯，端庄严肃，有一股凛然正气，使桓温不禁悚然。因而只是向皇帝说了一些零星杂事，告辞出宫。几天后，大臣们见桓温没有什么举动，这才放心了一些。

又一日，谢安同王坦之一起去桓温府中议事。三人坐在书房内，忽然一阵风吹来，撩开了后帐，只见帐内有一榻，榻上躺着一个人。谢安认识此人正是桓温的亲信、中书侍郎郗超。原来，郗超受桓温密嘱，卧在帐内，想偷听谢安说些什么。此事经谢安揭穿后，桓温和郗超都不好意思。经此事后不久，桓温病倒，辞别孝武帝，回到镇地姑孰（今安徽当涂），上表请求加九锡（皇帝赐给有大功或有权势的大臣九种物品，以示特殊的荣宠）。谢安虽然不敢拒绝，但他知道桓温病势日益严重，故意拖延不给答复。过了几天，果然有桓温的丧报传来。

桓温死前，留遗嘱让弟弟桓冲统率他的部众。桓冲便被封为中军将军，都督杨、雍、江三州军事，兼领豫、扬二州刺史，仍镇守姑孰。谢安怕桓冲兵权在手，重复桓温的故事，又想请褚太后出来临朝听政，以便用太后的声望抑制桓冲。有大臣出来反对，说从前太后临朝，只因皇帝年幼，母子一体；而今皇上将及冠婚之年，反令堂嫂训政，古来无此礼法。谢安置之不理，仍率文武百官上表请太后出来。

褚蒜子是个有政治头脑的女人，为了平衡朝中的政治势力，使晋室有足够的力量对付北方的敌人，她欣然同意了。于是，又辅政三年，等孝武帝举行了冠礼并册立了皇后，才归政，仍居崇德宫。[2]

---

[1] 事及语见《晋书·谢安列传》："既见温，坦之流汗沾衣，倒执手版。安从容就席，坐定，谓温曰：'安闻诸侯有道，守在四邻，明公何须壁后置人邪？'温笑曰：'正自不能不尔耳。'"

[2] 事及语见《晋书·后妃列传下》："于是太后复临朝。帝既冠，乃诏曰：'皇帝婚冠礼备，遐迩宅心，宜当阳亲览，缉熙惟如。今归政事，率由旧典。'于是复称崇德太后。"

朝中虽又是褚太后临朝听政,但几十年过去,内外大臣已非故人,朝政基本上由尚书令王彪之、尚书仆射谢安共掌。太元元年(376)元旦,褚太后下诏归政,孝武帝开始亲政,太后又被称为崇德太后,移居显阳殿。至此,褚太后的听政生涯正式结束。

太元九年(384),褚蒜子卒于显阳殿,终年61岁。葬于崇平陵。

【南北朝】

南宋明帝刘彧皇后王贞风

王贞风（435～479），南朝宋明帝刘彧皇后。琅琊临沂（今山东临沂）人。父王僧郎，做过尚书左仆射。元嘉二十五年（449），嫁淮阳王刘彧为妃。泰始元年（465），刘彧称帝，立为皇后。谥号"明恭皇后"。建元元年（479）病逝。

王贞风出生于显赫的琅琊王氏。祖父王穆曾做过临海郡（治今浙江临海东南）太守，父亲王僧郎做过尚书左仆射，是当时的名士。王家不仅是名门显族，而且是书香门第。在这样的家族氛围中，王贞风自幼就熟读了儒家典籍，有着良好的修养，长大后更兼端庄秀美。元嘉二十五年（449），王贞风14岁，嫁给淮阳王刘彧为妃。后来，刘彧改封为湘东王，王贞风又被拜为湘东王妃。她为刘彧生了两个女儿，一个是晋陵长公主刘伯姒，一个是建安长公主刘伯媛。泰始元年（465），刘彧称帝，她被册立为皇后。[1]

王贞风

刘彧好色过度，体肥如猪，荒淫无道。一次，宋明帝刘彧把所有公主、嫔妃及宫女请到宫中大殿里欢宴。饮到半酣，他忽发奇想，下了一道命令：无论内外妇女都要脱光衣服，恣意取乐。那些妇女迫于皇上淫威，立即照办。这时，惟独有一妇女以扇掩面，不笑不言。刘彧见状大怒，骂道："你娘家向来寒酸，今天有如此乐事，你为何不看一眼？"这位妇女不慌不忙地回答道："娱乐的途径很多。哪有姑姑、姐妹们聚集在一起，以裸体来取乐的呢？我娘家虽然寒酸，但

---

[1]事见《南史·后妃上·明恭皇后列传》："（后）初拜淮阳王妃，明帝改封，又为湘东王妃。生晋陵长公主伯姒、建安长公主伯媛。明帝即位，立为皇后。"

南朝墓砖刻《竹林七贤与荣启期》（局部）

不愿如此取乐。"刘彧见她回答得有条不紊，很是气愤，不等她把话说完，更加愤怒地骂道："你这贱货真不识抬举，给我立即离开这里。"[1]这位妇女当即起座，掩面而去。她正是宋明帝皇后王贞风。

后来，这事被王皇后的哥哥、扬州刺史王景文知道了，十分感叹。他对堂舅谢纬说："皇后在家时，一向文弱，没想到此番能刚正无畏，敢于顶撞皇帝，真是难得！"谢纬也赞叹不已。[2]

泰豫元年（472），刘彧死去，太子刘昱继位，历史上称为后废帝。这时，王贞风被尊为皇太后，住弘训宫。

刘昱并非王贞风所生，其母是刘彧的宠妃陈妙登。他从小就非常调皮，喜怒无常，动辄把随从们打得鼻青脸肿。宋明帝活着的时候，还经常让其生母陈妙登痛打他。他10岁当皇帝，开始还惧怕皇后王贞风、生母陈妙登及几个有威望的大臣。但在13岁举行加元服（冠）礼后，就无人能控制他了。他经常偷偷跑出宫，或到郊外瞎逛，或是在街市上闹事。王贞风常常耐心地劝说刘昱，要他努力上进，把国家治理好。开始刘昱还能听进去，行动上也有所收敛。但时间一长，

---

[1] 事及语见《南史·后妃上·明恭皇后列传》："上尝宫内大集，而裸妇人观之，以为欢笑。后以扇障面，独无所言。帝怒曰：'外舍家寒乞，今共作笑乐，何独不视？'后曰：'为乐之事，其方自多，岂有姑姊妹集聚，而裸妇人形体，以此为乐。外舍为欢，适与此不同。'帝大怒，令后起。"

[2] 事及语见《南史·后妃上·明恭皇后列传》："后兄扬州刺史景文以此事语从舅陈郡谢纬曰：'后在家为㑀弱妇人，不知今段遂能刚正如此。'"

便觉得不耐烦了。王贞风也觉得自己虽为皇太后,但毕竟不是刘昱的生母,为了感化刘昱,便在元徽五年(477)端午节,赐给刘昱一把玉柄毛扇。刘昱非但不谢恩,反而认为扇子不够华丽,对王贞风心怀不满。一天,他让太医煮毒药,准备杀死王贞风。随从见了,慌忙阻止对他说:"皇上如果毒死了太后,就要重孝在身,每日守在宫里,不可以到外面游玩了。"因听到不能出去玩,刘昱才不情愿地说:"那就算了吧,便依她了。"[1]

元徽五年(477),刘昱的荒淫残暴引起了内乱,大将萧道成趁机杀死刘昱,立其弟刘准为帝,自己做了司空、录尚书事,专擅朝政。眼见国家权力落入外人之手,王贞风心急如焚,便鼓动刘晃、刘绰等宗室成员准备消灭萧道成。萧道成觉得代宋的时机已经成熟,便将刘准贬为汝阴王,然后自己当了皇帝,他就是齐高帝。王贞风被贬为汝阴王太妃,与皇帝刘准被送往丹阳宫。不久,刘准被萧道成杀死,王贞风迁回京城府第居住。建元元年(479),王贞风死去,时年44岁。萧道成追谥她为明恭皇后,以刘宋皇后的规格将她安葬。

---

[1]事及语见《南史·后妃上·明恭皇后列传》:"废帝失德,太后每加勖譬,始犹见顺,后狂愿稍甚。太后尝赐帝玉柄毛扇,帝嫌毛扇不华,因此欲加鸩害,令太医煮药。左右止之曰:'若行此事,官便作孝子,岂得出入狡狯?'帝曰:'汝语大有理。'乃止。"

附：南宋明帝刘彧贵妃陈妙登

陈妙登（生卒不详），明帝刘彧贵妃。丹阳建康（今江苏南京）人，其父陈金宝，封为散骑常侍；母王位，封永世县成乐乡君。因皇帝刘骏偶然发现了她，带进宫来，赏给刘彧为妃。儿子刘昱即位，封为皇太妃。后儿子被废，忧郁而死。

南朝宋药用工具陶横碾槽

一、荒淫君主　路拾美女

宋孝武帝刘骏是个荒淫的君主。一天，刘骏带着几个随从出行，随口对随从说："御道旁怎么有这样的破草屋，这家一定很贫寒吧！"说罢，便赐钱三万并派随从传达他的命令，让这家盖几间瓦屋。随从带着钱来到草屋里，只见到一个十二三岁的小女孩，生着一双水汪汪的大眼睛，皮肤白皙，身材苗条，美丽动人。随从说明来意，放下钱退出，然后向刘骏如实作了汇报。刘骏对这意外的发现很满意，急忙将那个小女孩迎入宫中。这个小女孩就是陈妙登。

陈妙登入宫后，因为

屏风人物

年纪尚小，就一直呆在路太后房中。刘彧早年失母，路太后将他抚养成人，刘彧对她格外尊敬，经常去宫中拜见路太后。一次，他在路太后宫中见到陈妙登，流露出爱慕之情。路太后也看出了刘彧的意思，便向刘骏请求将陈妙登赐给弟弟刘彧。刘骏倒也爽快，满口答应。就这样，陈妙登成了刘彧的妃子。[1]

二、让妻抢妻　荒唐刘彧

起初，刘彧对陈妙登十分宠爱，但他很快就又有了新欢。陈妙登正值青春年华，哪里耐得住寂寞，便与刘彧的老师李道儿眉来眼去，暗中偷情。一次，陈妙登竟大胆地要求嫁给李道儿，荒唐的刘彧竟欣然应允。

李道儿得了这么一个美貌女子，格外珍爱，不久她便怀了身孕。刘彧失去了陈妙登后非常后悔，这个荒唐的皇帝又硬将陈妙登从李道儿那儿要回。李道儿尽管十分不乐意，但也无可奈何，只得物归原主。不久，陈妙登便生下了一个儿子，他就是后废帝刘昱。

因此民间传说刘昱是李道儿的儿子。更有意思的是，刘昱后来也常自称李将军或李统。[2]

三、爱子纵子　抢来灾祸

刘宋宫廷的明争暗斗十分激烈。刘骏只当了11年皇帝便去世，太子刘子业继位。刘子业更是荒淫无度，不久便被杀死。刘彧当了皇帝，是为宋明帝，陈妙登被封为贵妃。

刘彧当了8年皇帝后病死，10岁的太子苍梧王刘昱即帝位，将生母陈妙登尊为皇太妃。

---

[1]事及语见《南史·后妃上·后废帝陈太妃列传》："孝武尝使尉司采访人间子女有姿色者，太妃家在建康县，居有草屋两三间。上出行，问尉曰：'御道那得此草屋，当由家贫。'赐钱三万，令起瓦屋。尉自送钱与之，家人并行，唯太妃在家，时年十二三。尉见其美，即以白孝武，于是迎入宫，在路太后房内。经二年，再呼不见幸，太后因言于上，以赐明帝。"

[2]事见《南史·后妃上·后废帝陈太妃列传》："（陈太妃）始有宠，一年衰歇，以赐李道儿。寻又迎还，生废帝。先是，人间言明帝不男，故皆呼废帝为李氏子。废帝后每微行，自称李将军，或自谓李统。"

萧道成像

刘昱好玩耍，不喜读书，八九岁时就喜欢学猴子一样爬竹竿。当皇帝时，只有10岁，童心未改。他不上朝理政，却常常与宠幸的宫人出游，母亲陈太后对他不放心，常常驾车跟随看护。有时她的车子跟不上，就令卫士追踪劝阻。但刘昱不但不听，反而对卫士大加训斥。有时他累了，白天卧在路旁，晚上住宿客店；他还常常逗弄小商妇，遭到旁人奚落，也感到快活，一笑了之，没有人能够管住他。

元徽五年（477）六月的一天，刘昱闲逛，突然闯进将军府。当时天气炎热，禁卫军的首领萧道成是个大胖子，正裸露着身体午睡。刘昱见他的肚子很大，为了取乐，就在其肚脐上画了个圆圈，作为靶子，欲拉弓就射。左右的人见状急忙为其解脱说："萧将军的肚子大，是个好箭靶；可是一箭射死，就再没射的了。不如换一个假箭头，射了还可再射。"小皇帝听了，觉得有理，就改用假箭头来射。一箭正中萧道成的肚脐，他便把弓一扔，哈哈大笑说："我的箭法如何，一箭就射中，还不错吧！"左右连连称好。[1]然而这一箭却埋下祸根。

萧道成被刘昱玩弄，又羞又恼，非常怨恨。后来，又听说刘昱正要杀自己，便决定先发制人，杀死这个小皇帝。同年七月，萧道成暗中布置校尉王敬则，贿通卫士杨玉夫等25人，伺机谋害皇帝。过了几天，正赶上七月七日，这是天上牛郎织女相会的日子。小皇帝夜游到新安寺，与道人就着狗肉饮酒。皇帝喝醉后，回仁寿殿就寝，并对卫士杨玉夫等人说："今晚织女渡河，你们为我等着；若见织女一到，就立即报我；如见不到，明天就杀掉你们！"面对喜怒无常的小皇帝，杨玉夫等人无法，为自保便乘小皇帝熟睡之机，把他的头割了下来，

---

[1] 事及语见《南史·高宗本纪》："休范平后，苍梧王渐行凶暴，屡欲害帝，尝率数十人直入镇军府，时暑热，帝昼卧裸袒，苍梧立帝于室内，画腹为射的，自引满，将射之。帝神色不变，敛板曰：'老臣无罪。'苍梧左右王天恩谏曰：'领军腹大，是佳射堋，而一箭便死，后无复射，不如以雹箭射之。'乃取雹箭，一发即中帝齐。苍梧投弓于地，大笑曰：'此手何如？'"

贾思勰及其《齐民要术》书影

给萧道成送去。但萧道成因害怕不敢开门,生怕是小皇帝再来与他恶作剧。杨玉夫、王敬则没有办法,便把人头隔墙扔了过去。萧道成亲自把人头洗净,认准是小皇帝时,才下令打开大门,全身披挂,火速率军进入皇宫,与大臣袁粲、褚渊、刘秉商议立帝之事。[1]大家都推举萧道成即皇帝位,但被萧道成假意拒绝,他们便决定迎立明帝第三子、安成王刘准为帝,年11岁,是为顺帝。

不争气的儿子被杀了,陈妙登便被贬为苍梧王太妃,在悲伤和恐惧中度过残生。

陈妙登的家族因她而荣耀一时。儿子在位时,追赠她的父亲陈金宝为散骑常侍,母亲王位为永世县成乐乡君。她的伯父陈照宗,官中书通事舍人;叔父陈佛念,官步兵校尉;兄长陈敬元官通直郎,南鲁郡太守。

---

[1] 事见《南史·高宗本纪》:"五年七月戊子,杨玉夫等与直阁将军王敬则通谋弑苍梧,贯首,使左右陈奉伯藏衣袖中,依常行法称敕开承明门出,囊贮之,以与敬则。敬则驰至将军府,叩门大呼,自言报帝,门犹不开,敬则自门窨中以首见帝,帝犹不信,乃于墙上投进其首,帝索水洗视,敬则乃逾垣入。帝跣出,敬则叫曰:'事平矣!'帝乃戎服,乘常所骑赤马,夜入殿中。"

附：南陈后主陈叔宝妃张丽华

张丽华（生卒不详），南陈后主陈叔宝贵妃。出身寒门，少小入宫，被后主陈叔宝收为妃子。后主即位，封为贵妃。祯明三年（589），陈灭，为隋将高颎所杀。

张丽华是兵家之女，父兄以织席谋生。后主为太子时，丽华因美貌而选入太子宫。这时，10岁的丽华被派去服侍龚贵妃。后主发现后，对丽华很宠幸，恩爱有加，日欢夜乐，不久就生下了儿子陈深。[1]

丽华非常聪慧，后主即位后，封为贵妃。每当后主带她与宾客游宴时，她总是荐诸宫女同往，故而深受宫人的欢心，遂受命专掌后宫。她还常以鬼怪迷惑后主，聚诸妖巫探访政事，人有一言一事，她必先知，由此愈受看重，内外家族，多被重用。[2]后主叔宝当皇帝后，日日迷歌倾舞，夜夜贪

陈后主词意图

---

[1] 事见《南史·后妃下·后主沈皇后列传》："后主为太子，以选入宫，时龚贵嫔为良娣，贵妃年十岁，为之给使。后主见而悦之，因得幸，遂有娠，生太子深。"
[2] 事见《南史·后妃下·后主沈皇后列传》："（张贵妃）特聪慧，有神采，进止闲华，容色端丽。每瞻神眄睐，光彩溢目，照映左右。尝于阁上靓妆，临于轩槛，宫中遥望，飘若神仙。才辩强记，善候人主颜色。荐诸宫女，后宫咸德之，竞言其善。又工厌魅之术，假鬼道以惑后主。置淫祀于宫中，聚诸女巫使之鼓舞。"

酒恋色，无心过问朝政。而且每次集饮聚舞，都是让他心爱的张贵妃、孔贵妃等8人夹坐左右，并邀文士江总、孔范等人参与宴饮、赋诗，互相赠阅，而后采选艳丽的诗篇编作歌舞，选美女1000多人演唱。君臣酣歌，通宵达旦。即便这样，陈后主还嫌不够，又大造景阳宫，其中以临春阁、结绮阁、望仙阁最为壮丽。后主自居临春阁，孔贵嫔和龚贵嫔居望仙阁，让张丽华独居结绮阁。[1]三阁是自东晋以来还不曾有过的豪华建筑物。陈后主挥霍无度，盘剥残酷，徭役繁重。为此，大臣傅縡不顾个人安危，仍给皇帝上书，劝后主改过。他说："陛下酒色过度，任用小人，看忠臣是仇敌，视百姓如草芥。天怒民怨，我看陈朝快要完了！"后主看了大怒，派人告诉傅縡说："你想改过吗？你若能改过，我便免了你的罪。"傅縡从容地回答："我的心同我的面貌一样，如果我的面貌可以改，那么，我的心也可以改。"后主听了非常气愤，就派宦官李善把他杀掉。[2]

南朝著名的碑刻《瘗鹤铭》

---

[1] 事见《南史·后妃下·后主沈皇后列传》："至德二年，乃于光昭殿前起临春、结绮、望仙三阁，高数十丈，并数十间。其窗牖、壁带、县楣、栏槛之类，皆以沉檀香为之，又饰以金玉，间以珠翠，外施珠帘。内有宝床、宝帐，其服玩之属，瑰丽皆近古未有。每微风暂至，香闻数里，朝日初照，光映后庭。其下积石为山，引水为池，植以奇树，杂以花药。后主自居临春阁，张贵妃居结绮阁，龚、孔二贵嫔居望仙阁，并复道交相往来。"

[2] 事及语见《南史·傅縡列传》："縡素刚，因愤恚，于狱中上书曰：'夫人君者，恭事上帝，子爱黔黎，省嗜欲，远谄佞，未明求衣，日旰忘食，是以泽被区宇，庆流子孙。陛下顷来酒色过度，不虔郊庙大神，专媚淫昏之鬼。小人在侧，宦坚弄权，恶忠直若仇雠，视百姓如草芥。后宫曳绮绣，厩马余菽粟，兆庶流离，转尸蔽野，货贿公行，帑藏损耗，神怒人怨，众叛亲离。恐东南王气，自斯而尽。'书奏，后主大怒。项之稍解，使谓曰：'我欲赦卿，卿能改过不？'縡对曰：'臣心如面，臣面可改，则臣心可改。'后主于是益怒，令宦者李善度穷其事，赐死狱中。"

祯明元年（587）八月，隋文帝灭掉梁国之后，接着于第二年十月下诏，发兵51万，以杨广为统帅，准备渡江伐陈。消息传到陈朝，后主却说："从前北齐三度来攻，北周两次来犯，都大败而逃。这次隋兵来攻，也一定是自来送死。"宠臣们则随声附和地说："隋兵决不能渡过长江。"在这种思想的支配下，便不作任何准备。当隋军已经兵临城下时，后主还在饮酒取乐。守江将官多次告急求救，后主不但一概不理，反而自作靡靡之音，即《玉树后庭花》，供嫔妃们演唱。[1]这靡靡之音也就成了陈朝亡国之音，并为后世用作亡国的隐喻。李白也写诗讽刺说："门外韩擒虎，楼头张丽华"，形象地指出后主宠溺张氏，不理朝政，方招致国破家亡的大祸。

祯明三年（589）正月，隋军大举南下，渡江攻下建康。至此，陈后主才惊慌失措，遂带领张、孔两个宠妃及十余名宫人，仓皇转进后宫，跳入枯井中躲藏。隋军搜查至后院，后主等不敢答应；隋军欲往井中掷石头，后主等人才在井中大叫讨饶。隋军便用绳子把他们吊了上来。于是陈后主及宠妃、宫人都做了俘虏。陈朝至此灭亡。

杨广见到了陈后主的妃子张丽华，本想据为己有，张氏也为杨广的才貌所吸引，然而人们都说张丽华是个灾星，隋朝的大将高颎杀掉了张丽华，使杨广的风流梦破灭。张氏也结束了自己风流的一生。

名家评说

张丽华为江南尤物，与邺下之冯小怜相似，小怜亡齐，丽华亡陈，乃知尤物之贻祸国家，无古今中外一也。
——蔡东藩《南北史演义》

智慧人称张丽华，发亮可鉴貌如花。
坐怀决事太无象，断送南朝陈氏家。
——张英玉《历代名媛百咏》

---

[1]事见《南史·后妃下·后主沈皇后列传》："后主每引宾客对贵妃等游宴，则使诸贵人及女学士与狎客共赋新诗，互相赠答，采其尤艳丽者，以为曲调，被以新声，选宫女有容色者以千百数，令习而歌之，分部迭进，持以相乐。其曲有《玉树后庭花》、《临春乐》等。其略云：'璧月夜夜满，琼树朝朝新。'"

北魏文成帝拓跋濬皇后冯氏

冯氏（441~490），北魏文成帝皇后，长乐信都（今河北冀县）人，生于长安。北魏兴安元年（452），拓跋濬当了皇帝，冯氏被封为贵人，太安二年（456），又立为皇后。谥号"文明"。祖父冯文通，曾为北燕皇帝；父亲冯朗，曾任刺史、西郡公。冯氏是太和元年（477）至十四年间一系列改革的实际主持者，她主持制定的三长制、均田制和新的租调制的实行，为孝文帝迁洛以后的繁荣富庶打下了基础。

一、因祸得福 贵为皇后

冯氏

冯氏的祖父冯文通原是北燕国君冯跋的小弟，在冯跋死后继承帝位；父亲冯朗原为北燕的广平公，因母亲王氏被废，于北魏延和元年（432）与胞弟冯邈逃奔辽西，劝说大哥冯崇一起投奔北魏。冯崇被北魏封为辽西王，冯朗后来做上了秦、雍二州刺史，西郡公。

冯朗在北魏犯了死罪被杀，他的女儿冯氏便随着姑姑冯昭仪来到北魏后宫，相依为命。姑姑冯昭仪是在北魏延和三年（434）由冯文通主动送给北魏世祖表示停战言和的。冯昭仪自然担当起了教育她的重担。冯氏天资聪颖，勤奋好学。几年后，她学到了不少知识，说起话来总是温文尔雅，做起事来总是符合礼仪，加上少女特有的光彩，很快就成了后宫中引人注目的人物，深受太子拓跋濬的钟爱。北魏兴安元年（452），拓跋濬当了皇帝，冯氏被封为贵人，太安二年（456）又被立为皇后，即文明皇后。

冯氏在皇后的宝座上坐了几年，刚尝到了当皇后的荣耀显贵，可是到了北

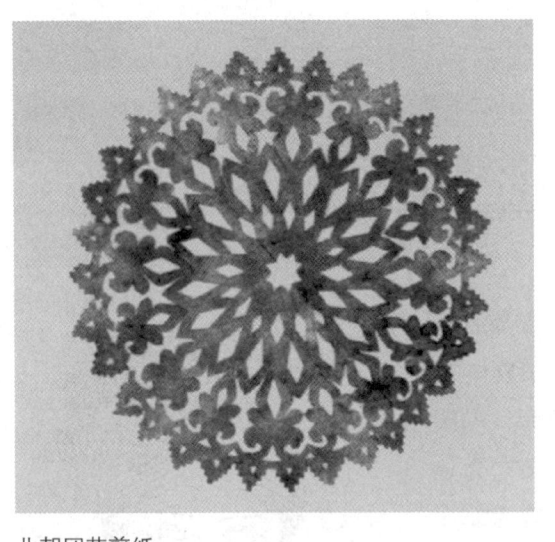

北朝团花剪纸

魏和平六年（465）五月癸卯这天，26岁的拓跋濬不幸病死于北魏国都平城（今山西大同），举国沉浸于无限悲痛之中。按照北魏的惯例，国丧三天之后，要把死者生前所用过的衣服器物全部烧毁，文武大臣及中宫都要以号啕大哭来表示对死者的哀悼。当宦官举着火把，将堆积如山的衣物点燃时，已哭成泪人的冯皇后扑进烈火之中，可见她对文成帝的爱情之深。待周围的人把她救起时，她已昏迷不醒，被抬回宫中，经御医紧急抢救才保住了生命。[1] 几天之后，年仅12岁的太子拓跋弘继承帝位，是为北魏献文帝，冯皇后被尊称为皇太后。

二、临危不乱　亲整朝纲

当时，侍中、车骑大将军乙浑因献文帝年幼可欺，乘机盗用献文帝诏令，肆无忌惮地诛杀异己，建立个人独裁政治，先后把尚书杨保年、平阳公贾爱仁、南阳公张天度、平原王陆丽、司卫监穆多侯全部杀掉。面对政治危机，年幼的献文帝一筹莫展，只好在文明太后面前哭泣。文明太后开始对乙浑疯狂残杀大臣也十分害怕，不敢公开得罪乙浑，只好将他封为丞相，以此求得自己和献文帝的人身安全。但是，乙浑随着自己独裁地位的逐步稳定，野心越来越大，并不满足于自己的实际权力，准备发动政变，夺取帝位。残酷的现实使文明太后认清了乙浑的真实目的，不斗争、不放手一搏就是死路一条。她便丢掉幻想，命令元丕、元贺、牛益得等人率领军队，前往乙浑府将乙浑杀掉。文明太后鉴于紧张局势，宣布临朝听政，全权处理一切政务。不久，文明太后感到事务太多，即使自己再生出三头六臂也无法干完，于是又把中书令高允、中书侍郎高闾和贾秀三人叫到宫

---

[1] 事见《北史·后妃上·文成文明皇后冯氏列传》："文成崩，故事，国有大丧三日后御服器物一以烧焚，百官及中宫皆号泣而临之。后悲叫自投火，左右救之，良久乃苏。"

北魏盛行校猎——图为太子校射浮雕

中,协助她处理政务。

一年之后,献文帝的儿子拓跋宏降临人间,给当奶奶的文明太后带来了无比喜悦。文明太后突然宣布还政于献文帝,不再过问任何政事,专心致志地抚养拓跋宏。实际上,权力欲极强的文明太后不是真心实意地把大权交给献文帝,只不过是由前台暂时退到后台,文明太后怕献文帝不完全听她的指挥,便将自己的哥哥冯熙提拔成太傅,随时监督献文帝。

三、虎毒食子　害死皇帝

献文帝刚亲政时,有很多事情都不敢做主,事事均向文明太后禀报,得到文明太后的许可后才去做。文明太后对献文帝较为满意和放心,但随着年龄的增长,献文帝对她的专权越来越反感,不仅不听她的话,有时还故意找借口与她闹别扭。皇兴四年(470)十月,献文帝借故把文明太后的面首李奕和李奕的哥哥李敷杀掉。这下可捅了马蜂窝。文明太后闻讯后,就如同一头被激怒的狮子,大骂献文帝,扬言不废掉献文帝誓不罢休。

献文帝遭到痛骂之后，心里很难受。本以为乘自己风华正茂之年，应大干一番事业，留名于青史，可现在受制于太后，任凭自己有天大本事也施展不开。弄不好还要丢掉脑袋，何苦来呢！对黄老之学、佛经义理很感兴趣的献文帝看破了红尘，决定把帝位让出。但献文帝不甘心拱手让太后掌握大权，便很动了一番脑筋：决定将帝位让给叔父拓跋子推，这样就可以限制太后。

最初，文明太后听说献文帝准备让位，以为是让给太子，心中暗喜，一个5岁的娃娃总比18岁的小伙子更好控制。但她得知献文帝是要让位给拓跋子推，心里又急又恼，怕献文帝的想法变成事实。献文帝于皇兴五年（471）八月的一天，把大臣们召集起来讨论让位事宜。结果使他大失所望，大臣们一致反对将帝位让给拓跋子推，意见是将帝位传给太子拓跋宏。直到这时，文明太后才放下心来，又可以专权了。同年丙午这天，年仅5岁的拓跋宏登上了皇帝宝座。

一次，文明太后被一场揪人心弦、催人泪下的哭声搅起了恐惧的波澜。文明太后对拓跋宏的哭声听得多了，对他的哭相看得多了，习以为常。但此次哭声却过分凄惨了。身为父亲的献文帝问儿子为什么要哭，拓跋宏说："想起已故亲人，十分感伤。"文明太后心中不禁一怔，突然想到献文帝身上长脓包时，拓跋宏用嘴给他吸脓的往事。文明太后越想越怕：这孩子确实精明过人，小小年纪竟能说出这般话！如此聪明早熟，将来如何驾驭？必制之方能安心。一个冰天雪地的日子，文明太后便把拓跋宏骗到一间屋子里，可怜的小皇帝被文明太后脱得只剩下一件单衣，然后文明太后就狠心地将他锁在里面，三天三夜不给饭吃，企图磨掉他身上的棱角。残酷折磨并没有使拓跋宏向奶奶苦苦求饶，只是使他变得更加聪明，从此沉默寡语。文明太后还不甘心，又准备废掉拓跋宏，让他的弟弟拓跋禧继承帝位，在元丕、穆

北朝女官俑

泰、李冲等重臣的反复劝阻下，才不得不打消了这一念头。从这次事件中，拓跋宏学会了保护自己，躲在书斋里刻苦读书，手不释卷。文明太后看在眼里，乐在心里，对拓跋宏的戒心渐渐消失了。

　　文明太后为能随意摆布小皇帝高兴，可当了太上皇的献文帝却不甘寂寞。延兴三年（473）十一月，献文帝南下视察路过怀州时，薛虎子求见，要求恢复被文明太后罢免的枋头镇将的官职，献文帝当即恢复了他的官职。文明太后虽对此极其恼怒，但她努力克制自己，等待时机。观望了三年后，文明太后认为良机已到。到承明元年（476）初夏，她列出了献文帝的重大活动。第一类是：延兴二年（472）二月，献文帝戎装出城，在北郊指挥各位将领反击柔然进攻；同年十一月，他又骑上战马，亲自讨伐柔然，一直打到漠南，把柔然赶出几千里外；次年十月，献文帝一度打算南征刘宋。第二类是：延兴四年（474）二月，献文帝南下视察，次年十月，又在北郊举行阅兵仪式。文明太后认为反击柔然、南下视察，对提高国威很有利，可也抬高了献文帝本人的身价；再说，他常指挥军队，不是成心要操纵军权吗？一旦让他操纵了军权，自己的后果将不堪设想。第三类是：延兴二年（472），颁布诏令，让工商杂伎全部务农，禁止滥杀牲畜，保护农业生产，还严格考核官吏，明确指出：对那些克己奉公、廉洁公正的牧守可以长期任用，对那些成绩显著的官员晋升一级，对那些贪婪残暴、榨取民脂民膏的官员严惩不贷。第四类是：延兴四年（474）六月，再次命令：处理一切案件都应按法律程序办事，以事实为根据，以法律条文为准绳，用刑应当慎重，尤其用重刑更要慎之又慎。文明太后想，这是献文帝在收买人心，如果任其继续活动，献文帝极有可能东山再起。经过这样的分析，文明太后心中产生了一种被押赴刑场的

北魏石刻画像

感觉，她绞尽脑汁，策划对付献文帝的计策。最后，文明太后决心铲除后患，杀掉献文帝。六月辛未这天，文明太后派心腹害死了献文帝，没有留下任何痕迹，因此，后世的史家只能对此事作出如下推测：（1）将他毒死；（2）在禁中埋伏壮士，乘他拜佛之机将他暗杀。

北魏陶牛

献文帝的死，引起了很多人对冯太后的不满。兰台御史张求见冯太后杀戮无辜，对献文帝的死因产生了怀疑，便联络献文帝生前的亲信，及京城中忠于献文帝的将士，策划一场政变，准备废掉文明太后，并杀之。他们商议乘天宫寺一年一度的大法会，设下埋伏，乘文明太后进香拜佛之机，将她囚禁，命她归政于孝文帝。但事情很快败露了，文明太后派人拘捕了张求诸人，并杀死与此案有牵连的几千人。为稳定政局，文明太后再次临朝听政。

四、打击政敌　大权独揽

文明太后诡秘地毒死了献文帝后，虽暂时解除了对她权势的威胁，但她的神经并没有松弛下来。再次临朝听政激起了她独揽大权、镇压政敌的欲望。文明太后将政敌分为两类，一类是献文帝的同党，另一类是孝文帝母亲一家的势力。文明太后权衡了这两方面势力对自己的威胁程度，决定先拿献文帝的同党开刀。

献文帝派的代表人物是侍中、镇南大将军李䜣。文明太后对李䜣心中也有几分怯意。她深知李䜣曾负责过选举工作，有一定的士人基础，对他的处理稍不谨慎就会引起连锁反应，惹出麻烦。

然而，机会来了，正当文明太后一筹莫展时，宦官赵黑、卢奴令范标帮了她大忙。赵黑在与李䜣共同负责选部时，曾被李䜣排挤，由尚书降为一个看门的门夫。赵黑随时准备报仇，献文帝死了，赵黑认为机会来了。他向文明太后哭诉李䜣的专权罪行，并愿为太后干掉李䜣效犬马之力。范标是个两面派人物，与李䜣原是无话不说的知心朋友，自然掌握了李䜣的不少材料。范标揣摸文明太后准

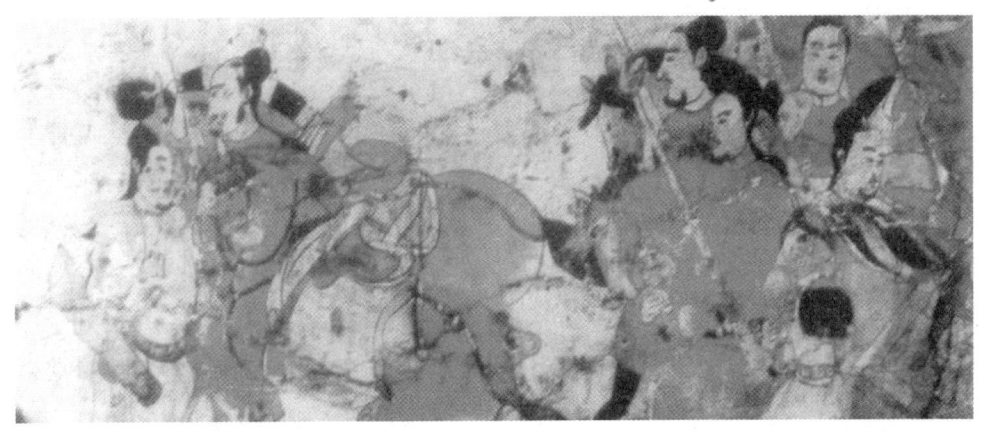

北朝娄睿壁画《出行图》

备收拾李䜣，便主动向文明太后诬陷李䜣企图外逃。太后明知范标的话是迎合她的心意胡编乱造出来的不实之词，但也如获至宝，将范标夸奖一番，并一再威胁他不准改口，然后马上派人到徐州通知李䜣速回京师。

太和元年（477）十月的一天，文明太后将李䜣召进宫，逼他交代所谓企图外逃的罪行。李䜣被太后的话弄得丈二和尚摸不着头脑，不承认这种莫须有的罪名。文明太后没容李䜣辩解几句，就向宦官使了个眼色，范标就被宦官引到太后跟前。范标向太后行过礼，将背得滚瓜烂熟的所谓证词复述了一遍。这个意外的证词如同五雷轰顶，把李䜣气得晕头转向，他没想到自己推心置腹的朋友出卖了自己！李䜣瞪大眼睛，气愤地说："既然你都诬陷我，我还有什么好说的呢！都怪我认错了人，悔之晚矣！"

文明太后见范标很尴尬，便朝他挥挥手，示意他暂时退出殿堂，然后问李䜣还有什么需要交代，李䜣扬了一下头，没有表示。文明太后一声令下，卫兵手脚十分麻利地将他捆绑了起来，拖出殿堂。几天后，文明太后又下令：立即处决李䜣和他的两个儿子李和、李令度。几天之后，文明太后又把与李䜣关系不错的许多人一同杀掉。

消灭了献文帝的同党后，文明太后把斗争矛头指向了拓跋宏母亲李氏一家。

拓跋宏生母李氏是南郡王李惠的长女，18岁那年被选入东宫，献文帝即位后被封为贵人，天安二年（467）生下皇子拓跋宏。两年之后，在拓跋宏被议定立为太子后，文明太后带着痛苦的表情对李夫人说："孩子，你也知道，我们老祖宗为了避免中原王朝母后干政和外戚专权的祸害，早在代北的时候就立下了一

条规矩，凡是后宫生下的皇子如果被立为太子，他的亲生母亲就要被赐死。我知道你还年轻，很爱孩子，但老祖宗的规矩不能更改啊！"李夫人无法抗拒这条极其残忍的规矩，只好含恨结束了年轻的生命。但李夫人的父亲李惠和李惠的弟弟李初、李乐，李惠的堂弟李凤以及李夫人的几个兄弟，在拓跋宏继承帝位后，很有势力，时刻准备操纵拓跋宏。李惠本人就很有作为，在任秦州、益州、雍州、青州刺史时政绩不错，断案如神，很受官员百姓的尊敬和爱戴。李惠的存在，对文明太后是极大的威胁。文明太后也深知处理外戚要有合情合理的借口，要给他们定一个大臣们能够理解的罪名。一天，文明太后从一位回朝的大将那里得到了启发，决定诬陷李惠准备外逃刘宋王朝，给他定下叛国罪名。有了这个罪名，就会让他掉了脑袋。太和二年（478）十二月癸巳这天，文明太后以叛国罪名将李惠一家送上了断头台。

按说，文明太后在清除了异己之后，应精神振奋，心情舒畅，可她仍感到忧郁寡欢，无精打采。文成帝去世时她才24岁，正是青春年华。她开始为自己寻找面首。

她首先找到的是王叡。王叡字洛诚，自称太原晋阳人，祖先在西晋八王之乱时迁到姑臧（今甘肃武威）。父亲王桥，通晓天文历法，在北魏平定凉州后到了平城。王叡从小跟父亲学习算命占卜，被当时还是太子的恭宗发现，提拔为太卜中散。文明太后再次临朝听政后，见王叡身材魁伟、仪表堂堂，便以找他算卦为名，把他召进后宫，使他落入圈套，成为自己的面首。从此以后，文明太后经常和他同床共枕，寻欢作乐。文明太后对王叡恩遇优厚，先升他为给事中，又提拔他为吏部尚书，赐爵太原公，允许他参议国家军政大事。[1] 太和四年

---

[1] 事见《北史·恩幸·王叡列传》："叡少传父业，而姿貌伟丽，景穆之在东宫，见而奇之。兴安初，擢为太卜中散，稍迁为令，领太史。承明元年，文明太后临朝，叡因缘见幸，超迁给事中。俄为散骑常侍、侍中、吏部尚书，赐爵太原公。于是内参机密，外豫政事，爱宠日隆，朝士慑惮焉。"

北魏时期敦煌壁画（局部）——等臂秤

（480），又把他提升为中书令、镇东大将军，封爵中山王。王叡的两个女儿出嫁时，均按照公主、王女的礼仪，接受大臣们的恭贺。文明太后把王叡的女儿当作自己的女儿看待，亲自到太华殿接见她们。当她们出嫁时，文明太后亲自送她们到半路。这种场面惊动了平城的千家万户，被人们称为天子、太后出嫁女儿。王叡对太后感恩不尽，愿为她赴汤蹈火，献出微薄之躯。为掩人耳目，文明太后经常赏赐王叡大量物品，在夜深人静时命宦官悄悄地把物品拉到王叡家中。就这样，文明太后很快就让王叡当上了大富翁。[1]

李冲是文明太后的另一个面首和私党。李冲字思顺，敦煌公李宝的儿子。李冲与王叡的阳刚恰好相反，他是一个深沉而又工于心计的书生。文明太后待之甚厚，一个月之内就对他赏赐了几千万。

俗话说，没有不透风的墙。文明太后和王叡、李冲的风流事再隐秘，还是传到了大臣们的耳中，宦官给他们送东西时的行踪再诡秘，也会让人知道。文明太后怕的是德高望重的元丕和游明根等人对她的行为说长道短。为了堵住他们的嘴，在给王叡、李冲财物时，也少不了给元丕和游明根一份；给王叡建造一

---
[1] 事见《北史·恩幸·王叡列传》。

座豪华的住宅时，也没忘了给元丕建造一座。新宅落成时，她还率领文武大臣前去剪彩，并暗中塞给元丕一颗金印。为了皆大欢喜，文明太后提笔撰写了一首《劝戒歌辞》送给大臣。[1] 在大臣们的一片喝彩声中，她动情地说："臣哉邻哉，邻哉臣哉；君臣和睦，天下太平。""君臣和睦"实际上是要求大臣们团结在她的周围。

文明太后在与面首打得火热的同时，又在宦官当中培植自己的心腹。于是她在宦官中精心选择赵黑、剧鹏、李丰、张祐、王遇、抱嶷、苻承祖、李坚等人作为她的私党。

文明太后有了关心和保护她的面首，又有了效忠于她的宦官心腹，还有听她摆布的小皇帝，她当然无所顾忌，一手遮天。

冯太后永固陵石门楣一侧孔雀浮雕

但是，随着时间的推移和政权的稳固，文明太后很有自知之明，她明白早晚有一天，也会像普通人一样离开人世，于是，她时常考虑为自己选择一块比较中意的地盘作为自己的阴宅。一日，文明太后游性大发，在文武大臣的簇拥下到了方山。她站在山顶，略带感伤地对大家说："我死以后，你们把我安葬在这里就行了。"[2] 聪明的小皇帝拓跋宏一回到平城就下令为她在方山建造陵墓，在陵墓的南部建永固石室。太和五年（481）开始动工，太和八年（484）全部竣工。

文明太后知道，在她离世以后，冯家的显贵地位必然跌落。她在焦虑之中想出了一条妙计：把侄女召进后宫，在适当时机立为皇后，继续保持冯家的权贵地位和冯氏政权的连续性。可是她的两个侄女很令她失望，其中一个入宫不久就染病死亡，另一个也因身体欠佳，只好皈依佛门。不过，文明太后的心血没有白费，她死后，她的另外一个侄女和当尼姑的侄女都先后当了皇后。遗憾的是，她

---

[1] 事见《北史·后妃上·文成文明皇后冯氏列传》："太后以帝富于春秋，乃作《劝戒歌》三百余章，又作《皇诰》十八篇，文多不载。"

[2] 语见《北史·后妃·文成文明皇后冯氏列传》："舜葬苍梧，二妃不从，岂必远袝山陵，然后为贵哉？吾百岁后，神其安此。"

们都没有像她那样时刻为冯家着想，更没有她那般强烈的使命感和责任感，结果姊妹之间发生内讧，自取灭亡。

五、改革政治 实行"三长"

　　鲜卑族入主中原后，本身带有许多落后的习俗和制度。文明太后作为一个汉族女子，虽进了北魏后宫，对那些落后的制度是看不惯的。然而，在没有实权的情况下，她也无可奈何。当她毒死献文帝，再次临朝后，就萌发了一种变革的念头。承明元年（476），她先做了一次尝试。这年二月，有关方面的官员要求对管理太庙内献文帝神主的执事官赐给爵位。按照先例，这些官员的要求合情合理，可文明太后却板起面孔对他们说："今后讨论任何事情都应依照'古典正言'，不准遵循什么先例！"大臣们听后无言以对。这次尝试的成功，令她充满信心，开始精心设计全面改革方案。

　　北魏几乎各级官吏都截留国家赋税，中饱私囊，有的竟和商贾互相勾结，利用征收租调之机，向老百姓百般勒索，大发不义之财。文明太后临朝听政后，对这些现象了如指掌。按汉制来说，对做官的应该发给俸禄，可北魏初期百官都没有俸禄。这是因为战争频繁的北魏初期较容易解决，战争结束后按功劳大小和品爵高低分配战利品就能基本满足他们的要求。但是，到太延五年（439）拓跋焘统一北方，战争日益减少，靠掠夺很难满足需要了，大部分官员便大肆贪污公物，血腥榨取民脂民膏，致使民不聊生，怨声载道。文明太后觉得最好的办法是给百官一定的俸禄，如果他们有了俸禄，一般就不会再贪污了，也不会变换手法向百姓勒索了。文明太后还认为，对那些贪婪成性、恶习不改

山西大同冯太后永固陵"童子捧莲图"浮雕

北魏龙门石窟

的人，必须严惩；只有严惩，才能保证法律的严肃性和权威性。于是便在太和八年（484）开始实行班禄，给了俸禄后，如果再有贪赃枉法者，只要够了就要处死。条例颁布后，文明太后对40多位利欲熏心以身试法的官员判处了死刑。拓跋宏也积极配合祖母的行动，亲自审问大贪污犯秦益二州刺史李洪之。

文明太后在严惩贪官污吏的同时，看到了北魏另一些严峻问题。当时，豪强兼并了山林沼泽，而平民百姓无地可耕，致使大量土地得不到开发和利用，豪强地主则成了与国家争夺劳动力的强大势力和武装反抗中央的独立王国。在这种情况下，北魏经常出现平民百姓为土地发生争斗和无法维持生计而武装暴动的反抗事件。如何解决这些问题？文明太后认为只有推行均田制才能解决上述问题；只有建立三长制才能保证均田制的顺利推行。这时，由李冲出谋划策，提出了改变"宗主督护"制度建立"三长制"的具体方案。"三长制"建立后，国家可以有组织地搜刮隐漏户口，扩大编户齐民，顺利推行均田制。随着"三长制"的建立，地方隐漏户口被查出，文明太后又全面推行均田制。文明太后考虑到当时普遍实行休耕法，有的需要两年或三年轮种，因而授田数量相应增加一倍或两倍。文明太后把这部分土地叫做倍田。受田的良民到了不能劳动或者死亡时，要把土地交还给国家，如果失去奴婢和牛也要交还其所受土地。奴婢也可以按规定得到如数桑田。这些桑田必须在三年之内种完，如果到期种不完，国家则要索回。土地不足之处，桑田包括在倍田数中。所有的桑田都是"世业田"，可以世代相传，不必交还国家，不够规定数额的可以买够规定数额，超过规定数额的可以卖掉超额的那部分。对那些残、老、少、寡妇需要照顾，11岁以上和癃者授给一半土地，70岁以上的老人不必交还所授土地，没有改嫁的寡妇不仅授给妇田，而且还免征课税。她还根据全国人口密度不一的实际情况，制定了关于"狭乡"和"宽乡"的具体

政策。文明太后进一步考虑到，罪犯和绝户人家的土地先收为公田，将来作为授受之用，然后按照宗法统或者送给他们的亲人，或者借给他们的亲人。增加了人口后，按照先贫后富的原则授给他们土地。各级官吏是文明太后统治全国的大小支柱，太后当然不会亏待他们，规定按官职高低分给公田：刺史十五顷，太守十顷，治中、别驾各八顷，县令、郡丞各六顷。官田不得买卖，否则将依法惩处。

六、惩治贪官　为民谋利

自从临朝听政以来，文明太后对宗室子弟严格要求。太和九年（485），她将拓跋宏的弟弟拓跋禧封为咸阳王、拓跋幹封为河南王、拓跋羽封为广陵王、拓跋雍封为颍川王、拓跋勰封为始平王、拓跋详封为北海王，下令建立学馆，给他们提供系统学习的环境。文明太后还把她亲自撰写的从各个方面为北魏宗室子弟制定做人处事准则的300多章《劝戒歌》分发给他们，让他们反复学习，自觉遵守。

作为太后孙子辈的诸王一般能够接受她的思想，遵照她的教导，可作为与她同辈的诸王就不同了。怀朔镇将汝阴王拓跋天赐和长安镇将雍州刺史南安惠王拓跋桢都是文明太后丈夫文成皇帝的弟兄，在文明太后临朝听政时掌握一定权力。他们以老资格自居，对文明太后的话置若罔闻，贪赃枉法。文明太后对他们毫不客气，于太和十三年（489）把他们捉拿归案。有些大臣到太后面前为二王说情。文明太后没有理睬他们，当天就召集文武大臣讨论二王之事。文明太后厉声问道："依你们之见，我是赦免二王毁掉国家的法律，还是大义灭亲维护法律的尊严呢？"大臣们跪到地下，异口同声地说："二王是景穆皇帝的儿子，无论如何也应赦免。"文明太后摇摇头，宣布休会。

大臣们退出后，文明太后陷入了极其矛盾之中。她想到统治北魏皇帝需要这些文武大臣们的鼎力相助，不可轻易得罪，而如不严惩二王，必然滋长腐败势力，引起下层的普遍不满，给社会增加不稳因素。次日清晨，文明太后决定采取折中方法，既照顾宗室和大臣的情绪，又教训二王，便通过孝文帝颁布了一份诏书："二王虽然犯下了十恶不赦的罪行，但太皇太后念他们是高宗的兄弟，况且南安王又是远近闻名的孝子，免他们一死，只罢免他们的官爵，禁锢终身。"过了几天，文明太后了解到中骑常侍闾文祖在到长安调查南安王犯罪事实时，曾接受南安王的贿赂，为他掩盖罪行，便对大臣们气愤地说："闾文祖以前经常自吹如何清廉，没想到他竟敢做这种知法犯法的勾当。由此看来，知人知面难知心

北魏石棺线刻孝子图（局部）

啊！"说完，下令立即罢免闾文祖。

文明太后对二王都如此严惩，对其他贪官污吏就更不手软了。太和三年（479），她得知秦州刺史尉洛侯、雍州刺史宜都王目辰和长安镇将陈提等人贪污不法时，立即派人调查他们的罪行。在基本弄清他们的犯罪事实后，下令处决洛侯、目辰，发配陈提，然后通过孝文帝将1000多名只对小贪污犯吹毛求疵而对大贪污犯不管不闻的侯官全部撤换。此后，不少贪官污吏被迫收敛起他们的罪恶手脚。

文明太后幼年时过了一段颠沛流离的生活，亲眼看到平民百姓的生活是多么凄苦，在她临朝听政后，了解到平民百姓是那么纯朴。只要谁同情他们，哪怕仅说上几句同情的话，他们就对谁感恩戴德，顶礼膜拜。由此，文明太后经常给平民百姓一些实惠，对他们不同程度地表示同情。在均田过程中，她特意对老、少、残疾人、没有改嫁的寡妇做了颇有人情味的特殊规定。太和十一年（487）从春到夏，整个北魏统治的地区未见滴雨，春苗大都枯死，又发生了瘟疫，夏种无法进行，颗粒未收，不少人被活活饿死。文明太后立即召集内外大臣献计献策渡过灾荒。同年七月己丑，文明太后命令有关单位派专人编造户籍，分配去留名额，并通知各地三长，对前去就食的人一律赡养。同年不久，又停止制作绵绸绫罗，还把御府中十分之八的衣服珍宝、太官杂器、太仆乘具、内库弓箭刀铃以及一大半的外府

衣物、缯布、丝纺分发给百司、工商皂隶、六镇戍兵和寡妇、孤儿、孤独老人、贫民和残疾人。文明太后的一系列举措收到了效果。

　　文明太后发现，长期生活在她身边的工作人员对她谨小慎微，胆战心惊。她明白，这些人之所以怕她，全是她平时对他们言辞过于严厉的缘故。如果再让他们整天提心吊胆，长此以往或许会让人利用，其后果也是不堪设想的。不如对他们和颜悦色，既可以显示自己大度，又可以让他们忠心服侍。此后，文明太后在她的工作人员面前十分注意自己的言行。一次，她因身体欠佳需服菴闾子。厨师由于夜间失眠，白天迷糊，把稀粥当成菴闾子端给文明太后，里面竟然还有一只蜻蜓。文明太后和孝文帝几乎同时看到了粥里的蜻蜓，文明太后轻轻吹了吹粥，用匕首将蜻蜓挑了出来，没有任何责怪的意思；孝文帝则勃然大怒，并下令严惩厨师。文明太后面带微笑，安慰吓得浑身发抖的厨师，对孝文帝说："不要惊吓他们，区区小事算得了什么！"厨师连忙跪在地上向太后谢恩。这件事情很快传遍了皇宫。

　　太和十四年（490），文明太后身患重病，卧床不起。病床上，文明太后对一直守候在她身边的孝文帝说："生前我始终为国家为百姓着想，没做任何愧心事，死后也要对得起国家，对得起百姓。所以，我的丧事务必从俭办理。"同年九月，文明太后告别人间，时年49岁。

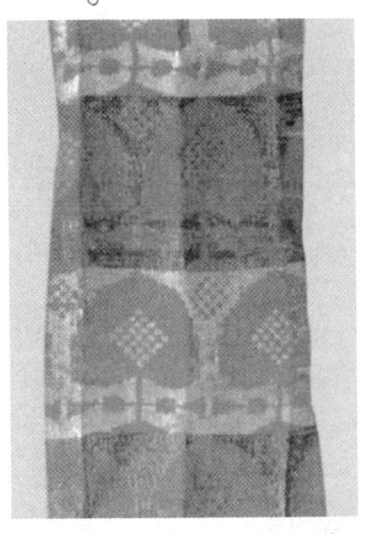

北朝树纹锦

名家评说

　　太后每至褒美睿等，皆引丕等参之，以示无私。又自以过失，惧人议己，小有疑忌，便见诛戮。迄后之崩，高祖不知所生。至如李䜣、李惠之徒，猜嫌覆灭者十余家，死者数百人，率多枉滥，天下冤之。

　　　　　　　　　　　　——北齐·魏收《魏书》

　　文明邪险，幸不坠国。

　　　　　　　　　　　　——唐·李延寿《北史》

北魏孝文帝拓跋宏皇后冯润

冯润（？~499），北魏孝文帝皇后，长东信都人（今河北冀县）。其父冯熙，是文明皇后之兄，官至侍中、太师等职；其母常氏。十四岁时与妹妹冯清一起被召入宫，被孝文帝封为皇后。谥号"幽皇后"。不久患病出家，妹妹冯清又被立为皇后。文明皇后死后，又被孝文帝接入宫，封为左昭仪，太和二十年（496），又重被立为皇后。因风流成性，自私自利，招致人怨。于太和二十三年（499）被孝文帝遗诏赐死。

一、萁豆相煎　代妹为后

冯润是冯清的姐姐，她14岁入宫，因美貌和善解人意而受孝文帝的宠爱。但不久患病，文明太后便送她回家为尼姑，孝文帝思念不已。不久，她的妹妹冯清被立为后。年余，文明太后死，孝文帝服丧后，不禁又思念冯润。他派人暗访，得知冯润已病愈，便迫不及待地接她回宫，封为左昭仪。[1]

冯润凭自己的姿色以及丰富的经验，很快就与孝文帝达到了如胶似漆、不可暂离的地步，心软的妹妹冯皇后只好暗自流泪。冯润又对孝文帝大吹枕边风，终于使孝文帝于太和二十年（496）七月将冯皇后废为庶人，由她取而代之。

北魏墓志拓片

---

[1] 事见《北史·后妃上·孝文幽皇后列传》。

二、风流成性　不甘寂寞

孝文帝经常南征萧齐，留下冯皇后独居宫中。冯皇后是一个不甘寂寞的女人，孝文帝离开洛阳后，她经常在夜幕降临时让心腹双蒙等人悄悄地把中官高菩萨引入宫中，与他肆意淫乱。当她听到孝文帝在汝南染病的消息时，公开与高菩萨搭肩勾腰，无所顾忌。中常侍剧鹏实在看不下去，便出面劝谏。冯皇后不但不听，反而臭骂剧鹏，气得剧鹏很快病死。

就在冯皇后得意忘形的时候，彭城公主于北魏太和二十三年（499）二月冒着大雨赶到了悬瓠。她一见到孝文帝，就跪倒在地痛哭失声地说："我命好苦啊！前些日子，皇后强迫我同她的弟弟冯夙成婚。我是个寡妇，立志守节，怎么能再嫁人呢？希望陛下为我做主。"孝文帝看着浑身湿漉漉的彭城公主如此伤心，不禁产生了怜悯之心，答应回洛阳后解除她与冯夙的婚姻关系，令她马上起身。彭城公主不但不起，反而把冯皇后的丑行一五一十地告诉了孝文帝。孝文帝听后半信半疑。[1]

孝文帝还没动身，彭城公主南下告状的消息已传到冯皇后的耳中。冯皇后大吃一惊，立即和她母亲常氏跑到一位女巫家中，对她说："请你一定帮忙，你只要能把皇帝咒死，我当上皇太后，会永远对你感恩戴德。"这位女巫果真听了冯皇后的话，点起香火，按照冯皇后的话反复诅咒。

女巫的诅咒并没有加重孝文帝的病情。就在冯皇后急得

北魏石棺床

---

[1] 事见《北史·后妃上·孝文幽皇后列传》："公主密与侍婢及僮从十余人，乘轻车，冒霖雨，赴悬瓠，奉谒孝文，自陈本意，因言后与菩萨乱状。帝闻，因骇愕，未之信，而秘匿之。"

像热锅上的蚂蚁的时候，孝文帝已到达了邺城（今河北临漳），冯皇后见状更加恐惧，急忙把了解她丑行的全部宦官叫到一起，对他们问寒问暖，大施贿赂，并反复叮咛他们千万不要泄露她的隐私。

三、意断情绝　冯氏遭审

孝文帝刚回洛阳不久，小黄门苏兴寿便向孝文帝告了密。孝文帝马上提审高菩萨、双蒙等六人，高菩萨等人见孝文帝已掌握了大量证据，只好如实坦白。

当天晚上，孝文帝在含温室召见冯皇后。皇后被宦官仔细搜查确认没有带任何凶器后，怀着忐忑不安的心情迈进含温室的门槛。她一见孝文帝那副威风凛凛、怒不可遏的样子，扑通一声跪倒在地，泪水顿时就像泉水般落下来。孝文帝先是沉默不语，过了一会儿，喝令冯皇后到东楹坐下，然后向宦官一挥手，立即有十几个卫兵把高菩萨等人押了进来。高菩萨倒背顺口溜似地把他们的丑行全部抖搂出来。孝文帝高声对冯皇后说："你们的丑事证据齐全，你不必再作任何辩解。现在只需要你如实交代你母亲妖言惑众，蛊惑人心，咒我快死的罪行。"冯皇后听罢，轻轻地摇了摇头，孝文帝厉声喝问："为何不讲？"皇后轻声回答说："妾有秘密事情向你禀报，这些人在场多有不便，请你让他们回避一下。"孝文帝向中侍挥了挥手，他们退了出去，只有长秋卿白整拿着卫直刀留在孝文帝身边。孝文帝不耐烦地说："快说吧！"皇后又轻轻地摇了摇头，不肯张口。孝文帝见状，只好用棉花把白整的耳朵塞紧，在他身边连叫三声白整的名字，白整全未听见，冯皇后这才启口讲话。

待冯皇后讲完后，孝文帝便走出含温室，让彭城王元

北魏开凿的龙门石窟

勰、北海王元详进屋。元勰、元详感到很难为情，怎么也不肯进去，孝文帝着急地说："过去她是你们嫂子，现在和过路人没有什么两样，尽管进去，没有什么难为情的。在这种不要脸的下贱面前，我们不要有什么羞耻。"[1]他们刚刚坐定，孝文帝便指着冯皇后说："这老妇想把刀插到我的肋上！现在你们好好拷问她！说实在的，我只是因为她是文明太后的侄女才没有把她废掉，其实我对她已经没有半点感情了。如果她还有羞耻之心，还要点脸皮的话，那么她应当赶快自杀。"[2]元勰、元详看着这种场面，自己也感到非常难堪，叹息了一会，便离开了含温室。

元勰、元详一走，孝文帝又怒气冲冲地把冯皇后骂了一顿，最后咬着牙说了一句："你快死吧！"冯皇后听罢，一声不吭，只是不停地叩头，当她起身时，完全成了一个泪人。

从内心讲，孝文帝这时已对冯皇后绝了情，但他想到皇后毕竟是文明太后的侄女，文明太后对自己有抚养之恩，从对文明太后的感激之情而言，是不忍心将皇后废掉的，况且南征军队还在前线，为了国事，便把废皇后和将她赐死一事暂且搁置起来。这样，冯皇后便回到了宫中。

四、除掉祸患 遭人毒手

冯皇后尽管在孝文帝眼里已经分文不值，但她在宦官和后宫中的嫔妃面前仍然高傲专横、目空一切。当孝文帝派宦官向她提问时，她声色俱厉地说："我是皇后，应当当面回答，怎能让你们传达！"孝文帝听了宦官们添油加醋的汇报后，气得脸色铁青，马上把冯皇后和她母亲常氏叫进含温室，把一根拐杖扔给常氏，命令她痛打冯皇后。常氏在孝文帝威严逼迫下，举起拐杖，劈头盖脸地向冯皇后打去，直到把冯皇后打得叫苦不迭，鲜血淋漓。

冯皇后和常氏被宦官拖出含温室不久，孝文帝就离开洛阳，重新回到南征前线。孝文帝本来身体欠佳，加上对冯皇后的气恼以及来往于洛阳途中的颠簸，回到前线不久身体就支持不住了，只好原道而归。路过谷塘原时，孝文帝感到自

---

[1] 语见《北史·后妃上·孝文幽皇后列传》："昔是汝嫂，今便他人，但入勿避。"
[2] 语见《北史·后妃上·孝文幽皇后列传》："此老妪欲白刃插我肋上，可穷问本末，勿有所难……冯家女不能复相废逐，且使在宫中空坐，有心乃能自死，汝等勿谓吾犹有情也。"

己在人世再呆不上多久，自己一旦去世，冯皇后必然是北魏的一大祸害，于是便对元勰说："看来我是不行了。我现在最大的心事是如何处置冯皇后。你也知道，她无耻淫乱，自绝于天理人伦，我死以后，应当立即逼她自杀。但是，为了不给冯家抹黑，为了不有损国体，还要以皇后的礼仪安葬。"[1] 元勰心领神会地点了点头。

北魏太和二十三年（499）四月，孝文帝在谷塘原病死。遗体到达鲁阳时，元勰委托北海王元详速奔洛阳，宣布对冯皇后赐死的遗诏。冯皇后听了遗诏，又哭又骂，大叫："这是阴谋。"元详不管这些，喝令白整等人逼皇后马上服下毒药。冯皇后见白整拿药向她逼来，边跑边哀求白整说："这是诸王陷害我，你不要被他们利用！"白整乘她还在叫骂的时候，将毒药灌进她口中。冯皇后一会儿便停止了呼吸，陪葬孝文帝比陵（在今河南临汝）。

宗室咸阳王元禧等人闻其死，不禁拊掌大笑，心里的一块重石落下地，都说："即使没有遗诏，我们也要杀死这个桀骜难驯的女人，不能让她宰制天下；否则，我们都难逃一死。"可见，冯氏深遭臣民的愤恨。

名家评说

萧鸾一生凶诈，而独有狂愚之嗣子，拓跋宏一生英敏，而独有淫恶之艳妻。先贤有言，身不行道，不行于妻子，鸾之不德，宜有是儿。魏主好文稽古，兼长武事，顾乃不能制一妇人，菩萨为祟，厌禳继兴，巫蛊不足，甚且挟刃图逞天下。好妒之妇人，未有不淫，好淫之妇人，未有不悍。魏主宏为色所迷，已乖伦纪，身为元绪公，险作刀头鬼，犹沾沾于文明太后之私恩，不声罪以诛之。夫文明太后，有杀父之大仇，尚不知报，何怪淫后之胆大妄为，效尤益甚！其得安殂谷塘原，保全首领以殁，亦幸矣哉！然后知凶诈者固不足诒谋，英敏者亦非真能制治也。

——蔡东藩《南北史演义》

---

[1] 语见《北史·后妃上·孝文幽皇后列传》："后宫久乘阴德，自绝于天，吾死后可赐自尽别宫，葬以后礼，庶掩冯门之大过。"

北魏孝明帝元诩太后胡氏

胡氏（？~528），北魏孝明帝太后。安定临泾（今甘肃泾川北）人，早年被宣武帝宠幸，生下太子元诩，封为充华世妇。延昌四年（515），孝明帝元诩即位，尊为皇太后。谥号"灵太后"。其父胡国珍，官至司徒；母皇甫氏。胡太后听政，反对改革，大兴土木，内乱外患不已，致使国力日衰，于武泰元年（528）被尔朱荣所杀，北魏随之灭亡。

一、姑姑引路　红颜得宠

北魏武始侯胡渊的儿子胡国珍，婚后多年无子女，多次拜佛，求得一女。胡家这个女儿真是生了一个好时机，她生在北魏最发达的、歌舞升平的时代。而她比别人更幸运的是还在于她有一个非凡的姑姑。这个当了尼姑的姑姑，靠着一张巧嘴，能把深奥的佛经义理讲得头头是道。她常去皇宫给皇帝、皇后、太子公主等人宣讲佛经。同时也结识了不少皇亲国戚，在为他们宣讲佛经之余，乘机夸赞起她的侄女，很快，她的侄女成了皇宫里的人物。胡氏的名字也传到了宣武帝的耳朵里，怀着好奇心，派人把她召到皇宫。她确实令人倾倒：匀称的身段，一潭水似的眼睛含着热烈而温柔的亮光，可谓天姿国色。宣武帝当即如醉如痴，传下圣旨，把胡国珍的女儿封为充华世妇。[1]

胡氏深得宣武帝宠爱，不久就有孕在身。怀孕本来是一件喜事，但胡氏却眉头紧皱。原来北魏后宫立下了一条规矩：后宫女子生的儿子一旦被立为太子，

---

[1] 事见《魏书·皇后·宣武灵皇后胡氏列传》："后姑为尼，颇能讲道。世宗初，入讲禁中。积数岁，讽左右称后姿行，世宗闻之，乃召入掖庭为充华世妇。"

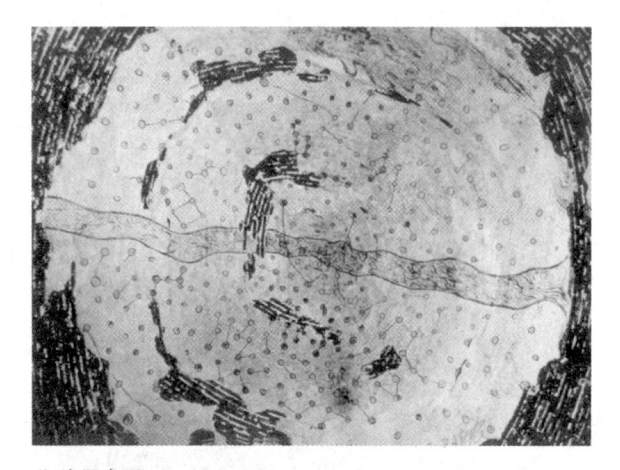

北魏星象图

北魏麦积山石窟女供养人壁画

生母就要被赐死。所以，后宫里的女子一旦怀孕就天天祈祷，只希望生下皇子、公主，坚决不生太子。这种规矩的残忍和对后宫女子的威胁由此可见一斑。

作为一个后宫女子，胡充华开始也像她的后宫姐妹一样祈祷过，不过，时间不长她的恐惧感就没有了。她曾反反复复地揣想：魏世宗爱她如痴如狂，从情理上说不会轻易把自己处死；北魏现在的文明程度比以前要高出许多，孝文帝时已出现了想废除这一陈规陋习的端倪，这次，自己也许会免于一死。退一步说，如果能生下太子，为国家留下继承人，死也值得。

后宫的嫔妃见胡充华的肚子越来越大，一再劝她及早堕胎。胡充华对她们说："天子怎能没有儿子呢？我们怎能贪生怕死而使皇家断了后嗣呢？"

胡氏一遍遍祷告苍天，"愿苍天保佑，让我怀的是太子，太子生下来即使要我死，我也心甘情愿。"

永平三年（510）三月丙戌这天，在宣光殿东北方向，一道金光闪过之后，一声婴儿啼哭，胡充华的儿子元诩落地，他就是后来的北魏肃宗孝明帝。

胡充华生下儿子，年已27岁的宣武帝乐得闭不上嘴。在此之前的皇子均早死，宣武帝十分悲伤，元诩的降生，给他带来了极大欢乐，他对儿子特别钟爱，精心选择了良家妇女当奶妈，在非常安全的地方精心喂养，还严格规定：高皇后和胡充华一律不准前去探视，怕她们害了皇子。

二、铲除异己　胡氏亲政

元诩到了3岁时就显得聪明伶俐，很讨人喜爱。宣武帝想把他立为太子，下令把永平五年（512）改为延昌元年，到了这年十月，宣武帝宣布立元诩为太子。诏书传出后，宫中好心人为胡充华提心吊胆，心胸狭窄的人庆幸胡充华将遭厄运，一些好事者想看热闹。这次册立太子改变了北魏老祖宗的规矩，没有赐死胡充华。这消息传开后，后宫的嫔妃齐声叫好，大臣们没多大反响，但高皇后却暴跳如雷，竭力反对。

高皇后本来也长得楚楚动人，开始很受宣武帝的宠爱。自从胡充华入宫后，遭到冷落，内心非常痛苦。胡充华有孕在身后，高皇后由痛苦转为高兴，因为可以借北魏宫廷规矩将她赐死。元诩生下后，高皇后和伯父高肇多次劝说宣武帝，把胡充华赐死，宣武帝不但

北魏敦煌壁画

不听,反而把胡充华由世妇升格为贵嫔。贵嫔的地位仅次于皇后,这下可把高皇后激怒了。她诅咒胡充华,发誓把胡充华置于死地。

天赐高皇后良机。延昌四年(515)正月丁巳这天,33岁的宣武帝在式乾殿过早地离开了人间。高皇后悲痛欲绝,不过,当她从极度悲伤中清醒过来,立即布置人马,准备加害胡充华。

宣武帝突然死去,胡氏顿时变得六神无主。她失去了宣武帝这个靠山,又听到了高皇后准备向她动手的风声,很是紧张,但是天无绝人之路,她身边的宦官刘腾得知高皇后的阴谋后,立即告诉了左庶子侯刚,侯刚又当即告诉了侍中领军将军于忠,于忠又连夜向太子太傅崔光处询问对策。崔光老谋深算地说:"看来高皇后下决心要把胡充华置于死地。最好的办法是先把胡充华安置在看守比较严密的地方,高皇后就无从下手了。"他们告诉了胡充华,胡氏这才略微放心下来。

但是,这并没有从根本上解除高皇后对她的威胁,于是,胡氏又让侯刚、于忠、崔光等人在宣武帝死的当天夜里拥立她的儿子元诩登上皇位,即孝明帝。胡充华又有了靠山。她拉住孝明帝这面大旗,尊高皇后为皇太后,把她架空,又强迫她搬到瑶光寺当尼姑,并给她下了戒令:不是重大节日或国家大庆,不得随意进宫。这样,高皇后就开始了凄苦孤独的与青灯梵钟为伴的尼姑生活。神龟元年(518),胡充华把高皇后杀死。来自宫内的危险被铲除了。

胡充华处置高皇后比较容易,但对付地位和权势都非常显赫的高皇后伯父高肇就不是那么轻而易举了。

高肇的父亲高飏和叔父高乘信在北魏高祖时就很受重用。高肇的妹妹又是孝文帝的皇后,生下宣武帝。宣武帝即位后,对舅舅关照很多,高肇又娶宣武帝的姑姑为妻,攀着裙带升迁到尚书令。当时,宣武帝对六辅专政不满,把国家政务全部委托给高肇处理。高肇也不安分守己。他专横

北魏弥勒佛像

跋扈，排斥异己，大搞顺我者昌，逆我者亡。一句话，宗室、士大夫和当权派都对他不满。

宣武帝命归西天之际，高肇正带兵西征。当他接到讣告时，虽有一丝对宣武帝之死的哀伤之感，但他也预感自己的好景不长。正当高肇身穿丧服，号啕大哭，踉踉跄跄来到阙下，然后跟随百官到了西廊。这时，邢豹、伊瓮生等十多名壮士蜂拥而出，抓住高肇头颈及四肢，用力一拉，高肇便呜呼哀哉了。

高肇的被杀，为胡充华临朝听政扫清了障碍。

胡太后崇信佛教，修建了许多佛寺。图为北魏北石窟寺165窟造像。

延昌四年（515）正月，领军将军于忠和侍中崔光委托右卫将军侯刚把胡充华的儿子元诩从东宫迎到内殿登基即位。元诩就是北魏历史上的肃宗孝明帝。

过了一个多月，胡充华指使肃宗把她尊称为皇太妃，过了半年，又让元诩把她尊称为皇太后。

肃宗即位时只有6岁，这给胡太后提供了临朝听政的机会。

胡太后是个工于心计的女人，在同高皇后斗争中，她渐渐懂得了权力的重要性。于是，她暗示大臣们她准备要临朝听政了。胡太后召集大臣当即议定垂帘听政。开始还让大臣们称她殿下，后来干脆令改文武大臣上书时一律称她陛下，她也自称为朕。[1]

---

[1]事见《魏书·皇后·宣武灵皇后胡氏列传》："（后）临朝听政，犹称殿下，下令行事。后改令称诏，群臣上书曰'陛下'，自称曰'朕'。"

延昌四年（515）十二月，北魏皇帝要大飨宗庙，当胡太后意识到这是表现自己的千载难逢的好机会时，便借口肃宗年龄太小，不能亲自祭祀，要模仿周礼上国君与夫人交献的古制代行祭礼。礼官和博士们不识好歹，一致反对。胡太后很快想出了用帏幔把自己遮挡起来，观察三公行事的办法。崔光曲意逢迎，把东汉和熹邓太后荐祭的先例抬了出来，这正中胡太后下怀，便以崔光所引据的作为铁证，备齐全副仪仗队，在文武大臣的簇拥下，亲自到了宗庙代替肃宗祭祀。

胡太后开始培植私党。宦官刘腾在保护胡太后的过程中立下了汗马功劳，胡太后封他为长乐县开国公，食邑1500户，又封他的妻子为钜鹿郡君，还把他的三个养子分别提拔为郡守和尚书郎。刘腾病重卧床不起时，胡太后曾多次亲自登门看望。

侯刚在胡太后受到高皇后的威胁时，为胡太后通风报信、出谋划策，胡太后当然不忘旧恩，封他为武阳县开国侯，食邑1200户，后来又为他进了一级爵位，成了开国公。

崔光对保护胡太后也有功劳，胡太后也封他为博平县开国公，食邑2000户。

于忠在这四个人当中功劳最大，胡太后把他封为常山郡开国公，食邑2000户，不久又升为尚书令。

胡太后知道，儒家思想在中原根深蒂固，忠孝仁义对人最有诱惑力。因此下达了一份诏书，明确表示对孝子、孝孙、义夫、节妇要大力表彰，提高他们的社会地位，号召全国百姓向他们学习，让他们受到人们的尊重。这树立了胡太后优良的政治形象。

胡太后又下达一份诏书，公告北魏的老百姓说："年岁大了或者孤寡老人已经失去生活能力，由政府供给粮食、布帛，不要为吃穿担忧；失去土地流离在外的人或者卖给别人当奴婢的，马上到家中和

北魏彩绘舞女俑

父母团聚；长期在外打仗的士兵，由政府派人前去慰劳，赐给他们衣服良马；沿边州郡，担负着保卫国家领土的重任，辛苦至极，应当多给他们一些好处，让他们感受到政府的温暖；有一些人由于种种原因长期留在民间没有受到提拔，应当不拘一格地升迁"。使下层百姓也感到，胡氏听政会给他们带来福音。

北魏骑兵武士俑

胡氏又曾下达命令，制造一辆"申讼车"，从云龙大司马门开出，绕到宫殿西北，再从千秋门开进宫内，这样一来，不少状子投到了"申讼车"中，胡太后把这些状子亲自处理或督促有关部门迅速处理。这样，不少冤假错案得到了平反和昭雪。

熙平二年（517），监狱里的囚犯突然增多，不少人鸣冤叫屈。为此，胡太后作了一次私访。九月十五日，她离开洛阳，走州过郡，奔县赴村，亲自调查案由，处理一些案件，尽量使法律取信于民。

胡太后的武功技艺也足以慑服百官。一次，她和大臣们在西林园游玩，举起弓箭射中了针孔，博得了大臣们的一片喝彩声。

一天，胡太后接到一份报告，说南方的萧梁所筑淮堰即将竣工。胡太后心中不禁一怔，她深知淮堰一旦筑成，萧梁不仅可以抵挡北魏军队南下，而且更重要的是淮堰将成为萧梁进攻北魏的大本营。胡太后当然不会坐守待毙。她立即起用杨大眼为平南将军，争夺淮堰。梁主萧衍马上派左将军赵祖悦偷袭北魏的西硖石，进逼寿阳，包抄北魏。由于萧梁比较被动，结果被北魏定州刺史崔亮击败。崔亮乘胜进军，但因寿阳镇帅李崇贻误战机，北魏军队没有取得突破性的进展。

当胡太后了解到几位将领各自为战导致这次作战失利时，竟暴跳如雷，马上派吏部尚书李平率2000人的精锐队伍奔赴寿阳，指挥作战。李平临走时，胡太后一再对他说，如再有胆大包天违背军令者，务必按军法惩处。

李平到了前线，对水陆大军作了合理部署，北魏官兵奋力出击，梁朝将士丢盔卸甲，纷纷向北魏投降。萧梁的左游击将军赵祖悦开始还负隅顽抗，坚守城门，但一夜之间就被攻陷，赵祖悦的军队全部被俘。胡太后得到了声誉，巩固了地位。

胡太后富有文学修养。一天，太后带着孝明帝游幸华林园，在都亭曲水旁与群臣欢宴。她令王公以下各赋七言诗，并自赋曰："化光造物含气贞"，表达对自己政治行为的自许，孝明帝赋曰："恭己无为赖慈英"，表达对这位富有才干的母亲的依赖。

三、光宗耀祖　家族鼎盛

胡太后的父亲胡国珍在太和十五年（491）承袭了父亲胡渊武始侯的爵位。爵位分公、侯、伯、子、男五等，按照惯例在承袭时必须降下一等，这样，胡国珍就成了武始伯。这一爵位对胡国珍来说是无位之禄，可在胡太后眼里，显然与她的身份地位很不相符。

胡太后先把父亲封为光禄大夫，不久，又给了他侍中的头衔，还把爵位连提二级，成了安定郡公。为了与父亲的身份相匹配，胡太后为他挑选了一座豪华的房子，送给他大量的布帛粮食，成群的奴婢，十分考究的车辆，肥壮的牛马。胡太后的母亲皇甫氏虽过早去世，享受不到今天的富贵，胡太后为了让母亲在九泉之下分享到她的荣誉，特意调了10户专门负责她的坟墓，管理她的陵园。

延昌元年（512）十月，胡太后在胡国珍原有侍中官职的基础上，又给了他中书监和仪同三司两顶纱帽。过了一段时间，胡太后又颁布诏书，让胡国珍依照汉车千秋、晋安平王前例，可以自由出入掖

北魏镇墓兽

门和宣光殿。到熙平元年（516）八月，胡国珍已经有了侍中、中书监、仪同三司、安定郡开国公、雍泾岐华秦豳六州诸军事、骠骑大将军、开府仪同三司、雍州刺史等桂冠。

　　胡太后并没有满足于对胡国珍封官加爵，她还要让她的外祖父在九泉之下荣耀一番。胡太后的外祖父在景明三年（502）死于洛阳，到熙平三年（518）胡太后把他追封为秦太上君。一天，胡太后到外祖父的墓地仔细看了一下，只见坟墓低矮，碑石歪斜，陵园荒凉，蔓草丛生，光景惨淡。没过多久，她就调去众多民工，把坟墓修缮一新。陵园有了门阙、有了牌位。

　　胡氏父女都是虔诚的佛教徒。胡国珍虽已年迈，但对佛教更加雅敬，天天烧香念经。也许是这个缘故，胡国珍的身体很结实，到了晚年还能跨马据鞍，威风凛凛，犹如一位南征北战的将军。神龟元年（518），胡国珍过了80大寿，四月七日从家中到阊阖门，徒步行走四五里路观看佛像。第二天，又伫立在佛像跟前，聚精会神地凝视着佛像，似乎要把它印记在脑中。由于劳累过度，胡国珍回到家中就患病在身，卧床不起。

　　在胡国珍生病期间，胡太后时时处处都显出一个孝女的样子，亲自为父亲煎药喂饭，端茶倒水。

　　自从孝文帝迁都洛阳以来，随迁而来的代北人死后大都安葬在洛阳，但是，其中有不少人仍然渴望葬在故土。一天，崔光当着胡太后的面半开玩笑半认真地问胡国珍："我衷心地希望您长命百岁。不过，您作古之后是长眠在此，还是回到老家安定呢？"胡国珍没加任何思索就回答："当然是陪葬天子的陵墓。"到了病危时，胡太后又问起此事，胡国珍迷迷糊糊地说："叶落归根，还是回安定老家吧。"遂昏迷不醒。究竟把父亲安葬在什么地方？胡太后踌躇不

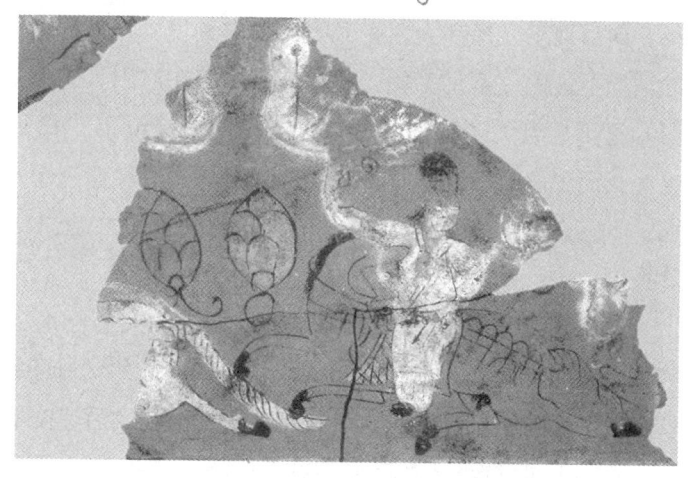

北魏漆棺彩画狩猎图

决，向清河王元怿和大臣崔光等人征求意见。元怿认为，昏迷中的话是失去理智的情况下说的，不足为凭，还是应当安葬在洛阳。胡太后虽觉得元怿的话有理，但心里仍想着父亲昏迷中的话，于是对元怿说："我父亲思念他的二位亲人，也像我们思念自己的父母一样。"[1] 但胡太后转念一想，以后的路还很长，很坎坷，不宜在这件事情上得罪元怿，只好在洛阳大兴土木，营建陵墓。不久，胡国珍去世。

胡太后把父亲安葬不久，又把她母亲的灵柩迁来和父亲合葬，还把母亲称为太上秦君。谏议大夫张普惠认为，前代皇后的父母还没有称"太上"的先例，"太上"之名不可滥用，于是跑到阙下，给胡太后递交了一份劝谏书。

胡太后把劝谏书粗略地浏览了一下，便把五品以上的官员召集起来讨论此事。王公大臣为了巴结胡太后，纷纷和张普惠辩论，但没有一个是唇枪舌剑的张普惠的对手。胡太后见状十分尴尬，便打发元叉威胁普惠："你所讲的是忠臣之道，我所做的是孝女之事，这是截然不同的两回事。况且，大臣们已有定论，你不要再不识好歹。"

胡国珍死后，其子胡祥承袭爵位。按照北魏惯例，凡是世袭爵位一律要减少封邑。但是，胡祥毕竟是胡太后同父异母弟弟，再说胡国珍临终之前，胡太后答应对胡祥多多关照，所以在胡祥承袭爵位时得到了全部封邑。胡祥虽说品行不端，但有胡太后做后台，仍然爬到了殿中尚书、中书监和侍中的高位。

胡太后不仅对自己的亲属封官加爵，就是他们做了违法乱纪的事情，也极力为他们开脱罪责，加以保护。如岐州的最高长官是她的侄女婿元谧，元谧狗仗人势，在那里胡作非为，把所有岐州城的士兵当成自己的奴仆，随意拉来使用，动辄拳打脚踢，还无辜在城内残杀六人，激起了民愤，导致了暴动。胡太后平时对元谧的行为有所耳闻，但根本没有想到暴动会突如其来地爆发。胡太后想出了两全其美的办法，把元谧调离岐州，听候处分。

元谧离开了岐州到洛阳，胡太后派专人迎接，只是轻描淡写地批评了他几

---

[1] 事见《魏书·外戚下·胡国珍列传》："崔光尝对太后前问国珍：'公万年后，为在此安厝，为归长安？'国珍言：'当陪葬天子山陵。'及病危，太后请以后事，竟言还安定，语遂昏忽。太后问清河王怿与崔光等，议去留。怿等皆以病乱，请从先言。太后犹记崔光昔与国珍言，遂营墓于洛阳。太后虽外从众议，而深追临终之语：'我公之远慕二亲，亦吾之思父母也。'"

句，竟然还任命他为大司农卿、散骑常侍、平北将军、幽州刺史。

胡太后清楚是由于自己从世妇到贵嫔再到太后的历程，为使自己的家族荣耀起来，她动了一番脑筋：要想永远光宗耀祖，还是要培养像自己一样的人物，于是乎她把视线放到了自己的堂兄胡盛的女儿身上，最后把胡盛的女儿立为肃宗的皇后。

胡太后认为胡氏家族会永远立于不败之地，不料不久就大难临头。

四、宫廷政变 太后遭禁

时值青春年华的胡太后尽管自临朝听政以来十分得意，但无论如何得意，也难以弥补寡妇的空虚与孤独。每当处理政务的空暇，她就感到无比寂寞。为了从寂寞中解脱出来，她仔细地物色了周围的人，终于选中了清河王元怿。

元怿从小聪颖过人，成人以后，博涉经史，才华横溢，又是一个仪表堂堂的美男子，喜怒哀乐不形于色。这样一位风流倜傥的才子吸引着胡太后。

但胡太后毕竟以太后自居，总还是要先遮掩一下人们的耳目。为此，胡太后经常在大臣们面前说起元怿德高望重，是当今的周公、霍光。不久，胡太后对元怿委以重任，不管大小事情一定把他叫到跟前商量。过了一段时间后，胡太后在夜里到了元怿家中，元怿既惊又喜，很快摆下一桌丰盛的酒宴。酒不醉人，人自醉，胡太后喝着喝着，对元怿目逗眉挑，暗送秋波。

然而，元怿并非酒色之徒，不愿而且也不敢和嫂子勾搭，只是虚与周旋，未曾沾染。

偏偏胡太后欲火甚烈，忍耐不住。一天晚上胡太后以讨论公务为名，把他召进寝宫。元怿原以为有什么重要事情，进宫后方知上了胡太后的圈套。在胡太后的逼迫下，只得和她同枕共欢。从此元怿便陷入深潭不能自拔，以至于出入宫闱成了家常便饭，天天和胡太后如胶似漆，不可暂离。天长日久，丑名自然传出。虽然元怿素有才能，辅

北魏"传祚无穷"瓦当

政也很有成绩，还礼贤下士，然而誉不掩毁，时间一久，就遭到了人们的攻击。侍中、领军将军元叉凭借父亲元继的权势和自己又是胡太后妹夫的裙带关系，骄横不法，为世人所痛恨。由于元怿曾经难为过元叉，元叉一直怀恨在心，而且元叉更瞧不起元怿的叔嫂私通，他让通直郎告发有人准备发动兵变，拥立元怿当皇帝。元怿当然有了罪名，后来查明不实，元怿才无罪获释。

北魏时期文书

元叉料到元怿与胡太后关系非同一般，对此事不会善罢甘休，整天提心吊胆，生怕吃了元怿的大亏，于是便和宦官刘腾进行密谋，准备先向元怿动手。

刘腾在宫中是个关键人物。在胡太后临朝听政时，他出了不少力，很受太后的信任。主管任免官吏的吏部头头们想巴结刘腾，提出了提拔刘腾弟弟的奏章，上奏朝廷。元怿认为刘腾弟才能一般，就把此事压了下去，刘腾知道底细后，对元怿怀恨在心，便私自和元叉勾结起来，准备干掉元怿。[1]

正光元年（520）七月的一天，烈日似火。刘腾把胡玄度和胡定叫到跟前，问寒问暖，关怀备至。胡氏兄弟受宠若惊，对刘腾感恩不尽，愿为刘腾肝脑涂地。过了几天，刘腾又让胡氏弟兄二人到肃宗处诬陷元怿，逐句地教他们说："你们到陛下处说，元怿给了你们很多布帛，让你们把毒药放到御食当中，毒死陛下，元怿答应你们事成之后，让你们荣华富贵。"刘腾对他们千叮咛万嘱咐之后，便气喘吁吁地跑到肃宗处，告发元怿准备毒死肃宗。肃宗当时只有11岁，对刘腾的话信以为真，便匆忙赶到显阳殿。刘腾乘机关闭永巷门。

元怿对元叉的阴谋一无所知，当元叉张开捕他的罗网时，元怿在含章殿后面碰到了元叉。他不愿见到元叉，急忙向徽章东阁走去，结果被元叉厉声拦住。

"你想谋反吗？"元叉怒吼道。

---

[1] 事见《魏书·阉官·刘腾列传》。

"元叉不谋反，现在正想抓谋反的人。"元叉阴险地回答。

元叉当时兼管中央禁卫军，当即下令30多个卫兵抓住元怿，看管在含章东阁。

刘腾见元怿被抓了起来，马上假称肃宗的诏令召集公卿百官讨论元怿所谓叛逆之罪。大臣们都害怕元叉，莫不失色顺从，只有刚直不阿的游肇坚决抗议，但孤掌难鸣，起不了多大作用。元叉、刘腾拿着早已拟好的元怿罪状，向肃宗作了汇报。得到批准后，他们当夜就把元怿杀掉。

正在嘉福殿避暑的胡太后听见外面的嘈杂声，起身就往外走去，但大门早被刘腾关闭。这时，她才意识到宫廷里发生了政变，急得捶胸顿足，毫无办法。

次日一早，元叉和刘腾假称胡太后的诏令，布告全国。诏令宣称："过去，因为肃宗皇帝年幼，不懂政事，我难以推辞大臣们的请求，临朝听政；以后肃宗年龄大了一些，对政事也熟悉了，我早就想还政于他，但听到的却是一片反对声，我只好执政到今天。然而，从今春开始，我的老病复发，药石治疗，效果不佳，从夏初以来，病情加重，无法再日理万机。既然肃宗现在有能力接替我，那么，从今以后，就不再过问朝事，专心休养。"于是，胡太后第一次下台。

胡太后被幽禁后，刘腾把大门昼夜都关紧，不准内外行人出入，就连肃宗也不准和母亲见面。

北魏石刻礼佛图。形象地反映了北魏时期上层人物的衣装方式、牛马轿车

五、暗中准备　再次临政

胡氏到底是一个玩弄政治的老手，她冷静下来后，便开始寻找时机。首

先，她的堂侄儿胡僧敬在她被幽禁后，和张车渠等人策划杀掉元叉。可惜，还没来得及动手，就走漏了风声，张车渠被杀，胡僧敬遭到流放。

其二，相州刺史元熙的弟兄们反对元叉，拥护胡太后上台。就在胡太后被幽禁的半月后，元熙起兵讨伐元叉。这次起兵的规模不小，据元熙自己宣称，当时有甲兵8万，还得到了并州刺史、城阳王元徽、恒州刺史、广阳王元渊、齐王萧宝夤等人的支持和配合。乍一看，元熙起兵的声势很大，但是，由于他打出拥立胡太后这个旗帜不受元氏皇族欢迎，号召力不大，加上仓促起兵，准备不充分，很快就一败涂地。

北魏鎏金镶嵌高足铜杯

这两次拥立胡太后的事件虽然都没有成功。正在这时，肃宗在渐渐平静下来后，急着要看望一下母亲。他先请示元叉，经元叉勉强同意后，便于正光二年（521）三月，率领文武百官到西林朝见胡太后。酒宴上，一些文武官员翩翩起舞。轮到性情粗武的右卫将军奚康生时，他表演了力士舞。他借着酒劲，起舞旋转，每次都回头看胡太后，举手蹈足，嗔目颔首，作出要抓人的样子给胡太后看。胡太后心领神会暗自高兴，但不敢遽言。到了傍晚时分，胡太后想让肃宗住在宣光殿，好好畅谈一下，侯刚反对，奚康生气愤地说："至尊（指肃宗）是陛下（胡太后）的儿子，母子在一起，这是人之常情，还有什么可以非议的！"听了这话，大臣们还能再说什么呢？胡太后还麻痹元叉等人说："我们母子不会久聚了，只有这么一个晚上了。[1]"

胡太后拉着肃宗的手上了殿堂，跟在他们身后的奚康生拿着宰牛刀，准备借酒劲壮胆，杀掉元叉。不料元叉已有防备，喝令士兵七手八脚把奚康生绑了起来。大臣们霎时目瞪口呆，不知所措。

胡太后见此情形，也乱了方寸，手足无措。正在这时，光禄勋贾粲匆匆赶

---

[1] 语见《魏书·皇后·宣武灵皇后列传》："母子不聚久，今暮共一宿，诸大臣送我入。"

了过来欺骗胡太后说:"侍官都恐惧不安,陛下应当亲自去安慰他们。"胡太后不知其中有诈,马上起身而去。刚下殿阶,贾粲乘机扶着肃宗从东序向显阳殿奔去。胡太后回头时,已不见肃宗的人影,方知上了当,垂头丧气,又被关进北宫。

元叉把胡太后再次关进北宫后,内心也很恐惧。所以,在出入禁中时,总是让前后卫士都手持刀剑,以防不测。但是,过了一段时间,尤其是刘腾死后,元叉对胡太后的戒备逐渐松弛下来。

正光五年(524)初秋,胡太后感到有机可乘,突然对群臣发疯似的说:"你们把我们母子隔绝起来,不允许我到自己的亲生儿子处,我留在这里还有什么用处呢!你们还不如放我出家,到嵩高山闲居寺当个尼姑!"边说边要剪去青发,肃宗和大臣见状惊慌起来,纷纷磕头哀求。

胡太后声泪俱下的表演很起作用,不少大臣开始对她产生了怜悯之情,纷纷劝肃宗经常到嘉福殿看望母亲。

肃宗随着年龄的增长也多了心眼,心里虽痛恨元叉而且也很想把他干掉,但外表却显得和他更加亲近。不久,肃宗把胡太后想往来于显阳殿的意思转告给元叉,并且痛哭流涕地把胡太后想落发出家的假戏绘声绘色地作了描述。已放松警惕的元叉信以为真,同意胡太后到显阳殿。

被幽禁的宫门打开后,胡太后装出了一副若无其事的模样,整天和肃宗一起四处游玩。一天,她又和肃宗到洛水游玩,正当游兴大发时,回头碰到了丞相、高阳王元雍。元雍是元叉的对立派,多次想向肃宗进言,把元叉除掉,但一直没有机会。偶然遇到胡太后和肃宗,自然不会错过良机,于是邀请胡太后母子到他家中。傍晚时分,肃宗和胡太后到了元雍的内室。寒暄之后,又谈了一些题外话。过了好久,元雍深有感慨地说:"天下之贼我全不怕,只担心元叉。元叉掌握着禁卫军,操纵着宫廷里的军队;他的父亲率领百万大军,虎视京西;他和弟弟当上了总督,统率三齐之众。元叉不想谋反则罢了,如果他一旦萌发谋反之心,朝廷将靠什么对付他

北魏动物形镶绿松石金指环

北魏牛车

呢？元叉虽然口头上老老实实，但人心叵测，谁知他的葫芦里装的是什么药。你们不可不防啊！"胡太后也颇有同感地说："是啊。元叉如果忠于朝廷，毫无谋反之意，为什么还抓住兵权不放呢？"

过了几天，胡太后和元雍的话传到了元叉耳中，元叉大吃一惊。

次日一早，他跑到了肃宗和胡太后跟前，主动提出辞掉领军将军之职。胡太后没有半点客气就同意了他的请求，为了暂时把元叉稳住，又宣布让元叉的同党侯刚当领军将军。元叉虽交出兵权，但仍有骠骑大将军、仪同三司、尚书令、侍中等头衔。因此逍遥自在，并没有预料到大祸即将临头。

当时，肃宗的贵嫔潘氏是倾国倾城的绝色，很受肃宗宠爱。宦官张景嵩、张思逸、屯弘昶、伏景等人也非常痛恨元叉，企图把他搞垮，便利用了潘氏，谎称元叉准备加害于她，让她说服肃宗抓紧时间收拾元叉。潘氏果然假戏真演，哭哭啼啼地对肃宗说："元叉这个狠心狼，不仅想把我杀害，还决心杀掉陛下。"这么一说，肃宗自然要赶快动手。恰在这时，宦官穆结也一再劝说太后尽早除掉元叉。

经过两次被幽禁的坎坷经历，胡太后变得更加聪明成熟了。她心里虽然恨不得顷刻之间把元叉一伙一网打尽，但转念一想，元叉的党羽目前还有很强的势力，不宜操之过急，还是一口一口吃掉稳妥。于是先指使肃宗把侯刚调到冀州，又把贾粲调到济州，去掉了元叉的左膀右臂。这样，元叉在京师已势单力孤了。

正光六年（525）三月辛卯这天，春意盎然，元叉照例出去游玩，因贪恋春色和美酒，当天宿在城外，却不知这是他生前最后一次的逍遥了。胡太后乘机宣布将元叉除名为民，由她重新临朝听政。次日，元叉入宫，被守门的卫兵拒之门外，这时他才感到大事不妙。正当他急得团团转时，宦官传达了胡太后把他免官

为民的诏令。不久，胡太后以谋反的罪名，将元叉和元叉的弟弟元爪赐死，对元叉的同党刘腾、贾粲、侯刚等人也不放过，或赐死，或罢官，已死的也要剖棺戮尸。胡太后被废幽禁的怒火在此得到了淋漓尽致的发泄。

六、崇佛误国　走向衰落

佛教从两汉之际传入中国，到了北魏已经十分盛行。胡太后的姑姑就是一个对佛教颇有研究的尼姑，经常出入宫廷给胡太后及皇帝宣讲佛经。胡太后的父亲胡国珍更是一个虔诚的佛教徒，年老还手不释卷。况且，北魏从帝王到大臣都对佛祖顶礼膜拜。胡太后也不例外，她相信佛祖会保佑自己。

在这方面，胡太后做了建寺、拜佛和派人去西域取经三件大事。

先是建寺。熙平元年（516），胡太后下令在阊阖门南面破土动工，建造永宁寺。一天，胡太后在百官的前呼后拥下来到这里主持奠基典礼。按照胡太后的旨意，永宁寺要建很高，民工们便不分昼夜地深挖地基。挖着挖着，黄泉喷涌而出，在浑浊泉水的冲击下，眼尖的民工看到了金像，工头马上禀报胡太后。

胡太后看到虽有点蚀锈但仍栩栩如生的32尊金像，如获至宝。说实在的，胡太后并不为意外得到这么多财富而动心，而是天真地认为，这是吉祥的象征，是北魏得到佛祖保佑的好兆头。这样一来，胡太后命令民工加紧建筑，只要求建得华丽气派，毋计费用。

施工进展越来越快，其规模也出乎了预料，到了临近竣工

北魏佛雕

时，费用已经不足。为了筹措资金，胡太后把文武大臣召集起来，说是献计献策，实际上是让大臣掏腰包。大臣们对永宁寺的建造无度内心里是极其不满的，只是沉默不语。胡太后气愤地说："建永宁寺不仅为了国家永远太平，而且也是让佛祖保佑你们家家无灾无难。32尊金像的出现，说明佛祖有灵。事到如今，永宁寺决不能停下。你们及其他官员的俸禄虽然不是很多，但也不少。我想，给你们减少1／10，不知你们是否有意见？"胡太后说到这个地步，大臣们哪个还敢提出异议，只好唯唯诺诺地点头答应。

永宁寺建成后，胡太后亲自察看，此寺极其壮观，佛塔共有9级，全部用坚硬的木料架成，塔高90丈，塔上有柱，柱高10丈，这样，远离京师百里的地方，就能看到拔地千尺的佛塔。

胡太后建寺有瘾，永宁寺建好后，熙平三年（518）又为死去的母亲兴建了太上君寺。此寺富丽堂皇，高门洞开，其规模敢与永宁寺相媲美。扬州刺史李崇在忍无可忍的情况下劝谏胡太后不要搞得规模太大，并说现在国家经济条件并不好，还是应当节俭一下。胡太后照建不误，又在伊阙建造了石窟寺，也很壮观。

孝昌二年（526）夏天，狂风怒吼，倾盆大雨自天而降，房屋被吹垮，大树被平地拔起。永宁寺佛塔上的宝瓶随风落地，佛塔全被吹折。永熙三年（534）

云冈石窟北魏时期第十三窟南壁立佛

198

二月,永宁寺发生了火灾,烈火熊熊,浓烟弥漫。凝聚工匠们汗水的永宁寺被持续了3个月的大火全部烧毁。

永宁寺是北魏历史的一面镜子。它的建成,标志着北魏的强盛,九层佛塔,象征着皇家的气派;它的烧毁,恰好也是北魏灭亡的前兆。

胡太后除了建寺有瘾外,对拜佛的兴致也很高。神龟二年(519)八月,胡太后刚登过九层佛塔,又在九月攀登嵩高山去拜佛。

就在胡太后艰难地攀登嵩高山的时候,宋云和惠生遵照胡太后的旨意在翻山越岭,向西域进发。宋云是胡太后派遣去西域取经的使者,惠生是一个颇有名气的和尚。

上有所好,下必和之,胡太后带头建寺拜佛,大臣们群起响应,于是乎京师洛阳石窟屡凿,寺塔林立,就连屠宰场、小酒馆的边角上也建上了寺院。这些寺院大都侵占了居民的房舍,仅洛阳的500所寺庙就侵占了1/3的市民居住区。失去土地和住宅的百姓,有的投身寺庙暂时栖身,有的起而反抗。北魏已是危机四伏,处于风雨飘摇之中了。

七、面首当政 误国误民

胡太后东山再起,对元叉及其同党发泄了私愤之后,政治上还算满意。但元怿被处死,她内心的空虚与寂寞比以前更厉害了。就在这时,郑俨、徐纥闯入了她的生活。

郑俨与胡太后是老相识了。年轻时曾当过胡太后父亲胡国珍的参军,与还是少女的胡太后有过私情。胡太后入宫后,郑俨对她只好望宫兴叹。胡太后被关进北宫幽禁后,郑俨连看她的权力都被剥夺了,内心十分痛苦,便跟着萧宝夤西征去了。胡太后重新掌权后,传令把郑俨召回宫中。郑俨求之不得,自然投入了胡太后的怀抱之中,几乎昼夜都陪伴在胡太后身边。为了给郑俨提供出入禁中的便利条件,胡太后把他

北魏玻璃钵

任命为谏议大夫、中书舍人和尝食典御。郑俨每次回家时，胡太后都派宦官尾随他的身后，在这种情况下，郑俨见到妻子只是提一提家常事而已，根本不敢在家留宿，这也算是对胡氏的一种效忠吧！[1]

胡太后有了郑俨作面首，还嫌不够，又把徐纥拉入了怀抱之中。徐纥靠舞文弄墨出名，巴结元怿，元怿死后，又对元叉阿谀奉承，颇受元叉的器重。胡太后将元叉赐死后，突然想起徐纥曾和元怿的关系不错，就把徐纥提拔为中书舍人，并把徐纥看成元怿的再现。徐纥很有才气，军国诏令全由他起草。一有诏书，他就让几个官吏拿着笔墨，自己一会儿踱步，一会儿卧下，顷刻即成。徐纥身强力壮，精力充沛，深得胡太后青睐。[2]

北魏彩绘菩萨造像

胡太后有了郑俨、徐纥并不满足，不久，又把大将李神轨占为己有。

胡太后的这些面首凭借胡太后这座靠山，作威作福，横行霸道。一些大臣只要巴结这些面首就可以升迁，否则，就受到排挤。北魏宗室亲王是北魏的正宗，对面首弄权强烈不满。一天，宗室元顺到西游园朝见胡太后时，看到徐纥正

---

[1] 事见《魏书·恩幸·郑俨列传》："（俨）初为司徒胡国珍行参军，因缘为灵太后所幸，时人未之知也。迁员外散骑侍郎、直后。灵太后废，萧宝夤西征，以俨为开府属。孝昌初，太后反政，俨请使还朝，复见宠待。拜谏议大夫、中书舍人，领尝食典御。昼夜禁中，宠爱尤甚。俨每休沐，太后常遣阍童随侍，俨见其妻，唯得言家事而已。"

[2] 事见《魏书·恩幸·徐纥列传》："灵太后反政，以纥曾为怿所顾待，复起为中书舍人。纥又曲事郑俨，是以特被信任。俄迁给事黄门侍郎，仍领舍人，总摄中书门下之事，军事诏命，莫不由之。时有急速，令数友执笔，或行或卧，人别占之，造次俱成，不失事理，虽无雅裁，亦可通情。时黄门侍郎太原王遵业、琅雅王诵并称文学，亦不免为纥秉笔，求其指授。寻加镇南将军、金紫光禄大夫，黄门、舍人如故。"

在和胡太后调情,怒火顿起,当着胡太后的面把徐纥臭骂一顿。徐纥起身就走。元顺一看他那副小人得志的无赖样子,指着他的背影厉声高骂。

面首的弄权导致了面首与宗室亲王的矛盾,胡太后一味地偏袒面首,又使宗室亲王对胡太后大为反感。

不仅宗室亲王对面首专权和胡太后强烈不满,就是胡太后的儿子肃宗随着长大成人,也对胡太后开始不满了。

肃宗对胡太后的不满,主要归于元雍、崔光和贾思伯对他的教育。元雍在高祖时就被封为高阳王,到宣武帝时已大名鼎鼎。宣武帝死后,胡太后对他非常信任,遇到重大事情就派黄门侍郎到他家中征求意见。胡太后被关进北宫,元雍出任丞相。元雍尽管受到胡太后的重用,但对胡太后的临朝听政大为反感,发现小皇帝是个可教育的孩子,对其发生了兴趣,一处理完政务,就对他循循善诱地讲述治国之道。肃宗对元雍也很尊敬。

熙平元年(516)二月,元雍又推荐崔光为肃宗讲授儒家经典。崔光对肃宗的影响很深。神龟二年(519)九月,崔光斗胆向胡太后进了谏言,劝她学习尧舜,禅让帝位;效法老庄,无为而治,还政于肃宗。但胡太后没有听从。

正光四年(523),崔光染病卧床不起,到了弥留之际,把礼贤下士、为时人所称道的都官尚书贾思伯推荐给肃宗作侍讲。贾思伯对肃宗的教育也尽心尽力,兢兢业业。

肃宗随着知识的增加,视野的开阔,开始痛恨母亲独揽大权;他培植自己的势力,待时机成熟向母亲夺权。孝昌元年(525)三月,肃宗提拔了一批资历较浅、官位较低容易驾驭而又与胡太后没有什么联系的官

北朝陶马俑

吏。次年六月，又颁布了一份诏书，明确表示要亲自招兵买马，培养自己可以随时调动、愿为自己效劳的官兵。

胡太后看到肃宗的翅膀一天天长硬，心中感到极不踏实，随时都在设计消灭肃宗的亲信。

有一位通晓北方少数民族语言的蜜多道人，和肃宗亲如兄弟，形影不离。三月初三这天，这位蜜多道人在城南被胡太后派去的刺客杀死。胡太后为了掩人耳目，贼喊捉贼，命令洛阳全城戒严，搜捕已被她暗藏起来的刺客。与此同时，胡太后又派人在禁中把肃宗的另一个心腹谷士恢杀掉。

肃宗对胡太后暗杀自己的心腹气愤难忍，和母亲的裂痕更深，最后演出了向尔朱荣求援的悲剧。

八、河阴之变　北魏分裂

就在肃宗和胡太后离心离德、北魏处于风雨飘摇的时候，世为秀容川（今山西忻县境内）首领的契胡酋长尔朱荣成了北魏君臣的瞩目人物。他不仅兵势强盛，而且还网罗了一大批有胆有识的人物。高欢就是其中之一。

一天，高欢十分感慨地对尔朱荣说："现在的天子年幼懦弱，太后淫乱，奸臣专政，朝纲紊乱，以您的才能和威望，乘机出兵讨伐郑俨、徐纥，以清君侧，霸业可举鞭而成。"尔朱荣是一个野心勃勃的人，高欢的话正中下怀。为了稳妥起见，尔朱荣当即上书胡太后，以官军屡次被农民起义军打败为借口，请求胡太后允许他带领3000名精锐骑兵东援相州，胡太后怀疑尔朱荣别有用心，便派人委婉地劝阻尔朱荣。

尔朱荣听了这话，料到胡太后已经对他起了戒心，于是又上书威胁胡太后，还没等胡太后答复，就部署兵马，控制马邑，占据井陉，准备南下进入洛阳。

这时，郑俨、徐纥沉不住

北魏透明雕铜饰

气了，他们充分估计到尔朱荣出兵的矛头是对着胡太后，但名义上是要拿他们开刀，于是多次劝说胡太后用铁券赐恩的方式，分化离间尔朱荣的左右。尔朱荣听到这一消息后，对胡太后、郑俨、徐纥更加痛恨。

恰在这时，决心除掉郑俨、徐纥和胡太后一伙的肃宗，密诏尔朱荣迅速带兵奔赴洛阳，杀掉郑俨、徐纥，逼迫胡太后交出大权。尔朱荣一见密诏，更觉出师有名，马上派高欢打先锋，浩浩荡荡地向洛阳进军。

正当大军行进到上党时，肃宗又给尔朱荣下达了密诏，命令尔朱荣停止进军。尔朱荣不知其中的缘故，禁不住犹豫起来。高欢见状，立即对尔朱荣说："事到如今，骑虎难下，只能进不能退。"尔朱荣感到高欢的话有道理，决定继续前进。隔了一天，京师发出讣告，19岁的肃宗在显阳殿突然病死，甲寅这天，又宣布新君即位。尔朱荣惊愕不已。

北魏飞天像壁画

原来肃宗妃潘充华在武泰元年（528）正月生下了一位千金，郑俨和胡太后从自身利益和长久之计考虑，假称潘充华生下了皇子，宣布大赦改元，认为这样就会平安无事。但是，到了尔朱荣南下时，郑俨、徐纥如坐针毡，又私下与胡太后商量，把肃宗毒死了事。胡太后早已与肃宗发生了分歧，乐得如此，遂将肃宗毒死，让潘充华生下的女儿假称太子即位。

过了几天，胡太后见人心已经平稳下来，便声明潘充华生的本来是个女儿，只是因为当时国家动荡不安，假称是皇子，以此来稳定一下局面，现在重新立临洮王的3岁儿子元钊为皇帝。这种翻手为云覆手为雨的做法使朝野愤怒，天下愕然。

野心勃勃的尔朱荣听到这些消息无比气愤，当即上呈抗表，声称要带兵入京，追查孝明帝死因，并严惩郑、徐之徒。不久即进军洛阳。

胡太后听说尔朱荣来势凶猛，万分恐惧，立即召集在京的文武大臣召开御前会议。宗室大臣平时大都对胡太后的行为不满，不肯发言。只有徐纥夸夸其谈，大吹牛皮："尔朱荣只不过是一个小胡，并没有什么了不起的，文武宿卫足以抵御他们。而且，尔朱荣悬军千里，兵马疲惫，只要我们坚守险要，以逸待劳，就会稳操胜券。"胡太后这才放心。

尔朱荣到了河内，又派王相秘密到了洛阳，迎接长乐王元子攸，决定拥立他。四月丙寅这天，元子攸和他的哥哥彭城王元劭、弟弟霸城公元子正从高渚偷偷渡过黄河，会见尔朱荣。子攸没顾上休息，就带领尔朱荣的军队重新渡过黄河南行，在途中慌忙称帝，传诏远近，谕令效顺。

这时，胡太后方寸已乱，虽作了军事部署，但都出兵失利。大都督李神轨率兵刚到河桥，听说北中城无人防守，就逃了回来。郑先护和郑季明二人听到元子攸已即帝位，便打开城门迎接进城。徐纥见大势已去，便在深夜从御厩中牵马东逃兖州，郑俨也逃到了乡下。

胡太后急得不知所措，踌躇多时，便想出一着无聊的办法，把肃宗后宫的全部妇女召来，让她们一律出家当尼姑。正当胡太后剪落自己的青发时，尔朱荣的骑兵已经闯入宫中，七手八脚地把她和小皇帝大绑起来，送到河阴（今河南孟津东）。

胡太后一见尔朱荣，就失声痛哭，并请求尔朱荣对她宽恕。小皇帝也不停地哇哇啼哭。尔朱荣拂袖而起，令部下把胡太后和小皇帝一同沉入黄河。[1]

尔朱荣又让元子攸沿着黄河西到淘渚，引见百官。百官一到，尔朱荣下令骑兵把他们团团围住，肆意杀戮。王室及公卿以下2000多人全部成了刀下鬼。这就是历史上有名的河阴之变。

河阴之变后，北魏历史出现了群雄纷争的局面。公元534年，北魏就分裂为东西魏，正式退出了历史舞台。

胡太后的尸骨后来被她的妹妹收葬于双灵佛寺。到了魏出帝时，才改葬以太后之礼，并谥为灵太后。

---

[1] 事见《魏书·皇后·宣武灵皇后胡氏列传》。

名家评说

灵后淫恣，卒亡天下。倾城之诫，其在兹乎。

——唐·李延寿《魏书》

北魏故例，后宫生男，立为太子，即赐母自尽，此为夷狄之敝俗，不足为训。但胡氏不死，后竟临朝称制。恣为威福，穷极奢淫。论者或归咎魏主恪，谓其不遵古制，致贻后患，实则未然。北魏之宫闱不正，非自胡氏始；就使胡氏已死，而貌美心狠之高皇后，安知其不与胡氏相等耶！高氏专横已甚，天特假手胡氏，令其翦灭。胡氏不惩前辙，尤而效之，罪又甚焉；故其后日之结果，亦较高氏为尤甚。

——蔡东藩《南北史演义》

（胡氏）有才华，处理政务获得朝野的好评，但私生活靡烂，权力欲望强烈，当上太后之后，不欲让成年儿子亲政，造成宦官之祸。其实，历史上最多欲求的女性，不是慈禧，她要的只是富贵和权势；不是武则天，她要的只是天下；也不是赵飞燕，她要的只是肉体之欢——而是胡太后，她既有文才，又贪武艺；既爱天下，又喜金钱；既信佛教，又善权术；既贪图玩乐，又耽于情欲……未发迹时，胡氏的铁心肠是英豪大略宽宏量，从未将儿女私情略萦心上；而独掌政权后，同一副心肠就成了无情无耻凶残暴虐的代名词。

——侯红斌《点评历代红颜》

北齐文宣帝高洋皇后李祖娥

李祖娥（生卒不详），北齐文宣帝高洋皇后。祖籍赵郡（今河北赵县）。其父李希宗，曾任上党太守。十几岁时，李祖娥被时为太原公的高洋看中，娶为太原公夫人。高洋当了帝，于天保十年（559）被加封可贺敦皇后。高洋死后，被放逐，落于空门。直到隋朝建立才回到家乡。

一、母仪天下 被立为后

李祖娥天生丽质，在十几岁时，一次偶然的机会，被东魏丞相高欢的儿子太原公高洋看中，娶进府中，成了太原公夫人，为高洋生下高殷和高绍德两个儿子。

李祖娥

高洋是北齐的第一个皇帝，是北朝数一数二的昏暴之君，不但荒淫残暴，无恶不作，而且是个歇斯底里的虐待狂。他逼奸自己的嫂子、孝静帝的妹妹冯翊公主元氏；杀掉弟弟高浚、高涣；喝醉酒后，打伤亲生母亲娄太后；用箭射伤岳母崔氏；逼奸父亲的姬妾尔朱英娥不成，又将她杀死。所作所为，令人发指。

赵郡李氏是没有南渡的北方著名世族，具有优良的儒学文化修养。成婚时，高洋尚在少年，对李氏十分爱重。及至做了皇帝，高洋还是准备册立李氏为皇后，但是有人反对，说李氏是汉人，不应母仪天下。尚书左仆射杨愔是弘农人，也是世族，代表汉族士人利益，为李氏力争。他说，应当遵从汉、魏以来的习惯，皇帝即位后，一般都册立原配妻子为皇后。而宗室高德正劝高洋册立段昭仪为皇后，以同勋贵结成姻亲。段昭仪的父亲武威王段荣是与高欢一同起兵的亲信重臣，母亲娄氏又是娄太后的同胞姐妹。但是高洋出于对李祖娥的多年恩爱，

仍立李氏为皇后。

二、变态皇帝　独宠祖娥

高洋做了几年皇帝，日趋昏暴，发展到十分严重的性变态。比如，他常在后宫逼奸高氏和元氏这两家皇族的妇女，视若娼妓，令左右侍从与之淫乱，他在一旁观赏，甚至显露自己的下体以为乐事。有时，任意闯进勋戚大臣的私宅，看到有几分姿色的妇女，就强行奸淫。高洋还有一个嗜好，每天要鞭打后宫的妃嫔或宫女，酒醉后动辄杀人以为游戏。左右大臣无故惨遭屠戮的有多人。[1] 他有一名妃嫔薛氏，本是清河王高岳（高洋的堂叔）家里的歌伎，高洋将她强占入宫后十分爱幸，却又怀疑她曾与高岳有过奸情，逼高岳自杀后仍不解恨，又割下薛氏的头，把薛氏的尸体支解，取髀骨制成一把琵琶，边喝酒，边弹奏，边哭泣，喃喃自语道："佳人难再得。"他以隆重的礼仪将薛氏厚葬，下葬那天，披头散发，亲自哭送至墓地，待殓葬完毕，才回宫。有一次，还差一点用刀剜去丞相杨愔腹上的皮。如此狂暴之人，虽然对待李氏较好，但也难免兽性大发。有一次，高洋来到她家，大醉，竟用鸣镝射其母茌氏，并大骂："我醉时连亲娘也不认识，何况是你这个浪婆子！"天保十年（559），高洋为李皇

北齐上官僧度等造像碑

---

[1] 见《北齐书·帝纪·文宣》："（帝）或躬自鼓舞，歌讴不息，从旦通宵，以夜继昼。或袒露形体，涂傅粉黛，散发胡服，杂衣锦彩。拔刃张弓，游于市肆，勋戚之第，朝夕临幸。时乘驼驰牛驴，不施鞍勒，盛暑炎赫，隆冬酷寒，或日中暴身，去衣驰骋，从者不堪，帝居之自若。亲戚贵臣，左右近习，侍从错杂，无复差等。征集淫妪，分付从官，朝夕临视，以为娱乐。凡诸杀害，多令支解，或焚之于火，或投之于河。"

后加了封号,称"可贺敦皇后",可见北齐是一个鲜卑化程度很高的朝代。李祖娥当了10年皇后,至高洋死,中宫之位从未发生动摇,也算是一件怪事。

高洋恶贯满盈,至天保十年(559),忽然得了暴病,食不能下咽。饿了两三天,自知命已垂危,便召入皇后李氏,握住她的手,呜咽叮嘱道:"我死后,只怕太子年幼,不能保全皇位,你是女流之辈,如何对付许多觊觎皇位的兄弟呢?"又召入同母弟高演和高湛,要他们二人用心辅佐侄儿,说完后死去。这可谓是魔鬼临终前的天良发现,但他却不能确保喜欢的李皇后免遭厄运。

北齐青瓷划纹六系罐

三、政变未成 太后遭逐

高洋的儿子高殷即位后,李祖娥被尊为皇太后。当时,高洋的母亲娄太后尚在。杨愔等人忠心辅助高殷,同李祖娥商议,准备将高洋的弟弟高演和高湛二王调离朝廷,放外任为刺史。谁知李太后把这事泄露给一个宫人,这宫人又告诉了娄太后。在娄太后的主持下,高演把杨愔以及忠于高殷和李太后的几个大臣抓起来,娄太后登殿升座,指着李氏哭骂道:"岂可使我母子,受这汉家妇人摆布!"

接着,娄太后下诏,废高殷为济南王,迁出皇宫,命高演入承帝统,又嘱咐高演不准害死高殷。李氏则迁居昭信宫,号为昭信皇后。但是两年以后,高演在一次出外游猎中,跌下马受了重伤,娄太后去探视他时,问及济南王高殷,高演无言以对,娄太后知道已被高演害死,悲哭道:"你害死济南王,愧对地下父兄,快替我速速去死!"不久,高演伤重身亡,由高湛继位。

四、强霸兄嫂 成帝施威

高湛十分荒淫无道。就在他册立皇后胡氏的当天夜晚,竟闯进昭信宫,企图对皇嫂李祖娥施行非礼。李氏大惊,一面避让,一面责备高湛说:"陛下身为

天子,怎可不顾叔嫂名义?"高湛威胁地说:"如果不听我的摆布,那就别怪我不客气,你儿子的小命可攥在我的手中呀。"李氏了解高湛的为人和性格,深知如果拒绝他,自己的儿子十有八九会死在他的手中。为了保全儿子,只好屈辱地满足了他的兽欲。[1]从这以后,高湛公然出入昭信宫,视李氏为妃嫔。

几个月后,李皇后发现自己已经怀孕,羞愧不已。为了避人的耳目,李皇后不仅自己不出宫,也不许他人迈进昭信宫的门槛。一天,李皇后的儿子高绍德来到昭信宫门外,求见母亲。李皇后听到儿子的声音,按捺不住内心的复杂感情,急忙往外走去,但又低头看了看挺起的肚子,突然停住脚步,让侍从通知卫兵不许绍德进宫。儿子却不走,站在门外怒骂道:"你们不用再解释了,我很清楚,因为她的肚子鼓起来了才不见我。"李皇后听到这里,泪水夺眶而出,用手捂住嘴扭头跑进了屋内。

五、羞辱难当　尼庵聊度残生

高绍德的怒骂,使李皇后更感到耻辱和羞愧,因此,当她与高湛的女儿刚出世就被她掐死了。

高湛听到这一消息后,立即跑进昭信宫,声嘶力竭地把李皇后骂了一通,然后命令卫兵速把高绍德押来。高绍德一到场,武成帝就举起刀对李皇后恶狠狠地说:"你杀了我的女儿,我就要杀你的儿子。"说完,一刀刺进了高绍德的胸口。李皇后见状,发疯似的哭叫。她的哭声虽然很大,也很悲哀,但并没有唤起高湛的良知,她被高湛扒光衣服,用鞭子抽打得浑身鲜血淋漓,最后昏倒在地。

高湛余怒未消,命人将她盛入绢袋,丢入沟渠。过了好久,才让人将她捞起。打开绢袋,李氏已是血肉模糊,气息奄奄了。

高湛离开之后,宫女们含着眼泪,把李氏扶上床,小心敷上药,侍奉两天两夜之后,才见李氏苏醒过来。宫女们急急用牛车将她送出宫去,入妙胜寺削发为尼。[2]

---

[1]事见《北齐书·文宣李后列传》:"孝昭即位,降居昭信宫,号昭信皇后,武成践祚,逼后淫乱,云:'若不许,我当杀尔儿。'后惧,从之。"
[2]事见《北齐书·文宣李后列传》:"帝横刀诟曰:'尔杀我女,我何不杀尔儿!'对后前筑杀绍德。后大哭,帝愈怒,裸后乱挝挞之,号天不已。盛以绢囊,流血淋漉,投诸渠水,良久乃苏,犊车载送妙胜尼寺。后性爱佛法,因此为尼。"

李祖娥平素喜爱佛法，曾有过出家为尼的念头。过了十数年，北齐亡于北周，李氏随同入关。直到隋朝建立，才回到了家乡赵郡。

北齐铜牛车

名家评说

　　北齐宫闱，淫烝成习，惟高演尚乏色欲，故其妻元氏，虽被高湛斥辱，终得免污，若李氏为高洋妇，洋烝澄妻，湛即烝洋妻，何报应之若是其速也！但李氏不忍其子之死，含垢蒙羞，而其后子仍惨毙，身亦濒危，最为不值。自来义夫烈妇，其所由蹈死如饴者，诚有见夫名节为重，身家为轻，不应作一幸想，冀图苟活耳。否则，鲜有不蹈李氏之覆辙者也。

——蔡东藩《南北史演义》

北齐武成帝高湛皇后胡氏

胡氏（生卒不详），是北齐武成帝皇后。其父胡延之，曾官至北魏尚书令，其母卢氏，在武成帝高湛为北齐长广王时被选为王后。北齐太宁元年（561），高湛即位，遂成为皇后。胡氏生活放荡淫乱，不能自控。后被北周军队俘获，沦为娼妇。

一、月亮葫芦　王妃升后

胡氏的父亲胡延之，曾官至东魏的尚书令，母亲是范阳大族卢道约的女儿。据传说有位胡僧在中书令胡延之的门前诡秘地说："这家的葫芦里面有个月亮。"[1]过了几天，此话传到了胡延之的耳中，延之对妻子卢氏说："人们都说月亮象征皇后，你肚子里怀的肯定是个女孩，肯定能当上皇后。"卢氏果然生了女孩。胡延之夫妻对女儿非常喜欢，十多个春秋过后，胡延之的女儿出落成一个分外艳丽的豆蔻少女，被北齐长广王高湛选为王妃，并于北齐天保七年（556）五月五日为高湛生下了第一个儿子高纬。北齐太宁元年（561），高湛当上了北齐皇帝，胡王妃也一跃升为皇后。

胡 氏

二、淫乱皇后　无耻皇帝

高湛是个好色之徒，他逼奸了嫂子李祖娥，常宿在昭信宫，将胡氏冷落在一边。可胡氏却不耐宫闱寂寞，同高湛的亲信随从、给事和士开勾搭上了。高湛

---

[1]见《北史·后妃下·武成皇后胡氏列传》："其母范阳卢道约女，初怀孕，有胡僧诣门曰：'此宅瓠芦中有月。'即而生后。"

北齐校书图卷

知道后,非但不责怪胡皇后,反而有意成全他们,升和士开为黄门侍郎。因为他自己同李氏勾搭,怕胡皇后生出风波,双方互相谅解,互不干扰,也就相安无事了。

和士开为了巩固自己的权位,讨好皇太子高纬,劝高湛让位做太上皇,说这样可以进一步纵情享乐。[1]这时,北齐赋役沉重,民众怨苦,动荡不已,高湛乐得做一个不负责任、只享清福的太上皇,况且他还担忧自己在帝位上,会给朝廷带来麻烦,听信和士开的话,在29岁那年让位给儿子高纬,从此居于深宫,一味淫乐。三年以后,便因酒色过度而死。

三、软弱儿子　纵母淫乱

高湛死后,胡太后与和士开的关系正式公开化,许多公卿大臣看不惯,议论纷纷。一天,官居太尉的赵郡王高叡(高欢的侄子)、安德王高延宗,以及司空娄定远、侍中元文遥等人一起进宫向高纬请求,调和士开出任外职。高纬年少昏庸,怕得罪胡太后,不敢做主。胡太后知道后,又急又恼。有一天,她在宫中大摆宴席,把诸亲王及文武大臣统统召进宫来赐宴,想以此笼络人心。但毫无结果。

由于高叡等人的一再坚持,胡太后与高纬只得下诏将和士开放出任兖州刺史。高叡再三催促和士开离京赴任,并让娄定元守住宫门,不许和士开入宫见胡太后。和士开选了两名美女,以及一挂用珍珠织就的帘子,送给娄定远,要求进宫去辞别太后和皇上之后再赴任。意志不坚定的娄定远便放和士开入宫。和士开

---

[1] 事及语见《北齐书·恩幸·和士开列传》:"(和士开)至说世祖云:'自古帝王,尽为灰烬,尧、舜、桀、纣,竟复何异。陛下宜及少壮,恣意作乐,纵横行之,即是一日快活敌千年。国事分付大臣,何虑不办,无为自勤苦也。'世祖大悦。"

212

一见到胡太后和高纬，便伏地痛哭，说："先帝驾崩，臣恨不能一起去死。臣见朝臣们的意思，恐不久就有废立之大变！"三人相对哭了一阵之后，胡太后问和士开："有何计策对付？"和士开说："臣既已入宫，还有什么可忧虑的呢？只要颁行诏书，便可解决。"胡太后心领神会。[1]

第二天，以太后的名义下了一道诏书，将娄定远出调为青州刺史，又谴责高叡目无君王，不行人臣之礼。高叡接诏后气恼万分，进宫去争辩，走到殿前，有宦官悄悄劝阻他说："殿下不宜入宫，恐有祸事及身！"高叡正色道："我上不负天，死亦无恨！"他见了胡太后，又是一番振振有词的道理。胡太后也不回答，返身入内，剩下高叡一人，只得悻悻退出宫去。刚走到永巷，便被卫兵们抓住，押到华林园活活勒死，死时才36岁。

和士开权势日隆，擢为尚书令，封淮阳王。一班趋炎附势的大臣，纷纷向他献媚，甚至拜他为干爹。

北齐石柱

---

[1] 事及语见《北齐书·恩幸·和士开列传》："太后及后主召见问士开，士开曰：'先帝群官之中，待臣最重，陛下谅闇始尔，大臣皆有觊觎心，若出臣，正是剪陛下羽翼。宜谓叡等云："令士开为州，待过山陵，然后发遣。"叡等谓臣真出，必心喜之。'后主及太后然之。告叡等如士开旨，以士开为兖州刺史。山陵毕，叡等促士开就路。士开载美女珠帘及条诸宝玩以诣定远，谢曰：'诸贵欲杀士开，蒙王特赐性命，用作方伯。今欲奉别，谨具上二女子、一珠帘。'定远喜。谓士开曰：'欲得还入不？'士开曰：'在内久，常不自安，今得出，实称本意，不顾更入，但乞王保护，长作大州刺史。今日远出，愿得一辞觐二宫。'定远许之。士开由是得见太后及后主，进说曰：'先帝一旦登遐，臣愧不能自死。观朝贵势欲以陛下为乾明。臣出之后，必有大变，复何面见先帝于地下。'因恸哭。帝后皆泣，问计将安出。士开曰：'臣已得入，复何所虑，正须数行诏书耳。'于是诏出定远青州刺史，责赵郡王叡以不臣之罪，召入而杀之。"

北齐牛与神兽壁画

后来，14岁的琅琊王高俨痛恨生母的荒淫无耻，联合姨夫冯子琮，设计杀死了和士开。

胡太后闻报，悲恨交加，正想派人去抓高俨治罪，又听说高俨拥兵三千，屯在千秋门外，连皇帝也拿他没办法。胡太后想起皇后的父亲斛律光素来很有威望，高俨也很敬重他，便让高纬召斛律光入宫解决此事。斛律光进宫以后，见高纬正在调集兵马出战，上前劝谏道："小孩子弄兵，真的交起手来，反容易激起变乱。皇上不如亲自去千秋门，琅琊王见了您，一定不敢轻举妄动。"高纬依言，随着斛律光走到千秋门，斛律光抓住高俨的手，笑着安慰他说："天子的弟弟杀掉一名汉家奴才，何必惊慌！"又把高俨拉到高纬跟前，代为请罪。高纬顺手抽出佩刀，用刀环在高俨头上击了几下，就放高俨走了。

过了几天，高纬下诏杀死高俨的几名属官，用以泄愤。高俨又进宫向胡太后请罪。胡太后一面哭，一面大骂儿子不孝。高俨无言以对，把责任推到冯子琮身上。胡太后立即派人绞死冯子琮。

这次事件之后，高纬耿耿于怀，总觉得高俨聪明勇武，必不肯屈居人下，但是碍着胡太后，他不敢把弟弟怎样。后来，终于下定决心要杀掉高俨。一天，他对胡太后说：明日一早，准备偕高俨一起去郊外狩猎。胡太后答应了，嘱咐兄弟俩早去早回。第二天凌晨才交四更，高俨便被召出宫去，刚走到永巷，就有武士们一拥而上，把他勒死。高纬入宫报告胡太后，太后骂了几声，又哭了一场，也就作罢。第二年，下令追封高俨为楚帝，厚加葬殓。

四、醉生梦死 变本加厉

和士开死后，胡太后难耐寂寞，借拜佛为名，经常出宫去寺院，借此机会

勾搭了一个名叫昙献的和尚，两个人便在禅房里成就男女。胡太后把国库里的金银珠宝多搬入寺院，又将高湛睡的御床也搬进禅房。宫中上下对这桩丑事议论纷纷，只把高纬一人蒙在鼓里。

一天，高纬入宫向母后请安，忽见母亲身边站着两名新来的"女尼"，生得眉清目秀，不觉垂涎三尺。当夜，他命人悄悄宣召这两名女尼，逼她们侍寝，可是两名女尼抵死不从，乍看上去，一副贞洁难染的样子。高纬怒上心头，命宫人强行脱下她俩衣服，一看，不觉傻了眼，原来竟是两个男扮女妆的少年和尚！高纬一下子明白了母亲的秽行。这两人是昙献手下的小和尚，生得十分漂亮，被胡太后看中，带回宫中淫乐。胡太后怕高纬知道，就让他们乔扮成女尼。高纬虽然昏庸无耻，这次也难以忍耐了。[1]

北朝武士俑

第二天，高纬下了一道诏书，将昙献和两名小和尚斩首，又派宦官持节去太后宫中，逼她迁居北宫，幽禁起来，不准出宫一步，诸亲王大臣一律不得相见。

胡太后为设法取悦高纬，便将哥哥胡长江的女儿召入宫中，盛装打扮一番献给高纬。高纬本是好色之徒，见胡女姿色饶人，非常宠爱，立即拜为昭仪。胡昭仪受了姑姑的嘱托，尽心尽力取悦于高纬，宠幸日隆。不久，高纬废黜皇后斛律氏，准备立胡昭仪为皇后。胡太后为了保证侄女儿的皇后之位，拼命巴结高纬的乳母陆令萱，不惜降尊，主动与陆令萱结为姐妹，还赠送给陆氏大量的金银财

---

[1] 事见《北齐书·武成皇后胡氏列传》："自武成崩后，数出诣佛寺，又与沙门昙献通。布金钱于献席下，又挂宝装胡床于献屋壁，武成平生之所御也。乃置百僧于内殿，托以听讲，日夜与昙献寝处。以献为昭玄统。僧徒遥指太后以弄昙献，乃至谓之为太上者。帝闻太后不谨而未之信，后朝太后，见二少尼，悦而召之，乃男子也。于是昙献事亦发，皆伏法，并杀元、山、王三郡君，皆太后之所昵也。"

宝。陆令萱也觉得有利可图，答应帮忙。在陆令萱的帮助下，胡昭仪果然如愿当上了皇后，胡太后也因此同高纬冰释前嫌，被高纬迎回皇宫。母子二人继续寻欢作乐，醉生梦死，却不知亡国之难即将到来。

高纬称帝时，国家财力本已衰弱，民众苦不堪言。齐后主十分昏庸残暴，根本听不进臣民的进谏。使高氏政权先与鲜卑士族发生分裂，又与汉士族发生了分裂，高纬确实成了孤家寡人。齐的统治基础都丧失了。

隆化元年（576）十月，北周武帝率军攻打北齐。当北周军队攻到晋州城下时，齐后主还在与宠妃冯小怜出游打猎，从中寻求刺激。直到北周军逼近晋阳时，齐后主才慌了手脚，立即授他的哥哥安德王高延宗为相国，兼并州刺史负责守城，自己却带领冯淑妃等人，仓皇出逃北方。

隆化元年（576）十二月，齐后主高纬把帝位禅让给太子高恒；第二年正月，高恒即位，史称幼主，尊后主为太上皇。[1]

胡氏在济州（今属山东）被北周的军队俘虏。后流落到长安，沦为娼妓。据有关史书记载，她竟无耻地对别人说："当娼妓比当皇后更有乐趣。"

大约在隋开皇年间（581~589），胡氏死去。

名家评说

赵郡王叡，与琅琊王俨，俱为和士开一人而死，叡之死，比俨更冤。俨得杀士开，尚足泄一时之愤，而叡第知强谏，竟死牝后淫人之手，设九泉之下，叔侄重逢（叡为俨从叔），叡毋乃自笑弗如乎！

——蔡东藩《南北史演义》

胡氏可算是个少有的荡妇。高湛继承帝位后，逼奸嫂嫂李祖娥，胡皇后不耐宫闱寂寞，同高湛的亲信随从和士开勾搭上了。儿子高纬登基后，和士开则排除异己，封淮阳王，后被高俨杀死。胡太后又与和尚昙献等人私通，淫乱后宫，被皇帝发现，幽禁后宫。有这样的女子母仪天下，有这样的糊涂天子，当然国将不国。果然，后北齐帝国

---

[1] 事见《北齐书·武成帝纪》："太史奏天文有变，其占当有易王。丙子，乃使太宰段韶兼太尉，持节奉皇帝玺绶传位于皇太子，大赦，改元为天统元年，百官进级降罪各有差。又诏皇太子妃斛律氏为皇后。于是群公上尊号为太上皇帝，军国大事咸以奏闻。"

很快灭亡了。40多岁的胡皇后重获自由,很快便跟她的媳妇、高纬的正妻、20余岁的皇后穆黄花,在北周的首都长安的闹市区内,公开卖淫。看来二人算是找到自己满意的归宿了。夫死、子亡、国灭,对她们来说,其实都不在心上。关于道德操守,她们从来没有过,将来也不会有。

——侯红斌《点评历代红颜》

【隋】

文帝杨坚文献皇后独孤氏

独孤氏

独孤氏（553～602），隋文帝皇后，洛阳（今河南洛阳）人，其父独孤信，曾任北周大司马。14岁时许配杨坚为妻。581年，杨坚登基，被立为皇后。谥号"文献"。生性仁爱，为人节俭，一生精明，多干预政治，对隋后期影响很大。602年病故，享年50岁。

一、严父择婿 新婚约法

独孤信是北周的名将，作战勇敢，战功卓著，官拜上柱国大都督，封河内公，他共有7个女儿，其中长女是北周明帝的皇后，可谓名门望族。

公元553年，北周大将独孤信家中又添了一个女儿，她是独孤信最小的女儿，日后成为隋文帝杨坚的皇后。

独孤氏出生将门，曾经历过北魏末年的战乱，随父母逃到长安。在逃难途中常听父亲讲惊心动魄的战争事迹，因此不喜欢做女红等家事，喜爱读书，很有个性，深得其父的宠爱，被视为掌上明珠。

独孤氏14岁时，出落成为身材颀长、亭亭玉立、面如满月、凤眼杏腮、眸如点漆、照人有神的美丽姑娘了，引得众士家大族子弟慕名前去求聘。环顾满朝青年子弟，独孤信最后选中北周开国勋臣杨忠的长子，生得一表人才的杨坚。[1]杨忠，弘农华阴（今陕西华阴）人，官拜柱国大将军，封隋国公。他的长子杨坚为人深沉稳重，不苟言笑，谈吐极有见识，令很多人刮目相看，说他风骨特异，

---

[1] 事见《北史·后妃下·隋文献皇后独孤氏列传》。

必有飞黄腾达之日。

独孤信有意将女儿许配给杨坚，为此他要亲自考察一番。一天，独孤信特意摆下酒筵，宴请杨忠父子及几个知己朋友。席间，独孤信有意考问杨坚说："我与你父亲在战场上出生入死，今天才获得些功名。你还没有经历过战场考验，你有什么打算？"杨坚不慌不忙地回答说："大人盛名盖世，我常听家父称赞大人用兵如神，谋而后动，声振邻国。我如果上了战场，当以大人为榜样，建功立业。"独孤信被恭维得通体舒畅，又笑着问："子侄平日喜欢练何种武艺？""刀枪弓马，每日必练。但我以为，为帅者不仅要武艺出众，重要的是要有韬略修养。项羽虽能敌万人，但智谋不及刘邦，只落得四面楚歌、自刎乌江的败局。"独孤信十分赞赏杨坚这番话，他说："你将来的造就，一定在老夫之上，好好努力吧！"杨坚顺利地通过了考验，独孤信把幼女嫁给了他。

隋女服穿戴展示图

独孤氏真该感谢父亲，她婚后生活十分美满。史书上称独孤氏善妒，其言不实。她力求夫妻之间真诚相爱，要求杨坚不纳妾，不乱爱，即使到杨坚贵为帝王时，也不能破坏这个原则。在中国封建社会里，难得有这样的婚姻关系。

二、佐夫称帝　封为皇后

杨坚婚后不久，靠父亲荫官为车骑将军。当时正值北周明帝宇文毓统治时期。明帝的皇后是独孤信的长女，和杨坚是连襟，早在明帝登上帝位以前，就曾听人说过杨坚相貌贵不可言，如今皇权不振，他不能不警觉。为此，明帝密遣相术家赵昭去观察，如果发现杨坚有帝王之相，就除掉他。

赵昭见到杨坚，发现杨坚果然气宇不俗，仔细观察，见杨坚上身特别长，一对三角眼，眼神如闪电，照人有威；声音洪亮，铿锵有力。额头中央微微凸起，愈往头顶愈凸起，像一根肉柱，头顶两角也各突起一块。赵昭不禁啧啧称赞：这真是个真龙天子之相。为图日后富贵，赵昭对杨坚直言相告："将军之相，真乃五百年也难得一见。额广，中央凸起，直贯入顶，相术上称之为'五柱贯顶'，此相当为天下之君。异日富贵时，愿将军不要忘了我今天的论断。"杨坚怕赵昭是试探自己，因而慌忙答道："我不过是一介凡夫，唯一的希望就是能效法父亲，为国效力，此外别无他求。"赵昭却是真心实意，他说："时机未到，要深自隐晦，不可太露锋芒。宇文大冢宰忌贤害能，将军要特别小心才是。"

赵昭回到皇宫，奏禀明帝，说杨坚虽奇，顶多只不过做到柱国之类的军职，消除了明帝心中的疑惑。

杨坚听了赵昭的话后，回到家中，对独孤氏谈起了这番经过，然后说："赵昭态度诚恳，不像是在骗我。"独孤氏摆摆头说："这种事哪能尽信。""有一个秘密。"杨坚一把拉住独孤氏的手臂，走到窗前，伸开左手，将手心迎向窗前的阳光，只见杨坚的掌纹明显地组成一个"王"字，同时，左右两手的掌心下端，各有一个回旋螺纹。独孤氏看后大惊："掌心有螺纹，主大贵，你两手都有，又有'王'字在上，确是异相。"

接下来杨坚又给她讲了自己小时出现的种种异相。独孤氏略一思索，正色对杨坚说："看来，你的确不是常人，不过现在权臣当道，你要特别小心。依我看来，成大事的人，一定要有几个志同道合的人帮助才能成事。你应该结交几个真心朋友才是。"独孤氏这些话，使杨坚受益匪浅。

隋方棋珠梅花忍冬纹

这时，执掌大权的大冢宰宇文护疑忌杨坚，曾有意杀他，但都被杨坚逃过。明帝受宇文护的辖制，一心想除掉他，不料宇文护竟先下手把明帝毒死。继立的武帝，即宇文邕，经过11年的准备，设计杀死了宇文护，尽诛其党羽，掌握了大权。武帝亲政以后，积极整练军队，灭了强敌北齐。此时杨忠已死了，杨坚袭爵为隋国公。在多次征战中，杨坚

功勋显赫，加上杨坚的好友郑译等人在武帝前不时吹捧，杨坚的声誉日渐上升。武帝的太子宇文赟16岁时，择杨坚的长女为太子妃，这样杨坚成了太子的丈人。

杨坚37岁时，武帝驾崩，太子宇文赟即位，史称周宣帝。周宣帝是个21岁的青年，性格暴躁，嗜酒如命，喜怒无常。杨坚以皇后之父被任命为大后丞。宣帝远游时，就派杨坚居守。杨坚常借机弄权，为讨好内外，对宣帝也时常规劝，要他注意政事。宣帝渐渐感到不耐烦而对杨坚不满。

杨坚知道自己已不再被皇帝信任，觉得唯有外放，离开朝廷，才比较安全。这样，由好友郑译策划，杨坚被外放任扬州总管。上任前，杨坚特别关照郑译等人，以后朝中政情大事，要随时通报消息。

正在杨坚准备起身去扬州之时，郑译传来消息，宣帝因饮酒过度，已昏迷两天，怕有变故。杨坚得知后，拿不定主意，便与独孤氏商议。

独孤氏以古为鉴，审时度势，她说："这个时候，绝对不能走。机不可失，现在你装作失足扭伤，不能行走，传话出去，暂时延缓行期。其他的事，赶快找刘昉、郑译一班好友密议。"

杨坚依独孤氏的主意而行，一面装着脚痛，宣布行期延缓，一面秘密与刘昉、郑译等商议，定下策略。

宣帝暴饮昏迷了十天，郑译乘机草拟一诏令，策命杨坚入朝辅政，并都督内外军事。在杨皇后支持下，诏令在皇帝病床前宣读，当时宣帝不能言语，算是宣帝口授诏书，立刻正式宣布。杨坚轻易取得辅政大权。他立即进居朝堂，施展权谋，以郑译、刘昉为心腹，并乘宣帝未死，假称赵王宇文招嫁女于突厥，尽召诸王入京。两天后，宣帝驾崩，7岁的太子宇文阐继位，杨坚身为摄政，大权独揽。

杨坚的作为，渐渐显出揽权的野心，遭到宇文氏诸王的反对。赵王设宴请杨坚，准备在宴席上以伏兵杀之。好在杨坚在随从元胄的保护下，免遭毒手。独孤氏看到杨坚犹豫不决，提出自己的建议："不想受制于人，就不能后退，现在退一步就没有生路了。无毒不丈夫，你不要顾忌太多。"

独孤氏"无毒不丈夫"这句话，起了很大作用。杨坚命人告发赵王等同尉迟迥的叛乱有勾结，一气杀了五个亲王和他们的全家老小。凡是不附和他的朝臣也被一一翦除。

两年以后，时机成熟，在郑译、刘昉的策动下，杨坚逼静帝宇文阐禅位。

公元581年，杨坚登上帝位，建立隋王朝，史称他为隋文帝，独孤氏被立为皇后。

三、软硬兼施　赢得独宠

杨坚登基以后，志得意足。他勤于政务，政治才能颇高，在他治理下，国势日强。

在中国历代皇帝皇后中，惟有隋文帝和独孤后过着一夫一妻的生活。直至独孤氏去世，杨坚的后宫才设立妃嫔，这在历史上也是前所未有的。这一方面是两人的感情深厚，另一方面也表明独孤后御夫有术。杨坚能平步青云，职位不断提高，最后登上皇帝的宝座，这多得益于独孤后的帮助；登基后，国势蒸蒸日上，也有独孤后的一份功劳。独孤后一直在幕后为杨坚出谋划策，因而杨坚既爱又畏独孤后，对她言听计从。每天上朝，独孤后总要陪杨坚共乘一坐舆，杨坚在前殿听政，她就坐在后殿等候；杨坚如有失误，独孤后立即指出，杨坚下朝，他们又一同回内殿，可谓是夫唱妇随。

但杨坚毕竟是个四十出头、精力旺盛的男人。一天，他来到后院洗衣局，几个女子正在洗衣，见皇帝驾到，都慌忙伏跪行礼。其中一个年约20岁的女子，眉清目秀，气质典雅，鹤立鸡群，杨坚不由心动。

杨坚故意找话问她："你姓什么？来宫多久了？"那女子答道："奴婢复姓尉迟，来宫四年了。"杨坚听这女子说话时，声音清脆悦耳，更是喜爱。他有心将尉迟氏弄到身边，又怕独孤后。可几天过去后，尉迟氏的形象总不能从心中抹去。利用皇后午睡的机会，杨坚命内侍引尉迟氏来见。尉迟氏略加妆饰，更显得美丽。杨坚急不可待，在内书房后室便和尉迟氏温存起来。杨坚为美色所迷，加上尉迟氏又体贴人意，他暗中常与她欢聚。

但好景不长，很快独孤氏就知道了。独孤氏气愤地对文帝说："你当初山盟海誓，现在是嫌我年老色衰，还是你做了皇帝就可以随随便便？"杨坚一向敬爱独孤氏，此刻也有些心虚，他淡淡地说："我只是一时之兴，皇后何必认真。""认真"的独孤后毫不相让："那狐狸精是尉迟迥家的人，她如果不安好心，你岂不危险？你怎么这么糊涂？你给我把她撵出宫去。"杨坚深知独孤后的脾气，没法缓和，只有遵命。

这件事给独孤后很大的刺激。她知道，只要放松一次，就会有第二个、第

隋灰陶加彩侍女

三个类似尉迟迥的女人出现。她越想越有气,决定给丈夫点颜色看。

次日,杨坚退朝后正思考如何打发尉迟氏,只见独孤后命人提来一个盒子,放在内寝走廊上。独孤后命令内侍打开盒子,杨坚一看,脸色陡然大变,盒内盛着他喜爱的尉迟氏的人头。杨坚气得说不出话来。独孤后望着吃惊的杨坚说:"我替你了结了她,免得你难做。"

杨坚大怒,愤然离去。他到后院御厩,骑上枣骝马,从右侧门直出长安北门,没有目的地狂奔而去。停在一个山谷边的松林下,他心情很复杂,也想施龙威,想囚禁独孤后,让她吃尽苦头,但"皇帝偷情,皇后吃醋",实在不好听。他只觉得自己受了莫大的委屈。

当太阳西下之时,从长安方向飞奔而来两骑。原来独孤后见杨坚怒气冲冲地离开,也有些后悔,生怕出事,叫近侍召来杨坚的两个亲密大臣——高颎和杨素,告知他们事情的原委,请他们帮忙。见面后,他们力劝杨坚息怒回宫。一直等到天黑,在高颎、杨素的劝慰下,杨坚怒气才稍平,同意回宫。

独孤后早已在宫中阁道前迎候,一见杨坚,便呜咽流泪,跪在地上请罪。高颎、杨素见此情景,连忙用好言规劝:"皇上回来了,皇后就不要再忧伤自责了,皇上到现在还没有用晚饭呢。"独孤后说:"可真难为你们了。"杨坚终于开口了:"你们就留下来一起用晚膳吧!二位在外朝政事上为朕分忧,在内朝又为朕的家事挨饿,朕要好好谢谢你们。"

经过这一番波折，独孤后为讨杨坚欢心，刻意修饰，夫妻重温旧情，和好如初。[1]

四、圣中有愚　错选皇子

然而，作为一个封建时代的皇后，独孤后并没能超越封建礼教的束缚，她柔顺恭孝，谦卑自守。自立为皇后后，凡事都要遵守礼的要求，她教育几个公主说："北周皇帝的几个公主，都没有妇人之德，嫁到夫家后，不尊重公婆，搅得家人不得安宁。这样的事，你们要引以为戒。"一次，独孤后侄女的丈夫死在并州，其嫂告知独孤后，说其已有身孕，请求准许不去参加葬礼。独孤后说："女人应该服侍丈夫，这样的事，怎么能不去！况且她的婆婆还健在，你们理应去问问她。"结果由于她的婆婆不答应，独孤后的侄女只得前去参加葬礼。

独孤后生性非常节俭，不好华丽。一次幽州总管献给独孤后一筐明珠，价值连城，精美绝伦，独孤后不为所动，她说："这些东西我用不着。现在边塞上战事频繁，将士们都很疲惫辛苦，用它犒劳有功的将士们吧！"[2]

作为皇后，独孤后遇大事能从

隋嵌珍珠宝石金花蝶头饰

---

[1] 事见《隋书·后妃·文献独孤皇后列传》："尉迟迥女孙有美色，先在宫中。上于仁寿宫见而悦之，因此得幸。后伺上听朝，阴杀之。上由是大怒，单骑从苑中而出，不由径路，入山谷间二十余里，高颎、杨素等追及上，扣马苦谏。上太息曰：'吾贵为天子，而不得自由！'高颎曰：'陛下岂以一妇人而轻天下！'上意少解，驻马良久，中夜方始还宫。后俟上于阁内。及上至，后流涕拜谢，颎、素等和解之。上置酒极欢，后自此意颇衰折。"

[2] 事见《隋书·后妃·文献独孤皇后列传》："突厥尝与中国交市，有明珠一筐，价值八百万，幽州总管阴寿白后市之。后曰：'非我所须也。当今戎狄屡寇，将士罢劳，未若以八百万分赏有功者。'百僚闻而毕贺。高祖甚宠惮之。"

大局出发，为国家的江山社稷考虑。如独孤后的表兄大都督崔长仁犯了死罪，皇上杨坚念其和皇后的亲戚关系，准备赦免他。独孤后知道此事，对文帝杨坚说："处理国家大事，怎么能顾念私情呢？"随之，崔长仁被处死。独孤后的深明大义，博得了臣子们的称赞。由于她对时政的精辟看法和处事中的遵守礼法，当时的人们将文帝杨坚和独孤后并称为"二圣"。[1]

但是，由于独孤后痛恨男人纳妾的心理，导致了太子杨勇失欢于她，最终被杨广取而代之，演出了一幕家庭悲剧，使杨坚辛勤建立的大隋王朝随之覆亡。

隋文帝杨坚有五个儿子，都是独孤后所生。杨坚常自豪地对臣下说："朕别无姬侍，五子同母，可谓真兄弟。不像前代帝王内宠多，兄弟间互相纷争，亡国之道，莫此为甚。"他岂能想到，一母所生的兄弟，为了权位，照样会闹出悲剧。

杨坚长子杨勇，次子杨广。杨勇品性宽厚，恣意任性，没有心计。杨广生得仪态俊美，善于察言观色，深藏心计。五个儿子中，独孤后最喜欢杨广。杨坚登基以后，杨勇因系长子，被立为太子，杨广被封为晋王。开皇八年（588），杨坚兴兵大举伐陈时，杨广为行军元帅，统御各路军马，战功卓著，也赢得杨坚的喜爱。

杨勇的妃子元氏，是前朝北魏的皇族，门第高贵。但元氏不够美丽，太子并不宠爱她，而是宠爱出身低微的幸姬云氏。为此，独孤后常斥责太子，要他礼爱元氏，太子只是表面应付。

独孤后常常派人伺察太子杨勇的举动，很多事情使她不满，因此少不了在杨坚面前说这个儿子不堪重任。而品性宽厚的杨勇又不够警觉，他并不因此而约束自己。一次大阅，杨勇在他的铠甲上加上了金珠等装饰，杨坚很重视节俭，为此，杨勇受到了斥责。又一次冬至节令，杨勇在太子宫接受百官贺节，场面极铺张。杨坚得知后，大为气愤，责问众臣。怀疑太子暗中弄权收揽人心，对太子很不放心。杨坚又见东宫太子宿卫有几千人，于是下令将其中精壮者选入皇帝的禁

---

[1]事见《隋书·后妃·文献独孤皇后列传》："大都督崔长仁，后之中外兄弟也，犯法当斩。高祖以后之故，欲免其罪。后曰：'国家之事，焉可顾私！'长仁竟坐死。后异母弟陀，以猫鬼巫蛊，咒诅于后，坐当死。后三日不食，为之请命曰：'陀若蠹政害民者，妾不敢言。今坐为妾身，敢请其命。'陀于是减死一等。后每与上言及政事，往往意合，宫中称为二圣。"

隋敦煌壁画——伎乐天

卫军。晋王杨广觉得有机可乘，遂设计图谋夺取太子宝座。

　　杨广与杨勇的性格迥然不同。他阴险狡诈，知道文帝崇尚节俭，就把家布置得十分寒素。杨广表面上谦逊有礼，对杨坚的宠臣杨素更是虚心结纳，因此获得许多朝臣的称赞。不但如此，杨广和夫人萧氏，还在母亲独孤后面前大献殷勤，显得十分恭敬孝顺。他知道母亲恨男人纳妾，他就视萧氏为上宾，有时独孤后派宫婢传话，或是有所赏赐，杨广甚至和萧氏同寝共食。回去的人自然在独孤后面前夸赞晋王夫妇的美德。日久天长，杨坚也对他刮目相看。灭陈以后，杨广被任命为扬州总管，镇守南方。临行之前，杨广进宫与母亲辞别，母子二人呜咽流泪，悲不自胜。杨广得知母后对太子极为不满，觉得取代太子大有可为，遂和心腹定下计谋，深交杨素，以便让杨素帮助他谋求皇太子之位。

　　随着时间的推移，杨勇渐渐觉察到自己的太子地位发生动摇，因而大为惶恐，为此在自己的后园中搭了一个草屋，布衣草褥，栖息其中，表示悔过自新。杨坚派杨素去东宫观察太子言行。杨素看出独孤后对太子不满，决定帮助杨广，他来到东宫外通报进见，杨勇冠带整齐，在台阶下等候，但杨素故意迟迟不进，

以激怒杨勇。杨勇果然中计，见面时，内心的愤怒都流露了出来。杨素回宫报告说太子有怨气，恐怕有变。独孤后派人秘密刺探太子的过失。天长日久，杨坚深感忧虑，认为自己处境危险。杨广见时机成熟，派人胁迫姬威诬告太子谋反。杨素一手遮天，搜罗太子过失，把太子饲马千匹和将庭前枯树根制成火燧千枚等事说成是蓄谋政变。文帝杨坚听信谗言，遂于开皇二十年（600）将太子杨勇废为庶人。

两个月后，晋王杨广被立为太子。又过了两年，仁寿二年（602）八月，独孤后病故，时年50岁。

精明一生的独孤后无论如何也没有想到，她苦心保荐、极力推举的心爱的儿子杨广，断送了大隋王朝。

名家评说

文献德异鸣鸠，心非均一，擅宠移嫡，倾覆宗社，惜哉！《书》曰："牝鸡之晨，惟家之索。"高祖之不能敦睦九族，抑有由矣。

——唐·魏徵等《隋书》

太子勇非无过失，误在无正人以辅导之。如洗马李纲言，最为剀切。然有独孤后之偏爱，与晋王广之诡谋，就使勇无失德，亦必致废黜，况更有杨素之助桀为虐耶？隋主坚惩高欢覆辙，自谓不致纵予，而抑知妻儿谮愬，堕彼术中，其惑且比高欢为尤甚也。

——蔡东藩《南北史演义》

附：文帝杨坚宣华夫人陈氏

陈氏（生卒不详），隋文帝杨坚贵人。其父为陈宣帝。开皇八年（588），陈亡，发配隋宫，被隋文帝选为嫔。仁寿二年（602），升为贵人。文帝死，遗诏拜为"宣华夫人"。最终她却也没能逃脱"儿子"杨广的魔掌，落入红颜薄命的悲剧性结局。

一、一落千丈　不幸万幸

陈氏自小聪明伶俐，颇具倾国倾城之貌，故而深得父亲陈宣帝的喜爱，被视为掌上明珠。陈氏在这样的环境里无忧无虑地度过了她的童年。

开皇八年（588）的除夕之夜，正当陈后主君臣在宫中饮酒作乐之时，隋军直抵建康，陈朝灭亡了。陈氏和陈国宫人一起被发配到隋朝后宫，不久，又被隋文帝征选为嫔，从此开始了一种新的生活。[1]

陈氏生于陈朝宫中，自小耳濡目染宫中礼仪，行止端重，而且年轻漂亮，因而颇得隋文帝杨坚的赏识。仁寿二年（602）八月，独孤皇后在永安宫中病逝。隋文帝更加宠幸陈氏，不久，陈氏就由夫人晋升为贵人。随着陈氏地位的提高，她开始处理宫中一些内部事务，陈氏成为凌驾于其他妃子之上的特权人物。[2]

---

[1] 事见《隋书·后妃·宣华夫人陈氏列传》："（陈氏）性聪慧，姿貌无双。及陈灭，配掖庭，后选入宫为嫔。"

[2] 事见《隋书·后妃·宣华夫人陈氏列传》："及文献皇后崩，进位为贵人，专房擅宠，主断内事，六宫莫与为比。"

仁寿四年（604）七月，隋文帝携宣华夫人、容华夫人、姿嫔妃在仁寿宫避暑。暑天已过，秋风渐凉时，他便躺在床上，一病不起了。大臣杨素、柳述及陈宣华夫人、蔡容华夫人等都在跟前伺候。太子杨广盼望文帝快些死掉，以便他早日登上皇帝宝座。宣华夫人陈氏和容华夫人蔡氏日夜守在床边，他十分欢喜，原来他一直暗恋他的母后，只是碍于父皇，一直不能如愿。此时，机会终于来了。一天，宣华夫人和容华夫人在杨坚病榻前一宿没有合眼，隋文帝一觉醒来，发现二位夫人一直守护自己身边，连忙催促二人休息。

隋五牙战船（复原模型）

一会儿，更衣后的宣华夫人陈氏神色慌张，衣衫不整，环佩错落，又跑回到隋文帝面前，文帝大惊，赶忙询问怎么回事？宣华夫人大哭，直骂畜生。原来，在她出去更衣的时候，正巧遇到急匆匆赶来的杨广，杨广见宣华夫人年轻漂亮，实在难以把持，于是胆大妄为，想对宣华夫人施以非礼。宣华夫人拼命挣扎，才逃出杨广的魔掌。[1]

闻之，隋文帝暴跳如雷，悔恨交加，后悔自己把国家重任交到杨广手里。但已晚矣！

隋文帝死后，杨广继位，称隋炀帝。

二、移嫁杨广　红颜薄命

文帝死后，杨广一直寻找机会想把自己对陈氏的爱恋表达出来。一天，隋炀帝派人把一个四面御封画押的金盒送到宣华夫人手中，宣华夫人一阵颤抖。几

---

[1] 事及语见《隋书·后妃·宣华夫人陈氏列传》："初，上寝疾于仁寿宫也，夫人与皇太子同侍疾。平旦出更衣，为太子所逼，夫人拒之得免，归于上所。上怪其神色有异，问其故。夫人泫然曰：'太子无礼。'"

隋彩绘伎乐陶俑

日前杨广调戏未遂，如今他做了皇帝，他能轻饶自己吗？想到这，宣华夫人的眼泪扑簌簌落了下来，她为自己红颜薄命而伤心。宣华夫人颤抖着手揭去黄封，轻轻打开金盒，只见里面是五彩制成的同心结。莫非杨广对自己是真心的？陈氏悬着的心终于放下，可自己是文帝的妃子呀，陈氏左右为难，犹豫不决。在来使的催促下，宣华夫人惧怕杨广的淫威，终于收下了同心结。[1]

杨广得知宣华夫人收了同心结，非常高兴，连夜赶来与宣华夫人相会。从此，杨广强占父妃成为隋王朝贻笑后人的丑闻。

隋炀帝杨广继位以后，背着萧皇后整天与宣华夫人饮酒作乐。炀帝与宣华夫人的丑闻终于传到萧皇后的耳朵里。萧皇后妒火中烧，怒上心头，当着宣华夫人的面大骂杨广："你刚刚做了皇帝，就背弃正妻奸淫父皇的妃子，如此乱伦怎样治理国家？父皇在九泉之下，会怎么样呢？你一定要把这个淫妇打入冷宫，不然，我就传下懿旨，让百官都知道你们的丑行，看你这皇帝怎样当？"萧皇后的话说得杨广哑口无言，宣华夫人更是羞愧难当。久居深闱的宣华夫人深知宫闱内斗争的残酷，既已遭到皇后的嫉妒及朝廷大臣的反对，如不退步，恐怕性命难保，她让杨广把她送到无人居住、与世无争的地方。杨广在无可奈何之下将她送到仙都宫居住。

---

[1] 事见《隋书·后妃·宣华夫人陈氏列传》："晡后，太子遣使者赍金合子，贴纸于际，亲署封字，以赐夫人。夫人见之惶惧，以为鸩毒，不敢发。使者促之，于是乃发，见合中有同心结数枚。诸宫人咸悦，相谓曰：'得免死矣！'陈氏恚而却坐，不肯致谢。诸宫人共逼迫，乃拜使者。"

从此杨广整天闷闷不乐，时常莫名其妙地大发脾气，因为从内心深处他深爱宣华夫人，萧后看丈夫日渐消瘦，而且不思茶饭，知他惦记着宣华夫人，最后不得已又把宣华夫人接回宫中。

宣华夫人虽然又回到宫中，可是，在当时的封建社会，这样违背伦理的事公开于众，其压力可想而知。宣华夫人的心理受到很大摧残，整日郁郁寡欢，一年之后就离开了人世。享年29岁。[1]

隋藻井图案。藻井是莫高窟绘制装饰图案的重要部位

宣华夫人死后，隋炀帝悲恸万分。为了表示对她的深切哀悼，为她写了一首《神伤赋》来纪念她。并且举行了隆重的葬礼。

名家评说

宣华为杨坚宠妾，复为逆子广所烝，如宣华之贪生怕死，贻丑中冓，固不得为无咎，然谁纵逆子，以至于此？

——蔡东藩《南北史演义》

---

[1]事见《隋书·后妃·宣华夫人陈氏列传》："及炀帝嗣位之后，出居仙都宫。寻召入，岁余而终，时年二十九。帝深悼之，为制《神伤赋》。"

炀帝杨广皇后萧氏

萧氏

萧氏（570~？），隋炀帝皇后。她是后梁皇帝萧岿的女儿，14岁时，成为晋王杨广的王妃。大业元年（605），杨广登基，册为皇后。谥号"愍"。由于炀帝荒淫无度，致使家破国亡，流落异域。贞观四年（630）被唐太宗迎入长安，颐养天年，忧郁而死。

一、生不逢时　逢凶化吉

太建元年（570）二月二日，江陵（今湖北沙市）城内后梁宫中，皇帝萧岿的宠妃张姬产下了一名女婴。按照当时江南的风俗，孩子生在二月命运多舛，而她又出生在二月二，更是不吉利。萧岿迷信占卜，连占两卦卦相都不好，身为一国之君的萧岿为了自己的社稷是不能允许这样的"灾星"留在家里的。他要把他的骨肉弄死，张姬哭得两眼红肿，苦苦哀求，最后，萧岿退了一步，决定把这个小生命送给别人。于是，第二天这个新生的女婴就被送到萧岿的远房亲族萧岌家中，托萧岌夫妇收养。[1] 这个女婴就是后来贵为隋炀帝皇后的萧氏。

萧岌夫妇无儿无女，对萧氏百般疼爱，视如掌上明珠，聪明伶俐的萧氏给萧岌夫妇带来无尽的乐趣。可命运偏偏作弄，萧氏8岁时，萧岌夫妇便相继谢世了。孤苦无依的萧氏只好辗转投奔舅舅张轲。张轲的家境无法与萧岌相比，老

---

[1] 事见《隋书·后妃·炀帝萧皇后列传》："江南风俗，二月生子者不举。后以二月后，由是季父岌收而养之。未几，岌夫妻俱死，转养舅氏张轲家。然轲甚贫窭，后躬亲劳苦。"

两口辛勤耕作，过着清苦的日子，再添上萧氏，更是难上加难，甚至有时等米下锅，没办法，连小小的萧氏也得干些力所能及的活以维持生计。张轲夫妇对萧氏如亲生女儿一般，力所能及地养育萧氏，他们教萧氏为人处事的道理，该怎样生活。劳动之余，他们还教萧氏读书认字。萧氏天性聪颖，过目不忘，她虽然生活在贫困的环境中，但仍然成为一个知书达礼、颇有教养的女子。

开皇三年（583）的一天，萧岿派人匆匆赶到张轲家里，说萧岿有急事，暂让萧氏回家一趟，立即动身。坐在疾驰的车里，萧氏秀眉微蹙，她不知等待自己的又是什么。

原来，隋文帝次子晋王杨广已年满16岁，到了选王妃的年龄，文帝和独孤后为此大动了一番脑筋。独孤后提出最好从南方的名门望族中为杨广挑选王妃，文帝十分赞同，二人一拍即合。他们左思右想，最后一致以为当时南方的名门望族中最为门当户对、最有影响、最受礼重的莫过于江陵后梁王萧岿了。于是，杨坚派使者陈中带厚礼去萧家提亲。

萧岿喜出望外，倘能与皇帝结为儿女亲家，那么他的统治就确保无虞了。于是把家中三个女儿都叫出来，可陈中看来看去，不是相貌不好，就是卜卦不吉，眼看这门婚事已没有希望了。这时，有人小心翼翼地向萧岿提起了寄养在张轲家的萧氏，萧岿欣然同意，派人立即去接。没想到萧氏站在陈中面前，陈中顿时呆了，眼前的萧氏安详典雅、落落大方，美丽而高贵，妩媚不失端庄，娇羞中透出大家风度，与前几个大不相同。萧岿也愣了，没想到14年前被他遗弃的女儿，长得如此动人。陈中迫不及待地再虔诚祷拜，占得一个大吉大利的卦。陈中向萧岿道贺，回去禀报文帝定夺。萧岿怎么也没想到14年前差点被自己扼死、从未相聚过的女儿竟给他带来了希望，从此把她视为"福星"。

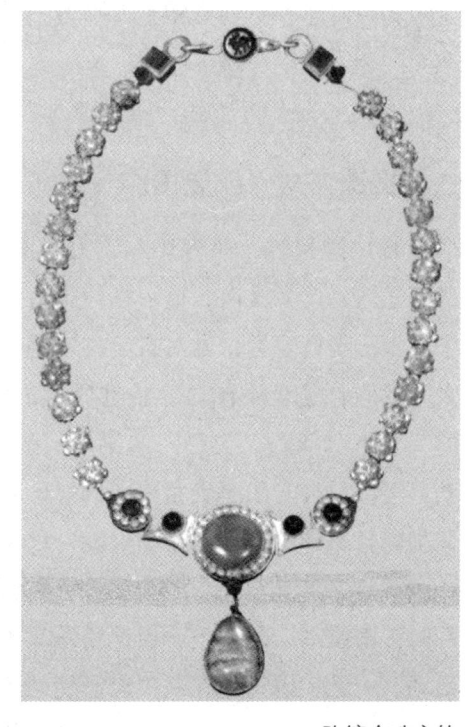

隋镶金珠宝饰

就这样，萧氏终于苦尽甘来，福从天降了。

不久，萧氏被迎到长安，文帝和独孤后亲自召见。见皇帝、皇后之前，萧氏十分紧张，看见眼前十分和蔼的皇帝、皇后，她变得轻松起来。文帝问了些南方习俗和萧家的情况，萧氏对答得体，独孤后甚为满意。文帝听后也大加赞赏，对她愈发喜爱。就这样萧氏正式进了皇宫。不久，举行册封礼仪，萧氏进为晋王妃。

萧妃性格随和温顺，对占卜颇有造诣。每当与笃信占卜的文帝、独孤后谈到卜卦时，总能把其中的道理分析得透彻、精辟，深得文帝和独孤后的赏识。晋王杨广仪容俊美、才思敏捷，萧妃十分欣慰。杨广对这样一个温柔贤惠、美丽端庄的妻子更是百般恩爱，夫妻十分和睦。

随着年龄的增长，杨广开始觊觎太子的位置。他深知父亲杨坚是一个励精图治、反对奢侈的君主，母后独孤氏又是一个力主一夫一妻制、深恶淫行的皇后，为了赢得父皇和母后的信任，他极力讨好、迎合他们，所以他在衣食住行等方面装出清心寡欲、克勤克俭、心怀大志、奋发向上的样子，收买大臣与宫廷内侍，宣扬自己，中伤太子杨勇。久而久之，杨勇懦弱无能、心怀不轨；杨广清正贤明、循规蹈矩，成为朝中一致的舆论。杨坚与独孤后渐渐相信杨广，终于废了杨勇的太子之位而代之以杨广。

大业元年（605），杨广登基，下诏册封萧妃为皇后。

二、良谏苦劝　欲规杨广

杨广继位后，骄奢淫逸，大修洛阳宫室，搜罗天下奇珍异宝，滥用民力、凿通运河，巡幸江南，这一切使萧后感到不安。她正位为皇后，儿子杨昭立为太子，母子至尊至贵，她对自己的境遇十分满足。只是看到炀帝的所作所为，与当太子的时候完全不同，而且他所做的一切都是文帝和独孤后所痛恨、力加戒止的，她十分痛心，自己一向崇敬、爱戴的丈夫怎么会变得如此放纵。她婉言规劝，可沉浸在安乐享受氛围中的杨广哪里听得进她的话。她知道想要炀帝完全像父皇杨坚那样勤俭治国已不可能，只希望他行事能有个限度。

大业三年（607），炀帝下令开运河、造龙舟，准备一次盛大的水上游历。一时江南震动，朝廷上下议论纷纷。萧后觉得自己身为皇后，必须阻止炀帝此次活动。一天，她特地在院中设酒筵请炀帝来赏花。萧后见炀帝兴致正浓，便婉转地谈起了独孤太后："母后驾崩前曾找我去说了一段话，我一直想告诉你，可迟

迟……"她故意沉吟起来。杨广急问:"母后说啥?""她老人家一直认为你简朴恭孝、自守甚严,将父皇基业托付给你最放心。可你现在……皇上,不是我扫你的兴,开运河、造龙舟耗费钱财不说,更使多少百姓无家可归啊。"萧后仍不甘心地劝道。"皇后,你真是太过虑了。父皇留给我一个统一富足的大帝国,国库里的钱堆得像山一样。钱是供人享用的,像父皇那样空做守财奴,岂不自寻烦恼。你读过不少书,正如魏武帝所歌:对酒当歌,人生几何。譬如朝露,去日苦多。我就喜欢这几句,一个人应趁少壮之时尽情享乐。我现在富有天下,这是老天对我的恩赐,倘不享用它,岂不辜负了上天的美意。"炀帝忘乎所以地说。听了这番话,萧后顿时失望,知道再也无法改变他的观点,说多了,反而破坏了夫妻的感情,只有暗自流泪叹息。

自那次和炀帝谈话后,萧后自恨无法改变炀帝享乐主义的观念,眼见大隋江山每况愈下,在无可奈何的情况下,作了一篇《述志赋》,表达了对炀帝的希望和规劝。文章写道:古圣贤遗训和做人道理我不能忘怀,我的愿望是做一个周文王夫人周姒那样的贤良圣母,为国家培养出周武王那样的英才;做一个像齐威王虞妃那样的贤妻内助,规劝君王勤政爱民,致君尧舜之上……[1]

---

[1] 事见《隋书·后妃·炀帝萧皇后列传》。全文为:"承积善之余庆,备箕帚于皇庭。恐修名之不立,将负累于先灵。乃夙夜而匪懈,实寅惧于玄冥。虽自强而不息,亮愚蒙之所滞。思竭节于天衢,才追心而弗逮。实庸薄之多幸,荷隆宠之嘉惠。赖天高而地厚,属王道之升平。均二仪之覆载,与日月而齐明。乃春生而夏长,等品物而同荣。愿立志于恭俭,私自兢于诫盈。孰有念于知足,苟无希于滥名。惟至德之弘深,情不迩于声色。感怀旧之余恩,求故剑于宸极。叨不世之殊盼,谬非才而奉职。何宠禄之逾分,抚胸襟而未识。虽沐浴于恩光,内惭惶而累息。顾微躬之寡昧,思令淑之良难。实不遑于启处,将何情而自安!若临深而履薄,心战栗其如寒。"

"夫居高而必危,虑处满而防溢。知恣夸之非道,乃摄生于冲谧。嗟宠辱之易惊,尚无为而抱一。履谦光而守志,且愿安乎容膝。珠帘玉箔之奇,金屋瑶台之美,虽时俗之崇丽,盖吾人之所鄙。愧希谷之不工,岂丝竹之喧耳。知道德之可尊,明善恶之由己。荡嚣烦之俗虑,乃伏膺于经史。综箴诫以训心,观女图而作轨。遵古贤之令范,冀福禄之能绥。时循躬而三省,觉今是而昨非。嗤黄老之损思,信为善之可归。慕周姒之遗风,美虞妃之圣则。仰先哲之高才,贵至人之休德。质菲薄而难纵,心恬愉而去惑。乃平生之耿介,实礼义之所遵。虽生知之不敏,庶积行以成仁。惧达人之盖寡,谓何求而自陈。诚素志之难写,同绝笔于获麟。"

炀帝临幸萧后住处，无意看到了这篇文章。他一面读，一面赞道："写得好，没想到皇后居然有此文才，真是可佩可敬呀。"萧后心中暗喜。谁知炀帝越看越觉得不对劲儿："皇后，所谓人生如寄，多忧何为。我取大业作年号，就是要追求秦始皇汉武帝的伟大事业，生有荣名，死有遗业。"萧后大为失望，仍想再劝几句，却见炀帝脸色一沉："皇后，我平生讨厌别人劝我，希望你不要再说这些不中听的话了，这样徒惹你我不高兴罢了。"听到这话，萧后如冷水浇头，她清醒地认识到炀帝已彻底不可挽救，只好听天由命。从此她不闻不问。

隋开始凿大运河。图为扬州段运河——古运河

炀帝一意孤行，而且进谏大臣必置之死地，朝廷上下噤若寒蝉，人人自危。[1] 八月仲秋，炀帝亲率龙舟数千艘、随从两万多人巡游江南。第二年四月才返回洛阳。此时，太子杨昭已19岁，颇像萧后，待人宽厚、自奉甚俭，很得人心。七月，天气酷热，从长安赶来朝见的杨昭一路受暑，不久就一病而亡。消息传到洛阳，萧后伤心落泪，她觉得这是上天的警告，再劝炀帝收一收心。炀帝失去爱子，也很伤感，所以，他答应萧后不再远游，可他生性好大喜功，如今据有天下，总想做些惊天动地的事才能显出他的伟大，他向萧后保证的话很快就忘在脑后了。

三、颠沛流离　孤苦离世

文帝励精图治，国家安宁，当时，边境已无强敌，只有北方的突厥称雄塞外，时常南下骚扰边境。隋文帝曾用和亲政策，将宗室之女号为义成公主下嫁突

---

[1] 事见《北史·后妃下·炀帝愍皇后萧氏列传》："及帝幸江都，臣下离贰，有宫人白后曰：'外闻人人欲反。'后曰：'任汝奏之。'宫人言于帝，帝大怒曰：'非汝宜言！'乃斩之。后宫人复白后曰：'宿卫者往往偶语谋反。'后曰：'天下事一朝至此，势去已然，无可救也。何用言，徒令帝忧烦耳！'自是无复言者。"

厥启明可汗。炀帝突发奇想,要去塞外炫耀武力。下令修筑直通太原的大道,亲率三宫六院、百官甲兵50多万人浩浩荡荡直趋胜州(今内蒙古托克托附近)。在胜州行宫里,炀帝接见了启明可汗、义成公主及众酋长。

萧后一直惦念着义成公主。盛会后,萧后亲自拜会义成公主。皇后屈驾给她一王室之女、番邦之妻无上的殊荣,义成公主十分感动,更有一种如见亲人的感觉。由此,萧后与义成公主建立了一份深厚的感情。

从大业四至十二年(608～616),炀帝两次巡游江都,一次巡长城,三次攻打高丽,损兵折将,劳民伤财,将士离心,哀鸿遍野,饿殍载道,各地农民起义风起云涌。这时全国到处都有逃亡的将士聚众为盗;豪杰之士乘机号召,称雄一方,割据而立;州郡官吏无力平盗,惧怕朝廷刑律,反与盗匪暗通。

就在这种危机四起的情况下,大业十二年(616),炀帝仍然下令游江都(今江苏扬州)。萧后及许多忠正大臣极力劝阻,炀帝不但不听,反而一怒之下杀了不少忠臣,到了江都后,炀帝想方设法来享乐,置朝政社稷于不顾,宠信佞臣、沉湎酒色。萧后忧心忡忡,觉得这情形再继续下去实在太危险了,有亡国的可能。她不顾炀帝的反感,找了一个机会再次规劝炀帝:"皇上,现在群盗四起,你怎能放弃朝务,安心享乐呢?这样下去,就怕大隋江山不稳了。"炀帝不以为然地说:"说得严重了,你这是杞人忧天了。""但愿我这是杞人忧天,皇上倘再执迷不悟,恐怕

隋炀帝杨广画像

隋展子虔《游春图》

将来不能再安心享乐了。"这番话并未能使炀帝振作起来,他对日益严重的局势丝毫没有办法。

隋朝灭亡后,远在突厥的义成公主闻知萧后被执,便促使启明可汗之子处罗可汗发兵围困窦建德,逼迫窦建德生擒宇文化及。义成公主派专使迎接萧后,萧后举目无亲,从此就过上了背井离乡、流落异域的生活。

贞观四年(630),唐朝大将李靖率军大败突厥。唐太宗李世民得知萧皇后尚在塞外,便派特使迎接她返回长安,颐养天年。

14年的流亡生活,萧皇后已成了白发苍苍的妇人。从定襄返回长安的途中走到胜州附近,眼前的景物勾起往事的回忆,萧后不禁凄然泪下。

大唐王朝又有一番新景象,虽然唐太宗对萧氏十分关照,可这一切都无法弥补她此时心中的裂痕。在孤独寂寞中她悄悄地离开了人世,结束了坎坷的一生。

名家评说

隋文取鉴于已远,大革前失,故母后之家不罹祸败。独孤权无

吕、霍，获全仁寿之前。萧氏势异梁、窦，不倾大业之后。至或不陨旧基，或更隆克构，岂非处之以道，其所致然乎？

——唐·李延寿《北史》

萧后初归藩邸，有辅佐君子之心。炀帝得不以道，便谓人无忠信。父子之间，尚怀猜阻，夫妇之际，其何有焉！暨乎国破家亡，窜身无地，飘流异域，良足悲矣！

——唐·魏徵等《隋书》

【唐】

太宗李世民皇后长孙氏

长孙氏

长孙氏（600~636），唐太宗皇后，洛阳人。其父长孙晟，曾任隋朝左骁卫将军，其母高氏，是隋朝扬州刺史高敬德之女。嫁秦王李世民为妃。626年，李世民登基，封为皇后。谥号"文德"。她自幼酷爱读书，博闻强志。唐太宗李世民治理国家期间之所以出现"贞观之治"的繁盛，与长孙氏的劝诫、把关密不可分，功不可没。

一、郎才女貌　喜结良缘

长孙氏是河南洛阳人，父亲长孙晟，是隋朝的右骁卫将军，喜欢涉猎史书，文韬武略，英勇善战，通晓边事，隋帝与突厥及其他外族的往来都是由他预先交涉。她的母亲是隋朝扬州刺史高敬德之女。长孙氏自幼循规蹈矩，以古代善恶自鉴，严格按照礼教行事，再加上相貌出众，家人视其为掌上明珠，待之如众星捧月！长孙氏渐渐长大，方圆几十里都知道右骁卫将军家出了美女，而且聪颖，所以上门提亲的人很多，可长孙家为长孙氏的婚嫁费了一番脑筋。能与之天生一对、地配一双的如意郎君实在难找。长孙氏的伯父长孙炽曾是北周的一名学者，对当时盛传的北周武帝的外甥女窦氏生来奇特，自小见识超常印象特别深刻。窦氏后来嫁给李渊，生下四男一女。长孙炽想这样明智贤慧的母亲教养出来的孩子肯定非同一般。长孙一家托人四处打听，后来听说李渊的次子李世民文武双全，一表人才，年龄与长孙氏相若，所以长孙家请人倒提媒，把长孙氏许配给李世民。李渊也听说长孙晟家的女儿如花似玉，天生丽质，并且博学，所以这桩婚姻一提就成。长孙氏凭借她的智慧和宽宏豁达的处世哲

学，使李世民在后来打天下、坐天下的斗争中如虎添翼，这一美满的婚姻也成为历史上的一桩美谈。

李世民智勇双全，为帮助父亲建立唐朝拼杀疆场，立下汗马功劳，可是李世民的哥哥李建成却被立为太子。李建成无论功劳、才能、人品及在众臣中的威信都远在李世民之下，况且唐初的一班开国元勋、文臣武将，大多跟随李世民打天下，深深爱戴和拥护他，对太子李建成从内心里不服。所以，李世民的存在对太子李建成登上皇帝宝座构成威胁，李建成处心积虑地要把这颗"眼中钉""肉中刺"除掉。另外，李世民的弟弟李元吉做梦都想成为大唐的皇帝，他觊觎皇帝宝座则要越过李建成、李世民两重障碍。在他眼里，最大的障碍是文武双全、威重功高的李世民。一场皇权的争夺战，在兄弟三人之间明争暗斗地展开。

唐大红罗地蹙绣拜垫

长孙氏嫁到李世民家中，面临着错综复杂的局面。其一，李世民的母亲窦后去世后，后宫一时混乱。其二，李家三兄弟的明争暗斗，给长孙氏在皇宫中的生活增添了许多麻烦和苦涩，因为李世民的关系，无形之中她也成为妃嫔们诽谤的对象，在夹缝中站住脚十分不易。可长孙氏超人的为人处事的能力，使她赢得宫中大部分人的信任。她认为做人首先要坐得正、站得直。她竭心尽孝地侍奉公

唐都长安城

公李渊,使他在丧妻之后,感受到儿女的亲情温暖。同那些争宠、相斗的妃嫔相比,李渊从心底里喜欢、信任这个贤惠的儿媳。在妯娌之间,她凡事忍让几分,尊敬顺从她们,从不顶撞、不怕吃亏,尽量让他们挑不出刺儿,找不到借口,以消除猜忌。

为了帮助丈夫建立一个有利的环境,长孙氏昼夜焦思劳神,处处忍辱负重。到玄武门兵变,兄弟之间真刀真枪地干起来的时候,她一反软弱顺从的性格,旗帜鲜明,勇敢地帮助李世民激励将士。兄弟三人经过互相残杀、陷害,于公元626年,李世民最终以他的胆略、残忍和盖人的才智成为唐朝真正的开国皇帝,夫贵妻荣,长孙氏也由秦王妃被立为皇后。

二、深明大义　勤政爱民

在当时的历史条件下,长孙皇后参政议政均受到限制,但她仍能最大限度地发挥了贤内助的作用。长孙皇后尽量不让后宫事务影响皇帝李世民。长孙皇后处处关心体贴太宗,后宫发生不顺心的事,也尽量不麻烦太宗,而且凡事都顺着太宗的心思。有时唐太宗下朝回到后宫,心情不畅,常会不明缘由地训斥宫中侍役者。每当这时,长孙皇后也附和太宗,命令把惹太宗生气的人抓起来。之后,她再问明情况,遇到冤枉好人的情况时,她总是替太宗道歉,等到太宗高兴时,她再慢慢地把事情的经过告诉太宗。长孙后赏罚分明,人人竭力效忠,没有人整日提心吊胆,宫中气氛比较宽松和谐。只要是太宗的孩子,不管是嫡生庶出,长孙皇后待如己出,加以爱护。豫章公主出生后母亲去世,长孙皇后主动收养,给公主的母爱甚至超过了长孙皇后自己的亲生儿女。她对妃嫔,甚至宫女体贴入微,当妃嫔、宫女有病时,长孙皇后总是亲自去探望,把自己用的好药、食物送给她们,使之尽快痊愈,给以安慰。因此,后宫上下都十分爱戴长孙皇后。[1] 整个后宫充满了欢声笑语,宫内上下都在一种温暖和谐的气氛中生活,使唐太宗把整个身心投入到管理国家大事中。

历朝历代的皇后、妃子,哪一个不是登上皇后、妃子的位子之后,便百般讨好皇帝,把娘家亲属举荐给皇上,恳求皇帝封个一官半职,而长孙皇后却深明

---

[1] 事见《新唐书·后妃上·太宗文德顺圣皇后长孙氏列传》:"后廷有被罪者,必助帝怒请绳治,俟意解,徐为开治,终不令有冤;下嫔生豫章公主而死,后视如所生;媵侍疾病,辍所御饮药资之。下怀其仁。"

大义，只想朝中安宁，不想给皇帝带来任何麻烦。

长孙皇后的哥哥长孙无忌，曾在玄武门兵变中立了大功。唐太宗想封他为右仆射（宰相）。太宗把这个想法告诉长孙皇后时，听说要给自己的兄长加官，长孙后深感不安，对太宗说："妾位居三宫之首，家已贵宠至极，实不愿父兄之辈再位居显要。历史上外戚弄权误国的事太多了。汉高祖死后吕产、吕禄专权；汉昭帝时上官桀、上官安专权；汉宣帝时霍山、霍禹专权，他们最后都因谋反篡位而被杀，祸及家族，这应该成为刻骨铭心的教训啊，希望皇上矜察。"听

魏徵

完这话，太宗对长孙皇后十分敬重，对于历史，太宗李世民太熟悉了，只是太宗与长孙无忌两人从布衣之交，出生入死，长孙无忌为太宗立下汗马功劳。太宗看中的是长孙无忌的才能，而没有半分私心。所以他从容地说："皇后的苦心我是知道的。我用长孙无忌是为社稷着想，是为官择人，唯才是用，并不因为他是你哥哥。没有才能的人虽是至亲也不能；如果有才虽有仇隙，只要改过，我也重用。右仆射这职位只有他才能胜任，别无佳选。请皇后不必过虑。"公元627年太宗任命长孙无忌为右仆射、吏部尚书、武侯大将军。

长孙皇后见太宗不听她的劝阻，只好派人把长孙无忌叫到宫中，直言相劝："皇上任命你为右仆射，我已向皇上表明，你不适合。长孙家的人最好不要再做高官，这样可以省却不少麻烦。你最好向皇上力辞右仆射之职。""右仆射"的职位很有诱惑力，可是，长孙无忌理解妹妹的苦心，于是，亲自拜见太宗，坚决请求辞去职务。长孙皇后又极力劝说太宗接受。终于在公元628年，太宗李世民接受了长孙无忌的请求。[1]

---

[1] 事见《新唐书·后妃上·太宗文德顺圣皇后长孙氏列传》："兄无忌，于帝本布衣交，以佐命为元功，出入卧内，帝将引以辅政，后固谓不可，乘间曰：'妾托体紫宫，尊贵已极，不愿私亲更据权于朝。汉之吕、霍，可以为诫。'帝不听，自用无忌为尚书仆射。后密逾令牢让，帝不获已，乃听，后喜见颜间。"

皇后的地位和权力仅在天子之下，对于一个国家起着举足轻重的作用，若再进一步影响和控制皇帝，其权力之大可想而知。历史上有许多后妃弄权误国，影响朝政，甚至断送江山。长孙皇后吸取历史教训，时时引以为戒。她认为国家大事应由皇帝与大臣们商量决定，对于朝廷上的事，从不过问，更不用说干预了。长孙皇后知识渊博，与太宗私下闲谈时，引经据典、滔滔不绝，可一旦太宗与她提到朝政，她就引开话题不肯发言。

唐联珠戴胜鸾鸟纹锦

长孙皇后虽不干涉朝政，但遇到太宗做出不明智之事，有损江山社稷时，她却总是苦苦规劝，用心可谓良苦。

有一次，太宗下朝归来，满面怒容地吼道："到时候，我一定杀了这个乡巴佬！"长孙皇后大吃一惊，却笑着问："皇上又跟谁生气了？"太宗余怒未消，恨恨地说："魏徵这个老东西太不像话了，他经常当着满朝文武的面使我难堪，下不来台，真是可恨。"听了这话，长孙皇后默默退出，回到寝宫，穿上只有在册封、庆典、朝会仪式上穿的朝服，端端正正地站在太宗前，然后深深一拜。太宗一看，惊诧问道："皇后为何这样庄重严肃？"长孙皇后答道："我听说只有君主贤明，采纳忠言，才能有正直的大臣出现；魏徵的确是少见的正直的忠臣。这是皇上贤明、能采纳忠言的缘故了。有这样的君和臣，国家有幸、百姓有幸，所以我不能不向您表示祝贺。"太宗茅塞顿开，转怒为喜，对魏徵的怨忿都转为内心的敬佩。感慨地说："多亏皇后及时指点，给我敲了警钟，否则险些误了大事。"就这样，太宗上朝时，有魏徵这样的忠臣劝诫；下朝后，有长孙皇后把关，勤政爱民，事事办得合情合理，深得民心，才有"贞观之治"的繁盛。

长孙皇后不仅劝诫皇上采纳忠言，而且严于克己。长乐公主是长孙皇后的亲生女儿，生得聪明伶俐，才貌出众，深得太宗和长孙皇后的喜爱。太宗最喜爱的长乐公主终于到了出嫁的年龄。长乐公主出嫁时，皇宫上下都为此忙碌。太宗命长乐公主的嫁妆要超过永嘉长公主的一倍，永嘉长公主是高祖李渊的女儿。魏

徵听说此事，马上劝谏太宗说："从前汉明帝要分封他的儿子，明帝说：'我的儿子决不能高于先帝的儿子，所以分封的领地只能是先帝儿子们的一半。'现在陛下您的女儿出嫁，论情感，您和公主是父女关系，更亲密一些；论道理、论地位，长乐公主就不能与永嘉长公主相比，可嫁妆反而超过永嘉长公主的一倍，道理何在呢？"太宗尽管心里十分不满意。可是为了表明他的大度和圣明，还是下令资送公主的嫁妆按永嘉长公主的一半陪送。回到后宫，太宗把这件事告诉了长孙皇后，以为会招致长孙皇后的埋怨。谁知长孙皇后感慨地说："魏徵能够引用古今道理说服皇上控制私人感情，把事情办得更公正、更令人信服，这说明他真是一心为国的忠臣。魏徵不过是你殿下的大臣，他能不顾自己的安危，冒犯皇上的威严，驳回不合理的决定，这是难能可贵的，皇上应该采纳他的忠言。"长孙皇后一番话，太宗听完如释重负。之后，便得意扬扬，仿佛是自己做了善事，长孙皇后看皇帝的高兴劲，心中十分舒坦。派人带着400缗钱、400匹绢去魏徵府上表示感谢，并捎话说："很早听说魏公为人刚直不阿，从公主出嫁这件事上看得更加清楚。希望魏公能永远保持这种高尚的情操，对国家的忠心不要有丝毫改变。"

长孙皇后不贪权也不贪钱，她一生崇尚节俭，一粒米、一寸布都视为有用之物，从不奢侈。

公元627年，长孙皇后亲自带领宫廷内外自贵妃到宫内女官，内外命妇，去"亲蚕"——栽桑养蚕，体会男耕女织的艰难。她深知，战乱刚刚结束，国家困难重重，百姓从流离失所到安居乐业的局面刚刚形成，如帮助丈夫治理好国家，就要谦恭、谨慎、节俭。在平时的生活中，长孙皇后率先垂范，教育子女也是这样。一次，太子的乳母遂安夫人向皇后启奏说，太子的衣食住行方面的器具不

唐周昉《簪花仕女图》（展现了宫廷嫔妃"戏犬""漫步""看花""采花"的闲适生活）

够排场。长孙皇后生气地回答:"作为太子就怕将来继位时道德修养没有树立起来;勤政爱民,礼贤下士的美名别人不知晓,至于日常生活用品够用就行了。你们应该多引导他,而不是替他要东西。"

三、久病缠身　叮咛国事

长孙皇后一直患有哮喘病,贞观八年(634)旧病复发,卧病在床,太宗经常亲临探视,太子承乾日夜守护。全国各地的名医都为皇后诊断过,用了很多好药,可是病情仍无好转。万般无奈,太子向她秘密请示说:"药都用遍了,母后病仍然没有起色。现在只有两个办法:一是大赦天下罪犯;二是奉劝更多的人加入佛道。做这样的善事,被除灾祸,或许神仙能够保佑您早日康复呢。"长孙皇后睁开眼,正色说:"死生命中注定的,我自忖一辈子行善不算少,从未做过恶事。况且,大赦有关国家大政,不到关键时刻不能随便用,怎能因为我一人,就去破坏规定呢?佛教也好,道教也好,保留它们只是表示我们宽宏大量,照顾一部分人的信仰而已。你父皇从来不求助于这些东西,怎能因为我而让你父皇去干他所不愿干的事呢?你不要再向你父皇请示了。"太子不愿违背母后的意愿,只是把这事告诉了房玄龄。房玄龄又原原本本地奏知太宗,太宗与大臣们听后莫不感动,一致请求太宗大赦天下。长孙皇后知道后,对太宗说:"大赦与劝人入佛道都是无济于事的,只是让别人觉得皇上为了我什么规定都可以破坏,岂不误了国家大事。皇上若真那样办,我只求速死。"太宗无奈,只好作罢。

长孙皇后在病重和生命垂危之际,更表现出非凡的高尚品质和牺牲精神。

长孙皇后的精神一天不如一天,她预感到死神在向她招手,她觉得还有许多事情放心不下,于是派人把太宗请来。喘息了一阵后,她对太宗说:"大臣房玄龄对皇上忠心耿耿。办事慎重细致,他与陛下谋划了许多奇谋秘计,却从未泄露他人,这样劳苦功高的人,应该继续重用才是。我自己攀龙附凤,荣华富贵已达到了顶点,像我娘家的人无功无德,让他们掌握朝中大权,众臣难服,处境就危险了。皇上只给他们奉朝请(古代以春季朝见为朝,秋季朝见为请,故名,是朝廷安置闲散官员的散

唐代盖银药盒

唐太宗昭陵

官官号）就行了。请皇上千万不要忘记，否则，就辜负了我的一片心意。"[1]当时，房玄龄因与太宗意见不合，受到太宗责备罢官回家了。长孙皇后虽已处于弥留之际，对此事却深感不安。历史上，像长孙皇后这样谦恭、节俭、克己为人的皇后真是屈指可数，值得后人借鉴。

　　长孙皇后临终前紧紧拉着唐太宗的手，说着心里话："我快不行了，皇上不必过于悲伤，我死后不要因为我的葬礼花很多的钱。干脆埋到山上，不用修陵墓。棺椁要用最简单的，陪葬物品只用木器、陶器足矣。皇上真能照我说的办，那就是对我最好的纪念。[2] 希望皇上永远重用魏徵、房玄龄那样的忠臣，采纳他们发自肺腑的忠言，广开言路。清除那些谄媚奸佞之徒，不听信谗言。尽量少征

---

[1] 语见《新唐书·后妃上·太宗文德顺圣皇后长孙氏列传》："玄龄久事陛下，预奇计密谋，非大故，愿勿置也。妾家以恩泽进，无德而禄，易以取祸，无属枢柄，以外戚奉朝请足矣。"

[2] 语见《新唐书·后妃上·太宗文德顺圣皇后长孙氏列传》："妾生无益于时，死不可以厚葬，愿因山为垅，无起坟，无用棺椁，器以瓦木，约费送终，是妾不见忘也。"

发徭役、兵役，一心勤政为民，争取年年五谷丰登，岁岁国泰民安，我死也瞑目了……"太宗泪流满面答应了结发之妻长孙皇后。

贞观十年（636），长孙皇后与世长辞了，享年36岁，葬于昭陵（今陕西礼县东北）。

怅然若失的唐太宗每每遥望昭陵，怀念他的结发妻子长孙皇后。立政殿内，太宗拿着长孙皇后编纂的《女则》对侍臣们说："这是皇后采集古代妇女得失之事，定成30卷，此书足以垂范百世。从此，我再也听不见她的劝诫了。"说罢，恸哭失声。[1]

不久，唐太宗恢复了房玄龄的官职，朝廷上下知其秘密的都赞誉长孙皇后的美德。

长孙皇后的心愿终于了却。古今中外，像长孙皇后那样深明大义，勤政爱民的皇后太少太少了，长孙皇后不失为一代贤德、英明的皇后。

名 家 评 说

后此书（指《女诫》）可用垂后，我岂不通天命而割情乎！顾内失良佐，哀不可已矣！

——载《新唐书·后妃上》

叙长孙皇后之崩，不厌从详，所以彰皇后之贤，而惜其不永天年，为唐宫志悼也。

——蔡东藩《唐史演义》

长孙有幸遇贤君，相敬如宾共论文。
《女则》书成重典范，令人景仰在忧勤。

——张英玉《历代名媛百咏》

---

[1] 语见《新唐书·后妃上·太宗文德顺圣皇后长孙氏列传》："及崩，宫司以闻，帝为之恸，示近臣曰：'后此书可用垂后，我岂不通天命而割情乎！顾内失吾良佐，哀不可已矣！'"

高宗李治皇后王氏

王氏（628~655），高宗李治皇后。并州（今山西太原）人，其父王仁佑，曾任罗山（今河南罗山）令，其母柳氏。李治为晋王时，被选为王妃。贞观二十三年（649），李治即位，被立为皇后。因貌美贤淑，被唐太宗赞赏，唐太宗死后，卷入皇宫内部争斗，被武则天所害。永徽元年（655）被废为庶人。

一、貌美贤淑　由妃为后

王氏是在太子李治做晋王时，太宗为他选中的妃子。虽然王氏之父王仁佑任罗山（今河南罗山）令，官位不高，但王氏的曾祖父是南北朝时西魏的大将，曾祖母是唐高祖妹妹同安长公主。王氏母柳氏一族更为关中世代豪族，王氏的舅舅柳奭的叔母是高祖的外孙女。所以，这桩婚姻还是"门当户对"的。王氏年轻貌美、面庞白嫩，眉目清秀，天生丽质。当唐太宗为李治择妃时，同安长公主以王氏貌美贤淑，极力推荐。太宗也觉得王氏出身高贵，便选定王氏为晋王妃。

贞观二十三年（649）五月二十六日，曾以励精图治创造了贞观盛世的唐太宗，咽下了最后一口气。弥留之际，太宗将太子李治和太子妃王氏这对"佳儿佳妇"托付给大臣长孙无忌和褚遂良。唐太宗哪里会想到，他的谢世带给王氏是无尽的苦难，一场皇宫内部皇后地位的争夺战激烈地展开，多少佳儿佳女被卷入这场风波，她们带着各自的梦想，并为之绞尽脑汁，甚至不择手段，但最终都逃脱不了悲

长孙无忌

惨的命运，王氏为此也断送了身家性命。

贞观二十三年，太子李治即位，即唐高宗。次年改号为永徽，册立太子妃王氏为皇后。王氏从县令之女，而为晋王妃，又由太子妃册立为皇后，可谓春风得意。更令她欣慰的是，这顶皇后凤冠为她和她的家族带来无尽殊荣。父亲由县令而升至魏国公，逝世后又被追封为司空。母亲柳氏被册封为魏国夫人，舅舅柳奭被擢升为中书侍郎。[1]

二、久而无子　忌恨萧妃

王皇后在皇宫过着无忧无虑的生活，高宗处处满足王皇后的各种要求，谁知几年过去了，王皇后也没给高宗生过儿子，传宗接代，对于封建社会的中国百姓来讲是至关重要的，对于皇室更是可想而知了。唐高宗李治登基后，一直希望王氏能为他生子，立为太子。然而，王氏却迟迟不能怀孕，这使王氏十分苦恼。

一个偶然的机会，高宗李治发现后宫中的萧淑妃，容貌艳丽，姿色出众，举止风流高雅。萧淑妃的出现，对年轻的高宗具有极大吸引力。高宗感到与性情刚强的萧淑妃在一起，浑身充满活力。而王皇后却性情温顺柔弱，缺乏妙龄女子应有的激情。自幼未得到母爱、性情怯懦的李治，本能地在萧淑妃身上得到了补偿。这样，天生丽质又凤冠加顶的王皇后，渐渐失去了应该属于她的宠幸，当然就更没有怀孕的征候。更让王皇后嫉妒气愤的是萧淑妃为高宗生了一个儿子，取名素节，更加得到高宗的宠爱，王皇后越来越觉得痛苦、烦恼。帝不宠后，皇后又无子，对其皇后位置也产生了威胁。她越来越看清楚，萧淑妃得势后将意味着什么。皇后的母亲柳氏、舅舅柳奭更为着急，皇后的前景黯淡，同时会危及柳氏家族的前程。王皇后和母亲柳氏、舅舅柳奭商量对策，处心积虑地想巩固皇后的宝座，皇后宝座的失去意味着柳氏家族的荣华富贵将付之东流。

王皇后在母亲和舅舅的帮助下，终于找到了一条出路。萧淑妃所生的儿子素节是高宗的第四子，前面三子因生母身份低下，均未得高宗厚爱。王皇后想，如果将刘氏所生的陈王忠，也就是高宗的长子收为养子，"子以母贵"，使其成为准嫡子就可以登太子之位了。因此，王皇后的舅舅四处活动，取得了长孙无忌等大臣的支持，试图以此来巩固王皇后的地位。立太子之事，成为一根导火索，<u>使王皇后与萧淑妃之间的矛盾明朗化、尖锐化</u>。皇后与淑妃彼此对立，相互憎

[1] 事见《新唐书·后妃上·高宗废后王氏列传》。

唐周昉《纨扇仕女图》（描绘了宫中妃女独坐沉思、对镜梳妆、坐观刺绣、倚桐相诉的宫中生活）

恶，使后宫笼罩着令人窒息的气氛。

三、则天还宫　互为利用

永徽二年（651）五月二十六日，是唐太宗的忌日。这天，唐高宗李治轻车简从，离开皇宫，来到感业寺拜祭先皇。在这里遇到了先皇妃子，才智过人的武则天。后来，就是这个美人把高宗从进退两难的痛苦与寂寞之中解脱，也可以说是她改变了高宗时代几乎皇宫内所有人的命运。

武则天是唐太宗册封的才人，她以其特有的妩媚博得了太宗的欢欣。不料命运却开了个大玩笑。当时流传着一个蛊惑人心的谶语，"唐朝三世之后，女主武王当有天下。"这使太宗对武则天疑虑重重，按规定皇帝去世之前未生育过的宫女一律削发为尼。太宗死后，武则天的生活开始与感业寺的钟声相伴。她唯一的希望就是那个曾经与她海誓山盟、如今已成为天下之主的高宗能把她从孤独、枯燥和每日的劳作中解救出来。然而，唐高宗登上皇帝宝座之后，对他的皇后王氏非常宠爱，再加上宫中又有萧淑妃，他早已把曾与他海誓山盟、身处感业寺受苦、煎熬的武则天忘

唐狻猊葡萄纹镜

得干干净净。

唐高宗李治出现感业寺，武则天又惊又喜，偷偷窥看，她的美貌，和女人特有的娇柔，又使高宗心驰神往难以按捺，不由得想起了太宗在世时，他与武则天之间的情缘。皇后和萧淑妃的争斗，搅得高宗心境烦闷。武则天对高宗念念不忘，整日思恋的旧情又燃起了高宗对武则天的爱恋之火。高宗决定要召还武则天入宫。然而，武则天毕竟是先帝的妃子，而且已经削发为尼，若将其还俗入宫必定要招致众臣的反对。从感业寺回来，高宗陷入矛盾痛苦之中。王皇后见高宗郁郁寡欢，她终于知道高宗原来为情为色所惑。王皇后冲高宗诡秘地一笑，爽快答应高宗接武则天入宫。武则天终于如愿以偿重新回到了皇宫，高宗对王皇后的豁达十分满意，随之也增添了几分爱意。殊不知，王皇后同意武则天入宫，有她的打算，她想借武则天排挤萧淑妃，增加自己的实力。王皇后哪会想到：她悲惨的命运就从这里开始，是她亲手种下了这颗恶果。就是这个女人改变了皇宫内几乎所有人的命运，就是她改变了高宗时代。

在感业寺的日日夜夜，武则天真正体会到世态炎凉，更悟出了地位的重要。从进感业寺那天起，武则天就暗自发誓：有朝一日，一定要实现父亲的遗愿做大唐女皇。所以，武则天还宫以后，敏感地觉察到萧淑妃的存在对她构成极大的威胁。一是因为萧妃端庄秀丽，深得高宗宠爱。二是因为萧淑妃之子素节为高宗喜欢，很可能被立为太子，这样萧淑妃的地位就会巩固下来了。因此必须搬开萧淑妃这个绊脚石。聪明的武则天很快感觉到王皇后与萧淑妃之间的微妙关系，进而明白了王皇后使她重返皇宫的真正用意。武则天决定用王皇后这块招牌向萧淑妃进攻。于是，皇后和武则天各怀用意结成联盟。武则天自从返回宫中以后，尽量讨好王皇后的欢心，从而依借皇后的力量巩固自己在宫中的地位，利用王皇后对萧淑妃的仇恨打击萧淑妃。王皇后哪里是武则天的对手，起初，王皇后为了对付萧淑妃，在高宗面前为武则天美言。后来则真心实意地夸奖起武则天来，正合高宗之意，很快唐高宗就降旨册封武则天为昭仪，宠极一时的萧淑妃渐渐失宠。王皇后格外高兴，以大量珠宝赏赐武昭仪。

四、引狼入室　祸及自身

武则天回宫不到一年，就生下了她与高宗的第一个儿子，即高宗第五子李弘。唐高宗喜不胜收，对武则天更加宠幸。王皇后趁机要求高宗立陈王忠为太

子。永徽三年（652）。在长孙无忌等大臣的挟持下，高宗册立陈王忠为太子，王皇后实现了立养子忠为太子的夙愿。

然而，王皇后万万没有料到，自己的良苦用心却招来一个新的更有力的对手。原先屈身迎合皇后的武昭仪，如今却独占帝宠。况且，武则天又生子李弘，随着李弘的降生，皇帝更加宠幸武则天，几乎很少让王皇后和萧淑妃侍寝，王皇后感到武则天的存在，开始危及自己的凤冠了。这使她感到惶恐与不安。在母亲柳氏的怂恿下，她决定与昨日的仇敌萧淑妃握手言和，共同对付武昭仪。

武则天入宫后，皇上对萧淑妃的宠幸日渐减少，立素节为太子之事也化为泡影。使萧淑妃陷入极度的愤怒、绝望和悲叹之中。使她与王皇后同病相怜，所以两人很快便抛弃前嫌，同心协力在高宗面前攻击诽谤武昭仪。然而，高宗对武昭仪情深意切，尤其看清皇后与淑妃化敌为友的用心，更表现出了从未有过的厌倦和愤怒。王皇后努力的结果是适得其反，高宗对武昭仪的信赖与日俱增，整日沉湎于和武则天的欢愉之中。武则天利用一切机会打击皇后、萧淑妃，不择手段赢得高宗的信任。王皇后彻底绝望了，从此，再无能力控制武则天，陷入被动的境地。王皇后的厄运也就从此拉开了序幕。

武则天坦率的性格和过人的聪颖，尤其是那丰腴而又富有弹性的身躯博得高宗的欢心和敬慕。这是她能够击败萧淑妃，进而威胁王皇后的关键因素。然而，武则天的目的，是用她独特的、高超的手段取代王皇后。

实际上，在与王皇后携手对付萧淑妃的同时，武则天就暗中把矛头对准了王皇后。武则天将王皇后赏赐给她的珠宝钱财，拿出来买通宦官、宫女，柳氏母女和柳奭侍从中有不少都暗地里成了武昭仪的人。王皇后等人的言谈举止掌握在武则天手中。可怜的王皇后，一直视自己为武则天的大恩人，哪里知道武则天的野心比她还大。当王皇后和萧淑妃联合起来对付她的时候，特别是立陈王忠为太子

唐绢画仕女图

后，武则天如坐针毡，再也不能坐守待毙了。她将宦官、宫女打听到的情报整理、发挥，向高宗告发萧淑妃尤其是王皇后，以达到目的。可是，王皇后毕竟是高宗的结发妻子，往日曾有过的柔情蜜意仍记忆犹新。同时，王皇后是先帝所择，又托付给了长孙无忌等大臣。所以唐高宗是既不愿也不敢轻易让武则天取代王皇后。武昭仪悟出了其中的道理，她开始采取更鄙劣的手段。

此时的王皇后陷入极度的悲观与痛苦之中，似乎预感到自己的命运将面临危险。思来想去，王皇后决定与武昭仪重新和好，这兴许能够保住自己的地位。恰好武则天又生了个女儿，十分逗人喜欢，高宗更是高兴。王皇后想小公主的降生正是一个难得的表示诚意的好机会。这天清晨，王皇后特意来武则天馆内探望，不料武则天不在，她感到很失望。王皇后看着襁褓中的小公主，觉得非常新奇，不曾想人间还有如此娇小可爱的小人儿。随之而来的是一阵难言的伤感。自己若能得皇上宠幸，给皇上生儿育女，也不会落到这种地步。想到这儿，皇后不禁潸然泪下，掩面跑了出来。

武则天奇怪地望着迎面从小公主房间跑出来的王皇后，忽然，她的心一下子狂跳起来，这不正是陷害王皇后千载难逢的机会吗？想到这儿，她浑身颤抖起来，唇被咬得几乎渗出血来。武则天独自进入小公主的卧室……不一会儿，高宗驾到，武则天像往日一样迎皇上看小公主。她上前掀开小公主的被子，突然一声尖叫，昏倒在地。高宗慌忙上前，只见小公主已断了气息。高宗急问左右谁曾进过小公主房间，左右答道："皇后刚从这慌忙跑出来。"高宗大怒，高声叫道："皇后杀我女。"高宗对皇后的感情彻底破裂了，从此产生了废弃王皇后以武则天代之的想法。[1]

小公主身亡的消息，很快传到王皇后耳中，王皇后惊呆了。她心灰意冷，彻底绝望了，在绝望之中还带着无可名状的恐惧，自己就是满身是嘴也说不清楚，她不敢想象等待自己的将是什么。由于皇后处于身心衰弱的状态，母亲柳氏祈求神灵保佑女儿早日康复的事很快由耳目传到武则天那里，她要借此大做文章了。这一天，她告知皇上说皇后及其母亲柳氏沉迷于巫术。高宗立即派人到后

---

[1] 事见《新唐书·后妃上·高宗则天顺圣皇后武氏列传》："昭仪生女，后就顾弄，去，昭仪潜毙儿衾下，伺帝至，阳为欢言，发衾视儿，死矣。又惊问左右，皆曰：'后适来。'昭仪即悲涕，帝不能察，怒曰：'后杀吾女，往与妃相谗媚，今又尔邪！'由是昭仪得入其訾，后无以自解，而帝愈信爱，始有废后意。"

宫搜查，结果在皇后榻下搜出写有高宗武则天御名的符咒桐木人。王皇后柳氏吓懵了。她们做梦都想不到，竟有人采取如此狠毒的手段置己于死地。王皇后失声痛哭起来，乞求皇上恕罪。高宗看见桐木人，肺都快气炸了，他对皇后完全绝情了，从此将皇后幽禁深宫。同时，将柳氏赶出宫廷，并将皇后的舅舅柳奭流放到西南边境，决意要废弃王皇后。其实，这出闹剧是武则天企图挤掉王皇后采取的又一个断然措施。

符咒事件之后，废后与立后的争议在宫廷中完全公开化了。朝廷内分为二派：长孙无忌等大臣认为皇后是先帝为皇帝选的，更何况皇后没有犯大错；另一派以中书舍人为代表的反长孙派与则天结成联盟，开始分庭抗争了。高宗决意召长孙无忌、褚遂良等讨论废立事宜。褚遂良立即表示反对，并以血相谏。高宗碍于长孙无忌、褚遂良的权势正左右为难，司空李勣说道："这是陛下的家事，何必再问外人？"这话使高宗找到废后理由，废王立武成了定局。永徽六年（655）十月，唐高宗正式颁诏：废王皇后及萧淑妃为庶人，家人均予流放；[1] 立武则天为皇后。武则天终于实现做大唐皇后的梦想。可怜的王皇后，失去了自己所拥有的一切，被推进了万丈深渊。

唐青釉莲花纹瓜形壶

五、贬为庶人 悲惨而亡

王氏和萧氏贬为庶人后，被幽禁于后宫别院。冷宫房门紧锁，灰色厚重的墙壁没有窗户，里面黑洞洞的，又阴又冷，真可谓一座人间地狱。在墙壁的下方有个小孔，递送食物。王皇后昔日金枝玉叶的贵体，如今已是花残叶落。她对一切都绝望了，只求一死。性情柔弱、旧情难断的高宗乘隙前去探问，那毕竟是他的结发之妻。见此情景，不禁黯然伤感，他脱口叫起来："皇后、淑妃在哪里？"随着呼声，王氏、萧氏凄凉的声音，从冷宫的角落里传出："我等已成为宫婢，为何还有此尊号？"王氏的心碎了，她没想到自己落得这般地步。王氏

---

[1] 事见《新唐书·后妃上·高宗废后王氏列传》："李义府等阴佐昭仪，以偏言怒帝，遂下诏废后、良娣皆为庶人，囚宫中。后母兄、良娣宗族悉流岭南。"

唐周昉《调琴啜茗图》（局部）

悲伤地痛哭起来。她说："陛下若念旧情，就使汝等重见天日，乞请署此院为'回心院'。"王氏话音刚落，萧氏那惨痛的哭泣声又起。王氏、萧氏那悲惨的哭号，刺痛了高宗的心。高宗睹此惨状，不禁答道："你们不必伤心，朕自有安排。"[1]

高宗从冷宫回来，愁眉不展，不知该怎样跟新皇后武则天谈及此事。其实，高宗去冷宫看望王皇后和萧淑妃的事早已有人通报给武则天。武则天咬牙切齿，她敏感地感觉到，皇上性格柔弱，绝对经不住这两个女人的眼泪，说不定什么时候皇上就会改变初衷。刚刚清除一切障碍荣登皇后之位的武则天，无法忍受皇上这种举动，她决心彻底断绝皇上之念。

王氏、萧氏怀着一丝的希望虔诚地期待着。可怜的王氏、萧氏哪里知道此时的高宗已经完全受控于武则天，高宗此行非但没有改变二人的处境，反而招来的是惨不忍睹的杀身之灾。这天下午，有数名宦官来到幽禁王氏、萧氏的冷宫。她们喜出望外，一个宦官用郁闷的声调宣读皇后旨意：各处笞刑一百杖。王氏彻底绝望了，希望又一次变为泡影。她突然昂起头来："我如今只求一死！"她决心以死来向这悲惨的命运抗争了。竹杖抽下来了，像雨点般落在王氏和萧氏的躯体上，王氏与萧氏发出一阵阵撕人心肺的悲鸣。她们咒骂武则天："阿武恶魔，害我至此。愿我再生为猫，阿武为鼠，世世代代扼其咽喉。"宦官们依皇后武则天的旨意，截去王氏、萧氏的手足，将她们装入酒瓮之中。两人哀号不已，没几

---

[1] 事见《新唐书·后妃上·高宗废后王氏列传》："初，帝念后，间行至囚所，见门禁锢严，进饮食窦中，恻然伤之，呼曰：'皇后、良娣无恙乎？今安在？'二人同辞曰：'妾等以罪弃为婢，安得尊称耶？'流泪呜咽。又曰：'陛下幸念畴日，使妾死更生，复见日月，乞署此为"回心院"。'帝曰：'朕即有处置。'"

天就悲惨地离开了人世。[1]

王皇后、萧淑妃死讯传来，高宗悲恸，俗话说"一日夫妻百日恩"，更何况高宗李治是一个感情丰富、有血有肉的文弱君王。

武则天坐在皇后的宝座上，做着皇帝梦，而王氏、萧氏这两个女人却在九泉之下，死不瞑目。

名家评说

盖古今以来之妇女，未有如武氏之阴柔险狠者，表而出之，所以示炯戒也。惟王皇后不能预防于事前，反引而进之，欲以间萧淑妃之宠，讵知武氏之为毒，有十百千倍于萧淑妃乎？因妒致祸，不死何待？

——蔡东藩《唐史演义》

---

[1]事见《新唐书·后妃上·高宗废后王氏列传》："武后知之。促诏杖二人百，别其手足，反接投酿瓮中，曰：'令二妪骨醉！'数日死，殊其尸。初，诏旨到，后再拜曰：'陛下万年！昭仪承恩，死吾分也。'至良娣，骂曰：'武氏狐媚，翻覆至此！我后为猫，使武氏为鼠，吾当扼其喉以报。'后闻，诏六宫毋畜猫。武后频见二人被发沥血为厉，恶之，以巫祝解谢，即徙蓬莱宫，历复见，故多驻东都。"

高宗李治皇后武则天

武则天（624～705），唐高宗李治皇后，后为周皇帝。名曌，并州文水（山西文水东）人。父武士彠，官至工部尚书，封应国公；母杨氏。14岁召入宫为才人。永徽六年（655）高宗废王皇后，立则天为皇后。谥号"则天顺圣皇后"。执政期间执行了一些具有进步性的政策，使唐朝的经济、文化十分发达，曾出现盛世。

武则天

一、丽人则天　宠幸独得

公元624年，隋朝太原留守李渊手下行军司铠武士彠的家中传来一阵女婴的啼哭声，武士彠夫妇为此叹气，"唉，又是一个女孩！"做梦都想生子的父亲望着晃动小腿啼哭的婴儿连连摇头。这个女婴就是武则天。

武则天家世代务农，父亲武士彠靠卖木材发财，买了一个"鹰扬府队正"的低微军职，一个偶然的机会结识了后来唐朝的开国皇帝李渊，从此，改变了武氏家族的命运。[1]武士彠出身低微，所以，时常受到王宫贵族的讥讽，为此十分恼火。那个时候，富有但出身低微的家族，常常和没落贵族联姻，从而改换血统，这被认为是无上的光荣。聪明的武士彠自然想到了这一点。

武德三年（620），武士彠的原配夫人、文水乡下的相里氏去世了，他感到这是一个机会，可惜达官贵人结识不多。唐高祖李渊看透了武士彠的心思，他亲

---

[1]事见《新唐书·外戚·武士彠列传》："（武士彠）世殖赀，喜交结，高祖尝领屯汾、晋，休其家，因被顾接……始，士彠娶相里氏，生子元庆、元爽。又娶杨氏，生三女。"

自做媒为其续弦，撮合了他与武则天的生母杨氏的婚事。

杨氏的父亲杨达在隋为宰相，官高望重。后来杨达去世，这宗室宰相之家的地位衰弱了，杨氏竟以年逾四十之身成为武的继室，并为他生下三个女儿，武则天排行第二。

武士彟从一个贫穷的商人，跻身为高官，他那过人的野心、倔强的性格，完全遗传给武则天，武则天几乎继承了父亲的全部个性。

武则天的血统里有外祖父高等士族的成分，但当时的门第是按父辈来论的，武士彟只不过是一个地主富商。他作为开国功臣，官居三品，爵封三等，在当时可以跻身士族，但太宗贞观十二年（638）修的《氏族志》，按传统的门阀观念，把武氏家族排斥在外。这也是武则天后来一参政，马上修订族谱，改《氏族志》为《姓氏录》的原因，修改后的《姓氏录》把武氏家族列为第一等。

武则天就是在这样的家庭环境中长大。家庭的寒门根底使她饱受世俗的鄙视攻击，这境遇刺激着武则天，由此养成了她那追逐最高权力、支配一切的欲望和不择手段地报复一切的性格特征。

贞观元年（627）十二月，武士彟被任命利州（今四川广元）都督（统辖数州军政的地方长官）。3岁多的武则天和兄姊们跟随父母来到利州。

武家来到利州不久，得知名闻遐迩的相术大师袁天纲奉旨自成都往长安觐见皇上，将途经利州。武士彟认为这是千载难逢的良机，立刻盛情相邀，请求袁天纲为他们全家看相。他最关心的是杨氏能否生个男孩。袁天纲端详杨氏的手和面说："夫人骨相非凡，将来必生贵子。"武士彟闻之非常高兴，连声道谢。

袁天纲仔细端详着武士彟身边身穿男孩衣服的武则天的相貌，脸上显出惊讶的表情，颤巍巍地说："此郎君子龙睛凤颈，日角龙颜，贵人之极也。只可惜是个男孩，若是女孩，将来必为天子。"[1]

这石破天惊的话，和袁天纲无法抑制的惊叹神色，顿时把武士彟一家吓懵了。武家夫妇不相信一个女人会成为天下之主。但充满野心的武士彟又想，我的女儿或许能够打破先例？即使不可能成为天子，册立为皇后也是可能的。

---

[1] 事见《新唐书·方技·袁天纲列传》："武后之幼，天纲见其母曰：'夫人法生贵子。'乃见二子元庆、元爽，曰：'官三品，保家主也。'见韩国夫人，曰：'此女贵而不利夫。'后最幼，姆抱以见，绐以男，天纲视其步与目，惊曰：'龙瞳凤颈，极贵验也；若为女，当作天子。'"

武士彟想到这里，又看了看身边的武则天。他似乎看到武则天长大之后，那种仪态万千、令人销魂的巧笑。他突然萌发了一个念头，"你要成为绝代佳人，一定把你送进后宫。"并为武则天取了个漂亮的名字——媚娘。

从此，武士彟牢记相术大师袁天纲的预言，他把精力完全放在武则天身上，视其为掌上明珠，看着一天天渐渐长大的媚娘，他构想着媚娘登基那天的情景，细细品味着太上皇的滋味。他暗想媚娘别说当皇帝，就是当皇后，我武士彟也是国丈啊！

武士彟并没能等到那一天，贞观九年（635），媚娘刚满12岁时，他就死在荆州都督任上。

武则天像

武士彟死后，前妻相里氏的两个儿子元庆、元爽和他们的叔伯兄弟惟良、怀运等对杨氏刻薄无礼，孤女寡母在长安过了一段很不惬意的生活。媚娘的幸福生活结束了。

这时的媚娘已长成亭亭玉立、活泼聪明的少女。生活的惨淡并没能掩饰媚娘的美貌，身段纤细柔美，肌肤白如凝脂，乳房丰满隆起；樱桃巧嘴，圆巧鼻梁，最令人勾魂的是那对细长的丹凤眼中不停地流出醉人的柔情。

媚娘的美貌终于传到了天子太宗的耳里。贤惠的长孙皇后去世后，太宗在抑郁中急于寻找精神上的寄托，于是，他下诏召媚娘入宫。

贞观十一年（637）十一月，杨氏接到圣旨，惊恐万状。她出身贵族，最了解皇宫的情形。她知道，加入"后宫三千"的行列，一生能否得天子的宠幸还是个未知数，多少宫女把青春埋葬在后宫里，到死都没见过真龙天子的面。

杨氏抱着年仅14岁的媚娘，伤心地落泪。媚娘神情自若地对母亲说："母亲何必这样难过呢？能见到天子，不是很幸运的事吗？或许这是女儿的福分。"[1]这样，年仅14岁的媚娘，怀着对宫廷神秘生活的憧憬，进入了掖庭。

[1]语见《新唐书·后妃上·高祖则天顺圣皇后武氏列传》："见天子庸知非福，何儿女悲乎？"

因为她是奉旨入宫，所以入宫后，立刻经由掖庭令赐给才人的地位。才人在皇宫内只是侍寝宴的侍妾，但对于武媚娘来说，这是她实现父亲临死前未了的凤愿的基石，武媚娘要抓住一切时机向上爬。

媚娘入宫后，经过二三个月的训练，由宦官带领，来到甘露殿第一次为太宗侍寝。媚娘紧张的心咚咚跳着，心中一阵欢喜："机会终于来了。"

太宗看着烛光下这位比传闻中更美丽的人：细长的丹凤眼，带着几分羞涩，同时露出挑逗性的目光。只见未成熟的身子修长而纤细，洁白的肌肤细腻、光滑而有冰凉的感觉，有说不出的性感和魅力。太宗醉了。

就是在这次欢愉之中，太宗赐给武则天"武媚"的赐号。武媚娘本能地感觉到，这是精心侍奉皇帝的结果，果然第二天大清早，就经过掖庭令，送来了皇上的赏赐，从此武媚经常得到皇帝的宠召，再度侍候皇上。

武媚的受宠，遭到其他宫女的嫉妒和怨恨。但这位好强的才人，以超然的态度，对抗着周围的一切。

就在武媚春风得意的时候，一场大祸临头。

这一时期，白天经常看到太白星。太白星在白天出现，太宗心中犯疑。急忙把太史令李淳风秘密召来，让李淳风对这一星相作出解释。李淳风说这次太白之夭是女主昌的征兆。太宗想起民间流传一本《秘记》的书，书上说：唐三世之后女主武氏代有天下。他马上想到最近自己宠幸的才人武媚。

自从听到李淳风的解释后，武媚在太宗心目中，已经变成一个可怕的妖女，太宗抑制着对媚娘的念想，想法不再接近媚娘。

武媚娘失宠了。原先嫉妒、愤恨武媚娘的宫女们，对她恶意嘲讽、辱骂，宦官们也露出了嘲弄的神情。

当武媚娘正为不明失宠的缘故而苦恼时，她花钱买通的那位宦官告诉了她民间流传的秘密："唐三代而亡，女主昌。"这一秘密像一道闪电掠过，她猛然想起父亲临终时对她反复叮咛的那个"伟大预言"，她的心脏咚咚狂跳起来。

失宠的谜终于解开了。于是，媚娘每天都到专门为宫人设置的内文学馆中读书练字，躲避这场灾难，填补失宠的空虚。

武媚娘耐心等待着重见天日的一切时机，这天机会终于来临，掖庭突然传来圣旨，召武才人作为侍候皇上的侍女。

这次作为侍女，只能站在屏风后面看到天子和大臣们议论朝政的情景，认

唐长安城大明宫正殿含元殿遗址

识在后宫无法见到的皇亲国戚、朝廷百官。

在侍候太宗的过程中，武媚时常发觉有人在注视自己，她悄悄朝那个方向望去，她知道，那是太宗第九皇子晋王李治。两个人的视线不期而接，又慌忙避开。武媚娘察觉到，晋王眼里流露出赞美、期盼。她看到晋王脸上露出欣喜的光彩，脸颊飞上一阵红晕。从此，晋王经常来向太宗问安。武媚那淡雅超俗的美，深深地迷住了晋王。

当李治知道武才人曾是父皇的宠姬时，他失望了，这样一位绝色佳人，他是无法得到了。他心中的唯一安慰，只有问候父皇时，偷偷地看一眼武才人。

聪明的武媚自然看透了年少文弱的晋王的心思，她想晋王英俊、年轻，比皇帝更具魅力，要是能做晋王的妃子……她越想越兴奋，同时也越想越可怕……但是，她还是决定冒着杀身之祸，把自己对晋王的情感吐露给晋王李治，因为她深信晋王是不会拒绝的。

贞观十七年（643）四月七日，太宗正式宣布，立晋王治为皇太子，大赦天下，赐酺3天。

这一夜，太宗召来太子李治和长孙无忌等几位重臣，在甘露殿内室，为太子举行小小的宴会。武媚娘和几位侍女在一旁侍候。酒过数巡，太子李治悄悄起身。武媚娘见左右没人，立刻跟了过去，娇声说道："恭喜殿下立为太子！"李

治一看，淡淡的烛光下，一张如花似玉的面颊多情地望着他。这是期盼已久的武媚娘。他感到一阵燥热，贪婪地吸吮着她樱红的唇。柔软的身躯、淡淡的香味，使太子李治忘记了一切。

贞观十九年（645）末，太宗亲征高句丽失败后，大病不起。政务暂由太子治代理。其实，实权操纵在长孙无忌手中。

贞观二十三年（649）春，唐太宗突然病情恶化，卧床不起。按唐制，皇帝死后，后宫凡是没有生育的宫女都要被送到尼姑庵，落发为尼。

武才人想到自己入宫，十几年来还只是个才人，受尽了后宫寂寞和恐惧的折磨，如今年纪轻轻要削发为尼，过青灯梵钟相伴的凄苦生活，这怎么能忍受得了！

唐凤首龙杯壶

武媚娘决定抓住太子治这根救命草。不久，他们在共同侍候太宗的间隙，匆匆发生了关系……

五月，太宗驾崩了，葬于昭陵，武才人悄悄告别太子，和宫女们一起被送到长安的感业寺，落发为尼，成为太宗活的殉葬品，结束了她的才人生活。[1]

二、武媚入庵　心系高宗

幽禁在尼姑庵中的武则天把解脱自己的希望寄托在新皇帝唐高宗李治身上。她深信，这一愿望一定会实现，她相信临行前那个夜晚李治的"誓言"。

永徽元年（650）五月，太宗的周年忌日到了，武媚娘听说高宗李治要来感业寺进香，又惊又喜，她按捺不住心跳从远处偷窥，高宗李治又遇上武媚娘妩媚的眼神，顿时旧情复燃。他跟随武媚的身影独自叩开武媚的禅房，武媚娘早已心急如焚，恭候皇帝的到来，高宗看到武媚娘苍白憔悴、哀怨的面容，心中一阵酸

---

[1] 事见《新唐书·后妃上·高宗则天顺圣皇后武氏列传》："及帝崩，与嫔御皆为比丘尼。"

楚。武则天也抑制不住自己的感情，投进高宗的怀抱，泪水夺眶而出。

高宗决心召武则天入宫。

武则天曾是太宗的宠妾，如果直接把她接回宫中，肯定引来非议，不如先把她安排给皇后做个侍女，然后再封个什么，这样，则名正言顺。

于是，高宗来找皇后商量。皇后王氏想了想，竟十分痛快地答应把武则天接到皇后宫中，让她蓄发等待。[1]

永徽二年（651），已经28岁的武媚第二次入宫。经历数次磨难，这次入宫后，业已成熟的武则天就在权力之争中大显身手了。

武媚入宫后，对王皇后卑躬屈膝，尽心侍候，很快就得到皇后的喜欢，同时，贿赂宦官，探听宫内外的情势，不久，她便熟悉后宫的一切。

唐敦煌菩萨彩塑

永徽三年（652）三月，武则天为高宗生下一个儿子，取名为弘，母以子贵，高宗十分高兴，封武则天为昭仪。也就是这年七月，高宗立王皇后10岁的养子陈王忠为太子。王皇后的目的达到了，但她低估了武则天的能量。

武则天在后宫大肆活动，笼络人心，发现对皇后、淑妃关系不好的人，就竭力拉拢，将其安插在皇后和淑妃周围。武昭仪完全掌握皇后和淑妃的一举一动，从而取得了主动权。

武则天取得了皇上的信任，使皇后和淑妃一起失宠，武则天下决心下一步的目标就是取代皇后的位置。可是昭仪中间还隔着四夫人，一跃登上后座太困难。如果先提高一下地位，再去争皇后的位置，岂不容易些。于是武则天温柔地对高宗说："现在我是否可以升一级呢？"高宗也有提升武则天的想法，可是四

---

[1] 事见《新唐书·后妃上·高宗则天顺圣皇后武氏列传》："它日，帝过佛庐，才人见且泣，帝感动。后廉知状，引内后宫，以挠妃宠。"

夫人没有空缺。高宗露出为难的神色。武昭仪嫣然一笑，说："陛下能否在四妃之上，新设一个宸妃，赐给臣妾呢？"高宗听了大笑，便说："爱妃真聪明，等朕和宰相们商量后就封你为宸妃。"

出乎意料，宰相韩瑗、来济等断然反对。由于宰相们的反对，高宗只好把宸妃问题暂时搁置了。武昭仪闻听此情，咬牙切齿地说："有朝一日，我一定要整治这帮老混蛋！"

武则天心里清楚，要想为后，首先要让高宗废后，武则天就计划着废后的步骤和采取什么样的手段。

皇后虽然失宠且不能生育，但高宗是个性情优柔的人，要想让他割断与王皇后10多年结发夫妻的感情，实在不是一件容易的事。武则天除非施展宫廷阴谋，否则很难朝皇后位置迈进一步。武则天想要彻底取代皇后的地位，必须要作一次嫁祸栽赃的冒险行动。16年的宫廷生活已经泯灭了她原有的那种循规蹈矩的思维逻辑和行为准则。

永徽五年（654）初，武则天生下一个长相酷似她的小公主。很讨人喜欢，尤其是高宗皇帝，下朝后总要看上几眼，满月之后，王皇后也忍不住来到武昭仪宫里，逗弄一番小公主。看着可爱的公主，王皇后想起自己眼前的境况，不禁潸然泪下，掩面跑出。武昭仪见这是扳倒皇后的绝好机会，于是下狠心掐死了亲生女儿，然后轻轻盖好被子，像没事一样。

一会儿，皇帝来了，武昭仪佯装欢笑，拉着皇帝来到床前看女儿。可是掀开被子一看，武昭仪也真忍不住了，失声痛哭起来。皇帝震惊，大喊：谁进过小公主的房间？宫女告诉他，王皇后刚才来过。高宗听后愤怒地大叫："后杀吾女！"对皇后的妒妇心肠痛恨不已。

武则天凄惨地嚎啕痛哭，向高宗诉说这些年来所

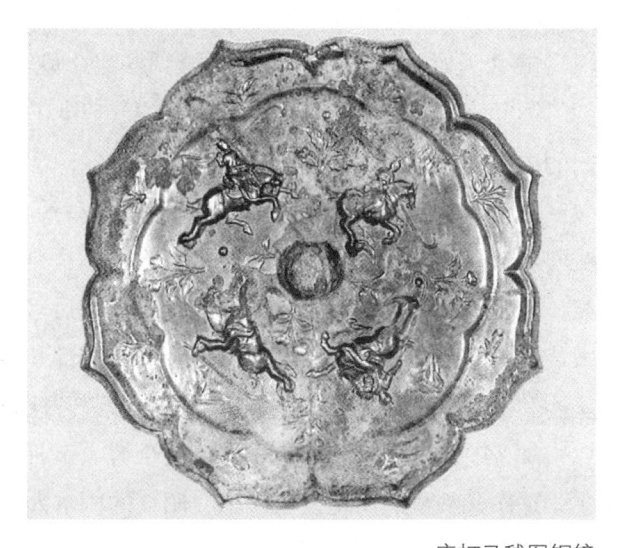

唐打马毬图铜镜

受的种种委屈：皇后收容了她，是为了打倒萧淑妃，结果皇后强迫她报恩，自己忍声吞气服侍皇后，却遭到如此的报应。生了皇子弘以后，皇后便和萧淑妃联合起来攻击她。高宗感到心碎。

面对这一场从天而降的灾祸，王皇后完全被打懵了，她有口难辩，茫然不知所措。

高宗想，这样的女人怎么能够让她继续安然于皇后的宝座呢？但废后事关国体，必须取得重臣们的同意才行。当时的重臣、国舅、太尉长孙无忌就是最大的难关。

七月，高宗和武昭仪从岐州凤泉池休养回宫后不久，武则天便要皇帝带上金银财宝、绫罗绸缎等十大车的赏赐，登门拜访无忌。

高宗赐给无忌的三个儿子朝散大夫从五品的官位。无忌想，高宗和武则天私下造访，背后有什么问题。果然高宗说："皇后无子，武昭仪有子，况且皇后屡出麻烦，朕想要……"高宗话没说完，无忌却很巧妙地把话题避开。高宗和武则天只得怏怏而回。

这时，卫尉卿（从三品）许敬宗因长期受到长孙无忌、褚遂良等的压抑而强烈不满，便站出来拥护武则天。为了表示对武则天的诚意，来到长孙无忌家，提出皇上既然要立武昭仪为皇后，希望太尉不要阻拦。遭到无忌的厉色斥责。

这件事很快传到武则天的耳里，朝廷中已经有人为自己说话了。她立刻派人送给许敬宗大笔赏赐。

武则天对长孙无忌的态度，感到恼恨。她从自己身上再一次感到自己的阀阅门第经历，根本指望不上得到这些望族遗老的支持。于是，她把和长孙无忌集团的决斗提到日程上来了。

王皇后家族率先遭到一连串打击。王皇后在个性强烈的母亲魏国夫人柳氏唆使下，秘密召来巫女，沉迷于巫术之中。这是后宫禁止的。武昭仪得知这一消息，告诉了高宗。高宗立即命令宦官搜查皇后宫，结果从床底下搜出了一个桐木人，木人身上写着武则天和高宗的姓名，胸部和腹部还钉着大钉子。见此情景，皇后和柳氏嚎啕大哭。柳氏还不停地叫喊："这肯定又是武昭仪栽赃陷害！"

高宗想起过去皇后和萧淑妃联合辱骂武昭仪，皇后又杀害了可爱的小公主，这次又从皇后房里发现了诅咒昭仪的桐木人，这一切坚定了他废后的决心。

武媚娘的阴谋逐渐得逞，可她付出的代价是惨痛的，以自己小女儿的性命

作为击败对方的武器，作为一个母亲是多么的狠毒，似乎超出常理，她这泯灭天性的举动使人难以置信。她对王皇后的陷害也是阴险毒辣，一般的女性是很难做到的。

桐木人事件后，高宗立即下令驱逐柳氏出宫，皇后母舅、吏部尚书柳奭被贬为遂州（今河北徐水）刺史。后来又远贬荣州（今四川荣县）刺史。王皇后陷于孤立无援的困境。

这时，中书舍人李义府及一伙政治失意分子逐渐站到了武昭仪一边，组成了反长孙无忌势力集团。

李义府知道高宗一直想废后，立武则天为后，只是长孙无忌和朝中元老大臣的反对，所以至今未决。李义府感到讨好皇上的机会到了，这天晚上，李义府在中书省值夜班，上奏表称："皇后王氏行为有碍妇德，恳请尽快废王氏，立堪为后宫典范的武昭仪为皇后。愿圣上不要让天下人失望。"

高宗非常惊喜，居然有朝臣表示赞同立武昭仪为皇后了。高宗立刻召李义府入宫密谈。当即赐珠玉一斗，并恩准李义府留居原职。李义府立即跪地叩谢。随后，武则天的密使来访，对李义府的行为表示感谢。不久，李义府荣升为中书侍郎，正四品下。

长安令裴行俭认为立武则天为后将是国家祸乱的根源，便私下与长孙无忌、褚遂良商量对策。结果，这一密谈被御史中丞袁公瑜知道，于是他夜访武则天的母亲应国夫人杨氏。杨氏认为事态严重，连夜进宫。

第二天一早，皇上下诏贬裴行俭为西州都督府长史。可见武则天这个女人，在皇帝跟前的作用非常之大。

褚遂良及其《倪宽赞》墨迹

从离间皇帝和皇后的感情关系做起，经过内外廷的一番部署，在短短的时间里，无忌派中已有柳奭和裴行俭二人被贬到偏远地区，而拥护武昭仪的阵容逐渐壮大。武则天自从皇宫内发生小公主夭折、木符事件后，高宗废后的决心已定，朝中拥护废后立武则天为后的人逐渐增多。一天，退朝后，高宗召长孙无忌、李勣、于志宁、褚遂良等四名重臣入内殿议事。入殿前，褚遂良等已猜到是要决定废立皇后的事了。

进入内殿之后，高宗果然提出："皇后无子，武昭仪有子，朕要废王氏，立武昭仪为皇后，卿等意下如何？"褚遂良立刻跪下，说道："皇后出身名门世家，又是先帝太宗挑选的。先帝临终时曾对臣说：'朕佳儿佳妇全托付给你了。'况且皇后没有多大过错，怎么可以轻易改除呢？臣以为这不是皇上的本意。"高宗满脸不高兴，转身走进后宫。

第二天早朝后，他们再次被召到内殿。

褚遂良首先谏诤说："陛下如果一定要改立皇后，可从名门闺秀中挑选，何必非立武昭仪。武昭仪曾经侍候先帝，众所周知，让后代人如何评论陛下呢！愿陛下三思而行。"褚遂良一口气说完，把手中的笏板扔在殿阶上，解去幞头，叩头流血，恨恨地说："还陛下笏，乞放归田里！"高宗大怒，命令侍卫将褚遂良拖出去。长孙无忌赶忙扶起褚遂良，说道："遂良身受先朝遗命，就算有罪，也不可轻易加刑啊！"于志宁看到这一阵势，低着头，没敢吭气。李勣本来就与无忌有隙，更不愿同他们一起卷入这事，称病径自走了。

几天后，高宗单独召李勣入内殿，说："朕想立武昭仪为后，可褚遂良等人极力反对，你的意见如何？"李勣回答说："这是陛下家庭私事，何必去征求外人的意见呢？"

李勣的回答出乎高宗的意料之外，

皇泽寺则天殿武后石像

他没想到元老重臣中还有同情支持自己的人，于是在皇后废立的问题上，高宗下了最后的决心。接着，褚遂良被贬为潭州（湖南长沙）都督，长孙无忌集团的失败成为定局。长孙无忌集团的失败，预示着武则天夺取皇后桂冠初战告捷。

永徽六年（655）十月十三日，高宗颁诏将王皇后、萧淑妃废为庶人，将其亲族流放岭南。十九日，颁布立后诏书，武则天终于达到她废后立后的目的。

十一月初一，举行隆重的册后大典，仪式颇为体面、壮观。大典完成后，宣布皇后将在肃仪门的城楼上接受文武百官及外国使节的受朝。皇后受朝的诏令，把文武百官们搞懵了。不久，武后穿着大礼服出现在肃仪门城楼上，文武百官一齐跪拜，山呼"皇后万寿无疆"。

武则天终于坎坎坷坷地夺取了大唐皇后的桂冠，成为后宫的真正主人。是年32岁。

武媚立后的大典之后，性格向来懦弱、多愁善感的高宗忽然想起什么似的，带着一名侍从，偷偷来到别院，看望囚禁中的王皇后、萧淑妃。看到囚禁二人的牢狱四周封闭，只有一个小小的送饭孔，脏兮兮的盘子上还留着些剩菜残羹，高宗一阵心痛。

高宗看望王氏和萧氏的消息，马上传到武后的耳里，武后十分愤怒，为了杜绝所有的背叛行为，断绝王氏和萧氏东山再起的后患，必须尽早根除这两位冷宫阴魂。几天后，王氏和萧后被武则天指使的宦官各打100杖，又砍去手脚，折磨而死。

武则天从登上皇后宝座这天起，就开始注视自己的对手，寻求一切时机，清除天子周围以长孙无忌为首的顾命老臣。

武则天深知要扳倒无忌这棵大树，绝非易事。为此，她采取了先清外围再克堡垒的攻坚战术。显庆四年（659）春，武则天授意许敬宗，精心设计了一个朋党案，把长孙无忌牵扯了进去。

许敬宗奉命审理案子。太子洗马韦季方和监察御史李巢等人在朝廷结党营私。韦季方实在不忍去严刑逼供，企图自杀。这样一来，许敬宗抓到了把柄，说他们和长孙无忌谋反，企图畏罪自杀。高宗见此奏疏，十分惊讶地说："元舅怎么会谋反呢？"命许敬宗再审。

次日，许敬宗又编造韦季方供词，嫁祸长孙无忌。高宗还犹豫，说："我决不忍心加罪于元舅，让后代良史说我不能和亲戚和睦。"许敬宗又蛊惑说:"无忌忘先朝之大德,舍陛下之至亲,听受邪谋,遂怀悖逆,意在涂炭生灵。……臣闻当断不断,反受其乱,若少迟延,恐即生变,惟请早决!"

高宗被这耸人听闻的言辞吓昏了头,便下诏削去无忌官爵,流放黔州(今四川彭水),立即发兵遣送。七月,许敬宗遣同党袁公瑜往黔州,逼令长孙无忌自缢而死。至此,长孙无忌集团被彻底摧毁。

与此同时,在废后立后的过程中出大力的李义府、许敬宗等被擢为宰相,把持朝政,逐渐集结到武后周围,形成了绝对的优势。

从此,以武则天为首的寒门官僚在政治舞台上大有作为了!

三、垂帘听政　控制高宗

从永徽六年(655),到废立太子,直至彻底摧垮长孙无忌势力集团,完全都遵循了武则天的意志,武则天可谓春风得意,颇有心满意足之感。尤其是自显庆五年(660)以来,高宗因病让她治理朝政,更助长了武则天的骄傲情绪。她对高宗横加牵制,恣意专行,而且还时常引道士到后宫做法术。

高宗虽然性格懦弱优柔,但他毕竟是一国天子。他讨厌受人牵制,如今受到武则天的摆布,使他对武则天的专横渐渐不满,甚至反感。

宰相上官仪对武后目空一切早就不满,这时他猜透了高宗的心思,便指使亲信宦官王伏胜控告皇后引道士郭行真入禁中为蛊祝,祈求非分之福。高宗听后,更加气愤,命令上官仪起草废后诏书。

武则天安插在高宗身边的亲信,赶快向武后报告了这一可怕的消息。武后闻讯,慌忙赶到手拿诏书的高宗皇帝身边,施展出惯用的手段,跪在高宗面前,痛哭流涕,边哭边诉说:"臣妾看陛下龙体欠安,想减轻陛下负担,帮陛下料理繁杂的国事。臣妾听说有个叫郭行真的道士技艺高超,专门请来为陛下祈祷,希望陛下早日康复。没想到臣妾一番好意,却换来如此的下场!"说完,嚎啕大哭。高宗看到心爱的皇后哭得如此伤心,便内疚地说:"是朕冤枉了爱后。起初我并没有想废你,朕听了上官仪的一面之词,都是朕不好。"

高宗回心转意后,武则天立即指使许敬宗诬告上官仪与李忠谋反,马上将上官仪及其子上官廷芝处死。襁褓中的上官婉儿——上官廷芝之女——也随母一起没入掖庭充当奴婢。婉儿在宫中受到良好的教育,后来成为武则天的心腹笔杆,活跃于武周政治舞台。

上官仪被杀后，朝廷中再也没有人敢与武后作对了。从此，武后便真正成为名副其实的后宫主人。

掌握宫中大权后，武则天首先授意许敬宗修改《氏族志》。高宗准奏，命孔志约、杨仁卿等修订，改名为《姓氏录》，武后一族成为天下第一等的名门，以下按唐朝官品的高低，分为九等，李义府上奏收缴焚烧《氏族志》，强行推行《姓氏录》。

显庆四年（659）六月，武后授意许敬宗向高宗提出了举行封禅大典的建议。

高宗采纳了许敬宗的建议，决定于乾封元年（666）元旦到泰山举行封禅大典。武则天希望能改变制度，主持禅礼。只要能举行大典，她就是本朝第一个直接参加封禅的皇后。她要答谢上苍赋予自己的"天命"，要祈祷天

唐李思训《江帆楼阁图》

命早日掌握天下大权。麟德二年（665）五月，任命李勣和许敬宗为封禅使，并决定御驾提前两个月出发。十月，武则天上表高宗："封指封天，禅指祭地。而'地'本来就属女性，因此祭地的'禅'礼应当由女性主持。请准予由臣妾率内外命妇奠献。"高宗马上应允下诏："继天子之后，皇后可升禅坛主持亚献。"

十月二十八日，封禅仪仗，千骑万乘，绵延数百里，浩浩荡荡开往泰山，盛况空前。武则天在典礼中争亚献，扮角色，足见其在政治上的活跃和笼络人心的本领。礼成，文武百官皆赐爵加封。这些受赐之臣对这位大唐开国以来第一次封禅大典中最出风头的武则天感恩戴德呢！

武则天巡行宫廷图

武则天为实现自己做大唐女皇的抱负，不断培植和更新拥戴自己的官僚队伍，为她一生成功奠定基础。到武后掌权后，学而优则仕的科举制度发展起来，大批的庶族地主知识分子涌进官场，成为一股不可遏止的潮流。唐高宗在世时，武则天就已经造就了一支有相当势力的亲信队伍，其核心是开始于乾封年间的武后以修书为名召入宫中的北门学士。文人墨客不仅完成了《列女传》《臣轨》《百僚新诫》《乐书》等一批著作，而且依仗武后的权势，直接参与朝政，削弱宰相的权力，从而成为武后控制外廷的重要御用力量。[1]

上元元年（674）皇帝称天皇，武后进号天后。四个月后，天后提出了涉及国家政治、经济、军事、社会生活等方面的十二条政治主张，即"建言十二事"，包括了劝农桑薄赋徭、息兵、广言路、父在为母服丧三年等，这是具有政纲性质的建议书，都由高宗诏令施行。

---

[1] 事见《新唐书·后妃上·高宗则天顺圣皇后武氏列传》："后乃更为太平文治事，大集诸儒内禁殿，撰定《列女传》《臣轨》《百僚新诫》《乐书》等，大氐千余篇。因令学士密裁可奏议，分宰相权。"

武则天为自己统揽大权做女皇做各种各样的准备，然而，偏偏是自己的亲生骨肉和她过不去，她又做出了令人瞠目的举措。显庆元年（656），武则天长子李弘被立为太子，李弘性情仁厚，谦虚谨让，深得父皇的厚爱和大臣们的信赖。咸亨二年（671）正月，皇帝出幸东都洛阳，命皇太子李弘留在京师长安监国。咸亨四年（674），高宗因病又令太子受诸司奏事，屡次实习朝政。高宗感到自己无力承受国家政务的烦扰，产生了禅位太子的想法。这使天后忧心忡忡，眼看着自己将要丧失辅政的权力。太子监国时，他发现宫中幽禁着自己的两个异母姐姐——萧淑妃的义阳、宣城二公主，后来知道这都是母后所为，顿时，太子弘心里对母后的残酷产生了强烈的反感，并向父皇奏本，要求释放被幽禁已久的两位公主，将她们下嫁给适当的朝臣。太子弘的指责，惹恼了武则天，她气愤地将她们配给了身份低微的士卒。此后，太子屡次违背天后的旨意。上元二年（675）四月，24岁的太子李弘与父母一起吃完饭后，暴死在合璧宫，传说是被武则天用药酒毒死。后来追谥为孝敬皇帝。

皇太子李弘死后，高宗感到再也没有精力为国事操劳了，便想把权力交给天后执掌。

李弘死后一个月，上元二年六月雍王李贤被立为太子，李贤22岁。李贤聪明好学，自幼熟读《尚书》《论语》《礼记》《诗经》等，深受父皇钟爱。高宗竭力培养太子李贤，屡次命他监国。李贤处理政务，有条不紊，颇为能干。

仪凤四年（679）五月，皇帝再次命太子监国。武后又一次面临失去权力的危机。她加紧训诫，让太子熟读北门学士所撰《少阳正范》和《孝子传》，并责备太子贤不要无礼、不逊。可是李贤自有主张，并不顺从，武则天越来越不安，母子矛盾日益激烈，武则天决定废太子李贤，独揽皇宫大权。武则天唆使人向高宗告发太子贤生活糜乱，有叛逆的企图。高宗命宰相薛元绍、裴炎和御史大夫高智周搜查东宫，竟在马厩里搜出了数百套武器。

高宗素爱太子贤，不相信是太子所为，想宽宥他。但武后执意要依法从事，说："身为太子，阴谋造反，天地所不容。应当大义灭亲，决不可原谅他。"调露二年（680）八月，太子贤被废为庶人，迁往巴州。四年后，为斩除隐患，武则天派人去巴州将李贤杀死，而且将李贤的三个儿子光顺、守礼、守义幽禁宫中，武则天作为母亲，对自己的亲生骨肉竟如此残忍，可见，权力对她的诱惑高于一切，更说明武则天决不容忍阻碍她君临天下的势力的存在。

李贤被废的第二天，永隆元年（683）八月，册立英王李显为太子，改元为永隆。十二月，56岁的唐高宗病逝，临终召来侍中裴炎，要他忠心辅佐太子，国家大事听从天后裁决。

李显即帝位，号中宗，尊天后为皇太后，以裴炎为中书令。同时册太子妃韦氏为皇后。并拟升岳父韦玄贞为宰相。

韦玄贞刚从普州参军提为豫州刺史，又要拜侍中，无功受禄实有不妥。中书令裴炎断然反对。中宗十分气恼，摆出天子的架子说："朕为天子，别说一个侍中，我要把天下都送给韦玄贞，又有什么不可！"裴炎把这事向武太后一说，太后马上召集百官到乾元殿，让裴炎宣读太后敕令："废中宗为庐陵王。"中宗愣愣地站在御座前，连声大叫："我有什么罪？"武则天道："你要把天下送给韦玄贞，还不算是大罪吗？"一句气话竟使李显离开了皇位。

从此武则天开始了"圣衷独断"的武则天时代，史称"则天朝"。

四、巾帼枭雄　建周为皇

接着，武则天四子李旦继了皇位，号睿宗，但睿宗皇帝李旦不得参与政事。一切军政大事均有武则天以太后身份临朝裁决。

睿宗即位后，改年号为文明元年，九月又改为光宅元年，把东都洛阳改称"神都"，准备作为新的京师。这是武太后临朝称制的开始。追尊武氏五世祖先，建武氏五代祠堂，更改唐朝官署和官职名称。百官改名，实际上是女皇准备登基的一个步骤。

武则天这一系列改朝换代的行动，惹恼了朝中一些大臣，导致了扬州的武装反叛。他们秘密集结到扬州，以"匡复庐陵王"为号召，公开打出了反武的旗帜。

他们请初唐四杰之一的大诗人骆宾王为记事参军。为造成强大的舆论声势，骆宾王写了一篇《讨武曌檄》的

骆宾王

檄文。武则天掩不住内心的恐慌，迅速调集30万大军平叛。这场叛乱从发动到平息，仅40余天，10万叛军烟消云散。武则天又安然地渡过一场重大的危机。就是这篇檄文使武则天认识到，还有许多像骆宾王式的人才埋没民间，所以，武则天下诏令群臣百姓均可自荐为官。

骆宾王这篇文笔精彩却净是谩骂攻击的檄文，非但没有引来杀身之祸，武则天却以爱才之心将其重用，武则天这一极有政治家风范故事，曾被传为佳话。

还在平叛之际，宰相裴炎给武则天献策说："如果太后把权力还给睿宗皇帝，那么叛乱将不讨自灭。"武则天哪里听得进去，这分明是同她唱对台戏。武则天恼羞成怒，转身而去。10天之后，裴炎被斩于洛阳的都亭。

裴炎死后，武则天调整宰相班子，重新建立自己的亲信辅臣。随后，她又为登基大造舆论，竭力渲染秉承天意的气氛。垂拱四年（688）四月，武则天的侄子武承嗣派雍州人康同泰向太后献了一块刻有"圣母临人，永昌帝业"的白石。

武则天接受了"瑞石"，把它命名为"宝图"，康同泰被提拔为游击将军。五月，下诏，表示要亲自拜洛水授宝图，举行告天仪式。并正式给自己加尊号"圣母神皇"，从此称"陛下"。六月，制作执掌国柄权力象征的神皇三玺。七月，又改"宝图"名为"天授圣图"，洛水改为"永昌洛水"，出图地点名为"圣图泉"，封洛水神为"显圣侯"。翌年，改年号"永昌"。"圣母神皇"的称号，不过是由皇后到女皇的过渡，距名正言顺地戴上皇冠、统御天下的时间已经不远了。

武则天肆无忌惮的行为，终于惹怒了李唐宗室王公。唐高祖之子韩王李元嘉首先起兵，与其子通州刺史黄公李譔高举"举兵唱天下，迎还中宗"的旗号。李贞、李冲父子率先在豫州、博州响应。武则天有上次平叛的经验，显得十分镇静，她任命心腹左金吾卫将军丘神勣为清平道大总管，左豹韬卫大将军鞠崇裕为中军大总管，率两路军马，轻而易举地平息了这次宗室起兵。

豫、博事平后，太后用酷吏周兴审讯宗室诸王，参与谋划的韩王李元嘉、鲁王李灵夔、黄公李譔、常乐公主、东莞公李融、霍王李元轨等都被处死。

与武则天对立的抗衡力量都被平息。垂拱四年十二月二十日，武则天按计划在神都南郊"圣图泉"畔，举行拜洛授图仪式。第二年元月，在刚刚建成的明堂举行盛大的祭奠活动。

武则天第一次穿上天子大礼服的衮冕，玉带下插着大圭，手拿镇圭。武则天先祭拜，睿宗和皇太子李成器悄悄跟在后面为亚献和终献。如今谁主江山不言而喻了。

尽管是临朝称制，而且已经成为名副其实的执政者，但毕竟还不是天子。武则天清楚想要正式获得"天子"的名分，有着难以想象的困难。武则天深深感到，那些潜在的反抗力量和传统势力是她实现女皇夙愿的绊脚石。必须把他们彻底清除！武则天为此大动脑筋。

垂拱二年（686）三月，侍御史鱼承晔的儿子鱼保家上奏：在朝堂门前设置铜匦，收受天下告密文书。太后采纳了鱼保家的建议。

通过这一告密制度，武太后很快培养了一批酷吏，还专门编写了一部告密《罗织经》，作为培养酷吏的教材。并且放手任用酷吏。李唐宗室子孙和元老大臣们被杀、被流放者，动辄几十，甚至几百、几千人，遭到沉重打击。到天授元年（690），武则天正式登基称帝时，李唐宗室"于是殆尽矣！"武则天通过酷吏政治，终于打开了一条通向女皇宝座的通路。

天授元年（690）的重阳节，67岁高龄的武则天终于实现了她的女皇梦，自号"圣神皇帝"，以十一月为岁首，改旗帜为赤色，改元为天授，建立了大周王朝。历史上称这一事件为"武周革命"。[1]

武则天终于堂堂正正地登上了女皇的宝座！女皇的圣灵诱导着她从媚娘、才人、昭仪、皇后、天后、太后、圣母神皇，直到武周皇帝，历尽坎坷、艰辛，饱受了酸甜苦辣，极有耐心地折腾了36年，终于爬上权力的峰巅。从此，中国历史上出现了唯一的女性帝王，为中国历史画卷增添了新的色彩。

武则天改唐为周后，以武承嗣、武三思为首的武氏子侄们，勾结酷吏迫害李氏宗室。甚至，武承嗣公然对皇嗣李旦的地位提出了挑战。长寿二年（693）元旦，在万象神宫祭奠，武则天竟让武承嗣为亚献，武三思为终献，皇嗣李旦则站在一边。

见此情形，宰相狄仁杰、李昭德等人提醒武则天说："姑侄和母子哪个更亲呢？"

武则天闻听此言，大吃一惊。李氏宗室与武氏家族的较量，冲昏了武则天的头脑，细想确是如此。如果立本家侄子为皇储，的确可以保全她历经艰辛创立

---

[1] 事见《新唐书·后妃上·高宗则天顺圣皇后武氏列传》："太后知威柄在己，因大赦天下，故国号周，自称圣神皇帝，旗帜尚赤，以皇帝为皇嗣。"

的武周政权，但继位的人能把她作为先祖供奉吗？如果立儿子，可以同夫君高宗共享子孙的香火，得到名正言顺的皇后位置。

武则天又一次陷入极为苦恼的困境。经过反复权衡，武则天终于作出立自己的儿子庐陵王李显为太子的决断。圣历元年（698）初，庐陵王李显被接回神都。

复立李显，适时压抑了诸武的气焰，使他们在武则天在世时没能像在唐中宗时那样仗势用事，严重地危害朝政。

为了防止日后太子与诸武再度纷争残杀，武则天又召集儿女们和武姓侄儿到明堂，祭告天地，宣誓永远和平相处，并立下铁券，藏于史馆。复立庐陵王为太子事件，无疑是这位女政治家晚年的又一巨大成功。

女皇已入古稀之年，美貌男宠张易之、张昌宗兄弟使她精神上和生理上得到满足，张氏兄弟得到武则天的信任和宠爱，授之高官，委以国政，成为她晚年最亲信的人。然而，张氏兄弟借武则天的势力，在朝中飞扬跋扈，终于引来了朝臣们的诉诸武力。

神龙元年（705）正月二十二日，宰相张柬之、崔玄暐，左羽林将军桓彦范、右羽林将军敬晖、右台中丞（御史中丞）袁恕己发动了一场军事政变，将张氏兄弟处死，病榻中的武则天被"请"下御座，拥立唐中宗李显登基，恢复李唐王室。[1]

正月二十五日，武则天被迫离开她做了15年皇帝的宫城，迁居洛阳宫城西南的上阳宫。唐中宗率文武百官到上阳宫请安，并为母亲上尊号"则天大圣皇帝"，以示慰藉。武则天这位在近半个世纪皇权争斗中的常胜将军，仍然没有逃脱悲剧性的结局。

神龙元年十一月初二，82岁的武则天凄凉地死在上阳宫的仙居殿。临死前，她顿悟人生，化解积怨，临终遗嘱：去帝号，称则天大圣皇后。赦免王皇后、萧淑妃二族及褚遂良、韩瑗、柳奭亲属。这最早的也是最后的一批冤家也终于在她临终前昭雪了。

神龙二年正月（706），武则天的灵柩在唐中宗李显护送下，运回长安，按

---

[1] 事见《新唐书·后妃上·高宗则天顺圣皇后武氏列传》："神龙元年，太后有疾，久不平，居迎仙院。宰相张柬之与崔玄暐等建策，请中宗以兵入诛易之、昌宗，于是羽林将军李多祚等帅兵自玄武门入，斩二张于院左。太后闻变而起，桓彦范进请传位，太后返卧，不复语。中宗于是复即位。"

照武则天的遗愿与唐高宗合葬在乾陵。

武则天的陵前竖有一块无字石碑，据说，这块"无字碑"是按武则天临终前的遗嘱立的。这块"无字碑"或许与她临前顿悟人生、化解积怨、赦免仇人的思想，一脉相承，或许还有别的缘由……

名　家　评　说

武后自高宗时挟天子威福，胁制四海，虽逐嗣帝，改国号，然赏罚已出，不假借群臣，僭于上而治于下，故能终天年，阽乱而不亡。

——宋·欧阳修等《新唐书》

长孙无忌，高宗之母舅也，而构陷之者，始自武氏，成于许敬宗。武氏之欲杀无忌也，因无忌谏阻易后，致有此嫌。敬宗与无忌何集雠？与褚遂良、韩瑗等又何怨？其所以必加陷害者，无非受武氏之嘱托耳。夫唐廷以上，臣僚甚众，宁必为武氏爪牙，方得居官食禄，况无忌等未尝有罪，而乃任意扳诬，恶同蛇蝎，吾不意忠良之后，而竟生此奸贼也。故武氏之恶固大矣，而敬宗之恶为尤大，揭而出之，恶其何自遁乎？

——蔡东藩《唐史演义》

或以为魏王得立，当无武氏之祸，此语似是而实非。武氏娇小倾城，能蛊晋王治，宁独不能惑魏王泰乎？且魏王狡险，苟得立为太子，入承大统，势必如刃骨肉，尽杀弟昆，恐不待武氏临朝，始见唐宗之尽覆也。

——蔡东藩《唐史演义》

在唐代的历史上，唐太宗打下基础，接着是武则天时代，以后就是开元全盛时代。武则天当权前后的五十年间，生产发展了，土地开发了，人口增加了，疆土开扩了，文化提高了，和许多外国也有了广泛的经济和文化交流。而且还应注意这样一件事实，即开元时代的政治家都是武则天时代所培养的。可以这样说，没有武则天时代长期的巩固发展工作，开元盛世的局面不可能出现的。

——吴晗《历史的真实和艺术的真实》

附：高宗李治淑妃萧氏

萧氏（？~655），唐高宗李治淑妃。少年入宫，选为太子李治的妃子。永徽元年（650），李治即位不久，册封萧氏为淑妃，武则天进宫后，萧氏失宠，废为庶人。永徽元年（655）为武则天所害。

一、少年入宫　贵为淑妃

萧氏的降临，给萧家带来了喜悦。萧氏从小天真活泼、聪明伶俐，深得家人疼爱，视其为掌上明珠。转眼之间，萧氏已出落成一个相貌奇美、肌肤似玉、体态丰腴的少女。萧家寻找一切机会想将萧氏送入后宫，以此改变萧家的地位。

萧　氏

萧家的这种想法，在当时后宫美女如云的唐代，并不算奇思怪想。杜甫用"先帝侍女八千人"的诗句，形容唐代后宫。《新唐书·宦者传》记：唐宫廷女性最多曾达4万，约占当时全国妇女人口的1/600，可见其比例之大。所以说萧家想把萧氏送入后宫，并不是非常难的事，况且萧氏貌美，很有魅力。

功夫不负有心人。适逢太宗为太子李治选妃，萧氏以其非凡的举止赢得太宗赏识，遂为太子李治的妃子。李治生性柔和，缺少阳刚之气。太宗李世民对渐渐长大的李治愈加不满，觉得李治性情温和、天赋不高，过于懦弱，担心他将来难有作为。为此，李世民曾想废掉李治，让在许多地方颇像自己的三儿子李恪为太子。但遭到大臣的反对，因为李恪为庶子，按照嫡长子继承制，不具备继承皇位的资格，李世民只好作罢。李治虽在治国方面悟性较差，但看重感情。萧氏入宫后，深受李治的喜爱。萧氏也没有辜负李治的厚爱，为李治生下2女1男。尽管李治已有子，但对萧氏母子非常关照。

贞观二十三年（649）四月，唐太宗身患重病，卧床不起。尽管如此，太宗李世民对过于懦弱的李治仍放心不下。临崩之前，太宗李世民把长孙无忌和褚遂良召到床前，命其协助太子治国。之后，太宗驾崩，太子李治即位，是为高宗。

永徽元年（650）正月，众臣纷纷上书，要求册立皇后。高宗宠爱萧妃，有立萧妃为后的想法，但萧氏家庭地位不如晋王妃王氏。

王氏是魏尚书左仆射思政之孙，其祖母为安长公主，所以也算是皇亲国戚，其父王仁祐为陈州刺史。唐朝皇帝在掖庭之选及后宫宠幸上，不计尊卑贵贱，但若要册立皇后，绝对要求门第，必须"妙择天下令族"。所以，立王氏为后自然无可非议。萧氏虽已暗中窥视凤冠已久，但高宗绝不会为萧氏而得罪众臣。因此，永徽元年（650）正月，高宗立王氏为皇后，册萧氏为淑妃。（淑妃在唐已是很高的地位了，皇后之下为贵妃、淑妃、德妃、贤妃）王皇后的母亲为本国夫人，父亲王仁祐被封为魏国公。

永徽元年二月封萧淑妃的儿子李素节为雍王、两个女儿分别封为义阳公主、高安公主。高宗非常喜欢儿子素节，而且对萧淑妃非常宠爱，这引起了王皇后的嫉妒。因为王皇后一直无子，高宗并不宠爱她，所以很少临幸于她。王皇后担心高宗

郭诩《琵琶行图轴》。本幅书唐代著名诗人白居易《琵琶行》全文

立萧淑妃的儿子素节为皇太子,因此,王皇后时常在高宗面前诋毁萧淑妃,王皇后的举动引起高宗的反感,结果适得其反,高宗更加疏远她、冷落她,王皇后为此十分痛苦。萧淑妃可谓春风得意,宠极一时,整日在高宗耳边吹风,让高宗立自己的儿子素节为太子。萧淑妃明白,一旦素节被立为皇太子,自己就可能成为皇后、皇太后。

二、则天得宠　竟为所害

永徽二年（651）,高宗去感业寺进香,与旧日的情人武则天相遇。武则天原是太宗的才人,曾得太宗的宠爱,后又被冷落。工于心计的武则天看上了性情懦弱的李治,心想若能做李治的妃子就有可能成为日后的皇后。李治被武则天的魅力所迷倒,发誓立武则天为妃。岂料,太宗驾崩,武则天随众嫔妃削发为尼,入感业寺修行（唐规定:皇帝死后,未为皇帝生子的嫔妃一律削发为尼）。高宗李治与武则天相遇后,武则天投其怀抱痛哭,高宗李治一阵心痛,答应将武则天接入宫中。

为此,高宗矛盾重重,武则天是父亲太宗李世民的妃子,若纳为己妃,肯定会招来众臣反对。王皇后出于对萧淑妃的嫉妒,支持李治让武则天蓄发,纳入宫中。为掩人耳目,王皇后为高宗出主意,让武则天暂时侍奉王皇后,然后封妃。高宗十分感激王皇后。王皇后为巩固自己的位置,收陈王忠为养子。陈王忠为高宗长子,系后宫所生。永徽三年（652）,高宗立陈王忠为皇太子。萧淑妃为此非常气愤,但也奈何不得,因为此时萧淑妃已开始渐渐失宠。

武则天进宫后,王皇后为达到排挤萧淑妃的目的,时常在高宗面前称赞武则天,李治愈加喜欢武则天。武则天是一个心狠手辣、很有心计的女人,她熟知王皇后与萧淑妃之间的争斗,所以,她佯装全然不知,极力讨好王皇后,欲借王皇后而达到自己的目的。可怜的王皇后却一门心思排挤萧淑妃,她的目的达到了,但自己并没有为之得宠,反而地位更趋低下,因为武则天比萧淑妃更具有女性之魅,而且手腕要比萧淑妃高出几筹。王皇后见状,只得反过来与萧淑妃联手攻击武则天。

武则天得宠后,发觉王皇后与萧淑妃联合诋毁自己,便开始不择手段地整治王、萧二人。此时的高宗完全迷恋于武则天,几乎无心临幸其他嫔妃,武则天借机挑拨王皇后与皇帝之间的关系,使高宗产生废王皇后、立武则天为后的

唐大明宫遗址

想法。高宗的提议遭到众臣的反对。迫于老臣的势力，高宗只好封武则天为宸妃（宸妃是高宗专门为武则天所设，高于四妃）。武则天为了陷害萧淑妃、王皇后，便施以小恩小惠，拉拢萧淑妃、王皇后的宫人，监视萧淑妃、王皇后，收集后妃对皇上不满的言行，以便成为打击她们的证据。

王皇后低估了武则天的能量，武则天的入宫，竟使自己与萧淑妃一起失宠，萧淑妃被废为庶人，关入牢中。王皇后为此大为懊悔！可悔之晚矣！

永徽五年（654），武则天生下一位公主，十分招人喜爱。王皇后想借此机会缓和与武则天的关系，便前去探望。谁知却惹下杀身之祸。武则天为了达到自己的目的，竟亲手掐死亲生女儿，然后，诬陷为王皇后所为。王皇后有口难辩，高宗信以为真，十分气愤，仰天长叹"皇后杀我女"。随后，废王皇后为庶人，与萧淑妃关在一起。而且，王氏家族均被流放。

永徽五年（654）冬，高宗立武则天为皇后。武则天为后以后，权力欲更加增强，开始参与朝政。

生性懦弱的高宗，忽然想起了萧氏与王氏，便悄悄来到"回心院"，探望萧淑妃与王皇后。高宗见到的是乌黑的房间，囚门禁锢，食物用盘子盛着放在地

下。高宗呼喊"皇后、淑妃怎样？你们在哪儿？"二人同时呜咽道："这里只有罪臣，哪还有什么皇后、淑妃的尊称？"高宗宽慰萧淑妃与王皇后，并答应将二人救出。谁料，此事马上被武则天知道。武则天为绝后患，命人击二人各100杖，断其手足，投入酒瓮之中。[1] 萧淑妃忍痛骂道："武则天，你这个妖媚的狐狸！我死后，愿来生为猫，使你为鼠，生生世世扼其喉以报仇！"[2] 不久，二人就被折磨而死。时为公元660年。

神龙元年（705）十一月，82岁的武则天临死之前豁然感悟：命赦免王皇后、萧淑妃二族。然而，此时萧淑妃已死去了近半个世纪。

---

[1] 事见《旧唐书·后妃上·高宗废后王氏列传》："初囚，高宗念之，闲行至其所，见其室封闭极密，惟开一窍通食器出入。高宗恻然，呼曰：'皇后、淑妃安在？'庶人泣而对曰：'妾等得罪，废弃为宫婢，何得更有尊称，名为皇后？'言讫悲咽，又曰：'今至尊思及畴昔，使妾等再见日月，出入院中，望改此院名为"回心院"，妾等再生之幸。'高宗曰：'朕即有处置。'武后知之，令人仗庶人及萧氏各一百，截去手足，投于酒瓮中，曰：'令此二妪骨醉！'数日而卒。"

[2] 语见《旧唐书·后妃上·高宗废后王氏列传》："愿阿武为老鼠，吾作猫儿，生生扼其喉！"

中宗李显皇后韦氏

韦氏（？～710），唐中宗李显皇后。京兆万年（今西安）人。其父韦玄贞，曾为豫州刺史，母崔氏。嫁太子李显为妃。李显两次登基，因两次立为皇后。韦氏的政治野心、权力欲望不亚于她的婆婆——武则天。为了达到自己登基称帝的目的，韦氏竟然和亲生女儿安乐公主一起将自己的丈夫中宗皇帝置于死地。尽管如此，最终她也没有逃脱厄运。死后追贬为庶人。

韦氏

一、情爱笃深　陪帝受难

豫州刺史韦玄贞又增添了一个十分讨人喜爱的女婴，她就是后来嫁给太子李显的韦氏。

韦氏出身高贵，因为受家庭熏染，自幼读书，增加自身的情趣。韦氏天生丽质，妩媚诱人，所以，李显为太子时，纳韦氏为太子妃。韦氏与李显平时相亲相爱。李显继位后，对韦氏的感情依然如故，百依百顺。随着韦氏地位的提高，韦氏家族的地位也跟着显耀起来，韦氏的父亲韦玄贞从普州参军升为豫州刺史。时隔不久，便到宫内当侍中。[1]

韦玄贞依仗韦皇后的地位，无功而步步高升，引起朝中大臣的不满。为此，裴炎入朝劝谏，中宗十分反感，吼道："我把天下给韦玄贞也没有什么了不起，何止一区区侍中呢？"裴炎当即把这话传给了太后武则天，武则天大怒，当下与裴炎商量，决定要挟中宗退位。这年二月，武氏密召中书侍郎刘祎之、

---

[1] 事见《新唐书·外戚·韦温列传》："（温）后父玄贞，历普州参军事，以女为皇太子妃，故擢累豫州刺史。"

羽林将军程务挺、张虔勋等率兵入宫，在乾元殿召集百官，太后临朝。裴炎大声宣布太后敕令：废中宗为庐陵王。突如其来的敕令使中宗惊慌，连连问道："为什么，为什么，我有何罪？"武则天大声呵斥："你连天下都要拱手送给韦玄贞，还能说无罪？"中宗愤愤地瞪着裴炎，可又奈何不了。中宗万万想不到一句气话，引得丢掉皇帝的宝座，韦皇后更想不到自己刮的枕边风竟然把中宗吹下了台。

唐绞胎陶枕

中宗被废为庐陵王后，携永泰、永乐、长宁公主迁到房州（今湖北房县）。在赴房州途中，韦氏分娩，中宗脱衣做褓襁，于是起名裹儿。14年中韦后一直陪伴中宗，备尝难苦，但两人情爱笃深。每次听说敕使到来，中宗免不了恐惧一场，因为中宗深知武则天的厉害，他怕落得兄长李弘、李贤的下场。每日提心吊胆地生活，真不如早早去死，中宗想自行寻死，韦后多次劝阻："祸福没有长久的，敕使来，未必是敕死，何必这般慌张呢？"[1]时间长了，中宗完全相信韦后所言，精神上完全依赖韦氏，他十分感激在房州这段日子，韦氏与他相依为命，百般照顾、安慰，他曾与韦氏发誓："我若重登皇位，只要是你要干的事，想要的东西，我定满足。"所以中宗复位后，韦氏胆大妄为，干出无法无天的事情。[2]

圣历元年（698）三月，武则天经过权衡利弊，终于将李显一家接回东都，立李显为皇太子，韦氏再次当了太子妃。

神龙元年（705）正月，宰相张柬之和羽林将军桓彦范、敬晖等五大臣乘武则天患病之机，发动政变，杀张昌宗、张易之及武氏家族数人，迫使武则天传位给太子李显，仍称中宗，恢复唐朝。

韦氏与中宗结束了房州的流离生活，韦氏开始利用皇后的权威，为所欲

---

[1] 语见《新唐书·后妃上·中宗庶人韦氏列传》："祸福何常，早晚等死耳，无遽！"
[2] 事见《新唐书·后妃上·中宗庶人韦氏列传》："初，帝幽废，与后约：'一朝见天日，不相制。'至是与三思升御床博戏，帝从旁典筹，不为忤。"

为。

二、朝中弄权　私通三思

中宗被武则天召回宫中时，房州路上生的裹儿已长至十几岁，被封为安乐公主，她天资聪慧，貌美秀丽，韦后、中宗特别宠爱。武则天见了裹儿，也爱她秀外慧中，甚至感到裹儿很像自己，于是，令她嫁给侄儿武三思的儿子武崇训。安乐公主的婚礼，十分隆重，不亚于皇太子成亲，贵戚显宦，无不前来贺喜，宰相李峤、苏味道，郎官沈佺期、宋之问等文士，以诗文称颂祝贺。上官婉儿也作诗贺喜。这次婚宴之中，中宗见到姿色诱人，诗才横溢的上官婉儿，从此不能忘怀。中宗复位后，召幸婉儿，封为婕妤。上官婉儿的祖父上官仪，父亲上官廷芝，高宗时因参与反对武后摄政一事，父子同被诛杀。母亲郑氏带着襁褓中的婉儿被罚到宫中做苦役，婉儿长在宫廷，长大后，容貌迷人，写得一手好文章，被武则天召到宫中参与政事。后来婉儿与武则天的侄儿武三思勾搭成奸，故而中宗复位，婉儿为了巴结韦后，又把武三思介绍给了韦后。[1] 从此，二人常在中宗面前夸耀武三思的才能，极力推荐，中宗也就满足了这两个女人的愿望。任命武三思当了司空，同中书门下三品。

唐花鸟人物螺钿铜镜

韦氏重新被立为皇后，不接受以往的教训，继续给中宗吹枕边风，甚至压抑已久的政治奢求、权力欲开始萌动。韦氏曾上表，请求修服役制度，23岁为成丁，开始服役，59岁免役，减短服役时间。中宗欣然允许。修改后的服役制度受到百姓的欢迎。每次朝廷议事，韦后必定布设帐帷，像武则天和高宗时那样，坐在殿上，干预朝政。对韦氏干预朝政的做法，许多大臣不满，大臣桓彦范上表说："自古帝王，凡与妇人共议政事的，

---

[1] 事见《新唐书·后妃上·中宗庶人韦氏列传》："武三思惧，乃因昭容入请，得幸于后。"

唐大明宫麟德殿（模型）

最后没有不国破人亡的。"中宗不听，不久又追赠韦后的父亲韦玄贞为上洛王。左拾遗贾虚己上疏说："自古的惯例对异姓人不封王，现在陛下中兴之日刚刚开始，千万百姓对大唐复兴拭目以待，您却先封后族为王，这可不是推广德行、实施仁政的行为。"[1] 中宗仍然执迷不悟，而且还把这些话告诉韦后，韦后怀恨在心。

韦后与武三思私通的事宫廷内外人人皆知，只有中宗蒙在鼓里，张柬之、崔皎多次进谏，要中宗压抑诸武势力。中宗哪里能听得进去？后来，中宗采纳上官婉儿明升暗降的建议，封张柬之为汉阳王、桓彦范为扶阳王，敬晖为平阳王，袁恕己为南阳王，崔玄晖为博陵王，把诸大臣赶出朝廷。武三思等人还怕有后患，又进一步加害五王。武三思暗自令人写了皇后的肮脏事，要求废黜皇后，贴在皇宫附近的天津桥边。又让人通报给中宗，中宗得知，大怒。令御史大夫李承嘉调查真相，是谁所为。李承嘉是武三思的死党，不几天上奏中宗："是张柬之等人所为，虽说是废皇后，实际是谋反，应当诛族。"中宗再次下诏，把五王流放边州。韦后、武三思等人又篡改诏令，流放途中，派人将五王分别杀死。

中宗凡事都和韦氏、武三思商量，可怜的中宗哪里想到身边的韦氏、上官婉儿这两个女人都和武三思通奸，而他还专情于她们，并按她们的意思委以武三思重任。可以说，此时的武三思权倾天下。他想要做的事，通过韦皇后、上官婉

---

[1] 语见《新唐书·后妃上·中宗庶人韦氏列传》："非李氏王者，盟书共弃之。今复国未几，遽私后家，且先朝祸鉴未远，甚可惧也。如令皇后固辞，使天下知后宫谦让，不亦善乎？"

儿这两个女人都能如愿。

　　武三思、韦氏，甚至中宗的女儿安乐公主都有争做天子的野心。对于武三思、安乐公主来讲能做皇太子、皇太女是他们通往皇上宝座的第一步。然而，立太子之事，中宗恰恰没和韦氏、武三思商量，引得他们耿耿于怀。太子李重俊因生母出身低微，所以遭到反对，为立太子之事，韦氏心中十分不快，而又无奈，因为她唯一的儿子邵王李重润很早就夭折了。中宗的爱女安乐公主为立太子之事也跑来找父皇，她想要像她的祖母武则天那样做女皇。中宗优柔寡断，在朝臣的再三要求下，才立李重俊为太子。

　　李重俊被立为太子后，韦后非常嫉妒，安乐公主更瞧不起他，丈夫武崇训时常教安乐公主如何欺辱太子，称太子为奴。太子李重俊生活在唾骂、白眼之中，时间久了，太子咽不下这口气。神龙三年（707）七月，太子和魏元忠、李多祚等大臣，密商斩杀诸武党羽和宫中淫妇。这天夜间，李多祚假托圣旨，率300多羽林军，随太子闯入武三思家，杀了武氏父子，接着率兵直入禁宫。中宗与韦氏、婉儿、安乐公主刚刚吃罢晚宴，悠闲自得地谈天，忽报太子谋反，正向皇宫杀来，中宗不觉胆战心惊乱了方寸，上官婉儿在武则天身旁多年，朝中发生的大小事情，风风雨雨，都经历、目睹过，所以她十分沉着，急令羽林军大将军刘景仁调兵保卫宫廷，守住玄武门，让皇上、皇后等，迅速上玄武门楼，那里坚固可守，一来可暂避锋芒，二来可向下宣布急诏。皇上与皇后在羽林军的保护下，登上玄武门，而且，援兵已埋伏玄武门楼周围，这时李多祚也率300多名羽林军来到玄武门楼下，中宗对着李多祚说："我平时待你不薄，你为何谋反？"李多祚回答："陛下您难道不知道武三思等在后宫淫乱吗？我等已奉太子之令杀了武三思父子，宫闱还有乱贼，特来诛

玄武门遗址

杀。"中宗知武三思父子被杀不由一惊,韦后、婉儿、安乐公主一听更受不了,忍不住泪雨涟涟,牵着中宗的衣襟,要中宗报仇雪恨。李多祚又大声说:"上官婉儿勾引武三思入宫,理当处死。"这时李多祚的300多人马已悄悄被皇帝的羽林军团团包围,混战中,李多祚等将领被杀,太子率领几个人逃出京师,后又被左右随兵刺死。

韦后、婉儿、安乐公主逼中宗究治余党。九月,改元景龙,中宗下诏追赠武三思太尉梁宣王,武崇训赠开府仪同三司鲁忠王。安乐公主自称与崇训情深,为了将来同穴安葬,又要求把武崇训墓改称陵,仿永泰陵墓。其实安乐公主早就与武崇训同族兄弟武延秀相好。武崇训一死,安乐公主干脆让父皇召武延秀入宫。名目上帮助治丧,背地里陪侍枕席。中宗知道后,令武延秀娶了安乐公主,并授他太常卿兼右卫将军,封昌国公。两人名正言顺做了夫妻,延秀入朝谢恩,又拜见了韦后,韦后见他风度翩翩,欲火复燃。三思死后,韦皇后无可续欢,竟然迫令爱婿侍寝,居然母女同欢,可谓古今丑事。

三、母女同谋 诛帝篡位

中宗天天与韦后等以嬉游、宴乐为事,又有那些追逐名利的谄佞之臣趋承陪奉,很少关心国政。景龙四年(710)正月十五上元灯节,韦后知道外边有灯会,便和上官婉儿、各位公主请中宗换上便服,一同出外观灯。中宗不管议论,专拣热闹处游玩。等回宫清点,竟然发现许多宫女逃掉。[1] 灯节过后,中宗、后妃、公主又一起来到玄武门,看宫女打水仗,赐群臣筵宴,中宗命令各献上技艺取乐,有的投壶,有的弹鸟,有的弹琴,有的击鼓,国子监祭酒祝钦明竟然跳起八面舞,弯腰曲足,舒臂耸肩,丑态百出,中宗、韦后见了抚掌大笑。安乐公主趁中宗高兴时要求父皇把昆明池划为她的私池。中宗说:"祖祖辈辈没曾把它赐给私人,所以……"公主软磨硬泡,高宗无奈,允许她另开凿一池。于是,在耗费许多民财和民力后,公主的私池终于凿成,并在池上修起亭台楼阁,极其壮观华丽。公主为其取名定昆池,意思是想胜过昆明池。一天,中宗率后妃来此观览,见眼前景致宏阔壮观,令群臣在宴席上各赋诗一首,夸赞此池,只见黄门侍郎李日知离席径直走到中宗面前,奏称:"我有两句俗语,是否先奏呈陛下?"

---

[1] 事见《新唐书·后妃上·中宗庶人韦氏列传》:"帝与后微服过市,彷徉观览,纵官女出游,皆淫奔不还。"

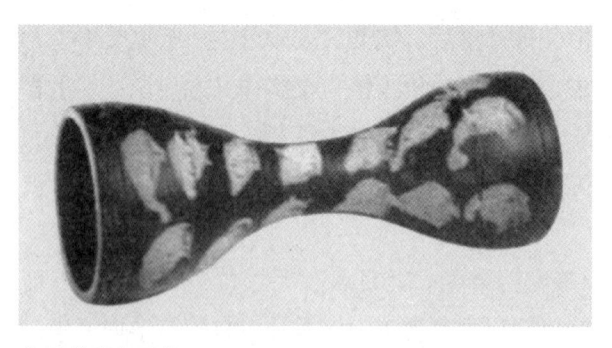

唐黑釉彩斑腰鼓

于是大声朗读:"所愿暂思居者逸,勿使时称作者劳。"中宗笑道:"这不是以诗讽谏吗?"沉吟半响,令内侍传谕:"臣下不必赋诗,只准饮酒。"

酒酣之处,供宫廷取乐的优人跳起"回波"舞,中宗十分兴奋,韦后又怂恿中宗下令以"回波"开头,作诗助兴。文学士沈佺期也在赐宴之列,他想趁机赋回波诗自嘲,以感动君心,吟道:

回波尔如佺期,流亡岭外生归。
身名幸蒙齿录,袍笏未复牙绯。

中宗听了微微一笑,安乐公主说:"以他的才学,持牙笏、穿绯袍,上朝议政,也不算过分要求。""陛下现在就要委他重职!"韦后在旁怂恿道。中宗随即任命沈佺期为太子詹事。沈佺期感恩流涕,谢恩退下。

一个叫臧奉的优人,向中宗韦后叩头奏称:"奴才也想出一回波开头的俚语,可能会冒犯陛下,若皇上、皇后赦臣不死,我才敢奏上。"韦后马上说:"你只管奏来,赦你无罪。"臧奉慢声细语吟道:

回波尔如栲栳,怕婆却也大好。
外头只有裴谈,内里无过李老。

韦后想学武则天,挟持夫君,中宗很怕她,因此臧奉吟诗,颂扬韦后,不怕中宗开罪。韦后听完欣然含笑,扬扬自得。正直的谏议大夫李景伯十分恼火,愤然站起:"陛下,我的职责是规劝皇上,现在喝酒太多,不要做出格的行为。"中宗听了不大高兴,这时同三品谏议大夫萧至忠奏称:"这是肺腑之谏,望陛下珍重对待。"中宗兴致荡然,传令罢宴,起驾回宫。第二天,中宗想治罪臧奉,但听说韦后赐臧奉大量金帛财礼,只好叹息作罢。

早在神龙三年（707），太子李重俊起兵被杀，韦后自封为"顺天翊圣皇后"。景龙二年（708），宫中传闻说皇后衣裙上有五色云凝聚，是祥瑞。中宗马上令宫监绘成图样，拿给朝中百官看。景龙三年（709）冬至，中宗到南郊祠堂祭天，国子祭酒祝钦明等提议"皇后也应合祭"。中宗准奏，结果中宗初献，韦后亚献。景龙四年（710），韦后随中宗游春，赐宴群臣，当时散骑常侍马秦客、光禄少卿杨钧也在座，韦氏见他们二位年轻貌美，顿时欲火随起，散宴后，密令二人到宫中"待命"，趁中宗另幸别宫，即令二人轮流侍寝。韦氏的淫乱行为日益明目张胆，朝廷内外，几乎人人皆知。不久，定州人郎岌、许州参军燕钦融就韦后淫乱干政、图危社稷上疏中宗。中宗还未来得及处理，早被韦后探知，韦后立刻假传圣旨，将他们捕杀。韦后觉得要想成为女皇，必须及早杀掉中宗。安乐公主也希望父亲早早死掉，母亲当了皇帝，自己成为堂堂正正的继承人——皇太女。

景龙四年（710）六月，韦皇后忘记了与中宗患难与共的岁月，病态性的权力欲望驱使她与自己的爱女安乐公主合谋杀死中宗。韦后把此事告诉了杨钧，杨钧、马秦客想韦皇后一旦当政，将会有享不尽的荣华富贵等着他们，他们合计用毒药害死中宗。第二天，马秦客、杨钧秘密把药带到宫中。那日，中宗正在神龙殿闲坐，还没吃午饭，韦后亲自把放有毒药的三酥饼供上，笑嘻嘻地说："奴知陛下近日日理万机，龙体欠安，特做了您喜食的饼，请您用餐。"中宗一连吃了八九个，连说："味道美极了，味道美极了……"突然，觉得腹胀，微微作痛，一会儿大痛起来，坐卧不安，在坐榻上乱滚。韦后佯

唐武乐屏风

装吃惊，连声询问，中宗说不出话，但用手指指韦氏指指口，韦后急呼内侍："皇上想喝汤，快取人参汤来！"其实人参汤早已备好，韦后接过来灌入中宗口里，顿时，中宗双脚一伸，被他的爱妻夺去了性命。

中宗死后，韦后秘不发丧。一面把各宰相召入禁宫，征集各府兵5万人屯守京城，让其家族人分领府兵，中书舍人韦元缴巡行京都六街；一面与太平公主、相王旦、上官婉儿议立太子一事。太平公主对韦氏族党在朝廷为所欲为一直不满，又觉得中宗暴死，所以，极力拥立相王旦再次为皇帝，但遭到韦后、安乐公主强烈反对，她们草定遗诏，拥戴5岁的温王李重茂即位，温王非韦后亲生，韦后以皇太后自居，临朝摄政。

正当韦后积极布置称帝的仪式时，中宗的侄子、相王旦的三儿子临淄王李隆基在太平公主里应外合的配合下，深夜三更，率领禁卫军杀进皇宫，处死韦氏。接着李隆基下令捕杀武延秀等韦氏族党，安乐公主和上官婉儿相继被杀。[1]

韦氏的皇帝梦终于结束了，应该说是她丧失人性的病态性的权力欲，为自己的一生画了一个句号。

名 家 评 说

韦氏乘夫，淫蒸于朝，斜封四出，政放不一，既鸩杀帝，引睿宗辅政，权去手不自知，戚地已疏，人心相挺。玄宗藉其事以撼豪英，故取若掇遗，不旋踵宗族夷丹，势夺而事浅也。

——宋·欧阳修等《新唐书》

韦氏淫而且贱，仇若三思，甘为所污，忠若五王，反恐不死。有武氏之淫纵，无武氏之才能，其鄙秽固不足道。独怪中宗以十余年之幽囚，几经危难，备尝艰苦，尚不能练达有识，甚至纵妇宣淫，引奸入室，臣民明论暗议，彼且甘作元绪公，杀人惟恐不及，倘所谓下愚不移者非耶？

——蔡东藩《唐史演义》

---

[1]事见《新唐书·后妃上·中宗庶人韦氏列传》："俄而临淄王引兵夜披玄武门入羽林，杀璇、播、崇于寝，斧关叩太极殿。后遁入飞骑营，为乱兵所杀。斩延秀、安乐公主。分捕诸韦、诸武与其支党，悉诛之，枭后及安乐首东市。翌日，追贬为庶人，葬以一品礼。"

附：中宗李显昭仪上官婉儿

上官婉儿（664~710），中宗李显昭仪。陕州陕县（今属河南）人。其祖父上官仪，为宰相，父上官廷芝，母郑氏。神龙元年（705），中宗复位，封为婕妤。710年被杀。上官婉儿不仅诗文出色，对于国家政事的处理她也有一整套的策略，无论是武皇时期还是中宗时期，她对唐的治理都有一定贡献。另外，她还提倡广置昭文学士，所以，唐朝盛行词学之臣与婉儿也有很大的关系。

上官婉儿

一、才女婉儿　辅佐则天

公元664年，宰相上官仪府中，传出女婴的啼哭声，原来，宰相上官仪之子上官廷芝又生了一个女孩，取名上官婉儿。照常理，等待着宰相孙女的应该是享不尽的荣华富贵，谁知一场大祸降临在这个襁褓之中的女婴身上。

这年，婉儿的祖父上官仪因为参与高宗废后的事件，武则天则以密谋造反的罪名，将上官仪和婉儿的父亲上官廷芝一起打入大牢，不久便死在狱中。上官家族的人，逃的逃，死的死，年仅一岁的上官婉儿和母亲郑氏一起被没入宫中成了官奴婢。

婉儿在皇宫里渐渐长大，在掖庭宫里，无论是宫女，还是宦官们，由于长期面对这个活泼可爱、天真无邪的孩子，都对婉儿产生了同情，给予了一种特殊的温情。婉儿聪颖、好学，从小由母亲郑氏亲自做她的启蒙老师。后来经特别的许可，可以和宫人们同去习艺馆，跟宫教博士学习。婉儿不仅精通经书、史书，而且书法、算术、吟诗、宫廷礼节、棋弈均有涉猎。不久，便成为博士们的得意学生。

转眼之间上官婉儿已长成一个亭亭玉立的少女，不仅相貌出众，而且天生聪秀，过目成诵，下笔千言，因而名声大噪。武后听说后，决定召见她。

婉儿在武则天面前镇定自若，武后命题，婉儿一挥而就，武后细看一遍，拍手称快："此女绝非凡骨！"武则天想，如果把她留在身边，悉心指导，培养成有用的秘书人才，日常事务一定能处理得更迅速、妥善。于是下诏召婉儿入宫为侍从。[1]

郑氏接到诏令，一阵恐慌。对于女儿的一步登天，郑氏既喜又忧。喜的是婉儿从此总算有荣耀门庭的机会，忧的是女儿侍奉的是给上官家族带来灾难的武则天，郑氏进退两难，不知该怎样告诉婉儿这一切，谁知年幼的婉儿听完母亲郑氏泪流满面地讲完十几年前上官家族发生的那场劫难后，什么都没说，只是紧闭双唇，怒视前方。郑氏后悔告诉女儿这一切，担心她惹出杀身之祸。郑氏知道，武则天是一个心狠手毒的女人。

上官婉儿刚做武则天侍从时，也曾寻找机会暗杀她，但屡屡失败，久而久之，反倒将仇恨化为乌有，完全为之折服。

上官婉儿佩服武则天处理事务的敏捷和她那超人的精力。武则天具有能使任何人都屈服的威严，充满光彩的仪容和独具的细腻的感情，她的笑容具有那种使人恍惚的独特魅力。久而久之，婉儿以对武后的敬仰和无限的憧憬，代替了仇恨。

武则天的言谈举止、价值观念、思维方法，尤其是武则天作为"帝王"的为政之道潜移默化地对婉儿的言行产生了影响。在和武后相处的日子里，婉儿看到了太子弘的突然死亡；看到了太子贤被立为太子，又转而被废为庶人的下场。宫廷内部的尔虞我诈、互相倾轧，给婉儿幼小的心灵里留下了深刻的印象。

嗣圣元年（684）二月，武则天废中宗李显为庐陵王，改立睿宗李旦，独揽朝廷大权，武氏家族为所欲为，终于引起朝臣不满。这年九月，发生了柳州司马徐敬业在扬州举兵讨伐武则天的事件。当时"初唐四杰"的骆宾王，也参加了这次起兵，并写了一篇讨伐武太后的檄文——《为徐敬业讨武曌檄》。

骆宾王的檄文传到武则天的手里，武则天看着充满辱骂、攻击的檄文，不

---

[1] 事见《新唐书·中宗庶人韦氏列传》："婉儿始生，与母配掖廷。天性韶警，善文章，年十四，武后召见，有所制作，若素构。自通天以来，内掌诏命，掞丽可观。"

禁露出了微笑，婉儿不明白为什么武则天看着大骂自己"弑君、鸩母"的文章，竟如此镇定自若。武则天望着发愣的婉儿说道："婉儿，你来念念，从头开始，让所有的人听听吧！"婉儿定了定神，朗读道："是用气愤风云，志安社稷。因天下之失望，顺宇内之推心，爰举义旗，誓清妖孽。南连百越，北尽山河；铁骑成群，玉轴相接。海陵红粟，仓储之积靡穷；江浦黄旗，匡复之功何远？班声动而北风起，剑气冲而南斗平。喑呜则山岳崩摧，叱咤则风云变色。以此制敌，何敌不摧？以此图功，何功不克？公等或居汉地，或协周亲，或膺重寄于话言，或受顾命于宣室，言犹在耳，忠岂忘心？一抔之土未干，六尺之孤何托？"武则天打断婉儿的朗读问道："这篇檄文很有文采，是什么人作的？虽然内容空洞，充满攻击谩骂，可是它确实是篇好文章。让这样有才学的人流落乡村野郊，难道不是宰相的罪过吗？"[1]婉儿为武则天的宽宏大量、爱惜人才的精神所叹服。

上官婉儿《彩云怨》诗意图

自万岁通天以后，所下制诰，多出自婉儿之手。婉儿在宫中的权势增强，随之胆子也大了起来。

万岁通天三年（697），婉儿已经37岁了，因为和武则天的宠幸张昌宗整日在一起陪伴武则天，时间一长竟在不知不觉中对张昌宗产生了感情。武则天对婉

---

[1] 事见《新唐书·文艺上·王勃列传》："徐敬业乱，署宾王为府属，为敬业传檄天下，斥武后罪。后读，但嘻笑，至'一抔之土未干，六尺之孤安在'，矍然曰：'谁为之？'或以宾王对，后曰：'宰相安得失此人！'"

儿与张昌宗的关系有所察觉。一天上午，婉儿和往常一样与张易之、张昌宗兄弟俩陪则天皇帝进餐。武则天的手伸向怀中，突然，一道如流星般的刀锋刺伤了婉儿的额头。婉儿脸上顿时血流如注，一切都发生在刹那间。婉儿用手捂着脸，预感一场大祸将要来临，慌忙跪在墙角，武则天什么也没说扬长而去。

事后，婉儿被幽禁在掖庭的女牢里。

武则天对如何处理婉儿一直犹豫不定。杀她，实在太可惜，国内恐怕再也找不到像婉儿这样的才女，不杀，平息不了心头这股恶气。在张昌宗的再三苦求下，武则天决定不杀婉儿，代之以黥刑，让她永远牢记。[1]

婉儿又惊又喜，做梦也没有想到武则天会留她一条生路。经其请求，宦官医师给她以朱色刺青。从此在婉儿的额中央出现了以朱色刺成的梅花。

婉儿再次被召见的时候，所有的宫人皆惊讶不已，刺青后的婉儿，更加散发出一股独特而神秘的魅力。上官婉儿仍像从前一样，回到武则天身边担任秘书工作，可是从此以后，她不再受女皇的宠爱。

二、则天退位 婉儿得宠

上官婉儿被处以黥刑之后，在宫中十分失意，和张昌宗的关系也被迫中止，可以说37岁的婉儿又失去了初恋，内心十分苦楚，可又无处诉说。

神龙元年（705），武则天退位，复国号唐，中宗复位。婉儿很快又获得了中宗的宠幸。原来，早在中宗的爱女安乐公主与武则天的侄孙武崇训的婚宴上，中宗就爱上了婉儿。当时还是太子的李显看见婉儿诗意新颖，容色秀丽，内心不由暗自欣赏。到中宗复位后，让她继续当新帝秘书，专门掌管制作敕命、誊写以及向中书省传达命令的工作。不久，便册封42岁的婉儿为婕妤，仅次于四夫人、九嫔，官位正三品。不久，婉儿便与一心想学武则天临朝专制的韦后及武则天的侄子武三思形成了一个新的权力中心。

韦后对李重俊被立为太子，深感不安，因为李重俊不是韦后的亲生儿子，一直想废掉他。

李重俊对韦后和武三思等的想法早有所知，碍于满朝文武大臣，多是武氏党羽，一直忍耐着他们的鄙视，久而久之，李重俊实在咽不下这口恶气，便与较

---

[1] 事见《新唐书·中宗庶人韦氏列传》："（婉儿）尝忤旨当诛，后惜其才，止黥而不杀也。"

为正直的魏元忠、李多祚两人商议政变计划。

神龙三年（707）七月，李多祚会同李思冲、李承况等，带领300羽林兵，拥着太子李重俊，在太平公主的接应下，杀入武三思宅第，武氏父子及其全家男女老幼均被杀。后又冲向皇宫。

此时，中宗与韦氏、婉儿及安乐公主等，夜宴才罢，忽

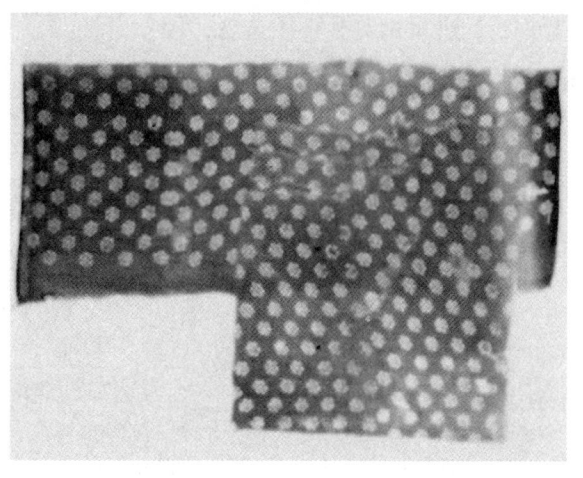

唐红地印花绢

然右羽林大将军刘景仁，踉跄进来，报称太子谋反，已领兵入肃章门了。中宗不知如何是好，还是婉儿在武则天身边经历了许多大事，对此很有主见，便道："刘将军，你快去调兵入卫，守住玄武门，再报知兵部宗楚客等，速来保护！"婉儿又献计道："玄武门楼坚固可守，请皇上皇后快登楼，一来可以暂避凶锋，二来可俯宣急诏。"左右簇拥着皇上登上了玄武门楼。这时多祚已带兵攻到，多祚喊道："三思等淫乱宫廷，陛下难道没有听说吗？我们奉太子的命令，已杀死三思父子，只宫闱内部尚未肃清。"韦氏、婉儿、安乐公主听说三思父子已死，都忍不住涕泪涟涟。李多祚接着大呼："上官昭容，勾引三思，陛下应忍痛割爱，将她交出来。"中宗回头望着两眼发红的婉儿。婉儿赶紧跪倒道："我并未勾引三思，请陛下明察，我死不足惜，只是恐怕叛臣先抓婉儿，再索皇后，最后就是陛下。"中宗望着哭成泪人的婉儿，心里一阵发酸。也许是李重俊命运不好，这时宗楚客卫队赶到，李重俊军大部被杀，李重俊亦被刺身死。

中宗李显对上官婉儿更是怜惜，常与婉儿四处游玩，赋诗消遣。

景龙三年（709）正月，中宗带韦皇后、婉儿到昆明池去游玩。中宗诗兴大发，当即作诗一首，并命朝臣各献即事五言排律一篇。韦后对中宗说："外廷诸臣，自负高才，不信我宫中嫔御有才胜于男子者，依妾愚见，命上官昭容当殿评阅众臣所作之诗，让他们也知道宫中有才女，以后应制作诗，俱不敢不竭尽心思矣！"中宗大喜。当即传旨在昆明池畔搭彩殿，听候上官昭容登楼评诗。

上官婉儿登上彩楼，楼前挂一木牌，上写：昭容上官氏奉诏评诗，选最佳

者一篇，进呈御览，不中选者，即发下楼。

不久，那些不中选的诗纷纷落下，最后只有沈、宋二人的诗，没有落下来。过了很久，才慢慢飘下一诗，拾起一看，是沈佺期的诗。诗上写道：

> 法驾乘春转，神池象汉回；
> 双星遗旧石，孤日隐残灰。
> 战鹢逢时去，恩鱼望幸来；
> 山花缇骑绕，堤柳帐城开。
> 思逸横汾唱，歌流宴镐杯；
> 微臣彫朽质，差睹预章才。

诗后评语写道："沈、宋二人的诗，工力悉敌，但沈诗落句辞气已尽，宋诗仍笔力雄健，所以去沈而留宋。"

婉儿将宋诗呈给中宗，中宗、韦后看后，无不称赞婉儿的才气，朝中百官十分佩服。

三、隆基登极　婉儿被杀

武后去世后，婉儿得宠中宗，时常与韦后、武三思在一起商讨政事，因为韦氏与武三思各怀心事，都做皇帝梦，朝中大臣敢怒不敢言，久而久之，这些人更加肆无忌惮。

景龙四年（710）六月，韦后与散骑常侍马秦客、光禄少卿通奸之事被中宗发觉，韦后为早日像武则天那样称帝，便与一心想当皇太女以求临朝称制的安乐公主合谋，毒死中宗。灭绝人性的韦氏终于如愿以偿，临朝称制。

韦后专权以后，与上官婉儿以及太平公主，谋草遗诏，立温王李重茂为皇太子。因温王年幼，所以由皇后韦氏训政，相王旦参谋政事。韦氏的再度专权引起更多人的愤怒，渐渐在李隆基的周围形成反韦力量。

李隆基是相王旦的第三子。初封楚王，改封临淄王，出任潞州别驾。景龙四年（710），他联络豪杰，于六月二十日深夜，派兵包围太极殿，杀死了人人共愤的韦后和一心想做皇太女的安乐公主。

当李隆基的军队攻入宫中时，婉儿手持蜡烛，率领宫人，从容地出来迎

接。待见到刘幽求后，从袖中取出前日相王参政的草制，表明自己是站在李唐皇室一边的，请求免于一死。

看到婉儿的娇柔婉转的话语以及楚楚可怜的样子，刘幽求产生怜惜之意，答应转告临淄王。正好李隆基此时率兵前来，他对此并不心动，他已认定，婉儿是惑乱宫廷的刽子手，其罪不可恕，今日不杀，后悔莫及。随即下达杀死婉儿的命令，此时，婉儿46岁。

唐三彩女文官俑

可惜一代才女就这样草草结束了生命。上官婉儿的诗作很多。五言律诗的格调形成于武周后期，可以说婉儿也应该有一份功绩。婉儿的死，对唐文学的发展也是一个损失。玄宗李隆基对其文学造诣还是给予肯定的，并在开元初年下令将其诗文编为《上官昭容集》20卷，可惜已亡佚，只有部分流传下来，收录于《全唐诗》，共有32篇。但她的才华和诗篇，历代的文人雅士多有赋诗属文称赞的。下录三首：

其一：彩书怨
叶下洞庭初，思君万里余。
露浓香被冷，月落锦屏虚。
欲奏江南曲，贪封蓟北书。
书中无别意，惟怅久离居。

其二：驾幸三会寺应制
释子谈经处，轩臣刻字留。
故台遗老识，残简圣皇求。
驻跸怀千古，开襟望九州。

四山缘塞合，二水夹城流。
宸翰陪瞻仰，天杯接献酬。
太平词藻盛，长愿纪鸿休。

其三：长宁公主流杯池二十五首（其二十四）
参差碧岫耸莲花，潺湲绿水莹金沙。
何须远访三山路，人今已到九仙家。

名家评说

武氏以后，又有韦氏，并有上官婉儿，及太平公主、安乐公主等人，何淫妇之多也。夫冶容诲淫古有明训，但好淫者未必尽是冶容，冶容者亦未必尽是好淫，误在宗法未善，愈沿愈坏耳。

——蔡东藩《唐史演义》

况韦氏、婉儿等，益张威焰，愈逞淫凶，母女可以通欢，文臣可以私侍，深宫浊乱，无出其右，盖未始非出于太子之一激，而因增此反动力也。

——蔡东藩《唐史演义》

婉儿的是可人儿，文采风流妙入时。
沈宋才华归眼底，名篇可惜至今遗。

——张英玉《历代名媛百咏》

上官婉儿的才华这高，与其说韩愈、柳宗元开古文复兴气运，无宁说是上官婉儿已经早为盛唐的文学面貌绘出了清晰的蓝图。不过，纵然貌美如花、才高八斗又如何呢？一旦太有思想，曾因为无知和无力被蒙蔽的欲望就汹涌而出了。路只有三条：要么任意放纵不加节制，要么苦苦压抑而不得超生，要么成为神。因为社会的期待值不同，男人走哪一条路都不至于太触目惊心，而女人就不行了。

——侯红斌《点评历代红颜》

玄宗李隆基皇后王氏

王氏（？~724），玄宗李隆基皇后。同州下邽（今陕西渭南）人。其父王仁皎，曾任甘泉府果毅都尉。李隆基为临淄王时，娶王氏为太子妃。先天元年（712），李隆基登基，立为皇后。她帮助丈夫李隆基铲除一切隐患，登上皇帝宝座，但最终也逃脱不了悲惨的命运，冤死黄泉。

一、助夫登基　贵为皇后

王氏出身于士族，先祖是梁朝冀州刺史王神念。王氏的父亲王仁皎，在唐朝初年曾任甘泉府果毅都尉。王氏的呱呱落地，给这个家庭带来欢乐。王氏聪明、好学，长得漂亮，体态丰腴。所以，唐玄宗李隆基初封临淄郡王时，娶王氏为郡王妃。

王　氏

中宗复位后，大权落入颇有手腕和野心的韦皇后手中，韦皇后弄权玩术，胜于武后；雄才睿智，却望武后之后尘而莫及。韦皇后为了达到临朝称制的目的，与安乐公主合谋毒死中宗，重用韦氏族人。

李唐王朝，面临再次易姓的危机，临淄王李隆基与侍读张说密谋，联络太平公主，策动羽林军发动宫廷政变，包围太极殿，杀死了人人愤怒的韦皇后及其族人党羽，以图稳定李氏大统。

在这一场政治风波中，郡王妃王氏，以她政治上的胆识和见地，参与了丈夫的密室谋划，力劝李隆基铲除韦后及其党羽，以防后患。

政变成功后，李隆基的父亲李旦即位，为睿宗。李隆基因匡扶大唐基业有功，被封为平王，随后立为太子。王氏亦晋册为太子妃。

为了巩固政权，先天元年（712），太子李隆基与张说、太子妃的孪生兄长王守一密谋杀掉自己的姑母太平公主，彻底铲除了武氏的势力。睿宗听说后，极为恐慌。多年来的宫廷斗争，自己的兄弟姊妹死的死，亡的亡，最后只有他和太平公主还活在人世，他兄妹二人情感甚笃，相依为命。此次太平公主被杀，睿宗万分悲恸，懦弱的睿宗已感力不从心，随即宣布"退位"，禅让皇位于太子李隆基。

李隆基即皇帝位，王氏被册立为皇后。

二、私欲膨胀　被废而亡

王氏了却了自己的凤愿，做了"母仪天下"的皇后。王氏家族也因此显赫。王皇后的父亲王仁皎官拜邠国公。孪生兄长王守一尚靖阳公主，做了驸马，升为殿中少监，加太子少保，封晋国公。王皇后家族，大都得官升迁。

自古以来，"母以子贵"。然而，作为"母仪天下"的王皇后，自从嫁给李隆基，一直没有生得一男半女。这让王皇后忧心忡忡，因为无子则无以继大统，皇后名位难以永保。

李隆基即位后，曾梦有神人告之：神佑此子。后来杨良媛生了一个男孩，取名"亨"，源于《易经》。所以，唐玄宗对李亨母子宠爱有加。晋封杨良媛为贵嫔。这就更增添了王皇后的忧虑。她想找人算算究竟李亨是否就是皇上梦中神人告之的孩子，于是找人寻得一位道长为李亨占卦，没想到卦相为"不宜养"。王皇后以此为由将李亨接到后宫，收为己有，亲自抚养。杨贵嫔无奈只得割爱。不久，杨贵嫔病逝。但王皇后的忧虑依然存在。

原来，李隆基做了皇帝后，一天，发现后宫中还藏有一位艳丽、娇媚、高雅的佳人，这就是后来宠极一时的武惠妃。武惠妃是恒安王武攸止的女儿。自从见宠于玄宗，宫中礼遇，几乎与王

唐绛地印花裙

皇后平起平坐。武惠妃恃宠而骄，从不把王皇后放在眼里。

对于武惠妃的骄蛮，以及她的逾礼过失，王皇后十分不满，时常在玄宗面前数落。由于玄宗对武惠妃的宠爱已经到了入痴入迷的境地，所以对王皇后忠言不但不相信，反而认为她是争宠斗艳，故意谗言诋毁。

久而久之，唐玄宗对王皇后所作所为非常厌恶，再加上武惠妃的挑拨，于是产生废后的念头。他多次与姜皎商议废后之事。其实，宫内宫外对玄宗专宠武惠妃早有议论，最为忌讳的就是武姓。姜皎有意无意地将玄宗废后的念头泄漏出去，引起许多大臣不满。玄宗气愤之极，立即下诏流放姜皎去边地。[1]

这恰恰证明了唐玄宗确有废后的意图。王守一将废后之事密告王皇后后，王皇后十分恐慌，这对王皇后来讲，不能不说是一个危险的信号。自武惠妃专宠以后，玄宗几乎不召王皇后及其他嫔妃侍寝，王皇后既不能生儿育女，又不得常见玄宗，关系日渐疏远。

王皇后的处境引起王氏家族的忧虑和恐慌。王皇后的兄长、驸马王守一更为焦虑，王皇后一旦被废，且不说王氏家族的荣华富贵，就连生死性命也很难预测。情急之中，王皇后便与王守一商量，求助于符蛊左道，以求渡过危机。王皇后身处后宫，难以找到作法的僧道，即使找得到，在宫中也难免不为人察觉败露。于是，蛊咒作法之事便交由王守一具体操办。

王守一多方打探后听说左道僧人明悟精于蛊咒压胜之术，于是请明悟在府邸设坛作法。明悟教王守一沐浴祭拜"天枢"北斗，取块称做"霹雳木"的压胜神牌，刻上玄宗"李隆基"的名字。然后画符压住，念咒封固。然后，将"霹雳木"交给王守一，十分肯定地说："皇后佩带此牌，定会早得贵子，大有作为，君临天下。"此话正符合王氏家族的意愿，所以，王守一万分高兴地接过"神牌"，悄悄携带入宫，交给王皇后佩带。

王皇后认为，明悟法术可以咒压玄宗不敢废后，况且李隆基能君临天下，自己确有"内助"之功。所以，她坚信自己的胆略和君临天下的才能。于是，王皇后认为万无一失，竟以武后第二自诩，将玄宗比做高宗李治。

王皇后所作所为，尤其是蛊咒压胜之事，很快被宫人告发。玄宗闻之，极

---

[1] 事见《新唐书·后妃上·玄宗皇后王氏列传》："（王氏）久无子，而武妃稍有宠，后不平，显诋之。然抚下素有恩，终无肯谮短者。帝密欲废后，以语姜皎。皎漏言，即死。"

为震惊。李唐王室自高宗以来，武则天、韦后、上官婉儿、太平公主几个女性相继专权朝政，几乎造成易姓改朝的事实。所以，心有余悸的唐玄宗生怕再出现一位武则天或韦后式的人物，危及李氏王朝的社稷。

开元十二年（724）秋七月，唐玄宗亲自调查此案，人证物证俱在，罪不可赦。为此，唐玄宗颁布诏书，废除王氏的皇后名位，贬为庶人，迁出后宫，别院安置。王氏族人免去所有品位，量刑处置。[1]

王皇后十分绝望，临行前，她请求玄宗念结发夫妻之情再见一面。玄宗准奏。王皇后与玄宗会面时，泪如雨下，失声痛哭，可怜兮兮地说道："陛下难道不念你我患难时的情分吗？"[2] 但玄宗对此毫无反应。

当年十月，王庶人身心憔悴、忧郁病死，唐玄宗下令以一品官的礼遇葬于长安城外的无相寺。

后来，玄宗的孙子、唐代宗李豫继位以后，于宝应二年（762），宣诏为"废后"王氏昭雪，免去所有罪名，追复"皇后"尊位，但仍未封谥号。

王皇后死了，当时，诗人王諲曾赋诗《翠羽帐赋》，讥讽唐玄宗喜新厌旧，致使王皇后寂而生怨，怨而生恨，冤死九泉。其实，王皇后的悲剧，亦是其贪婪的权力欲所致，与李唐王朝众多后妃的悲剧同出一辙，可以说，是她自己导演了一出人生悲剧。

唐贴花壶

---

[1] 事见《新唐书·后妃上·玄宗皇后王氏列传》："后兄守一惧，为求猒胜，浮屠明悟教祭北斗，取霹雳木刻天地文及帝讳合佩之，曰：'后有子，与则天比。'开元十二年，事觉，帝自临劾有状，乃制诏有司：'皇后天命不祐，华而不实，有无将之心，不可以承宗庙母仪天下，其废为庶人。'赐守一死。"

[2] 语见《新唐书·后妃上·玄宗皇后王氏列传》："陛下独不念阿忠脱紫半臂易斗面，为生日汤饼邪？"

名家评说

　　武则天后，又有武惠妃，则天害死王皇后，惠妃亦谮死王皇后，吾不知王、武何仇，累遭残噬若此？玄宗亲见武后遗毒，且手定宫阙，诛死诸武，乃独恋恋于一武攸止遗女，听信谗言，甘忘结发，色之害人大矣哉！

——蔡东藩《唐史演义》

玄宗李隆基皇后武氏

武氏（697～737），玄宗李隆基皇后。其父武攸止，是武则天的侄子，封恒安王。幼年入宫，被玄宗看中，册封惠妃。死后追封为皇后。谥号"贞顺皇后"。她以其美貌和一夜侍寝，终身得宠，她可以说是封建王朝王宫后妃的幸运者。

一、貌若天仙　得宠玄宗

武氏为则天女皇的侄孙女，也许受武则天的遗传基因影响，生来貌若天仙，艳丽娇媚，颇有大家闺秀的气质。

武氏的父亲武攸止是武则天的侄子。武则天做天后以后，武攸止被封为恒安王。武攸止虽与武氏家族其他成员血统同出一脉，但其性格、品行与他们截然不同。武攸止在政治上没有什么野心，而且待人宽厚，老成持重。武氏家族的人为争夺皇权，尔虞我诈，明争暗斗，互相残杀，而他始终是一位旁观者。即使武氏权势不可一世时，他依然治家教子，闲居自家，与李氏皇族私交甚好。所以，武则天退位，李唐复辟，归政中宗以后，唯独武攸止"恒安王"封爵未被削废。

唐宫人双陆图

武攸止病逝后，年幼的武氏入宫，对后宫以色争宠、冷酷险恶的情形了如指掌。作为宫中女子，除非是得到皇帝的宠幸，否则一世不得见天日。

唐玄宗继位之后，一个偶然的机会，发现后宫还有像武氏这样艳丽、娇媚、高雅的佳人，顿时心旷神怡，魂不守舍，从此，玄宗对武氏情深意笃。武氏被晋册为惠妃，她的一切待遇与王皇后完全相同。[1]

武氏得宠以后，王皇后、皇甫德仪、刘华妃、赵丽妃等后宫嫔妃，几乎是难以见到玄宗皇帝的面了。武氏的专宠，引起了王皇后及后宫嫔妃的不满和妒忌。王皇后时常在玄宗面前挑拨，然而玄宗根本听不进去，甚至愈加反感王皇后。

开元十二年（724），王皇后蛊咒之术败露之后，早有废后念头的玄宗借此将其贬为庶人。王皇后被贬以后，玄宗为表示对武惠妃的爱宠，封武惠妃的母亲杨氏为郑国夫人，弟弟武忠升国子监祭酒，武信升为秘书监。由此可见，武惠妃与皇后的地位只有一步之差了。

听说唐玄宗欲晋册武惠妃为皇后，宫内宫外舆论哗然。以宰相张九龄为首的朝臣力阻立武惠妃为皇后。御史潘好礼首先具书上奏，直呈玄宗："《礼经》中说道：ّ父母的仇人，子女与之不共戴天'。《春秋》中也说ّ父母的仇不报，不为人子'。陛下若要立武则天的后人武惠妃为皇后，怎么向天下死节的忠臣义士交待呢？况且，太子李瑛并非武惠妃所生，如果武惠妃晋册为皇后，武惠妃的儿子将会取代当今太子李瑛的地位。古人之所以在事情没发生之前，就谏诤阻劝，为的是防微杜渐啊！"

唐玄宗看过潘好礼的奏折，感到确实在情理之中，又加之张九龄等一班重臣极力劝阻，玄宗也就不再提将晋册武惠妃皇后的事了。[2]

---

[1] 事见《新唐书·后妃上·玄宗贞顺皇后武氏列传》："帝而位，寝得幸。时王皇后废，故进册惠妃，其礼秩比皇后。"

[2] 事见《新唐书·后妃上·玄宗贞顺皇后武氏列传》："将遂立皇后，御史潘好礼上疏曰：'《礼》，父母仇，不共天。《春秋》，子不复仇，不子也。陛下欲以武氏为后，何以见天下士！妃再从叔三思也，从父延秀也，皆干纪乱常，天下共疾。夫恶木垂荫，志士不息；盗泉飞溢，廉夫不饮。匹夫匹妇尚相择，况天子乎？愿慎选华族，称神祇之心。《春秋》：宋人夏父之会，无以妾为夫人；齐桓公誓葵丘曰："无以妾为妻。"此圣人明嫡庶之分。分定，是窥觊之心息矣。今人间咸言右丞相张说欲取立后功图复相，今太子非惠妃所生，而妃有子，若一俪宸极，则储位将不安。古人所以谏其渐者，有以也！'遂不果立。"

武惠妃终于没能如愿，而她的性格如同她的姑母武则天一样，是不达目的不罢休的。她想自己的儿子李瑁如果做了太子的话，那么"母以子贵"，她当皇后或是皇太后的梦想不就水到渠成了吗？于是她便将下一步的目标盯在了储君太子的身上。

二、巧弄权术　诬害太子

武惠妃废贬太子的阴谋，像一张大网，悄悄地在太子李瑛的周围撒开。

武惠妃召女儿咸宜公主的驸马杨洄入宫，密告了废贬储君太子的计划，令他密切监视太子李瑛的一举一动，广为散布太子李瑛与惠妃不和的谣言，制造太子行为淫秽的舆论。

咸宜公主每次入宫觐见父母，常将这些谣言巧妙地说于玄宗和惠妃，离间玄宗与太子的关系。武惠妃也常在玄宗面前哭诉自己的苦处，诋毁太子李瑛及其他诸王。

天长日久，唐玄宗对太子李瑛行为淫秽的谣言信以为真，他萌生了废贬太子的念头。

深知父皇秉性的太子李瑛，自然知道事态的发展将会不利于自己。因为武惠妃聪明伶俐的儿子李瑁出世后，玄宗对她母子的宠爱，更为其他嫔妃、王子所不及。对此，太子李瑛、鄂王李瑶、光王李琚等年长的儿子，个个自危。

废立太子，是关系到朝政延续、政权安危的大事，于是唐玄宗即刻召见三省丞相商议废立储君事宜。

中书令张九龄等重臣早就明白其中的缘由，所以当玄宗提出贬废李瑛、另立储君之后，张九龄首先反对："太子事事都能按礼仪规范去做，这是普天之下都知晓的事，应该庆幸有这样的储君。况且，当今太子李瑛确实也找不出什么过失，鄂王、光王为人也贤仁豁达，怎能说废就废呢？对于那些陷害太子的谣言，希望陛下明察是非，谨

唐铰接式铆金白玉镯

慎裁断！"

听了张九龄等一班重臣的直言诤谏，唐玄宗不得不放弃贬废太子的想法。

太子李瑛对武惠妃的险恶用心，也无可奈何，但因武惠妃是父亲的宠妃，尤其是一班重臣相继去职，张九龄被免去宰相职权以后，李瑛失去外援，常常忧郁寡欢，与鄂王、光王聚于东宫，借酒消愁。

张九龄免相以后，李林甫取代他掌握宰相实权，此人诡计多端，很少有人能逃脱他的圈套。李林甫晋为宰相之前，处处探听内宫动态，早就知道武惠妃有废贬太子，立寿王李瑁为储君的企图，只是唐玄宗碍于张九龄一班重臣的激烈反对，无法实施罢了。所以，李林甫常有意在玄宗面前称赞寿王李瑁，贬斥太子李瑛，讨好玄宗，取得信任，稳固自己的地位。武惠妃得知暗暗得意，对他也另眼相待。

开元二十五年（737），杨洄再次密令家人四处散布太子李瑛、鄂王李瑶和光王李琚以及太子妃薛氏的兄长薛等人私藏甲兵，阴谋夺宫造反的谣言。一时间，京城长安传言纷纷，唐玄宗也半信半疑。

武惠妃为了让玄宗彻底相信太子李瑛阴谋造反的谣言，又与其亲信商量了一桩陷害太子及二王的更为可恶的阴谋。

一天，太子李瑛、鄂王李瑶、光王李琚同时接到宫中传旨，"内宫有贼盗闯入，命太子、鄂、光二王，携兵入宫护驾。"情急之中，李瑛、李瑶和李琚立即披甲备兵，率东宫卫队入宫巡捕盗贼。武惠妃得知太子已率兵进入皇宫，立即赶到大明宫，她惶惶地对玄宗说："太子与鄂、光二王欲谋弑君篡位，已经带兵闯入宫中了。"玄宗闻讯大吃一惊，但他深知武惠妃和太子之间的矛盾，所以还是先派宦官前去证实。果然如武惠妃所言。唐玄宗迅速传旨调禁卫军入宫，将太子、二王及东宫护卫包围。太子李瑛等人才知道中了武惠妃精心设置的圈套。

事变平息之后，玄宗再次宣召宰相及三省重臣廷议太子"谋反"之事。由于李林甫早早有言在先，所以太子李瑛谋反真假难辨。众大臣都缄默不语。李林甫说："太子'谋反'之事，实为陛下的家务纠纷，家务事是无需和臣子们商议，陛下圣明，定有明断。"众大臣随即附和。于是，唐玄宗颁布诏令：将太子及鄂、光二王同时免去封号，贬为庶人，参与谋叛的党羽薛赐死。

尽管如此，武惠妃、李林甫等人还不罢休，深恐有朝一日，李瑛等人翻案，所以非要置三人于死地而后快。武惠妃常在玄宗面前数落李瑛对父皇不满，企望翻案。于是唐玄宗下令将李瑛、李瑶、李琚三人收监处死，以绝后患。[1]

这件事很快传遍京都长安及全国各地，士人官吏及黎民百姓都为太子三人鸣不平，称李瑛、李瑶、李琚为"三庶人"，讥讽唐玄宗无识偏信，武惠妃和李林甫邪佞奸阴。

迫于朝野上下的压力，唐玄宗在册立储君太子的事情方面犹豫不决，没有马上立新太子。武惠妃设计怂恿唐玄宗一日废杀三子，事后玄宗追悔不及，渐渐冷落了武惠妃，武惠妃自知亏心，夜夜都梦见太子瑛、鄂王李瑶、光王李琚的冤魂前来作怪索命，不久便病卧不起。病情日益加重，进而精神迷乱，无奈武惠妃只得求助于巫术。谁知从此武惠妃反而常见李瑛等"三庶人"冤魂白日幻出，索要性命，武惠妃日夜不得安宁。万般无奈她请求玄宗将李瑛、李瑶、李琚的灵柩起出，重新按太子、诸王礼仪厚葬，又将处死太子及二王的刽子手斩首，殉于三人墓旁，以求安寂亡灵，免除灾难，减轻罪恶。

谁知三人"冤魂"依然不去，日夜缠身，唐玄宗亦怕恶鬼缠身，疏远武惠妃，册立太子之事更不敢提。武惠妃连惊带吓，精神失常，病情愈来愈重，终于于开元二十五年（737）十二月离开了人世。

第二年，唐玄宗册立第三子李亨为太子。追封武惠妃为皇后，谥号"贞顺皇后"，葬于敬陵。

名家评说

武则天后，又有武惠妃，则天害死王皇后，惠妃亦谮死王皇后，吾不知王、武何雠，累遭残噬若此？玄宗亲见武后遗毒，且手定官阙，诛死诸武，乃独恋恋于一武攸止遗女，听信谗言，甘忘结发，色之害人大矣哉！

——蔡东藩《唐史演义》

---

[1]事见《新唐书·后妃上·玄宗贞顺皇后武氏列传》："后李林甫以寿王母爱，希妃意陷太子、鄂光二王，皆废死。"

附：玄宗李隆基贵妃杨玉环

杨玉环（718~756），蒲州永东（今山西永济南）人。玄宗李隆基的贵妃。其父杨玄琰，追封齐国公；母李氏，受封陇西郡夫人。幼年在叔父家长大。初为寿王李瑁的妃子，天宝四年（745），被玄宗据为己有，册为贵妃。杨贵妃倾城倾国的姿色，致使唐玄宗"夺子之妻"，杨氏家族也因此封官晋爵，贵盛一时。一个杨贵妃使得唐玄宗寻欢作乐，朝政日非，各种矛盾激化，最后爆发"安史之乱"。杨贵妃虽然赢得了唐玄宗"三千宠爱在一身"，然而，最终还是逃脱不了"宛转蛾眉马前死"的人生悲剧。

杨玉环

一、天姿国色　巧遇寿王

杨玉环是隋末梁郡通守杨汪的四世孙杨玄琰的女儿。传说出生时手臂上还套着一枚玉环，所以取名玉环。杨玉环自幼聪颖伶俐，天生丽质，逗人喜爱，不幸的是她父母早逝，很小就被叔父河南府士曹杨玄璬收养。因而她的少女时代是在洛阳度过的。[1]

开元二十二年（734），杨玉环已长成亭亭玉立的少女，尽管还带着稚气，但已完全显露出其娇艳的风采。来访的亲友和达官的家眷们都非常喜欢美丽的玉环。杨家有美女，顿时传开了，作为养父的杨玄璬暗中也深为女儿的美貌所骄傲，因而更见宠爱，玉环也因此放纵了自己。她经常在府中弄歌习舞，据说杨家

---

[1] 事见《新唐书·后妃上·玄宗贵妃杨氏列传》："（贵妃）幼孤，养叔父家。"

大明宫三清殿遗址

的使女前身是歌舞伎，她舞技很好，经常指点杨玉环跳胡旋舞。杨玉环性格开朗、热情，喜欢出游，所以，她们时常结伴外出。一个偶然的机会，杨玉环意外地认识了玄宗皇帝最宠爱的女儿咸宜公主。与公主的结识竟成为她一生转折的契机。

在一次参加咸宜公主府邸的游宴中，杨玉环认识了公主的同母弟弟、时封寿王的皇子李瑁。杨玉环的姿色使寿王一见钟情，其实，寿王李瑁早在咸宜公主的婚宴上已见过杨玉环，这次是专门让姐姐为他安排的宴会，因为尚没有王妃的李瑁十分想得到杨玉环。

咸宜公主和寿王都是唐玄宗最宠爱的妃子武惠妃所生。武惠妃是女皇武则天的侄孙女，深得玄宗的宠爱。所以，惠妃所生的子女，在玄宗那里也比较受宠。为了达到废掉当朝太子李瑛、改立儿子寿王为太子的目的，武惠妃暗中联络奸相李林甫，在自己周围形成了庞大的权力集团，处处打击排挤太子。寿王为人谨慎，虽然对杨玉环已产生爱慕之心，但他还是让姐姐咸宜公主试探母亲武惠妃的口气。儿子对杨玉环有好感的事，武惠妃已通过女儿咸宜公主获悉，而且面呈玄宗，玄宗皇帝也很快应允了李瑁的要求。

开元二十三年（735）十二月，河南府士曹杨玄璬宅院有特殊的布置。20多名典礼人员沿着伊水岸，每隔10步就立一人，直到杨宅大门前。原来这是宰相李林甫和黄门侍郎陈希烈奉皇命持节到永乐坊的杨府举行册立杨玉环为大唐皇子李瑁的王妃仪式。美貌的杨玉环终因其明眸皓齿、风韵亭亭而成为寿王妃。在寿王府的几年是杨玉环一生好运的开端。因其美丽的姿容，她得到了丈夫寿王的百般欢宠，寿王除了入宫进行指定事务外，将各种事情放弃，陪伴杨玉环，甚至利用母亲的宠爱让武惠妃一起伴杨玉环出游，所以杨玉环也受到婆婆武惠妃的格外

关照，而且，杨玉环生子后，武惠妃时常去寿王府，对杨玉环关怀备至。对于李瑁一心想做皇太子的愿望，杨玉环并不理解，她觉得做寿王就很好，为什么非要争皇太子呢？后来，在宫中呆得久了，她感到当太子妃更好，而且一旦武惠妃的谋划成功，寿王能成为当今皇太子取得皇位继承大权的话，她杨玉环就会成为当今皇后。然而，开元二十五年（737）的十二月，年仅40岁的武惠妃突然暴病身亡。这对于寿王夫妇来说无疑是塌天大祸，母亲的早逝使他被立为太子的希望一下子变得十分渺茫。

开元二十六年（738）七月，开元皇帝举行立太子的大典，李亨被立为皇太子。武惠妃去世后，玄宗皇帝陷入了深深的哀痛之中。他郁郁寡欢，除了上朝例行公事，常一人独处。到哪里去找一个像武惠妃这样的女人呢？玄宗的心事烦恼被高力士看了出来。

他诡秘地讨好皇帝说："听说寿王妃杨氏颇似惠妃，不知陛下意欲如何？"

是啊，美丽的儿媳杨玉环他确实见过几次，的确有一些武惠妃的影子，可是，杨玉环是儿子寿王的王妃，玄宗若有所思，迟迟没有反应。不过善于巴结逢迎的高力士马上就明白了皇帝的顾虑。"陛下您放心，老奴一定把事情办得合情合理。""唔！"玄宗终于露出了笑脸。皇子寿王的王妃杨玉环的命运就这样在谈笑间被决定了。

寿王李瑁和杨玉环万万没有想到，武惠妃的早逝，带来的不仅仅是失去太子宝座的痛苦，更让他们难以接受的是父皇"夺媳为妻"的圣命，于是，这对恩爱夫妻抱头痛哭，因为夫妻二人从此就要"永别"。

二、硬夺子媳　六宫失色

开元二十八年（740）十月，玄宗带领文武官员行幸骊山温泉宫。第二天，玄宗派出的使者直奔长安寿王邸，诏令寿王妃杨玉环赴骊山侍驾。

寿王心里顿时明白，看来父皇夺媳为妻的主意已定，然而他在感情上无论如何是不能接受的。他深爱他的王妃，但是父皇的旨意又不能违背，因为寿王深知自己在玄宗心中的地位。既然父皇诏令杨玉环侍驾，如果不从，只能招来杀身之祸。献出爱妻，或许会得到父皇的欢心，再加杨玉环在父皇面前的进言，自己的太子梦或许还会实现。

位于骊山西北麓临潼温泉华清宫

听到诏令后,杨玉环一直处在惶恐和不安中,与父皇的关系在他们夫妇间已不再是秘密,虽然不符伦理道德,可又无奈,现在与丈夫分别,她实在不忍。然而听了丈夫的想法后,她又觉得释然了:作为一国之主的父皇,有权要求任何东西,只有依从皇帝,才能保证自己的好运气,才能保证杨家的荣华显要和丈夫寿王的两个年幼孩子的性命。夫妻俩在极度的矛盾和痛苦中告别,杨玉环便匆匆乘轿离开了寿王府,连夜赶往骊山。

在高力士的亲自安排下,终于得到杨玉环的唐玄宗在骊山离宫里度过了令人销魂的日子,与杨玉环在一起他觉得自己变得年轻了。与惠妃相比,深深让玄宗迷恋的杨玉环身上散发着一种野性的美。

"陛下,我可是没有脸再回寿王那边去了!"杨玉环的娇嗔令玄宗头疼。是的,杨玉环是儿子寿王的王妃,和儿子共享一个女人,在礼制上是行不通的,而玄宗又找不到任何可以纳她为妃的借口,可他已经离不开这个女人,这确实是一件难办的事,然而却又不能不办。

开元二十九年(741)正月,太真宫里来了一位法号太真的漂亮女道士——她,就是杨玉环。当人们知道那是皇子寿王妃时,都惊呆了,人们奇怪,觉得身为大唐皇子的王妃去做什么女道士,真是不可思议。深谙其中奥秘的玄宗却异常高兴。因为这样一来,皇帝将要娶的就是女道士杨玉环,而不是寿王妃杨玉环了。何况太真宫就在皇宫中,杨玉环可以随时入宫为皇帝侍寝。

元宵佳节来到了。这一晚太真宫里的杨玉环也携侍女来到街上观灯。往年的元宵节都与寿王在一起的,现在陪侍自己的只是几个宫婢。皇帝要主持宫中的庆典,接受文武百官的祝贺和长安百姓的朝拜。百无聊赖的杨玉环随街上拥挤的

太真上马图

　　人流往前移动，遇到了曾获玄宗专宠的梅妃带着婢女也来到街上，梅妃看到端庄貌美的杨玉环醋性大发，就是这个杨玉环把皇上从她身边夺走，所以，她轻佻地骂了一句："这肥猪！"杨玉环感到自己受了奇耻大辱，怒不可遏，然而一想到自己只不过是一个女道士时，她强压怒火："哼！总有一天，我要叫你知道我的厉害！"杨玉环觉得要改变眼前的境况，首先，要改变自己的身份，她觉得到太真宫以来，宫中的人叫她太真，甚至皇帝也这样叫她，这使她感到惶恐。

　　一次，玄宗兴致很高，与杨玉环闲聊，杨玉环忽然流下了眼泪，责问玄宗皇帝："你为什么总叫我太真，却管梅妃叫爱妃！难道要我当一辈子女道士？"

　　入宫一年来，几乎每晚皇帝都要她伴寝，已很疏远梅妃了，但她忘不了元宵节上的侮辱，她要利用皇帝对自己的宠爱打击梅妃，出出这口恶气！

　　从此，皇帝亲切地称杨玉环为"娘子"，而且让宫中的人也这样称呼，杨玉环地位又有了提高。[1] 入宫一年，杨玉环以她的美貌、性格赢得了皇帝的宠爱，而且玄宗对她的宠爱超过了武惠妃和梅妃。玄宗的情趣与杨玉环有许多相同之处，杨玉环通晓音律，能歌善舞，加上她聪慧过人、善于献媚的天赋，越发使

---

[1] 事见《新唐书·后妃上·玄宗贵妃杨氏列传》："开元二十四年，武惠妃薨，后廷无当帝意者。或言妃姿质天挺，宜充掖廷，遂召内禁中，异之，即为自出好意者，丐籍女官，号'太真'，更为寿王聘韦昭训女，而太真得幸。善歌舞，邃晓音律，且智算警颖，迎意辄悟。帝大悦，遂专房宴，宫中号'娘子'，仪体与皇后等。"

贵妃晓妆图

玄宗迷恋，为了陪伴杨玉环游乐，他把军国大政委之于李林甫。

杨玉环耳闻目睹了宫廷生活的残酷，她愈加感到，要保证自己在宫廷中的地位，就必须扼杀别人，杀掉每一个有碍于自己的人。她要建立自己的网络，这样才能立于不败之地，她懂得靠自己孤军奋战是不可能立稳脚跟的，必须寻求党援。老宦官高力士可以引为援手，在玉环看来，长得高高大大有着狡黠小眼睛的高力士是玄宗把自己弄进宫来的主谋。

一天，杨玉环请高力士到自己的宫室，这是她第一次单独和高力士在一起。此后，杨玉环凡事都同高力士商量，两人频繁来往，高力士为杨家的每一个人都安排了合适的位置。

杨玉环在玄宗的心目中占有极为重要的地位，除了她，玄宗几乎忘掉了其他的女人。真是"回眸一笑百媚生，六宫粉黛无颜色"，为了让杨玉环开心，玄宗及朝中大臣极力讨好杨玉环，大臣们清楚，玄宗宠爱的女人高兴，玄宗肯定高兴。

天宝二年（743）正月，玄宗下令隆重接待北部边塞胡将安禄山。杨玉环看着对安禄山如此感兴趣的皇帝，感到不可思议。她早已听说过安禄山，父亲是胡族，母亲是突厥族。据说他会七个民族的语言，曾在范阳节度使张守珪部下干过，玄宗十分赏识这个异族人，安禄山频频被提升，先被任命为平卢兵马使、营州刺史，到天宝元年又被提拔为平卢节度使，成为唐朝第一个胡族节度使，安禄

山掌握了北部边境的军权、民权和财政大权。

当杨玉环陪同玄宗在大殿上看到向皇帝走来的安禄山时，差点儿笑出声来，这个身材肥胖、尊容令人瞠目的人就是那个拥有各种各样动人传说、以勇武著称的安禄山吗？然而更令杨玉环吃惊的是，安禄山并没有弯腰向玄宗下拜，而是对着杨玉环弯腰行礼。

玄宗觉得失了面子，责问："啊，杂胡，你为何只向妃子叩拜，不向朕行礼？"安禄山说："臣从小时候起，就只向母亲行礼，我只知道是母亲生下了我，至于父亲是谁，那就很难说清了，因此臣总是先向女的行礼。"杨玉环大笑起来，内心不由地对他产生了好感，玄宗自然也就不再追问。

为了犒劳安禄山，玄宗赐给了他许多的金银珠宝，还任命他为范阳节度使、河北采访使。顷刻间，安禄山一下子增添了10万人马，掌握了北部边塞的军政实权。

"陛下，臣有一事相求，希望陛下恩准。"宴席之间，安禄山突然变得一本正经，这令玄宗和杨玉环奇怪。安禄山两眼盯着杨玉环："臣自幼丧母，打算认一位高尚的女子作母亲。"唐玄宗饶有兴趣地问："不知这个女子是谁，莫非是朕的娘子？""不错！就是坐在陛下身边的那位。"安禄山毫无做作。

玄宗和杨玉环感到意外，随即玄宗应允："朕同意。不知玉环意下如何？"认这个比自己大十几岁的安禄山为干儿子，这令玉环惊愕，然而她还是愉快地接受了，聪明的杨玉环想：有这样一个拥有地方实权的武将做自己的干儿子，在自己通往贵妃的道路上绝不会没有好处。

为了庆贺杨玉环收安禄山为义子，宫中连连举行盛宴。

三、册立贵妃　君不早朝

天宝四年（745）七月，唐玄宗颁布诏令，命左相兼兵部尚书李适之为使，金紫光禄大夫陈希烈为副使，持节册立韦昭训的女儿为寿王妃。丈夫寿王另有妻室，杨玉环心中别有一番滋味。从内心里她依然是爱寿王的，然而命运却要她与寿王分开，五年前与寿王分别的情景依然历历在目，她忘不了寿王眼含热泪教她如何为他被立为太子努力争取的话，然而事情的发展却让寿王的打算完全落空了，玄宗不会糊涂到让玉环的前夫来做太子的。

八月，唐玄宗李隆基在长安大明宫凤凰园发布诏命，册封太真宫女道士杨

虢国夫人游春图

玉环为贵妃。她端坐在镶满金银的大椅上接受文武百官和朝廷命妇的祝贺。看着那些年老的大臣命妇对自己下拜，她感到从未有过的惬意。入宫五年，杨玉环终于有了正式的名分。

而且，杨氏家族也跟着显贵起来。杨贵妃父亲杨玄琰被追赠为济阳太守，封齐国公，母亲李氏受封陇西郡夫人，叔父杨玄珪官拜光禄卿银青光禄大夫，哥哥杨铦为殿中少监，堂兄杨锜为驸马都尉，并尚武惠妃生的太华公主为妻。贵妃的三个姐姐也分别赐予夫人封号，大姐封韩国夫人，二姐封虢国夫人，三姐封秦国夫人，并赐第长安，准她们以女官身份出入宫廷。[1]

当上贵妃的杨玉环终于从冷冷清清的太真宫光明正大地搬到兴庆宫来了。侍女人数也大大超过以前，单是为她织锦刺绣的工人就有1200多人，出则乘轿，入则服侍，享受的礼仪品格与昔日的武皇后一样，甚至比武皇后还奢侈。她要陪侍玄宗皇帝接见回京上朝的大臣，外国使臣进京也要为她备份厚礼。然而杨玉环现在却变得十分挑剔，难以侍候，饭菜稍不如意就要大发脾气，御膳房为了投其所好，据说一顿饭的花销就相当于当时十户中等人家的房产。玄宗皇帝也不时地赐给她各种金银饰物和古玩珍画。

贵妃的三个姐姐个个妖艳异常，时常出入宫廷，每逢宴会场场必到，而且精心打扮，陪侍皇帝和贵妃左右。三人中长相最美的虢国夫人，特别善于逢场作戏、搔首弄姿，她时而笑闹不止，时而满面娇羞，有时甚至当着杨贵妃的面和皇

---

[1] 事见《新唐书·后妃上·玄宗贵妃杨氏列传》："天宝初，进册贵妃，追赠父玄琰太尉、齐国公。擢叔玄珪光禄卿，宗兄铦鸿胪卿；锜侍御史，尚太华公主。主，惠妃所生，最见宠遇。而钊亦寖显。钊，国忠也。三姊皆美劭，帝呼为姨，封韩、虢、秦三国，为夫人，出入宫掖，恩宠声焰震天下。每命妇入班，持盈公主等皆让不敢就位。"

帝眉来眼去，打情骂俏，令玄宗皇帝想入非非，春心荡漾。

天宝五年（746）盛夏，皇帝将游幸曲江的消息发布后，从皇宫到曲江的沿途挤满了看热闹的长安百姓，想一睹圣颜，更想一睹倾倒后宫三千嫔妃的杨贵妃的风采。

那天，贵妃和皇帝同辇，三夫人照例各自乘着华丽的钿车随后，满朝文武也都参加了游宴。行将结束时，贵妃提议到附近的游乐原上看夕阳美景。皇帝推托饮酒过量想回帐篷歇息。贵妃一行刚走，虢国夫人就趁机溜了回来，二人很快成了美事。

杨贵妃久已对虢国夫人不放心，当发现玄宗和虢国夫人都不在，她立即带领随从径回玄宗歇息的帐篷，看到那令人尴尬的场面和玄宗羞怯的目光，她气恼了，立即吩咐："备车，回宫！"对玄宗令其马上回去保驾的诏命，不予理睬。

杨贵妃气呼呼地回到皇宫，她没料到靠了自己才有今日的虢国夫人竟敢背着自己与皇帝乱来，她不能容忍！

次日一早，使者带来了皇帝诏令：贵妃立即出宫，搬到杨铦府第。杨贵妃余怒未消，拔腿便去。

杨氏家族听说贵妃被驱逐出宫，都纷纷聚集到被一种紧张不安的气氛笼罩着的杨铦府中。他们知道是贵妃触怒了皇帝才被赶出来的，杨氏家族的人恐慌起来，他们猜测事情将向何处发展。他们聚在一起商量如何避免眼前的灾难，最后觉得最好的办法是赶快让贵妃向皇帝赔罪，然而贵妃听完他们商量的结果后"哈哈"大笑，她觉得该赔罪的是玄宗而不是自己。

在宫中，玄宗皇帝在盛怒中度过了这一天。登基几十载，还从未有人敢这样放肆，一个虢国夫人算什么，朕有后宫三千嫔妃，他希望贵妃认个错也就了了，然而贵妃却更倔强。

到了晚上，皇帝终于耐不住了，命把赐膳送到了杨府。次日又有十几辆宫车运来了贵妃的衣物和几十个侍奉贵妃的侍女，聪明的杨贵妃明白皇帝已不再生气了。

杨贵妃出宫的第五天夜里，玄宗派高力士迎接贵妃回宫。杨贵妃由侍女扶下宫车，看到早早站在那里等待自己的皇帝，仅仅五天不见，玄宗竟苍老了许多。在这一瞬间她明白了自己在皇帝心中的地位。

唐玄宗下令在宫中举行欢宴为贵妃压惊，并赐给了贵妃各色各样的小玩艺儿，给她的姊妹每年几千万钱的脂粉费，杨氏家族化险为夷，为此又获得了大量的赏赐，这是他们万万没有想到的。贵妃依然过着奢侈的生活，各国进贡来的珍珠宝石、奇花异草，贵妃十分喜欢，都要亲自过目，于是争相进贡成为一种时髦。贵妃匣中许多精巧优美世上罕见的东西都是岭南节度使张九章和广陵长史王翼进贡的，他俩也因此加官晋爵。杨贵妃爱吃荔枝，荔枝成熟时玄宗就诏令岭南地方官选择最好的，从岭南到长安的官道上马不停蹄，日夜兼程派专人奉送。真可谓"一骑红尘妃子笑，无人知是荔枝来"。[1]

谁知到了第二年的春天，杨贵妃再次被逐出皇宫。原来：杨贵妃听说宁王有个玉笛能吹奏出美妙声音，就派人去借了来吹奏。玄宗的弟弟宁王成器，喜好音乐，他的笛子借给贵妃这在礼制上是欠妥的。玄宗看见悠然自得吹笛的贵妃立时大怒，下令：立即出宫，搬到杨铦府中！

杨铦府邸再次被阴郁的气氛笼罩着。从虢国夫人开始，杨家的所有亲族再次聚到杨铦府邸，商议对策。他们想皇上无论如何也不会像上次那样宽宏大量了，所以骄纵的虢国夫人像换了个人似的，再没有了那盛气凌人的样子，老实的秦国夫人则大放悲声。杨家人感到那欢乐的生活将会一去不复返，杨氏家族将从此衰弱，甚至会招致杀身之祸。

笼罩着杨府的愁云惨雾只持续了四天。谁知第四天晚上，玄宗派内侍张韬光送来了御赐膳食，贵妃悬着的心终于放下。

于是杨贵妃剪了一绺头发用罗帕包妥交给张韬光，赋就短笺一张，令其转呈皇上："臣妾死不足惜，惟望陛下珍重圣体，陛下对杨氏家族的大恩大德妾死不敢望。今将头发一缕奉献陛下以为纪念。"玄宗见到这一缕秀发，心中一阵痛楚，马上派高力士迎接贵妃回宫。[2]

---

[1] 事见《新唐书·后妃上·玄宗贵杨氏列传》："妃每从游幸，乘马则力士授辔策。凡充锦绣官及冶瑑金玉者，大抵千人，奉须索，奇服秘玩，变化若神。四方争为怪珍入贡，动骇耳目。于是岭南节度使张九章、广陵长史王翼以所献最，进九章银青阶，擢翼户部侍郎，天下风靡。妃嗜荔支，必欲生致之，乃置骑传送，走数千里，味未变已至京师。"

[2] 事见《新唐书·后妃上·玄宗贵妃杨氏列传》："妃因韬光谢帝曰：'妾有罪当万诛，然肤发外皆上所赐，今且死，无以报。'引刀断一缭发奏之曰：'以此留诀。'帝见骇惋，遽召入，礼遇如初。"

再次回到宫中的杨贵妃更加受着专宠，玄宗对杨贵妃的任何要求都立即给予满足，杨氏五府因此又获得了大量赏赐。杨贵妃暗自高兴，这次事变后，她和皇帝的关系发生了错位，皇帝对自己已不只是宠爱，简直是病态地迷恋。

四、全家得益　皆因一女

杨贵妃荒淫奢侈的生活令人侧目，杨氏家族更是因她而飞黄腾达。堂兄杨铦、杨锜和三国夫人在长安都有御赐的宅邸，时人誉为杨氏五府，除皇宫外，长安城最豪华的当属五府的住宅。三国夫人入宫时连公主都得让座，她们出游时，地方官员都必须亲自出迎，盛情接待，备上丰厚的礼品。皇帝游幸骊山时，五府都乘着豪华的车子，打着五彩的旗帜随驾同行，宜人的香气飘出很远。长安的百姓都传唱着歌谣：生男勿喜女勿悲，君今看女作门楣。他们多么希望自己养一个像杨氏一门那样靠女儿获宠享荣华富贵的漂亮的女儿。

杨贵妃的从兄杨钊曾在蜀做小官，后到长安因贵妃的关系得任清贵官当监察御使。高力士以为，杨钊若能和贵妃的那个干儿子安禄山联合起来，必能当大任，就可保证贵妃的地位永远不可动摇。在高力士的举荐和贵妃的暗中干预下，杨钊很快又升任御史中丞，诏书发布后，杨钊到贵妃馆舍谢恩。

杨贵妃两眼盯着杨钊说："那个曾获皇上宠幸的梅妃，虽已远离了大明宫，却仍是我的心头之患，我要你……"贵妃突然停住。杨钊蓦然心惊，他没有想到看上去端庄柔顺的贵妃竟也这般心狠，对一个已经失宠的女人也不肯放过。

李育《出浴》图，中为杨贵妃

可怜的梅妃做梦也没有想到，元宵夜的一句戏骂竟会招来杀身之祸。

杨贵妃的权力一天天扩大，贵妃的任何要求都变成了诏令，大臣们已经把他们视为一体，杨贵妃的地位迅速地巩固了。她的家族，杨铦、杨锜、三国夫人五府的权势超过了其他王族。天宝十年（751）元宵灯会，五府各自带着随从在街上横冲直撞，在西市与玄宗女儿广平公主相遇，双方互不让路发生争执，杨府随从挥鞭打人，广平公主受伤落马，驸马程昌裔下马欲救，也挨了几鞭，由此可见杨府的权势。公主向父亲玄宗哭诉，玄宗大怒，降旨将杨府随从乱棍打死，同时将驸马程昌裔削职为民。

由于杨贵妃在皇帝面前的极力夸耀和杨钊的投机钻营，杨钊在朝堂上的地位越来越重要。到天宝九年（750），他已官至兵部侍郎兼御史中丞，遥领剑南节度使，身兼15使职，权倾内外。这年八月，玄宗又赐杨钊名国忠。杨国忠阴险奸诈，接受贿赂，暗结帮派，媚取皇帝，骗取玄宗的信任。然而他很快发现，玄宗的器重引起了宰相李林甫的不满，李林甫开始处处打击排挤他。为了与李林甫对抗，杨国忠在杨贵妃的帮助下加强与安禄山的联系。天宝九年五月，杨国忠请求赐给安禄山东平郡王职位，玄宗应允并发布诏令。入朝为官仅4年的杨国忠成为独揽大权17年的宰相李林甫的强大对手，双方的明争暗斗日趋激烈。

天宝十年（751），李林甫以剑南地方战乱迭起、边境不稳为借口，奏请玄宗，剑南节度使杨国忠应立即到任平定战事，想以此为借口把杨国忠排挤出朝。这使杨国忠无法拒绝。

贵妃心里十分清楚，杨国忠和李林甫的明争暗斗，杨国忠压倒李林甫成为朝中头号人物，这对杨家的显赫和她自己地位的稳固都大有好处。杨国忠受到暗算是她不能容忍的，她立即唤高力士商量。高力士是主要的谋划者，他认为杨国忠不如先到蜀地处理军务，暂避风头，然后由贵妃奏请圣上将其召回。果然，杨国忠刚到蜀地，玄宗派出的使者也随后赶到了。

天宝十一年（752）十一月，执政19年的宰相李林甫因病死去。这对杨国忠来说真是天赐良机，玄宗马上发布了由杨国忠代替李林甫为右相的诏令。

杨国忠当政后，唐朝政治更处于混乱之中。杨国忠欺上瞒下，边境上的战败奏折他扣住不发，自作主张，甚至人事更动也不与玄宗商议。杨国忠利用宠臣的地位，身兼30多使职，横行受贿，广结罗网，成为李林甫之后又一大奸相。

天宝十三年（754）正月，北部边将，身领平卢、范阳、河东三镇节度使的

安禄山入朝拜年。在他入京以前，宰相杨国忠曾多次上奏安禄山正在积蓄力量准备叛唐，要求玄宗用明升暗降的办法削夺安禄山的兵权，由于杨贵妃的暗中庇护，玄宗一直不予理睬，安禄山身领三镇节度使职，在北部边地的战场上屡立奇功，玄宗对他的宠爱较之杨国忠有过之而无不及，安禄山的存在对杨国忠的相位将会构成威胁，所以，他必须想法除掉他。

然而杨国忠陷害安禄山却是杨贵妃不能容许的。玄宗这次召安禄山入谒就是她提出来的。为了笼络安禄山，玄宗下令在杨氏五府所在地宣阳坊附近的亲仁坊为安禄山不惜巨资盖起了一座宽绰豪华的住宅。玄宗仍然赐给了他金银财物，并加官左仆射，对其部下论功行赏。

安禄山被召进宫，受到皇帝和杨贵妃的热情款待。三天后，杨贵妃把安禄山召进自己馆舍，在虢国夫人等人的怂恿下，几个妇人给安禄山洗了婴儿澡，一直闹到深夜。杨贵妃已难以相信这位对皇帝和贵妃的宠幸感激涕零、忠心耿耿的胡将，将要反叛朝廷。

五、马嵬诀别　此恨绵绵

天宝年间，玄宗把军国大事先后托给奸诈的李林甫和杨国忠，他们骄纵跋扈，屡兴冤狱，致使朝廷贪污腐败，十分混乱。君臣又贪立边功，多次在边境上发动战争。唐初的那种内重外轻、以重驭轻的局面被打破了。多次入朝的安禄山窥透大唐国力空虚，觉得有机可乘，所以他一面积极招兵买马，制造枪械，储备粮草，为起兵叛唐做准备，一面用贿赂媚取的手段骗取玄宗和贵妃的信任，年年加官晋爵，拥有15万兵马，成为唐朝权势最大的边将。

天宝十四年（755）十一月九日，安禄山以"诛杨国忠"的名义在范阳（今北京）起兵，率领胡汉兵马15万长驱南下，直

唐边城遗址

指长安，深受玄宗和贵妃宠爱信任的安禄山终于公开发动了武装叛乱。[1]

十一月十五日，皇帝一行正在骊山避寒，乍听安禄山起兵的消息，难以置信，安禄山一向很听话。然而各地不停送来战况报告，河北的州郡纷纷投降，安禄山的军队所向披靡，已经渡过黄河，迫近东都洛阳了。多年不理朝政、不问军事的唐玄宗感到手足无措，匆忙中，他召集紧急朝议，任命刚来京城的安西节度使封常清为范阳、平卢节度使，立即到东都洛阳募兵，固守洛阳。令荣王李琬、大将高仙芝为正副元帅，在长安募兵组成东征军，出守陕州。

安禄山以万夫不当之勇，连连攻克大唐各地城池。十二月八日逼近洛阳外围。十二月十三日，安禄山进占洛阳，从举兵叛唐到占领东都洛阳，安禄山仅用了一个月时间。唐玄宗听说洛阳失守，怒不可遏，下令将封常清、高仙芝在军中斩首示众。任命陇右节度使哥舒翰为守潼关的主将。哥舒翰多年来屡立战功，是唐朝威名赫赫的边廷武将，正在长安养病。哥舒翰临行前，循例谒见玄宗："多年来承蒙陛下的恩宠，臣当誓死效力，然而沙场之争胜败难料，这次出征或者是安禄山的人头落地，或者是臣的首级滚落在安禄山的床笫之侧。"

第二天，哥舒翰率领留守京城的8万人马出发了。已在潼关的高仙芝和封常清的部下，此外还有各地汇集来的残兵败将，共计20多万人马，统归他指挥，这是唐玄宗的最后一线希望，可是大病初愈的哥舒翰能敌得过拥有重兵的安禄山吗？他真担心。

大唐的江山社稷不能断送在自己手里，整日与杨贵妃沉浸在情爱中的玄宗似乎清醒了，他决定亲自率军征讨安禄山这个畜生！让太子监国。安禄山的叛乱对玄宗的打击太沉重了。

对玄宗的打算，贵妃立即表示赞同。然而得知太子监国、玄宗亲征消息的杨氏家族却惊慌了起来。杨国忠请求贵妃设法阻止皇帝亲征。他说我们可是一直在同东宫作对啊！太子一旦监国，我们杨家满门都会丧失性命。

所以最终，玄宗还是留在长安城。

天宝十五年（756）正月，安禄山在洛阳自号大燕国皇帝，改年号圣武，正式建立起与玄宗分庭抗礼的政权。消息传到长安，玄宗怒极，真恨不得亲手杀了他。

[1]事见《新唐书·后妃上·玄宗贵妃杨氏列传》："禄山反，以诛国忠为名，且指言妃及诸姨罪。"

唐李昭道《明皇幸蜀图》

四月，安禄山的后方兴起了许多义军，与其抗争，其中规模最大的是郭子仪和李光弼的义军，一些投降的州郡纷纷反正，潼关的守军还击败了安禄山的一次进攻。而且传说安禄山病重，收复洛阳的时机已到，而哥舒翰将军派人送回奏折，以为此时收复洛阳还不是时机。所以，朝中部分大臣迫不及待，认为这会使玄宗犹豫。可是一份意外的奏折却使玄宗大惊失色，不顾哥舒翰的反对，诏令哥舒翰立即出兵收复东京。

六月十日，哥舒翰的20万大军从潼关出发，在灵宝县西原同安禄山的劲旅崔乾祐部相遇，展开了决战。哥舒翰虽拼死力战，未能挽回败局，官军死伤大半，哥舒翰被俘，潼关失守。

潼关失守的消息传到长安，宫内一片惊慌。潼关一失，长安已无险可守，安禄山的部队很快会到达长安。次日，杨国忠入宫，商量皇帝西狩的具体问题，皇帝出逃的准备工作正在秘密进行，龙武将军陈玄礼被告知做这次出行的护卫。傍晚，皇帝和杨贵妃一起从兴庆宫移往大明宫。

消息传来，杨贵妃一直在惊恐和不安中度日。

六月十三日天蒙蒙亮，玄宗李隆基带着杨贵妃、高力士及一些皇子皇妃踏上了逃难的路途。跟随去蜀的有太子李亨、宰相杨国忠等臣僚及充当护卫的龙武将军陈玄礼率领的龙武军。

从金城全体将士启程不久，东宫宦官李辅国来到太子亨面前，转达了龙武将军陈玄礼的话：全体将士以为国家遭此大难完全是杨国忠骄横跋扈引起，请杀死杨国忠以谢天下。紧张的气氛骤然笼罩着这支队伍，只是坐在车中的玄宗和贵妃一无所知。

吃晚饭的时候，队伍到达马嵬驿站，陈玄礼的近卫军四处游荡，一场阴谋正在酝酿中。杨国忠忙得满头大汗，安置随行的官员和各国使者，20多个吐蕃使者拦住杨国忠，请求宰相拨给粮食解决晚饭问题，突然，看到这一情形的陈玄礼部下立即高喊：“宰相与胡虏谋反！”呐喊的士兵举起刀剑追向杨国忠，相府卫士和家丁及从官分别阻挡，然而他还没跑出多远就被蜂拥而上的士兵乱刀杀死。至于他的儿子杨暄也被杀死。

正在驿亭中吃饭的唐玄宗和杨贵妃听到外面的叫嚣声和奔跑声，一种不祥的预感紧紧攫住了玄宗的心。玄宗感到似有兵变，这时有人报告：宰相杨国忠已被叛乱的龙武军杀死。皇帝闻言大吃一惊，这时叛乱的士兵已围住了驿馆，龙武将军陈玄礼大声说：“宰相杨国忠谋反已被臣等杀死，然而祸根却还留在陛下身边，四军将士请陛下割爱正法！”

陈玄礼所指玄宗当然明白，但是他不舍得：“贵妃在深宫之中，怎会知道宰相谋反，她无罪啊！”玄宗落泪了，当了40年的皇帝，此时却无法控制眼前的局面。他舍不得心爱的杨贵妃，可是士兵聚集不动，满脸杀气，形势非常紧迫，高力士知道，若不答应四军将士的请求，皇上的性命也难以保全，所以，

唐明皇幸蜀闻铃处

高力士急促地说："贵妃确实无罪，可已死杨国忠，贵妃还在陛下身边，将士们怎能安心？"

杨贵妃明白自己决不可能逃脱这场劫难，她站起身对高力士说："告诉将士，我愿以死殉国！"然后，她又跪在玄宗面前含泪向皇帝长辞："愿陛下珍重圣体，尽量设法求自免，妾死九泉亦当瞑目！"

玄宗泪落如雨，他怎么能忍心呢？十几年来，杨贵妃给过他多少欢乐的时光，他不能忘

贵妃墓的外景

记长生殿里"在天愿作比翼鸟，在地愿为连理枝"的誓言，他想挽回，他的大脑一片空白，似乎一切都凝固了。士兵们聚集着，高力士为了避免危及皇上的性命，替皇帝传着口谕"皇上赐贵妃死"。众将军欢呼"皇上万岁！"

杨贵妃在马嵬驿佛堂前的梨树上结束了自己的生命。[1]虽然年仅38岁，却享尽了人间荣华富贵，一抔黄土掩埋了绝代佳人。杨贵妃，一个美人，自"霓裳羽衣舞"至"宛转蛾眉马前死"，就这样了结了她的一生。

---

[1] 事见《新唐书·后妃上·玄宗贵妃杨氏列传》："及西幸至马嵬，陈玄礼等以天下计诛国忠，已死，军不解。帝遣力士问故，曰：'祸本尚在！'帝不得已，与妃诀，引而去，缢路祠下，裹尸以紫茵，瘗道侧，年三十八。"

名家评说

　　玄宗耽情声色，聪明已蔽，应为所迷，而杨贵妃亦从而爱幸之，何也？盖妒妇必淫，淫妇必妒，以年垂耆老之玄宗，忽据一玉貌花容之子妇，即令爱宠逾恒，能保其相安乎？

——蔡东藩《唐史演义》

　　杨玉环不顾廉耻，竞尚骄奢，看似无关治乱，而实为乱阶，蛊君误国，不死何待？历叙之以昭大戒，笔法固犹是紫阳也。

——蔡东藩《唐史演义》

　　倾国几将社稷倾，玉环无乃大逢迎。
　　可怜两代多恩宠，都为女冠脱上清。

——张英玉《历代名媛百咏》

　　平心而论，杨贵妃天真而放纵，没有太大的政治野心，但她的确是伤害了政治的力量平衡、伤害了天下人。"马嵬坡兵变"她不是没有责任的。这种人，天生是爱情动物，放在普通人家养不起；放在帝王家，更需要整个天下来奉养她一人。做人，仅仅是没有坏心眼是远远不够的。

——侯红斌《点评历代红颜》

肃宗李亨皇后张氏

张氏（？~762），邓州人（今河南邓州）。其祖母窦氏是玄宗母亲昭成皇太后的妹妹；父张去逸。天宝年间，入太子李亨的东宫侍奉，册为良娣。乾元元年（758），被立为皇后。代宗即位后，被贬为"庶人"。张氏协助丈夫平定叛乱，收复京城长安，一片苦心，专心辅政。为了恢复大唐战后经济，张皇后将后宫禁苑改为桑园，亲率宫女、太监植桑养蚕。就是这样一位勤政爱民的皇后，最终也逃脱权力欲望导致的厄运。

张氏

一、历经磨砺　辅君治国

张氏出身官宦之家，几代都在京城长安为官。

张氏的祖母窦氏，是唐玄宗的母亲昭成皇太后的妹妹。昭成皇太后被武则天赐死。玄宗李隆基幼年丧母，十分可怜。于是，武则天下诏宣窦氏入宫做李隆基的乳母，李隆基即皇帝位后，为报窦氏养育之恩，封她为邓国夫人。窦氏的五个子女也都封官晋爵，第四子张去逸生了女儿张氏。[1] 天宝年间，唐玄宗又下诏宣张氏入太子李亨的东宫侍奉，册封为良娣。

太子李亨与张良娣感情很好，尤其是太子妃韦氏被罢婚送入尼姑庵后，太子李亨更专情于张良娣，两人情投意合。不久，安禄山举旗造反，发生了"安史

---

[1] 事见《新唐书·后妃下·肃宗废后庶人张氏列传》："祖母窦，昭成皇后女弟也。玄宗幼失昭成，母视姨，鞠爱笃备。帝即位，封邓国夫人，亲宠无比。五息子，曰去惑、去疑、去奢、去逸、去盈，皆显官。去盈尚常芬公主。去逸生后。"

之乱"，于是太子李亨、张良娣又跟随唐玄宗颠沛流离，向西逃去。

马嵬驿哗变后，太子李亨、张良娣与玄宗分道扬镳。李亨决定西去朔方灵武（今宁夏灵武）。因为李亨曾任朔方节度使，朔方路途不远，又有朔方留守杜鸿渐和行军司马裴冕在那里镇守。

此时，张良娣已有孕在身，风餐露宿，一路十分辛苦。李亨随从军卒很少，一路上杂混逃难百姓中。每晚住宿，张良娣自己住在前厅，让李亨住到后室，以防不测。李亨非常感动地说："御寇不是妇人的事，更何况你有孕在身。赶一天的路，已经十分辛苦了，外面有军卒护卫警戒御敌，不必为我过虑。你还是到后室安寝。"张良娣执意睡在前厅。她说："眼下局势混乱，事变随时都有发生的可能。殿下随从护军又少，若遇仓促之变，我在前厅，可以阻拦他们，为殿下赢得一点时间。"[1]李亨万分感慨，将她揽在怀中。

太子李亨与张良娣到达朔方灵武后，征集兵马，准备兴兵讨伐安史叛军。义军李光弼、郭子仪等人，闻知监国太子李亨已抵灵武，纷纷率部队前来会合。

抵达灵武以后，太子李亨的小王子李侗诞生了。产后三天，张良娣不顾自己产后虚弱，亲自带领随军女眷，为前线将士赶制战袍军服。李亨听说后，劝说张良娣回房歇息。[2]张良娣说："殿下为平叛整日整夜操劳，我躺下心也不安啊！"

公元756年，太子李亨在灵武即皇帝位，是为肃宗。改年号为"至德"。遥尊李隆基为"上皇天帝"。

肃宗继位后，立即诏令各部唐军，进剿叛军。义军李光弼、郭子仪也率唐军及部分回纥兵，大举进攻，很快就收复了京城长安。

公元758年，肃宗李亨、张良娣等回到长安，改年号为"乾元"。

张皇后自从嫁给肃宗以后，二人历经磨砺。危难时分，张皇后虽为女辈，但能够挺身而出，保护懦弱的李亨。肃宗李亨十分感激，所以肃宗回京后，马上册晋张良娣为"淑妃"。任张淑妃的父亲张去逸为尚书省左仆射，母亲窦氏封义

---

[1] 事见《新唐书·后妃下·肃宗废后庶人张氏列传》："时军卫单寡，夕次，娣必寝前，太子曰：'暮夜可虞，且捍贼非妇人事，宜少戒。'对曰：'方多事，若仓卒，妾自当之，殿下可徐为计。'"

[2] 事及语见《新唐书·后妃下·肃宗废后庶人张氏列传》："驻灵武，产子三日，起缝战士衣，太子敕止，对曰：'今岂自养时邪？'"

唐代描绘宫中妇女加工练的《捣练图》

章县县主,姐姐封清河郡主,妹妹封郕国夫人,弟弟张清尚大宁公主,晋升为太常侍卿,张潜尚延和公主,一家皆因张良娣加爵升官。同时,唐肃宗又派人到成都接回太上皇李隆基,于城南兴庆宫居住。[1]

乾元元年(758)四月,肃宗又立张淑妃为皇后。

唐肃宗、张皇后返回长安,眼前已是一片残破景象。这时,唐军和安史叛军仍在河南地区鏖战,急需粮草后援。为了早日恢复经济,支援前线,张皇后与肃宗商量后诏令将后宫禁苑改为桑园,亲自率领宫女、太监一起植桑养蚕。又发布懿旨,令京城官员命妇,都在自家后院植桑养蚕,以救急国难。由此可见,张皇后专心辅政的一片苦心。[2]

乾元二年(759),为了强调皇帝的权威,加强对各方镇的控制,几位大臣建议,唐肃宗李亨诏令群臣重议帝号。后定尊号为"乾元大圣光天文武孝感皇帝"。张皇后认为自己是拥戴辅佐皇帝的圣贤之人,所以,也要求为自己上尊号为"翊圣"。回到长安后,朝臣官僚对张皇后伙同宦官李辅国干预朝政,早就不

---

[1] 事见《新唐书·后妃下·肃宗废后庶人张氏列传》:"乾元初,册拜淑妃,赠其父尚书左仆射,姊妹皆封号,弟清、潜尚大宁、延和二郡主。逐立为皇后,诏内外命妇悉朝光顺门。"

[2] 事见《新唐书·后妃下·肃宗废后庶人张氏列传》:"后能牢笼,稍稍豫政事,与李辅国相助,多以私谒桡权。亲蚕苑中,群命妇相礼,仪物甚盛。"

郭子仪说服回纥反戈图

满。此次张皇后又要求为自己上尊号，甚至自称"翊圣"，激起了朝臣的强烈反对。[1]

对此，唐肃宗感到左右为难，没料到这天晚上，天空出现月食天相。朝中盛传，皇后阴德过盛，以阴压阳，因此天降灾相，以示惩戒。唐肃宗十分惊慌。这才决定诏令三省各部，禁止为张皇后议上尊号。而且从此以后，唐肃宗对张皇后惧怕三分，敬而远之。[2]

二、权力所惑　欲谋太子

"子以母贵"，既然张氏做了皇后，当然也就希望立自己的儿子做太子。然而早在朔方灵武，李亨即皇帝位的同时，就已立长子广平王李豫为太子。当时，张皇后曾恳请肃宗立她生的儿子李侗为太子，遭到肃宗第三子建宁王李倓的

---

[1] 事见《新唐书·后妃下·肃宗废后庶人张氏列传》："二年，群臣上帝尊号，后亦讽群臣尊己号'翊圣'，帝问李揆，揆争不可。"
[2] 事及语见《新唐书·后妃下·肃宗废后庶人张氏列传》："会月蚀，帝以咎在后宫，乃止。又与辅国谋徙上皇西内。端午日，帝召见山人李唐，帝方拥幼女，顾唐曰：'我念之，无怪也。'唐曰：'太上皇今日亦当念陛下。'帝泫然涕下，而内制于后，卒不敢谒西宫。"

反对。李倓认为李侶尚是襁褓婴儿，若立为太子，不能领兵平叛，与天下国家无利，况且广平王李豫已被立为太子，在战乱期间，频繁改换太子，必然会引起混乱。不久，李侶夭折。从此张皇后和建宁王李倓，结下了很深的怨恨。

当时在蜀地的太上皇李隆基得报李亨于灵武即位，发兵讨伐叛军，十分高兴。他深知多年来张皇后对太子李亨的贤助，于是，派人将自己喜爱的嵌满珠宝的七宝马鞍赐给了张皇后。张皇后十分珍爱，收藏在自己箱箧之中。为鼓舞将士的斗志，李倓奏请肃宗，让张皇后交出七宝鞍，将鞍上珠宝分赏给禁军将士。这件事更加深了张皇后与李倓之间的矛盾。张皇后感到李倓处处与己作对，不除李倓，怨气难出。于是，张皇后和宦官李辅国，在外面散布谣言，说建宁王李倓军功远在李豫之上，却没有被任统兵元帅，常为此不服，万分恼怒。后来，张皇后又面告肃宗，"陛下，现在朝廷内外，传闻李倓企图谋害太子李豫，以武力夺取储君之位。"

肃宗听后大怒，大敌当前，李倓不去奋力杀敌，却阴谋残害自己的兄长，图谋不轨。于是，肃宗即刻下诏，赐死李倓。

太子李豫率军收复洛阳后，他派李泌亲自回京报捷。李泌回京与肃宗闲谈之间，有意引出了建宁王李倓的话题。

听李泌提及李倓，肃宗气恼地说："李倓自以为手中有兵权，他不去奋力杀敌，却争权夺利，谋害长兄李豫，篡夺太子之位。"李泌回道："陛下，李豫、李倓兄弟两人，自幼关系和睦，亲如手足。直到今日，太子李豫仍然悲痛万分，他们兄弟感情如此之深，李倓怎么会谋害太子呢？"

李倓被赐死以后，肃宗也听到一些不平之言，现在听了李泌的一席话，为此十分后悔，伤心地流下了眼泪。

太子李豫率唐军先后恢复了长安、洛阳。从此，关中、河南一带百姓安定发展经济。由此太子李豫名震天下，万民翘首以待，解救于倒悬之中。

张皇后一直以李豫非嫡出为由，恳请肃宗改立她的小儿子李侗为太子。但是，李侗年幼，而李豫屡立战功，尤其是太上皇李隆基，格外喜爱李豫，加上朝中文武大臣又强烈反对，肃宗一直未予应允。

太上皇李隆基回到长安，住在兴庆宫，享受天伦之乐，甚是优哉，虽然不再过问朝政，但是，朝中大臣经常到兴庆宫走动，地方守吏入京办公之后都去朝觐太上皇，因此，李隆基对张皇后伙同李辅国弄权、干预朝政之事也有所闻。他极力反对张皇后改立太子，并且多次面嘱肃宗，决不能改立李侗。他认为，恢复大唐江山的重任，非李豫莫属，而且更换太子也不利于当前的平叛。

一天，唐肃宗李亨到兴庆宫问安。太上皇李隆基历数张皇后上尊号、改立太子等事，让李亨提防张皇后和宦官李辅国，以防内乱。

这件事，很快通过张皇后安插的耳目传到了张皇后、李辅国耳中。张皇后疑心太上皇想恢复帝位。她认为，李隆基若复辟，皇后的凤冠将会被摘掉，而且她的儿子李侗为太子的事也就成为泡影。于是，她与李辅国密议，企图将太上皇李隆基迁出兴庆宫，软禁于西宫甘露殿。

于是，李辅国密奏肃宗道："太上皇所住远离皇宫。百姓见到太上皇，皆呼之为'万岁'。文武官员及地方长吏，也常去兴庆宫觐见太上皇。另外，还有高力士、陈玄礼等一班文臣武将在他身边，长此下去，恐怕对陛下不利。"

李辅国见唐肃宗低头无语，只得悄悄退下。不得已，张皇后又亲自出面，向肃宗晓以利害。

当时，"安史之乱"尚未平息。为此，肃宗忧心如焚，皇宫内又是争权夺势，搞得人人自危。内忧外虑，唐肃宗抑郁成疾，一病不起。

唐肃宗病后，张皇后明目张胆，假传圣旨，逼迫太上皇李隆基迁入西宫甘露殿，将高力士流放巫州（今四川巫山）。

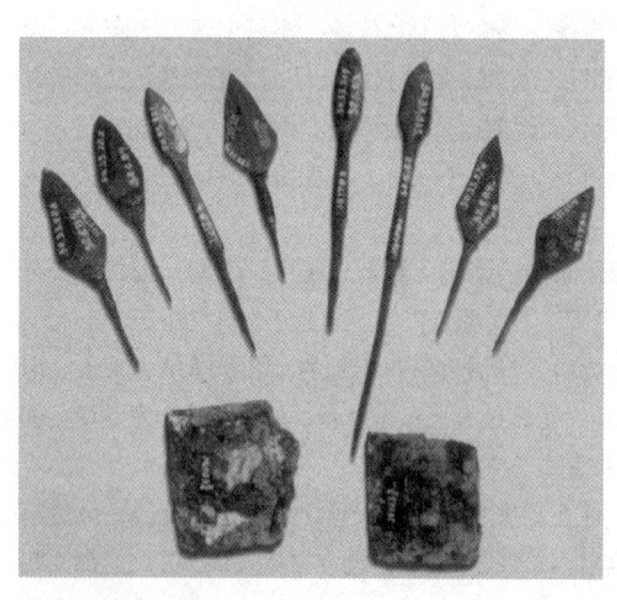

唐箭簇与铁甲片

唐肃宗闻此潸然泪下，其后，肃宗的病情一天比一天沉重。

太上皇李隆基被软禁甘露殿以后，心情恶劣也染病不起。肃宗碍于张皇后，亦不敢亲去探视，只得在宫中刺破手指，蘸血誊写一卷佛经，偷偷派人面呈太上皇李隆基，以寄托自己的思念。

上元元年（760），太上皇李隆基病逝于甘露殿。闻此噩耗，唐肃宗病势更加

严重，他自知气命已绝，所以，临终前颁布诏令，命太子李豫主政监国，掌管一切军国政事。

李辅国见太子李豫将即大统的局势已定，张皇后大势已去，转而投靠太子李豫。张皇后十分气愤，想借太子李豫之手除去李辅国。太子李豫对张皇后所作所为早已胸中有数。所以，对张皇后的阴谋不予理睬。张皇后对此十分恼怒，之后，又一阵后怕，自己已将计划泄露给了李豫，如果李豫与李辅国联合，自己将会被置于死地，干脆一不做二不休。于是，她又与肃宗第二子、越王李係，和盘托出诛除李辅国的计划，而且还对李係许诺，立李係为太子，贬废李豫。

李係欣然答应，之后张皇后令宦官段恒俊挑选200多名强壮的宫卫太监，分发甲胄兵器，埋伏在肃宗卧病的长生殿内外。然后，假传圣旨急召太子李豫到长生殿觐见。

程元振的心腹太监密报了张皇后所作所为，李辅国迅速调集黄门侍卫封锁宫门，又派禁军包围了皇宫。

太子李豫接到父亲的诏令，立即动身入宫谒见肃宗，行至凌霄门时，被早已等在那里的李辅国、程元振阻拦。李辅国将张皇后的阴谋禀告了李豫。李豫不信说道："父皇已经病危，才召我进宫相见，我怎能怕死不去呢？"程元振劝说太子李豫："殿下如果入宫，必死无疑了！"随后，李辅国、程元振将太子李豫护送到宦官衙门飞龙厩保护起来。

当天夜里，李辅国、程元振亲自率领禁军冲入长生殿，杀越王李係、宦官段恒俊等，参与阴谋的百余名太监全部被杀。

病榻上的肃宗，忽见禁军冲入殿前，大肆捕杀宫人，病中肃宗受到惊吓，当即毙命。张皇后被押解出宫，幽禁别殿。[1]

宝应元年（762），太子李豫即皇帝位，号为代宗。

唐代宗经廷议议决，颁诏历数张皇后的罪数，贬张皇后为庶人，后死于宫中。[2]

与唐肃宗历尽艰辛、共植大业的张皇后，就这样轻而易举地自取灭亡了。

---

[1] 事见《新唐书·后妃下·肃宗废后庶人张氏列传》："宝应元年，帝大渐，后与内官朱辉光等谋立越王係，而李辅国、程元振以兵卫太子，幽后别殿。"

[2] 事见《新唐书·后妃下·肃宗废后庶人张氏列传》："代宗已立，群臣白帝请废为庶人，杀之。"

名家评说

　　杨贵妃之后，复有张良娣，唐室女祸，何迭起而未有已也。顾杨妃以骄妒闻，一再忤旨，而仍得专宠，王之不明，人所共知。若张良娣则寝前御寇，产后缝衣，几与汉之冯婕妤，明之马皇后相类，此在中知以上之主，犹或堕其彀中，况肃宗且非中知乎？爱之怜之，因致纵之，阴柔狡黠之妇寺，往往出人所不及防，否则杨妃祸国，覆辙不远，肃宗虽愚，亦不应复为良娣所惑也。

——蔡东藩《唐史演义》

顺宗李诵皇后王氏

王氏（752~816），是唐顺宗李诵皇后。祖籍琅玡（今山东临沂）。其父王子颜，封金紫光禄大夫。幼年入宫，嫁宣王李诵，先后被封为"孺人"、"良娣"。贞元二十一年（803），李诵即位，欲封王氏为皇后，后因病中止。永贞元年（805），儿子李纯即位，封"太上皇后"。谥号"庄宪皇后"。王氏一生节俭，善以待人，大有"母仪天下"之风范。后因长期不能与儿子宪宗皇帝见面，抑郁而死，享年54岁。

王氏生于乱世，成长于将门之家，因而形成了朴实宽厚的性格。父亲王子颜，少年随父从军，征战多年，封金紫光禄大夫，任检校卫尉。

王氏聪慧善良，而且天生丽质，所以，幼年被选入宫，封为才人。代宗见她年幼可爱，温文尔雅，便将她赏给了自己的长孙宣城郡王李诵，当时王氏年仅13岁。大历十三年（779），王氏生了一个儿子，取名李纯，就是后来的宪宗。大历十四年（780），李诵晋封宣王，王氏被立为宣王孺人。同年五月，德宗李适即位，立李诵为太子，王氏被封为"良娣"。[1]

王良娣从不搞那种争宠斗艳、落井下石的阴谋诡计。李诵娶王良娣在

唐绢画《双童图》

---

[1] 事见《新唐书·后妃下·顺宗庄宪皇后王氏列传》："代宗时，后以良家选入宫，为才人。顺宗在藩，帝以才人幼，故赐之，为王孺人，是生宪宗。王在东宫，册为良娣。"

太子妃之前，而且王良娣又生有两个儿子，特别是大儿子李纯，在李诵的27个儿子中位居最长，但仅为"庶长子"。如果王良娣有争嫡立长的野心，这应该是可以利用的最好机会了，但王良娣对太子妃始终十分尊重。

贞元（794～804）后期，唐德宗打击藩镇割据势力，整理朝政的宏图大志成为泡影，在政治上失意以后，便将一切朝廷政务，悉委于宦官，自己极尽欢娱，沉湎于酒色。

面对国家、朝廷如此混乱状况，太子李诵忧心如焚，积劳成疾。对此，王良娣更是焦急万分，她日夜守候在李诵身边，盼望李诵早日康复。而且她还身体力行，用度简朴，从不苛求，对待其他嫔妃，甚至是宫女也都十分友善，以至宫内风气大为好转。

王良娣的两个女儿，长女汉阳公主、次女恭靖公主，这时都已长大外嫁。由于王良娣家教严格，汉阳公主姊妹俩格外节俭，常常亲自计算收入，量入支出，从不与其他皇亲国戚争财斗富、攀比奢侈。直到文宗即位之时（827），府邸中器用衣物等等，还是十几年前自己结婚时母亲赐送的器物，由此可见其简朴的程度，确实为腐败奢侈市潮中的独秀了。

王良娣从不利用自己的位置让皇帝妄加赏赐，索官请爵。王良娣的兄弟王重荣，晋升为太子宾客、金吾将军，经常出入太子东宫。王良娣对王重荣训导严厉，倍加抑限，以防止自家族人妄加干政，依势弄权，收贿聚财，结党营私。史称王良娣有"古后妃风"。

贞元二十一年（803），唐德宗病逝，李诵即位，是为顺宗，改年号为"永贞"。这时，忧

为纪念唐代著名文学家柳宗元而建立的柳侯祠

国忧民的顺宗李诵突然得了中风病，口不能言，瘫痪在床。

顺宗继位以后，虽然病重卧床，还是立即起用了王叔文、王伾，以及柳宗元、刘禹锡等人改革弊政，以防宦官专权的祸害。史称为"永贞革新"。

当时，顺宗的中风病十分严重，所以许多革新的诏令，都是由在身边侍奉的王良娣传达给内侍太监李忠言，然后再由王叔文、王伾颁布出去。

"永贞革新"，不但削减了宦官的利益，也损害了腐朽的旧官僚的切身利益，因此，遭到他们的联合反对。宦官俱文珍首先策动一部分藩镇的节度使，纷纷上表于朝廷，言顺宗久病，无法正常处理国家大事，应让位于太子。

面对这种状况，王良娣无所适从，一边是自己的夫君，一边是自己的亲生儿子。顺宗面对朝野的一片反对，改革新政也无法实行，政治上无法实现自己的愿望，而且自己眼看不行，生前一定要正式册封王良娣为皇后，以了自己的心愿。

正当顺宗准备册封王良娣为皇后时，病情突然加重，册封皇后之事不得不中止。

在朝野官僚和宦官的一片反对声中，永贞元年（805）八月，做了八个月皇帝的顺宗李诵，不得不"禅位"于太子李纯。自称太上皇，同时册立王良娣为"太上皇后"。[1]

元和元年（806）正月，顺宗病逝，唐宪宗李纯迫于宦官集团的压力，将太上皇后王氏的封号改为"皇太后"。然后将自己的母亲王氏迁出后宫，送到长安城东南的兴庆宫居住。朝政大权完全落于权阉集团手中，宪宗李纯实际上成为一个傀儡皇帝。

皇太后王氏因为长期独居兴庆宫，不得与儿子李纯相见，忧郁成疾，危在旦夕。元和十一年（816），临终之前，她留言给宪宗："世上万物之理，最终都有一个了结极限，我已受尽了人间风霜冷暖的苦楚，我的身体日渐衰病，如果死后能和先皇埋葬在一起，侍奉先皇，我的意愿也就实现了，这样我还有什么可以哀伤的呢？自古以来日月相易，旧去新来。我死以后，皇上三天就去处理国家政务，穿27天孝服就可以脱掉了。天下黎民百姓，举哀三天就足够了。用不着天

---

[1] 事见《新唐书·后妃下·顺宗庄宪皇后王氏列传》："后性仁顺，宫中化其德，莫不柔雍。顺宗即位，疾已绵顿，后侍医药不少怠。将立后，会病棘而止。宪宗内禅，尊为太上皇后。元和元年，乃上尊号曰皇太后。"

天来守灵，不要悲哭丧事。朝外，不要禁止文武官员、黎民百姓的婚姻嫁娶，不要禁止喝酒吃肉，庆喜宴席。服丧期满以后，就让人们去尽兴欢乐吧！我死之后，为我治病的侍医也不要任意加罪，埋葬仪式和陪葬的明器，按照旧制就可以了。"[1]

不久，54岁的太后王氏病逝于兴庆宫咸宁殿。王氏去世以后，遵王氏遗愿朝议尊谥号为"顺宗庄宪皇后"，并与唐顺宗李诵合葬于丰陵。

---

[1]语见《新唐书·后妃下·顺宗庄宪皇后王氏列传》："皇太后敬问具位。万物之理，必归于有极，未亡人婴霜露疾，日以衰顿，幸终天年，得奉陵寝，志愿获矣，其何所哀。易月之典，古今所共。皇帝宣三日听政，服二十七日释。天下吏民，令到临三日止。宫中非朝暮临，无辄哭。无禁昏嫁、祠祀、饮食酒肉。已释服，听举乐，侍医无加罪。陪祔如旧制。"

宪宗李纯皇后郭氏

郭氏（生卒不详），唐宪宗李纯皇后。汾阳（今属山西）人。其父郭暧，封太尉；其母升平公主，封齐国大长公主。李纯为广陵王时，娶郭氏为妻。李纯继位，封为贵妃。穆宗继位，封为皇太后。谥号"懿安皇后"。郭氏是唐代晚期影响最大的一位贤后。郭氏先后经历了宪宗、穆宗、敬宗、文宗、武宗和宣宗六朝，长达40余年，这在中国历史上也是罕见的。

一、母仪风范　以德听政

郭氏出身将门，自幼就聪慧伶俐，非常招人喜欢。在李纯还是广陵王的时候，顺宗就把名将郭子仪之子郭暧与升平公主所生的女儿郭氏给他娶进了广陵郡王府，顺宗对这个儿媳妇特别宠爱，非同一般。李纯也十分喜欢郭氏的大家闺秀仪容和贤淑的德行，经常陪伴郭氏左右，两人十分相爱。贞元十一年（795），郭氏生下李纯的第三个儿子李恒。郭氏还为李纯生了一个女儿岐阳公主。

郭　氏

李纯继位后，没有册封皇后。后宫里妃嫔宫女众多，虽不说个个艳丽动人，但有姿色者颇多，宪宗周旋其间其乐无穷。

新的皇帝继位以后，按照祖制，应该册封后、妃，将子女分封为王子、公主。而宪宗只将郭氏封为贵妃，虽然比那淑妃、美人高了一等，但仍然未封为皇后。朝中群臣认为国中有帝无后不成体统，更何况郭贵妃出身名门，生有子，并且入宫前后，均以贤淑达礼而著称。于是在元和八年（813）十二月联名上表，请宪宗立郭贵妃为皇后。

宪宗当朝未语，回到后宫，看到他喜欢的妃嫔宫女纷纷而至，妖媚撩人，他可以任意召幸，好不快活，于是掷回表章，不同意册封皇后。群臣不平，先后三次上奏，述及国不可无母，只有郭贵妃宜册为皇后。宪宗还是一再推诿，所以，宪宗在位的时候，始终未

唐宫乐图

册封皇后。[1]其后唐代晚期连续有五朝皇帝都不立皇后。

郭贵妃虽未被册封为皇后，但她的言谈举止仍很恭谨有礼，谦和仁爱，大有母仪天下之风范，在宫中备受尊敬。在她的教诲下，她的女儿岐阳公主秉性贤惠，女道淑娴，在宫中也颇受上下称道。

岐阳公主及笄以后，宪宗便诏令宰相，从公卿子弟中选择一位面貌清秀而又才学出众的青年作为皇帝的乘龙快婿，经仔细挑选，最后选中了太子司仪郎杜悰。

公主出嫁之前，郭贵妃召之，告以妇人之道，要敬夫孝婆，不可以皇家子女自居。果然，岐阳公主下嫁杜悰以后，杜家老少长幼数百人，公主均以礼相待，她丝毫没有骄倨之态。府邸之中，人们赞不绝口。

由于郭贵妃教子有方，儿子李恒从小就聪敏贤能，深得宪宗喜爱。前太子李宁病死后，宪宗便立李恒为太子。

宪宗即位之初，尚能勤于政事，治理国家，正如欧阳修在修《新唐书》时对唐宪宗的评价，"刚明果断，自初即位，慨然发愤，志平僭叛，能用忠谋，不惑群议，卒收成功"。但后来却沉湎于享乐之中，寻求长生不死药，甚至让方士

[1]事见《新唐书·后妃下·宪宗懿安皇后郭氏列传》："八年，群臣三请立为后，帝以岁子午忌，又是时后廷多嬖艳，恐后得尊位，钳掣不得肆，故章报闻罢。"

在宫中大炼金丹。因他服食金丹过量，脾气暴躁，动辄罪杀宦官、大臣，郭贵妃曾多次劝解，都未奏效。

元和十五年（820）初，宪宗病危，朝中各掌权的宦官之间展开了一场权力之争。

左神策军中尉吐突承璀欲立宪宗子沣王李恽为太子。内侍陈弘志便率兵杀死了吐突承璀和李恽，并将宪宗毒死。随后，便拥立太子李恒为皇帝。

李恒继位，是为唐穆宗。穆宗尊郭贵妃为皇太后。对于穆宗在宦官拥立之下做

唐服食炼丹药材

了皇帝，朝中上下议论纷纷，但对尊册郭贵妃为皇太后，却非常欢迎，群臣及命妇们纷纷到光顺门祝贺，可见郭贵妃久得人心。

之后，穆宗对郭贵妃的祖辈和亲族也分别给予追封或加封。自祖父郭子仪以来，郭家获得历朝殊荣，郭贵妃册封为皇太后后，又受追封、晋封，这当然使郭贵妃感到欣慰。

郭太后迁居兴庆宫。穆宗非常讲孝道，每逢初一、十五都要给母后请安参拜。逢太后的寿诞之日，皇帝亲率朝中百官到宫门为太后祝寿。穆宗十分关心太后的平时起居，亲自过问，每天供奉御膳。[1]

每年的春秋佳日，皇帝侍奉太后出城郊游，六宫命妇、戚里亲属的女眷一齐同行，环佩之声充斥于耳。郭太后常去骊山游览观赏，每次出宫，皇帝令景王督禁卫军保驾，皇帝亲至照应奉迎，深得太后宽慰，使她过了四年欢愉的生活。[2]

---

[1] 事见《新唐书·后妃下·宪宗懿安皇后郭氏列传》："穆宗嗣位，上尊号皇太后，赠暖太尉，母齐国大长公主，擢兄钊刑部尚书，釴金吾大将军。后移御兴庆宫，凡朔望三朝，帝率百官诣宫门为寿。"

[2] 事见《新唐书·后妃下·宪宗懿安皇后郭氏列传》："或岁时庆问燕飨，后宫戚里内外妇，车骑骈雍，环佩之声满宫。帝亦豪矜，朝夕供御，务华衍侈大称后意。后尝幸骊山，登览裴回，诏景王督禁甲从，帝自到昭应奉迎，留帐饮数日还。"

穆宗虽然事母至孝，但却不怎么上心朝政，整日游玩，虽然年已27岁，但依然少年稚气。长庆二年（822）十二月，穆宗在宫中击球时突然患病，病情很重。左仆射裴度等见皇帝病重，三次上疏，奏请赶快下诏确立皇太子，以防圣上不测。

唐穆宗在位期间，没有册立皇后，景王李湛为长子，所以穆宗在病中立景王李湛为皇太子。到长庆四年（824），穆宗驾崩。这年皇太子李湛仅16岁。多年来郭太后受到朝臣的尊敬，百姓的爱戴，有很大德威，于是宦官们想利用她，以太子李湛年龄尚幼，请郭太后临朝执政。

郭太后闻奏怒斥："你们这不是要我仿效武则天一样吗？即使太子年幼，可以从朝中选择贤能的宰相，以辅佐幼年皇帝。只要你们这些人不干预朝政，国家就可以太平了。"[1]

裴度像

郭太后的哥哥太常卿郭钊听到宫中议论，宦官们推出郭太后临朝摄政，其实是作为他们手中的傀儡，他担心太后不识其中阴谋，立即在给太后信中，态度诚恳地说："母后临朝当政，是历代的一大弊政，如果太后真要临朝执政，我就率领郭氏亲族辞去官爵，回归故乡，种田养生。"郭太后读信大哭，召见郭钊，十分诚恳地对他说："我虽然是女流之辈，但岂能妄背祖训。"举朝上下无不称颂太后贤德。

二、诲孙善政　晚年凄苦

太子李湛即位，是为敬宗。敬宗尊他的生母为皇太后，尊郭太后为太皇太后。敬宗即位后，宦官权势增大，互相攻杀，争权夺利，甚至胆大妄为，可以废立皇帝。敬宗因没有满足他们的要求，仅隔两年，年仅18岁的唐敬宗便被宦官谋

---

[1] 语见《新唐书·后妃下·宪宗懿安皇后郭氏列传》："吾效武氏邪？今太子虽幼，尚可选重德为辅，吾何与外事哉？"

害，成了唐代宦官专权的牺牲品。

敬宗死后，各派势力展开了殊死的争夺。

郭太后为敬宗的暴殒而震骇，为了稳定天下大势，以她多年的威望下诏令，立敬宗的二弟李昂继承皇位，是为唐文宗。所以，文宗登基后对他的这位祖母也事事至孝。当时后宫除郭太后外，还有文宗的生母萧氏皇太后，敬宗的生母王氏宝历太后。文宗每日向三位太后请安，亲自过问三位太后的膳食，每有珍贵佳肴，蛮夷进贡的鲜果食品，向祖宗陵庙献祭以后，先给三位太后品尝，然后自己才吃。所以，《旧唐书》记载："文宗孝而谦谨，孝祖母有礼"。

开成五年（840），文宗病重，又引来一场废立的权力之争。

神策军护军中尉仇士良和鱼弘志假传圣旨，贬皇太子李成美为陈王，拥戴唐穆宗的第五个儿子李炎为皇太弟。文宗驾崩后，李炎即皇帝位，是为武宗。武宗继位后，对郭太后仍极尽孝道，时常进到后宫，向郭太后问候起居。

一天，武宗到郭太后处请安，非常认真地说："请太皇太后教诲。"郭后笑着问："陛下要问何事？"武宗看着太后说："怎样才能做一个盛世皇帝？"

唐代著名寺院——法门寺

武宗所作所为郭太后早已耳闻，所以，毫不客气地对武宗直言："陛下看过谏臣们奉上的章疏吗？"武宗十分惭愧地说："看过一些。"太后看看武宗，然后十分和蔼地对武宗说："皇帝对敢于直谏的奏疏应仔细审阅。其中好的奏本，就应采纳；迟疑不决的，可征求宰相的意见。千万不要听不进大臣们的谏疏，要辨别谁忠谁奸，任用忠心之臣，这才是盛世的天子啊！"回到殿上，武宗仔细览阅群臣奏上的本章，其中有些是谏帝不要随意游猎、召民入宫踢球的本章。武宗从谏，从此大有收敛。[1]

唐朝晚期，国家连年内战，徭役深重，百姓多借佛教寺院为避难场所。

武宗崇奉道教也到了痴迷的程度。甚至在皇宫内院建了一座道观，御题为"望仙观"。他吃了道家"仙丹"之后，身体日渐衰弱，以至不能临朝。

武宗病重，宦官们再次开始争夺权力。左神策中尉马元贽等在宫内密布心腹，趁机夺权。而且擅传诏命说，皇子年幼，不能理国，由皇太叔光王李忱监理国事。不久，武宗驾崩，时年33岁。

李忱即皇帝位，是为唐宣宗。这样，郭太皇太后，又从前三个皇帝的祖母，成为新皇宣宗的母后。

宣宗与郭太后是母子身份，按理应该更加奉孝，然而，宣宗对郭太后不仅不孝，反而十分不敬。

原来，宣宗的生母丹阳人郑氏，相传是尔朱氏的后代。有一次，卜者为郑氏姑娘相面，卜者突然神秘地跟郑氏耳语："姑娘有皇后之命，如果谁和姑娘匹配生了儿子，会有九五之尊，成为皇帝。"

这件事不胫而走，很快便传播开来，早有谋叛之意的浙西观察使兼盐铁转运使李锜听说此事，暗自高兴。于是，他迅速派人去到丹阳，把郑家姑娘娶到家中纳为侍妾。不久，李锜公然反叛朝廷想做皇帝。

李锜谋反，很快便被朝廷派兵镇压。唐朝，叛臣及外夷入寇头领的妾、女，都同于物资一并抄没，所以郑氏也被送到宫中为奴，因她生得艳丽，伶俐勤快，故被送入郭贵妃宫中侍奉郭妃。

---

[1] 事见《新唐书·后妃下·宪宗懿安皇后郭氏列传》："武宗喜畋游，角武抃，择五坊小儿得出入禁中。它日问后起居，从容请曰："如何可为盛天子？"后曰：'谏臣章疏宜审览，度可用用之，有不可，以询宰相。毋拒直言，勿纳偏言，以忠良为腹心，此盛天子也。'帝再拜，还索谏章阅之，往往道游猎事，自是畋幸稀，小儿武抃等不复横赐矣。"

郭贵妃虽不是皇后，却受到皇上宠爱，所以，宪宗时常到郭贵妃宫中，这样郑氏就有机会接近皇帝。聪明的郑氏知道，若想出人头地，只有攀龙，于是每逢宪宗驾临，她都刻意打扮，以引得宪宗注意。果然，时间久了，有一天，郑氏终于被宪宗召入别室，龙凤相配，而且使她生下一个儿子，起名为李忱。

唐掐丝团花金杯

因为李忱生母低人一等，所以，他从小就寡言少语，处世十分谨慎，当然他也一直以为自己此生此世绝不可能有当皇帝的可能。不料宦官之争，给李忱带来了机会。武宗病重时，本应立皇太子，可左神策护军中尉马元贽等人以太子年幼不能理朝政为由，立李忱为皇太叔。武宗驾崩，就在武宗灵柩前李忱被立为皇帝。母以子贵，出身卑微的郑氏终于被册封为皇太后，郑氏一家均被封官加爵。

郑太后多年受屈辱，今朝儿子当了皇帝，自己成了皇太后，真是一步登天，心里十分得意。多年的郁闷总算可以寻机发泄、报复了。这时候，郭太后还居后宫，郑太后便在郭太后身上出气。对郭太后冷嘲热讽，出言不逊，而且挑唆她的儿子宣宗不要理郭太后。因此，宣宗对郭太后便十分冷淡，甚至无礼。

郭太后入居兴庆宫，颐养多年，历为穆宗、敬宗、文宗、武宗所奉孝，上下尊敬，如今人到晚年，反遭人白眼，地位骤然下降，郭太后心里十分不愉快。

一天，她登上勤政楼眺望，忽然想起了绿珠坠楼的历史故事，不由联想自己目前的处境，心绪不畅的郭太后，突然跃身跳楼，幸好身后的侍女眼快手疾，把她紧紧抱住，这才避免于难。这件事顿时在宫中传开，多数人认为是宣宗不孝所致，议论传到了宣宗耳中，他更加痛恨郭太后。就在当天晚上，郭太后突然"暴卒"，郑氏这才觉得出了多年的怨气。[1]

然而，就如何安葬郭太后又出现了矛盾。有司遵宣宗的本意，请将郭太后葬于唐宪宗的景陵外园，而太常官王皥却上奏，太后应合葬于附庙。因为唐宪宗

---

[1] 事见《新唐书·后妃下·宪宗懿安皇后郭氏列传》："宣宗立，于后，诸子也，而母郑，故侍儿，有曩怨。帝奉养礼稍薄，后郁郁不聊，与一二侍人登勤政楼，将自陨，左右共持之。帝闻不喜，是夕后暴崩。"

未册封皇后，郭后正式册为贵妃，应依礼合葬。宣宗阅后大怒，令宰相白敏中责问王皞居心何在。王皞并不畏惧，理直气壮，指着宰相白敏中，仗义执言："太皇太后是汾阳王郭子仪的孙女，是宪宗在东宫时候的元妃，事宪宗为妇，后身历五朝，母仪天下，谁人不尊敬？"白敏中正要上殿入奏宣宗，这时候身为兵部侍郎的周墀在王皞旁边十分钦佩地说："有圣明的天子，才有敢于直谏的大臣。今天算是见到一位敢于直谏的忠臣！"

宣宗执迷不悟，仍是不听劝谏，而且将王皞贬为句容县县令。[1]一直到宣宗的儿子李漼登基做了皇帝，即唐懿宗时，王皞再次被起用，任为礼官，他又向懿宗奏郭太后的葬仪不合礼制。懿宗采纳了王皞的奏章，郭太后终于附葬于唐宪宗的景陵，并朝议谥号为"懿安皇后"。

郭太后究竟为何而死，说法不一。有人说她是服毒自杀；也有人说她是被人毒死的。关于郭太后的死因，宫中、民间议论纷纷，但不论如何，都很怀念这位"贤后"。

---

[1] 事及语见《新唐书·后妃下·宪宗懿安皇后郭氏列传》："太常官王皞请后合葬景陵，以主祔宪宗室，帝不悦，令宰相白敏中让之。皞曰：'后乃宪宗东宫元妃，事顺宗为妇，历五朝母天下，不容有异论。'敏中亦怒，周墀又责谓，皞终不桡，墀曰：'皞信孤直。'俄贬皞句容令，懿宗咸通中，皞还为礼官，申抗前论，乃诏后主祔于庙。"

正说历朝八十后

李晓丽 主编

（中）

中国书籍出版社

【五代】

后梁太祖朱温皇后张惠

张惠（？~904），后梁太祖朱温皇后，宋州砀山（今安徽砀山）人，其父张蕤。谥号"元贞皇后"。张氏秉性严毅、持重家礼，品德之贤，在历代后妃中实属少有，就连"贪食、渔色、嗜杀、蔑伦"的朱温，也常为之收敛豺狼之心，因此，张氏常被后人称为"五代第一贤妃"。

一、乱世佳人　巧配天缘

张氏，出生于砀山富豪之家。父亲张蕤曾任宋州刺史。张氏生得仪容秀雅，体态匀称，眉宇间露出一股英气。在后唐战乱叠起，动荡不安的时局之下，她流落在外，遇到朱温，被朱温娶为妻室。

朱温出生在宋州砀山县午沟里，"家世为儒，祖信，父诚，皆以教授为业"，是一个破落的小地主家庭出身。朱温因排行第三，小名便叫做朱阿三。其父朱诚早死，家产荡尽，寡母不得已携三子投奔萧县（今属安徽）地主刘崇家，母为佣媪，三子为佣工。

相传朱温出生时，他家的屋子上有红光上冲霄汉，邻里惊骇不已，大声呼号道："朱家起火了。"大家争相挑桶、提水，奔到朱家救火，哪知到眼前一看，房舍并无异样，只有婴儿的哭啼声，询问之下才知是朱家新生一个孩子。众人纷纷议论："我等明明见有红光，为何到了此地，反无光焰。莫非此儿生后，将来大要发迹，所以

后梁开平元宝

五代白瓷莲花式盘

有此异征哩！"随后散去。[1]

朱阿三少时是个淘气鬼，喜欢弄枪舞棒，欺负邻里弱小的孩子。次兄朱存与他相似。父母屡次教训，终不肯改。朱阿三随母来到刘家，哪里受得了耕作之苦，每日里游手好闲，以雄勇自负，乡里人都很讨厌他。至年及弱冠，仍是劣性不改，时常闯祸。有一次，他竟然把刘家的锅揭下来，背负着跑了，刘家无可奈何，只好由着他的性子胡来。但刘家夫人认为阿三不是凡人，对他格外优待。见他不爱种地，便让他去打猎。朱阿三与次兄朱存一起带上箭，同去逐鹿，朝出暮归，无一空手时，两人以此为乐，觉得逍遥自在。

有一天，兄弟二人逐鹿到了宋州（治今河南商丘）郊外，此时已是春意盎然，桃红柳绿，鸟语花香。春风撩得人心旷神怡。朱温兄弟刚想坐下来休息，突然听到一阵马车的声响，朱阿三抬头一望，只见两辆香车，由数百名兵役簇拥着向前行去。"香车里坐着何人？"他突发奇想，想要看个究竟。于是背上弓箭，尾随其后。

转过一个山角，在绿树浓荫中露出了红墙，原来是一座禅院。那两辆香车已经停住，由婢媪扶出二人，朱阿三趴在草丛中，见一个是半老妇人，神采奕奕，颇有官宦家眷的气度；另一个则是青年女子，年龄不过十七八岁，虽看不清面孔，但身材窈窕，举止大方。朱阿三判断这是母女二人来寺拈香的。那小姐的身影，像一条无形的线，紧紧拴着他，于是，他便向前凑近，想看个清楚。不料刚到殿外，就被兵役挡住，大声叱道："刺史张大人的夫人和小姐正在拜佛，生人不得入内。"朱阿三一听，又惊又喜，慌忙问道："张大人？是张蕤吗？他原是砀山富豪，与我还是同乡呢！"兵役哪能理会他，他只得坐在殿外的台阶上等候。一会儿母女稳步出殿，朱阿三三步并做两步赶了过去，歪头仔细端详，只见那青年女子真是绝世美人：鸭蛋面庞清秀美丽，眉似一弯新月，眼如一潭秋水，

[1] 事见《旧五代史·太祖本纪》："是夕，所居庐舍之上有赤气上腾，里人望之皆惊奔而来，曰：'朱家发火矣。'及至则庐舍俨然。既入，邻人以诞孩告，众咸异之。"

脸儿嫩得白里透红，着装却淡雅得体。特别在眉宇间露出一种英气，更是美艳绝伦。

朱阿三直看得眼睛出了神，香车早已走远，他的眼睛还是一眨不眨，直愣愣地瞪着，只是嘴里喃喃道："阴丽华，阴丽华……"一直站在旁边的朱存不解地问道："谁是阴丽华？"

朱阿三这才缓过神来，反问道："二哥，你可记得父亲在世时，讲过的汉光武帝的故事吗？"朱存忙问什么故事，朱阿三十分神往地说道："汉光武帝在布衣时，曾自励道：'为官当做执金吾，娶妻当得阴丽华。'[1]阴丽华是当时天下无双的美人，日后果如所愿。今日见到的张氏，恐怕是当日的阴丽华再世了。你说我将来能做汉光武帝吗……"没等朱温说完，朱存便哈哈大笑起来，连连摇头说："你呀！可真是癞蛤蟆想吃天鹅肉，异想天开啊！"

朱阿三被取笑，似乎有点生气，他还真是找到了点根据，气吼吼地争辩道："时势造英雄。当年刘秀有何官爵地位，还不是和你我兄弟一样庶民百姓嘛！后来有机会做了皇帝，娶了阴丽华为皇后。你怎么知道我不能？"说完瞪着一双贼眼看着朱存。

朱存见他真生了气，也惧他三分，便顺着他的思路说："要出人头地，总得有个靠山啊。我们现在寄人篱下，怎能成其大事呢？"

朱阿三这才高兴起来，只见他眼珠一转，很认真地对二哥说道："现在唐室已乱，兵戈四起，前日听说王仙芝起兵濮州，近又听说黄巢在曹州响应。我们何不去投奔他们，说不定能混出个样子来。"朱存点头赞成，于是，二人便决定前往山东曹州投奔黄巢。

朱温兄弟二人来到山东，加入了黄巢的起义军。朱温身强力壮，胆大不怕死，战斗中冲锋陷阵，勇往直前。在战乱的年代，这种精神颇为可贵，所以很快被提拔为队长。过了一年左右，就被提升为大将了。此时，朱存在营中已有了妻室，而朱温仍惦记着他的"阴丽华"，非她莫娶，即使碰到再美丽的女子，在他看来也是无甚可取，大有除却巫山不是云之意。

朱温从军多年，屡屡得到提升，东驰西突，平时掠得美人，叫她侍寝，心

---

[1] 事见《后汉书·帝纪第一〇上·光烈阴皇后》："初，光武适新野、闻后美，心悦之。后至长安，见执金吾车骑甚盛，因叹曰：'仕官当做执金吾，娶妻当得阴丽华。'"

中总嫌不足，今日留下，明日舍去，总没有定下妻室。

唐广明二年（881）底，黄巢攻下长安，唐僖宗逃往四川，黄巢号称大齐皇帝，改元金统。任命朱温为同州（今陕西大荔）防御使，负责拱卫长安。

黄巢像

朱温没想到，他进驻同州，居民夹道聚观。朱温骑在马上，心里十分得意。突然一个熟悉的面孔出现在他眼前，虽然她衣着破烂，但他还是一眼就认了出来。这不就是朝思暮想的那个阴丽华的化身张氏女么，但他转而又一想，不对，世上长得相似的人很多，再说堂堂刺史的大小姐怎么会沦落到如此地步？又怎么会孤身一人来到同州呢？

但他还是下得马来，急步走到这个女子面前，非常关切地问道："请问姑娘家住哪里？"那女子答道："宋州砀山县梁亭里。"朱温心里一喜，便开门见山地问道："你是前宋州刺史的女公子吗？"那女子一听，先是一惊，心想这位将军如何知道我的身世，又一想，乱世之中，如能找到依靠，也比自己孤身一人漂流四方为好，于是，她便点头低声称是。朱温十分亲热地说："女公子是我同乡，猝遭兵祸，想是受惊不少吧！"遂马上吩咐卫兵备轿。

张女随朱温来到军营中，朱温便详细地询问了她父母的情况。张女眼泪汪汪地诉说："我叫张惠。父亲早已去世，我和母亲从家乡逃出来，由于兵荒马乱，不久也失散了，我跟着一帮乡民，才流离至此。"朱温望着眼眶充满泪水的张惠，真乃一枝梨花春带雨，觉得她更加楚楚动人，让人怜爱，情不自禁上前抓住她纤弱的手，动情地说："自从在宋州郊外，得睹芳姿，便倾心已久。近年来我东征西战，总忘不了你，时常探听你的消息，但一无所获；我曾立下誓言：非你不娶，情愿鳏居。今日老天作美，把你送到我面前，可真是三生有幸啊！"

张惠听了，亦为之真情所动，却低头不语。朱温招呼婢仆，令她们领张惠到别室休息，好生伺候，不得怠慢，待选好日子，正式成婚。到了吉期，张惠一

经梳洗打扮,真乃闭月羞花,沉鱼落雁,佳丽无双,宛如天仙。朱温既得了这般漂亮的女子为妇,洞房花烛,朝欢暮乐,自不必多说。

朱温娶了张惠不久,由于黄巢对他有误会,他便致书张氏告知想要背巢归唐,张氏复信赞成。于是朱温归唐,僖宗大喜。对群臣夸赞道:"这是上天赐朕哩!"遂下诏授朱温为左金吾卫大将军,并赐名全忠,后又拜朱温为汴州(今开封)刺史,兼宣武军节度使、东北面都招讨使,负责堵截黄巢。唐中和三年(883)三月,朱温携带爱妻张惠高高兴兴来到汴州,摇身一变为刺史大人了。

朱温自从投奔黄巢离开刘家以后,已整整5年了,他从未想到回家探望一下寄人篱下的寡母。张妃贤惠,硬逼朱温回家把老母接来。朱温无奈,只好派兵役百人,带着车马,去迎老母来汴。

再说朱温的老母,历尽艰辛,养子成人。常言道:"儿行千里母担忧!"自朱温兄弟走后,朱母时常惦记着两个儿子,四处托人探问,有的说可能做强盗去了,有的说恐怕已死在岭南,没有一个确信。朱母常常思念儿子,对着孤灯哭泣。这天汴使的车队来到门前,车声辘辘,马声萧萧,吓得村人都弃家遁走,以为不是大盗进村劫掠,就是乱兵过路骚扰,刘家老小,也惊恐万分。汴使进门说奉汴帅使命,来迎朱太夫人。常言道:知子莫如母。朱母深知两个儿子品行不端,以为是他们在外为盗,被官府追捕,吓得魂不附体,钻进灶下躲了起来。来使慌忙令人把她老人家搀了出来,然后十分谦和地告诉她朱温已为国立功,官拜宣武军节度使,是特地派人来接她的。朱母听后仍不相信,战战兢兢地说:"朱……朱阿三,落拓无行,做贼已经死了!汴州镇帅,不是我儿,想是弄错了

国画《黄巢占领长安》

吧。"来使只得将朱温如何归唐,如何建功,如何拜爵等情况,一一陈述,朱母方才惊喜泪下。

朱母来到汴州,见到朱温和儿媳张惠,自是喜之不禁。朱温设盛筵为母接风。席间,朱温得意忘形地说:"我父读书一生,不登一第。今天您的儿子为节度使,总算是光宗耀祖,不辱先人了!"朱母听了十分不悦,沉默良久方说:"你能至此,确是为先人争气,但你的行谊,恐怕未必如先人呢!"朱温忙问何故,朱母方说:"你二哥朱存和你一同随黄巢起义,他已战死南岭,而今你富贵了,却忘了他,你二哥尸骨尚未还乡,难道你无愧吗?"朱温赶忙跪下谢罪,事后派人往南方收回了朱存的尸骨。

二、戒夫淫戮　遗德化石

光启二年(886),朱温晋爵为王,权势日益强励,但他却江山易改,本性难移。

朱温生就是一副强盗心肠,狡猾,凶悍,善变。若一旦得势,则趾高气扬,目中无人,骄矜异常;若有求于别人,便低三下四,卑躬屈节,甘言奉承。为了达到自己的目的,甚至以怨报德,能将救命恩人置于死地。唐中和四年(884),他被黄巢起义军包围,为了活命,乃卑词厚礼,乞援于河东节度使李克用。李率军解其围。朱温被李克用救出之后,不仅不感其恩,反而嫉恨李克用强盛,便假惺惺地邀请李克用入上源驿(今河南开封县城南),佯为犒宴,暗藏杀机,夜间派兵包围上源驿,四面纵火,乱箭齐发,想一举消灭李克用和他的随从卫队。毫无防备的李克用在大火中被左右亲信唤醒,在侍卫们的拼命保护下,仓皇逃出,而其亲兵300余人,全遭杀害。

五代周文矩《宫中图》

朱温杀戮成性，不仅对外人，即使是自己的亲人，他一时性起也会妄加杀戮。唐景福二年（893），朱温派长子郴王友裕攻徐州，破朱瑾于石佛山。朱瑾逃走，友裕没有乘胜追击。朱温得知后大怒，立刻夺取其兵权。友裕知道他父亲的脾气，恐怕性命难保，慌忙率十余骑逃到山中躲了起来，不久又偷偷藏在他伯父广王全昱的家中。张夫人知道这件事后，悄悄派人叫友裕先回来请罪，然后再设法营救他。友裕听从张夫人的吩咐，一大早就赶回来请罪，在庭中跪下，请求父亲宽恕。谁知朱温一见哭泣不止的友裕，仍是怒火中烧，二话没说就令左右推出斩首。张夫人在屋里听见，没想到事情发展竟会如此之快，连鞋子也没来得及穿，光着脚丫子拉着友裕大声地说："我儿啊，你一大早回来束手请罪，难道你是不想改好吗？"说完抱头大哭。朱温知道张夫人话里有话。仔细一想，张夫人说得也对，只好摆摆手，令左右退下。在张夫人呵护下，友裕总算保住了一条性命。[1] 就这样，张夫人以婉言讽谏，从朱温的虎口下解救出不知多少人。

朱温兵势强大后，便进军兖郓，守将朱瑾脱身逃走，妻子落入朱温手中。朱温见瑾妻姿色可人，强令她侍寝，并带归汴梁。张夫人闻讯马上去见瑾妻，给她跪下，凄然泪下，十分动情地说："你我本是同姓之国，兄弟之间，因小故便大动干戈，而使我姐姐至此地步，若不幸汴州失守，妾也是同样下场啊！"[2] 说完放声大哭。朱温在一旁为之感动，便送瑾妻为尼。瑾妻当尼姑后，张夫人仍把她当姐姐看待，时常去看她，并送衣送食，情意至深。

张氏贤明有礼，朱温虽虎狼之心，也为她制伏，无论内政外务她多有指点。朱温本就对她宠爱异常，更因为张氏所思所料，正是朱温没有想到的，朱温对她更加敬畏，军政国策多向张氏请教，有时朱温已督兵出行，途中接着汴使，说是张夫人认为不可，请大王还，朱温即勒马回军。就是平时侍妾，也只有三五人，不敢贪多无厌。

---

[1] 事见《新五代史·梁家人传·太祖元贞皇后张氏列传》："郴王友裕攻徐州，破朱瑾于石佛山，瑾走，友裕不追。太祖大怒，夺其兵。友裕惶恐，与数骑亡山中。久之，自匿于广王。后阴使人教友裕脱身自归，友裕晨驰入见太祖，拜伏庭中，泣涕请死。太祖怒甚，使左右捽出将斩之，后闻之，不及履走庭中，持友裕泣曰：'汝束身归罪，岂不欲明非反乎？'太祖意解，乃免。"

[2] 语见《旧五代史·梁家人传·太祖元贞张皇后列传》："兖、郓与司空同姓之国，昆仲之间，以小故寻戈，致吾姒至此。设不幸汴州失守，妾亦似吾姒之今日也。"

朱温在基本统一黄河流域以后，于唐天复二年（902）入关拥昭宗还长安，大杀宦官，结束了中唐以来宦官专政的局面。第二年，朱温被晋封为梁王。张惠自然也就成了王妃。唐天祐元年（904），张妃突然得病，食欲不振，身体日益消瘦，精神日见不佳，此时，朱温正在准备篡夺唐权。一日，忽报张妃病危，才策马赶回汴梁。看见爱妻病卧榻中，骨瘦如柴，奄奄待毙，铁石心肠的他不免洒下几滴眼泪。张妃闻有泣声，奋力睁开双眼，见是朱温立在床前，便挣扎着痛苦地说道："大王回来啦，妾要长别大王了。"朱温闻此言，备感悲伤，他握着张妃的手哽咽道："同州幸遇夫人，至今

梁太祖女婿赵岩画《八达游春图》

20多载矣！内政仗卿主持，外事亦多赖卿参谋。如今大功即将告成，只盼与卿同享荣华富贵，做几年太平帝后，爱卿你可不能走哇！"张妃脸上露出一丝淡淡的笑容，微微地说："人生总有一死，死有何恨！况妾身得列王妃，已喜出望外，还享什么荣华富贵。"

张氏虚弱地说到此，便气喘吁吁，大汗淋漓。朱温忙将她扶起。她歇了一会儿，接着说："大王备受唐室厚恩，唐室可辅，还须帮护数年，不可骤然废夺。从古至今，哪有几个太平天子？足见皇帝之难做。"朱温不以为然，说："时势逼人，不得不守。"张氏不得已说："上台容易，下台难，大王宜三思后

行。果然有一日天与人归，得登九五，妾在走以前，有一句话作为遗言，不知当讲不当讲？"朱温点头，表示同意。这时张妃突然气往上涌，痰喘发作，但她仍挣扎着说："要……要戒杀、远色……"话没说完，身一倒便断气了。朱温拥尸号哭，非常哀恸。由于朱温生性残暴，杀人如草芥，部下将士无人敢谏，唯独张妃能出手解救，军士赖她而存活的，不可胜数。张妃病卒传至军营，没有不掉眼泪的。

张妃被葬于开封县润色乡。唐天祐四年，朱温废哀帝自立，建都汴州，国号梁，史称后梁。开平二年（908）追册张惠为贤妃，至乾化二年（912）十一月二十三日，又追谥为"元贞皇后"，祔于宣陵（在今河南伊川县西南）。

名家评说

后贤明精悍，动有礼法，虽太祖刚暴，亦偿畏之。
——宋·欧阳修《新五代史·梁家人传·太祖元贞皇后张氏列传》

汴有张氏，晋有刘氏，皆为开国内助，贤妇之关系国家，固如此其重且大者。
——蔡东藩《五代史演义》

后唐庄宗李存勖皇后刘玉娘

刘玉娘（？~926），后唐庄宗存勖皇后。魏州成安人，其父刘叟。刘玉娘心狠手辣，多谋善变。在后唐宫廷内恃宠弄权，兴风作浪。她为瞒出身，棒笞生父；为掌朝政，残害忠良；勾结伶宦；聚财敛民。所做所为，令人发指。后与夫弟姘逃，最终被迫自杀。

一、棒笞生父　谋得后位

刘玉娘自幼随父亲刘叟流浪各地，四处为人行医问卜。后梁乾化元年（911），他们在成安（今河北成安），正遇到晋王李存勖的手下袁建丰率兵在街头烧杀劫掠。袁建丰正愁所获无几时，看到一老一小的刘玉娘父女，老的生半脸黄须，形容枯瘦，小的只有五六岁，生得聪明伶俐，讨人喜欢。袁建丰情急之下将刘玉娘抢到马上，回营孝敬了主帅李存勖。李存勖见刘玉娘精灵秀慧，小巧可爱，便带到晋阳（今山西太原南），令入侍生母曹氏。刘玉娘从小随父在外谋生，懂得不少人情世故，虽年纪幼小却善于察言观色，既能端茶递水，又善承人旨意，因而深得曹氏宠爱，每逢闲暇之时，曹氏便教她学习吹笙弹琴及歌舞诸技。她生性聪颖，所教无不心领神会，曲尽微妙，被曹氏视若掌上明珠。

刘玉娘长成十五六岁时，已经出落得貌美动人。一日晋王李存勖出征归来，入内庭拜曹氏，母子相聚，欢乐异常，曹氏命刘玉娘歌舞弹唱，以助雅兴。刘玉娘在年轻的晋王跟前，显得格外妩媚，她轻歌曼舞，间以吹笙弹琴，悠扬婉转。李存勖深通音律，听到刘玉娘抚琴弹曲，已是惊喜不已，又看她千娇百媚，

楚楚动人，更觉得可怜可爱，两眼一眨不眨地盯视着她，竟忘了同母亲说话，曹氏早已心中了然，便将刘玉娘赐给李存勖。李存勖大喜过望，当即将刘玉娘带回。当时，李存勖的正室为卫国夫人韩氏，二房为燕国夫人伊氏。刘玉娘作为第三妻房，封为魏国夫人。

在此之前，李存勖攻打后梁夹城时，房守将符道昭之妻侯氏，侯氏尚在惊魂不定之际，便被李存勖纳为己妾。侯氏姿色超众，正值豆蔻年华，又有芙蓉脸面，很快得到李存勖的专宠，行军打仗，也将侯氏带在身边，弄得宫中其他妻妾全被搁置一旁，她们不免含酸吃醋，骂侯氏为"压寨夫人"。自从刘玉娘进府后，侯氏很快被李存勖冷落了。刘玉娘不但年轻貌美，多才多艺，而且多谋善诈，暗中设置障碍，阻止李存勖与其他妻妾见面；同时又百般献媚，想方设法让李存勖专心于己。后梁贞明元年（915），后梁天雄军节度使降李存勖，李存勖率军前去受降，刘玉娘使尽手段强请随行，获准。从此以后十余年，李存勖每次出战，她必随军而行，彻底取代了侯氏，宠专一身。

刘玉娘获得专宠靠的是她的美貌和心术手腕，而她的儿子李继岌更使她的地位得以巩固。李继岌生得酷似李存勖，深得李存勖喜爱，将他立为王位继承人。

李存勖进驻魏州，经过河北时，仍以医卜为生的刘叟闻女已显贵，赶到王宫，自称为刘夫人的生身之父，求见刘玉娘。李存勖令袁建丰审视，袁建丰说当初确曾见此黄须老人挈着刘夫人。可是，当刘夫人自己出来会见时，却勃然大怒说："妾离乡时妾父已死于乱兵之中，曾由妾恸哭告别，那里钻出这田舍翁，竟敢冒称妾父呢？"刘玉娘正在与嫡夫人韩氏、伊氏争宠，三人皆以门第攀比，因耻为寒家之

五代女舞俑

女,她只好六亲不认。说罢便命兵士棒笞刘叟百下。老迈的刘叟昏晕了几次,最后只好哀号而去。李存勖相信了刘玉娘的话,认为那个黄须老头攀亲附贵可笑之极。一日兴起,李存勖背起行囊药箱,与儿子继岌一起,扮成医卜的模样,乐不可支地跑到刘玉娘卧室,并称做"刘衙推访女",硬是把刘玉娘从睡梦中闹醒。刘玉娘睁眼一看,正中其隐痛,顿生无名怒火,将继岌重笞一顿。[1]

后梁龙德三年(923),李存勖称帝,建立后唐王朝,改元同光。李存勖即后唐庄宗。立谁为皇后,这成了庄宗最棘手的问题。庄宗有意立刘玉娘为后,但是卫国夫人韩氏为正室(第一夫人),燕夫人伊氏位次也在刘玉娘之上,越次册立,违反常规,无法向群臣交待,故庄宗就此事一再拖延。

刘玉娘表面上佯作欢笑,可暗中早已焦灼异常。偏偏此时又生出两件事情,一是同光二年(924)正月,庄宗派皇弟李存渥、皇子李继岌去晋阳迎接皇太后及韩氏、伊氏来洛阳团聚。韩氏、伊氏来到洛阳无疑给刘玉娘做皇后形成极大的威胁。此时皇太后曹氏也不如原先那样喜欢刘玉娘,对她有许多不满。更叫刘玉娘头痛的是河南尹张全义上表奏请庄宗到洛阳举行郊祀之礼,庄宗大喜,准备即立举行。郊礼是一种盛大的国礼,新即位的皇帝要与皇后及群臣参拜天地祖宗,敬告神鬼和列祖列宗。刘玉娘心急如焚,万一在立皇后之前举行郊祀之礼,卫国夫人韩氏必定以第一夫人的身份参加,那就成了事实上的皇后了。

她即刻开始行动,一方面亲自出马,盛饰入谒庄宗,以仪物未齐,不足显示尊严,需要再加制造为由,请求改定郊祀礼仪的日期。庄宗经不住她的劝说,遂将日期推至仲春二月。另一方面,她情急生智,嘱使伶人和宦官四下活动,运动朝臣。丞相豆卢革经刘玉娘的金银贿赂,加之说客劝说,便对立刘玉娘为皇后之事大表赞同。最难说服的是枢密使郭崇韬,他位兼将相,为人正直,为官清廉,他反对越次册立刘氏。刘玉娘无奈,便找到郭崇韬故友的子弟,重金赂之,请他们前去劝说郭崇韬。郭崇韬正对伶官把持朝政忧心忡忡,故友子弟乘机献策说:"为公之计,不如主动奏请册立刘玉娘。她专宠,路人皆知,且皇上早就有意立她为后,公何不顺水推舟,送个人情呢?公若率先奏请,上可得皇上的欢心,内可得到刘玉娘的报答,虽遭别人评说,但可推行公之改革措施,何乐而不

---

[1]事及语见《新五代史·唐太祖家人传·庄宗神闵敬皇后刘氏》:"其父闻刘代已贵,诣魏宫上谒……然刘氏方与诸夫人争宠,以门望相高。因大怒曰:'妾去乡时,略可记忆,妾父不幸死于乱兵,妾时环尸恸哭而去。此田舍翁安得至此?'因命笞刘叟于宫门。"

为。"这一席话，终于说动郭崇韬，他马上与丞相豆卢革联名上书，请立刘玉娘为皇后。庄宗接到奏章，正中下怀，刘玉娘佯装不知，暗自欢喜若狂。

郊祀之礼终于按照刘玉娘的意愿举行了。二月朔日，庄宗亲祀洛阳南郊，群臣毕聚，宰相以下按次称贺，颂声连天。过了数日，即正式册立刘玉娘为皇后，封皇子李继岌为皇太子并魏王。刘玉娘受册封之后，便乘上重辇，在庞大仪仗乐队的簇拥下，参拜太庙。她本来就姿色迷人，这时又加珠冠玉佩，罗衣迭雪，更显出万种娇娆，千般婀娜，引得洛阳男女老少无不夹道聚观。刘玉娘礼毕归宫，朝廷内外，百官相率朝拜，贺她荣居皇后之位，唯独卫国夫人韩氏和燕国夫人伊氏愤愤不平，不肯朝贺。庄宗不得已封韩氏为淑妃，封伊氏为德妃。[1]

二、认臣作父　搜刮民膏

早在庄宗即皇帝位之前，刘玉娘就开始伙同一批宦官伶人操纵朝政，受贿索贿。后梁宋州节度使袁象先入朝，辇带珍宝数十万遍赂刘玉娘及宦官伶人，立即得到庄宗的召见，庄宗再三慰劳，倍加宠信，赐名李绍安。后梁降将霍彦威、戴思远等，因纳贿刘玉娘，而大得庄宗恩赐。

荆南（治今湖北江陵）节度使高季昌，闻庄宗已灭梁，颇为畏惮，为了避庄宗祖父国昌庙讳，改名季兴，然后亲自入朝拜见庄宗。庄宗和郭崇韬对他以礼相待，赐以盛宴，命其归镇，官任原职。当高季兴辞朝南归至襄州（今湖北襄阳）时，突遭追缉，幸亏在卫士的保护下，乘夜逃脱，才幸免一死。原来，高季兴入朝，馈赐刘玉娘及伶宦不足，刘玉娘心中不平，便同伶宦一起，谗言庄宗。庄宗素来听信刘玉娘，加之对高季兴始终不放心，立即令襄州刺史捉拿季兴，致使高季兴怀恨在心，暗中召纳后梁散卒，练兵屯粮，随时准备兵击后唐。

李存勖自幼喜好音律歌舞，豢养了一批伶人。做皇帝后，这些伶人立即得宠。他自己也常常粉墨登场，每次出行，也带伶人同行。这些伶人可以随时出入宫廷。刘玉娘借机遍插伶官，位加群臣之上。她曾鼓动庄宗用伶人杨婆儿为卫州（今河南新乡）刺史，伶人为官从此开始。她还煽动庄宗任用宦官为监军，并下令：前朝宦官，不论贵贱，都可回朝廷任事。当时庄宗身边1000多名宦者，皆是

---

[1] 事见《新五代史·唐太祖家人传·庄宗神闵敬皇后刘氏》："皇帝御文明殿，遣使册刘氏为皇后。皇后受册，乘翟车、卤簿、鼓欢，见于大庙。韩夫人等皆不平之，乃封韩氏为淑妃、伊氏为德妃。"

五代乐伎

给养丰厚，委以重任，成为腹心耳目。宦官伶人恃宠怙势，与刘玉娘串通一气，控制朝野，群臣为保住身家和官位，也多附托以求恩泽；四方藩镇为免兵祸，也争以财宝贿赂交结。宦官伶人唯利是图，毫无治国之术，只知陷害贤能忠良，搜刮民脂，为所欲为，而一些贪官污吏，又倚他们为后援，殃害百姓。

刘玉娘还是后唐最大的搜刮民财的暴贼。她被立为皇后后，公开聚敛财宝，凡州县方镇贡纳之物，皆先入后宫，然后再交纳府库。租庸使孔谦为了取媚于皇后，将朝廷下文所定的租赋之数，加倍征收。他还发明租庸使贴，不经州县以上的藩镇许可，直接下达到州县，催征租税，横征暴敛。天平、平卢两镇上书抗议，朝廷亦指责孔谦"有紊规程"，孔谦却依仗刘玉娘置若罔闻，行之如故，还强行向百姓借钱，以高价货物偿还。州县官吏遂群起效法，并且变本加厉，层层加码，造成了百姓流亡，士卒冻馁，国家财政危机愈演愈烈，刘玉娘个人却金银财宝充斥后宫。

有了地位和金钱，刘玉娘并不感到满足，她一生中最为遗憾的是没有一个富贵的娘作为依靠，她那可怜的生父遭笞后已不知下落。看到其他妃嫔常回娘家省亲，她若有所失，只好拉着庄宗耽情声色，肆意畋猎游乐。除了打猎以外，她还常常陪伴庄宗造访大臣宅第，饮酒作乐，通宵不归。最常去的是张全义宅中。张全义原为后梁河南尹，镇守洛阳，后唐灭梁后，他投靠后唐，被庄宗拜为太师、尚书令。张全义为了保全身家性命，常常纳贿后宫，刘玉娘对他很是满意。

一日，刘玉娘奏报庄宗，说她自幼失去父母之爱、孤苦无依，想认张全义为父，以慰心愿。庄宗对她言听计从，便慷慨允诺，并立即与她再幸张宅。皇上皇后双双驾到，张全义竭诚迎接，摆酒设宴，陪皇帝皇后品尝山珍海味。酒过三巡，刘玉娘让张全义上坐，向他行父母之礼，吓得张全义马上离座而起，他怎敢僭居这位貌美心狠、显赫无比的皇后之上。刘玉娘令随从强扶张全义入座，自己款款下拜，惹得老迈的张全义眼热耳红。他再次趋避，但又被诸宦官强拥入座，万般无奈，只好受了全礼，认下义女。庄宗坐在一旁喜笑颜开，叫张全义不必辞让，并亲自筛酒举杯，为张全义上寿。张全义谢恩饮毕搬出很多金银首饰，赠献义女刘玉娘。[1]

五代十国是中国历史上佛教最盛行的时期之一。当时，百姓苦于苛敛暴役，困于战争的破坏和杀掠，多剃度为僧，逃避赋役，以全性命。大批没落的贵族消极颓废，为了寻求解脱，往往交

五代《八臂十一面观音像》

结僧侣。幸存于锋刃之下的剽悍武夫往往斋僧礼佛，感戴佛祖，而恶贯满盈者，亦往往做佛事以求赎罪解脱。诸方镇割据者乃至"中朝帝王"，幻想来世享乐，每每乞灵于佛教，广建寺院，礼僧拜佛。刘玉娘认为：身为皇后，富贵荣显无以复加，是佛力保佑的结果。于是她怀着虔诚而又惶恐的心情拜佛，她将平时所得贿赂，大批赏赐给僧尼寺院。虽然她对佛教的微言大义一窍不通，却朝夕诵经念佛，以示敬重，她还劝庄宗信奉佛教。许州节度使温韬听说刘玉娘拜佛，立即将

[1] 事见《新五代史·唐太祖家人传·庄宗神闵敬皇后刘氏》："事张全义第，酒酣，命后拜全义为养父。全义日遣姬妾出入中宫，问遗不绝。"

五代周文矩《宫中图》

自家宅第改为佛寺,日夜替皇后祈福。事情传至朝廷,庄宗下旨嘉奖,刘玉娘亦下令对温韬优加褒美,旨令同时驾到。从此,皇后刘玉娘的旨意称教令,与庄宗的圣旨并行朝野内外,不分上下。官吏每接到刘玉娘教令,比接到庄宗的圣旨还要重视。后来中宫教令愈传愈多,应接不暇。

三、勾结伶宦　陷害忠良

同光三年(925),皇太后曹氏病逝。没有了婆婆的约束,刘玉娘更加肆无忌惮,开始将那些对她不利的功臣将相进行排挤陷害。朝廷中,对刘玉娘妨碍威胁最大的是郭崇韬。他本为李克用手下的一名教练使,机警英武,才干过人。李克用死后,他辅佐庄宗,参谋军机大事,在危难之际,他率军冲锋陷阵,出奇制胜。在后唐灭后梁的过程中,他力非众议,一手谋划进取之策,布置攻战方略,特别在占领汴梁、诛杀梁末帝的过程中,他的功勋尤为显著,成为后唐举足轻重的人物。郭崇韬身兼将相,官居要位,以枢密使、检校太保、守兵部尚书加升府仪同三司、守侍中、临修国史,再兼真定尹、成德(今河北真定)军节度使,封太原郡侯。他为人刚正不阿,为官清廉,勇于革新,反对唐末以来宦官充任枢密使的陈规,请求革除所有朝中任事的宦官伶人。

郭崇韬的一系列改革,与刘玉娘依靠宦官伶人干预朝政、为所欲为的做法水火不容,于是便开始了以刘玉娘为首的伶宦集团同以郭崇韬为首的权臣集团的斗争。郭崇韬原以为奏立刘玉娘为皇后便可以换取她的支持,推行维护自己的改革措施,并制服宦官伶人。结果,刘玉娘当了皇后,却伙同伶宦攻讦诬陷郭崇韬。

后唐同光三年（925）秋，庄宗派郭崇韬讨伐前蜀。郭崇韬奉命出征，仅用了70天时间便灭了前蜀。

郭崇韬在征蜀途中，曾对魏王李继岌说："待平定蜀地后，王立殊功，威望遽升，日后继位做主，要尽除擅威作福的伶宦。若不改变伶宦恃宠怙势的弊风陋习，必将造成上下离心，民怨沸腾的局面。"[1] 这发自肺腑的忠良之言，被刘氏的亲信听到并告诉了刘氏，因此，刘氏对他更加恨之入骨。此时庄宗怕郭崇韬功高盖主，特遣宦官向延嗣来蜀，催令大军还朝。延嗣一到成都，李从袭便密告延嗣道："蜀中军事措置，全由郭崇韬把持，他的儿子每天与军中骁将及蜀地豪杰，饮酒发誓，不知是何用意。军中诸将也都是郭崇韬的党羽亲信，一旦有变，不仅我等性命难保，魏王恐怕也难免身遭大祸。"说完泣不成声，向延嗣本就对郭崇韬没为他举行欢迎仪式而不满，听了这话当即表示："等我归报朝廷，必将严加惩办！"

第二天，向延嗣便辞别魏王，快马加鞭奔回洛阳，向刘玉娘报告郭崇韬准备谋反，魏王李继岌危在旦夕。刘玉娘听后，认为除掉郭崇韬的时机已到，马上向庄宗添油加醋地哭诉，请求庄宗派人杀掉郭崇韬，救出皇子继岌。庄宗一听顿时怒气冲天，当即遣宦官马彦珪去成都，敦促郭崇韬火速还朝，马彦珪临走时却跑到后宫拜见刘玉娘，问道："蜀中事势危在旦夕，万一发生紧急事变，我在3000里之外，怎样向您通报呢？"刘玉娘决意立即除掉郭崇韬，因而再度入见庄宗，请求庄宗给予马彦珪自行处置的权力。但庄宗并不同意，言道："诸事皆出自传闻，是否事实还待于证实，怎能让马彦珪擅自决断？"刘玉娘得不到庄宗的首肯，便自行起草教令，由马彦珪送交魏王继岌，命令他就地暗杀郭崇韬。

同光四年（926）正月初六日，郭崇韬正在布置班师回朝事宜。马彦珪从洛阳赶至成都，将皇后教令交给魏王继岌，继岌犹豫道："大军即将班师还朝，不见任何谋反事端，怎可做此不义之事，下此毒手呢？"马彦珪与李从袭声泪俱下地说："大王如拒不执行，万一中途事情泄露，必将招致杀身之祸。"继岌坚持说："皇上没有诏书，仅凭皇后教令就诛杀安邦定国的功臣宿将，何况崇韬身为招讨使，重任在身，更不可随意伤害！"李从袭、马彦珪又捕风捉影，说出许多利害关系，但仍得不到魏王的允诺，他们便暗自采取行动，伏兵杀死了郭崇韬。诸将闻郭崇韬被诛，惊愕不已，纷纷质问魏王继岌道："大王行军千里以外，不

[1] 语见《旧五代史·郭崇韬列传》。

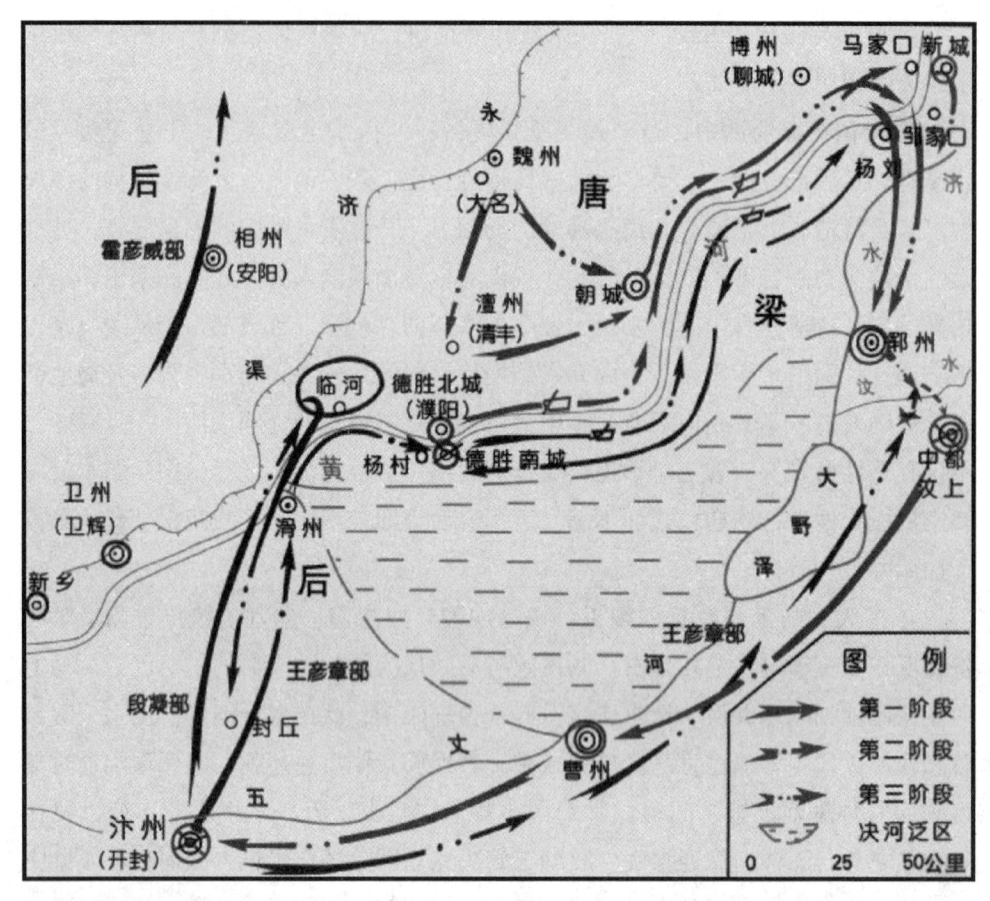

后唐灭后梁及蜀图

见皇上敕旨,擅杀大将,如何向军士交待呢?若军心一变,归路皆成荆棘了。"李继岌惶恐不安,只得伪造庄宗诏书,颁示军士,声明只罪及郭崇韬父子,他人概不牵连,才稍稍稳定了军心。

四、灌死亲夫　恶运难逃

郭崇韬被诛,标志着以刘玉娘为首的中宫伶宦彻底得胜,他们逐渐操纵了朝廷大权。刘玉娘加紧扫除了郭崇韬的同党,一面更加紧了对庄宗的挟制,将庄宗玩弄于股掌之间。有一位女子貌美如花,深得庄宗喜爱,被纳为姬妾后,很快孕生贵子,这下可气坏了霸道的刘玉娘。玉娘便想方设法要把这位新来的爱姬赶出宫廷。碰巧武宁军节度使李绍荣(原名元行钦)丧妇,庄宗赐宴抚

慰。在宴席上，庄宗安慰李绍荣道："爱卿丧妇，不可过分悲痛，朕将为卿再娶一美妇。"刘玉娘在旁一听，马上召来庄宗爱姬，道："陛下爱怜绍荣，何不将此女赏赐给他？"庄宗一时不好反驳，只好佯装答允。不料刘玉娘得寸进尺，立即让李绍荣拜谢庄宗，并嘱咐宦官送庄宗爱姬与绍荣一同出宫进了绍荣宅第。庄宗怏怏不乐，连续几天称病不食不饮，但最终别无他法，也只好耐着性子，仍然陪刘玉娘寻欢作乐。

　　这件事传出以后，宫廷内外皆知刘玉娘权重，大小臣子争相献谀。大批的钱财流入后宫，百姓流离失所。刘玉娘日夜与庄宗花天酒地，纵情欢愉。宫中住得厌了，就游山玩水，打猎解闷。在派人杀害郭崇韬的同时，刘玉娘同庄宗率领诸皇子及后宫嫔妃，浩浩荡荡，穿越伊阙，扎营龛涧山，围猎捕兽，数日不归。当时正值隆冬大雪纷飞，随从不堪寒冻，沿路抢劫民衣民食，甚至拆民舍焚火御寒，比强盗

五代《秋林群鹿图》

还要逞凶，致使沿途各县吏因畏惧而逃避他乡。时至三月，天上流星频繁出现，占星者趁机上书说："流星出现，是有兵变的预兆，应将内府钱物散发天下，救济贫民，祛除灾祸。"庄宗信以为真，就命令将内府及后宫财物拨给军士，以稳军心。刘玉娘不以为然，愤愤地对庄宗说："我们夫妇能够得到天下，虽凭借武力，但全是天命所定，命既在天，何足畏？"庄宗只得找宰相商量对策，准备暗中开府散粮，不料，这话又被刘玉娘从屏后偷听去，当即取出一些梳奁用品及皇幼子潇喜扔到庄宗面前，柳眉倒竖，撒泼耍赖地说："诸侯贡物都已赐尽，宫中所剩的财物不过这些。都拿去卖钱济军吧！"宰相等瞠目结舌，皆惶恐而退，庄宗只好赔礼道歉答应不开府散粮，才得了结。

郭崇韬死后，庄宗听信刘玉娘及宦官景进的诬告，又冤杀护国军节度使朱友谦全家。于是功臣宿将，皆怀自危之心，军队乏粮，将士愤愤不平，各地节度使、兵卒纷纷起兵反叛。庄宗派藩汉内外马步军总管李嗣源率侍卫亲军前往讨伐，结果亲军士卒发生哗变，胁迫主帅李嗣源攻取汴梁，住在洛阳的庄宗和刘玉娘闻变，为激励将士尽力抗守，急忙将内府钱帛赏赐给洛阳军士。军士得到钱帛，怨恨道："我等妻子儿女均已饿死，还要这些钱帛何用？"[1]庄宗闻言，悔之晚矣。

庄宗亲率主力部队进兵汴梁，途中听说李嗣源已占领汴梁，仓皇回逃，至荥阳，兵士已逃散了一大半。回到洛阳，郭从谦率众哗变，与洛阳驻军混战，庄宗亲率近卫骑兵抵御。结果被乱箭射中，流血盈身，将士扶他退到凌霄殿中。刘氏见庄宗气息奄奄，竟命宦官给他灌注酪浆，一杯下肚，庄宗便一命呜呼了，时年仅42岁。

刘玉娘见庄宗已死，又命宦官放起大火，将庄宗尸体化为灰烬。然后，她便与庄宗四弟李存渥及行营招讨使李绍等人，收拾宫中金银财宝，烧毁嘉庆殿，带领700骑兵，出洛阳狮子门，向西逃去。在逃往太原途中，刘玉娘因怕李存渥弃她而去，索性委身于他。李存渥见刘玉娘风流娇娆，风韵不减当年，便也乐意和她结为露水夫妻。来到太原时，汾州刺史李彦超不准他们入城，李存渥只好再寻他处，结果被部下杀死于途中。刘玉娘无处存身，万般无奈之下削发为尼，将随身所携金银取出，请人在太原为她建造一座尼庵，想要安度余生。

后唐天成元年（926）四月，李嗣源即帝位，是为后唐明宗。明宗派人到太原赐刘玉娘自尽。她的儿子李继岌逃到渭河，亦于卧榻自缢身亡。后晋天福五年（940），后晋高祖石敬瑭追谥刘玉娘为"神闵敬皇后"。

名 家 评 说

昔三代之兴亡，虽由于帝王，亦系于后妃。故夏之兴也以涂山，及其亡也以妺嬉；商之兴也以简狄，及其亡也以妲己；周之兴也以文母，及其亡也以褒姒。观夫贞简之为人也，虽未偕于前代，亦无亏于

[1]语见《新五代史·唐太祖家人传·庄示神闵敬皇后刘氏列传》："吾妻子已饿死，得此何为？"

懿范。而刘后以牝鸡之晨、皇业斯坠，则与夫三代之兴亡同矣。

——宋·薛居正《旧五代史·唐书》

唐主李存勖，以英武闻，总有强兵猛将，不足以制之，而独受制于一妇人之手！倘所谓以柔克刚者非耶？

——蔡东藩《五代史演义》

附：后唐明宗李嗣源淑妃王氏

王氏

王氏（生卒年不详），明宗李嗣源淑妃，邠州（今陕西彬县）人。父亲王万荣。她天生丽质，风流多情，人称"花见羞"。她一生经历唐、后梁、后唐、后晋、后汉几朝，因姿色得宠，恃宠挟权，勾结奸臣宦官、陷害忠良。她两次嫁人，另与四个男人有过暧昧关系，最终却死得十分凄惨。

一、再嫁恃宠　陷害贤良

王氏从小聪明伶俐，活泼可爱，她要笑便笑，要哭便哭，性格独特，她的天生丽质与卖饼时学来的风流多情结合在一起，使她具有极大的诱人的魅力。后来王氏偶然被后梁左龙武统军、永平军（守长安）节度使刘鄩看到，对她一见倾心，刘鄩花了几十两银钱从王万荣手中买来王氏，带进府中做了侍儿兼小妾。后梁末帝时，刘鄩为泰宁军节度使，因出征兵败被杀。这时王氏正值青春岁月，长成一副绝色，只是独守空房，难免带几分忧郁。然而，淡淡的忧愁却使王氏显得更加妩媚妖娆，以致当时人称她为"花见羞"。

正当王氏守寡之时，后唐蕃汉内外马步军总管李嗣源最心爱的晋国夫人夏氏不幸病逝，正在访求别室，当时，李嗣源手下将领安重诲为了表示对主帅的忠诚，派人四下搜寻，最后找到堪称绝色的"花见羞"。安重诲一见王氏色艺双绝，乐不可支，留在府中，暗自恩爱一番，然后，以重金珍玩奉送王氏，再连金带人一起献纳主帅李嗣源帐下。李嗣源一见王氏，就被她所迷，当即纳为妾。王氏从前夫那里得到了大量金银财宝，加之安重诲的丰厚贿赂，是个腰缠万贯的贵

妇。她将钱财拿出，分别送给李嗣源家族老少及大小将领，左右上下得了钱财纷纷称赞王氏。对李嗣源正室曹氏，王氏亦毕恭毕敬，更以重金贿赂。王氏性情和婉，应酬周到，李嗣源对王氏宠爱之极，不过数月，便将她升为韩国夫人。安重诲亦因推荐有功，更得李嗣源宠信。

后唐天成元年（926），李嗣源在洛阳即皇帝位，为后唐明宗。当时楚国夫人曹氏为正室，韩国夫人王氏为别室，李嗣源有心立王氏为后，但越次册封，遭到大臣反对，经过长达4年的时间，迫于朝臣的压力，李嗣源还是立了曹氏为皇后，将王氏晋升为淑妃。王氏未当上皇后，心中虽然不快，却丝毫没有表现出来，她不但对皇上侍奉入微，对皇后也有礼有节，每当李嗣源与曹皇后吃饭时，她都侍立一旁，进奉饭茶，未曾少懈，因而，不仅皇帝对她喜上加喜，曹皇后亦对她怜而爱之。曹氏虽主掌中宫，但一切事项均由王氏定夺。这样，王氏与安重诲暗中勾结，渐渐掌握了内外大权。[1]

王氏为了感谢安重诲的知遇之恩，时常在李嗣源面前称赞安重诲能干，请求皇上多加提升，很快安重诲便由枢密使加令左领军卫大将军。安重诲又善于迎奉，因与王氏狼狈为奸，他们拉帮结派，把持朝政，陷害忠良。

皇侄李从璨素性刚猛，对王氏与安重诲的胡作非为极其不满，处处与他们对立，王氏与安重诲早想除去他。一次，他在会节园设宴招待客人，酒醉忘情，戏登御榻，被王氏和安重诲抓住了把柄，在皇上面前指责他心怀异志，阴谋篡立，将他贬为房州（今湖北房县）司户参军。二人还不罢休，一年以后，王氏又与安重诲诬告李从璨谋反，李嗣源偏信谗言，不加查实，竟将李从璨处死。

按照惯例，朝廷派人出使各地，都由户部发给证券，安重诲为了搜刮钱财却要求改为内廷办理证券，宰相任圜据理力争，坚决反对，安重诲强词反诘，两人声色俱厉，不顾尊严，旁若无人地互相对骂，李嗣源看不下去，便退朝还宫，正遇淑妃王氏前来迎侍。王氏见李嗣源满面怒容，便柔声问道："陛下为何郁郁不乐？"李嗣源说是因宰相任圜与安重诲争论，王氏觉得除掉对头任圜的时机到了，便马上说道："妾在长安宫中，从未见宰相如此放肆，如今这样恐怕是不把陛下放在眼里吧！"经这一挑拨，李嗣源越想越气，顿时怒火冲天，当即下令罢

---

[1] 事见《新五代史·唐明宗家人传·淑妃列传》："妃事皇后亦甚谨，每帝晨起，盥栉服御，皆妃执事左右。及罢朝，帝与皇后食，妃侍食，彻乃退，未尝少懈。皇后心亦益爱之。然宫中之事，皆主于妃。"

五代南唐画家顾闳中所作《韩熙载夜宴图》

免任圜宰相之职,令其退休回家。后逢汴州(今开封)镇帅朱守殷叛乱,王氏与安重诲又乘机诬告任圜与朱守殷共谋,并秘密派人赶赴磁州(今河北磁县),矫诏赐任圜自尽。

　　成德军节度使王建立,为人刚直,对安重诲阴结王氏、专权霸道极为不满。上朝面君指责安重诲专权,极言他结党营私,互相援引,互作威福。李嗣源已对安重诲存有疑心,又听了这番话,当即责令安重诲迁出朝廷,以王建立取代枢密使职位。王氏得到消息,焦急异常,派宣徽使朱弘昭上奏道:"陛下平常待安重诲如左右手,怎能因一小忿而将他摒斥呢?何况安重诲对陛下忠心耿耿,几十年如一日,还请陛下三思而行。"李嗣源怒气消去,下诏恢复安重诲官位,且亲自温言抚慰。安重诲官复原职,马上对王建立进行反击,迫使王建立退出朝廷。

　　王氏一面利用安重诲排除异己,另一方面对他怀有戒心。安重诲手握大权,不但公然顶撞皇上,即使对王氏也越来越放肆,任性而为,使王氏逐渐不能忍受。一次,王氏出面将安重诲的女儿介绍给皇子李从厚,皇上也已应允,偏偏安重诲不识抬举,竟入朝固辞婚议,使王氏一番好意付之流水,因而玉颜大怒。事后,王氏便开始寻找新的联盟,决意除掉安重诲。王氏看中了宦官孟汉琼,孟汉琼为宣徽使南院使,生性狡黠,早就有心攀附王氏,平常办事,无不曲意奉承,让王氏心满意足,于是二人便结成新的合作关系。

　　后唐长兴三年(933),后唐西川和东川节度使叛乱,李嗣源女婿、天雄军节度使石敬瑭率兵征蜀,又派安重诲作为后援,供应粮草。蜀中各镇,闻安重诲西来无不惶骇,急将钱帛粮草转运他州,安重诲无法征集军粮,加上天寒道阻,人畜毙亡,不可胜计。石敬瑭等人纷纷上书劾责安重诲办事不力,惑乱军心。王

氏趁热打铁，在李嗣源耳边煽风点火，加油添醋地说了一通安重诲的坏话，甚至说两川叛乱，也与安重诲有干系。李嗣源一向宠信王氏，立即勒令安重诲火速回朝待审。王氏提议让孟汉琼去监督安重诲撤军，调查他的违逆行为，皇上准行。

孟汉琼收集材料，说安重诲同两川叛军勾结，策划颠覆朝廷，李嗣源深信无疑，急令安重诲不必回朝，假称让他任河中节度使，密令皇侄李从璋出任真正的河中节度使，就地处决安重诲。李从璋来到安重诲院宅，乘着安重诲俯首下拜时，用铁锤将他打死。[1]

五代刻花小壶

二、苟且偷生　刀下丧命

安重诲死后，王氏与孟汉琼将亲信范延光、赵延寿提升为枢密使，完全控制了朝廷。此时，李嗣源已60多岁，年老体弱，卧病龙床，王氏常为设立太子一事焦虑不安。李嗣源根本没有考虑立储的问题，大臣们请立太子，他误解为迫他让位，潸然泪下，道："群臣请立太子，看来我得到太原养老去了。"从此无人敢言。当时，皇长子为秦王李从荣，乃夏氏所生；次皇子为李从厚；皇幼子为许王李从益，虽是宫嫔所生，但归养在王氏门下，认王氏为母，这三人成了争夺皇位的主角。王氏乘李嗣源重病，与孟汉琼密谋，设计除掉李从荣。

李从荣听说父皇病危，数日不见臣下，便入宫探视，恰逢李嗣源正在昏睡之中。李从荣三呼不应，退至门外，又听到王氏及宫人哭泣之声，便以为父皇驾崩，只好回府静候噩耗，谁知等到第二天中午也没有听到消息，不由得惊惧交生，急忙召集党人，密谋拥兵入宫。谁知这时李嗣源稍有好转正与王氏进餐，突听孟汉琼大呼："不得了啦！从荣造反，已引兵攻打端门。"李嗣源大惊不已，

---

[1] 事及语见《新五代史·安重诲列传》："光业至，从璋率兵围重诲第，入拜于庭。重诲降而答拜，从璋以楇击其首，重诲妻走抱之而呼曰：'令公死未晚，何遽如此！'又击其首，夫妻死，流血盈庭。"

五代周文矩《宫中图》

忙问身边侍者："究竟有无此事？"侍者齐声泣道："确有此事。"李嗣源老泪纵横，命令孟汉琼召马军都指挥发兵讨伐从荣。孟汉琼披甲上马，率人将宫门堵住，随即又命马军都指挥使朱弘实率500骑兵射杀李从荣，并将其全家老小都杀了。李嗣源一听长子被杀，悲恸不已，病情急剧恶化，竟一命呜呼了。

李嗣源驾崩，王氏与孟汉琼急忙筹划李从益嗣位，不料宋王李从厚引兵入都，控制了洛阳，在李嗣源灵柩前即位当了皇帝，即后唐闵帝。闵帝即位不久，令王氏迁入至德宫，听候发落，幸亏皇后曹氏出面替她庇护，才免去一难，但王氏再也不能仗势专横了。闵帝性情优柔寡断，懦弱无能，朝政全由枢密使朱弘昭、冯赟把持。

后唐清泰元年（934），李嗣源养子潞王李从珂以清君侧为名在凤翔起兵，攻占洛阳，缢杀闵帝，自己即皇帝位，被称为后唐末帝。李从珂为王时，曾与安重诲发生争执，互不相让，安重诲指使同党捏造罪名诬告李从珂谋反，当时王氏已开始对安重诲产生不满，便在皇上面前说了几句好话，李从珂才免于罪罚。从此李从珂对王氏感激不已，这次李从珂起兵，王氏又暗派孟汉琼前去联络，更加巩固了他们之间的关系。所以李从珂称帝后，恭奉曹皇后为皇太后，王氏为皇太妃，对王氏尤其以礼相待。

后唐清泰三年（936），河东节度使李嗣源女婿石敬瑭起兵，登基做了皇帝，是为后晋高祖。他借助契丹人的支援，向后唐洛阳进军。后唐末帝走投无路，万般无奈之下，便与曹太后、王太妃及皇族老少登上玄武楼，堆积柴草，准备自焚。王氏害怕，拉着曹太后说："此时万分危急，你我宜暂避一时，听候姑夫（石敬瑭）裁夺！"曹太后答道："吾子孙妇女到了如此地步，老妇有何颜偷

生！贤妹好自为之吧。"说罢同末帝及家人一起自焚而死，王氏带着养子许王李从益及女儿永安公主，躲藏到鞠院井内，等待石敬瑭前来解救。

石敬瑭入宫后，派人从井内找到了王氏数人，接入宫内，安慰一番。王氏见大势已去，便请求入寺为尼。石敬瑭不许，将她安置在至德宫，并在此设立后唐各主神位，由她每天进香主祀。封王氏养子李从益为郇国公，给食邑3000户，王氏又得以生存下去。

后晋被辽主耶律德光消灭后，王氏投靠契丹朝廷，辽主将王氏女永安公主介绍给降将赵延寿。王氏乐不可支，亲自为女儿主持婚礼。耶律德光见王氏风韵犹存，拉着她的纤手拜祭后唐明宗李嗣源的画像后，轻声说道："明宗与我为兄弟，你是我的嫂子呀！"王氏受宠若惊。第二天，耶律德光又召见王氏，将她拥入怀中，说道："你昨日为吾嫂，今日为吾妇。"[1]王氏感激万分，为谢知遇之恩，便留陪枕席。耶律德光对王氏倍加宠爱，封其子李从益为彰信军节度使，不料李从益不愿为辽主效命，坚辞不受，坚决要求回洛阳闲居。王氏只好依依不舍辞别耶律德光，与儿子一道移居洛阳了。

辽主耶律德光进犯中原，中原各地纷纷起兵反抗。耶律德光惊惶失措，急忙驱迫晋皇族降官、宫女、阉宦，乘夜北窜，留其弟肖翰为宣武节度使，驻守汴梁。肖翰眼见大势已去，想要北归，但又恐中原无主，必将大乱，归途亦不安稳。便匆忙派人迎接李从益来汴梁称帝，代替辽在中原的统治。王氏大惊道："我儿年少，怎能担此大任！"她和李从益深知大祸即将临头，慌忙逃到徽陵藏身避难，结果还是被辽将寻到，挟到汴梁，迫令就位，称做南朝。当群臣和宫人恭贺太妃王氏时，王氏不禁落泪道："吾家孤儿寡母，被肖翰驱使，大难将至，奈何奈何！"李从益称帝以后，肖翰也逃到北方去了。

---

[1]事及语见《新五代史·唐明宗家人·淑妃王氏列传》："德光见明宗画像，焚香再拜，顾妃曰：'明宗与我约弟兄，尔为吾嫂也。'已而靳之曰：'今日乃吾妇也'。"

五代周文矩《宫中图》

　　此时，河东节度使刘知远于太原称帝，建立后汉王朝。刘知远大军南下，直逼汴梁。李从益派兵抵抗，王氏劝道："吾家亡国之余，安敢与人争天下？若新主怜我苦衷，知我为辽所劫，或尚肯放我一条生路。"于是遣人欢迎刘知远进入汴梁。没料到刘知远心狠手辣，认为王氏母子不是真心迎他，入汴后，即将王氏及李从益斩杀。王氏临死高呼："吾家母子何罪之有？为什么遭此罪孽？何不留吾儿一命，每年寒食之时，持一盂饭酒祭洒明宗陵寝！"听者为之酸鼻。[1]

名 家 评 说

　　安重诲虽为佐命功臣，而挟权专恣，实由妃酿成之。设重诲不失妃欢，始终固结，吾知在明宗朝，未必其即遭危祸也。
　　　　　　　　　　　　　——蔡东藩《五代史演义》

[1]事及语见《新五代史·唐明宗家人传·淑妃王氏列传》："妃临死呼曰'吾家母子何罪？何不留吾儿，使每岁寒食持一香饭，洒明宗坟上。'闻者悲之。"

后晋高祖石敬瑭皇后李氏

李氏（？～949），后晋高祖石敬瑭皇后。父后唐明宗李嗣源，母曹氏。她聪明能干，温良仁让，数次成为平衡各方关系的重要人物，是石敬瑭的贤内助。她由公主而皇后而皇太后，曾经权贵一时，但最后成了辽国的阶下囚，尝尽艰辛，客死他乡。

一、平衡关系　封号叠加

李氏是后唐明宗李嗣源第三个女儿，她的母亲是李嗣源的皇后曹氏，曹氏后来又被闵帝李从厚和末帝李从珂尊册为皇太后。李氏继承了母亲的诸多美德，她生得清秀妩媚，不但温良仁让，而且聪明能干，深为李嗣源钟爱。长至十几岁，李氏出落得亭亭玉立，举止高雅大方。

李氏的父亲李嗣源任后唐蕃汉内外马步军总管兼天平军节度使，权势逐渐强大。李嗣源的亲兵将领石敬瑭作战勇敢，多次救李嗣源于危难之际，而且饶有心计，常为李嗣源出谋划策，深得李嗣源欢心，因而李嗣源将钟爱的三女儿嫁给了他。两人成婚后，恩爱非常。石敬瑭不但对妻子言听计从，对岳父大人也更加尽心卖力。

后唐天成元年（926），李嗣源在女婿石敬瑭的策划帮助下，于河北发动兵变，率军攻占洛阳，篡夺了后唐帝位，自立为后唐明宗。称帝后，封赏功臣宗室，女婿石敬瑭功劳最著。石敬瑭既是驸马，又是功臣，地位比以前大不相同，官职一年数变，后任太原尹、北京留守、河东节度使，掌握了后唐的军事大权。后唐天成三年（928），李嗣源下诏将女儿封为"永宁公主"，由有司择定吉

李氏

日，正式加封。然后，举行了正式的册封仪式。

石敬瑭在太原的势力日渐强大，永宁公主的地位也日益显得重要了。一方面，李嗣源要利用她来牵制石敬瑭；另一方面，石敬瑭羽翼未丰，也要依靠她掌握后唐朝廷的机密和争取李嗣源的信任。永宁公主处在双方之间，既要对丈夫尽诚，又要对父皇尽孝心，既要成为贤良的妻子，又要做一个孝顺的女儿。

李嗣源晚年，宠用后宫伶人，政治腐败，国势日衰，方镇势力日益强大，其中，野心最大的是身兼太原尹、北京留守、河东节度使三要职的石敬瑭，他握有重兵，又有爱妻帮助，时刻准备夺取皇位。这样李嗣源要想控制石敬瑭，稳定中央统治，就要利用永宁公主，因而后唐长兴四年（933），李嗣源下诏，晋封永宁公主为魏国公主，意在让她设法阻止石敬瑭的叛逆，使石敬瑭服从于后唐的统治。

五代陶瓶

魏国公主夫妻情深，她理解并支持丈夫创建帝业的志向，但是，只因为年迈的父皇尚在人世，她不愿看到自己至亲的人互相残杀的情景，因而多次劝阻石敬瑭的篡位行为。石敬瑭苦于实力不够强大，也乐得听取妻子的忠告，按兵不动。但时隔不久，李嗣源便一命呜呼了，后唐闵帝李从厚继位，册曹皇后为太后。

李从厚优柔寡断，朝政全由枢密使朱弘昭、冯赟把持，朱、冯利欲熏心，排除异己，滥施赏罚，满朝大臣怒目而视却无人敢言。于是，李嗣源养子潞王李从珂以清君侧为名，在凤翔起兵，攻占洛阳。李从厚率领从骑50人逃往太原投靠妹夫石敬瑭，希望得到魏国公主的庇护。魏国公主却不露面，石敬瑭还乘人之危派属下在卫州（今河南汲县）将其随从全部杀死，致使李从厚被人缢死。[1]

李从厚死后，李从珂在洛阳称帝，亦尊曹皇后为太后。这时，后唐朝廷一

[1]《契丹国志》："王峦至卫州，进鸩于愍帝，愍帝不饮，峦缢杀之。"

片混乱，骄兵悍将纷纷邀功请赏，朝廷横征暴敛，对百姓层层盘剥，任意而为，致使民怨沸腾，上下离心。此时，石敬瑭加紧了篡夺皇位的准备工作。李从珂从称帝之日起就对石敬瑭怀有戒心，但无力控制，只好采取养父李嗣源的办法，增封加赏。后唐清泰二年（935），魏国公主又被晋封为晋国长公主，益发成为后唐朝廷控制石敬瑭的关键人物。

二、皇后之尊　未行册立

石敬瑭加紧了篡夺帝位的步伐，他要妻子接受晋国长公主的封号，常去朝廷周旋，设法稳住李从珂，自己则与北方契丹加强联系，准备借助契丹军队起兵。不料李从珂提前发难，他以石敬瑭未上朝贺寿为由，当着晋国长公主的面，指责石敬瑭有谋反之心，使晋国长公主无言以对。同时，他与侍臣密商制服石敬瑭之策，也打算联络契丹人，以与契丹人和亲、岁输钱财方法争取契丹，断绝石敬瑭后援，并准备下诏强迫石敬瑭移驻他镇。晋国长公主此时也没有闲着，她借贺寿之机，通过生母曹太后近侍摸清了李从珂的底细，急忙返回太原，告知了丈夫。

后唐清泰三年（936），石敬瑭在晋阳（今山西太原南）提前起兵，他自觉实力不足，遣使往契丹求援。当时契丹贵族建立的辽朝，势力日渐强大。石敬瑭命桑维翰草表，向辽主耶律德光称臣，并愿事以父礼，乞求发兵援助。表中约定，打败李从珂后，愿意割地作为酬谢。耶律德光正求之不得，他览表大喜，亲率5万骑兵与石敬瑭会师于太原北门外柳林，册立石敬瑭为大晋皇帝。于是45岁的儿皇帝石敬

后晋飞霞寺铜塔

瑭，穿着契丹服装，出城拜见34岁的父皇耶律德光，当面确立了父子君臣关系。儿皇帝当即宣布，每年献帛30万匹，割幽云十六州土地给契丹。接着，石敬瑭在契丹兵帮助下，进逼洛阳，后晋正式代替了后唐。

曹太后在女婿石敬瑭兵进洛阳之际，与末帝李从珂及宫中老小自焚于玄武楼。看到母亲惨死，晋国长公主李氏呼天抢地，大恸数日，石敬瑭也陪着掉了几滴眼泪。事后，石敬瑭派人找到了岳母的尸骨，安放在长春殿内，罢朝三日，举行了盛大的哀悼仪式，并追谥为"和武宪皇后"，建造大型陵墓，派人岁时祭扫，才使晋国长公主大哀稍节。

晋国长公主对石敬瑭建立帝业帮助很大，她不仅帮他到朝廷活动，而且在军府中也是他的贤内助。李氏为人强敏，石敬瑭对她敬惮不已，每逢军国大事，都要向她征求意见，然后再做定夺。因而后晋建立后，便有大臣上表，请求册立皇后。石敬瑭遂下诏册立李氏为皇后。但是，后晋小朝廷是借契丹人的力量建立起来的，因而内遭中原人民的唾弃，外受契丹人的挟制，石敬瑭面对乱局，一筹莫展。对内他只有借契丹之虚势以恐吓臣民，对契丹，谓辽主为父皇帝，岁输金帛30万之外，吉凶庆吊、岁时赠遗、珍奇好玩相继于道，奴颜婢膝到了极点。尽管如此恭顺，"父皇帝"为南侵中原积蓄财物，仍然征求无厌，今日索币，明日索金，供不胜供，小不如意，辄来责难，寻机发兵，不惜置儿皇帝于死地。在那几面受攻、满目疮痍的局势下，石敬瑭转侧不安，惶恐终日，连标志国祚皇威的宗庙都不敢建立，故虽有册立皇后之诏，并没有举行册封仪式。

后晋天福二年（937）暮春，有人再次奏请举行皇后的册封仪式，石敬瑭以宗庙未立，否定了这一建议。因为这时有几件事情，叫他大气难喘。一是他拥兵进入洛阳，见洛阳宫室一片残破，无法立足，便匆忙迁都汴州（后来又把汴州升做东京开封府），奔波劳顿，月余不息。二是幽云十六州送给契丹，后晋北部边防一片空虚，契丹主移军云州，石敬瑭深感不安，不得不偷偷地设计防御。更使他食难下咽的还是国内藩镇未尽归服，他们蠢蠢欲动，时刻都会发生武装夺取皇位的事变，为此，石敬瑭接受桑维翰的建议：推诚弃怨，厚抚藩镇；卑辞厚礼，敬事契丹；训卒缮兵，勤修武备；劝课农桑，藉实仓廪；通商惠工，俾足财货。这才使国内稍稍安定下来。

李氏深深理解丈夫的处境，她并没有因未举行册封仪式而生怨责。相反，她多方留心政事，支持丈夫巩固政权，与丈夫忧勤相济，患难与共。石敬瑭也没

有忘记册封皇后的仪式,夏五月,局势稍定,他即令有司准备举行册封仪式。不料这时天雄军节度使范延光起兵谋夺皇位,于是再度将仪式搁置了下来。

后晋天福七年(942),石敬瑭在契丹和藩镇的双重压力下忧病而死。李氏哭得死去活来,既为丈夫的凄凉结局而无限悲哀,也为自己今后的命运而担忧。

三、太后忍耻　负辱苟活

李氏曾生过数子,或早殁或被杀,现在只剩下幼子重睿,尚在冲龄。石敬瑭死后,朝臣认为重睿年幼无知,不能当军国大任,何况国家多难,非立年长的国君不能稳定局势,故提议让石敬瑭的侄子齐王石重贵继承皇位,李氏只好同意。石重贵即位为后晋出帝,向辽主耶律德光上表称孙。后晋天福八年(943),正式册封李氏为皇太后。

李太后与石重贵只是叔母与侄儿的关系,自石重贵嗣后,李太后即不再过问政事。但是,石重贵即位没有辽主的批准,他虽然上表向辽称孙,但不愿称臣,他只承认亲属关系,而不承认君臣关系。辽主耶律德光因此大为恼火,马上下令兴师问罪。后晋未做任何抗辽准备,因而数战数败。后晋开运元年(944),辽兵攻陷贝州(今河北清河),分几路大军向南推进。出帝遣使低声下气地致书辽主,求修旧好,遭到拒绝,只好请求叔母李太后出面求情了。辽主

五代《番骑图》

耶律德光对这位比自己年长的"儿媳妇"以礼相待，自儿皇帝石敬瑭死后，每逢要事，他都要致书李太后，承认她的太后尊位，他要依靠李太后收揽中原民心。这次，他要李太后出面训导"孙皇帝"石重贵，这样，李太后的政治地位再一次显得极其重要了。李太后为了后晋的苟安，不惜低声下气，以晋室媳妇李氏妾的身份向辽主"皇帝阿翁"求情，希望"阿翁"宽恕"孙儿"重贵。同时她也企图劝导出帝重贵，要他勤俭治国，振兴家邦。可是，一旦险情稍减，石重贵便忘乎所以，根本不把李太后放在眼里。他本是一个昏庸无能而荒淫无度的武夫，当上皇帝后，纳叔母冯氏为皇后，专事淫乐，使朝廷力量比石敬瑭在位时更加衰落。

正在石重贵志得意满、扩建宫殿、醉生梦死的时候，后晋开运三年（946），辽主耶律德光发动大兵南侵，一举攻克汴京，后晋全军溃败，皇宫被围。耶律德光致书李太后，说明晋军已全部投降，希望她携重贵快快归顺，李太后居于深宫，当她看到辽主的来书后，才知宫外发生了翻天覆地的变化，于是大惊失色，跟跄奔出，找到了石重贵，哭着说："你与冯氏肆意妄行，闹到这等地步，如何保全宗社？如何对得住先人！"拉着石重贵及宫妃十余人，准备纵火自焚。此时宫中已有三四处起火，石重贵亲军将领薛超赶到，命士卒扑灭了

五代《秋山晚翠图轴》

烟火，同翰林学士范质二人伏地劝阻，乞请太后与皇帝保全身家。范质认为："辽主来书，无甚恶意，只要奉表请罪，或许还能保全晋室宗社。"于是，李太后放弃了轻生的念头，命范质帮助起草降表，她与石重贵各书一份，乞求辽主宽恕，企图以此保全后晋社稷。

耶律德光览表，立即令人将李太后和石重贵驱出皇宫，囚禁到开封府中。石重贵被迫改服素衣。后晋至此宣告灭亡。耶律德光在汴京登基，表示自己正式成为中原皇帝，宣布以大辽为国号，改年号为大同元年。

李太后本拟奉表请罪，保住后晋社稷，不料社稷没保住，自己与石重贵一起做了阶下囚，难免满面挂泪，无限悲哀，然而，更悲惨的命运还在等着她。

辽大同元年（947）初，辽帝耶律德光命李太后带着石重贵及晋室宫眷全部迁入封禅寺内，以重兵看守，不准随便外出。时值正月，连日雨雪，奇冷无比，他们又冻又饿又愁，难以忍受，李太后派人对寺僧道："我尝饭僧至数万金，今日独不想念么？"可僧徒不明辽主之意，不敢给太后食物，太后哭泣不止。石重贵只好偷偷地向守兵乞求，讨来几碗粗粝烂饭，同太后等人勉强充饥。[1]过了数日，辽主下诏：废石重贵为"负义侯"，合家迁往黄龙府（今吉林农安）。听说要远远发配到黄龙府，石重贵与李太后及诸随从宫眷，无不相向号泣，以泪洗面。

挨过正月，辽主派来300骑兵，押送石重贵一家北迁。启程那日，李太后突然接到辽主传话："闻重贵不从母教，因致覆亡，汝可自便，不必与重贵偕行。"李太后慌忙泣道："重贵对妾非常孝敬，不过违背先皇意愿，失和于阿翁皇帝，所以一举败灭。今幸蒙大恩，保全身家性命，母不随子，欲何所归？"言毕挈眷起行，北迁的队伍开出都门，都城人士皆掩面哀叹。

可怜李太后一行，吃了上顿没下顿，加上山川艰险，风雨凄清，满目荒凉。回忆宫内生活，荣华富贵，恍同隔世，李太后不禁大恸，仰面长号。

一行人到了幽州（今北京）城，全城士兵都争相迎观，有人牵羊持酒前来献纳，皆被卫兵叱去，李太后深感万分悲惨，观者亦不无唏嘘。

---

[1]事见《帝纪》："是同十一年正月朔，出帝、太后迎辽帝于封丘门外，帝辞不见，馆于封禅寺，遣真将崔延勋以兵守之。是时雷雨连旬，外无供亿，上下冻馁。太后使人谓寺僧曰：'吾偿于此饭僧数万，今日岂不相悯耶？'僧辞以辽帝之意难测，不敢献食。少帝阴祈守者，乃稍得食。"

离开幽州，沿途没有供给，众人皆饿得饥肠辘辘，困顿异常，夜间住宿也无馆驿，随行人员不得不采野果、杀牲畜充饥。到达黄龙府后，太后一行人住了6个月，又奉契丹国母之命迁居怀密州（今属辽宁辽阳），尚未抵达，又传来新当权的契丹永康王命令，要他们折返辽阳。这样往返几次，每次都是几千里路程，太后一行备尝艰辛。

辽天禄三年（949）春，太后等人又由辽阳迁到建州（今属辽宁锦州东）。在建州城北数十里外，辽主划出50余顷土地给李太后母子，并拨给库银若干，让他们开垦荒地，筑室分耕。李太后及石重贵带领随行数百人尽往耕作，按时收获，过着男耕女织的农家生活，无论如何，总算是安定下来，有了归宿。过了一年，李太后生病，无药可医，病势日重，延至八月中秋，已入弥留之际，太后便呜咽与石重贵道："我死之后，焚烧尸骨，将骨灰送到范阳佛寺（今北京城西南），让我魂归故里，万万不要做了房地孤鬼呀。"[1]言毕即殁，石重贵与随行宫人扶尸大恸，守灵数日，便将其焚骨扬灰，穿地而葬。太后最终还是做了房地孤鬼。

---

[1]语见《帝纪》："吾死，焚其骨送范阳佛寺，无使吾为边地鬼也。"

南唐后主李煜皇后周娥皇

周娥皇（936～964），南唐后主李煜皇后。广陵（今江苏扬州）人。其父周宗，官至南唐宰相。周娥皇天资国色，才华横溢。琴棋书画、诗词歌舞无所不能，尤其弹得一手绝妙的琵琶。娥皇具有很高的音乐天赋，她将失传的《霓裳羽衣曲》遗音复传。她风流而有才气，独创高髻纤裳，成为当时的流行服饰。娥皇与后主夫妻恩爱，二人不理朝政，整日在宫中词曲歌舞往来，乐此不疲。但好景不长，她年仅28岁，便香消玉殒了。

周娥皇，自幼聪明伶俐，既学诗书，又学弈棋、歌舞，她弹得一手绝妙的琵琶，并且还会演戏、唱歌。娥皇少年时，曾在李煜父皇李璟面前弹奏琵琶，李璟极为赞赏，将自己最珍惜的"烧槽琵琶"赏赐给她。

周娥皇

保大十二年（954），18岁的娥皇嫁给了17岁的皇子李煜。两人婚后爱情弥笃，生活美满。当时，天下战乱纷争，他们却并不理会，二人词曲来往。有时李煜填词，娥皇作曲；有时李煜作诗，娥皇演唱，生活得丰富多彩。后来生了两个儿子，长子仲寓，少子仲宣，皆长得逗人喜爱。七年后，国家形势发生了巨大变化。北方后周王朝在柴荣皇帝的治理下逐渐强大，派兵南侵，几次战役，南唐大败，丧失了江淮之间全部领土，周军在长江以北与南唐王朝隔江相望，随时都可能渡江消灭南唐。南唐元宗李璟不知所措，逃往南昌（今江西南昌）避难，将李煜立为太子。不久，李璟在恐慌和惊吓之中死去。李煜做了皇帝，册立娥皇为后。但是李煜当的只是儿皇帝，他得向后周皇帝、后来又向北宋皇帝称臣进贡，

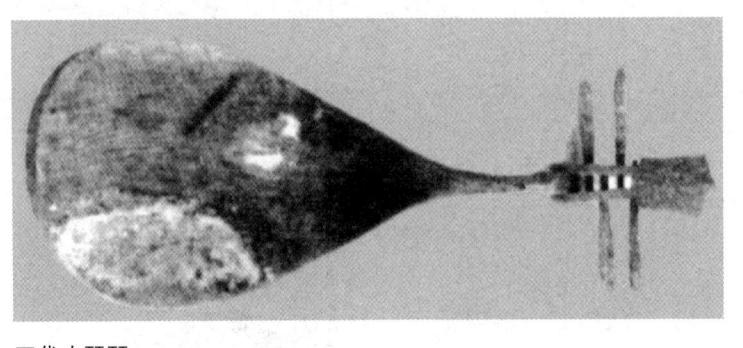

五代小琵琶

处在十分屈辱的地位。对北宋，李煜是臣子；对南唐小朝廷，他是皇帝。然而，即使在这种情况下，李煜和周娥皇对国家的安危和屈辱感到无能为力，他们只能沉迷于写诗填词，歌舞作乐之中。李煜对娥皇的感情日深，专房宠嬖。夫妻二人成天带着两位小皇子在宫中游乐，希望他们长大当诗人。在国事日非的情势下，李煜反而在诗词创作上获得了丰收。

李煜为娥皇写了许多诗词，皇帝皇后成天在宫廷轻歌曼舞，颇废政事。周娥皇对李煜从不进行劝谏，反而越玩越高兴。为此，御史张宪曾当面劝谏，词情恳切。李煜只是听，也不发怒，也不改正，只是赐张宪帛30匹，以资表扬，但仍旧歌舞不停，成天玩乐。

周娥皇风流而有才气，当了皇后更是刻意打扮。她独创了一种高髻纤裳以及首翘鬓朵之妆，唐代贵妇人一般都穿肥大的衣裙，她却独具匠心地制作了一种瘦腰形的裙子，穿起来曲线显露，婀娜多姿。当时妇女争相仿效，成为流行服式。

周娥皇极具音乐天赋，她自小学古筝，能弹一手好琵琶，精通数种乐器。她谱曲的水平也很高，李煜的许多词都是由娥皇配曲。有一个流传很广的故事说盛唐之时有一首著名的大曲《霓裳羽衣曲》，安史之乱以后，乐工离散，曲谱失传。有一份民间的残谱，传入了南唐宫廷，但一般乐工礼官都无法将谱理出眉目。娥皇便令人将谱拿来，仔细钻研，几个月后，就理出了头绪。娥皇用琵琶弹奏，使开元、天宝的部分遗音复传于世。娥皇又加以引申创作，排成了大型的曲舞，轰动了京城。当时内史舍人徐铉也懂音律，听后啧啧称是，曾对宫廷乐师曹生说："的确像开元天宝之音，但曲谱改了，不是吉祥之征。"

果然，好景不长，周娥皇忽地染病，娥皇卧病期间，李煜丧魂失魄，整日陪伴着娥皇，旦夕侍疾，药非亲尝不进，甚至衣不解带，服不解体，累夕如是。

正当病情有些好转之时，周后最宠爱的少子仲宣夭亡了。仲宣小字瑞保，

李煜词意画

非常聪明，三岁读《孝经》，能一字不漏地背诵，一听到奏乐，就知道节拍音调，周后对他寄予厚望。但他娇生惯养，弱不禁风。北宋乾德二年（964），四岁的仲宣正在一尊佛像前玩，一只猫一跃碰倒了大琉璃灯，一声巨响，小仲宣吓昏过去，没想到孩子受了惊，竟一命呜呼了。失去儿子无疑对娥皇是最沉重的打击，她的病情加重恶化，终致不起。

周娥皇知道自己已不可救药了，她让侍女将李璟所赐的烧槽琵琶拿来，又将平时所佩的一对玉环，交给李后主。临死之时，要求后主对她薄葬。这一年的十一月甲戌之日，一代才女周娥皇死于金陵瑶光殿西室，年仅28岁。

李煜对周后之死痛不欲生。在哀苦伤感之余，李煜写了一首长赋，刻于石上，自称"鳏夫煜"。这篇数千言的哀赋，极为酸楚，其开头数句是：

天长地久，嗟嗟蒸民，嗜欲既胜，悲叹纠纷。
缘情攸宅，触事来津，赀盈世逸，乐少愁殷。

沉乌逞兔，茂夏凋春。年弥念旷，得故亡新。
……[1]

李煜将娥皇葬于懿陵，并将她平时最喜欢的那具金屑檀槽琵琶同葬于地下。又写了几首词悼念，以寄托哀思。《谢新恩》是李煜为娥皇死后一周年所写的悼词：

樱花落尽阶前月，象床愁倚熏笼，远是去年今日，恨还同。
双鬟不整云憔悴，泪泪沾红抹胸，何处相思？纱窗醉梦中。[2]

在这以后，李煜又写了一首《长相思》词：

云一绲，玉一梭，淡淡衫儿薄薄罗，轻颦双黛螺。
秋风多，雨相和，帘外芭蕉三两窠，夜长人奈何。[3]

这些词情真意切，充分表达了李煜对娥皇的思念。

---

[1] 诗见李煜《昭惠周后诔》（祭大周后）。
[2] 诗见李煜《谢新恩》。
[3] 诗见李煜《长相思》。

南唐后主李煜皇后小周氏

小周氏（生卒不详），南唐后主李煜的继后。广陵（今江苏扬州）人。父亲周宗是南唐宰相，姐姐周娥皇是南唐后主李煜的皇后。为了和她姐姐相区别，史称她为小周后。小周氏才貌双全，天真纯情。她在姐姐娥皇去世后也嫁给了后主李煜，做了李煜的继后。小周后深得皇上的喜爱，夫妻二人不顾国势日危，终日歌舞游乐，诗词往来，最后双双成了北宋的阶下囚。小周后受尽污辱，在李煜被毒死后不久也忧郁而亡。

小周后大约比姐姐周娥皇小10岁。当初姐姐出嫁就是她陪着娥皇上花轿的。以后她常去皇宫看望姐姐，有时就留在禁宫玩耍，与后主李煜也非常熟悉。

小周氏

小周后长得与姐姐一样漂亮，且比姐姐更加天真纯情。她从小就聪明过人，才思敏捷，受过良好的教育，学会了作诗填词，书法作画，且能唱能跳，特别是跳舞，可以说是超过了姐姐。

小周后长到十七八岁时，出落得如出水芙蓉，窈窕多姿。她仍经常出入宫禁，和姐姐、姐夫一起游玩。李煜是风流皇帝，多年来专宠娥皇一人，别的妃嫔很少进御，但娥皇的这个漂亮纯情的妹妹，却吸引住了他，深深牵动了他的心。

当然李煜只是在娥皇不知的情况下与小周后暗中往来。李煜有两首《菩萨蛮》词，写的就是他与小周后偷偷摸摸幽会时的情景：

（一）

花明月暗飞轻雾，今朝好向郎边去。刬袜步香阶，手提金缕鞋。
画堂南畔见，一晌偎人颤。奴为出来难，教君恣意怜。

（二）

铜簧韵脆锵寒竹，新声慢奏移纤玉。眼色暗相钩，秋波横欲流。
雨云深绣户，来便谐衷素。宴罢又成空，梦迷春雨中。

美妙的宫廷幽会，一时无人知晓，但不幸的是大周后娥皇生病卧床，几个月后离开了人世。

娥皇死后，小周后和李煜十分悲痛。葬礼过后，小周后正式进宫，代替了姐姐的位置。但由于李煜心存娥皇的亡灵，和小周后的婚礼迟迟没有举行。直到北宋开宝元年（968），李煜才开始议立小周后为继室，称国后。和大周后相比，小周后的婚礼要冷清得多。即便这样，李煜还是尽量隆重地摆了排场，以便让小周后心里高兴一些。

据说，婚礼举行的那一天，李煜命令百姓杀鹅以代白雁，披以文绣，拿着彩带，在大街上举行迎亲聚会。当时，围观的群众多达几万人，人们推推搡搡，爬高就低，有不少人摔死、摔伤。暗地里不少老百姓咒骂皇帝，亡国在即还逞这等派头。又据说，举行婚礼那天，李煜大宴群臣，宰相韩熙载等人都作诗讽刺。

当时江南民间流传着童谣："索得娘来忘却家，后园桃李不生花。猪儿狗儿都死尽，养得猫儿患赤瘕。""娘来"，指的就是小周后。可见当时朝廷大臣和普通百姓对李后主和小周后不顾国家只顾享

后主李煜行草书

乐是颇不以为然的。

李煜对大臣的讽刺既不理会，也不责备。他知道自己愧对百姓，但却又无力扭转乾坤，不如过一天算一天，当一皇帝就享乐一天。大周后死后，他把全部的爱都倾注于小周后身上，日夜与小周后歌舞游乐，诗词往来。他在御花园中专门为小周后建造了一个小亭，小亭内罩以红罗，押以玳牙，雕镂玉砌，华丽无比，里面仅能坐两个人。于是李煜和小周后经常呆在里面，卿卿我我，调情玩乐。李煜还在小周后所居住的柔仪殿另设太古容华鼎，金凤口罂诸香器都是金玉所制，璀璨夺目，豪华无比，每天都要派许多主香宫女，为之焚香。在香烟缭绕之中，小周后又是唱歌，又是跳舞，国家前途和个人命运、吉凶祸福，全部抛之脑后。

北宋开宝八年（975），宋军攻破了金陵，灭亡了南唐，小周后和李煜成了宋军的俘虏，被押送到北宋首都汴梁（今河南开封）。从此，小周后一下子由贵幸无比的皇后，变成了囚徒，她陪伴李煜过着俘虏生活。

宋太祖和宋太宗对李煜既尖刻，又猜忌，小周后和李煜遭受了巨大的侮辱和痛苦。李煜本是一个多愁善感的人，由皇帝变成阶下囚，更使他想起了以往的岁月，为此，李煜作了两首著名的词：

虞美人

春花秋月何时了？往事知多少，小楼昨夜又东风，故国不堪回首月明中。

雕栏玉砌应犹在，只是朱颜改，问君能有几多愁，恰似一江春水向东流。

浪淘沙

帘外雨潺潺，春意阑珊，罗衾不耐五更寒。梦里不知身是客，一晌贪欢。

独自莫凭栏，无限江山，别时容易见时难。流水落花春去也，天上人间。

宋太祖封小周后为郑国夫人。太祖去世后，太宗早就倾慕小周后的美貌和才气，故意让小周后进宫跳舞献技。李煜不敢违抗，只得让小周后去，小周后只

五代周文矩《宫中图》

得听命。小周后每次从宫中回到李煜身边，就放声痛哭，叫人听了肝胆欲裂。

太平兴国二年（977）七夕，正是李煜42岁生日。李煜和小周后夫妇召集了一些南唐故旧，在他们的私第举行祝寿宴会。这天，小周后精心梳妆打扮了一番，刻意地装饰也掩饰不住她眼角眉梢的忧郁。她打起精神为大家演唱了《虞美人》和《浪淘沙》两首词曲。小周后的演唱勾起了故旧大臣对南方故国的怀念，然而他们都没料到，这时有密探去报告了宋太宗赵光义。赵光义听了十分恼怒，认为"故国不堪回首月明中"和"恰似一江春水向东流"两句是李煜眷恋故国，贼心不死，是妄图复辟，心存报复。于是让弟弟赵廷美拿了毒药，置于酒中，去李煜府第赐给李煜。李煜端着皇帝赐的贺寿酒，环顾故旧，更恋恋不舍地望了一下小周后，一饮而尽，一代才子，当即就呜呼了。

小周后眼见这惨景，悲痛欲绝，她扑在李后主身上，失声痛哭，哀毁不能自胜。赵廷美宣布，宋太宗希望小周后进宫内居住，小周后不愿再受污辱，当场就拒绝了。从此没有露过笑脸，几个月后，这位年仅20多岁的绝代美人，当世才女，在满怀悲愤中忧郁而死。

附：后蜀后主孟昶贵妃徐氏

徐氏（生卒不详），是后蜀后主孟昶的贵妃，别号花蕊夫人。四川青城（今灌县）人，父亲为徐国璋。她貌可倾国，擅长文墨，是中国历史上杰出的女文学家。她的诗词清婉新奇，为两宋以后历代文人所推崇。她的美貌和才气使她成为孟昶的宠妃，享尽荣华；她的美貌也使赵匡胤兄弟争风吃醋，最终使她死于非命。

徐氏家中颇为富有。父亲徐国璋对她寄以厚望，着意对女儿进行培养，准备将来许配王侯。徐氏从小聪明非常，熟读经史，吟诗作词，每多奇句，常令父母大喜过望。

徐 氏

后蜀广政元年（938），后蜀主孟昶的爱妃张太华去世，孟昶悲痛万分，竟至卧床不起。一班佞臣慌忙四处寻找佳丽，终于找到了貌可倾国的徐氏，将她献入宫中。徐氏秀外慧中，擅长文墨，而且诗词歌赋样样精通。孟昶一见，喜不自胜，几日后即拜贵妃，赐号慧妃，别号花蕊夫人。[1]

徐氏迅速升为慧贵妃，不仅仅因为她有花蕊一般的容貌，关键是她同孟昶志趣相投，皆擅长于吟诗作词，醉心于游山玩水。孟昶对她宠爱之极。因为花蕊夫人最爱观赏牡丹和芙蓉，孟昶为了使她欢心，命令修建牡丹苑和芙蓉锦城。牡丹苑中，罗列各种名贵牡丹，无色不备。芙蓉锦城，是将芙蓉种在城上，秋天盛开时，蔚若锦霞，故号为锦城。

---

[1]语见陶宗仪《辍耕录》："蜀主孟昶纳徐国璋女，拜贵妃，别号花蕊夫人，意花不足拟其色，似花蕊之翾轻也。"

蜀地素称富饶，又逢十年太平无事，五谷丰登，都市士女多半采兰赠菊，买笑寻欢，一派盛世气象。孟昶每天同花蕊夫人游乐于池苑之中，弄风吟月。对于朝政，夫妇二人写了一篇艳丽的诏文，称"朕念赤子，旰食宵衣，托之令长，抚养安绥"，让郡县长官照此治理百姓。同时告诫郡县官吏"无令侵削，无使疮痍。下民易虐，上天难欺"。要百官牢记"尔俸尔禄，民膏民脂"，不要忘记了自己是百姓的父母官。诏文下达以后，夫妇二人便醉心诗词游乐，不理政事了。

春天，花蕊夫人都要同孟昶在牡丹苑大宴群臣，进行大规模的品赏牡丹活动。在文臣墨客的簇拥下，花蕊夫人不时赞道："牡丹移向苑中栽，尽是藩方进入来。未到末春绿地暖，数般颜色一时开。""亭离百尺立春风，引得君主到此中。床上翠屏开天扇，折枝花绽牡丹红。"[1] 君臣赋诗赏花，极其尽兴。

五代《玉堂富贵图》

夫妻二人在夏天同游浣花溪，乘龙舟观水嬉戏。溪边且置亭榭，都城男女夹道观看，珠翠罗绮，名花异卉，馥郁十余里，有如神仙境界。兵部尚书廷珪称此为"十字水中分岛屿，数重花外见楼台"。孟昶赞叹不已，说道："曲江金殿锁千门，也比不上浣花溪一角之美。爱妃何不赋诗赞赏？"花蕊夫人随口诵道：

---

[1]诗见《全唐诗》卷七百九十八。

"画船花舫总新妆，进入池心近岛傍。松柏楼窗楠木板，暖风吹过一团香。"[1]

秋天，花蕊夫人同丈夫，邀集百官一同到芳林苑观赏红栀花，然后各自赋诗。红栀花生于青城山，由一老叟在芳林苑种植成功。其树高大，开花后灿烂四出，清秀如梅，为当时百花之王，花蕊夫人观此花作诗云：

> 大臣承宠赐新庄，栀子园东柳岸傍；
> 今日臣恩亲幸到，板桥头是读书堂。
> 苑中排比宴秋宵，弦管挣拟各自调；
> 日晚阁门传圣旨，明朝尽放紫宸朝。[2]

随口吟来，皆成绝句。孟昶随声附和，百官赞美不绝。游完一处又游一处，看完红栀花又赏芙蓉花，芙蓉锦城中，花开40里，更叫花蕊夫人流连忘返。

花蕊夫人同丈夫居住的屏宫，富丽堂皇，恍如仙境。屏宫以画屏七十、帐闱百纽组合而成。内有罗帐碧绫帷，鸳衾锦被，还有芙蓉花汁染缯做成的帐幔，名曰芙蓉帐，豪华无比，连溺器也以七宝装成。宫中玩腻了，花蕊夫人便同孟昶登楼戏闹。听着歌童们唱着花蕊夫人的宫词："五云楼阁凤城间，花木长新日月闲，三十六宫连内苑，太平天子住昆山。"歌乐掀天。

二人优哉游哉地过着神仙日子。后蜀广政十八年（955）夏，天气渐渐炎热。花蕊夫人同孟昶避暑摩河上，夜凉开宴，孟昶酒酣兴至，便命左右取过纸笔，即席书词，赞美花蕊夫人。花蕊夫人泪盈盈地听罢丈夫的夸赞，正拟作词答谢，突然紧急边报来到，乃是后周招讨使王景，率兵自大散关至秦州（今甘肃甘谷东，包括四川平武地区）连拔后蜀黄牛八寨。孟昶听罢边报，不想对敌之策，反掷笔道："可恨强寇，败我诗兴！"

孟昶即位初期，在治国方面实行了一些发展经济、改良政治的措施，使后蜀呈现出短期的繁荣与富足。在边境上除后周曾攻取数州外，多安静无事。但数年之后，他即沉湎于女色、乐舞之中，国事渐废。有歌谣道："蜀中久安，丰米三钱，国都子弟不识菽麦之苗，金币充，弦管歌通盈于闾巷，合筵社会昼夜相接。"

---

[1]诗见《全唐诗》卷七百九十八。
[2]诗均见《全唐诗》卷七百九十八。

后周显德七年（960），后周殿前诸军都点检赵匡胤发动兵变，建立北宋。宋乾德三年（965），北宋大兵到了成都，孟昶无力抵抗，偕花蕊夫人出城迎降，后蜀宣告灭亡。

花蕊夫人同孟昶分别被解送到汴梁（今河南开封），孟昶被宋太祖赵匡胤封为秦国公，不几天便遇害身亡，年仅47岁。花蕊夫人当了俘虏以后，万分悲痛。在被解送汴京的途中，她骑在马上，望着渐渐远退的蜀中国土，情不自禁地吟出一首"丑奴儿"调：

初离蜀道心将碎，离恨绵绵，春如年，马上时时闻杜鹃。[1]

刚吟至此，军骑催行。一首词却只吟了半阕。

花蕊夫人被押至汴京后，被迫进了赵匡胤后宫。当赵匡胤召她出来吟诗颂德时，她含泪吟诵了她的杰作《亡国诗》，倾诉了她万分悲愤的心情：

君王城上竖降旗，妾在深宫哪得知？
十四万人齐解甲，更无一个是男儿？[2]

在赵匡胤宫中，她终日思念孟昶，便大着胆子将孟昶的画像挂在墙壁上，每日祭祀。赵匡胤发现后，问是何神？花蕊夫人说是张仙，并说妇人敬奉便得贵子，赵匡胤信以为真，宫中妇人也争先供奉张仙像。赵匡胤还令各地建张仙祠以供敬奉，后世效仿不衰。花蕊夫人天生丽质，色艺双优，引得赵匡胤和赵光义（当时为晋王，后即位为宋太宗）兄弟争风吃醋。赵光义心狠手辣，他得不到徐氏，便另想他策。一天，兄弟二人同花蕊夫人在苑中打猎，众人都在放箭，赵光义瞄准一头走兽正拟射击，突然转身回射花蕊夫人，一箭便取了她的性命，赵匡胤还未看清箭从何处而来，徐氏已香消玉殒了。他只当是乱箭误伤，将徐氏送到福建崇安下葬。

徐氏有花蕊般的容貌，超人的才情，最后却死于非命。她留传下来的诗词很多，其中的《述亡国诗》几多滋味，颇为感人：

---

[1]诗见《全唐诗》卷八百九十九《采桑子》。
[2]诗见《全唐诗》卷七百九十八。

宫　词（其三）

龙池九曲远相通，杨柳丝牵两岸风。
长似江南好风景，画船来去碧波中。

宫　词（其四）

东内斜将紫禁通，龙城凤苑夹城中。
晓钟声断严妆罢，院院纱窗海日红。

宫　词（其七）

厨船进食簇时新，侍宴无非列近臣。
日午殿头宣索鲙，隔花催唤打鱼人。

宫　词（其十三）

太虚高阁临波殿，背倚城墙面枕池。
诸院各分娘子住，羊车到处不教知。

宫　词（其十七）

春风一面晓妆成，偷折花枝傍水行。
却被内监遥觑见，故将红豆打黄莺。

宫　词（其二十一）

殿前宫女总纤腰，初学乘骑怯又娇，
上得马来才欲走，几回抛鞚抱鞍桥。

宫　词（其二十三）

翔鸾阁外夕阳天，树影花光远接连。
望见内家来往处，水门斜过画楼船。

宫　词（其二十五）

新秋女伴各相逢，罨画船飞别浦中，
旋折荷花半歌舞，夕阳斜照满衣红。

宫　词（其二十七）

早春杨柳引长条，倚岸沿堤一面高；
称与画船牵锦缆，暖风搓出彩丝绦。

宫　词（其三十五）

细风鼓叶撼宫梧，早怯秋寒着绣襦。
玉宇无人双燕去，一弯新月上金枢。

宫　词（其三十六）

夜寒金屋篆烟飞，灯烛分明在紫微。
漏永禁宫三十六，燕回争踏月轮归。

宫　词（其三十八）

金井秋啼络纬声，出花宫漏报严更。
不知谁是金銮直，玉宇沈沈夜气清。

宫　词（其四十四）

清晓自倾花上露，冷侵宫殿玉蟾蜍。
擘开五色销金纸，碧锁窗前学草书。

宫　词（其一四九）

鹦鹉谁教转舌关，内人手里养来奸。
语多更觉承恩泽，数对君王忆陇山。

宫　词（其一五二）

舞来汗湿罗衣彻，楼上人扶下玉梯。
归到院中重洗面，金花盆里泼红泥。

【宋】

太祖赵匡胤皇太后杜氏

杜氏（901~961），大宋太祖赵匡胤、太宗赵光义生母。定州安喜（今河北定县）人，父名杜爽，母范氏。谥号"明宪"，葬于安陵。后改谥号为"昭光"。杜氏治家严谨，有礼法，对宋初政治有重大影响。太祖、太宗都比较注意节俭，勤于政事，关心民间疾苦，最终完成全国统一大业，使国家经济获得大幅度发展，这与杜氏教子有方是分不开的。

一、内助贤明　严教辅政

杜　氏

后梁贞明年冬季，朔风凛冽，大雪纷飞，家住定州安喜（今河北定县）杜家庄的杜爽老汉，热情款待了一位路过此地请求避雪的青年男子。杜庄主见来客相貌英俊，言语庄谨，手脚勤快，说话间又知他是官宦之后，便有心结纳，当下把女儿许配给他。这位客人是宋朝的皇考赵弘殷，那杜家闺女便是生育了宋太祖和宋太宗两位皇帝的昭宪杜太后。

赵弘殷婚后就到了赵王王镕的麾下，因替王镕率军应援后唐庄宗李存勖有功，得到李存勖的赏识，成了李存勖军中的一员裨校。从这时起，杜氏就开始了随夫东征西讨的军旅生涯。

随军生活迁徙无常，杜氏饱尝了颠沛流离之苦。开始时丈夫的官职较低，又处在兵荒马乱的战争年月，灾荒严重，后唐政府发不出军粮，许多军士没有饭吃，他们的家属只好成群结队到野外寻点野菜充饥，往往冻饿而死。杜氏日子的艰难可想而知，她的第一个儿子赵光济和一个女儿（后来追封为陈国长公主）出生不久就夭折了。直到婚后第十个年头，才在洛阳夹马营生下了第二个儿子赵匡

胤，12年后又在浚仪（今开封）官舍生下了三儿子赵光义。后又接连生了两个儿子，一个女儿。

杜氏娘家家境殷实，好佛向善，在安喜一带名声颇好。她家位于从幽涿通往汴洛的官道附近，南来北往的官员商贾络绎不绝，常有人来打尖歇憩，使她有机会接触三教九流各种人物，因此，她虽然没受诗礼闺范，但待人处世的见识远非名门闺秀

北宋《雪景寒林图》

所能及。随着婚后生活经历的复杂，和她丈夫、儿子政治上的发展，她的见识也在逐步增长。

杜氏性格坚毅，治家极有礼法，夫妇相敬如宾，对孩子的训导也很严格。匡胤、光义幼时顽皮好动，但长大后都能谨慎持重、敢作敢为。杜氏教子虽严，但也不像一般的母亲那样总是把孩子拴在身边，而是让他们循着自己的天性发展。匡胤好舞刀弄枪，学习骑射，有一次他骑上一匹未勒绳索的烈马，顺着城墙斜道向上驰突，头颅猛然撞在门楣上，摔落地下，旁观者以为他脑袋必碎无疑，哪知他慢慢爬起，又追上烈马纵身腾上。对这种冒险的举动，做母亲哪有不担心的？但杜氏并未因此限制匡胤习武，只是督促他在习武之余多读些书，不要只有匹夫之勇。等到匡胤十几岁时，她就放手让他四处闯荡。光义嗜好读书，杜氏和

赵弘殷就尽力为他创造学习条件,赵弘殷在后周时领兵征伐淮南,每破州县,对金银财宝一概不问,只搜求各类古书捎给光义,因此光义学识渊博,精于谋略。

此时正是社会大动荡的时期,一些藩镇为夺取皇位,征战不已,朝代更替迅速。后晋取代后唐,又被后汉所灭。后汉仅存在5年,就被郭威夺去,国号后周。赵弘殷从中出了力,职位得到提升,已经成年的儿子也开始步入仕途。青年时期的赵匡胤很得周太祖郭威的赏识,补为东西班行首。世宗柴荣即位,赵匡胤因屡建功勋,职位提升很快,被任命为定国军节度使兼殿前都指挥使,成为后周最高军事将领之一。杜氏也被封为南阳郡太夫人。此时杜氏已54岁。同年,赵弘殷去世。杜氏跟随儿子匡胤,生活在军旅之中。几年后,当赵匡胤准备发动兵变时,杜氏不仅是儿子最坚定的支持者,而且参与了政变的决策。

公元959年,周世宗柴荣病逝,7岁的太子即位。赵匡胤重兵在手,准备利用离京御敌之机发动政变。赵匡胤率军出城之前,为防意外,把杜氏与夫人王氏等家眷老小全都秘密安置到了僧寺定力院之内,杜氏在定力院焚香拜佛,祈祷儿子成功。当赵匡胤在陈桥黄袍加身,并还军京师的消息传来时,赵匡胤的夫人王氏尚不免有些紧张,而杜氏则神态自若,说道:"吾儿平生奇异,素有大志,人们都说他能极尽富贵,有什么可担心的?"

赵匡胤登上皇位,尊母杜氏为皇太后。建隆元年(960)二月,杜氏高坐朝堂,赵匡胤率百官行朝贺礼,杜氏的脸上并没有欣喜的神情,却显得忧心忡忡。几个大臣连忙趋前问道:"为臣听说自古就有'母以子贵'的道理,现在您的儿子贵为天子,这是陛下的齐天洪福,太后为什么闷闷不乐?"杜氏徐徐说道:"我知道圣人说过,位于万民之上,若治理国家有方,自可博取万民拥戴,皇帝自然尊贵无比。一旦出现失误,恐怕想要做一个普通百姓也很难。你们说这是不

宋代绘画

是值得担忧。"[1]这番话使侍立一旁的赵匡胤怦然心动,急忙向太后拜谢:"母亲的教诲,儿定铭记在心,不敢有违!"

赵匡胤称帝后,杜太后以她的聪明才智经常与儿子共同讨论国家大事,参与一些重大决策。常对被赵匡胤倚为股肱的赵普说:"赵书记(赵普曾在赵匡胤手下担任掌书记),我儿子阅历还很少,以后你还要多费心啊!"赵普对杜太后的信任非常感激。赵匡胤本来就很佩服赵普,母训更增强了他对赵普的信任,长期用为宰相。赵普为北宋初期开创基业做出了巨大贡献。杜氏对三儿子赵光义十分疼爱,要求也很严格,赵光义每次出门,她总是请赵普伴随才准予放行,甚至还要计算时间待其归来。赵光义从来不敢违命。杜太后对赵普的信任,密切了宋初的君臣关系,使宋初的政治平稳安定。

二、金匮之盟　真假莫辨

建隆二年(961),杜太后身染重病,赵匡胤为她煎药侍汤不离左右。后来病情加重,太后便召赵普进宫,安排后事。太后问赵匡胤:"你知道你能得天下的原因吗?"赵匡胤呜咽着说不出话来,杜氏说:"我年纪大了,难免一死,你哭有什么用呢?我正要向你嘱咐大事!"赵匡胤说:"我能当上皇帝,是依

陈桥驿兵变遗址。石碑上书"宋太祖黄袍加身处"

---

[1] 语见《宋史·后妃列传·太祖母昭宪杜太后》:"为吾难,天子置身兆庶之上,若治得其道,则此位可尊;苟或失驭,求为匹夫不可得,是吾所以忧也。"

靠祖宗在天之灵和母亲您的恩德。"杜氏严肃地说:"不对,你当皇帝只是因为柴氏让幼儿主天下。如果柴家朝廷有年长的人坐江山,不把大权交给你,皇位哪能到你的手上?我们不能重蹈柴氏的覆辙,你百年之后,帝位先传给光义,以后由光义传给光美,光美再传给你的长子德昭,治理幅员辽阔的天下,安定百姓,需要一个年长的皇帝,这才是社稷的福分呐。"赵匡胤一面哭,一面叩头说:"儿怎敢不遵从母亲的教诲。"杜氏又对赵普说:"你要把我的话记下来,不可违背。"赵普当着杜氏的面记下了她的遗嘱,并在后面写上"臣普书"的字样,然后把它放进一金匣里,交给谨慎老成的宫女掌管。[1] 这在历史上被称为"金匮之盟"。

表现赵匡胤礼贤下士的《雪夜访赵普》

---

[1] 事见《宋史·后妃列传·太祖母昭宪杜太后》:"太后因问太祖曰:'汝知所以得天下乎?'太祖鸣噎不能对。太后固问之,太祖曰:'臣所以得天下者,皆祖考及太后之积庆也。'太曰:'不然,正由周世宗使幼儿主天下耳。使周氏有长君,天下岂为汝有乎?汝百岁后当传位于汝弟。四海至广,万几至众,能立长君,社稷之福也。'太祖顿首泣曰:'敢不如教。'太后顾谓赵普曰:'尔同记吾言,不可违也。'命普于榻前为约誓书,普于纸尾书'臣普书'。藏之金匮,命谨密宫人掌之。"

赵匡胤终生没有公开太后遗命，但也没有明确继承人。杜氏做梦也想不到，十几年后，她的两个儿子为了皇位之争会骨肉相残，刀斧相见。她最疼爱的儿子赵光义在"斧声烛影"之下杀死哥哥赵匡胤夺取皇权。

近代史学家认为，"金匮之盟"是根本不存在的。"金匮之盟"是在赵光义即位已有7年，赵匡胤的长子德昭、次子德芳相继自杀或不明不白地暴病而死之后，才由赵普公诸于世的。这只能是赵普为保住自己的相位，与篡位寻找合法借口的赵光义共谋杜撰的。如果"金匮之盟"确有其事，那它很可能是引起赵氏兄弟为争皇权而互相残杀的原因之一。

名家评说

昭宪杜后实生太祖、太宗，内助之贤，母范之正，盖有以开宋世之基业者焉。观其训太祖以《无逸》治天下，至于豫定太宗神器之传，为宗社虑，盖益远矣。

——元·脱脱《宋史》

真宗赵恒皇后刘氏

刘氏（968～1033）是宋真宗的皇后，小名娥，华阳（今双流县）人，父亲刘通，官至嘉州刺史，1012年被册为皇后，谥号"章献明肃"。她虽出身低微，但绝顶聪明，虽成人妇，凭借美貌与才智，却能勾引当今太子，秘密同居15载。入宫后，左右逢源，笼络皇上，欺压大臣，在封建时代皇后中堪称强者。

一、功遇襄王　攀龙附凤

刘娥的父亲刘通在宋初掌禁军，以军功迁虎捷都指挥使，领嘉州（治所在今四川乐山）刺史。刘娥尚在襁褓中，父亲刘通阵亡。家境衰落，刘娥被母亲带到娘家抚养。年龄稍长，善于击小鼓。小鼓本是寻常的鼓，但经刘氏的纤手敲出，却节奏铿锵，别具韵味，令人回肠荡气。后来刘娥嫁给银匠龚美。龚美刚20岁，便领着刘娥远离家乡，到京师开封谋生。龚美进京后，结识了在襄王府当差的张耆，龚美做梦也没想到这会给他们夫妻带来天大的富贵。

襄王赵恒是宋太宗的第三个儿子。赵恒正值年少风流，有一次对左右侍从说："久闻川蜀一带的女子才貌极佳，我想得到个蜀姬，你们可留心查访。"张耆立刻想到龚美那位颇为标致的妻子，连忙跑去告知龚美。

龚美夫妇正一筹莫展，他们进京后一直找不到活儿干，现在已经三餐不济了。这意外的消息，使龚美颇费思量，如果送刘氏进王府，做丈夫的脸面往哪里放；若不送去，又放走了一个发财晋爵的大好机会。而刘娥在一旁暗自欢喜，这是她摆脱贫贱、享一世富贵的机会，决不能轻易放过。她以为刘家摆脱生活上的困境为由，说服了龚美，送她入府。

刘娥进府后，极得赵恒宠爱。两人年龄相当，正值青春年少，互相爱恋，如胶似漆。刘氏又凭着她击小鼓的绝技，将赵恒迷得神魂颠倒。宋太宗觉察到儿子面容憔悴，神色反常，召赵恒的乳母秦国夫人，问她近期有什么人在儿子身边侍候。秦国夫人见刘氏出身卑贱，很为赵恒的行为感到担忧，便如实告知刘娥进府之事。太宗大为恼火，召来赵恒，训斥一番，并勒令他马上把刘娥赶出去。赵恒迫于父皇的压力，不得不让刘娥出府，秘密藏在张耆家中，[1] 继而另建宅院由刘氏居住。两人仍不断暗中幽会，这种交往持续了15年。

二、借腹生子　美人册后

至道三年（997）三月，太宗驾崩，赵恒即位为真宗。咸平元年（998）召刘氏进宫，封为美人。从进宫之日起，刘氏就得到真宗的专宠。因刘氏别无亲戚，乃把前夫龚美改姓刘，作为兄长。

刘氏天资聪慧，秉性警悟。住在张耆家时，闲居无聊，读过不少书，丰富了知识，也增长了才干。入宫之后，与皇上感情更胜于以往，两人形影不离，即使赵恒出外巡幸，相随身边的总是刘氏。真宗初做皇帝，经常把大臣奏章带回去深夜审阅，刘娥始终陪伴，两人不断对各种情况进行讨论。凡刘娥听说过的事情，一般都能记住主要情节。真宗遇到疑难问题，刘娥往往引证一些史书中的类似事件，提供参考性意见，这就更加深了他们之间的感情。[2]

景德四年（1007），郭皇后病故。同年，真宗就有意立刘氏为皇后，怎奈大臣群起反对，当时任翰林学士的李迪认为："刘氏出身微贱，不可母仪天下。"参知政事赵安仁公然提议册封出身相门的沈才人为皇后。为此，真宗决定暂时不立皇后，把皇后的宝座留给刘娥。在后来的三年中，刘娥由美人升为修仪，再封为德妃，得到妃嫔中的最高地位。

赵恒曾有过五个儿子，都相继夭折了。他已40多岁，膝下依然无子，每日

---

[1] 事见《宋史·后妃列传·章献明肃刘皇后》："乳母秦国夫人性严整，因为太宗言之，令王斥去。王不得已，置之王宫指使张耆家。"
[2] 事见《宋史·后妃列传·章献明肃刘皇后》："后性警悟，晓书史，闻朝廷事能记其本末。真宗退朝，阅天下封奏，多至中夜，后皆预闻。宫闱事有问，辄传引故实以对。"

里忧心忡忡。如果刘氏能生下一位皇子，既解了皇上之忧，又为社稷立了大功，那么母凭子贵，入主中宫就是理所应当的了。然而刘氏与皇上是多年的夫妻，却没生过一个儿子。刘氏左思右想，想出一个借腹怀胎之计，她命自己的侍女李氏服侍皇上。刘氏要借李氏之腹帮她登上皇后宝座。

李氏果然不孚她望，生下一位皇子，取

宋《夫妻对坐宴饮图》

名受益，后改名赵祯。李氏刚生了儿子，刘娥便赶到了。威胁加利诱，迫使李氏交出儿子，并告诫绝对不许声张，又嘱咐所有知情人不许走漏一丝消息。皇上自然也希望增加刘氏做皇后的资本，于是对外宣称赵祯为刘氏所生。刘氏便将受益托付给杨淑妃照顾。

有了皇上唯一的儿子，刘氏便有了当皇后的资本。真宗认为皇后之事不应再拖，决计不再顾及大臣反对正式册立刘娥为皇后。然而真宗难免心虚，不敢大张旗鼓，他怕节外生枝，就将一切礼仪从简，不让地方藩臣进贺，也不宣制于外廷，只令学士院起草制词降付中书省就算完事。真宗派刘娥的心腹丁谓请翰林学士杨亿起草册立皇后诏书。杨亿对此极不赞成，当场拒绝。丁谓劝道："你若能写成诏书，不愁以后得不到更大的富贵。"杨亿回答说："如此取得富贵，也违背我的意愿。"尽管如此，真宗仍坚持让别人起草了诏书，正式册封刘娥为皇后。这已是大中祥符五年（1012）十二月了，刘氏43岁。

三、干预朝政　排除异己

刘氏做了皇后，更加留心政事，赵恒退朝回宫，批阅奏章常常忙到半夜，所有重大问题的处理，刘氏几乎都要参与。宫闱事务归她管辖的，她也引经据典，处理得有板有眼。赵恒对刘氏越来越倚重，刘氏也渐渐地干预起朝政来了。翰林学士钱惟演把自己的妹妹嫁给了银匠出身的龚美，以乞求得到刘皇后的庇护，钱惟演又与参知政事丁谓联姻，丁谓也因而成为皇后的间接亲戚。丁、钱又与朝中大臣曹利用、冯拯等人交结，于是在刘皇后周围形成一派重要政治势力。

天禧四年（1020），赵恒得病，不能主持日常政务，刘皇后开始直接掌握大权。当时朝中明显分为两派势力。一是以刘娥为首的一派，包括丁谓、钱惟演、曹利用、冯拯和宦官雷允恭等，他们想借真宗生病，直接控制朝政。另一派以宰相李迪、寇准为首，他们从一开始就反对立刘娥为皇后。

寇准像

赵恒久受疾病之苦，担心自己将不久于人世，想命皇太子赵祯监国。一次，他对亲信宦官周怀政有意无意地说出了这个打算。周怀政便跑去告诉了寇准。寇准本来就对刘氏干政不以为然，遂出面向赵恒密奏请皇太子监国，并建议罢免丁谓。不料寇准酒后失言，被丁谓听到风声，丁谓密谋刘氏合力免除了寇准宰相职务。周怀政见事不妙，与宦官杨崇勋等商议发动政变杀死丁谓，复相寇准，废黜刘氏，奉赵恒为太上皇，传位于太子。此事竟被杨崇勋告发，周怀政转眼身首异处。刘氏乘机再次与丁谓合谋，将寇准再贬为道州司马，朝廷中与寇准关系密切的人几乎全遭到排挤。寇准被罢，丁谓升为宰相，擅权用事，很快又与另一位宰相李迪发生了矛盾。刘氏这时自然仍是向着丁谓，当初就是李迪以"出身微贱，不可母仪天下"为理由进行谏阻，才使她晚当了几年皇后。有一次，赵恒因病情加重，竟怒气冲冲地对前来问安的大臣说："昨夜宫中嫔妃全让皇后唤去了，剩下朕孤身一人独守空房！"旁人都不说话，又是李迪上前奏道："果真

这样，何不以法治之？"当时刘氏躲在屏风后，恨不得冲出来揍他几下。她决计新账旧账一齐算。不几天李迪在与丁谓大吵一场后被赶出了朝廷。丁谓、冯拯、曹利用共居相府，并分别兼任太子少师、少傅、少保，钱惟演出任枢密使。

赵恒的病情愈益加重，于是在承明殿召见大臣说："朕的疾病近几日越发不见好转，今皇太子年德渐成，皇后素来贤明，处事平允，完全可以托付大事。此后凡有重大事务，可由太子在资善堂处置，内廷由皇后辅化宣行，文武大臣皆尽忠翊赞，我自可以放心无忧了。"太子赵祯这时才11岁，少不更事。因此，赵恒的安排无论在事实上还是在名义上都承认而且增加了刘氏已有的权力。

参知政事（副宰相）王曾，看到后党完全控制了局势，深为赵氏江山旁落而担忧。他通过钱惟演劝告刘皇后："太子年幼，非皇后挟持不能立足，皇后若不倚仗太子，人心也不会归附。皇后只有加恩于太子，太子才会平安，太子平安了皇后自然也就平安了。"刘氏原来就有此意，于是对赵祯更加亲厚。她不只是表面上以母后自居，内心也把赵祯视为己出，亲自过问赵祯生活中的一切，赵祯偶尔离开身边，她也不断派人前去看护。侍奉赵祯的乳母、内侍虽全是她亲手挑

泰山天贶殿。宋真宗封禅泰山后次年（1009）敕建

选的谨慎老成之人，但她仍不放心，还时常对这些人严加训诫。她拿出自己宫中全部的妆奁费用，派遣的使者遍及天下的佛寺、道观、名山胜境，为赵恒祈福消灾。刘氏的努力没有白费，人们的闲话渐渐减少，刘氏的地位自然又稳固了一步。

四、垂帘听政　腐败日盛

乾兴元年（1022）二月，赵恒病逝，在一片悲痛气氛中，刘氏向大臣宣谕了赵恒的遗诏：太子赵祯即位，尊皇后刘氏为皇太后，淑妃杨氏为皇太妃，军国事权取皇太后处分。丁谓为讨好刘氏，在王曾起草遗制时想把"权"字去掉，即由刘氏直接处理朝政，王曾抵制道："皇上幼冲，不得已由太后临朝，这对国家来说已经是很不幸的了。有个权字尚可以昭示后人。方才遗诏说得分明，言犹在耳，岂有更改之理！"丁谓只好作罢。太后临朝称制，自宋朝开国以来这是头一遭，无章可循。宋制，皇帝每天都要临御垂拱殿，还在文德殿正衙接见文武百官，叫做"常参"；五天一次在崇德殿或垂拱殿接见群臣，叫做"起居"。太后临朝是否应在别的殿衙呢？宰相们各执一词，意见不一。而丁谓要借机进一步擅权，不想让其他大臣与闻机要政令，他暗中通过宦官雷允恭请皇太后直接颁布诏书："皇帝每月初一、十五两日上朝见群臣，大事由皇太后召集宰相们共同商议处置，日常政务则由雷允恭把事情代为转奏皇太后，由皇太后签署处理意见。"

王曾明知这样一来，皇上和皇太后不相联系，权柄交给一个宦官，祸端就要开始了，但他也无可奈何。

刘娥以合法身份当权之初，便对原来阻挠自己做皇后和参与政治的官员再次实行报复，寇准被贬为雷州（今广东海康县）司户参军，李迪为衡州（今湖南衡阳市）团练副使。

垂帘不久，丁谓、雷允恭

宋皇后褂衣复原图

这班权臣逐渐让她觉着心烦。丁谓确实曾为刘氏当权立下功劳，刘氏一度放手让他捞权也正是为了报答他的这些功劳，但他与雷允恭勾结专恣，瞒上欺下独揽朝纲。对太后奏事，他声称已于朝中大臣们商议过；与大臣们议事，动辄称自宫中得旨，任意而为。渐渐地丁谓想要挟持刘氏的意图越来越明显。按理说，太后是应与皇帝一同临朝的，但赵祯年幼贪睡，常常赶不上卯时御殿，刘氏便令内侍传旨中书，想单独御殿接受群臣朝拜。参知政事冯拯等人因丁谓休假不敢擅决，可丁谓还朝却极力反对，而且一再诘问冯拯等人为何不当即回绝。刘氏见丁谓如此专横，掣肘于己，大为不满。刘氏自垂帘听政以后地位完全巩固，不再需要丁、雷等人支持，再加上他们如此作为，刘氏便有心要除去他们。

不久，王曾揭发丁谓担任园陵使时勾结雷允恭擅自迁移真宗陵寝，说是"包藏祸心，欲置皇堂于绝地"。刘氏更加震怒，借机下令诛杀雷允恭，贬丁谓为崖州（今海南）司户参军，丁、雷同党也相继被逐出朝廷。丁谓一伙结党营私，残害异己，早已路人侧目，他们的垮台多少起了些改善政治的作用。此后刘氏开始每日垂帘听政。

刘氏垂帘初期，号令严明，处事较为公道，内外的赏赐也有所节制。京西路转运使刘绰想讨好刘氏，借进京朝见之机说："臣那里有余粮千余斛，准备上缴三司。"刘氏不客气地说："你认识王曾、张知白、吕夷简、鲁宗道吧？这些人是靠进献余粮当上官的吗？"[1]说得刘绰汗颜而退。刘氏自己的亲戚入宫，每逢赐予御膳，她总令把餐具换成铅器，说："尚方的金银器皿不能进入我家。"刘氏本人也不讲究华丽装束，她的侍婢看到赵祯的宫女都有贵重饰品，便请太后也赐给她们一些，刘氏便说："那些是皇帝妃嫔的独有用品，你们没有那种资格。"

刘氏管制群臣用于心计。一天，她两眼含泪、满怀感情地对左右大臣说："国家多难，若非诸公同心协力，何以至此！眼下大行皇帝的丧事已操持完毕，卿等可以把子孙亲属的姓名开具给我，我要尽数予以破例推恩。"大臣们信以为真，纷纷把自己三族亲戚的姓名一一呈上。刘氏将这些名字列成图表，贴到寝宫墙上，每逢大臣推荐官员必先观图，只有图上无名者她才同意任命，她是在用这

---

[1] 事及语见《宋史·后妃列传·章献明肃刘皇后》："有漕臣刘绰者，自京西还，言在庾有出剩粮千余斛，乞付三司。后问曰：'卿识王曾，张知白，吕简夷，鲁宗道乎？此回人岂因献羡余进哉！'"

种办法防范大臣任人唯亲，形成过于强大的个人势力。大臣们满以为会鸡犬升天，却想不到正坠入刘氏彀中。通过多年参政，刘氏已深得驾驭群臣的基本要领。

随着统治地位的巩固和年龄的增长，刘氏垂帘后期，行为不够谨慎，招致不少非议。刘氏立为皇太后不久，就一再为其三代祖宗加赠封号，曾祖刘维岳成了镇宁军节度使兼侍中，祖父刘延庆成了建军节度使兼中书令，父亲刘通成了魏王，母亲庞氏成了晋国太夫人。尽管如此，刘氏仍嫌其祖上的名望不够显赫，她就对满朝文武的家世调查一番，发现唐末五代之乱，官宦名门不是逃出了家乡，就是无人再做官，家谱已无处可查。只有龙图阁直学士刘烨一家，自十二代祖北齐的中书侍郎刘环俊以下，代代为官，且族谱俱全。如此煊赫的家世确实令刘氏眼馋，她竟然想做冒认祖宗的勾当。刘氏单独召见刘烨，拉近乎说："听说你是名门望族，我想看看你的家谱，说不定咱们还是同宗呐！"偏偏刘烨清高得很，不买这个账，连连摇头说："不敢，不敢。"想就此搪塞过去。哪知刘氏丝毫不觉着难堪，一再向他追问，刘烨无法应付，急得当场佯装中风被抬出宫去，坚请外放，刘氏这才作罢。

刘氏培植娘家势力，也使那位先是丈夫后成哥哥的刘美一家得到了想象不到的荣宠。刘氏曾授予刘美掌管马军的要职，待刘美的儿婿们也像自己的孩子一样。刘美在大中祥符五年（1012），死的时候，长子刘从德年方14岁就升任供备库副使，次子刘从

北宋苏汉臣《妆靓仕女图》

广尚在襁褓，也迁为内殿崇班。后来刘从德历任地方长官，虽年少才寡，但只要是他推荐之人，刘氏不管对方能否胜任，必然加官，还喜得合不拢嘴，说："儿能荐士，已知为政之道矣。"偏偏刘从德只有24岁就一命呜呼，刘氏悲痛欲绝，不啻国殇，下令将刘从德内外姻亲朋友及奴仆近80多人全部授予官职。屯田员外郎戴融因曾率人请求立碑吹捧刘从德，这次也沾光升官。侍御史曹修古等人看不下去，轮番上奏，刘氏由悲转怒，把曹修古等人统统降职治罪。刘美的女婿马季良，出身茶商，不学无术，刘氏偏让他担任史官。进入史馆必须通过考试，刘氏指使主考官晏殊等人当场替马季良答卷，考官代考生答卷简直是天下奇闻！后来马季良居然担当了史馆长官、龙图阁直学士、同知审官院等职。马季良奏请儿子马直方当上了大理评事。一时间，凡与刘美家沾亲带故的人无不平步青云，飞黄腾达，就连巴结上刘家的奴婢也能升官。足见刘美一家炽烈到何等地步！凡是亲戚们仗势欺人、横行不法，刘氏也极力包庇袒护。

对于赵祯，刘氏不想让他过早治理朝政。她对赵祯的要求十分严格，生活上也尽量使之俭朴，就连虾蟹海鲜等物也很少让这位小皇帝受用。刘氏特地命人选择了一些可资孝养、有补政治的文章，如《孝经》、唐代谢偃的《惟皇诫德赋》、唐太宗的《帝范》、唐玄宗时所撰的《圣典》、《君臣致理论》等，让赵祯反复阅览，以丰富赵祯的知识，增加才干。

刘氏之所以把《孝经》列于赵祯必读之首，是想通过对他加强孝道教育，巩固"母子"关系，稳住自己的地位。正因如此，刘氏对自己与赵祯的真实关系就显得十分敏感。明道元年（1032）二月，赵祯的生母李氏病死，刘氏怕赵祯知道底细，想以普通宫嫔的葬礼草草埋葬了事，不料此事竟被宰相吕夷简得知了，吕夷简当着刘氏和赵祯的面提起这件事，刘氏大惊，忙宣布退朝。然后单独召见吕夷简，责问道："一个宫女病死，当宰相的有过问的必要吗？"吕夷简从容回答："臣待罪宰相，自然事无内外，皆当与闻。"刘氏勃然怒道："你难道想离间我母子不成？！"吕夷简说："太后难道不想保全刘家吗？要想保全刘家，丧礼就该一切从厚。"刘氏听罢，怒气稍减，但仍不想大张旗鼓，便派宦官罗崇勋向吕夷简说："本年岁月不利就葬，所以棺木不能通过宫门，只能在宫墙凿个洞运出去。"吕夷简坚持道："李宸妃乃皇上生母，理应穿皇后的衣冠入殓，还应该在棺内盛满水银。若太后不听此言，丧不成礼，将来必定有人因此受罪，到那时别怪我吕夷简事先没说！"刘氏明白这话的厉害，只好依言而行，按一品夫人的规格礼仪埋葬李氏。[1]由于监护得周密，赵祯对此事毫不知晓，刘氏悬着的心多少放下一点。

五、美梦成空　幸得善终

刘氏开始垂帘听政时，曾哀恸流涕地对大臣说："我受先帝顾命，辅佐皇帝，若能将他扶上正道，为民造福，我自己早日抱上孙子，永遂含饴之乐，我的心愿也就满足了。"还曾一再表示等皇帝年龄稍大自己就还政引退。然而赵祯已二十出头时，刘氏不但没有还政的意思，而且越到晚年，对权力的热衷越强烈。一些官员纷纷上书请她还政，她要么不予理睬，要么把上书者贬官出朝。翰林学士兼侍读学士宋绶建议，依照唐朝先天年间处理朝政的办法，由刘氏五日一受朝，裁决军国重务，赵祯每日临朝，处理一般事情，请刘氏多少分点权力给赵祯，刘氏也大为不满，将宋绶贬知应天府。

刘氏不但没有还政的意愿，甚至产生过想做真皇帝的念头。一天，她冷不丁问参知政事鲁宗道："武则天是个什么样的人？"鲁宗道回答："唐朝的罪人！几乎危及社稷。"话不投机，刘氏默然。有个小官奏请依照武则天宗庙的做法也给刘家立七座宗庙。鲁宗道说："若立刘氏庙，将来的皇帝如何处置？"刘氏明白了，武则天的历史是不会在自己的身上再现的，所以当她看见另一个马屁精三司使程琳献上的《武后临朝图》时，便断然掷到地下，高声说："我不干这种对不起祖宗的事！"

尽管平常刘氏的穿着相当朴素，但到了明道二年（1033）二月将要举行祭太庙大典的时候，却抑制不住强烈的欲望，想穿戴一番天子的衮冕了。人们纷纷劝谏，参知政事薛奎甚至说："太后若穿皇帝的衣冠，有何面目进太庙见祖宗？"刘氏执意要穿，大臣无奈，只好将皇帝衮服的样子稍作变通。典礼这天，

---

[1]事见《宋史·后妃列传·章献明肃刘皇后》："初，章献太后欲以宫人礼治丧于外，丞相吕夷简奏礼宜从厚。太后遽引帝起，有顷，独坐帘下，召夷简问曰：'一宫人死，相公云云，何欤？'夷简曰：'臣待罪宰相，事无内外，无不当预。'太后怒曰：'相公欲离间吾母子耶！'夷简从容对曰：'陛下不以刘氏为念，臣不敢言；尚念刘氏，则丧礼宜从厚。'太后悟，遽曰：'宫人，李宸妃也，且奈何？'夷简乃请治丧用一品礼，殡洪福寺。夷简又谓入内都知罗崇勋曰：'宸妃当以后服殓，用水银实棺，异时勿谓夷简未尝道及。'崇勋如其言。"

刘氏在提前斋戒沐浴之后，乘玉辂来到太庙，她身着特制衮衣，由内侍扶导着行初献之礼，虽然并不完全与皇帝的服饰相一致，但仍俨然一副天子的派头。礼毕，刘氏在太庙文德殿接受了群臣新上的尊号——应天齐圣显功崇德慈仁保寿皇太后。平生的心愿已经了却。几天之后，刘氏突发重病，卧床不起，赵祯遍募天下名医，驰赴京师，百般诊治终归无效，三月二十九日，刘氏命归西天。

翰林医官王怀隐像

刘氏刚死，朝臣们就纷纷向赵祯讲明身世，有人甚至说李宸妃是刘氏毒死的，丧葬亦未成礼。赵祯震惊之下，悲愤不已，遂遣人开棺验视，只见李宸妃的遗体浸于水银之中，面色如生，冠服也与皇后相等。赵祯才顿释疑惑，叹道："人言不可尽信啊！"并在刘氏牌位前焚香拜谢，哭着说："从此大娘娘（赵祯在宫中对刘氏的称呼）的生平清白分明了。"[1] 刘氏因此享受了她应得的待遇。灵柩起驾那天，赵祯亲行执绋之礼（牵引棺材的缰绳），以表孝心。将灵柩送出皇仪殿门外，方才止步。当年十月，刘氏葬于永定陵，改谥"章献明肃"。当初刘氏如果一意孤行，不理吕夷简的忠告，她身后之事就不可想象了，这也是她生前所做的一桩明智之举。不过刘氏并不像一般的政治家那样心狠手辣，她对赵祯的生母李氏并没有赶尽杀绝，她为李氏找回了失散多年的弟弟，算是做了一点补偿。

---

[1] 事见《宋史·后妃列传·李宸妃》："后章献太后崩，燕王为仁宗言：'陛下乃李宸妃所生，妃死以非命。'仁宗号恸顿毁，不视朝累日，下哀痛之诏自责。尊宸妃为皇太后，谥庄懿。幸洪福寺祭告，易梓宫，亲哭视之，妃玉色如生，冠服如皇太后，以水银养之，故不坏。仁宗叹曰：'人言其可信哉！'遇刘氏加厚。"

名家评说

　　刘太后生平，有功有过，据理立说，实属过浮于功。垂帘听政，本非宋制，而彼独创之；衮冕为天子之服，彼何人斯，乃亦服之。设当时朝无忠直，不善规谏，几何而不为武后耶？史官以贤后称之，过矣。

——蔡东藩《宋史演义》

附：真宗赵恒妃李氏

李氏（986~1032），是宋真宗赵恒的妃子，杭州人。父亲李仁德，官至左班殿直。临终前被晋封为"宸妃"，谥号"章懿"。李宸妃似乎很幸运，生一位皇子，后来儿子又做了皇上。不是母凭子贵吗，那么一切荣华富贵都等着她了。然而，她却是一位不幸的母亲，儿子出生便被夺走，与她再无瓜葛。同处一宫，她却不能去亲一亲、抱一抱儿子，甚至不能看一眼，儿子也不知有她这样一个生身之母。在深宫大院内她默默地活着，又悄悄地死去。

一、别弟入宫 黯然失子

李氏出身卑微，祖父李延嗣在钱氏吴越时当过金华县主簿的小官。父亲李仁德在近卫皇帝的左班殿直中当了禁军，李氏十几岁上父母双亡，她与年仅7岁的弟弟李用和相依为命。这时宫中选秀女，李氏因肤色光洁、容貌秀丽而入选。

一入宫门深似海，李氏此生此世恐怕再没有出宫之日了。她难以割舍下年幼的弟弟，姐弟二人刚刚经历了与父母的死别之痛，又要承受生离之苦。但是皇命难违，由不得他们孤儿弱女。李氏与弟弟临别之际，亲手织了个刻丝锦囊交给他，一边哭一边嘱咐说："好弟弟，无论你以后沦落颠沛到什么地方，千万不要把这丝囊丢

佚名《四美图》

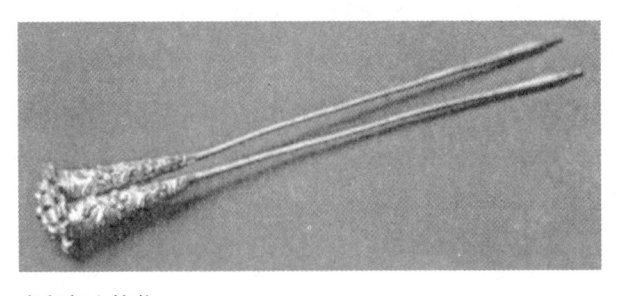

宋朝妇女饰物

掉，若今生今世我俩还有缘再见，就凭这丝囊作为信物啦。"李氏依依不舍地告别弟弟，迈进了巍峨森严的皇宫。

李氏进宫后，被差到德妃刘氏的阁中当了侍女，她寡言少语，安分守己地做事。一天，她做了个怪梦，梦见一个羽衣之人赤着脚从天而降，向她说声"来当你的儿子"，就飘然不见了。事也凑巧，第二天真宗赵恒从李氏住的房前经过时，突然想洗洗手，李氏连忙端出铜盆恭恭敬敬捧到赵恒面前。赵恒见她肤色冰清玉洁，曲眉秀目，很讨人喜欢，便笑嘻嘻地和她拉起了家常。李氏初尚拘谨，说着说着见皇上一团和气，不由得也打开了话匣子，连昨夜做的怪梦也天真地说了出来。赵恒曾有过5个儿子，但都夭折了。现在他已40多岁，膝下依然无子。听了李氏的话，赵恒不由得心花怒放，笑逐颜开。言者无意，听者有心。坐在一旁的刘德妃却怦然心动，她多年来梦寐以求地想给赵恒生个儿子，以便顺利爬上皇后的宝座，尽管得到皇上的专宠，可是一直未曾如愿。现在听李氏这样一说，便大胆想出一条以李代桃、借腹怀胎的计策。此后，她授意李氏代己侍寝。

不久，李氏即身怀有孕。真宗整日为无子烦忧，得知李氏身怀六甲，欢喜不已，不但专门派人服侍，自己若有闲暇也亲陪李氏玩赏散心。这天，李氏随赵恒缓步登上砌台，凭栏远眺，正玩的尽性，李氏不小心被绊了一下，她头一晃，插在云鬓中的玉钗径直坠落台下，李氏不觉失色。赵恒则心中暗卜：若玉钗完好，当生男孩。等侍从取钗呈上一看，竟完好无损，赵恒顿时心花怒放，喜上眉梢。[1]

大中祥符二年（1010）四月十四日，李氏顺利地生下一个男孩，取名受益，即后来的仁宗皇帝赵祯。孩子一落地就被刘氏据为己有，连李氏生母的身份一并被剥夺了。李氏地位低下，无力与刘氏对抗，只有忍痛交出儿子。儿子虽名曰受益，但真正受益的却是赵恒及刘德妃，前者社稷有后，皇位得嗣；后者锦上

---

[1] 事见《宋史·后妃列传·李宸妃》："既有娠，从帝临砌台，玉钗坠，妃恶之。帝心卜：钗完，当为男子。左右取以进，钗果不毁，帝甚喜。"

添花，正位中宫。而就李氏来说，随着婴儿的呱呱坠地，她就像一个派完用场的工具一样被搁置到一边了。

她只得到一个崇阳县君的封号，比以前侍女的地位稍有提高，对孩子她不但没有哺乳养育的资格，就连看上一眼的机会也没有，更不用说让孩子喊声娘，抱一抱，亲一亲了。同居一宫，却是骨肉分离，咫尺天涯，由此引发精神上的折磨，对任何做母亲的来说都是残酷的。赵恒倒还记着有个李氏，有时临幸阁中。因此，李氏后来又生了一个女孩，可惜这个唯一能使她享有母亲资格的小公主，出生不久就生病夭折。在这一连串打击之下，李氏的心情是可想而知的。

二、生前默默　死后荣盛

刘皇后并没有像一般心狠手辣的政治家那样一不做、二不休地把李氏干掉，她或许为了稳住李氏，也或许对自己掠人之子的行径怀有一丝歉疚，想予以补偿，听说李氏有个弟弟流落民间，她便命人设法寻找。

李氏的弟弟李用和自从姐姐走后，小小年纪就开始为糊口而奔波，他牢牢记住姐姐的嘱咐，一直把丝囊贴身戴在胸前，从未摘下。后来流落汴京，在一个凿纸钱的人家扛活儿。一天，他突患痢疾，高烧不退，眼看小命难保，被狠心的主人抬出扔到了路边，恰好被一个在宫中当差的人遇上，摸摸尚有鼻息，顿起恻隐之心，遂背回家中调治。见他破衣烂衫，胸前却挂一个十分精致的丝囊，很是奇怪，便详细问起了他的身世，李用和一五一十地作了回答，那人不由得大为惊喜：这不正是刘皇后吩咐寻找的人吗？连忙解下丝囊，送入宫中请李氏辨认。李氏一见丝囊，悲喜交加，赵恒自然也为她高兴，当即授李用和为三班奉职，后来又累级升迁。因为这件事，多少打消了一些李氏对刘皇后的夺子之恨。

乾兴元年（1022），赵恒驾崩，赵祯当了皇帝。李氏的生活依然如旧，波澜不惊。唯一有变化的就是随着时间的推移，她的封号有所晋升，先是进为才人，后又封婉仪，再后

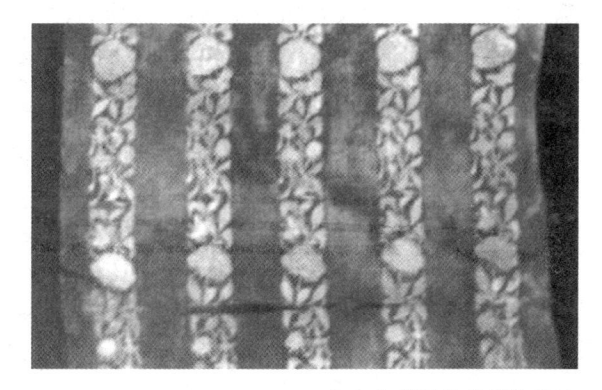

宋印花彩绘芍药璎珞花边

为顺容。

李氏依然是少言寡语，也许因为亲生骨肉已贵为皇帝和弟弟失而复得封官晋爵使她感到了满足，她并没有对自己眼前的地位和实际身份的悬殊产生什么抱怨。人们丝毫看不出她有什么与众不同，似乎她与皇上不存在一点儿关系。她是那样的默默无闻，那样的普普通通。人们畏于刘太后的威势，自然不肯更不敢说三道四，所以赵祯不但不晓得李氏是自己的生母，恐怕连嫔妃中有没有李氏这么一个人都不见得知道。[1]

明道元年（1032）二月，李氏得了重病。刘太后虽派医官前去医治，并匆忙晋封为宸妃，但并没有挽救李氏的生命，几天后，她悄然离开了人世，终年46岁。

宰相吕夷简迫使刘太后打消了以普通宫女身份将李氏草草埋葬的念头，刘氏给她穿上皇后的衣冠，并在棺中灌满了水银，举行了较为隆重的丧礼，先殡于嘉庆院，后又于洪福院西北角择地安葬，同时追赠李氏的曾祖李应己和祖父李延嗣为光禄少卿，父亲李仁德为崇州防御史，母亲董氏为高平县太君，特迁李用和为礼宾副使。

赵祯亲政之后，当得知自己的真正身世时，哭得死去活来，接连几天都不视朝，并下哀痛之诏深切自责，责备自己没有对生母尽到应有的孝心。追尊李氏为皇太后，谥号庄懿，改葬永定陵。[2]在更换梓宫之时，赵祯特派李用和前去验证李氏是否因中毒而死，见李氏身穿皇后衣冠，棺中有水银防腐，容貌像生前一样，赵祯这才稍稍心慰。

明道二年（1033）九月，李氏灵柩改葬，赵祯率领朝廷百官亲自来到洪福院，让人写了一篇文辞并茂、感人肺腑的悼词，他身着重孝，攀着梓宫号啕不绝，一边哭，一边喊："母亲的养育大恩，儿终身无以为报啦！"一直送到洪福院西南角，待灵柩拐弯之后方才回宫。赵祯又赐给生母唯一的弟弟李用和以高官厚禄和一大笔金银财宝，让他在都城挑选最好的位置，建造豪宅，把自己的长女福康公主嫁给李用和的儿子。十月，李氏重新安葬于永定陵，祭庙名叫"奉

---

[1] 事见《宋史·后妃列传·李宸妃》："仁宗即位，妃处先朝嫔御中，未尝自异。人畏太后，亦无敢言者。终太后世，仁宗不自知为妃所生也。"

[2] 事见《宋史·后妃列传·李宸妃》："仁宗号恸顿毁，不视朝累日，下哀痛之诏自责。尊宸妃为皇太后，谥'庄懿'。"

建于北宋的太原晋祠圣母殿

慈"。赵祯又在京城景灵宫为她建了座神御殿，称做"广孝"。庆历年间，改谥号曰章懿，灵位升祔太庙。

在宋代诸妃中，有不少人生前地位平平，死后追尊为后。然而，像李氏那样生前遭遇和身后哀荣形成强烈反差者，却是凤毛麟角。

后世的人们同情李氏的不幸遭遇，在以借腹怀胎之事为原型编写的《狸猫换太子》的故事中，人们没有让李氏过早地死去，而是让她苦尽甘来，在生前就享有了她应得的一切。

仁宗赵祯皇后郭氏

郭氏

郭氏（1010~？）是宋仁宗的第一个皇后，应州金城（今山西应县）人，为郭崇之孙。郭氏贵为皇后，与妃子争风吃醋，大打出手，竟然失手打了当朝天子一耳光，震怒龙颜，成了宋朝第一位被废的皇后。

一、后妃不合　忤帝被废

天圣二年（1024），在刘太后的主持下，年仅14岁的郭氏成为赵祯的皇后。16岁的仁宗皇帝赵祯当面顺从母命，内心里却十分的不情愿。按小皇帝的本意，他的皇后是要姿色冠世、妖艳动人的美女，他看中了骁骑卫上将军张美的孙女和四川富豪王蒙正的女儿。

然而这位小皇帝偏偏对自己的终身大事做不了主，他的事情无一例外的全要由母后刘氏一手包办。刘太后可不像赵祯那样眼里只盯着美貌的姑娘，她甚至生怕过于妖冶的女子会把小皇帝拐带坏了。她首先从国家社稷的利益着眼，皇后既要有内助之贤，还需要母范之正。刘太后选择皇后的标准是"出身于衰旧之门，能以富贵自保，将来不至于挠扰朝政"。她看中了平卢军节度使郭崇的孙女，郭崇很得赵匡胤的信任，曾出守河北重镇，是个久经考验的知恩达义的忠臣良将。就赵祯而言，即使张王二女不立为皇后，倘能全都留在自己身边倒也罢了，可刘太后竟把个艳丽绝伦的王家小姐嫁给了自己前夫刘美的儿子刘从德。这下子赵祯可无论如何也难以想通了："哼！你怕美女于我不利，就不怕她对你的儿子也不利？这不明摆着是夺人所爱、欺负寡人吗？"完婚之后，郭氏便开始咀

嚼起了这颗强扭的苦瓜。

起先，赵祯对郭氏本人倒并不存多少直接的恶感，他只是把对刘太后的一股怒气转嫁到郭氏头上。郭氏一进宫便受到如此待遇，心中愤愤不平，加之刘太后教子甚严，禁止赵祯随意亲近后宫嫔妃，郭氏便仗着刘太后撑腰，成了把门锁户的母老虎，除了赵祯早先看中的那位张家姑娘偶尔能侍寝几宿之外，其他嫔妃赵祯根本沾不上边，这就更引起了赵祯的不满。屋漏偏遭连阴雨，天圣六年（1028）九月，张氏由才人晋封为美人不几天就因病而死，这无疑更使赵祯与郭氏的关系雪上加霜。

宋黑釉剔花梅花纹瓶

明道二年（1033），刘太后去世。赵祯亲政，后宫生活也像脱缰的野马一样奋蹄放纵起来。早死的张美人被追尊为皇后，那位早就嫁做他人妇的王家小姐旧情不忘，这时也经常出入宫闱。尚美人、杨美人更是拥将上前，争妍献媚，曲意奉承，引得赵祯神魂颠倒。二美得宠，郭氏被撇在一边，备受冷落，不由得妒性大发，动不动就端起皇后的架子对尚、杨二女严辞训斥。尚、杨二女仗着赵祯的眷宠，根本不把她这个皇后放在眼里，双方简直成了不共戴天的死敌，只要一见面总少不了唇枪舌剑。

明道二年（1033）十二月的一天，赵祯退朝回宫，与郭氏、尚氏、杨氏围炉取暖，尚、杨二女一边一个，搂着赵祯撒娇，三个人打情骂俏，亲热成了一团，郭氏晾在一边，坐不是立也不是，脸上白一阵、红一阵的，直气得心中醋意翻腾，低声骂了几句。尚氏顿时露出一口伶牙俐齿，反唇相讥，杨氏也从旁擂鼓助威，郭氏愤恨之极，不顾什么礼节，走上前去，"啪啪"给了尚氏两记耳光，尚氏"嗷"地一声尖叫，就势倒向赵祯怀中，郭氏并不罢休，上前一步，再次扑向尚氏，尚氏闪过一旁，郭氏手已击出，正巧打中赵祯的脖子，划出两道血痕。[1]看到赵祯脖子上的血痕，郭氏嘴巴愕然地张着，大气都不敢出，尚、杨二

---

[1] 事见《宋史·后妃列传·仁宗郭皇后》："一日，尚氏于上前有侵后语，后不胜忿，批其颊，上自起救王，误批上颈，上大怒。"

氏也都呆若木鸡，手足无措。赵祯恼怒不已，斥责郭氏几句就烦躁地挥手撵三人退去。他则像只狂怒的狮子在屋内打转，压抑多年的对郭氏的怨恨一股脑儿涌上了心头，亲信宦官阎文应看透他的心思，凑上前来煽风点火："寻常百姓之家，为妻的尚且不能欺负丈夫，陛下贵为天子，居然被皇后打伤，这还了得！"皇上半响不语。阎文应又道："陛下把伤痕给大臣们瞧瞧，哪个不说皇后无礼。请指示执政，应该如何处置？"赵祯当即愤然道："你去召吕宰相来！"

郭氏曾因说过一句话而得罪过吕夷简，那还是刘太后死后，刚刚亲政的赵祯为树立自己的权威，便多反刘太后之所为，刘太后在位时得势的一些人相继被贬，而那些曾遭到排挤迫害的人却陆续得到晋用，政治风气为之一变。担任宰相的吕夷简揣摩时政，随机应变，手疏条陈八事，提出正朝纲、塞邪径、禁贿赂、辨佞臣等建议，赵祯见他言辞诚挚恳切，大受感动，便召他商议准备将昔日依附刘太后的张耆、夏竦、陈尧佐等人尽行罢职。计议已定，赵祯回宫偶然向郭氏谈起此事，并称赞吕夷简忠心可嘉，郭氏随口答道："吕夷简何尝不曾依附太后？只不过他机巧过人，善于随风打舵罢了。"[1]赵祯点了点头。第二天吕夷简依旧上朝押班，黄门使宣读诏令，最先数语竟是"吕夷简罢为武胜节度使，同平章事，出判陈州"，以下才是张耆等人。吕夷简听来真像是晴天霹雳。回家之后，大觉意外，百思不得其故。几个月后，他再次入朝为相，暗托宦官阎文应打听，才知道是郭氏一句话的结果，从此便对郭氏怀恨在心。

赵祯盛怒之下产生了废黜郭氏的念头，只是不十分坚定。因为废后一事自大宋朝开国还从未发生过，事体重大。这时，假若宰相吕夷简能出于公心，好言调解，旗帜鲜明地反对赵祯的废后之举，或许能使赵祯打消这一念头，郭氏皇后的位子还能保住。然而，吕夷简却要落井下石了。

吕夷简一进宫，赵祯就把脖子上的伤痕露给他看，还气呼呼地把事情的经过讲述一遍，问他怎么处置。吕夷简说："皇后太属失礼，不足母仪天下，依臣愚见，只有废黜。"赵祯迟疑道："但废后一事，却有干清议。"吕夷简说："这有何不可呢？光武帝乃是汉朝的明主，只因他的皇后稍怀怨忿，就把她废了。何况把陛下打成这样，还能说无罪吗？"还说："皇后长达九年没有孩子，而且妒忌成性，这在民间早就按七出的条款休回娘家啦！"赵祯遂下定了决心。

[1] 语见《宋史·后妃列传·仁宗郭皇后》："夷简独不附太后邪？但多机巧，善应变耳。"

明道二年（1043）十二月二十三日，废黜郭氏的诏令颁布出来。说是郭氏因长年无子，愿静心修道，特封净妃、玉宗冲妙仙师，赐名清悟，迁居长宁宫。降诏前还令有司不要接受台谏的章疏。郭后被废，距刘太后去世只有九个月。

二、执意废后　举朝大哗

消息传出，朝臣中众议哗然。御史中丞孔道辅、谏官范仲淹、孔祖德等人联名上书，有关部门不予受理，他们只好径往垂拱殿，同声道："皇后乃是国母，不应轻废，愿待召赐对，俾尽所言。"请求赵祯接见，护门宦官关闭殿门不予通报。孔道辅忍不住上前猛敲门环，大喊："皇后被废，为何不听台谏入言？！"正焦急间，忽听门内传旨，令宰相召台谏讲明事实真相。孔道辅等人连忙到中书，七嘴八舌地诘问吕夷简："大臣对待帝后，就像儿子对待父母一样，父母不和，理应劝谏，岂能顺着父亲把母亲赶走？"吕夷简说："废后自有先例。"孔道辅厉声说："你所说不过是光武帝之事，那是光武失德，何足效法？其他废后之事，都是历代昏君所为。皇上圣若尧、舜，你岂可劝他效法昏君？"吕夷简被问得张口结舌，起身拂袖走了。孔道辅、范仲淹等人只得退下，并约定明日集百官进

洞庭湖畔的岳阳楼随着范仲淹的一篇《岳阳楼记》而声名远扬。图为岳阳楼

宋代墓室壁画

行廷争。第二天黎明，孔道辅等刚走到早朝休息的地方待漏院，就听到诏：贬孔道辅知泰州，范仲淹出知睦州，孔祖德等罚款若干，群臣今后不得结伙请对。一场轩然大波被生硬地平息下去。

郭氏被废，群臣无人敢再有异议，尚、杨二位美人更加得宠，越发炙手可热，成了人们巴结攀附的新贵。拔除了眼中钉，踢开了拦路石，赵祯和二位美人的生活也更加荒淫无忌，三个人每天夜里都要寝于一处。结果乐极生悲，不出多时，就把赵祯累得形疲神乏。到次年的七八月间便卧床不起，甚至连日不能进食。宫廷内外群议汹汹，皆归罪于尚、杨二氏。杨太后出面干涉，阎文应也在朝夕入侍之时唠唠叨叨，再三请求将两人驱逐出宫，赵祯不胜其烦，便恨恨道："你叫她们去罢！"两位美人哭哭啼啼地赖着不走，阎文应凶神恶煞般地连推带搡地将她们弄上毡车，逐出宫门。翌日降诏：尚美人废为女道士，赐居洞真宫，杨美人别宅安置。后来杨氏也当了女道士，赐名宗妙，与郭氏并居于瑶华宫。

经过这一番周折之后，赵祯慢慢开始想念郭氏，经常派人前去慰问，还在景祐元年（1043）十月赐号曰金庭教主冲净元师。赵祯还仿乐府诗体写成一首《庆金枝》，备述怀念之情，遣人赐予郭氏。郭氏也和诗相答，语调凄婉。赵祯读罢，更加感悔往事，准备召她回宫。郭氏闻知，说："皇上若要召我再入后宫，必须百官立班受册，我才有颜面见皇上！"当时赵祯已立曹氏为皇后，郭氏的要求让他感到为难。吕夷简、阎文应更怕郭氏还宫于己不利。正巧郭氏偶染小病，赵祯赐迁嘉庆院，派太医前往诊治，阎文应赶忙贿赂太医，误下药饵，加重郭氏的病情，郭氏不几天就一命呜呼。赵祯得知死讯，很是悲悼，命用厚礼入殓。景祐三年（1036）正月，追册为皇后，葬于奉先洪福院之侧。

名 家 评 说

郭后误伤帝颈,不为无过,然试问仁宗当日,何以宠幸二美人,致有并后匹嫡之嫌乎?夷简挟怨,同谋废后,酿成主上之过举,史犹目为贤相,抑亦过谀。

——蔡东藩《宋史演义》

仁宗赵祯皇后曹氏

曹氏（1013～1076），是仁宗赵祯的皇后。河北真定（今河北正定）人。父为曹玘。1034年被册封为皇后。谥号"慈圣光献"。她是出身名门，性情谦谨。她一生经历了三朝：仁宗、英宗、神宗。在英宗时曾垂帘听政。她抱定祖宗家法不宜轻改的宗旨反对变革。政治上墨守成规，生活上坎坎坷坷。直到晚年，因神宗赵顼孝敬而得以欣慰。

曹氏

一、谨言慎行　敢作敢当

曹氏是赠尚书令冀王曹彬的孙女。曹彬曾西征后蜀，南灭南唐，北平北汉，攻伐契丹，为大宋朝立下过汗马功劳，官至检校太师，同平章事，枢密使，一直深得太祖、太宗、真宗的倚重和尊敬。他的儿子们也都或为边关名将，或为朝廷重臣，曹氏的父亲曹玘就官任尚书虞部员外郎。景祐元年（1034）九月，赵祯诏立曹氏为皇后，命宰相李迪为册礼使，参知政事王随为副使，宋绶撰册文，并书册宝。十一月曹氏正式受册，成了赵祯的第二任皇后。

没有正式立曹氏为皇后之前，仁宗赵祯想立茶商陈子城的女儿陈氏为后。虽然赵祯在尚氏、杨氏两位美人被驱逐出宫后，很想纳聘一位贤德的皇后，来整肃宫闱。他也曾当着参知政事宋绶的面表示："选皇后当求德门，以正内治。"然而，赵祯唯美是求的秉性，始终没有变。他择后的目光总是在那些漂亮窈窕的姑娘身上打转，是否出身德门，他又不在意了。当时最蒙他垂青的是寿州商人陈子城的女儿。

赵祯不顾群臣的反对，准备立陈氏为后。一天，赵祯正在翻阅《百叶图》选择册立皇后的吉日，颇受他信任的一个小官阎士良走了进来。赵祯一见他马上喜气洋洋地问："你怎么不祝贺我？"阎士良说："贺什么事？"赵祯说："贺我寻得皇后呀。"阎士良问："谁家？"赵祯摇头晃脑地说："陈子城也。"不知是阎士良受了朝臣的指使，还是他自己想出来的，紧接着他反问赵祯："陛下可知子城使是个什么官吗？"赵祯莫名其妙地问道："子城使？不知道呀。"阎士良一本正经地说："子城使是大臣家奴仆的一个官名，普通富民家里用钱买来的奴隶也唤做子城使。陛下若纳奴仆之女为后，敢不令公卿大臣耻笑？"赵祯大吃一惊："真是这样吗？"阎士良表情严肃地说："臣不敢欺君！"赵祯还将信将疑，第二天上朝时又问吕夷简，吕夷简避实就虚只是连称："陛下圣明，陛下圣明。"堂堂一个圣明皇帝居然要娶奴仆的女儿当皇后，这还了得！赵祯只感到犹如兜头浇了一瓢冰水，从头凉到脚，他虽然好色，但总不能不顾皇家尊严，情急之下，忘记仔细查究查究陈子城与子城使之间有没有什么必然联系了，慌忙像打发瘟神一样把陈家姑娘送出宫去。

新皇后非得从名门望族中聘纳不可了，选来选去，最后确定了曹氏，整个曹家可谓世代簪缨，一门显宦。据说宋初的文臣武将中能维持几代荣耀、一直长盛不衰的，只有曹氏一族，这与茶商陈子城相比，真不啻天渊之别。从这样的人家选皇后是任何人都不会有异议的。

曹氏性情谦谨，这主要得益于她的家庭。她的祖父曹彬就是个以谨厚宽恕著称的人，虽位兼将相，却从不居功自傲，作威作福，即使途中遇见士大夫都要

宋仁宗皇后像

宋人蚕织图（局部）

主动避让。对待下属也非常客气，从不肯直呼其名。每逢部下有事禀报，他总要穿戴整齐后出来接见。这种美德通过严格的家庭教育，直接传给了他的子孙。担任东上阁门使、荣州刺史的曹琮是曹氏的七叔，曹氏刚册为皇后几天，曹琮就上了一道奏章，说："陛下正以至公治天下，臣既已备位后族，就不应冒得恩泽，乱朝廷之法，族人中若有敢因缘请托者，请求依法论处。"[1]并且自己很快离开朝廷就任环庆路都部署、知邠州去了。曹氏大伯父曹璘的儿子曹仪也主动辞去了军职。这些做法顿时博得了众人的好评，曹氏自幼生长于这种家庭中，耳濡目染，很自然地会对这一处世之法慎记于心，况且当皇后之后遇到的一件事更教育她必须这样做。

一位平素被皇上宠爱的宫女梳头夫人，因无意间说了一句劝赵祯拒谏的话，而立刻被皇上逐出宫外。经过这件事曹氏便经常暗中告诫嫔侍："你看见梳头夫人了吧？若有妄言，官家是不容你的。"她本人也克谦克谨，每年在后苑空地上种几畦庄稼，栽几棵桑树，适时地忙着锄草施肥，采桑养蚕。闲下来的时候，博览经史，舒纸习字。赵祯擅长书法，据说其飞白（一种书体，像是枯笔写就）尤为神妙。曹氏大概受他的影响，在飞白体上也下了不少功夫。

曹氏的性格除了谦谨娴静之外，更有敢作敢为、勇于谏诤的一面。曹氏阁

[1]语见《宋史·曹彬列传》："陛下方以至公属天下，臣既备后族，不宜冒恩泽，乱朝廷法。族人敢因缘清托，愿致于理。"

中的一个侍女与禁卫黄衣卒私通，按规定这个侍女应该处斩，但这个侍女求最为赵祯宠爱的张美人为她向赵祯求情，赵祯便答应赦免她。曹氏闻知，忙穿戴齐整面见赵祯，坚决要求处死侍女。赵祯说："把她痛打一顿就足以示惩了。"曹氏不答应，说："这样做怎能肃清禁庭。"赵祯让她坐下，曹氏坚持不坐，竟在赵祯面前一直站了近两个时辰，这才迫使赵祯下令把那个侍女拉到东园杀掉。

二、临危不惧　救驾遭疑

庆历八年（1048）闰正月，恰恰碰上了第二个元宵节，赵祯很想于十五日夜再次在宫中张灯结彩，热闹一番。曹氏觉得每年一度的元宵节已花费不少，近来连年与西夏交战，军需浩繁，财政入不敷出，开始出现亏空，宫中应带头节俭才是，所以极力劝阻。赵祯听她一说，倒也没再坚持。

转眼过了三天，晚上赵祯宿于曹氏寝殿，半夜时分，一阵呼喊声打破了宫中往昔的宁静。曹氏从梦中惊醒，连忙披衣起床；赵祯也穿起衣服，想出外看个究竟。曹氏抢前一步关上房门，抱住赵祯急急地说："宫中夜惊，只怕是有人作乱，官家万万不可轻易出去。"她一面令侍从速去召都知王守忠引兵入卫，一面命身边的宦官紧紧地守住殿门。这时喊叫之声愈来愈近，还伴有悲号声和呼救声。有一宦官说道："这或许是宫中哪个夫人殴打小女子。"曹氏厉声训斥："乱贼在杀人，陛下正想出去，你还敢胡说么？"曹氏估计乱贼可能会放火，便

元宵灯市图

分派宦官宫女提水，曹氏每派一个人就亲手剪掉其一缕头发，嘱咐说："你们好好效力，贼平之后，就看你的头发加赏。"所以宦官、宫女们都争先恐后齐到门前防守。忽见门外火炬齐明，乱贼已到，乱贼见打不开门，要放火毁门。曹氏急命将所提的水移近门边，等乱贼举火烧门，就用水扑救，火即随扑随灭。两下正在相持，王守忠领兵来到，不消片刻，将乱贼擒住。原来是崇政殿的亲从官颜秀、郭逵、王胜、孙利等谋反，杀死军校，劫夺武器，攀过延和殿屋顶，杀进了内宫。[1]

---

[1] 事见《宋史·后妃列传·慈圣光献曹皇后》："后三日，卫卒数人作乱，夜越屋叩寝殿。后方侍帝，闻变遽起。帝欲出，后闭阁拥持，趣呼都知王府忠使引兵入。贼伤宫嫔殿下，声彻帝所，宦者以乳妪欧小女子绐奏，后叱之曰：'贼在杀人，敢妄言耶！'后度贼必纵火，阴遣人挈水踵其后，果举炬焚帘，水随灭火之。是夕，是遣宦侍，后皆亲剪其发，谕之曰：'明日行赏，用是验。'故争尽死力，贼即禽灭。"

一场猝发变乱，多亏曹氏临危不惧，措置有方，才没酿成大祸，可谓功在社稷。然而，赵祯对此却另有看法：为什么偶尔到曹氏殿中就遇上了变乱的事，曹氏怎么知道乱党会放火？难道是她与乱党事先勾结？她会不会借这事来抬高自己。这些念头在赵祯头脑里转瞬即逝，却使他在原先就对曹氏不怎么欣赏的基础上，又添了一层疑心。后来在向大臣们介绍变乱情况时，他只字不提曹氏的功劳，而是把护陛之功一股脑儿全栽到了他宠爱的张美人的头上。枢密使夏竦立刻顺杆儿往上爬，倡言应尊崇张美人。起居舍人、同知谏院王贽居然更进一步地说，那些叛贼是在皇后寝殿附近作乱的，请求追究其事，企图动摇曹氏的地位，好为尊崇张美人作铺垫。这更加重了赵祯的猜疑，产生了废黜曹氏另立张氏的想法。他向御史何郯等人谈起此事，幸亏何郯能处以公心，说："此乃奸人之谋，不可不察。"梁适也说："即使闾巷小人也不忍心轻易休妻，陛下乃万乘之主，岂可再乎。"赵祯冷静想想，觉着对曹氏的猜疑确实是捕风捉影，把曹氏的功劳掠为张美人已属过分，若再反功为过，毫无道理地把曹氏废掉，更觉理亏，所以不得不打消了废黜曹氏的念头。

　　赵祯的这些鬼胎，曹氏也有所觉察。此后，她更加谦谨，专求清静，即使赵祯或张氏有些明显的不合礼法的做法，她也不再与之较真。这时张氏已升为贵妃，在宫中，她的地位实际早已超过了名为皇后的曹氏。为了显示自己的非凡气派，有一天张贵妃居然向曹氏借皇后用的伞盖仪仗，想出宫去风光一番，曹氏非常痛快地借给了她，丝毫没有一点不满的神情。张贵妃喜气洋洋地告诉赵祯，这时赵祯反觉着不太合适，好言劝道："国家的仪仗礼仪，上上下下都是各有等级的，你打着皇后的伞盖出去，外朝怎么议论？"张贵妃讨了个没趣，只得作罢。[1]

　　靠着这种极力的谦谨，曹氏避免了危及自身的一切可能。但是赵祯曾经产生过的对曹氏的那点疑心，却一直埋藏在他的潜意识之中，遇到机会就会暴露出来。至和二年（1055）除夕，赵祯受了严重的风寒，经常处于歇斯底里的状态中，动不动就说胡话。一天，宰相们到内东门小殿问安，只听赵祯指着侍立一旁的曹氏大喊："皇后与张茂则谋大逆，你们快把她抓住砍了！"张茂则是个一

---

[1] 事见《宋史·后妃列传·慈圣光献曹皇后》："张妃恃宠上僭，欲假后盖出游。帝使自来请，后与之，无靳色。妃喜，还以告，帝曰：'国家文物仪章，上下有秩，汝张之而出，外廷不汝置。'妃不怿而辍。"

直不被赵祯喜欢的宦官，一听此话，吓得魂不附体，立即回到住处上吊自杀，多亏被人发觉救下。文彦博把他找来训斥说："皇上有病说胡话罢了，你若死了，让皇后何以自容？"曹氏虽然没有吓得像张茂则一样自杀，但也是心惊肉跳，惊恐万状，再也不敢出现在赵祯面前了。直到赵祯痊愈，她才与赵祯恢复了例行的往来。

三、扶植王储　临朝反目

嘉祐七年（1062），已53岁的赵祯膝下无子，他曾有过16个孩子，其中的3个男孩和9个女孩出生不久就相继夭折，现在他膝下只有4位公主，在大臣们的一再要求下，赵祯于八月把宗室濮安懿王赵允让的儿子宗实立为太子，赐名曙。赵曙被立为皇子正是曹氏求之不得的事情。

宋当阳峪窑剔花罐

原来，赵祯因为没有儿子，在景祐二年（1035）把刚刚三岁的赵曙收养到宫里，一直未曾生育的曹氏也把自己姐姐的女儿高氏接来带在身边，高氏与赵曙常常在一起玩耍，很讨赵祯喜欢，曹氏对他俩万分疼爱，不啻己出。两个孩子在宫中生活了五年，才各自回到父母家中。后来赵祯和曹氏亲自主婚，使他俩偕为伉俪。现在外甥女婿成了储君，曹氏自然高兴不已。倒是赵祯完全出于迫不得已，他心中渴望能把皇位传给自己的亲生儿子，所以当赵曙以皇子的身份住进庆宁宫后，赵祯对他的感情反而大不如小时候了，就连赵曙及其家人的一日三餐，有时都供应不上，曹氏为避嫌也不敢公开替他做主，只能偷偷地经常送些食物过去。

赵曙当皇子刚过了半年，嘉祐八年（1063）二月，赵祯再次生病，经医官多方诊治稍见好转，岂料辛未日半夜，赵祯突然病情复发，忙不迭地要药吃，还派人速召皇后。曹氏闻报，急急赶到福宁殿，赵祯已不能说话，只是用手指指心脏便溘然崩逝。事情来得太突然了，赵祯临死连半句话都没留下。曹氏恐皇帝驾崩的消息传出宫会发生意外变故，就令宦官秘不发丧，把各处宫门的钥匙全都收

缴来归自己掌握。御医不准离去，由专人看守，同时秘密派人去庆宁宫请来了赵曙。拂晓之前，有关新皇帝即位的主要工作，已在曹氏的部署下基本准备停当，然而宫廷以外对这些一无所知。[1]

次日，也就是四月初一清晨，曹氏传宰相韩琦、欧阳修等，告知皇帝去世并当众宣读遗诏，令皇子赵曙嗣位。赵曙在东楹接见百官，正式即位，是为英宗。皇位的交接在曹氏的冷静处置下顺利地完成了。

而赵曙刚当上皇帝，许多国家大事还没来得及处理时，就下令把赵祯遗下的当时未出嫁的三个小公主从原先的住处迁走，腾出房子，安置自己的三个女儿。这事赵曙做得实在太不近人情了，不能不使曹氏感到心寒，先前对赵曙满怀期望的脉脉温情，立刻化作了百倍的警惕和不信任。这件事为二人日后的不和埋下了一粒种子。

赵曙在即位的第四天夜里突然患上了怪病，常常不省人事，胡言乱语，无法上朝视事。于是宰相韩琦与宰执大臣一起求见曹氏，提议请曹氏权同听政，曹氏也不推辞，当即答应下来。47岁的曹氏从这日开始，在内东门小殿垂帘听政。起初，她几乎全身心地投入到繁杂的政治事务之中，对每天需要批阅的数十道中外奏章，都能一一记其纲要。对待曹家亲戚及左右臣仆，她也能严加管束，绝不假以丝毫颜色。虽然曹氏在一些关键时刻表现出处变不惊、举措冷静的胆识，然而，在政治上她是个保守派，在"祖宗法度不宜轻改"的思想指导下，她为政绝不肯轻易稍作更革，大臣们天天向她奏事，遇有疑难问题，她总是说："公等再议之。"一定要议到与所谓的祖宗法度完全吻合之后，才肯付诸实行。这些做法，固然基本维持了国家机器的日常运转，但与当时的现实要求却是相去甚远的。这时的宋王朝，政治和社会危机日益严重，国家迫切需要的是自上到下的改革举措。

曹氏这种墨守成规的做法与赵曙革除积弊、奋发有为的志向产生了矛盾，在两人的关系上产生了一层阴云。加之在赵曙私心深处，有一根高度敏感的、紧紧绷着的神经，他时刻关注着人们对他继承皇位所持的态度。他认为自己当皇帝是天经地义、理所应当的，丝毫不依赖于任何外力的作用，凡是不承认这一点的人，他都不能容忍！任何人不能对他当皇帝稍有异议，任何人没有理由表白自己

---

[1] 事见《宋史·后妃列传·慈圣光献曹皇后》："帝夜累疾崩，后悉敛清门明置于前，召皇子入。及明，辛臣韩琦等至，奉英宗即位。"

拥有扶立他的功劳，任何人不能代替他行使至高无上的皇权，哪怕这种代替完全是迫不得已临时变通的权宜之计。当曹氏明显地表现出对他的戒备之心，一再告诫他不要忘本的时候，当曹氏泰然自若地垂帘听政，一直不肯主动让出权力还政引退的时候，他便表现出对曹氏的不满。

在嘉祐八年（1063）四月赵曙病情最重的时候，这种不满就已大量流露出来，他说了许多矛头直指曹氏的话。六月份以后，他的病情逐步好转，但对曹氏的不满却越发强烈了。在他的影响下，他的儿子们也对曹氏不很尊重了，这使曹氏更加伤心。有一天，她当着大臣富弼、胡宿、吴奎的面，边哭边说："没了丈夫的孤老太婆过日子真难啊！就连顼儿、颢儿这些小孩子都不肯搭理我了，受了委屈向谁诉说呢？"赵顼、赵颢是赵曙的长子、次子。听到曹氏此话的赵顼的老师韩维立刻教训赵顼说："皇上已失却太后的欢心，你应当极尽孝敬从中弥合才是，否则，你父子都要受祸了。"赵顼生性聪明，一点就明。过了几天，曹氏高兴地对宰相们说："顼儿这几天待我很有礼道，与往昔大不相同，全是卿等善择师傅的结果，应把先生都请到中书好好褒奖一番。"但是，赵顼再孝敬也难以弥合曹氏与赵曙间日益加大的感情裂痕，曹氏在极度烦恼之中，曾经产生过废黜赵曙的念头。

然而大臣们全都站到了赵曙一边，异口同声地替赵曙回护辩解，仿佛母子间的矛盾倒成了曹氏气量小不能容人造成的，在他们看来，既然赵曙有病，无论他怎样无礼，都是可以原谅的，而曹氏除了一忍再忍，不应有别的选择。

十月，宰相韩琦兼任园陵使护送赵祯的灵柩去河南巩县安葬。这时曹氏已对赵曙的无礼到了难以忍受的程度，她派一名宦官带着一封文书跑到巩县送给了韩琦。韩琦打开一看，上面抄满了赵曙平日谩骂曹氏的歌词和他在宫中的种种过失。韩琦当着宦官的面把文书烧掉，让他捎话给曹氏说："太后不是常说皇上疾病未愈，心神不宁吗？既然是疾病所致，那么言语举动有什么不对的地方，又有什么值得奇怪的呢？"

十一月，韩琦刚一回朝，曹氏便呜咽流涕，详细数落了一通赵曙的过失，并说："老身已无地自容，须相公们做主！"韩琦说："这只是有病引起的，病愈以后必不会这样。且太后为母，皇上为子，儿子有病，做母亲的能不容忍

吗？"[1]曹氏的脸色更是雪上加霜。欧阳修接着说："太后侍奉先帝数十年，仁圣之德，闻名天下。过去张贵妃恃宠骄恣，太后都能处之泰然，足证太后襟怀坦荡，无所不容。如今母子之间反倒不能容忍了吗？"曹氏说："只要你们能知道我的为人，我也就知足了。"欧阳修又宽慰道："此事岂止臣等知道，朝廷内外没有不知道的。"曹氏的怒气稍稍减了一些。欧阳修又晓以利害说："先帝在位岁久，德泽广被人所信服，所以一朝晏驾，天下皆秉承遗命，奉戴嗣君，无人敢异。今太后深居房闱，臣等只是五六个措大书生罢了，若非先帝遗命，天下谁肯听从！"韩琦进一步警告道："臣等只是在外面才能见到官家，内中全仗太后。若官家有什么闪失，太后也不会安稳的。"曹氏大惊，忙说："相公这是什么话？老身对官家用心的紧哩。"韩琦慢条斯理地说："太后照管，众人自然会照管的。"曹氏默不作声。这帮大臣真够老辣的，三言两语，一哄一吓，把曹氏的满腹冤屈硬邦邦地顶了回去。

韩琦

这种态度使曹氏更加愤愤不平，但也使她清醒地意识到，在朝臣们强大的保皇势力面前，没有能力，也没有胆量冒天下之大不韪，她能做的只是抹眼淌泪地发发牢骚，排遣一下心中的郁闷烦恼而已，想要废黜赵曙是不可能的。

满腹的委屈同样郁积在赵曙心中，当韩琦等人来问安时，他劈头就是一句："太后待我无恩！"韩琦从容答道："自古以来，圣明帝王很多，独称舜为大孝，难道其他帝王都是不孝的吗？只不过父母慈爱而子孙孝敬，此乃常事，不足道。只有在父母不慈爱时，做子孙的仍不失孝敬，才真正值得称赞。只怕陛下对太后有侍奉不周之处，天下岂有父母不慈爱的！"[2]赵曙不吭声了，从此之后

---

[1]语见《宋史·韩琦列传》："此病固尔，病已，必不然。子疾，母可不容之乎？"

[2]语见《宋史·韩琦列传》："自古圣帝明主，不为少矣。然独称舜为大孝，岂其余尽不孝耶？父母慈爱而孝，此常事不足道；惟父母不慈，而子不失孝，乃为可称。但恐陛下事之未至尔，父母岂有不慈者哉。"

人们再也没有听见他公开说过曹氏的坏话。

经过大臣和翰林学士的劝解，曹氏与赵曙之间，已不再像以往那样公开地互相责难了，但内心的芥蒂依然远远没有解开。

四、被逼引退　处境日艰

赵曙在嘉祐八年（1063）七月初就已基本痊愈，并开始每天临朝坐殿听取中书、枢密奏事。照理说，皇帝恢复了治国能力，太后就没有必要垂帘听政了，可是曹氏一直不肯还政引退。她当初答应垂帘是不得已而为之，而这时她不肯还政则主要是因为在政治上、生活上对赵曙不放心的缘故，两人的关系不但没有和解的希望，反而有进一步恶化的危险。为了打破这个僵局，老谋深算的韩琦亲手布下了两个圈套。

宋朝规矩，若皇太后垂帘听政，那么象征最高权威的符宝玉玺必须归皇太后收藏，皇帝只有在外出行幸时，玉玺才可以随驾，回来后仍得交还太后。谁掌握玉玺谁就拥有最终决策的大权。韩琦要把玉玺收回到赵曙手上，同时也向朝廷内外显示皇上已痊愈，恢复了治国的能力。治平元年（1064）四月，韩琦以春旱少雨为由，建议赵曙前往寺观祈雨。赵曙说："还应与太后商议。"韩琦禀报曹氏，曹氏道："官家大病初愈，恐怕不宜出宫。"韩琦急忙说："皇上已经答应出去了。"曹氏说："素色的仪仗尚未准备就绪，再过些日子吧。"韩琦说："这是小事，并不难办。"于是太后诏令有司选择出行日期。过了十几天，仍不见动静，知谏院司马光上疏催促，说："皇上要出宫祈雨之事，早已流闻四方，但至今未见成行，众论狐疑。王者四海为家，为民父母，何必拘泥繁文选择时日，忘万民朝夕之急？"曹氏没有理由再加阻拦，只得放行。赵曙遂出宫祈雨于相国天清寺、醴泉

宋代缂丝——金地玉兰

观。赵曙出外祈雨，顺理成章地把玉玺拿到了手上，回宫后却不肯交还。他一旦控制了玉玺，对于曹氏的意见听与不听皆可随心所欲，曹氏的最终决策之权实际上已被他夺回。

赵曙亲政的关键一步顺利成功，韩琦紧接着布下了第二个圈套，这次轮到曹氏本人了。此时赵曙虽早已在御前殿视朝听政，但大臣仍旧像往常一样每天退朝后，到内东门小殿再向曹氏复奏。五月早朝时，韩琦一下子向赵曙奏报了十余件事，赵曙裁决如流，悉皆允当。退朝后，大臣们一起来到内东门小殿，复奏赵曙已裁决的十几件事，曹氏每事都称善同意。众人退去后，韩琦单独留下来，他对曹氏言道："先帝安葬完毕时，我就该求退，只因皇上御体未平，所以才迁延至今。如今皇上听断已如此不倦，诚乃天下大幸，臣准备告老求退了，请太后恩准。"曹氏说："相公怎可求退？老身才真正应该退居深宫呢，每天在此，实在迫不得已，还是容老身先退吧。"韩琦等的就是这句话！他立即眉飞色舞大谈起前代马氏、邓氏皇后如何如何贤明，尚且不免贪恋权势，今太后若能急流勇退，还政引退，比马氏、邓氏更是强了许多倍，再拜称贺。紧接着又说台谏官员也有章疏请求太后还政，不知太后决定在哪一天撤帘？曹氏这时才明白了韩琦口口声声求退的真正目的，他是在以退为攻，逼着自己让位，但自己话已经说出去了，反悔是不可能了，她强烈地感到被人愚弄，虽然气恼之极却也无可奈何了。愣了一会儿，她恨恨地说了句："叫做是相公，不叫做也是相公！"然后站起身来。韩琦见她一站，便厉声命令守候在旁的仪鸾司官员："撤帘！"帘子被扯下后，还能透过屏风瞧见曹氏蹒跚离去的身影。

曹氏垂帘听政一年后被迫退居深宫，赵曙正式亲政，避免了两人关系进一步恶化，赵曙紧接着把曹氏的住所定名为慈寿宫，又把曹氏的弟弟已官任宣徽北院使、保平节度使的曹佾，加封为同平章事兼中书令，使他享有"使相"这一极其荣耀的官衔。然而，赵曙仍对曹氏心存余恨，他连曹氏所应享受的物质待遇，都要施加种种限制。在此之前，皇太后需要什么物品，包括日用器具，只须凭事先加盖了皇帝御用之宝的空白文书直接到诸司库务索要，诸司库务就会立即供应，过后再由三司复奏皇帝就可以了。但曹氏还政后赵曙却偏偏明文规定，必须先由曹氏宫中的使臣把她需要的物品记录下来，送到有关诸司库务，再由这些部门另外书写榜文奏报皇帝，等皇帝同意，盖上御宝之后，才可供应实物，平白使手续变得繁琐起来，司马光曾上书反对这条规定，但赵曙一直坚持不改。事实证明曹氏以往的担心不是没有道理的,这些事情不能不使她更加愤懑心烦,两人的感情依旧冰冻三尺。

五、遵礼生父　风波又起

此后又发生了尊礼亲生父母的风波。赵曙是作为赵祯的过继儿子被立为皇太子的,论理只有赵祯和曹氏才是他的皇父母,对于他的生父濮安懿王赵允让,只能按宗族辈分称皇伯。可是对赵曙来说,真正有感情的是其亲生父母,他认为自己当了皇帝,就该父因子贵,生父不应仍然处在皇伯和王的地位上。治平二年(1065)四月,他诏令礼官及待制以上的官员讨论应如何尊奉濮王。此诏一下,朝廷之上立刻纷争鼎沸,掀起了一场轰动一时的风波。宰执大臣韩琦、欧阳修认为自古无称父为伯之理,应称赵允让"皇考",持此观点的人为"皇考派";司马光、王珪等人则以"为人后者为之子,不得顾私亲"[1]为理由,认为赵允让只能称"皇伯",形成了"皇伯派"。两派争论激烈,声震九重。曹氏听说后,也坐不住了,她想:称赵允让为皇考,这不是要排斥先帝和我独一无二的地位吗?果真这样,那自己更无容身之处了,她当即写了一封手书,痛斥韩琦、欧阳修的观点。太后的懿旨毕竟是有相当分量的,赵曙迫于压力,只得宣布暂停讨论。

曹氏出面干涉,"皇伯派"更觉理直气壮,治平三年(1066)正月,争论再次掀起了高潮,侍御史吕诲、范纯仁、监察御史吕大防等引经据典,先后上了七道奏疏,支持司马光的意见,并弹劾韩琦专权阿谀,欧阳修首开邪议,应予贬黜。而韩琦、欧阳修等仍建议赵

司马光像

---

[1] 语见《宋史·司马光列传》:"为人后者为之子,不得顾私亲。王宜准封赠,期亲尊属故事,称为皇伯,高官大国,极其尊荣。"

曙明诏中外,坚持"皇伯乃无稽之谈,决不可称"的立场,但为了避免被"皇伯派"抓住辫子还必须解释,"现在所欲确定的只是名号而已,至于在京师立庙等干纪乱统之事,决非朝廷本意。"赵曙非常想按这个办法去做,可是顾虑"皇伯派"大臣,特别是曹氏的态度,他迟迟不敢下诏。正当赵曙进退两难的时候,韩琦与宰执大臣经过一番密谋,定下了先以曹氏的名义下懿旨,尊濮安懿王为皇、夫人为后,皇帝称亲,然后再由赵曙下诏谦让不受尊号、只称亲的路子。几个人又设计了一个圈套,由欧阳修以曹氏的口吻草拟好懿旨,另外誊抄之后秘密交给了早就安插在曹氏身边的一名宦官。赵曙谦让的诏书也由欧阳修拟好,一切布置停当,单待曹氏落入圈套了。二十日,宫中照例举行天章阁赏小桃的庆宴,曹氏经不住左右轮番劝敬,喝得醉醺醺,回寝殿后正迷迷糊糊瞌睡时,那名宦官拜倒榻前,捧着一道文书请她签字,曹氏醉眼蒙眬,也没看清上面写了些什么,顺手签上姓名就又昏昏睡去。宦官按规矩密封停当,一溜烟送到了中书。早已守候在那里的韩琦、欧阳修等见诡计得逞,得意地哈哈大笑。只见上面写道:"吾闻群臣议请皇帝封崇濮安懿王,至今未见施行,吾载阅前史,才知此事自有先例。濮安懿王及其夫人谯国夫人王氏、襄国夫人韩氏、仙游县君任氏(赵曙的生母),可令皇帝称亲,并尊濮安懿王为濮安懿皇,谯国、襄国、仙游并尊为后。"后面的落款赫然是曹氏的亲笔签名!

　　太后的签名一盗到手,赵曙的腰板顿时硬了起来。第二天,曹氏的手书公布出来,同时降下了赵曙的手诏,煞有介事地宣称:"朕奉皇太后懿旨,已见手书。称亲之礼,谨遵慈训,追崇之典,实不敢当。姑且仍称濮王,建园立庙。期望皇太后能体谅朕的诚恳,即赐允从。"黑白就这样被赵曙、韩琦、欧阳修等人

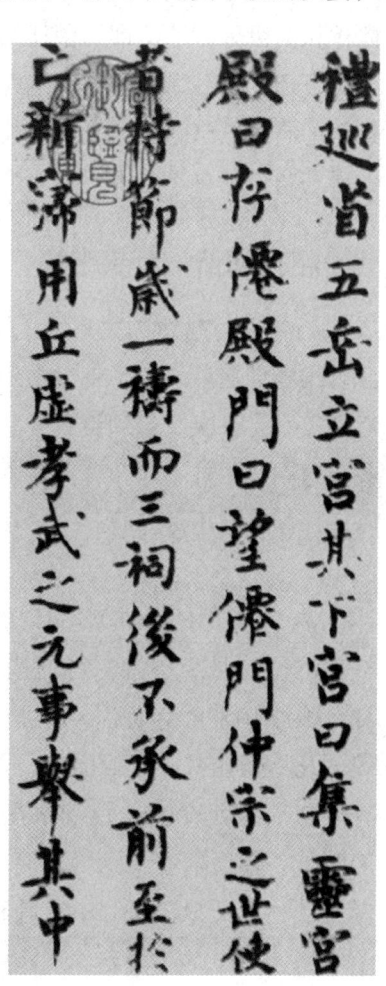

欧阳修墨迹

颠倒了过来：原本强烈反对称皇考的曹氏不但一下子变成了积极支持者，而且进一步提出要尊崇濮王夫妇为帝后；原本挖空心思、巧立名目地要尊崇生父母的赵曙，不但变成了不得不谨遵太后之命的被动服从者，而且树立起了既孝顺又谦恭的高大形象。

然而朝中另外一些大臣却被惊呆、激怒了，首先咆哮如雷的是吕诲、范纯仁、吕大防等人，以更加激切的言辞上书反对。范纯仁质问："皇太后自撤帘之后，深居内宫，未尝预闻外政，岂会复降诏令有所建置？"吕诲甚至公开扬言，要与宰执大臣不共戴天、势不两立。赵曙问韩琦如何是好，韩琦说："臣等是忠是邪，陛下清楚。"又征求欧阳修的意见，欧阳修答道："御史要势不两立，若陛下认为臣等有罪，即当留任御史，若认为臣等无罪，就应降旨处置。"[1] 于是赵曙下诏，贬吕诲知蕲州，范纯仁为安州通判，吕大防知休宁县，就连替吕诲等辩解的赵鼎、赵瞻、傅尧俞也被贬斥。而曹氏再次遭到大臣的暗算和愚弄，心中的凄苦与愤怒自不必说，然而她又无处可诉，只有隐忍下来。

六、祖孙和谐　暮年幸福

当曹氏与赵曙的关系雪上加霜的时候，曹氏与赵顼之间却嫌隙尽释，在受到韩维教训之后，赵顼就经常到慈寿宫看望曹氏，只有在这时，曹氏才会露出舒心的笑容。一次，赵顼身着全副盔甲，英姿飒爽来到慈寿宫，问曹氏："娘娘，我穿这副盔甲好不？"曹氏笑着说："你穿戎装确实好看，假若连你都要披挂上阵，那国家岂不危险吗？"赵顼乖觉地把盔甲脱下，祖孙俩又有说有笑谈起了别的。

治平四年（1067）正月初八日，在位仅有四年的赵曙因病逝世，20岁的赵顼继位，是为神宗。孙儿当皇帝，曹氏的心境出现了根本性的好转。初十日，她被尊为太皇太后，居住的慈寿宫也改名为庆寿宫。赵顼对待曹氏极其孝敬，凡是能让曹氏娱悦的事，他无所不做。曹氏对赵顼的关心也是无微不至，有时赵顼退朝稍晚，她就站在寝宫门外等候，甚至亲手端饭给赵顼。有一年清明节，赵顼陪曹氏闲聊，偶尔说起好久无人能制作珠子鞍辔了。赵顼虽是言者无意，曹氏却记在心中，她私下令人绘成图样，从内库中要来一副玉饰鞍辔

---

[1] 事见《宋史·吕诲列传》："诲等知言不用，即上还告敕，居家待罪，且言与辅臣势难两立。帝以问执政，修曰：'御使以为理难并立，若臣等有罪，当留御使。'"

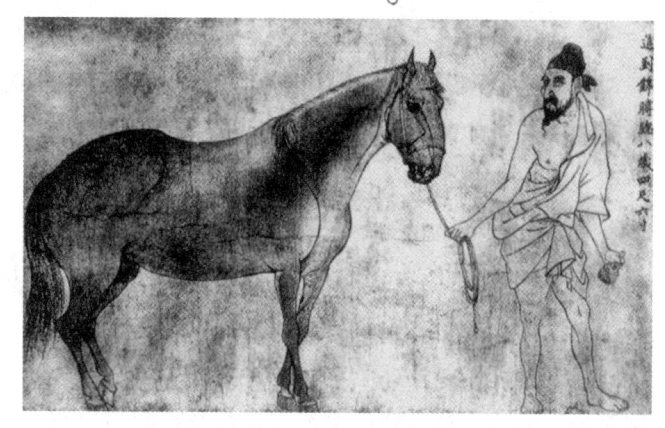

送到后苑装饰上珠玑，送给了赵顼。赵顼既高兴又感动，立即唤人牵来心爱的坐骑小乌马，在福宁殿前试骑。为了答谢曹氏，他亲手设计了一乘小轿，着人制作得极其精致小巧，通体用珠玉黄金装饰，进呈给曹氏说："娘娘试乘此轿，去凉殿散心。"于是小轿载着曹氏前往凉殿，他与高太后步行着左右扶持，曹氏下轿后，感慨万千，动情地说："官家、太后亲自扶辇，当初我在曹家做女儿时，哪敢想到会有今日之贵！"曹氏满面春风，心中无比温暖。她去世后，大臣王存献的挽词中说的"珠鞚锡御恩犹在，玉辇空扶事已空"，就是指的这两件事。

宋《五马图》（局部）

　　曹氏做了太皇太后，依然克谦克谨，对各种规矩和礼法严格遵守。按照宋朝传统的礼制，外戚家的男子是不能进内宫谒见太后或者皇后的，随着曹氏年事日高，曹氏在宫中常常思念娘家的亲人，于是赵顼多次提出让她的弟弟现在已成了老人的曹佾进宫与曹氏叙叙亲情，曹氏都拒绝了。一天，赵顼又提出这一要求，曹氏才勉强应允，赵顼便领着曹佾来到了庆寿宫。陪着坐了一会儿，寒暄几句，赵顼想让他姐弟单独在一块儿好好聊聊，便先站起身来，曹氏也赶紧对曹佾说："这不是你应该逗留的地方。"忙不迭地叫他出宫去。[1] 曹氏这样做并不是不念姐弟的亲情，而是不想让自己破坏祖宗确立的任何一项规矩。正由于她始终抱定"祖宗之法不可轻改"的信条，也就决定了她对赵顼在朝中的所作所为不是事事都满意的。

　　这时，大宋皇朝已在太祖、太宗、真宗、仁宗、英宗五位天子的统治下延续了一百余年，经济文化在相对安定和平的环境中获得了长足的发展。可是，社

---

[1] 事见《宋史·后妃列传·慈圣光献曹皇后》："后春秋高，佾亦老，帝数言宜使入见，辄不许。他日，佾侍帝，帝复为请，乃许之，因偕请后阁。少焉，帝先起，若令佾得伸亲亲意。后遽曰：'此非汝所当得留。'趣遣去。"

会上的各种矛盾也在不断积累，至仁宗赵祯时，成堆的问题已日益明显地暴露出来。面对日益严重的政治和社会危机，朝廷内外早就响起了一片要求改革的呼声，庆历三年（1043），赵祯任用范仲淹、富弼、韩琦、欧阳修等人进行改革，史称"庆历新政。"

但由于改革触犯了大官僚和地主们的既得利益，遭到他们的强烈反对，仅一年左右，新政就宣布撤销，范仲淹等被贬出朝。赵祯原本就很少的改革热忱也昙花一现，消沉净尽。改革失败，危机犹在，而且更加严重。于是改革的呼声一度沉寂之后，在赵曙即位之初再次掀起了高潮。然而曹氏垂帘听政，一切仍按旧制而行，绝不肯轻易稍作更革。赵曙亲政后在改革方面正要有所作为时，不幸因病去世，由儿子赵顼即位。

年轻的赵顼在当皇子时，就多次与老师韩维等人谈论变法图强、改变国家贫弱不振局面的抱负，即位不久就着手裁减宗室冗费，开始了局部的改革。熙宁二年（1069），任命享有盛名的变法派大臣王安石为参知政事，第二年升为宰相。他们在财政、经济、军事和官僚机构诸方面，进行了全面的整顿和改革，展开了一场轰轰烈烈的变法运动。

对于变法，曹氏早就打心眼里不赞成，但由于赵顼待她孝敬备至，使她不忍心破坏两人之间的关系；二则由于对以往的不幸经历记忆犹新，担心在新的一轮政治斗争中再次遭到朝臣的暗算，还因为她坚持母后不预朝政的祖训，所以在

宋《耕织图》

变法开始的几年里,她并没有将不赞成的态度公开表露出来。但是,当变法的深入开展激起了旧党们愈益激烈的反对的时候,特别是变法触犯了与她保持千丝万缕联系的豪强兼并者和贵族们的切身利益的时候,她便站出来表明了态度。

熙宁四年(1071)九月,朝廷举行祭祀明堂大典。这种活动按旧例是要实行大赦的。大典前几天,赵顼与赵颢来见曹氏,曹氏说:"天气晴和,在这样的好日子里举行典礼,真是大庆。"她突然将话题一转说:"从前我做皇后时,若听说民间有什么疾苦,必定告诉仁宗,仁宗常乘大赦之机落实,今天也应该这样。"赵顼不知曹氏用意,只是说:"现在民间倒没有什么疾苦。"曹氏说:"我听说百姓苦于青苗、助役钱,何不趁大赦之际罢去?"赵顼回答:"这是为了利民,不会造成危害。"曹氏见赵顼坚持己见,便换了一个话题说:"王安石诚然有才学,但怨恨的人很多,官家若真想保全他,不如暂时把他放为外任,再召回来。"[1] 赵顼说:"群臣之中,只有王安石能挺身为国,这样的人十分难得,怎好赶他出朝?"赵颢从旁插话说:"太皇太后说的话很对,陛下不可不思。"方才与曹氏应答之间,赵顼只因碍于情面,不好过分顶撞曹氏,眼下弟弟又来帮腔,他便再也憋不住了,向着赵颢勃然怒道:"难道是我坏了天下吗?既然你清楚,你来做皇帝好了。"赵颢吓得眼泪都流了出来,委屈地说:"何至于这样说呢?"三个人不欢而散。

新党在第一个回合的斗争中取得胜利之后,在商业领域里实行了市易法,市易法、免行法不仅限制了大商人操纵物价垄断市场,剥夺了官府、宦官恣意勒索的特权,而且触犯了与曹氏等人有特殊关系的两个大人物——赵顼的向皇后之父向经、曹氏弟弟曹佾的利益。

于是,在与大商人有密切联系的官僚士大夫向变法发起新的进攻的同时,向经、曹佾等人的怨言也在宦官们添油加醋之后传进了曹氏及高太后、向皇后的耳朵,这越发激起了她们对变法的憎恨。宫内宫外联合掀起的第二次斗争浪潮,也就显得来势汹汹。曹氏和高太后对着赵顼抹眼淌泪,说王安石变乱天下,河北等地的大旱已使百姓流离,市易法的实施使京城民怨沸腾,可能会酿成暴乱。面

---

[1] 事见《宋史·后妃列传·慈圣光献曹皇后》:"熙宁宗祀前数日,帝至后所,后曰:'吾昔闻民间疾苦,必以告仁宗,因赦行之,今亦当尔。'帝曰:'今无他事。'后曰:'吾闻民间甚苦青苗、助役,宜罢之。安石诚有才学,然怨之者甚众,帝欲爱惜保全之,不若暂出之于外。'"

王安石变法失败后退居南京半山园

对母后的眼泪，加上新法中存在的一些问题，赵顼彷徨不安，大大动摇了，不几天王安石就被解除了宰相职务。

此后，虽然王安石一度恢复了相位，新法的基本方面也得以维持，但赵顼对变法的态度已越来越不如当初坚决，对曹氏的反对意见也不反感了。赵顼曾有意发动一场收复燕蓟故土的战争，与大臣商议之后，他到庆寿宫向曹氏禀报。曹氏问："粮草、犒饷准备好了吗？兵马士卒训练精了吗？"赵顼说："都已好了。"曹氏说："事关重大，可要慎重考虑。即使取得胜利，我们得到的不过是举朝庆贺而已；万一失利，则关系到生灵江山的存亡，切不可轻举妄动。此事很不容易，若果真可行，那太祖、太宗早就收复了，何须等到今天？"赵顼说了句："敢不受教！"立即取消了开战的计划。

政治上的矛盾渐趋缓和，祖孙二人的感情也更加亲密。元丰元年（1078）正月，年逾花甲的曹氏患上了牙病，牙床鼓得半边脸也肿了许多，根本无法进食。赵顼十分焦急，诏令各地访求牙科名医进京治疗。闰正月十五，为了让曹氏高兴，还特地命令再次在宫中搭设露台张灯结彩，过第二个元宵节。

元丰二年（1079）初秋，曹氏又添了一种称做"水疾"的新病。这时朝中发生了一桩案件，使她无法静心调治休养。

熙宁九年（1076）十月，王安石再度罢相后，围绕变法在统治集团内部进行的严肃的政治斗争，逐渐演变成了排斥异己相互倾轧的权力斗争。元丰二年四月，担任湖州（今浙江吴兴）知州的苏轼，在一道谢表中对时政发了两句牢骚，

立即招致了部分朝官的弹劾,御史中丞李定说他包藏祸心,谤讪皇上。监察御史里行舒亶则从苏轼诗词中摘抄出只言片语,曲意引申说朝廷每行一项新法,苏轼都写诗恶毒攻击,他认为苏轼愚弄朝廷,把诗词镂板刻石,传播中外,造成很坏影响,应该开刀问斩,以谢天下。赵顼听后,十分愤怒,遂命御史台派人把苏轼拘捕入京审问。御史们来势汹汹,苏轼吓得几次想自杀,许多大臣也都以为他必死无疑了。享有天下奇才盛名的大文豪,只因发了两句牢骚、写了几首诗词就被逮捕下狱,眼看要杀,这在朝廷上激起了轩然大波,就连退居金陵的王安石也上书说:"哪有盛世而杀才士的?"曹氏闻知,更是万分焦虑,顾不上疾病缠身,支撑着病体找到赵顼说:"我记得当年仁宗皇帝录取苏轼兄弟为进士时,曾高兴地说:'我为子孙找到了两个宰相'。现在却听说苏轼因作诗被逮下狱,会不会是仇人中伤他呢?即使他写诗真的有罪,其罪过也大不到死罪。文人咏诗,本是常情,若一定毛举细故罗织成罪,也不是爱惜人才之道。我已病入膏肓,不能再因冤滥不慎,有伤中和,你应深思详察才是。"[1]赵顼听罢,感动得流下了眼泪。最后,苏轼免于死罪,贬为黄州(今湖北黄冈)团练副使。

苏轼之案得到缓解,曹氏的病情却日渐加重。十月初开始,赵顼就停止上朝视事,十多天衣不解带在庆寿宫伺候曹氏,晚上就睡在那里,同时派宰相祈祷天地、宗庙、社稷,减天下囚犯死罪一等,判了徒刑的释放,并大作善事,以回天意。在治疗方面更是不遗余力。然而这一切都没能挽回

湖北黄冈苏东坡纪念馆

---

[1] 语见《宋史·后妃列传·慈圣光献曹皇后》:"尝忆仁宗以别科得轼兄弟,喜曰:'吾为子孙得两宰相。'今闻轼以做诗系狱,得非仇人中伤之乎?捃至于诗,其过微矣。吾疾势已笃,不可以冤滥致伤中和,宜熟察之。"

河南巩县宋陵神路

曹氏的生命，十月二十日曹氏去世，终年63岁，次年二月葬于永昭陵。曹氏死后，赵顼哀恸不堪，七天后，才在群臣一再要求下上朝听政。殡殓时，他特地把宰执大臣们召到柩前，察看放入梓宫的物品，亲手举着一件玉枕和玉弦说："这都是太后平常使用的。"又悲哭欲绝。故而宰相王珪的挽词中有"朱弦湘水急，玉枕汉陵深"两句。

英宗赵曙皇后高氏

高氏（1032~1093），是英宗赵曙的皇后，乳名滔滔，亳州蒙城（今属安徽）人。父亲高遵甫，官至北作坊使，母亲为仁宗慈圣光献曹皇后的胞妹。神宗赵曙即位（1063）后不久，高氏就被册为皇后，谥号"宣仁圣烈"。她历经英宗、神宗、哲宗三朝。哲宗继位后她以太皇太后身份垂帘听政，在政坛上掀起了一阵摧新复旧的狂飙，将她儿子神宗赵顼16年的改革成果毁于一旦，阻碍了社会的发展与进步，留下了党派之争的后患，史称"元祐更化"。在个人品德上她谦虚朴实、约束本家、严守妇德，被誉为女中尧舜。

高氏

一、名门望族　步步高升

高氏的曾祖父是太宗时以武功起家而官封忠武军节度使的高琼，她的祖父高继勋也有功于王室，官至节度使，父亲高遵甫任北作坊使，她的母亲是北宋开国元勋大将曹彬的孙女，母亲的胞妹就是仁宗的慈圣光献曹皇后。曹皇后非常疼爱这个小外甥女，3岁时把她接进宫，带在自己身边。仁宗赵祯因没有儿子，也把3岁的侄子赵宗实（后改名赵曙，即宋英宗）养到宫里。滔滔与宗实同岁，青梅竹马，两小无猜，嬉闹玩耍，形影不离，亲热得像同胞兄妹一样，宫中上下都习惯地将宗实称为官家儿，滔滔为皇后女。赵祯与曹后非常喜欢这两个孩子，每瞧见他俩耳鬓厮磨的热乎劲儿，就逗弄宗实说："娶皇后之女当媳妇如何？"宗实和滔滔在宫中生活了五六年后，各自回到了父母身边。转眼十载，赵祯想起昔日的情景，有天对曹皇后说："咱们老而无子，过去收养的十三（赵宗实是濮安懿王赵允让的第十三子)、滔滔,都已长大成人了,我为十三、你为滔滔主婚,让他俩成婚吧。"庆历七年(1047)初,皇上、皇后做主,高氏嫁到濮王府,封为京兆郡君,宫中称此事为"天子娶儿媳,皇后嫁闺女",一时传为佳话。小两口情投意合,相敬如宾,感情比孩童时更加亲密。次年四月,他们的长子出生,取名赵仲针,后改名赵顼。以后的十几年间,到赵曙登基时,高氏已有四个儿子(颍王赵顼、岐王赵颢、润王赵颜、嘉王赵頵)和一个女儿(后封寿康公主)。

嘉祐八年(1063)四月初一,赵曙当上了皇帝,二十五日,高氏正位中宫,成了皇后。四年后,长子赵顼继位,是为神宗,她又成了太后。

高后自幼在宫中住过几年,做皇后和皇太后时长期在宫中和曹后共同生活,各方面都深受曹后的影响。她事事效仿曹后,生活俭朴,约束本家,严守封建礼教的妇德,不干预朝政;在政治观点上,两人更是惊人地一致,而且高氏比曹皇后更为保守。她对祖宗之法怀有深厚的感情,而对任何变法革新的事都觉着格格不入。

神宗赵顼从即位开始,针对宋朝的社会弊端,尤其是冗兵、冗官、冗费带来的社会危机,启用王安石实行变法。曹后与高后都不赞成神宗的变法活动,也曾劝说过赵顼不要轻易变革祖宗法度,但都能坚持母后不干预朝政的祖训,没有过多地硬性阻止。

元丰七年(1084)冬,赵顼生病,次年正月过后,病情日见沉重,后来连话都说不清楚了。还在初病之时,赵顼就有了立太子的打算,说准备在来年春天把长子延安郡王赵佣立为太子,并延请司马光、吕公著做赵佣的师傅。眼看赵顼的病情日趋恶化,立太子更是刻不容缓的头等大事了。皇太后高氏、皇后向氏、

宋代妇女发型

太皇太后、皇太后哭诉图

左相（首相）王珪等人都很赞成赵顼的想法，于是决定立赵佣为太子。

三月初一，王珪等人再到内东门问疾，高氏垂帘坐在一边，赵佣站在帘外，高氏说："相公们立的这个孩儿很好，清俊好学，已能背诵七卷《论语》了，平时不贪玩，只是学书，他非常孝顺，自官家服药，从未离开左右，还吃素、写经为官家祈福。"说罢从帘内递出两本《延寿经》和《消灾经》，王珪叩拜称贺。接着就到前廷宣读了起草好的制词：立赵佣为皇太子，改名煦，令有司备礼册命。同时公布诏命：所有军国政事，由皇太后权同处理，直到皇帝康复为止。高氏还考虑得非常周到，她暗中对宦官梁惟简说："你去找人赶制一袭10岁小儿穿戴的黄袍，秘密带给我。"为神宗死后赵煦即位做好应急准备。[1]

元丰八年（1085）三月五日，赵顼在福宁殿与世长辞。当天，赵煦即位于

---

[1] 事见《宋史·后妃列传·宣仁圣烈高皇后》："后泣，抚王曰：'儿孝顺，自官家服药，未尝去左右，书佛经以祈福，喜学书，已诵《论语》七卷，绝不好弄。'乃令王出帘外见珪等，珪等再拜谢且贺。是日降制，立为皇太子。初，歧、嘉二王日问起居，至是，令毋辄入。又阴敕中人梁惟简，使其妻制十岁儿一黄袍，怀以来，盖密为践祚仓卒备也。"

枢前，是为哲宗，他穿的就是高氏为他秘密制作的那套黄袍。这年高氏54岁，而赵煦刚刚10岁。

二、元祐更化　扼杀变法

老来丧子的悲痛，丝毫没有降低高氏保守的政治热情。现在年幼的孙子当皇帝，她不仅被尊为太皇太后，而且继续权同听政，实际掌握了最高决策权。一朝权在手，便把令来行，形势给高后创造了一个表明政治态度的机会。

高氏在当太后时，经常和她来往的除了宦官内侍，就是那些在变法过程中受到抑制的皇亲国戚、贵族、宦官及一部分朝臣组成的旧党，从这时开始，高氏就实际扮演起了旧党领袖的角色。旧党分子在变法过程中或因失败被逐出朝廷，或被迫过着隐居式的生活，但他们丝毫不甘心自己的失败，无时无刻不在等待时机，卷土重来。时机终于被他们等到了，这个时机便是赵顼死后因宋哲宗年幼而由高氏以皇太后的身份垂帘听政的新政局。一场彻底清算新法的运动便毫无顾忌地展开了。由于高氏操纵的这一运动主要发生在元祐年间（1086~1094），所以史书上称之为"元祐更化"。

垂帘听政不久，高后没有与大臣商议，甚至宰相王珪也不知道，便采取几项紧急措施：遣散修筑京城的民夫，裁减皇城司的察事兵卒，停止宫廷工技制造，废导洛司，驱逐尤无善行的宦官宋用臣等人，告诫中外官员不得苛暴聚敛，放宽民间保户马之规定。

元丰八年（1085）五月五日，高氏又在朝堂贴出诏令，让百官言朝政阙失。但是新党人物利用自己的权力在诏令中做了六条规定加以限制，使无人敢言。这个时期朝中大臣仍是神宗任用的人，在朝廷的各要害部门掌权的也多是新党人物。高氏若要全面废除新法，就必须把原先遭受排挤的旧党干将重新拉回到朝廷中来，增强自己一方的势力。因此，在贴出求谏诏令的同时，她就派出驿车接司马光、吕公著、文彦博等元老旧臣回京。[1] 在这些旧臣中，最受高氏青睐的是司马光。

由于司马光从变法一开始就坚定地站到了改革的对立面，每逢一项新法出台，他都毫不犹豫地站出来大唱反调，不遗余力地进行攻击和谩骂，这使他赫然

---

[1] 事见《宋史·后妃列传·宣仁圣烈高皇后》："哲宗嗣位，尊为太皇太后。驿召司马光、吕公著。"

成了旧党阵营中一颗耀眼的巨星，一面旧党的旗帜，而且当之无愧地受到了旧党们的一致推崇。

司马光和吕公著来到汴京，分别被任命为门下侍郎和尚书左丞（都是副宰相）。司马光下车伊始，高氏就把五月五日求谏诏令拿给他看，授意他先从舆论上打开缺口。司马光心领神会，立即把矛头首先指向求谏诏令，他接连上了三道奏章要求修改，说诏中规定的6条限制，使得人们除非不言，一言必犯六条，六条必须去掉，新诏不但要贴于朝堂，还要颁诸天下。新的求谏诏令很快颁布，限制全部取消，反对派的言论立刻像火山喷发一样咆哮起来，不出一个月，上书者就数以千计，其中光是所谓农民所上的奏疏就达一百五十道之多。舆论一经造足，废新法之事旋即实行，到十二月间，新法中的保甲法、方田均税法、市易法、免役法、保马法相继被废。与此同时，旧党中的主要人物刘挚、范纯仁、王岩叟、李常、孙觉、苏轼、苏辙等人陆续招回朝中委以要职。

就像变法改革因遭到旧党的顽强反对进行得不一帆风顺一样，废除新法的活动在变法派的抵制下，同样进行得不顺利。新法是与变法派紧密联系在一起的，而当时变法派首领蔡确、章惇、韩缜仍身居相位，要想进一步废除新法，除了积聚、扩大自己的势力之外，还必须不遗余力地排挤打击变法派，将变法派赶出朝廷，从而把全部政权攫取在自己手中。为了达到这一目的，高氏决定首先加强旧党在御史台、谏院中的力量。

宋代的御史台、谏院（合称台谏）具有纠察百官、肃正纲纪的职能，它控制言路，权力气势几与宰相抗衡，而且有"风闻奏事"的特权，即不一定需要真凭实据，只要抓住道听途说的传闻，就可以用来弹劾大臣，这一职能无疑大大强化了皇权，而使宰相的权力受到限制。

高氏在把王岩叟、刘挚、孙觉等人分别任命为监察御史、侍御史、谏议大夫之后，又在元丰八年十月，不经过正规程序即（谏官须由知制诰以上官员荐举，然后由宰执大臣进奏）直接下令任命唐淑问为左司谏，朱光庭为右正言，苏辙为右司谏。一班旧党的干将接连被安插进台谏之后，对变法派的参劾顿时掀起了更高的声浪。

首当其冲的是宰相蔡确。赵顼死后，蔡确按惯例担任山陵使，主持丧葬事宜，据说当时规定在赵顼灵柩起程前的5天夜里，宰执大臣必须入宿宫中守灵。但蔡确没有来，刘挚就说是"慢废典礼，有不恭之心"。又说蔡担任山陵使回

张择端《清明上河图》（局部）

朝，就应该引咎自劾，但他不顾廉耻，仍然赖着不退。以此为首共列有十大罪状。[1] 朱光庭也揭发说：灵柩出发时，蔡确不跟在后面，却先骑马跑出去数十里之远自图方便，"为臣不恭，莫大于此"。朱光庭进一步扩大攻击面说，蔡确、章惇、韩缜是三奸，不恭、不忠、不耻。到元祐元年（1086）二月，谏官们弹劾蔡确，要求将他罢黜的奏章已上了几十道，言词越来越激烈，罪名也越加越多，蔡确终于坐不住了，开始上表辞职，但他仍不甘心就此下台，表章中罗列了一些自己当宰相以来的功劳。哪知这更惹起了谏官们的不满，在所有的罪名用尽之后，他们竟将天旱也怪责到蔡确头上，说是朝中有蔡确这样的大奸小丑，所以天才旱。在高氏眼里蔡确早就碍手碍脚了，见人们把他骂够了，于元祐元年（1086）二月初二，将蔡确罢相，贬知陈州。

蔡确下台的当天，司马光就升为尚书左仆射兼门下侍郎（首相），这时司马光早已因病休假在家，他看到青苗法、免役法、将兵法还没废除，与西夏的和战问题还没解决，焦虑万分，在给吕公著的信中流露出无限的伤感，然而在接到

[1] 事见《宋史·蔡确列传》："为永裕山陵使，灵驾发引之夕，不宿于次，在道又不属从，还，又不丐去。御使刘的挚、王岩叟连远这，言确有十当去。"

当宰相的诰词之后，他的病却奇迹般地好了。高氏特别照顾他，免其入朝觐见，让他坐着轿子，三天一次到朝堂议事，他坚持说："不见君，不可以视事。"每天让儿子司马康扶着上朝论事。[1] 病居金陵的王安石听到消息怅然许久，深深叹道："司马十二作相矣！"以他对司马光思想性格的了解，他知道自己一生的事业将全部付诸东流了。

　　果然，司马光一当宰相，立即加快了废新法的步伐，同时也加紧了对新党的排挤。正月时，司马光连上两道奏章，要求废除免役法，恢复差役法，他挖空心思说尽了免役法的坏处，却没想到这两道奏章竟自相矛盾，隐瞒事实。司马光前后不相照应，自己打自己嘴巴的漏洞和弄虚作假的伎俩，被任知枢密院事的变法派首领章惇一一捉住，敲点出来。司马光恼羞成怒，与章惇把官司打到了高氏帘前，章惇自恃有理，对司马光冷讽热嘲，大加挖苦。原来对章惇就十分反感的高氏这下子火冒三丈，立即部署台谏上书讨伐章惇。

　　闰二月二十三日，距蔡确被贬只有21天，章惇被贬至汝州（河南临汝）。一个月后，韩缜也被贬到颍昌府。

---

[1] 事见《宋史·司马光列传》："免朝觐，许乘肩舆，三日一入省。光不敢当，曰：'不见君，不可以视事。'诏令子康扶入对。"

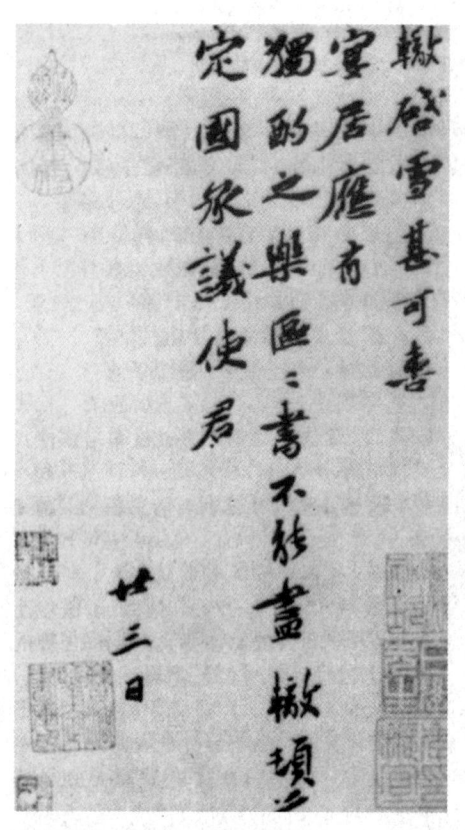

苏辙《致定国承议使君尺牍》墨迹

到元祐三年（1088）底，新法已废黜净尽，新党分子基本上全部扫地出朝，有的被贬为地方官，有的被逐出朝廷，赶回老家闲住，有的被"编管"到偏远州县，失去迁居自由。高氏仍不放松对他们的迫害打击，任何人都不能阻碍她对变法派的打击。一些曾经是旧党中的重要成员，为她废新法逐新党效过劳、出过力的人，只因替变法派说过一句半句好话，也被高氏赶出朝廷。可见高氏对变法派憎恶之深。

蔡确被骂出朝廷后，第二年又被夺了官职、移贬安州（今湖北安陆）。此地有一处名胜，唤做车盖亭，蔡确有天前去游览，诗兴大发，连题十首，尽兴而归。却不料十首诗被人断章取义，滥加引申后，上报朝廷。

谏官吴安诗、范祖禹、王岩叟立即上书弹劾，指责蔡确怀怨谤讪，罪大该杀。宰相范纯仁却认为仅凭暧昧不清的语言文字诛杀大臣简直太过分了，他向另一位宰相吕大防不无忧虑地说："此路自丁晋公（谓）之后，荆棘六七十年了，一旦重开，我辈恐怕也免不了。"然而高氏却坚持非痛贬蔡确不可，她采纳文彦博的建议，贬蔡确为英州别驾，新州安置。刘挚上奏说蔡确有老母在家，不要像唐朝柳宗元、刘禹锡那样，将他整得太惨。吕大防也请求贬得近一些，哪知高氏勃然大怒道："蔡确肯定死不了！山可移，此州不可移！"当晚就差人把蔡确押到了新州。新州是岭南蛮荒之地，瘴气氤氲，潮湿闷热，人极易生病，所以贬至此地是北宋最重的处罚。蔡确至此，很快患病，不几年就死在那里了。

一些不同意贬蔡确的官员也受到株连，御史中丞李常说了句"以诗罪确，非敦厚风俗之举"，被贬知邓州。中书舍人彭汝砺说"这是罗织罪名的开始"，被贬知徐州。侍御史盛陶说"不可长告讦之风"，也贬知汝州。高氏之所以借题

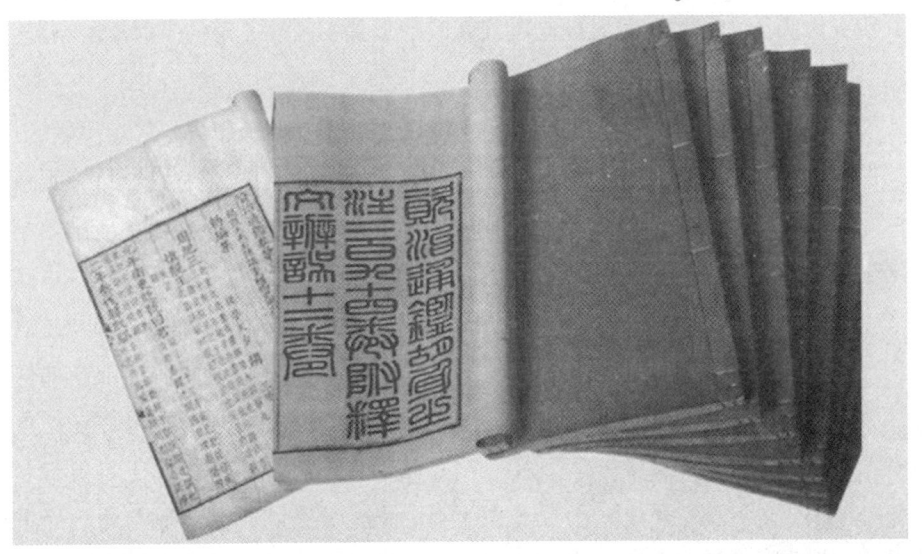

完成于元丰七年（1084），由司马光主持编纂的《资治通鉴》书影

发挥，痛贬蔡确，另有一层深意，她后来解释说："皇上乃先帝长子，子继父业，理所应当，他蔡确有何军功，竟三番五次地说自己有策立之勋？假若他以后东山再起，欺罔上下，岂不为社稷祸害！我怕皇上年少制驭不了他，所以才借机将他远窜，这全是为社稷着想哩。"苏轼过去也因写诗被治过罪，挨整挨出了经验，当时曾向高氏秘进一言："朝廷若放宽对蔡确的处置，则对皇帝的孝治有所不足；若加重处罚，则对太皇太后的仁政稍有损伤。莫若由皇帝降敕痛贬而太皇太后特加宽待，仁孝就可以两全其美了。"[1]对高氏来说，这样做既可以达到目的，又能收到宽厚仁恕的美名，确是一条妙计。但她整人心切，连策略都顾不得了。

蔡确事件后，高氏为了使变法派永无翻身之日，特授意梁焘开具了一份新党分子的黑名单，把安焘、邢恕等47人列为蔡确的亲党，将章惇、吕惠卿、沈括等30人列为王安石的亲党。然后她拿着这份名单对宰执大臣说："蔡确奸党仍有不少窃居朝官。"范纯仁进言："朋党难辨，可别误伤好人。"高氏很不高兴，梁焘就借机弹劾范纯仁也是蔡确之党，高氏遂将范纯仁罢相，贬知颍昌府。"亲党"的黑名单也在朝堂张贴出来，告诫人们永远不准这些人再做官。

---

[1]语见《宋史·苏轼列传》："朝廷若薄确罪，则于皇帝孝治为不足；若深罪确，则于太皇太后仁政为小损。谓宜皇帝敕置狱逮治，太皇太后出手诏赦之，则于仁孝两得矣。"

至此以高氏为首的旧党大获全胜，在政治上基本恢复了宋仁宗时期的格局。

三、激励党争　垂帘听政

但是所谓的旧党也并不是铁板一块，随着形势的发展，特别是牵涉到权力等利害冲突时，矛盾斗争同样会在他们中间激烈展开。

事实上，这类矛盾早在旧党成员上台伊始就已存在了。这是因为，尽管对新法的一致反对和受变法派排挤的共同遭遇一度使旧党们结成了一伙，但他们内部在如何对待新法和如何处置新党等问题上仍存在严重分歧。例如对于免役法，范纯仁、王岩叟、李常等人就不主张全部废除，苏轼还与司马光进行过一场激烈的争辩。有一天，经过多次争论之后，苏轼在政事堂上再次提出支持免役法，司马光很不高兴，有些怒形于色，苏轼毫不客气说："当年韩魏公（琦）刺配陕西义勇兵，你当谏官，极力反对，韩公不乐，你也不顾。我过去曾多次听你讲起此事。难道说今天你当了宰相，反而也不许我进言吗？"[1] 司马光尴尬地笑了笑，向苏轼表示歉意，但最后仍废除了免役法，气得苏轼大骂："司马牛！司马牛！"

至于对新党分子的处置，旧党中的许多人或者出于公正之心，或者考虑到自己将来的政治前途，总是想方设法为自己留条后路，而反对过分地打击新党。这些政见上的分歧，再加上旧党分子中早就存在的个人恩怨和在新形势下出现的利害冲突，终于演出了一场激烈的党争闹剧。

苏轼像

---

[1] 语见《宋史·苏轼列传》："昔韩魏公刺陕西义勇，公为谏官，争之甚力，韩公不乐，公亦不顾。轼昔闻公道其详，岂今日作相，不许轼尽言耶。"

冲突最先在苏轼和担任赵煦师傅的程颐之间展开。苏轼很瞧不起程颐一举一动都照搬书本的那种迂腐气十足的为人，常当众奚落他。从此朝内大臣以气相争，各立山头，分成了洛、蜀、朔三党，洛党以程颐为首，下有贾易、朱光庭等人；蜀党以苏轼为首，包括他弟弟苏辙和侍御史吕陶等人；另有刘挚、梁焘、王岩叟等结为一伙，号称朔党。各党之间，泾渭分明，互相攻讦，此党反对的，彼党必支持，彼党支持的，此党必反对，意气用事，不顾是非，乱哄哄闹成一团。

刘挚与吕大防同任宰相，两人很早就有矛盾，加之此次政见不一，矛盾更加激化。

虽然高氏曾经讲过"要一心为国，不要拉帮结党"的话，但总的看，她对党争的态度是比较超然的，不像赵煦那样反感党争，也不像有的人那样对党争忧心忡忡。她不在乎党争如何激烈、如何荒唐，甚至有时还会给党争煽风点火，扩大党争的规模，使这班朝臣唯对自己俯首听命。

一次，朱光庭抓住苏轼给馆职考试出的试题一事，弹劾苏轼，吏部尚书兼侍读傅尧俞和王岩叟也附和说试题不当，高氏说："这是朱光庭的私意，你们只是党附朱光庭罢了。"吓得傅、王赶紧要求辞职。然后她再下诏对试题批评一番，请傅尧俞、王岩叟、朱光庭依然上朝供职。这显然是在利用党争各方的矛盾来维护自己仲裁一切的权威。因此，她对党争各方孰是孰非的评判，始终坚持了一条标准，即任何一方只要不妨碍她垂帘听政，不蔑视她的权威，无论争得多么激烈，多么荒唐，她都能容忍。但如果某一党对她稍有妨碍，或者稍有指责，无论他是什么人，她都会立刻翻脸，给他点颜色看。

程颐是著名的理学家，司马光称赞他力学好古，安贫守节，言必忠信，动遵礼法，推荐他当了崇政殿说书，即赵煦的老师。元祐二年（1087）八月，赵煦生了一场麻疹，好几天没有上朝，也没去迩英殿听课，这事宰执大臣们连问都没问，高氏也照旧上殿视事。程颐看不下去，就站出来问宰相吕公著："皇上没上朝坐殿，什么原因你知道吗？"吕公著回答：

程颐像

"不知道。"程颐说："二圣（即赵煦和高氏）临朝，皇上不坐殿，太皇太后就不应该自己坐在那里。而且皇上生病，宰相居然不知道，说得过去吗？"[1]第二天吕公著等才去向赵煦问疾。程颐则因这番过激的话得罪了高氏，不久就被罢官，赶回洛阳老家去了。一个月后，贾易也被加上"谄事程颐，默受教戒，附下罔上，背公死党"的罪名，被贬出朝。到了元祐七年（1092），宰相又建议任命程颐担任馆职，高氏仍怀恨在心，不肯答应。

四、女中尧舜　遵循朝规

高氏无论是在做皇后、皇太后还是垂帘听政、独揽大权的时期，对待个人名利和高氏家族的地位待遇始终保持了谦虚的美德，并严守宫中的礼仪规矩。

高氏立为皇后之前，她的弟弟高士林已在宫中担任内殿崇班多年了。士林做的虽是武官，但对儒学很是喜爱，广泛涉猎经史，能通大义，尤有巧智。赵曙登基后见他是个人才，又是内弟，多次想提拔他，可是每次，高氏都主动阻拦，说："士林得以为官禁从，这已经是很过分了。咱们岂能与先朝的皇后攀比呢？"在她的阻拦下，直至治平三年（1066）高士林死后，赵曙才追赠他为德州刺史。

有一年元宵节，高氏登上宣德楼观赏彩灯，外戚们也全被召集到楼前观灯，赵顼几次派人向她禀报："应该向外戚们推恩赏赐，如何办法，请太后降旨。"高氏回答："我自会处之。"第二天，赵顼问："怎样处之？"高氏说："年纪大的各赐一匹绢，小的分给乳糖狮子两个。"这实在是一份少得可怜的赏赐。高氏以皇太后身份，对本家族的人赏赐如此之轻，这在宋代后妃中是不多见的。赵顼即位后，多次想为高家建造一处大的宅第，高氏不许，过了很久，才勉强同意赵顼把望春门外的一块空地赐给高家作宅基。按规定，太后家营造新居的所有花费，都可以从大农寺公款中支取，但高氏却坚持只使用自己平时节省下来的私房钱，自始至终没有动用过大农寺一文钱。

高氏的伯父高遵裕，自英宗时起一直在西北边疆与西夏作战，曾因几次赢得胜利，升任庆州知州。元丰四年（1081），神宗赵顼派宦官李宪为统帅向西夏发动了规模空前的五路大进攻，高遵裕率领一路攻打灵州，在即将夺取胜利的关

---

[1] 事及语见《宋史·程颐列传》："帝偶以疮疹不御迩英累日，颐诣宰相问安否，且曰：'上不御殿，太后不当独坐。且人主有疾，大臣可不知乎？'"

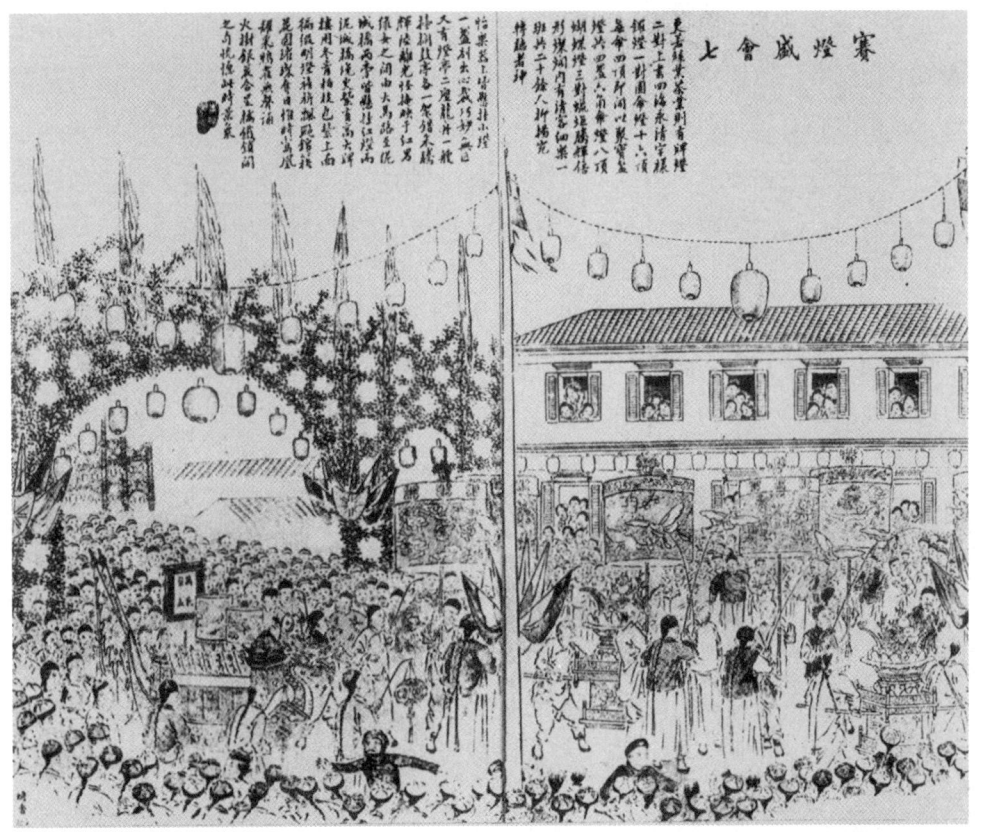

赛灯盛会图

键时刻，高遵裕怕战功被别人独得，命令停止进攻，延误了战机，使敌人有时间决开黄河堤，水淹宋军，造成全军溃败，他率领的8.7万人，只剩下1.3万人，其他各路被水淹后也损兵折将，狼狈撤回。高遵裕因此被贬为郢州团练副使。高氏垂帘听政后，蔡确为了巩固自己的地位，讨好高氏，提议恢复高遵裕的官职，高氏板着面孔说："遵裕灵武之役，涂炭百万生灵，先帝半夜得到战报，焦虑得起床踱步，达旦不寐，精神受了很大刺激，终于病故，遵裕惹下如此大祸还能免于一死，就已是万幸了。先帝尸骨未寒，我岂敢顾私恩而违天下公议！"蔡确悚然而止。[1]

---

[1] 事及语见《宋史·后妃列传·宣仁圣烈高皇后》："从父遵裕坐西征失律抵罪，蔡确欲献谀以固位，乞复其官。后曰：'遵裕灵武之役，涂炭百万，先帝中夜得报，得免刑诛，幸矣。先帝肉未冷，吾何敢顾私恩而违天下公议！'确悚栗而止。"

对待高家的其他亲戚，包括自己的母亲，高氏同样不肯顾私恩。有一年元宵节举行灯宴，按规定高氏的母亲曹氏可以入宫观览，但高氏说："夫人若登楼观灯，皇上必定对她加礼致敬，这样就会因我的缘故越犯典制，我于心不安。"只是命人给母亲送去几盏宫灯，请她在自己家里观赏。此后，年年如此。高氏的侄子高公绘、高公纪做小官多年，按规定可以升为观察使，高氏也极力阻拦。赵煦请求了几次，高氏只同意提升一级，以后在整个垂帘期间，再没升过。

高氏本人也谦虚俭朴。有年殿试举人，有关部门依照章献明肃刘皇后天圣年间的做法，请赵煦和高氏一同御殿，高氏不同意，她认为殿试是国家录用人才的最高规格，被录取的人将是天子门生，这是皇帝的特权，任何人不得涉足。后来大臣又请求她在文德殿举行册封太皇太后的典礼，高氏也说："文德殿是天子的正堂，岂是女主应当临御的？我只在一偏殿就可以了。"文思院每年进贡给皇帝御用的物品，无论大小，她始终不取一件。

对于宫中的宦官、宫女，高氏控制得更是严格，不准他们干预政治。垂帘之初，被她认为因无善行驱逐出宫的宦官宋用臣等人，后来托了赵顼乳母向高氏求情，企图再得任用。高氏见那乳母进来，劈头就问："你来干什么？难道是为宋用臣等人游说的吗？你也想求皇上降诏旨干扰国政吗？你听好了：若再去找其他的人，我就要你的脑袋！"乳母吓得要死，半个字没敢说，就乖乖溜出宫去。[1]

由于高氏具有了这些美德，又因为她全盘推翻新法，起用元老旧臣，最大限度地迎合并满足了那些在变法期间受到抑制的官僚贵族、豪强兼并者的利益和要求，所以赢得了这些人的高度推崇，被称誉为"女中尧舜"。

五、倒行逆施　临终未醒

高氏在垂帘之初虽表白说："我生性好静，只因皇上年幼，权同听政，实在是出于不得已。况且母后临朝，也非国家盛事。"然而七八年过去，赵煦已经结了婚，人们仍没有看见高氏有一丝一毫还政退位的意向，看到的只是对她稍有指责或可能希望她还政的大臣，一个个接连被逐出朝廷。她的权力欲如此强烈，

---

[1] 事及语见《宋史·后妃列传·宣仁圣烈高皇后》："宋用臣等既被斥，祈神宗乳媪入言之，冀得复用。后见其来，曰：'汝来何为？得非用臣等游说乎？且汝尚欲如曩日，求内降干扰国政耶？若复尔，吾即斩汝。'媪大惧，不敢出一言。"

大臣们需要做的只是匍匐在她的脚下俯首听命而已，凡有奏事都只向她禀报，名为皇帝的赵煦却被冷落在一边。赵煦后来愤愤不平地对人讲："高后垂帘时，我每天看到的只是大臣的脊背和屁股，他们的脑袋全转到太皇太后那里去了。"有时赵煦偶尔问件事，大臣们竟连答都不答。甚至他生病好几天了，高氏都不说一声，大臣们也无人过问。他的自尊心被深深刺痛了，心中充满了对高氏及大臣的怨恨，但在高氏的威慑下，他表示不满的武器只能是沉默而已。高氏有一次问："大臣们奏事的时候，你心里是如何想的？怎么连句话都没有？"赵煦答道："太后已处理过了，叫臣又说什么呢？"

然而，既然变法改革在一定程度上体现了社会经济发展的客观要求，或多或少地反映了千百万平民百姓的愿望，反改革反变法只是代表了一小批在政治上、经济上居于统治地位的官僚贵族、豪强兼并者的利益。那么，在高氏把持下进行的"元祐更化"，无论讲得多么冠冕堂皇、气势汹汹，都只能是一次逆历史潮流而动的倒行逆施，也就必然遭到社会的唾弃和人民群众的反对。早在"元祐更化"刚刚开始的时候，统治集团中的一些人就已敏锐地觉察到了"更化"必定失败，案子必定会有重新翻过来的一天。有人曾对司马光说："你拿'以母改子'当旗号废新法，别人就不会拿'以子继父'为旗号恢复新法吗？"司马光斩钉截铁地回答："天若祚宋，必无此！"鸿胪卿常安民写信给吕公著："如果用十个人制一只虎，人必胜，若以一人制虎，则虎必胜，现在是数十个人制几千只虎，只怕祸不旋踵了。"吕公著只能默然以对。当时的实际情况确如常安民所说，变法派这只老

北宋王诜《绣枕晓镜图》

虎虽然暂时被关进了笼子，被赶进深山，但他所代表的社会势力仍是那样的强大，相比之下，旧党们的力量又是那样的渺小，一旦政治风云突变，特别是最高统治者发生变动，这只老虎一定会挣脱牢笼，奔出深山，再度猛扑回来的。

形势的发展，不仅是常安民、吕公著，就连顽固透顶的高氏也充分意识到了这种危险，这不能不使她不寒而栗，心惊胆战。为了防止这一危险过早出现，她咬定权力不放松，绞尽脑汁向少年天子赵煦灌输她终生信奉的政治信条，说祖宗之法是多么多么的完善，只要能尽行祖宗之法，就足能致天下太平，使百姓咸被其泽。还说赵顼去世前几年是如何懊悔变法，有时痛苦得悔泪横流，并且还说如果赵顼仍然在世也必尽废新法。但无论她怎样讲，赵煦始终保持着沉默，这种无声的抵抗在高氏及其大臣们看来，甚至比晴空霹雳还要惊心动魄。于是，当高氏躯壳中最后一缕生命之火快要熄灭的时候，她面对可能出现的政治前景，简直比面临死神还要恐惧。

元祐八年（1093）七月初一，范纯仁再次被任命为宰相，高氏认为范纯仁能像他的父亲范仲淹一样，在即将到来的风云变幻中采取符合自己意愿的行动。她召见范纯仁时说："令尊仲淹，在章献明肃太后垂帘时，劝章献对仁宗尽母之道；仁宗亲政时，又劝仁宗尽为子之道，真可谓忠臣，我相信你必能继承先人。"范纯仁感动得热泪盈眶，表示："敢不尽忠！"[1]

八月，高氏病重。她又把范纯仁、吕大防召到榻前无限凄怆地交代后事："我觉着病更重了，只怕快要与你们长辞了，你们要好好辅佐官家。老身受神宗顾托，同官家御殿听断国政，这九年以来，我未曾做过一件施恩高家的事。我怀着一颗赤诚至公之心，为国操劳，一个儿子、一个女儿病得快要死了，我都顾不上看一看啊！"说着已泣不成声。众人陪着抹了一会儿眼泪，高氏又说："先帝去世前追悔往事，甚至泣下，官家应该深明先帝之意，老身死后，肯定有很多人挑拨官家，千万不要去听。你们也要早早退避，让官家另外用一番人。"

元祐八年（1093）九月，高氏病故，享年61岁。次年二月，葬于永厚陵。谥号宣仁圣烈。

高氏死后，哲宗亲政，新法又被推行，新旧两派势力随着政治气候的变化

---

[1] 事及语见《宋史·范纯仁列传》："宣仁后寝疾，召纯仁曰：'卿父仲淹可谓忠臣。在明肃皇后垂帘时，唯劝明肃尽母道；明肃上宾，唯劝仁宗尽子道。卿当似之。'纯仁泣曰：'敢不尽忠。'"

递相入居要津和相互追贬，由变法和反变法形成的党派之争，一直延续到北宋灭亡。

名家评说

宋代贤后，莫如宣仁，元祐年间，号称极治，皆宣仁力也。
——蔡东藩《宋史演义》

哲宗赵煦皇后孟氏

孟氏（1077～1131），是哲宗赵煦的皇后。洺州（今河北永年县）人，史中未提其父，只说她是眉州（今四川乐山）防御使兼军马都虞侯孟元的孙女，1092年被册立为皇后，谥号"昭慈圣献"。她在被册为皇后时，举行了北宋最为隆重的婚礼，但这并没有改变她多难的命运。她一生两次被废，又在大宋朝最危急的时刻，两度垂帘，为南宋的建立立下了功勋。而她自己也在饱尝艰辛之后，安详平静地度过了晚年。

孟氏

一、废黜皇后　皇帝犯疑

元祐七年（1092），高太皇太后和向后见皇上哲宗赵煦已17岁了，觉得应该给他立一个皇后，于是令有关人员物色了百余名世家少女入宫备选。经过认真挑选，高氏看中了比赵煦小一岁的孟氏，她和向后见孟氏出自名门世家，端庄贤淑，生得文静，都非常喜欢她。两太后亲自教孟氏妇道礼仪，就连倒着走、侧着行都手把手地教。孟氏聪慧过人，不长时间就做得娴熟自如了，举手投足无不优雅中度。四月间，高太后对大臣说："孟氏能执妇道，可以正位中宫。"命翰林学士起草制词。为了把婚事办得隆重热闹，高太后命翰林、台谏会同礼官议定一套正规的册皇后的六礼仪制。专门组建了主持六仪的使者班，成员都是些位高权重的大臣。

举行册礼大典的日子，也经过慎重研究，太史局查阅大量历史文献，议定五月十六日是个黄道吉日。但是按道教的说法，五月十六日是天地交合之日，夫

妇应分居别寝，违犯者必折寿早死，所以民间都把这天当做忌日。太史局辩驳说：皇帝和皇后一乾一坤，像天地一样，正适合在这一天成婚。可是皇太妃朱氏以及赵煦本人仍对此心存忌讳，高太后认为那只是民间的陋俗，并非典礼所载，不足为训，最后还是把大喜之日定在了五月十六日。

在高太后的安排下，大婚典礼盛况空前，只见卤簿仪仗导舆簇拥，百官宗室列班拜迎，在笙乐喧天、钟鼓和鸣声中，赵煦御文德殿册立孟氏为皇后。

人们脸上无不洋溢着欢欣喜悦，唯独小皇帝赵煦看到孟氏姿色平平，明显地流露出不满意的神情。高太后瞧在眼里，语重心长地对赵煦说："得贤内助，不是小事。"过后想想，觉得是块心病，便叹息自语："皇后贤淑，只恐福薄，将来国家有事，她怕是要担当其祸了。"

新婚不久，皇帝和皇后不太融洽的关系就表现出来了。当年十一月，赵煦前往南郊祀天，苏轼担任卤簿使，正行进间，前面路上突然出现了十余辆红伞青盖的牛车（宋朝时宫人乘坐牛车），不避皇上的仪仗挡住去路。苏轼派御营巡检使上去查问，看看是谁如此大胆无礼，原来是皇后和高太后的女儿韩魏国大长公主。

赵煦觉得皇后和大长公主不把他放在眼里，胆敢争道，很是气愤，就命苏轼在车中草拟了一道奏疏，立即派人骑马把奏疏呈给了高太后，第二天便下诏整肃仪卫。

一年后，孟氏生了一个女儿，唤做福庆公主。此时赵煦已另有所爱，与孟氏就更加疏远了，孟氏只得与女儿厮守空房，真个是"朱颜未衰恩先断，斜依纱笼熬天明"。然而，这样的日子孟氏也没能安安静静地过上几天。

赵煦宠爱的是一个姓刘的美女，此人姿色绝伦，多才多艺，又善于揣摩哲宗的心意，曲意加以侍奉，她很快便升为婕妤。刘氏仗着赵煦的宠幸，不把孟皇后放在眼里，孟氏通情

古代阿曼人喜欢的中国陶瓷

达理，为顾全大局不与她计较。而刘氏却把皇后的宽容当做软弱可欺，高后在世时她还有所收敛，高后一死她更加骄横，挖空心思要把孟氏整倒，自己好取而代之。

绍圣三年（1096）九月间，福庆公主生病，多方医治不见好转，孟氏的姐姐颇懂医道，以前曾治好过孟氏的急症，孟氏就召她入宫。她见公主用药无效，情急之下，便拿来了道士治病的符水，孟氏吃惊地说："姐姐不知道宫中禁令，与外间不同吗？违犯宫禁，万一被奸人抓住把柄，岂不酿成大祸。"连忙把符子收藏起来。等赵煦难得地来看望女儿时，孟氏向他详细解释了事情的原委。赵煦说："这也是人之常情，不必大惊小怪。"孟氏当着他的面把符子烧掉。[1]

刘氏知道这件事后就派人把死人用的纸钱偷偷撒在福庆公主的床边，没几天，福庆公主病死。孟氏万分悲痛，于是孟氏的养母燕氏、尼姑法端与供奉宦官王坚做佛事为孟氏词祈福。

刘氏抓住这两件事，四处造谣又添油加醋地报告了赵煦，诬称孟氏居心险恶，说用道符，是在诅咒赵煦，做佛事是为了把五月十六日结婚触犯忌讳而可能招致的折寿灾祸免除掉，并把灾祸集中到赵煦头上，鼓动皇上废掉孟氏。赵煦原本就对结婚的日子心存余忌，听到这些话后大怒，命入内押班梁从政、勾当御药院苏珪，到皇城司立案审查。在刘氏指挥下，他们逮捕了30余名宦官、宫女，严刑拷打，有的折断肢体，有的舌头都割掉了，几经折腾，屈打成招。赵煦又命侍御史董敦逸复审，当董敦逸再次过堂时，只见宦官、宫女们都是气息奄奄，没一个能说出话来的。董敦逸颇觉疑惑，秉笔难下，刘氏的亲信郝随等人就向他施加压力，威胁恫吓。董敦逸害怕祸及自身，只好将原案奏呈上去。[2]宰相章惇得知此事后坚决支持废掉孟氏。赵煦立即降诏说："皇后孟氏旁惑邪言，阴挟媚道，

---

[1] 事及语见《宋史·后妃列传·哲宗昭慈圣献孟皇后》："会后女福庆公主疾，后有姊颇知医，尝已后危疾，以故出入禁掖。公主药弗效，持道家治病符水入治。后惊曰：'姊宁知宫中禁严，与外间异邪？'令左右藏之；俟帝至，具言其故。帝曰：'此人之常情耳。'后即热符于帝前。"

[2] 事见《宋史·后妃列传·哲宗昭慈圣献孟皇后》："事闻，诏入内押班梁从政、管当御药院苏珪，即皇城司鞫之，捕逮宦者、宫妾几三十人，榜掠备至，肢体毁折，至有断舌者。狱成，命侍御史董敦逸覆录，罪人过庭下，气息仅属，无一人能出声者。敦逸秉笔疑未下，郝随等以言胁之。敦逸畏祸及己，乃以奏牍上。"

废居瑶华宫，号华阳教主，玉清妙静仙师，法名冲真。"可怜孟氏，还没有从丧女的悲痛中挣脱出来，这场横祸就降临到了身上。

诏令一公布，立刻在朝廷上激起了轩然大波，正直的大臣议论纷纷，为孟氏鸣不平。不少臣僚上书劝谏，殿中侍御史陈次升说："所治之狱，不经过司法部门，虽说曾追验佐证，却事极秘密，朝廷之臣都不知道。臣以为自古审理狱讼，皆交付朝中大臣，从未见在宫中自行审理，将是非高下交给宦官之手的。陛下见到的只是案牍罢了，岂知罪情的虚实？万一出现冤狱，必为天下后世讥笑。请求陛下亲选在庭侍从或台谏官公正不阿之人，另行审察，以明实情。"后来董敦逸良心受到谴责也说："皇后之废，事出有因，情有可察。诏下之日，天为之阴翳，这是天不欲废之，人为之流涕，这是人不欲废之。臣曾复审狱事，恐怕要得罪天下后世了。"并请皇上收回他的复审批文，另请大臣复审，以免皇后蒙冤。赵煦见他出尔反尔，反复无常，十分气愤，欲加重贬，宰相曾布劝道："陛下本因宫禁重案，出于宦官推治，所以才命敦逸录问，今若贬之，怎能取信于中外？"赵煦只得作罢，同时他也觉得如此神秘地废掉皇后毕竟过于轻率难以服人，后来想起，有些悔意，不由叹了一声："章惇坏我名节。"[1]

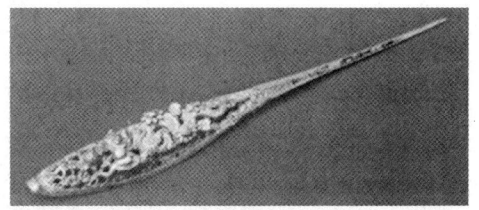

宋代女子饰物

原来，孟氏被废还有一层政治原因。当时以章惇为首的变法派大臣在重新得势后，一方面力主恢复新法，另一方面对元祐时期的大臣极力打击，务求斩草除根。后来矛头直指高氏，孟氏是高太后所立，又为高太后所厚爱，城门失火，殃及池鱼，孟氏自然不能幸免。更何况万一将来她像高太后一样有预政临朝之

---

[1] 事及语见《宋史·后妃列传·哲宗昭慈圣献孟皇后》："敦逸奏言：'中宫之废，事有所因，情有可察。诏下之日，天为之阴翳，是天不欲废后世；人为之流涕，是人不欲废后也。'且言：'尝覆录狱事，恐得罪天下后世。'帝曰：'敦逸不可更在言路。'曾布曰：'陛下本以皇城狱出于近习推治，故命敦逸录问，今乃贬录问官，何以取信中外？'乃止。帝久亦悔之，曰'章惇误我。'"

时，则旧党的大臣未必不卷土重来，正是出于这种目的，所以章惇等人才坚决支持废黜孟氏。

二、塞翁失马　废后留福

孟氏居住的瑶华宫，是坐落在汴京街坊内只有几间破屋的一处小院子。孟氏一夜之间从母仪天下的皇后的宝座上跌落到这里，心中的冤屈、不平何止万千，加之日常生活也受到严密的监视，没有人敢同她来往。门前冷落，四壁萧然，形影相吊，生活寂苦凄清，连普通庶人的自由都没有，真个是求为长安一布衣亦不可得了，可悲的是平日在瑶华宫周围走街串巷的小商贩们的叫卖声都受她连累。汴京城里卖熟食的小商贩，向来好喊一些奇怪的话，以便吸引顾客，有一个挑着担子卖环饼的，并不明说卖的是什么，专好长叹一声："亏就亏了我吧。"意思是卖的价太便宜，甘愿连本都亏进去。这人每逢来到瑶华宫附近，总要放下担子连叹带喊吆喝一阵。派在此地监视孟氏的开封府公差误认为他是在替孟氏喊冤，竟不由分说拖到衙门狠揍了一百大板。从此以后，这个小贩再到这里就改口说："待我放下歇歇则个。"从这个小贩的叫卖中，可见孟氏的处境是多么艰难。

四年后，赵煦病死，徽宗赵佶即位，向太后垂帘听政，又展开了摧新复旧的行动，朝廷上再次出现了类似元祐的政治气氛。有个太学生叫何大正，上书为孟氏鸣冤叫屈，向太后早就对孟氏的遭遇不满，于是借着这个引子在元符三年（1100）五月下诏接孟氏回宫，恢复皇后位号，因这时刘氏已称为元符皇后，孟氏就被称作元祐皇后。在孟氏和刘氏之间，向太后始终偏向孟氏，她对曾布说："孟氏本出自士族，当初聘为皇后时，我曾与太皇太后一起亲手教她妇礼，其他各个方面也不是那刘氏能比得上的。"于是在两人名分礼节的安排上，向太后有意抬高孟氏，令刘氏

北宋小工商业者的砖雕

见到孟氏要先拜，然后孟氏回拜。同时为了避免两人见面尴尬，命令除了大礼圣节宴会外，两人都不需参加。刘氏迫于无奈，对这一切都暂时隐忍下来。

岂料，孟氏恢复位号刚刚两年，政治气候又一次发生了变化：向太后死后赵佶改元"崇宁"，即崇尚熙宁之意。大奸臣蔡京当上了宰相，对元祐大臣进行严酷的打击。孟氏的地位再次受到了冲击，昌州判官冯澥首先上书说不应该恢复孟氏的位号。紧接着御史中丞、殿中侍御史等人交章论列，说："韩忠彦、曾布听信一个布衣何大正的狂言，复立瑶华宫废后，当时议论就已汹汹，就连远方小臣都至阙上书，忠义激切，坚决反对。现在应断以大义，不要受流俗非正之论的牵制，有累圣朝之德。"蔡京和执政大臣都支持台谏官员的论调，元符皇后刘氏更是从旁煽风点火，赵佶遂于崇宁元年（1102）十月把复位两年的孟氏再次赶回瑶华宫，名号改为希微元通知和妙静仙师。[1] 所有参与复立孟氏的官员皆被治罪，或被降职，或被安置到远僻州县。以后的20多年间，孟氏一直在瑶华宫过着凄清的日子。

蔡京像

这时，宋室也发生了很大的变化。徽宗在位期间，宠信奸臣，奢侈腐化，致使国力日衰。在北方日益强大的金国于宣和七年（1125）十二月大举南下，进攻宋朝。徽宗无心抗金，惊恐之下，匆忙将皇位传给太子赵桓，是为钦宗，改号靖康。而徽宗作为太上皇跑去见经修道了。

靖康元年（1126），瑶华宫被一场大火烧毁，孟氏迁居到延宁宫，不久延宁宫发生火灾，她徒步回到了弟弟孟忠厚家居住。靖康二年（1127），钦宗赵桓与近臣商议，想把她接回宫里，尊为元祐皇后，诏令还没下达，汴京就被金兵攻

---

[1] 事见《宋史·后妃列传·哲宗昭慈圣献孟皇后》："台臣钱遹、右豫左肤等连章论韩忠彦等信一布衣狂言，复已废之后，以掠虚美，望断以大义。蔡京与执政许将、温益、赵挺之、张商英皆主其说。徽宗从之，诏依绍圣诏旨，复居瑶华宫，加赐希微元通知和妙静仙师。"

陷。塞翁失马，焉知非福，想不到庶人的身份反而奇迹般地保全了孟氏，使她幸免了被金兵俘虏北去的灾难。[1]

三、太后垂帘　反遭其苦

靖康二年二月，金人废掉赵佶、赵桓两个宋朝皇帝，三月七日册立原先力主投降求和的宰相张邦昌为伪楚皇帝。四月，金兵押着赵佶、赵桓及宋朝的所有后妃、皇子、皇女、皇孙、宗室、外戚、近臣总共3000多人撤退北去，只有孟氏因被废出宫，钦宗的弟弟康王赵构出使在外，幸运地留了下来。

张邦昌做皇帝，除了几个卖国奸臣乐意为金人和他效劳外，宋朝的官员、军民都反对他，就连张邦昌本人也心虚胆战，不敢称孤道寡，不敢改年号。此时赵构在河北就任天下兵马大元帅，手下有8万余兵。张邦昌却只有几个人支持，尚书右丞吕好问对张邦昌说："相公真想当皇帝吗？当初人们只是畏惧女真兵威罢了，谁肯真心拥护你？现在女真已走，你能保住自己安然无恙吗？康王在外，元祐皇后在内，你只有迎回元祐皇后，请康王早正大位，才会转祸为福，保全性命。"张邦昌早已吓得没了主意，当即同意，把孟氏迎接到延福宫，尊为宋太后。监察御史马伸上书要求张邦昌脱下皇袍仍当宰相，国事全听从孟氏的命令，张邦昌赶忙照办，只当了33天伪皇帝就滚下了台。十一日，孟氏登内东门小殿垂帘听政，接受群臣朝拜。

孟氏听政后第一件事就是派尚书左丞冯澥去济州迎接赵构，并送去了"大宋受命之宝"的玉玺，接着降手书请赵构即位。五月初一，赵构使用孟氏送来的圭宝、乘舆、服御，在南京（今河南商丘）即皇帝位，是为高宗，改年号为建炎，历史上称为南宋。当天孟氏在汴京撤帘，赵构尊她为元祐太后。因为"元"字犯孟氏祖父孟元的名讳，赵构又改尊她为隆祐太后。此次，孟氏垂帘听政不满一个月。

这年七月，高宗赵构命孟忠厚负责迎奉隆祐太后，杨迈负责沿途粮草、船只的接应工作。八月二日，孟氏离开了生活50余年的开封故乡，踏上南去流亡的路途。赵构害怕金兵，不敢抗金，从南京跑到扬州，又跑到镇江，最后跑到杭

---

[1] 事见《宋史·后妃列传·哲宗昭慈圣献孟皇后》："靖康初，瑶华宫火，徙居延宁宫；又火，出居相国寺前之私第。金人围汴，钦宗与近臣议再复后，尊为元祐太后。诏未下而京城陷。时六宫有位号者皆北迁，后以废独存。"

州。孟氏只好随着他南逃，于建炎二年（1128）十二月到达杭州。南宋小朝廷在这里脚跟还没有站稳就发生了一场惊心动魄的兵变，孟氏被裹胁进变乱之中，又经受了一次严峻的政治风波。

四、计平兵变　皇帝多难

建炎三年（1129），赵构迫于朝野舆论，将奸臣黄潜善、汪伯彦罢相，三月初，任命朱胜非为宰相，王渊主持枢密院（相当于副宰相）。高宗用人不当，提拔平庸无能的王渊。王渊原任御营都统制，大军渡江时，他指挥不力，几万士兵没能渡江，高宗反而将他提升。将官苗傅、刘正彦屡立战功，反而赏赐微薄，众大臣内心愤愤不平。加之宦官康履等人在南逃路上作威作福，凌辱将领，将士对他们恨之入骨。

苗傅、刘正彦等人见张浚、韩世忠、刘光世诸大将都领兵在外，杭州城内兵少将寡，就与将官王世修、张逵等人密谋，策动兵变。三月九日，是神宗赵顼的忌辰，百官入朝行香，苗傅命王世修在城北桥下设伏兵，把退朝路过的王渊拖下马来，砍下他的脑袋。接着包围了康履的住宅，康履不在，苗傅、刘正彦就挑着王渊的脑袋领兵杀到了行宫门外。

杭州知府康允之闻变，忙率属官叩开宫门，请赵构登门楼宣谕军民，百官也跟随上楼。赵构问苗、刘二人为何如此，苗傅厉声说："陛下信任宦官，军士有功者不赏，黄潜善、汪伯颜误国，仍未流放。王渊遇敌不战，首先渡江，只因讨好康履就官升枢密。臣等立功极多，只当了个远方团练，现已杀死王渊，还请斩康履以谢三军！"赵构惊得魂不附体，急急忙忙颤颤巍巍地说："这些人可以流放海岛，卿等应与士兵回营。"苗、刘说："不杀康履，决不回营！"赵构只好派人从清漏阁把康履搜出，交与苗、刘，苗傅立即在楼下将他腰斩，割

蔡京墨迹

下脑袋与王渊之头挑在一起。赵构又任命苗傅、刘正彦为御营都统制，令他们回营。苗傅却说："陛下不该即大位，假若钦宗归来，如何安排？"宰相朱胜非只好下楼，婉言相劝。苗傅又进一步提出请隆祐太后同听政，并遣使与金人议和，赵构当即应允，下诏请孟氏垂帘听政。苗傅等仍不罢休，坚持赵构禅让："自有皇太子可立，何况道君皇帝时已有先例，何不效仿。"朱胜非上楼禀报，赵构愣了半晌，慢慢地说："我可以退位，但需太后下令。"接着就派人去请孟氏。当时仍是春寒料峭，门楼上没有帘帷，北风起劲地吹，赵构坐在一张竹椅上和大臣一起等候太后到来。

孟氏早已听到了兵变的消息，见有人来请，忙坐上一乘黑竹肩舆在4名老太监陪同下来到楼前。赵构不敢再坐，起身站在堂柱旁边。苗、刘向孟氏下拜，说："如今百姓无辜受害，肝脑涂地，请太后主张。"孟氏晓谕二人说："徽宗皇帝任用蔡京、王黼，更革祖宗之法，童贯又挑起边界纠纷，所以招致金人之祸，与当今皇上何干？况且皇帝圣明仁孝，并无失德，只因被黄潜善、汪伯彦所误，已将他们窜逐了，你等难道不知？"苗傅仍坚持说："臣等商议已定，必欲太后为天下主，奉皇子为帝。"孟氏急得拒绝道："今强敌在外，让我一个妇道人家抱着个3岁小儿决事，怎能号令天下？敌国闻知，岂不更加轻侮？"[1] 刘正彦对众人喊道："太后既然不允，我们就该引颈受戮！"遂摆出脱衣的架势，孟氏忙上前劝住。苗傅威胁说："将士们从早晨至今仍没吃饭，此事若久拖不决，恐三军生变。"孟氏没了主张，眼巴巴地看着朱胜非说："今日正须大臣决断，相公为何不发一言？"此时有人从楼上下来，告知孟氏："皇帝令臣奏知太后，已决意听从苗傅的请求了，请太后宣谕。"身经磨难的孟氏一反常态，竟然坚持不许，返身走进宫门。苗、刘等人见目的未能达到，怎能罢休，于是更加出言不逊。

早已吓破胆的赵构，此时有气无力地说："看来我非得退位不可了。"朱胜非哭着说："逆谋到了这等地步，臣备位宰相，论义当死，请允许我再去诘责二贼。"赵构哭丧着脸说："他们已杀王渊，若再杀你，我不更无可奈何了

---

[1] 事及语见《宋史·后妃列传·哲宗昭慈圣献皇后》："太后谕之曰：'自蔡京、王黼更祖宗法，童贯起边事，致国家祸乱。今皇帝无失德，止为黄潜善、汪伯彦所误，皆已逐矣。'傅等言必立皇太子，太后曰：'今强敌在外，我以妇人抱三岁小儿听政，将何以令天下？'傅等泣请，太后力拒之。"

吗？"于是屏退左右，两人嘀咕一阵，由朱胜非向苗傅提出了四个条件：其一，尊敬皇帝应像钦宗对道君皇帝一样，供奉之礼，务极丰厚；其二，禅位之后，事皆听太后及嗣皇安排；其三，降诏完毕，将士立刻解甲回营；其四，严禁军士抢劫、杀人、放火。如遵依约束，就降诏退位。苗傅等人齐声高喊："同

宋代三弓床弩兵器

意！"赵构就坐在竹椅上亲笔写下禅位诏书，宣布完毕，苗傅等人喊着"天下太平了！"呼啸退去。

　　赵构下楼徒步回到后宫，把朱胜非请到后殿，与孟氏一起商议对策。朱胜非说："王钧甫是苗、刘的心腹，刚才他说：'二将忠直有余，学识不足。'如今光答应他们条件，以后可以用计策收拾他们。"赵构见自己小命保存下来，余惊未定，只是说："我明晨就不出朝了，请太后御殿。"朱胜非说："明天应宣布大赦，他们杀了人，又胁迫皇上，肯定希望赦免。"孟氏答："善。"当晚，赵构迁居显忠寺。

　　第二天，孟氏与赵构年仅3岁的儿子赵旉垂帘听政，颁布大赦令，称赵构为睿圣仁孝皇帝，显忠寺改名睿圣宫，只留15名宦官在身边。

　　镇守在外的大将张浚、韩世忠、吕颐浩等接到赦诏，怀疑朝廷有变，密谋起兵勤王。孟氏按朱胜非的计策，首先把叛党稳住，每逢接见苗、刘时总要好言劝慰，打消他们的疑心，哄得苗、刘十分高兴。接着朱胜非请来苗、刘同党王世修，朱胜非说："国家艰难，正是英雄建功立名之秋。古人见机而作，于反掌之间能变乱为治，转祸为福，你也有意于此吗？"王世修高兴地说："我本无意从军，朝廷若有所任用，正是我所期望的。"朱胜非进一步许愿："普通官职，只

能授给平庸之士,你若能奋身立事,即使执政之官也可得到。"王世修更喜,于是经常向朱胜非透露苗、刘的动静。

苗傅想改变年号,刘正彦想迁都建康(今南京市)。朱胜非对孟氏说:"金人就在江北,沿江没有设防,怎能迁都?"孟氏叮嘱说:"这是第一次与他们议事,一定要谨慎,这两件事若全不听从,难免他们会生疑。年号比较容易,就暂且按他们说的办吧。"遂降诏改元明受。[1]

苗傅听说韩世忠在秀州准备起兵,就把韩世忠居住在杭州的妻子梁红玉及儿子韩亮扣押起来当人质,朱胜非找到苗傅说:"太后说那样只会激怒韩世忠,可以利用这两个人去抚慰诸大将,让他们安心,这样各路兵马就不会怀疑了。"苗傅不知是计,表示同意。朱胜非高兴地说:"二贼果然没有什么学识。"[2]孟氏召见梁红玉,封为安国夫人,给予诸多赏赐,握着她的手说:"国家不幸,需要太尉救驾,令他快来。"梁氏骑马驰去,一天一夜就到秀州。

勤王之师迅速汇集,浩浩荡荡向临安杀奔而来。苗、刘等人慌了神,急得像热锅上的蚂蚁似的。吕颐浩乘机把他们请到都堂,劝他们上书请赵构复辟,二人迫于形势,只好如此。朱胜非就使王世修起草好奏章,持回军中,进呈给孟氏,孟氏高兴得手舞足蹈,说:"哀家心愿实现矣!"朱胜非又请来翰林学士张守、李邴连夜赶写百官奏表,按老套路需要的三奏三答,皇太后的手诏及复辟的赦文都起草好。

四月初一,孟氏垂帘,百官朝见,太后下诏,还政高宗,恢复建炎年号。朱胜非乃率百官呈上第一表,请赵构还宫,赵构不允。经过了例行的三奏不允之后,赵构答复说:"请太后垂帘,共图国事,不然,不敢独当。"然后回到宫中,与孟氏一接见群臣。第二天,勤王兵在城外击溃叛军,苗傅、刘正彦连夜出逃,后相继被歼。韩世忠、刘光世、吕颐浩、张浚勤王之兵入城,四日,孟氏撤帘,此次垂帘也不足一月。她好容易熬过了这场惊心动魄的变乱,紧接着又再次踏上了颠沛流离的路途。

---

[1] 事及语见《宋史·叛臣列传·苗傅》:"傅欲改元、正彦欲迁都建康,太后谓胜非曰:'二事如俱不允,恐贼有他变。'已丑,改元明受。"

[2] 事及语见《宋史·朱胜非列传》:"傅闻韩世忠起兵,取其妻子为质。胜非绐傅曰:'今当启太后召二人慰抚,使报知平江,诸君益安。'傅许诺。胜非喜曰:'二凶真无能为也。'"

五、颠沛流离　颐养天年

同年，赵构去建康部署防秋，孟氏随后也到。自从南宋建立之后，金兵每年秋天都要大举南侵，春暖后退兵歇夏，成了规律。这年，兀术任统师，又领兵杀过来了。赵构并无抵抗的决心和勇气，心里怕得很，布防的事没讨论妥当，就急不可耐地寻找起了退路，他打算逃往东南海滨，为了转移敌人的目标，以便自己安全撤退，安排孟氏和后宫嫔妃向西南去洪州（今南昌），公开说是为了让孟氏更为安全些。八月，孟氏在滕康、刘珏、杨惟忠等人率领的1万军队护送下，乘船离开建康，向洪州退去。经过落星寺时，由于人多船少，船翻，宫女淹死十几人，幸亏孟氏的坐舟安然无恙，平安到了洪州。[1] 金兵得知孟氏在洪州，便不去追高宗，而是改变计划，进兵江西，想生擒孟太后等人作为人质，以更苛刻的条件，逼高宗求和。

滕康、刘珏慌忙保着孟氏逃往吉州（今江西吉安）。金兵日夜追赶而来，孟氏顾不上喘息，连夜乘船再向南跑，黎明前抵达太和县（今江西泰和）。船夫耿信叛逃，杨惟忠率领的1万扈卫兵哗变，四散而去，一些将领当了土匪，随带的数百万内藏金帛全被劫掠盗走，宫女也失踪了160人，孟氏身边只剩下不到100人。这时金兵已追到太和，孟氏和赵构的潘贤妃只好舍舟登岸，雇农夫用小轿抬着走山路向虔州（今江西赣州）逃去。

太后一行来到吉水河畔时，孟氏得知吉水是从董敦逸御史的家乡吉家流过来的，便勾起她30年前的一段回忆。她蒙冤被废后董御史为她伸张正义，据理上疏直言。现在董御史虽

宋代楼舡（楼船）图

---

[1] 事见《宋史·后妃列传·哲宗昭慈圣献孟皇后》："过落里寺，舟覆，宫人溺死者十数，惟太后舟无虞。"

然已经去世，但他的大恩大义太后一直不忘，于是怀着感激之情，从滔滔河水中舀出3杯清水，一饮而尽，以表她感激之情。从此，流经永丰县的这条河流被称为"恩江河"，永丰县城也被称为"恩江镇"。

太后到达虔州时，虔州的府库资财早已被人抢掠一空，孟氏等人寄居的州衙也是破敝不堪。卫兵得到的给养只是一些不能流通的小铜钱，拿到市上买不到东西，就与百姓争斗起来，四处放火抢劫，大大激起民愤。当地土豪陈新率众包围州城，幸亏杨惟忠部将胡友领兵从城外击败陈新，民众才退走。[1]

宋耀州窑刻花牡丹荷叶樽

赵构乘船在海上躲避了一段时间，金兵北退之后回到陆地，住在越州（今绍兴），惊魂甫定，这才想起了孟氏，以为她到了闽、广，派人四下打听，得知仍在虔州，赵构对大臣说："我起初并不认识太后，自从迎到南京，她爱我就像亲生儿子一样。今太后在数千里之外，兵马惊扰，应该快点接回来，以慰我早晚眷恋之心。"于是遣御营都统辛企宗到虔州迎接孟氏。几经周折，整整花了七八个月，于建炎四年（1130）八月，接孟氏到越州，赵构亲自到行宫门外迎接，遍问所过之处官吏施政的情况，孟氏性情谨慎，什么都没说。

从此孟氏结束了颠沛流离的生活，在宫中当起了太后，可以安安静静地颐养天年了。她的生活十分节俭，她本可以从有司随意支取钱帛，但每月只肯领1000缗。她唯一的嗜好就是饮酒，这是屡遭不幸，被迫养成了以酒浇愁的习惯。在越州时，赵构说越州的酒不好喝，可以让外地贡来，孟氏就自己派人拿钱去买，不肯惊动地方。孟氏在亲戚的待遇上也较为谦虚，赵构要诏令朝廷文书奏章都避她父亲孟彦弼的名讳，她不让这样做，群臣请尊她为太皇太后，她也谦辞不肯。赵构封她弟弟孟忠厚任显谟阁直学士，台谏官员认为他不称职，交章论列，

---

[1] 事见《宋史·后妃列传·哲宗昭慈圣献孟皇后》："时虔州府库皆空，卫军所给，惟得沙钱，市买不售，与百姓交斗，纵火肆掠。土豪陈新率众围城，康、珏、惟忠弗能禁。惟忠步将胡友自外引兵破新于城下，新乃去。"

赵构碍于孟氏的情面不予理会，孟氏闻知，请赵构改任孟忠厚为武官，并令学士院降诏，告诫孟忠厚等不得预闻朝政、交通贵近、到私宅谒见宰执大臣。亲戚中有80多人可以靠她的恩荫当官，她从不向高宗陈请封官，也不让高宗这样做。

由于长期劳累奔波，积劳成疾，孟氏常感风眩。有个宫女自称善用符咒治病，劝孟氏不妨一试，孟氏吓得吐了吐舌头说："我哪敢再听这话？！这种人岂可留在宫中。"立即下令把那宫女赶出宫。孟氏对高太后的恩情一直念念不忘，有一年她生日时，在宫中摆下酒宴，孟氏对赵构说："我老了，有幸相聚于此，将来死后，没有什么遗憾的了，但我还有一桩心事当与官家言之。宣仁高太后之贤明，古今母后没有能比得上的。过去奸臣对她肆意毁谤，建炎初虽曾下诏明辩，但国史记载至今未改，岂足传信？我觉着太后在天之灵，不会不期望于陛下。"赵构悚然听命，后来便重修《神宗、哲宗实录》。[1]

宋缂丝群仙拱寿图表达祝愿长寿的心意

赵构对孟氏也较为孝顺，连卧室中的幄帐他都亲自检查。只要得到时新果品，必定先献孟氏，然后自己才肯品尝。孟氏对赵构也很关心，当时战乱之后物价奇高，杭州城中，一只兔子价格五六千钱，一只鹌鹑也值数百，孟氏自己舍不得吃，却经常买来做好送给赵构。

绍兴元年（1131）春，孟氏患风疾，赵构从早到晚不离左右，接连几夜衣

---

[1] 事及语见《宋史·后妃列传·哲宗昭慈圣献孟皇后》："有宫人自言善符咒，疾良已。太后惊曰：'吾岂敢复闻此语耶！'立命出之。太后生辰，置酒宫中，从容谓帝曰：'宣仁太后之贤，古今母后未有其比。昔奸臣肆为谤诬，虽尝下诏明辨，而国史尚未删定，岂足传信？吾意在天之灵，不无望于帝也。'帝闻之悚然。后乃更修《神宗》、《哲宗实录》，始得其正，而奸臣情状益著。"

不解带的服侍。四月，孟氏病死，终年54岁。孟氏遗命先择地暂殡，候军事宁息，再归葬河南巩县陵园。上尊号昭慈献烈皇太后，殡于会稽（今绍兴）上皇村，灵牌祔于哲宗之室，位居元符皇后刘氏之上。后来改谥号昭慈圣献。

孟氏历经哲宗、徽宗、钦宗、高宗四朝，历经磨难，最终苦尽甘来，安享晚年。

名家评说

斯人贤淑，惜福薄耳！异日国有事变，必此人当之。

——元·脱脱等《宋史》

高宗赵构皇后吴氏

吴氏（1110~1193），是高宗赵构的皇后。开封人，父名吴近，官至武翼郎。1143年被册为皇后。她秀外慧中，能文能武，操行过人。她做皇后前，高宗将中宫之位虚置十六年等邢皇后归来，吴氏也从无怨言。在高宗禅位后，她又悉心侍奉，调解父子关系。她居于深宫，不干朝政，但每到关键时刻又能出面主持大局。可称得上是一位贤后。

吴 氏

一、聪慧贤淑　母仪天下

相传吴氏的父亲吴近在女儿降生之前，曾经梦到一亭，亭子两旁遍种芍药，万绿丛中，一朵红花，艳丽无比，亭子的匾额上有"侍康"二字。吴近从梦中醒来，不明是何预兆。吴皇后14岁时，已是秀外慧中，遐迩闻名。康王赵构将她选入宫中。吴近因女升官，方才明白"侍康"的梦兆。[1]

康王赵构即位后，金邦南侵，战事不断，康王东躲西藏，吴氏身披铠甲，跟随左右，寸步不离。她极聪慧，又熟读史书，颇能随机应变。一次宫中卫士发动兵变，幸亏吴氏沉着应对，骗走叛军，高宗赵构才免遭大难。后来，金兵大举南来，连陷州郡，高宗逃奔江浙，万不得已，只好乘楼船入海。途中，白鱼跃入船中，吴氏忙向高宗称贺道："这是周人白鱼之祥！"此话很中高宗心意，即乘

---

[1]事见《宋史·后妃列传·宪圣慈烈吴皇后》："近尝梦至一亭，扁曰：'侍康'；傍植芍药，独放一花，殊妍丽可爱，花下白果一，近寝而异之。后以巳未岁生，方产时，红光彻户外。年十四，高宗为康王，被选入宫，入谓'侍康'之征。"

兴封她为和义郡夫人。

吴氏渐渐得幸，金军北撤后被封为才人。待局势稍稳，回到宫中，吴氏更加用心博览书史，勤习翰墨，从此更受宠爱。高宗的原配夫人邢皇后被俘到北方，高宗虚置中宫16年等她回来，在这16年中吴氏悉心侍奉高宗，劳苦功高。高宗有意立她为后，只因生母韦太后远在金国，不能擅自行事。高宗对吴氏说："极知你劳苦，却迟迟不能正名分，朕甚有愧。一俟娘娘（韦太后）归国，你理当正位。"吴氏连忙推辞道："大娘娘远在北方，臣妾不能及时问候已是万分不安。每当宫中开宴，念起娘娘便要落泪。至于正位与否，臣妾做梦也不敢想。"高宗听了，非常感动，更觉着吴氏贤惠。韦太后南归后，吴氏亲自侍奉起居，体贴周到，往往能先意承旨。太后是个严肃的人，但吴氏事必躬亲，使她心满意足，因而太后对吴氏称赞不已。有了太后的认可，又有"侍康"的瑞兆，高宗便在绍兴十三年（1143）正式册立吴氏为皇后。

人言宋朝多贤后，吴后即是其一。她操行过人。她曾经绘制《古列女

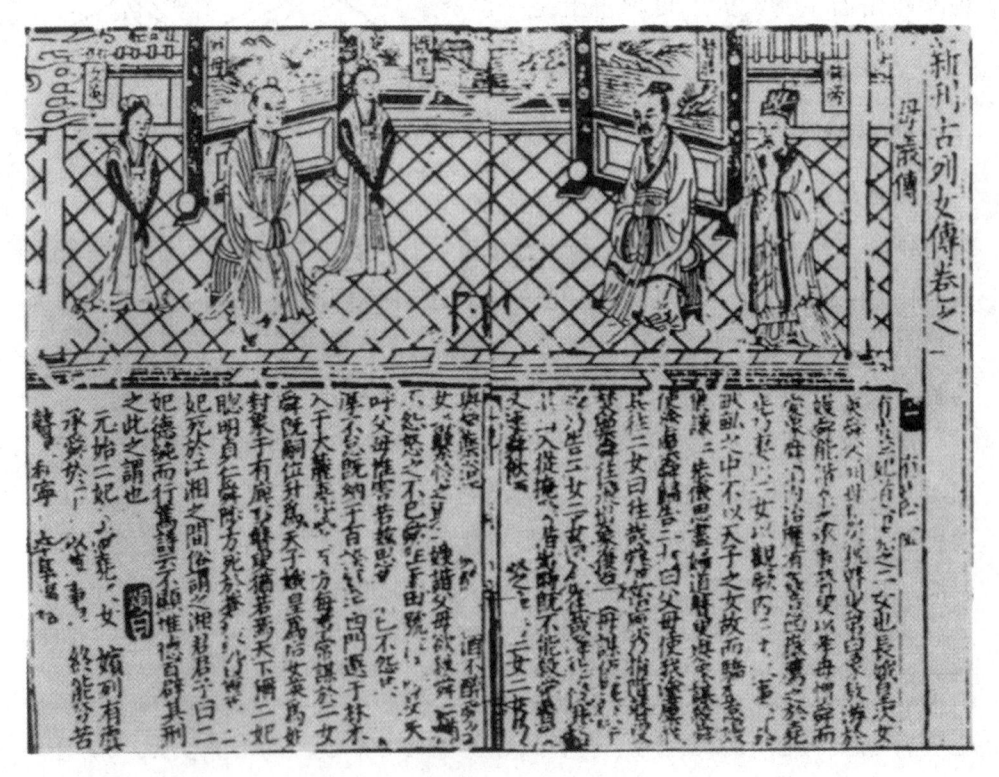

宋《列女传》书影

图》，作为座右铭，以为鉴诫。又取《诗序》之义，称其居所为"贤志堂"。[1]

高宗唯一的儿子元懿太子夭折后，后宫再无生育，高宗便在"伯"字行内的太祖子孙中挑选了伯琮作为养子，接进宫中，由张贤妃抚养。那时吴后还是才人，因为自己没有孩子，她也想抚养一个。绍兴四年（1134）夏，高宗便将伯璩交给她养育。后来张贤妃病逝，吴氏便将伯琮也一同抚养，对两个孩子一视同仁。伯琮性情恭俭，天资聪慧，又喜欢书史，很中高宗心意。不过高宗仍然希望自己能得生贵子，所以没有马上立皇储。但是，时光流逝，高宗仍然没有亲生儿子。伯琮、伯璩分别受封普安郡王、恩平郡王，当时号东西两府，都为养子，一样的官属礼制。太子未立，朝中议论纷纷，人心不定。高宗事事受秦桧掣肘，他本有意立普安郡王为储，但因普安郡王深恶秦桧奸诈，为秦桧不容，立储之议迁延未决。加之高宗担心伯琮不是吴后从小抚养，立为皇子，皇后会有异议。吴后深明大义，处处为社稷考虑，她对高宗说："普安，其天日之表也。"高宗于是册立伯琮，伯璩出居绍兴。伯琮顺利地继承皇统。

二、深明大义　政局转安

绍兴三十二年（1162），高宗禅位于孝宗，自居太上皇，吴后称太上皇后，与太上皇一起退居德寿宫。高宗禅位后，与吴后在德寿宫颐养，25年中，吴后悉心侍奉，不曾失礼。吴后善于调解高宗父子关系，所以两宫一无隔阂。一次，孝宗陪上皇在宫中开宴，酒醉许下供奉20万缗钱。孝宗醒后，早把这句醉话忘得干干净净。上皇在宫中等候多日，不见送钱来，愠怒地问及吴后，吴后忙打圆场说："在此很久了，不知要银要钱，不敢贸然进献。"上皇生气地说："要钱用。"吴后即代进20万缗，孝宗得知后很感动，加倍献给太后40万。宋高宗对一切都心满意足，便不再过问朝政，宋孝宗得以有所作为，他肃清朝政，北伐中原，颇有一番振作的气象。高宗去世后，孝宗见吴后孑身一人，有意将她迎还大内，可是吴后与高宗是患难夫妻，流连故地，不忍心舍弃，孝宗才不再勉强。

高宗死后，孝宗悲恸之余，对朝政心灰意冷，守丧期满就禅位于光宗赵惇。

光宗即位的时候，吴后已近80了。这时她身居太皇太后之位，但是因为孝

---

[1] 事见《宋史·后妃列传·宪圣慈烈吴皇后》："显仁太后性严肃，后身承起居，顺适其意。赏绘《古列女图》，置坐右为鉴，又取《诗序》之义，扁其堂曰'贤志'。"

宋代铜币

宗的原因，她被尊为寿圣皇太后。光宗即位之初，想要有一番作为，可是皇后李凤娘既悍又妒，拨弄是非，致使光宗敌视上皇，极少去觐见。又因李后残酷处罚和杀死光宗宠爱的妃子，光宗精神有些失常，从此不大上朝，政事多由李后决策。绍熙五年（1194），寿皇重病期间思念光宗，渴望一见，李后百般阻拦，孝宗于六月九日在重华宫含恨去世。

太上皇已经归天，光宗不上朝也不肯到重华宫主持丧仪。宰臣留正、赵汝愚等人决定请求寿圣太后出面，主持丧事。吴氏居于深宫，不理朝政，此次她见群情汹汹，人心骚动，为社稷考虑，只得垂帘代行祭奠之礼，丧礼这才如期举行。

治丧期间，光宗仍称病不出，只颁下诏书，尊寿圣皇太后为太皇太后。朝廷无主，一时人心惶惶。留正等人于是联名上疏光宗，请皇子嘉王赵扩早正储君之位，安定人心。光宗看后，只批"甚好"二字。宰相留正再奏，当晚即传出御批，上写"历事岁久，念欲退闲"八个字。留正见御札措辞含糊，遂与宗室赵汝愚商议。赵汝愚认为，还是请太皇太后下诏，让光宗禅位于嘉王。留正以为不妥当，他担心会连累自身，遂诈称有病，暗自计划逃离京城。[1]京师人心更加不安，大臣徐谊劝赵汝愚早定大计："嘉王即位，事在必行，国家安危，在此一举。此事关系重大，非太皇太后作主不可，韩侂胄乃太皇太后妹妹之子，若由他

---

[1] 事及语见《宋史·赵汝愚列传》："乃入奏云：'皇子嘉王仁孝凤成，宜早正储位以安人心。'又不报。越六日再请，御批云：'甚好。'明日，同拟旨以进，乞上亲批付学士院降诏。是夕，御批付丞相云：'历事岁久，念欲退闲。'留正见之惧，因朝临伴仆于庭，密为去计。"

禀明太皇太后,立刻让光宗禅位于嘉王,大事可成。"赵汝愚找来韩侂胄,韩侂胄并不推辞,当即面见吴太后。吴氏见形势严峻已无退避的余地,便答应在孝宗灵前垂帘,与执政面议国事。

第二天,是禫祭(除丧服)日,群臣入宫。吴太后在孝宗灵前听政,同意光宗内禅,并主持了内禅大典。南宋朝廷在吴太后的主持下,完成了政权交接,渡过了一场危机。

宁宗赵扩继位后,大臣之间的争斗纷起,几个重臣各立一派互相攻击,打击对方。一时朝中汹汹,群臣不安。太皇太后吴氏得知消息,走出深宫力劝宁宗不要搞党禁,宁宗只得下诏:"不必更及往事,务在平正。"党禁暂停。庆元三年(1193)十月,太皇太后一病不起,拒服御医的汤药。问她原因,太后坦然地说:"我寿已八十,死而无憾,难道还要因病连累他人吗?"原来是怕皇帝怪罪御医才这样做的。十一月,吴太后病逝,终年83岁。谥号安恭,后改成恭。

吴氏一生身经高宗、孝宗、光宗、宁宗4朝。她有头脑,有见地,虽从不想揽权干政,但朝中每到关键时刻即由她来主持大局,渡过危机。

光宗赵惇皇后李凤娘

李凤娘（1144～1200），是光宗赵惇的皇后。相州（今河南安阳）人，父为李道，官至庆远军节度使。1190年被册为皇后，谥号"慈懿"。宋朝多贤后，然而李凤娘却是以悍妒跋扈、挑拨离间而臭名远扬的皇后。李氏虽然容貌超人，但品性不正，她残酷处罚和杀死光宗的爱妃，想要独占皇上却使皇上大受刺激，经常恍恍惚惚。她为了干预朝政，离间三宫，致使光宗父子失和。最终光宗被迫禅位，李凤娘被尊为皇太后。这之后她总算安分守己地在宫中生活了几年。

李凤娘

一、黑凤入宫　悍妒心狠

李凤娘出生时，李道军营前不知从何方飞来一群黑凤凰，李道心中感到惊异，就给她起名凤娘。[1]

凤娘长到10余岁时，李道听说道士皇甫坦擅长相面之术，便把他请到家中为女儿相面。皇甫坦见凤娘相貌出众，眉宇间带有一种强悍气质，大惊，不敢受拜，连声说："此女当母仪天下，要善为抚养。"[2]李道听了，不以为然。

高宗生母韦太后晚年患了眼疾，多方诊治无效，皇甫坦一治便愈。高宗因此对他极为信任，常常召入宫中与他闲谈。皇甫坦为凤娘相过面后，再进宫便在

---

[1]事见《宋史·后妃列传·光宗慈懿李皇后》："初，生后，有黑凤集道营前石上，道心异之，遂字后曰凤娘。"

[2]事见《宋史·后妃列传·光宗慈懿李皇后》："坦见后，惊不敢受拜，曰：'此女当母天下。'"

高宗面前极力推荐李凤娘，吹嘘说凤娘如何端庄贤淑。于是高宗遂聘李氏凤娘为恭王赵惇之妃。后来李氏生下一子取名扩。赵惇被立为太子后，李氏又晋封为太子妃。

不久高宗就对凤娘失望了，李凤娘虽然容貌超人，品性却骄悍好妒，在高宗、孝宗面前诉说太子的过失，搬弄是非，容不得太子身边有其他嫔妃。高宗大呼上当，私下对吴太后说："太子妃出身将门，不懂妇道，我为皇甫坦所误，悔之晚矣。"孝宗更看不惯儿媳的作为，屡次教训她说："要效法吴太后雍容大度，宽厚待人，不要总与太子争长论短，不然，便废掉你。"凤娘不以为戒，反而疑心太后说了她的坏话，时时伺机报复。

光宗受禅后，凤娘也被册封为皇后，孝宗退居重华宫，被尊为寿圣皇帝，孝宗皇后谢氏被尊为寿成皇后，高宗皇后吴氏被尊为宪圣皇太后。李氏见皇甫坦的话果然应验了，自己真的当上了皇后，母仪天下的目的已经达到，她乐得心花怒放，欣喜之余，更加肆无忌惮，恣意妄为起来。

有一天，光宗在宫中洗手，一个宫女捧着脸盆伺候，光宗见她皮肤白腻，指若春葱，不由称赞了几句，可巧被李后听见，她当场没有发作，却暗暗记在心中。隔天，李氏便派人把那宫女的双手砍下，放在食盒内，送给光宗。光宗正在便殿批阅奏章，只当李氏送来的是美味佳肴，谁知盒内竟是血肉模糊的两只断手！[1] 顿时惊得目瞪口呆，想要发作，又有些怯惧李氏，只好闷入心头，由此

---

[1] 事见《宋史·后妃列传·光宗慈懿李皇后》："帝尝宫中洗后，睹宫人手白，悦之。他日，后遣人送食合于帝，启之，则宫人两手也。"

忧惧成疾不能自制，梦中常常哭个不休。

绍熙二年（1191）十一月，照例要祭祀天地宗庙。大祭照例必须由皇帝亲自主祭，光宗拖着虚弱的身体，勉力出宿斋宫。李氏趁机将光宗宠爱的黄贵妃杀死。黄贵妃本是谢皇后宫中的侍女，温柔恭顺，贤明大度。光宗在东宫时，孝宗见他身旁没有别的侍姬，缺少人服侍，特意赐给光宗。黄氏跟随光宗后悉心侍奉，又通情达理，深得光宗宠爱，光宗即位后加封为贵妃。李氏视她为眼中钉，肉中刺，一直想除掉她。只是苦于没有机会，难以下手。光宗出宿斋宫，正是千载难逢的机会，李后便着人将黄贵妃召来乱杖击毙，草草埋葬，以暴亡上奏光宗。光宗本就病体怏怏，闻知噩耗，又是震惊，又是心痛。偏偏祭祀那天瓢泼大雨骤然而降，光宗立在伞下，着了凉，只好起驾回宫。自此，惊扰交加，数病并作，终日辗转床笫，长吁短叹，茶饭不思。

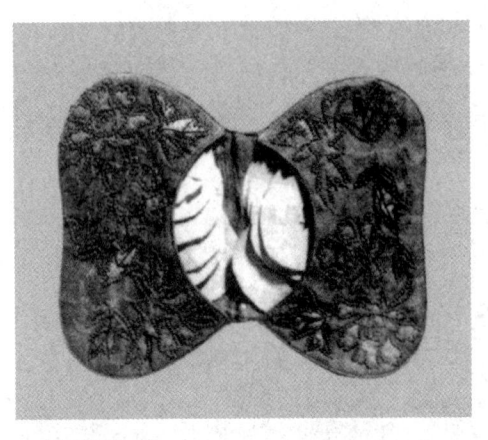

宋刺绣荷包

二、拨弄是非　离间父子

光宗即位之初，本希望能有一番作为。他厌恶宦官为非作歹，干预朝政，很想除去这班小人，整肃朝纲。只是他优柔寡断，不能雷厉风行，被宦官们得知消息，恳求李后庇护。李后仇视寿皇、太后，日思离间三宫（光宗、寿皇、吴太后），乘机窃权，这正与宦官臭味相投，一拍即合。以后每次遇到光宗憎嫌宦官，李后便极力喊冤，竭力包庇，使政令无法施行。

光宗抱负难展，有口难言，渐渐郁闷心中，生出心病。消息传到重华宫，**孝宗**忧心如焚，天天召御医问候病情，又派人采来草药，亲自制成药丸，只待光宗入宫问安时，当面赐给他服下。

光宗尚未来朝，孝宗亲自制草药的消息已传遍宫中，李氏乘机生事，她与嘉王赵扩哭哭啼啼地谏阻光宗说："药能救人，也能死人，万一有什么不测，岂不是造成国家大憾。"光宗听了，便不肯去觐见寿皇。他原本没有得大病，调养

了几天，就告痊愈。[1]

寿皇听说光宗病有起色，便派人召他入重华宫赴宴，以叙父子亲情。哪知李后略施小计，不让光宗得知消息，单身前往重华宫。寿皇见她一人前来，很感惊愕，问起光宗，李后撒谎说："昨日稍有好转，此时又感不适，特意嘱托臣妾前来侍宴。"寿皇忧心忡忡，说："正值壮年，便如此多病，年纪一大，更不知怎样？"李后急忙接口说："皇上体弱多病，据臣妾的愚见，不如早立嘉王为太子，也好随时辅弼皇上，为国分忧。"寿皇立即摇头说："皇上受禅刚满一年，册立太子有些操之过急。况且册立储君，不可草草从事，应从长计议。你一个妇道人家，怎能随便议论国事。"李后受了申斥，心中愤愤，反唇相讥，说："立嫡以长是历朝旧例。臣妾系六礼所聘，位居中宫；嘉王是妾亲生，册为太子，顺理成章，为何不可？"此话无礼之极。原来孝宗不是高宗的亲子，谢太后出身寒微，累迁为皇后，光宗又不是谢后所生。李后指桑骂槐，气得孝宗拂衣而起。李后也不甘示弱，昂首挺胸地离开了重华宫。

李后回到宫中，一见光宗便痛哭流涕。光宗反复劝慰后，她又让内侍召来嘉王，母子二人一齐跪在光宗面前，李后哭诉说："寿皇将要废逐臣妾，另立中宫，妾与扩儿难以保全了。"光宗茫然不知所措，连声说："朕实不知，你且起来，把废后的缘由讲明，朕替你做主。"李后见火候已到，便添油加醋编了一篇谎话。光宗向来对李后言听计从，经过一番表演，更是信以为真。从此，光宗与孝宗的矛盾日益加深，光宗再也不去觐见上皇了。李后趁机撒娇献媚，提出建立家庙的请求，光宗要为饱受委屈的皇后出气，当即恩准，第二天就传旨开工。

枢密使王蔺闻讯上疏谏阻，说皇后家庙不应动用国库，这是历代遗训，先朝的定例，希望皇上遵守。李后正要逞强，王蔺的上书拂了她的兴致，便请光宗将他免职。枢密使是国家重臣，不能说罢就罢，光宗沉吟未决，李后竟迫不及待亲笔草就罢免王蔺的上谕，只给光宗过目一下便遣内侍发出，一面又急急忙忙升任葛邲为枢密使，这件事从头到尾由李后一手包办。朝臣们闻讯顿时噤若寒蝉，而家庙工程热火朝天地搞起来了。

光宗有一年多没到重华宫省亲了，绍熙二年（1191）十一月，又因黄贵妃

---

[1]事及语见《宋史·后妃列传·光宗慈懿李皇后》："会帝得心疾，孝宗购得良药，欲因帝至宫授之。宦者遂诉于后曰：'太上合药一大丸，俟宫车过即投药。万一有不虞，其奈宗社何？'后觇药实有，尽衔之。"

被害，祭祀宗庙回来再次病倒，不能处理朝政。

李后趁机揽权干政，骄横恣肆。朝野上下，啧有怒言。李后毫不理会，依然我行我素。寿皇得知光宗病重，亲自过宫探视，刚好光宗昏睡未醒，寿皇退坐一旁静候皇上醒来。不久光宗觉醒，内侍上前通报。光宗一骨碌跨下床来，上前施礼，面容憔悴，两眼无神。寿皇心中难过，忙掉头张望，前后左右都不见李后踪影，一问才知道她竟忙着替皇帝处理朝臣的奏章去了。宋朝规矩，后妃不许干预朝政，李后公然违背祖宗家法，肆意妄为，寿皇很为光火，召来李后大加训斥，李后当面不敢强辩，心中却立誓与寿皇不共戴天。绍熙三年（1192）三月，光宗刚能监朝听政，李后便又重施故伎，在皇上面前哭诉，说："曾劝皇上少饮酒，不听。近来生病，寿皇几欲诛灭妾家，妾家何辜之有？"光宗又听宦官说丞相留正已经得到寿皇圣谕，说若皇上再过宫时，一定留之不归。光宗疑信参半，便再也不肯轻易过宫了。

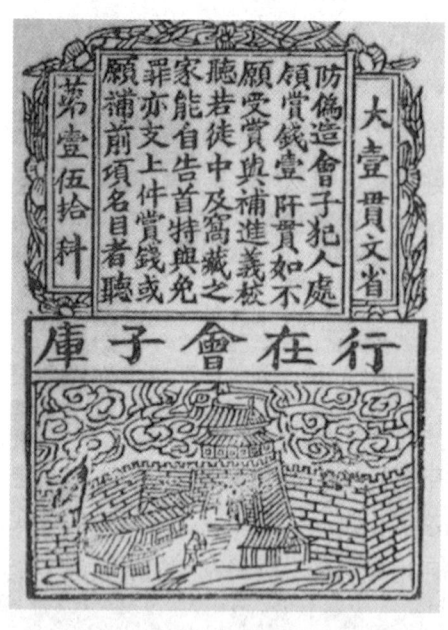

南宋纸币会子

光宗身体好转，大臣们一致请求皇上朝拜重华宫，光宗托辞大病初愈，不肯前往。文武百官又联络士庶人等，伏阙哭谏，光宗勉强答应，谁知拖了数日，还不见动静，宰相等人再次上请，才在四月间朝拜寿皇一次。五月份，光宗旧病复发，朝政也无法顾及。一晃半年，到了冬至节，光宗病愈临朝。朝臣奏请朝拜寿皇，光宗竟拂袖退朝。大臣彭龟年实在看不过去，慷慨激昂地说："寿皇当年侍奉高宗，极尽为子之道，此乃陛下亲眼所见。何况寿皇只有陛下一子，得知陛下患病，亲自探视，拳拳之心，尽人皆知。现在陛下却听信小人谗言，不肯过宫，如此亏于孝道，怎能慰天下众人之心？"光宗无奈，取得李后首肯，方才答应过宫。李后本不想让步，后想到家庙已经建成，不如趁此机会归谒一下家庙，又怕招致闲话，因此满口答应，乐得做个顺水人情。

冬至节后第六天，光宗先行到达重华宫。李后随即到来，对着寿皇及寿成皇

后,谦和有礼,并且引咎自责。寿皇还道是她幡然悔悟,痛改前非,因此留她二人在宫中叙谈整日。朝中大臣也都感到一丝欣慰,认为两宫已经冰释前嫌。几天后,李后拜谒家庙,无人有异议。李后的家庙经过几年的修建,差不多与太庙一般,护卫之士,竟还多于太庙。李后见了,自是喜不自胜。瞻拜完毕,李后又推恩颁赏,除去已经封王的祖宗三代,这次又有亲属26人、故旧172人各授官职,甚至家中的门客也有5人封官。这真是宋代少有的盛典,南渡以来,更是仅见。

绍熙四年(1193)三月,李后因家庙建筑奢华,遭寿皇训斥,又与公婆翻了脸,发誓"以后臣妾不死,不许过宫"。就此光宗绝迹,不往重华宫。九月九日重阳节,是光宗的生辰,百官上寿已毕,即请光宗朝见重华宫,光宗犹豫不决,他未得李后同意,不敢贸然答应。大臣谢兴甫叩头直谏说:"父子至亲,天理昭然,太上皇钟爱陛下,如同陛下之于嘉王。人同此心,心同此理。况且太上皇春秋已高,千秋万岁后,陛下何以见天下之人?"说得光宗惭愧不已,立刻传旨过宫。百官兴奋异常,静候以待。不料光宗刚走出大殿后的屏风,忽见人影一动,屏风后闪出李后。她上前一把抓住光宗双手,笑吟吟地说:"天气寒冷,官家还是不要过去,回宫饮酒御寒吧!"光宗见了李后,立时没了威风,转身要退。大臣陈傅良见状,忙抢上前,牵住了光宗的袍角,恳切地说:"车驾都已备好,陛下幸勿再返,暮秋天气,并不严寒。"李后急忙把光宗扯到了屏风后面。陈傅良大着胆紧跟不舍,李后怒斥他说:"这是什么去处,不怕被砍头吗?"陈

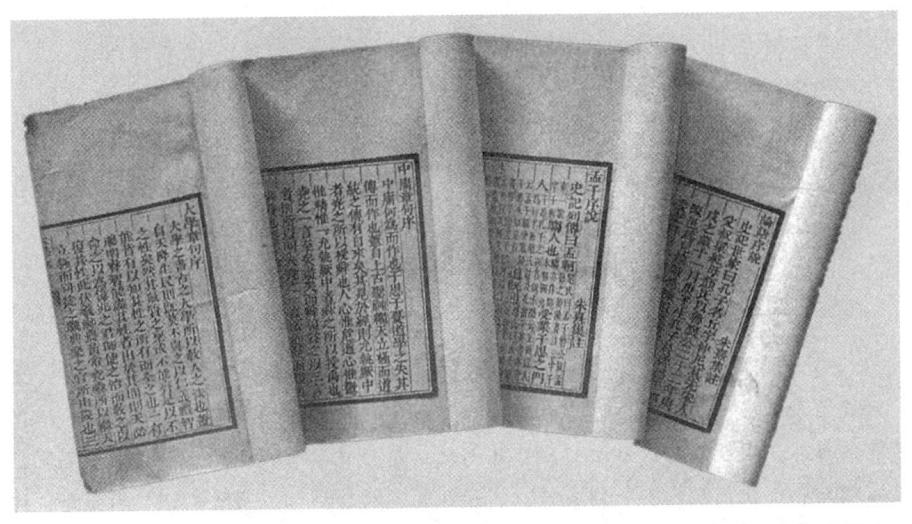

朱熹刊印《四书集注》。图为《四书》书影

傅良只好放手，退到殿下，号啕大哭。李后听到哭声，恼怒不已，派人斥责说："无故恸哭，是何道理？"陈傅良说："子谏父不听，则号泣相从。"李后怒上加怒，传旨责令百官退朝，不再过宫。[1]

咫尺宫墙，竟如隔天涯。寿皇望穿秋水，不见光宗身影，渐渐忧郁成疾。寿皇卧病3个多月，光宗从未过宫探视。孝宗病情日渐加重，水米不进，盼着一见光宗，常对着左右侍从流泪。有时梦中还唤着光宗的小名，一旦醒来，更加感伤不已。大臣们不断进谏光宗，彭龟年进谏时竟至伏地叩头，血流满地，李后没有丝毫恻隐之心，光宗则虚与委蛇，不肯过宫，万不得已，总算答应由儿子嘉王前去探望一次，以后也不再往。

绍熙五年（1194）六月九日，寿皇含恨而崩。光宗执意不肯临朝主丧，也不上朝听政。局势艰危，群情不安，宗室大臣赵汝愚等人只好请出太皇太后吴氏，逼迫光宗内禅嘉王，颐养天年去了。

光宗禅位，李凤娘被尊为太上皇后，总算安分守己地在宫中生活了6年，没有再兴风作浪，直到庆元六年（1200）病死，终年56岁。

光宗优柔寡断，又生性多疑，才使李凤娘有机可乘，将他控制于股掌，搅得朝野不安。光宗自己也只做了5年毫无建树的皇帝就被迫禅位了。

名家评说

至悍后专权，阉人交构，过宫礼阙，交省久疏，悍后不足责，光宗犹有人心，宁至天良泪尽乎？且宫人断臂，贵妃被杀，光宗应亦愤恨，愤之而不能斥，恨之而不能制，以天子之尊，不能行权于帷帐间，英武果安在乎？且因畏妻而成疾，因疾深而远父，甚至孝宗大渐，不敢过问，吾不知光宗何心？李后何术？而致演此逆伦之剧也。

——蔡东藩《宋史演义》

---

[1] 事及语见《宋史·后妃列传·光宗慈懿李皇后》："是日，百官班列俟帝出，至御屏，后挽留帝入，曰'天寒，官家且饮酒。'百僚、侍卫相顾莫敢言。中书舍人陈傅良引帝裾请毋入，因至屏后，后叱曰：'此何地，尔秀才欲斫头邪？'傅良下殿恸哭，后复使人问曰：'此何理也？'傅良曰：'子谏父不听，则号泣而随之。'后益怒，遂传旨罢还宫。"

【辽·金·西夏】

辽太祖耶律阿保机皇后述律平

述律平（879~953），辽太祖耶律亿皇后。契丹右大部人。小名月里朵，汉名平。父名婆姑，曾任阿扎割只，母耶律氏，为辽太祖的姑母。916年，加号"应天大明地皇后。"谥号"淳钦"。述律平天资聪颖，英勇勤奋，文韬武略，非同凡响。她辅佐其夫耶律阿保机立国（初号契丹，后改称辽），称帝（即辽太祖）；阿保机驾崩后，她临朝摄政；在立嗣的过程中，虽有失偏颇，险些铸成大错，却能兼听净谏，悬崖勒马，转危为安。作为古代的游牧民族女性，其文治武功，彪炳史册。她果敢过人，在独当一面，裁处军国大事中，为了契丹政权的安危，虽曾大开杀戒，后又识才善用，知过必改。这一切，不失为后人之鉴。

述律平

一、相得益彰　佐夫立国

述律平的先世为回鹘人。契丹和回鹘都是我国北方具有悠久历史的游牧民族，逐水草而居，畜牧渔猎，盘马弯弓，是他们的主要生活方式，因而男女老少从小就过惯了马上生活，娴于骑射。述律平成长于马嘶弦鸣声中，又有机会接受贵族文化的熏陶，不但长于骑马射箭，其见识阅历也是普通牧人之子女难以比拟的。

相传，一次述律平到辽河、土河（今辽宁老哈河）交汇之处，遇一靓女乘着青牛拉的车，迤逦而行。蓦地，她发现述律平，便仓促避去，不见踪影。于是，当地流传着一首童谣："青牛妪，曾避路。"原来，契丹人称祇——"祇"

契丹人引马图

乃地神为青牛妪，意即连地神见了述律平都要回避，可见她生有异相，贵不可言。[1] 虽然这只不过是民间传说，亦能从中窥见后人对述律平尊崇之一斑。

契丹族各部落中实行的是氏族外通婚制，大约从耶律阿保机的三世祖萨剌德开始，耶律与述律两个氏族间便结成了牢固的婚姻关系。按照父系氏族共有的传统，耶律氏的女子全都嫁到述律氏，述律氏的女子也全都嫁给耶律氏，而且不限尊卑，氏族间即使原先并不同辈的男女也可结为夫妻，外甥女嫁舅舅，表侄娶表姑等等，是普遍现象。这种婚姻习俗，在后来的整个辽朝都一直保持着。

耶律阿保机和述律平系姑表兄妹，结为夫妻后，这一对契丹族的优秀儿女真可谓珠联璧合，如鱼得水，在我国北方的历史舞台上合奏出了一曲雄壮恢宏的历史乐章。

当然，阿保机和述律平的智慧和才华，和他俩所在的迭剌部落得天独厚的地理位置，是分不开的。迭剌因靠近农耕的中原地区，同汉人接触的机会多，社会经济发展比其他各部落快，远在阿保机的七世祖涅里时，就已成了整个契丹八部落中最大最强的一部。涅里是遥辇氏部落联盟初期著名的统帅，曾在735年被唐朝任命为松漠都督。从他以后，阿保机的祖先世世代代被选为迭剌部的酋长，

[1] 事见《辽史·后妃列传·太祖淳钦皇后述律氏》："尝至辽、土二河之会，有女子乘青牛车，仓卒避路，忽不见。未几，童谣曰：'青牛妪，曾避路。'盖谚谓地祇为青牛妪云。"

并担任部落联盟的军事统帅——夷离堇。阿保机的幼年时代，正是契丹部落贵族已经羽毛丰满、积极进行对外发展和掠夺的时代。

如此优越的地利、天时，为阿保机大展宏图提供了必要条件，他不失时机地充分运用和发挥了这些有利条件。远在与述律平结婚前，阿保机已担任了挞马狨沙里（意为扈卫郎君，即遥辇氏部落联盟可汗的亲兵队长），在战斗中崭露头角。公元901年，他当选为迭剌部酋长，并担任部落联盟夷离堇，三年后又被授予"于越"尊号，总揽军国事，其地位仅次于可汗，统兵御骑，四方征讨，北攻室韦，东讨女真，西破奚族，南掠河北、河东，在一连串战争中掳掠了大量人口和牲畜。

以后，在阿保机攫权、征讨、戎马创业的艰难历程中，述律平不愧为其股肱——她以卓越的政治和军事才略，为阿保机出谋划策，促使他当机立断，不断地巩固和强化自己的权力。

公元907年，也就是唐朝灭亡的那一年，以迭剌部为首的契丹部落联盟更加强大，阿保机也成了威名远扬的大英雄。他利用部落选举的传统仪式，推翻了遥辇氏联盟可汗痕德堇，登上可汗的宝座。此后他继续四面出击，占有了东际大海、西逾沙漠、南及白檀、北抵于潢的广大地区。

自此，在述律平的悉心辅佐下，阿保机不断扩展权势，为其后立国、称帝，奠定了牢固的政治和军事基础。他首先采取措施，把部落联盟中原先存在的北府、南府两个行政机构牢牢控制在自己手中，打破了两府长官（后来称为宰相）由各部落酋长联合推选的常规，直接任命述律平之兄敌鲁担任北府宰相，从此开创了皇后家族世代任相的传统。

与此同时，为了便于调遣、利于防卫，阿保机在自己的营帐设置称为"腹心部"的侍卫亲军"皮室军"（皮室意为金刚），从各部中挑选3万名勇士组成，由他的亲信曷鲁和述律平兄弟敌鲁、阿古只统率。更应提及的是，述律平亦不失时机地选精锐2万骑，组成"属珊军"（属珊意为珍宝），归她统率，作为"腹心部"的辅助力量。

保荐汉族知识分子，以使人尽其才，也是述律平对阿保机、对其后建立的辽朝的一大功绩。一次，汉族军阀刘守光派观察度支使韩延徽来向阿保机求援，韩延徽不肯下拜，惹恼了阿保机，将他扣留，发配其为奴隶。述律平经过观察，发现此人很有些智略，并且文化较高，便向阿保机说："延徽能守节不屈，正说明他是难得的贤士，应该礼而用之。"阿保机于是召来韩延徽，一交谈，果如述律平所荐，当即任命他为参军事，倚为不可缺少的左膀右臂。[1]

此举的影响所及，不仅是韩延徽因此而尽心竭力为阿保机效劳，在他的建议下，开设官府，修筑城郭，安置逃亡来的汉人，垦辟荒地，扶持农业生产，极大地增强了契丹的经济实力——这对于契丹这样一个世世代代以狩猎为生的游牧民族，实属具有历史意义的一大变革；同时，也使阿保机认识到汉族知识分子的重要性，从此更加注重从汉人中选拔人才。述律平对于一些身怀技艺的汉人也十分重视，先后将很多俘虏来的汉族手工业工匠编到了她所统辖的属珊军中。吐谷浑族人直鲁古原是被契丹兵掳掠来的一个婴孩，述律平收养了他，后来，他成长为精通针灸的一代名医。[2]

述律平精于权变，足智多谋，日渐成为阿保机不可或缺的得力臂膀。这在平息"诸弟之乱"中，体现得尤为突出。

这时的契丹族正处在旧的父系氏族制度迅速瓦解、新的奴隶制度逐步确立的历史转折关头，随着统治地域的扩大，特别是对汉族农耕地区的占领以及社会经济的发展，汉族地区比较先进的生产关系和社会制度对契丹族的影响日益增大，契丹族内部新旧社会势力之间的冲突也越来越强烈。而阿保机权力的强化和财富的集中，更激化了矛盾。尤为尖锐的是，阿保机周围的汉族谋士又劝说他仿照中原帝王的做法，建立世袭的专制权力，这更违背了契丹可汗3年一选、依次替代的旧习，激起了守旧势力的反对。于是，阿保机的弟弟剌葛便纠合叔伯兄弟迭剌、寅底石、安图等人以及同样具有当选可汗资格的贵族，结成集团，发动叛乱。由此可见，史称为"诸弟之乱"的这场战乱，是潜伏已久的新旧势力之间的殊死较量。

叛乱共进行了3次，前两次阿保机都用妥协的方式和平解决了。公元913年3月，剌葛集团经过周密部署，发动第三次也是更大规模的叛乱。当时阿保机外

---

[1] 事及语见《后梁纪四》（卷第二百六十九）："述律后言契丹主曰：'延徽能守节不屈，此今之贤者，奈何辱以牧圉！宜礼而用之。'契丹主召延徽与语，悦之，遂以为谋主，举动访焉。"

[2] 事见《辽史·直鲁古列传》："初，太祖破吐谷浑，一骑士弃橐，反射不中而去，及追兵开橐视之，中得一婴儿，即直鲁古也。……由是进于太祖，淳钦皇后（述律平）收养之。"

出,住在芦水,述律平留守行宫(位于今内蒙古巴林左旗南波罗城),剌葛派迭剌、安图率兵千骑,谎称朝拜,企图伺机干掉阿保机,被阿保机发觉,扣押起来。另一支叛军由寅底石率领向行宫杀来,并焚烧辎重、庐帐,夺去了作为可汗象征的"旗鼓"和祖先的"神帐"。这给了述律平展现其军事才干的机会。她临危不惧,沉着应战,一面据险自守,一面调兵援救,夺回了旗鼓、神帐,保住了行宫。[1]阿保机派述律平的兄弟敌鲁、阿古只率领心腹亲兵向叛军发起反击,终于将剌葛等人擒获。寅底石后来被阿保机释放,述律平疑其会卷土重来,将他杀死。至此,"诸弟之乱"始告平息。

辽上京遗址

由是,阿保机、述律平所属的迭剌部落中的旧势力已被击溃,但在其他七部贵族中的反对派却仍占着上风。公元915年,阿保机在征伐黄头室韦部归来的路上,被七部酋长劫持,他们举着原始的旗帜,硬要阿保机下台,阿保机只好同意不再担任可汗,带着自己的迭剌部和以往战争中俘获的汉人,迁到炭山东南的滦河沿岸,建起了一座汉城——所有城郭、市廛,悉仿幽州的汉族制度。这实际上给了阿保机一次以退为进的有利契机。因为这里既盛产五谷,又有盐铁之利,不仅使汉人俘虏们得以安居乐业,而且关内地区的汉族百姓为逃避战乱也纷至沓来。阿保机不但站稳了脚跟,而且经过短时间的休养生息,其实力又再次强盛起来。述律平敏锐地洞察到,这是他们东山再起的大好时机,于是,向阿保机献了

---

[1]据《中国通史》记载:"这时,由寅底百率领的另一支叛军,乘机去攻打阿保机的可汗营帐,留驻营帐的阿保机妻述律氏阻险自守。叛军焚烧了阿保机的辎重和庐帐,大肆杀掠,并且夺去了作为可汗象征的旗鼓和祖先的'神帐'。述律氏派兵去救援,只能把旗鼓夺回。"

一条克敌制胜的妙计。阿保机依计派人捎信给八部酋长说："我有盐池，各部都在食用我产的盐，但你们只知道盐好吃，可不知道盐是有主人的，你们必须来犒劳我。"八部酋长不知是计，都携带牛酒前来聚会。阿保机在周围埋伏下刀斧手，趁酒酣耳热之际，杀将出来，片刻间，八部酋长全都脑袋落地。旧势力遭到毁灭性的打击，为阿保机正式建立奴隶制国家扫清了障碍。

公元916年2月，阿保机在龙化州（内蒙古奈曼旗八仙筒一带）以东的金铃冈，筑坛即皇帝位，国号"契丹"（太宗时改称辽）。并采用汉族王朝的体制，建元神册，自称"大圣大明天皇帝"，册封述律平为"应天大明地皇后"，在今内蒙古巴林左旗南波罗城营造皇都（辽太宗时定名上京）。自此，契丹族奴隶制国家宣告诞生，我国北方历史也揭开了新的一页。

二、断腕皇后　裁处大事

神册元年（916），耶律阿保机越过沙漠西击党项，述律平留守，室韦的黄头、臭泊二部乘虚入侵，国内人心惶惶。述律平沉着应战，敌军败北。从此，她声名大噪，威震诸夷。

辽朝建立后，由于契丹八部的统一，疆土的开拓，外来的俘虏、难民和降附部落的增多，以及农业和工商业的发展，经济力量、军事力量更加强大，以阿保机为首的契丹贵族更加积极地向外扩张。述律平则在这一系列战争中或亲临阵地，或参与决策，提供了很多堪称远见卓识的韬略。

神册二年（917），盘踞江南的吴主派人献给阿保机一些猛火油，并说："攻城时，若用此油点火焚烧楼橹，敌人愈是浇水，燃烧愈炽烈。"阿保机得到这种新式武器，大喜，立即调遣3万兵马要攻打幽州。述律平虽手握兵

辽鳞纹银壶

权，且曾率部作战，但并不主张穷兵黩武，劳民伤财。她对阿保机此举不以为然地说："哪有用油攻人国的？"为了说服阿保机，她又指着帐前的大树问阿保机："这树无皮能活吗？"阿保机说："不能啊。"述律平说："幽州有土有民，就与这棵大树有皮有叶一样。我们只须动用3000骑兵骚掠其四野，不出三年五载，它自然困敝不堪为我所有，何必一定用什么猛火油硬攻硬打呢？一旦不胜，被对方耻笑，我们的部落只怕也会解体。"[1]阿保机想想也有理，暂时取消了打幽州的计划。

神册七年（922），阿保机不听述律平的劝阻，听信了盘踞定州（今河北定县）的义武节度使王处直之子王郁游说，为所谓镇州"美女如云，金帛如山"所动，欲夺取镇州（今河北的正定）等中原重镇。他率部攻克涿州（今河北涿县），包围了定州。次年正月，被晋王李存勖亲率5000铁骑击退，又在望都（今属河北）损兵折将。阿保机被迫撤退，正赶上大雪下了十几天，深达数尺之厚，辽兵人马冻饿而死者不计其数，狼狈而回。

阿保机得此教训，见汉地非可轻取，即在述律平的策划下，先向西平定力量较弱的突厥、吐谷浑、党项、阻卜诸部，述律平坐镇皇都，确保后方腹地的安全。西部平定后，述律平又随阿保机回头向东消灭了渤海国，占领了整个辽东地区，也为日后南进解除了后顾之忧。

天显元年（926）七月，阿保机在征服了渤海国的回军途中，死于扶余城（今吉林农安）。当时，主少国疑，人心不稳，为了安定局势，述律平当机立断，于次日临朝称制代行皇帝职权，处置军国大事。

此时，大臣中一些人居功自傲，居心叵测，述律平把他们的妻子召集起来说："我如今寡居，你们应当效法我！"

她又把大臣们召集起来，问："你们思念先帝吗？"众人朗声回答："我辈受先帝之恩，没齿难忘，永世难报，岂能不思！"述律平说："果真思念就该相从于地下。"不由分说一个个砍了脑袋。此后，只要哪一个人被她看不顺眼，

---

[1] 事及语见《京史·后妃列传·太祖淳钦皇后述律氏》："吴主李昪献猛火油，以水沃之愈炽。太祖选三万骑以攻幽州。后曰：'岂有试仇而攻人国者？'指帐前树曰：'无皮可以生乎？'太祖曰：'不可。'后曰：'幽州之有土有民，亦由是耳。吾以三千骑掠其四野，不过数年，因而归我矣，何必为此？万一不胜，为中国笑，吾部落不亦解体乎！'"

她说一句"可为我传话于先帝",就会把那人送到阿保机墓前杀掉,就连她弟弟敌鲁的妻子,也稀里糊涂地成了她的刀下鬼。

在一年的时间里,先后被述律平以种种借口杀害的贵族有100人之多。最后,轮到汉族大臣赵思温头上。赵思温原是幽州军阀刘仁恭手下的将领,膂力超群,作战勇猛,有一次迎战李存勖,被射中眼睛,从头到脚变成血人,仍拼杀不止,后来投降辽朝,屡建战功,极受阿保机赏识,授为汉军都团练使。他到底在中原官场上混过多年,勇猛之余,还有点智谋,不甘平白受死,横下一条心,要给述律平出点难题,站在堂上不肯上路。述律平问他:"你侍奉先帝极为亲近,为何不肯去?"赵思温回答:"若说与先帝亲近,有谁能比得上太后您呢?太后若能先行,臣当继之。"这句话一下子把述律平问住了。当着满朝文武的面,述律平不好自我否定以往杀人惯用的这个冠冕堂皇的借口。只好说:"我并非不想从先帝于地下,只因诸子幼弱,国家无主,值此多事之秋,我哪里有暇前往!"说罢,毅然抽出腰刀,咔嚓一声把只好端端的右手砍了下来,派人送到了阿保机墓中。赵思温竟奇迹般地幸免于难。以后述律平接受教训,再也不敢随便杀人了。为了纪念那只右手,表彰自己义殉丈夫的节烈壮举,她专门在上京建了座义节寺,寺中建了座"断腕楼",并且树碑纪颂。从此她便得了个"断腕太后"的绰号。[1]

大臣耶律铎臻的祖父蒲古只曾对阿保机有过救命之恩,铎臻也幼有志节,足智多谋,被阿保机置于左右,倚为股肱。述律平却很讨厌他,给他戴上手铐脚镣,囚禁起来,并且发誓说:"铁锁朽,将释汝!"过了一段时间,又要把他召回朝廷,加以重用。铎臻却显示了气节,反问说:"铁锁未朽,岂能开释?"述律平笑了笑,仍将其释放。耶律铎臻被逮后,他的弟弟、官任副大元帅、曾协助阿保机创制契丹文字的耶律突吕不也受到流言中伤,述律平怒欲杀之,他吓得赶忙跑到偏僻民间躲藏起来;镇守平州(今河北卢龙)的卢龙节度使汉族将领卢文进,因手下汉人都渴望返回故乡,他自己也觉在辽朝吉凶未卜,遂在后唐明宗李嗣源的招诱下,率其众10余万、车帐8000乘南逃中原。接着,代替卢文进任卢龙节度使的张希崇也杀死平州的契丹将领,率所部2万余口投靠后唐。官任惕隐的耶律迭里,辽太祖在位时,从征阻卜、党项,立过汗马功劳,因主张让阿保机

---

[1] 事见《辽史·后妃列传·太祖淳钦皇后述律氏》:"太祖崩,后称制,摄军国事。及葬,欲以身殉,亲戚百官力谏,因断腕纳于柩。"

和述律平之长子图欲即位,反对述律平另立次子德光,被述律平扣上"党附东丹王"的罪名,逮下监狱,动用了炮烙之刑,逼他招供,耶律迭里宁死不屈,被述律平处斩,籍没其家产。

在述律平临朝称制的一年零四个月里,通过连杀带关,把自己认定的所谓异己敌对势力基本清除干净之后,便着手实施废长立次的计划了。

三、废长立次　险铸大错

述律平虽能文能武,才干超人,但在儿子嗣位的问题上却处理不善,险些引起内乱。

述律平和阿保机共生育了3个儿子。长子耶律倍(又名图欲),次子耶律德光,老三耶律李胡。还在这3个儿子少年时,阿保机就用一种非常有趣的方式测验过他们各自的性格,并极其准确地做出了判断。

有年隆冬,极其寒冷,阿保机吩咐三个儿子出去捡柴薪,回来生火取暖。德光不管干湿,很快弄到一抱,最先回到帐中。图欲只捡干的捆扎好第二个回来。李胡磨磨蹭蹭,捡得不多,丢的不少,最后一个回来把柴往地上一丢便缩头缩脑暖和去了。阿保机冷眼旁观,对述律平说:"大儿巧,二儿诚,小三最没出息。"[1]

果然,以后三个儿子长大成人后,都应了其父的评价。

图欲聪明嗜学,通阴阳,知音律,精医药、针灸之术,能写作契丹、汉语文章,曾把《阴符经》译成契丹文,还擅长丹青,他绘制的《射骑》《猎雪骑》《千

辽《采药图》

---

[1] 事见《辽史·章肃皇帝列传》:"尝大寒,命三子采菇。太宗不择而取,最先至皇五取其干者来而归,李明取少而弃多,袖手而立。太祖曰:'长巧而次成,少不极矣。'"

鹿图》等作品后来流传到宋朝,被宫廷珍藏。他搜集的汉文图书,据说有万卷之多,收藏在医巫闾山绝顶的望海楼,其中有些善本书,当时在中原都很难见到。他主张在辽朝大力发展儒家文化,甚至应该皆用汉法。述律平虽然也非常仰慕高度发达的汉族文化,器重韩延徽等汉族知识分子,对儿子们学习汉语也抓得较紧。但总的来说,她的理解比较狭窄,认为汉族文化比如工技、医术、农耕、城市建筑等,只能在保持契丹族固有传统的前提下发挥作用,只能用于增强契丹的军事、经济实力,而不能容忍其取代契丹传统,担心不加限制的汉化会使剽悍勇猛的契丹人变得怯懦无用。一次,阿保机问侍臣:"受命之君,应当事天敬神,凡自古有大功业者,我都想祀奉他,应把谁放在首位呢?"侍臣皆答应先奉佛。阿保机摇了摇头,说:"佛不是我中国之教。"图欲说:"孔子是大圣,乃万世所尊,要奉该先奉孔子。"阿保机很高兴,便诏令建孔子庙,令图欲每年春秋进行祭祀。[1]事后,述律平对图欲这种一味迷信儒术、主张全盘汉化等有违契丹民族传统的思想和做法极度不满。尽管图欲是长子,阿保机称帝后很快即把他立为皇太子,但阿保机后来大概也觉着他继承皇位有点不合适,所以在其讨平渤海后,把原渤海国改名东丹国,称国都为天福,即册命图欲为人皇王,当东丹国的最高首脑。并且赐给他天子的冠服,建年号"甘露",称制,国中一切事务一概随着图欲的心愿用汉法治理。东丹国实际就像个独立王国,图欲也基本上成了那里的皇帝。阿保机大概是想用这种办法来换回已被图欲拥有的辽朝皇位继承人的身份。图欲可能也窥破了父亲的这层用意,东去就国时是哭泣着上路的。阿保机没来得及做进一步的安排就溘然长逝,在述律平眼里图欲就更没有什么地位了。

　　述律平真正喜欢的儿子是德光和李胡。德光精于骑射,很有些政治才干,尤其在军事上颇多成就,20岁出头被任命为"天下兵马大元帅"。阿保机每次出征都把他带在身边,攻克平州,迫降胡逊奚,南掠镇、定,西取回鹘单于城,东平渤海,破达卢古部,皆所向无敌,在最高统治集团中,德光实际已掌握了军事大权,成了仅次于父母的重要角色。李胡生得虎背熊腰,却文无韬,武无略,只有一股残忍暴虐的坏脾气,平时稍不如意就迁怒于人,在人脸上黥面刺字,

---

[1] 事见《辽史·义宗倍列传》:"时太祖问侍臣曰:'受命之君,当事天敬神。有大功德者,朕欲祀之,何先?'皆以佛对。太祖曰:'佛非中国教。'倍曰:'孔子大吾,万世所尊,宜先。'太祖大悦,即建孔子庙,诏皇太子春秋释奠。"

若大动起肝火来，非要把人活生生抛入水火之中，或剥皮抽筋才肯消气。[1]契丹贵族人人都畏而远之，生怕稍不小心惹恼了他，招来横祸。然而述律平却像喜欢德光一样溺爱李胡，不但从来没有对他的残忍暴虐稍作训诫，而且还在德光死后想把他扶立为帝。

辽星象图

尽管阿保机辞世后，图欲从东丹国前来奔丧时，已深知述律平决心另立德光的真实意图，并主动提出了"大元帅（德光）功德无量，英武神明，中外归心，应主社稷"的让位请求，但述律平仍要摆出公正无私的姿态，利用传统选汗的习惯，通过民主推举的形式，造成"众人所欲，我岂敢违背"的局面，来达到目的。就在辽太祖耶律阿保机驾崩的次年（927）十一月的一天，她把贵族和百官召集起来，让图欲和德光分别骑马立在帐前，说："这两个孩子都是我的亲生骨肉，我觉着他俩的才干都很卓越，难分上下，现在就请大家来为国选君吧。你们立谁为嗣君，就牵起谁的马缰。"众人心中有数，都跑到德光那里，争先恐后地抓起他的马缰。述律平又装出无可奈何的模样，说："人心如此，我岂敢违抗？那就立德光吧。"紧接着举行了传统的柴册礼。这是契丹皇帝即位时或即位后例行的一种很有戏剧性场面的典礼，它通过一些富于象征性的动作，来模拟古代契丹选举可汗的仪式。然后德光出帐来穿起皇帝的衣冠，拜祖宗、先帝神位，宴饷群臣，颁布赏赐。耶律德光即皇帝位后，尊号"嗣圣皇帝"，是为辽太宗；述律平尊号"应天皇太后"，军国大事仍由她来裁决。

图欲回到东丹国，仍当人皇王，他在宫中建起书楼，整日埋头钻研，还作了一首《乐田园》诗，表述自己甘心田园，无意政治的情怀。虽然述律平和德

---

[1] 事见《辽史·章肃皇帝列传》："（李胡）少勇悍多力，而性残酷，小怒辄黥人面，或投火中。"

光表面上也摆出对图欲关心爱护的架势，但实际上，一时一刻也没有放松过对图欲的防范和迫害。为了削弱东丹国的力量，在德光即位的第二年即天显三年（928）他们乘图欲居留上京之机，令其宰相耶律羽之把东丹百姓迁到东平（今辽宁辽阳），以加强朝廷对他们的控制。同时给图欲增设仪卫，名曰保护，实为监视。德光还多次到东丹王府，窥察图欲的动静。从此图欲更加郁郁寡欢，情绪极度低落。

应当说，从契丹贵族奴隶制国家的自身利益出发，述律平在阿保机死后要立德光这样一个颇具才干的儿子当皇帝，比较多地保持了契丹族固有的民族传统，推动奴隶制的进一步发展，比起图欲那样过分激进的要求一切向汉族学习，全盘实行封建化的主张来，在当时是有一定现实意义的。然而，在图欲如此忍让的情况下，述律平和德光还步步进逼，这无异于给已感到郁闷而不得志的图欲雪上加霜；同时，这也为此后的悲剧下场，埋下了隐患。

天显五年（930）十一月，在后唐明宗的招诱下，图欲愤然做出了投奔后唐的决定，临行前他对人说："我把天下让给皇上，反而见疑，如今我无路可走，不如投奔他国，以成吴泰伯之名。"并在海上立起一块木牌，刻诗一首："小山压大山，大山全无力。羞见故乡人，从此投外国。"满怀抑郁悲愤的心情，偕同夫人高氏和部分儿女随从，载着万卷图书浮海南下，到中原避难去了。[1]然而，这毕竟是寄人篱下，终非长久之策。虽然，明宗李嗣源并未食言，还以天子之礼迎接图欲，给了他极其优厚的待遇，赐姓东丹，名慕华，后又改赐姓李，名赞华，官任怀化州节度使、瑞真等州观察使。可仅仅6年之后，即公元936年，他却被后唐末帝李从珂杀害，年仅38岁。图欲的不幸遭遇，激起了辽朝臣民的极大同情，后来人们纷纷立其长子耶律阮称帝，就在很大程度上受了这种感情的驱使。

耶律德光即位后，对述律平尊奉备至，军国大事一如既往控制在述律平手中，在她的直接干预下，耶律德光对辽朝的官制、军制等等进行了全面建设。在中央本着"因俗而治"的原则，形成了南面官和北面官两个官僚系统。北面官管辖契丹和其他游牧民族，官吏一律只用契丹贵族担任，是辽朝最高权力机关；南面官仿照唐朝封建制度，管辖汉族等农耕百姓，官吏主要由汉人担任。从此，形

---

[1] 事及语见《辽史·义宗倍列传》："倍谓左右曰：'我以天下让主上，今反见疑。不如适他国，以成吴太伯之名。'立木海上，刻诗曰：'小山压大山，大山全无力。羞见故乡人，从此投外国。'携高美人载书浮海而去。"

成了自奴隶制度向封建制度过渡的格局。制度的完善，也使辽朝内部统治秩序暂时安定下来，为进一步向外扩张创造了条件。

公元936年，担任后唐河东节度使的石敬瑭，在晋阳（今山西太原）发动叛乱，要夺取后唐的天下，因兵力不足，上表向辽求援，条件是割让卢龙一带和雁门关以北地区给辽，称比自己小9岁的耶律德光为"父皇帝"。觊觎中原为时已久的述律平和德光对石敬瑭的计划喜出望外，忙点集起5万兵马，由德光亲自率领，逾雁门关南下，支援石敬瑭，大败唐将杨光远、张敬达，册封石敬瑭为"大晋皇帝"。在短短四个月中，辽朝轻而易举地从石敬瑭手上得到了位于今河北、山西北部以幽州和云州（今山西大同）最为著名的十六州之地。这十六州山岳连绵，关险错列，向来是中原王朝防御北方少数民族骑兵的天然屏障。十六州一失，整个华北藩篱尽失，门户洞开。儿皇帝石敬瑭为报答辽朝的扶立之恩，给述律平、李胡等人送礼行贿的进贡车马不绝于路。于是，后晋成了辽国的附庸。这是辽朝开国以来空前绝后的大收获，从而使契丹贵族踌躇满志，更不把中原王朝放在眼里。

石敬瑭靠出卖民族利益当了7年儿皇帝，于会同五年（942）亡故后，他的

雁门关

侄子石重贵即位；中原人民痛恨辽朝的残酷盘剥，掀起了日益浩大的反辽热潮。石重贵不甘心受辽朝的凌辱，要求向辽朝只进贡不称臣。耶律德光大怒，连续几年兴兵讨晋，发誓不但要灭掉后晋，还要由自己当中原的皇帝，结果好几次都被晋兵杀败，有一回还差点成了俘虏，多亏胯下骆驼跑得快，才没被晋兵捉住。于是德光经过充分准备，于会同九年（946）八月，再次领兵南侵。中原在连年战乱之后，更加凋敝不堪，后晋的统治也早已不得人心。结果辽兵连战连捷，后晋将官纷纷迎降，十二月，石重贵奉表投降，后晋灭亡。如果说，在此之前述律平对德光屡次举兵还曾有过怀疑，并曾进行过劝阻的话，这时的她，就只剩下大喜过望，额手称庆了。

次年（947）正月，德光开进后晋都城大梁（今河南开封），穿起汉族天子服装接受百官朝贺，改国号"大辽"，年号"大同"，喻意天下已实现大同，自己要在中原长期统治下去，做唯我独尊的蕃汉共主。述律平立即派出专使，带上酒、果、食物不远千里赶到大梁贺赏德光。德光举着母亲赏赐的美酒，说："母后所赐，不敢坐饮。"与群臣站着痛饮尽欢。

契丹贵族占领大梁后，帛、珍宝、图书、仪仗，全部送往上京。而且对华北和中原人民进行了残酷的统治和洗劫。大梁周围方圆数百里间，财畜殆尽，无复人烟。又以犒赏军士为名，搜刮各城居民钱帛，上自将相，下至庶民皆须纳钱，敲诈勒索，弄得民不聊生。契丹贵族的这种野蛮、残暴的掠夺行径激起了中原人民的强烈反抗，他们到处攻州掠县，杀死辽朝派来的官吏，围歼大肆掠夺的契丹兵卒。尤其是大梁以东的起义军来势凶猛，连克宋、亳、密3州，威胁着大梁；澶州王琼起义也使耶律德光感到有归路断绝之忧。他在大梁住了不满3个月，就谎称天气炎热，以归国省母为由，仓皇北撤。一路上，他更加凶残地纵兵杀掠。其实，德光撤离大梁的真正原因，是他已感到仿佛置身于熊熊烈火之中，乃至惶惶不安，坐卧不宁，他曾哀叹说："我不知中国之人是如此难制！"终于，耶律德光还未及赶回辽境，即患重病，于公元947年四月死于河北栾城县境内的杀胡林。

耶律德光一死，一度潜伏下来的辽朝统治集团内部的矛盾再次在皇位继承问题上暴露出来，各种政治势力跃跃欲试，一场更加激烈的斗争如箭在弦上，一触即发。述律平虽然充分意识到了事态的严重性，但是，她仍然认为自己拥有无边的权势和强大的威慑力，自信只要仍像辽太祖阿保机死时那样，凭借太后的身

份，要不了多久，就会把不安定因素压制下去，让人们重新战战兢兢匍匐在她的脚下，把自己心爱的三子李胡扶上台。早在公元930年，她就任命李胡当了天下兵马大元帅，此后还在各种场合公开宣扬要把天下传给李胡的意图。如果说当初她主张立德光除了感情因素外，还有一层充分发挥德光的文武才干，为辽朝奴隶制国家的长远利益着想的公正理由的话，那么，这时她企图拥立李胡，则完全是出于感情偏爱的私心了，因为李胡在担任天下兵马大元帅之后，不仅没有创建过一点功绩，反而更加飞扬跋扈，欺上凌下。

然而，述律平做梦也没有想到，正是由于她临朝称制时的凶残嗜杀，早已激起了一大批贵族勋臣的不满和恐惧，这次耶律德光暴死境外，人们更担心述律平迁怒于众，使阿保机死后的那幕幕悲剧在自己身上重演。公允地说，述律平称制时残杀的那些人实际并不一定是她的敌对势力，可这时，那些被杀者的兄弟子孙以及害怕成为新的被杀者的贵族大臣，倒真是站到了她的对立面，坚决与她为敌了。

当年，在图欲投奔后唐之后，他留在辽朝的长子耶律阮（又名兀欲）被封为永康王。耶律德光南灭后晋时，耶律阮也随军从征，为的是起回埋葬中原的父亲的遗骸。德光猝死栾城县，辽军士马困乏，陷入群龙无首的局面。从行诸将一

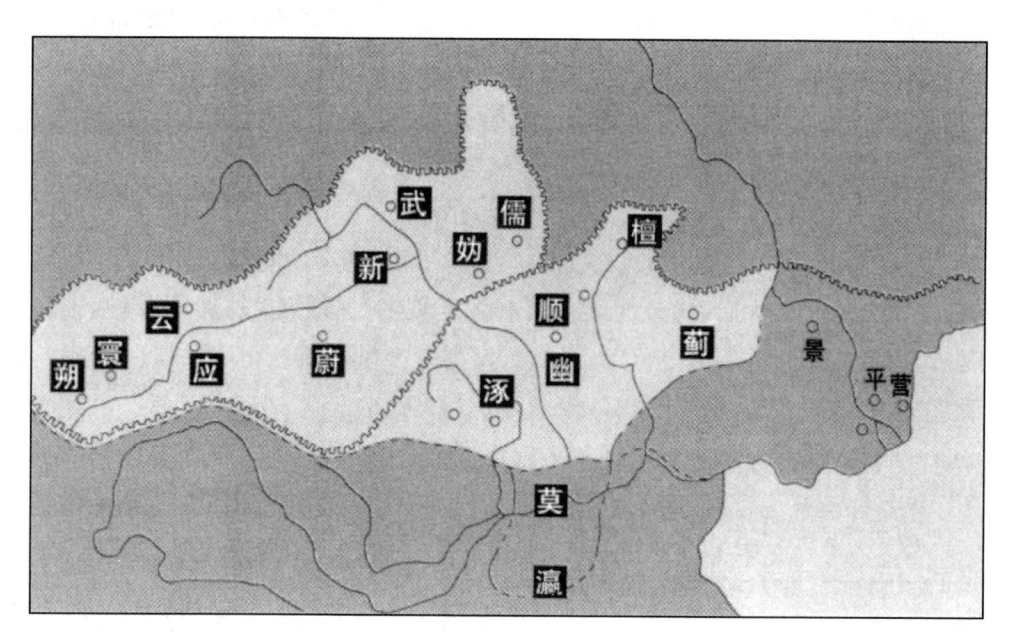

燕云十六州图

致提出在军中立耶律阮为帝。耶律阮犹豫不决，乃与密友商议，颇得支持。与此同时，南院大王耶律吼和北院大王耶律洼也在商议说："国家不可一日无君，若请太后定夺，她必定要立李胡。李胡暴戾残忍，他若当皇帝，非失人心不可，最好是立永康王。"[1] 待耶律阮的密友来与两大王商议，竟不谋而合。耶律吼和耶律洼便号令诸将说："大行皇帝上仙，神器无主，永康王乃人皇王之嫡长子，天下所属，当立。有不依者，军法从事！"行至镇阳（今河北正定），耶律阮正式即帝位，是为世宗。

述律平得知此事后，十分震惊，她未料到耶律阮捷足先登，打破了早已想让李胡嗣位的美梦，大怒道："你父（指人皇王图欲）弃我，走投外国，乃大逆不道之徒，其子岂可立为皇帝！"于是命李胡率兵讨伐，企图用武力夺回皇位。怎奈人心尽失，覆水难收，除属珊军旧部，谁也不肯支持述律平，而李胡又一无所能，被杀得丢盔卸甲，望风而逃，耶律阮乘胜引兵北上。李胡跑回上京，把倒向耶律阮一边的贵族家属全部抓了起来，扬言："我若不胜，先杀此辈！"接着，述律平和李胡重新组织起队伍，开到潢河岸边的横渡，与耶律阮隔河对阵。述律平以为自己亲自出马，诸将肯定会畏服倒戈，哪知对峙了三天，竟事与愿违。她又想用旧情笼络人心，挽回败局，谁料耶律阮营中将领，多为她当年残杀的贵族后裔，一个个驳得她哑口无言。述律平再也无计可施，垂头丧气回到帐中。若不是耶律屋质出面奔走调停，一场恶战将无法避免了。

耶律屋质，字敌辇，官任惕隐。他博学多才，足智多谋，沉着冷静，处变不惊，且颇有政治才干。此时正跟随在述律平身边。耶律阮担心屋质被述律平所用，于己不利，就写信给他，想行反间计，借述律平之手除掉他。其实，屋质正在冥思苦想如何用和平的方式解决冲突。述律平将信将疑，把信给屋质看，屋质胸有成竹地说："太后曾辅佐太祖定天下，所以臣才愿竭死力追随。若太后怀疑臣，臣虽欲尽忠，亦不可得。为今之计，莫如以言和解，或许还能成功；否则就请速战，以决胜负。万一犹豫不决，人心动摇，国患不浅，望太后裁决。"述律平说："我若疑你，怎肯给你看信？"屋质说："李胡、永康王都是太后的子孙，神器并没有落到别人手里，有何不可？太后还是从长计议，与永康王议和吧。"述律平求之不得，就问屋质可派何人前去说和。屋质说："太后不怀疑

---

[1] 语见《辽史·耶律吼列传》："天位不可一日旷，若请于太后，则必属李胡。李胡暴戾残忍，讵能子民。必欲厌人望则当主永康王"。

臣，臣请往。若永康王同意，正是社稷之福。"遂带着述律平答应议和的信去见耶律阮。[1]

耶律阮对祖母本有怨气，令大臣复信时，辞多不逊。屋质说："陛下这样写，国家之忧患无穷。能释怨以安社稷，臣以为莫若和好。"耶律阮说："他们都是乌合之众，岂能敌我？"屋质相激说："即使不敌，也是骨肉相残，况且孰胜孰败还不可知哩，即使陛下胜，李胡扣押的人质岂能安然无恙。以此计之，还是和好为上。"耶律阮问："怎样和？"屋质回答："与太后相见，各自捐弃前嫌，和好不难。若和解不成，再战不迟。"耶律阮左右听到关于人质的安危，不禁大惊失色。他只得同意议和。

述律平与耶律阮——祖母和长孙——仇人相见，分外眼红，唇枪舌剑，互不相让。述律平厉声说："你父亲背叛我，走投国外，乃是叛逆之人，难道能立逆人之子为帝吗？"此言一出，耶律阮及其大臣争先恐后，众口一词，痛加驳斥，把述律平的气焰压了下去。述律平埋怨耶律屋质说："你该替我说话。"屋质说："太后与大王若能释怨，臣才敢说。"述律平说："你尽管言之。"屋质问道："过去人皇王在，何故立了太宗？"述律平回答："这是太祖遗旨。"屋质又向着耶律阮发问："大王何故擅自即位，不禀告尊亲？"耶律阮回答："人皇王当立不立，所以不告。"屋质见双方仍各持己见，愤然拂袖而起："人皇王舍父母之国而奔唐，做儿子应当如此？大王见到太后，不稍做逊谢，惟怨是寻。

辽三彩刻花莲瓣口盘

---

[1] 事及语见《辽史·耶律屋质列传》："太后得书，以示屋质。屋质读竟，言曰：'太后佐太祖宣天下，故臣愿竭死力。若太后见疑，臣虽欲尽忠，得乎？为今之计，莫若以言和解，事必有成。否即宜速战，以决胜负。然人心一摇，国祸不浅，惟太后裁察。'太后曰：'我若疑卿，安肯以书示汝？'屋质对曰：'李胡、永康王皆太祖子孙，神器非移他族，何不可之有？太后宜思长策，与永康王和议。'太后曰：'谁可遣者？'对曰：'太后不疑臣，臣请往。万一永康王见听，庙社之福。'太后乃遣屋质授书于帝。"

太后偏心偏爱，假托先帝遗命，妄授神器。这样还想讲和？你们速速交战吧！"述律平和耶律阮都被其感动。她哭泣道："太祖遭诸弟之乱，天下荼毒，疮痍未复，舍长立次，我之过也，岂能使国家再遭动乱！"耶律阮也自责说："我父从未称兵发难，为人孙者，又怎能使国家陷入水火之中！"在屋质的斡旋下，一场战乱终于烟消云散。

述律平回到营帐，还不死心，又对屋质说："和议既定，帝位到底应该传谁？"屋质回答："太后若授给永康王，顺天意得人心，还有什么迟疑的？"李胡在旁厉声喝道："我在，他兀欲休想立！"屋质说："礼法传嫡，不传诸弟，当年太宗之立，人们都已非议，何况你暴戾残忍，人多怨言呢？现在已是万口一辞，愿立永康王，不可扭转了。"述律平见大势已去，为了避免分裂，只得惋惜地对李胡道："昔日我与太祖珍爱你甚于他子，常言道：'偏怜之子不保业，难得之妇不主家。'不是我不想立你，是你自己不争气啊。"于是达成"横渡之约"，述律平承认耶律阮即位，各自罢兵返回上京。[1]

数年后，述律平和李胡又要策划政变，被耶律阮发觉，把他们强行迁到祖州（今内蒙古巴林左旗石房子村）软禁起来。杀死参与策划的司徒划设和楚补里。同时，又解散述律平拥有的官户奴隶，分赐大臣，大大削弱了述律平的势力。

辽穆宗应历三年（953）六月，述律平悄然病逝，终年75岁，葬于祖陵，谥号贞烈。辽兴宗重熙二十一年（1052）六月，改谥淳钦。不久，李胡因儿子喜隐谋反受到牵连，被捕死于狱中，后被追尊为章肃皇帝。

名家评说

契丹阿保机之强，谋略多出述律氏，彼徒执哲妇倾城之语，以律人家国者，毋乃其所见太小耶！盖惟妖媚妒悍之妇人，不误人家国不

---

[1] 事见《辽史·耶律屋质列传》："太后复谓屋质曰：'议既定，神器竟谁归？'屋质曰：'太后若授永康王，顺天合人，复何疑？'李胡厉声曰：'我在，兀欲安得立！'屋质曰：'礼有世嫡，不传诸弟。昔嗣圣之立，尚以为非，况公暴戾残忍，人多怨谑。万口一辞，愿立永康王，不可夺也。'太后顾李胡曰：'汝亦闻此言乎？汝实自为之。'及许立永康。"

止,若果智勇沉深,好谋善断,则佐兴一国且有余,遑绝一家乎!但为阿保机设法,诱入八大部大人,聚而歼旃,虽从此得统一契丹,而居心未免太毒,述律氏亦悍矣哉!

——蔡东藩《五代史演义》

辽景宗耶律贤皇后萧绰

萧绰（953~1009），辽景宗耶律贤皇后。小名燕燕，宋称雅雅克。父亲萧思温，曾任北府宰相，母亲叫吕不古，是辽太宗长女。969年被册为皇后，谥号"睿智"。在辽国9帝208年的历史中，萧绰就在其政治、军事舞台上整整活跃了40个春秋。这40年里，辽由衰转盛，号为"中兴"。萧绰自入宫、册后起，她的名字就和辽的军国大事密不可分。她天资聪敏，视野开阔，先是为身患痼疾的景宗耶律贤摄政，后又为幼主隆绪主宰朝政。为了安内攘外，她以国母之尊，驰骋疆场，这在中国历史上实属空前绝后。在韩德让等心腹的全力支持下，萧绰以契丹人的气质、汉文化的熏陶，毅然站在时代前列，振兴大辽的政治、经济。她审时度势，任人唯贤，以"澶渊之盟"结束了辽宋旷日持久的征战，促进了彼此社会经济的发展。待其还政于子时，业已心力交瘁，不久便与世长辞。萧绰以其文治武功，为辽呕心沥血，开创了空前强大的鼎盛时代。萧绰是当之无愧的一代女杰！

一、摄政之初　文治武功

萧思温地位显赫，长期担任南京留守的要职。南京即幽州（今北京），这里因原属中原疆土，封建经济、文化高度发达，为辽朝的首富之区，而且萧思温又通晓书史，这些都对萧绰产生了较大影响。他有3个女儿，萧绰最小。萧绰自幼聪明伶俐，踏实认真，无论治学、劳作，一丝不苟。一次，父亲让3姐妹扫地，两个姐姐潦潦草草挥舞了几下笤帚，就甩手不干了，唯独萧绰能仔仔细细地把整个屋子打扫干净。喜得萧思温连声夸奖："此女必能成器。"[1] 从而对她倍加钟爱，精心培养，还亲自授以文墨。

应历十九年（969）二月，萧思温陪辽穆宗耶律璟在怀州（今内蒙古巴林

---

[1] 事及语见《辽史·后妃列传·景宗睿智皇后萧氏》："思温尝观诸女扫地，惟后洁除，喜曰：'此女必能成家。'"

右旗岗根苏木境）黑山打猎。耶律璟射死一只狗熊，萧思温与夷离毕牙里斯等人讨好地献酒祝贺。耶律璟醉生梦死，平日就嗜酒如命，于是又烂醉如泥，当夜被早已不堪其暴戾的近侍小哥、花哥及厨役辛古等刺杀。耶律璟无子可嗣，他一死，皇位的继承顿时成了严重问题。萧思温过去与世宗耶律阮的次子耶律贤等结成的势力颇有来往，遂不失时机地秘密派心腹潜往上京报知耶律贤。耶律贤连夜与亲信南院枢密使高勋、飞龙使女里等率甲骑千人，日夜兼程赶至怀州，在耶律璟的灵柩前即位，是为辽景宗。耶律贤为了感谢萧思温的拥戴之功，封其为魏王、北院枢密使兼北府宰相，成了北面官的最高首领。

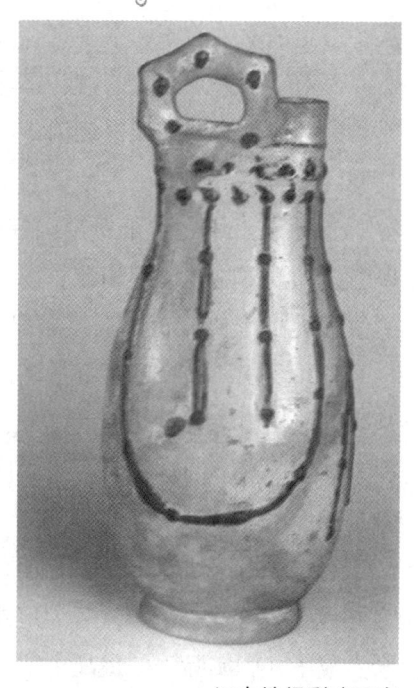

辽白地绿彩鸡冠壶

　　这时的萧绰读书日多，中原文明、汉族文化已经在她心灵深处占有一席之地。随着年龄的增长，颇有姿色的萧绰已出落为一楚楚动人的大家闺秀，她以其独有的气质和魅力，在草原上赢得"细娘"的美称。"细娘"是契丹人对绝色美女的赞誉。景宗耶律贤早已对"细娘"垂涎欲滴，萧思温自然求之不得，于是，景宗在封赏思温的同时迎娶萧绰为贵妃，不久册为皇后，这年萧绰17岁。两年后生下长子耶律隆绪。入宫、立皇后，其后的境遇给了萧绰发挥其资质、才华的绝好机缘。从此，她的命运就和辽的军国大事密不可分，且长达40年之久。

　　耶律贤在辽朝诸帝中，只能算是个平平之才。天禄五年（951），当察割叛乱杀死他父亲耶律阮时，他刚满4岁，幸亏被御厨尚食官刘解里用毛毡裹住藏到柴草堆里，才未被逮毙命，但从此留下了病根。即位之初，耶律贤尚能针对累朝积弊进行一些改革，但没多久就渐趋荒怠，又因沉湎酒色，身体更加虚弱，甚至连马都骑不上去，整天阴沉着脸，即使佳节朝会之际也难绽出一丝笑容。这对于萧绰一个年已及笄、初识男女私情的女子而言，固然是一大痛苦，但却给了她展现才智的机遇。不久，耶律贤病情越发沉重，经常不能视朝，只好命萧绰临朝决事，所有赏罚征讨皆由萧绰裁定，萧绰由此发挥出她的雄才大略，成了比述律平还要杰出的女政治家、军事家。

辽朝自世宗以来，贵族内部围绕争夺皇权展开的长期而激烈的斗争，尤其是穆宗耶律璟时期的残暴统治，严重激化了矛盾，造成国势中衰，统治力量大大削弱。

这时，萧绰之父萧思温因权势过大，遭到妒忌，被人刺杀。萧绰虽受一定刺激，却没影响她治理朝政。她首先任命能够推诚待人、忠心勤政的名臣耶律贤适继任北枢密使兼侍中，接着又重用了一大批具有文武才干的汉族、契丹族官员，分居要职，如令韩匡嗣任南京留守，室昉升任枢密使兼北府宰相；名将耶律从哥、耶律斜轸分任北、南院大王。经过对内政的初步整顿和改革，使辽朝开始出现了"中兴"的转机。在对中原王朝的战争中也开始扭转了世宗、穆宗以来的被动局面，并节节获胜。

保宁八年（977），景宗为了便于皇后参决朝政，特"谕史馆学士，书皇后言亦称'朕'暨'予'，著为定式"。从此，萧绰便合理合法地步入政治历史舞台，成了辽朝实际上的最高主宰。

这时，中原已建立了宋王朝，经过宋太祖赵匡胤的励精图治，国力大增，基本统一了长江以南的地区。保宁十一年（979），宋太宗赵光义灭掉北汉，试图乘胜收复幽州。当年六月，宋军由太原移师河北，连克数郡，包围了幽州。韩匡嗣之子韩德让代父任留守，日夜登城抵御，等待援军。幽州是军事重镇，又是辽朝的南面门户，自然不能轻易放弃。萧绰忙命休哥率五院部精锐前往救援，同时命斜轸在昌平得胜口一带设伏。由此可见其足智多谋、熟谙兵法之一斑。休哥先以5000弱兵去幽州引诱宋军主力，再选精骑3万，夜间从小道绕到宋军背后，发起猛攻，在高梁河（今北京西北）与斜轸左右夹击，宋军惨败，全线溃退，赵光义背上中了流矢，乘坐驴车遁逃，宋军横尸遍野，丢盔弃甲，辎重堆积如山。

沉疴缠身的景宗虽经多方医治，病势却日重一日。乾亨四年（987）九月，耶律贤病死，遗诏年仅12岁的长子耶律隆绪继位，是为辽圣宗，萧绰正式临朝执政，被尊为"承天皇太后"。此后她称制27年，在契丹社会中进一步实行了全面的封建化改革，使辽朝达到了它的鼎盛时期。

这时，年轻的皇太后萧绰面临着的是母寡子弱，需处理对内如何应付旧势力反扑，对外如何对付宋朝新的军事进攻的两大难题。她首先在用人上作了新的调整：一方面提拔有经国之才的耶律斜轸为北院枢密使，任命耶律休哥为南京留

守，总管南面军事，以加强边防；另一方面继续大力重用汉官，除了老臣室昉仍居北府宰相要职之外，一些新的人才如邢抱朴等也相继委以重任，韩德让在这中间所拥有的地位和发挥的作用，就更加特殊，更加重要了。

韩德让祖籍蓟州玉田（今河北玉田），父亲韩匡嗣曾因擅长医道，被述律平视若其子，后来拜为南京留守兼枢密使，封魏王。辽朝制度，南京留守一般只有宗室亲王或外戚才有资格担任，韩匡嗣作为一个汉族人荣膺此职，可见韩氏家族的势力非同一般。韩德让性格淳厚，举止沉稳，智略过人，甚有声望，一度代替父亲担任南京留守，为保卫幽州、赢得高梁河之战的胜利立了大功。后韩德让被召进朝廷，拜为南枢密院使，总知宿卫事。耶律贤死时，萧绰命他与斜轸同为顾命大臣，实为左膀右臂。耶律斜轸是军权在握的重臣，当年被萧绰之父萧思温引荐入朝，并娶萧绰侄女为妻，自然被视为心腹。自此二人掌管兵权，鼎力相助，皇太后萧绰才有了喘息之机。为稳定政局，萧绰对景宗时的一批老臣，不论文武，只要其忠贞不贰，德高望重，一概采取安抚与重用并举之策，给予充分的信任。从而形成了以皇太后萧绰为核心的政治集团。

对那些拥有兵权、居心叵测的王公贵族，萧绰按韩德让"随机应变，夺其兵权"的主张，亲自签署命令："诸王归第，不得私相燕会。"先是剥夺了他们的行动自由，继而伺机分别削去其兵权。于是，未见干戈，隐患已除。

二、重谐前缘　共图大业

此后，韩德让步步高升，先加开府仪同三司兼中书令，后封楚王。统和十七年（999），斜轸病死，于是韩德让兼任北府宰相，总知契丹、汉人两院事，拜为大丞相，晋封齐王，位兼将相，总揽了辽朝军政大权。[1]他入朝不拜，上殿不趋，偶患小病，萧绰和圣宗隆绪都要祷告山川，遍召天下名医诊治，朝夕不离左右。后来赐姓耶律，赐名德昌，改封晋王后，又赐名隆运，户籍列于皇族横帐季父房，特置左右侍卫百人。按照辽制，其权势已仅次于帝后。随着契丹社会封建化的日益加深，汉臣的作用愈加重要，但韩德让在萧绰手下所享受的这一系列宠遇，已经大大超越了任何一个佐命功臣所应有的范围，在整个辽朝不要说汉族官员中独一无二，就是宗室亲王也罕与其比。这种特殊现象的出现，除了萧

---

[1]事见《辽史·耶律隆运列传》："会北院枢密史耶律斜轸薨，诏隆运兼之。久之，拜大丞相，进王齐，总二枢府事。"

绰政治上的需要外，还有一层感情因素。萧绰不只把韩德让当成了自己励精图治的股肱之臣，而且与他建立起了形同夫妻的亲密关系。

据传，萧绰年少时，父亲萧思温就曾将萧绰许配给韩德让。韩德让生于太宗会同四年（941），比萧绰大了整整13岁，如果按照女子及笄而嫁计算，萧绰15岁时，韩德让已是28岁了，当一切准备就绪，眼看就要出嫁了，忽然朝廷政局发生变化，萧思温按景宗耶律贤旨意，解除了萧绰与韩德让的婚约，将萧绰送进宫去。耶律贤死时，萧绰刚满29岁，风华正茂，不幸守寡，独居空帐，寂寞难耐，很自然地把脉脉情怀倾注到了不但才略杰出，而且风度翩翩、相貌堂堂、稳健儒雅中透着阳刚之气的韩德让身上。这，既可以使自己的感情有所依托，又可以为国家谋得一位辅弼良材，使他忠心报效，共图大业，岂不两全其美？于是，萧绰就趁景宗耶律贤葬礼之机，脉脉含情地对韩德让说："我曾许嫁于你，愿谐旧好，今幼主当国，也就算是你的儿子了。"韩德让受宠若惊，自当肝脑涂地效忠太后。从此，韩德让出入帏帐，与萧绰名为君臣，实同夫妻。韩德让也就成了萧绰在危难中最重要的支持者。萧绰、德让出双入对，如胶似漆，并不避讳。无论是朝会奏对，还是平时饮宴坐卧都干脆与真夫妻一样，出征游幸同帐共衾，甚至接见外国来使都并肩坐在同一辆车上。萧绰为了保证韩德让感情专一，设计把他妻子李氏鸩杀。萧绰待韩德让胜于对圣宗隆绪，群臣对韩德让稍有冒犯，她也像冲撞了自己一样毫不留情。一次，萧绰在南京观看群臣的击鞠（古代的一种球）表演，大臣胡里室将韩德让撞坠马下，萧绰大怒，当即把胡里室斩首。[1]涿州刺史耶律虎古有次在朝上与韩德让发生争执，韩火冒三丈，夺过卫士所持兵杖朝虎古头上砸去，虎古脑浆迸裂而死，萧绰并不加罪。她的儿子耶律隆绪亦像待父亲似地尊敬韩德让，每天都要派弟弟隆庆、隆祐向韩德让问候起居，两人乘车走到距韩德让卧帐二里远的地方就必须下车徒步而进。韩德让从外地回朝，他俩也要事先赶到其帐外站立迎候，向他作揖问安，韩德让则受之泰然。隆绪有时去拜见韩德让，也得在50步开外下车，韩出帐迎接，隆绪要先向他行礼，等来到帐内，韩德让便高坐在上，隆绪毕恭毕敬，俨若父子相处。难能可贵的是，圣宗和他的两个弟弟都是真实感情的流露，丝毫不是迫于母亲的压力或畏惧韩德让的权势，群臣贵族们也不觉得韩德让在皇帝、亲王面前高高在上的派头有什么僭越乱礼，因为大家心里都明白韩德让事实上就是隆绪兄弟的继父。萧绰与德让协力同

---

[1]事见《辽史·耶律隆运列传》："六年，太后观击鞠，胡里室突隆运坠马，命立斩之。"

心，内振朝纲，外求展拓，为辽朝鼎盛做出了卓越贡献，人们就更不会对他们的这种关系妄加非议了。萧绰和隆绪母子对韩德让的极度宠信，并没有被他利用来作为谋求私利、作威作福、飞扬跋扈、欺上凌下的资本，而是为他施展自己的政治才干提供了用武之地。他忠心报国，知无不为，勇于进谏，积极荐贤，总的来看亦颇能顾全大局，注重团结，成了萧绰不可或缺的得力助手，甚至可以说大凡萧绰的作为，都有他的一份功劳。

萧绰当朝虽久，却缺乏姻亲之助，就连两个姐姐也未必与她一条心，存在着爆发政变的潜在危险。正是在这样的政治背景下，萧绰为了寻求以韩氏家族为首的汉族官员的支持，投进了倾心已久的韩德让的怀抱。他们通过调整朝廷各部门的权力分配，剥夺贵族的兵权等措施，基本上使景宗驾崩时的局面得以扭转。韩德让还知人善任，荐举好学博古、颇有吏干之才的邢抱朴担任参知政事。耶律乌不吕曾因事顶撞过韩德让，韩当时十分生气，但他认为乌不吕材堪大用，后来仍保荐其担任统军使。萧绰问他："乌不吕曾对卿不逊，卿为何还要推荐他？"韩德让笑道："我贵为宰相，乌不吕都能对我犯颜抗争，何况对别人呢？由此知他可用。若能委以重任，他必能镇抚诸藩。"萧绰为其所动，加封乌不吕为金紫崇禄大夫、检校太尉。韩德让又主动密切与耶律斜轸、室昉等人的关系，结为好友，凡事听取并尊重他们的意见，使辽朝最高统治集团呈现了前所未有的同心同德、团结一致的大好形势。太后不由连声赞道："进贤辅政，真乃大臣之职。"

萧绰在韩德让等蕃汉臣僚的得力辅佐下，顺应契丹社会封建化的历史趋势，仿效中原王朝的统治方法进行了一系列改革。她解放部分奴隶，把原先属于宫帐的俘户奴隶加以改编，分别设置为部族，使之获得平民的身份，又把旧部落拆散，编成新的部族，使其分别归属于南、北二府，分镇于边疆，这既大大削弱

辽墓壁画中的汉人执事

了奴隶制的成分，也瓦解了契丹旧贵族们的势力。萧绰还诏令中央及地方各级官员必须认真执行法令，要敢于抵制包括朝廷使者在内的无理索求，对上级不得阿顺，还以是否廉洁作为考课官员的标准，规定各级职官凡有贪暴害民者，立即罢免，终身不用，能清勤自持者，随时升擢，并禁止皇室外戚受贿，一旦发现，与常人同罪。虽则在汉族的封建王朝中，已早有"王子犯法，与庶民同罪"之说，实际上，却往往是"礼不下庶人，刑不上大夫"。而萧太后却能令行禁止，执法如山。有个名柘母的太师，就因犯了"迎合阿顺"之条，被她责打了20大棍。韩德让也曾亲自写信制止哥哥韩德源贪赃受贿。统和十年（992），萧绰派参知政事邢抱朴到各地稽察官员的政绩，把一批贪官绳之以法，忠于职守、清正廉洁者则破格提升，从而大得人心。萧绰能言行一致，依法治国，既得益于韩德让的襄助，也在于自身的智慧、胆略、品德和才华。而大辽亦因经过一番任贤去邪的整顿，使吏制大为改观，政治走向清明。萧绰还在统和六年（988）开始实行科举取士制度，录取名额逐年增加，统和二十四年（1006）就有杨吉等23人及第，科举不但使越来越多的汉族知识分子被吸收到朝廷中来，受到重用，而且促进了辽朝文化事业的发展。如统和十四年（996）考中进士第一的宛平（今属河北）人张俭，就历任知枢密院事等职，成为一代名臣。为了调整民族关系，缓和契丹人和汉人之间的矛盾，萧绰明令取消"同罪异论"的旧制。辽朝前期，法律混乱，有浓厚的奴隶制色彩和严重的种族偏见，如契丹人打死汉人，只赔偿牛马就算了事，若汉人打死契丹人，除他本人斩首，家属还要被没为奴隶。萧太后却反其道而行之，明确要统一依汉律，而且规定契丹人犯了法的由汉官审理。同时用法务从宽减，实行"上诉"制度，允许自以为冤枉的罪犯上告诉冤。辽律原先规定，凡是叛逆之家，兄弟之间即使不知情也要连坐受罚。北院宣徽使耶律阿没里进谏说："兄弟虽是同胞，但秉性各异，一人行逆谋，余者不知情也要连坐，这是冤害无辜。"[1] 萧绰采纳其谏，下令废除谋逆罪中的连坐之法。萧绰的这一决策，具有很大的进步性。更何况当时的宋朝恰好对连坐法正在津津乐道，且连坐范围不断扩大。萧绰执法严明，毫不掺杂个人恩怨。官员乃万十喝醉了酒胡说宫廷秘事，大概也透露了一些萧绰与韩德让的风流韵事，按旧法当斩，萧绰只将他打了数板。五院部民偶尔失火，蔓及辽朝圣地木叶山，按罪当诛，萧绰也是杖而释

---

[1] 语见《辽史·耶律阿没里列传》："夫兄弟虽曰同胞，赋性各异，一行逆谋，虽不与知，辄坐以法，是刑及无罪也。自今虽同属兄弟，不知情者免连坐。"

之。她还经常亲自处理冤狱，判决系囚，多次告诫耶律隆绪要谨慎用法，留心狱事，务求宽减。与此形成鲜明对比的是，她对违法乱纪、随便杀人的官僚贵族却严惩不贷。耶律国留内弟之妻阿古与奴仆私通，国留就把企图逃往女真的奴仆追杀，又逼迫阿古自缢，萧绰却依法处斩国留。统和六年（988），奚王筹宁杀死无辜汉人李浩，她把筹宁痛打一顿，还令他出钱供养李浩的家属。法律的整顿，使辽律的混乱性和残酷性大为减少，这对于进一步打破民族隔阂、缓和民族矛盾发挥了很大作用。与此同时，萧绰对农业的发展也特别重视，多次募民垦荒，给贫户提供耕牛和谷种，明令贵族和军队不能因打猎妨碍农业生产，更不准牲畜损害庄稼。在她执政的27年间，减免赋税的诏令有23道之多，其中有局部地区的，也有全国范围的，在一定程度上减轻了农牧民的负担。从而促进了经济发展，社会进步，百姓安居乐业，局势更为稳定。

在燕云大战辽军全线告捷之后，太后萧绰对自己和韩德让已经保持了整整6年、却又属半明半暗不明不白的夫妻关系很不满足。虽然，德让不负所望，不仅从感情生活，还在政治、经济的改革、发展，乃至在军事上为萧太皇出谋划策，使各条战线捷报频传。他已经成为她的忠实伴侣和可靠支柱。然而，天长日久地明铺暗盖，难免招致非议；更何况，长此以往，其心灵深处莫名地产生许多烦闷和苦恼。为了打破这种尴尬局面，以求一劳永逸，倔强而刚强的萧太皇经过深思熟虑，终于想出了一条绝妙良策，将他们的关系公之于众。

于是萧太后在先帝耶律贤辞世6年后的统和六年（988）九月，别开生面地在韩德让的帐中大宴群臣，史载："丁酉，皇太后幸韩德让帐，厚加赏赉，命从臣分朋双陆以尽欢。"[1]这令人"尽欢"的会宴，恰好选在德让的帐中举办，不啻为一次变相的婚宴，心照不宣地公开宣布她已经正式改嫁德让了。自此，他们便朝夕相伴，全无避讳了。

三、燕云大捷　无憾还政

在整饬内政的同时，萧绰领导的辽朝与宋朝及周边地区部族的战争也取得了一连串胜利，她或攻或交，措置有方，进一步显示了其政治、军事才干。高梁河之战惨败后，宋太宗赵光义念念不忘收复燕云十六州，决心报一箭之仇。

燕云十六州本是中原皇朝的领土，自后唐天禄元年（936），后唐驸马石敬

---

[1] 语见《辽史·圣宗本纪》。

瑭为了换取支持其称帝条件割让给了辽国。十六州不仅人口稠密、物产丰富、经济文化相对发达,而且地势险要,许多关隘控扼南北通道,是非常重要的战略要地。这片土地的得失,不论对于中原还是大辽,都与国家社稷命运攸关,因而,长期以来双方争夺非常激烈。

而宋主赵光义的此次出兵,却与辽太皇萧绰和韩德让的风流韵事有关联。萧绰和韩德让的关系在辽朝没有引起多大反感,在宋朝人的眼里却成了伤风败俗的丑事,他们异想天开地认为这种关系肯定会引起辽朝的内乱,正好可以利用来作为收复幽州的良机。一次雄州(今河北雄县)知州贺令图向赵光义进言:"契丹主幼,国事决于其母,与大将韩德让不清不白,深受国人嫉恨,我们可乘机而作。"赵光义觉着有理,经过几年准备,统和四年(986)三月,再次向辽朝发动了大规模的进攻。其实,对于宋的进攻,太后萧绰早已有所戒备。远在景宗病逝之后她即料定宋师必定乘虚来犯,并在国内政局趋于稳定之后及时做了防范部署,即"以南院大王耶律勃古哲总领山西诸州事;北院大王、于越耶律休哥为南面行军都统,奚王和朔奴副之;同政事门下平章事萧道宁领本军驻南京(今北京城西南宛平)"。两年来,他们在萧绰的调遣下,从抵抗宋军的战略出发,把南部边境治理得井井有条。当时,宋军分三路出兵,东路主力由曹彬率领,从雄州出击,采取缓慢进军的战术,虚张声势,向幽州进发,以牵制辽军主力;中路由田重进率领,出飞狐(今河北涞源北);西路由潘美、杨业率领,出雁门(今山西代县北)。起初,三路皆捷,分别攻下了几处州县。萧绰面对宋军的强大攻势,因胸有成竹,显得沉着冷静,一面调集各路军队,以智勇双全的耶律休哥抵御曹彬,以耶律斜轸抵御潘美,自己带耶律隆绪和韩德让赶到南京督战,相机出援;另一方面,纵敌深入,待其疲惫,乘势夹击。五月,萧绰赶到涿州(今属河北)西南的歧沟关,与休哥合兵反攻,宋军大败,溺死

杨业杨令公祠

在拒马河中者不计其数，退到易州（河北易县）后，休哥乘胜追击，宋军再次大溃，尸体多得堵塞了沙河流水。据史载，在歧沟关决战中，宋军一直在耶律休哥牵制下不得喘息，加之天气炎热，粮草不继，饥饿难忍，士气已极其低落；休哥部则公开以掠夺战利品为号召（辽军作战不发粮饷，以掠养战），更有太后、圣宗亲自督战，士气空前高涨。待宋军退至沙河，立足未稳，斜刺里马蹄声骤响，一彪人马酷似从天而降，直逼宋部，为首的竟是一员英姿飒爽的女将，她正是芳龄三十有三的"承天皇太后"萧绰。她挥戈立马，一声令下，辽军蜂拥而上，将宋部团团围住、厮杀，只杀得"宋师望尘奔窜，坠岸相蹂，死者过半，沙河为之不流。"[1]赵光义闻东路主力惨败，急令全线撤退。斜轸率10万重兵追击西路宋军，宋军在飞狐口大败。七月，潘美、杨业撤到代县以南30里的狼牙村，杨业认为辽兵士气正盛，不可与战，应暂避其锋，潘美和监军王侁却斥责他胆小畏敌，强迫其出兵迎击。被人誉为"杨无敌"的杨业是宋朝边关名将，自然不堪其辱，只得愤愤出兵，临行前要求潘美伏兵于陈家谷口（山西朔县南）接应，潘美满口答应。杨业且战且走，行至陈家谷口被辽兵包围，潘美却早逃之夭夭，杨业孤军奋战，部下全部战死，他也身受几十处创伤，力竭被俘，绝食三日而亡。

至此，辽军大获全胜。于是，萧绰西讨阻卜、敌烈诸部，降服其众；东征高丽，迫其称臣纳贡，又把女儿越国公主之女嫁给高丽王王治，建立起和亲关系。这时，党项族首领李继迁起兵抗宋，萧绰不失时机地支持李继迁，利用他构成对宋西北边境的严重威胁，并授李继迁为定难军节度使，把宗室耶律襄的女儿封为义成公主嫁给他，还赐马3000匹；统和八年（990），又封李继迁为夏国王，使西夏力量进一步壮大，形成了辽夏共同对付宋朝的格局。

燕云大捷，来之不易。太后萧绰不仅知人善用，精于谋略，运筹帷幄，决胜千里，且能披挂上阵，身先士卒，驰骋疆场。在中国历史上，绝无仅有，止此一后！更何况，萧绰并不因此止步不前，而是再接再厉，形成联合抵敌的局面。其高瞻远瞩，可佩可叹。

自统和十七年（999）始，萧绰就或者亲自出马，或者调兵遣将，几乎每次都攻城掠地凯旋而归。统和二十二年（1004）闰九月，萧绰偕同耶律隆绪、韩德让率兵20万又一次大举南下，一路破关斩将，连败宋军，十一月抵达澶州（今河南濮阳）城下。宋廷大震，大臣有的请求宋真宗赵恒去金陵避难，有的劝他去四

---

[1]语见《辽史·耶律休哥列传》。

川躲风,只有宰相寇准力排众议,坚持请赵恒立即御驾亲征。

赵恒的亲征使澶州军民士气大振。辽兵却因前锋主将萧挞凛被宋军床子弩射死,士气受挫。萧挞凛乃辽之名将,曾在西讨阻卜时立过大功,萧绰因他的死十分哀痛,对着他的尸体恸哭不已,在军中罢朝5日。[1] 早在这次南下之时,萧绰就利用宋降将王继忠给宋莫州(今河北任丘)守将石普写信,说是愿意讲和,但必须先由宋方提出,这就既试探宋朝虚实,又可以在需要议和时讨价还价。当她见宋援军几十万会聚而来,顿感自己孤军深入,犯了兵家的大忌,知道宋朝是灭不掉的,回想起太宗从大梁仓皇退回的教训,便与韩德让等权衡再三,决定和谈。赵恒本不敢硬打,得悉后连忙派曹利用到辽营议和。萧绰和韩德让并肩坐在一辆驼车上接见曹利用,几经交涉,商定:宋辽约为兄弟之国,隆绪称赵恒为兄,赵恒称萧绰为叔母;宋每年给辽银10万两,绢20万匹,称作"岁币";双方罢兵,各守旧疆。这就是历史上有名的"澶渊之盟"。从此,正式形成了辽、宋北南对峙的政治形势,结束了双方的长期征战,此后的120多年间,辽宋基本上和平共处,从未发生过大的战争,这对双方都是有利的,给了各自休养生息的机会。辽朝更是充分利用了这种和平环境,完成了封建化改革,实现了政治、经济、文化全方位的发展。

在萧绰内行改革、外求展拓的过程中,契丹贵族内部基本是稳定的,但也不无矛盾,萧绰的两位姐姐就公开站到了与她作对的立场上。她的大姐胡辇嫁的是太宗次子齐王罨撒葛,齐王死后,胡辇在赏马时发觉奴仆挞览阿钵姿貌甚美,顿生爱慕之心,就把他召入帐中养为男宠。萧绰得知后,怒不可遏,把挞览阿钵囚禁起来,用沙袋狠击了400多下,强令挞览阿钵离开。过了一年,胡辇向萧绰求情,哭诉寂寞之苦,萧绰想想自己的体验,对她颇感同情,又把挞览阿钵找回,与胡辇结为正式夫妻,还封挞览阿钵为将军,领兵西伐鞑靼。哪知胡辇夫妇知恩不报,反而私结党羽,率众跑到骨历扎国,阴谋拥兵篡位。萧绰闻知,下令夺其兵权,把胡辇、挞览阿钵关进怀州狱中赐死,其党羽全部活埋。她的二姐嫁给了太宗的第五个儿子越王必摄,曾图谋乘宫中宴会之机毒死萧绰,被其婢女告发,萧绰遂将她诛杀。

作为女人,萧绰屡屡因家事不顺心而伤透脑筋,大动肝火。萧绰最疼爱的

---

[1] 事见《辽史·萧挞凛列传》:"进至凛渊,宋主军于城隍间,未接战,挞凛按视地形,取宋之手观,盐堆、兔雁、中伏弩卒。"

小女儿越国公主耶律延寿女嫁给了萧恒德，恒德是一员有勇有谋的猛将，南下攻宋时曾独当一面，亲冒矢石，身中流箭仍一马当先，萧绰一直很赏识他。可是有一年延寿女患了疾病，萧绰极为挂念，派自己帐中的宫女贤释前去伺候，恒德居然色胆包天，与贤释勾搭成奸。延寿女一气之下，病情更重，一命呜呼。萧绰大怒，随将恒德赐死。与此形成鲜明对比的是，她治理国事却可谓政通人和，深受爱戴。萧绰施政通情达理，善驭大臣，赏罚分明，处置得体，作风也比较民主，闻善必从，举止随和，宴集朝会时群臣甚至可以不拜不揖，故群臣贵族皆愿为她效力卖命，从而比较成功地把统治群体紧密团结在自己周围。与宋订立"澶渊之盟"后，为了适应新的政治经济发展的需要，统和二十五年（1007），萧绰下令在今内蒙古宁城县南（一说为县城西大明城）仿照唐都长安（今陕西西安）、宋都汴京（今河南开封）的模式兴建一座新的都城，名为中京大定府。在此之前，辽有四京，即东京（今辽宁辽阳）、西京（今山西大同）、南京（今北京城西南宛平）、上京（今内蒙古巴林左旗林东镇南的波罗城），并以上京为政治中心。其时，皇帝处理朝政，仍经常是在草原上临时搭就的行帐中进行，冬夏两季尤其这样。但自萧绰摄政以来，随着社会经济的发展，这种状况已愈益与形势不相适应，这就是兴建中京的来由。中京选址于原奚牙王帐故地，这里不仅是辽宋交往的适中之处，且处于以畜牧业为主的北方和以农业为主的南方的中间地带，可兼顾南北政治、经济的发展。于是，从燕蓟一带征调来能工巧匠，历时二年建成，方圆四十里，郛郭、宫殿、楼阁、市廛、庙宇、街道等都十分华

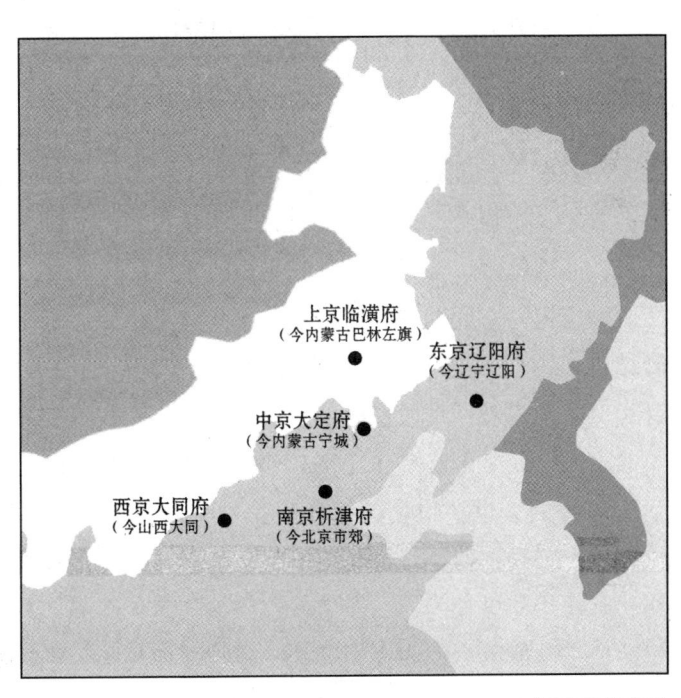

辽五京分布图

丽，成为辽国后期的政治、经济中心。萧绰主持下的一系列改革和建设，标志着契丹社会已经在整体上完成了封建化的历程，从而使辽朝国力大大增强，发展到了鼎盛时期。而中京大定府的落成，恰好是这一历史进程的象征和延伸；同时，它又是太后萧绰对契丹文化的一大贡献。

萧绰对儿子耶律隆绪的训导管教也保障了统治集团的稳定。萧绰临朝称制27年，这期间隆绪早就长大成人了，但萧绰一直没有放松对他的管教，隆绪从府库中索求一件东西，她必定要问一问干什么用，隆绪穿的衣服、骑的马，她经常检查看有没有过于奢华的地方，防止隆绪养成奢靡之心。开始时，隆绪要赏赐大臣，也必须先征得母后的同意，她说行才赏，不行，一个大钱都拿不出去，防止隆绪滥行赏赐。隆绪因不能参与政事，一度曾纵情游猎，击鞠玩耍，萧绰教训说："圣人有言：欲不可纵。我儿是天下之主，万一驰骋畋猎时发生危险，其后果将不堪设想！"从此把隆绪留在宫里专心读书，让他反复研读《贞观政要》等典籍，并以唐太宗为学习榜样。隆绪是个大孝子，不仅没有像许多帝王似的对母后称制产生抵触情绪，而且对母亲的训诫始终毕恭毕敬，言听计从。隆绪亲政后，根据长期学习得到的汉族王朝的治国经验，以唐朝为模式，沿着萧绰的足迹继续进行封建化改革，成了辽朝9帝中最负盛名的贤君明主，这都是与萧绰的教育培养分不开的，所以史载为："圣宗称辽之盛主，承天后教训为多。"

统和二十四年（1006），隆绪率群臣向萧绰加尊号为"睿德神略应运启化承天皇太后"。统和二十七年（1009）十二月，萧绰还政于隆绪，准备到南京去颐养天年，可惜十二月初她就在路上患了重病，旋即与世长辞，终年57岁。次年四月，葬于乾陵，谥号圣神宣献皇后。重熙二十一年（1052）改谥睿智皇后。隆绪哀恸至极，直到哭得吐血，好几十天吃不下饭。群臣在安葬萧绰后建议改元，隆绪说："改元是个吉礼，我为母亲守丧却要行吉礼，乃是不孝之子。"群臣说："此乃古制，理应照办。"隆绪却道："我是契丹之主，宁违古制，也不做不孝之人。"终于坚持在守丧3年期满后才改元开泰。

萧绰的去世，也使韩德让遭受了重大的创伤，一年多后，即统和二十九年（1011）二月，韩德让也一病不起，隆绪与皇后萧菩萨哥在榻前亲奉汤药。三月初，韩德让与世长辞，一缕忠魂悠悠追随萧绰而去，享年71岁。隆绪与皇后、诸王、公主及群臣为他服丧，葬礼一概与萧绰相同。灵柩上路时，隆绪亲挽灵车哭送，经群臣泣谏，仍行至百步开外方才止步。韩德让遗体安葬于乾陵之侧，影堂

规制一同乾陵。

太后萧绰未及花甲的一生，终于盖棺论定了。虽然，她也说不上是"全心全意"为国家、为民族，还有过为一己之私杀害无辜之举；在处理与韩德让的关系上，也并非无懈可击。然而，金无足赤，人无完人，瑕不掩瑜，萧绰以执政凡40年之女主，其赫赫功绩，自然彪炳辽代历史！

名家评说

后明达治道，闻善必从，故群臣咸竭其忠。习知军政、澶渊之役，亲御戎车，指麾三军，赏罚信明，将士用命。圣宗称辽盛主，后教训为多。

——元·脱脱《辽史》

辽兴宗耶律宗真皇太后萧耨斤

萧耨斤（？~1057），辽圣宗耶律隆绪皇后。耨斤是她的小名，谥号"钦哀皇后"。萧耨斤在耶律隆绪生前并未被封为皇后，但由于皇后菩萨哥没有生子，将其子木不孤视同己出、待若亲生，并被隆绪立为皇嗣，萧耨斤母以子贵了。但她却恩将仇报，不仅在圣宗隆绪驾崩后自立为皇太后，还铸成冤狱，致菩萨哥含恨自尽；在木不孤即兴宗耶律宗真未能对其俯首帖耳、言听计从时，又反目、结党，阴谋废之而立幼子，终遭宗真软禁。耶律宗真虽又将她迎回奉养，耨斤却仍怀恨如初，其狠毒之甚，可见一斑。

萧耨斤是辽太祖皇后述律平的弟弟阿古只的五世孙。据传，耨斤本来长相十分丑陋，面色黝黑，目光像饿狼一样凶狠。但由于出身后族，辽圣宗耶律隆绪还是按传统把她娶进宫当了妃子。但隆绪从未按皇妃对待过耨斤，而只是把她派到母亲承天皇太后萧绰帐中当侍女使唤。殊不知，她却因一次偶然的机会，时来运转。一天她在给萧绰打扫床榻时，偶尔拾到一只精致奇异的金鸡，玩得入了迷，忽然萧绰进帐，她藏匿不及，慌忙吞下肚去。原来，这金鸡是一种鸡状奇药，过了几天，耨斤不但没有被坠死，反而脱胎换骨一般变得肤色白皙，光彩照人了。[1] 萧绰非常惊异，说："你肯定

辽家鸡图壁画

---

[1] 事见《辽史·后妃列传·圣宗钦哀皇后萧氏》："尝拂承天太后榻，获金鸡，吞之，肤色光泽胜常。"

能生个奇子。"就令隆绪与她同房。从此，耨斤因祸得福。开泰五年（1016）二月，耨斤果真生下了一子，取名木不孤，这是已经46岁的隆绪得到的第一个儿子，自然惊喜若狂，皇后萧菩萨哥也由衷高兴，把木不孤取来养在身边，比自己的骨肉还亲。

　　据说，还在耨斤年幼时，她的母亲曾做一怪梦：梦境中见一金柱直插云霄，儿子们都争先恐后往上爬，但只爬得几步就都掉了下来，此时，丑女耨斤慢腾腾走来，只消几下就爬到柱顶。[1] 如果说梦里的这根金柱的顶端象征着权力顶峰的话，那么耨斤自从惊慌失措、吞食了鸡状奇药之后的经历，就果然如梦所喻了。

　　隆绪封耨斤为顺圣元妃，但她毫不知足。她野心勃勃，傲慢无礼，眼巴巴望着皇后宝座。她见菩萨哥才貌双绝，不仅深得隆绪的宠爱，就连木不孤对菩萨哥也很有感情，便妒火中烧，视菩萨哥为眼中钉、肉中刺，挖空心思要取而代之。她在多次诬告、陷害菩萨哥碰壁之后，仍不甘心失败，就暗中收罗亲信，培植势力。

　　其实，菩萨哥亦远非等闲之辈，她的父亲萧隗因乃太后萧绰的亲弟，母亲又是与萧绰实为伉俪的大丞相韩德让之妹。若论及皇亲国戚，她比起耨斤有更为雄厚的根基，但却从未仗势欺人；加以菩萨哥心地善良，常以君子之心度小人之腹，因之，耨斤才有可能得寸进尺，在菩萨哥身边培植死党，以伺机一逞。

　　宦官赵安仁本是宋朝深州乐寿（今河北献县）人，因思念故乡，离宫南逃，被捉了回来，菩萨哥要杀他，被耨斤心怀叵测地救了下来，命其窥察菩萨哥的动静。赵安仁感激涕零，以密报菩萨哥的一举一动来报答她的救命之恩。耨斤的兄弟们也都因耨斤一人"得道"而满门"升天"：她的弟弟萧孝穆任南京留守、兵马都总管；萧孝先官任上京留守、国舅详稳；萧孝友任左武卫大将军、检校太保，后又总领禁卫事，控制了军队。经过一番紧锣密鼓的张罗之后，终于形成了以耨斤为首的强大的政治势力，为日后专权奠定了基础。

　　太平十一年（1031）六月，隆绪病死，木不孤即位，改名耶律宗真，即辽兴宗。隆绪死前曾立下遗诏，册菩萨哥为皇太后，耨斤为皇太妃。并一再叮嘱木不孤不能忘恩负义，要善待养母。耨斤连忙指使赵安仁把遗诏藏匿起来，自立

---

[1] 事见《辽史·后妃列传·圣宗钦哀皇后萧氏》："母尝梦金柱擎天，诸子欲上不能，后后至，与仆从皆升，异之。"

辽代妇女服饰

为太后,称"法天皇太后",并窃过军政大权。从此萧耨斤独揽朝政,滥施淫威,进行了4年之久的残暴统治。

对耨斤来说,首当其冲的自然是除掉菩萨哥。她与党羽们罗织罪名,诬陷菩萨哥与其弟企图谋反,另立新帝。于是,迅即铸成冤狱,菩萨哥的两个兄弟和亲近被斩。继而,萧耨斤又派人去刺杀被囚于上京的菩萨哥,菩萨哥不堪凌辱,含恨自尽而亡。被牵连的还有囚禁处的侍卫100余口;40多名贵族大臣,也都被杀,家产籍没。眼中钉一除,耨斤更加大胆放手,中书令萧朴上书为菩萨哥诉冤,她一声令下,将其逐出朝廷。辽圣宗隆绪的丧期未满,她就令宗真给她上尊号称:"法天应运仁德章圣皇太后",生日定为应圣节,并追封其曾祖为兰陵郡王,父亲为齐国王。萧耨斤还将早已因她而手握军政大权的弟弟们也都封为王,分任北、南面长官,凡有政事她都与兄弟们聚首商议,合伙谋私弄权。尽管如此,耨斤还觉得不足以炫耀其权势,竟然让毛克和等40多位奴仆也当上了团练、防御、观察、节度使之类的高官,一时间,南京(今北京城外宛平)一带的地痞无赖纷纷投身到她家为奴,以求有朝一日,时来运转,荣获高官厚禄。于是,朝廷内外布满了耨斤的党羽,且全都趾高气扬,狐假虎威,出入宫禁,为所欲为。耨斤的姐姐秦国夫人早年丧夫守寡,难耐寂寞,常干些偷鸡摸狗的勾当,耨斤见长沙王谢家奴长得魁伟俊俏,就杀死其妃把姐姐嫁给了他;耨斤的妹妹晋国夫人看中了一表人才的户部使耿元吉,耨斤就杀死耿的妻子,强迫他娶自己的妹妹。在不到一年的时间里,耨斤几乎将萧绰、隆绪时长期推行的封建化改革措施全部废弃,统治集团内部矛盾,也再度紧张起来。

契丹族有尊崇女性的习俗,母权在社会生活中拥有相当的影响,这是从母系氏族留下来的遗风,像述律平、萧绰都能居内临朝,出征挂帅,菩萨哥也曾参决朝政,所以宗真对耨斤的专权开始时并没有抵触情绪。然而,当萧耨斤的权力

欲无限膨胀，甚至把宗真的一举一动都置于自己控制之下的时候，母子间的矛盾就逐渐变得尖锐了。某日，宗真把自己用的酒樽赠给琵琶工孟五哥，耨斤知道后，下令鞭打孟五哥。宗真怀疑是内品官高庆郎告密，就派人杀了高庆郎，耨斤竟把宗真派的人捉住交付司法官审问，还要宗真前去对证。宗真愤然道："我贵为天子，难道还要和囚犯一同受审吗？"她无言以对了。耨斤是怕耶律宗真羽翼丰满，变得难以驾驭。但宗真毕竟是皇帝，总有一天要临朝亲政的，耨斤深感岌岌可危，就与萧孝先兄弟合谋，企图废掉宗真，另立自己的小儿子耶律重元。一次，耨斤有意当着宗真的面，向宋朝使者王拱辰问起宋太祖和宋太宗的关系，王拱辰答："是兄弟。"耨斤高声赞叹："善哉，何其义啊！"宗真毫不示弱，也弦外有音地问起宋太宗和宋真宗的关系，王拱辰说："是父子。"宗真同样高声赞叹："善哉，何其礼啊！"随后，宗真又私下对王拱辰说："我有个弟弟，将来若他真的当国，南朝只怕不会高枕无忧啦。"自此，耨斤和宗真之间的矛盾日趋表面化，废宗真、立重元已成为耨斤的当务之急，实可谓箭在弦上，一触即发，剩下的只是个时机问题了。对此，宗真亦了如指掌。母子之情，早就都置诸脑后。

年已十八的宗真自然不甘心被废，于是，暗中策划先发制人，夺回权力；一批遭受耨斤集团压制欺辱的皇族大臣都支持他，就连耨斤的亲信赵安仁、耶律喜孙也被他设计拉拢过来，二人为了洗刷自己，将功折罪，积极向宗真出谋划策，反戈一击，充当了打击萧耨斤的急先锋。重熙三年五月（1034），耨斤和宗真到沿柳湖行宫消暑度夏，耨斤的亲信多半留在中京，宗真见时机成熟，先找借口扣押了萧孝先，逼他招供废立的阴谋。接着派200名亲兵包围了行宫。宗真策马立于行宫东二里的小山上

辽绿釉凤首瓶

督战，耶律喜孙带人直闯耨斤的卧帐，杀死她身边的数十名内侍。霎时间，一队骑兵剑拔弩张地押着一辆黄布囚车，离开避暑行宫朝庆州（今内蒙古巴林右旗索卜尔嘎苏柏塔子古城）七括宫方向疾驰而去。车上载着的便是四年前把萧菩萨哥囚禁于上京，现在又被自己的亲生儿子耶律宗真以同样的手段软禁起来的、曾经器张一时的萧耨斤。宗真收回被耨斤掌握的符玺，然后回师中京，分兵捕获耨斤的兄弟亲信，或处死，或流放，耨斤集团就这样被一网打尽了。五年之后，一次宗真在请人讲解《报恩经》时，很受感动，耨斤虽曾阴谋害死养母，策划废立，着实可恶，但毕竟是自己的生母，就在中京门外单独修建了一处住所，重熙八年（1039）七月，宗真将年近七旬的耨斤迎回奉养，但萧耨斤却仍耿耿于怀，毫无悔意。于是，母子之间积怨益深，互相提防，不仅平时难得晤面，即使偶尔一起出行，也要隔着十几里远。重熙二十四年（1055），宗真辞世的时候，耨斤依然健在，却一点悲痛的样子都没有。[1]

宗真的儿子耶律洪基即位，是为道宗，尊其祖母耨斤为太皇太后，照例欢庆应圣节，向耨斤祝寿，并大宴群臣。清宁三年（1057）十二月，耨斤病危，洪基还赦免中京500里内的囚犯，为她消灾祈福。不几天，耨斤死去，谥号钦哀皇后。

名 家 评 说

　　钦哀狠桀，贼杀嫡后，而兴宗不能防闲其母、惜哉！

——元·脱脱《辽史》

---

[1]《辽史·后妃列传·圣宗钦哀皇后萧氏》："帝收太后符玺，迁于庆州七括宫。六年秋，帝悔之，亲驭奉迎，侍养益孝谨。后常不怿。帝崩，殊无戚容。"

辽道宗耶律洪基皇后萧观音

萧观音（1040～1075），辽道宗耶律洪基皇后。小字观音，父名萧惠曾官任北府宰相。1055年被册为皇后，谥号"宣懿皇后"。出身名门而不娇，姿色出众而不妖，受帝专宠而不骄，文采过人而不傲。她品行端庄，从无奢求；不过问政事，却又对道宗洪基关怀备至，常热忱苦谏，从而渐遭冷落。太子濬年少有为，总揽朝政，奸佞权臣深感威胁，于是先从其母观音下手，酿成一大冤案，终致萧观音被赐自尽。

一、忠言直谏 才女失宠

萧观音的父亲是辽兴宗的生母钦哀皇后萧耨斤之弟、曾官任北府宰相、爵封魏王的萧惠。萧惠虽在任职期间屡战屡败，但由于他宽厚俭朴，又没与耨斤等结党弄权，所以兴宗亲自做主把他的女儿聘为自己的儿子、时任燕赵国王的耶律洪基之妃。清宁元年（1055）八月，洪基即位，是为道宗，十二月，册立萧观音为皇后，尊号"懿德"。

萧观音不仅聪明绝顶，姿色动人，而且才华出众。她饱览史籍，熟知掌故，还精通音律，能自制歌词，写得一手好诗，她在文学艺术上的素养在辽朝历代9帝的诸后中是首屈一指的。洪基也经常吟诗作赋，可谓趣味相投。有一次，萧观音随洪基前往秋山打猎，到了杀虎林，洪基命她即兴作诗，她似不假思索，信手拈来地吟道："威风万里压南邦，东去能翻鸭绿江。灵怪大千俱破胆，那

萧观音

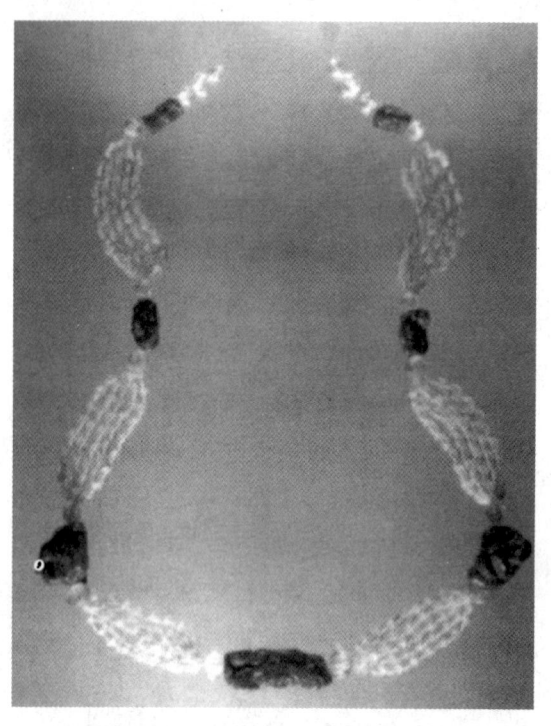

辽代装饰品的代表作——水晶珠琥珀璎珞

教猛虎不投降！"[1]洪基大喜过望，深深被诗的磅礴气势、生动形象所陶醉，立即命人记录下来，去向群臣炫耀。第二天，洪基围猎，果真一箭将只老虎射死，高兴地对群臣说："力能伏虎，这才不愧皇后之诗。"洪基每有诗作也总令萧观音属和，夫妇俩一唱一和，其乐融融，由此足以看出洪基对萧观音的爱恋。清宁四年（1058），萧观音为洪基生下了长子耶律濬后，洪基更对她有专房之宠。后来，萧观音又接连生了撒葛只、纠里、特里三个公主。

萧观音端重俭朴，厌弃侈靡，且仗义执言，不留情面。生耶律濬时，皇太叔耶律重元的妻子入宫祝贺，她打扮得珠光宝气，花枝招展，妖冶俗艳，令人作呕。萧观音劝诫说："你是皇太叔的夫人，怎能妆扮得如青楼中人一般？"[2]重元的妻子恼羞成怒，迫不及待地回到家中，指着重元的鼻子破口大骂："你也算是圣宗的儿子，竟然让人这般污辱我！你若有点志气，就替我出这口恶气！"从此重元便加紧了谋反步伐，终在叛乱中丧身。

洪基骄奢淫逸，沉湎游猎，所骑骏马名曰"飞电"，驰骋起来，风驰电掣，瞬息百里，洪基就经常跨着"飞电"，撒开缰绳，任其奔腾，时不时只身闯到深山幽谷之中，害得扈从卫士战战兢兢，漫山遍野寻找。萧观音平生敬慕唐太宗爱妃徐惠的为人，也像徐惠那样经常向洪基进谏。遂上疏谏道："妾闻穆王远游，周朝的德政因此衰败；太康佚豫，夏朝之社稷几乎倾覆。此皆沉湎畋猎之教训，帝王施政之龟镜。妾见陛下临幸秋山，不带随从，只以单骑驰逐，深入

---

[1] 诗见《辽诗话》。

[2] 语见《辽史·后妃列传·道宗宣懿皇后萧氏》："为贵家妇，何必如此！"

幽远不测之地。虽然陛下威武至极，自有神灵保驾，但万一遇上东方朔所说的那种猛兽怪物，只怕要遭受简子被沟中野猪咬坏车驾的伤害。为妾虽不才，却不能不为社稷担忧。望陛下能遵崇老子关于驰骋的告诫，采用汉文帝吉行的做法，不把为妾的话当成牝鸡司晨的赘言。"洪基并没有从皇太叔耶律重元谋反事中接受教训，仍一味宠信奸佞，听信谗言，骄奢淫逸，昏聩腐恶，因此，朝纲不振。萧观音也多次提出过忠告，怎奈洪基是个性格乖戾、刚愎自用、喜谀恶直的人，怎能容忍逆耳忠言。萧观音的这些劝谏他不仅丝毫不予采纳，天长日久，恶感愈深，后来洪基虽对其子耶律濬还能比较钟爱，对萧观音则渐渐疏远了。

辽刺绣对凤纹团花袍衣

应当说，道宗耶律洪基不仅是疏远萧观音，简直就是冷落。而这并不是因为观音的面容不够妩媚，或者心性不够柔情，恰恰相反，她不仅妩媚柔情，还诗词歌赋，文若其人。她的失宠，只是因为过于耿直。而这又是发自内心的对道宗耶律洪基的疼爱，对他所主宰的辽朝江山社稷的责任感。这样一来，无疑使萧观音十分痛苦。她独卧牙床，孤寂难耐，满腹苦水，无处倾吐，便仿效唐玄宗时杨贵妃与梅妃江采苹争宠，江采苹失宠后把自己的住所称作"回心院"，希冀玄宗回心转意的典故，以《回心院》为题，写了10首缠绵悱恻、柔肠寸断，倾诉失宠后的凄凉之苦、抒发对重新得到爱恋的渴求之情的歌词：

扫深殿，闭久金铺暗；游丝络网尘作堆，积岁青苔厚阶面；扫深殿，待君宴。

拂象床，凭梦借高唐；敲坏半边知妾卧，恰当天处少辉光；拂象床,待君王。

换香枕,一半无云锦;为是秋来转辗多,更有双双泪痕渗;换香枕,待君寝。

铺翠被,羞杀鸳鸯对;犹忆当时叫合欢,而今独覆相思衾;铺翠被,待君睡。

装绣帐,金钩未敢上;解却四角夜光珠,不教照见愁模样;装绣帐,待君贶。

叠锦茵,重重空自陈;只愿身当白玉体,不愿伊当薄命人;叠锦茵,待君临。

展瑶席,花笑三韩碧;笑妾新铺玉一床,从来妇欢不终夕;展瑶席,待君息。

剔银灯,须知一样明;偏是君来生彩晕,对妾故作青荧荧;剔银灯,待君行。

爇熏炉,能将孤闷苏;若道妾身多秽贱,自霑御香香彻肤;爇熏炉,待君娱。

张鸣筝,恰恰语娇莺;一从弹作房中曲,常和窗前风雨声;张鸣筝,待君听。[1]

二、奸臣铸冤　红颜殒命

萧观音为耶律洪基所生之子耶律濬小名耶鲁斡,自幼聪明好学,知书达理。洪基曾向萧观音称赞说:"儿子如此聪慧,岂不是上天赐予的吗?"耶律濬小小年纪就显示出了文武才干,7岁时,他随洪基在中京打猎,连发3箭,箭箭皆中,洪基喜不胜收,拍着他的肩膀对左右大臣说:"朕的祖宗都是骑射绝人,威震天下,此儿虽幼,却不堕祖宗尚武之风。"后来耶律濬又遇见了10只鹿,弓弦响处,有9只应声而倒,洪基更是大喜过望,特地设宴庆祝。[2] 耶律濬6岁封梁

---

[1] 诗见《辽诗话》。
[2] 事及语见《辽史·顺宗列传》:"幼儿能言,好学知书。道宗曾曰:'此子聪慧,殆天授欤!'六岁,封梁王。明年,从上猎,矢连发三中。上顾左右曰:'朕祖宗以来,骑射绝人,威震天下。是儿虽幼,不坠其风。'后遇十鹿,射获其九。帝喜,设宴。八岁,立为皇太子。"

王,8岁立为皇太子,洪基还命群臣每逢正旦、端午、冬至等节日都得向他进表称贺。大康元年(1075)六月,洪基命皇太子耶律濬兼领北南枢密院事,总揽朝政。其时,耶律濬才17岁,他任人唯贤、从善如流,洪基依他的推荐,封颇有才能的定武军节度使赵徽为南府宰相。臣民们从耶律濬身上看到了辽朝重振的希望,但大奸臣耶律乙辛却深感受到了严重威胁。

双龙宝珠银冠

耶律乙辛字胡睹衮,专权误国达十几年之久,是辽朝的头号奸臣。他既非皇亲国戚,亦无治世之才,全靠钻营谄谀得到了洪基的极度宠信,官拜北院枢密使,爵封魏王,洪基把军政大权全部托给了他,甚至允诺他处理四方军旅事,可以先斩后奏,使得乙辛的威权实际上超过了身为皇帝的洪基,当时有句口头禅:"宁可违犯皇上的敕旨,也不敢不遵行魏王的白帖子。"乙辛于是作威作福,恣意妄为,提携媚骨,迫害忠良。有一次,洪基对参知政事刘诜说:"卿要敢作敢为,不要害怕宰相。"刘诜回答:"臣连耶律乙辛都不怕,岂能怕宰相!"乙辛怀恨在心,稍加诋毁,就把刘诜贬了官。洪基对耶律乙辛言必听计必从,好其所好,恶其所恶,敬若神明,不要说区区一个刘诜,就连自己的至亲骨肉在遭到乙辛诬陷时,他也毫不犹豫地倒向乙辛。乙辛担心耶律濬妨碍自己专权,为了搞倒耶律濬,便利用洪基与萧观音的感情裂痕,阴谋首先除掉萧观音。萧观音好音乐,尤善弹琵琶,孤寂之时,便经常与伶官赵惟一等人演奏,以排遣满腔抑郁之情。[1] 特别是前文提及的10首《回心院》词,只有赵惟一能弹唱得令她满意,不料就此埋下祸根。

世间的事,往往是巧合,即所谓无巧不成书。原来,还在道宗洪基与皇后观音谐如琴瑟时,萧观音有个婢女,本是耶律重元的家奴,名叫单登,也会弹筝、琵琶,但比赵惟一差得很远,她对赵惟一妒忌得要命。洪基曾召单登弹筝,

---

[1] 事见《辽史·道宗宣懿皇后萧氏列传》:"(萧观音)好音乐,伶官赵惟一得待左右。"

萧观音进谏说:"此人是叛臣家的婢女,岂知她不会怀有豫让之心?不能让这种人亲近御前!"(豫让原是战国时智伯家的门客,赵襄子灭了智伯,豫让毁容变哑,谋刺赵襄子为智伯报仇,被执自尽。)后又把单登赶出宫去,单登对萧观音怀恨在心,伺机报复。她有个妹妹是教坊艺人朱顶鹤之妻,朱顶鹤又是耶律乙辛网罗的走狗,此时,乙辛正苦于要灭掉萧观音而无从下手,于是指使单登与朱顶鹤诬告萧观音与赵惟一私通,又模仿萧观音感怀西汉赵飞燕的情调,伪造了一首《怀古》诗,巧妙地隐括进"赵惟一"三个字,伪造为萧观音写给赵惟一的情诗,作为他们确曾通奸的罪证。诗曰:"宫中只数赵家妆,败雨残云误汉王。惟有知情一片月,曾窥飞燕入昭阳。"[1] 洪基见人证物证俱在,勃然大怒,命耶律乙辛和北府宰相张孝杰审理此案。乙辛对赵惟一施加种种酷刑,使其屈打成招。枢密副使萧惟信闻知,急忙找到乙辛说:"皇后贤明端重,养育储君,她是天下人之母!怎可凭叛家仇婢的话就把她治罪呢?"乙辛不予理睬,把供词呈给洪基。洪基起先还将信将疑,犹豫不决,命张孝杰再审,张孝杰亦为耶律乙辛死党,早已对乙辛此举心领神会,于是又捏造了许多细节,洪基便深信不疑,大发雷霆,当天下令将赵惟一灭族,勒令萧观音自尽。耶律濬与三个妹妹失魂落魄,披头散发,痛哭流涕地乞求代母受死,洪基不许。萧观音悲愤交加,含泪写下了一首绝命词:

辽黄釉葫芦式执壶

嗟薄祐兮多幸,羌作俪兮皇家;承昊穹兮下覆,近日月兮分华。
托后钧兮凝位,忽前星兮启曜;虽衅累兮黄床,庶无罪兮宗庙。
欲贯鱼兮上进,垂阳德兮天飞;岂祸生兮无朕,蒙秽恶兮宫闱。
将剖心兮自陈,冀回顾兮白日。宁庶女兮多惭,遏飞霜兮下击。
顾子女兮哀顿,对左右兮摧伤;共西曜兮将坠,忽吾吾兮椒房。

---

[1] 诗见《辽诗话》。

呼天地兮惨悴，恨古今兮安极；知吾生兮必死，又焉爱兮旦夕。

萧观音吟罢，自缢而死，尸体送还娘家安葬。耶律濬痛不欲生，在地上打着滚哭喊："杀我母者，耶律乙辛也！"旁观者均被所动。

当初，佞臣耶律乙辛的矛头所向就是太子耶律濬，只是先从其母开刀而已。如今萧观音冤死，太子悲愤至极，自然更加危及乙辛，于是他变本加厉，诬告耶律濬结党，密谋废帝立己。在一连串的奸计蛊惑下，道宗洪基竟然置骨肉之情于不顾，任凭乙辛摆布，终于将自己的独生子耶律濬囚于上京，直至含恨惨死。洪基听信谗言，不仅落了个家破人亡的下场，还将辽的江山社稷，置于危若累卵的境地之中。可悲的是，他的家庭和辽朝在乱臣的阴谋策划下遭此大劫，自己却仍自以为是，自始至终毫未洞察，更不用说悔恨、除奸了。作为一国之君，昏聩一至于此，可见大辽的气数将尽。仅涉及耶律濬一案，太子宫役使之人全部诛死，牵连被杀者不计其数。当时正值盛夏，尸体多得来不及掩埋，到处都散发着熏天臭气。寿昌七年（1101），洪基病死，因无子，遗命长孙耶律延禧即耶律濬之子继位。延禧追封萧观音为宣懿皇后，与洪基合葬庆陵。追尊耶律濬为顺圣皇帝，庙号顺宗。

金海陵王完颜亮皇太后徒单氏

徒单氏（生卒不详），金海陵王完颜亮皇太后。天德二年（1150）被立为皇太后。她系辽王宗干之正室，她贤惠豁达，富正义感，将宗干之妾视同姊妹，因其无子，待海陵如亲生，海陵虽尊亲母教诲，对徒单氏亦曾诚尽孝道，终因其屡对自己的篡政黩武不满、非难，而将养母徒单氏杀害。

一、待若亲子　屡经波折

徒单氏为辽王宗干的正室，却从不以此自恃。她豁达大度，聪睿贤惠，对宗干的其他妃妾都以姐妹相称，在王府内外深受尊敬。她一生没有生育。辽王的次室李氏生了长子郑王完颜充，由徒单氏收为养子。完颜充乃纨绔之流，品行不端，虽经徒单氏严加管教，仍执迷不悟，徒单氏灰心丧气，将其满腔的母爱倾注在侧室大氏所生的完颜亮身上。完颜亮自幼风度翩翩，好学不倦，深得养母疼爱。然而，他虽自幼和徒单氏形同母子，却因亲母与她有嫡妾之分，认为自己出身微贱而心存芥蒂。这为以后徒单氏与他的关系，埋下了重要伏线。

皇统九年（1149），已官至右承相兼都元帅的海陵王完颜亮发动政变，杀死熙宗，自立为帝。徒单氏与太祖妃萧氏知情后，相顾大惊失色地说："熙宗即使失道，毕竟是一国之君。我儿既为朝中大臣，理当为社稷尽忠，岂能犯上作乱！"她心急如焚，自然不可能派人向海陵祝贺，海陵十分不快。[1]海陵自以为与熙宗同为太祖完颜阿骨打之孙，早就对皇位垂涎三尺，如今能遂夙愿，当然颐指气使，不可一世，哪料到养母竟这般对待，扫兴之余，又暗自结下冤恨。

天德二年（1150），海陵下诏尊徒单氏为皇太后，居东宫，称为永寿宫。海陵生母也已被封为皇太后。当年，徒单太后过生日，大氏亲自为她操办庆宴，席间大氏向前祝寿，恰好徒单氏正与旁人谈笑，没有看到，使大氏进退为难。海

---

[1]事见《金史·后妃上·海陵嫡母徒单氏列传》："及弑熙宗，徒单与太祖妃萧氏闻之，相顾愕然曰：'帝虽失道，人臣岂可至此。'徒单入宫见海陵，不曾贺，海陵衔之。"

陵见此，大为气愤，当即拂袖而去。第二天，海陵便召见公主、宗妇，凡在席上与徒单太后说过话的一律杖打，大氏反对这种做法，海陵说："我现在是皇帝，此事不能不了了之。"海陵与徒单太后的嫌隙又加深了。[1] 因大氏一向把徒单氏视为亲姐，这件事又是由于海陵因自己而引发的，所以总感到内疚。

天德四年（1152），海陵迁都中都，王公大臣、勋贵世戚纷纷内迁，唯独将徒单太后留在上京，徒单氏不免提心吊胆，每当有使者到上京，她必定更换衣服，以待命令。一直到贞元三年（1155），海陵才遵照亲母大氏临终前的遗愿，将徒单太后接到中都，并诚惶诚恐地向其请罪："儿不孝，长期以来服侍不周，望您老人家狠狠打我一顿，否则我心里会永远得不到安宁的。"太后亲自扶起他，说："如今平民百姓有个克家的儿子，能治百金的家产，父母都爱之不忍心打他。我有这样的儿子，怎能忍心打呢？"此后，海陵每天都要到寿康宫向徒单太后请安，凡是太后喜欢的东西，海陵无不一一满足。

金代贵族妇女服饰

二、屡谏见疏　被缢身死

海陵是一个多欲的皇帝，由于受儒家正统思想影响，他以统一天下做全中

---

[1] 事见《金史·后妃上·海陵嫡母徒单氏列传》："天德二年正月，徒单与大氏俱尊为皇太后。徒单居东宫，号永寿宫，大氏居西宫，号永宁宫。天德二年，太后父蒲带与大氏父俱赠太尉，封王。徒单太后生日，酒酣，大氏起为寿。徒单方与坐客语，大氏跽者久之。海陵怒而出。明日，召诸公主宗妇与太后语者皆杖之。大氏以为不可。海陵曰：'今日之事，岂能尚如前日邪。'自是嫌隙愈深。"

国的正统皇帝为己任。迁都燕京以后，他加紧了南下伐宋的准备。于是，穷兵黩武，横征暴敛，劳民伤财，引起了朝野反对。徒单太后是其中最坚决的一个，她多次劝谏海陵息兵，海陵大为恼火，使得两人的关系又进一步紧张起来。

迁都汴京（今河南开封）以后，徒单太后入居宁德宫，为了监督海陵的行动，她让自己最亲近的侍婢高福娘每天向海陵询问起居，高福娘年轻貌美且风骚轻佻，海陵很快就把她据为己有，又利用她监视徒单太后的行动。高福娘的丈夫特末哥是海陵南伐的追随者，但因出身低微，一直没有受到海陵重用，他见妻子攀上帝王，得意忘形，还火上浇油，对徒单太后进行陷害，凡是太后的举动，无论大小一定要添油加醋地密报海陵。

正隆五年（1160），契丹人民不满于海陵的残暴统治，在撒八的领导之下，掀起了声势浩大的反金起义，枢密使仆散师恭奉命领兵1万前往镇压。仆散师恭本名忽土，出身微贱，做过宗干王府侍卫，海陵谋杀熙宗，仆散师恭为其内应，因而有功，不断受到重用，被封为太尉、枢密使，迁都汴京后，仆散师恭府第紧邻宁德宫，他便经常去拜望徒单太后，高福娘对此早就有所注意。这次临行前，仆散师恭来向徒单太后辞行，密谈许久，徒单太后忧愁万分地说："我们女真人世居上京，迁都中都后，海陵又迁到汴京，现在又要兴兵南下，平民百姓疲惫不堪，我曾多次劝诫他不要兴师动众，均执意不听；如今契丹人在北方挑起战乱，这可如何是好？"[1]

海陵早就对徒单太后心存疑虑，听到高福娘的密报后，他怕徒单太后与仆散师恭勾结，有所异图，于是下决心除掉她。他密召点检大怀忠、翰林待制斡论、尚衣局使虎特末、武库直长习失深入内宫，将徒单太后秘密处死。为防万一，又加派护卫高福、辞勒、蒲速斡带兵士40人跟从。

大怀忠一行来到宁德宫，徒单太后正与侍婢游戏，大怀忠高喊太后领旨，徒单氏如晴天霹雳，预感到大祸临头了，刚一跪下，虎特末在后面猛击数下，太后扑倒在地，高福又用绳子将她缢死，同时被杀的还有徒单太后的乳妹安特，以及郡主白散、阿鲁瓦、叉察，乳母南撒、侍女阿斯、斡里保，宁德宫侍卫温迪罕查刺，直长王家奴、撒八、小底忽沙等。随后，海陵又令将太后尸体焚烧，骨灰

---

[1] 事见《金史·后妃上·海陵嫡母徒单氏列传》："及枢密使仆散师恭征契丹撒八，辞谒太后，太后与师恭语久之。大概言'国家世居上京，既徙中都，又自中都至汴，今又兴兵涉江、淮伐宋，疲弊中国，我尝谏止之，不见听。契丹事复如此，奈可。'"

撒于汴河之中。在外出征的仆散师恭也被召回杀死。高福娘告密有功，被封为郧国夫人，赐银2000两，海陵并且许诺说南征回来后，封她为妃；特末哥被授为泽州刺史，海陵特别敕戒他说："以后不要再酗酒，不要殴打高福娘，如若不然，定斩不饶。"[1]

大定年间，金世宗诏谥徒单太后为哀皇后，后来，宗干复封辽王，徒单氏又降封辽王妃。

名家评说

徒单氏贤，遇下有恩意。

——元·脱脱《金史》

---

[1] 事见《金史·后妃上·海陵嫡母徒单氏列传》："太后方樗蒲，大怀忠等至、令太后跪受诏。太后愕然，方下跪，虎特末从后击之，仆而复起者再。高福等缢杀之，年五十三。并杀安特及郡君白散、阿鲁瓦、叉察、乳母南撒、侍女阿斯、斡里保、宁德宫护卫温迪罕查剌、直长王家奴、撒八，小底忽沙等。海陵命焚太后于宫中，弃其骨于水。并杀充之子檀奴、阿里白、元奴，耶补儿逃匿，归于世宗。自军中召师恭还，杀之。及杀阿斯子孙、撒八二子、忽沙二子。封高福娘为郧国夫人，以特末哥为泽州刺史。海陵许福娘征南回以为妃，赐银二千两。敕戒特末哥：'无酗酒殴福娘，殴福娘必杀汝。'"

附：金海陵王完颜亮丽妃石哥

唐括石哥（生卒不详），金海陵王完颜亮丽妃。正隆二年（1157）晋为丽妃。她颇有姿色，且识风情，已婚配，其姐定哥婚后与海陵王完颜亮有染，海陵篡位后纳定哥入宫为妃，石哥羡慕之至，向完颜亮暗送秋波，不久即与之私通。完颜亮由此对其难舍难分，威逼石哥之夫，石哥旋即进宫，与海陵共遂其愿。以后，定哥失宠，因与其夫之家奴通奸事发，自缢而亡，石哥虽小受牵连，未几即与完颜亮和好如初，并"连升"四级。可见"近朱者赤，近墨者黑"实言之有据也。

一、姐行妹效　一箭双雕

石哥，俏丽而又娇艳，且精于风情。秘书监完颜文之妻。其姐定哥年轻时曾与完颜亮私通，公元1149年，海陵弑完颜亶篡位后不忘旧情，要定哥毒死其夫乌带。事后，完颜亮还佯作悲痛之状，在定哥以乌带病故为其送葬时，滴了几滴眼泪。[1]

不久，海陵即将定哥纳入宫中，圆其美梦。一时间，定哥身价百倍，海陵王对她爱不释手，言听计从。贞元元年（1153），册立定哥为贵妃，并许以日后立之为后。石哥常去后宫探视定哥，见其姐平步青云，羡慕不已；加之定哥常向她说起完颜亮精于房中术，强于她当年的姐夫十倍，石哥怦然心动，只恨与海陵王无缘。完颜亮见石哥年轻貌美、艳丽多姿，远胜其姐，石哥又常趁势向他卖弄风骚，早就使得他神魂颠倒，垂涎欲滴。于是，彼此暗中眉来眼去，只等时机得手了。以后，定哥常与海陵王同辇而坐，共游瑶池，其余嫔妃则步行相随。石哥见此，岂不动心，梦想有朝一日，亦似其姐，享尽荣华富贵，亦不枉此一生。石哥的心思早被好色之徒海陵王看在眼里，于是，得陇望蜀之心，日甚一日。至此，已万事俱备，只欠东风了。

[1] 事见《金史·后妃上·贵妃定哥列传》："因乌带醉酒，（定哥）令葛温、葛鲁缢杀乌带，天德四年七月也。海陵闻乌带死，诈为哀伤。"

一日，海陵王又要携定哥出游，因石哥非妃非嫔，故未随行。这一天，石哥春心荡漾，迫不及待，于是她趁送其上辇之机，向海陵王暗送秋波；海陵王一拍即合，当即眉目传情，暗示石哥留下。石哥会意，灵机一动，忙向其姐声称身体不适，定哥即令她在其寝宫稍歇，然后自己兴高采烈地和海陵王同去春游。

金定窑剔花腰圆枕

游玩中，海陵王有意将贵妃定哥灌得酩酊大醉——他虽与定哥觥筹交错，却并未尽饮；定哥自恃得宠，不知防范，早已烂醉如泥。

待返回宫后，海陵王令宫女将定哥搀至安室酣睡，旋即三步并作两步，去见石哥。石哥则早已听得动静，并即脱衣解带，单等海陵到来。二人不及答话，便卿卿我我，颠鸾倒凤，你贪我爱，各遂其愿。

石哥与定哥虽系一母所生，毕竟年纪相距甚远，且风情万种，加以此前定哥对其妹毫不隐讳，常将她与海陵枕席之私，向石哥倾吐、炫耀，于是，石哥就竭尽所能，投其所好；完颜亮本精于此道，自然是投之以桃，报之以李。自此，石哥即与海陵王结下不解之缘，只有定哥一直蒙在鼓里。

海陵一向喜新厌旧，不久，定哥即遭冷遇，她只知完颜亮另有新欢，还曾破口大骂，海陵王只是充耳不闻，不予理会。定哥哪里知道，石哥早已与姐夫暗度陈仓。

二、缢姐封妹　连升四级

天长日久，海陵王已不以与石哥暗地偷情为满足，即令石哥丈夫秘书监完颜文之后母按都瓜，说服其子，以将石哥名正言顺纳之入宫。完颜文表示不从，海陵王闻后大怒，正告按都瓜，将对完颜文"别有所行"。[1] 按都瓜担心大祸来临，反复劝说其子，并举当年定哥遵海陵王之旨，毒死其夫事，引为前车之鉴；

---

[1] 事及语见《金史·后妃上·丽妃石哥列传》："海陵谓按都瓜曰：'必出而妇，不然我将别有所行。'"

金耳环

况且原定哥之夫节度使乌带,不仅并无不愿献妻之意,以此引之为荣,反遭致杀身之祸;今完颜亮已与石哥私相授受,若非有言在先,任其抉择,径直谋害于文,又能奈何。文终觉得后母言之有理,再不敢以卵击石。

于是,完颜文不失时机,与妻石哥诀别。石哥虽因海陵王对其迷恋,并执意纳其入宫,求之不得;唯恐延误,但毕竟与文夫妻一场,在与完颜亮彼此有意以致私通之前,也曾相依为命,相敬如宾。于是,临别依依,还与文抱头痛哭,才随海陵王遣至之护卫,去不久前迁都之中京,投入他的怀抱。

此后,海陵在与石哥游龙戏凤、为之销魂慑魄之余,偶有不快,石哥慌忙诘问,完颜亮反问石哥,当初和其夫是否亦如此放荡,石哥娇嗔道,其夫文酷似朽木,若非海陵王知遇之恩,恐将虚度此生。海陵王并不全信,遂心生一计,即召其夫文来宫中,要石哥将她和自己枕席之间的风流勾当向其细述,这既可看出石哥之言是否属实,同时也可解自己因未像对定哥夫乌带那样置文于死地的遗憾。此言即出,石哥当即娇媚万状,连声叫绝。

不久,海陵果然召文至便殿,石哥如法炮制,将她和完颜亮放荡形骸、翻云覆雨的细节,绘声绘色地予以描述,还对其夫极尽耻笑嘲弄之能事。[1] 文岂敢有半点抗争之意,直至石哥淋漓尽致,才忍辱辞去。此后,石哥更得海陵王之宠爱,而文也了解此事,终免一死。

后来,其姐定哥因不安于久旷,遂疏通常至后宫的三个尼姑,设法将其夫

---

[1] 事见《金史·后妃上·丽妃石哥列传》:"海陵召文至便殿,使石哥秽谈戏文以为笑。"

乌带家奴阎乞儿混入寝中。早在定哥刚嫁乌带不久，定哥即与阎乞儿私通，如今旧梦重温，自然如鱼得水。谁知很快乐极生悲，被其与海陵有染之婢贵哥告发，定哥知不能轻饶，乃自缢而亡。阎乞儿、比丘尼皆被诛。[1]

此事发生后，海陵王一度对石哥生疑，遣其出宫。后因未见任何蛛丝马迹，加以他思念石哥之妖艳惑人，不数日，又召其回宫，并封为修容；贞元三年（1155）进封昭仪；正隆元年（1156）进封柔妃；正隆二年（1157）又晋为丽妃。

海陵向来喜新厌旧，石哥不但未因年久失宠，反倒一再进封，在众嫔妃之中，实属罕见。

---

[1] 事见《金史·后妃上·贵妃定哥列传》："定哥乃使人以箧盛乞儿载入宫中，阍者果不敢复索。乞儿入宫十余日，使衣妇人衣，杂诸宫婢，抵暮遣出。贵哥以告海陵。定哥缢死，乞儿及比丘尼三人皆伏诛。"

附：金章宗完颜璟元妃李师儿

李师儿（？～1209），金章宗完颜璟元妃。父李湘，母王盼儿。明昌四年（1193）被封为元妃。出身微贱，因聪颖好学，美貌动人，而被金章宗召入宫中。她文思敏捷，对答如流，善解人意，谈吐诙谐，使章宗完颜璟为之神魂颠倒。从此，被册为元妃的李氏，不仅日益显赫内宫，全家随之而飞黄腾达，还笼络权臣，结党营私，干预朝政，谎报军情，致使金朝元气大伤。历史地看，师儿不啻为女中强人，却又不失为朝中罪人。她以"监女"之实为其悲剧人生的序幕，又以"换嗣"之冤为其悲剧命运的尾声！

李师儿

一、一人得道 鸡犬升天

李氏，名师儿，出身微贱，父名李湘，母为王盼儿。由于李湘触犯刑律，李氏一家全部被籍没入宫监。大定末年（1189），世宗下令召纳所有聪明伶俐、漂亮乖巧的监户女子入宫为宫女，以备洒扫之用，李师儿也在入选之列。

章宗继位之初，天下太平，政事之暇，完颜璟命宫教张建教宫女读书识字兼及宫廷礼仪，师儿亦在其中。那张建学富五车，才高八斗，章宗曾赐诗夸赞，并在仕林中传为佳话。由他教授宫女，自当是李师儿之辈的幸运。

按照金朝的宫廷惯例，学习时，宫女与宫教以青纱障隔开，宫女在内，宫教在外，双方不能见面，更谈不上接触；宫女有不认识的字需要请教宫教，只能在障内映着青纱，指着不认识的字向宫教请问，宫教在障外回答。宫教张建才华横溢，李师儿聪慧好学，对张宫教所授，在诸宫女中数她最能领会，并能举一反

三,张建对她的敏捷才思极为赏识,但由于隔着纱障,他也不晓李师儿其形其貌,只知道她的声音清晰洪亮。一次,章宗问宫女中谁最才学出众,张建回答说:"声音最清亮的那位学习最好。"章宗于是按图索骥,方知李师儿不止声音清亮,还年轻貌美,聪明伶俐,不久即召到身边。[1]

李师儿得此殊遇,受宠若惊。她对风流倜傥、能吟善咏的章宗悉心伺候,常与唱和。宦官梁道盛赞师儿才貌,劝章宗纳之。明昌四年(1193),章宗封她为昭容,次年又进位淑妃。

其时,章宗原配早逝,对李师儿的缱绻之情日甚一日,本想立她为后,但金代惯例,与帝王之家联姻者必须名门望族。在群臣争相反对下,章宗只好不得已而求其次,改封淑妃为元妃。实际上,师儿的地位也就仅次于皇后了。她不但受帝专宠,还一人得道,鸡犬升天,章宗将她已故的父亲李湘追赠为金紫光禄大夫、上柱国、陇西郡公;哥哥李喜儿过去曾经为盗,却先后被授为宣徽使、安国军节度使,并被赐名为李仁惠;她的弟弟铁哥也授予近侍局使、少府监。一时间,李氏兄妹成了章宗的红人,他们互相勾结,彼此哄抬,朝中许多趋炎附势之臣,纷纷拜在李氏门下;南京的李炳、中山的李著甚至不惜更易族谱,与李氏攀上本家。[2]

与此同时,李氏兄妹如此飞扬跋扈更引起了朝野上下众多官员的不满。一次,章宗临朝,议及汉高祖与光武帝的功过,平章政事张万公说:"汉高祖刘邦横刀立马,喋血沙场,创立汉室,为子孙奠定千秋功业,功高盖世。"平章政事徒单镒则说:"汉光武帝刘秀起兵于危难之际,再造汉朝帝业,在位30多年中,勤于政事,不事声色犬马;而汉高祖即位之后,居功自傲,一味追求奢侈享乐,宠信戚姬,终于酿成大乱。"章宗听了他的话,明白徒单镒是在影射自己对李师

---

[1] 事见《金史·后妃下·章宗元妃李氏列传》:"是时宫教张建教宫中,师儿与诸宫女皆从之学。故事,宫教以青纱隔障蔽内外,宫教居障外,诸宫女居障内,不得面见。有不识字及问义,皆自障内映纱指字请问,宫教自障外口说教之。诸女子中惟师儿易为领解,建不知其谁,但识其音声清亮。章宗尝问建,宫教中女子谁可教者。建对曰:'就中声音清亮者最可教。'章宗以建言求得之。"

[2] 事见《金史·后妃下·章宗元妃李氏列传》:"兄喜儿旧尝为盗,与弟铁哥皆擢显近,势倾朝廷,风采动四方,射利竞进之徒争趋走其门。南京李炳、中山李著与通谱系,超取显美。"

儿恩宠过甚，无言答对。

李氏兄弟依恃李师儿的势力，骄横恣肆，干预朝政，更引起了文武大臣的反对。一次，监察御史宗端修上书章宗请求他疏小人、亲君子。章宗弄不清宗端修所指小人是谁，就派国舅李仁惠前去传诏询问，宗端修一见是李仁惠来问，怒不可遏，他义正词严地回答说："我所说的小人就是你李仁惠和你的弟弟李铁哥。"

二、师儿巧对　章宗神迷

自元妃师儿入宫、得宠，章宗就魂不守舍，沉湎于温柔乡中，把原有的励精图治的锐气消磨殆尽。元妃喜爱游乐，章宗于是将辽朝时就有的中都（今北京）八景，或修葺一新，或重建亭榭，每携师儿同游，必流连忘返，尽兴而归。一次，章宗与她游览在琼岛为其建的梳妆台上，赏月中，章宗雅兴大发，冒出一句"二人土上坐"来，李师儿脱口而出地对道："孤月日边明"，章宗连连拍案叫绝。就这样，他俩宛若游龙戏凤，一唱一和地在八景之中留下了片片足迹。

李师儿不仅文思如潮，对答如流，而且谈吐诙谐，喜解帝意，往往在章宗烦闷不安、愁容满面之际，经她几句消愁解闷的话，就豁然开朗，喜形于色。承安三年（1198）春，章宗驾幸蓬莱阁，见阁内所摆玉器、玩物无比精巧，不禁仔细观赏，这才发现那上面都刻有宋宣和年号，顿即不悦。师儿虽称不上博古通今，但也略知宣和乃北宋亡国之君赵佶的最后一个年号，并察觉章宗见将亡宋

金三彩诗词文枕

器皿陈列于此，认为是不祥之兆。她马上不假思索地嫣然一笑，说道："做此者未必用，用此者未必做。自古一饮一啄，皆由天定。宋徽宗做此器皿，是为陛下享用的。"章宗顿开茅塞，喜形于色。

一次，元妃与章宗同辇过玉龙桥，见桥上石白如玉，晶莹剔透。回宫后，她即向章宗提出想以这种石头垒建岩洞，章宗诺诺连声，下令将蓟山白石赶运至京。为此，竟用工2万，牛马700乘（一乘为4匹）。于是，劳民伤财，民怨沸腾。

章宗迷恋元妃日甚一日，即使临朝，也如应卯一般，迅即退朝，与元妃和嫔妃们游览后苑，饮宴行乐，以致夜半更深始归寝宫。

三、互为表里　翻云覆雨

自此，李师儿愈益专宠，只因是监户女子，未能如愿立为皇后，但是她的元妃的地位亦与皇后不相上下。况且皇后的宝座由此而一直空缺。其实金章宗完颜璟并非昏庸无能之君，即位之初，他也曾勤于政事，体察民情。但是，"英雄难过美人关"，李师儿是那样文思敏捷，善解人意，体贴入微，温柔恭顺，章宗怎能不神魂颠倒，荒于朝政呢。至此，师儿已不满足于骄奢，她深深领悟到自己的魅力，并要再显身手，于是，就同尚书右丞胥持国勾结在一起，把持了中央政权，像诛杀郑王允蹈、镐王永中，罢黜完颜守贞等事，都出于他俩的策划。师儿之所以选中胥持国，也是因为他出身微贱，而又自视不凡，可以说是同病相怜。

胥持国，字秉钧，代州繁畤人，经童出身。所谓经童，也就是僧童，金制规定，凡是士庶子弟，年龄在13岁以下，能读大经小经，又能读《论语》、诸子等，经过考试合格，便称为经童。早在明昌五年（1194），胥持国被授为尚书右丞时，他见元妃李氏深受章宗宠幸，就图谋与她结交。胥持国曾任

金双鱼纹大铜镜

职太子宫,深知章宗生性好色,就私下里向李氏密授房中之术,元妃也明白自己门第低微,要想在宫中立稳脚跟,必须得到朝中官员的支持。于是,她多次在章宗面前为胥持国说好话,致使两人互为表里,把持了朝政,当时就有人讽刺说:"经童作相,监婢为妃。"[1]

一时间,仕之好利求官者,知胥持国与元妃结为同盟,皆奔走其门下;按察使史炳、翰林李著干脆与元妃李师儿结为"亲家"。只有大臣李宴刚直不阿,虽经师儿多次暗示,均被其婉拒。到师儿被冤获罪,凡依附于她者均被弹劾,唯李宴冰清玉洁,未被牵连,这是后话。

前文曾提过,监察御史宗端修曾直言不讳地指出李氏之兄弟均为小人,章宗虽不像历代昏君因此而置端修于死地,但亦未纳其谏,惩处飞扬跋扈之师儿的一兄一弟,就算是不了了之。数年后,一次,章宗问辅臣:"御史宗端修曾言,有小人在君王之侧,是指何人?"尚书左丞董师中奏道:"是指李喜儿辈。"喜儿是师儿之兄,章宗嫌其名不雅,早已赐名仁惠,董师中当然是有意这样嘲弄李氏三人的。这里面,也隐喻了朝臣们对师儿出身微贱的蔑视之情。章宗听后,只是默然不语。

金中都水关遗址

---

[1] 事见《金史·佞幸·胥持国列传》:"初,李妃起微贱,得幸于上。持国久在太子宫,素知上好色,阴以秘术干之,又多赂遗妃左右用事人。妃亦自嫌门地薄,欲藉外廷为重,乃数称誉持国能,由是大为上所信任,与妃表里,管擅朝政。诛郑王永蹈、镐王永中,罢黜完颜守贞等事,皆起于李妃、持国。士之好利躁进者皆趋走其门下。四方为之语曰:'经童作相,监婢为妃。'"

从此，胥持国更加有恃无恐，恣意妄为。直到承安三年（1198），在满朝忠臣的一再直谏下，才把他贬谪外地。时隔不久，章宗又起用胥持国为枢密副使，辅佐枢密使完颜襄治军于北京（今内蒙古宁城西北大明城）。这又遭到了反对，指出"胥持国乃奸邪小人，不宜统率军马"。未等章宗采取措施，胥持国已死于军中。

胥持国的贬黜、病死，并未影响元妃师儿的地位，她早已羽翼丰满，干预朝政了。当时，正置蒙古铁骑大犯金兵，乘胜北进，占据了和龙城（今辽宁朝阳）。消息传至，章宗一筹莫展，无计可施。元妃一面捧觞劝酒，以歌为之解忧，一面劝说："用兵小败，亦是常事，不必耿耿于怀。妾担心的是陛下忧虑成疾。"她说话得体，又温顺可人，章宗于是转忧为喜，开怀畅饮。久而久之，也就"虱多不痒，债多不愁"，把蒙古军队进犯事等闲视之，以致通宵达旦，与师儿饮酒作乐，日已过午仍不视朝，甚至连奏章也由元妃娇滴滴地坐在章宗怀里批阅，怎能不引起群臣的义愤。

从李师儿被册为元妃不久，至章宗驾崩（1208），她把持朝政竟达10年之久。

四、祸从天降　含冤黄泉

章宗在位20年，虽妃嫔成群，但却没有留下一个儿子，其他妃姬虽然也曾生子，但都二三岁就夭折了。泰和二年（1202）八月，元妃李师儿生下了皇子忒邻，章宗大喜，诏令举国欢庆，并宴请文武百官。可是，忒邻刚满二岁也不幸死去，皇嗣一直空缺。到泰和八年（1208），章宗已得了咳疾，久治不愈。当时，承御贾氏、范氏皆有身孕，因皇嗣未定，章宗完颜璟颇为忧虑，恰逢卫王完颜永济来朝。永济乃完颜璟之叔，他为人朴实，甚得章宗喜爱，便有意传位于他，并当着元妃师儿的面，向卫王透露过他的想法。待章宗病情急转直下，元妃先是与宦官李新喜议立卫王事，后又按内侍潘守恒的建议，把征讨有功的老臣、平章政事完颜匡召来商议，并当即按此前章宗之意立下遗诏，指出皇叔卫王乃众望所归，可于枢前即位；今有承御贾氏、范氏身怀六甲，已诏嗣位皇帝（即卫王），如其中一人生男当立为皇储，如皆产男则择可立者立之。未几，章宗驾崩，完颜永济即位，是为卫绍王。

元妃师儿承章宗意旨，策立有功，卫绍王感激涕零。在他即位两个月后，

金章宗书《告诸姬》

亦即大安元年（1209）还曾以章宗遗诏为两个腹内之子（如果是儿子的话）如何立为皇储事，昭告天下。可见，元妃在此前后，并未丝毫违抗章宗圣意。

谁知仅仅过了四个月，便祸起萧墙，使师儿蒙受不白之冤，死于非命。这还得从由她召来商议卫王即位的完颜匡说起。完颜匡实为奸佞之辈，为夺策立之功，谋划了一起陷害元妃师儿的阴谋。[1]他向卫绍王上疏，说是自章宗重病后，她与宦官李新喜秘密策划，找一个宫女诈称已经怀孕，临产时从李家抱一婴儿顶替，伪充皇嗣；恰好有一承御贾氏，因得病呕吐，并且腹中有一积块，于是，李氏收买了贾氏，对外诈称贾氏已经有喜；还说什么这一阴谋被病中的章宗识破，始未得逞；又捏造元妃、李新喜等胆大妄为，此前，曾违抗圣意、欲改召元妃之兄弟谋划，未能如愿，乃与近侍局乌古论灾寿商议，并在一起品评诸王优劣，以致皇位迟迟不定；后被知近侍局副使徒单张僧看破其奸，元妃见阴谋败露，无路可走，迫不得已始与完颜匡商议，卫绍王才得按章宗遗诏即位；完颜匡还绘声绘色地说，在先帝病危时，数次召传元妃，均推诿不至，甚至在安排后事时，还不肯露面，因她正与其母王盼儿密谋；完颜匡并诬陷说，章宗所幸宫人一旦有孕，元妃李师儿就让女巫李定奴制纸木人、鸳鸯符诅咒，终使皇嗣断绝。

应当说，元妃是有罪于金的；但在章宗立嗣、继位问题上，是遵从圣意，无懈可击的。至于照顾生命垂危的章宗，则已极尽其人事，尤其是及时召来完颜匡，商议卫王即位一事，更可说是有功于朝廷的。卫绍王见完颜匡说得有声有色，加以自己本来就对内宫情况不明，又疏于兼听，不由不信，便即令人拘审。

[1] 事见《金史·完颜匡完颜纲列传》："初，章宗大渐，匡与元妃俱受遗诏立卫王，匡欲专定策功，遂构杀李氏。"

重刑逼供下，元妃只得招供，复审时，因她养尊处优已天长日久，皮娇肉嫩，怎能再忍受酷刑，当然不敢改口，遂成铁案。卫绍王令有司定罪，按国法当处极刑。卫绍王念其侍奉章宗之功，欲免死罪，怎奈完颜匡早已串通群臣，众口一词，毫无回旋余地，卫绍王只得下诏赐元妃李氏、承御贾氏自尽；将王盼儿、李新喜处死；削夺了李氏兄喜儿、弟铁哥的官职，并恢复他们的监籍，安置到边远地区。一场子虚乌有的大冤案，总算了结。而这一冤案的炮制者、妄想藉此争功弄权的完颜匡也在同年病死。

　　至宁元年（1213）八月，卫绍王被权臣胡沙虎所弑。不久，拥立金章宗同父异母兄弟完颜珣为帝，即金宣宗。在此之前，李师儿一案早已澄清，只是未予发落。于是，宣宗在降封卫绍王的同时，下诏为元妃昭雪，从而结束了李师儿一家的流放生涯。

名家评说

　　妃性慧黠，能作字，知文义，尤善伺候颜色，迎合旨意。

——元·脱脱《金史》

西夏景宗李元昊皇后野利氏

野利氏

野利氏（？~1098），西夏景宗李元昊皇后，天授礼法延祚元年（1038）被立为皇后。她美貌娇艳，出身于辅佐有功的家族。她由元昊称帝前的王妃到立国后的皇后，也曾风云一时，宠盖宫帷。后因元昊移情别恋，野利也渐年长色衰，而被打入冷宫。更为可悲的是，她唯一幸存的儿子、皇太子宁令哥又以弑君之罪被杀，野利氏也因此被处死。这，既结束了西夏国首任皇后的性命，同时也使创建西夏的景宗元昊魂归西天。

一、超然物外　一如既往

野利氏原是夏景宗李元昊宠妃。天授礼法延祚元年（1038），元昊正式称帝建国，野利氏也被册立为宪成皇后。

元昊为党项族人，本姓拓跋，唐朝曾赐姓李，宋朝又赐姓赵，西夏通称李姓。李元昊小字嵬理，又名曩霄。其父李德明，辽封其为大夏国王，宋仁宗封夏国王，他奉行联辽睦宋之策，使夏这一以党项为主、以游牧为生的国家得以休养生息。其版图囊括了从河套到祁连山的广阔地域。

元昊自幼颇有见地，却又桀骜不驯。德明对他既非常器重，又十分担心。因为他知道，元昊对其向宋、辽俯首称臣持有异议。其实，当时的大夏，几乎可以说已经和宋、辽形成三足鼎立之势，这是李德明苦心经营30多年的业绩，并且引以为荣的。

就在公元1032年10月，在地处塞外的兴州城（今宁夏银川），当德明生命

垂危之际，他俩还进行过一场激烈争论。当时，李德明千叮万嘱，要元昊不可轻易动兵，说："我大夏自你祖父起，连年与宋征战，已疲惫不堪。以后才得化干戈为玉帛，近30年，不仅扩展了国土的疆界，百姓得以安居乐业，部属们还能穿锦缎布匹，住宫殿楼阁，这是宋朝的恩惠，你不能负恩。元昊本是来省视父亲的病情，并为其调理的，这时，却置此于不顾，与德明争论开来，元昊说："穿皮毛做的衣服，放羊牧马，这是我们党项族的本色，何必要按宋朝的习惯来改变我们自己呢？作为英雄人物的一生，应当追求称王称霸的事业，何必只看到一点点锦绮呢？[1]"他还说道："父王是夏国国主，却连姓都受赐于唐宋，此乃我拓跋家、党项人，乃至大夏国之奇耻大辱。"并声言党项、拓跋是神州大地的最强者；他将不惜一切，争得天下，主宰这大好河山。德明虽一再挣扎，劝诫元昊，其子却仍执迷不悟，一气之下，终于撒手归西。于是，元昊继承了王位。

此后，元昊治服了吐蕃，攻取了回鹘的瓜（今甘肃安西）、沙（今甘肃敦煌）、肃（今甘肃酒泉）三州，从而河西走廊均在其控制之中。同时，他以退为进，仍对宋、辽称臣，而这南北两朝仍给予莫大的礼遇和极丰的赐予。随着元昊自身地位的稳固，其建国称帝欲望日强，并得到党项贵族统治集团的拥护。

元昊热衷于保存和发扬党项民族的文化。曾下"秃发令"，限三日内秃发，逾期处死；又改服饰，使其既符合游牧生活，又分文武、尊卑；更值得一提的是，元昊还命人参照汉字，创制党项文字（后称西夏文）。此外，元昊还改兴州为兴庆府，加以扩建，作为首都，并参照宋制，定官制，设朝廷机构，且无论党项、汉人均可担任所有官职，还建立了军队。

自从德明辞世，母后卫慕氏和元昊的关系日益紧张，她焦虑万分，担心他毁掉祖、父打下的江山。而深受德明垂青的国舅，即国相卫慕山喜，又遭元昊冷落，他心怀叵测，常在其妹即太后面前剖白他的心愿。恰好，国舅的公子违抗"秃发令"，竟然在

西夏嵌玉石鎏金银饰

---

[1]语见《宋史·外国一·夏国列传》："衣皮毛，事畜牧，蕃性所使。英雄之生，当王霸耳，何锦绮为？"

令下的第四天还不秃发,被巡查队抓走前还支使爪牙大打出手。元昊不仅不听太后的劝告央求,将国舅的公子处斩,还将卫慕山喜全家溺死;最后,连他的母亲、皇太后卫慕氏也毒酒药死!

对于元昊弑母,野利氏超然物外,既不赞成,也不反对。她是事后方知的,并没有参与,也从未过问。

元昊于六年后(1038)称帝,过着骄奢淫逸的生活,然而,后宫佳丽虽众,野利氏仍集宠爱于一身,这就足以令她自己满意了。

野利氏生得体态颀长,美貌多姿,而且妖艳绝伦。元昊对她又宠又怕。她喜欢戴一种用金丝编织的"起云冠",元昊就下令其他人不准再戴。野利氏之受宠,由此可见一斑。

二、骄奢淫逸　一意孤行

野利氏生有三个儿子,只是三子锡哩早逝。长子宁明,元昊建国时被立为太子。宁明天资聪颖,深明大义,他生性仁慈,不喜富贵。当时他曾拜一个叫路修篁的道士为师,练"辟谷法"。元昊对此不以为然。一天,元昊问宁明什么是养生之道,宁明回答说:"不嗜杀人。"元昊又问:"什么是治国之术?"宁明说:"善于寡欲。"元昊十分生气地呵斥道:"此子言语不肖,全然无霸王之器!"下令不准宁明去见他。宁明索性不问国事,潜心道术。后来练得走火入魔,不能饮食而终。临死前宁明向元昊进言,望父以关怀百姓疾苦为根本。宁明死后,元昊追悔莫及,十分哀痛。

于是,由次子宁令哥继太子位。宁令哥不仅相貌酷肖元昊,就连乖张残暴的性格,也酷似其父,元昊十分宠爱,恣其所为,宁令哥做了皇太子后,更加飞扬跋扈。

元昊有妃没藏氏,乃党项大族没藏皆山之女,长得亭亭玉立,明眸皓齿。元昊本拟配给太子宁令哥,见她婀娜多姿,顾盼情深,索性自纳为妃,号为"新皇后"。元昊还在天都山(今宁夏固原西北)营造行宫,内有七殿,极为壮观,供他同没藏氏吃喝玩乐,逍遥其中。野利氏的叔父天都山守将野利遇乞大为不满,扬言:"我女出嫁二十年,却只能住在故居,今新得没藏氏,便为其营建行宫,奈何如此重视?"元昊本来就猜忌好杀,听到这些话,就担心野利兄弟尾大不掉,加之宋也乘机实施反间计,元昊于是除掉了野利兄弟及其亲眷。

元昊建国称帝，后族野利族是主要的支持者。初期的立国谋划多出于党项族著名的学者野利仁荣之手。他学识渊博，谙熟汉化典故，曾受元昊委托创制西夏文字。元昊对他极为倚重，封为漠宁令（天大王），建国后又派他主持蕃学。天授礼法延祚五年（1042），野利仁荣死后，元昊三次前去祭奠，并且抚灵痛哭，悲呼："何夺我股肱之速也！"野利旺荣和野利遇乞兄弟也是元昊的心腹重臣，分统西夏左右两厢兵众，在对宋作战当中屡立战功。这也就不难理解宋会对元昊与野利族施离间之计，而元昊刚愎自用，残暴成性，也注定了他的失策。

元昊除了野利兄弟后，渐渐醒悟，追悔莫及。野利后又不断在元昊面前痛哭流涕，诉说二位叔父死得冤屈。开始，元昊也曾捶胸顿足，呼天喊地；没料到因此失策，却又带来了一段姻缘。这，不仅改变了野利后的命运，还给初建的西夏国的命运带来了莫大的影响。

三、请君入瓮　一箭双雕

原来，在野利遇乞被诛时，其妻没藏氏听到风声流亡在外，藏匿起来。在野利氏的通融下，元昊令人将她接到兴州府宫中。没藏氏已年过三十，要不是野利氏一再坚持，元昊恐怕永远也无缘与她照面。就在没藏氏跪拜谢恩、起身欲走时，元昊两眼一亮，怔住了，没藏氏竟然正对他暗送秋波。这时，元昊才发现她

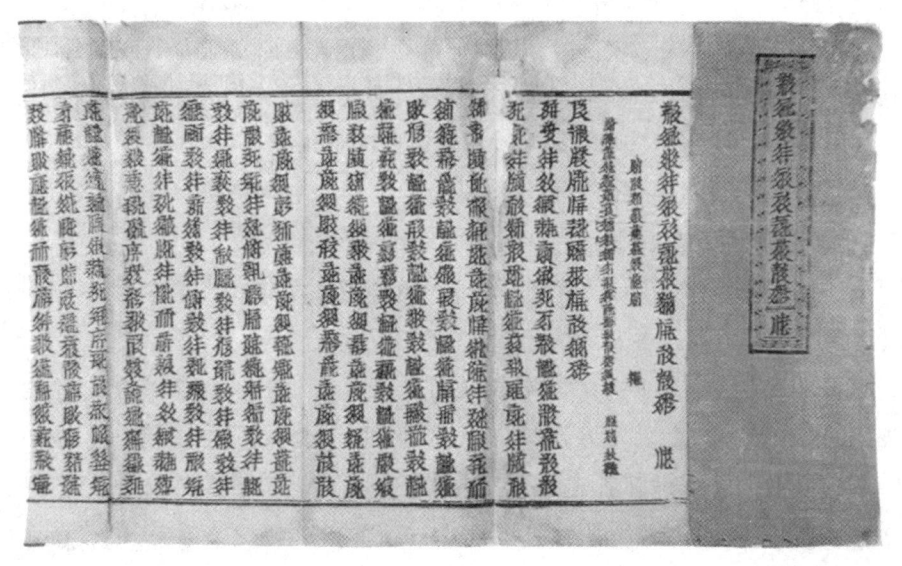

西夏文《大方广佛华严经》

体态丰满而又轻盈，肤色白皙而又透红，迅即，他俩眉目传情，彼此已心照不宣了。

很快，没藏氏就受到元昊的宠幸，并将后宫佳丽全都忘到脑后，至于皇后野利氏，自然更是不在话下。事后被野利发觉，元昊只得让没藏氏出家为尼，赐号没藏大师，居住在首都兴庆府的戒坊寺中。元昊眷恋没藏氏，经常到寺中与她幽会，甚至出猎也带她同行。

西夏女供养人壁画

天授礼法延祚十年（1047），元昊正带着没藏氏出猎，行驻两岔河边，没藏氏为元昊生下一子，取名宁令两岔。即后来的毅宗谅祚。[1] 没藏氏也因此被封为皇后，而把年长色衰的野利氏废掉，打入冷宫，不准相见。

自此，没藏氏因生子而贵，更加骄宠。"宁令"在党项语中为欢喜之意。野利氏所生的皇太子叫宁令哥，而没藏氏之子叫宁令谅祚，"祚"是指君主的位置，其用心已不言而喻。

接着，元昊还封没藏氏之兄没藏讹庞为国相，主持军国大事之裁处，自己则与没藏氏在贺兰山离宫中恣意享乐。

太子宁令哥因父亲废母，深感不满，屡出怨言。没藏讹庞趁机教唆宁令哥作乱，企图借刀杀人，除去宁令哥，另立谅祚为太子。

这时的宁令哥早已成年，出落得虎背熊腰，像他父亲一样，也是个善骑射的彪形大汉。在此之前，元昊曾一再声言要为他选妃，其后也曾选中一位小巧玲珑的娇俏可人。谁知，自从这个小可人被皇上召见，说是要为他俩订完婚期之

---

[1] 事见《宋史·外国一·夏国列传》："两岔，河名也，母曰宣穆惠文皇后没藏氏，从元昊出猎，至此而生谅祚，遂名焉。"

后，就再无下文了。宁令哥哪里想到，元昊早已在没藏讹庞怂恿下，与她苟合。

宁令哥轻信讹庞的花言巧语，暗中联络族人，待机下手。天授礼法延祚十一年（1048）元宵佳节，元昊在宫中与诸妃喝得烂醉如泥。宁令哥潜入宫中行刺，当他满腔怒火、暗藏腰刀进入元昊的寝宫、踱近卧床时，却见其父正与本应成为自己妃子的少女交颈而眠。宁令哥不啻五雷轰顶，险些晕了过去。一时间，他怒火中烧，几至疯狂。急忙取出腰刀，用足力气，向其父砍去。元昊闻听响动惊醒过来，慌乱之中，一刀削掉了元昊的鼻子，这时，早已奉没藏讹庞之命埋伏在宫门左右的军士涌出救驾。宁令哥仓皇逃窜，无处藏身，便投奔讹庞家中，暂避风头。这分明是自投罗网，讹庞当即声色俱厉，着人将其逮捕，随后，即和早已打入冷宫的野利后一起以弑君罪处死。元昊被儿子削去了鼻子，又羞又恼，第二天，鼻创又发作，不治而死，年仅40岁。

西夏毅宗李谅祚皇后梁氏

梁氏（？~1805），西夏毅宗李谅祚皇后。谥号"恭肃章宪皇后"。她作为国丈没藏讹庞的儿媳，与小姑之夫、年仅14岁的毅宗李谅祚长期通奸，由此讹庞父子图谋报复，反倒被诛。谅祚逝后，梁氏以太后之尊，迅即形成外族御政、一统朝廷的局面。梁氏姐弟还穷兵黩武，大举征战近20年之久。其子惠宗秉常虽断续视朝，但却手无权柄。由此可见，梁氏早在与毅宗勾搭成奸时，对自己的命运即已作了精心安排，且以遂生平之愿而善终。当然，梁氏之能征惯战，反复与宋较量，也不失为女中帅才，其对西夏的功绩是不能抹煞的。

《西夏译经图》中的梁氏皇太后穿汉化的衣服

一、外戚专政　尽失西陲

梁氏为汉人，权臣没藏讹庞的儿媳。谅祚之母没藏太后被杀后，讹庞将女没藏氏嫁给谅祚，以利继续独揽朝政。谅祚年龄稍大，对讹庞专权恨之入骨，因此，不爱自己的发妻没藏氏，反而喜欢上了讹庞的儿媳梁氏。他白天上朝，夜里便与梁氏幽会。讹庞父子暗中策划诱杀梁氏和谅祚。梁氏得悉告密，谅祚于是抢先除掉了讹庞父子及其全家。谅祚亲政，梁氏被立为皇后。宋英宗治平四年（1067）十二月，谅祚兴兵进犯宋境，宋将以强弩射中之，不治而死。儿子秉常继

位，是为惠宗。他只有7岁，梁氏以太后身份摄政，[1] 任命弟梁乙埋为国相。西夏再次出现外戚专权的局面。

梁氏掌权后，夏国内部发生了激烈的斗争。梁氏虽已被党项习俗、观念同化，毕竟还是汉人，没有根基，很难赢得西夏皇族的拥戴。梁太后为了巩固自己的地位，凡近臣要职，均选用自己的亲属，在朝廷内部形成了以梁太后和梁乙埋为首的外戚集团。元昊的弟弟浪遇谙熟军事，曾任都统军，参与国政，却被梁氏免职，郁悒而终。为了赢得支持，梁太后在提出国内恢复党项礼仪的同时，又频频在宋朝边境燃起战火。

谅祚去世后，宋神宗册封秉常为夏国王，后又颁赐诏书。梁太后虽然得到宋朝赐诏，但她执意要用手中的塞门、安远二砦交换被宋朝夺走的绥州，被宋朝断然拒绝。

乾道二年（1069）三月，梁太后派人攻入秦州，攻陷刘沟堡，杀死宋将与士卒数千人。[2]

宋神宗刚刚即位，年轻气盛，为了报复夏国的进攻，下令禁止宋朝边民与夏民私市贸易。不过几月，夏国便货用缺乏，梁太后又发兵攻庆州，大掠宋朝的户口。梁乙埋率领亲兵进攻顺安、绥平、黑水等砦（均在今陕西绥德境内），接着又围攻绥德城十余天，多亏宋朝绥州镇抚使郭逵在定仙山点放烟火，虚张声势，夏兵才惊惧走散。

天赐礼盛国庆元年（1070）八月，梁氏集中西夏的全部兵力，几路大军齐出，进攻环、庆等州，多者号称30万，少者20万，一直攻至庆州城下。宋庆州守将被杀。

天赐礼盛国庆二年（1071）一月，梁乙埋下令在绥德北筑罗兀城（今陕西米脂县北）以拒守横山要冲，宋部2万人马出无定河，由绥德进兵攻罗兀城，被梁氏埋伏截击，宋军败走。以后宋军增兵攻下罗兀城、筑城拒守之后，梁太后向辽借兵30万，夏兵士气大振。二月，攻下了宋军新筑各堡。宋神宗赶紧下诏撤兵，夏兵不战而胜，重新夺回罗兀城。五月，与宋朝谈和。九月，梁太后再次

---

[1] 事见《宋史·外国二·夏国列传》："秉常，毅宗之长子，母曰恭肃章宪皇后梁氏。治平四年冬即位，时年七岁，梁太后秉政。"
[2] 事见《宋史·外国二·夏国列传》："二年三月，夏人入秦州，陷刘沟堡，杀范愿。"

派员索取绥州，宋不许，直至两国议定以绥德城外20里为界，宋夏战争才暂告一段，但新一轮的较量又在紧锣密鼓的准备之中了。

绥州定界后，梁氏采用汉人学士景洵的建策，企图夺取吐蕃占据的西夏向西发展的要路武胜城。这时，宋朝也争夺武胜用以扼制西夏。天赐礼盛国庆四年（1072），梁乙埋派兵进攻武胜，武胜城被攻破。这时宋朝大军到来，夏兵仓促应战，被宋军击败，宋军占据武胜城。次年，宋军又攻下河州。河州是吐蕃首领木征的居地，木征早已降附西夏，被击败后疾驰兴庆府，请求梁太后派兵收复河州。梁乙埋派兵7000人出援，亦被击败。至此，西夏的西边屏藩尽失，国内一片哗然。

二、惠宗被囚　捷报频传

大安二年（1076），惠宗李秉常年满16岁，亲自临朝执政，但实权仍然掌握在梁太后手中。大安六年（1080）一月，惠宗在皇族支持下又下令恢复汉礼。但权力不在惠宗手中，所以未曾实行。他羡慕毅宗时推行汉礼，与宋交好，虽处于梁太后的高压之下，心中郁闷，但初衷不改。惠宗秉常身边有一将军李清，本是秦（今陕西）人，逃亡西夏。秉常渴慕中国的礼仪文化，与李清相交甚密。李清劝说秉常将黄河以南的不毛之地归还宋朝，以河为界，两国睦邻相处，以便借助宋朝削弱梁氏势力。秉常接受建议，并准备派李清出使宋朝。这激起了梁太后不满，设计将李清逮捕处死。随后又把惠宗囚禁到离故宫五里左右的木寨，斩断河梁，使之与世隔绝。[1]

秉常被囚的消息传出后，激起朝野公愤。酋长们各领所部，固守堡寨，与梁氏对抗。国相梁乙埋用银牌诏谕，也无人听从，国内大乱一触即发。五月，保泰统军藏花麻向宋表示举族愿为内应，请求朝廷出兵征讨。宋神宗认为兴师问罪的大好时机已到，下诏出征。

六月，神宗以五路大军共合兵50万，分兵

西夏驿站传递文书时用的敕牌

---

[1] 事见《宋史·外国二·夏国列传》："有李将军清者，本秦人，说秉常以河南地归宋，国母知之，遂诛清而夺秉常政。"

562

齐出，企图一举荡平西夏。梁太后听说宋朝发起大规模进攻，慌忙调遣各监军司兵委大帅梁永能领兵抵御。

宋朝五路大军远征西夏，捷报频传，夏军节节败退，梁太后束手无策，紧急召开御前会议，商议对策。少壮将领请求整军再战，只一老将反对主动迎战，提出坚壁清野，诱敌深入，然后在兴灵一带聚集重兵，另以轻兵抄敌军后路，断其粮运，宋军无粮就会不战自困。梁太后采纳了老将的意见，[1]调集国中10万精兵，重点防守在西夏核心地区兴州、灵州一带。不久，战局就发生了逆转。十一月，宋部直逼灵州（今宁夏灵武）城下，几乎攻破城门。夏军一面坚守，一面派出轻骑断绝粮道。宋军粮饷不继，又饥又饿。梁太后又令掘开黄河七级渠，水淹宋营，宋军无备，淹死无数。时值隆冬，侥幸凫水逃走者不耐饥寒，丧亡大半，陆续败走。夏军衔尾疾追，宋军一败涂地，10万大军只剩下1.3万多人。其他各路大军也因沿途大雪漫天，士兵乏食，死伤均以万计。于是不敢再进，班师回朝。宋朝五路伐夏，损失惨重，仅兵员损失即达40余万，夏军大获全胜。谚语说得好："杀人一万，自损三千。"西夏经历这次激烈的战争，也元气大伤。梁太后实行坚壁清野，前方空虚，宋军得以顺利地占据许多城池和不少地盘，经济上也受到了空前的破坏，沿边的肥沃土地也因战线内移而无法耕种。百姓辗转迁徙，牛羊财产大量丢失。

宋神宗对五路攻夏失败，一直耿耿于怀。来年四月，熙河统帅李宪奏再次西征，朝臣争议不已。此时恰巧沈括建议在横山筑城，取建的形势，俯瞰西夏，使西夏不敢正视朝廷。宋神宗采纳沈括建议，决定趁机兴兵，派给事中徐禧考察建城地点，选定了永乐。

永乐是西夏的必争之地。城池刚刚修好，梁太后即点集30万大军进攻永乐城。两军相遇在永乐城下，夏军兵临城下，耀武扬威。宋军隔河对阵，士兵面有惧色。永乐城下，一片沃野，夏军纵铁骑渡河左冲右突，如入无人之境。宋军见势不好，掉头便跑，7万大军一触即溃，退入城中。西夏军把永乐城包围数重，又断绝水源，卡断粮运，奋力攻打。城中宋军无水，渴死大半，不久城被

---

[1]事见《宋史·外国二·夏国列传》："初，夏人闻宋大举，梁太后问策于适，诸将少者尽请战，一老将独曰：'不须拒之，但坚壁清野，纵其深入，聚劲兵于灵、夏百遣轻骑抄绝其馈运，大兵无食，可不战而困也。'梁后从之。"

西夏羊饰

攻下。[1] 主将尽皆战死，将校死数百人，士卒、役夫死者达20万。惠宗秉常即位以来，夏宋连连交兵，宋朝只得到葭芦、吴堡、义合、米脂、浮图、塞门六城，兵士伤亡仅灵州、永乐之战即达60多万，钱谷银绢，更不可胜计。夏军两次大胜，大大挫折了宋朝君臣的锐气，从此宋神宗不再念念不忘西征了。

三、秉常复位　大权旁落

尽管如此，梁太后尚不甘心，又令夏军50万将兰州城重重包围，守将王文郁率700名军士缒城夜袭，才将夏军吓走。梁太后自囚禁秉常以来，与宋朝战争不断，宋之"岁赐"自然没有了，因为战乱，边境贸易"和市"也无法进行，国内财用困乏，物价暴涨。连年的征战，无数良田成为旷野，百姓处境艰难，怨声载道。大安六年（1083）夏，梁太后与梁乙埋商议，重把秉常扶到前台。

秉常虽然复位，国政仍然掌握在梁太后和其弟梁乙埋手中。她一面派人向宋上表请称臣纳贡，要求"欢好如初"，以便重新得到宋朝的"岁赐"，一面又以索要夏国被占领土为理由，不断指使前方将领对宋进行攻掠骚扰。受党项族尚武风俗的影响，梁太后亲自调兵遣将，驰骋沙场。她重用梁乙埋和幸臣，致使朝政混乱。梁太后先是将其弟梁乙埋之女娶为儿媳，成了惠宗李秉常的皇后，以继续梁氏家族对西夏王朝的统治。为了同一目的，在大安十一年（1085）二月国舅梁乙埋死后，梁太后又扶持了梁乙埋之子梁乞逋做了国相。八个月后，梁太后辞世，从而结束了她长达近18年的干政。

---

[1] 事见《宋史·外国二·夏国列传》："夏人进侵，及县门，溃归城者，决水砦为道以登，夏人因之，奔归于城者三万人皆没。夏兵围之者厚数里，游骑掠米脂。将士昼夜血战，城中乏水已数日，井不得泉，渴死者大半，括等援兵及馈运皆为夏大兵所隔。夏人呼珍来讲和，吕整、景思义相继而行，夏人觊思义囚之，而城围者已浃旬矣。夜半，夏兵环城急攻，城遂陷。"

西夏惠宗李秉常皇后梁氏

梁氏（？～1099），西夏惠宗李秉常皇后。谥号"昭简文穆皇后"。她效法其姑、毅宗之后梁氏，封其兄为国相；巧合的是，姑侄二梁都是在各自的儿子尚幼时丧夫，一跃而为太后的；两位梁氏还都习武善战，乐此不疲。不过，两代梁氏与宋征战的后果各异，归宿不同：老梁氏使宋大挫锐气，恢复其"岁赐"之后，寿终正寝；小梁氏连连中计，节节败退，西夏国力丧尽后，死于非命。更为重要的是，前梁太后为其逝后梁氏家族继续专政西夏，做好了安排；而后梁太后却结束了西夏数度母后及外戚专权的局面。

梁 氏

一、屡战屡败　国舅遭诛

惠宗李秉常的母亲梁太后为了保住梁氏家族在西夏朝野的权力，令惠宗娶了她弟弟梁乙埋之女为后。大安十一年（1085），梁太后辞世，次年惠宗也随母而去，其子李乾顺即位，是为崇宗。时崇宗只有3岁，她的母亲、新的梁太后便和她的兄长、国相梁乞逋继续执政。

梁太后继承其姑母和父亲联辽抗宋政策，她受党项风俗的影响，长于骑射，能征惯战，频频发动侵宋战争，借此来掠夺财富，缓和与皇族的矛盾。

天仪治平二年到天仪治平三年（1087～1088）两年间，百姓疲于征战，民怨沸腾。

天仪治平三年十月，国内大旱，民不聊生，天仪治平四年（1089），西夏

西夏壁画《水月观音》

只得遣使臣与宋议和，双方商定：宋朝将神宗时占领的米脂、葭芦、安疆、浮图等四寨地退给夏国，夏国把永乐城俘获的宋朝吏卒送还。[1]

天祐民安元年（1090）八月，夏国派人送来永乐城俘获的宋朝吏卒100余人，趁机索要横山、兰州以南的砦堡。宋哲宗听信保守派宰相司马光之言，依其所索。梁乞逋见宋朝如此软弱，外附强辽为援，再度对宋朝用兵。天祐民安三年（1092）三月，梁乞逋屯兵3万在韦州，准备进攻宋朝环、庆等州。宋朝环庆经略使侦知夏国的企图，先发制人，派兵突袭韦州，夏军大败。

十月，梁太后又亲统10万大军攻打环州。宋环州经略使久驻边防，屡建战功。他收买俘虏，刺探军情，对梁氏的用兵之道，了如指掌。他预先作了精密的安排，挑选勇将折可适带领1万名精兵向敌后包抄，太后率军围城七日不下，

---

[1] 事见《宋史·外国二·夏国列传》："四年二月，始遣使谢封册。六月，稍归永乐所获人，遂以葭芦、米脂、浮图、安疆四砦与之。"

只得退兵。猛将折可适屯兵洪德城（今甘肃环县西南），发现夏军中国母梁氏的旗帜，即鼓噪出城，左冲右杀，夏军大败，死伤1000余人，缴获牛马骆驼器械无数。洪德城外沙丘遍野，仅存一牛圈尚有积水，供人畜共饮。残兵狼狈窜逃到牛圈，喝了牛圈的积水，岂知宋将早已料到有此一举，派人在水中下毒，单等西夏溃兵到此中毒。中毒的将士沿途倒毙，坠落深谷的不可数计。梁太后被逼得丢弃了帷帐、首饰，换了衣服，方才逃走，保全性命，由此不得不再次向宋请和。

西夏自崇宗李乾顺即位后，国舅梁乞逋自恃一门二后又身为国相的显赫地位，把持了夏国朝政，并通过领兵对宋大肆掳掠，扩张权势。把西夏新得到的宋朝"岁赐"，作为他的武功大肆炫耀，目空一切，群臣敢怒而不敢言。一些朝政大计，甚至连梁太后也不得与闻，从而与梁太后发生了权力争夺。正因为这样，环州之役梁氏亲自率兵出战使他感到了权力危机，竟然阴谋窃取最高权力。

天祐民安五年（1094）十月，梁乞逋铤而走险，阴谋叛乱，被大首领嵬名阿吴、仁多保忠等发觉，率领部众将梁乞逋及全家杀死。

二、且征且和 太后被鸩

由此，梁太后独揽了军政大权，连年以划界未定为由，继续进犯宋朝边境。当时，宋哲宗停止与西夏划分地界，断绝对西夏的岁赐，实行强硬政策，西夏国力受到很大的削弱。

天祐民安七年（1096），梁太后派人到宋朝要求用塞门、安远二砦交换兰州全境。兰州是北宋在西北边陲要塞，宋朝自然不准。这年九月，梁太后准备大举伐宋，事为鄜延经略使吕惠卿侦知，预先将军队分为11支，都屯驻城里。13岁的西夏帝崇宗李乾顺和梁太后率军50万渡过黄河，兵分三路蜂拥而来，200里间连绵不断。梁太后本想以重兵包围延州，然后南掠鄜州。及至兵到延州，始知宋将早已严阵以待。梁太后欲攻不可

西夏木缘塔

近，欲掠无所有，围城两天便撤兵北去攻打金明砦。梁太后将大军分成11寨，猛攻金明。她与崇宗李乾顺母子二人亲临阵前，击鼓督战。终于，夏军攻破金明砦，宋将战死，守军3000人几无生还。[1] 尽管梁太后和崇宗率师50万，费尽九牛二虎之力，赢得了这次进攻，因宋朝守备有序，夏军却劳而无功，难怪宋哲宗还泰然自若，谈笑风生地指出西夏帝和太皇后此举之荒唐。[2] 此后，宋朝对西夏之再度举兵继续保持强硬的态度。

天祐民安八年（1097），梁太后连续出兵攻击宋沿边城砦，都被宋将击退。夏军极为畏惧。四月，宋军出击，连破西夏的洪州（今陕西定边县南）、盐州。宋守将章楶上书请求在葫芦河川建筑城堡，哲宗准奏。章楶会合熙河、秦凤、环庆、鄜延四路军队30万，佯装修缮旧有堡砦，暗地里备好修城及防守的器械，出葫芦河川，在石门峡江口、好水川北岸修筑了两座城堡。位置正当葫芦河川，东带兴灵，西趋天都，宜于农牧，地势冲要，是西夏必争之地。果然，城正在修建中，梁太后闻知，派兵突袭，被宋军击败。宋军奋战22日，大胜，赐名为"平夏城""灵平砦"，随后其他各路夏军的进犯，也被击退。从1097~1099年，宋朝边将不断向外推进，沿边各路相继在要害地区筑城50多座，西夏的膏腴之地几乎全被蚕食。其间，宋军一度攻入宥州城，旋又循序退出，由此可见大宋胸有成竹、有恃无恐之一斑。宋朝步步进逼，西夏着着后退，西夏臣民无不惊恐不安，

永乐元年（1089）十月，梁太后与儿子乾顺再点大军40万，从没烟峡急趋进军，攻平夏城。夏军连营百里，昼夜攻城不止，宋军守将郭成全力守城。夏军攻城不克，便建造了一种名为"对垒"的高大战车，每次用百余辆车载数百人填壕而进。飞石激火，昼夜不息。围城十余天，伤亡1万余人，粮草将尽，夏军仍未攻克平夏城。僵持中，天色骤变，狂风大作，飞沙走石，战车被毁，夏兵惊溃

---

[1] 事见《宋史·外国二·夏国列传》："九月，大入鄜延，西自顺宁、招安砦，东自黑水、安定，中自塞门、龙安、金明以南，二百里间相继不绝，至延州北五里。十月，忽自长城一日驰至金明，列营环城，国主子母亲督桴鼓，纵骑四掠。知麟州有备，复还金明，而后骑之精锐者留龙安。边将悉兵掩击不退，金明乃破。守兵二千八百人惟五人得脱，城中粮五万石、草千万束皆尽，将官皇城使张俞死之。"

[2] 语见《宋史·外国二·夏国列传》："初，哲宗闻夏人来寇，泰然笑曰：'五十五众深入吾境，不过十日，胜不过一二砦须去。'"

四散。梁太后羞愤不已，只得撤兵。

宋军乘胜追击，生擒"边患"西夏勇将嵬名阿埋、西寿监军妹勒都逋，[1]俘杀夏军3000人，缴获牛羊10万余头，致使西夏朝野为之震惊，人人惶惶不可终日。平夏城大捷之后，宋朝在新得到的土地上建立了西安州（今宁海海原西）和天都砦（今固原县西）。此地历来是西夏耕牧衣食根本之地，人力精强，出产丰盛。至此，西夏再无力与宋为敌，只得同意两国隔沙漠为界，夏人无聚兵就粮之地，于是，梁太后统治后期，西夏国力降至最低点。

永安三年（1099）正月，崇宗李乾顺已年满16岁，梁太后却仍不许他亲主国事。辽道宗耶律洪基对梁氏一向极为厌恶，宋夏交战，夏国多次向辽求援，道宗都不理会。正巧此时梁太后向辽上表，言辞不逊，道宗大怒，派使臣用毒酒鸩杀梁太后，崇宗李乾顺才在辽国的支持下开始亲政。西夏几度出现的母后临朝的局面结束了。

名 家 评 说

夏主乾顺，冲年嗣立，即奉母梁氏，率兵五十万寇边，其藐宋也实甚。纵还俘卒，贻书惠卿，语多调侃，彼心目中岂尚有上国耶？

——蔡东藩《宋史演义》

---

[1] 事见《宋史·外国二·夏国列传》："泾原折可适掩夏西寿统军嵬名阿埋、监军妹勒都逋，获之。"

【元】

太祖铁木真皇后孛儿帖

孛儿帖（生卒不详），太祖铁木真（成吉思汗）皇后。蒙古弘吉剌部人，父德薛禅（《元史》为"特薛禅"）。谥号"光献翼圣皇后"。她识礼明义，陪嫁的一件贵重貂鼠袄子，后来成为铁木真发迹的最初资本。她自始至终与丈夫一起艰苦创业，多次在关键时刻提醒了铁木真，为其统一蒙古做出了不可磨灭的贡献，被称为元朝的开国皇后。

孛儿帖

一、温柔美丽　得许少年

12世纪时，在风吹草低见牛羊的蒙古草原上，分布着许多游牧部落。位于蒙古高原东南哈尔哈河流域的弘吉剌部便是其中之一。

孛儿帖是弘吉剌部勃思忽儿的首领薛禅的女儿。动荡的游牧生活造就了她坚毅、质朴的性格，羊脂奶酪的滋养使她出落得端庄健美。在她10岁的时候，一个偶然的机遇使她与蒙古部孛儿只斤氏族的铁木真订了婚。

铁木真的父亲是蒙古部首领也速该。公元1162年，他率军与世仇塔塔儿部大战，获胜，俘获了塔塔儿部酋长铁木真兀格。这年三月二十一日，也速该的妻子诃额仑生下了"手握凝血如赤石"的长子，为纪念这次重大胜利，也速该就以敌将的名字为新生儿命名为"铁木真"。

时光飞逝，日月如梭。转眼铁木真已经9岁了，他聪明机智，体魄健壮，深受父母喜爱。也速该认为将来继承自己事业、昌盛蒙古部者必定是铁木真。一天，也速该与妻子诃额仑商量："我们的儿子这样英俊威武，要有一个美丽的姑娘配他才好。你看我应该到哪个部族为他求亲呢？"诃额仑笑着说："这你还想

蒙古高原的游牧生活图景

不到吗？"也速该恍然大悟，不由得想起自己当年抢亲的情景：

一个风和日丽的日子，也速该正兴致勃勃地在斡难河畔放鹰狩猎。忽见蔑儿乞人的迎亲队伍从远处走来，他好奇地走近观看。当他见到坐在车子上的新娘如明月一样秀美时，顿时心潮澎湃，决定把新娘抢归自己，便飞奔回家，叫上哥哥捏坤太石和弟弟答里台斡赤斤，快马向迎亲队伍冲去。新郎也客赤列都见此情景，立刻奔到车子旁，守护新娘。新娘已知道劫难不可避免，就对他说："那三个人声色俱厉，会害了你性命，你快走。只要有性命，像我这样的女人有的是。你如果想念我，再娶的女人就叫我的名字吧。"说完脱下衣衫留给新郎做纪念，并让新郎赶快逃命。也速该见也客赤列都逃走，紧紧追赶，过了七个山冈仍未追上，只好作罢，将新娘带回家成了亲。这位新娘便是诃额仑。[1] 当时漠北少数民族抢亲，是司空见惯的事情。

诃额仑是弘吉剌部斡勒忽讷兀惕氏族人，该部姑娘以美丽贤淑闻名，因此夫妻二人决定带铁木真去他母舅处求亲。

第二天，也速该和铁木真各骑了一匹快马，一边欣赏着广袤无际的草原景

---

[1] 事见《新元史·后妃·烈祖宣懿皇后列传》："先为蔑儿乞部人也客赤列都所娶。也客赤列都御后行至斡难河，烈祖出猎见后美，与族人捏坤太石、答里斡赤斤共劫之。后使也客赤列都策马疾走，烈祖追不及，以后归，遂纳焉。"

色，一边向弘吉剌部驻地奔驰而去。

几天后，父子俩进入弘吉剌部扯克彻儿山和赤忽儿忽山两山之间，遇到了弘吉剌部人特薛禅，便交谈起来。薛禅问："你们父子俩这是到哪里去呀？"也速该说："我带着儿子到他母舅家的部落去求亲。"特薛禅打量着体魄强健的少年铁木真，见他生得方面大耳，"眼明面光"，英气勃发，不由得心生喜爱，有心把自己10岁的女儿孛儿帖许给他，就说："我昨夜梦见一只白色雄鹰，两手拿着日月，飞到我手上立住。我对人说，日月只能用眼睛看，如今这白色雄鹰拿日月来到我手上，一定有好事。[1] 原来今日你将这儿子来应了我的梦，他一定是你乞颜人氏的吉兆。"特薛禅接着说道："我们弘吉剌部有的是美貌的女子，从不掠夺旁的部落，也从不侵伐他族的土地。我们生男以守营盘，生女以逞美色。弘吉剌部的女子自古以来有许多持团牌的后妃、奉奏事的仕女。到我的家里来吧，请来看看我亲生的小女。"也速该乐得哈哈大笑，便带着铁木真来到了特薛禅家。

特薛禅领着也速该来到自己的帐中，摆上丰盛的酒食，举杯畅饮。酒酣之际，特薛禅吩咐家人把孛儿帖叫来。当如花似玉的孛儿帖轻步走进来，顿使帐中生辉。她看上去既温和又柔顺，与英俊的铁木真可说是天造地设的一对璧人。也速该非常高兴，当即与特薛禅定亲，不再前行。

次日晨起，也速该向亲家道别。特薛禅非常喜爱铁木真，不舍得让他马上离去，提出留铁木真住下。也速该同意了，对儿子叮咛几句后，踏上了归程。铁木真留在岳父家中，和美丽的孛儿帖一起嬉戏玩耍，两人形影相随，心意相迎，成为一对好伙伴。

二、一别十载　终成眷属

也速该告别亲家后，顺着额尔古纳河向西往家中走去。几天后，他走进塔塔儿部扯克彻儿地面，遇到塔塔儿人正在绿色的草地上摆设宴席。又饥又渴的也速该翻身下马，不客气地参加了宴饮。按蒙古习俗，骑马经过正在进餐者的旁侧时，只要下马，不等主人邀请即可就餐，主人不得拒绝。只顾低头吃喝的也速该并未留意塔塔儿人的举止表情，他没想到塔塔儿人中有人曾参与同他的战斗，认

---

[1] 事见《新元史·后妃·太祖光献翼圣皇后列传》："道遇特薛禅，奇太祖状貌，又夜梦白海青挟日月而飞集其掌，心喜为吉征。"

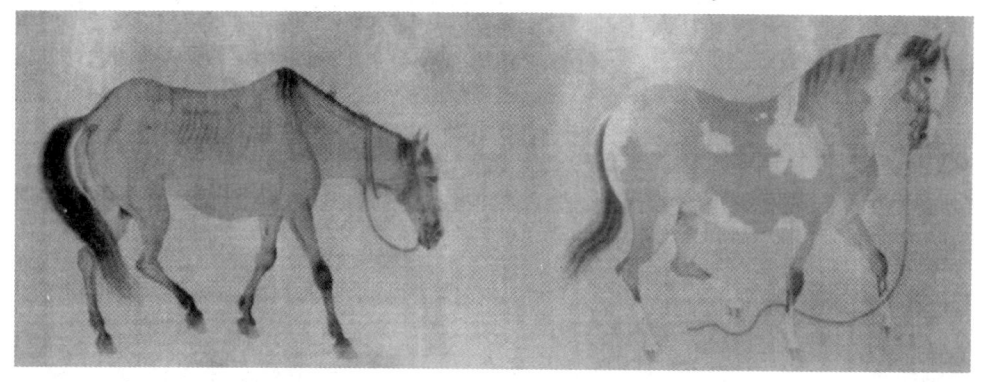

元《二马图》

出来人正是自己的仇人，复仇之心陡然而生。他们密商几句，便在酒食中偷放了毒药。酒足饭饱之后，也速该告辞上马，走出不远，便觉腹中隐隐作痛，自知是塔塔儿人下了毒，忙快马加鞭往回赶路。勉强支撑着回到家里，已经脸色铁青，牙关紧咬。诃额仑悲愤交加，忙把家奴蒙力克叫来，找草药来煎服，无奈毒药已深入膏肓。也速该强忍剧痛，拉着蒙力克的手，恳切地叮嘱道："我遭了塔塔儿人的暗算，不久于人世。请把我的子女视若你的子女，请速将我儿子铁木真从弘吉剌部的特薛禅家领回来，我想最后看他一眼。"说完便昏迷过去。

蒙力克受命托孤后，火速向弘吉剌部奔去，要将铁木真接回家。

铁木真和孛儿帖骑马正在草原上驰骋时，突然看见天尽头处出现一个黑点，风驰电掣般地飞奔而来。不一会儿，铁木真就看清来人是父亲的管家蒙力克，看他火烧火燎的样子，一种不祥的预感笼罩了心头。他马上迎上去，探问情况，蒙力克没有回答，焦急地讯问他岳父特薛禅在哪儿。孛儿帖和铁木真赶紧把蒙力克带到特薛禅处，蒙力克恳切地说："也速该想铁木真，好生心疼，教我来接。"特薛禅见蒙力克风尘仆仆，汗流浃背，知道有急事，不好明问，就说："既是想，教去见了便回。"

铁木真与孛儿帖恋恋不舍。二人虽然年幼，但情投意合，心心相印。孛儿帖拉着铁木真的手，嘱咐他看望父亲后早早返回。望着温柔的孛儿帖，铁木真闪着泪花，点头答应，跟随蒙力克飞驰而去。谁知这一别，竟长达十年之久。

当铁木真赶回家时，也速该已含恨死去。他与母亲诃额仑料理完丧事，便开始尽力笼络人心已散的蒙古部众。自从孛儿只斤氏族失去了首领也速该，许多属民和奴隶改投其他势力较强的部族。蒙古部的泰赤乌氏族原本同孛儿只斤氏族

蒙古骑兵作战图

关系至密，当看到孛儿只斤氏族只剩下孤儿母妻统领时，就抢走他们的部众，自行迁走了。

铁木真一家陷入了困境。诃额仑带着年幼的儿子铁木真、合撒儿、合赤温、帖木格、女儿帖木仑和剩下的少数部众住在斡难河（今蒙古国肯特山一带）上游不儿罕山（今蒙古肯特山东南斡山的必儿喀岭）一带，过着艰难的生活。他们在斡难河边靠采摘野山梨、野樱菜充饥，用桧木掘取胡萝卜和杂草根勉强维持生活。

就这样，他们还不断遭到来自其他各部落的打击。泰赤乌氏族的首领担心铁木真长大后复仇，就带人把铁木真抓去，给他带上手枷和头枷，四处示众，打算杀了他。机智的铁木真利用泰赤乌人举行宴会的机会打倒看守，逃了出来。在泰赤乌氏的属民锁儿罕失剌的帮助下，铁木真躲过搜索，死里逃生，终于找到了母亲和弟妹。家无隔夜粮的铁木真一家，以捕食草原上的旱獭、野鼠为生，继续承受着贫困的熬煎。在诃额仑和蒙力克的教诲下，铁木真在逆境中渐渐长大，他不仅生得虎背熊腰，身体如铁塔般结实，武艺和马术更臻精湛，头脑机智冷静，心胸宽容大度，一些失散的部众陆续返回，他的力量也一天天壮大，羽翼一天天丰满。

铁木真20岁时，一天诃额仑把他叫到身边，说："男大当婚，女大当嫁。你已经长大成人，该把婚事办了。你父亲在世时，曾给你订下弘吉剌部特薛禅的女儿孛儿帖。这些年，我们母子几个历经艰险，受尽辛苦，一直没去人家那边探

574

望，现在你就到那边迎娶你的未婚妻，也好了却妈妈的一桩心事。"

第二天，铁木真和他的异母弟别勒古台一道，骑上骏马，顺着客鲁涟河去寻找孛儿帖。

自从铁木真被蒙力克接走后，特薛禅一家人天天盼着他归来，可等了很久，没有音讯，便四处打听，方知其一家人在困苦中熬煎。特薛禅深信，铁木真气度非凡，定会使自己的部族东山再起；孛儿帖也坚信总有一天，铁木真会威武地出现在她面前。为了便于铁木真寻找，十年来，他们一家人一直住在扯克彻儿和赤忽儿忽两山中间，不曾远行。

一天，突然听得一阵马蹄声由远而近，特薛禅老人出帐观看，高兴地叫道："快来看那！我们的雄鹰飞回来了。"孛儿帖偷偷望去，见铁木真稚气尽脱，满脸英气，威风凛凛地翻下马背向蒙古包走来，心里像灌了蜜一样的甜美。铁木真快步上前向岳父问安，并介绍了弟弟别勒古台。特薛禅望着已经长大成人的女婿，大喜过望，连忙请他们入帐。铁木真一眼看见眉清目秀、容颜俊俏、面色绯红的孛儿帖，心里有说不出的喜欢。没想到十年过后，孛儿帖比当年更为端庄秀美。特薛禅听铁木真说明了母亲要他前来迎亲的意思，微笑着应允道："如今你和孛儿帖都已成人，我也这样想，今天就让你俩完婚。"

特薛禅夫妻邀集亲友，为铁木真和孛儿帖举行了隆重的婚礼。特薛禅曾经对铁木真说："吾弘吉剌氏，一向不与你家争人民和土地。所生的女儿长大了，就乘坐大车，驾着黑驼，嫁给你部的贵族，往往成为可敦（即皇后）。"后来铁木真有命令："弘吉剌氏所生之女世代为皇后，所生之男世代娶公主。"[1]

新婚的欢乐，并未使铁木真忘掉自己肩上的重任，归心似箭。特薛禅知道铁木真的部族离不开他的意志和智慧，不能在此长住下去，几天后，让妻子和岳母搠坛陪送他们到家。

诃额仑望眼欲穿地盼望着儿子的归来，当她看见儿子领着妻子和岳母安然而至，心中喜不自胜。只见儿媳孛儿帖身穿红色皮袄，头戴羊皮高帽，如花似玉，婀娜动人，老人乐不可支。她与搠坛亲热地攀谈起家常，热情而慈爱地握着儿媳孛儿帖的手。孛儿帖从奴仆手中取过一件贵重的黑貂鼠袄子，作为送给婆婆

---

[1] 事见《新元史·特薛禅孛秃列传》："特薛禅尝言：'吾弘吉剌氏，向不与汝家争人民、土地。生女既长，则乘大车驾黑驼，嫁汝贵族，往往为可敦。'后太祖有命：'弘吉剌氏生女世为后，生男世尚公主。'"

的见面礼，双手跪举献给诃额仑。捱坛住了几日，见铁木真一家和睦团结，铁木真与孛儿帖十分恩爱，放心告辞。铁木真送走岳母，同孛儿帖一起开始了愉悦的新婚生活。

三、深明大义　患难情深

美满的婚姻，使铁木真对前途更加充满信心。他审时度势，感到自己的力量还很弱小，且有强大的仇敌塔塔儿人和泰赤乌兄弟，对自己形成严重的威胁，时刻有被消灭的危险。为了解除威胁，发展壮大自己的力量，他决定采取两项措施：一是率部族从桑古儿河迁到客鲁涟河源头不儿吉地方扎营定居，远离仇敌，休养生息；二是征求外援，寻求一个更强大势力的庇护，以对付仇敌。

当时有两个较强大的部族与铁木真关系较好，一是从少年时代就与铁木真结为安答（结拜兄弟）的札木合，一是曾与他父亲结为安答的客烈部首领王罕。经过三思，铁木真决定去拜见客烈亦部首领王罕。可又苦于没有晋见之礼，家里只有孛儿帖陪嫁的黑貂皮袄比较珍贵。于是铁木真去找母亲诃额仑商量。诃额仑说："我当然同意，但这是孛儿帖的随嫁之物，你最好还是同她商量一下。"铁木真只得硬着头皮去征求爱妻的意见，他说："孛儿帖，我有件事想与你商量。我父亲也速该在世时，曾经帮助客烈亦部的王罕取得首领地位，二人还结为安答。我想把珍贵的黑貂皮袄送给王罕，使我们的同盟更加牢固，你赞同吗？"孛儿帖听罢，笑着说："这么大的好事，还商量什么。黑貂皮袄虽是稀世之宝，可那却是身外之物。为了自己的大业，舍弃一些身外之物，又有什么呢？"铁木真激动地把孛儿帖抱在怀里说："孛儿帖，你真是个通情达理的好妻子。"

经过几天的跋涉，铁木真带着哈撒儿和别勒古台找到了客烈亦部住地黑林。他以父礼拜见王罕，诚恳地说："从前你与我父亲结为安答，就如同我父亲一般。我如今已与孛儿帖结婚，想用这珍贵的嫁妆来孝敬你老人家。"说着便将黑貂皮袄献上。王罕接过礼物，见那袄子色如黑漆，油光闪亮，柔软光滑，是一件宝物，情不自禁地笑着说："你真是个有心的孩子。放心吧，你离开了的百姓，我与你收拾；漫散了的百姓，我与你完聚。我心下好生记着。"[1]

结盟成功，是铁木真走出的一着好棋，这无疑与孛儿帖深明大义的支持是

---

[1] 事见《新元史·太祖本纪》："以后之黑貂裘献于客烈亦部王罕。王罕大悦，乃为帝招集旧部，归附渐众。"

分不开的。

在王罕的荫护下，铁木真开始积聚力量。自由的骑士、勇敢善战的勇士摩肩接踵、纷至沓来。铁木真周围群英汇集，他暗暗地收集部众，积蓄着对敌复仇的力量。但就在这时，他遭到了篾儿乞人的深重一击。

原来，铁木真从弘吉剌部娶回孛儿帖的消息激怒了篾儿乞族的首领脱黑脱阿。当年他的弟弟赤列都的未婚妻诃额仑让也速该抢去的耻辱一直令他难以忘怀，如今见也速该已死，铁木真羽翼未丰，为报抢亲之仇，他暗发奇兵，企图把诃额仑和她的儿媳孛儿帖一并抢来，以解心头之恨。

一天，铁木真的营地还笼罩在黎明前的黑暗中，人们还都沉浸在梦乡里。突然，杂乱的马蹄声打破了草原上的寂静。服侍诃额仑的老妇人豁阿黑臣首先被惊醒，她急忙呼唤诃额仑："快起来！外边声音这么大，莫不是曾扰害咱们的泰赤乌兄弟们又来了。"诃额仑赶快披衣出帐，侧耳倾听，果有马蹄声从远处传来，声势颇大，她赶紧叫醒儿子们，准备抵抗。转眼间，篾儿乞人蜂拥而至，铁木真自知无法抵挡，决定撤到不儿罕山上躲避。一声令下，大家匆忙上马，跟随铁木真向不儿罕山奔去。可是他太疏忽了，妻子孛儿帖没有马匹，未能脱身。正当孛儿帖万分焦急的时候，老妇人豁阿黑臣赶着牛车走来，她让孛儿帖藏进车里，沿着腾格里小河逆行。

天渐渐地亮了，突然一队骑兵冲到牛车跟前，喝问老妇人是什么人？干什么去？老妇人不慌不忙地回答道："我是铁木真的仆人，刚从羊圈里剪羊毛来，如今回家去。"骑士又问："铁木真在家没有？他家离这里多远？"老妇人机智地说："家不远，就在前面，可我不知铁木真在家不在家。"

骑士们见老妇人诚实忠厚，相信了她的话，打马向前奔去。豁阿黑臣骗过骑兵，赶紧打着花牛急急赶路。谁知欲速则不达，车轴突然折断，无法再行。恰在此时，骑兵们掳获了别勒古台的生母，奔了过来，见老妇人对着牛车说话，厉声喝问："这车里有什么人？"老妇人谎称载着羊毛，骑兵如何肯信，便下马搜查，打开车门，见车内竟坐着一位美丽的少妇，当即拖下车，与老妇人一同捆缚到马上，向不儿罕山追去。[1]

---

[1] 事见《新元史·后妃·太祖光献翼圣皇后列传》："篾儿乞人来袭。太后有媪曰豁阿黑臣，闻车马声殷地，疾告太后。……后无马，豁阿黑臣乘以花牛车，中道轴折，为篾儿乞人所获。"

蒙古骑兵押送战俘图

　　不儿罕山山深林密，泥泞难行，捉拿铁木真的骑兵只好作罢。当他们得知捉获的美丽少妇是铁木真的夫人时，不觉开怀大笑，以为大仇已报，便带着孛儿帖和别勒古台的生母胜利撤退了。

　　脱黑脱阿得知生擒了铁木真的妻子孛儿帖和庶母，非常满意地返归住地，并将孛儿帖配与赤列都的弟弟赤勒格儿为妻。

　　铁木真闻知爱妻与庶母被篾儿乞人掳掠而去，气愤至极。尤其是爱妻被掳，如万箭穿心，他捶胸顿足，仰天发誓，要报仇雪耻。

　　铁木真决意借助王罕的力量复仇。王罕听完铁木真所遭遇的不幸，愤愤地说："孩子，你的事就是我的事，抢你的妻子就是抢我的儿媳。为了稳操胜券，你可用我的名义约你的兄弟札木合一齐出兵。"

　　铁木真回家后，一边整顿兵马，一边派合撒儿和别勒古台去请札木合，并将与王罕所谋告之。札木合也同意发兵相助。

　　经过筹划，王罕起兵2万，札木合起兵1万并统领铁木真的兵卒1万，分两翼出击。他们乘着夜色扎结木筏渡河，共同袭击篾儿乞人的营盘不兀剌川。篾儿乞人毫无防范，见铁木真率大军来攻，纷纷逃散，脱黑脱阿只带着少数随从逃入八儿忽真峡谷。铁木真一边追击逃敌，一边高声呼喊着妻子孛儿帖的名字。孛儿帖正乘车夹杂在乱兵之中，听到铁木真的声音，不由得热泪盈眶，赶忙跳下车，与豁阿黑臣老妇人一起挤到铁木真马前。铁木真赶忙跳下战马，孛儿帖一头扎进他

的怀中,号啕大哭,铁木真抚慰良久,于是跟随铁木真同返。[1]

次日,铁木真面见王罕和札木合,感激地说:"王罕父亲,札木合安答,因你两个与我做伴,天地与我添气力,男子的冤仇得报,所以将篾儿乞百姓们残毁了,妻子们掳掠了,咱如今回去。"于是,他们结束了战争,率大军凯旋而归,孛儿帖脱离了劫难。

四、察微知幽　佐夫辨友

铁木真11岁那年冬天,在斡难河冰上打髀石,遇到札木合,二人都是少年英豪,十分投契,临别时互赠髀石,相约一起练箭习武。次年春天,二人在一起用小木弓射箭。札木合送给铁木真一个用牛角粘制的响髀头,铁木真送给札木合一个柏木顶的髀头,约为安答,情谊进一步加深。这次灭篾儿乞,他俩一同扎营于豁儿豁纳主不儿地面,不由想起从前的情谊。铁木真说:"从前听老人说,但凡做了安答,彼此就要像珍惜生命般地互相珍惜,以命相交,让我们再次结为好兄弟吧!"札木合同意,于是二人再次结为安答,铁木真送给札木合一条缴获的金带和数年不生驹的良马;札木合也回赠了金带和有角的白马。尔后,他们俩至诚相处,相依为命,同吃共住,同枕共宿,就这样同住了一年多的时间。

然而海誓山盟掩盖不了血写的事实。札木合是个嫉贤妒能、气量狭小的人。一旦有人胜过他,他就会视之如眼中钉、肉中刺,甚至会反目成仇,付诸武力。他虽然能扶助势单力薄的铁木真,但却无法容忍铁木真在才干上胜过自己。札木合的狡诈被细心的孛儿帖观察得清清楚楚。

随着时间的推移,铁木真的声望越来越高,不仅旧部纷纷来归,其他部众也有归附者,势力日渐强大。札木合看到这些,心里如针扎一般难受。

这年盛夏,札木合与铁木真揽辔催马出游,到了最高的峰峦之上,两人并马立住,札木合扬着马鞭,指着前方突然说:"我看这朔漠地方野兽虽多,恰没有绝大貔貅,若有了一头,怕要将羊儿羔儿吃个净尽!"铁木真大感不解,难以应答。

回到营地之后,铁木真把札木合的话讲与母亲和孛儿帖听,然后说:"我不明白他是什么意思?一时不好回答,特来问问母亲。"诃额仑也颇感意外。这

---

[1] 事见《新元史·后妃·太祖光献翼圣皇后列传》:"后及豁阿黑臣遇太祖于乱兵中,控其马缰,遂与太祖同返。"

时只听孛儿帖说道："这句话，便是说他自己想作貔狖。有人曾说他厌故喜新，我们与他共同生活一年多了，恐怕他已有厌倦之意，听他的言语，莫非要图害我们，我们不如趁着这交情未绝的时候，好好地分开吧。"[1] 孛儿帖一席话使铁木真如梦

蒙古包

初醒。于是铁木真推说母亲想往原来的牧地去，向札木合辞行。札木合假意挽留了一番，便让他们走了。铁木真急忙令自己的队伍马不停蹄，连夜兼程，迁到克鲁伦河上游的桑沽儿小河，并在那里建立了自己的营地。

由于孛儿帖在平时对札木合做了细心观察，认清了他不是真正的朋友，在关键时刻提醒了铁木真，因而避免了一场灾难。事实的发展也正是如此，札木合从此反目为仇，后来几乎置铁木真于死地。

五、相夫教子　功不可没

从1189年铁木真被推举为联盟首领到1206年，经过十几年的艰苦奋战，铁木真终于把蒙古各部征服了。

宋开禧二年（1206）春，铁木真召集贵族首领们在斡难河源举行大会，建九脚白旄纛，即大汗位。

蒙古人信奉萨满教，相信萨满巫师能通天庭，是传达上天意旨的使者。蒙力克的四子阔阔出就是一位萨满巫师，他见铁木真已统一诸部，便骑着白马、赤

---

[1] 语见《新元史·札木合列传》："时光献皇后在侧，言于太祖曰：'吾闻札木合喜新厌旧，彼殆厌我矣。向所言，得勿有图我之意乎？不如去之。'"

着脚,在夜晚穿过草原和群山,向西方走去。次日返回后声称他得到上天的旨意,上天已把天下给了铁木真和他的子孙,他对铁木真说:"如今地上各称古尔罕之诸国君均为你所服,其领土均归你治下。因此你亦应有普天下之汗、诸王之王的尊号。上天旨意,你的称号应为成吉思汗(成吉思,意为"海洋")。成吉思汗登上大汗宝座,将建立的国家称为"也客忙豁父兀鲁思",即大蒙古国。至此,蒙古各部都统一在大蒙古国的统治之下,铁木真的家族为国家最高统治集团,称为"黄金家族"。

阔阔出对成吉思汗登上大位功绩巨大,且其父当年有托孤之功,因而在建国后便居功自傲,日渐专横,常假借传达"长生天"意旨为所欲为。

一天,阔阔出无故借上天旨意毒打了来晋见皇兄的合撒儿,合撒儿向成吉思汗告状,成吉思汗见弟弟如此窝囊,便大发雷霆,吼道:"你平日说人不能敌,如何却被他打?"合撒儿见哥哥不但不管,还大加训斥,垂泪而去,三日不见成吉思汗。阔阔出见成吉思汗未怪罪自己,更为嚣张,进而向他进谗言说:"长生天的圣旨神来告说,一次教铁木真管百姓,一次教合撒儿管百姓,若不将合撒儿去了,事未可知。"合撒儿身高体壮,力大无比,在统一蒙古各部过程中战功显赫,威望颇高。成吉思汗登大位后,热衷专权,很是猜忌别人篡位分权,阔阔出的话中其要害,便想趁机以此为借口,除去合撒儿,于是连夜亲自带兵捉拿合撒儿。诃额仑听说,知道大事不好,快马驾车赶往合撒儿住地。到达后,只见合撒儿

成吉思汗陵壁画

已被缚住，去掉冠带，成吉思汗正对他审讯，阔阔出奸笑着站在一侧。看到母亲怒气冲冲地闯进来，成吉思汗惊恐万分。诃额仑先令人为合撒儿松绑，然后盘腿席地而坐，袒露出乳房，对成吉思汗说："你见么？这是你吃过的乳。合撒儿何罪，你自将骨肉残毁。当初你小的时候，曾吃了我这一个乳，哈赤温、斡赤斤两个，曾吃不了这一个乳，唯合撒儿将我这二乳都吃了，使我胸中宽快。正是因为这样，所以你心有技能，合撒儿有力气，能射，但凡百姓叛乱的，用弓箭收捕了。如今敌人已尽绝，不用他了？"成吉思汗见母亲盛怒，赶忙认错。但他心中对合撒儿仍存芥蒂，背着母亲仍夺去合撒儿的部众，[1]只让他保留了1400人。

此事后，阔阔出更为嚣张，不把任何人放在眼里，许多人趋炎附势，聚集在他身旁，渐渐对"黄金家族"构成威胁。成吉思汗幼弟帖木格斡赤斤的部下也有前往投靠的。斡赤斤派人去找，阔阔出不仅不给，反而将来人毒打一顿，让其将马鞍背在身上，回报斡赤斤。次日，斡赤斤亲自前往。阔阔出弟兄7人马上围上来，举起拳头就打，斡赤斤连忙认错赔情。阔阔出得意忘形，罚他跪在帐后并加以羞辱。第二天清晨，斡赤斤便跌跌撞撞地跑进成吉思汗的营帐，跪在地上，哭诉了被阔阔出欺侮羞辱的经过。成吉思汗尚未开言，孛儿帖先哭了起来，气愤地说："他怎么能这样欺负人哪？先前将合撒儿打了，如今又要斡赤斤跪下，是何道理？你现在还活着，他尚且将你桧柏般长成的弟弟残害，久后你老了，如乱麻群鸟般的百姓，如何肯服你的儿子孙子们管？"[2]说完搥胸号啕。成吉思汗听了孛儿帖诉说，思谋良久，决心要除掉阔阔出。正在这时，蒙力克率领7个儿子来访。阔阔出刚坐，斡赤斤就上前要与他较力气，成吉思汗点头同意。刚到帐殿外面，就有3个大力士上前折断了阔阔出的脊梁，将其杀死。成吉思汗严厉地说："阔阔出用毫无根据的逸言离间我们兄弟，违背了天意，所以苍天把他的生命和尸体都收回去了。"并责备了对儿子劝诫不严的蒙力克。

成吉思汗与阔阔出的斗争，实际上是皇权与神权的斗争。处死阔阔出，使

---

[1] 事见《新元史·后妃·烈祖宣懿皇后列传》："巫者阔阔出谮合撒儿于太祖，太祖惑其言，执合撒儿将杀之。后闻之，驾白驼车驰至太祖帐中，盛怒谯责太祖。太祖惶恐谢罪，然卒夺合撒儿部众。"

[2] 事见《新元史·后妃·太祖光献翼圣皇后列传》："太祖称尊号，巫者阔阔出答辱皇弟斡赤斤，泣告于太祖。后闻之，愀然曰：'汗在，而小臣横恣如是。倘百年后，其能畏惮汉之子孙乎！'"

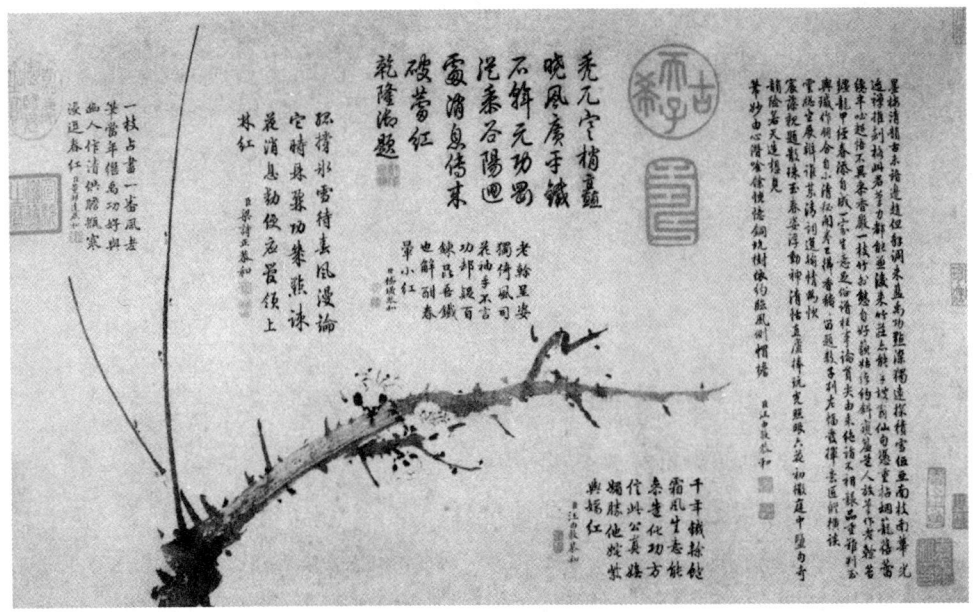

元吴镇《梅花卷》

神权彻底置于皇权之下,成吉思汗进一步巩固了政权。从此,成吉思汗开始到蒙古高原以外地区施展自己的雄才大略。他的骑兵勇猛非凡,攻无不克,战无不胜,铁蹄踏遍东自黄海、西至多瑙河的广大地区,创建了世界历史上罕见的功业。作为他正后的孛儿帖,是成吉思汗诸夫人中最为重要的一位,她给成吉思汗生下的四个儿子都在蒙元历史上发挥了举足轻重的作用。长子术赤,曾随父攻打金国,西征时受命攻打玉龙杰赤(今土库曼斯坦共和国库尼亚乌尔根奇),后率军返回封地,封地自海押立延伸至花剌子模(中亚古国,阿姆河下游)地区。次子察合台,曾从父西征,取兀提剌耳、玉龙杰赤,得畏兀儿以西直至阿姆河地为封地。三子窝阔台,于1229年即位为大蒙古国第二任大汗,在位13年。四子拖雷,西征时,领军进入呼罗珊,在成吉思汗死后,他继承了在斡难河、怯绿连河的遗产和军队,其子蒙哥和忽必烈相继称帝。由此可见,孛儿帖是蒙元时期首屈一指的皇后,她不仅同丈夫一起艰苦创业,而且培养造就了一批颇有才干的子孙,在许多关键时刻她都起到了重要的作用,是佐助成吉思汗定立天下不可或缺的助手,也是中国女性史上一个值得大书的杰出人物。

元朝前至元二年(1265)十二月,元世祖忽必烈下诏追尊他的祖母、太祖皇帝成吉思汗的正后孛儿帖兀真为"光献翼圣皇后",并册文盛赞,以示后人。

名家评说

尊祖宗，致诚孝，实王政之攸先；法天地，建鸿名，亦母仪之克称。肆先虔于太室，庸昭示于后昆。体兹至公，节以大惠。钦惟光献皇后，宅心渊静，禀德柔嘉。当圣神创业之初，有夙夜求贤之助。功施社稷，垂慈训于景襄；庆衍宫闱，流徽音于庄圣。协赞龙飞之运，永诒燕翼之谋。惟周人著称《思齐》，亦推本兴王之迹；在汉世始谥光烈，盖笃申追远之情。是用稽迪旧章，增崇遗美。谨遣摄太尉某，奉玉册、玉宝，加上尊谥曰光献翼圣皇后。伏惟淑灵降格，典礼备膺，于亿万年，茂隆丕祚。

——元世祖忽必烈册文，载《元史》

后明识善断，能持大体，尤为太祖所重。

——柯绍忞《新元史》

太祖铁木真皇后也遂

也遂（生卒不详），太祖铁木真皇后。塔塔儿族人。父也客扯连。在铁木真汗受贵族敦促，毁其不再歼灭塔族余众之约，向业已衰败但斗志仍旺的塔塔儿族人血战之后，也遂是作为父亲也客扯连再次向铁木真奉献的礼物，而成为铁木真之妃的。尽管如此，也遂和她的妹妹也速干也只不过是换来其奴颜媚骨之父的苟延残喘而已。

一、妹妹先行　姐姐后随

公元1174年深秋，在所向无敌的铁木真可汗正拟出兵征讨塔塔儿余众，以报毒害其父之仇时，贵族也客扯连在历数族部无力还击蒙古大军之后，受托向铁木真汗请降。当他毕恭毕敬地拜见铁木真时，以其左近闻名的美貌女儿作为乞降的条件。也客扯连在夸耀了一番女儿的身价，并为铁木真所接受之后，即欢天喜地遵命将未婚小女也速干送进铁木真的宫帐。铁木真见到这美若天仙、亲昵温柔的也速干，顿即为之神魂颠倒，乃至数日之间，足不出户。

但不久，铁木真又在其蒙古近亲贵族的鼓动下，为了协调内部矛盾，决定一举歼灭塔塔儿族的成年人。战机被人泄露，逃离的塔塔儿人与蒙军殊死决战，铁木真部"杀人一万，自损三千"。

也客扯连曾为族人通风报信，此时见蒙部声势浩大，终将无力抵御，加以他的行为激怒了铁木真，在铁木真问罪之际，声泪俱下，表示愿将比也速干更美的已婚长女也遂奉献给铁木真，用以将功赎罪。

其实，铁木真亦早知也遂与其妹也速干齐名，甚至也曾听说也遂之美远甚于也速干。有一次，也速干曾对他说过："我有个姐姐尤其美丽，刚出嫁不久，不知现在流落哪里去了。"[1]但铁木真并未十分在意，只因也遂已婚，恐其早属残花败柳，也客扯连在此之前又从未提及；何况也速干的美貌柔情已令他销魂，他难以相信天底下还有比也速干更为完美的女人。

铁木真回到也速干歇息的帐中，向她提起其父献也遂的事，并说："如果得到你的姐姐，你能处其下吗？"也速干顿即目瞪口呆，黯然失色。她不得不承认也遂之美之媚，远胜于己，并当即表示甘居其次，[2]愿助其姐共同侍奉铁木真可汗。当初那充满自信、当之无愧的神态，已经荡然无存。由此，铁木真倒是从旁感受到了也遂果然名不虚传，但仍难以想象她怎会比眼前宛若仙女下凡的也速干还令人称道。加以也速干又提醒铁木真，她姐姐多愁善感，近又丧夫，难以像她那样喜笑颜开地侍候可汗。这样一来，铁木真反倒不知也遂究竟为何许样人，这倒反而激起他的好奇心。

二、不卑不亢　勉强为妃

正在铁木真捉摸、猜度，也速干失神、沉思之际，突闻也客扯连的媚笑声。他俩同时一愣，转身向着宫帐外，只见一个亭亭玉立、面带愁容，虽穿着得体却未经丝毫修饰的女子，跟在也客扯连身后，进入帐内——她正是也遂。当铁木真仔细观赏也遂那纤巧而又丰润的身材，和那双不仅没有一丝笑意、反倒显得凄凉悲戚的双眸时，他为之折服了。他看了看就在也遂身旁，搀扶着她的也速干，也速干果真早已默默无言地低下粉脸，自愧弗如了。

铁木真想逗得也遂高兴起来，可她却始终愁容满面，只是在不得已呼唤可汗时，她那娇羞的脸蛋上，才露出了一瞬难以察觉的笑靥。

铁木真从未遇过在他面前还冷若冰霜的女人，谁不是曲意奉承以赢得他的欢欣、宠爱？可眼前的也遂却恰恰相反，她没有掩饰，没有做作，没有投其所好，也没有像她妹妹也速干那样天经地义要做可汗妻妾的表示。这倒使铁木真感到别有一番情趣。于是，铁木真当即册也遂为妃。

以后，也遂虽也按铁木真之意侍寝，却总给他以勉力而为之感；铁木真从

---

[1] 语见《新元史·后妃列传》："有姊尤美，新嫁，不知流落何地。"
[2] 事见《新元史·后妃列传》："太祖曰：'若得汝姊，汝能为之下乎？'也速干允之。"

她那清澈见底、令人为之销魂的双眸中，总能看出她难以消除的哀怨；更使铁木真百思不得其解的是，作为一母所生的妹妹也速干，虽在他之前从未和男人同床共枕，却每每若冰消雪融，令铁木真魂飞天外。铁木真就此决心弄清也遂心底的奥秘。

三、后顾无忧　日久情深

一天傍晚，也遂和也速干因铁木真的骤然到来，一起在帐前饮酒。这时也遂忽然回头看了看帐外，叹息了一声，显得分外凄凉，且还有些惶惑不安。待铁木真转眼斜视也速干时，才察觉她也随着其姐，透过落日的余辉，在逡巡近处的篷帐之间，貌似无意地在寻索着什么。当也速干发现铁木真敏锐的目光后，连忙尴尬一笑，时不时地向也遂暗示着。铁木真反倒处之泰然，视若不见。

一阵无言的尴尬之后，铁木真漫不经心地踱步于帐外近处，向侍卫首领说了些什么。随之，首领下令，各部侍卫各自退回所属部站立。这时，一个人孤零零地显了出来，他不知所措，面色仓皇。铁木真经过诘问，得知他是也遂的前夫。

也遂顿即晕眩过去。也速干六神无主地代其姐向铁木真求情，说她的姐夫是在战争中失散，为了寻亲无意中闯入军营的。

铁木真毕竟是统帅，是可汗，他对这姐妹俩的言行视而不见、听而不闻，谈笑之中，令部属将也遂之夫押去问斩，[1] 一因其是早已超过车轮高的塔塔儿成年人，二则是两军战后混进军帐驻地，有奸细之嫌。

在以后的日子里，也遂由闷闷不乐到逐渐平静，到心甘情愿地乐于侍寝；再以后，她和妹妹也速干甚至还相互妒忌，不时却又亲密无间，共同应对铁木真身边不时更换的其他女人。这或许是

元代女子饰物画

[1]事见《新元史·后妃·太祖也遂皇后列传》："其次一日，太祖宴军中，也遂侍，忽顾而叹息。太祖觉有异，命在会者各退就所部而立，最后一少年仓皇不知所适。诘之，乃也遂前夫也，太祖命斩之……"

丈夫已去，后顾无忧，或许因与铁木真相处日久，情深意重，无法分离了。或许两者兼而有之。

铁木真对也遂姐妹，也算另眼相待。虽然随着岁月的流逝，早已被拥为大汗的他逐日从中年步入老年，但却愈来愈勤于女色，伴他的女子也越来越年轻，但对也遂、也速干，还是一往情深。

四、恩宠有加　临终服侍

铁木真十分宠爱也遂，对她的亲人乃至族人也格外恤恩。

当初，铁木真灭掉塔塔儿部后，有兄弟二人，一个叫忽里，一个叫哈喇蒙都，都处在幼年。铁木真把两个孩子收养了，安排人照管。日月如梭，几年后，兄弟俩长大了。也遂对铁木真请求派忽里兄弟收服塔塔儿余众，铁木真答应了，派了军队帮忽里兄弟收服了塔塔儿余众约有千人。

也遂有个弟弟名叫胡士虎，铁木真任命他为右翼千户。胡士虎之弟生了个女儿名叫奴忽丹，嫁给了诸王阿八哈，成为王妃。

成吉思汗十四年（1220）六月，铁木真将西征西域，与各皇后话别。也遂皇后道："战争充满危险，大汗出师万里，诸皇子全都不在身旁。如果一旦有不测，诸皇子中，嫡出的共有四人，应由何人承统？希望大汗告诉部众。"成吉思汗大吃一惊道："这是大事，我的宗族大臣，都未曾提起，不是你提起，我几乎忘了。"[1]

过了几年，铁木真又要征西夏，也遂要随其出征。铁木真道："忽兰随我西征，常自谓困乏得很；似你这样的身躯，比她还要娇怯，何苦随我南下呢？"也遂道："主子栉风沐雨，妾等安坐深居，自问良心，亦觉愧赧；若蒙慨许随行，侍奉左右，就使跋涉闲关，亦所甚愿，怕什么劳苦呢？"铁木真只好答应了。

西征途中，铁木真命部众就地设围，亲自射猎。没想到他所骑的马被一只突然窜出的野猪所惊，将铁木真掀翻马下。部将忙来救护，铁木真上马后，尚有些头昏目眩，于是罢猎回营。当晚，铁木真即因受惊生起寒热病来。

---

[1] 事及语见《新元史·后妃列传》："太祖将征西域，也遂请曰：'兵凶战危，汗出师万里，诸子皆不在侧，倘一旦不讳，谁当为嗣，愿以告部众。'太祖大惊曰：'此大事，微汝言，吾几忘之。'"

成书于元代的《西厢记》插图

第二天,也遂皇后向众将道:"昨夜陛下罹疾,南征事不如暂罢,还请大家商议。"大众计议一回,自然依了也遂意见,入内奏知铁木真。铁木真道:"西夏闻我回去,必疑我是怕他。我现在这里养病,先差人到西夏,责他不纳质子、擅容逃人,看他有何话说。"西夏不肯服软,铁木真决议征西夏。经过几场战争,灭了西夏。

灭了西夏后,铁木真正欲班师,忽觉寒热交作,哮喘不休。也遂皇后日夕侍奉,所有军医统来诊视,怎奈寿命已终,参苓无效。弥留时,见也遂皇后在旁,抓住她的手道:"你侍我有年,没有错处,今又随我远征,灭了西夏,只望归国以后,与你等再聚数年,共享荣华,不意病入膏肓,无可救药。我死后,你回去告知各皇后,须要节哀,不必过悲!"也遂不待说毕,早已扑簌簌地垂下泪来。铁木真也忍着泪,强说道:"人生如朝露,有什么伤心处?你与我叫大臣进来!"也遂便传集群臣,各至榻前问疾。铁木真道:"我病是不起的了,可惜诸皇子都未随着。术赤在西域死了,我教察合台前去视丧,尚未回来;窝阔台呢,我叫他去攻金国,责贡岁币;拖雷又监守故都,不能远离。目今唯你等随着,算来也都是亲戚故旧，后事全仗你等辅助。窝阔台谨厚性成，我前已命他嗣位，只一时未能回都，你等替我传谕，叫拖雷暂行监国罢了！"又指也遂皇后道："她随我征夏，又侍我疾病，劳苦极了。我也无可报她，只西夏的子女玉帛，多分给她一份，不枉她辛苦一场！"群臣齐声遵嘱。[1]

直到铁木真病危，失去了妹妹的也遂还伴在他的身边，为他喂汤喂药，祈求神灵的庇佑，如此忠心耿耿，情投意合，这可能也是铁木真从未将也遂忘却、遗弃的原因吧。

---

[1] 事见《新元史·太祖也遂皇后列传》："后从征西夏，太祖出猎坠马，因不豫。也遂与近侍脱栾扯儿必力劝班师，太祖虽不用其言，而心以为忠。既灭西夏，尽以俘虏赐之。"

太祖铁木真皇后也速干

也速干（生卒不详），太祖铁木真皇后。塔塔儿族人，父也客扯连。她貌美如仙，性稚如童，眉目似花，柔情似水。她是被主降派的父亲奉铁木真可汗的严令，为了挽救与铁木真有世仇、又濒临灭亡的塔塔儿部族同胞，而将自己奉献给铁木真的。然而，她以及其后加上她的姐姐也遂所能挽救的，只有苟且偷生的父亲。

一、为存部族 献出己身

公元1139年，铁木真之父、蒙古族尼伦部落也速该汗，因为替铁木真求婚，中道返回时，被塔塔儿族人用毒酒毒死。[1] 临终前，也速该立下遗嘱，要长子铁木真杀尽高过车轮的塔塔儿人，报仇雪恨。当时，作为长子的铁木真年仅13岁，在其部落另立可汗和族属作鸟兽散后，为了母亲及弟妹的生存，无力顾及亡父的遗言。此后，铁木真又面临生与死的抉择，若非他奋力拼搏，并得到恩人锁儿罕全家的搭救，最终换来了新的生命之源，早已就不在人世，更谈不上如何报杀父之仇了。

岁月流逝，到了公元1174年，年近五旬的铁木真以其铮铮铁骨，征战南北，早已成为蒙古族位尊势强的可汗，并且日益扩展其领地、百姓和牲畜。于是，铁木真决定讨伐塔塔儿。这时的塔塔儿部已经衰落，无力抵挡蒙古大军的征讨，主降的贵族也客扯连，受命去到蒙古可汗宫帐中请降。

也速干

---

[1] 事见《新元史·序纪》："后烈祖为太祖求婚于弘吉剌氏，中道至扯克扯儿之地，遇搭塔儿人以毒酒饮之。烈祖暴疾，至家……而崩。"

也客扯连于是诚惶诚恐、战战兢兢地拜见了铁木真。铁木真这时已自觉功成名就,虽仍雄心勃勃,却已将目光转向女色。他见也客扯连如此卑躬屈膝,就将耳闻的也客扯连有两个绝色女儿,向其探问。也客扯连于是眉飞色舞,津津乐道起来,因其长女已婚,就答应了铁木真的限令,以及时将次女也速干送至,作为说和的条件。

由此虽引起一场贵族之间的纷争,铁木真却根本未予理会。

元枢府釉干枝梅瓷瓶

二、百依百顺　欣然侍寝

待也客扯连如约将也速干送入铁木真篷帐时,铁木真简直看得头晕目眩。也速干婀娜多姿,风情万种,不仅对铁木真毫无惧色,反倒顽童般地要铁木真保证以后再不攻击塔塔儿部族,作为交换自己的条件。铁木真哪有不依之理。于是,也速干便百依百顺地做了铁木真的妃子。

此后,铁木真果真一度沉湎于也速干的枕席之间。

然而,铁木真并非到此止步,在近亲贵族的鼓动下,他又下定了消灭高过车轮的塔塔儿人、为父报仇的决心。因有人走漏了消息,不仅未能尽如其愿,还在残酷的血战中,遭到塔塔儿人的顽强抵抗,终以两败俱伤而告结束。

也速干的父亲也客扯连看出自己的族人虽然英勇奋战,毕竟不是兵强马壮、声势浩大的铁木真部的对手,为了自己的生存,他故伎重演,又一次投降铁木真,并主动提出将其姿色更美的已婚长女也遂献给铁木真,以报其不杀之恩。

于是,也速干自甘位居其姐也遂之后,共同侍奉铁木真。

自此,也速干和也遂都册封为妃。她们时而争风吃醋,互相嫉妒;有时又结为一股力量,共同对付铁木真的其他女人。

以后,铁木真更加嗜色如命,而且身旁不乏愈益年少或无比妖艳的女人,

但也速干和她的姐姐也遂,以其塔塔儿女子独有的妩媚和纯情的气质,仍不失铁木真的宠爱。

也速干后来生了一个儿子,名叫察兀儿,只可惜很早就死去了。[1]

---

[1] 事见《新元史·后妃·太祖也速干皇后列传》:"太祖也速干皇后,也遂皇后之妹;生一子察兀儿,早卒。"

太祖铁木真皇后歌璧

歌璧（一名古儿八速，生卒不详），初为乃蛮部族可汗（称太阳汗）之妃，后又为其长子小太阳汗之妃。她不仅貌美性媚，且集温顺柔情与酷爱血刃于一身。当歌璧因乃蛮部战败被掳，初遇铁木真（即成吉思汗）时，充满了蔑视和狂妄，待同宿之后，竟心悦诚服，五体投地，由此而难舍难分；铁木真亦久闻歌璧之美艳，只是相逢恨晚，从此几至专宠，连出征讨伐也常携其相伴。歌璧先后与两族三可汗为妃，而令她敬佩的，仅铁木真而已。铁木真自入中年，即嗜色成性，妻妾成群，但最能醉其心脾、长久不衰者，亦仅歌璧一人。

歌 璧

一、既柔且刚　漠北首美

公元12世纪末13世纪初，铁木真虽已统蒙古大军，东讨西征，不仅扩展了领土，壮大了牧民、牲畜，还深得民心，却仍永无休止地浴血奋战——征战对于铁木真，就像女人一样，是生活中不可或缺的，是他生命中的重要组成部分。

恰好在这时，和铁木真积有宿怨的乃蛮部族却不自量力，要和蒙古军一决高低。

乃蛮部族之部族长称太阳汗，这时的太阳汗名台不花，是老太阳汗之长子。当年，在老太阳汗病逝时，他和弟弟不亦鲁首先要争夺的，是其父年轻的爱妃歌璧（一名古儿八速），然后才是汗位。台不花双管齐下，连歌璧带汗座，皆落其手。于是歌璧就由继母而成爱妻，先后为父子两代太阳汗之妃。

594

歌璧向有漠北第一美人之称。她妖冶盖世，妩媚绝伦，且身有异香，其味扑鼻。柔情时，她柔若无骨；刚毅时，她浑身是胆。

此前，乃蛮部之守将火力速八赤见一客烈亦部人入其境内，踽踽而行，疑为奸细，顿即手起刀落，将其首级献与太阳汗台不花。歌璧说："这个人可能是东领老王罕，取其头来看，如果确实是当以礼祭之。"乃蛮部有认识王罕的，一看，果是客烈亦部长王罕，知乃王罕之子所逼，走投无路才被误杀的。太阳汗与王罕子桑昆同辈，见王罕首级，心想这明明是枉死于自己部将之手，理应祭一祭他。于是将王罕的头供于案上，亲酹马奶作为奠品，对首级笑道："前辈休要客气，请饮一杯！"话犹未了，王罕的头也晃动了一下，并即张口，似在答谢，又像在对他一笑。[1] 太阳汗大惊失色，趔趄中，被帐后走出的丽人搀住。太阳汗无需回头，已知为其爱妻歌璧，因其异香已近，令人陶醉也。

盛妆的歌璧娇嗔道："为何这般惊慌？"太阳汗壮了壮胆说："这人头乃是王罕的，我念他是长辈，又枉死于我部，所以祭奠，正笑与攀谈，哪知他竟也笑了起来，要和我答话。"歌璧轻蔑视之："好一个太阳汗，竟怕起死人的头颅来，着实无用！"她轻移莲步，踱至案旁，把王罕的首级捧在手中，猛地掷之于地。首级顿即血肉模糊，五官难辨。太阳汗既害怕，又不解，忙问何意。歌璧说："不但这死人头不足惧它，就是灭亡客烈亦部的鞑子，亦有何可惧。你若真觉愧对王罕前辈，就应除绝鞑子才是！"（因乃蛮信奉伊斯兰教，故称蒙古族人为鞑子。）原来，王罕是在其客烈亦部被铁木真率部征讨后，又被儿子逼到如此下场的。歌璧故出此言。

这就引出了乃蛮部太阳汗举兵去犯铁木真，以及歌璧与铁木真的渊源来。

元金香囊

---

[1] 事见《新元史·乃蛮太阳罕列传》："太阳罕后母古儿八速，又为太阳罕可敦，闻之曰：'脱斡邻勒是东邻老王罕，取彼头来视之，若信，当祭以礼。'头至，置白毡上，乃蛮人有识之者，果王罕也。乃陈乐以祭之，其头忽有笑容。"

二、自欺欺人　乃蛮灭亡

太阳汗原本胆小无能，又对歌璧言听计从。他明知歌璧是一句戏言，却要借此讨好于她。其实，太阳汗早就对铁木真声威日大、东灭西剿心存疑虑，怕他有朝一日尾大不掉做了皇帝。心想，天无二日，地无二王，如果真如此，又把自己和所统的乃蛮部置于何处呢。于是就借此话壮胆，故意认起真来。虽有臣僚劝阻，太阳汗听不入耳，反倒自欺欺人，口出狂言。[1]

其时，乃蛮确为大国，不但其文物在各部中最盛，玉帛亦被他部垂涎，而且地广民众，令人为之侧目，就是铁木真这样的盖世英雄，在老太阳汗时也曾惧它三分。可能是因小太阳汗生性懦弱，又过恋歌璧，于是歌璧频频干政，太阳汗往往言听计从；加以自己是承袭来的汗位，谈不上建树，也无治军的能力，所以这一决定难免盲目；加以他本欲约蒙古地域的近邻汪古部为内应，对铁木真所部两面夹击，汪古部世属金国，明知其部和乃蛮远非铁木真的对手，何况又是舍近求远，十分不利，于是就将太阳汗来使绑赴铁木真处，铁木真趁此与汪古达成默契。于是乃蛮就益发势孤力单了。

正因为这样，在不久后铁木真率蒙古部与汪古部会合于乃蛮境外时，太阳汗才按兵不动，不敢越雷池一步。

转眼之间，又已是一年一度秋风劲，铁木真早等得不耐烦了，决定主动进攻乃蛮，太阳汗亦不示弱，联合

朝元图——奉宝玉女

---

[1] 事见《新元史·乃蛮太阳罕列传》："太阳罕忌太祖势日强，欲用兵于蒙古。可克薛兀谏，不听。乃使其部将卓忽难告汪古部长曰：'我闻有北边林木中之主，欲办大事。我知天上惟一日、一月，地下亦不得有两主。请汝助我为右手，我将夺其弓矢。'"

一些小部落出兵，与蒙古军对垒，并小有角逐。一日，见一铁木真前哨兵士，翻鞍落马，马惊突入乃蛮部，太阳汗见其马瘦弱，即主张退兵，以诱敌深入，趁蒙古军马瘦人乏，再一举歼灭之。太阳汗的主张遭到乃蛮大将甚至其子的极力反对，逼得他率部主动出击。

待乃蛮部与蒙古军对峙于阵前，太阳汗见蒙古军军容严整，兵强马壮，方知中计，但已骑虎难下，只得迎战。正在难分难解之际，蒙古军突然万箭齐发，太阳汗台不花险些中箭，不及号令，先自落荒而逃，众军亦随之四散。铁木真追杀一阵，方鸣锣收兵。太阳汗也才收集残部，获得喘息之机。

就这样，铁木真的蒙古军忽而用计，忽而出兵，弄得太阳汗的乃蛮部不得安宁，乃至台不花很难和歌璧共度良宵。铁木真也不像历次出征，动不动大军出击，一决胜负。原因是，他深知"再瘦的骆驼也比牛壮"的道理，不愿在此战中过多地伤了自家的元气；而更主要的是，他已从偷偷来降、里应外合的乃蛮将士口中耳闻歌璧之美艳盖过"天下万国"，怕在战乱中损伤了她。

三、束手就擒　倾心新主

以后，铁木真从降将口中深知太阳汗台不花色厉内荏、外强中干，就在夜间点起数以万计的火堆，白昼列队布阵，却并不出击乃蛮，使得乃蛮军经常处于不得安宁之中，太阳汗更是进退维谷，无所适从。天长日久，乃蛮军也就习以为常，既然夜里睡不踏实，索性白天补上；反正蒙古军是虚张声势，又何苦常备不懈呢？谁知，就在一天夕阳缓缓西落之际，蒙古军内毫无动静，乃蛮营中有的仍在昏睡，有的则正狐疑，突然，喊杀之声不绝于耳，乃蛮军多数尚未弄清缘故，早已成为刀下孤魂；虽也有少数勇猛之士拼死抵抗，终因寡不敌众，战死在沙场。一些幸存的乃蛮军于是上山逃命，又遇绝壁悬崖，跳下山去的多半不死即残。

搜捕中，蒙古军抓住了太阳汗台不花及其妃子歌璧。歌璧如一道霞光，照耀得众将士不及眨眼，更何况果真异香扑鼻，顿将尸横遍野的近处改换了气味。蒙军深知其必为可汗铁木真所眷恋，岂敢有丝毫怠慢，一面派员向铁木真禀报，一面将她扶上牛车，载往宫帐。至于台不花，则早已五花大绑，置于战马之上。

太阳汗被推入宫帐，状如筛糠。铁木真本想问他几句，这时已报歌璧载到，他无心延误，当即令将台不花推出问斩。

铁木真还未及令人将歌璧送入宫帐，已觉一阵芬芳沁人心脾。待他抬起头

来，歌璧已款款迈入帐中，未等铁木真定睛看去，她早已柳眉倒竖，咒骂不绝，直向几案撞去。左右正欲动手，铁木真却一面嬉笑一面将她搂抱起来。铁木真说："你常说蒙古人气味难闻，如今为何至此。"[1]

铁木真顺势把歌璧拥于怀中就坐，仔细端详。歌璧也就凝目顾盼起铁木真来。铁木真只见歌璧眼如秋波，面似朝晖，嗔怒之间，越发楚楚动人。歌璧亦久闻铁木真可汗大名，有此机遇，索性定睛看去，只见他魁伟健壮、英武无双。于是，歌璧的心好似被其掳去，哪还有什么怨恨之情，暗自庆幸没有在如此英豪面前死去。其实铁木真的心思，歌璧早已猜透，但毕竟她已侍奉过两代太阳汗，何况乃蛮也曾在漠北不可一世，虽然自己的芳心已醉，却绝不允铁木真草率从事。直待铁木真答应今晚即按蒙古习俗，交拜成婚，并册其为妃，歌璧才嫣然一笑，任其摆弄。

成吉思汗统一漠北图（局部）

四、良宵苦短　得宠最长

当夜，铁木真汗果然与歌璧成婚，册其为妃，并大宴群臣，既是为歌璧压惊、洗尘，也是为这漠北美人归于蒙古可汗共贺。[2]

不待酒酣耳热，铁木真已觉夜短，人们会意，纷纷告辞出帐。歌璧因战争

---

[1] 语见《新元史·乃蛮太阳罕列传》："太祖获古儿八速，调之曰：'汝谓蒙古人歹气息，今日何故至此。'"

[2] 事见《新元史·后妃·太祖古儿八速皇后列传》："古儿八速（即歌璧）皇后，本乃蛮亦难察汗之妻，太阳汗之后母也。乃蛮败，为太祖所获，依蒙古礼纳之，有宠。"

久旷，也就不作势作态，只是半推半就，与铁木真共度良宵。

公元1206年4月16日，铁木真就任成吉思汗。其后，他所最为钟爱的女子，仍是歌璧。

成吉思汗在扩展其疆土的同时，益发扩展其汗妃以及并未册封的女人的范围，歌璧时而妒忌，时而助长，只要连续三夜之内不与成吉思汗相伴，就会感到苦闷难当。

其间，歌璧也曾做出过越轨的事来，但当成吉思汗明了这只是因为他移情别恋而难以自慰时的唐突之举，也就不予深究，彼此谅解了。

元代女子饰物

太祖铁木真皇后忽兰

忽兰（？~1225），太祖铁木真皇后。蒙古篾儿乞部落人，父答亦儿兀孙。她于公元1206年被献给铁木真为妃，当时还不满20岁，而铁木真年近半百。她虽说不上专宠，却也能和当时最为得宠的妃子歌璧平分秋色，还经常能跟铁木真军旅相伴。幸运的是，她还为铁木真产子阔列基，这是众嫔妃中所罕见的；而不幸的祸端亦缘于此。忽兰为子争封，还怂恿铁木真改立阔列基为嗣，因此铸错，最终不明不白地死去。

一、祸从天降　少女被疑

公元1206年，漠北各部落大会于斡难河之源，尊铁木真为成吉思汗前，在秋天马肥膘壮之际，率部进行了杭爱山大会战，征服了乃蛮。这时，各部皆降，唯有篾儿乞部残余在逃逸中据险抗命。于是，铁木真调度兵马围追堵截，篾儿乞余部不堪一击，不战而降。

篾儿乞部酋长答亦儿兀孙为得到铁木真恩宠，献其女儿忽兰于先锋部队；率部的沉白，是30余年前铁木真的恩人，亦即爱妃合答安之兄。沉白对铁木真忠心耿耿，见忽兰年少貌美，不敢有误，迅速派小将纳牙阿护送忽兰，以为铁木真享用。

当时，铁木真住在风光秀丽、景色优美的合水池，正迷恋于歌璧的凝脂异香、妖艳淫荡。歌璧是乃蛮部族长太阳汗之妃，她柳眉樱口、面红发乌，腰肢丰盈适度，双眸清澈销魂。她也曾因太阳汗被斩而欲以死相报，孰知很快就被铁木真磁石般地吸引得服服帖帖，乃致朝夕相伴，难舍难分。

忽兰在纳牙阿护送下来到合水池后，铁木真一见不满20岁的忽兰，顿即被其纯真的少女风韵所倾倒；而忽兰对铁木真亦仰慕已久，今又负父命献身，可谓求之不得；何况她又素性憨直，见可汗笑逐颜开，也就对他和护送有功的纳牙阿会心一笑。

纳牙阿是初次拜见统帅铁木真，见到他和忽兰那么情投意合，觉得不虚此

行,说不定还能因此而立下功绩,于是就还忽兰一笑。

铁木真这才觉得不妙,因纳牙阿不仅与忽兰年龄般配,而且英俊潇洒,加上这对少男少女还在途中滞留数日,顿即怀疑其中必有蹊跷,说不定早已捷足先登,和忽兰在温柔乡中共度良宵了。想到这里,醉眼蒙眬的铁木真蓦地酒醒,不禁勃然大怒,命令左右即将纳牙阿五花大绑起来。[1]

蒙古族医生出诊携带的药包

风云突变,不但使纳牙阿目瞪口呆,魂不附体,就连忽兰也瞠目结舌,不知所措。

二、否极泰来　忽兰得宠

在一片死寂之后,天真的忽兰不明就里,鼓足勇气问铁木真,为何将护送其有功的纳牙阿如此对待?谁知惹得铁木真大发雷霆,要左右将纳牙阿推出斩首。纳牙阿见难逃劫难,反而气壮,定要汗爷说清罪状,以死个明白。铁木真这才问起他带领百名卫士护送忽兰,为何耽误了数日。纳牙阿说是路遇乃蛮乱兵,因担心忽兰有失,躲入丛林,直至乱兵散尽,才继续赶路所致。铁木真哪里肯信,又传随行之兵士盘问,回答均如纳牙阿所述。铁木真明知有误,正不知如何处置,忽兰倒省悟过来,趋前对铁木真说,纳牙阿护送有功,反遭不白之冤,他死不足道,但将有辱可汗之英名。莫如当即验证自己是否还是清白之身;若已非上天所赐、父母所生,甘愿与纳牙阿同罪处死。

铁木真被说得一时哑口无言。待铁木真稍稍平静下来,忽兰已一溜烟跑进后帐。铁木真连忙追去。忽兰憨态可掬,旁若无人地一件件除掉衣裤。

慌乱中的铁木真未及检验,已信其心中无愧,确为处子。他连忙步出后

---

[1] 事见《新元史·后妃·太祖忽兰皇后列传》:"答亦儿兀孙大惧请降,将纳女于太祖。太祖使裨将纳牙阿逆之,阻于兵。纳牙阿周慎,止后途中三日。太祖疑纳牙阿有私,欲罪之。"

帐，亲自为纳牙阿松绑，并夸其忠实可信，愿永做忘年之交。纳牙阿否极泰来，受宠若惊，铁木真立即要他做护卫军副统领，纳牙阿感激涕零，诺诺连声，领命出帐。[1]

待铁木真遣散卫士，喝退刀斧手，进入后帐，歌璧已不知何时来到，并与被她装扮得焕然一新的忽兰打得火热，正悄悄对她说着私房话。这当儿的忽兰脸在发热，心在猛跳，见铁木真近前一站，慌忙搂住歌璧，其矜持腼腆之状，和刚刚在铁木真面前脱衣解带、要其验证时迥然不同，判若两人。

还是歌璧先自向铁木真说道，她已与忽兰结为姐妹，并教给她许多纯真少女难以启齿动问的事。这一下，将忽兰说得面红耳赤，不敢抬头，就连铁木真竟也一时拘谨起来。

元代女子饰物

从此，比忽兰父亲年龄还大的铁木真，拥有了忽兰。忽兰得与近日受其专宠的歌璧分享铁木真，自然心满意足。歌璧虽十分疼爱忽兰，却因她的到来使自己常常独守空帐而不无哀怨，并做出了一些令铁木真不快的事，她和别人有了奸情。

铁木真从护卫军副统领纳牙阿处知其奸情后，虽未惩治歌璧，却一度只让忽兰值宿，并很快册其为妃，而有意将歌璧冷落在一边。

三、事与愿违　新妃猝死

此后，铁木真对忽兰倍加爱怜，另眼相待。其次才是重又获宠的歌璧，以

---

[1] 事见《新元史·后妃·太祖忽兰皇后列传》："后为自陈，既幸，知其不欺，由是益重纳牙阿。"此事亦见于《新元史·察合安不洼、纳牙阿列传》："太祖灭乃蛮，蔑儿乞酋答亦儿兀孙惧，因纳牙阿献女请降，即忽兰皇后也，以道阻留纳牙阿营中三日。太祖疑纳牙阿有私，欲严诘之，先诘忽兰皇后。皇后曰：'向者之来，中道阻兵，遇纳牙阿，云是可汗腹心大官，暂住其营三日以避乱，否则事不可测。如可汗加恩，有全受于父母之遗体在，不可诬也。'既而太祖纳忽兰皇后，果处女也。由是益重纳牙阿。"

及也遂、也速干姐妹等。忽兰还常随铁木真出征,这除了歌壁外,并不多见。[1]

公元1220年6月,成吉思汗率部西征,忽兰随行。此次西征,为期数年,其间,忽兰产子,名阔列基。这是铁木真最小的儿子,自然被其视为掌上明珠,但却不像此前诸子,并未分封其一草一木。忽兰耿耿于怀,常为此而寻死觅活,要铁木真给予封地。甚至要铁木真改立阔列基为嗣,说是因他身上有其篾儿乞人的血统,孤立无援,前途堪虑。铁木真则持相反的态度,说明正因为阔列基在诸子中最幼,忽兰又是篾儿乞人,不给封地,是为了免遭妒忌,以防不测;至于改立为嗣,更不可取,将召至大祸临头。

后来,忽兰又声称梦见非鹿非马的怪兽,不许他们久留西域。铁木真识破后,甚为不悦,只因忽兰母子都染上瘟疫,才未对其重责,并决定班师。

回到漠北不久,忽兰猝然死去,据传是因征西途中染上瘟疫不治而亡;可又一说是,和她同时得病的儿子小阔列基,却因铁木真广延名医诊治,早已痊愈。

公元1225年深秋,送葬的行列随着萧瑟秋风,只能默默地为这位年轻的汗妃致哀,不时还传出一些迷茫的耳语、无稽的猜测。

很快,忽兰临终前后的女侍和卫士,又都不知去向。这自然更引发了各种议论,但却不敢涉及铁木真。铁木真对此难免有所耳闻,但既不追查,也不置可否,任其捕风捉影。

阔列基尚幼,骤然丧母,自当由别的后妃哺育。

至于忽兰的真实死因,既然成吉思汗说是久病不治,又有谁敢多此一举,查个水落石出呢?

蒙古骑兵用的箭袋

---

[1] 事见《新元史·后妃·太祖忽兰皇后列传》:"后有宠,太祖征西域,独以后从。"

附：太祖铁木真妃合答安

合答安

合答安（生卒不详），太祖铁木真妃。蒙古塔塔儿部人，父锁儿罕。合答安是铁木真少时游伴。合答安及其父、母，曾冒死助铁木真逃出虎口。二十年后，合答安及其全家终于和铁木真重逢。铁木真知恩图报，合答安却一无所求。合答安新近丧夫，铁木真二十年来从未中断过对她的思念和感激之情，久别重逢后却又不禁犹豫。最终，还是在铁木真原配的再三撮合下，了却了他俩的心愿。

一、绝境逢亲　少女倾心

公元1139年，蒙古族尼伦部落可汗也速该被异族毒死，其13岁的长子铁木真未按父亲的遗愿去争夺可汗之位，而是甘于孤寂，肩负起养家糊口的重担，实际是积蓄力量，图他日东山再起。四年后，新可汗塔尔忽台（《元史》称"塔而忽台"）担心养虎贻患，虽然铁木真无暇也无力与之较量，他还是怕铁木真会来报仇，决定斩草除根。

铁木真得悉后，与其母诃额仑兀真（可汗之妻称兀真），和其父之另一兀真速赤及弟妹们，在母亲的后夫蒙力克协助下，拆下他们那两顶孤零零的帐篷，奔向数十里外的山间，筑栅抵御。不久，塔尔忽台率骑追至，乱箭齐发。鼓噪声中，敌部要诃额仑兀真交出铁木真，诃额仑当然不肯。铁木真兄弟四人奋力抵抗。眼看幼不敌长、弱不敌强，铁木真突发奇想，单骑窜出树林，奔向巍然耸立的古拉山。

为了诱开敌人，保住全家性命，同时也为了保存自己这个长子，铁木真在

这险峻的丛山中，觅得此前无意中发现的捷径，躲开了塔尔忽台部的视线，下马攀沿在那举步维艰的峻岭之中。不久，他被发现，但因山势险陡，塔尔忽台所率泰赤乌人又不熟秘径，无法登攀，而铁木真对此却了如指掌，于是就在山上安下心来，与敌对峙。他知道，塔尔忽台汗的主要目标是他这个本应继承汗位的也速该长子，在他没有被捕或中箭之前，山下的两位母亲和弟妹们是暂时不会遇害的。

当吃光喝尽随身携带的马奶羊肉后，凭着独有的意志和毅力，铁木真在悬崖峭壁中熬过了几个昼夜。终于，他忍受不住饥渴和孤寂，不愿无声无息地死在这让人望而生畏、即使是亲人也无法寻觅的绿荫覆盖的陡峭山间。铁木真经过反复思索，认定要想挽救自身和母亲、弟妹们的性命，只有下山投降，而只有生存下去才有再谋大业、重展宏图可言。于是，他大踏步地迈下山去，跨进敌营，理直气壮地向塔尔忽台可汗讲明来意，塔尔忽台性格阻狠毒辣，他给铁木真套上了重重的木枷。[1]

塔尔忽台被铁木真的顽强和自信慑服了，他怕招至各部可汗的谴责，不敢轻易处置，于是，暂时让铁木真在各处轮流食宿，等待发落。

就这样，数日后，铁木真到了胆怯而又善良的锁儿罕家，遇见了少儿时的伙伴、锁儿罕的女儿合答安和她的两个兄长。

比铁木真略幼的合答安情窦初开，没想到迎来的却是近年来不敢想象还能再见的，原应继承可汗皇位、现在却戴着枷锁的铁木真。她稚气而又温良的心，受到了骤然而又猛烈的撞击。可此时此刻的铁木真，却已远远不是天真无邪的少年，他已在千斤重负、千难万险中成熟、成长。作为当年的贵族子弟，合答安曾对他望而却步；作为眼前的囚徒，铁木真却对合答安无所索求。当铁木真看到已经懂得羞怯，为他潸然泪下的合答安，不禁为之感动。

二、死里逃生　难忘真情

铁木真在合答安家度过的一宿是他永生难忘的，他不仅受到了唯恐被其连累却又心地善良、难以抑制自己对铁木真的敬仰和同情的锁儿罕父子倾其所有的款待，还得到了自从父亲被害、族人分崩离析、自己身价一落千丈，尤其是被逼

---

[1] 事见《新元史·札木合、塔而忽台、托黑托阿列传》："塔而忽台性狠毒，人称之曰开勒而秃克。太祖尝为所获，枷太祖项。"

逃亡、终成囚犯之后，不敢丝毫奢望的少女的似水柔情。

那一夜，合答安想方设法避开父兄，稚气而又大胆地用她那渐次丰满、尚未成熟的躯体，温暖了伤痕累累的铁木真。

这不仅给了铁木真生活下去的勇气，还赋予他终身自强不息、奋斗不止的无穷无尽的力量。

次日清晨，身为囚徒的铁木真依依惜别在危难中给他以温馨的锁儿罕一家。明天，等待他的却又将是饥渴和无情。而更加难舍难分的是合答安，这却只有他们自己从对方的眉眼之间得到无声祝愿和许诺了。

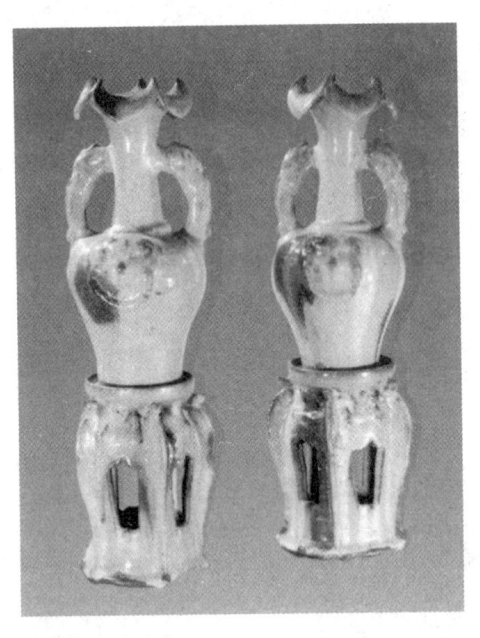

元钧窑双耳瓷瓶

不久，迎来了蒙古族的节日，却又是铁木真的末日。庆典之后，他将无辜被杀，充做"牺牲"，在欢宴时成为祭品。铁木真岂甘束手毙命，于是戴着沉重的木枷，机警地逃出被监禁的帐篷。他走投无路，又奔至锁儿罕家的帐中。看到浑身血汗流淌的铁木真从天而降，合答安悲喜交加，手足无措。多亏其父兄及时给予温饱，并急中生智打碎重枷，冒着全家被杀的危险，将铁木真藏在装满羊毛的车上。追兵来到，要搜羊毛车。合答安说："天热成这样，羊毛中能藏人吗？我们与你们是一家人，还要这样怀疑我们。"追兵于是没有搜车，铁木真最终逃脱了塔尔忽台所率之泰赤乌兵一遍又一遍的搜捕。[1]

铁木真死里逃生，全仗锁儿罕全家4口；可从死别到生离，铁木真和合答安之间却除了心与心的呼应和企盼，没有任何惜别之情的表达。

铁木真体味到他终身难以忘怀的人生的真谛。他的心中，将永世铭记锁儿罕全家的恩德；而合答安留给他的，又岂止是恩，她的脉脉深情，将终身铭刻在

---

[1] 事见《新元史·后妃·合答安皇后列传》："太祖为泰亦兀赤人所获，脱走至老温家，后匿太祖于羊毛车中。追者至，欲搜车，后曰：'天暑如此，羊毛中能匿人乎？吾与汝乃一家人，顾疑我如此。'追者乃去。"

他的心底。

　　终于，铁木真和母亲和弟妹们劫后重逢，开始了新的、漫长的征途。

　　作为游牧民族的女性，等待合答安的将只能是放牧、挤奶、嫁人、生养。

　　他俩将循着各自的生活轨迹，天各一方。

三、终续前缘　怅然若失

　　星移斗转，二十载瞬息即逝。这时的铁木真早已征战南北，夺取汗位，不仅报了塔尔忽台当年欺凌其寡母孤儿之仇，还蒸蒸日上，在蒙古各部族中独占鳌头了。

　　他也早已娶妻生子。原配孛儿帖兀真，贤淑温厚，她不仅是妻子，还是铁木真生死与共的伴侣。铁木真每每在心绪烦闷的关键时刻，都能得到孛儿帖的体谅和鼓舞，从而增强自信和力量。

　　尽管如此，铁木真却不但从未忘掉过合答安，而且随着岁月的流逝，这种思念之情反倒与日俱增。

　　这时，铁木真发动了对泰赤乌的战争，就是这个部族，当年在塔尔忽台汗的率领下，把他逼得无路可走，几乎成为节日祭品；也正是这次劫难，才使铁木真与合答安结下了不解之缘。对泰赤乌之战，犹如以石击卵，顷刻即覆，这其实是铁木真意料中事。铁木真所关心的，与其说是这场战争，莫如说是战后对俘虏和老弱妇孺的清点和接收。铁木真破例去亲自监督接收事宜，并严令禁止按惯例不为罪过的对妇女的凌辱。他期待着锁儿罕父子的出现，以报答20年前的大恩大德，盼望着合答安的到来。

　　皇天不负苦心人，铁木真果然在茫茫人海中迎来了合答安及其全家，他们都惊喜若狂，热泪盈眶。当时，合答安的丈夫已被乱

蒙古军攻击图

兵所杀，合答安看见太祖，急呼："铁木真救我。"铁木真于是命令释放了她一家。[1] 然后铁木真盛情款待，将锁儿罕及其子女奉为贵宾，这在他的可汗生涯中，对待普通牧民，尤其还有合答安这个女性坐在上席，可能是绝无仅有的，左右臣侍无不为之瞠目结舌。

这时的合答安，虽已徐娘半老，却仍不失其天生丽质，并风韵独具。席间，铁木真设法向锁儿罕打问合答安近况，才知其夫就在日前逝去。

此后不久，锁儿罕父子都得了封赏，这使铁木真也得到了一些宽慰，了却了二十年来的歉疚。但合答安却是自己难以用行动来弥补的，他欠她的太多，而合答安却对他无所求索。这使铁木真异常为难。其实，他们都能理解彼此的心愿，只是觉得不仅难以启齿，有时反倒觉得让危难之中的相濡以沫的回忆永远留在心中，将比了却前缘更富有情趣，也更高尚，更有价值。

但这种关系对于朝夕相处而又自幼心心相印的男女，是很难长久地维持下去的。铁木真的妻子孛儿帖不仅深知他俩往昔的友情，更疼爱今天的合答安，经常把她留在自己的帐中，待如姐妹。这样，铁木真和合答安虽不能说是朝夕相处，却又已亲密无间了。终于有一天，在孛尔帖兀真的促成下，铁木真娶了合答安，并封她为妃。

从此，铁木真就像对待孛尔帖一样地对待合答安。

---

[1] 事见《新元史·后妃·合答安皇后列传》："太祖灭泰亦兀赤，其夫为乱兵所杀，后望见太祖，亟呼：'铁木真救我。'太祖遽令释之。"

世祖忽必烈皇后察必

察必（？～1281），世祖忽必烈皇后。蒙古弘吉剌部人，父按陈。中统初年（1260），被立为皇后。尊谥"昭睿顺圣皇后。"她容貌美丽，娴淑知礼，且通晓军国大事。在政治上，她以敏锐的目光、灵活的手段辅佐忽必烈称帝，兴邦治国；在生活上，她克以勤俭，以身作则，其"煮旧弦织布，拼碎皮制毯"传为佳话。她是历朝历代皇后尊崇的楷模。

一、临危不惧　夫免杀身

弘吉剌察必出身于蒙古贵族家庭，其父按陈官封济宁忠武王。当时的蒙古族正处于东伐西讨、四处征战的时期，察必耳闻目睹，逐渐养成了沉着镇静、外柔内刚的性格。被时为藩王的忽必烈纳娶为妃。

察必

忽必烈是成吉思汗铁木真的孙子，睿宗皇帝拖雷的第四个儿子，胸有大志，才识过人。成吉思汗在世时，常常赞许他，认为他日后必定有所作为。忽必烈成年以后，能征善战、有勇有谋，深得哥哥宪宗皇帝的信任。公元1253年，忽必烈奉诏在金莲川（今河北沽源县北）开设了幕府，总管漠南的军政事务。他延请各地名士，求教治国之道，逐渐在自己周围形成了一个汉儒幕僚集团。此时的忽必烈虽身为藩王，却已有一统天下、雄踞八荒的志向。

在汉族地主的影响下，忽必烈的观念开始有了深刻的变化，逐渐脱离蒙古旧贵族的思想轨迹。他认识到要想在发达的中原地区扎下脚跟，只有采用汉法治理汉地，才能巩固在汉族地区的统治。他改变了奴隶制式的掠夺政策，严禁官兵扰民，禁止以农田为牧地，禁止纵畜损残桑稼，要求官吏"劝诱百姓，开垦田土，种植桑枣，不得擅兴不急之役，妨夺农时"。同时他还沿用汉族的一整套行政系统，借以管理中原地区。忽必烈不仅自己学习汉族文化历史，还用汉文化教育勋戚子弟，力图改变蒙古族落后的政治文化素质。在这样的大环境中，作为忽必烈妃子的弘吉剌察必也逐渐对汉族文化历史及政治制度产生了浓厚的兴趣，并深受影响。

忽必烈的一系列变革得到了中原地区汉族地主阶级的支持，赢得了"爱民之誉，好贤之名"，把他看成能够保护和维持他们利益和文化传统的新主子，从而积极地帮助他巩固其在中原地区的统治，使忽必烈势力得到了快速的发展。对此，一些坚持遵循蒙古原有生产方式的旧贵族十分不满，向自诩为"遵祖宗之法，不蹈袭他国所为"的宪宗蒙哥进谗言，诬陷忽必烈有独霸中原的野心。宪宗对忽必烈产生了猜忌，派遣亲王阿兰答儿、刘大平等人前往追究查办，并在关中设钩考局，广为罗织罪名，大肆迫害忽必烈属下。在这危难之时，察必皇后不顾个人安危，说服忽必烈，毅然带领女儿赴汗廷为人质，以表明忽必烈并无异志。随后忽必烈又亲自去谒见蒙哥，兄弟两个见面后皆痛哭流涕，宪宗皇帝疑忌全消。察必皇后以自己超凡的智慧和勇敢，帮助忽必烈避免了一场不测之祸。

二、当机立断　夫获帝汗

在蒙古汗廷争夺汗位的斗争中，察必利用自己的特殊地位和机智灵活的手段，为忽必烈登上皇位宝座立下了汗马功劳。

公元1259年，忽必烈随蒙哥南攻宋朝。这时，忽必烈与蒙古旧贵族的矛盾已经到了白热化的地步。为了及时注意漠北势态的发展，忽必烈把察必和17岁的

察必皇后像

真金留在北方,以便能迅速得知时局的变化。公元1259年7月,蒙哥在合州战死。至此,维系新旧贵族之间的纽带崩裂了,围绕汗位,新旧贵族间的争夺战拉开了战幕。忽必烈的弟弟、旧贵族的代表阿里不哥,企图借留守和林守产的政治优势,迅速继承汗位。而这时率师南征的忽必烈已包围了南宋重镇鄂州。当接到宪宗去世的消息时,幕僚们纷纷劝说忽必烈迅速班师北返,指出:"现在宋人惧我如虎,谈不上威胁。但是,我们却面临着后院起火的危险,别有用心之人已经企图染指汗位,不马上班师早作打算是十分危险的。"对此,忽必烈却不置可否,而实际上他的心中早已焦急万分,不过是在等待着察必送来的可靠情报而已。

供忽必烈饮宴储酒的北海团城渎山大玉海

此时,留在北方的察必也嗅出了蒙古贵族间浓烈的血腥味,她在得知阿里不哥派其心腹阿蓝答儿四处扩兵后,感到战争迫在眉睫。于是,机智的察必一面以忽必烈妃子的身份派人公开指责阿蓝答儿居心叵测,以乱其方寸;同时又秘密派遣心腹脱欢和爱莫尔赶往鄂州,向忽必烈报告阿里不哥的图谋,建议火速班师。[1]

忽必烈在接到了察必的确切消息后,迅速班师北返。公元1260年3月,忽必

---

[1] 事见《新元史·后妃·世祖昭睿顺圣皇后列传》:"世祖伐宋……其党阿蓝答儿劝之自立,乘传发山后兵,去开平仅百余里。后使人诘之曰:'发兵大事也,太祖曾孙真金在此,何故不使知之?'阿蓝答儿意沮。阿里不哥使脱里出行省燕京敛民兵,后闻之,秘使人驰报世祖,趣班师。"

烈废除了蒙古贵族选举大汗的旧制，宣布登皇帝位。一个月后，阿里不哥也在和林西的安坦河召开忽里台，宣布为大汗。于是，忽必烈和阿里不哥展开了激烈的决战。四年后，这场新旧贵族的斗争以阿里不哥的失败宣告结束。忽必烈的胜利使蒙古重新得到统一，为元朝的建立和巩固奠定了基础。与阿里不哥相比，忽必烈是一个开明而又进步的蒙古新贵，面对历史的激烈变化能够较快地适应形势，采取一些符合历史潮流的措施，忽必烈的胜利具有相对的积极意义。察必在这场夺取汗位的斗争中起了举足轻重的作用。基于此，中统初年（1260），察必被立为皇后。

三、深谋远虑　夫立不败

忽必烈灭宋以后，中国历史上又一次实现了大统一。如何使国家长治久安，避免重蹈宋、金两国的覆辙，是忽必烈和察必经常讨论的话题。

元朝建立之后，忽必烈把仿效汉法的方针施行到了全国，对典章制度作了一系列的调整。但受习惯和旧势力的影响，使得忽必烈时常南辕北辙，动摇反复。而此时，作为皇后的弘吉刺察必，在匡佐君王统治中原上表现出了非凡的才能和难能可贵的品质。在处理国家日常事务中，察必皇后深谋远虑，在许多有关国计民生的问题上向忽必烈进谏，并鼓励大臣们向皇帝直谏，以帮助治理

元《鹊华秋色图》

大理国梵像图

好国家。

  有一次，翰林学士王思廉给忽必烈讲读《资治通鉴》，讲到唐太宗怒魏征直谏，长孙皇后朝服拜贺一事时，忽必烈深有感触。他命宦官领王思廉到后宫，将这个故事讲给察必皇后听。察必听后高兴地说："这件事对皇上有很大裨益，今后类似这样的典故，你应该多讲给皇上听。"[1] 由于察必皇后经常规劝忽必烈纳谏，使忽必烈在许多问题上避免了失误。

  蒙古族进入中原地区后，首先面临的是生产方式不同的矛盾。而这一矛盾解决得恰当与否，又直接关系到中原地区的稳定和发展。由于蒙古族长期养成的习惯和客观需要，初入中原便大肆掠夺土地，用于畜牧业，严重地破坏了中原地区的经济生活。忽必烈在掌管漠南汉地时，曾下令保护农业生产，禁止随便圈占农田，取得了极大的效果。但是，在统一全国之后，为加强对中原汉族的镇压和为其进一步扩张准备足够的马匹，仍然在全国范围内圈占了大批农田作为牧地，"东越耽罗，北逾火里秃麻，西至甘肃，南暨云南等地，凡一十四处，自上都（今内蒙古正蓝旗）、大都（今北京），以至玉你伯牙，折连怯朵儿，周回万里，无非牧地"。这一做法极大破坏了汉族地区经济的发展，也引起了人民的抗争。这更引起了皇后察必的高度重视和

---

[1]事见《新元史·后妃列传》："翰林学士王思廉尝进读《通鉴》，至唐太宗怒魏征，长孙皇后朝服拜贺得贤臣事，世祖命内官引思廉诣后阁前复讲之。后曰：'是诚有益圣德，复有类此者，汝宜以时进读。'其贤明多类此。"

不安。

　　一次，四怯薛奏请忽必烈，请求圈占京城附近的农田作为牧场，忽必烈未作过多考虑就批准了。察必知道后，认为这件事极为不妥，燕京（北京）是元朝统治的心脏地带，牵一发而动全身，大规模地圈占农田，如果引起人民的反抗，会直接威胁元朝的统治。于是，察必急忙赶到殿前，极为严肃地批评官至太保的汉人刘秉忠："你是汉人中明达事理的人，皇帝把你当做朝廷重臣，委以重任，你的话，皇帝一向很重视，四怯薛无知，竟奏请圈占京城附近的农田作为牧地，这是有损国计民生的事，你难道不明白其间的利害吗？为什么不劝谏皇帝呢？假若说我们迁都之初，在京师附近划些牧场放马还可以，现在所有土地都分完了，大家都安居乐业，如果再从他们手里将土地夺过来，不是会造成混乱吗？"察必虽然是在指责刘秉忠，实则是在变相地劝谏忽必烈。她的这一番话，对忽必烈

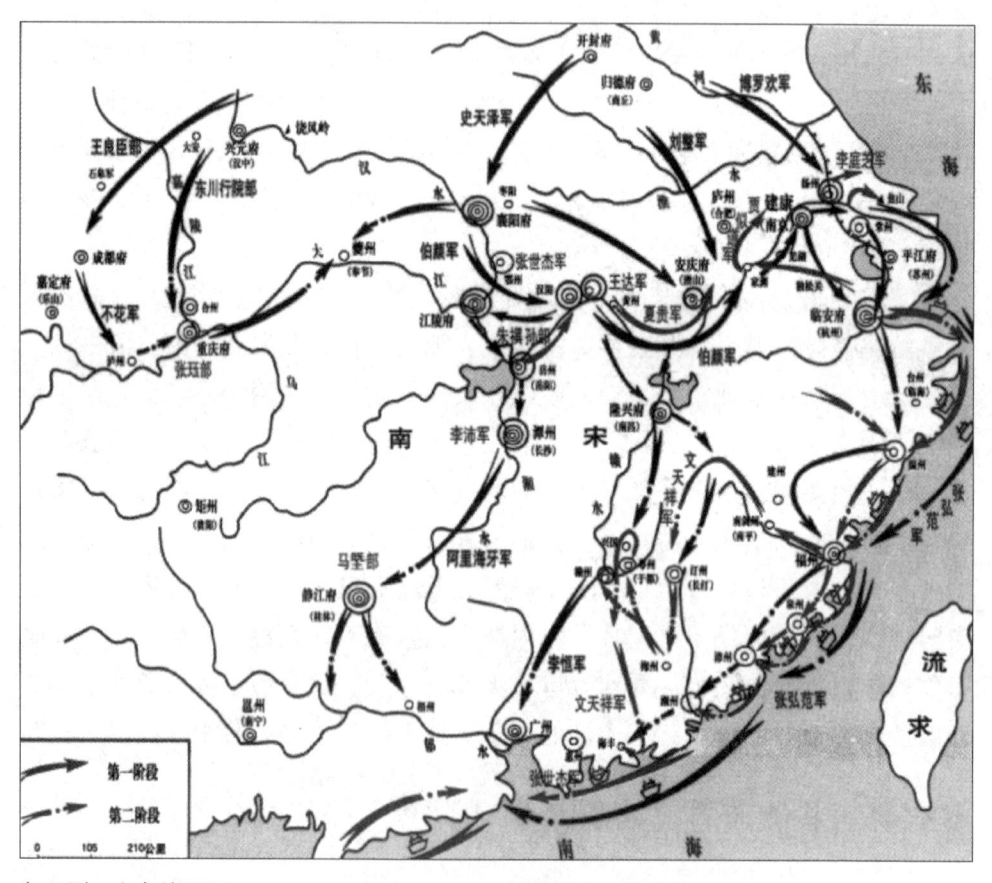

忽必烈灭南宋战要图

614

来说如同当头棒喝，遂下令停止割占农田，[1]从而避免了由此而引起的动乱和纠葛。

守业历来是封建君王所重视的大问题，忽必烈统一中国后，同样面临着如何长期稳定统治的问题。

忽必烈灭宋后，大宴群臣，论功行赏，欢庆胜利。大臣们山呼万岁，个个喜形于色。只有察必皇后默默地坐在忽必烈身边，面露愁容。忽必烈看出她有心事，就问她："现在宋朝已灭，以后再也不会打仗使生灵涂炭了，大家都欢天喜地，你为什么不高兴呢？"察必慌忙跪奏说："自古以来没有一个朝代能维持千年以上的，我在想怎样才能使我们子孙不重蹈宋朝灭亡的覆辙。现在，我们灭亡了宋朝，群臣上下，便忘乎所以，这不是好的征兆。应让他们明白创业难、守业更难的道理，方为可贺。"忽必烈见察必皇后想得如此深远，不禁肃然起敬。决心居安思危，继续励精图治，迅速医治战争创伤，恢复和发展生产，使人民安居乐业。

察必作为一个蒙古族女子，能够在元朝建立之初即提出这样一个历代封建帝王为之寝食不安的问题，确实难能可贵。

此后不久，忽必烈让人把平灭南宋劫取的金银珠宝、字画古玩陈列殿廷之上，让群臣观赏，借以显示自己赫赫的战绩。然而，察必随便看了一眼就悄然离去。忽必烈感到奇怪，让宦官追问察必她想得到什么样的金银珠宝，察必正色回答说："宋人想方设法收集的这些东西，是作为家业留给他们子孙的。可叹其子孙不肖而不能守，反为我大蒙所得，我觉得这是件非常可悲的事，应引起我们的警惕，哪里还忍心要它们呢？"[2]忽必烈听后不由喟然长叹，颇有感触。

忽必烈灭亡南宋后，为防止赵宋戚贵聚众图谋，便把宋太后全氏劫持到了燕京。全氏由于一直生长在江南，不服北方水土，经常生病，察必请求忽必烈让全氏回江南居住。对于察必的这一建议，忽必烈未予同意，他对察必说："她是一国之母，宋朝遗民尚在。今日若遣她南归，倘若浮言一动，反令我无法保全她

---

[1] 语见《元史·后妃一·世祖昭睿顺圣皇后列传》："后至帝前，将谏，先阳责太保刘秉忠曰："'汝汉人聪明者，言则帝听，汝何为不谏。向初定都时，若以地牧马则可，今军藘俱分业已定，夺之可乎？'"

[2] 语见《元史·后妃一·世祖昭睿顺圣皇后列传》："宋人贮蓄以遗其子孙，子孙不能守，而归于我，我忍取一物耶！"《新元史》所记同。

的性命，这样做只能是害了她。如果你真的怜恤她，就经常照顾一下，使她能够平安舒适地度过余生便是了。"忽必烈这样做是有其深刻含义的，当时蒙古贵族为了巩固已确立的统治地位，就必须拉拢借助于汉族地主阶级，对宋太后的优礼照顾必然有助于蒙汉统治阶级的联合。因而，宋太后全氏在燕京期间一直得到了察必的精心照顾。[1]

察必的这些建议、做法不仅起到了巩固蒙古贵族统治的作用，而且对历史的发展也具有积极意义。因而，察必的孙子成宗即位后，对她作了高度评价："上都践祚，居多辅佐之谋"，"左右我圣祖，建王之极功"。

四、严于律己　夫失股肱

察必皇后不仅通晓军国大事，同时在生活上也非常俭朴和善于变革，并不因为自己是皇后而奢侈浪费。有一次，她想做件衣服缺少布料，就从太府监领了一块绸缎。忽必烈知道后，责备她说："这是国家的东西，军国所需，不是我们自家的私物，怎么可以随便支取呢？"察必深愧自己做错了事，从此再没有从国库里拿过任何东西。由于她以身作则，别的皇亲国戚也都循规蹈矩，不敢多占国家的便宜。为了解决衣料问题，她带领宫中嫔妃宫女亲执女工，收集旧的和作废的弓弦，煮练之后绞丝织布，做出来的衣服既好看又结实，并不亚于绫罗绸缎。宣徽院（供应皇室饮食的机构）里宰了羊，羊前腿皮闲置无用，扔在那里。察必皇后知道后，率领宫女们收集起来，缝制成图案别致的地毯，[2] 美观大方，经济实用，受到忽必烈和大臣们的交口称誉。

察必皇后还对蒙古的服饰加以改革。蒙古作为游牧民族，放牧和作战均离不开骑马射箭，最初古人的帽子没有前檐。一次，忽必烈猎射归来后，对察必抱怨说："今日打猎时，因阳光耀眼，竟让一只大雁从眼皮底下飞跑了。"察必听后，灵机一动，给帽子缝上了一个前檐。忽必烈戴后甚觉方便，高兴地下令所

---

[1] 事见《新元史·后妃列传》："宋金太后至上都，不习风土……后乘间从容为奏，听回江南，不允，再三请。世祖曰：'尔妇人无远虑，彼一国之母，遗民尚在，苦听南归，万一浮言偶动，即难保全，非所以爱之也。时加存恤可耳。'后由是日厚全氏。"
[2] 事见《新元史·后妃列传》："（后）性俭素，尝以令旨取太府监缯帛各一端。世祖谓军国所需，非私家物也，后自是率宫人亲执女工，拘旧弓弦练之，缉为绸，制衣，其韧比缯绮。宣徽院旧羊臑皮置不用，后取之缉为地毯。"

有蒙古人的帽子都按这个式样制作。其后，心灵手巧的察必又对蒙古族的骑服作了改进，制作了一种叫比甲的骑服，这种服装没有袖子和领子，前及腹部，后及膝弯，用两条衣襻连缀起来，特别适用于骑马射箭，为当时人所喜爱仿效。[1]

公元1281年，性情敏达、明于事理的察必皇后得了重病。忽必烈延请了天下名医，也未能治好察必的病。弥留之际，忽必烈握着察必皇后的手，问她还有什么话说。察必这时奄奄一息，心中仍牵挂着儿子真金。太子真金这时已长大成人，但身体羸弱多病，是察必最为钟爱的。她希望真金能继承父业，将来治理好国家。她知道自己不能继续照顾儿子，因此反复叮嘱忽必烈，要他照顾好太子，忽必烈含泪答应，察必皇后才放心而去。

根据王祯《农书》所绘《耕织图》中的缫丝图

察必死后，忽必烈大恸，一夜之间老了很多，好像变了一个人。正在外地的太子真金听到母亲的死讯，悲痛欲绝，昼夜兼程，赶回宫中，为母亲守灵。满朝文武和黎民百姓也为失去一位贤德的皇后而痛心疾首。公元1284年，忽必烈为察必皇后追上尊号曰"贞懿昭圣顺天睿文光应皇后"。公元1294年成宗即位，追上尊谥曰"昭睿顺圣皇后"。

察必皇后经历了元朝统一全国的艰难岁月，亲眼看到了宋、金等国的灭亡。这一切对她产生了极大的影响，使她同忽必烈一样，常常思索着如何扩大

---

[1] 事见《元史·后妃一·世祖昭睿顺圣皇后列传》："胡帽旧无前檐。帝因射日色炫目，以语后，后即益前檐。帝大喜，遂命为式。又制一衣，前有裳无衽，后长倍于前，亦无领袖，缀以两襻，名曰比甲，以便弓马，时皆仿之。"

元朝的版图,如何使元朝不重蹈宋朝的覆辙,从而辅佐忽必烈兢兢业业地治国安民,最终成为中国封建社会历史上为后人称道的一位出色的女政治家。

名家评说

奉先思孝,臣子之至情;节惠勿名,古今之大典。惟殷娥有明德之号,而周任著《思齐》之称。爰考旧章,式崇尊谥。恭惟先皇后,厚德载物,正位承天。隆内治于公宫,纲大伦于天下。曩事龙潜之邸,及乘虎变之秋。鄂渚班师,洞识事机之会,上都践祚,居多辅佐之谋。先物之明,独断于衷,进贤之志,允叶于上。左右我圣祖,建帝王之极功;抚育我前人,嗣社稷之重托。臣下之勤劳灼见,生民之疾苦周知。俪宸极二十年,垂慈范千万世。惟全美圣而益圣,宜显册书而屡书。不胜惓惓恳恳之诚,敬展尊尊亲亲之义,以扬盛烈,以对耿光。谨遣某官某奉玉册、玉宝,上尊谥曰昭睿顺圣皇后。钦惟淑灵在天,明鉴逮下。增辉炜管,茂扬徽懿之音;合飨太宫,益衍寿昌之福。

——元成宗册文,载《元史》

后性仁明,随事讽谏,多裨时政。

——柯绍忞《新元史》

成宗铁穆耳皇太后阔阔真

阔阔真(？~1300)，成宗铁穆耳皇太后。亦名伯蓝也怯赤，蒙古弘吉剌部人。至元三十一年(1295)被立为皇太后。谥号"裕圣皇后"。她聪明贤惠，知书识礼。初进宫，是忽必烈贤德的儿媳；中期在继承王位问题上，她表现出机智大度，使其子铁穆耳得以平稳接替；晚期作为皇太后，又以国事为重，扼制外戚弄权，辅佐皇上，出现了"元贞治平"之景象。

一、偶遇圣主　进宫为妃

阔阔真出身于弘吉剌氏部族，年幼时同父母生活在一起。她聪明贤惠，知书识礼，成为父母的掌上明珠。十五六岁时，已出落成一位挺拔俊秀、端庄大方的美丽姑娘。她后来为何入选进宫，成为忽必烈称道的儿媳妇，这还是始于与世祖忽必烈狩猎的偶然相遇。

正统年间正是元代的升平之世。元世祖忽必烈经过南征北战、东伐西讨，终于在至元八年(1271)统一了中国，建起了横跨欧亚、地域辽阔的盛元帝国。战乱平息，百废俱兴，生产发展，人民安居乐业，全国呈现一片繁荣兴旺的景象。忽必烈完成了生平之宏愿，作为一国之君，他并未改变骑马狩猎的习惯，清闲之中，他经常带领群臣们到大草原上打猎。

有一天，忽必烈带着群臣又来到了美丽的大草原上狩猎。只见翠绿的草原被风吹拂，不时掀起层层绿波，绿波深处，牛羊成群，时隐时现。泥土的芳香、草原的景色令他陶醉，不觉已纵马跑了很远一段路程。这时日近中午时分，忽必烈觉得口渴，正巧见前边有一座蒙古包，便策马前往，想讨一碗马奶喝。正在帐前用驼绒搓毛线的阔阔真听到了马蹄声，便放眼望去。此时，忽必烈已到帐篷前，他勒住了马，阔阔真于是便放下手中的毛线起身问道："您有什么事吗？"忽必烈跳下马来，打量着眼前这位身材匀称、年轻貌美的姑娘，心中不禁有几分喜欢，高高兴兴答道："姑娘，我远行到此，口干舌燥，请给一碗马奶解渴。"

阔阔真非常有礼貌，但又有点为难地说道："马奶当然有。不过我父母和诸位兄长都不在，按草原的习俗我一个女子不便接待客人，请你原谅。"忽必烈觉得姑娘言之有理，返身准备上马，但阔阔真马上叫住了他，请他稍候，父母须臾可归。忽必烈非常喜欢这位姑娘的落落大方和明晓事理。心中暗想，谁家娶这姑娘做媳妇，那算真有福气。果如阔阔真所料，只一会儿，父母赶着羊群回来了。她把刚才发生的事情告诉了父母，父母上前一看，认出站在帐前的人竟是大汗，真是惊喜交加，在忙乱中热情地把忽必烈让入帐中，并端上奶茶。闲谈中，忽必烈得知姑娘叫阔阔真。忽必烈喝完马奶走出蒙古包来，对左右大臣随从们说："阔阔真此女虽年幼，然明白事体，待人接物颇懂礼貌，谁家若能娶

元世祖忽必烈狩猎图

上此等佳女做儿媳，真乃福哉！"[1]

至元十年二月，忽必烈将嫡子真金立为皇太子，仍兼中书令，判枢密院事。不久，忽必烈便与大臣们商议，准备给太子真金选择妃子。大臣们给太子招来数位少年女子，忽必烈都不中意，或嫌娇小瘦弱，或嫌粗悍无礼，没有一个

[1]事见语见《新元史·后妃列传》："先是，世祖出猎，道渴，至一帐，见一女子于绩驼茸，从求马湩。曰：'马湩固有之，但我父母诸兄皆不在，我女子难以与汝。'世祖欲去。又曰：'我独居此，汝自来去，于礼不宜。父母即归，盍姑待之。'须臾果归。出马湩饮焉。世祖既去，叹息曰：'此女仓卒知礼若是，岂非佳妇耶！'"

看上眼的。有一位老臣曾跟随忽必烈一同狩猎,深知其中的奥秘,便悄悄派人去打听阔阔真的消息。使者回来报告说阔阔真还未出嫁,老臣得意非常,马上禀报了大汗。忽必烈闻此信息,乐不可支,心急火燎地派彩车仪仗去接阔阔真来宫中,与太子完婚。[1]

阔阔真嫁到宫中之后,为人处世聪明贤惠,孝敬长辈,善待左右,关心同辈,对太子的起居衣食更是关怀备至。为此,忽必烈常夸她是个贤德的媳妇。

太子真金虽有雄才大志,但体弱多病,每次生病,忽必烈都亲自前往宫中探视。有一次,太子真金又卧床不起,阔阔真日夜不离左右,百般温顺体贴,并把煎好的药送到太子床前。当忽必烈来看太子时,发现太子的床上铺了一条织金卧褥,他看了看阔阔真,满脸的不高兴,略带怒气地说道:"孤常称道你贤德节俭,没想到你竟是这般奢侈!"阔阔真自进宫以来,还从未见大汗向自己发怒,忙跪下请罪,并解释说:"父王息怒,孩儿怎敢奢侈,这条织金褥我们从未动过。如今太子病卧在床铺此金褥,是为隔潮防潮,以免潮气浸入太子肌肤,加重病情。"[2]

忽必烈听后,甚觉有理,遂转怒为喜,连忙让她站起。阔阔真起身后,忙去撤织金褥。忽必烈制止了她,并语重心长地对她说道:"这并非是铺什么褥子的问题。太子是我看着长大的,你是我选中的儿媳妇,我无非提醒你们,你们要简朴生活,体贴天下百姓之苦,日后才好安邦治国。"阔阔真叩首遵命。忽必烈走后,阔阔真与太子商量,还是把织金褥撤走了,不复再用。

元置放铜镜的银架

---

[1] 事见《元史·后妃二·裕宗徽仁裕圣皇后列传》:"后与诸臣谋择太子妃。世祖俱不允。有一老臣尝知向者之言,知其未许嫁,言于世祖。世祖大喜,纳为太子妃。"

[2] 事见《元史·后妃二·裕宗徽仁裕皇后列传》:"裕宗有病,世祖往视,见床上设织金卧褥。世祖愠而语之曰:'我尝以汝为贤,何乃若此耶?'后跪答曰:'常时不曾敢用,今为太子病,恐有湿气,因用之。'"

自此之后，他们牢记父训，衣食起居从不奢侈，朝廷上下群臣很是称赞。

太子真金素以仁孝著称宫中。他少年时接受儒家教育，对孔孟之道非常熟悉。真金不仅孝顺，而且博学，他口不离经、手不释卷，并且还经常同臣僚们议论国家大事，对各家所言广为听取，从而更多了解天下事，但他从不干预朝政，为此深得父王忽必烈的欢心。随着太子地位的提高，夫荣妻耀，阔阔真也逐渐成为宫中的主要人物了。

至元二十二年（1285），忽必烈由于年迈，体力渐感不支，常通过南必皇后来过问朝政。对此，南台御史上奏说："皇后不应当干预朝政。既然皇帝年事已高，应当禅位给皇太子。"太子真金得知后，他怕禅位引起父王的恼怒，深感不安。于是悄悄让御史台都事尚文把这个封章秘藏起来。权奸阿合马的余党答即归阿散等得知这一情况后，想利用这件事发难，一来让忽必烈发火，二来借他的手把一批忠臣置于死地，达到一箭双雕的目的。为此奏请钩索天下钱谷，清查各官衙案牍，实际上是企图找出那个封章，以揭发此事。尚文告知右丞相安童、御史大夫月律鲁后不让清查。答即归阿散等立即奏闻，忽必烈便下敕索取这个封章。危急之中，安童、月律鲁去见忽必烈，采取先发制人的办法揭发答即归阿散等人的罪恶，同时发动多人奏劾，使忽必烈迁怒他们，将他们问罪。但是，体弱的真金却为此受了惊吓，不久死去，年仅43岁。[1]

太子真金的突然病逝，无疑是对世祖忽必烈在精神上的一次沉重打击。本来就处于极度悲痛之中的世祖，又闻得西北一带同族相残，不得不再次调兵遣将，重开战火，平定叛乱。这使他的身体每况愈下，至元三十一年（1295）崩于紫檀殿。因嫡长子不在人世，嫡皇孙又远在边陲，因

元掐丝珐琅三环尊

---

[1] 事见《元史·睿宗裕宗显宗顺宗列传》："于是世祖春秋高，江南行台监察御史言事者请禅位于太子，太子闻之，惧。台臣寝其奏，不敢遽闻，而小人以台臣隐匿，乘间发之。世祖怒甚，太子愈益惧，未几，遂薨，寿四十有三。"

此由谁来继承王位一时难以定下。朝野上下对此议论纷纷。

在这一问题上，能一锤定音的只有阔阔真。因为她不仅是太子真金的遗孀，而且还是世祖信任、称道的儿媳妇。

阔阔真与太子真金共生三子：长子甘麻剌，次子答剌麻八达，三子铁穆耳。长子甘麻剌年幼时曾由祖母察必皇后抚养，成年后，在宫中侍奉祖父忽必烈，身不离左右。甘麻剌既继承了父母的仁德忠厚，又承接了祖父忽必烈的骁勇善战。至元年间，曾镇守边陲，平定了叛军岳木忽儿，后被封为晋王，统领太祖四大斡耳朵及鞑靼（原为突厥统治下的一个部落）国土。

次子答剌麻八达，从小与父母生活在一起，成年后，巡视、朝贺等重大礼节，都随父同行，很得太子真金的钟爱。太子死后，至元二十八年（1291）出镇怀州（今河南沁阳），第二年春病死，年仅29岁。

阔阔真最爱第三子铁穆耳。至元三十年（1293）立铁穆耳为皇太子，镇守和林。按法规，理应让皇太子铁穆耳继承王位。但阔阔真又怕引起长子晋王甘麻剌的不满，两兄弟自相残杀。为保证王位顺利接替，阔阔真不得不借助传国玉玺来促成铁穆耳即位，以此制服长子甘麻剌和诸王大臣。

所谓传国玉玺并非世祖忽必烈的御宝，而是历代相传的玺印。原来，中丞相崔彧曾在市上买得一玉玺。崔彧即召秘书监丞杨醒辨认印文，才知上面写的是："受命于天，既寿永昌"八大篆字。崔彧惊喜地说道："这莫非是秦玺不成？真乃稀世之玉也！"于是，他便献给阔阔真。阔阔真拿到玉玺之后，暗自庆幸为铁穆耳继位找到了依据。于是将玉玺遍示群臣，声称这是世祖晏驾时，留下的传国玺，分明是上天留赐皇太孙。于是文武百官纷纷入宫庆贺，阔阔真遂派右丞相张九思率禁卒数百名，赍玺迎铁穆耳回朝。

铁穆耳接受玉玺后，大喜过望，立即犒劳有功人员。于是便驰车入上都（即开平），诸王宗亲、文武百官也都在此时赶到，议奉皇

成宗铁穆耳

孙铁穆耳为嗣皇帝。这时太傅玉革帖木儿也随长皇孙甘麻剌回到上都，甘麻剌本性仁德忠厚，见王位已传于弟弟，他也只好随声附和，立铁穆耳为帝。诸王至此也不敢不从，皆到殿下叩拜。铁穆耳即位后号成宗，生母阔阔真为皇太后，改太后所居旧太子府为隆福宫。

二、元贞治平　辅佐得力

成宗即位期间，为表示秉承世祖遗训，仍继续沿用世祖年号，世祖所立各种典章制度和所设文武百官也未曾更改，因而使这一时期国家政局比较稳定，经济有所发展，这与太后阔阔真的辅佐是分不开的。平章政事不忽术刚毅正直，每逢成宗有不当之处，都直言相谏。他这种做法惹恼了宰相完泽，完泽认为他位在己下，却

元青白釉观音坐像

遇事直谏皇上，不禁心中衔恨。由于不忽术直言，也揭发了许多腐败、办事不力的官员，引起许多大臣不满，为此都怂恿完泽除去不忽术。于是，完泽遂上奏成宗，请不忽术外调，授陕西行省平章政事。成宗同意，诏书已下。此事被太后阔阔真得知后，遂把成宗叫到宫中，很严肃地对他说："不忽术是先帝所任命，系朝廷正直之臣，他又无任何过失，你为何将他外调，我实在不理解？"成宗经母后一点拨，才恍然大悟，遂收回成命，继续将不忽术留在京都，仍供原职。

阔阔真被册封为皇太后以后，威临当朝，权势显赫，但她没有恃势而骄，坐享荣华富贵。铁穆耳即位后，曾于徽政院后院设置太后官邸，并将浙西700顷田划归官邸供太后享用。阔阔真得知此事后，推心置腹地对成宗说："江南率土皆国家所有，岂能把它作为私田？况且我一寡妇人也用不了那么多。"[1] 随即命中书省收回，另做他用。阔阔真不仅在生活上不贪图奢侈腐化，而且也从来不在

---

[1]语见《元史·后妃二·裕宗徽仁裕皇后列传》："后院官有受有献浙西田七百顷，籍于位下，太后曰：'我寡居妇人，衣食自有余，况江南率土，皆国家所有，我曷敢私之。'"

朝中安插自己的亲信。在她被册封为皇太后以后不久,其弟曾来宫中向她求官。她以大局为重,很友善诚挚地对弟弟说:"你不是那种能做官的人,以后别再为这种事来找我。"[1] 于是便派人送出皇宫。此事在宫中传开后,文武群臣尽知太后阔阔真在宫中拒用近亲做官,使成宗在位期间没有出现外戚专权以至于干预朝政之事。在她的精心辅佐下,出现了"元贞治平"之景象。

元朝一代,各种宗教都比较盛行。在众多的宗教派系里,蒙古人最为信奉的还是萨满教。成吉思汗及其继承者窝阔台、蒙哥等都是萨满教的忠实信徒。到了忽必烈时代,由于他特别尊崇佛教,改信了佛教在西藏的分支喇嘛教,这就使得喇嘛教以及佛教在元朝疆域内影响最大。据统计,当时全国共有寺宇4万多所,僧尼20多万人,大的寺宇僧众多至数百上千,一些上层僧侣在地方上仗势欺人,霸占土地,搜括民财,奸淫妇女,以至残害人命。太后阔阔真是一名虔诚的佛教徒,特别是在她的晚年,已虔诚到昏庸程度。大德年间,她不顾平民百姓之疾苦,下诏饬建五台山佛寺,命陆信等率领工役,驱使各地征调的民夫,冒险进入山谷,伐木运石,以至压残压死众多民夫。寺庙修成后,太后阔阔真又准备起驾西幸拜佛。监察御史李元礼得知此事后,草奏数百言,竭力谏阻。奏中写道其不可行者有五:"时为盛夏,禾稼方茂,百姓岁计,全仰秋成,扈从经过,千乘万骑,不无蹂躏,一也。太后春秋已高,亲劳圣体,往复暑途

五台山塔院寺

[1] 事及语见《新元史·后妃列传》:"后有弟求官,后不悦曰:'汝非其人也,勿必累我。'"

数千里，山川险恶，不避风日，轻冒雾露，万一调养失宜，悔将何及，二也。今上登宝位以来，……上位举动，必书简册，以贻万世之则，书而不法，将焉用之，三也。夫财不天降，皆出于民，今日支持调度，方之曩时百倍，而又劳民伤财，以奉土木，四也，佛本西方圣人，以慈悲方便为教，不与物竞，虽穷天下珍玩奇宝供养，不为喜；虽无一物为献而一心致敬，亦为不怒。今太后为国家、为苍生崇奉祈福，福未获昭，而先劳圣体，圣天子旷定省之礼，轸思亲之怀，五也。"

奏书呈上以后，中丞相崔或见此奏言词耿直，上奏后怕皇太后动怒，只好将原奏悄悄压下。于是阔阔真便率领大队人马，车辆纷纷，前呼后拥沸沸扬扬开赴五台山。沿路所到之处，铺张浩繁。地方官员一律跪迎，盛称太后仁慈，为民祈福。只有河东廉访使王忱向太后陈述建寺时的损害，并指出建寺虽然说是为民造福，而民福未及，害已先受。阔阔真听到此言并未动怒，相反也有所动容，马上命令有司颁给国帑，抚恤工役家属。到了五台山，烧香拜佛后，又拿出数万钱币赏赐僧侣。此次西幸五台山，劳民伤财，得不偿失，使得阔阔真的贤德与质朴沾上了一个污点。但金无足赤，人无完人，孰能无过。阔阔真能够听王忱直谏，抚恤工役家属，也说明她作为一个政治家的胸怀。

大德四年（1300）二月，阔阔真病逝，祔葬先陵，尊谥号"裕圣皇后"。祔裕宗庙。至大三年十月，又追尊谥为"徽仁裕圣皇后"。

名家评说

自家而国，治道必有所先；立爱惟亲，君德莫先于孝。况恩深于鞠我，而礼重于正名。历代以来，令仪可考。人子之职所在，天下之母宜尊。恭惟圣母，圣善本乎天资，静专法乎地道。上以奉宗祐之重，下以叙伦纪之常。助我前人，守《卷耳》忧勤之志；畀予冲子，成《思齐》雍肃之风。肆神器之有归，知孙谋之素定。畀付虽由于历数，规摹一出于庭闱。是用率吁众心，章明钜度，不胜拳拳大愿。谨奉册宝，上尊称曰皇太后。伏惟长信穆穆，周宗绵绵。备《洛书》之锡福，粲慈极之仪天。瑶图宝运，于万斯年。

——元成宗册文，载《元史》

后性孝谨,善事中宫,起居服御无纤介不至,世祖每称为贤德妇。

——柯绍忞《新元史》

太后虽贤,卒不能脱妇人之见,以致亲幸五台。李元礼一谏,千古不朽,崔彧之匿不上闻,果奚为者?元之兴不恃僧侣,元之衰亡,实自僧侣贻之。上昏下蔽,何以为国耶?

——蔡东藩《元史演义》

武宗海山皇太后答己

答己(《新元史》、《元史》皆称答吉；？~1322)，武宗海山、仁宗爱育黎拔力八达皇太后，英宗硕德八剌太皇太后。蒙古弘吉剌部人，父浑都帖木儿。武宗尊其为"仪天兴圣慈仁昭懿寿元皇太后"，仁宗尊其为"全德泰宁福庆皇太后"，英宗尊其为"徽文崇祐太皇太后"。她生活在元朝中期。这时宫廷内部斗争相当激烈，皇亲国戚之间为争取皇位，互相倾轧。她历临三朝，颇有智谋，在这一系列宫廷斗争中扮演了重要的角色，真可谓女中强人。

答己

一、雪上加霜　守寡遭贬

弘吉剌答己出身在元朝最显赫的弘吉剌部族，父亲是按陈的孙子浑都帖木儿。在这种环境下，她幼小的心灵上便烙下了宫廷内部为争夺王权而进行生死搏斗的印痕。高贵的出身，佳丽的容貌，使她很快便成了答剌麻八达的妻子。

答剌麻八达是元世祖忽必烈长子真金（裕宗）的次子，母亲是徽仁裕圣皇后弘吉剌氏。真金为燕王时，答剌麻八达出生于燕邸。长大之后，他一直跟随在真金身边，无论是朝贺还是乘车出巡，他从不离左右。答剌麻八达又正式纳弘吉剌氏答己为妃。答己很受宠爱，为答剌麻八达生了两个儿子，一个叫海山，就是后来的武宗；一个名叫爱育黎拔力八达，即是后来的仁宗。

至元二十二年(1285)，主张倡行汉法的真金太子先忽必烈而死。他的三个儿子甘麻剌、答剌麻八达和铁穆耳都很受世祖的钟爱，究竟由谁继嗣为"皇太孙"，一直没有明确的结果。至元二十八年(1291)，答剌麻八达奉诏同侍卫都指

628

挥使梭都、尚书王倚一起出镇怀州（今河南沁阳）。行至赵州，有百姓拦道状告兵卒砍伐他的桑枣，答剌麻八达下令杖罚违纪的兵卒，并派王倚入奏世祖。元世祖见他如此爱护百姓非常高兴，皇太孙继嗣倾向于他。孰料答剌麻八达竟在中途染病，未到怀州就被召回京师调养，一卧不起。第二年春天，年仅29岁的答剌麻八达竟留下孤儿娇妻而去。

至元三十年（1293），年逾八十的忽必烈决定立仁孝恭俭的铁穆耳为继承人，并将"皇太子宝"授给了他。次年，忽必烈驾崩，铁穆耳顺利地继承了帝位，是为元成宗。

按照蒙古婚俗，弟有收兄寡妻的陋习。答剌麻八达死后，成宗想纳其嫂答己为妃，被生性好妒的卜鲁罕皇后阻止。青年丧夫而极度悲戚的答己，为此事竟又受到了来自卜鲁罕皇后的排挤与打击，真是如雪上加霜。

成宗是个善于守成的皇帝，并无多大作为。对此，虽心中不快，亦未过分要求。但卜鲁罕皇后却不依不饶，大德九年（1305），成宗病倒，卜鲁罕皇后秉政。大德十年（1306），卜鲁罕为泄私愤，将答己与其子爱育黎拔力八达贬往怀州。[1] 答己一腔愁怨无处倾诉，只得打点行装，离开大都（今北京），踏上了去怀州的行程。

答己是个很有心计的人，一路上，十分注意收买人心。鉴于她的高贵身份，虽遭贬谪，可所过郡县无不设下华丽的营帐，摆出丰盛的酒席迎接亲王母子。可她们母子一面非常友好地感谢这些地方官吏，一面告诉他们，所有消费理应从简。他们还命令随从人员绝对不许搅扰沿途居民，如有违犯，严惩不贷。这样做，取得了良好的效果。沿途官民无不称颂王爷清正爱民。

大德十年（1306）十二月，他们母子平安到达怀州。答己十分懂得团结臣

元代陶俑

---

[1]事见《元史·后妃二·顺宗昭献元圣皇后列传》："大德九年，成宗不豫，卜鲁罕皇后秉政，遣仁宗母子出居怀州。"

妙应寺石法轮

民的重要。平日里，她不但对大臣们和颜悦色，十分尊重，有事就推心置腹地与他们商量，就是对待候她的宫女仆役，也都十分宽厚仁慈。每逢外出，她总是令鹰坊卫士们在前面寻找僻静的路线，尽量少打扰百姓，并严令禁止践踏庄稼。臣民对答己母子交口称赞。还有一个有趣的传说：据说，怀州有一种嗡嗡声特别响亮的苍蝇，答己到了这里之后，被这苍蝇搅得头晕目眩，日夜不得安宁。于是，答己每天早晨开始虔诚地焚香祷告："我母子正在颠沛流离之中，整日无着落，难道连苍蝇你也欺我母子么？"这样祷告了几天，那苍蝇居然不来吵闹了。从此，怀州苍蝇都成了"无声苍蝇"。从这个传说中，可以看出民心之所向。

尽管远离大都，但颇有心计的答己随时注意探听京师方面的消息，洞察着元朝宫廷内部的每一变化，并积蓄力量，准备寻找机会以图东山再起。不久，元成宗病逝，遂使答己的谋划有了实现的机会。

二、进京奔丧　政变成功

大德十一年（1307）正月初八，成宗驾崩。他仅有的一个儿子德寿已于大德九年（1305）十二月早夭，于是帝位的继承成了问题。成宗的死讯由右丞相答剌罕哈剌哈孙暗中遣使报与答己，答己和儿子爱育黎拔力八达决定以奔丧的名义立即起程进京。

路过漳河时，刮起了北风、下起了大雪。当地官民听说答己母子路过此地，纷纷冒雪前来送行。一个老农捧着满满一瓦盆热粥，挤上前来，要献给爱育黎拔力八达。侍从人员刚要把他喝退，爱育黎拔力八达立即上前阻止，并对属下说："汉光武帝尝为寇兵所迫，食豆粥。大丈夫不备尝艰难，安能成事？"答己对儿子的观点很表赞同，连连点点头，并说道："昔晋文公亡命在外，老农献土

团与之食，文公尚唯唯领受。今日之献粥，定为成事之兆，何不速受？"于是命人取粥，分而食之，并赐给老农一匹绫缎。二月，答己母子进入大都。先为成宗哭丧，然后住进城中的旧宅邸。

当时元朝宫廷之中，皇后卜鲁罕正准备垂帘听政，由阿难答辅政。右丞相哈剌哈孙表面上并不反对，暗中却派人到漠北去迎海山，到怀州去迎答己和爱育黎拔力八达。他将京城百司的符印全部收起，把守掖门，控制机要；对于来自内廷的旨意，他佯装有病，不予署理。答己到京后，哈剌哈孙连夜派人与其联系，并煽动说："怀宁王海山路途遥远，不能马上到达；如稳而不动，恐生不测。眼下大都兵力空虚，应先发制人，抢得皇位才是。"答己果断决定由爱育黎拔力八达率兵行事。

卜鲁罕招安西王阿难答进京的目的之一就是为了稳固京师，防止镇戍北边的海山前来报复前怨。当她发现右丞相哈剌哈孙勾结答剌麻八达的两个儿子时，便有意杀死哈剌哈孙与答己等人。谁知道爱育黎拔力八达抢先一步，他在阿难答等人预谋发难的前一天，奉答己之命，以迅雷不及掩耳之势率兵闯入内廷，抓捕了左丞相阿忽台和安西王阿难答等人，并以"乱祖宗家法"的罪名，将其全部杀死。[1]

接着，答己让阴阳家推算两个爱子的星命，看谁应立为皇帝。据阴阳家推算，爱育黎拔力八达更为合适。据此，答己有意让次子继位。诸王阔阔出、牙忽都等也都劝爱育黎拔力八达即皇

我国现存元代喇嘛塔之冠——妙应寺白塔

---

[1] 事见《新元史·武宗本纪》："皇弟爱育黎拔力八达奉兴圣太后入定内难，执阿忽台等杀之。"

帝位。爱育黎拔力八达考虑到他的哥哥海山拥有重兵且能征善战，不敢造次，于是先以监国的名义掌握政权，与哈剌哈孙一起日夜居守禁中，防备事变。

大德十一年（1307）三月，海山率3万精兵到达和林（今额尔德尼召南），得悉弟弟政变已告成功，他忙召集诸王商议南下夺取帝位。这时，答己遣派的近臣朵耳到了和林，他传话给海山说："你们兄弟二人，皆答己所生，本无亲疏之别，但阴阳家说你即位运祚不长，敬请三思。"[1] 海山听罢，大不以为然，他非常生气地对亲信康里脱脱说："我捍卫边陲，勤劳十年，又是长子，祖先的基业应传给我。如今母亲以星命好坏反对由我继立，将来的事谁都难以预知，怎么可以凭阴阳家的话改变祖宗的托付呢？京城肯定有人捣鬼，你为我侦察此事，急速报我。"说罢，他便派康里脱脱将他的想法告知答己，并率精兵分三路直奔大都。

答己听了康里脱脱的禀报，大吃一惊，她唯恐自己的儿子因皇位事反目，引起亲人骨肉刀兵相见，忙说："修短之说虽是术家所言，我是替海山着想，他既不信，那就叫他前来吧。"答己让左右退下，对康里脱脱亲切而又真挚地说道："海山天性孝顺友爱，中外属望。眼下最怕是有人从中谗言挑拨。卿快快回去为我们弥缝阙失，使我们骨肉无间，能够欢愉地相聚，卿的功劳可不小啊！"脱脱顿首谢道："太母不必多虑，臣侍藩邸多年，深受信任，回去后一定推诚竭忠地开释海山。"在此之前，答己见海山迟迟不至，已派康里脱脱之兄阿沙不花前去对海山讲了诸王群臣拥戴之意。康里脱脱向海山转达了答己之意，海山顿时感悟，释然无疑。大德十一年（1307）五月，海山到达上都。母子三人相会一处，大会诸王。废掉成宗皇后卜鲁罕，将她贬谪东安州，后又赐死。经忽里台大会议定，海山即皇帝位，是为武宗。

武宗即位后，追尊先考答剌麻八达为顺宗皇帝，母亲弘吉剌氏答己为皇太后，他还将平定内难有功的母弟爱育黎拔力八达立为皇太子，确定他为继承人，并由他担任中书令兼领枢密院，总领全国的民政与军政。至大元年（1308）三月，武宗为太后建立兴圣宫，对太后的要求，无不曲意奉承，甚至诏命高丽王充当太后侍从卫队的长官。十月，武宗又率皇太子、诸王、群臣朝拜太后，为她上

---

[1] 事见《元史·后妃二·顺宗昭献元圣皇后列传》："先是，太后以两太子星命付阴阳家推算，问所宜立，对曰：'重光大荒落有灾，旃蒙作噩长久。'重光为武宗生年，旃蒙为仁宗生年。太后颇惑其言，遣近臣朵耳谕旨武宗曰：'汝兄弟二人，皆我所出，岂有亲疏。阴阳家言，运祚修短，不容不思也。'"

仪凤图

尊号"仪天兴圣慈仁昭懿寿元皇太后",同时,大赦天下。答己从此便以皇太后的身份过上了养尊处优的奢侈生活。

三、扶持仁宗　纵容情夫

自世祖忽必烈之后,元朝后妃多数崇尚佛教,答己也不例外。她被立为皇太后以后的第一件事,就是西幸五台山拜佛。颐养兴圣宫的答己除了念经拜佛外,整日安闲无事,心中深感寂寞。自顺宗29岁去世,答己便年轻守寡。当时两个儿子都还小,多亏了同族的亲戚铁木迭儿照料。两人常在一起谈心,倒也解了许多闲愁。后来答己贬往怀州,遂与铁木迭儿疏远。不久,铁木迭儿被任命为云南行省左丞相。两人相隔万里,更难互通音信。为了驱除心中难耐的孤寂,皇后答己暗中派人前往云南,召回了铁木迭儿。向来巧佞的铁木迭儿见往日的情人已尊为皇太后,便盘桓宫中,杜门不出。后来云南行省告发他擅离职守,要求从严惩处。尚书省据实上奏。武宗不知其中奥妙,命令查办。几天后,皇太后答己下令赦免铁木迭儿,尚书省官员只得照办。从此,铁木迭儿在答己的庇护下,日渐飞黄腾达起来。

武宗初年很想重儒尊道,有所作为。可不久因沉湎酒色,重用佞幸,对朝政很少过问,朝政自然愈来愈腐败。武宗本人也因纵欲过度、彻夜畅饮,身染重病。至大四年(1311)正月初八,武宗驾崩于玉德殿,年仅31岁。

说来凑巧,武宗驾崩的时间与元成宗同在正月初八。他在位四年多便福禄享尽,这使答己皇太后更加迷信阴阳家的预言。尽管海山的儿子和世㻋(后为元明宗)、图帖睦尔(后为元文宗)都已长大,她还是支持已是皇太子的爱育黎拔力八达继承皇位。为扭转朝廷腐败之风,爱育黎拔力八达立即以"变乱旧章,流毒百姓"的罪名诛杀了武宗宠幸的一批奸佞。他废掉尚书省,选任素有声望的老臣重组中书省,更换了朝中要员。而后,于至大四年(1311)三月正式即皇帝位,是为仁宗。

仁宗爱育黎拔力八达为人仁孝,再加上常年与母后答己生活在一起,所以对答己言听计从。正因如此,答己才得以在宫中左右仁宗,干预朝政。

仁宗即位后,深知"修身治国,儒道为权",大胆推行科举制度,重视人才的选拔,并着手整顿田赋。他还命"耆旧之贤,明练之士"将元朝开创以来的政制法程分类编集,辑成《风宪宏纲》。仁宗虽想有所作为,但受到答己太后和铁木迭儿的严重干扰,致使许多好的打算不能付诸实施。仁宗的师傅是"通贯经史,善论古今治乱"的汉族名儒李孟,仁宗想

缂丝八仙拱寿图轴

立李孟为中书右丞相,而太后早已降旨,将中书右丞相的职务给了铁木迭儿。仁宗只得顺从母亲。奸诈的铁木迭儿在答己的庇护之下,坏事愈干愈多。[1]

铁木迭儿窃居相位之后,为了讨好皇上,他想出一条括田增税的政策,上

---

[1] 事见《新元史·后妃列传》:"(答己专权)内则黑驴母亦烈失儿用事,外则幸臣失列门、纽邻及丞相铁木迭儿,相率夤缘为奸,以至箠辱平章张珪等,紊乱纲纪。仁宗恐伤后意,不穷问。"

奏仁宗。仁宗不知其中的弊端，见其说得情真语切，立准施行。铁木迭儿遂分遣属吏，循行各省，括田增税，苛急烦扰。地方的贪官污吏为增报田亩，竟拆毁民房，挖掘坟墓。庶民百姓惨遭横祸，人们流离失所、无处安身。贪官污吏乘机大发横财，铁木迭儿更是渔利甚丰。江漳诸路因此叛乱四起。大臣纷纷上奏认为叛乱乃括田增税所致，应暂停推行，仁宗准奏。铁木迭儿仰仗有皇太后的靠山，不仅依然如故，而且贪虐更甚。文武百官虽然各怀不满，却不敢贸然弹劾。

恰恰在这个时候，答己又下旨，令铁木迭儿为太师。这无异于水中击石，引起群臣更多的不满。中书平章政事张珪，向来嫉恶如仇，至此忍无可忍，直谏皇上："太师论道经邦，须才德兼全才能当此重任。像铁木迭儿这样的人怎能称职！"仁宗素来器重张珪，明知张珪所言有理，但无奈迫于母命，只得加铁木迭儿为太师，兼总宣政院事。

蒙古杂剧陶俑

太后答己虽然达到了目的，但在铁木迭儿挑唆下对张珪怀恨在心，伺机进行报复。适逢仁宗驾临上都，答己便令徽政院使失烈门传旨，召张珪上殿诘责。张珪据理力争，失烈门大发雷霆，下令左右杖答。可怜这位尽心为国、刚直不阿的老臣在太后的指使下，平白无辜地受了一顿责打，皮开肉绽，奄奄一息。第二天，太后答己又派人收缴了张珪的印绶，连同家眷一起赶出城门。懦弱的仁宗得悉后，因慑于太后的淫威，竟未敢追究失烈门。

这时，上都富豪张弼杀人入狱，他派人贿赂铁木迭儿。铁木迭儿受贿后密遣家奴胁迫上都留守贺巴延，要他释放张弼。贺巴延不肯从命，据实陈奏。御史中丞杨朵儿只与平章政事萧拜住联合监察御史40余人，上奏仁宗。仁宗看罢奏折，非常气愤，立即下诏逮问铁木迭儿。铁木迭儿闻讯后，灰溜溜地躲进了皇太后近侍家中，有司不敢前去逮捕他。[1] 太后答己问明情由后，将跪伏在脚前的铁木迭儿扶起，安慰他说："你不必害怕，皇上那边有我呢。"接着，答己命贴身

---

[1] 事见《新元史·铁木迭儿列传》："奏既上，仁宗震怒，诏逮问，铁木迭儿匿皇太后近侍家，有司不敢捕。"

侍女准备酒菜，替铁木迭儿压惊。晚上也命令铁木迭儿匿宿于兴圣宫中。

御史中丞杨朵儿只得入朝，非常气愤地面奏仁宗："铁木迭儿已躲入兴圣宫，除非皇上亲自缉拿，否则臣下无从下手。"仁宗早已对铁木迭儿深恶痛绝，听后便直接闯进兴圣宫，要求面见太后答己。侍女忙进去通报，答己忙将铁木迭儿另藏别屋，待仁宗进来时，她佯装若无其事的样子。仁宗想了一想，终于开口启奏道："铁木迭儿擅纳贿赂，刻薄百姓。御史中丞杨朵儿只等联衔奏劾，臣儿令刑部逮问，据说至今仍杳无下落，母后您说他会藏在何处？"答己早有准备，听罢，不以为然地说："自古忠贤治国，易遭嫉妒。铁木迭儿是先朝旧臣，现在身居相位不辞劳怨，所以才加任太师。若犯何罪也应调查确实，方可逮问，难道凭着片言，就可加罪么？"仁宗忙回答道："台臣联衔上奏者多达40余人，他们历数铁木迭儿的罪名，均为有依有据不能凭空捏造。"答己没料到仁宗竟会当面顶撞她，气得浑身发抖，为保下铁木迭儿，她竟有点儿撒起泼来："我说的话，你居然不信，硬将台臣的奏请作为实据，前来驳我。想不到你背母忘兄，不孝不义！"说着便扑簌簌地流下泪来。素来孝顺的仁宗见母后悲伤动怒，心中大为不忍，不由得跪下谢罪。太后接着又唠叨了许久。仁宗顿首数次，方抽身退出了兴圣宫。

由于答己太后从中作梗，使得仁宗无可奈何，仅是夺了铁木迭儿的印绶，罢其相任而已。到了延祐六年（1319）四月，铁木迭儿又改头换面，以太子太师的身份重新登台。这又引起了内外监察御史40余人对他的联名弹劾，认为他"逞私蠹政，难居师保之任"。但结果仍因答己太后的袒护，仁宗因上次之事，不敢再伤太后的面子，未能将其治罪。奸贪专横的铁木迭儿以答己为靠山，将朝廷上下搞得乌烟瘴气。仁宗皇帝本想有所作为，但为了铁木迭儿屡遭母后责骂，开始厌弃朝政，他转向迷恋佛教，甚至想让位给太子，自己做太上皇。由于朝臣力谏才算罢休。答己太后却乘机揽权，愈来愈强化了对朝政的控制。

四、策立英宗　威临三朝

延祐七年（1320）正月，仁宗忧病而死，享年36岁。仁宗驾崩后，答己便同铁木迭儿等人将早已策划好的继承人硕德八剌推上了皇位，是为英宗。

早在元武宗立其母弟仁宗为皇太子时，曾经约定"兄终弟及，叔位相承"，就是说，仁宗之后，仍当以次传位于武宗的儿子和世㻋。武宗死后，答己

太后见和世㻋相貌堂堂，机智果断，恐怕将来难以制服，便和铁木迭儿密谋胁迫仁宗违背诺言，立性情柔懦的仁宗之子硕德八剌为太子。延祐三年（1316）春，年仅13岁的硕德八剌被立为皇太子，兼任中书令和枢密使。

　　仁宗刚死，太子硕德八剌哀毁过礼，素服寝地，每日只喝一碗粥。太后答己乘机宣布，令太子太师铁木迭儿为右丞相。几天后，又命江浙行省黑驴为中书平章政事。黑驴既无功绩，更无能力，只是因族母亦列失八在兴圣宫侍候太后，颇得宠信，方得提升。从此铁木迭儿等一班爪牙在太后支持下，再度得势。

　　不久，徽政院使失烈门以太后的旨命，要求迁转朝官。太子硕德八剌却不买这个账，他当即拒绝道："大丧未毕，怎能更换朝官！况且先帝旧臣也不便随意更动。待即位后，召集宗亲元老会议，方可任贤黜邪。"失烈门沮丧地退了下去。参议中书省事乞失监，常在铁木迭儿面前搬弄是非，竟私自仗势鬻官，被台臣劾奏，罪当受杖责。他忙向铁木迭儿行贿，乞求他到太后面前说情。对铁木迭儿，太后自然是言听计从。于是答己太后召太子入见，要他赦免乞失监杖刑。岂料太子不许，太后只得退一步，又命改杖刑为笞刑。太子仍不以为然，说道："法律为天下公器，若自徇其私，改重从轻，如何能正天下！"最终太子也不听太后答己的话，将乞失监杖打了一通，结案了事。通过这几件事，朝野上下深感太子英明果断，答己太后预感再不能独断专行，更是忧心忡忡。

　　可是重任中书右丞相的铁木迭儿对太子的英明并不放在心上，他乘英宗尚未正式即位之机，报怨报仇，宣泄旧恨。他先是杀了中书平章政事萧拜住、御史中丞杨朵儿只、上都留守贺伯颜，又多次诬陷四川行省平章政事赵世延，欲将其置于死地。因硕德八剌从中保护，赵世延才侥幸未死。仁宗生前所亲信的儒臣李孟也被剥夺了封爵，降职任用。与此同时，铁木迭儿为培植自己势力把其亲信黑驴、赵世荣、木八剌等一伙，先后从地方调进中书，担任要职。

急递铺令牌

延祐七年（1320）三月，硕德八剌正式即位，是为英宗。尊祖母答己为太皇太后。这位少年皇帝生于洛阳附近的怀州王府，深受汉文化的影响。他与答己在政见上有很明显的差异。他在即位大典上的沉稳与果断及此前的刚断之举，使答己发现他是一个刚毅果断、独断专行的人。她深感自己的地位和权势正在受到威胁。回到兴圣宫后，她暗自悔恨道："我不该立此小儿。"[1] 尽管她已威临三朝，可她要做的事，皇孙多半不从，这好似给了她当头一棒。

答己终因心情压抑，忧愤成疾，病卧床榻。刚巧铁木迭儿也因弹劾赵世延遭英宗否决，气冲冲地来找太皇太后答己帮忙。答己深感力不从心，对大局无法控制。她对铁木迭儿说："我老了，你亦应见机而退，一朝天子一朝臣，千万别自织罗网自己投啊！"铁木迭儿听完这番话，好似冷水浇头，但心中却不服。出宫后与亦列失八等人谋议，准备趁英宗出宿斋宫之时行刺，以替太皇太后出气。

亦列失八同平章政事黑驴、徽政院使失烈门等多次密商，准备伺机而行。不料他们的阴谋被平章政事萧拜住暗中查实，将其迅速捉拿归案。英宗猜想这场废立闹剧的幕后指使者就是太皇太后答己本人，不便进一步追查，于是匆匆把他们一伙诛杀了事。这无异于给铁木迭儿一记狠狠的耳光，太皇太后答己的势力自然受到了沉重的打击。

英宗在取得此次胜利后，为避免铁木迭儿专断，巩固自己的地位，乃任萧拜住为左丞相，并引为心腹。铁木迭儿渐遭疏远，便装病不朝。后来，铁木迭儿听说萧拜住到范阳为其先祖木华黎立碑，他想利用这个机会重掌大权，便不再装病，登朝求见。谁知英宗冷淡地派人赐酒，并对他说："爱卿年纪大了，应以身体为重，等新年时入朝也不晚。"铁木迭儿碰了一鼻子灰，回去不久便病老而死。

太皇太后答己见自己的党羽多数被杀，万般苦楚，无从诉说。又听说铁木迭儿病逝，病情如雪上加霜，日甚一日，终于在至治二年（1322）九月卒于兴圣宫。这个名声显赫、有智有谋、威临三朝的女强人，最终给自己划了一个并不圆满的句号。

---

[1] 事及语见《元史·后妃二·顺宗昭献元圣皇后列传》："（仁宗）既即位，太后来贺，英宗即毅然见于色，后退而悔曰：'我不拟养此儿耶！'"《新元史》所载同。

名家评说

王政之先，无以加孝；人伦之本，莫大尊亲。肆予临御之初，首举推崇之典。恭惟太皇太后陛下，仁施溥博，明烛幽微。爰自居渊潜之宫，已有母天下之望。方武宗之北狩，适成庙之宾天。旋克振于乾纲，谅再安于宗祐。虽有在躬之历数，实司创业之艰难。仪式表示慈闱，动协谋于先帝。莫究补天之妙，允如扶日之升。位履至尊，两翼成于圣子；嗣登大宝，复拥佑于眇躬。矧德迈涂山，功高文母，是宜加于四字，式益衍于徽称。

——元仁宗册文，载《元史》

后性聪慧，历佐三朝，教官中侍女皆执治女功，亲操井臼。然不事检饬，自正位东朝，淫恣其甚，内则黑驴母亦烈失八用事，外则幸臣失烈门、纽邻及时宰迭木帖儿相率为奸，以至箠辱平章张珪等，浊乱朝政，无所不至。及英宗立，群倖伏诛，而后势焰顿息焉。

——明·宋濂《元史》

（后）性敏给，有权数，历佐三朝，威福己出。

——柯绍忞《新元史》

太皇太后为顺宗正妃，母以子贵，筑宫颐养，二子一孙，皆为天子，自来后妃之极遇，鲜有逾此者。乃东朝既正，淫恣无忌，内则亦列失八用事，外则铁木迭儿、失列门、哈克缴等，朋比为奸，至于宫廷谋变，几成大逆，微丞相拜住，不待南坡之弑，而英宗已饮刃矣。

——蔡东藩《元史演义》

泰定帝也孙铁木耳皇后八不罕

八不罕（生卒不详），泰定帝也孙铁木耳皇后。蒙古弘吉剌部人，父按陈孙干留察儿。泰定元年（1324）被立为皇后。她容颜出众，但生性嫉妒泼辣，权势欲极强。她被封为泰定帝皇后之后，虽身为六宫之母，却嫉恨后宫漂亮的嫔妃，阻止她们和皇帝接近。皇帝对她惧怕三分，八不罕抖尽了皇后的威风。可物极必反，最后竟被叛臣燕帖木儿掳去，纳她为妻。她是个威风凛凛的皇后，也是个没有谥号的皇后，更是个最终不是皇后的"皇后"。

八不罕

一、孔雀开屏　抖尽威风

八不罕是弘吉剌氏按陈孙干留察儿的女儿。相传弘吉剌族素来以出美女著称，有人形容那里的美女多如草原上的鲜花，雁儿见了不愿走，孔雀见了都开屏。从铁木真的母亲诃额仑起，弘吉剌部族的女人又被赋予了极高的贤德和才智，元朝历代君主的皇后大都是弘吉剌族人。八不罕年幼的时候，就是部落中有名的一枝花。虽然容颜出众，但她却生性嫉妒、泼辣、权势欲极强。有个相面先生见到她以后，说她有着成为人主的富贵相。从那时起，埋藏在她心灵中的便是对权势和富贵的神往。泰定元年（1324）泰定帝临朝执政，册封八不罕为皇后。戴上皇后桂冠的八不罕终于如愿以偿，她更觉得扬眉吐气，时时不忘抖抖她的威风。

泰定帝，名也孙铁木耳，是裕宗真金的长孙，晋王甘麻剌的嫡子，后继晋王位。也孙铁木耳为人忠诚正直，在武宗、仁宗执政期间，他一直是拥戴朝廷

的。铁失和铁木迭儿一伙预谋杀害英宗和拜住时,为了借助他手中的兵权,答应在事成之后立他为皇帝。他们派斡罗思前去晋见,也孙铁木耳听后勃然大怒,当即命令将斡罗思扣押起来,准备押解上京。[1]没料到英宗此时早已死于乱刀之下,以也先铁木耳和按梯不花为首的叛军人马正奉了玺绶,前来迎接晋王。也孙铁木耳闻变,决定从长计议,随即释放了斡罗思,并接受了御宝,在龙中(今克鲁伦河)即了皇帝位。

泰定帝即位之初,也想励精图治,谋求富国强兵之路。当时浙江行省左丞相赵能才学出众,泰定帝亲自下诏令太子以及诸王大臣子孙们以他为师,学习经典。而泰定帝自己也请平章政事张珪、翰林学士承旨忽都鲁都儿迷失、学士吴澄、集贤直学士邓文原,给他讲解《帝范》《资治通鉴》《大学衍义》《贞观政要》等书,每日临朝前后,除去批改奏章外,他都伏案苦读。

铁木迭儿等人自恃大功在身,肆意妄行,威权愈甚。他们倒行逆施,使朝内党派之间勾心斗角,朝外百姓怨声载道。幸免于南坡之难的宗王买奴对泰定帝建议:"不诛元凶,则陛下善名不著,天下后世何从而知。"也孙铁木耳也深感铁木迭儿的存在对他江山的稳固有很大障碍,于是命令把铁木迭儿全家问斩,并没收全部家产。同年十二月,又一次对其余党进行了清洗。也孙铁木耳过河拆桥、大杀叛逆,其用意在于洗刷和表白自己,从而巩固他自身的统治。

八不罕身为六宫之母,独断了后宫的一切大权。她嫉恨宫内所有漂亮的妃嫔,不许他们接近泰定帝。她也知道皇帝生性怯懦无能,皇位估计不会维持太久,为了保住既有的权势,还必须自己去奋斗。

元代壁画《七佛图》

---

[1] 事见《新元史·泰定帝本纪》:"御史大夫失遣其党斡罗思以逆谋来告曰:'我与哈散、也先铁木儿、失秃儿谋已定,事成立王为皇帝。'又命斡罗思以其事告内史倒剌沙,且言勿令旭迈杰知之。于是帝命囚斡罗思,遣别列迷失等赴上都告变。"

此时，兖王买住罕为了取宠皇帝，把自己的一对双胞女儿进献给了泰定帝，这便是必罕与速哥答里。这姐妹俩虽然都是仪表绝丽但又各有千秋。姐姐必罕出落得花容月貌，艳丽之中不乏稳重。妹妹速哥答里生得小巧玲珑，妩媚动人，两汪秋水脉脉含情，袅袅花姿如弱柳扶风，真可谓妖冶绝伦。姐妹俩自入宫后，轮流伴宿泰定帝，深得宠爱。泰定帝的全部心思，都用在了她们两人身上。

八不罕无法忍受这般冷漠。有一次泰定帝未去早朝，她怒冲冲直入二妃居住的翠华西阁。二妃见状，急忙从侧门逃走。她便把一腔怨气泼向泰定帝，声泪俱下，并以祖宗大法历诉泰定帝贪恋女色、贻误朝政。泰定帝被她那既凶又泼的样子

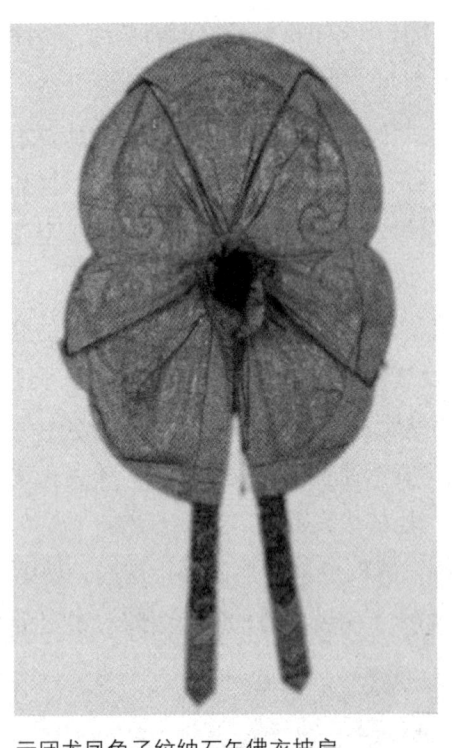

元团龙凤龟子纹纳石矢佛衣披肩

吓得战战兢兢，发誓永不再宠幸这两个妃子。八不罕当然不会相信泰定帝的承诺，她只是为了证实自己的权力和分量。自此之后，她更加傲慢和嚣张，在皇帝面前公开训斥两位妃子，对皇帝视若无睹。每次跟随皇帝去巡游或进香时，八不罕总是凤冠霞帔，珠环翠绕，乘着凤辇，前呼后拥，浩浩荡荡，抖尽了皇后的威风。

八不罕是个聪明绝顶的人，她出身名门，深知宫廷斗争的残酷。除了在中宫大展威风之外，她还把手伸向了宫外。这是因为当时她的儿子阿剌吉八已被立为太子，只是年龄尚小，朝中也先铁木儿专断一切大权。也先铁木儿是个声色之徒，花天酒地，日嫖夜赌，朝廷内外对他一片怨言。八不罕乘机极力拉拢也先铁木儿奸党中的人，她压下了弹劾这些人的奏章，常在泰定帝面前时替他们开脱和美言。为了投其所好，八不罕竟无耻地把宫中成为她眼中钉的侍女们赐给也先铁木儿。宫廷内外相互勾结，在她的周围形成了一股强大的力量，只待有了时机，她便能兴风作浪了。

泰定帝虽然不满皇后的所作所为，但自己又管不住，只得终日纵情于佛事

和声乐，消磨着自己的时光。

二、皇帝愁死　凤凰遭侮

有元一代佛教很是兴盛，历代君主总要花大量的人力物力广修佛寺，借此来求得心灵上的安慰。一直郁郁不得志的泰定帝更是沉湎于此，对佛事的崇尚可谓达到了顶峰。泰定帝不仅亲自去寺院听讲佛法，还命令皇后以下的妃嫔们在帝师面前受戒。

佛寺广布各地，香烟终日袅袅，而百姓的日子日渐难过。此时西番僧的数目急剧增多，竟达万人。僧人享有各种特权，他们聚敛钱财，发放高利贷；更有甚者，他们乘进香之机肆意殴打无辜、调戏妇女，和后妃公主们眉目传情。这一时期的佛教造成的危害非常之大，而老百姓却处于水深火热之中。各地加急的驿报雪片似地飞向京师；南方出现海啸，海水冲卷了无数民舍民田；北方陕西一带发生特大干旱和蝗灾，庄稼颗粒无收；西南四川一带天塌地陷，山崩河裂。泰定帝每遇天灾人祸，就要叫西番僧修佛事，设坛祈禳。结果，造成了恶性循环。

公私交困的泰定帝无力挽回这溃败的局势，又将全部精力寄托到了出外游猎中。一天，天阴沉沉的，沉闷的空气憋得人难以喘息，泰定帝看到几案上高高的奏折，心中烦闷至极。他不顾大臣和后妃们的劝诫，又一次骑马至郊外。泰定帝无法面对国家的衰败，各地受灾无法补救，奸佞弄权无法制止，宫中后妃争宠日烈……一阵惊雷响过，一场暴风雨来临，泰定帝即被罩在风雨之中……泰定帝那羸弱的身体、怯懦的天性，怎能抵挡得住这多方面的袭击？他病倒了。

致和元年（1328）七月，秋风又一次吹起时，泰定帝扔下了娇后美妃和幼子，撒手西去了。这位郁郁不得志的皇帝去世时年仅36岁。

之后，斗争的焦点又一次落在皇帝宝座上，宫廷内外，自然掀起了轩然大

元代壁画《园林梳妆》

波。此时皇后弘吉剌氏正在上都为泰定帝操办丧事。大树已经倒下，八不罕却没有绝望，她自信依靠自己的势力也能支撑起这即将倾倒的大厦。形势已非常危急，稍稍迟疑就会失去良机。她迅速派使节到京都，命令平章政事乌伯都剌收掌百司印章，并安抚好京城官员和百姓。而她自己也准备带着儿子阿剌吉八启程赴京。

元青花凤头瓷扁壶

燕铁木儿是钦察部都指挥使床兀儿的第三子，因受武宗的特别宠爱，总想辅助武宗的二子怀王图帖睦尔（即文宗）做皇帝，他暗中拉拢了许多朝内大臣，集结了大批军粮和人马，也在等待时机成熟。

老奸巨猾的燕铁木儿得知皇后的动向，决定将计就计。第二天，当满朝文武聚集在兴圣宫准备听乌伯都剌宣读皇后敕书时，突然燕铁木儿带领阿剌帖木儿、索伦赤等17人持刀闯宫，将不顺从的乌伯都剌和伯颜捆绑起来，然后派兵把守各通路，以防泄露消息。这时，上都内已是一片混乱，原来拥护皇后的各位诸王见大势已去，纷纷自找出路。[1] 弘吉剌氏手中没有军队，最终无力扭转大局。倒剌沙起先还拥护着小皇帝阿剌吉八称王称霸，后来干脆投降了燕帖木儿，可怜还未懂事的小皇帝在这场混战中丧了命。政变成功了。

燕铁木儿在政治上阴险狡猾，有曹阿瞒之称，在生活上更是个好色之徒。有人统计，他自至顺元年到三年，除皇上所赐公主宗女，以及后来聚纳的泰定后妃以外，被他霸占的至少有40名妇女。这些可怜的女人们有交拜三天后被遣归的；有在他玩弄之后被抛弃的；也有经不起他折磨，含恨而死的。如今燕铁木儿见了风韵犹存的泰定后和如花似玉的两位妃子，邪念陡起，欲火上升。

---

[1] 事见《新元史·土土哈列传》："致和元年秋七月，泰定帝崩，燕铁木儿方总环卫事，留大都，乃与继母等密议迎文宗立之。八月甲午昧爽，率勇士纳只秃鲁等十七人入兴圣宫，集百官，执中书平章政事乌伯都剌、伯颜察儿，露刃誓众曰：'祖宗正统属在武宗皇帝之子，敢有不顺者斩。'众皆奔散。"

按照怀王的旨意，由燕铁木儿护送泰定帝的后眷去东安州（今河北廊坊）。[1]一路上燕铁木儿甜言蜜语，极尽所能讨好后妃们。高贵不可一世的泰定后此时万念俱灰，也只得忍气吞声。在两位妃子中，生性稳重的姐姐必罕实在无法忍受燕铁木儿的讨好和调笑，郁郁不乐，只有妹妹速哥答里不知羞耻，两汪秋水不时给燕铁木儿递传秋波，使得燕铁木儿神魂颠倒。

后来燕铁木儿竟然不顾各方舆论，公然纳她们为妻妾；为了收敛贺礼，还举行了盛大的婚礼，让人啼笑皆非。从此，泰定后妃的命运也就无从得知了。

名家评说

若夫泰定后之身遘忧危，稍具节烈，应即指躯以殉。况移置东安之命，接踵而来；燕铁木儿又为发难之首领，平昔未曾厚遇，能望其竭诚保护，不作他想乎？泰定后虽迁置东安州，然名分犹在，不可得而污蔑也。燕帖木儿贪恋酒色，甚至占后为妻，任所欲为，而八不罕皇后等，亦甘心受辱，屈尊下嫁，虽畏其权势之逼人，要亦由廉耻之扫地。盈廷大臣，唯唯诺诺，不闻有骨鲠之士，秉直纠弹，元其能不亡乎？

——蔡东藩《元史演义》

---

[1] 事见《元史·后妃一·泰定帝八不罕皇后列传》："泰定帝八不罕皇后，弘吉剌氏……妃二人：一曰必罕一曰速哥答里，皆弘吉剌氏……文宗天历初，俱安置东安州。"

文宗图帖睦尔皇后卜答失里

卜答失里（《元史》称"不答失里"，1307～1340），文宗图帖睦尔皇后。蒙古弘吉剌部人，父琱阿不剌是驸马，封鲁王；母桑哥剌吉。致和元年（1328）被立为皇后。尊号"赞天开圣仁寿徽懿昭宣皇太后"。她非常注意积累宫廷斗争的经验和智慧，在元朝中后期帝位更迭的政治斗争中发生过重要影响的人物。她做错过一件事，这件事毁了她的后半生，那就是她和图帖睦尔害死了亲哥哥和世㻋（明宗），夺取了帝位。而后又深悔平生，在图帖睦尔死后，舍子立侄，又把帝位还给了和世㻋的长子妥欢帖睦尔，即顺帝。顺帝即位初期，违背常理，下诏尊婶母卜答失里为太皇太后，可他待羽翼丰满后，却流放卜答失里母子，并置她们于死地。

一、皇后宝座　摇摇晃晃

卜答失里在元成宗大德十一年（1307）十月生于一个蒙古贵族家庭。她的父亲是鲁王琱阿不剌，母亲是顺宗的女儿、鲁国大长公主桑哥剌吉。卜答失里的祖先世居朔漠，因为跟随太祖铁木真（成吉思汗）征伐有功，终于在蒙元统治集团内部获得了显赫的地位和特殊的礼遇。太宗窝阔台在位时宣布：今后，弘吉剌氏生女，世为皇后；生男，长大娶皇室公主为妻。出身在这样优越的家庭，使卜答失里从小便沉浸在一种神奇的梦幻状态中，仿佛未来的皇宫生活在向她频频招手。然而，通向皇后的道路却不是平坦的。

卜答失里生活的时代，正是元代社会各种矛盾日益尖锐的时期，封建统治集团内部矛盾空前尖锐，围绕帝位更迭而展开的明争暗斗更是愈演愈烈。自元成宗铁穆耳死（1307）至元顺帝妥欢帖睦尔立（1333），短短30年间，最高统治集团内部走马灯似地先后更换了九位皇帝。其中，在位最长的不过十年，而统治时间最短的仅一个多月。为了夺取封建皇帝的宝座，兄弟之间、叔侄之间，展开了你死我活的争夺。特别是伴随着帝位更迭所进行的一次次无情的政治清洗，对她

的心灵产生了极大的震动。卜答失里心想,将来要想在宫廷内站稳脚跟,就必须在学习宫廷礼仪知识的同时,注意积累宫廷斗争所需要的智慧和经验。于是,这位美丽、聪慧、泼辣的王室公主,利用一切机会,不仅向自己的父亲、母亲学习,而且向本家族内入宫为后的姑姑、姐姐学习。她还常常琢磨宫廷中发生的一起起权力之争的起因、发展和结果,总想从中悟得点什么。

泰定元年(1324),卜答失里已经长到十七八岁,不仅风姿绰约、美貌非凡,而且举止得体,富于心计,显得比较成熟。这年九月,泰定帝也孙铁木耳将出居海南的武宗次子图帖睦尔召还京师,十月,封图帖睦尔为怀王。根据皇上旨意,卜答失里嫁与怀王,成为王妃。泰定皇帝对于武宗皇帝的后代很不放心,生怕他们起来夺取帝位。于是,泰定二年(1325)正月,又命图贴睦尔出居建康(今江苏南京)。致和元年(1328)三月,泰定帝病况日益严重,大臣倒剌沙等为减弱武宗后代对帝位更迭的潜在威胁,又将图帖睦尔迁居江陵(今湖北江陵)。其实,迁居在哪儿都不重要,重要的是怀王图帖睦尔是一个志向远大、深谋远虑的人。因此,他虽居外地,但一直密切注视着宫廷内事态的发展,时刻准备北上大都,夺取帝位。在图帖睦尔徙居外地、颠沛流离、备尝艰辛的岁月里,卜答失里作为王妃,始终相随,与图帖睦尔同甘苦、共患难,相互慰勉,深得图帖睦尔的信任与宠爱。

致和元年(1328)七月,泰定帝死于上都(今内蒙古正蓝旗)。争夺帝位的斗争开始了。八月初四黎明,朝中百官集兴圣宫,燕铁木儿率阿速铁木儿、索伦赤等17人,闯入宫中,主立武宗之子为帝,敢有不顺从者,立即处死。随后,燕铁木儿与西安王阿剌忒纳失里共守内廷,分布心腹于枢密院,召集百官听命。同时,委派前河南行省参知政事明里董阿、前宣政使

元缂丝杏林春燕图轴

答里麻失里，驰往江陵迎怀王图帖睦尔。并且密令武宗旧臣、河南行省平章政事伯颜，领兵扈从。在伯颜的精心护卫下，图帖睦尔于八月平安抵达大都（今北京），入居大内。

与此同时，在上都的倒剌沙和梁王王禅等人也拥立泰定帝皇太子阿剌吉八为帝，并加紧进攻大都。争夺帝位由宫廷政变发展到武装冲突。

九月，燕铁木儿率诸王、大臣请图帖睦尔早日即位，以安天下。图帖睦尔因长兄周王和世㻋尚在漠北，不敢贸然接受。老谋深算的燕铁木儿非常严肃地对他说："人心向背之机，刻不容缓，万一失去这个机会，后悔不及。"[1]图帖睦尔心中早想即位，只是碍于长兄和世的存在，听燕铁木儿这么一说，自然正中下怀。于是，在虚情假意地表白了一番"固让之心"后，于九月十三日即皇帝位于大都大明殿，此即文宗皇帝。不久，立卜答失里为皇后。[2]

面对倒剌沙的进攻，文宗令燕铁木儿与其弟撒敦、儿子唐其势等人，率军迎战。他们屡败上都兵，最后将上都兵全面击溃。倒剌沙等经过两个多月的武装较量后，于十月十四日彻底认输，奉皇帝玉玺投降，文宗将他投入监狱。十一月，倒剌沙、王禅及其党羽被处死。

公开武装反抗势力倒剌沙集团被消灭之后，文宗争夺帝位道路上的唯一障碍，便是自己的长兄周王和世㻋。要当皇帝，先得要让皇位。天历元年（1328）十一月，文宗遣使奉迎和世㻋于漠北。天历二年（1329）正月，文宗又数次遣使迎和世㻋。和世㻋为人宽厚，勇而寡谋，见弟弟再三遣使相迎，以为弟弟诚心相让，遂于当月即皇帝位于和宁之北（今蒙古人民共和国库伦西南），是为明宗。三月，文宗派权臣燕铁木儿奉皇帝宝迎明宗。明宗接受皇帝大印后，依据前朝旧例，立弟图帖睦尔为皇太子。五月，图帖睦尔从大都出发，北迎明宗。八月初一，明宗到达五忽察都（今河北张北）之地。初二，图帖睦尔入见。兄弟二人久别重逢，加上图帖睦尔固让帝位，明宗非常高兴。当下，举行盛大宴会，大宴诸王、大臣，以庆祝兄弟相聚。表面上一派升平祥和景象，暗中，一场由燕铁木儿和图帖睦尔精心策划的阴谋，却已悄悄进行。八月初六，传出消息，明宗暴

---

[1] 语见《元史·土土哈列传》："燕铁木儿与诸王大臣请帝早即大位，以安天下，帝以明宗居长，固辞。燕铁木儿曰：'人心相背之机，间不容发，俏失之，噬脐无及。'"

[2] 事见《新元史·后妃列传》："天历元年，册立为皇后。二年二月，授册宝。"

崩。[1]

明宗突然死亡之后，燕铁木儿趁明宗皇后及明宗一班旧臣陷入慌乱、悲痛之机，携皇帝玉玺会同图帖睦尔，从明宗死地疾驱而还。八月十五，图帖睦尔再即皇帝位于上都。

历经多少风风雨雨之后，随着文宗帝位的巩固，卜答失里的皇后地位也最终确立下来。

二、有恃无恐　谋杀皇后

至顺元年（1330），明宗皇后八不沙自漠北返大都。文宗也许是出于愧疚，也许是出于遮人耳目，将其迎居宫中，命供给钞万锭、布帛2000匹，作为资用，并封明宗嫡子懿璘质班为鄜王。懿璘质班年仅5岁，系八不沙所生。明宗还有一子，名妥欢帖睦尔，年龄比懿璘质班大，系迈来迪所生。迈来迪生下妥欢帖睦尔后即去世，地位自然比不上八不沙。所以，尽管妥欢帖睦尔年长，但因系庶出而未获封王。

八不沙作为明宗遗孀，寄居皇宫，虽然靠着文宗的供奉过着较为优越的生活，但是只要想起明宗被害，心中禁不住悲愤交加，时时暗自垂泪，与人交谈时也会下意识流露出不满情绪。文宗虽略有所闻，量她也不会有什么作为，遂不加理会。可是皇后卜答失里却不以为然。所以，与八不沙同处宫中，表面上好像很融洽，但心中不无芥蒂。天长日久，彼此相见，免不得冷嘲热讽，恶语相攻。

恰在这时，一位深受卜答失里皇后宠幸的太监拜住，因为冒犯了八不沙，被八不沙痛骂一顿。八不沙在盛怒之余不知不觉竟将

元蓝釉龙纹梅瓶

[1]事见《新元史·土土哈列传》："三月，诏燕铁木儿护玺宝北上，觐明宗于行在……燕铁木儿恃功骄恣，明宗潜邸诸臣用事，夺其权宠，乃潜以弑逆之谋白于文宗。未几，明宗暴崩。"

文宗和燕铁木儿暗算明宗的事情，也一起抖了出来。

拜住平日仗着卜答失里皇后的威势，从未受过这般冤气。挨了骂便急匆匆跑到中宫，跪倒在地，哭哭啼啼，添油加醋地将八不沙所言转述了一遍。卜答失里闻听，气得怒火中烧，咬牙切齿地说道："贱妇竟敢指桑骂槐，诬蔑当朝皇上，我与她势不两立，非让她死在我手里不可！"拜住乘机煽动说："这有何难，只要奏明皇上，赐她自尽，便可一了百了。"卜答失里想了一想，长叹一声，无可奈何道："我说过好几次，可是皇上不同意，该如何是好？"拜住眼睛一转，计上心来，他开导皇后说："这好办，可以从太子入手。皇子虽然年幼，但将来总是储君。现在鄜王已立，住在宫中，必然从旁窥伺太子之位。倘若皇上舍子立侄，那对您和皇子可是不利！咱们一不做二不休，不如禀明皇上，就说八不沙潜结内外，谋立鄜王为太子。"卜答失里听后连连摇头，说："不妥，不妥！皇上曾有立侄的意思，这样一来更提醒了他，倘若弄假成真，岂不聪明反被聪明误？"拜住沉思半天，狠狠地说："我们不妨采取激将法，就说八不沙对燕铁木儿与皇上合谋暗算明宗深信不疑，将图谋不轨。皇上定会龙威大怒，下决心斩草除根！"

听到这里，卜答失里方点头称赞。等文宗入宫，卜答失里便一层一层地细细说来。文宗虽然非常生气，但不肯马上就下毒手。经卜答失里婉劝硬逼，文宗终于说了真话："凡事不要做得过甚，我已经为燕铁木儿所惑，做了不仁不义的事；现在，再要对明宗皇后下手，不是有点太过了吗？退一步讲，即使要除掉八不沙，我也不便颁诏赐死。"

第二天，卜答失里召来拜住，先将文宗的话复述一遍，问他该怎么办？狠毒的拜住一听，立即高兴地说："皇后啊，皇上并没说不同意，只说了要除掉八不沙皇后，我也不便颁诏赐死。依奴才看，此事只好由皇后做主。请皇后传一密旨，宣称皇上有命，赐她自尽。"卜答失里即刻润笔取纸，拟写密旨，速命拜住携带密旨、毒酒，前去谋害八不沙。可怜年轻的八不沙饮下毒酒，含恨而死。[1]

三、谋立己子　无情驱孤

此时，卜答失里皇后已生有3子，长子阿剌忒纳答剌，次子古纳答剌（后改

---

[1] 事见《元史·后妃一·文宗卜答失里皇后列传》："后与宦者拜住谋杀明宗后八不沙。"

名燕帖古思），三子太平纳。至顺元年（1330）三月，诏封阿剌忒纳答剌为燕王。

卜答失里心中盘算，鄜王懿璘质班和妥欢帖睦尔尚处宫中，对于确立己子阿剌忒纳答剌的太子地位来说，是一个潜在的威胁，必须将他们逐出宫去。她将矛头指向了明宗两个年幼的儿子，卜答失里经常向文宗陈说祸福利害关系。文宗觉得两人年幼体弱，不宜遣发外地，答应从缓商量。

卜答失里岂肯就此罢手，她说："妥欢帖睦尔生母迈来迪，出身低下，入王府又仅为侍妾。鉴于嫡庶名分，皇上已经立了懿璘质班为鄜王。可是，妥欢帖睦尔毕竟年长，如果几年之后向皇上提出要求封王，甚至以明宗长子身份觊觎皇太子之位，恐怕会带来很多后患。不如现在趁其年幼，远遣边地，以明嫡庶之分。"文宗本是一位受汉族儒家正统思想影响较深的皇帝，经卜答失里一说，觉得十分有理，便立即下令将年仅10岁的妥欢帖睦尔逐出宫，流放于高丽（今朝鲜）大青岛中，不准与外人接触。[1]

妥欢帖睦尔被流放之后，只剩下幼小的鄜王懿璘质班，孤苦一人，非常可怜。卜答失里皇后为消除后患，也想将他流放外地，幸亏文宗还有点恻隐之心，觉得懿璘质班实在是太小，始终没有同意遣发外地。

这年八月，御史台臣请立燕王为皇太子，文宗表示推辞："皇子年龄还小，待以后再议吧！"十月，诸王、大臣再次奏请立燕王为皇太子，文宗仍不同意，他说："你们所讲的确实有道理，但燕王尚幼，恐他识虑太浅，难当此任，待以后慢慢商量也不晚。"卜答失里策立皇太子心切，暗中召见诸王、大臣，怂恿他们继续请求速立皇太子，自己也趁机向文宗进言，劝文宗尽快接受大家建议，以满足大家意愿。至此，文宗不好再固执己见，乃先令太保伯颜祭告宗庙，然后立燕王阿剌忒纳答剌为皇太子。卜答失里谋立己子为储君的愿望终于得以实现。

金带饰

---

[1] 事见《元史·顺帝本纪》："至顺元年四月辛丑……徙帝于高丽，使居大青岛中，不与人接。"

四、舍子立侄　坚遵夫命

至顺二年（1331）正月，刚被立为皇太子的燕王因病而死。文宗及卜答失里皇后双双陷入深深的悲痛之中。恰在此时，次子古纳答剌也染病卧床。文宗及卜答失里皇后犹如雪上加霜，忧心如焚。为禳除灾异，文宗下令西番僧为皇子古纳答剌作佛事一年。同年九月，文宗又将诸王阿鲁浑撒里的住宅买下，命大臣燕铁木儿侍奉古纳答剌居住。在燕铁木儿等人的精心护理下，古纳答剌病情逐渐好转。文宗及卜答失里稍感宽慰。

皇子古纳答剌病愈不久，文宗由于悲伤过度，终于病倒了。文宗料到自己将不久于人世，追忆夺取帝位往事，感到十分愧疚。本想传位于阿剌忒纳答剌，又不幸早夭，其余两子幼弱，也不堪国家大任。为了在历史上留下一个好的名声，文宗决意舍子立侄，使帝位复归正统。主意既定，遂召皇后卜答失里近前，嘱以后事。卜答失里听后，愣了一愣，流着眼泪说道："皇侄登基，皇子可怎么办？"文宗勉强笑了笑，说："常言说'人之将死，其言也善'，我靠权谋夺得帝位，在位五年来，夙兴夜寐，不辞辛劳，取得了一些文治武功。但是，朝廷内外是不会忘记明宗大统的。目前，若要逆众意强立皇子燕帖古思为帝，后果会不堪设想。看来，欲想天下太平，还须立兄长之子。"卜答失里唯唯而退，令近侍密召太师、右丞相燕铁木儿商议。但因燕铁木儿每日与妻妾寻欢作乐，荒淫过度，也已抱病卧床，乃改召太保伯颜入宫。卜答失里将方才文宗关于拥立鄜王的旨意述说一遍，伯颜道："皇子年龄，与鄜王差不多，何必别立皇侄？"文宗听后说道："朕意已定。太师年迈体弱，将来的国事，还要靠卿做主。卿和皇后等，要勉力行善，竭诚翊戴鄜王，莫

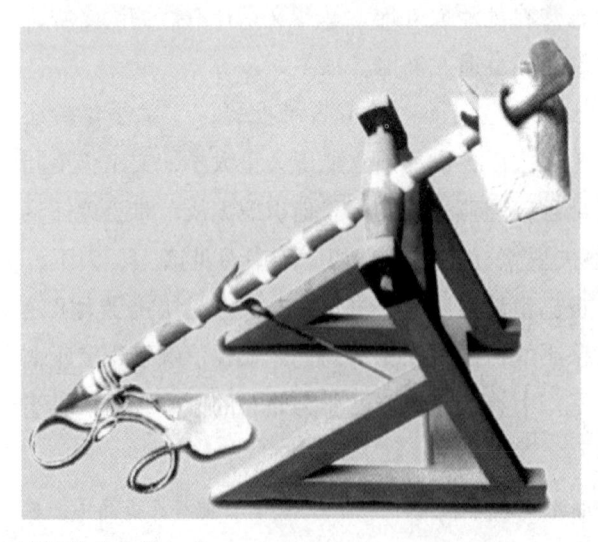

襄阳炮（模型）

要辜负朕意。"伯颜深感皇上知遇之恩,眼中含泪,连声答应:"一定不负顾命。"

至顺三年(1332)八月,文宗崩,年仅29岁。

文宗驾崩,燕铁木儿勉强起床,踉踉跄跄来到宫中。见卜答失里等正在放声恸哭,燕铁木儿忙走上前,先劝慰了几句,然后果断地说:"皇上驾崩,应由皇子嗣位。请皇后立即颁布遗诏。"卜答失里止住痛哭,回答道:"皇上已有遗嘱,命鄜王继承大统。"燕铁木儿听后大为惊讶,失声叫道:"传位鄜王,臣不敢遵命。"卜答失里慌忙劝说:"此事不便改议,太保伯颜曾与先皇面议,太师可去问明。"燕铁木儿不便再问,忙退出宫,直奔伯颜处。听伯颜将文宗临终一节说完,一个劲儿地摇头叹息。

鄜王懿璘质班年仅7岁,不能亲政,由燕铁木儿召集诸王、大臣宣布文宗遗诏。十月四日,燕铁木儿、伯颜奉懿璘质班即帝位于大明殿,是为宁宗。即位之后,立即下诏尊皇后卜答失里为皇太后。太后御兴圣殿接受朝贺,遂临朝听政。[1]

宁宗仅做了43天皇帝,便因病而死。燕铁木儿当初主谋害死明宗,总觉得如果立了明宗之子,将来定遭报复无疑,眼下天赐良机,遂与群臣议立文宗次子燕帖古思。燕铁木儿急忙入宫谒见太后,提起即位问题。卜答失里面对几个月来帝位的变故,感慨万千。燕铁木儿说:"过去之事,提它亦无补于事。国家不可一日无君,就当及时确立新君。依臣之见,应立皇弟燕帖古思。"卜答失里说:"我儿燕帖古思年幼,不应嗣位,还应另立为是。"燕铁木儿极力争辩说:"拥立鄜王,已经履行了文宗遗命。现在鄜王已崩,自然非燕帖古思莫属。"从容道:"明宗长子妥欢帖睦尔,前居高丽,现在广西静江(今桂林),今年已经13岁,可以迎立。"[2]燕铁木儿大吃一惊,心想,当初谋害八不沙皇后、流放妥欢帖睦尔,她是那样斩钉截铁;如今,又要回过头来立妥欢帖睦尔为帝,真是不可

---

[1]事见《新元史·后妃列传》:"至顺三年八月,文宗崩,丞相燕帖(铁)木儿请立燕帖古思,后不从。文宗大渐时命传位于明宗子。……至是年十月,始以明宗次子懿璘质班留京师,白于后,宣遗命而立之,是为宁宗,甫七岁,后同听政。"

[2]语见《元史·后妃一·文宗卜答失里皇后列传》:"宁宗崩,大臣请立太子燕帖古思,后曰:'天位至尊,吾子尚幼,明宗长子妥欢帖睦尔在广西,今十三岁矣,理当立之。'"

思议。于是连提醒带威吓说:"先帝文宗在时,曾经明确宣布,妥欢帖睦尔非明宗亲子,所以先徙高丽,又徙广西静江。况且流放他亦是您的主意,如今又要立他为帝,恐怕不妥吧?"卜答失里说:"无论妥欢帖睦尔是不是明宗亲生,明宗总还视他为子。我与先帝文宗,均深悔平生所为,现在通过确立帝位作些许补救,或可对得住良心。我意已决,先立了他,待他百年之后,再立我子不迟。"太后遂命中书右丞阔里吉思前往静江迎妥欢帖睦尔。

妥欢帖睦尔将至京师时,太后卜答失里命太常礼仪使整具扈从仪仗队伍,出京迎接。燕铁木儿此时病已痊愈,也打起精神,与文武百官一起至良乡(今北京房山区)迎接。路上,扬着马鞭,历述确定迎立妥欢帖睦尔的经过,借机矜夸自己功勋。妥欢帖睦尔对燕铁木儿所言一无所答。燕铁木儿想起当年谋害明宗之事,深恐妥欢帖睦尔即位之后追举前事,遂一拖再拖,使妥欢帖睦尔一直不得即位。后来,燕铁木儿病死,卜答失里乃与大臣议定,由妥欢帖睦尔于至顺四年(1333)六月即皇帝位于上都,这就是元朝最后一位皇帝——顺帝。当时卜答失里太后规定,妥欢帖睦尔之后,传位于燕帖古思,"若武宗、仁宗故事"。

五、自作自受 至死方悟

顺帝即位之后,听信明宗旧臣阿鲁辉帖木儿之言,正事全部听由太师、右丞相伯颜及燕铁木儿弟、左丞相撒敦等处理。卜答失里以太后身份参与朝政,宠贵一时。至顺四年(1333)八月,卜答失里因燕铁木儿平生功勋卓著,遂将其女答纳失里纳入后宫,命顺帝册立为后。顺帝只好遵命行事。十二月,顺帝为皇太后卜答失里置徽政院,设官属366员,专门管理皇太后日常生活事宜。元统二年(1334)十月,奉玉册、玉宝,上卜答失里尊号为

元吴镇《竹谱图册》

"赞天开圣仁寿徽懿昭宣皇太后"。至元元年（1335）十二月，顺帝为表示对卜答失里礼遇之隆，竟不顾部分朝臣的激烈反对，违背常理，下诏尊婶母卜答失里为太皇太后，并在诏书中盛赞卜答失里"承九庙之托，启两朝之业"的功绩。卜答失里闻诏喜出望外，仍临朝称制，即日御兴圣殿，接受诸王百官朝贺。

顺帝尊卜答失里为太皇太后，可算是历史上的非常之初。在当初议论此事时，参知政事许有壬谏以非礼，顺帝不听。南台御史太不花也上奏，认为尊叔母为太皇太后于礼不合。卜答失里刚听说的时候，勃然大怒，不一会儿又说："朝廷监察部门能有这样的大臣，可以算是谨守祖宗之法的了。"并赐给他金币，表彰了他的忠直。[1]

然而，尽管顺帝表面上对卜答失里尊宠有加，可是实际上，他一刻也没有忘记父王母后被害以及自己流放边地、颠沛流离的往事。至元六年（1340）二月，顺帝在脱脱辅佐下，已基本将朝廷大权握于己手，开始对卜答失里进行无情的报复。同年六月，顺帝颁布诏书，撤销文宗庙主，徙卜答失里东安州安置，[2] 流放太子燕帖古思于高丽。诏书中历数文宗、卜答失里谋害明宗及八不沙皇后的罪行。卜答失里正在得意之际，对顺帝毫无戒备，突遭变故，一时束手无策，只能与太子燕帖古思相对痛哭。在监押官的严厉督责下，卜答失里母子草草收拾行装，负气出宫。刚出京城，母子即被强行分开，不准同行。卜答失里面对生离死别，大声责骂顺帝不该如此对待她母子。监察御史崔敬见状不忍，奏请顺帝不要流放年幼无知的燕帖古思。顺帝坚决不允。

太后到了东安州，人地两生，满目凄凉，联想昔日煊赫之势，禁不住悲愤交加，不久，便忧愤成疾，郁郁而死，年仅30余岁。临终时含泪说道："我悔不该不听燕铁木儿的话，不然怎么会落得这种下场？"

太子燕帖古思在流放途中即被监押官月阔察儿杀害。卜答失里做梦也未曾想到，她在扶立顺帝时所做的安排："若武宗、仁宗故事"竟是如此的结局。

---

[1] 事及语见《新元史·后妃列传》："先议尊为太皇太后，参知政事许有壬谏以为非礼，不听。时南台御史太不花亦奏以叔母不宜加太皇太后的尊称，后初闻大怒，徐曰：'风宪有臣如此，可谓能守祖宗法矣。'赐金币以旌其直。"
[2] 事见《元史·后妃一·文宗卜答失里皇后列传》："至元六年六月，诏去尊号，安置东安州，寻崩。"

名家评说

　　文宗固有罪，然后舍其爱之而立兄之子，割情蹈义，非由箝制。一旦反覆，使母子俱殒，追缘衅阋，报亦酷焉。

　　　　　　　　　　　　　　——柯绍忞《新元史》

　　太后卜答失里，虽未尝无过，然既自悔前愆，舍子立侄，又始终保护顺帝，俾正大位。人孰无良，乃竟忘德里怨，骤行迁废耶！且上撤庙主，下戮皇弟，反噬不仁，莫此为甚，其所为忍而出此者，由有浸润之谮，先入为主也。

　　　　　　　　　　　　　　——蔡东藩《元史演义》

惠宗妥欢帖睦尔皇后答纳失里

答纳失里（？~1335），惠宗妥欢帖睦尔皇后。姓钦察，伯牙吾氏。父太平王燕铁木儿。至顺四年（1333）被立为皇后。她的不幸在于不应该嫁给仇人的儿子，哪怕是当皇后。惠宗妥欢帖睦尔平庸无能，但他牢记杀父夺帝之仇，当其羽翼未丰时，极尽韬晦之能事，任答纳失里趾高气扬，他却装聋作哑。但当他一旦掌握大权，年轻气盛的答纳失里也就陷入了深深的不幸。

答纳失里

一、恃父封后 气焰嚣张

答纳失里皇后，是太师太平王燕铁木儿的女儿。至顺四年（1333）被立为皇后。

答纳失里能做皇后，与其父燕铁木儿在朝中的地位是分不开的。燕铁木儿在元朝后期，可谓是一个至高无上、权倾朝野的人物。元武宗孛儿只斤海山镇守朔方时，已提拔燕铁木儿列为宫禁值宿警卫，深得皇帝宠幸。泰定二年，加授太仆卿；致和元年，进签书枢密院事，留守京都，实际掌管枢密院大权。泰定帝也孙铁木耳重病时，他就算计着自己深受武宗厚恩，应当报答，扶立武宗的儿子即皇帝位。泰定帝一死，燕铁木儿立即秘密行动，首先召集心腹，周密部署，以武力控制住朝廷，然后选派官员在重兵保护下去江陵迎接泰定帝二儿子怀王图帖睦尔来大都即位。

后来燕铁木儿又与怀王通谋，害死怀王亲兄明宗和世㻋，使怀王真正当上了皇帝，是为文宗。由于燕铁木儿立下如此大功，文宗追封其上三代皆为王，并封其为"开府仪同三司、上柱国、太师、太平王答剌罕、中书右丞相"等职，一时声名显赫。

文宗短命夭折，燕铁木儿带病入宫，料理后事，并提议由皇子、也是他的养子燕帖古思即位，但却遭到皇后卜答失里拒绝。至顺四年（1333）二月，燕铁木儿体亏尿血而死。六月，妥欢帖睦尔得立，是为元顺帝。

太皇太后卜答失里此时专擅朝政，在顺帝13岁时为顺帝选了一名皇后，就是答纳失里。答纳失里入宫后，倚仗着父亲的余威、哥哥的权势，依然保持在家中的那种骄贵任性、傲慢无礼，根本不把顺帝放在眼里。工于心计的顺帝并不与她计较，处处忍气吞声。第二年，仍乖乖地把册文宝玺授予答纳失里，正式册封她为皇后。接着推恩于皇后一族，封撒敦（皇后叔父）为荣王，官拜左丞相，食邑庐州，皇后哥哥唐其势继承其父王位为太平王，晋阶金紫光禄大夫。

答纳失里受册宝后，更加趾高气扬。当时皇帝下诏成立盐局，官卖食盐。她擅自传下懿旨，命宦官孛罗帖木儿直接将应收归国库的10万两白银的盐利取来，引入中政院，作为皇后个人的私房。[1] 她甚至还对顺帝接近的嫔妃横加责打。顺帝无可奈何，只得装聋作哑，不仅不予追究，相反又追赠已死的燕铁木儿为"公忠开济弘漠同得翊运佐命功臣，仪同三司太师中书右丞相"，并加封为"德王"，上谥号曰"忠武"，使皇后家的门庭更加荣耀，致使答纳失里气焰愈益嚣张。

二、国舅谋反　后族败落

不久，皇后叔叔左丞相撒敦病殁，唐其为左丞相，由右丞相浚宁王伯颜独秉朝政。国舅唐其势心甚不平，曾对密友说："天下本是我们家的天下，他伯颜算什么，但官位却偏偏居我之上，真是可恨。"这话不久传入伯颜耳中，他非常恼火。唐其势密谋联合另一被封为句容郡王的叔父答里等人，准备领兵入朝，发动政变，废顺帝妥帖欢睦尔，立燕帖古思为帝。[2] 不想行事不密，走漏了风声，郯王彻彻突告发了他们。伯颜得知后，预先做了防备。

---

[1] 事见《新元史·后妃列传》："后颇有宠，性贪冒黩货。时诏立盐局，官自卖盐，后亦命宦者孛罗帖木儿取盐十万引入中政院。"

[2] 事见《新元史·土土哈列传》："至元元年，撒敦卒，唐其势为中书左丞相。伯颜为右丞相，独用事。唐其势忿曰：'天下本我家天下也，伯颜何人而位居吾上。'遂与其叔父答里交通诸王晃火帖木儿，谋废立。"

元统三年（1335）六月，唐其势伏兵东郊，亲自率领勇士冲进宫阙，刚杀入禁城，正好中了早有准备的宫城卫队的埋伏。伯颜亲自督军迎战，以十抵一，唐其势寡不敌众，手下士卒先后战死，伯颜挥剑高呼："生擒唐其势者赏万金，立即升官。"重赏之下，卫兵个个奋勇、人人争先，把唐其势围在中间，唐其势冲杀不出，最后终于被扯落马下，活捉入宫。伯颜消灭了进入宫城内的叛军，立即领兵乘胜杀往东郊，答纳失里之弟塔剌海不知兄长已被擒，竟领伏兵应仗，但伏兵人数有限，经伯颜挥军一阵猛杀，已死伤过半，余者溃逃，塔剌海也被生擒。

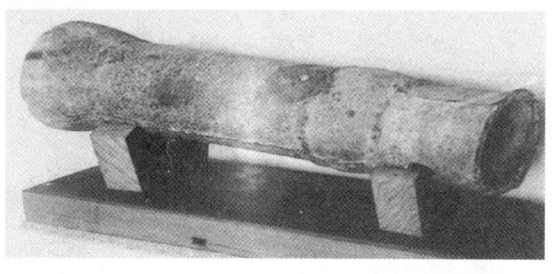

元代火铳，为最早的火铳

伯颜将唐其势兄弟押进宫来，请顺帝登殿审讯，答纳失里皇后哪见过这种情景，她一扫平时傲慢性格，心惊胆战地坐在殿上。元顺帝此时也一反平时懦弱无能的样子，非常果断威严地说："唐其势兄弟反叛的逆谋已然昭著，朕何须再问，伯颜爱卿尽可按国家法律严加惩办就是了。"于是伯颜就命令宫廷卫士，将唐其势兄弟推出斩首。答纳失里皇后眼看自己的兄弟命将不保，但又挽救不得，一时间眼泪竟流了下来。此时身带枷锁的唐其势用双手抓住殿前栏杆，高声质问道："皇上曾有明诏，宽赦为臣父子及孙辈九次死罪，为什么今天食言呢？"顺帝凶狠狠地说："谁叫你谋逆反叛，兴兵攻打朝廷？犯下如此十恶不赦的大罪，你难道还想保全性命吗？"唐其势遂被拉出斩首。

皇后的弟弟塔剌海年少胆小，竟逃到其姐答纳失里皇后跟前，钻入皇后坐椅底下藏匿，想逃条活命。皇后当然想救弟弟，便拉开衣裙遮盖椅子。卫士们面面相觑，不知如何是好。伯颜一下窜至皇后面前，从皇后坐椅下拉出塔剌海，拔剑出鞘，当场把塔剌海杀死，迸出的鲜血溅了皇后一身。吓得皇后答纳失里面无人色，战战兢兢缩成一团。伯颜一不做、二不休，趁势上奏说："皇后兄弟谋逆反叛，皇后本人也应连坐其罪，何况她又袒护藏匿弟弟塔剌海，定是其兄弟的同党。请皇上割舍亲情，追究其罪责，以为后来者戒。"顺帝沉默不语，伯颜竟亲自走到答纳失里皇后面前，揪住皇后发髻，将皇后从坐椅上拖下来，摔在地上。皇后哭叫着哀求皇帝："陛下救我！陛下救我！"早对皇后怨恨至深的顺帝，咬牙切齿地指责皇后说:"你的兄弟要谋害我,我如何救得了你!"他们把皇后押解出宫,关押在开平府民间小房里。可怜的答纳失里眼睁睁地看着兄弟被杀,自己又被押解在这酷似牢房的小屋里,面对着四壁呼天不应,叫地不灵。最后伯颜派人赐酒让其自裁。[1]答纳失里入宫不到两年,就因为兄弟谋逆反叛的事被伯颜谋杀,死时她还是个十几岁的孩子。

答纳失里死后,伯颜蛊惑皇上对其家族进行了清洗,先是杀死起兵叛乱的叔父答里,将家族财产全部充公;后是将与其兄一案有牵连的官员全部罢黜治罪;再后逮捕了燕帖古思,在流放高丽途中将其杀死。这样,答纳失里皇后显赫的家族彻底败落。

伯颜像

---

[1]事见《新元史·后妃·惠宗答纳失里皇后列传》:"弟塔剌海逃入宫,匿后座下,后以衣蔽之,左右曳出斩首,血溅后衣。伯颜奏曰:'岂有兄弟为逆,而皇后护之者。'遂并执后。后呼帝曰:'陛下救我。'帝畏伯颜,乃曰:'汝兄弟为逆,岂能相救。'于是迁后出宫。伯颜寻进鸩弑后于开平民舍。"

惠宗妥欢帖睦尔皇后完者忽都

完者忽都（？~1369），惠宗妥欢帖睦尔皇后。奇氏，高丽（朝鲜半岛古国）人。她出身贫穷，因美貌妖艳、邀宠有方，逐渐得宠。后为皇帝生下一子，从而身价倍增，权欲陡然膨胀，借着儿子为皇太子之机，在朝廷中不安分起来。她拉拢权贵，结党营私，作恶朝廷，为了自己儿子能登上帝位，两次逼宫。但她内禅干政的美梦，随着朱明王朝占领大都而最终破灭。

一、卑微侍婢　取悦圣上

完者忽都皇后姓奇氏，出身于高丽一个贫穷卑微的家庭。当时高丽是元朝的属国，每年要向皇廷贡献许多美貌的女子充当宫女、侍婢。自元朝开国以来渐渐形成一股风气，凡是公卿贵族，家里没有高丽女子，便会被人耻笑。高丽人对此极为不平，为表示反抗，常常将女婴溺死。元朝最后一个皇帝惠宗即顺帝即位时，皇宫内有许多高丽侍婢，完者忽都便是其中的一位。

完者忽都进宫之初，她只是为顺帝沏茶端饭。由于她艳如桃李，聪明狡黠，善承人意，一下子便把顺帝抓到了手。顺帝如果得不到她的照应，就会食不甘味、寝不安席。她很快便成为宫掖中最受宠幸的侍婢，终日与顺帝耳鬓厮磨、如胶似漆。结果，完者忽都渐渐有了身孕，竟然为皇帝生下一个男孩。顺帝非常喜爱这个孩子，取名为爱猷识理达腊。[1] 母以子贵，奇氏身价百倍，随着地位的

完者忽都

---

[1] 以上所述完者忽都生平，见《新元史·后妃列传》："惠宗完者忽都皇后，奇氏，高丽人。其家微也。故事，高丽国岁献媵妾，徽政院使秃满迭儿进为宫女，主供茗饮，寻见宠幸。生子爱猷识理达腊，后立为皇太子。"

变化,她的野心陡然膨胀,居然开始觊觎皇后的宝座了。

　　元顺帝即位之初,为巩固自己的地位,对威临三朝的皇太后卜答失里和独霸朝纲的重臣燕铁木儿百依百顺,在皇太后安排下娶了燕铁木儿的女儿答纳失里为皇后。答纳失里自恃家族权势,不把小皇帝放在眼里,骄横之至。所以顺帝对皇后并不喜欢,他仍专心宠爱着完者忽都。答纳失里以皇后的身份找借口将完者忽都多次毒打。[1]完者忽都虽有满肚子委屈,却隐忍不发,只是将万般怨仇深藏心底,准备俟机而动,借顺帝之爱取而代之。

元三彩龙凤琉璃釉香炉

　　顺帝即位后,很想改革朝政,有所作为,并未耽嗜酒色。燕铁木儿死后,他很快选中了自己满意的伯颜,命他为太师、中书右丞相,监修国史,不久又进封为秦王。伯颜的权势超过了燕铁木儿的后裔。为此,燕铁木儿长子唐其势联合其弟答剌海、叔叔答里密谋发动政变,欲废顺帝妥欢帖睦尔,立燕帖古思为帝。谁知消息走漏,政变失败。伯颜不仅当着皇帝的面杀了唐其势兄弟,而且废了答纳失里皇后,并逼其饮毒酒自裁。

　　答纳失里死后,顺帝想立完者忽都为皇后,遭到伯颜的坚决反对,他认为完者忽都系高丽女子,且出身微贱,不配正位中宫。顺帝没有办法,只得立弘吉剌氏毓德王孛罗帖睦尔之女伯颜忽都为正宫皇后。完者忽都因此对伯颜恨之入骨,为早日除去这块绊脚石,常向顺帝进谗。

　　伯颜诛杀唐其势后,"专权自恣","益无所忌"。他"擅爵人,赦死罪,任邪佞,杀无辜,诸卫精兵收为己用,府库钱帛听其出纳。""势焰薰灼,天下之人唯知有伯颜而已",他的各种封号、官衔加起来足足有246字之多。这就必然引起元顺帝本人的不满。伯颜的侄子脱脱见其伯父骄纵至极,挟震主之

[1]事见《新元史·后妃列传》:"时答纳失里皇后方骄妒,知当帝意,数箠辱之。"

威，深恐一旦败亡，同遭灭族之祸，出于自家利益的考虑，便暗中向元顺帝表白自己的忠诚，终于取得了元顺帝的信任。他与元顺帝的心腹世杰班、阿鲁共同策划谋逐伯颜。至元六年（1340）二月，乘伯颜请太子去柳林打猎的机会，他们把自己的卫队埋伏起来，先将伯颜抓住，然后由元顺帝下诏黜伯颜为河南行省左卫相。途中伯颜感到情况不妙，立刻派人去问个究竟，但为时已晚，只得俯首就范。同年三月，伯颜被远徙而病死于龙兴路驿舍。这位权相的死，为完者忽都夺取皇后之位扫清了道路。

元缠枝花果方形金饰件

伯颜忽都皇后性本节俭，循规蹈矩，宽容大度。她并不与完者忽都争宠。但完者忽都想要的是皇后之位，怎能满足于此？伯颜罢相后，她与嬖臣沙剌班秘密商议，欲乘机升为皇后，但伯颜忽都循规蹈矩，无过可挑，不便将皇后废掉。于是沙剌班援引先代皇后曾有数人的祖制，上奏顺帝，要求将完者忽都并列为皇后。此举正中顺帝下怀，立即册立奇氏为第二皇后，居兴圣宫，号兴圣宫皇后。[1] 这件事遭到一些大臣的反对。监察御史李泌上奏顺帝，认为此举违背了世祖忽必烈誓不与高丽女子共事宗庙的遗训。但皇帝只顾自己欢心，哪把遗训放在心上。[2] 就这样，出身卑微的完者忽都在元朝宫廷斗争的漩涡中顺势而上，成了尊贵的皇后。

二、大厦将倾　逼夫禅让

人心是没有底的，权欲是填不满的。完者忽都被册封为皇后之后，为谋取更尊严的位置，她还要笼络人心，抬高自己。鉴于自己出身卑微，她平时便装出

---

[1] 事见《新元史·后妃列传》："伯颜罢，学士沙剌班希旨清立第二皇后，居兴圣宫。"

[2] 事及语见《新元史·后妃列传》："监察御史李泌言：'世祖有誓：子孙不得与高丽女子共事宗庙。陛下践世祖之位，何忍忘世祖之言，乃以高丽女子并位宫中。……'"

一副通达事理、贤淑端庄的样子来博取人心。她在宫中除了悉心照料皇子外，一有空闲便煞有介事地翻阅《孝女经》及其他史书，逢人便说要效仿历代有德识的皇后。至正十八年（1358），京畿一带灾情严重，颗粒未收，饿殍遍地。她特地命人公开施粥，救济饥民，又拿出金银粟帛，令宦官朴不花带人在大都11个门外各掘万人坑，共掩葬死尸十余万具。她还命令僧道建水陆道场超度亡灵。[1] 这些仁慈之举，博得了朝野上下的齐声喝彩，早已忘了她卑微的婢女出身，皆把她视为一个不可多得的贤德皇后。

但完者忽都的家人却毫不给她做脸。奇氏家族原在高丽，奇氏供职掖庭时，她的宗亲还默默无闻，等到她被立为皇后之后，她的家族也随之飞黄腾达起来。奇氏的宗戚子弟个个高官厚禄，平步青云。尤其是她的几个哥哥，在高丽横行无忌，恃势骄横；她的妹婿敦绍，公然唆使家奴夺人之妻；另一族兄也仗势夺人土地，弄得万民嗟怨，朝野不安。奇氏族人这样还不满足，他们阴树党援，图谋取高丽王而代之。高丽国王伯颜帖木儿因碍着奇皇后的面子一直忍气吞声，这时已是忍无可忍，抢在奇氏兄弟之前发难，派兵将奇后家族的人全部杀死。奇皇后闻知噩耗后，同时痛哭流涕地对太子说："儿啊，你已长大成人，不能为家族报仇雪恨吗？"于是太子要求顺帝下诏废除伯颜帖木

五子登科画像石

[1] 事见《新元史·后妃列传》："后为人狷黠，务自矫饰，无事则取《女孝经》、史书，访问历代皇后有贤行者为法。四方贡献珍味，非荐太庙不敢先食。京师大饥，命官作糜粥赈之。又出金银粟帛，令宦者朴不花置冢，瘗遗骼十余万，复命僧建水陆大会度之。"

儿的王位，立在京师的伯颜帖木儿的弟弟塔思帖木儿为王，以奇族之子三宝奴为太子，以便将来承继高丽王位。随后派遣同知枢密院事崔帖木儿为丞相，带领1万多人的军队护送他们归国。但是高丽王对此早有防备，已派一支精兵埋伏在鸭绿江边，当元军进入包围圈时，高丽军队从四面猛烈冲杀，元军猝不及防，溃不成军，仅有17骑侥幸生还。[1]这件事给完者忽都皇后的打击很大，总算杀了一下她的嚣张气焰。

元末农民起义军张士诚占领杭州后，改筑杭州城。图为凤山水门

顺帝末年，天灾人祸接踵而至，农民起义此起彼伏。昏庸无能的顺帝整日沉溺于酒色之中，很少过问朝政。他经常赐给贵妃们奇珍异宝、绫罗绸缎。贵妃们用不了，就叫太监拿到左掖门卖掉。一时间，京都巨室富豪争相抢购，遂使左掖门得了个"绣市"的新名。受元顺帝重用的脱脱，废伯颜旧政，实施"更化"，恢复了科举取士制；大兴国子监，遴选儒臣劝讲；开马禁，减盐额，蠲负逋；修三史和《至正新格》一系列挽救社会危机的措施。但后来脱脱遭别儿怯不花诬陷被贬往甘州（今甘肃张掖）。奇皇后上奏顺帝道："脱脱是位贤臣，不宜黜居在外。"顺帝当即下令召回脱脱，再次任命他为右丞相。脱脱复任后扶正祛邪，匡补时弊，但由于顺帝任用佞臣哈麻和雪雪兄弟，使得脱脱难展抱负。顺帝本人则拜番僧为师，探讨房中术，令宫女学为天魔舞。上行下效，君臣宣淫，丑声四溢。他还大兴土木，赶造宫殿，穷极奢华。元朝统治的大厦呈倾倒之势。与此同时，农民起义如火如荼，发展迅猛。自至正十一年（1351）韩山童、刘福通

---

[1] 事见《新元史·后妃列传》："后族奇氏在高丽者，怙势骄横，高丽王伯颜帖木儿怒，尽杀之。后谓皇太子曰：'汝年已长，不能为我复仇耶？'皇太子乃请帝废高丽王，立其弟塔思帖木儿留京师者为王，以奇氏族子三宝奴为太子，将作同知崔帖木儿为丞相，将兵万人送之至鸭绿江，为伏兵所败，余十七骑而返。"

居庸关云台

等在颍州（今安徽阜阳）率领红巾军起义后，迅速发展到河南、江淮地区。在蕲州（今湖北蕲春）有徐寿辉、彭莹玉等起义，在徐州有李二起义，在濠州（今凤阳东钟离）有郭子兴、朱元璋起义。至正十四年（1354）正月，张士诚在高邮（今属江苏）建立政权，自称诚王，国号大周，年号天祐，组成了一支具有雄厚势力的反元大军，并多次打败前来镇压的元军，成为元朝的心腹大患。

至正十三年（1353）六月，顺帝立爱猷识理达腊为皇太子。脱脱统兵出征高邮时，奇后和太子与哈麻指使监察御史弹劾脱脱"劳师费财"。

至正十四年（1354）九月，脱脱率诸路兵马，亲自攻打高邮。他受诏指挥诸王诸省的军队，并调来西域、西番各族军助战，号称百万大军，元军将高邮城紧紧围困了3个多月，张士诚军中已开始议论出降事宜。就在这时，顺帝却突然降旨罢免了脱脱，从而使整个战局发生了急剧的转化。原来脱脱与中书左丞相哈麻不和。奇氏与哈麻合谋立她所生的爱猷识理达腊为太子，但却遭到脱脱的反对。原本对脱脱存在好感的奇氏因此十分恼火，罢免脱脱是完者忽都皇后与哈麻捣的鬼。而昏庸的顺帝本已对多次直谏自己骄奢淫逸的脱脱怀有不满，这回顺水推舟，下令削夺脱脱的兵权和官爵，并将脱脱流徙于云南大理镇西路。后来，哈麻派人用药酒害死了脱脱。[1]顺帝改以河南行省左丞相太不花、中书平章政事月阔察儿、知枢密院事雪雪代替脱脱领兵。由于临阵易帅，元军哗然，"大军

---

[1] 事见《新元史·脱脱列传》："于是，诏流脱脱于云南镇西路……十二月己未，合麻矫诏，遣使鸩之。"

百万，一时四散"。张士诚则乘机出击，大败元军。从此元朝军队丧失了对农民起义军的优势，而只能靠地主武装来镇压农民起义军，元末农民战争进入了一个新时期。

皇太子见各路变乱迭起，时局越来越困难，而父亲元顺帝耽于酒色，不理朝政，十分着急。哈麻因倡议内禅已被顺帝杀掉。但奇皇后仍不甘心，支持皇太子迫使顺帝禅让出皇位。脱脱死后搠思监代为右丞相，太平为左丞相。奇皇后为求得大臣拥戴，指使自己的心腹宦官朴不花同太平商议内禅之事，太平置而不答。于是奇皇后亲自将太平召至宫中，设酒宴款待，重申禅位之事，太平仍然不置可否，内禅之事遂遭破产。顺帝得知奇皇后四下活动让自己禅位，非常气愤，开始疏远奇后。奇皇后与皇太子对太平怀恨在心，密嘱亲信大臣上本参奏太平。[1] 昏头昏脑、忠奸不分的顺帝听信了谗言，竟罢了太平的相职，并将其发配吐蕃，不久奇皇后又派使者逼太平在路上自尽。

太平死后，搠思监独揽大权，他同宦官朴不花内外勾结，仰承奇皇后旨意，把持朝政，排斥异己，残害大臣，遂将摇摇欲坠的元朝迅速推向绝境。

三、美梦破灭　元朝寿终

奇皇后和皇太子与搠思监、朴不花等人作恶朝廷，引起了许多忠直大臣的不满。监察御史傅公让等上疏弹劾搠思监和朴不花专权误国。奇皇后母子闻知此事，将奏折扣下，并将傅公让等一律改任他职，只留任老的沙一人。但新上任的御史台官员仍要追究此事，奇皇后和太子又解散了御史台，并下令缉捕老的沙。老的沙遂逃出京城，至大同镇帅孛罗铁木儿军中。搠思监对此怀恨在心，绝不手软，先在大都杀死了太平的儿子也先忽都等人，又遣使至大同，索要老的沙等人。孛罗铁木儿替他们申辩，被搠思监与朴不花劾其私匿罪人，违抗圣意。至正二十四年（1364）顺帝下诏削去孛罗铁木儿的官职，解除其兵权。孛罗铁木儿当然不服，遂以"清君侧"为名，率大军进攻大都。

元顺帝命太尉扩廓帖木儿讨伐孛罗铁木儿。孛罗铁木儿用兵神速，不等扩廓帖木儿兵到，已突入居庸关，直逼京师。元顺帝慌了手脚，孛罗铁木儿扬

---

[1] 事见《元史·后妃一·完者忽都皇后奇氏列传》："后与皇太子爱猷识里达腊遽谋内禅，遣朴不花谕意丞相太平，太平不答。复召太平至宫，举酒赐之，自申前请，太平依违而已，由是后与太子衔之。"

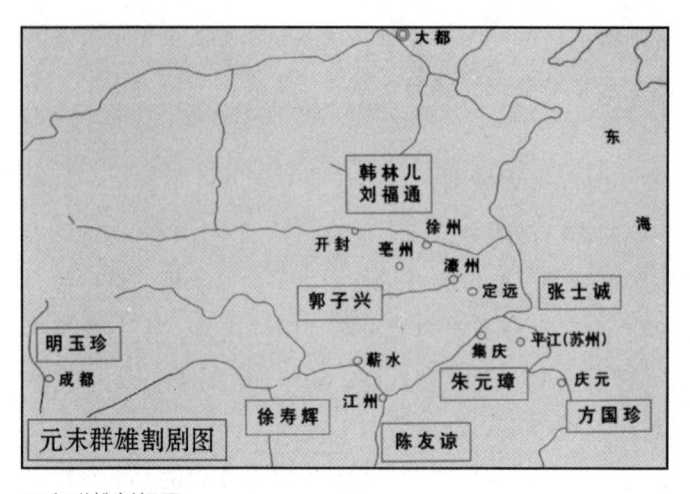

言要惩治搠思监、朴不花才能休兵。虽遭奇氏极力反对，但元顺帝为保活命，哪敢不依。一面把朴不花与搠思监两人捆绑起来，送到孛罗铁木儿军营由其处死，一面命令使臣把孛罗铁木儿请进皇宫，好言抚慰，并下诏恢复其官

元末群雄割据图

职，加封太保。孛罗铁木儿这才答应撤军。

奇皇后和皇太子见自己的亲信被杀，非常恼火，发誓要除掉孛罗铁木儿，于是遣使至扩廓帖木儿军前，要他调兵讨伐孛罗铁木儿。孛罗铁木儿和扩廓帖木儿都是在镇压农民起义的过程中发展起来的地主武装，他们为了争夺地盘，经常发生争斗。扩廓帖木儿有奇皇后和皇太子当后台，当即决定发兵。孛罗铁木儿察知此事，带领大军再次攻打京师。皇太子亲自领兵抵抗，结果大败，逃往冀宁（今山西太原）投奔扩廓帖木儿去了。孛罗铁木儿大兵压境，入城见顺帝。懦弱昏庸的顺帝马上册封他为中书左丞相，老的沙为中书平章。不久顺帝又下诏以孛罗铁木儿为右丞相，节制天下兵马。

至正二十五年（1365），皇太子在冀宁与扩廓帖木儿等调遣兵马，进讨孛罗铁木儿。孛罗铁木儿大怒，带剑闯入皇宫，逼顺帝交出皇后奇氏。顺帝吓得魂不附体，舌头发硬，连话也说不出来了。孛罗铁木儿指挥太监宫女押奇皇后出宫，幽禁起来，并派大将姚伯颜不花看守。太子出奔到太原。孛罗帖木儿逼奇皇后入宫，取出印章，伪写书信召太子回宫。奇皇后被幽禁，千方百计设法脱身报仇。她闻知孛罗铁木儿好色，便设法授意一名亲信太监，去皇宫里挑选了几名绝色的美女送入孛罗铁木儿府中。[1]孛罗铁木儿喜形于色，放松了戒备，一味在家

[1] 事见《新元史·后妃列传》："孛罗帖木儿遂矫制幽后于诸色总管府，使其党姚伯颜不花守之。太子先奔太原。寻逼后入宫，取印章，伪为书以召太子。复幽后归所。后数纳美女求脱。"

中同美女们淫乐。在奇皇后的策划下，孛罗铁木儿被骗入宫中刺死，他的党羽也被斩尽杀绝，孛罗铁木儿的军队遂不战自溃。

顺帝召太子回京。扩廓帖木儿率领军队护送，途中接到奇皇后的密谕，要他率军进城胁迫顺帝退位，拥皇太子登基。扩廓帖木儿虽是一介武夫，但知此事关系重大，不敢贸然行事。他思索的结果是，离大都还有30里时，便令军队返回，自己只带了几名贴身卫士，把太子送入皇宫。奇皇后的阴谋再度破产，从此奇氏母子又与扩廓帖木儿结下了怨恨。

伯颜忽都皇后去世后，中书省请求奇皇后居正宫皇后位。但顺帝因她两次逼宫，心中憋了怨气，以奇氏是高丽人，立为正后有违祖制为由不予答应。经大臣们一再恳请，才于至正二十五年（1365）十二月册封奇皇后为正宫皇后，同时封奇氏父以上三世为王。并改奇氏为肃良合氏，算是蒙古族的后裔。

奇氏既立为正后，其母子权势更盛。此时，能够同农民起义军作战的劲旅只有扩廓帖木儿一支。顺帝任命他为左丞相，加封太傅河南王，总制关、陕、晋、冀、山东等各地军事。由于关中的李思齐和张良弼不肯听扩廓帖木儿调遣，扩廓帖木儿不打农民军张士诚、朱元璋和川蜀的明玉珍，却派兵去攻打李、张。皇太子乘机向元顺帝进谗说："扩廓帖木儿不听调令，私自出兵攻打与他有私仇的自己人，未免有些骄恣跋扈。"顺帝听罢，派使者传谕，命扩廓帖木儿立即停止内战，挥师南下攻打起义军，并任命皇太子为全国兵马大元帅，统领扩廓帖木儿、李思齐、张良弼诸部。扩廓帖木儿拒不听命，依然同李、张自相残杀。于是皇太子请求顺帝撤销扩廓帖木儿的兵权，同时命令李、张两面夹击扩廓帖木儿。就这样，元朝内部打得难解难分。

鹬蚌相争，渔翁得利。占据江、浙一带的吴王朱元璋乘元朝军队忙于内战、无暇他顾之际，迅速壮

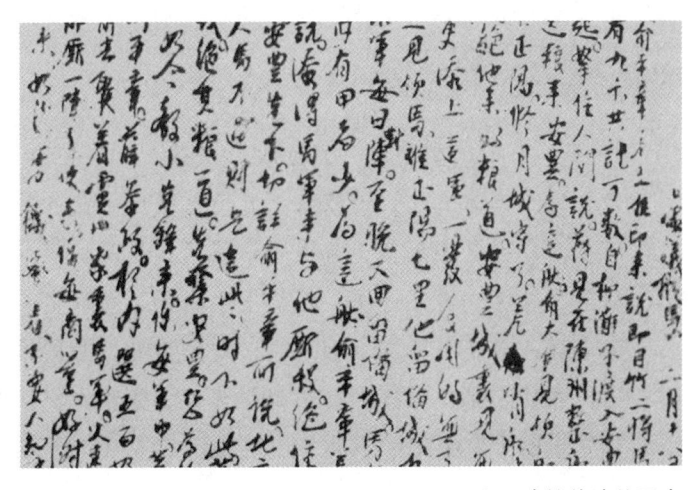

朱元璋给徐达的军令

元末明初有影响的书法家危素的《陈氏方寸楼记》

大了自己的势力。他先打败占据湖广、江西地区的陈友谅，再讨灭了江淮一带的张士诚，又逼降了占据温州、庆元海域的方国珍。到至正二十七年（1367），朱元璋已经拥有了江南的半壁河山。

至正二十八年（1368）春天，朱元璋命徐达为征虏大将军，率军北伐，一路势如破竹，连连攻下德州、通州，直指大都。七月底，元顺帝率领奇皇后与皇太子匆匆逃往上都开平。

至正二十八年（1368）八月二十日，朱元璋的北伐军开进大都，从此，元顺帝及其后妃、侍从一直被朱军追击，他们从开平逃至和林（今蒙古国的鄂尔浑河上游），又从和林逃到应昌（今内蒙古克什克腾旗西达来诺尔附近）。不久，元顺帝病死，皇太子爱猷识理达腊在应昌失守后，继续北窜。奇皇后逃离京城后，由雍容华贵的皇后沦为一个难民，几经周折，最后于至正二十九年（1369）年死去。

名家评说

女宠也，宦官也，权臣也，强藩也，此四者，皆足以亡国，顺帝之季，盖兼有之，而祸本则基于女宠！看此回陆续叙来，有宦官朴不花，有权臣搠思监，有强藩孛罗帖木儿及扩廓帖木儿，彼此迭起，如层峦叠嶂，目不胜接，而最主要线索，则觑定奇后母子。奇后母子谋内禅，于是朴不花、搠思监，表里为奸，乘间希宠；于是孛罗、扩廓，先后入犯，借口诛奸。倘非顺帝之素耽女宠，何自致此奇祸耶？哲妇倾城，我亦云然！

——蔡东藩《元史演义》

正说历朝八十后 下

李晓丽 主编

正说历史人物

中国书籍出版社
China Book Press

【明】

太祖朱元璋皇后马秀英

马秀英（1333~1382），明太祖朱元璋皇后，宿州（今属安徽）人。父马公，母郑媪。洪武元年（1368）被立为皇后。谥号"孝慈"。她作为一个平凡女子，生在乱世，颇具胆识，在艰难逆境中，帮助朱元璋成就大业；在大富大贵时，不奢不骄，始终不忘民间劳苦，不曾改变勤俭本色，并用自己的言行来规劝、影响皇帝朱元璋，做出极不平凡的业绩。马皇后对后世的影响很大，明代诸后皆以其为楷模，争相仿效，她不愧为一代贤后。明太祖朱元璋为了怀念与其出生入死、共渡难关的马氏，在马皇后去世后，再没有另立皇后。

马秀英

一、大脚马氏　助建帝业

马秀英的祖上曾是当地豪富。父亲马公，仗义好施，家业日贫。母亲郑媪，生下马氏不久即去世了。

马公无子，视秀英为掌上明珠。秀英自幼聪明，能诗会画，尤善书史，性格亦颇倔强。按当时习俗，妇女皆缠足，秀英却坚决不缠，人称"马大脚"。

秀英的父亲马公为杀人避仇，逃往他乡，临行时将爱女秀英托付给生死之交的朋友郭子兴，不久马公客死他乡。郭子兴夫妇对好友的遗孤十分怜惜，将马秀英收为义女，悉心抚养。郭子兴特别喜欢结交豪侠之士，重义气，他把秀英当做自己的亲女儿看待，亲自教她读书识字，夫人张氏则手把手教她针织刺绣。[1]

---

[1] 事见《明史·后妃一·太祖孝慈高皇后列传》："马公素善郭子兴，遂以后托子兴。马公卒，子兴育之如己女。"

十几岁的秀英聪明无比，凡事一经指导，马上知晓，不但女工灵巧过人，而且喜欢读书，写得一手好文章。年近二十的马氏已经出落得幽婉可爱，加之她秀外慧中，无论碰上什么难事，都能够从容干练地解决，因此深得郭子兴夫妇的钟爱。

当时正值元朝末年，政治腐败，社会黑暗，阶级压迫和民族压迫使老百姓处于水深火热之中。又遇黄河大决口，连年黄水横流，大规模的农民起义爆发了。元顺帝至正十二年

马皇后

（1352），郭子兴在濠州（今安徽凤阳）起兵抗元，响应韩山童和刘福通在颍州（今安徽阜阳）发起的红巾军起义。一天，濠州城门外，来了一位身材魁梧、衣衫褴褛的年轻和尚，喧嚷着要见郭主帅。门卒将他捆缚至郭子兴帐前，郭子兴见他龙形虎躯，立即命令松绑，收入麾下作了亲兵。他就是明太祖朱元璋。由于他能征擅战，机智勇敢，屡建战功，深得郭子兴的赏识。郭子兴为了培植自己的势力，进一步拉拢朱元璋，便与夫人张氏做主，将义女马秀英许配给了朱元璋。自从朱元璋做了主帅的女婿后，人们就改称他为"朱公子"，他在军中地位亦大大提高。马秀英与朱元璋志同道合，感情深厚。马氏随朱元璋南征北战，忧勤相济，成了朱元璋的得力助手。

朱元璋在郭子兴部中由于能征擅战、多谋善断，逐渐被重用，但却遭到周围人的忌劾排挤。郭子兴性情暴躁，主意多变，听信谗言，猜忌朱元璋，甚至把朱元璋监禁起来，不准他吃饭。每当遇到这种情况，马氏一面将自己的饭食偷送给丈

刘福通铸"龙凤通宝"

夫，一面求义母张夫人说情，使之化险为夷。打仗的时候，其他将领常将一些掠获物献给郭子兴，朱元璋所到之处则秋毫无犯，即使有所缴获，也尽数分给部下。马氏怕义父不察实情而耿耿于怀，就拿出自己平时所有的积蓄献给义母，请求义母向义父说情，使郭子兴消除了对朱元璋的猜疑。

郭子兴的儿子天叙、天爵二人，目光短浅，气量狭窄，对朱元璋被重用心怀不满，常常乘机诋毁。一次，由于年景歉收，朱元璋又被郭子兴怀疑，幽禁别室，闭门思过。他们便暗中命令伙夫，不给朱元璋送饭。眼看丈夫饿得不行了，马氏悄悄来到军营伙房，乘人不备从蒸笼中拿出两块蒸饼就跑，不巧与郭子兴夫人张氏撞了个满怀。她迅速将蒸饼藏入怀中，低头向郭夫人请安，神色极为慌张。郭夫人见状，心知有异，将她挈入内屋，仔细询问。马氏伏地大哭，说出了偷饼的事。张夫人忙令她解衣，拿出饼子，只见马氏胸前已烫起了燎泡，那饼还热气腾腾的。[1] 张夫人不禁泪下，一面为她敷药，一面问明了事情的缘由。后来经张夫人解释，郭子兴明白了事情的真相，释放了朱元璋，并把天叙、天爵狠狠地训斥了一顿，使朱元璋稍安一时。不久，天叙、天爵突然邀请朱元璋出城宴饮，企图用毒酒谋杀朱元璋。马氏闻知，立即密告朱元璋。朱元璋假装赴宴，骑马至中途，忽然下马，对天念念有词，然后上马急驰而归。后来他对天爵、天叙说："天上神明指示于我，说你二人置毒酒中，令我迅速回家，免得中毒。"天叙、天爵真以为有神人暗助，吓得汗流浃背，从此再也不敢陷害朱元璋了。只有朱元璋内心清楚，这个"神人"就是爱妻马秀英。

马氏帮助丈夫排除了天叙、天爵的阻碍后，朱元璋便放开手脚南征北战，发展自己的势力，集聚力量。他在郭子兴军中的名声渐大，同时也坚定了他夺取天下的雄心。这时农民起义军"红巾军"建立起政权，立韩林儿为皇帝，号小明王。

明代女子服饰

---

[1] 事见《明史·后妃一·太祖孝慈高皇后列传》："初，后从帝军中，值岁大歉，帝又为郭氏所疑，尝乏食。后窃炊饼，怀以进，肉为焦。"

元至正十五年（1355），郭子兴病亡，小明王任命其子郭天叙为都元帅，朱元璋为左副元帅。不久，郭天叙战死，朱元璋便升为大元帅，郭子兴的旧部全都归他指挥。作为大元帅的夫人，马氏身上的担子更重了。此时，马氏怀孕了，但战事极为紧张。朱元璋率大军向南挺进，准备渡江夺取南京以建立巩固的根据地。在采石矶（今安徽马鞍山）朱元璋率军与元军地质学大战，得以顺利渡江。马氏随军来到太平（今安徽当涂），生活极其艰难。朱元璋目光远大，以夺取天下为目的，约束军队，不许掳掠，并以身作则，与士卒同甘共苦。贤明的马氏十分理解丈夫的所作所为，虽有身孕，仍然率领全军将士的妻妾随军渡江。在军需供给十分困难的情况下，她经常储备食物供朱元璋急需，不使乏绝，而自己有时竟饿着肚子。马氏在朱元璋随从文吏陈迪家里产下太子朱标，从此，她又担起了良母的重任。后来又生下朱樉、朱棡、朱棣及宁国公主、安庆公主等子女。

马氏在生活上对朱元璋照顾周到，在家中抚儿育女，井井有条，为朱元璋解除了后顾之忧。不仅如此，平日在军中，她还是朱元璋的重要参谋和得力助手。渡江作战时，朱元璋率主力先行渡江，马氏带领眷属后勤尾随。考虑到元军有可能采取断后的行动，马氏不等朱元璋下令，便果断地指挥后勤人员紧急渡江。果然刚渡过江，大批元军便席卷而来，企图切断朱元璋军队的前后联系。由于马氏的机智决策，使元军扑空并保障了这次行动顺利完成。又有一次，忽然遭遇敌人，朱元璋受了伤，混战中人们各不相顾，在万分危急的情况下，马秀英毅然背起朱元璋，以村姑的打扮逃出虎口。

马氏深知，朱元璋是一个有胆有识的人，不但打仗机智勇敢，而且平时豁达大度，礼贤下士，将来必能像刘邦、李世民那样，实现创建帝业、治国平天下的理想。她更知道，作为朱元璋的妻子，她不仅要有贤妻良母的美德，还要具备

明代女子服饰

国母仪范，为丈夫创建基业献计献策，当好贤内助。许多重大军事行动中，马氏都在朱元璋身边出谋划策，提出一些很好的建议。她认为："定天下在得人心，人心者天下之本也。"她曾多次规劝朱元璋："用兵不能不杀人，但主帅不能嗜杀人，这样才能避免不必要的伤亡，定天下应以不杀人为本。"朱元璋对此极其赞赏，每逢将士出征，他都反复强调：攻克城池，不许妄杀，不许掳掠，并让人写出布告，到处张贴，同时派执法队沿街巡逻。因而仁义之声远近传闻，许多地方举城归附，这正是朱元璋战胜群雄的关键所在。

渡江之后，朱元璋夺取了江宁（今江苏南京），他以江宁为根据地，颇有"称王以威定天下"之意。后来，他接受了朱升的建议："高筑墙，广积粮，缓称王。"他认识到，群雄未灭，鹿死谁手，尚不可知，在这种情况下，谁"先称王"，谁就成为众矢之的，给敌人以进攻的借口。于是朱元璋一面在形式上对小明王保持臣属关系，一面东征西讨，开拓疆土。经过几年时间，他建立起一支足以与元末其他义军和元军匹敌的强大队伍。随着军事实力的增强，朱元璋与各个义军割据政权的矛盾日益尖锐，至此群雄逐鹿中原、决战天下的时机到了。元至正二十年（1360），陈友谅率兵东下，攻下太平，直逼江宁，朱元璋亲赴前线迎敌。为了做好后勤工作，马氏亲自率领军士家属及其他后勤人员，日夜赶制军衣军鞋，及时送往前方，保证将士的衣用供给。在强敌压境、军事处于劣势的危急

杜堇《宫中图》

关头，城中部分官兵开始动摇，而马氏却镇静自若。她发尽府中金帛衣服，犒赏将士，不但稳定了军心，而且使军士大受鼓舞，个个奋勇杀敌，因而大败陈友谅。[1] 接着朱元璋乘胜扫平各路义军，自立为吴王，马氏就成为堂堂的吴国夫人。随后朱元璋与元朝展开决战，攻入大都（今北京），平定北方。至此，统一全国的大业已基本实现。

在朱元璋率军驰骋大江南北、创建帝业的过程中，马氏亲自掌管所有的文札，无论是行军作战的军状文书，还是朱元璋随手写下的札记、备忘录，她都保管得井井有条，不论什么时候来取，她都能准确地拿出所要的一份，从不出错。[2] 马氏聪明过人，又好读书，对于朱元璋来说，实在是一个机要文书。朱元璋能成霸业，妻子马氏是功不可没的。

二、家之良妻　犹国良相

元至正二十八年（1368）正月，朱元璋登基于应天府（今南京），国号大明，建元洪武，册封马氏为皇后，时年36岁。

从此，马皇后以"为妻之道"佐助朱元璋，以皇后之尊留心政事，关心人民、礼待臣下，与朱元璋同心同德巩固大明王朝。

马皇后身居高位，但不骄不躁，仍然保持艰苦朴素的作风和宽厚仁慈的性格。她勤于内治，讲求古训，力倡仁厚之道。马皇后认为宋多贤后，所以特命女史录其家法，朝夕省览。有人说："宋朝过于仁厚。"皇后说："过于仁厚，不比过于刻薄好吗？"马皇后提出"仁厚之治"的主张，将汉代与宋代两家思想合二为一，得出了"仁厚"胜过"刻薄"的结论。据此，她命女史官总结历代仁厚之粹，写成家法古训，请求丈夫朱元璋予以表彰。

朱元璋称帝后，接受历史上的教训，不许后宫干预政事。在这种情况下，马皇后既要做到不出头露面，又要做到以其特殊的身份、卓越的见识和杰出的才能，悉心补救朱元璋政事上的弊病和漏洞。所以，在明初的政治生活中，马皇后的特殊作用，被朱元璋贴切地比喻为"家之良妻，犹国之良相"。在某种情况

---

[1] 事见《明史·后妃一·太祖孝慈高皇后列传》："……及居江宁，吴、汉接境，战无虚日，亲缉甲士衣鞋佐军。陈友谅寇龙湾，太祖率师御之，后尽发宫中金帛犒士。"

[2] 事见《明史·后妃一·太祖孝慈高皇后列传》："太祖有札记，辄命后掌之，仓卒未尝忘。"

明代县学图

下,这位"良妻"还起到了"良相"所不能起到的作用。

一日闲谈,马皇后问朱元璋道:"现在天下的老百姓安居乐业了吗?"朱元璋回答:"这不是你应当问的。"马皇后说:"陛下是天下之父,妾为天下之母,子女的安危,做父母的可以不问吗?"马皇后此次进谏,旨在劝朱元璋关心民瘼,爱民如子。

她常劝朱元璋以尧舜为法行仁厚之政,以求天下太平、百姓安乐。她认为要达到尧舜之治就要重法治,重贤才,重教育,实行仁厚之政。因而在这几个方面,她帮助朱元璋补弊救失,做出了很大的贡献。

在重视法治方面,马皇后提醒朱元璋说:"法律经常变动则生弊,法弊则奸邪生,奸邪生则百姓受困扰,百姓困则动乱生。"朱元璋认为这是至理名言,命令史官书之于册。[1] 朱元璋生性刚烈,好发脾气,动辄杀人。马皇后因此劝

---

[1]语见《明史·后妃一·太祖孝慈高皇后列传》:"(后)又曰:'法屡更必弊,法弊则奸生;民数扰必困,民困则乱生。'帝叹曰:'至言也。'命女史书之册。"

谏："不以喜怒加刑赏。"朱元璋在前殿决事，有时震怒，欲开杀戒，马皇后伺他还宫，就婉言劝谏，因此而得以缓刑免戮的人很多。

一天，有人报告参军郭景祥的儿子萌生杀父之心，朱元璋大发雷霆，下令将此不孝之子杀掉。马皇后得知，劝朱元璋道："郭景祥只有一个儿子，要防小人别有用心。如果枉杀则使郭景祥绝后，不如派人查明后再作结论。"于是，朱元璋派人调查，果然冤枉。[1]

朱元璋的养子李文忠守严州（今浙江建德县东北），杨宪诬其不法，朱元璋想要召回李文忠，给予处罚。马皇后认为：严州是与敌交界的重地，将帅不宜轻易调动，而且李文忠一向忠实可靠，杨宪的话怎么能轻易相信呢？朱元璋向来敬重信赖马皇后，便派人去严州调查，果然又不实。后来李文忠一直戍守严州，从无疏忽。

宋濂是明初的谋士，也是太子朱标的老师，朱元璋对他恩礼有加，在他年老返乡后，仍不断派人慰问。不幸宋濂孙子宋慎犯罪，他也被株连，逮到京师被判处死刑。马皇后为此竭力劝谏，她对朱元璋说："民间请一老师，还始终不忘恭敬，何况宋先生已告老还乡，并不知道朝中发生的事，又怎能因子孙犯罪而牵连至死呢？"话虽入情入理，朱元璋还是不肯赦免。到进御食的时候，马皇后特意不备酒肉，朱元璋奇怪地问是何故，答曰："妾已用皇上的酒肉祭祀

明代女子服饰

[1] 事及语见《明史·后妃·太祖孝慈高皇后列传》："参军郭景祥守和州，人言其子持槊欲杀父，帝将诛之。后曰：'景祥止一子，人言或不实，杀之恐绝其后。'帝廉之，果枉。"

神灵,请求保佑宋先生,以使太子稍尽敬师之心。"言毕潸然泪下。朱元璋大为感动,第二天即下令赦免宋濂死刑,安置于茂州。

吴兴富民沈秀出资帮助修筑都城三分之一,事后又请求出钱犒赏军队。朱元璋认为百姓出钱犒军不吉祥,因而大动肝火,下令处死沈秀。马皇后劝谏道:"法律,是用来惩罚不守法的人,而不是用来惩罚不祥之人。沈秀富可敌国,虽然是不祥之民,却没有犯法,怎么能随便诛杀呢?"朱元璋觉得很有道理,便将沈秀释放,派去戍守云南。

一年元宵节,朱元璋化装外出,杂在众人中观灯,见一灯上写着:"女子肩并肩,乘风荡舟去,忽然少一人,却向月边住。"谜底是"好双大脚"。朱元璋认为这是讽刺马皇后的,大发雷霆,要严惩"刁民",如查不出具体人来,全城百姓,一律遭殃。马皇后听后进谏道:"妾

明代女子服饰

是大脚,自己不嫌,陛下不嫌,别人纵然是嫌,有什么相干呢?陛下不是曾说幸亏妾脚大,才能背着陛下逃出死地吗?何况天子为民之父母,子女们随便说说自己的父母,并没有伤害父母之心,做父母的怎能大怒不止,要置子女于死地呢?"一席话说得朱元璋怒火全消,遂收回成命,使百姓免去一场灾难。

朱元璋经常法外用刑,随意治罪,马皇后总是时刻加以提防,遇事设法补救并常从细枝末节中拾遗补阙,以匡不逮。一次朱元璋发脾气责骂宫女,马皇后也假意发怒命令将宫女交付宫正司论罪。朱元璋认为朕一言就是法,不必交到宫正司议罪。马皇后解释说:"帝王不可以喜怒加刑赏。当陛下大怒时,用刑可能会过重,不如交给宫正司,按罪定刑,公平处理。即便是陛下给人定罪,也应该

根据法司的规定办事。"[1]

三、养贤宜厚　自奉欲薄

在用人方面，马皇后非常爱惜人才，而且懂得贤才对于治国的重要性。她对朱元璋说："帝王虽有圣人之聪明，也不能一人独理天下；要达到天下大治，必须择贤而用。但对贤才也不可求全责备，要宽其小过而发挥其才能。"她提出"愿得贤人共理天下"的建议，被朱元璋奉为至理名言。

朱元璋称帝后，多次提出要给皇后的宗族亲戚封官赏爵。马皇后谢绝说："爵禄私外家，非法。"力辞而止，并一再向朱元璋劝谏："不论亲人外人，如果真有贤才，就应当加以重用；如果授官给平庸之辈，必将恃宠致败。"建议说："鉴于前代外戚干政覆败的教训，对于自己的亲戚多给赏赐，使其安居乐业，足矣。"

马皇后有一句名言："人主自奉欲薄，养贤宜厚。"意思是君主应该过简单朴素的生活，但在发展教育、培养贤才方面要舍得花钱。为了国家长治久安，不仅要重视选拔贤才，还在于培养大批的贤才以供选拔。一次，朱元璋视察太学（又称国子监）回来，马皇后问他太学有多少学生，朱元璋答曰："数千人。"马皇后说道："数千太学生，可谓人才济济。可是太学生虽有廪食（生活补贴），他们的妻子儿女靠什么生活呢？"针对这种情况，马皇后征得朱元璋同意，征集了一笔钱粮，设置了20多个红仓，专门储粮供养太学生的妻子儿女。[2]红仓制度一直延续到明代中后期，是明代发展教育的重大措施，也是中国教育史上的重大事件。明代高等教育事业的发展可以说首先应归功于马皇后。

有了贤才，还要尊重他们，团结他们，才能发挥贤才的作用。特别要处理好君臣关系，才能使贤才为国家尽忠效力。明军攻克大都后，在元朝的国库中获取了很多珠宝，将领们将其献给朱元璋，举朝为之庆贺。朝庆时，马皇后故意问

---

[1] 事及语见《明史·后妃一·太祖孝慈高皇后列传》："帝尝怒责宫人，后亦佯怒，令执付宫正司议罪。帝曰：'何为？'后曰：'帝王不以喜怒加刑赏。当陛下怒时，恐有畸重。付宫正，则酌其平矣。即陛下论人罪亦诏有司耳。'"

[2] 事见《明史·后妃一·太祖孝慈高皇后列传》："帝幸太学还，后问生徒几何，帝曰：'数千。'后曰：'人才众矣。诸生有廪食，妻子将何所仰给？'于是立红板仓，积粮赐其家。太学生家粮自后始。"

朱元璋:"元有这些宝货为什么不能守住呢?"朱元璋领悟了她的意思,立即答道:"皇后之意,莫非是指得贤才为宝也?"马皇后拜谢道:"陛下所言极是,有了贤才,可以与之共保天下,这才是真正的国宝。"

马皇后饮食节俭,常说"……吃饭要念耕夫之劳苦……"
图为明绘《耕织图》中耙耨与耘的情景

视贤才为国宝,充分显示了马皇后的远见卓识。

朱元璋从一个贫苦和尚变成称孤道寡的帝王,随着地位的改变,思想感情也发生了很大的变化。他害怕大臣功高震主,文武贤才篡国夺权,因此,采用极其残酷的手段,株连屠杀大批文臣武将,借以树立自己至高无上的权威。朱元璋的高压政策使许多开国谋臣良将,辞官隐退。对朱元璋的这种做法马皇后很不满意,她极力主张对下属不能过于苛刻,不能求全责备,而要以仁厚待之。一天,朱元璋在群臣面前称赞马皇后的贤德同于唐长孙皇后,退朝后告诉马皇后。马皇后答道:"妾听说夫妇相保容易,君臣相保很难。陛下不忘与妾同贫贱,也愿陛下不要忘了与群臣同艰难!况且,妾怎敢与长孙皇后相比。"[1]借以劝说朱元璋过于苛刻的作法。她从夫妻关系推及于君臣关系,从治家之道推及于治国之道,考虑得极为细致周到。

四、躬行节俭　青史留名

马皇后为人富而不奢,贵而不骄,虽居高位,但仍保持节俭朴实的生活作风,总是严于律己,宽以待人。她劝勉丈夫:身处富贵,要不忘布衣。她告诫子孙:生长富贵,当知耕田种地的艰难。自己则躬行节俭,言传身教,堪称一位德行高尚的贤妻良母。

明朝建国之初,社会残破,经济困难。她虽贵为皇后,但平时仍穿粗丝织

---

[1]语见《明史·后妃一·太祖孝慈高皇后列传》:"后曰:'妾闻夫妇相保易,君臣相保难。陛下不忘妾同贫贱,顾无忘群臣同艰难。且妾何敢比长孙皇后也。'"

明代女子饰物

的衣服，衣被破旧了也舍不得更换，还将宫里每次缝制衣服剩下的边边角角拾起来，拼成被褥，供严冬御寒；织工治丝，她也不让丢掉一点乱丝败缕，要织工将坏乱的丝疙瘩织成次等的绢帛，赏赐给王妃、公主，并严肃地对她们说："虽然是次等绢帛，在民间仍然难得，赐给你们，使你们知道蚕桑之不易。"

马皇后还亲自带领公主、王妃刺绣纺织。她告诫公主、王妃，身为妇家，要勤于女工；想当好贤妻良母，首先要学会良家妇女的治家本领。自己以身作则，缝补旧衣，制作新衣，样样不落。她一直亲自操办丈夫的膳食，甚至连皇子皇孙的饭食穿戴，她也亲自过问，无微不至。

在饮食方面，马皇后从不特别讲究，平时一律粗茶淡饭。她安排丈夫的生活，同样也以俭朴为原则。有时朱元璋因服御不满意而小有怒气，马皇后就劝告他："陛下难道忘记了过去的贫贱吗？"由于马皇后的影响和规劝，加上朱元璋也是布衣起家，他在朝中也极力提倡俭朴。明代开国之初，一切建筑设备都不过分华丽，凡是雕饰之物，一律禁用。朱元璋还借用马皇后的话告诫臣下："穿衣要思织女之勤劳，吃饭要念耕夫之劳苦。一切兴作都不得劳民伤财。"

马皇后对宫廷子女、妃嫔们的教育也非常重视。朱元璋有26个儿子、16个女儿，这些王子公主的教育大都由马皇后亲自负责，特别是自己亲生的4个儿子，马皇后对他们管教极其严格。

一次，皇子的老师李希颜因小孩顽皮不听话，用笔管戳伤了他的额角，小皇子哭着上父皇那里去告状。朱元璋非常生气，正要发作，马皇后急忙从旁劝解道："李先生以圣人之道教育训导我们的孩子，有什么过错呢？制锦的人受剪刀之伤，可以责怪他的师傅吗？"朱元璋深感有理，不但没有惩处李希颜，反而提升他做了左春坊右赞善。

身为母亲，马皇后对子女以严为爱。她教育子女戒骄戒纵，特别是对太子朱标，要求他仁慈友爱，以便将来做一名开明君主。幼子朱植性格放荡不羁，长大后被封到开封做周王。马皇后对他极不放心，周王临行时，便派江贵妃随往监督，还将自己身上的纰衣脱下来交给江贵妃并赐木杖一杆，嘱咐："周王有过错，就令他披纰衣杖责。如敢违抗，驰报朝廷。"从此一见着慈母的纰衣，周王

便生出敬畏之情，不敢胡作非为。以严为爱，是马皇后对待子女的原则。对宁国公主、安庆公主等人，马皇后要求她们勤劳俭朴，不能"无功受禄"。对朱元璋收的义子朱文正、李文忠、朱沐英，她也细心照顾，视为己出。

身为"国母"，马皇后时刻关心民间疾苦。洪武五年（1372），发生严重春旱，秧苗不能入土，百姓忧心如焚。马皇后为此焦急万分，告诫后宫节约衣食，准备迎度荒年。一天夜里，下了一场春雨，第二天，她亲自上朝庆贺。朱元璋感动地说："皇后能同心忧民，真是天下百姓的洪福啊！"

马皇后与朱元璋忧乐与共30年，无论是在动乱的艰难岁月，还是在富贵为"天下之母"的太平盛世，相互之间，始终相敬如宾，相辅而行。她不仅时刻留心政治，帮助丈夫治国安民，而且在生活上对朱元璋体贴关心，穿衣吃饭皆亲自侍奉；无论春夏秋冬，她都比丈夫早起晚睡，辛勤操劳，遇到丈夫心情不畅时，她总是问长问短，细语相慰。因而朱元璋不仅对她尊重信赖，而且对她充满深情。

马皇后与朱元璋在动乱中起家，在富贵中相处，既没有借天子之威残害忠良，也没有恃后宫之宠结党营私。她的许多见解和建议被朱元璋认真听取并采纳，甚至被赞誉为至理名言，载之史册，垂范后世。她以"良妻"的身份发挥了"良相"的作用，成为封建时代贤明后妃的楷范。

洪武十五年（1382）秋八月，马皇后病逝，享年50岁。病重期间，群臣请祷祀，求良医诊治，马皇后自知难以痊愈，坚决不肯。她对朱元璋说："人的生死，是由'命运'决定的。祈祷祭神有什么益处呢？且医生只能治病，不能治命，得了死症的人，良医也无力救活，假使服药不效，岂不是因为我的缘故而使医生蒙受'无能'或'不尽职'之罪吗？"[1] 她临终嘱咐朱元璋："愿陛下求贤纳谏，有始有终；愿子孙个个贤能，臣民安居乐业，江山万年不朽。"言毕溘然长逝。朱元璋放声恸哭，文

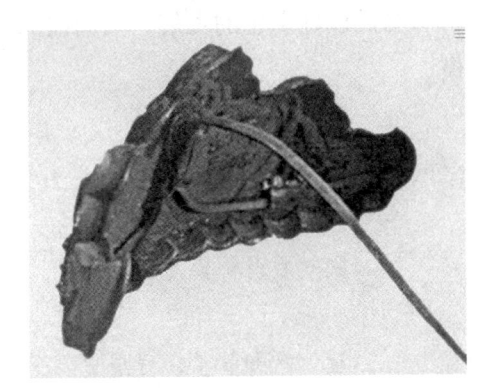

明代女子饰物

---

[1] 语见《明史·后妃一·太祖孝慈高皇后列传》："死生，命也，祷祀何益。且医何能活人。使服药不效，得毋以妾故而罪诸医乎。"

建于明洪武七年的光岳楼

武百官无不垂泪,连边陲龙州(今属广西)百粤也上表吊唁。马皇后去世后,朱元璋悲伤不已,命令设立普度大斋,亲自烧香祭悼,从此再也没有册立皇后。是年九月葬孝陵(今南京孝陵卫),谥曰"孝慈皇后"。永乐元年(1403),成祖朱棣即位,给马皇后上尊谥为"孝慈昭宪至仁文德承天顺圣高皇后"。嘉靖十七年(1538),嘉靖皇帝又追赐马皇后尊谥为"孝慈贞化哲顺仁徽成天育圣至德高皇后"。

马氏死后,宫人怀念她,作歌曰:

我后圣慈,化行家邦。抚我育我,怀德难忘。

怀德难忘,于万斯年。念彼下泉,悠悠苍天。

马氏以她卓越的见解、高尚的品德、超群出众的举止,成为历代后妃的楷模。

名家评说

朕知后谓得贤为宝耳。

——朱元璋语,载《明史》

后仁慈有智鉴,好书史。……后勤于内治,暇则讲求古训。

——清·张廷玉《明史》

马皇后翊赞内治,补阙匡过,恰是古今以来一位贤后。

——蔡东藩《明史演义》

成祖朱棣皇后徐氏

徐氏（1362～1407），成祖朱棣皇后，濠州（今安徽凤阳）人。父徐达，官至太傅，封中山王；母谢氏。建文四年（1402）被立为皇后。谥号"仁孝文皇后"。在明朝史册上，她是被人誉为"女诸生"的人杰。她德才兼备，贞静聪明，对外助成祖治理朝政，定国安邦；对内为朱棣安抚宫廷，上下齐心。明成祖时期之所以能成为"永乐盛世"，与这位卓有见识的徐皇后是分不开的，她的事迹为后人传诵。

一、将门才女　皇帝亲聘

徐氏

仁孝皇后徐氏，生于元顺帝至正二十二年（1362），是明朝开国元勋徐达的长女。父亲徐达出身贫苦，元末参加郭子兴的军队，郭子兴死后，徐达成为朱元璋手下有名的战将。他作战勇敢，身先士卒，屡立战功。他智谋过人，朱元璋称吴王的时候，任为左相国，后任征虏大将军，为朱元璋夺取政权南征北战，立下了赫赫战功。朱元璋1368年在南京称帝后，徐达因战功卓著，被任命为右丞相，后又封为魏国公。母亲谢氏，知书懂理，温柔贤惠。徐达夫妇经常给女儿讲治国安邦的道理。徐氏自幼非常聪明伶俐，她记忆力很好，能够过目不忘，父亲给她讲的历史上英雄人物的事迹，她都能一一复述，丝毫无误，对此连徐达夫妇都感到惊奇。虽然当时女子读书者甚少，夫妇俩仍然专门为女儿聘请了一位教师。

随着年龄的增长，徐氏读的书越来越多，包括四书、五经、史书和文学之类的书籍。她从书本上学到了许多文化知识，逐渐会写诗做文章；也学到了不

少做人的道理和方法。她往往为书中所叙英雄俊杰的事迹所感动，曾说："书上所说的古人的嘉言善行，都是要让后人仿照实行的。"

由于徐达桌案上经常摆放一些兵书战册，徐小姐也经常浏览，故而颇懂一些排兵布阵的作战之法，这为后来她能镇定自若地指挥兵马守卫北平城奠定了基础。徐达家里有个才女，这个消息一传十、十传百，不胫而走，徐小姐因而获得了一个"女诸生"的称号。

明刺绣秋蛱蝶图

朱元璋的四子朱棣比徐氏大两岁，生于元顺帝至正二十年（1360），母硕妃。洪武三年，封为燕王。朱棣"姿貌秀杰，目重瞳子，龙行虎步，声若洪钟"，深得父皇和马皇后的喜爱。他长到十五六岁时，还没有定亲。

洪武八年冬天，女诸生的传说传到皇帝朱元璋的耳朵里，便欲将徐氏许给四子。于是，传命徐达入见。朱元璋对徐达说："朕与卿同起布衣，患难与共，20余年，始终无间。自古以来，君臣契合，往往结为婚姻。朕四子气质不凡，卿令媛聪明贤淑，二人年龄也相当。望卿能将令媛许给四子。佳儿、佳妇结拜成亲，可使我们做父的聊以自慰。"[1] 本来徐达对于太祖突然召见，心里正七上八下，不知吉凶祸福，听是这么回事，自然笑逐颜开，赶紧撩衣下拜，对朱元璋说："能够嫁给殿下，是小女的福分，微臣岂有不同意之理呢？"这桩亲事就这么定了下来。洪武九年（1376）正月二十七日，由宫中宣制官在宫中正式宣布：册徐氏为燕王妃。这一年朱棣17岁，徐氏15岁。从此，徐氏正式做了燕王妃。

婚后，夫妻恩爱。徐氏对燕王关怀备至，燕王对徐氏也体贴入微。另外，徐氏对于父皇及母后亦十分敬重，谨慎侍奉，因而颇得马皇后的宠爱。马皇后曾经称赞徐氏说："这可真是我的好媳妇。"在以后四年时间里，她直接聆听马皇后的教诲。马皇后的言传身教，给她以深刻的影响。

---

[1] 语见《明史·后妃一·成祖仁孝徐皇后列传》："朕与卿，布衣交也。古君臣相契者，率为婚姻。卿有令女，其以朕子棣配焉。"

洪武十三年三月，根据父皇的安排，朱棣要到他的封地北平（今北京）就藩，徐妃也一道同行。到了北平后，徐氏把从马氏那学到的东西用到燕王府中，将燕王府一整套机构，安排得井井有条，为燕王解除了后顾之忧，成为燕王的贤内助。

二、指挥三军　守卫北平

洪武三十一年（1398）朱元璋与世长辞，临终留下遗诏，告诫子孙及大臣们"同心辅政，以安吾民。……诸王临国中，毋至京师。"根据遗诏，朱允炆（系朱元璋长子朱标的儿子，继位前为皇太孙）做了皇帝，改年号建文，即建文帝。

朱允炆颇像他的父亲朱标，忠厚仁柔，优柔寡断。而当时被封的26个藩王，都是他的叔叔。

这些为明朝江山屡立战功的王爷们，拥有重兵，独霸一方，以燕王朱棣为

金陵莫愁湖，相传是当年朱元璋因下棋而送给徐达的

明凤冠

代表，早就对皇位窥伺已久。他和徐氏商量怎样加强自己的力量。徐氏认为，宁王朱权，占据大宁（今内蒙古宁城县西），拥有骁勇善战的突厥族骑兵，按燕王现有军力，完全可以先攻大宁，收编宁王军队，然后合力迎击李军更有把握。李军是当时李景隆率领的南军，是奉皇帝的命令北伐燕军的。燕王决定留下徐氏及世子朱高炽坚守北平，自己率主力奔袭大宁。燕王临行之前，再三叮嘱他们母子说："李景隆来，只能坚守，千万不能出城迎击。"还特意下令撤去卢沟桥的守兵，装成毫不设防的样子，以诱使南军长驱直入。这个计划是周密的，也是冒险的。

李景隆是一个"寡谋骄横，不知用兵"的将军，当他率领50万军队开到北平城下时，发现卢沟桥上没有守兵，更加得意，好像北平城不用攻打就唾手可得了。他把所部兵马分成三路：一路东去攻打通州，以防止通州宁军与北平相呼应；一路主力在北平与通州之间的郑村坝，准备阻击朱棣的回援之师；一路攻打北平北门。李景隆把主要兵力放在对付朱棣的回援之师上，并且亲自坐镇指挥。这虽然减轻了北平城的压力，但北平九个城门前的战斗，仍然十分激烈。南军仗着人多势重，轮番攻击，日夜不停。就在这紧要关头，平素端庄文静的徐妃挺身而出，面对危急局势，不慌不乱，镇定自若。她一面鼓励将士英勇杀敌，誓死守城；一面组织城中健壮妇女，发给铠甲、长矛，上城杀敌，她也亲自登上城墙督战。[1] 在她的影响下，守兵士气大振，登城妇女有枪的用枪，没枪的掷瓦、抛石，拼命厮杀。为了使李军不易破城，徐氏让妇女们端来水，泼向城墙，冰天雪地，很快结冰，这样更加增加了攻城的难度。一时间，李景隆军队再无良策。在徐氏的带领下，燕军终于守住了北平这座孤城，为燕王回师消灭李景隆的军队赢得了宝贵的时间。

---

[1] 事见《明史·后妃一·成祖仁孝徐皇后列传》："景隆攻城急，城中兵少，后激劝将校士民妻，皆授甲登陴拒守，城卒以全。"

十月十六日，朱棣在大宁得知了北平的战况，对自己这位贤妻大加称赞。燕王夺取了大宁，收编了宁王朱权的8万军队，火速回师增援，对南军实行南北夹击。李景隆闻风丧胆，生怕祸出不测，率先遁逃，连夜奔赴德州。第二年的四月初一，朱棣又率军南进，到建文四年（1402）六月十三日，攻陷南京城，朱棣在这场叔侄争皇位的"靖难之役"中取得了胜利。

三、册封皇后　恤民佐帝

　　建文四年（1402）六月十七日，朱棣登上了皇帝宝座，改元永乐，故称永乐大帝。十一月，册封徐妃为皇后。新帝初登基，百废待兴，徐后除关心成祖的饮食起居外，还非常关心朝廷政事。她非常体察民情，关心老百姓疾苦，常劝朱棣要与民休息。徐氏诚挚地对皇帝说："南北之间，连年发生战争，人民饱受战争之苦，现在你当了皇帝，应该要体恤百姓，使老百姓能够得以休养生息。"另外，朱棣当上皇帝后，首先就要清除旧朝廷中反对自己的人，齐泰、黄子澄首当其冲。看到朱棣乱杀老臣，徐皇后就直言不讳地对成祖讲："当代朝廷中的一些贤才，都是高皇帝所遗留下的，望陛下在选拔任用时，千万不要有新旧之分，要对他们一视同仁，他们才能为你所用。"[1]朱棣对徐后的话深为赞同，不久就发布诏谕，安定人心："帝王图治，必审于用人。或取诸亡国，或举于仇怨，惟其贤而已。"徐后知道后也非常高兴，她兴奋地对丈夫道："治国理民，要抓住任用贤才这个根本。在自己的费用上可以节约，但培养人才就不要怜惜钱财。夫妻之间相保容易，君臣之间和睦就要难得多了。陛下能知人善任，我就放心了。"

　　一个地方的治乱，与这里地方长官关系很大。这天，成祖上朝破格选用了一批知府。退朝回宫，兴致勃勃地对徐后说："吏部选任地方长官，往往论资排辈。朕今日亲自破格选拔20余人为郡守。"徐后

明代青花缠枝莲盘

---

[1] 语见《明史·后妃一·成祖仁孝徐皇后列传》："当世贤才皆高皇帝所遗，陛下不宜以新旧间。"

听了，非常赞同成祖的做法，并称赞说："国家之治乱与百姓能否安居乐业，关键在于地方长官是贤还是不肖。凭资格选官，真正有才能的人，就会受到压抑。"她接着又说："古往今来，贤德之君对于那些才能出众的人，都不论资使用，而是破格提拔。对于那些才能一般、历事多年的人，则应视其资格，依次叙升。二者并行，相互补充，就不会埋没人才。一旦官得其人，即可收到显著的成效。"

在徐后的辅佐下，朱棣在很多方面进行了改革，故而成祖时期，"为政之道，宽猛适中；礼乐刑政，施有其序"。徐后始终不忘马皇后的教诲，她和成祖一起大胆地对宫廷官员的设置进行了改革，选用那些品行端正、颇有名望的大臣入主宫廷，为明朝宫廷设置开了先河。朱棣与他的父皇朱元璋一样，是一个励精图治的帝王。自从朱元璋废除丞相及中书省后，政务都由皇帝亲自审批处理。朱棣即位后，繁忙的

明代女子饰物

政事迫使他日以继夜地操劳。徐后看到明成祖操劳国务很是辛苦，便想尽一切办法为他分忧。一次，明成祖临朝回到宫里，徐后关心地问他："陛下经常和谁一起商讨治国大事呢？"成祖答道："六卿处理政务，翰林草拟文告，朝夕在朕身旁，以备顾问。"徐后于是请求召见一下六卿的妻子，成祖答应了她的请求。徐后和六卿的妻子一一相见，亲切地说："作为妻子，不要以为给他们准备好衣食就什么事都没有了，关键是要他无后顾之忧，事事都为他们多分担一点。朋友之间有些话可以不听，可是妻子的话，丈夫就比较容易接受。我朝夕侍奉皇上，我们之间就经常谈论如何使百姓安居乐业，我的很多建议，皇上都采纳了。"[1] 接着她诚恳地说："你们的丈夫都是国家的栋梁之臣，皇上对他们都很信任，希望你们要积极地支持他们的工作，让他们一心一意，精忠报国。这是我对你们的希望。"最后徐后赐给她们很多礼物。这些大臣的妻子，看到徐后对她们这么好，都非常感动，事后好好地服侍丈夫，千方百计地体贴丈夫。徐后的召见收到了奇效，自此以后，朝廷内外办事效率明显提高，这不能不说是徐后的功劳。

[1] 语见《明史·后妃一·成祖仁孝徐皇后列传》："妇之事夫，奚止馈食衣服而已，必有助焉。朋友之言，有从有违，夫妇之言，婉顺易入。吾旦夕侍上，惟以生民为念，汝曹勉之。"

四、教子有方　约束外戚

成祖共有四个儿子、五个女儿。四个儿子中，长子朱高炽、次子朱高煦、三子朱高燧，都为徐后所生。四子朱高爔早夭，生母不详。五个女儿，即永安、永平、安成、咸宁、常宁公主。

徐后不但是位贤妻，而且是位良母。在对待子女的教育上，她因人施教，为后来明室江山的稳定发挥了重要的作用。长子高炽，生于洪武十一年（1378）。他从小体弱多病，性格柔弱，沉静好文，为人仁厚、豁达。对长子的性格，徐后深为了解。为了让他将来担当起治理国家的重任，徐皇后注意从小就培养他遇事果断、大智大勇的能力，并且经常教育他要体恤百姓，待人宽厚。成祖本性刚毅，不喜欢拘守礼法，他与朱高炽的性格截然相反，他并不喜欢这个儿子，而偏爱二子朱高煦。朱高煦凶悍善战，在靖难之役中，随父亲征伐白沟河、东昌之战，皆勇以为战，使父王获安于危急之中。因此，成祖多次在高炽与高煦之间权衡，拿不定主意。徐皇后认识到高煦即位，必是暴君，因而主张立高炽为太子。

洪武二十八年（1395），高炽被册为燕世子。徐皇后为了进一步帮助儿子成就大业，决定给儿子找一位贤德的王妃。她不顾门第观念，竟选中了出身农民家庭的张氏。张氏聪颖贤惠，待人和蔼，举止端重大方，无论做什么事，都非常细心。张氏入宫后，徐皇后教导她怎样正确处理宫中诸人的关系，怎样支持丈夫成就大业。徐皇后的言传身教对张氏影响很大，事实证明，正是由于张氏的功劳，后来仁宗的帝位方始保住。徐皇后还教育高炽懂得爱民的道理。早在太祖朱元璋健在之时，曾命高炽与秦

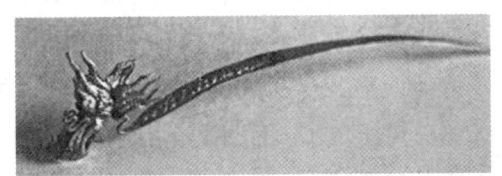

明代女子饰物

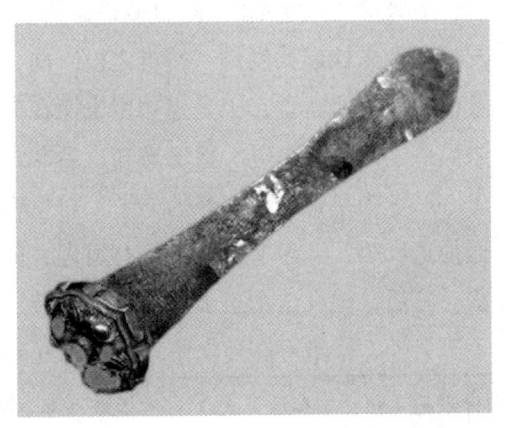

明代女子饰物

王、晋王、周王等四世子分别检阅皇城卫卒。其他三个世子,很快检阅完回来交令,唯独迟迟不见高炽回来。待他回来后,朱元璋不太高兴地问他:"你为什么这么晚才回来?"朱高炽认真地回答:"早晨天气寒冷,卫卒们正在吃饭,我等他们吃完饭才检阅"。[1] 朱元璋对他的回答很满意,满肚子的不高兴顿时就消了,便进一步问他:"古代尧、汤时候,如果发生水旱灾害,百姓们靠什么生活呢?"朱高炽毫不犹豫地说:"靠的是圣人恤民之政。"由此朱元璋尤对高炽另眼相看,暗赞此孙今后必有大用。另外,朱高炽跟徐后也学了一些带兵打仗之道,北平保卫战也有他的功劳。鉴于以上这些因素的影响,加之徐后力主,永乐二年(1404),朱高炽被正式立为皇太子,他就是以后的仁宗。对另外两个儿子,徐皇后也极是关心。因为他们性格比较暴躁,恃功骄横,徐皇后就经常教育他们要顾全大局,兄弟之间要互相关心、团结友善,不可任意胡为。由于徐皇后的努力,高煦、高燧虽然早有夺位之心,但在母后在世之时,终未敢胡作非为。

历史上外戚弄权祸乱朝政,结果身败名裂、被抄家灭族者不乏其人。身为皇后的徐氏,牢记这一血的教训,说服引导亲眷自尊自爱,遵守朝廷法度。每当听说她的亲眷中有谁不守法度、扰害百姓时,立即传命召之入见,进行教训,促使改正。如听到她的亲眷中有谁奉法循礼有突出表现者,也召其入宫,给予赏赐,以资鼓励。

徐皇后建议明成祖朱棣广纳贤才,可她始终牢记太祖马皇后的话:"亲属未必有可用之才,且骄淫、不守法度,前代外戚覆败,皆由于此"的训示,严格约束外戚做官。

徐增寿是徐后最喜爱的弟弟,官至右军都督,曾随同朱棣出塞征战,素相友好。在朱棣起兵发动"靖难之役"前,徐增寿驻守南京城,建文帝对燕王谋求篡位早就有所察觉,于是想扣留朱棣在南京家中的三个儿子:长子朱高炽、次子朱高煦、三子朱高燧。徐增寿知道后非常着急,他就跑到建文帝那儿,装成一副忠心耿耿为皇帝分忧解愁的样子,对皇帝进谏:"你要扣留他的三个儿子,不是逼他造反吗?"建文帝一听也有道理,就放弃了扣留朱棣的三个儿子做人质的想法。随后,他设法把三个孩子从南京转送至北平,燕王朱棣起事就再无后顾之忧了。另外,徐增寿在建文帝京城内部还经常为朱棣通风报信。建文帝知道后,很

---

[1] 事见《明史·仁宗本纪》:"尝命与秦、晋、周三世子分阅卫士,还独后。问之。对曰:'旦寒甚,俟朝食而后阅,故后。'"

是恼怒，派人杀了徐增寿。可以说徐增寿对朱棣成就霸业是有功的。所以朱棣做了皇帝后，决定追赠他为阳武侯，谥号"忠愍"，并追加功爵。他把这个想法告知了徐后，满以为她会高兴，谁知徐氏听后不同意赠爵。[1] 她非常中肯地对成祖说："我和增寿是一母同胞，情同骨肉，给他封官晋爵，我当然高兴。可是就是因为他是我的弟弟，我不同意给他任何称号。"成祖自有他的见地，他认真地对徐后讲："之所以给增寿晋爵，正是因为他有功，决不是因为你是他姐姐的缘故。如果奖罚不明，立功不能受奖，我这个皇帝可怎么当呢？"成祖自己决定加封徐增寿定国公，由增寿的儿子景昌世袭。事后告知徐皇后时，徐皇后只是淡淡地说："这并不是我的意志，我只是希望陛下能将景昌培养成人，让他长大后成为国家有用之才。"在徐皇后在世之时，她没有为一个亲戚争官夺利。这一点，是难能可贵的。

五、编书助学　呕心沥血

徐皇后还积极从事于女子教育事业，极力主张女子入学读书。明朝教育制度、机构已经比较完备了。京城设有国子监，相当于大学；府衙州县，设有中等学校，相当于高中；县以下城乡设有初等学校。各级学校也有了一定的统一教材，选拔一批学者从事讲学。可是这些学校大部为男子学校。男子8岁可入校读书，然而，对于女子如何教育却无明确规定。而女子可读的书很少，像《女诫》《女宪》《女则》等，大部分都是用封建礼教约束妇女或内容空洞无物。为此，徐皇后决定编一部适于女子读的书，让广大妇女也受到良好的教育。于是她广泛浏览有关女子教育的现有资料，并结合孝慈马皇后的一些言论？如"求贤纳谏，慎终如始""法屡更必弊，法弊则奸生；民数扰必困，民困则乱生""人主自奉欲薄，养贤宜厚"等，著成《内训》20篇，书中把德作为首篇，次及修身、谨言、慎行等方面。该书开宗明义地提出了对待子孙的教育要宽严适度的原则，指出"本之以慈爱，临之以严格。慈爱不至于姑息，严格不至于伤恩"，她把自己对子孙教育的经验也写在了书里。另外，她还派人广泛搜集古人的佳言善行，集成一个集子，命名为《劝善录》。明成祖看了这本书后，深为满意，下令将此书颁行天下。徐皇后为明代教育事业做出了贡献。

[1] 事见《明史·后妃一·成祖仁孝徐皇后列传》："初，后弟增寿常以国情输之燕，为惠帝所诛，至是欲赠爵，后力言不可。"

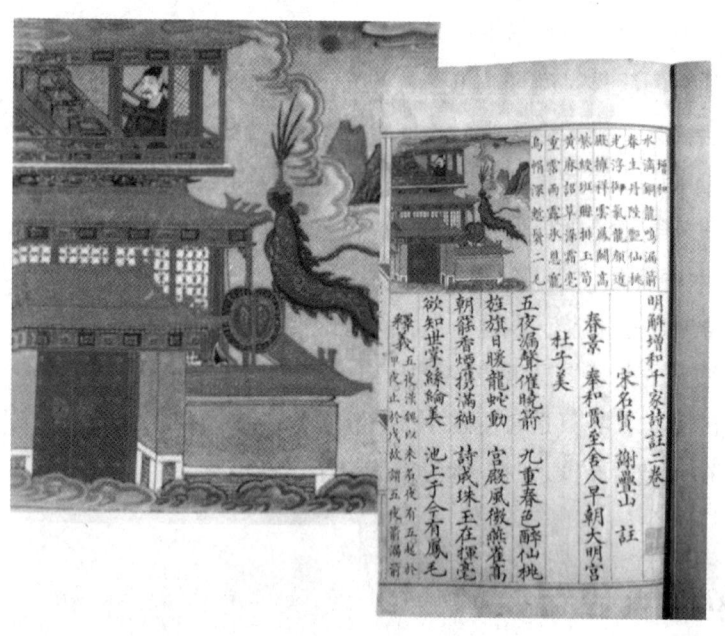

永乐五年（1407）夏季，徐皇后不顾炎热，还在伏案审订她的著述《内训》和《劝善录》。国事、家事、著述交织在一起导致长期过度的劳累，使她突然病发，经过御医多方调治，不见效果，病情一天比一天严重，以致卧床难起。皇后自己也预感到将不久于人

徐皇后非常注重子女们的教育。图为明代皇太子用的教科书——《明解增和千家诗注》书影

世，她对前来探望自己的成祖十分动情地说："我的病估计是好不了了，这是命运的安排。眼下我最担心皇帝你，我死后，你要保重自己，千万别太伤感，搞垮身体。"她又说："治理天下，首要是爱惜百姓，与民休息，天下才能太平。""为政之二就是要广纳贤才，明室江山永固必须有一批贤能之士辅佐。用人上，要知人善任，莫因他敢于直言就贬低他，也莫因他讲几句好话就重用他，要根据他的德行，量才而用。"接着她又强调前代外戚误国的道理，奉劝成祖要慎用外戚，骄宠外戚必将遭致杀身之祸。最后，徐皇后请求见一下皇太子朱高炽，当太子看到卧床病弱的母亲后，不禁泪如雨下，泣不成声。他忙跪倒在母亲病榻前，徐皇后颤巍巍地抓住儿子的手，说："孩子，你还记得北平保卫战吗？记得那些为守城而战死疆场的那些士兵的妻子吗？我一刻也没有忘记这件事。近来听说圣上要到北平巡视，我打算陪同前往，向北平的姐妹们表示敬意和慰问。[1]现在我病倒在床上，看来只能抱恨终天了。"她深深地叹了一口气，接着说，"积善如登山，久之必高；积恶如穿穴，久之必陷。"最后，她叮咛高炽：

---

[1] 语见《明史·后妃一·成祖仁孝徐皇后列传》："又告皇太子：曩者北平将校妻为我荷戈城守，恨未获随皇帝北巡，一一赉恤之也。"

长陵祾恩殿

"你是太子，责任重大。要夙夜勤恪，敬事父皇，不要为我的去世而过于悲伤，以免伤你父皇之心。我死后，丧事办理要从简，不要铺张浪费，扰害臣民，不要忘记去体恤百姓。"徐皇后临终想到的不是自己，仍然是国家的安危，想到的是怎样帮助丈夫、儿子去治国安邦。七月四日，徐后去世，终年46岁。按照徐皇后的遗嘱，丧事从简。朱棣对于徐皇后的死，十分伤心，为她在灵谷寺、天禧寺举行了隆重的大斋仪式。群臣对徐皇后都十分敬仰，听到她去世的消息，所有大臣都来祭奠她，都为失去了这样一位贤后而悲痛。朱棣追赠徐氏谥号为"仁孝文皇后"。徐皇后死后，成祖朱棣再也没有册立皇后，以示对她的怀念。

永乐七年（1409）朱棣在北京天寿山营建了陵墓长陵，工程很宏伟壮观，直到永乐十一年（1413）方始完工，然后把徐皇后安葬在此。

仁宗即位后，追尊徐氏为"仁孝慈懿成明庄献配天齐圣文皇后"，后人简称她为"仁孝皇后"。

徐皇后的一生，从太子妃至皇后，才华横溢，品德高超，堪为历代后妃之楷模。

名家评说

（后）贞静，好读书，称女诸生。

——清·张廷玉《明史》

读书少说女诸生，佳儿佳妇事业成。
亲弟输情偏不取，独持卓识断私情。

——清·顾宗泰

徐皇后秉性贤淑，善佐成祖，成祖亦颇加敬爱，所有规谏，多半施行。

——蔡东藩《明史演义》

仁宗朱高炽皇后张氏

张氏（？~1442），仁宗朱高炽皇后，永城（今河南永城）人。父张麒，官至兵马副指挥。母仝氏。永乐二十二年（1424）被立为皇后。谥号"诚孝恭肃明德弘仁顺天启圣诏皇后。"她历经了明初洪武、建文、永乐、洪熙、宣德、正统六朝，由一个民间女子到世子妃、太子妃，最终成为母仪天下的皇后。她在后位共18载，历经仁宗、宣宗、英宗初年三朝，正是旧史称道的"仁宣之治"太平盛世。仁宗去世早，张太后参与国事，重用"三杨"，先后辅佐宣宗、英宗两帝，为巩固王权、保持政策连贯、发展国家经济做出了不可磨灭的贡献。称她为"女中尧舜"是当之无愧的。

张 氏

一、母贤儿圣　承嗣有望

张氏是河南永城县人。她的父亲为兵马副指挥张麒，母亲仝氏，三个哥哥，两个妹妹。她自幼聪颖贤惠，待人和蔼，举止端庄，性格开朗，不论做什么事，都非常细心。洪武二十年（1387），朝廷为诸王世子选妃，她被选中，册为燕王世子朱高炽妃。永乐二年（1404），世子朱高炽进为皇太子，她由世子妃进为太子妃。

张氏行为端庄、谨守妇道，深得成祖及仁孝皇后的喜欢。[1] 明史载：有一

---

[1] 事见《明史·后妃一·仁宗诚孝张皇后列传》："后始为太子妃，操妇道至谨，雅得成祖及仁孝皇后欢。"

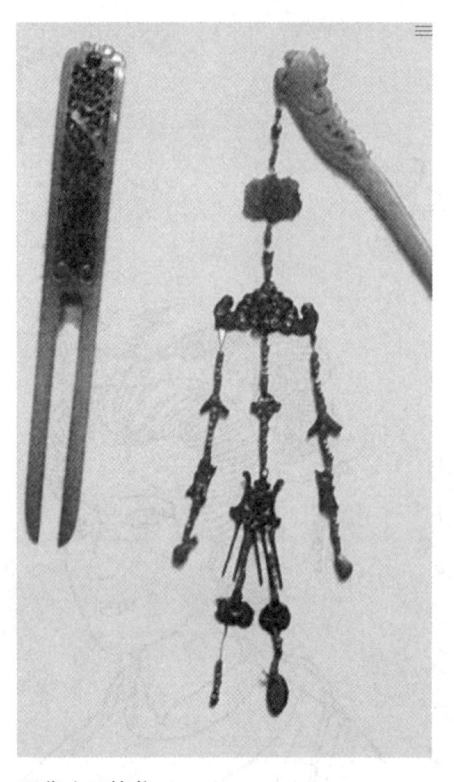

明代女子饰物

天，成祖与仁孝皇后来到便殿，张妃恭谨地呈上御膳请皇父、皇母享用。成祖看见儿媳的一言一行，大喜过望，连连点头，称赞说："新妇有贤德，以后我皇室家事多得依赖她了。"仁孝皇后早就在观察张氏了，觉得是自己心目中理想的人选，今天张氏得到成祖的赏识，更为儿子有幸娶到这样的贤妇赞不绝口。

张氏注重修身养性，把《女诫》等宣扬妇女贤德之类的书，当成座右铭。洪武三十二年（1398）张妃喜得一子，名瞻基。据说，瞻基出生前夕，皇祖父成祖夜间梦见太祖朱元璋，太祖亲授之大圭一个，上面镌刻着"传之子孙，永世其昌"八个字。成祖醒来，听说张妃为他生了一个嫡长孙，联想夜间做的梦，认为这是一个吉祥的征兆，颇为高兴。等到小孙儿满月，成祖急着抢先看小孙儿。这一看不觉喜出望外："孙儿英气溢面，正符我梦中所见。"[1] 遂视孙儿为掌上明珠，呵护备至。及至成祖考虑由哪个儿子继承皇位时，成祖倾向立皇二子朱高煦，但又怕遭到大臣的反对。事先他秘密召见阁臣解缙，问他有何高见，解缙说："皇长子朱高炽仁孝，一定会使天下归心的。"成祖听后不以为然。解缙灵机一动似自语："好一个圣贤的孙子啊！"成祖知道"圣孙"指的是那位受他宠爱的朱瞻基，果然为之所动，马上决定立朱瞻基的父亲朱高炽为皇太子，封朱高煦为汉王、朱高燧为赵王。

永乐三年之后，成祖多次巡幸北京，五次亲征漠北，几次命皇太子朱高炽监国，裁决政务。监国期间，皇太子注意爱护臣下，关心黎民百姓的疾苦，树立了一个仁厚君主形象。其间虽历尽艰辛，但朝无废事。特别是当高煦、高燧与其同党伺隙诪构、觊觎皇位时，有人问皇太子是否知道有诪人相间，朱高炽严辞道："不知也，吾知尽子职而已。"可是，高煦图谋不轨，连结宦官、酷吏诪言

[1] 语见《明史·宣宗本纪》："既弥月，成祖见之曰：'儿英气溢面，符吾梦矣。'"

太子，加深了成祖对太子的猜疑。这天，他命诸子比试骑马、射箭，朱高炽因身体过胖不能参与，就向父皇乞请不去参加。不料朱棣大怒，遂命有司削减太子膳食的供应，进而打算更易太子。

所有这一切，张妃都历历在目。她不仅时时从精神上去安慰太子，而且想方设法从中斡旋，保住朱高炽皇太子之位。

《明史·张皇后传》载：成祖恨太子太胖，甚至减削太子膳食，"濒易者屡矣，卒以后故得不废"。这"后"即张氏。而《明史·宣宗纪》又说："仁宗为太子，失爱于成祖，其危而复安，太孙盖有力焉！"这太孙就是朱瞻基。朱高炽太子地位的保全，除靠他的努力及诚敬获全外，也有赖于其妃张氏和长子朱瞻基。

二、三"杨"开泰　重用贤臣

永乐二十二年（1424）七月，成祖驾崩，遗诏传位皇太子朱高炽。

朱高炽继位，是为仁宗，册封张妃为皇后，主事中宫，立长子瞻基为皇太子，位居东宫。

仁宗即位之前长期监国，积累了丰富的政治经验，对朝政得失有比较深切的体会。即位后他信用内阁，审时度势，转变国策，大有开创"太平盛世"之雄心伟志。

作为皇后的张氏对中外政事也莫不知晓，但有仁宗主掌朝政大事，张皇后多以处理好宫内之事为己任。偏偏天不假年，仁宗在位仅仅10个月，忽然大病不起，溘然离世，终年48岁。皇储朱瞻基依次嗣位，是为宣宗，尊母后张氏为皇太后。

摆在皇太后面前的是铁一般的事实：一年之间，成祖、仁宗先后去世，宣宗毕竟年轻，皇叔们时刻不忘争夺帝位。连成祖也不会料到，他的儿子又重演了"靖难之役"。亲骨肉眼看又要兵刃相见。悲痛之余，皇太后深为新上任皇位的儿子担

杨士奇

张太后十分体恤民情,曾写成《织妇词》赐给朝臣

忧。可她深知:祖制家法最忌后妃干预政事,如有敢犯者将废退问罪,特立严格戒谕,用铁牌铸字,挂在每一宫门之内。可是她想到太祖皇帝之马皇后,辅佐太祖打下天下,治理天下,还赢得了一代贤后之美誉。与其坐视祖业毁于己手,不如效马皇后之样,恪守妇道,参政而不乱政,有权而不弄权。于是她毅然挑起了重担。所以宣宗初年"朝中政事"多禀报皇太后裁决。明王朝统治机器主要依靠内阁进行,皇太后深明大义,以内阁作为协助皇帝处理政务之机构。因此,内阁选定贤臣,至关重要。杨士奇刚直敢言,在成祖时就受命辅助太子高炽监国;杨荣多谋善断,有军事才能,曾多次随从成祖出征漠北;杨溥是仁宗当太子时的老师,为人恭谨,有"雅操"。皇太后在重用他们的同时,晋授他们内阁大学士。三人德高望重、才多资深,同时辅政,被人并称"三杨"。在他们同心辅佐下,宣宗先于即位之初,亲自出征,戡平皇叔高煦之叛,其后又果断从交趾撤兵,结束了这场牵连数年、徒耗国力的战争,使民众得以休生养息。

作为皇帝,宣宗在位时距开国未远,太祖、成祖勤政恤民之风对他还有影

响，特别是皇太后，居安思危，经常教导宣宗勿忘祖宗创业之艰难，体恤民情。每当四方水旱，必赈济万民，蠲免灾粮。宣宗理解母后用心良苦，更加孝顺仰重皇太后。无论是入奉起居，还是外出游宴皆先奏请皇太后；四方贡奉的礼品，即使是微不足道的小物品，也必先给皇太后送上，一时慈孝美名闻天下。

宣德三年（1428）皇太后游西苑，宣宗皇帝亲自扶持着皇太后所乘轿子，一块登上万寿山。又一年，皇太后率儿孙们参拜成祖和仁宗的长、献二陵，宣宗皇帝身穿戎装衣甲，骑马亲自在前为皇太后导路，遇到河桥之处，又下马扶辇过之。沿途百姓夹道欢迎，献上蔬食、美酒，山呼"万岁"。皇太后端坐辇中，甚为感动，又回过头来语重心长地对皇帝说："做一个受百姓拥戴的仁君，首先要让百姓安居乐业，希望皇上以此为重念。"[1] 于是她带宣宗亲到农家了解民情，召集老媪老叟，问寒问暖，并询问年景收成，赏给银两。百姓感恩不尽，奉献上蔬食酒浆，让皇帝及太后尝食。皇太后一

《春庭行乐图》

[1] 事及语见《明史·后妃一·仁宗诚孝张皇后列传》："三年，太后游西苑，皇后皇妃侍，帝亲掖舆登万岁山，奉觞上寿，献诗颂德。又明年，谒长、献二陵，帝亲櫜鞬骑导。至河桥，下马扶辇。畿民夹道拜观，陵旁老稚皆山呼拜迎，太后顾曰：'百姓戴君，以能安之耳，皇帝宜重念。'"

边吃一边赞叹道:"这才是真正的田家风味!"接着,在行殿皇太后令宣宗召见随从大臣"三杨"、张辅等,对他们辅佐皇帝有功予以慰劳。在称赞他们之后,又十分诚挚亲切地说:"你们都是先朝旧臣了,以后还要互相勉励,辅助嗣君。"张太后身教言教,对宣宗的影响是有益的,在返回宫城的路途中,凡过农家,宣宗皆赐银两。以后又亲自写成《织妇词》赐给朝臣,并叫人画成图张挂于宫中,目的是要官员和众妃嫔都知道百姓的艰辛。

宣德十年(1435),宣宗因遭疾病袭击,不幸英年早逝,总共当了10年皇帝。朝臣们悲憾之中,一边料理他的后事,一边关注着新君临位。五六天过去了,仍不见太子登基,朝廷内外纷纷攘攘,谣言四起。甚至有人说:"太子年幼,张太后将召立远在长沙的襄王进京为新皇帝。"皇太后不愿看到历史上惊心动魄的骨肉相残之事再发生,按照传统宣宗有子即应是法定的继承者,她果断召请大臣到乾清宫,指着太子,坚定地说:"这就是当今的新天子!"众朝臣慌忙叩头高呼:"万岁!"人心安定下来,谣言随之平息。[1]

新皇帝朱祁镇即英宗,嗣位一个月后,尊皇太后为太皇太后。鉴于皇帝只有9岁,宣宗弥留之际,遗诏国家,重务必须禀报皇太后。朝臣们也因为张氏自仁宗、宣宗两朝参政以来的政治威望及高尚的美德,联合奏请太皇太后"垂帘听政"。张太皇太后斩钉截铁地拒绝说:"我不能坏了祖宗的法规"。[2] 朝臣更加敬重太皇太后的人品,太皇太后也不让众臣失望,下令将奏疏悉交内阁,由"三杨"议决,然后施行。

张氏在参决国家大事时,始终不忘"治天下者,治家为先"的古训,她把入宫以来所遵从的妇德、妇言、妇容、妇功等一系列告诫妇女的谕条,用以治理好皇家诸事上。

英宗继位初期,张氏对外戚放心不下。她明白,一旦外戚中有人兴风作浪、干预朝政,就会产生严重的动乱。为了防止意外的事变,她从自身做起,在英宗即位后不久,就写信告诫她的长兄彭城伯张昶、三兄左都督张升:"咱家出身寒微,蒙受国恩,荣及祖宗。三位兄长虽无汗马功劳,也都得有官爵,满门富

---

[1] 事及语见《明史·后妃一·仁宗诚孝张皇后列传》:"太后趣召诸大臣至乾清宫,指太子泣曰:'此新天子也。'群臣呼万岁,浮言乃息。"

[2] 语见《明史·后妃一·仁宗孝诚皇后张氏列传》:"大臣请太后垂帘听政,太后曰:'毋坏祖宗法。第悉罢一切不急务,时时勖帝向学,委任股肱。'"

《四季仕女图》

贵，与国家功臣无异。这些都是累朝圣上赐给的。"接着很诚挚地说："我仁宗皇帝不幸早逝，长子宣宗皇帝继之又去世，而今长孙瞻基幼冲嗣位，保护辅助的担子，实乃落在我的肩上，望两位兄长能够体谅我的苦衷。恳请二兄恪守法度，恭行节俭，约束子孙，不要做违背法度的事。"信中最后明确告诫二位兄长说："自即日起，你们每月朔（初一日）、望（十五日）两次上朝参拜，凡遇议论政事，不要干预。"[1] 这就为二位兄长及时敲了警钟。

三、扶助幼主　洞察秋毫

宣德十年（1435）正月初十，明代第六位皇帝英宗继位，改年号为正统元年。

英宗是明代第一个少年天子，当务之急是培养教育问题。太皇太后张氏为使小皇帝不忘祖辈立业之艰辛，请出祖训，让英宗每天五更时，就披衣起身，由司礼监顶着祖训来宫门前跪诵，英宗在床上跪听，完毕再离床梳洗，然后乘辇临朝。实际上这个规例在宣宗时已经废除，但英宗年小嗣位，让他自幼培养勤政之良风是大有必要的。

正统元年，"三杨"上疏，请求太皇太后早开"经筵"这一皇帝接受正式教育的形式，择老成重厚、识大体之人供侍讲之职。太皇太后欣然赞同，令礼部尚书胡濙议定经筵注仪。二月，在英国公张辅和三杨的主持下，经筵正式开始。按照注仪，每隔十天以月之初二、十二、二十二这三日为讲期，皇帝要在早朝之

---

[1] 事见《明史·后妃一·仁宗诚孝张皇后列传》："太后遇外家严，弟升至淳谨，然不许预议国事。"

明《杏园雅集图卷》。内阁大臣正统元年（1437）三月初一休假，大学士杨荣、杨士奇、杨溥及阁员们雅集杨荣家杏园中

后前往文华殿，听翰林讲官授四书、五经及历史，一些重要朝臣也前去参加。经筵之外，还有日讲，日讲不像经筵那样礼仪繁琐，但要求皇帝反复诵读规定的功课十数遍之多，故英宗登基后的最初几年里，他的主要任务就是接受教育，履行皇帝必须躬行的各项礼仪。至于朝廷大事，乃由太皇太后辅帝听政。为保证政治秩序的安定，太皇太后作出了一系列决策：下令销毁宫中所设置的各种玩物，禁止办理与国计民生无关的一切不急之务，重申不许宦官参政、议政，不许外戚干预朝政。这些决策，再次显示出了她的魄力和能力。

为了协调自己与皇帝、廷臣之间的关系，充分发挥廷臣在治国理民中的作用，太皇太后决定委政于内阁。内阁设立于成祖即位之初，是皇帝的秘书处和办事机构。当时内阁的权力掌握在三杨手中。她把国家重大事务交三杨议处，既发挥了内阁的作用，又可减少她在决策中的失误，从而继承仁、宣之业，尚保海内之富庶，朝野之清明。

正统七年（1442）十月，这位为国操劳、心力交瘁的太皇太后，终于病倒在床上。她在病重时，曾召内阁大臣到榻前，询问朝中还有什么难办的事。杨士奇伏榻前奏道："有三件事。"皇太后点点头。他接着说："第一件，建文帝虽然败亡，但他君临天下四年，应命史官编修建文实录，仍用建文年号。"张太后说："建文年号已经革除，编入洪武朝中，是否可以？"士奇回答说："年历行于一时，实录乃是万世信史。岂可将建文年号之事编入洪武年中，以假乱真！"太后颔之以应。士奇接着又道："第二件是方孝孺已经被诛，成祖余怒未息，又命凡是收藏方孝孺片纸只字者，一律论死。乞请太皇太后降恩，取消这一禁令。"此时张太后已无力回答。只是点头，表示应允。士奇将要说第三件，话未

出口，张太后就气断身亡了。遗诏：勉励大臣辅佐英宗皇帝要惇行仁政。其语甚淳笃。合葬仁宗献陵，祔太庙，谥号"诚孝恭肃明德弘仁顺天启圣昭皇后"。

太皇太后张氏病故不久，"三杨"中，杨士奇、杨荣先后病故，仅杨溥在朝，年老多病，少闻朝事。致使宦官当政，形成明代历史上第一次宦官专权局面，使明朝继仁宣开明盛世之后，陡然转向衰败。

名家评说

　　王振用事，祸启英宗，太皇太后洞烛其奸，令女官拟刃于颈，其明智更不可及。乃帝臣乞请，不即加诛，大奸未去，贻误良多。至于慈躬大渐，垂询国事，士奇拟上三疏，仅呈其二，而未闻列振罪恶，力请严惩，是士奇之谋国，尚不太皇太后若也。明多贤后。若太皇太后张氏者，其尤为女中人杰乎？

——蔡东潘《明史演义》

宣宗朱瞻基皇后孙氏

孙氏

孙氏（？～1462），宣宗朱瞻基皇后，邹平（今属山东）人。父孙忠。宣德三年（1428）被立为皇后。谥号"孝恭懿宪慈仁壮烈齐天配圣章皇后"。孙氏是后宫嫔妃争斗的强者。自己生不出儿子，还去陷害别人。她用了偷梁换柱的手法，把宫人生的儿子冒充己子，并蛊惑皇帝废掉了为人忠厚的胡皇后，自己当了冒牌皇后、皇太后。一当就是34年。她阴险狡猾，虚伪而又毒辣。

一、妖娆聪慧　玩弄皇帝

孙氏出身低微，是河南永城县主簿孙忠的女儿，自幼长得如花似玉，而且非常聪慧。皇太子妃张氏的母亲、朱瞻基的外祖母彭城夫人也是永城人，偶然见到孙氏，大为称羡。由于她女儿张氏为太子妃，所以时时出入宫中，对宫内情况甚为熟悉。朱瞻基被立为皇太孙时，已13岁，成祖打算为其选妃。热心的彭城夫人为讨好皇帝，便推荐孙氏为太孙妃的候选人。成祖传旨选孙氏进宫，见她年仅10岁，便令在宫中抚养，册立太孙妃之事暂缓。过了六年，即永乐十五年（1417），皇太孙已19岁，成祖下令由司天官为其选妃。司天官经占卜后，认为应当在济河一带求佳女，于是济宁人锦衣卫百户胡荣的第三个女儿胡善祥便被选中。成祖见胡氏文静、端庄、贤淑，便册为太孙妃。彭城夫人见太孙妃被胡氏所夺，心中很是不平，立即入宫启奏成祖，请他改命，册立孙氏为太孙妃。成祖认为册立胡氏为太孙妃诏书已经下达，岂能轻易收回，为了给彭城夫人面子，便立孙氏为太孙嫔。

永乐二十二年（1424），成祖驾崩，皇太子朱高炽登上皇帝位，史称明仁宗。仁宗册立张氏为皇后，长子朱瞻基为皇太子，太孙妃胡氏、太孙嫔孙氏也顺应成为太子妃、太子嫔。彭城夫人是个认死理的人，她对孙氏未能选作太子妃之事一直耿耿于怀，当她女儿张氏成为皇后之后，便在张皇后面前喋喋不休，怂恿皇后废胡氏、立孙氏。张皇后贤明又有主见，任她母亲如何怂恿，只是默然不答。其实，张皇后一向喜欢文静端淑的胡氏。

宣德元年（1426），明仁宗病死，皇太子朱瞻基即位，史称明宣宗，尊张皇后为张太后。在妻、妾之间，朱瞻基宠爱的是太子嫔孙氏。因为孙氏不但生得妖娆聪慧，而且工于心计，善于揣摸朱瞻基的心思，千方百计地博取他的欢心。所以当他登上皇位，首先想起的竟然是孙氏。按程序例册太子妃胡氏为皇后后，立即又册孙氏为贵妃。明初定制，册皇后用金宝金册，册贵妃有册无宝，宣宗竟不顾祖制，专门下诏尚宝司另制金宝，赐给孙贵妃，使她享受同皇后一样的待遇。[1] 在后宫中，孙贵妃的地位同皇后几乎不相上下，一样尊贵无比，而且依仗"三千宠爱于一身"的优势，把宣宗玩弄于股掌之间，皇帝对她几乎是百依百顺。贤德的胡皇后宽容大度，不与她斤斤计较，这样便更放纵了孙贵妃。

明宣宗坐像

---

[1] 事见《明史·后妃一·宣宗孝恭孙皇后列传》："妃有宠，宣德元年五月，帝请于太后，制金宝赐焉。贵妃有宝自此始。"

二、偷梁换柱　逼后禅让

宣德三年（1428），宣宗朱瞻基眼见自己年届30岁，尚无子嗣，不免忧心忡忡。一天，他同宠妃孙贵妃愁容满面地说起这桩心病："皇后身子有病不能生育，爱卿无病也不能生育，难道朕真的命中无子了？"孙贵妃对此事早有察觉，并做了一番部署，只是时机并未成熟，未敢提及。今日见皇帝已开口，立刻抓住机会，慌忙下跪，作出一番羞涩之态，娇声奏道："臣妾常蒙陛下寸露承恩，近一个多月来觉得体内有异常征兆，红潮不至，莫非已怀麟儿不成？"宣宗听完贵妃这一番话，大喜过望，亲手把她抱了起来，又以双手合掌祈祷上天保佑，让贵妃早产子嗣。激动之余，他竟毫无顾忌斩钉截铁地对孙贵妃许诺说："如若爱卿生下男儿，朕当改立爱卿为皇后！"孙贵妃见宣宗已入圈套，内心惊喜异常，表面上却装出诚惶诚恐的样子，连连摆手拒绝说道："皇后宝座已定，臣妾怎敢有非分之念，望陛下毋出此言！"宣宗听孙贵妃这样一说，更加喜欢，连连赞道："真是朕的好贵妃！"

光阴似箭，转眼过了八个多月，孙贵妃居然生下了一个皇子。宣宗听到喜讯后，急忙赶至贵妃宫中，见儿子方面阔嘴，啼声响亮，不由心花怒放，当下亲为取名祁镇，即后来的英宗。宣宗从贵妃宫中出来后，为庆贺他有了皇子，立即传旨大赦天下。高兴得昏了头的宣宗哪里知道皇子祁镇并不是孙贵妃所生，而是被自己偶然召幸的一个宫人所生。[1]

几天之后，宣宗决定履行自己曾在贵妃面前许下的诺言。他把张辅、蹇义、夏原吉、杨士奇、杨荣等几位重臣召入，对他们说："朕30岁而无子，中宫皇后有病不育，据术士推算，说中宫命中无子，今幸得贵妃产下麟子，当立为嗣君。母以子贵，孙贵妃理当立为皇后，但不知何以处置中宫？卿等为我想一个得当的办法。"大臣们一听，面面相觑，无人应声。宣宗见大臣不发一言，便举出皇后的几项过失。善于奉承君主的杨荣首先奏道："既然皇后有过失，就应该毫无顾虑地废掉。"宣宗之前，明代帝王尚无废后之事。宣宗问道："历史上有废皇后的例子吗？"杨荣答道："宋仁宗废郭后为仙妃，便是成例。"宣宗见其

---

[1] 事见《明史·后妃一·宣宗孝恭孙皇后列传》："妃亦无子，阴取宫人子为己子，即英宗也。"

他大臣都不发言，有点儿不高兴，绷着脸问道："卿等何故不发一言？"杨士奇比较正直无私，他见皇帝满脸的不高兴，只好跪下奏道："臣等侍奉帝后，就如儿子侍奉父母，当今的中宫是母亲，群臣是她的儿子，母亲如果有过失，儿子应当极力规劝，怎么能与父亲议论废立母亲的事呢？"张辅、夏原吉也随之跪下，连连劝阻，说道："废皇后是宫廷大事，当三思而后行，望陛下慎重！"宣宗对众臣的劝谏，只当耳边风，按照自己的思路又问道："此事能否交给外朝议论？"杨荣奉迎宣宗说："历朝历代不乏此事，用不着别人议论。"杨士奇刚直不阿，立即反驳说："宋仁宗废了郭后，范仲淹、孔道辅率领谏台的官员十多人，因入朝进谏而被降职，至今还在史册上写着，怎么能说没有议论呢？"宣宗见自己意图无法实施，十分不快，拂袖而去，大臣们也只得退下。

明代女子饰物

第二天，宣宗又召杨荣、杨士奇问此事。倡议废后溜须拍马的杨荣从怀中取出一纸，奉呈宣宗。宣宗一看，满纸写的都是诬陷皇后的过失，多至20事。这一下马屁拍到了马腿上，宣宗认为杨荣诬后过火，便勃然大怒："皇后哪有这么多的过失？这般诬毁，不怕伤天害理吗？"接着又问杨士奇："卿对废皇后有什么看法吗？"杨士奇仍然直言不讳："汉光武帝废后，下的诏书说：'废后乃是非常之事，不是国家的福气。'宋仁宗废后，事后甚为后悔，希望陛下慎重行事。"宣宗听了自然不乐，此事便罢。又过几天，宣宗单独秘召杨士奇到文华殿，屏退左右，既亲切又诚恳地说："朕废后意已决，卿不必多辩。若是废后，何以处置中宫？卿须为朕想一得当办法。"杨士奇再三推辞，无奈宣宗再三要求，只得略略思索后问道："中宫与贵妃关系如何，有无宿怨？"宣宗忙答："相处和睦，相亲相爱，近日中宫有病，贵妃常去探视，慰藉甚是殷勤。"杨士奇最后竟出主意："不如借着中宫有病，由陛下向她言明圣衷，促使她主动让位于贵妃。这样进退合乎礼，皇上对她的恩礼却不见衰减。"宣宗高兴得连连点头并喜形于色地说："善！善！"

宣宗把杨士奇劝胡皇后退位的主意告诉了孙贵妃，狡猾的她却不露声色。

朱瞻基《武侯高卧图卷》

病中的胡皇后对宣宗来探望自己很是高兴，然而，她根本想不到宣宗此来竟是让她自动辞去中宫。君王薄情，自己多病，且又无子，软弱的她既无力抗争，更无法夺回君王的恩爱，只得面对现实，强作笑容地接受了这道残酷的旨意。

数日后，宣宗又召见杨士奇，对他说："朕去探视中宫，她果真欣然愿让，虽太后不准辞让，孙贵妃也坚决不接受，但中宫让后位的意志已很坚决了。"杨士奇自知胡皇后吃了大亏，为了弥补此事便说："既然如此，则望陛下对待两宫应一视同仁，不要分出厚薄。历史上宋仁宗废郭后，而待郭后恩礼有加，不减当年。"达到了目的，自然可以应承，于是宣宗说："朕一定按卿的意思办，决不能食言。"这样废后之事定了下来。

宣宗迅即布置，先立祁镇为皇太子，后又起草中宫让位诏书，颁行天下。宣德三年（1428）三月，胡后废。孙贵妃实现了多年的皇后梦，在虚伪推辞一番之后，欣然接过皇后册宝。[1]

宣德九年（1435），宣宗病逝，皇太子朱祁镇即位，史称明英宗。英宗尊张太后为太皇太后，孙皇后为皇太后。英宗天顺六年（1462），孙太后病死。她死后一年，英宗方知真相。

[1] 语见《明史·后妃一·宣宗孝恭孙皇后列传》："胡后上表逊位，请早定国本。妃伪辞曰：'后病痊自有子，吾子取先后子耶？'三年三月，胡后废，遂册为皇后。"

名家评说

孙贵妃体态妖娆,性情狡黠,百般取悦上意,几把宣宗皇帝,玩弄在股掌中。

——蔡东藩《明史演义》

英宗朱祁镇皇后钱氏

钱氏（？~1468），英宗朱祁镇皇后，海州（今江苏连云港）人。父钱贵，官至中府都督同知。正统七年（1442）被立为皇后。谥号"孝庄献穆弘惠显仁恭天钦圣睿皇后"。钱皇后出身低微，但知书达理，贤德忠厚。入宫后和英宗一起经历了大起大落。英宗被虏，她急得寝食难安，昼夜啼哭，以至流泪过多而一目失明，可见其情之笃也；英宗复辟后，因土木之役，钱皇后之弟为国殉难，英宗欲封其子爵位，钱皇后却推辞，拒不接受，可见其德之高也；皇后位恢复后，又为胡皇后冤狱平反，可见其心之正也。由此得到英宗敬爱，为了她，英宗驾崩时，遗诏罢宫妃殉葬，至此明朝结束了极为残酷的宫妃殉葬制度。

一、英宗被虏　哭瞎眼睛

钱氏的父亲钱贵，任都指挥佥事。正统七年（1442），英宗册立钱氏为皇后。钱氏被立为皇后以后，钱贵升为中府都督同知。英宗雅重钱后，见钱后的娘家门第低微，有意封钱家为侯，但是钱皇后谦逊谢绝，再三推辞，故一直未予封赏。自此显出她贤德的品格，开始得到英宗的敬爱。

正统十四年（1449）七月，北方蒙古族瓦剌部首领也先率领大军南犯，大同告急。当时的军政大权旁落于司礼监王振一人手中，大敌当前，他既不了解敌情，也未做切实准备，却盲目怂恿英宗亲征，幻想以皇帝御驾亲征来镇住也先，吓退敌兵。英宗在三杨死后，事事依赖王振，对他百依百顺，竟然不顾大臣的反对，下诏亲征。七月十六日，英宗命弟弟郕王朱祁钰留京居守，自己和王振带领文武大臣100余人和50万大军浩浩荡荡北去。

王振作为内廷太监，毫无军事常识，视行军打仗如同儿戏。50万大军到达大同后，安营扎寨还没安顿好，还没同瓦剌作战，便惊慌失措撤出。退出大同后，王振异想天开，命大军绕道向他的家乡蔚州（今河北蔚县）进发，想借此机会炫耀他的权势。但不久，又看到撤出的士兵、马匹缺粮少草，数十万大军进入

家乡，必定会毁坏庄稼，于是改变主意，下令军队改道向宣府（今河北宣化）进发。[1] 队伍走至土木堡（今河北怀来县附近），遇瓦剌大兵突袭。明军主帅心无主见，士兵又被折腾得疲惫不堪，已无斗志，一触即溃，英宗竟被也先俘去，大臣也多中箭身亡，王振被倒戈的明军杀死。结果50万大军全军覆没。

土木堡城门

八月十五日，英宗被虏的噩耗传到京师，留守在京的郕王朱祁钰急忙入宫禀告孙太后和钱皇后，婆媳俩一听如晴天霹雳，顿时泪如雨下。她们决定"以物易人"，赎回英宗。孙太后把宫中珍宝搜集起来，载以八骏名马；皇后钱氏，倾己私有，将金银、珠宝尽数献出，派遣使者送到也先营中。也先得到英宗如获至宝，想挟英宗在政治上向明朝讨价还价，所以金银珠玉照单全收，就是不肯放还。与英宗恩爱异常的钱皇后，不见英宗归还，急得寝食难安，日夜啼哭。一天夜里，钱皇后在宫中设香案祷告，祈求上天保佑英宗早日回朝，夫妻、母子、君臣团圆。由于已有好几个昼夜不曾合眼，祷告完毕，竟伏在香案上蒙眬睡去。不料睡梦中人未坐稳，一下从椅子上跌倒在地，一侧股骨折断，遂成残肢。又因思夫心切，昼夜啼哭，流泪过多，不久一目失明。[2]

国不可一日无君。见英宗一时不能回朝，孙太后便召集廷臣，商议对策。翰林侍讲徐珵主张向南迁都；兵部侍郎于谦主张坚守北京。经过争论，于谦的意见得到了许多大臣的支持，固守之策定了下来。八月十七日，孙太后下诏立英宗的长子朱见深为皇太子。朱见深是英宗的周贵妃所生，当时只有两岁。孙太后命郕王朱祁钰监国，辅助皇太子统理国政。郕王朱祁钰监国后，先做了几件取信于

---

[1] 事见《明史·宦官一·王振列传》："振初议道紫荆关，由蔚州邀帝幸其第，既恐躏乡稼，复改道宣府。"

[2] 事见《明史·后妃一·英宗孝庄钱皇后列传》："英宗北狩，倾中宫赀佐迎驾。夜哀泣吁天，倦即卧地，损一股。以哭泣复损一目。"

臣民的事情。他升于谦为兵部尚书，使京师的武备得到整顿；他下令惩处"土木之变"罪魁祸首王振的党羽，使宦官邪派势力有所削弱。于谦等大臣认为，英宗被俘，回归无期，太子年幼，国家无主难以安定。遂联名上奏请太后立郕王为帝。太后从国家利益出发，答应百官所请。正统十四年（1449）九月初六，郕王登基继位，是为代宗，改年号为景泰。朱祁钰继位后，遥尊英宗为太上皇，英宗的皇后钱氏失去了皇后宝座，代宗的正妃被立为皇后。

十月初，也先挟持英宗南下进攻北京。北京军民在兵部尚书于谦的指挥下，齐心协力打退了瓦剌兵，保卫了北京城。也先见明朝已立新帝，而且重整武备，英宗毫无利用价值，便有了送归英宗的想法。代宗朱祁钰却不希望他的兄长归来，对此事一拖再拖。景泰元年（1450）八月十五日，做了一年塞外俘虏的英宗才回到北京。在东安门前，英宗与自己的弟弟代宗相见，随后英宗这位太上皇便被送入南宫。见过群臣后，宫门紧紧闭上。

实际上，英宗回到北京，眼见皇位丢掉，年纪轻轻，才二十出头就被尊为太上皇，表面不缺荣华富贵，实际声望已一落千丈，关在南宫，形同软禁，心中老大不愉快。钱皇后见丈夫安然南归，喜出望外，她不因自己失去皇后宝座而痛苦，还常常劝慰抑郁不欢的英宗。钱后为英宗成了残疾，毫无怨言，反而百般温存，曲意承欢，这对实际上已被禁锢的英宗来说，已是最大的慰藉。

朱祁钰软禁英宗，心中总不踏实。尤其皇太子是英宗的儿子朱见深，这使他更感到自己帝位不稳固。考虑再三，决定采取更换太子的办法，来巩固自己的皇位。经过一番周折，景泰三年（1452）五月初二，代宗正式颁诏，立自己的儿子朱见济为太子，改封原皇太子朱见深为沂王；原皇后汪氏因反对易储被废，改立朱见济的生母杭妃为皇后。

谁知天不遂愿，景泰七年（1456），皇太子朱见济、皇后杭氏先后死去，代宗痛失妻、子，悲痛交加，也得了重病。代宗无其他子嗣，武清侯石亨与都督张轨、太监曹吉祥、右副都御史徐有贞等人密议，准备请太上皇英宗复位。景泰八年（1457）正月十六夜，石亨等人率领亲兵子弟拥入禁中，夺取东华门，去南宫接出英宗直趋奉天殿。一面请英宗下舆登座，一面擂鼓鸣钟，让百官们入朝觐见。于是英宗的复辟大功告成。群臣登殿排班，欢呼万岁。

二、二次为后　寿终正寝

斗转星移，风云突变，被禁锢七年的英宗再次成为大明帝国的主宰，改元天顺。这一年，英宗已经31岁。英宗对钱皇后一直怀有感激和敬爱之情，复位后，自然恢复了钱氏的皇后地位。英宗长子、周贵妃生的朱见深也恢复了皇太子的名号。当时有一个名叫蒋冕的太监，投机钻营，心想母以子贵，日后周贵妃必得势。为此向孙太后进言，要求把周贵妃立为皇后。英宗知道后，大为生气，把蒋冕斥罚一通，逐出宫去。

钱氏恢复皇后地位后，贤德有增无减，使英宗更加敬爱。天顺六年（1462）孙太后病死，钱皇后为宣宗的胡皇后辩白、申冤，力请恢复她皇后的名号。她对英宗摆了胡皇后种种高尚的品格后说："胡皇后贤而无罪，废为仙姑。其死也，人畏孙太后，殓葬皆不如礼，胡后位未复，唯皇上念之。"英宗遂复胡后号位，追谥"恭让皇后"，还下令为她专修陵寝。土木之役，钱皇后的弟弟钱钦钟为国殉难，英宗追念其功绩，想封钦钟的儿子爵位，钱皇后却推辞掉。

天顺八年（1464）元月，38岁的英宗病势日渐沉重，临终前，他唯一担心的是皇太子即位后，不再尊崇钱皇后的地位，便对顾命大臣、大学士李贤嘱道："皇后千秋万岁后，应与朕同葬！"他见李贤恭敬受命，将遗言抄录后藏置阁中，这才放心。

天顺八年元月十七日，英宗驾崩。英宗在遗诏中明令从自己开始废止宫妃的殉葬，可能与钱皇后有很大关系。[1]宫妃殉葬，在中国历史上由来已久。明太祖去世时，首创本朝宫妃殉葬的成例，以后成祖、仁宗、宣宗

明景泰款掐丝珐琅出戟仿古方尊

---

[1] 事见《明史·英宗本纪》："八年春正月乙卯，帝不豫。……乙巳，大渐，遗诏罢宫妃殉葬。"

去世，都有一些宫妃殉葬；诸王以及勋戚大臣也加以效法。这种制度极为残酷。殉葬制度的废除，在最后为英宗本不出色的形象添上了光彩的一笔。

果然不出英宗所料，他死后，钱皇后在尊号，乃至丧葬问题上，都引起了种种争论。

英宗死后，16岁的皇太子朱见深即位，史称明宪宗，年号成化。宪宗面对两宫，一个是嫡母钱皇后，一个是生母周贵妃，在给两宫上尊号的问题上引起一番争论。

宪宗生母周贵妃嫉妒钱皇后，密嘱心腹太监夏时，要他设法买通阁臣上奏宪宗，只立周贵妃一人为太后。夏时找到李贤说："钱皇后无子，且肢体残缺，不宜立为太后，当按前朝（宣宗朝）废后胡氏成例，以皇上生母贵妃为太后。"李贤一听，非常生气，冷冷地道："先帝尸骨未寒，怎能即刻便违背遗命？"夏时依仗周贵妃这个大后台，毫不示弱地说："钱皇后和胡后一样都无子嗣，为何不让她草就一道让位奏疏？"大学士彭时道："先帝居世时未曾这样做，我们身为臣子，怎么敢逼迫钱皇后让位呢？"夏时自知理亏，沉下脸高声威胁说："尔等敢有二心，难道不怕得罪贵妃？"彭时向苍天发誓，自己并无二心，但还是申明自己的主张："皇上当以孝治人，岂有尊生母、不尊嫡母的道理？"李贤趁机道："彭学士所言极是，两宫并尊，理所当然，望先生照此复命。"夏时一看不能得逞，只得怒气冲冲离开内阁回宫。

夏时回宫不多时，一位名叫覃包的宦官，奉宪宗口谕至内阁，命速拟定两宫太后并尊的诏旨。李贤见宪宗同意两宫并尊，便放下心来。但彭时却说："两宫并尊，岂能毫无区别，应于钱太后尊号之前加入'正宫'二字，以显尊贵"。覃包再回宫请命，不一会儿，宪宗传谕恩准彭时所奏，于是诏书拟定，尊皇后钱氏为"正宫慈懿皇太后"，周贵妃为皇太后，两宫太后地位相等。事后，覃包私下对李贤说："两宫并尊也是皇上之意，因为周太后所迫，不敢自主。若不是公等守正不阿，力争两宫并尊，险些误了大事。"

明代女子饰物

成化四年（1468）六月，钱太后逝世，在丧葬问题上又引起朝廷君臣的争议。

英宗曾留下遗言，钱皇后死后与他合葬。所以，英宗的裕陵的门还没有最后封闭，以待皇后去世后前来合葬。周太后却不愿让钱后与英宗合葬，想替钱后另造陵寝。宪宗宠爱的万贵妃迎合周太后的意思，力劝宪宗听从母后之命。宪宗在父命与母命之间难以抉择，不得已召集大臣，由廷议决定。经过反复争议，学士刘定元等出班齐声奏道："皇上大孝，当以先帝心为心，今若将钱太后葬于裕陵英宗梓宫的左首，右首则虚位以待将来，便是两全其美了。"宪宗略略点头，宣布退朝。

明仇英《人物故事图》

几天过去了，仍不见宪宗下达诏旨，大臣们猜想又是周太后的缘故。彭时又上一奏疏，竭力主张二太后并祔陵庙。奏疏的大意是，"钱太后行祔葬之礼，于先帝伉俪之情和陛下母子之义皆可两全。况且前代一帝二后并配祔庙的例子举不胜举，皇上尽可参照执行"云云。

宪宗看了奏疏，又批给礼部议处。礼部尚书姚夔与廷臣99人都主张按彭时所说去办。宪宗还是犹豫不决，对群臣说："悖礼制不孝，违母命亦不孝，你们能否为朕想一个两全其美的办法？"大臣们执议如初，请求宪宗按彭时所奏去做，并跪在文华门前等候降旨。等了一段时间，宪宗传谕百官暂退，大臣们伏地大哭道："若不降旨，臣等不敢退去！"又等了一段时间，才见一名太监手持诏旨出来宣读，按群臣所议去办。大臣们听了，额手称庆，欢呼万岁。[1]

这样，钱皇后总算和英宗同葬，未负生前之钟情，善始善终。

名家评说

明多贤后，钱后亦算一人。

——蔡东藩《明史演义》

宪宗即位，两宫并尊，本属应有之理，而贵妃阴恃子贵，密嘱内监夏时，参预阁议，时乃狐假虎威，呵叱大臣，若非彭时等守正不阿，鲜有不为所摇夺者。先圣有言，唯女子与小人为难养也，近之不逊，远之则怨，观于此而益信。

——蔡东藩《明史演义》

---

[1] 事见《明史·后妃一·英宗孝庄钱皇后列传》："……夔等合疏上，皆执议如初。中旨犹谕别择葬地。于是百官伏哭文华门外。帝命群臣退。众叩头，不得旨不退。自巳至申，乃得允。众呼万岁出。"

代宗朱祁钰皇后汪氏

汪氏（？～1506），代宗朱祁钰皇后，北京人。父汪瑛，官至左都督。正统十四年（1449）被立为皇后。谥号"贞惠安和景皇后"。她知礼守法，出身名门。她本不可能当皇后，但当了皇后。好不容易当了皇后，却因为"易储"坚持了正确的意见而被废黜；好不容易恢复了自由，生活安逸，却又为一件小小珍品犯上，被抄了家。不管怎么说汪皇后是个善良正直的人。

一、易储直言　立后失后

汪氏，出身名门，祖父汪泉世为金吾左卫指挥使。正统十年（1445），郕王朱祁钰18岁，册封汪氏为郕王妃。授汪氏父亲汪瑛为中城兵马司指挥，"食禄不视事"。汪氏知礼遵法，很受英宗皇帝的养母孙太后的喜爱。

正德十四年（1449）土木堡一役，朝廷50万大军全军覆没，英宗被俘。朱祁钰就成为明朝临时的首脑，这本是应急之策，却为郕王登上皇位架起了云梯。

郕王执政，提升兵部侍郎于谦为兵部尚书，令群臣直言国事，举拔人才，积极筹集粮饷备战，并惩治"土木之变"罪魁祸首王振党羽，使宦官奸邪势力有所削弱。这些举措颇得民心。为此文武百官联合上奏皇太后，认为：国家不能无长君，为安宗社，请定大计，拥立郕王为新君。皇太后从大局考虑，国不可一日无君，也认为百官所言极是，便批出懿旨，命郕王嗣皇帝位。正统十四年（1449）择吉日登殿继统，是为代宗，遥尊英宗为太上皇，改翌年为景泰元年。十二月尊皇太后为上圣皇太后，生母贤妃吴氏为皇太后，册封王妃汪氏为皇后。

明象牙雕荔枝螭纹方盒

汪府出了位皇后，全府欣喜若狂。随之，圣旨纷至沓来：进汪皇后祖父汪泉为都指挥同知；进汪皇后父亲汪瑛为锦衣卫指挥使，旋又晋升为左都督，连汪皇后叔辈亲戚皆授以高爵厚禄，一时，汪府门庭若市，有前来道贺的，也有攀亲寻故的，好不热闹。

作为皇后的汪氏，深深理解皇上初登帝位的难处。她尽自己所能，在内主掌中宫大权，细心处理皇宫内事，在外协助代宗树立自己的新形象。当瓦剌军战败撤离北京后，血战之后的北京城郊，许多牺牲士兵及遇害百姓的尸首，来不及掩埋，仍暴骨原野，情景十分凄惨。汪皇后不忍，亲下懿旨，令官校将其埋葬。[1] 这一举动深得人心，因为有了能定朝安邦的国君和仁慈贤德的皇后，当时黎民百姓深慰社稷振兴有望。

随着朝政统治的巩固，代宗想让自己的亲生骨肉朱见济作太子的想法日益强烈。然而此话又不好直说，因为"土木之变"后，孙太后已下诏立英宗嫡子朱见深为皇太子。现在要"易储"，废黜原皇太子，必须先请命于孙太后。孙太后能答应吗？那些靠背诵儒家经典科举得仕的朝臣会同意吗？考虑到这些，代宗没有贸然行事。他准备先和汪皇后商量，征得她的同意，再正式提出。没想到碰了一个大钉子，自己最贴心的皇后态度鲜明地反对。这是由于汪皇后自己无子，早把希望寄于未来的皇位继承人朱见深身上，故对皇太子喜爱无比，娘俩有了较深的感情。但更重要的是，她认为：从维护封建礼仪道统来说，郕王由监国到皇帝，已是超越祖训的紧急应时之策了，现在又"易储"，未免太贪心。她深谙宫廷权力斗争是你死我活、残酷无情的，劝代宗不要冒险，为自己的亲人留点后路。为此，帝后之间在感情上产生了一丝裂痕。

一晃两年过去了，代宗越加感到此事非办不可，他竟想出一条以上媚下、笼络大臣的荒唐举措。在易太子之前，先给内臣们一些甜头尝尝，以堵住他们的嘴。景泰三年正月，先进都御史杨善、王文太子太保，以官爵贿之。四月又赐给文渊阁大学士陈循、高谷各一百两银子，赐侍郎江渊、王一宁、萧镃、学

---

[1] 事见《明史·后妃一·景帝汪废后列传》："后有贤德，尝念京师诸死事及老弱遇害者暴骨原野，令官校掩埋之。"

士商铬各五十两。众大臣无功受禄，诚惶诚恐。这时代宗才正式提出废太子朱见深。朝廷大臣皆唯唯听命，只有汪皇后仍极力争执，坚持己见，甚至劝代宗还政于英宗。皇后胆敢违忤圣上本意，并让自己交出皇位，这真使代宗火冒三丈，盛怒之下下诏废皇后汪氏，改立朱见济的生母皇妃杭氏为皇后[1]；废原皇太子朱见深为沂王，立自己的独子朱见济为太子。不料，新皇太子朱见济福分太薄，只一年多就因病夭折，皇储之位又空了下来。景泰五年（1454），复立沂王朱见深为皇太子一事被重新提起，御史钟同与礼部郎中章纶相约疏请复储。五月十二日上朝，钟同呈上奏疏，提出皇太子毙逝，英宗太上皇帝之子犹如代宗之子，应重新立为皇储，以保国祚绵长。两天后，章纶又奏上一本，更请复汪废后于中宫，还沂王之储位。然而奏疏正触及代宗痛处，代宗大怒，将钟同及章纶两人逮捕，百般拷打。一年后，代宗又下令于狱中将二人各杖一百。终于，钟同一命归天，章纶虽说死里逃生，也是伤痕累累。从此群臣再也不敢言"复储"，更不敢为汪皇后说话了。可怜的汪皇后在冷宫中的一线希望，也跟着扑灭了。

于谦

明朝女子饰物

二、刚执不改 又起风波

代宗在位，公正地说比起乃父宣宗、兄英宗，称得上因忧国而思治国之君主了。尤其比英宗在位时的朝政要清明得多。但易换储君一事，触及宫廷最敏感

[1]事见《明史·后妃一·景帝汪废后列传》："景泰三年，妃杭氏生子见济，景帝欲立为太子，而废宪宗，后执不可。以是忤帝意，遂废后，立杭氏为皇后。"

的权位之争，终于祸起南宫。

景泰八年（1457）正月，代宗因痛失皇子而身染沉疴，一病不起。皇上的诸多后妃也未再给这位天子生一龙儿。国本无着落，大臣们自然又暗地里议论皇位继承人问题。正月十六日，被幽禁南宫整整7年的太上皇帝英宗，在众臣拥立下复辟，复立自己的儿子朱见深为皇太子，即后来的宪宗皇帝。改景泰八年为天顺元年，废代宗仍为郕王，迁往西内。十九日，郕王薨，时年30岁。英宗毁景泰为自己营建的寿陵，以亲王礼葬之于西山，与亲王、皇子、诸王、公主坟相属，谥号曰"戾。"[1]

仇英《修竹仕女图》

当时，英宗还传御旨：令郕王后宫唐妃等人殉葬，拟定的殉葬名单也包括汪氏。侍郎李贤冒死谏英宗道："汪妃虽然曾被立为皇后，但不久就幽闭，况且她还有幼女，无依无靠，望皇上留她一条生路。"[2]皇太子朱见深知道汪氏是为力阻废自己的太子地位而遭贬，对此早有敬佩汪皇后直言之意、保自己当太子之情，对她的废后深表同情。当时无法改变汪皇后的处境，如今，自己地位变了，可以说话了，于是也向皇上求情，列举了汪氏许多长处，汪氏方得免不死。皇太

---

[1] 事见《明史·景帝本纪》："八年春正月……上皇复位。二月乙未，废帝为成王，迁西内……癸丑，王薨于西宫，年三十。谥曰戾。毁所营寿陵，以亲王礼葬西山。"
[2] 事及语见《明史·后妃一·景帝汪废后列传》："景帝崩，英宗以其后宫唐氏等殉，议及后。李贤曰：'妃已幽废，况两女幼，尤可悯。'"

子进而请求父皇让汪氏出宫安居旧邸,以度晚年,得英宗允许。

汪氏出居王府后,生活安逸。朱见深对她十分尊敬,加上汪氏与朱见深的生母周贵妃脾气相投,朱见深经常陪伴母亲周氏前去看望,并邀请汪氏进宫叙谈家常,感情一如当初。当年力谏阻止易储得到了报偿,本该清清闲闲享几年福,可谁知她"刚执"的个性很快给自己带来麻烦。

有一天,英宗皇帝在宫中闲居无事,忽然想起曾经使用过的宫中一件珍品——玉玲珑系腰,便问管事的太监刘桓:"玉玲珑系腰现在何处?"刘桓想了想答道:"此物曾被景泰帝使用过,现在当在汪妃处。"英宗马上派人找汪妃索要。汪氏得知后,竟把玉玲珑系腰悄悄投入井中,然后答复使者说:"此物我这里没有。"使者走后,汪氏还气愤地对人说:"景泰帝不管怎样也当了七年的天子,功劳不论,还有苦劳,难道连这么几片玉也不能消用吗?"[1]使者吃了闭门羹,便把这冷言冷语翻给英宗皇帝。英宗被关七年,心胸越来越小,自认为对汪氏十分抬举,给了她如此优厚的待遇,为一块小小的玉片,还敢替代宗说话,真是不识抬举,自然耿耿于怀。正好此时有人反映汪氏出宫时携走财物甚多,便派官差前去检取,果然收得

杭州于谦墓

---

[1] 语见《明史·后妃一·景帝汪废后列传》:"英宗问太监刘桓曰:'记有玉玲珑系腰,今何在?'桓言当在妃所。英宗命索之。后投诸井,对使者曰:'无之。'已而告人曰:'七年天子,不堪消受此数片玉耶!'"

银两20万，以及大量的物品。汪氏这次被搜刮得一干二净。平静的生活消失了，汪氏在生活上又陷于困境。幸有太子朱见深和周妃不忘当年恩德，接济援助，才得以活下去。待到英宗去世朱见深即帝位后，汪氏的生活才又有所改观。

成化十一年（1475）已经做了十多年皇帝的宪宗朱见深下诏为被父皇冤杀的于谦昭雪，并祭其墓，宣布叔父朱祁钰"勘乱保邦、奠定宗社"有功，改谥号"郕戾王"。宪宗皇帝的做法，无疑对仍健在的汪氏是一个安慰。

自此，汪氏平平安安地又生活了31年，直到明武宗元年（1506）十二月，方才去世。武宗让大臣们商议祭葬礼仪，大学士王鏊奏曰："葬礼按妃礼进行，祭祀时以皇后礼待。"武宗同意，遂与景帝合葬金山。第二年武宗给汪氏的谥号是："贞惠安和景皇后"。

名家评说

皇后汪氏，性颇刚正，力持大体。

——蔡东藩《明史演义》

宪宗朱见深皇后王氏

王氏（1449～1518），宪宗朱见深皇后，上元（今江苏江宁）人，父亲王镇，官至中军都督。天顺八年（1464），王氏被册立为皇后，谥号"孝贞皇后"。王皇后为明宪宗皇后，可以说她这个皇后是捡来的。这是因宪宗和万氏为密谋废掉吴皇后，找到一个借口，称先帝在世时，预立王氏。吴皇后被废，万氏却又不可能立为后，这样皇后就自然而然落在了王氏身上。王皇后目睹了这场残酷的宫廷斗争，这对她后来的为人处事影响很大。因前车之鉴，她一改往日做人的尺度，为人小心谨慎，致使她在宫中的几十年里，虽有难以启齿的苦楚，但却避免了他人的嫉恨和陷害，保全了自己的皇后位置。

王氏生于正统十四年（1449），是上元人。她是中军都督王镇的女儿。她早年就识字，随着年龄的长大，迷上了看书、写字、读史、吟诗，因而通晓文墨。到13岁的时候，她已出落成一个纤纤合度、修短适中、丰颐广额、焕采生姿的美人，可谓才貌双全、出类拔萃。因此天顺七年（1463），明英宗朱祁镇为太子朱见深选太子妃时，王氏很顺利地被选拔入宫，成为太子妃的候选人。[1] 经过再次严格的层层筛选后，最后只留下三个年轻女子作为太子妃的候选人。在这三个女子中，数王氏的年龄最小，她比当时刚刚15岁的太子朱见深还要小两岁。王氏是聪明灵秀、性情随和、带着几分活泼的姑娘。她娇小玲珑，媚眼横波，颇有风韵。在这三人中明英宗比较看中吴氏，吴氏庄重雍容、丰姿绝世。

江阴出土的明代洗眼壶

---

[1] 事见《明史·后妃一·孝贞王皇后列传》："宪宗在东宫，英宗为择配，得十二人，选后及吴氏、柏氏留宫中。"

但同时王氏所具有的南国女子的绰约风姿和灵巧韵味使英宗对确立谁为太子妃举棋不定，考虑再三，致使英宗于天顺八年（1464）正月突然崩逝也未确定好人选。由此竟引发了在宪宗大婚后，宪宗为使自己所宠爱的万氏取代吴皇后

坤宁宫

的位置，竟通过逼供的方式编造了明英宗生前已选定王氏为太子妃，太监牛玉隐瞒真相换皇后为吴氏的骗局，致使吴皇后被册立一个月即被废。

吴皇后被宪宗和万氏设骗局废掉后，宪宗便极力推荐万氏为新皇后，却遭到了两宫太后的坚决反对。

天顺八年（1464）年十月十二日，在与册立吴氏为皇后相隔81天后，宫廷又为册立王氏举行了相同规模的隆重的庆典。年仅15岁的王皇后顺利地入主坤宁宫。

年轻的王皇后对万贵妃的宠冠六宫、专横霸道虽然也有所闻，但因为年龄尚小、阅历不深，仍然不大明白其中的奥妙以及背后错综复杂的关系。她对吴皇后被废的真正原因并不清楚。王皇后父亲王镇了解到万贵妃的阴险恶毒以及她设骗局废吴皇后的情况，为女儿捏了一把汗。王镇便利用谒见皇后的机会，提醒女儿千万提防万贵妃，万事不可求强，对任何事都不要过多地去管去问，由万贵妃而为之。父亲的话使王皇后吓了一跳，她从来也没想到过宫中情况如此复杂、险恶。

万氏吃了个哑巴亏。她原指望废掉了吴皇后，她必当皇后无疑。谁知费了九牛二虎之力，却让王氏白捡了个皇后，她对王氏恨得直咬牙，却没办法阻止王氏当皇后。

于是万贵妃对于新册立的王皇后心怀不满,她不甘心让王氏抢走了她就要到手的后位。她故伎重演,几次想找王皇后的茬。但因王皇后有了前车之鉴,她对万贵妃特别客气,甚至有时万贵妃故意做一些让她难堪的事,说一些让她难堪的话,她也能化怒为笑,婉言相劝,处之淡然。[1] 万贵妃是个非常狡狯的人,这使她感到,王皇后不是那么好对付的,她显得要比自己的前任聪明多了。她转念一想,废了吴皇后,对王皇后,岂有再废之理?两宫太后和廷臣们坚决不会答应不说,即使是废了,她也是半老徐娘,到那时皇后也轮不到她。再说,如果再次唆使宪宗废后,必会招致两宫太后和廷臣们对她用心的怀疑,到那时岂不是鸡飞蛋打了吗?现在这个王皇后一切由着她,何必非要再进一步不行呢?万贵妃从而心中释然了,她善于见机行事,现在有了台阶,她自然乐得一下。从此以后,万贵妃不但不再找王皇后的茬了,反而在礼节上显得十分尊重王皇后,两个人关系竟一直处得不错。

王皇后表面上对什么事都不在乎,内心里却异常的痛苦。万贵妃虽然不再为争夺后位而算计王皇后了,却为保住自己在宫中的专宠地位绞尽了脑汁、用尽了手腕。

万贵妃深知"有嫡立嫡,无嫡立长"的祖制,如果王皇后生了皇子或者其他嫔妃生了皇长子,她的美梦必然被打破。因此,万贵妃千方百计阻挠宪宗去召幸王皇后和其他嫔妃,还指使人对怀孕的嫔妃进行堕胎。而王皇后不愿与万贵妃争宠,为

王皇后生活的成化七年,朝廷开始制定漕粮长运法。图为明代漕船

---

[1] 事见《明史·后妃一·孝贞王皇后列传》:"万贵妃宠冠后宫,后处之淡如。"

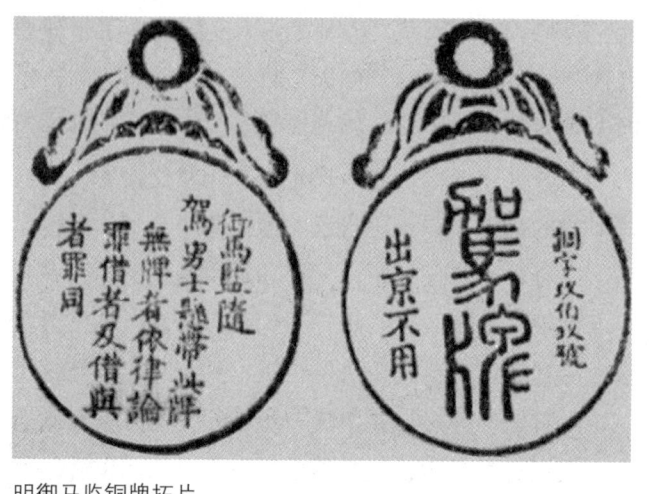

防止万贵妃的妒火烧到自己头上，当宪宗偶尔要来召幸她的时候，她便找出种种借口，推掉了事。加上宪宗在万贵妃的挑唆和离间下，渐渐地也疏远了王皇后。正如《罪惟录》卷二所载的："后终其身不十幸。"致使她没能为宪宗生儿育女。王皇后深知，母以子为贵，在历代朝廷中因皇后无子而被废后事件是屡见不鲜的。宪宗要借此废掉她也不是没有可能。所以她处事小心，时时约束自己，宪宗爱幸谁就幸谁，王皇后都装作毫不介意的样子，还要强装笑脸，其实她内心的那份悲苦是很少有人能理解的。不仅如此，宪宗出入于一些重要的场所和礼仪，也从不带着王皇后，而是带着万贵妃。

明御马监铜牌拓片

王皇后常常在私下里独自伤悲叹息，自己虽为皇后，却徒有虚名，形同虚设。她很少能见到宪宗，甚至连一般的妃嫔都不如。

成化三年（1468），明王朝讨伐广西一带南蛮部落的人民起义时，俘虏了一批人送来北京，其中一部分女子被送进皇宫当宫女。王皇后从中挑选侍候自己的宫女，一眼就看中了一个纪氏小姑娘，不但人长得漂亮，而且机智灵敏，便把她给留下了。纪氏秀外慧中，许多事情一学就会。纪氏在王皇后的宫中干活，很有眼色，所以很讨王皇后欢心。王皇后也因此对她另眼相待，亲自教她读书识字，教她汉族的生活风俗和宫中的礼节。

王皇后看到纪氏进步很快，大为高兴，于是便提拔她到宫廷内库去做管理人员，管理宫廷中的各种文字记录资料。纪氏对王皇后十分感激，成化五年（1470），宪宗来到内库对纪氏非常赏识，便召幸了她。十个月后，纪氏生下一皇子，就是后来即皇帝位的明孝宗朱祐樘。

成化二十三年（1487），万贵妃因气咽痰涌而死。宪宗悲伤过度，不久也

驾崩归天。太子朱祐樘即皇帝位，尊王皇后为皇太后。[1]孝宗感念于王皇后对他母亲纪氏的恩德，对王皇后特别孝敬，待之像亲生母亲一般。武宗即位后，尊王皇后为太皇太后，并于正德五年（1510）十二月给她上尊号"慈圣康寿"。正德十三年（1518）年二月，王皇后病故，享年69岁。经内阁廷议，为王皇后尊谥号为"孝贞庄懿恭靖仁慈钦天辅圣纯皇后"，为她在明宪宗朱见深的茂陵举行了隆重的合葬仪式，并在太庙为她举行了祭奠。

王皇后虽然稳固了皇后的位置直到最后，但她失去的东西，却要比她得到的多得多。一则，她失去了做人的自我，任人摆布；二则她在其位，却不能谋其政，皇后成了摆设。结果是既失去了做人的一般权利，也失去了做皇后的应有的特权。

---

[1] 事见《明史·孝宗本纪》："二十三年八月，宪宗崩，九月壬寅，即皇帝位……尊皇后王氏为皇太后。"

附：宪宗朱见深妃万贞儿

万贞儿

万氏（1428～1487），宪宗朱见深贵妃，乳名贞儿，青州诸城（今山东诸城）人，父亲万贵，官至锦衣卫都指挥使。成化二年（1466）万氏被封为皇贵妃。谥号"恭肃皇贵妃。"明宪宗的贵妃万贞儿出身卑贱，年龄比皇帝整整大19岁，但却从低下的宫女直到皇贵妃，离皇后只有一步之遥，且得到皇帝终生的宠爱，在中国后妃史上，可谓一位传奇人物。她不仅能得到宪宗皇帝的厚爱，又能长期控制六宫，其中的奥秘，吸引着不少人的注意力。

一、母爱、情爱 换来帝爱

万贵妃，乳名贞儿，原籍是青州诸城。万贵妃的父亲万贵，本来在诸城县衙里当一名属吏，后来因为亲属犯法，受到株连，不但丢了官，还举家被发配到了霸州（今河北霸县）。

宣德三年（1428），万贞儿出生在霸州，家道破落，缺吃少穿，难以为生。虽说家境不好，万贞儿却是出落得聪颖可人，她说不上漂亮，却是极讨人喜欢。到4岁那年，就已经伶牙俐齿、善于迎合人意、体谅大人的苦衷了。

这年，万贞儿父亲万贵一个在京城做官的同乡，探亲回京路经霸州，来到万家作客。万贵看到同乡已是高官厚禄，自己却是家道中落，不觉一阵酸楚。这位同乡自然看在眼里，他见万贞儿异常的伶俐乖巧，便说朝廷正在选侍女，何不让万贞儿去试一试，一旦选中，将来兴许有出头之日。万贵一听眼睛亮了，心

想，女儿长大了早晚也是人家的人，像他们这样的刑徒家属总是让人瞧不起，现在家里人口又多，生活难以维持，何不把贞儿送去碰碰运气，如蒙得朝廷的喜爱，岂不苦尽甘来？万贵便说服了难以割舍女儿的妻子，狠心让同乡把万贞儿带到了北京。

万贞儿果真被选上了。到宫中后，由于她善应人意，乖巧听话，不论干什么，从不偷懒，也不嫌脏怕累，很快便得到当时孙皇后（明宪宗的奶奶圣烈孙皇太后）的喜爱。[1] 孙皇后便让万贞儿当自己的小支使，随时使唤。万贞儿在这么一个大人物面前更是眼明、手勤、口巧，很让孙皇后满意。

宣德十年（1435），宣宗死后，孙皇后被尊为皇太后迁居仁寿宫，万贞儿也跟随来到这里，管理衣饰。这时，万贞儿已经出落成一个姿色出众的大姑娘了，她虽算不上十分漂亮，但身材丰满、皮肤白皙，眼睛不大却是诱惑媚人，同时她性格爽朗，口齿利落，很得人喜爱，宫里宫外都管她叫"小答应"。虽然孙太后对这个"小答应"颇有好感，却并未往多深处想，仅仅把她看成一个出身低微、贴身的宫女而已。这时的万贞儿虽然自我感觉仪态万千、风情无限，却并未在自己最诱人的年龄里得到哪个皇亲的青睐，不知不觉过了最富吸引力的青春年华时期。这些年，她跟着孙太后识了点字，能粗通文墨，并对很多事都有自己独到的见地。她在经受着心理上失落痛楚的同时，渐渐地审视到了后宫中后妃集团内部复杂争斗的实质，学会了利用错综复杂关系的能力以及巧言令色、不择手段达到目的的本领，并由此形成了一种少有的强烈的嫉妒心理和向上爬的欲望。

正统十四年（1449），孙太后下诏立英宗两岁的儿子朱见深为皇太子，并委派自己的贴身宫女万贞儿前往东宫照料侍奉太子。这时万贞儿已经21岁了，开始有一种被遗弃的失落感，暗怨孙太后不考虑她的归宿，又

十三陵石像生文臣像

---

[1] 事见《明史·后妃一·万贵妃列传》："四岁选入掖廷，为孙太后宫女。"

把她推到了别的宫中,她多年竭心尽力侍奉孙太后,不是白费了?但她想,现在侍奉好太子,将来太子若继帝位,肯定会施恩于己的。于是,万贞儿对这位太子像亲生母亲般地体贴,把在孤寂的宫女生活中无法排遣的全部热情和自己梦寐以求的全部美好理想都倾注在了太子身上。特别是景泰三年(1452),年仅5岁的朱见深被废逐出东宫后,父亲英宗被囚居南宫中,母亲周氏不得常见面,朱见深既无父母的疼爱,又无童年的欢乐,精神郁郁不欢,在孤苦无依中,万贞儿陪他度过了充满坎坷的童年时代。从幼年时起,朱见深渐渐对万贞儿产生了难以割舍的依恋、敬畏的特殊情感,这种情感既有像对母亲一般的亲情,也有对异性的恋情。这种在童年心理上所烙下的印迹使他长大成人做了皇帝

明象牙雕刻观音送子像

后仍对万贵妃一往情深。

天顺元年(1457)正月,英宗复辟。同年三月,朱见深被复立为太子。此时万贞儿已年届三十,由于她很会保养身体,丰满、白皙,同时还是那么警敏、会媚人、善于迎合人意。随着太子的长大,她反而越活越年轻了,她那已深埋心底的少女梦便重新燃起,她像个情窦初开的少女。尽管当初她对太子的关怀是带有极浓的母爱成分,但是随着朱见深的长大成人,这种情感慢慢向性爱方面转化。朱见深过去一直对万氏尊重、畏惧、依恋,可在他13岁的一天,突然发现万氏有一双摄人魂魄的眼睛,脸上有着白嫩微红的青春风采,身上有一种一般少女没有的诱人的魅力,他竟怔怔地挪不动步了,从而结下了不解之缘,由名义上的主仆变为实际上的夫妻。

二、酷刑逼供　违心废后

天顺八年(1464)正月,明英宗驾崩归天。同月,朱见深即皇帝位,史称明宪宗,改元成化。

这年万氏已经36岁,比宪宗大了19岁,足可以做他的母亲了。但万氏那声音洪亮、敢作能为、颇有阳刚之气的性格对于生性懦弱、敦厚的宪宗来说是极富

吸引力的。有万氏在身旁，宪宗心里感到踏实，如果她不在，便觉得六神无主。宪宗每次出外游幸，总是要万氏戎装相陪。[1] 万氏骑马在前为宪宗开道，然后再一起畅饮作乐，真是风情万种。对于万氏与宪宗年龄相差悬殊，却得以专宠后宫而长年不衰，很多人都不能理解。就连宪宗的母亲周太后也感到不可思议，后宫有那么多年轻貌美的佳丽，而自己的儿子为什么只迷恋万氏？她不止一次地非常关心、推心置腹地以女人的立场问宪宗："她哪点美啊，你怎么这么宠爱她？"宪宗毫不犹豫地回答说："有她在身旁，我心里就安稳。"这道出了他的由衷之意，也是他宠爱万氏的实质所在。

此时，明朝已进入中期。政治日趋混乱黑暗，统治阶级糜烂无度，宦官专权，土地兼并加剧，社会矛盾激化，内忧外患层出不穷。年仅16岁的朱见深在这种历史条件下登上帝位，内心很是惶恐不安。他性格内向、敦厚，但少有主见。现在虽有两宫太后帮他掌舵，他却想有一个他所宠爱并富有心机的皇后帮他出谋划策，按他的心意办事，此人非万氏莫属，但是父亲英宗生前已为他确定了皇后的候选人，这就令他无可奈何。

册封皇后后，他和皇后极为疏远，时时想着万氏。因为多年来，万氏

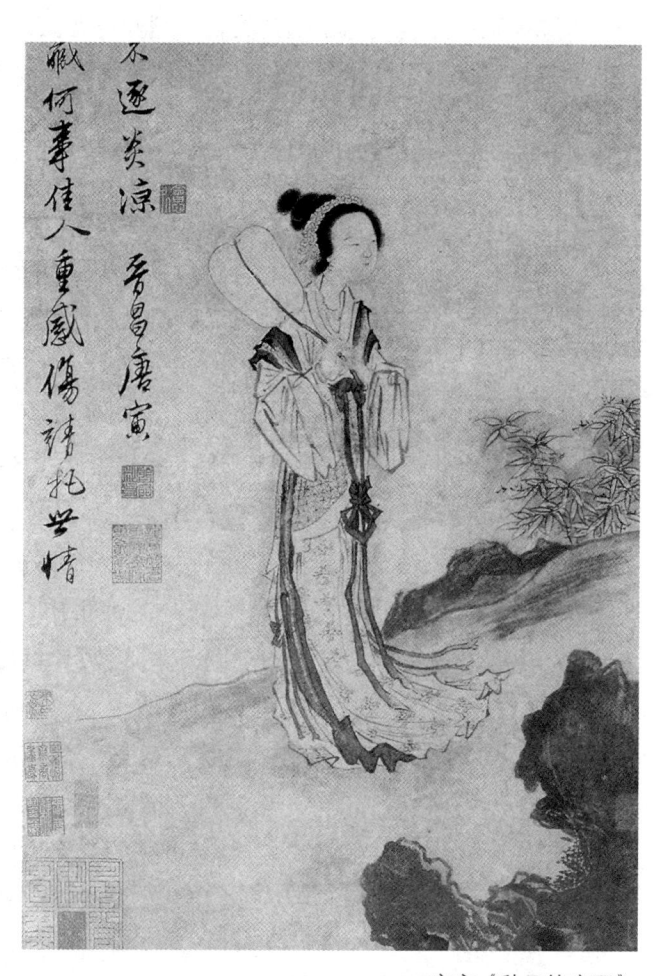

唐寅《秋风纨扇图》

[1] 事见《明史·后妃一·万贵妃列传》："帝每游幸，妃戎服前驱。"

一直是他精神上的支柱、生活上的安慰、朝政上的谋士。他对她一直无法摆脱童年时代的依赖感，因而万氏在他心目中是其他后妃所不能比的。故此，宪宗对万氏有着一种特殊的依恋和敬畏，万氏敢于对他颐指气使、发号施令，而宪宗对涉及万氏的过失都一概不闻不问。

当初，宫里的一些人就没有及时地理解这一点，而给自己造成了不可挽回的悲剧，吴皇后被废就是其中一例。

吴后被废后，万氏并没有被立为皇后，而是王氏。王氏是中军都督王镇的女儿，比宪宗小两岁。她性格温柔，明达事理，对于宫中明争暗斗的情况有所了解，并从吴后的立与废当中受到教育。她知道万氏心狠手毒，深得宪宗信赖，宠冠后宫。王皇后处之淡然，不与万氏争宠，才得相安无事。

三、封为贵妃　鸡犬升天

成化二年（1466）正月，38岁的万氏如愿以偿，生下了一个儿子，并是皇长子。万氏多年的梦幻终于成为现实。宪宗更是喜不自胜，他不但有了以保国祚绵长的"国本"，更重要的是他可以照祖制很顺利地为万氏加封名号了。为了庆贺皇长子的诞生，他责成礼部派遣官员到全国各地名山大川四处祈祷，乞求神灵保佑他的皇子健康成长。同年三月，晋封万氏为皇贵妃，移居昭德宫，宪宗在加封号时，特意在"贵妃"前加一"皇"字，以示对她的宠爱。[1]

皇上在她手中，皇后处之淡然，如今又得子封贵，万贵妃炙手可热，势倾朝野。她不是皇后，却胜似皇后。至于众多妃嫔宫女，由于她笼络与打击并施，都知道她的阴险毒辣，对她是又敬又畏，谁也不敢与她分庭抗礼、争宠夺利。

万贵妃的家人也因为她的原因而骤然显贵。父亲万贵，先前坐法被贬，如今贵为皇亲国戚，被封为锦衣卫都指挥使，哥哥万喜被封为指挥

明掐丝珐琅龙耳瓶

---

[1] 事见《明史·后妃一·万贵妃列传》："成化二年正月生皇第一子，帝大喜，遣中使祀诸山川，遂封贵妃。"

使，后又被晋封为都指挥同知，另一个哥哥万通被封为指挥使，并且成为大学士万安家中的座上客，弟弟万达被封为指挥佥事。

随着万贵妃的擅宠得势，一大群趋炎附势的无耻之徒云集其门下，正好满足了利欲熏心的万贵妃的需要，故而成化年间，奸佞丛生，佞门大开，方士妖僧，滥恩无纪。他们为了讨万贵妃的欢心，不惜"苛敛民财，倾竭府库"，以此作为进身之阶。

四川蓬溪县宝梵寺大雄宝殿壁画

这些奸佞无耻之徒通过迎合万贵妃，得以递身晋阶。而万贵妃则依靠他们控制后宫，左右朝廷，排斥异己，为所欲为。

正当万贵妃为生皇长子而飞扬跋扈、不可一世之时，天不作美，她的儿子还未及命名、不到一岁便夭折了。这个打击使她几乎悲哀得要发疯。母以子贵，儿子能使她巩固宠冠六宫的地位，如今皇儿死了，她已年届四十，要想再生一个，既是男儿，又是皇长子，谈何容易啊？尽管这样，她还是抱着最大的希望：能再生一个儿子。她一心一意，千方百计，多与宪宗接触。同时，采取种种策略防止宪宗和别的妃嫔接触……她到了一种近乎疯狂的地步。

尽管万贵妃用尽了一切奇巧淫技和任何可以利用的方法，但都无济于事。她的生育年龄已过，已经失去了再怀胎的可能。

四、妒癖虐暴　嫔妃生畏

万贵妃的脾气变得越来越坏，嫉妒之火也越烧越旺。她深刻体会到母以子

《明宪宗元宵行乐图卷》

贵的作用,眼下首要的是也绝不让其他妃嫔生子,以免动摇她在宫中的专宠地位。她开始阻止宪宗去召幸其他妃嫔。风流的宪宗正值青年,万贵妃如何阻挡得住,他还是常常溜到其他妃嫔那里去寻欢作乐。万贵妃只得想办法对付其他妃嫔了。

万贵妃把她的亲信、心腹安置在宫中各个地方,密切监视着宪宗和其他妃嫔的一举一动。她对宪宗的行动了如指掌,每天都有人向她报告宪宗的行踪,只要发现宪宗在哪个宫留宿,全然不管她们是否已经怀孕,她就会立即派人送给这里的妃嫔宫女以烈性堕胎药,多数人吃了药,孩子便被打掉,也有个别体弱的服药后死掉了。少数人侥幸保住了胎也难以幸免,万贵妃会采取更加残酷的手段把孩子弄掉,绝不让孩子降生。

由于万贵妃采取的严密措施,宫中妃嫔很少能有怀孕的。当然也有个别漏网的。成化五年(1469)四月,柏贤妃在严格保密下生下了一个男孩,这是皇次子,取名祐极。成化七年,朱祐极被按照祖制立为皇太子,但不到四个月,皇太子突然死去。对朱祐极的死,宪宗十分难过,赠谥号为悼恭。悼恭太子的死,是万贵妃派人所为。她不能容忍其他妃嫔有皇子,尤其是立为太子的皇子。紫禁城内,人们偷偷地议论,谁也不相信一向健康活泼的小太子会得"暴病"而死,但人们惧于万贵妃的心狠手毒,没有人敢公开提出自己的怀疑,宪宗也不加细问。

宪宗有子即逝,中年无嗣,朝廷内外很多人为此而不满和忧虑。没有皇子,没有皇储,就等于没有国本。可是,在宪宗面前谁也不敢指责万贵妃的行径,这不仅因为宪宗根本听不进去,而且会把这些透露给万贵妃并因此而遭排斥。一些正直的大臣便采取旁敲侧击的方式,给宪宗进言,希望皇上不要受拘束,多多亲近其他妃嫔,普降甘露,以广继嗣。内阁大学士彭时更是直言:"现在后宫嫔妃佳丽众多,却没见到皇子的降生,大概是陛下宠幸所专、而受宠幸者

虽溥陛下恩泽但已过了生育年龄的缘故,还请陛下为祖宗和社稷考虑,望均恩爱。"宪宗听了觉得有些掉面子,但又不能发脾气,因为涉及他宠妃的言论很委婉,他不能采纳但又不好驳回,便显得有些不耐烦地说:"这是朕的内事,卿不必过问,朕自会处置。"[1]

万贵妃听说后,觉得宪宗很理解她,从此更加骄横无比了。

成化五年(1469)夏季的一天,明宪宗在宫中闲逛,偶然来到内库。只见内库到处收拾得干净利落,宪宗很高兴,顺便问及内库的管理情况。这里的女史纪氏对所管之事了如指掌,回答得简洁明了,细致详明。宪宗听了,惊叹于她的伶俐美丽和燕语莺啼般的声音,十分动心,当晚便留在内库让纪氏侍寝。这纪氏就是被王皇后收入宫中又提拔重用的姑娘,她原是广西贺县的土官之女。

谁知这次宪宗与纪女史的极偶然的欢洽,居然使纪氏怀了身孕。

纪氏为了躲过万贵妃的监视与毒手,整日提心吊胆,躲躲藏藏,终于熬过了十个月。成化六年(1470)七月,纪氏分娩,生下一个男孩,这是皇三子。为了躲避万贵妃的迫害,皇三子被太监偷偷地藏在安乐堂旁边的一间密室里,并以米、面调成的稀糊糊再加上蜜糖之类食品进行哺养。由太临和吴皇后平安哺养皇子,皇三子活了下来。

明宪宗自从太子祐极死后,一直是郁郁寡欢。由于万贵妃控制太严,他很少能去召幸其他妃嫔宫女,即使去召幸了,也没听说有怀孕的。他盼子简直是望眼欲穿,日复一日,年复一年,到了成化十一年(1475),也未见有皇子降生。这天,宪宗召唤太监张敏给自己梳头。宪宗从镜子中看到自己憔悴的面容及新添白发,情不自禁地长叹:"朕即位有11个年头了吧?不知不觉中老之将至,可至今尚未有子,这江山将来托付给谁呀!"张敏本不想太早地将纪氏生子的事情告诉宪宗,怕纪氏母子难逃万贵妃的毒手,自己也难逃厄运。可看

明黄花梨面盆架

---

[1]语见《明史·后妃一·万贵妃列传》:"内事也,朕自主之。"

明宪宗

到宪宗悲苦的样子，他难捺对皇上的一片赤诚，再说这样长期隐瞒下去也不是个办法，万一再让万贵妃知道了，皇子得不到皇上的保护，岂不更惨。何不趁此机会，告知皇上。想到此处张敏壮起胆子，扑通跪倒在地磕起头来，口里说着："老奴死罪，万岁早已有子了，怎么能说没有呢？"宪宗听了竟不相信自己的耳朵，而后大喜过望，而后突然摇头非常生气地说："你胡说什么呀！朕哪儿来的儿子呢？"张敏见皇帝反而生气了，吓得不住地磕头，边磕边说："万岁确实已有皇子了。老奴只因担心皇子的安全，才一直没告诉万岁。请皇上为皇子做主，为老奴做主，万岁只要答应老奴的要求，老奴才能冒死告诉万岁。"[1] 这时在一旁的司礼太监怀恩也跪到地上证实道："张敏所言，千真万确，臣敢拿脑袋担保。皇子现在西内安乐堂里抚养，已经6岁，因为怕招惹祸患，张敏才不敢透露消息，致使万岁一直不知道。"宪宗还是将信将疑，迫不及待地说："朕当然会保证皇子和你们的安全，快说！到底怎么回事。"张敏便把纪氏生皇子的前后情况、曲折经历讲给宪宗听。宪宗这才确信无疑，他又惊又喜，激动万分，立即起驾，来到西内，派人去安乐堂迎接皇子。

太监张敏满怀着喜悦，疾步来到安乐堂旁的密室，向纪氏奉上皇上的旨意，并向纪氏道喜。纪氏听了却十分悲戚地大哭起来。她怕这事公开，凶多吉少，恶毒的万贵妃是不会善罢甘休的。自己的生命不保倒不要紧，关键是皇子的生命随时受到威胁。倘若有个好歹，这些年受的苦岂不白费了？可是纸里包不住火，皇儿总有一天也要见父皇的；再说君命已下，哪敢不遵。

小皇子在太监们的引导下，来到宪宗面前，跑着扑向宪宗的怀抱，搂着宪

---

[1] 语见《明史·后妃一·孝穆纪太后列传》："帝召张敏栉发，照镜叹曰：'老将至而无子。'敏伏地曰：'死罪，万岁已有子也。'帝愕然，问安在。对曰：'奴言即死，万岁当为皇子主。'"

宗的脖子。父亲的眼泪潸潸而下。皇子出生后，纪氏等人一直不敢给他剪头发，让他看起来像个女孩。宪宗紧紧地把皇儿搂在怀里，望着他那几乎拖在地上的长发，不禁悲喜交加。他扳起皇儿的脸细细端详，激动而兴奋地说："是我的儿子呀！长得像我！长得像我！"派司礼太监怀恩前往内阁，宣布："皇上已有皇子，现已6岁！"大臣们莫名其妙、惊诧不已。等怀恩把原委讲了，群臣这才恍然大悟，个个兴奋不已。

随后，宪宗颁诏天下曰皇嗣有人，大臣们纷纷入朝祝贺，礼部送上已为皇子拟好的名字，宪宗看了总觉得不甚满意，便亲自为之取名"祐樘"。

万贵妃听到这些消息，如雷轰顶。她无论如何也没想到宫中还有妃嫔宫女和太监和她对着干，更没想到一个已经6岁的皇子像变戏法似的出现在面前。她知道纪氏的存在对她是一大威胁，一旦纪氏的儿子即了帝位是不会轻饶她的，她必须先发制人。她把胸中的怒火全部集中在纪氏身上。

大学士商辂为人正直，做事稳健，他知道万贵妃什么事都能做得出来。他见宪宗将皇子留在中宫内，而纪氏却仍在安乐堂，便担心纪氏的安全，也担心皇子重蹈悼恭太子的覆辙。为防患于未然，他率大臣上疏说："皇子为国本之所在。重以贵妃保护，恩逾已出，教养之事仍以其生母纪氏主持为好。外面议论纷纷，说皇子之母因病别居宫外，致使母子不能相见，于情于理，均有不妥。乞请圣上恩准，令纪氏就近居住，使之母子朝夕相见，以便教养。"宪宗

明朝中期出现了藏医南北学派。图为藏医养生图

欣然准奏，让纪氏移居永寿宫并召见了她，册封纪氏为淑妃。

这年六月二十七日，纪淑妃在宪宗召她饮酒后，突然感到腹痛难忍，告病回宫。第二天，万贵妃便非常关心地派太医院院使方贤、治中吴衡前去诊治，不几时纪淑妃就告薨。其时距宪宗召见皇子朱祐樘只有42天。这件事又是万贵妃的杰作，她首先指使人趁宪宗召纪淑妃饮酒之机在她的酒中下了毒，见没有毒死，便又串通太医借诊治为名将她毒死。

消息传来，举朝震惊。人们议论纷纷，寡情的宪宗想派人调查，但又怕如果是万贵妃所为不好收场，便息事宁人，说纪淑妃得急病而死，赶忙让人埋葬草草了事。大臣们敢怒而不敢言。太监张敏听到纪淑妃死的消息，心中已经明白了大半，他想自己抚养皇子的事已经人人皆知，万贵妃决不会轻饶，与其让她害死，不如自己想办法，于是吞金而死。

纪淑妃死时，朱祐樘年仅6岁，但几年来所处的险恶环境使他体味到了人生的艰难，并对万贵妃充满了愤怒。当他听到母亲的不幸，"哀慕如成人"。这年十一月，他被明宪宗册立为皇太子。

五、谋易皇储　郁郁闷死

周太后深知万贵妃的手段毒辣，她看到宪宗经常无暇顾及年幼的太子朱祐樘，担心太子也遭到万贵妃的毒手，便亲自把太子接入自己所在的仁寿宫中抚育，饮食起居，照顾得无微不至。

一天，万贵妃突然邀太子到她那里去进膳。对于这种礼节性的邀请不去是不妥的，但去了难以保证不发生意外。周太后左右为难，千叮咛万嘱咐朱祐樘为防食物中毒不要吃

明佚名《白描罗汉图》（局部）

万贵妃给的食物，不喝万贵妃给的水。万贵妃见太子如约前来，显得特别高兴，令人摆上宫廷中最好的美味佳肴，并请太子入坐进膳。朱祐樘却十分坚决地说："我已经吃过了，不能再吃了！"万贵妃心中不禁冷笑，又故作热情地让太监端上一杯热腾腾的羹汤给朱祐樘喝。朱祐樘连看也没看，用愤怒的眼睛直逼万贵妃，大声说道："不喝，我怀疑汤中有毒！"说完就起身告辞。太子这么严厉的态度，把万贵妃镇住了，望着太子远去的背影，好一会儿才缓过神来，她暴跳如雷地说："这么小的岁数，就对我这样，等他将来长大即位，还不把我当鱼当肉给撕着吃了！"[1]万贵妃盛怒之下，得了一场大病。

一次，宪宗视察府库，发现几年工夫历朝百余年积累的七窖钱财全部用尽，便质问掌管府库的太监梁芳、韦兴："宫内所积存的金钱已消耗一空，倘要究其责任，在你们二人，你们知道吗？"梁芳便将给皇上和万贵妃建的祠堂庙宇一一罗列，并多报了许多数额。其实，宪宗心里有数，除了上述罗列的

明黄花梨折叠式镜台

刘珏《夏云欲雨图轴》

---

[1] 语见《明史·后妃一·孝穆纪太后列传》："太子至，贵妃赐食，曰：'已饱。'进羹，曰：'疑有毒。'贵妃大恚曰：'是儿数岁即如是，他日鱼肉我矣。'"

修建费外，他们为取悦万贵妃而日进美珠以及中饱私囊贪污了一大笔。因为里面涉及万贵妃，他就不好加以追究。但他不耐烦地、生气地打断了梁芳的禀报，说："朕即使现在宽恕了你们，恐怕后人也不会饶恕你们，迟早总要找你们算账的！"宪宗的话使梁芳、韦兴面如土色，惶恐不安。

宪宗一走，梁芳和韦兴立即来到安喜宫找万贵妃禀报。万贵妃是前几年从昭德宫移居安喜宫的，在这两座宫中有着大量珍奇宝物和钱财。梁芳、韦兴在把宪宗视察府库的情况讲完后，梁芳有意蛊惑万贵妃说："皇上所说的后人，不就是指的东宫太子吗？倘若将来东宫太子即了位，奴才遭殃倒不要紧，奴才担心的是贵妃会受到连累。"万贵妃听了不由地倒吸一口凉气，她联想太子朱祐樘对她的仇视，愈发感到事情的严重和易储的必要。自此后，她一反常态，再也不阻挠宪宗去召幸其他妃嫔了。反而对宪宗说："历来帝王多子嗣者，基业稳固，国家昌盛，否则就会国本不固、危机频致。请皇上溥恩泽广继嗣，以保国祚绵长。"并代宪宗下诏，广选民女，充实后宫。这正中宪宗下怀。此后，后宫频频传来皇子降生的消息。万贵妃自知已不能生子，此举是在无可奈何的情形下为谋易太子朱祐樘而做的准备。

现在她又愁一时无法找到废太子的理由，以及另立太子的合适人选。梁芳向她献计："皇上如今是最钟爱兴王祐杬了，只因早已立了太子，不好再改变，贵妃虽然膝下无子，却可以将兴王养于贵妃宫中，再保荐兴王为太子以达到易储的目的。到那时兴王就会对贵妃您感恩戴德，待您胜似生母，就可使贵妃无子而有子，照样执掌六宫，何至于受他人之气。"

万贵妃听了梁芳的妙计，连称是个好办法。

于是万贵妃对宪宗展开了一场易储运动。在宪宗面前，万贵妃说了一大堆东宫太子朱祐樘的坏话，要求废掉朱祐樘，另立知书识礼、文韬武略的兴王朱祐杬为太子。那些卖身投靠万贵妃的佞幸之徒积极响应，纷纷向宪宗奏章上疏要求废易皇储。宪宗虽然很喜欢邵宸妃所生的皇四子兴王朱祐杬的"嗜诗书，绝珍玩，不蓄女乐"，有远见卓识，但对太子朱祐樘却也并无恶意，从无易储的想法。可是向来少有主见的宪宗在万贵妃及其党羽的一再鼓噪下，看到万贵妃态度十分坚决，也就同意了。

宪宗准备易储的决定，遭到许多正直大臣的反对。司礼监大太监怀恩据理谏争，宪宗恼羞成怒，在万贵妃的怂恿下，把怀恩斥居凤阳（今安徽凤阳）。说

来也巧，就在宪宗决计更立兴王为太子的时候，泰山地震的消息报至朝廷。人们传言是老天爷发出的警告。宪宗一辈子都崇佛道、好方术，对这种自然现象发生所做的附会解释尤其笃信。他连忙到寺庙挂袍行香，祈求上天原谅他的过失，并下旨说："东宫太子之立乃天意，不可违背。任何人不得再提改易储位之事。"

改易太子不成，万贵妃无法咽下这口恶气，却又无可奈何。她知道有朝一日宪宗归天，太子即位，是不会饶恕她和她的家族及她的党羽的。她变得心情低沉，郁郁不乐，嚣张之势有所收敛。

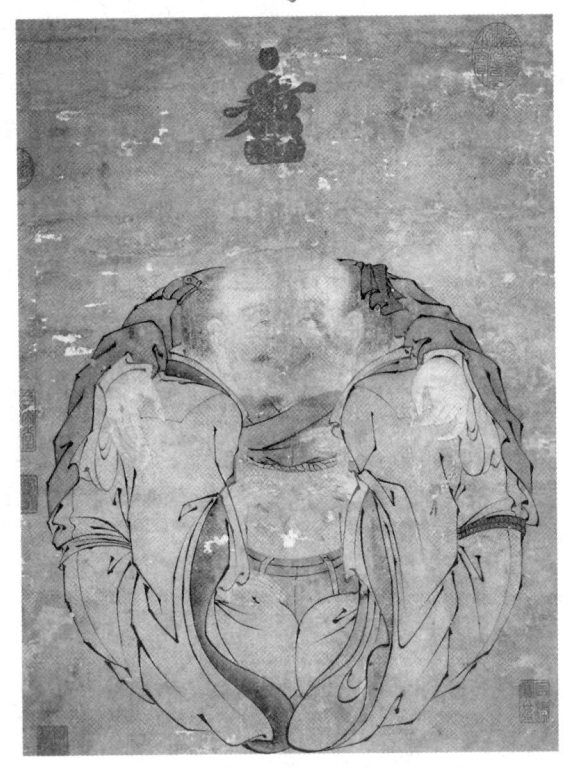

朱见深《一团和气图》

成化二十三年（1487）正月十日，安喜宫传出万贵妃暴薨的消息。关于她的死因，说法不一。有的说她是谋易太子失败畏罪于宫中自缢而死的，有的说她是突然病发死去的。据《明史拾遗记》所记，说万贵妃身体肥胖，这天她用拂子殴打宫人，用力过猛，盛怒之下，被痰阻塞气绝而亡，卒年59岁。

宪宗为了表示对万氏的哀悼，特意决定，辍朝七日，按照皇后的葬礼，葬她于天寿山西南，赠她谥号为"恭肃端慎荣靖皇贵妃"。

万贵妃死后，宪宗终日郁郁不乐，终于积郁成疾，还不满40岁的他竟因哀伤过度，一病不起，也于当年八月二十二日死去。历史上贵妃专宠不乏其人，但像明宪宗这样终生宠爱一个比自己年长19岁的女子，则是绝无仅有的。

明宪宗去世后，太子朱祐樘即位，史称明孝宗。历经磨难的明孝宗深知匡时纠弊的必要，即位之初就惩治了靠依附万贵妃而贪赃枉法、佞幸无耻之徒。许多大臣纷纷奏章列举万贵妃的残酷恶毒、杀人害命，以及其兄弟的骄横霸道。但孝宗仅据事实降了万贵妃兄弟的职，降万喜都督同知为指挥使；降万通、万达都指挥同知为副千户。仅此而已，并未做过多处理。孝宗的孝悌观念很强，另外他见到一份份揭发万氏的奏疏，涉及万氏有关系的人太多，搞不好会导致大的风波。孝宗便下旨说，如果追究万贵妃的罪过，就会违背先帝（明宪宗）的意愿，他不能做不孝之事，对于有关万贵妃的事情，不再予以追究。

名家评说

  以三十余岁之万贵妃，乃宠冠后宫，权倾内外，窃不知其何术而得此。意者其有夏姬之术欤？观其阴贼险狠，媢嫉贪私，则又与吕雉、武曌相似。天生尤物，扰乱明宫，虽曰气数使然，亦宪宗不明之所致耳。

——蔡东藩《明史演义》

孝宗朱祐樘皇后张氏

张氏，孝宗朱祐樘皇后，兴济人，父亲张峦，以乡贡入太学，官至昌国公，母亲金氏。成化二十三年（1486），张氏被册封为皇后，谥号"孝康皇后"。张皇后美丽聪明，知书达理，孝宗对她感情甚笃，在封建皇帝中，这样感情专一的皇帝却不多见。孝宗死，张皇后果断机智领导镇压了一次叛乱，保卫了祖宗创立的基业。但遗憾的是，她没有孩子，她以性命推荐的嗣君，上台之后，便自行其是，排挤推荐自己的张皇后。张皇后忧郁成疾，不久死去。

张　氏

一、相敬如宾　帝后恩爱

成化二十三年（1486），明孝宗已长大成人。昌国公的女儿张氏因善良美丽，天资聪慧，又知书达理被选为太子妃。同年，孝宗登上皇位，她也被册封为皇后。

婚后，明孝宗和张皇后两人的感情非常亲密，宫里的人经常看到两人形影相随，谈笑风生，恩爱无比。这在封建社会里，是宫里的皇后、嫔妃们一生所渴求的。他们两人关系为何如此亲密？除了张皇后的温柔体贴外，与孝宗坎坷的出身经历是分不开的。孝宗自幼生活在宫中险恶的环境里，后妃集团内部尔虞我诈的政治斗争，使他饱受了人间的世态炎凉，过早地成熟起来。一直到他长大登基，他始终是在提心吊胆中度日，他的感情没有寄托，他的内心十分孤独。所以，他登基成婚后，张皇后了解了孝宗的身世，对孝宗也更加体贴入微。张皇后不仅负责皇上的起居饮食，而且还与皇上一起分担国事忧愁，加上本人聪慧伶俐，知书达理，两人的感情是越来越深。后宫里的佳丽成群，但孝宗平生所爱始终是张皇后一人，在闲暇的时候，他总愿意和皇后一起，共同度过甜蜜的时光。

明白地刻填酱釉花果盘

吉祥图案鸳鸯

二、粉碎政变　选帝不当

张皇后对明孝宗在政事的治理上有着重要的影响，孝宗之所以能励精图治，和她的帮助与理解是分不开的。《明史·孝宗本纪》赞孝宗道：明朝"传世十六，太祖、成祖外，可称者仁宗、宣宗、孝宗而已"。这句话是对明孝宗的肯定，也是对张皇后的褒奖。张皇后不仅仅关心皇上的生活，更替皇上忧国忧民出谋划策。在皇后的倡议和帮助下，孝宗对一系列的政治制度进行了改革：清除积弊，罢免和惩处了贪赃枉法、佞幸无耻之徒；任用贤能，亲近贤臣，远离小人，广开言路；注意民生，减免灾区赋税征收，促进生产，提高生产力；加强边关建设，巩固边备。

1505年，孝宗去世。正德元年（1506），朱厚照即位，即武宗。张皇后为朱厚照择选了美丽庄重的陈皇后，起初两人恩恩爱爱，国内也是一片升平的景象，而后来朱厚照在奸臣的挑唆下，变得荒淫无度，纵情声色，导致宦官专权，奸佞为非作歹，成为遭世人唾骂的昏君。

正德十六年（1521），武宗朱厚照病死，他的后宫嫔妃成群，但未能留下后嗣。为了不让祖宗创立的基业就此毁掉，张皇后与众大臣商量，推荐孝宗的堂弟——朱祐杬的儿子朱厚熜（世宗）即位。张皇后非常明确地把嗣君纳入了孝宗、武宗一系，自然保障了朱氏家族的利益。这样做要冒极大的风险，处理

明弘治年间的驿符

不好，不但新的皇帝不能顺利继位，甚至自己生命也有危险。新的皇帝还远在湖北，一时还赶不到京城。以江彬为首的反对势力，控制着首都的禁卫部队，妄图趁朝中无主的机会策动政变。一时间形成了"武宗存，则挟天子以令诸侯；武宗崩，即矫遗命以擅大宝"之势，京城内外，人心惶惶。张皇后面临着这种情况，心里非常着急，她知道如果自己乱了方寸，整个朝廷就会乱作一团。她镇定了自己的情绪后，确定在当前形势下只可智取，不可力敌，要用智谋把江彬控制的部队支开，再设法和江彬斗。于是开始了细致而艰险的工作，先说服了宦官张永、魏彬等人，又秘密与内阁首辅大学士杨廷和等大臣紧急磋商。[1] 首先草拟出武宗的遗诏，让忠于江彬的一支部队到通州领赏，将其调离京师，以减轻宫中的压力，然后又在宫中设置埋伏，并以太后的名义邀请江彬到宫中参加"观兽吻"的仪式，乘机把江彬逮捕处死。紧接着又以迅雷不及掩耳之势抓获了江彬的余党，夺回了首都警卫部队的大权，稳定了人心。在某程度上讲，在镇压政变的全过程，张皇后机智沉着，指挥自若，为朱氏基业立下了汗马功劳。逮捕了江彬的余党后，张皇后又以太后的身份，发出懿旨，进行改革，大批裁减宦官，清除了一批贪官污吏，使受到刘瑾、江彬一伙迫害的官员得到了平反昭雪；提拔了一批真正有才干的官员；免除了受灾地区的赋税，将皇庄和一部分贵族多占的土地分给

---

[1] 事见《明史·后妃二·孝宗孝康张皇后列传》："武宗之崩也，江彬等怀不轨。赖后与大学士杨廷和定策禁中，迎立世宗。"

明朝女子饰物

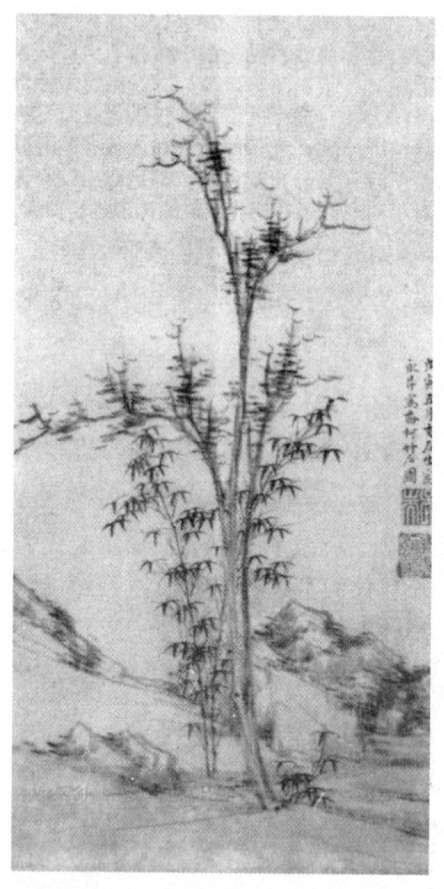

明王绂《乔柯竹石图轴》

无地的农民耕种,提高了农民生产的积极性。在张太后和杨廷和主政的47天中,由于上述措施的推行,朝政出现了明中期少有的兴盛局面。

令人遗恨的是,张皇后冒着生命危险保住的政权,却拱手送给一个心胸狭隘、狂妄自大的人。

朱厚熜即是明世宗,当年14岁。朝廷上下一致拥戴这个年少君主,无非是以为皇帝年少便于控制,也可改变一下武宗时那令人不满的局势。但事与愿违,世宗比他的堂兄武宗强不了多少。他虽年纪轻轻,却个性极强,甚至乖张,又好虚荣。当他由外藩入继皇位、一步登天时,以维护自己的名誉为由,不接受以皇太子登极的礼仪迎接他,这无疑给张皇后迎头一棒。为了顾全大局,张皇后率文武大臣上表劝进。世宗方以天子之礼,在奉天殿即位,改年号为嘉靖。[1]

世宗即位伊始,为了正本清源,下令要礼臣议生父兴献王的尊称。即:是要称自己的父亲为"皇考"呢,还是称孝宗为"皇考"?问题的核心,就是当皇帝后还能不能承认生父,如果能,按封建礼制,就有套礼仪问题。由于情况特殊,首辅大

[1] 事见《明史·世宗本纪》:"会皇太后趣群臣上笺劝进,乃即郊外受笺。是日,日中,入自大明门,遣官告宗庙社稷,谒大行皇帝几筵,朝皇太后,出御奉天殿,即皇帝位,以明年为嘉靖元年。"

学士杨廷和与群臣共议援引宋代故事，认为世宗既是以宗藩入统继承孝宗、武宗一系，建议称世宗的伯父孝宗为"皇考"，称生父即孝宗的弟弟兴献王为"皇叔父"，称生母蒋氏为"皇叔母"，兴献王妃称世宗为"侄皇帝"。世宗一听，气愤难忍，怒气冲冲地说："世上哪有这个道理，父母还可以易换的吗？"四个月后世宗的母亲蒋氏自安陆进京，听到朝中大臣们的意见大发脾气，对陪同的朝使说："你们受职为官，父亲都得到了宠诰，我儿子当了皇帝，却成了别人的儿子，那我还进京做什么？"说完即停在通州，不肯再走。世宗闻报，哭着入禀张皇后（太后），说："您另选别人当皇帝好了，我要和母亲一同回安陆，还去当我的兴献王。"善良的张太后一面安慰，让他留下来，一面又让阁臣妥议。大学士杨廷和无奈，只好代世宗草敕下礼部，称朱祐杬为兴献帝，蒋氏为兴献后。张皇后做梦也没想到，她的一让再让，让出了更坏的结果。世宗上台后不久，便开始自行其是。他对大臣们讲："朕有生母，又有祖母，今天的朝廷不是昨天的朝廷，慈寿太后（张皇后）凭什么称尊至上？"并将张皇后主政时所下的命令逐一收回，又重用了一些妒贤忌能、成事不足、败事有余的奸臣。张皇后因受到排挤，忧郁成疾，不久含恨死去。

世宗朱厚熜皇后陈氏

陈氏，世宗朱厚熜皇后，元城（今河北大名）人，父亲陈万言，官至都督同知，封泰和伯。嘉靖元年（1522），陈氏被册封为皇后。谥号"孝洁皇后"。陈氏出自书香门第，端庄秀丽，温雅识礼。然而她不幸被明朝最淫暴的皇帝世宗册立为皇后。一次他当着陈皇后的面调戏别人，陈皇后发怒冲了他的兴致，他竟一脚踢去，陈皇后当即流产，失血过多，含怨而死。

陈　氏

一、夫乃昏君　直谏失宠

陈氏系元城人，父亲陈万言为县学教授。陈女出自书香门第，长得端庄秀丽，温雅识礼。

武宗正德十六年（1521）三月丙寅，大明武宗皇帝朱厚照驾崩，按照惯例，应该由他的长子继承皇位，但是不巧，这位皇帝不但没有长子，而且没有一个儿子。于是宪宗皇帝的孙子、兴献王朱祐杬的儿子朱厚熜，被推上了宝座，是为明世宗。

第二年，改元嘉靖，立王妃陈氏为皇后。陈皇后的父亲陈万言，在女儿被册立时得到了鸿胪卿的官职，后又改都督同知，封泰和伯。兄弟陈绍祖也曾得到尚宝司丞的印绶，赐第黄华坊，建房西安门，给田800顷。

新婚的陈皇后，身材颀长，容颜姣美，齿白如玉，乌黑的双眼炯炯有神。在新婚之夜，洞房内烛光闪闪，嘉靖帝要按宫中规矩与新妇共饮交杯酒。帝后交杯，宫女们击掌欢呼，齐声赞唱："龙凤交杯，喜庆连连，儿孙满堂，福寿绵

绵。"然后一个个上前叩安讨赏，好不热闹。

新婚后的嘉靖帝与陈后十分恩爱。陈后通晓诗文，能写会画，夫妻二人或互相唱和，或同游御苑，或弹琴吟咏，确实过了几年和睦甜蜜的生活。但是好景不长，生性专横孤傲的嘉靖帝爱听谄媚阿谀之辞，对臣下的谏诤极为反感。仁慈善良的陈后却往往为皇帝着想，给他提些意见，引起皇帝反感而渐受冷落。嘉靖帝虽已贵为天子，但因自己是由藩王入承皇位，所以常怀疑忌。为了正本清源，他下令礼官集议生父兴献王的尊称，那些反对他意见的，不是下令当廷杖责，就是免官下狱。陈后得知深感同情，便劝谏嘉靖帝说："陛下责罚臣下，办法可有许多，何必当廷杖责，不给臣下留点颜面？"嘉靖帝不耐烦地回答道："你知道什么，那班人自以为是，好发议论，朕杖责他们，是要给他们点颜色看看。朝中之争，尔等女流之辈，休再多问！"由此可以看出，他对陈皇后的关心是反感的。

张皇后之弟张延龄封昌国公，在武宗时，因骄纵过度，被人告发，由于查无实据，未能定罪。嘉靖帝并不感谢张太后扶他嗣位，反而认为张太后对己态度倨傲。为整治张太后，在处理一件其他的谋逆案时，重翻旧账，硬说张延龄要谋害他，准备诛杀张延龄。这使张太后十分惶恐，连忙屈己求情，希望能救她弟弟一命，最后甚至自己解散头发，穿上粗布衣服，坐在草席上，乞求皇帝赦免。[1] 陈皇后怀着一种感恩的心情，为张太后向嘉靖帝求情，她态度非常和缓并带有几分乞求的语气说："陛下对张太后似乎有点太寡情了，让她披发坐藁，给人家谈论起来，会说陛下刻薄无情的。"嘉靖帝不以为然地说："她这样做是故意使朕难堪，不要理会她。怎么，你也想为张延龄脱罪吗？"陈皇后立刻解释道："我不敢为张延龄开脱，我只是觉得太后太可怜了。"嘉靖有些生气了："你要想做好人，就少管这事。"陈后见再三劝解都无法使嘉靖帝改变主意，非常伤心，她又气又急，有点失控地说："依照国法，叛逆罪理该族诛，太后也是张家人，莫非到时候也要把她拉出去杀头吗？"嘉靖帝闻听此言，不禁愕然。陈后见状，自己也吓了一跳，她没想到在话赶话时自己态度竟那么不恭，赶忙赔起笑脸，细声轻语温柔地说道："张太后受的打击已不小了，陛下也得给她留条退路啊！"由于陈后的哀求，再加上朝中大臣的力争，嘉靖帝只得把张延龄下在牢里，搁置不

---

[1] 事见《明史·外戚·张峦列传》："嘉靖十二年，延龄有罪下狱，坐死，并革鹤龄爵，谪南京锦衣卫指挥同知，太后为请不得。"

问。陈后因此事失去了嘉靖帝的宠爱。

嘉靖帝21岁时，慢慢开始厌弃他一度恩爱的陈后，看上了一个宫女，经常召幸她，还准备封她一个名号。陈后闻讯后，妒火上升，凭恃自己皇后的权威，暗中把那个宫女打发出宫。这一下自然是捅了马蜂窝，为此，嘉靖帝与陈后发生了争吵。陈后责怨皇帝违背当初永远相爱的诺言，嘉靖帝却无法忍受哭哭啼啼的陈后再三唠叨，索性避而不见，另求新欢。

嘉靖帝的父亲兴献王迷信道教神仙。嘉靖帝自幼耳濡目染，深受其影响。登位之后，因迷恋后宫，纵欲过度，常患疾病，身体欠佳。他对求长生、成神仙的方术比一般皇帝更为殷切，再加上太监崔文等人的诱引，因此他特别崇拜仙道。

专心信道的嘉靖帝为寻找神异之人，派宦官到九华山、龙虎山等地去访求，自己则潜心研读《道德经》。崔文从江西龙虎山弄来了一个自称能呼风唤雨、役使鬼神的道士邵元节。邵元节是个十足的江湖骗子，他勾结内廷太监，了解到了嘉靖帝的好恶与宫中的情形。待嘉靖帝召见时，

明嘉靖帝宠信道士，烧炼丹药。图为明陈洪绶绘《烧丹图》

便神乎其神地大谈了一通所谓修行之道。嘉靖帝听罢大有茅塞顿开之感，赞叹邵元节不愧为有道的高士。邵元节见嘉靖帝如此疯狂地迷信仙道，便欣然答应帮助他修炼。于是嘉靖帝将皇城东端的一座寺院改名为"显灵宫"，供奉道家诸神，由邵元节主持祷祀事宜。事有巧合，当时京师久旱不雨，经邵元节一番祷告之后，竟很快普降喜雨。这一下嘉靖帝大喜若狂，把邵元节看成了真正的神人，封他为"致一真人"，统辖朝天、显灵、灵济三宫，总领道教。嘉靖帝自己也在内宫修建了一座"天箓宫"，每天参拜，而且不时地找邵元节进宫，讨论修行碰到

的各种问题。因嘉靖帝正值壮年，无法做到"禁女色"，他只得向邵元节讨教。邵元节深知要皇帝戒色之难，便投其所好，解释道："戒色只是一般说法，我师傅黄太初没人知道他准确的年纪，少说也有150岁。他曾告诉我，修道的人，并不需要禁绝女色。但必须懂得老阴耗精的戒条，不可轻犯。和童贞的处女相交，就没有关系，这就叫做采阴补阳，陛下不妨试试。"邵元节的话等于给淫荡成性的嘉靖帝撑腰打气。嘉靖帝以"博求淑女，为子嗣计"为由，频频派官到民间挑选淑女。数以千计的少年女子被选进后宫，以满足嘉靖帝贪婪的淫欲。

二、夫乃暴君　含怨丧命

由于嘉靖帝迷恋道教，荒淫无度，陈皇后备受冷落。她整日在宫中苦苦盼望，一晃几年过去了，除重要的典礼外，她平常很少能看到嘉靖帝的影子。她知道皇帝被邵元节的所谓"法术"迷住了。为了重新获得失去的恩宠，她派人用重金贿赂邵元节，以便能使皇帝回到她身边。

一天，嘉靖帝在参拜祷祀后，忽然叹息说："朕正值壮年，为何没有子嗣呢？"邵元节随机应道："天道，乾为天，坤为地。天属阳，地属阴。阴阳调协，育生万物。人道亦如此，陛下为天，皇后为地，天地相配，皇子可生。陛下对皇后多施恩泽，定能诞生皇子。"他的话嘉靖帝焉有不听之理，于是回到陈皇后身边，重续旧情。陈皇后喜不自胜，也尽情笼络，唯恐皇帝再寻新欢。事也凑巧，陈皇后果然在嘉靖七年（1528）怀了身孕，嘉靖帝也为自己将有子嗣降生暗自庆幸。

这年十月的一天，朱厚熜和陈皇后坐到了一起，这种夫妻同享秋光的情景，对陈皇后很是难得，加上她身怀六甲，日臻临盆，想着自己即将生个小皇帝出来，她沉醉在欢乐之中。正在这时，张、方两位妃子端着白玉茶具，一个拿壶，一个捧杯，前来献茶。正沉浸在遐思中的陈皇后

明代炼丹炉

缓过神来，拿过茶杯，一抬头，发现就要做爸爸的朱厚熜正目不转睛地看着张妃的手。张妃的手也真是漂亮：那纤纤玉指，如削尖葱白，十指修长，灵巧无比，抚弄那茶托，如正要弹奏一首醉仙曲。嘉靖帝心中着实喜爱，不觉失声称赞道："好柔美的一双手呀！"说着便伸手去轻抚那张妃的玉手，双眼色迷迷地泛出贪婪的欲火。本来就好妒忌的陈后见此情景，义愤填膺，勃然大怒，猛推那张妃一把，一个趔趄，扑跌在地，一杯茶泼了皇帝一身。嘉靖帝立刻喝住陈皇后，大发脾气。盛怒之下，他竟站起来朝陈后的身上猛踢一脚，嘴里还骂道："贱人竟敢如此无礼，真是太不自量了！"说罢便头也不回地走出寝宫。[1]

陈后对嘉靖帝那一脚无丝毫防备，遭此一击，立时昏厥过去。可怜的陈皇后因已怀孕六个月，被皇帝正踢在小腹之上，下身血流不止，痛苦地小产了。宫人惊惶万状，忙请御医急救。但陈后终因失血过多，含怨而死。

世宗朱厚熜余怒未消，下令丧礼从简，并给了陈皇后一个"悼灵"的谥号。第二年三月，将陈皇后埋葬在襖儿峪。埋葬的那一天，也只是梓宫出王门，大臣们到现场一天，便把这位国母打发到地府去了。给事中王汝梅感到太不像话，上疏谏争，也是空言无补，无人理睬。陈皇后一朝失宠去世，父亲被罢黜，兄弟不让嗣封。

嘉靖十五年（1536），礼部尚书夏言旧事重提，议请改谥。这时的朱厚熜因为贪恋太多，纵欲无节，即位多年仍然没有儿子，因而怀念起了陈皇后，于是改谥曰"孝洁"。[2] 穆宗即位后，礼臣们商议："孝洁皇后，是大行皇帝的原配，应该合葬祔庙。……大行皇帝升祔时，应该奉孝洁配，迁葬永陵。"穆宗同意了礼臣们的意见，陈皇后的墓地才由襖儿峪迁到了永陵。又尊谥她为"孝洁恭懿慈睿安庄相天翊圣肃皇后"。

---

[1] 事见《明史·后妃二·世宗孝洁陈皇后列传》："一日，与后同坐，张，方二妃进茗，帝循视其手。后恚，投杯起。帝大怒。后惊悸，堕娠崩，七年十月也。"
[2] 事见《明史·后妃二·世宗孝洁陈皇后列传》："十五年，礼部尚书夏言议请改谥。时帝意久释矣，乃改谥曰孝洁。"

世宗朱厚熜皇后方氏

方氏，世宗朱厚熜第三位皇后，江宁（今江苏南京）人，父亲方锐，官至左都督。嘉靖十三年（1534），方氏被册封为皇后。谥号"孝烈皇后"。方氏是世宗的第三位皇后，她花容月貌，并有一双和张妃同样的玉手。她平息了一场弑逆行动，救了暴君嘉靖的性命。嘉靖回报她的救命之恩，是眼睁睁地看着她葬身火海。

一、婚礼隆重　访仙求道

方氏是江宁（今江苏南京）人，是明世宗的第三位皇后。她不但花容月貌，而且身材纤弱，尤其是有一双和已故张妃同样完美的手，明世宗朱厚熜只要瞅一眼，就神魂颠倒。

方氏的发迹，还得感谢大学士张孚敬。张孚敬眼看世宗即位十年却国本无托，便劝世宗说："古代的天子在立后的同时，并建六宫、三夫人、九嫔、二十七世妇、八十一御妻，目的是广继嗣。陛下春秋鼎盛，应该博求淑女，为子嗣考虑。"[1]这话正中世宗的下怀，他下旨让礼部在京城内外选采淑女。礼部遵旨选得1258人。嘉靖十年（1531）三月，世宗册立其中九人为嫔，方氏即为其中之一。方氏被封为嫔，其父方锐即被授锦衣千户。此后，方氏又被立为德妃。嘉靖十三年（1534）正月，张皇后被废，方氏终于登上了皇后宝座。按以前的规

---

[1] 语见《明史·后妃二·孝烈方皇后列传》："大学士张孚敬言：'古者天子立后，并建六宫、三夫人、九嫔、二十七世妇、八十一御妻，所以广嗣也。陛下春秋鼎盛，宜博求淑女，为子嗣计。'"

尤求《人物山水图》

定，立皇后，拜谒内庙而已，由于这次是明世宗第三次立后，为了表现对方皇后的宠爱，世宗让礼臣考虑仪式要隆重举行。礼臣考据《礼经》，参查《大明集礼》，拟定了隆重的仪式程序。世宗根据规定的日子带方皇后拜谒了太庙及世庙。三天以后，颁诏天下。接着的一天是，方皇后接受命妇们的朝贺，方锐也因缘升迁都指挥使。朝内朝外，吹吹打打，着实热闹了几天。

世宗刚立江宁佳丽方氏为后，自然要新鲜一阵。但他访仙求道的信念不变，外出求道，带着方皇后。嘉靖十八年（1539），嘉靖帝偕方皇后一道南巡，准备渡黄河长江，登龙虎、九华等山求道。走到河南卫辉（今河南汲县），突有一阵旋风，在车驾行列前旋转，仪仗侍从被吹得帽落旗飞。嘉靖帝大惊失色，忙问道士陶仲文旋风绕驾主何灵异，陶仲文故作姿态地仰天凝视，左右察看，然后似有所感神秘地说："此乃雷神示警，今夜恐有火灾发生，陛下要加意防范。"在行宫住下以后，陶仲文与徒弟们密谋使预言应验，以显其神通。决定由徒弟二人，天黑后假装画符消灾，偷偷将易燃的松香等物偷偷放在宫女居室之中，等夜深人静后，遣人纵火，烧死宫女十余名。这件事使嘉靖帝更加相信陶仲文的

本事。但聪明的方皇后觉得事有蹊跷，怀疑有人纵火。她很严肃地提醒嘉靖帝："这火来得突然，怕是有奸人故意纵火，应当严查。"嘉靖帝却深信陶仲文不疑，认真地说："陶仲文说是宫女污秽，亵渎天帝所致，你不要胡乱猜疑。"

方皇后通过日常观察，对皇帝左右那帮道士极为反感，从心里怨恨他们愚弄圣上，使他在求仙求长生方面愈陷愈深。嘉靖帝的巡行队伍来到黄河边，河流湍急，浊浪滔天，渡河非常危险。方皇后见此情形，心惊胆战，遂秘密宣召陶仲文前来，对他施加压力说："真人劝帝南行求道，你看黄河水急浪高，万一圣驾有什么不测，真人难辞其咎。依我看，圣驾到此就该回转，你最好去劝劝圣上。"嘉靖帝在方皇后与陶仲文等人劝说下，方同意回京。但他仍不死心，问陶仲文嵩山上有什么高行道士。陶仲文派人请来一位高年道士蓝道行。那老道虽已有80多岁，却童颜鹤发，健步如飞。嘉靖帝向他求教修炼和长寿的秘诀。蓝道行答道："臣处深山之中，毫无牵挂。每天早起，受旭日之光华，渴饮天庭玉露，故精沛气足，肠胃清洁，胸无积滞。若问长寿秘诀，即此也。"嘉靖帝听完这番话，连声赞叹："朕虽未能亲到山中领教，今天面聆高士所说，极有道理，朕可算是不虚此行了。"于是封蓝道行为纯一真人，厚赐遣返。

正像历代皇帝那样，明世宗过了几年之后，便又对方皇后厌倦起来。正在

明长城——八达岭长城

世宗移爱曹妃时，皇宫中发生了一件意想不到的事情，使形势发生了变化。

二、宫婢造反　方后救驾

世宗迷信方士，幻想通过方术得到长生，成为神仙。为了炼出长生不老药，他听信方士的话，通过虐待童女获得炼药的原料。这种炼药法称为"先天丹铅"。明人王世贞的词中，曾有"灵犀一点未曾通"，"只缘身作延年药"，指的就是这种惨无人道的炼药法。明世宗这种做法，激起了宫婢们的强烈愤怒。加之，他南巡后念念不忘蓝道行所说的长生秘诀，每天早起，面对初升的旭日，接受日华，另一方面寻求取饮甘露的方法。然而养尊处优已成习惯的嘉靖帝，早起不足一个月，就无法再坚持下去了，后来他听到另一个道士段朝用的献议，方知甘露到处皆有，在御花园中每天日出前，花果树木枝叶上均积有露水，派人采取，积少成多，每天可采集一杯饮用。嘉靖帝听后大悦，命所宠爱的端妃教宫女们采集甘露。这是件苦差事。在晨曦微升时，在御花园中用玉簪拨掉花木树叶上的晨露，以杯承接。每天都需三四十名宫女，天不亮就要起床，在晨雾中穿行于花木丛中，辛劳半日，衣履尽湿，甚至手脚被刺伤，每人也难采集到一小匙。露水洁净甘甜，嘉靖帝每天用参汁和一些药材蒸服，自觉精神旺盛，肠胃舒适，深为自己觅得了长寿之道沾沾自喜。宫女们为采晨露，体弱的多半病倒，未病的也是满腹怨言。这样折腾半年后，不知病倒多少宫女。而嘉靖帝却因服食丹药，性情暴躁，动辄因小事鞭挞宫女，宫女们怨声载道。方皇后见此感到宫内幽怨过多不是好兆头。她深知嘉靖帝对此正津津乐道，不敢劝嘉靖帝终止这一苛政，只得婉言规劝嘉靖帝对宫人要宽和，不要动辄横施暴力。她耐心地对嘉靖帝说："宫人都是些年轻的女子，哪里做过这种苦差事。陛下应宽其小过，赏其辛勤。"固执己见的嘉靖帝大大不以为然："你说得倒轻松，她

嘉靖款红彩缠枝莲纹葫芦瓶

们偷懒怕苦,不加重罚,怎能保证朕饮用甘露呢?"没想到方皇后苦口婆心的忠告非但没有减轻嘉靖帝对宫女们的役使与体罚,相反却启发了这个昏君,就是将嫔妃中不能顺其旨意者也罚去率宫女采甘露,众嫔妃无不视此为畏途。

在嘉靖帝所册封的九嫔中有个王宁嫔,她长得虽不很美,却因略通文墨,能用朗润的声调诵读青词,常被嘉靖帝带去祷祀,一度被宠。后来嘉靖帝又迷上娇柔貌美、善于狐媚的曹妃,其他嫔妃均被冷落。曹氏被封为端妃后,更是目中无人。王宁嫔对她嫉恨万分,背后骂她是"骚狐狸"。端妃听说后,添枝加叶地在嘉靖帝面前哭诉说:"王宁嫔骂我是骚狐狸,说皇上色迷心窍,天天拜神,身上带有狐骚臭,神也不会受用。"这番话达到了预期效果,把嘉靖帝气得火冒三丈。他差人召王宁嫔来,不由分说,下令裸挞王宁嫔,直打得她哭天喊地,遍地翻滚,鲜血淋淋。之后罚她去采甘露,如再有怨言,立即处死。王宁嫔整日与宫女一起服苦役,心中的仇恨却与日俱增。

采甘露的宫女中,有两个年纪稍大的名叫杨金英、邢翠莲,她俩在宫中当差已有十余年,都已年近三十。两人常凭老资格指使其他宫女,自己偷懒装病,被人告发。嘉靖帝大怒,打得二人遍体鳞伤。按常规宫女采甘露三天轮休一次,却不准她二人轮休。两人背后牢骚满腹,王宁嫔见此情形,对二人大加笼络。以王宁嫔为首,渐渐结成了一个有十六名宫婢的秘密团伙。

嘉靖二十一年(1542),新建的一座专门奉祀神仙的大高元殿落成,严嵩的党羽赵文华假造一只五色龟,说这龟是千年灵物,得之于华山深谷中,献给嘉靖帝。这个龟大小比普通乌龟稍大,背上呈红、绿、黄、黑等几种颜色,嘉靖帝异常珍视,养于御园池中,不时率嫔妃来观赏,还特命杨金英和邢翠莲照管。不幸这只乌龟因受药物染色的关系,不久就暴死于池中。杨、邢二人吓得不知所措,忙向王宁嫔问计。三人秘商半天,最初想逃出皇宫,怕关防重重难以成功,

明镀金铜佛塔

后来王宁嫔想出了一条毒计。她对杨、邢二人悄悄说："灵龟暴死，怕你二人的性命难以保全。我有个死里求生的办法，只是要冒很大风险。"杨金英忙说："有什么办法快说出来，急死人了！"邢翠莲也跟着催促。王宁嫔环顾左右，更压低嗓门说："我知道端妃一早要到御膳房亲自监督蒸制甘露，皇帝早寝，无人敢去惊动他。寝宫中只有两个宫女。我去设法引开她们，你二人潜入寝宫，用绳子勒死皇帝，然后迅速出来，等宫女发现皇帝被害，死在端妃床上，那端妃弑逆的罪名就难以洗刷干净。"邢翠莲有些害怕，嚅嚅地说："那我们两人……"王宁嫔笑了笑说："我的好姐姐，真傻！皇帝一死，宫中大乱，谁还来管五色龟的死活，你们不就可以化险为夷了吗？"王宁嫔的计谋，是想嫁祸于端妃。杨、邢二人考虑再三，决定铤而走险，只是为壮声势又增加了张金莲、王秀兰二人，由四个人负责处死残暴成性的嘉靖帝。这年十月的一天，明世宗又住进了端妃宫，杨金英等十六名宫婢联合起来，趁世宗熟睡的时候，有的用绳子系脖子，有的用抹布堵嘴，有的骑在他身上用力勒绳子，遗憾的是，她们不懂打结的方法，将世宗脖子上的绳系为死结，屡收不死。嘉靖帝从睡梦中被惊醒，奋力反抗。杨金英见绳子收不紧，只好将绳子另一端拴在床栏上，再用力拉。嘉靖帝颈项被拴，眼突舌伸，嘴里呜呜呼叫，就是断不了气。杨金英急了，命二人拉紧绳子，她用双手卡住嘉靖帝的脖子，本来这样折腾下去，时间一长，世宗也没有不死的道理，偏偏她们当中又出了一个叛徒张金莲。她见世宗没断气，以为皇帝真的有神灵保佑，天子怎么能是凡人杀得了的？想到这里，她偷偷溜出，跑去告诉方皇后。寝宫内的杨金英见事情紧急，无法可想，竟拔下银钗，向皇帝的胯间猛刺，痛得皇帝嗷嗷直叫。宫外的王宁嫔见

杜堇《宫中图》

计划已败，便与其他宫女分头逃去了。[1]

方皇后得到张金莲的通报后，忙率几名太监急速赶到现场，只见嘉靖帝已奄奄一息，她慌忙解开世宗脖子上的绳结，边抚摸伤痕边下命令："快去找御医来。"一阵急救，世宗方慢慢醒了过来。她又命令内监张佐等逮捕宫人，进行拷问。在一顿严刑拷打之后，首谋王宁嫔、主犯杨金英被供了出来。曹妃实际不知道这件事，但她被世宗宠幸，方皇后早已嫉妒怀恨，必欲置之死地而后快，加之王宁嫔硬说端妃知晓此谋才故意避开，这样和方皇后不谋而合。平时持重的方皇后，果断下令逮捕端妃、王宁嫔及杨金英等十六名宫婢，一起磔杀在市上，并杀掉她们的族属十几人。

三、恩将仇报　方后身亡

嘉靖总算保住了性命，只是昏迷不醒，根本不能说话，两个多月才恢复过来。

方皇后处理完弑逆案后，亲自照料嘉靖帝病体，谁知嘉靖帝勉强说出的第一句话竟是："端妃呢？"方皇后非常生气地说："皇上，你那宠妃险些要了你的命，你为何还想念她？王宁嫔主谋害你，端妃知情不报，我已查问清楚。此次参加逆谋的共有二十几个人，臣妾已传旨把她们凌迟处死了。"嘉靖帝听罢，疑惑地瞪大双眼，摇了摇头。

嘉靖帝痊愈之后，渐渐了解了逆谋经过，因方皇后救驾有功，乃册封其父方锐为安平伯，对方皇后礼敬有加。方皇后也常婉言劝导皇上平日待人要宽厚，少发脾气，免得招致怨恨。但嘉靖帝仍念念不忘端妃，常常询问左右端妃因何要做这等大逆不道的事情。

渐渐地，世宗也知道了端妃的死是冤枉的，对方皇后的救命之恩是不能割舍的，但端妃妖艳漂亮的容颜又不时浮现眼前，这使世宗不能不怨恨方皇后。嘉靖二十六年（1547）十一月，方皇后居住的坤宁宫夜间突然起火，宫门被大火封住。嘉靖帝住在左侧的万寿宫，眼看熊熊大火，竟一言不发。宦官们请求救火，世宗的眼前又出现曹妃的倩影，同时脑海里出现一个声音："方皇后已经衰老，

---

[1] 事见《明史·后妃二·孝烈方皇后列传》："是夕，帝宿端妃宫。金英等伺帝熟寝，以组缢帝项，误为死结，得不绝。同事张金莲知事不就，走告后，后驰至，解组，帝苏。"

而她存在一天，你便一天没法自由寻欢，存在十年，你便要厮守十年！"他断然地摆了摆手："此乃天意，随她去吧，旧宫烧了，朕好再建一所新宫！"方皇后就这样被大火活活烧死。明世宗竟置救命之恩于不顾，甘心让方皇后被烧死，其残忍程度由此可见。事后，他竟厚颜无耻地对大臣们说："皇后救我而我不救她，是想用隆重的葬礼来报答她。"他下诏说："皇后曾经救朕于危难之中，用元后的礼节埋葬。"[1] 预定葬地名称为永陵，赠谥号曰"孝烈"。谥号葬礼都是由明世宗亲自制定的，所以显得特别隆重。礼成后，诏告天下。穆宗即位后，方皇后被尊为"孝烈端顺敏惠恭诚祇天卫圣皇后"，世宗挖空心思所争取的方皇后神主被移到了弘孝殿。

---

[1] 语见《明史·后妃二·孝烈方皇后列传》："诏曰：'皇后比救朕危，奉天济难，其以元后礼葬。'"

附：穆宗朱载坖贵妃李氏

李氏，穆宗朱载坖贵妃，漷县（今北京通州漷县镇）人，父亲李伟，受封武清侯。隆庆元年（1567），李氏封为贵妃。谥号"孝定皇太后"。李氏出身于一个苦力家庭，由于她聪明懂事，去裕王府当婢女，是她自愿为帮助父母分忧解难去的。后来由于她儿子当了皇帝，母以子贵，尊为皇太后。地位变化如此之大，她却没有忘乎所以而飞扬跋扈，相反对朝中和家中都要求很严。儿子身为帝王，她对儿子教育可以说是严厉的。神宗有时不读书，她甚至罚皇帝长跪。李氏出身寒门，尤知钱财之可贵，克勤克俭。谁知这也起了副作用，神宗受母亲的影响，成为明代最爱钱财的皇帝。既爱财，便搜刮民财。皇帝贪婪的劣根性，是不可能改变的。

一、自荐进府　因子登天

李氏，漷县人。家境贫寒，父亲李伟靠卖苦力养家糊口。

李伟后来携带全家迁居到北京城里，他的女儿天生聪明懂事，出落得妩媚动人。为了给父母分忧解难，她自愿到裕王府作侍女。父亲在她的一再要求下，只好答应。于是她便进入裕邸。裕王是个特别好色的人，见有这么个美人儿每日侍候，怎能不动心？刚好裕王继妃陈氏不能生育，李氏又是个特别机灵的人，她对陈后毕恭毕敬，得其欢心，所以裕王朱载坖对李氏的一举一动，陈妃也就听其自然了。嘉靖四十一年（1562），李氏生下一子。巧的是，裕王的前两个儿子都夭折了，所以全府上下，均很高兴。这位三王子却健壮活泼，聪敏异常。裕王在宫中骑马

明掐丝珐琅花觚

驰骋，小王子就谏曰："父王是天下之主，一个人骑马飞跑，万一摔下来怎么办？"穆宗见他小小年纪说出这等话来，十分欣喜，就下马夸奖了小儿子几句。隆庆元年（1567）三月，裕王继位为帝，李氏亦封为贵妃。第二年，这个聪明的小孩儿便被立为皇太子，这就是神宗皇帝。

隆庆六年（1572）五月，穆宗驾崩。六月神宗继位，以明年为万历元年。以前的制度是，天子立后，尊皇后为皇太后，若有生母称太后的，则加徽号以示区别。[1] 大学士张居正率廷臣商定并尊。于是尊皇后为仁圣皇太后，贵妃为慈圣皇太后。仁圣皇太后住在慈庆宫，慈圣皇太后住在慈宁宫。张居正得到了李太后的信任，也为今后李太后大力支持张居正改革埋下了伏笔。张居正请李太后照看小皇帝的起居，于是李太后又徙居乾清宫。

二、严于教子　启用贤臣

李太后对神宗要求非常严厉。神宗有时不读书，她就罚他长跪。[2] 每次为神宗讲课的老师来后，她便让神宗复述上次课程的内容，然后坐下来和神宗一起听老师讲课。遇到上朝的日子，五更她就到神宗的卧室，叫："皇帝该起床了。"命令左右扶神宗坐起，取水为他漱口洗脸，带着他登上车便走。神宗自幼害怕严厉的母亲，侍奉李太后非常谨慎，这也造成了一种不好的现象：即奉了太后旨意的诸内臣，往往对神宗挟持过分。万历六年（1578），神宗大婚。李太后将结束临朝，重返慈宁宫，她对重臣张居正说："我不能早晚看着皇帝了，他年龄尚小，恐怕他不像以前那样自学、勤政，辜负了先帝的付托。你身为要臣，又受先帝之托，应早晚进谏，尽到先帝顾托的责任。"

李太后虽回慈宁宫，并未忘记管教督促神宗。万历八年（1580）十一月，神宗在西城歌宴，喝酒过多，命内侍唱新歌，内侍推说不会，他竟拿剑击之。左右大惊，慌忙劝解，他才戏割了这内侍的头发，说"即以发代首吧！"第二天，李太后听说了此事，先传话张居正准备谏疏，命令给神宗起草罪己诏，又召见神宗，令其长跪，数说他的过错。直说得神宗涕泣请改，事情才算了结。李太后

---

[1] 事见《明史·后妃二·孝定李太后列传》："即位，上尊号曰慈圣皇太后。旧制，天子立，尊皇后为皇太后，若有生母称太后者，则加徽号以别之。"

[2] 事见《明史·后妃二·孝定李太后列传》："太后教帝颇严。帝或不读书，即召使长跪。"

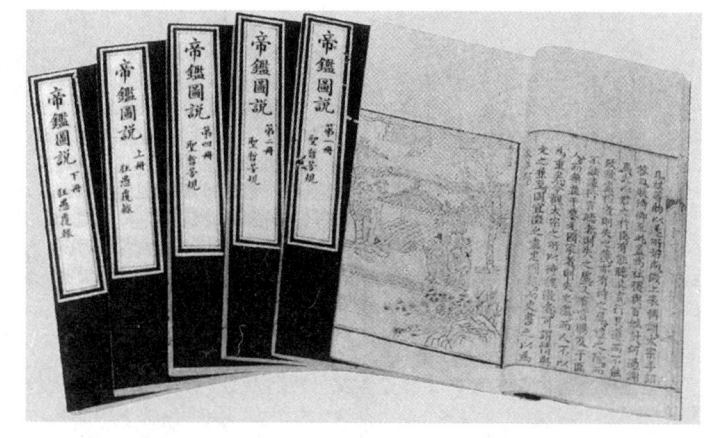

自己放手任用张居正，在管教年幼的神宗时，常以张居正来吓孩子，威胁说："假若张先生知道了，怎么办？"从而给神宗造成了很怕张居正的印象，客观上使得张居正有充分的权力，大刀阔斧地对朝政进行改革。张居正所进行的改革，像整顿吏治、整饬边防、整顿学校，量入为出、节缩开支、丈量土地、推广一条鞭法等，执行得都比较彻底，因而真正达到了"国富民强"的目的。正如史书所说：万历初年的政治，委任张居正，综覆名实，几乎达到富强，李太后的功劳居多。[1]

李太后放手任用重臣张居正。图为张居正为李太后之子神宗皇帝编著的《帝鉴图说》书影

明代钱币

李太后性格严明，对朝中和家中都要求很严。给事中姜应麟上疏请求册立太子，受到神宗的谪谴，李太后听到这件事后很不高兴。一天，神宗到慈宁宫请安，太后问不册立太子的原因，神宗说："因为他（朱常洛）是都人的儿子。"太后听后勃然大怒："你也是都人的儿子！"神宗知道失言，诚惶诚恐，伏在地上，不敢起身。因为内廷叫宫人为"都人"，太后也是由侍女得幸升迁的，怎能不怒。李太后发了这场火，朱常洛才被册立为太子。一次群臣请求福王朱常洵到封国去，因为诏令已下了很多天，郑贵妃想留儿子多住几天，让他明年再走，找

---

[1] 事见《明史·后妃二·孝定李太后列传》："后性严明。万历初政，委任张居正，综核名实，几于富强，后之力居多。"

杜堇《宫中图》

个理由说是为祝贺太后诞辰。太后很不高兴地说："我的儿子潞王也可以来上寿吗？"郑贵妃听出了其中不让福王留京的含义，便不敢再留福王了。太后的父亲李伟被封武清侯，家人曾经犯法，太后命令中使到家中责备父亲，并坚持让父亲的家人服法。李伟曾经有过错，太后召他进宫，狠狠责备了父亲一顿，她不因为是父亲就枉祖宗之法。[1]

李太后又是一位很喜欢佛教的人。据朱彝尊《日下旧闻考》卷十六说"北京城从辽金到元朝，没有一年不建佛寺的。成化年间，京城内外敕赐的寺观，已达639所。王宫保廷相诗说，西山370寺，是正德年中内臣修作的，那么城中所建寺的数量可以推知。到万历时，孝定皇太后营造的更多，而且一经修建，寺额往往更换，如悯忠、静宁两寺相去很近，同改叫崇福，后人实在很难考证。"可见李太后所置的梵刹，比成化、正德时期要多得多，其工程所费也就可想而知了。

张居正在世时，为此曾劝说过李太后，"敦节俭要自上以身作则，尊崇梵佛，徒糜钱财"。但李太后没有采纳他的建议。

李太后还是一位很慈善的母亲。御史曹学程因为谏言被判死刑，李太后得知他有老母，需他照料，就向神宗讲情道："忠臣出于孝门，他能孝其母，心忠其君，虽言语有错，念其初不恶，其母无人照料，就免其一死吧。"这样神宗便

---

[1] 事见《明史·外戚·李伟列传》："太后能约束其家，伟尝有过，太后召入宫切责之，不以父故枉祖家法。"

把他赦免了。

　　李太后出身于一个靠苦力养家的家庭，她本人就是为帮助父母减轻负担，才到裕王府做侍女的，所以她特别知道钱财的可贵。艰苦的环境所造成她的性格，不能不影响神宗，从而出现了明朝最爱钱财的一个皇帝。皇帝爱钱财，必然搜刮钱财。只要皇帝对谁家财富起了贪心那可是没有贪不成的。就连张居正也没放过。张居正死前曾断过辽庶人朱宪㸅的狱。死后庶人的妃子趁机上疏辩冤，诬陷说："庶人金宝万计，都被张居正据为己有。"这使神宗心痒难熬，于是下令司礼张诚及侍郎丘橓带领锦衣指挥去抄张居正的家财。

　　全部搜刮完张居正诸子兄弟所藏，也只有黄金万两、白银十余万两。这根本不符合原告所称，只好严刑逼供。张居正的长子礼部主事张敬修忍不住痛苦，诬称寄黄金30万两在曾省吾、王篆及傅作舟等家，接着便上吊自杀了。逼出了人命，朝臣们也看不下去了，合疏论争，神宗才下诏留空宅一所、田十顷，赡养他的母亲。这件事李太后不会不知道，能制止神宗如此做的也只有她一人，难道她能没有责任吗？对张居正及其制定的各项措施的否定，是明神宗政治的转折点，此后的神宗一意聚敛财富、骄奢淫逸。李太后去世的前两年，即万历四十年（1612），群臣上疏："上深居宫中二十余年，未尝接见大臣一次，天下将有覆没的危险了！"神宗仍然不理，激怒群臣。李太后一心崇佛，不问世事，一切随儿子便了。

　　万历二十四年（1596），仁圣皇太后去世，神宗便命中官开始在通州收榷税，以后很快遍及全国，群臣屡谏不听。万历二十九年（1601），神宗给她母亲加上慈圣皇太后尊号，万历三十四年（1606），又加上皇太后徽号。万历四十二年（1614）二月，李太后去世，神宗上尊谥曰"孝定贞纯钦仁端肃弼天祚圣皇太后"，和穆宗合葬昭陵，别祀崇先殿。

名家评说

　　神宗临幸宫人，暗育珠胎，至于太后诘问，犹不肯实言，虽系积累之深，以致如此，然使太后处事未明，疑宫人为外遇，置诸刑典，得毋沉冤莫白，终为神宗所陷害乎？

——蔡东藩《明史演义》

附：神宗朱翊钧贵妃郑氏

郑氏，神宗朱翊钧贵妃，大兴（今北京大兴）人。父亲郑承宪，官至都督同知。万历初年（1573），郑氏被封为贵妃。谥号"恭恪贵妃"。郑贵妃为明神宗贵妃，是一个嗜权如命的女强人。她野心勃勃，为达到总揽大权的目的，她不择手段，诡计多端。她搅得朝廷内外不得安宁；她搅得朝政腐败堕落，人心涣散；她搅得万历江山危在旦夕，致使万历一朝宫廷斗争波澜起伏，成为明末社会不安定的重要因素。她可谓是活跃于万历一朝的风流人物了。

郑 氏

一、争立太子　费尽心机

明神宗郑贵妃，是大兴（今北京大兴）人。郑贵妃在万历所有的嫔妃中是长得最为娇艳妖美而又最善于迎合万历的心意、得到万历欢心的妃子。所以一入宫即被超晋加封为贵妃，甚至地位跃居已生有皇长子的王恭妃之上。这王恭妃是何许人也？还得从头说起。

万历初年，李太后为万历帝娶的原配妻子是京师名门之女王氏。王皇后为人端谨知礼，伺奉太后用心周到，对万历帝百依百顺。但是万历帝并不喜爱她，加上她也没有给万历帝生下一子，所以她对神宗的私生活并不介意，只求相安无事。

万历九年（1581）的一天，万历帝到太后处请安，发现服侍太后的宫女中有一个面容清秀的女孩，当时就临幸了这位姓王的宫女。不久，这位王氏宫女生下一子，即皇长子朱常洛（后来的光宗）。遵照李太后的旨意，王氏宫女被封为

恭妃。与此相反，郑贵妃却受到万历如此的宠爱。按礼，母以子为贵，已生有皇长子的王恭妃，地位仅可略次于皇后，除皇后之外，没有一个有资格可以位居其上的。而郑贵妃一入宫即受万历帝如此宠幸，册封为贵妃，位于皇后之下、诸嫔妃之上，恐怕非盛世应有之事。这是早已习惯封建正统礼法的朝廷百官们所不能接受的，于是为此闹得举国上下，纷纷扬扬，奏章更是像雪片一样往京城铺天盖地袭来，搞得万历十分气恼，坐立不安，不知如何是好。此时郑贵妃却从旁说了句：何不把这些奏章一概留中，看看这些乡巴佬还能怎样？万历帝一听转忧为喜，便采纳了郑贵妃的建议。就这样时间一长，果然为此而上奏章的越来越少，渐渐地居然平息了下来，很少有人再提起这桩子事了。

可是一波稍平，一波又起。转眼间郑贵妃已有身孕，十月怀胎，一朝分娩，抱出来一看，竟然也是个小龙子，这就是三皇子朱常洵。母以子贵，随之郑贵妃又晋升为皇贵妃。这样郑贵妃在宫中地位更加稳固，其野心和私欲也就逐渐膨胀起来。在封建的宫廷中，一个女子的最高愿望无非是争得皇帝的宠幸，当上皇后，从而光宗耀祖，显达门庭。为了达到这一目的，首先要把自己的儿子推上太子席位，然后母以子贵，自己再做皇后。但此时最大的障碍就是皇长子朱常洛。

因为那些坚持封建正统"有嫡立嫡，无嫡立长"的朝中官员们，早已把皇长子朱常洛看作未来的皇帝。虽然郑贵妃一心想立自己的儿子为太子，时常鼓动

杜堇《宫中图》

万历帝立其子为太子；虽然万历帝也一向偏爱郑贵妃和常洵，不喜欢常洛，又有立朱常洵为太子之意，但因立其子不合礼仪，势必要遭到众人的反对。所以，万历帝只好对立太子之事一拖再拖，以待时机，[1]这也正符合郑贵妃的心计。然而，郑贵妃与万历帝这种计谋瞒不过朝中大臣们。这一年，给事中姜应麟上书皇帝，提出立皇长子朱常洛为太子，以避免朝廷中流言蜚语，万历帝看过姜应麟的奏章以后，顿时大怒，在郑贵妃的唆使下立举圣旨，降谕道："立储自有长幼，姜应麟疑君卖，可降极边杂职。"御旨一下，姜应麟即被贬往大同境内，但旨中有"立储自有长幼"一语，这句话实际上等于肯定了皇长子的地位。万历帝起初没有察觉有此一失，待诸大臣要求皇上实现诺言，按照"立储自有长幼"原则赶快立储时，方才感到竟然如此地失策。但因此时圣旨已下，已无法挽回，经过与郑贵妃的又一番密谋，决定还是使用惯常伎俩，拖拖看。万历帝于是出面对群臣推说，皇长子方才6岁，年纪尚幼，这时候谈立储，实非所宜。万历帝原以为，这么一说就可蒙混过去了。可反驳的奏章反而因此有增无减。这是因为万历帝本人就在6岁的时候被立为皇太子的，现在如何反说太早了呢？此时，人多口众，"孤家寡人"的万历帝一口如何能抵挡得起。拖了两三年实在熬不过去了，最后万历帝只好自己定出期限，让首辅传谕诸大臣，说立储一事应到万历帝二十年（1592）才能议行，要诸臣安心等待着，不要再为此惊扰圣上。

"如果大家能遵守，我后年即行册立太子，若再有人生事的话，就等皇长子长到15岁的时候再行大礼。"此时皇长子年已11岁了。但因神宗本人屡次失信于人，所以这次自定限期，仍有廷臣放心不下，唯恐万历帝会忘记或者是装聋作哑，所以就在限期临近的时候，工部主事张有德再也忍耐不住了，便变了个法进行试探，上疏请求把册立太子的仪注先行订出。没有此疏还罢，此疏一出，万历帝果然抓住了把柄，怒道：我早已有话在先，如若渎扰，便要延期，现在又来渎扰，只有延期，以向天下昭示大信。如再渎扰，还要再延。

此时立太子之事，虽然又延了期，但郑贵妃眼看形势对自己不利，于是左思右想，又想出一个"待嫡"之说，要万历帝加以宣谕。因为抬出了嫡子，则其他所有的皇子便都成了一样，都不是嫡子，也都没有什么当立为储的特权。但因礼法至上"有嫡立嫡，无嫡立长"，皇长子之所以不同于诸子，正是由于他是符合于"无嫡立长"这一条的。所以这一说还没等公议，就被廷臣们推翻了。

[1]事见《明史·神宗本纪》："储位久不定，廷臣交章固请，皆不听。"

郑贵妃见此计不成，又生二计，转眼又想出了一招，郑贵妃请求万历帝来个"三王并封"。

所谓"三王并封"，就在建储之前，先把皇长子朱常洛、皇三子朱常洵和另一个皇子朱常浩三人都先封王，只要三人同时封王，彼此都别无二致。郑贵妃于是

定陵出土云龙纹莲花纽金盖金托玉碗

让万历帝交与阁臣拟旨，经大臣们仔细一研究，认为这又是郑贵妃为抑制皇长子布下的一个陷阱，是郑贵妃为自己的下一步所做的铺垫，这道谕旨，阁臣万万不可拟就。经过大臣们的反对，这招又不灵了。

就这样彼此你来我往互相较量了无数个回合，皇长子朱常洛在这场马拉松赛中已长到了20岁，万历帝此时自己也被这场斗争搞得精疲力竭，终于在万历二十九年（1601）册立皇长子朱常洛为皇太子，并于第二年为他完了婚。至此，前后闹腾了十几年之久的立太子风波，才算告一段落。郑贵妃在这一重大回合中终于惨败下来了。

二、随心所欲　腐化无度

郑贵妃不仅野心勃勃，一心想当皇后，而且对金银财宝等财物也贪得无厌，达到了登峰造极的地步。万历二十四年（1596）以后，万历帝派出大批矿监税吏，赋以种种特权，到各处去搜刮金银财宝。一方面，这些臭名昭著的矿监税吏如陈奉、马堂、梁永等都是郑贵妃的心腹宦官，他们知道郑贵妃受宠幸，无不极力巴结她。他们把从各地搜刮来的金钱和各地进贡的税银，进贡万历帝与郑贵妃大肆挥霍。仅供郑贵妃和其他嫔妃使用的胭脂费，每年就支用白银10万两，而万历初年全国的田赋收入每年才400万两。另一方面，这些宦官称郑贵妃为"内主"，他们依仗着后台在各地搜刮掠夺，杀人抢劫，无恶不作。虽然各地百姓群起反抗，一些正直的地方官员也纷纷上疏，要求惩办这些宦官，但是万历帝与郑贵妃极力为他们开脱，使他们逍遥法外。

万历三十三年刊本《精选点板昆调十部乐府先春》插图

万历二十九年（1601）朱常洛立为太子后，朱常洵随之被封为福王。此后，福王朱常洵受命应到洛阳就任，但他却迟迟不肯就任。直至万历四十年（1612），在群臣的一再呼吁和坚持下，郑贵妃已无法让福王留在北京了，便以此为借口，提出了种种条件，想大捞一把。

郑贵妃提出要为福王在洛阳修建好藩邸方才就任。万历帝一看大势所趋，这次福王是非去不可了，只好命朝廷拨款28万巨资在洛阳为朱常洵修建福王藩邸。然而，全部完工后在郑贵妃的纵容下，福王坚决不到洛阳就任。借此，郑贵妃又要求划给福王庄田4万顷，不然福王就不到任。按照明初规定，藩王除岁禄外，划给的草地牧场，多不过千顷，给福王的土地，已大大超过此数。后来因群臣的坚决反对，万历帝不得已只好减半。

至此，郑贵妃还是不满足，又开始为儿子准备去洛阳的挥霍。如索要大学士张居正被籍没的财产及四川盐税和茶税，并要朝廷给淮盐300引，让福王在洛阳开店卖盐，并垄断洛阳的卖盐权。神宗不仅答应了这些要求，又在福王临行之时，把历年来税吏、矿吏所进献的珍宝，大都交给福王带走。福王到洛阳后，横征暴敛，胡作非为，造成黄河南北、齐楚河淮骚动，河南数年大荒，民相食。而福王藩库有金钱百万，超过大内仓储。

郑贵妃自得宠后，其家族也大沾其光，飞黄腾达者前后三代。神宗对郑贵妃家人的赐封更是随心所欲，超出常制。郑贵妃的父亲郑承宪，横行地方，骄奢淫逸，为非作歹。然而明神宗不仅不加过问，反而将他晋升为都督同知。郑承宪死后，他的儿子郑国泰超出父死子袭的常例，万历帝竟破格授予他都指挥

使,结果遭到朝廷中许多官员的反对,大臣们提出:"妃家蒙恩如是,何以优后家",[1]都怀疑郑国泰兄妹阴谋篡权。果不其然郑国泰利欲熏心,后来竟策动宦官收买张差,企图杀害皇太子朱常洛,但因为是郑贵妃之兄,未受任何惩处,反而不久则升迁为左都督。郑贵妃的另一个弟弟郑承恩更是一个惯于挑拨离间、诬陷贤良的小人。当郑承恩得知给事戴士衡和全椒知县樊玉衡与礼部侍郎吕坤有矛盾,并对贵妃专权不满,便上疏皇帝说戴、樊二人离间皇室,攻击皇帝和贵妃,应予严惩,结果使戴、樊二人不仅遭受廷杖之苦,而且还被流放边地。

万历帝宠幸郑贵妃后,就经常不上早朝。郑贵妃见朝廷中有许多官员攻击自己,也害怕万历帝被这些官员说服,与己不利,便极力唆使万历帝少和朝廷中官员见面,于是万历帝从万历十八年(1590)开始,不再上朝理政,终日与郑贵妃厮守在一起,或是与太监、宫女做游戏,寻欢作乐。他们除了关心废长立幼外,其他任何事都不愿与大臣商量处理,诸如地方和中央官员补缺、有关国计民生的措施,甚至到了宫廷失火都懒得过问的地步。

三、三大奇案 祸首郑妃

皇长子朱常洛立为太子,福王朱常洵被迫迁往洛阳就任,这对郑贵妃来说,不能不算是沉重的打击。但就是这样,这位女人也一刻都没有因此而放松对目标的追求,反而更加猖狂,狼子野心有增无减,致使新的宫廷斗争愈演愈烈。郑贵妃和她的父亲郑承宪、伯父郑恩、哥哥郑国泰狼狈为奸,互相勾结,比以前更起劲地在暗中搬弄是非,挖空心思要把被册立的太子给废掉。他们的心里都清楚只有废了太子,他们才会有救,于是制造了"妖书"一案。所谓"妖书"一案,还是在皇长子朱常洛被册立以前发生的一件案子。当时刑部左侍郎吕坤写了一本名叫《闺范图说》的小书,书中所载是历代一些有贤德淑名女子的图说。是说以汉明德马皇后为首,是由于那马皇后是从宫女逐渐晋封为皇后的。他的用意很明显是在向郑贵妃献殷勤,为郑贵妃事后当皇后,找个说法而已。万历帝偶尔翻见到此书,也就把它赐给了郑贵妃。赐者无意,可受者有心。郑贵妃看过这本小书以后,觉得在这问题上也可以加以利用做点文章,于是自己又另外加上

---

[1] 语见《明史·外戚·郑承宪列传》:"给事中张希皋言:'指挥使下都督一等,不宜授任子。妃家蒙恩如是,何以优后家。'"

了12个人的图说，并且为之作序，又印了一些散发以扩大影响。[1] 郑贵妃之所以要刻此书，其深意实在于为自己的儿子朱常洵能立为太子找个先例，加以宣扬罢了。

万历三十一年（1603），大学士朱赓又发现了在京城流传一部名为《续忧危竑议》的书。文章核心是说太子虽然已立，但在不久的将来一定会被废掉。因为皇上是在被逼无奈的情况下，不得已勉强册立太子的。那时候皇三子朱常洵已被封为福王。从这篇文章的内容一望便知，是暗喻郑贵妃的爱子福王必会成功之意。此时，皇长子朱常洛已被立为太子。此书的出现，自然又触痛了郑贵妃的心病，她哭闹着要神宗追查写书的人，于是，再兴冤狱，许多朝臣百姓为此无辜受害死于非命，然而此案最后不了了之。

万历年间，著名的杨柳青年画开始兴起。图为杨柳青年画《福禄寿喜图》

郑贵妃的种种阴谋伎俩均未奏效以后，曾一度绝望过，因为还只剩下一个办法，就是盼望着王皇后早日死掉，如果真的王皇后死了，正宫一席非郑贵妃莫属，到时候"子以母贵"，母正位中宫，其子自然成为嫡子，皇长子的东宫太子也就当不成了。此时的她，又在绝望中看到了一线希望。于是又开始实施新计划。话又说回来，王皇后虽说身体欠安，但却因她生性清心寡欢，对人对物都抱一种超然的态度，又加上李太后多方保护，居然熬到了万历四十八年（1620）与万历帝同一年死去。郑贵妃一个个手段都用尽了，一个个幻想都破灭了，她绝望之余，就要铤而走险。万历四十二年（1614）的二月，李太后死去，郑贵妃的顾忌再也没有了，可以放手去干了。于是郑贵妃等人采取了非常手段，这就是次年发生的著名"梃击"一案——此乃是万历年间发生的明三大案之首案。

[1] 事见《明史·后妃二·郑贵妃列传》："侍郎吕坤为按察使时，尝集《闺范图说》。太监陈矩见之，持以进帝。帝赐妃，妃重刻之，坤无与也。"

万历四十三年（1615）五月初四傍晚，有一个不知姓名的汉子，手持枣木棍，悄悄地闯进了皇太子朱常洛居住的慈庆宫，打伤守门太监，直到大殿前檐下才被内侍抓获。扰攘多年的明末之案以此为起点，终于发生了。

第二天皇太子急忙把夜里发生的一切向万历帝启奏。万历帝得奏以后，就命先将罪犯交由近处法司先行审问。审理此案的巡皇城御史刘廷审问之后，向上奏报初审情况大致如此：罪犯名叫张差，是蓟州（今河北蓟县）人，自称靠乞讨为生，语无伦次，若涉疯癫，但是察看他的相貌，又像很狡猾的样子。因为此人有谋杀太子的嫌疑，所以，此案又接着移交到刑部由御史刘廷元与刑部郎中胡士相等会审。此时郑贵妃兄长郑国泰密访二人，经过一番协商，刘、胡二人也是习于官场、见风使舵的宦官，此时便顺着郑国泰的意思上疏说：这个男子叫张差，患有精神病，应速处决，万历帝也就同意了。然而，提牢主事王之寀对此事甚为怀疑，就私下询问张差，张承认是受内侍指使。王之寀深感事关重大，立即告诉了刑部侍郎张问达。一时间，有人要谋害太子的消息在京师传开。由于郑贵妃蓄谋夺权已久，其兄郑国泰又有秘密行动，朝议都指向郑贵妃兄妹。万历帝也察觉到此事非同小可，于是下令十三司会审，张差经此一审又供出自己谋害太子的行动是郑贵妃的心腹宦官庞保、刘成所指使，庞、刘二人曾许诺张差，事成之后给予厚赏，此案终于真相大白。此时最紧张、最害怕的莫过于郑贵妃了，她急得像热锅上的蚂蚁，那庞保、刘成都是她的贴身太监，他们一旦被审，那还了得！郑贵妃越想越害怕，只有使出女人的最后一招了。于是到万历帝面前，连哭带嚎地要万历帝给她做主，不然的话，就要死在万历帝的面前。经她这么一闹腾，果然万历帝心酸起来，叹息着对自己的爱妃说道："现今既然已经闹成这个样子，恐怕是难解了，我出面恐怕反倒会坏事，现在只有一人能救你母子性命。"[1]郑贵妃一听连忙收住眼泪，急切地问道："是谁？"万历帝答道："就是你要害掉的皇太子。"郑贵妃一听不禁倒吸一口冷气，"这如何使得。"万历帝说道："以他的出身、地位和目前的处境，我想也许会饶过你的，你去好好说说吧。"郑贵妃低下了头，迅速盘算着，看来也只能有这一招了，于是心一横转身亲自求太子去了。到了东宫，她先是装出十分可怜的样子，抽泣着，一见太子便俯身下拜。太子一见顿时受惊不小，连忙回拜。郑贵妃顺势拉着太子的手，伤心地哭诉着，说她是如何如何地冤枉，只有太子能救她的命，给她辨明是非。太子毕竟年纪还

---

[1] 语见《明史·后妃二·郑贵妃列传》："帝曰：'外廷语不易解，若须自求太子。'"

董其昌《书画合璧卷》

轻，对宫廷这种你死我活的政治斗争没有经验，对郑贵妃，还一向胆怯几分，因而尽管他深知郑贵妃常欲加害自己，也无可奈何。再加上郑贵妃有求于自己，太子倒认为这是缓和矛盾的好机会。

经过郑贵妃的这一番表演，皇太子很痛快地让手下草拟一道旨意，要朝中大臣们不必再为此事多加纠缠，既然凶手早已抓到，即刻正法就是了，不要牵扯他人了。郑贵妃见此连连称谢，把太子又好夸了一顿，才高兴地离去。本来群臣认为必须揪出幕后指使人郑贵妃一家，否则国无宁日，民无宁日，可是经太子这么一处理，大臣们看到连被危及生命的太子对此事都不加追究，当然也不便再追究到底，随后按旨意将张差处死，把刘成、庞保秘密处决，使二人得到了应有的下场。这场兴师动众人命关天的梃击一案算是草草了结了。自始至终导演这场闹剧的郑贵妃却有惊无险地度过了一场危机。

五年后，也就是万历四十八年（1620）七月，明神宗死了。皇太子朱常洛在八月初登了皇位，是为明光宗。可他在位才30天便去世。为什么在位只有这么几天呢？这还得从明末三大案的第二大案——红丸案说起。

梃击案了结以后，郑贵妃眼见皇太子的地位是不可动摇的了，因此对自己的前途感到了担忧。一旦万历帝死了，自己该如何自处？为将来着想，现在必须讨好皇太子。于是郑贵妃索性来个顺水推舟，借着感激皇太子在梃击案中的搭救之恩，极力去接近皇太子，以改变长期的紧张关系。皇太子自幼宫中不得宠，长年受到郑贵妃的冷遇，生性懦弱，精神上受到压抑，身体也欠佳。郑贵妃就此抓住皇太子的弱点，使出一条妙计暗想此招一则定会使皇太子更加信任我、亲近我；二则最主要的是这一绝招能致皇太子于死命。果然不出郑贵妃所料，这位皇

太子真的掉入了圈套。郑贵妃先是把自己最喜爱的珠宝献给皇太子。皇太子得到郑贵妃的礼物，又见郑贵妃态度转变，也就忘记了过去的私怨。李选侍是皇太子最宠爱的妃子，皇太子听信李选侍的话，要礼部为郑贵妃加封。但终因遭到以礼部侍郎孙如游为首的一些官员的抵制而未能实现。

同时，郑贵妃又在自己的宫中选出八名最为漂亮的美女，送给皇太子，让她们一定要尽心尽力服侍未来的皇上，使他心满意足。皇太子开始放纵，整日耽于酒色之中，年纪尚不足四十，却早已垮了身子。等到即位称帝时，已病得很重了，没过几天就病入膏肓、卧床不起了。内医太监崔文升开了一服泻药，光宗服后，腹泻不止，一日要拉三四十次。后来，鸿胪寺丞李可灼献上一颗红丸，自称是仙丹，光宗服后，觉得精神大有好转。过了半日，李可灼又献上一颗，光宗再服之后，睡到次日凌晨，竟然再也没有起来。此即为"红丸案"。光宗一死，内外官员都归咎于李可灼。[1] 原来进泻药而使病情骤然加重的崔文升，竟是郑贵妃属下的人，而李可灼又是方从哲带进宫中的。原本二人都应处以极刑，但最后却都从轻处理：李可灼充军，崔文升贬放南京，方从哲和郑贵妃却都躲了过去。红丸案也就这样收场。

光宗一死，郑贵妃顿感搬去了挡在自己面前多年的一块石头，轻松了许多，认为实现自己的目标又有了希望，于是唆使光宗爱妃李选侍霸居乾清宫，酿成"移宫"一案。在朝中正派官员主持之下，郑贵妃的阴谋才被挫败。

光宗死后，郑贵妃企图当太后垂帘听政。她一面把皇太子暂时隔离起来不让他登基与群臣见面，一面又唆使李选侍不要搬出乾清宫，以便向朝臣发号施令。但朝中官员们不买她们的账，联名上疏指责李选侍"既非嫡母，又非生母，俨然居正宫，而殿下（指熹宗朱由校）仍居慈庆宫，这种名分倒置的作法，是借抚养之名，行专政之实，武后之祸将见于今日"。并安排太监王安从宫内秘密接出太子，突然在文华殿升殿，接受群官朝拜。新皇帝即位，是为明熹宗。第二天，群臣又簇拥着新皇帝齐聚乾清宫，逼李选侍搬迁。李选侍见生米已成熟饭，只好离开乾清宫。不久，群臣又以熹宗名义宣布削去李选侍封号，对郑贵妃也不

---

[1] 事见《明史·熹宗本纪》："光宗崩，遗诏皇长子嗣皇帝位。群臣哭临毕，请见皇长子于寝门，奉至文华殿行礼，还居慈庆宫。丙子，颁遗诏。时选侍李氏居乾清宫，吏部尚书周嘉谟等及御史左光斗疏请选侍移宫，御史王安舜疏论李可灼进药之误，'红丸''移宫'二案自是起。"

予理睬。在东林党人控制朝政的几年，郑贵妃勾结李选侍企图垂帘听政的美梦遭到了破灭。此事便是"移宫"一案。明熹宗末年，郑贵妃的权力欲望虽不减当年，但毕竟已年过六旬，力不从心了。崇祯三年（1630）七月，这位一生享尽荣华富贵，连做梦都想做皇后的女人，终未能实现自己的欲望而结束了可悲的一生。

定陵地宫后殿

然而，就是这样一个阴险、毒辣的贵妃，把大明江山搅得天昏地暗，竟与大明一朝相始终。遗祸之深，为历代罕匹，而她本人却屡次有惊无险，竟安然地度过了余生，这种结局也算是一奇了。郑贵妃死后，被谥"恭恪惠荣和靖皇贵妃"，埋葬在银泉山。

名家评说

神宗之阻议立储，亦无非为一郑贵妃耳，于绝不相蒙之中，见得祸败之由，多缘内嬖。

——蔡东藩《明史演义》

光宗之昏淫，甚于神宗，即李选侍之蛊惑，亦甚于郑贵妃。郑贵妃专宠数十年，终神宗之世，不得为后。光宗甫经践阼，李选侍遽思册封，是所谓一蟹不如一蟹，每况而愈下者。然莫为之前，即无后起，有神宗之嬖郑贵妃，始有光宗之宠李选侍。且郑贵妃进献美姬，戕贼光宗，又令不明医理之崔文升进以泄药，一泻如注，剥尽真元，虽无李可灼之红丸，亦难永祚。是死光宗者实郑贵妃，而贵妃之致死光宗，尤实自神宗贻之。至如李选侍之求为皇后，以及挟皇长子，据乾清宫，皆阴承贵妃之教而来。不有杨左，庸鄙如方从哲辈，能不为

选侍所制乎？故君子创业垂统，必思可继，不惑声色，不殖货利，其所以为子孙法者，固深且远也。

——蔡东藩《明史演义》

【清】

太祖努尔哈赤皇后阿巴亥

阿巴亥

乌拉纳喇·阿巴亥（1589~1626），清太祖努尔哈赤第四位福晋。父亲乌喇贝勒满泰明。12岁时被努尔哈赤选为福晋。万历二十九年（1603），叶赫纳剌孝慈皇后病死，阿巴亥遂被立为大妃。努尔哈赤死后，阿巴亥被迫殉葬，年三十七岁。谥号"圣武皇后"。她跟随努尔哈赤征战了20多年，亲眼看着努尔哈赤建立后金政权；她为努尔哈赤生了三个骁勇善战的儿子。正因为阿巴亥付出太多，她生的儿子太强大，结果在争夺汗位时，她竟当了努尔哈赤的殉葬品。

一、大妃受宠　迁都盛京

乌拉纳喇·阿巴亥是乌拉部首领布占泰弟弟满泰之女，她嫁给努尔哈赤，完全是政治联姻。

明万历二十一年（1593），努尔哈赤打败叶赫、哈达、乌拉等九部联军以后，一方面加强军事进攻，乘胜挥军东进，逐渐消灭较弱小的几个部族；另一方面，他采取了分化和蚕食政策，拉拢乌拉部首领布占泰，目的在于拆散海西四部的联合，以便各个击破。为此，他用结盟联姻的手段将自己的侄女（舒儿哈赤之女）嫁给布占泰；又娶布占泰的女儿给舒儿哈赤为妻，他自己则娶了布占泰的侄女（满泰之女）为妻。

明万历二十九年（1601），43岁的努尔哈赤娶了12岁的乌拉纳喇氏阿巴亥为福晋（满语，意即夫人）。阿巴亥是努尔哈赤的第四位福晋。她面貌俊秀，体态丰满，而且很机智，又极能体贴丈夫，具有一种诱人的魅力。深得努尔哈赤的

欢心，受宠专房。其余三位福晋都被冷落了。她入宫后的第三年，大福晋叶赫纳剌氏病死。不久她被立为大福晋，亦称大妃。[1]她为努尔哈赤生了三个儿子：阿济格、多尔衮和多铎。

明万历四十六年（1618），努尔哈赤以"七大恨"誓师告天，斥责明朝杀其父祖，以及明助叶赫，使其已聘之女转嫁蒙古等等。[2]"七大恨"是努尔哈赤兴师伐明的一项政治宣言。接着他率军攻克抚顺、清水等地，明辽东防务受到很大威胁。于是明朝廷命杨镐为蓟辽总督，驻守沈阳，集中20万兵力，分四路出边关，扑向努尔哈赤。由于杨镐计划不周，他的进军计划早已被努尔哈赤侦知。努尔哈赤在兴京（赫图阿拉）附近的萨尔浒埋伏下重兵，以暗对明，将杨镐军打得大败，四路兵马三路覆灭，一路逃回。这次战败，使明朝廷大为震惊，而对努尔哈赤却是转折性的胜利。

萨尔浒大战的遗物——明代铁炮

萨尔浒大捷后，努尔哈赤在这里修筑了萨尔浒山城，将大妃及亲眷接到这里。他又率领军队攻取辽阳、沈阳去了。

明天启元年（1621）后金攻占明辽东的首府辽阳，努尔哈赤遂将都城定在这里。大妃也同诸福晋一起，在众贝勒的迎接下来到辽阳，踏着铺设的红地毯走进后金汗的宫门。不久，后金又在辽阳旧城以东8里的太子河畔兴建辽阳京城的宫殿、城池、坛庙、衙署，是为东京。它已经是粗具规模，比较正规的宫殿了。

四年后，努尔哈赤认为沈阳是"形胜之地"，决定迁都沈阳。当时的沈阳比辽阳城小一半。但是它的地理位置却更为重要。

努尔哈赤迁都后，沈阳被称为盛京。天命十年（1625）开始改建沈阳城，兴修沈阳宫殿。大政殿和十王亭是沈阳宫殿的主体建筑，也是当时努尔哈赤进行统治的权力中心。大殿坐北朝南，宏伟壮丽，金碧辉煌。整个结构既具有汉族传统的建筑形式，又具有少数民族的建筑特点和喇嘛教色彩。大殿与十王亭合成一组完整的建筑群。这里是汗与八和硕贝勒等议政的地方。另有崇政殿（笃恭殿）、凤凰楼、德宁宫等，是进行政治活动和后妃居住的地方。

---

[1] 事见《清史稿·后妃列传·大妃》"孝慈皇后崩，立为大妃。"
[2] 事见《清史稿·太祖本纪》："壬辰，上伐明，以'七大恨'告天，祭堂子而行。"

清陈枚《月漫清游图》

　　阿巴亥跟从努尔哈赤的20多年,正是努尔哈赤势力发展兴盛的关键时期。她跟随努尔哈赤从费阿拉到赫图阿拉,又到界凡,她看着努尔哈赤灭辉发,并乌拉,创八旗,征服东海女真,降服萨哈连部;她看着努尔哈赤在赫图阿拉创立

"后金"政权，称大汗。

她跟随努尔哈赤从费阿拉到沈阳城，宫殿一天天宏伟豪华，地盘一天天扩大，后金政权一天天强盛起来。然而，在这漫长的历程中，围绕着汗位权力的斗争也是激烈而残酷的，努尔哈赤为强化和扩大汗权，不惜囚弟杀子，骨肉相残，他的弟弟舒尔哈赤和长子褚英就死在他的手上。但令人难以想象的是这位最受努尔哈赤宠爱的大妃，最终也成为汗位争夺的牺牲品。

二、隐私被揭　大妃失宠

长子褚英被囚死后，围绕后金建储问题的明争暗斗更为激烈了。当时虽有四大贝勒，各掌重兵，但斗争主要在大贝勒代善和四贝勒皇太极之间展开。在削平诸部、夺取辽沈一系列战争中，他们跟随父汗东征西讨，立下赫赫战功。两人相比，以序齿论，褚英死后，代善居长，皇太极为弟；以武力论，代善独拥二旗，为皇太极所不及。且代善待人宽厚，深得众人之心，皇太极则威严色厉，为人畏惮。努尔哈赤高兴时曾对嫔妃们说过："俟我百年之后，我的诸幼子和大福晋就要交给大阿哥（即大贝勒代善）收养。"这就暗示出他日后要将大位传给代善。所有这一切，皇太极看在眼里，妒在心上，他不甘心汗位被别人占去，他要千方百计与代善争个高低。

争夺汗位的另一个潜在威胁，就是大妃阿巴亥的儿子们。阿巴亥是努尔哈赤晚年最宠爱的大妃，这位三十出头的少妇，更加明艳动人。努尔哈赤英雄暮年，儿女情长，望着她那白里透红的脸蛋，清澈明亮的眼睛，婀娜丰盈的体态和那勾魂摄魄的微笑，努尔哈赤从心里喜欢。只有她见了自己可以不行大礼，只有她可以在贝勒们议事时坐在自己的身旁。也只有她陪自己同桌进餐，子以母贵，阿巴亥的三个儿子，努尔哈赤自然特别喜爱了。尤其是多尔衮和多铎，长得最像他们的父亲，当时多尔衮虽然只有十几岁，却已多次跟随父汗出征，表现出非凡的勇敢和才智。努尔哈赤更

清紫榆木雕花衣架

是视之为将门虎子。如此一个受宠爱而年轻有心计的母亲，如此一个受宠爱又才智过人的儿子，虽然年纪还小，在皇太极看来无疑是他争夺汗位的一个潜在的威胁，他要千方百计地打击他们。经过精心的策划，一个阴谋终于出笼了。

天命五年（1620）三月的一天。小福晋德因泽向努尔哈赤告发大福晋不守宫规，并和大贝勒有暧昧之情。根据是：大福晋多次备佳肴送给大贝勒代善，大贝勒受而食之；还有大福晋一天两三次派人到大贝勒家去，像是商量什么要紧的事。进而又含糊其辞，似有似无地说，大福晋有两三次深夜出宫院。努尔哈赤立即派人调查，结果竟是告发属实，而且进一步揭发大福晋在诸贝勒大臣举行宴会、集议国事的时候，与大贝勒眉来眼去。诸贝勒大臣早都看不惯，却因惧怕而不敢报告。努尔哈赤听后，极为震怒，他一向对后宫嫔妃管教甚严，并早已明令不准嫔妃和贝勒大臣有任何联系，不想自己最宠爱的大妃与寄以厚望的大贝勒却做出此等事来，怎能叫他不愤慨呢？但他不愿把家丑张扬出去，也不愿加罪于儿子，便借口阿巴亥窃藏皇帛，取消其大福晋资格。此后，小福晋德因泽因告讦有功，取代了阿巴亥在餐桌上的位置。代善则被停止了临朝摄政的权力，又被削夺了一旗。

德因泽的告讦是皇太极精心策划的阴谋，利用代善与大妃的隐私，施一箭双雕之计，即使大妃被废，使多尔衮重蹈莽古尔泰的覆辙，又使大贝勒代善声名狼藉，失去努尔哈赤的信任，为他以后夺取汗位迈出重要的一步。

然而，努尔哈赤对她的感情的确是太深了。他不能没有她。一年后，阿巴亥又被复立为大妃。也因为她终究没有做出什么大的错事，同时，努尔哈赤还将多尔衮、多铎封为贝勒，分别领有正白、镶白二旗。这样争夺汗位的斗争必将演出更加惨烈的一幕。

三、再夺汗位　被迫殉葬

天命十一年（1626）正月，努尔哈赤在宁远城下被袁崇焕打得惨败，自己被火炮击成重伤，众将士哭号着用红布将他包裹着抬下阵来。此后他心情十分沮丧，自起兵以来，44年的戎马生涯，铁骑横扫了几乎整个东北，可以说是战无不胜，攻无不克，不期今日竟败在名不见经传的袁崇焕的手中，败在一座孤零零的宁远城下。莫非我违了民情，失了天意？莫非我的气数将尽了吗？努尔哈赤百思不得其解。半年以来他终日陷入焦躁、痛苦之中。因而肝郁不舒，积愤成疾。他

创伤未愈，痈疽突发，不得不于七月二十三日到清河汤泉沐养，但直到八月，治疗毫无起色，病势危重，便乘船顺太子河而下，准备返回沈阳。途中，他自己感觉不行了，便派人召大妃来迎。大妃在距离沈阳四十里的叆鸡堡迎见努尔哈赤，八月十一日，68岁的努尔哈赤就在这里死去。[1]

努尔哈赤死后，阿巴亥悲痛欲绝。她与群臣一起抬着努尔哈赤的灵柩返回沈阳宫中。努尔哈赤尸骨未寒，争夺汗位继嗣的斗争却已达到白热化程度。

这时，除了代善、阿敏、莽古尔泰、皇太极四大贝勒外，还有四小贝勒，他们是阿济格、多尔衮、多铎、济尔哈朗。自那桩风流案之后，代善无力争夺嗣位了，倒是多尔衮三兄弟成了劲敌。多尔衮这时15岁，多铎13岁，三兄弟各领一旗，又有其37岁正当盛年的生母阿巴亥控制于上，实力强大，那阿巴亥又是个极精明、有心计的人，多尔衮继承汗位可能性极大。权欲熏心的皇太极要取得成功，必须搬掉这个绊脚石。于是皇太极便用种种手段串通四大贝勒，在临终遗命上大做文章。

八旗军中的正黄旗甲衣

在努尔哈赤驾崩的第二天，皇太极与代善、莽古尔泰三人来到后宫，由莽古尔泰向阿巴亥宣布了努尔哈赤的遗命，说阿巴亥心怀妒忌，留之恐后为国乱，"俟吾终，必令殉之"。阿巴亥知道这是个阴谋，拒不从命，气愤地反驳道："老皇崩逝之时，我就在跟前，老皇根本没有说要我殉葬的话。"

皇太极绵里藏针，语调平缓地说："老皇早就预先留下遗言，他要你陪伴他于地下。"

---

[1] 事见《清史稿·太祖本纪》："八日丙午，上大渐，乘舟回，庚戌，至爱鸡堡，上崩。"

阿巴亥看透了皇太极的心思，为了揭穿他的阴谋，怒斥道："你们为了夺取汗位，假传汗谕，老皇尸骨未寒，就来要我的命，你们还有点良心吗？"她哭喊着："我不要死！我不要死！"

"父皇的遗命，只怕由不得你了。"皇太极凶相毕露，在"由不得你"几个字上加强了重音。

"父皇是舍不得你，才要你相随于地下。你跟着去，也遂

沈阳故宫崇政殿室内宝座

了父皇的心愿。他生前对你那么好，他死后你怎么能不服从他的命令呢！"莽古尔泰从另一面配合，来了个软硬夹攻。

阿巴亥睁着一双泪眼望着代善。希望代善替她说话，把她从死神手中夺回来。但懦弱的代善赶忙低下头，她绝望了，知道死已不可避免了，她停止了哭泣，想了想，决心以死换取儿子们的平安，于是动情却又威慑地说：

"我从12岁嫁汗王，26年来汗王对我爱护备至，我与他同桌共饮，同甘共苦，还有什么不满足的呢？汗王去了，我应当相随。我死不难，只是我的两个孩子多尔衮、多铎年纪还小，我放心不下，拜托四大贝勒，念是汗王骨肉，多加照看，我在九泉之下，也会感谢你们的！"

"你能尽节，我们对天发誓，一定保护好你的儿子，你放心去吧。"可怜的代善总算说了句安慰的话。

阿巴亥坚持要三个人一起发誓，保护她的儿子。在三位贝勒对天鸣誓之

后，沐浴盛装，佩戴上努尔哈赤赏赐的珠玉，于八月十二日辰时自缢而死。[1]

大妃死后，多尔衮和多铎年少失去依恃，无力争汗位，代善等人早败下阵来，于是皇太极在扫清障碍后，顺利继嗣父汗以登大位。

这逼宫杀母的一幕，是清朝宫廷史上一大惨事。37岁的阿巴亥成了后金汗位争夺的牺牲品。事后，为遮人耳目，皇太极称她不忘皇恩，殉葬死节，将她同先皇同柩装殓，葬于沈阳东石咀头山的福陵。

顺治初年，多尔衮摄政。于顺治七年（1650）追谥其生母阿巴亥为"孝烈恭敏献哲仁和赞天俪圣武皇后"。顺治八年，多尔衮获罪，遂罢谥，连她的牌位也被"赶"出了太庙。[2]

争夺汗位的惨烈悲剧还不止此。皇太极逼阿巴亥自缢后，又令当年为他出力、向努尔哈赤告发阿巴亥和代善暧昧关系的妃子德因泽和另一位庶妃阿济根一同殉葬，真是惨绝人寰。

---

[1] 事见《清史稿·后妃列传·大妃》："辛亥，大妃殉焉，年三十七。"
[2] 事见《清史稿·后妃列传·大妃》："八年，多尔衮得罪，罢谥，出庙。"

太宗皇太极皇后哲哲

哲哲

哲哲，清太宗皇太极的皇后，世祖福临皇太后。博尔济吉特氏，父为蒙古科尔沁贝勒莽古思。后金天聪十年（1636），哲哲被册封为皇后。谥号"孝端文皇后"。哲哲是后金改国号为清的第一个皇后。她恪守妇道，善良温顺，在清初继承皇位的斗争中她支持了庄妃，为福临的继位起到了决定性的作用。哲哲后来和顺治帝一起进关，被尊为皇太后而善终。

哲哲姓博尔济吉特氏，是科尔沁蒙古贝勒莽古思之女，是皇太极的结发妻子。这门婚事，是清太祖努尔哈赤定的。本来，科尔沁蒙古和努尔哈赤的关系并不好。明万历二十一年（1593）的时候，科尔沁部首领明安曾和叶赫、辉发等九部组成联军，向努尔哈赤发动大规模进攻。结果被努尔哈赤战败，明安的马陷在泥淖中，衣服、马鞍都丢失了，最后只穿条短裤，骑着无鞍马跑了。第二年，明安主动和努尔哈赤建立了友好关系。为了和明朝进行斗争，双方的联系一直不断，关系越来越好。努尔哈赤把自己的女儿嫁给科尔沁蒙古王公当福晋，科尔沁蒙古王公又把自己的女儿送给皇太极做后妃。通过这种政治联姻，巩固、加强了满蒙联盟。

明万历四十二年（1614）四月，哲哲出嫁那天，努尔哈赤命皇太极亲自出迎。皇太极一直迎到辉发扈尔奇山城，大宴亲朋，举行了婚礼。[1] 哲哲美丽动人，端庄大方，性情温柔，待人和善，婚后与皇太极生活得十分甜蜜，可谓鸾凤

---

[1] 事见《清史稿·后妃列传·孝端文皇后》："岁甲寅四月，来归，太祖命太宗亲迎，至辉发扈尔奇山城，大宴成礼。"

合鸣。当时是清前期的发展时期，为了扩大地盘，发展自己的势力，皇太极常年东征西战，很少在家，哲哲虽感寂寞，却能体谅，给皇太极以无微不至的关怀、安慰。

天命十一年（1626）八月，努尔哈赤死去，经过激烈的争夺，皇太极于当年九月继承了汗位。哲哲被封为中宫大福晋，此后，哲哲的母亲科尔沁大妃便常来盛京城看望女儿。每次这位岳母来，皇太极都要亲自迎送，并赏赐给许多金银珠宝、绫罗绸缎。

后金天聪十年（1636）四月十一日，盛京（今辽宁沈阳）城内张灯结彩，一片欢腾。皇宫大政殿里举行隆重的登基典礼，皇太极从这一天起改称皇帝，国号由后金改为清。

这位大清第一个皇帝登基之后，自然要加封后宫了。盛京的后宫，包括清宁宫、关雎宫、永福宫、麟趾宫和衍庆宫，均为后妃居住之处。皇太极有后妃15人。首当其封的当然是自己的结发妻子哲哲了，她被封为清宁宫皇后；[1] 她的大侄女海兰珠被封为宸妃，居于关雎宫；小侄女布木布泰是海兰珠的妹妹，被封为庄妃，居于永福宫；其他两宫来自蒙古阿霸垓部，一个为麟趾宫贵妃，一个为衍庆宫淑妃。

做了皇后的第二年（1637），皇后母亲大妃又来到盛京城，皇太极设大宴欢迎。宴会后，皇太极封大妃为和硕福妃，并追封已经去世的岳父莽古思为和硕福亲王，派人在他墓前立碑。[2]

哲哲皇后恪守妇道，从不妒忌，也不过分注意皇太极和其他嫔妃的关系，生活得平平安安。唯一的遗憾是她未能为皇太极生个儿子，因此，她把两个侄女进奉给皇太极为妃（庄妃和宸妃），皇太极对她们十分宠幸，对皇后不免有些冷落。她却并不计较，始终默默地侍候着皇太极，并且关心和照顾着诸宫妃嫔。不过，她也很软弱，甚至软弱到有点无能，因而，她对于清宁宫以外的事情几乎一无所知。

崇德八年（1643）八月，皇太极突然发病死去。哲哲皇后身不由己地卷入

---

[1] 事见《清史稿·后妃列传·孝端文皇后》："崇德元年，上建尊号，后亦正位中宫。"
[2] 事见《清史稿·后妃列传·孝端文皇后》："二年，太妃复来朝，上迎宴。……寻命追封后父莽古思和硕福亲王立碑于墓，封太妃为和硕福妃。"

清陈枚《月漫清游图》

了一场新的争夺皇位的斗争。她虽无能，皇后的身份在关键时刻却有着举足轻重的作用。对此，她聪明的侄女庄妃自然很明白。为了让自己的儿子继承皇位，庄妃利用哲哲皇后来对付一些可能的反对势力。她曾和庄妃一起说服皇长子豪格放弃争夺，争取大贝勒代善支持福临。最终使福临继承了帝位，是为清世祖。而她自己和庄妃都成了皇太后。

此后，哲哲皇太后和顺治帝一起进驻北京，在宏伟高大的紫禁城中，享了几年清福。到顺治六年（1649）四月，终于离开了人世。

附：太宗皇太极妃布木布泰

布木布泰（1613～1367），清太宗皇太极妃子。父亲是科尔沁贝勒塞桑。崇德元年（1636）皇太极称帝后，封布木布泰为庄妃。谥号"孝庄文皇后"。布木布泰是明末清初中国历史舞台上有影响的人物之一。她在政局动荡的数十年中，历经二代（明、清）三朝（天聪、顺治、康熙）的变化，把全部精力都投入到风云变幻的政治斗争之中，对清王朝统一中国和入关初期巩固统治起到了重要的作用。

布木布泰

一、册立皇妃　喜生贵子

布木布泰，姓博尔济吉特氏，明万历四十一年二月初八（1613年3月28日）出生在蒙古科尔沁部落的一个贝勒家里。

在布木布泰的童年，由于其父塞桑是蒙古一个较大部落的首领，权力极大。因此她在优越的环境中无忧无虑地生活。为了培养自己心爱的幼女，塞桑特意聘请一些文人学士来教她读书，小博尔济吉特氏也用心学习，自幼就显示出超人的天分和聪明伶俐的性格。

这个时期，正是努尔哈赤领导的后金政权与明朝争夺地盘最激烈的时候，努尔哈赤在斗争中充分施展了自己的抱负，很快地控制了东北和蒙古的大部分地区。为了更好地笼络蒙古贵族，他鼓励后金贵族与蒙古贵族联姻，从而结成政治联盟。他亲自为四子皇太极挑选了塞桑的妹妹——哲哲为妻。皇太极和哲哲福晋婚后十多年，仍然无子，哲哲为了本民族在宫廷中的地位和利益，也为了使自己的生活不感到寂寞，在征得科尔沁蒙古王公同意后，便和皇太极提起，让自己的侄女布木布泰进宫侍奉他。那时，在满族和蒙古族中，对不同辈分之间通婚的约束并不严格，因此，皇太极一听哲哲此言，立刻同意。原来，在此之前他曾见过这位侄女。那是天命十年（1625）二月，皇太极在都纳，练兵闲暇时，在他的大舅子塞桑家饮宴，见塞桑之女布木布泰艳丽无比，不禁为之动心，当即大为赞赏，遂有聘纳之意。当时皇太极34岁了，而她只有13岁，楚楚可人，一双机灵的眼睛无所畏惧，妩媚诱人。举行婚礼的那天，塞桑遣子吴克善送女。皇太极出迎，遇于沈阳城北岗，筵宴如礼。将要到辽阳京城，努尔哈赤率诸

崇德三年正月，庄妃喜得贵子。图为吉祥图"麒麟送子"

贝勒及后妃等出迎十里，大宴以礼成婚。皇太极得此美女，爱宠专房。又见她谈吐不凡，智慧超群，更加器重。

崇德元年（1636）皇太极称帝后，布木布泰被封为庄妃。[1] 崇德三年正月，庄妃喜得贵子，取名福临，他是皇太极的第九子。福临生得眉清目秀，十分聪明，深受父皇宠爱。

二、为帝解忧　劝降明将

崇德六年（1641）七月，皇太极抱病出征，亲自指挥了具有决定意义的松锦大战，打垮了明蓟辽总督洪承畴率领的13万军队。洪承畴战败被俘，锦州守将

[1] 事见《清史稿·后妃列传·孝庄文皇后》："崇德元年，封永福宫庄妃。"

祖大寿被迫投降。锦州沦陷，使明朝经营了20多年的宁锦防线全部崩溃。大大加深了北京的危机。皇太极曾形象地说："取北京如伐大树，先从两侧砍，则大树自倒。现在，明精兵已尽，我再四周纵掠，北京一定可得。"

洪承畴为明末一代名将，以知兵善战而闻名，极得崇祯皇帝信任。松山之战失利后，崇祯帝以为洪已为国捐躯，亲自下令设祭坛，为他举行祭悼仪式。

皇太极久有吞并华夏的宏图，早知洪承畴之能，他遣谋士说客，千方百计劝洪承畴降清。可是被囚禁在三官庙的洪承畴却拒绝投降。他辱骂劝说归顺的使者，声称愿做断头将军，要求早死。他穿上污血斑斑的明朝服装，朝着北京的方向跪倒，向崇祯皇帝告别，并断然绝食，三天滴水不进。皇太极曾派谋士范文程等人多次劝降，但洪毫无降意。皇太极甚至许下诺言：有谁能劝降洪承畴者，可得重赏或高官厚禄。百官跃跃欲试，但均无功而返。

皇太极见劝说无效，仍不死心，就千方百计寻找洪承畴的弱点，以便加以利用。很快，洪承畴的仆人金升为皇太极收买，他献计说："我主人赋性沉毅，爵禄不能动其心，刀斧不能动其志，唯有见到美女，或可动其心志。"皇太极采纳金升建议，立即选派几个美女前去侍候，但几天下来，仍不见明显效果。皇太极一筹莫展。皇太极怀着颇为失望的心情，走进永福宫，不免感叹。庄妃关切地问道："近日松锦大捷，威震华夏，何以战胜而长吁短叹，这为何事呢？"

"爱妃可否猜上一猜？"皇太极说。

庄妃想了想说："国主虎威，降蒙古、平朝鲜，大胜明军于松山，长城以外都已为我所有，莫非以未能并吞中原而不乐？"

"你倒是聪慧，猜到我的心意了。"皇太极称赞说："要想进军中原与明争天下，非要有熟知中原内情的人相助不可。洪承畴正是这种人才，我有心劝降洪承

孝庄文皇后制服像

畴，无奈他誓死不降。他的仆人金升说他喜欢女色，我让几个美女去侍候他，都碰壁而回。我真想不出其他好计策了。"

庄妃听皇太极说出因由，沉思许久，她对皇太极说："洪承畴若肯归顺，夺取中原的大门就打开了。皇上，可不可以叫范文程来一趟？"皇上立即派人去叫。不一会儿，范文程来到永福宫。庄妃详细地询问了洪承畴的家世、经历、爱好、脾气之后，胸有成竹地对皇太极说："我有一计。"皇太极既兴奋又鼓励地说："有什么好的计策，只管说出来！"于是，庄妃低声悄语说出她的计策。皇太极不禁陷入沉思，最后点头同意。

洪承畴

第二天，庄妃打扮成一个俊秀的汉族姑娘，端着一壶人参汤来到了洪承畴的房间。开始洪承畴面壁而坐，对她不予理睬。庄妃不急不恼，亲切而温柔地说："将军即使绝食，难道不能先喝口水再就义吗？"洪承畴端详着庄妃那光彩照人的面孔和婀娜多姿的身条，庄后身上散发的青春气息刺激着他，一股求生的愿望油然而生，不由得他接过人参汤喝了起来。庄妃又连日劝慰，百般奉迎，以柔克刚，天天进奉美味佳肴，洪承畴渐渐地意转心回，吃喝照常，最后投降了。庄妃终于取到了打开中原大门的钥匙，她真是不同等闲！

庄妃降服洪承畴后，返回永福宫，皇太极突然发现：庄妃那秀丽的容颜显得分外娇艳，晶莹流盼的眼睛格外温柔，丰满细嫩的肌肤无比动人。想到后宫有一位如此美丽而又聪明的贤内助，皇太极十分动情，一时竟忘却了身边的侍女，猛然上前，一下子抱起了自己心爱的妃子。

皇太极很快在皇宫大殿里召集文武百官，以极其隆重的礼遇接见了洪承畴。洪承畴低头来到殿内，先向皇太极下跪，表示愿意投降，又向皇太极和皇后致谢。当他向皇后观望时，不禁大惊失色。坐在皇后座位上神色非常严肃地注视着他的那个人，不正是前几天随侍在自己身边、劝自己降清的那位汉家姑娘嘛！洪承畴此时又惊怕，又激动。他无论如何也想不到贵为皇后的布木布泰竟不惜屈

身劝降。他更感激皇太极的知遇之恩，决心追随新主人，以效犬马之劳。

三、智扼火拼　幼子继位

公元1643年秋（崇祯十六年十一月），在自己的事业即将取得全面胜利的时候，清太宗皇太极突患病暴亡，终年52岁。与皇太极相伴18个春秋的庄妃布木布泰悲痛欲绝，一再提出要效法前代皇后，为皇太极殉葬。但诸王、贝勒尊重她的处事为人，都很拥戴她。他们全力劝阻，理由是太宗子女幼小需要母后照看。在众人的劝慰下，庄后才稍为平静下来，全力以赴地去完成皇太极未竟的事业。

清太宗皇太极没有来得及实现入主中原、夺取明政权的夙愿就暴病而死。由于他生前未能指定皇位继承人，按旧制应由八王共举"贤者"。宗室贵族，人人觊觎。于是，满洲贵族内部围绕帝位继承问题，展开了一场激烈的争夺。

皇太极有11个儿子。肃亲王豪格为长子，当时34岁，为皇太极继妃所生。豪格早在太祖、太宗时期就曾领兵南征北战，颇有战功，实力很强。其他皇子当时年龄都还小，最大的也不过十六七岁，他们既没有战功，也没有地位。毫无竞争能力；另外，多尔衮和其弟多铎，因战功卓著，封为睿亲王和豫亲王，其兄阿济格封为英亲王。他们极具竞争力。努尔哈赤死时，多尔衮因为年幼，母亲被逼殉葬，皇位为皇太极所得。现在皇太极死了，他正在盛年，如以兄终弟及的方式入承大统从情理上是可以说得过的。资历最老的大贝勒代善，因年老体弱，已没有继位之想，可他也有相当的实力。他在观望着，谁继位对自己更有利。可以说，当时最有能力继承皇位的，就是豪格和多尔衮了。

双方实力如何呢？皇太极曾亲自统率的正黄、镶黄两旗拥立豪格。豪格本人又统正蓝旗，在满洲八旗中，他已拥有三旗的力量。索

多尔衮画像

尼、鳌拜等大臣也支持他。多尔衮拥有的力量是两白旗，他还得到了多铎、阿济格的支持。双方势均力敌，为继承皇位，各不相让。庄妃悲痛之余，已感到剑拔弩张之势，已听到磨刀霍霍之声，她想难道太祖、太宗创立的大清基业，就在这自相残杀中毁掉吗？

  庄妃知道会有这场斗争，但没想到会来得这样快、这样猛，她不能再等待了！在清宁宫的权力还没有完全丧失之前，她要运用这个权力，为自己的命运去搏斗。她想到了福临，儿子是自己的命根子，自己的命运要靠儿子来改变。她冷静了许多，在分析着形势，筹划着计策。豪格与多尔衮二王相争，势均力敌，和不可得，拼则两伤。经过几个昼夜仔细认真地思索，庄妃终于想好了一个折衷方案。她要把福临推上皇位。这有可能成功，推出福临，可以使双方白热化的矛盾降温，再说福临的背后，有忠于皇太极、忠于后妃的两黄旗，还有科尔沁的支持。庄妃的性格、才智、勇敢促使她去进行一次冒险的尝试。

  庄妃立即找皇后商量。她要靠皇后这棵大树庇护，她向皇后分析了目前的形势。皇后听完庄妃的话以后，她深感害怕：不管豪格还是多尔衮谁继位，都要发生一场血战，结果都是不堪设想的。于是，她决定支持庄妃，让福临继位，以保住清宁宫的特权，避免相互残杀。然后，皇后和庄妃一起劝说豪格支持这个方案。豪格虽然明白这个道理，却总觉得委屈。他回到家中后，对侍候在身边的爱妻心灰意冷地说："我德小福薄，不堪继位。让皇九子继位还可以，如果让多尔衮继位，我决不允许。"

  几乎在这同时，急不可耐的多尔衮在三官司庙召大臣索尼询问册立之事。索尼说："先帝有皇子在，必立其一。其他的我不知道。""必立其一"？除豪格外，还会是哪个皇子呢？多尔衮在沉思。

清代女子饰物

代善年高望重，又有实力，争取他的支持很重要。说通豪格后，庄妃和皇后立即召大贝勒代善入宫，争取代善的支持。代善害怕豪格与多尔衮反目为仇，自相残杀。可当皇后提出要立福临时，他沉默了。他想，如果立福临，庄妃不就听政了吗？大清国说什么也不能掌握在一个女流手中！庄妃似乎看透了他的心思，诚恳地对代善说："大贝勒素以国事为重，请放心，福临继位后，我退居后宫，深居简出，决不参政。"代善终于默认了。

清代女子饰物

抓住这个时机，庄妃决定面见多尔衮。当她来到睿亲王府时，多尔衮吃了一惊。庄妃微微一笑，开门见山，单刀直入地说："我来睿王府，是和你商议嗣君事宜的。论功劳地位，你是有资格登大位的。但先帝有子，头一个豪格就不会甘心。先帝其他年长的儿子，以及代善一支，都会反对你。到那时，国中岂不就大乱了吗？"

"先皇在日，就有立我的说法。我整整等了17年。"多尔衮无不愤慨地说。

庄妃为了平息多尔衮的火气，语气非常缓和，道理却十分中肯，她缓缓地说道："王爷要以国家为重。大清基业初定，宏图尚未成功，我怕兄弟反目，有愧两代先王。清宁宫决意不会拥立肃亲王豪格。他虽然是太宗皇帝的长子，为人又忠厚直爽，但只知其武，不知其文。今后大清要叩关而入，问鼎中原，这副担子他挑不起来。"多尔衮听到后宫不再拥立豪格，松了一口气。"我有一个主意，特来和王爷商量。"庄妃接着说。

庄妃以前虽然也见过，但没有现在这么近的距离，可谓咫尺之间看得这样从容，这样清楚，多尔衮看她比自己妻子美丽多了。他对她有相当的好感，憋在心里的气也没有了，忙说："皇嫂说出来听听。"

庄后见时机已到，忙说："我儿福临，年方6岁，可以让他继承皇位，以王爷为摄政王，全权负责军国大事。这样安排，诸王贝勒不好公开反对，而王爷又能控制实权。国家不会发生内乱，王爷大权在握也实同皇帝。不知王爷意下如何？"

多尔衮见庄后说得合乎情理，言语中不仅表现出对自己的关怀，更分配了自己的权力。终于决定服从皇嫂的意见，不再争当皇帝，并表示全力协助其侄福临登上皇位。

经过五天五夜紧张激烈地明争暗斗，八月十四日，诸王贝勒大臣会议召开，讨论嗣君问题。会议由大贝勒代善主持，他年长德高，理所当然。大臣索尼首先讲话，强调必须立皇子。代善则进一步说明，应当立豪格。而豪格的讲话中则有些谦让，他

福临像

说自己"德小福薄，非所堪当"，中间退出会场。这时，阿济格、多铎趁机提出让多尔衮继位。多尔衮开始犹豫未允。对此，两黄旗大臣坚持反对，甚至佩剑向前，表示若不立帝子，宁愿跟从皇太极死于地下。而两白旗大臣又坚决反对立豪格。双方剑拔弩张，弄不好会导致一起流血冲突。在这千钧一发之际，多尔衮提议拥立皇太极的第九子6岁的福临为帝，由他和济尔哈朗（努尔哈赤弟）共同辅政，等福临长大后归政。这一折衷方案，立即得到会议主持者代善的支持，很快被会议通过成为决议。这是一个解决择君危机的折衷方案，照顾了各方面的利益，维护了满洲贵族的团结，以求入主中原。多尔衮与豪格的主动退让，在一定程度上反映了对这种共同利益的认识。豪格对代善徒劳的荐己无礼地退出会场，反映了他直爽、粗鲁的武将性格。多尔衮犹豫未允，反映了他的矛盾心理，而首倡福临，则表明了他的精明和主动。

崇德八年八月二十六日，福临在沈阳继承帝位，第二年改元顺治，是为清

世祖。尊哲哲皇后和生母庄妃为皇太后。[1]时势把一个6岁的孩子推上了历史舞台的中心,也把庄妃推上了历史舞台的中心。顺治元年（1644）四月,清王大臣会议决定,济尔哈朗留守沈阳,佐助福临处理朝政,多尔衮出师往取北京,打开通向中原的道路。

清兵进入中原的必经地——山海关东门城楼

就在这一年的正月,关内形势也发生了翻天覆地的变化。农民起义军领袖李自成在西安正式建立"大顺"政权。三月,李自成攻占北京,崇祯帝自缢煤山,明朝灭亡。李自成称帝。

当时,明驻守宁远总兵为吴三桂、驻守山海关总兵是高第。李自成曾派遣明朝降将唐通携带金银财宝,前往山海关招降。吴三桂归降并率所部进京朝见新主。走到半路时,遇到从北京跑出来的一个家人,报告说他父亲吴襄被抓去拷打,爱妾陈圆圆被李自成所掳。吴三桂顿时怒火万丈,立即率所部4万人马杀回山海关。他自揣兵力不足,竟致书多尔衮请发兵助攻。多尔衮乃乘机倾其全力,兴兵入关,与李自成大军会战于山海关,大败李自成。多尔衮率军长驱西进,直至北京。

顺治元年（1644）九月九日,济尔哈朗统率一支骑兵部队,簇拥着一辆黄盖车,开进山海关,奔向北京。黄盖车中坐着神采奕奕的布木布泰太后和清世祖爱新觉罗·福临。九月十六日,福临车驾到达通州（今北京通州区）,多尔衮率诸王、贝勒、文武群臣前往行殿朝拜；十九日,福临从正阳门进入皇宫；二十五日,多尔衮诸王及满汉官员上表,劝福临即皇帝位；十月初一,福临前往南郊,祭告天地,并派遣官员祭告了太庙和社稷,正式即皇帝位,成为清王朝入主中原、君临全国的第一代皇帝。从此,中国历史进入清朝统治时期。

---

[1]事见《清史稿·后妃列传·孝庄文皇后》："世祖继位尊为皇太后。"

四、下嫁睿王　呕心辅政

7岁的福临没有能力处理朝政，国家大权实际上掌握在多尔衮手中。随着清军入关以后军事进展的顺利，多尔衮的权力欲也日益膨胀，他利用手中掌握的军政大权，结党营私，打击异己。原先与他争皇位的豪格被幽禁而死，另一摄政王济尔哈朗也被贬官。多尔衮建造的王府宏伟壮丽，胜过皇宫。他入朝时，满朝文武要对他下跪。多尔衮实际上享有了皇帝的尊荣和权力。他掌理国政，权高望重，天下只知有摄政王，不知有顺治帝。他如果要废顺治帝自立，易如反掌。他没有这样做，其中也许是受了布木布泰太后的影响。

多尔衮以摄政王之尊出入内宫，和太后接触频繁。时太后年方31岁，正值盛年，周身焕发着青春的热力，一种成熟的美丽更惹人爱慕。多尔衮比太后大两岁，常常为太后之美所吸引。这时恰恰遇到多尔衮妻子病故，太后为了笼络和控制多尔衮，巩固自己和福临的地位，便按照满族父死则妻其后母、兄死则妻其嫂的习俗，下嫁给多尔衮。[1]顺治二年（1645），两人结成伴侣。

当年下嫁多尔衮，虽然为后人所非议，但在当时不失为成功之举。尽管多尔衮野心很大，时刻想着龙座，但由于受到布木布泰有力地牵制而未能如愿以偿。多尔衮也尽全力帮助年少的皇帝巩固了统治，既保证了皇帝母子的平安，又保持了朝廷最高层的稳定，没有因为统治阶级内部的争权夺利而引起大的动乱。

清改琦《宫娥梳髻图》

---

[1] 此事正史阙载，相传乾隆朝，史家纪昀在修史时认为这是件丑事，便请示高宗毁掉了有关此事的记载。

时人张煌言曾写过一首宫词："上寿称为合卺樽，慈宁宫时烂盈门。春宫昨进新仪注，大礼恭逢太后婚。"形象地描述了他们的婚事。清军入关后，汉族的封建文化对满族的影响日益深入，其中也包括传统的封建礼教。太后和摄政王多尔衮结婚，当时曾受到维护封建礼教的汉大臣的指责和反对。但皇太后断然下嫁，藐视封建礼教，是很有勇气的。顺治六年（1649）一月，多尔衮改称"皇父摄政王"，并通行于全国。

正当多尔衮志满意得的时候，顺治七年（1650）十二月初九，他突然咯血，病死在塞外的喀喇城，时年39岁。

13岁的顺治帝追尊他为成宗义皇帝。但没过几个月，有人告发多尔衮，有废帝自立的阴谋。对多尔衮专权早就耿耿于怀的顺治帝追废了多尔衮的一切荣衔，并抄其家。

顺治八年（1651）正月十二，14岁的福临在太和殿宣布亲政。一个少年皇帝，临朝理事，日理万机，无疑是困难的。但在顺治亲政的8年间，能够有所作为，使清朝政权得到基本巩固，这与布木布泰太后的辅佐是分不开的。

顺治八年二月，布木布泰太后诰谕皇帝说："为天子者，处于至尊，诚为不易。民国者之本，治民必简任贤才，治国必亲忠远佞，用人必出于灼见真知，莅政必加以详审刚断。赏罚必得其平，服用必合乎则。毋作奢靡，务图远大，勤学好问，惩忿戒嬉。倘专事佚豫，则大业由兹替矣。凡机务至前，必综理勿倦，

归庄《罗汉图》

清任颐《花容玉貌图》

诚守此言，岂惟福泽及于万世，亦大孝之本也。"[1] 这份诰谕，顺治帝称为"作君之则"，作为自己的座右铭。福临遵照母后的教导，总结治国的经验，选贤任能，严惩贪官，对朝政进行了一系列改革，并取得了一些成就，不负母后所望。

虽说如此，全国各地反清斗争仍此起彼伏，南明残余势力也在试图东山再起。布木布泰太后认识到要统治全国，缓和满汉人民之间的矛盾，必须要重用汉人为清皇朝效力。当时吴三桂被清政府封为平西王，权倾西南，布木布泰太后对他倍加笼络，亲自主持把皇太极的第14个女儿和硕公主嫁给吴三桂之子吴应熊为妻；又打破常例，把平南王孔有德的女儿孔四贞"育之宫中，赐白金万，岁俸视郡主"。这种特殊的礼遇，使早年投降清朝的原明朝将领感激万分，他们效尽犬马之劳，为清廷扑灭南明反抗力量、稳固统治立下很大功劳。

太后在后宫提倡节俭，常将节余银两赈济灾民。顺治十一年（1654），皇太后发宫中银4万两救灾。顺治十三年（1656），她又发宫中银3万两，赈济直隶灾民。虽然这只是杯水车薪，但重要的是她以自己的表率影响了百官。她还要皇帝发布告示，鼓励人民返回家园，开荒生产，并适当减免税收，恢复和发展了北方经济。

顺治十六年（1659）七月，坚持抗清的郑成功从厦门率舟师北伐，攻克长江的门户镇江，围困南京，震惊清廷。顺治帝举止失措，想要退守关外。皇太后严肃地斥责他说："你怎么可以把祖先以勇敢和鲜血生命拼来的江山这样轻易地放弃呢？"顺治帝由羞愧转为狂怒，说："我要亲自出征，或胜或死。"拔剑击

---

[1] 语见《清史稿·后妃列传·孝庄文皇后》："古称为君难，苍生至众，天子以一身临其上，生养抚育，莫不引领，必深思，得众得国之道，使四海咸登康阜，绵历数于天疆，惟休。汝尚宽裕慈仁，……俾予亦无疚于厥心。"

案，以示决心。真要这样，大局就动摇了。皇太后竭力劝阻，终于使狂怒的皇帝冷静下来，留在北京坐镇指挥。顺治十七年（1660）八月，顺治帝宠爱的董鄂妃病故，他陷入极度悲痛之中，甚至要削发为僧，也为皇太后等人所劝止。

在太后的辅佐下，顺治帝先后掌权十一年，为清朝的发展奠定了基础。顺治十八年（1661）正月初七夜里，顺治因天花病死在皇宫中的养心殿，年仅24岁。

五、再扶幼帝　奠定基业

顺治帝一死，大清皇位的继承又发生了问题。顺治帝临死前，曾想选立一位兄弟，可太后坚持立皇子，并作主立顺治帝8岁幼子玄烨为帝。其主要理由是玄烨在幼年时已出过天花，不会再受这种病症的伤害。此时的太后已有左右朝廷的能力，在她的主张下，帝位顺利更替。玄烨即康熙帝。太后被尊为太皇太后。清朝历史步入康熙时期，太皇太后也随之开始了新的征程。她从前朝大臣中选择了保证顺治帝继承皇位的有功之臣的鳌拜、索尼、苏克萨哈和遏必隆四人来辅佐小皇帝。[1] 这几位辅臣均不是皇亲宗室，由此可以看出博尔济吉特氏吸取了前朝多尔衮专权的教训，用心良苦。

康熙帝即位后，安徽桐城秀才周南，不远千里来北京请太皇太后垂帘听政。可太皇太后断然拒绝了，她谕示诸王、贝勒和大臣们说："你们恩报朕子皇帝之恩，偕四大臣同心协力，辅佐幼主，则名垂万世。你们这样，我也就放心了。"

四大臣辅政时期，仍以"效法太祖、太宗"作为施政纲领，并恢复了一部分

满族家庭祭奉的祖宗形象

[1] 事见《清史稿·世祖本纪》："特命内大臣索尼、苏克萨哈、遏必隆、鳌拜为辅臣。"

清代女子服饰

满族入关前的旧制,思想倾向保守。不久,四大臣内部开始分化。康熙四年(1665)初,议立索尼的长子噶布喇之女为康熙皇后,鳌拜借口其出身低下坚决反对,并会同遏必隆、苏克萨哈启奏太皇太后。太皇太后毫不客气地回答说:"满洲下人之女如何立不得皇后?我意已定,不必再议。"七月,索尼的孙女被册立为皇后,索尼成为皇亲,地位自然提高。与此同时,鳌拜权势日涨,遏必隆依附鳌拜。康熙五年(1666),鳌拜提出镶黄旗与正白旗更换土地的主张,四辅臣中的索尼是正黄旗,遏必隆是镶黄旗,他们明哲保身,对这一主张采取默认的态度,而属正白旗的苏克萨哈坚决反对。因换地事件,苏克萨哈与鳌拜发生冲突,积怨日深。索尼年老多病,害怕卷入他们的矛盾,于康熙六年(1667)三月,提议并会同鳌拜等共同奏请康熙亲政,太皇太后没有同意,当年六月,索尼病故。七月,太皇太后考虑到鳌拜与苏克萨哈的矛盾,决定同意康熙亲政。

这年,康熙亲政,年龄才14岁。鳌拜无视幼主把持朝政,不肯归政。

鳌拜专权跋扈欺压幼小皇帝并欲取而代之的野心越来越清楚了。太皇太后感到孙子的皇权受到威胁,必须清除鳌拜。为了清除鳌拜,她精心策划组织和导演了一场别有情趣的戏剧。她命令康熙帝挑选一批少年侍卫,经常在宫中练布裤(摔跤)游戏。鳌拜每次上朝碰见,他们也不回避。鳌拜误认为是皇帝年轻好玩,心里很坦然,并不戒备。一天,鳌拜上朝,看到他们在摔跤挺有趣,便走过来凑热闹,突然,这群小孩和他扭打起来。开始鳌拜还以为是和他开玩笑,等他被捆绑住后,才明白自己是上当了。鳌拜被革职拘禁,其党羽被处死。太皇太后定巧计擒捉鳌拜,巩固了她孙子的地位。康熙夺回政权后,立即宣布停止圈地,

平反苏克萨哈案件，甄别官吏，奖励百官上书言事，开始了清代政治史上新的一页。

康熙帝实际亲政后，太皇太后更加全力辅佐。朝廷大事，康熙帝基本上是先告诉她，然后再办。朝中重大决策，甚至日常事务的处理，都与她的旨意是分不开的。康熙帝每天上朝前或下朝后，都要到后宫问安请示，有时一天多达3次，聆听祖母面授机宜。康熙帝赞颂太后曰："祖母虽然处在深宫，但为国家谋划弘纲大政，勉以怀侍，惕以励精。"康熙十二年（1673）二月，翰林院进呈刊刻满译本注释儒家经典《大学衍义》一书。太皇太后传谕康熙说："这是一本非常有价值的书，你要特别加意编纂，命儒臣翻译刊刻，颁赐诸臣。把这件事办好，我是非常高兴的。"并特发内宫白金1000两，奖赏译刻有功人员。祖母对孙子格外慈爱，孙子对祖母极尽孝道，言听计从，躬行不怠。祖孙间关系十分融洽。

康熙十二年（1673）十二月，爆发了规模浩大的三藩叛乱。"三藩"是指吴三桂、耿精忠、尚可喜。这些降清的明将为清朝竭力效劳，在镇压农民起义军和抗清力量的同时，也使自己实力得以发展，他们被封为王，镇守一地，拥有重兵，割据一方。"三藩"割据势力的不断发展，严重威胁着国家统一。康熙亲政

昭陵正门

后决定撤藩，他对军机大臣们说："天下大权，惟一人操之，不可旁落。"撤藩令一下，吴三桂发动叛乱，其他二王纷纷响应，使清朝统治者大受震动。这事也日夜牵动着太皇太后的心弦。她时刻关注政局的发展，经常发宫中帑银犒赏前方将士。康熙二十年（1681）末，三藩叛乱平定。群臣要给康熙上帝尊号，康熙帝断然拒绝，提出应给太皇太后上尊号。[1] 太皇太后再三辞谢说："我一个妇人，无功于臣民，如受徽号，实感不安。"康熙帝真诚地说："国家凡有大庆，必归美于尊亲，臣下也有光荣。"硬是说服祖母接受尊号，并大赦天下。

康熙二十六年（1687）十二月十一日，太皇太后染上风寒，卧床不起。康熙帝在慈宁宫连续侍奉了十余天。他每天只在辰时到乾清门听政，事毕即返，亲自调药，昼夜席地而坐，侍奉在祖母身旁。无奈太皇太后的病愈来愈重，临终前她平静地回忆了自己的一生，嘱康熙帝"勉自节哀，以万机为重"。并面谕："太宗文皇帝梓宫，安奉已久，不可为我轻动。况且我心恋你皇父及你，不忍远去，务必于孝陵近地为我选择一个地方。这样，我的心就没什么遗憾了。"当年十二月二十五日，太皇太后逝世，享年75岁。遵照她的遗愿，安葬于河北遵化昭陵西，曰昭西陵，谥号孝庄文皇后。

综观孝庄文皇后的一生，历经三朝，辅立两帝，运筹后宫而不临朝擅权，顺应时势而不固执旧制，促进了清朝的建立、巩固和发展。她是清朝的兴国女杰。

康熙帝在祭文中，对祖母作了令人诚服的评说："忆自弱龄，早失怙恃，承奉祖母膝下30余年，鞠养教诲，以至有成。设无祖母太皇太后，臣断不能致有今日。成立罔极之恩，毕生难报。"康熙帝在祖母的抚养、教导和辅佐下成长起来的，可以说没有孝庄文皇后，也就没有康熙帝。

名 家 评 说

至于明社已屋，又由多尔衮出师，唾手中原。后人谓多尔衮之肯出死力，皆孝庄后有以笼络之，然则孝庄后固一代尤物乎？明亡清继，成于一妇人之手，吾訾其德，吾服其才。

——蔡东藩《清史演义》

---

[1] 事见《清史稿·圣祖本纪》。

世祖福临（顺治）皇后博尔济吉特氏

博尔济吉特氏，清世祖福临（顺治）皇后，父为科尔沁卓礼克图亲王吴克善。顺治八年（1651），博尔济吉特氏被册封为皇后。博尔济吉特氏美丽、聪明，但却怎么也打动不了皇帝福临的心，最后竟被贬为贵妃。其原因只是由于这门婚事是多尔衮定下的。顺治帝对多尔衮积怨太深，转怒于皇后，可怜的她，成了替罪羊、牺牲品。

顺治八年（1651）正月，14岁的福临开始亲政，册立博尔济吉特氏为皇后。对于这位皇后，福临并不满意，因为婚事是多尔衮生前定下的。[1]可是考虑到和蒙古王公政治上的联盟关系，他又不得不表示同意。

多尔衮为摄政王时以"皇父"自居，为了控制福临，他按满族旧例为福临订婚。那时，多尔衮独揽军政大权，他的王府宏伟壮丽，比皇宫还有气魄。以致

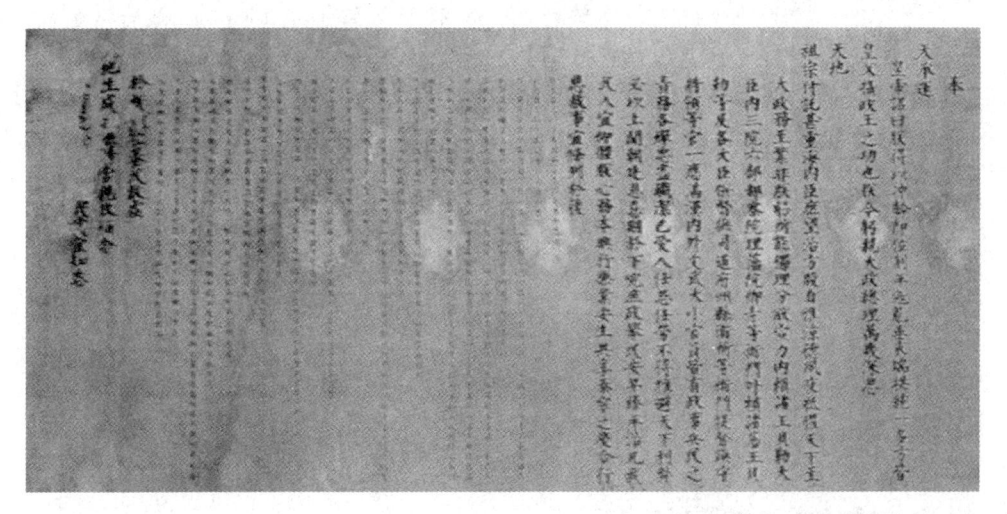

顺治亲政时，向全国颁布的诏书

---

[1] 事见《清史稿·后妃列传·世祖废后》："后丽而慧，睿亲王多尔衮摄政，为世祖聘焉。"

当时人们只知道有摄政王，不知道有顺治帝。自尊心颇强、天分又高的顺治帝随着年龄的增长，日益感到难以忍受。当初顺治帝年幼，母亲孝庄文皇太后为了笼络和控制多尔衮，巩固自己和儿子的地位，便按照满族习俗下嫁给多尔衮。他们二人感情不和自然又进一步激起了顺治帝对多尔衮的不满。顺治七年（1650），多尔衮突然咯血而死。顺治帝以多尔衮生前准备篡夺帝位为理由立即颁布诏书，削去多尔衮的尊号，抄没了他的家产。

顺治帝这样做仍不解心头之恨，他把对多尔衮的怨恨迁怒于皇后，对皇后非常冷淡。尽管皇后非常聪明、美丽，并百般讨好皇帝，但怎么也打动不了年轻皇帝的心。顺治帝好简朴，皇后博尔济吉特氏则注重打扮、讲究排场，生活比较奢侈，这更为顺治帝所看不惯。[1] 不久，顺治帝便有意疏远皇后，后来，干脆不和她见面，一隔就是近两年的时间。皇后是布木布泰太后的亲侄女，她便向姑姑哭诉冤屈，太后也劝说皇帝，可顺治帝始终不改变态度。

顺治十年（1653）八月，顺治帝突然命大学士冯铨等人，整理各朝皇

[1] 事见《清史稿·后妃列传·世祖废后》："上好简朴，后则嗜奢侈，又妒，积与上忤。"

清陈崇光《柳下晓妆图》

后被废的故事送他阅读。冯铨等人从中得知皇后要被废掉的消息。这消息一传开，举朝震骇。大臣纷纷上疏，劝告顺治帝不要这样做。冯铨疏中说："前代如汉光武、宋仁宗、明宣帝，皆称贤主，俱以废后一节，终为盛德之累。望皇上深思详虑，慎重举动，万世瞻仰。"顺治帝拒绝了他们的请求，谕以"无能，故当废"。即日，顺治帝又上奏皇太后，把皇后博尔济吉特氏降为静妃，从中宫改居侧宫，并要礼部进行讨论。礼部员外郎孙允樾及御史宗敦一等14人各上疏力争，建议顺治帝改变决定。孙允樾所言尤切："皇后正位三年，未闻失德，特以'无能'二字定废嫡之案，何以服皇后之心？何以服天下后世之心？君后犹如父母，父欲出母，即心知母过，犹涕泣以谏，况不知母过何事，安忍缄口而不为母请命？"[1]顺治帝一意孤行，于众大臣之意见于不顾，并谕示孔允樾引咎自责。迫于皇帝的压力，孔允樾只得上疏承认自己不对，大臣们再次讨论后也只得遵从顺治帝的意愿。皇太后对废掉自己的侄女，很不情愿，可考虑到顺治帝的心情，还是顺从了儿子的意愿。于是，皇后博尔济吉特氏被废。

博尔济吉特氏被废五年后，顺治帝醒悟到自己废后是不对的，便下令将皇后位号及册宝等悉如其旧。可她已不是正式的皇后了，顺治帝再也没有亲近过她。

可怜的她，从和顺治帝结婚起，就没有得到皇帝的一点点尊重和欢爱，却承受了羞辱和折磨，在深宫中默默煎熬，直至生命的最后。

名家评说

若顺治帝为隐怨故，至废其后博尔济锦氏，尤失人君之道。观其敕谕礼臣，谓后为睿王所主议，册立之始，即与朕意志未协，是则后固明明无罪者，特嫉睿王而迁怒于后耳。迁怒于后而废之，谓非冤诬得手？冤诬臣子且不可，况夫妇乎？本回历历表明，于睿王之功过，顺治帝之得失，已跃然纸上。

——蔡东藩《清史演义》

[1] 语见《清史稿·后妃列传·世祖废后》："允樾言尤切，略言：皇后正位三年，未闻失德，特以"无能"二字定废嫡之案，何以服皇后之心？何以服天下后世之心？君后犹父母，父欲出母，即心知母过，犹涕泣以谏；况不知母过何事，安忍缄口而不为母请命？"

世祖福临（顺治）皇后博尔济吉特氏

博尔济吉特氏，世祖福临（顺治）第二位皇后，父为科尔沁贝勒绰尔济。顺治十年（1654）博尔济吉特氏被册立为后。谥号"孝惠章皇后"。博尔济吉特氏作为顺治帝的第二位皇后，同第一位皇后一样，她没有得到顺治帝的爱情，所幸的是她作为皇太后，却享受到康熙帝的敬爱，并活至77岁，这在封建历代皇后中，也算高寿了。

顺治十一年（1654）六月，博尔济吉特氏由来自科尔沁的皇太后、顺治帝的母亲布木布泰作主，选进宫中，初为妃，一个月后册立为后。新皇后的妹妹和她同一年进宫，被册封为淑惠妃。

博尔济吉特氏

顺治帝对这位皇后也没有什么好感，冷冷地对待她，无缘无故地责备她。顺治十五年（1658），皇太后有病，顺治帝毫无根据地责备皇后不懂礼节，命令停止她应当享受的某些礼仪性待遇，并让诸王、大臣讨论执行。[1] 由于皇太后理直气壮的干预，皇后的这些待遇才得到恢复，但顺治帝一直冷淡这位皇后，直到他去世。康熙帝即位后，博尔济吉特氏被尊为皇太后，居慈仁宫，而这成了她生活的转折点。

博尔济吉特氏和太皇太后与康熙帝的关系一直非常融洽。康熙帝奉太皇太后谒孝陵、幸盛京，谒福陵、昭陵，出古北口避暑，幸五台山，皆奉太后侍行。康熙二十二年（1683），康熙奉太皇太后出塞，由于太后未同行，康熙中途射得

[1] 事见《清史稿·后妃列传·孝惠章皇后》："十五年正月，皇太后不豫，上责后礼节疏阙，命停应进中宫笺表，下诸王、贝勒、大臣议行。"

一只鹿,他命人将鹿尾用盐腌好,亲自送给太后,极尽孝道。[1]康熙二十六年(1687),太皇太后病重,太后朝夕侍奉在身边。太皇太后去世后,下葬时太后仆地大哭,痛不欲归。康熙帝令诸王大臣奏请太后节哀回宫,再三劝请,她才忍痛回宫。康熙二十八年(1689),建宁寿新宫,奉太后居住。

康熙三十六年(1697)二月,康熙帝亲征噶尔丹,驻扎在他喇布拉克。太后在康熙帝生日时,遣使给皇帝祝寿赐金银茶壶,康熙帝对细心而

太后60大寿,康熙帝送了礼品以祝寿。图为吉祥图"寿星王母"

又体贴的皇太后十分感激。平定了噶尔丹后,群臣请康熙帝加太后徽号寿康显宁,太后因为康熙帝不受尊号,也坚决不受。康熙帝对皇太后的善解人意,更为钦佩。康熙三十九年(1700)十月,太后六十大寿,康熙帝制《万寿无疆赋》,并送了礼品,又令膳房数米万粒,号"万国玉粒饭",及肴馔、果品等献上。到太后七十大寿时也是如此,很有作为的康熙皇帝在孝道方面,可谓是历代君王的典范。

康熙帝64岁时,太后病重。皇帝不顾自己身体欠佳,亲自到宫中看望太后,并跪在床下,双手捧着太后的手亲切地说:"母后,儿臣在此。"太后慢慢睁开眼睛,因畏明,用手遮住光线,一边握着康熙帝的手,一边仔细地端详着

---

[1]事见《清史稿·后妃列传·孝惠章皇后》:"二十二年,上奉太皇太后出塞,太后未侍行,中途射得鹿,断尾渍以盐,并亲选榛实,进太后。"

他，感动得泪水不禁流出，可惜已不能说话了。[1]康熙帝带病朝夕侍奉皇太后传为佳话。太后去世，享年77岁。葬孝陵之东，曰孝东陵。

雍正、乾隆累加谥，曰"孝惠仁宪端懿慈淑恭安纯德顺天翼圣章皇后"。

---

[1] 事见《清史稿·后妃列传·孝惠章皇后》："是岁，上春秋六十有四，方有疾，头眩足肿，闻太后疾甚，以帕缠足，乘软舆诣视，跪床下，捧太后手曰：'母后，臣在此！'太后张目，畏明，障以手，视上，执上手，已不能语。"

附：世祖福临（顺治）贵妃董鄂氏

董鄂氏（1638~1660），世祖福临（顺治）贵妃。父为内阁大臣鄂硕。董鄂氏18岁入侍，顺治十三年（1656）封为贵妃，宠冠后宫。可惜只伴随顺治帝4年就匆匆而去。谥号"孝献皇后"。她的死使顺治帝无法摆脱悲伤痛苦，过分悲伤的顺治帝一年后也与世长辞。想不到顺治帝和他的父亲皇太极这两位清代先期的皇帝，竟然同样痴情。

董鄂氏

一、格外受宠　事出有因

董鄂妃系内阁大臣鄂硕之女，她原本是顺治帝的异母兄弟襄亲王博穆博果尔之妻，没想到却受到顺治帝狂热的爱恋。对此，顺治帝的弟弟襄亲王非常生气，他对自己的妻子大加斥责，顺治帝得知此事后，竟召来弟弟训斥，还扇了他一个耳光，不久博穆博果尔怨愤死去，年仅16岁。顺治帝等董鄂氏27天丧期服满，便召她进宫，立为贤妃，这时是清顺治十三年（1656），皇帝19岁，董鄂氏18岁。婚后二人相亲相爱，如胶似漆，仅仅一个月以后，董鄂氏又被晋升为皇贵妃，仅居皇后一人之下。清朝册封贵妃原来并不颁召天下，然而顺治帝却有意破例颁召天下，足以证明他对董鄂氏的宠爱。爱屋及乌，董鄂氏的父亲鄂硕也极受宠誉，连升三级并得到大量的赏赐。

顺治为什么如此喜爱董鄂妃？难道她的魅力真的能使皇帝魂不守舍吗？其实，也未必，顺治帝之所以这样疯狂地喜欢她，也确有客观原因，这和多尔衮不无关系。

崇德八年（1643）八月二十六日。福临在沈阳即位，第二年改元顺治。此

北京紫禁城漱芳斋院内大戏台

时正值李自成农民义军攻占北京城，崇祯皇帝吊死煤山。在这历史转折的紧要关头，多尔衮利用千载难逢的天赐良机，趁明朝崩溃而农民义军立足未稳之时，打起为崇祯帝报仇的旗号，数日之内便召集起大批人马日夜兼程向山海关进发，长驱直入，一直杀进了紫禁城。

　　清朝入主中原，天下初定的首功确非多尔衮莫属。随着地位的愈加尊崇，他也愈加擅权专断，有恃无恐，排除异己，将一切政令都出自他一人之手。面对这种情况，孝庄皇太后为保住儿子福临的皇位，便下嫁给了多尔衮。

　　福临是天分很高的人，他以少年人所特有的热情和勤勉阅读了大量汉文书籍，所以他不再向先辈那样，单靠武力治天下，转而以文教作为治国之本。随着年龄的增长，他对多尔衮的专权自然是不满意的；对多尔衮与他母亲庄妃的暧昧关系更是不能容忍的。然而多尔衮对他却是真心实爱，以至到他刚满14岁的时候，多尔衮竟为他选定科尔沁博卓礼克图亲王吴克善之女博尔济吉特氏为皇后，不想这却种下了帝后爱情悲剧的种子。

　　顺治八年（1651）八月十三日举行了隆重的大婚礼，奉迎皇后入宫。不与之相见，两年后将她废黜，降为静妃，改居侧室。[1]

---

[1] 事见《清史稿·后妃列传·世祖废后》："上谕以'无能，故当废。'即日奏皇太后；降为静妃，改居侧室。"

二、无奈短命　夫作诔文

　　董鄂氏受到了顺治皇帝异乎寻常的宠爱，不久她为皇帝生下了一个儿子，即皇四子。子因母贵，据说顺治帝曾准备将他立为皇太子，但这孩子仅仅三个月就夭折了。顺治十七年（1660）董鄂氏由于忧伤过度便玉陨香消，仅仅陪伴皇帝度过了短暂的四个春秋就匆匆而去。董鄂氏之死，使顺治帝陷入了无法摆脱的痛苦之中。为了抚慰顺治，太后同意追封董鄂氏为皇后，即孝献皇后。顺治帝既然不能与他心爱的贵妃共享永年，只好以这些殊遇来表达自己对董鄂氏的无限爱恋和哀思。他含着眼泪为董鄂妃写了数千字的《董妃行状》，追念两人你恩我爱的朝夕相处的日子，现简要摘录于下，以飨读者。

　　"朕心爱的皇后，是那样知书达理，温柔体贴，善解人意。她以自己的孝心全身心地服侍皇太后，为侍奉皇太后，常不离太后左右，使皇太后安享幸福、颐养天年，她是一个多么孝顺的儿媳妇。她对我更是恩爱备至，我们朝夕共处，她对我的着装服饰、饮食、起居，都要细心过问，准备得妥帖得当，每每我拖着疲劳的身躯退朝归来，她热情地迎接我，并嘘寒问暖，她常常对我说：'为国为民，日夜操劳，还这么晚才退朝，身体能不疲倦呀，你要多多地保重身体。'用膳的时候，她总是兴致勃勃地拿餐具，诚恳地劝我吃好喝好；可让她同桌共餐，她便借故推辞。

　　"每逢庆典或节日我兴致来了，往往喝上几杯酒，她也劝阻侍候我的太监让我少饮，而且晚上还多次起夜探视。我连夜批阅奏折审处封赏事时，她总不离我的身边。有时候，我对一些例行的报告，往往不仔细审阅，就放置一

清代女子服饰

旁了,皇后却老是提醒我,千万不要忽略,以免发生意外时,无法弥补。我让她一起来批阅,她却往往义正辞严,婉言谢绝,从而决不干预朝政。她对我真是关怀备至。大臣偶有得罪,皇后见我闷闷不乐,她能够耐心体察,开导于我,我有时不想上朝,她耐心地劝我说是事关江山社稷,不可稍有懈怠。我在宫廷上完课回去,对她讲学习的章句大义,她总是异常高兴,有时候我忘了,她就批评说应当反复默记。我有时出去狩猎,她就劝我:'你是万民敬仰的皇帝,千万不要骑得太快而伤了自体。'

"皇后非常节俭,从不用金玉。她好学聪明,诵读《四书》及《易》已毕业,她不管读什么书,不久即读得很精通。我跟她说起禅学,她有很好的悟性。她刚有病时,皇太后便派人来问安,她反而让来使回禀皇太后,安慰皇太后,让太后以为她身体尚好。后来她的病越来越重,我和诸妃嫔轮番去看她,她反复对我们说:'我的病不会好了,这是命中注定,我死没有什么痛苦,但是还来不及报答皇太后及皇上的恩情,我死以后希望陛下节哀,也请陛下多多劝导皇太后节哀。'死神真残酷,它就这样活

清费丹旭《仕女图》

生生地吞噬了这个年轻而可爱的生命。她死了，她就这样去了，她的死怎能不引起人们的悲悼？当然正如聪明的她生前所料，她的死，对于爱她怜她的皇太后也是一个打击，皇太后沉浸在深深的悲痛中。"[1]

作为一位皇帝，用这么大的篇幅来祭奠自己的宠妃，在后宫中是不多见的，虽然他的祭文带着很大的感情色彩，也许还有偏见，但从中可以看出来，董鄂妃确是一个善良温顺，品格端庄，知书达礼的妃子。

名家评说

后至节俭，不用金玉。诵四书及易已卒业；习书，未久即精。

——清·顺治帝《董妃行状》

---

[1]语见《清史稿·后妃列传·孝献皇后》："后性静循礼，事皇太后，奉养甚至，右左趋走，皇太后安之。……殁后，皇太后哀之甚。"

圣祖玄烨（康熙）皇后赫舍里氏

赫舍里氏

赫舍里氏（1652~1674），圣祖玄烨（康熙）皇后，父亲为领侍卫内大臣噶布喇。康熙四年（1665），她被册立为皇后。谥号"孝诚仁皇后"。赫舍里氏作为清朝康熙皇帝的第一位皇后，是幸运的；而不幸的是，她为康熙生了皇二子胤礽，在生孩子的当天就去世了。享年才22岁。

清圣祖玄烨亦称康熙帝，他是清朝在位最长、最有作为的皇帝。他一生有过三位皇后：孝诚仁皇后赫舍里氏、孝昭仁皇后钮祜禄氏和孝懿仁皇后佟佳氏。

孝诚仁皇后赫舍里氏，出身于功臣之家。她是辅政大臣、一等大臣索尼的孙女，领侍卫内大臣噶布喇的女儿。康熙四年（1665）七月，她被册立为皇后。[1] 这门婚事是康熙的祖母布木布泰太皇太后定下的。康熙8岁即皇帝位，由索尼、苏克萨哈、遏必隆和鳌拜四大臣辅政。居四大臣首位的索尼，是四朝元老，从一等侍卫累升至内大臣、一等伯，深受太皇太后的信任与赏识，因此，太皇太后便做主要把他的孙女立为皇后。不想在王朝地位如此显赫的人物撮合的婚姻，竟经过了一场激烈的斗争。鳌拜坚决反对立索尼的孙女立为皇后，声称："若将噶布喇之女立为皇后，必动刀枪。满洲下人之女，岂有立为皇后之理？"并会同遏必隆、苏克萨哈联合奏太皇太后。太皇太后坚定地回答说："满洲下人之女如何立不得皇后？我意已定，不必再议。"于是，赫舍里氏成为皇后，她一家成为皇亲，地位显赫。至此，更激起鳌拜篡权之野心。太皇太后同康熙一起，巧用计谋，终于击败了鳌拜。年少的赫舍里氏，经

---

[1] 事见《清史稿·后妃列传·孝诚仁皇后》。

历了这场惊心动魄的斗争，坚定地站在了少年天子一边。康熙十三年（1674）五月初三，皇后生下皇二子胤礽。不幸的是，她在生胤礽的当天就死去了，年仅22岁，[1]谥号"仁孝皇后"。康熙二十年（1681），葬孝东陵之东，即景陵。后来改谥号为孝诚仁皇后。

---

[1] 事见《清史稿·后妃列传·孝诚仁皇后》："十三年丙寅，生皇二子允礽，即于是日崩，年二十二。"

附：圣祖玄烨（康熙）妃乌雅氏

乌雅氏（1659~1723），圣祖玄烨（康熙）妃子，父亲为护军参领威武。康熙二十年（1681）封为德妃。谥号"孝恭仁皇后"。作为康熙帝玄烨的妃子，乌雅氏是个幸运的女人，她生活在最强的男人之间，丈夫康熙皇帝是清代的明君，他拓宽了中国的领土，开创了康乾盛世；儿子雍正皇帝，加强集权，巩固边疆。也是一位精明的君主。然而，她又是不幸的，在她的晚年，她处在极其复杂的继承权纷争的矛盾漩涡中，令她心惊胆战的是矛盾的双方竟然是她自己的两个亲生儿子。

一、宠爱有加　子女成群

孝恭仁皇后像

乌雅氏出生于低下的官宦家庭，父亲威武曾任护军参领。她入宫后，地位并不很高，由于她聪明多姿，妩媚动人，态度谦和，为人处事得当，后来引起康熙皇帝的注意，遂侍奉皇上，并得到皇上的喜爱。康熙十七年（1678）十月三十日，乌雅氏生了一个男孩，这个人就是44年后登上乾清宫龙椅的清朝第五代皇帝——胤禛。

这一年，康熙朝内发生了两起大事。一是本年三月，三藩之乱的祸首吴三桂垂死挣扎，演出了一场登基称帝的丑剧，他在衡阳草草修建了百余间庐舍，用黄漆涂扫房顶，以当室宫。三月十八日，吴三桂匆匆登上了临时搭成的祭坛，祭祀天地，改国号为周。这样他彻底撕掉了复明的遮羞布，将自己的

狼子野心大白于天下，结果处境不仅没有好转，反而更加孤立。由于清军攻势锐不可当，吴氏小王朝陷入内外交困的境地，67岁的吴三桂惶惶不可终日，突然中风死去。他才坐了不到五个月的皇帝。后来到康熙二十年（1681），康熙帝终于平息了三藩之乱。

康熙东青地五彩花鸟纹花盆

二是，康熙帝特设"博学鸿词科"，千方百计吸引明代的遗老及各种人才参政。康熙帝还要求各级官员都要将自己知道的学行兼优之士推举给朝廷，以便他亲自考察录用，结果有143个人参加了第二年的体仁阁考试。清政府给他们待遇优厚，除发往返路费、衣食费、柴炭银外，皇帝还亲自赐予了丰盛的宴席加以款待。考试表面上郑重其事，实际上十分迁就，有人只做了一首诗，并不合韵律，甚至有人故意将词写得不通也均被录用。这次为了广泛招揽人才，康熙帝不拘一格，甚至还亲自阅卷，可见他一番苦心。录取了50个人，都被授予翰林院的官职，让他们编修明史。高官厚禄，使这些人逐渐放弃了反清的立场，没有录取的文人、学士也再不以明代遗老自居了。

胤禛和康熙帝众多的儿子一样，是在十分优越的环境中慢慢长大的。康熙帝对儿子们教育抓得很紧，乌雅氏也认真地配合皇上的教育，对她的孩子也管教甚严。皇子年满6岁便入南书房读书，课程除了满文、汉文、蒙古文及儒家的经史书籍外，还有军事、体育等课程。他们的师傅都是翰林院中的博学之士。他们上课规则十分严格的，每天五鼓，天还没亮就要起床，进书房学习，课程排得很满，上午一般是学文，下午是习武，直到太阳落山。皇帝经常在繁忙的政务中检查皇子的功课，他要求孩子们熟读四书五经，以儒家的伦理道德规范自己，成为德才兼备的人上之人。他还让孩子们接触一些军政事务，乌雅氏的儿子胤禛自8岁以后，就经常随父皇在边塞了解边塞形势，康熙三十三年（1694）和康熙三十九年（1700），他两次随康熙帝考察了无定河（浑河），并亲自主持了无定河的治理。康熙三十五年（1696）他和诸兄弟参加了对噶尔丹的讨伐，康熙帝让他掌管正红旗大营，虽然这是象征性的，但是胤禛却学到了许多知识，这为他以后称帝打下了良好的基础。

乌雅氏深受康熙帝的喜爱，在她生了皇四子胤禛后，又为皇上生了六皇子胤祚，十四皇子胤禵，只可惜六皇子胤祚在6岁时便死去。除此她还生了三个女儿，遗憾的是只活了一个。在康熙众多的后妃中，她能够为皇上生六个孩子，可见康熙对她是十分喜爱的。

二、母以子贵　被尊太后

儿子多了是好事，也是坏事，特别是在帝王家，因为有个继承皇位的问题。康熙皇帝虽是英明圣主，但在这个问题上，处理得也欠妥当。为此，引起了种种矛盾。乌雅氏置身其中，又不能干予朝政，处境十分尴尬。

清朝的传统原是不立太子的，皇位的继承人是老皇帝死前指定，这样做有利也有弊。弊是不立储君，众多的皇子都想抢这个位子，容易造成父子兄弟之间的勾心斗角，以至刀兵相见，造成争位大祸；利在于各个皇子都效忠皇帝，拼命出力，以求被立为君。康熙帝即位后，经过反复斟酌，决心改变清朝的传统，要立嫡长子为太子。康熙十四年（1675）他将孝诚皇后所生年仅两岁的皇二子胤礽立位太子。[1] 皇长子胤禔，因为是庶生，没有得立。结果事与愿违，他的几个儿子争夺储位，刀光剑影，不可开交。为此，太子立了又废，废了又立，康熙帝劳神伤心，生了一场大病。乌雅氏对皇上问医喂药，关怀冷暖，体贴备至。当时，诸多皇子忙于争夺储位，很少关心父王的病，只有胤禛和胤禵去探望父病，康熙帝对他们也另眼相看，乌雅氏的儿子非常懂得韬光养晦，避免锋芒太露而遭忌妒，他在形势没明朗之前，与各方面都保持良好的关系，把自己有效地保护起来。他的这种做法很得康熙帝的好感，从而获得了康熙帝的信任，自胤礽第二次被废太子后，康熙帝对胤禛更加器重，许多重要的国务活动让他参加，康熙五十一年（1712）胤禛参加了对太子党的审判。康熙五十四年（1715），参与拟定西北军事。五十七年（1718）皇太后安葬，他代父读文告祭。六十年（1721）康熙帝登基六十年大庆，他前往盛京大祭，通过这一系列的活动，可以看出，康熙帝已经确定了皇储的人选。果然，康熙六十一年（1722），康熙帝重病在畅春园，召见胤禛。在他到来之前，康熙已向病榻旁的胤祉、胤祥、胤禩、隆科多等人交待，由胤禛继承皇位。康熙六十一年（1722）十一月二十日，胤禛正式登上

[1] 事见《清史稿·世宗本纪》："十二月丙寅，立皇子胤礽为皇太子，颁诏中外，加恩肆赦。"

康熙种稻的丰泽园大门口

了皇位，是为雍正皇帝。

关于雍正的即位是不是康熙的旨意，合法不合法，众说纷纭，莫衷一是，在野史上，也曾有"传位十四皇子"改为"传位于四皇子"的说法。不管这种传说的真实性如何，事实上雍正帝坐上皇帝宝座，他的弟兄们是不服气的。特别是胤禩和他的一母所生的亲弟弟十四皇子允禵是不死心的。一天不彻底解决兄弟间的争斗，他的皇位就一天也坐不稳。

三、亲子不睦　气病而亡

雍正即位后，乌雅氏被尊为皇太后，上徽号曰"仁寿皇太后"，[1]她的荣华富贵自不必说，可是她儿子和诸王子的斗争却使她不能平静地生活。雍正帝即位后的第二天，便封他的政敌胤禩为亲王，让他和皇十三子同自己关系最好的胤祥、隆科多，以及胤禩的亲信马齐一起为总理事务大臣，还任用了胤禩的一些亲信。雍正帝的这一招出乎人们的意外，有效地堵住了许多人的嘴，也将胤禩控制在自己手中，逐步分化他的亲信，以待时机成熟时再下手。

对待他的同胞弟弟允禵，雍正真是不好下手。允禵是皇位最有力的继承人，加上社会上传扬的雍正夺了允禵皇位的谣言，允禵很是受人同情，他具有

[1] 事见《清史稿·后妃列传·孝恭仁皇后》："世宗即位，尊为皇太后，拟上徽号曰仁寿皇太后。"

潜在的号召力，雍正帝对他十分警惕。父皇一死，雍正帝立即夺了他的军权，让他火速回京奔丧。允禵到灵堂，望见父皇灵柩，百感交集，哭倒在地。雍正帝远远地站在一旁看着，允禵对这位皇帝亲哥哥满腔仇恨，但又不得不勉强向哥哥叩头，雍正帝为表示兄长风度，上前扶他，他却不理皇上，这使雍正帝很难下台。他以此为借口，斥责弟弟"气傲心高"，削除了他的王爵，只保留贝子封号。一个月后，雍正帝和诸皇子送康熙灵柩安葬东陵。事后，雍正帝以看守父灵为名让允禵留下，实际上是先把他囚禁在遵化。

　　雍正对允禵的无情，使他们的母亲乌雅氏对此既恨又气，非常寒心。她经常对着淡淡的孤灯暗自哭泣。她管不住大的，也帮不了小的，她越想越气，当她知道小儿子被软禁之后，连气带急，便生出病来，雍正元年（1723）五月二十二日得病，第二天便死了。这个小家出生的女人，无福去做富贵的皇太后，无法让她的亲生儿子相亲相爱，便撒手离开了人世。享年64岁，上谥：孝恭宣惠肃定裕慈纯钦穆赞天承圣仁皇后。关于皇太后的死，据雍正的政敌说，是太后要见自己的小儿子，当哥哥的皇帝不允许，乌雅氏一气之下撞了铁柱子。乌雅氏的小儿子允禵一连受到父死母丧妻亡的重大打击，感到悲愤沮丧，只得向他的哥哥告饶，表示自己生命已走到尽头，希望哥哥放过他，这才保

清费丹旭《仕女图》

河北遵化清东陵

住了自己的生命。

乌雅氏没有看到，但她应该想到，她的儿子雍正对自己的亲弟弟都如此手狠，那么对那些反对他的同父异母的兄弟们，就更为残酷。皇九子胤禟、皇十子胤䄉是他弟弟的支持者，他们对雍正的上台同样心怀不满。雍正帝命胤禟前往西宁办事，把他软禁在西宁。借故将胤䄉革去郡王爵位，囚禁在京师。对废太子胤礽，大阿哥胤禔，他同样严行禁锢。雍正四年（1726），经过了两三年的准备，他的权力已巩固，便要彻底解决问题了。这年正月，雍正帝罗列了废太子胤禩种种不法，将他降为民王，[1] 圈禁高墙，赐名"阿其那"，意为狗。六月，诸王大臣列举他40条罪状，雍正帝向内外臣民公开颁布，九月，死于囚所。胤禟赐名"塞思墨"，意为猪。同年八月，被害于保定。

乌雅氏若有在天之灵，应该欣慰的是，他的小儿子允禵，终于保留了一条活命。乾隆登基后，才把他释放出来。乾隆二年（1737），封他为辅国公。十二年（1747）六月，进贝勒。到了乾隆十三年（1748），他又被封为恂郡王。他一直活到了乾隆二十年（1755），才随乌雅氏而去。

---

[1] 事见《清史稿·世宗本纪》："丁酉，宣诏罪状皇九帝胤禟。戊戌，集廷臣宣诏罪状皇八弟胤禩，易亲王为民王。

世宗胤禛（雍正）皇后钮祜禄氏

钮祜禄氏

钮祜禄氏（1692～1711），世宗胤禛（雍正）皇后。父亲为四品典仪凌柱。雍正元年（1723）钮祜禄氏被册封为熹妃。谥号"孝圣宪皇后"。钮祜禄氏生子弘历，即后来继承皇位的清高宗乾隆皇帝。钮祜禄氏生活在康乾盛世，母仪天下40余年，享尽了人间之福，享年86岁，真可谓"福"太后也。

弘历自幼聪颖过人，深得祖父康熙帝和父亲雍正帝的喜爱，他的生母钮祜禄氏自然也因此备受恩宠。雍正继承皇位后，钮祜禄氏被封为熹妃，又晋封为熹贵妃。弘历立嗣以后，乃得母以子贵，雍正帝临终，留下遗命，封为皇后。乾隆即位后，尊为皇太后，居于慈宁宫。

自此钮祜禄氏母仪天下，在乾隆朝生活了40余年。乾隆帝非常孝敬自己的生母，在母亲面前兢兢守家法，对母亲的话更是唯命是从。一次，太后偶然说起顺天府东有一废寺，应当重修，乾隆立即派人修整。[1] 皇太后闻之，非常高兴。乾隆为一代风流皇帝，一生中经常巡游各地。他出巡时常常带母亲一起去。太后曾随乾隆三次南巡、三次东巡、三次到五台山。这和封建王朝那些常年禁在深宫里的后妃是极大不同的。这样做不仅增加了知识，开阔了视野，身心也得到了调养，钮祜禄氏的长寿，与此不无关系。加之每次出巡，必兴师动众，修桥铺路，修葺行宫。所到之处，地方官民列队跪伏迎候，好不气派。每遇太后生辰万寿之日，乾隆帝总不忘母亲养育之恩，乾隆帝亲率王公大臣奉觞称庆。从乾隆十六

---

[1] 语见《清史稿·后妃列传·孝圣宪皇后》："高宗事太后孝以天下养，惟亦兢兢守家法，重国体，太后偶言顺天府东有废寺当重修，上从之。"

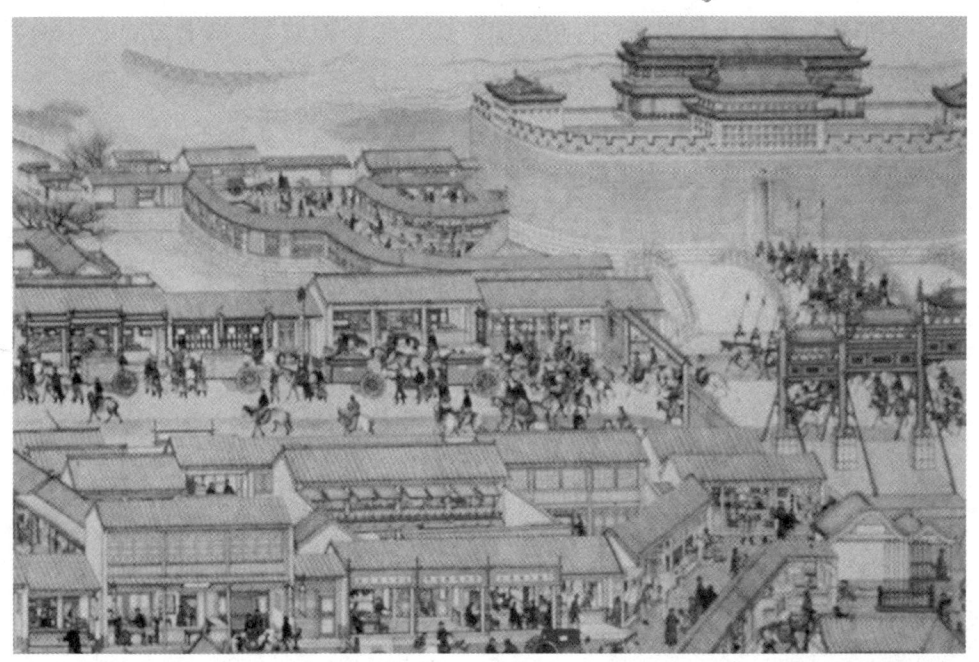

《乾隆南巡图》

年，太后六十大寿，以及此后的七十大寿、八十大寿，庆典一次比一次隆重。[1]乾隆帝知道母亲喜欢江南风光，还特地在万寿寺旁仿造了几里路长的"苏州街"，奉迎母亲穿行于其间。在皇太后回宫所经的十几里长街上，张灯结彩，几十步搭一个戏台，南腔北调，优伶毕集，轮番演出，热闹非凡。每次寿典所进寿礼，更是无计其数。先进以皇上亲制的诗文、书画，再进如意、佛像、冠服、簪饰、金玉、犀象、玛瑙、水晶、玻璃、珐琅、彝鼎、瓷器、绮绣、书画、币帛、花果、各种外国珍品，无所不全；还以彩绢做高山，锡箔做海湖，寿桃一个竟有房子那么大，真是人间能有我皆有，人间无有我也有。太后为天下母40余年，乾隆帝以天下养之。时值国家全盛，钮祜禄氏真是享尽了人间之福。

乾隆四十二年（1777）正月，钮祜禄氏去世，享年86岁。葬于泰陵东北，称泰东陵。后来，上谥号曰："孝圣宪皇后"。[2]

---

[1] 事见《清史稿·后妃列传·孝圣宪皇后》："十六年，六十寿；二十六年，七十寿；三十六年，八十寿；庆典以次加隆。"
[2] 事见《清史稿·后妃列传·孝圣宪皇后》："四十二年正月庚寅，崩，年八十六。葬泰陵东北，曰泰东陵、初尊太后，上徽号。"

关于乾隆的出生，还有一段传说呢。据"燕北老人"所撰《满清十三朝宫闱秘史》记："弘历是浙江海宁陈阁老的儿子，这是因为雍亲王几个儿子殇逝，没有子嗣，这年钮祜禄氏生的是一个女孩，王府便偷偷与陈家换了个男孩。"这种传说是没有根据的，因为当时雍正并非无子嗣。虽然三个儿子夭折了，但还有一子弘时已经8岁，无需偷换人家的男孩。再说，这时雍正才三四十岁，正当壮年，其妾耿氏也怀胎五月，怎么会急不可待地抱养别人的儿子呢。正是这位燕北老人，在他的书中又写道："世宗肃俭勤学，靡有声色侍御之好，福晋别居，进见有时。这年夏天，世宗病了，其他嫔妃多不乐往，钮祜禄氏奉王妃之命，旦夕服侍于身边，连五六旬，疾不愈，遂得留侍，生高宗焉。"这与前面陈家换子的说法自相矛盾，证明此说不可信。弘历为钮祜禄氏所生是无疑的。

附：世宗胤禛（雍正）裕妃耿氏

耿氏（1688～1784），世宗胤禛（雍正）的妃子。雍正元年（1723）被封裕嫔，后进裕妃。谥号"纯悫皇贵妃"。她的儿子和亲王弘昼是世宗的第五子，母子二人深得雍正的喜爱。耿氏生活在清朝最繁盛的时期，平平安安地活到乾隆四十九年，享年96岁。

耿氏出生于中等官吏家庭，健美多姿，聪慧过人，早在胤禛当王爷时就嫁进王府侍奉胤禛。胤禛即位后在雍正元年（1723）被封裕嫔，后进裕妃。[1]

雍正是一个精明的皇帝。他没有声色犬马之好，他总共只有8位后妃，这在清代皇帝中少有。他对裕妃比较喜欢，裕妃由于身体健壮，颇有酒量，在雍正帝处理公务后的闲暇时候，她也能适量地陪皇上喝些酒。后来她为雍正帝生了五皇子弘昼，此子长得虎头虎脑，聪明伶俐，应变快，动作灵敏，这与耿氏的教育和潜移默化的熏陶是分不开的，所以深得雍正帝的喜爱。雍正十一年（1733）封弘昼为和亲王。雍正十三年（1735）清廷设置办理苗疆事务处，雍正帝让弘历（后来隆乾帝）和弘昼一起主持，可见他在雍正帝心目中是有一定位置的。父亲对儿子的喜爱重用，自然使耿氏非常的高兴。

康熙后期官吏贪污、吏制腐败，造成了国库空缺，钱粮短缺，雍正帝深刻意识到是一个严重的社会问题。在他当皇子时就深深懂得要富民富国首先要整顿好吏制，但是要整顿，在官僚头上动土是不容易的，他说："吏制乃一篇真文章也。"他决心做好这篇真文章。

雍正珊瑚釉粉彩花鸟瓶

---

[1] 事见《清史稿·后妃列传·纯悫皇贵妃》："雍正间，封裕嫔，进裕妃。"

钱粮亏空是当时一个大问题，主要出在官吏贪污上。雍正即位，内阁起草登基恩诏，其中有一条是豁免官员钱粮亏空，敏锐的雍正帝当即把这条勾去。他决不宽恕官员的贪污，很快他给户部下达全面清查积欠钱粮的命令，让各地严格执行，并责令所有亏空三年内全部补齐，不许派于民间。[1] 同时在中央设立会考府，派怡亲王允祥和大臣隆科多负责此事。皇帝要求清查中高级官员也不容情。当时有许多郡王、贝子将家产拿到大街上变卖赔补亏空。对赃官，采取严厉手段，抄家之外命其亲戚代赔。凡亏空赃官一经揭露，便即革职，各省被革职的官员多达三分之一，有的达到一半。人们说雍正

清代女子服饰

帝"好抄人家"。雍正帝理直气壮地回答："这是应该的！不能让贪官污吏占到一点便宜。"由于皇上大刀阔斧，一抓到底，全面清查，收到了很好的效果，3年之间基本上清理了康熙以来所有的积欠，打击了贪官，充实了国库。在清查亏空的3年里，耿氏对皇上的做法是支持的，每当皇上处理政务繁忙或烦心时，便陪他小酌几杯以解帝忧。

雍正帝才思敏捷，由于有深厚的史学、文学、经学功底，其思维非常有逻辑、有条理，他每天都要看大量的文件、密折，亲自书写指示，少则数十字，多

[1] 事见《清史稿·世宗本纪》。

则扬扬千言。雍正帝皆是一挥而就，行文流畅，入情入理，往往几百字、上千字的批示一字不动，或很少改动。他政务繁忙，日理万机，还能做到这样，足见他才识过人。他的书法也很好，运笔流畅、娴熟，结构严谨、功底深厚。康熙帝很欣赏他的字，每年都让他专写扇面，多的时候竟达100多幅。在他的影响下耿氏的儿子弘昼也爱读书习字，所以长大后，每每在正大光明殿考八旗子弟时，由他监试。一次，监视到下午三四点钟，他觉得腹中饥饿，便请求退出考场去吃点东西，皇上不准许，弘昼自嘲地笑着说："莫非皇上还怕我给哪个考生透题吗？"从这件事也可看出他和皇上的关系是很亲切的，皇帝的确也非常爱他。皇帝把旧时王府的所有财产都赐给了他，所以他比其他的皇子都富有，也正因为这个原因，他平时喜欢挥霍、生活奢侈。这位皇子还有一个独特的爱好，就是喜欢研究丧礼，他常说："人哪有活百年不死的呢，我们又何必去回避这个问题呢？"他为研究丧礼，常常坐在院庭中间，让家人祭奠哭泣，他却坐在一旁饮酒聊天，视做乐事。乾隆三十年（1765），喜欢研究丧礼的他死去，只可怜他的母亲耿氏白发人送了黑发人。

刻有清代御制《灵芝赋》

儿子死后，福大命大的耿氏在乾隆盛世又安安乐乐的生活了近20年，至乾隆四十九年（1784）寿终正寝，给自己的人生画了一个圆满的句号。被追谥为"纯悫皇贵妃"。[1]

---

[1]事见《清史稿·后妃列传·纯悫皇贵妃》："四十九年，薨，年九十六。谥曰：'纯悫皇贵妃。'"

高宗弘历（乾隆）皇后富察氏

富察氏

富察氏（1711~1748），清高宗弘历（乾隆）皇后。父为察哈尔总管李荣保。乾隆二年（1737），富察氏被册封为皇后。谥号"孝贤纯皇后"。富察氏作为乾隆的皇后，在位时正是清朝最繁盛时期，国力强盛，物资丰实，本可肆意挥霍，可她却克勤克俭，对皇帝的享乐奢侈，常直言面谏，为此深得乾隆帝敬重。死后乾隆帝还写了一首《述悲赋》，追忆、评述了她孝贤的一生。

富察氏，察哈尔总管李荣保的女儿。雍正五年（1727），乾隆帝为皇子时，富察氏被封为嫡福晋。乾隆二年（1737），册立为皇后，富察氏是个注意节俭的人，她当皇后13年，从没佩带过珠宝翠玉，只用通草绒花做装饰品。每年正月新春开始，后妃们都要做荷包献给皇帝。别的妃嫔都用金银丝线，非常华丽，唯独富察氏用鹿羔绒毛制作荷包。富察氏这样做，是想仿照清朝在关外时期的样式，以此提醒乾隆帝不忘祖宗。乾隆帝因此很敬重她。[1]

高宗弘历既乾隆帝，是个勤于政务的皇帝，也是个贪图享乐的皇帝，还是个风流的皇帝。

乾隆帝喜欢率大臣、后妃游山玩水。他在位期间，正是清朝最繁盛的时期，具有优越的物资条件。他曾经六次下江南，五次巡幸五台山，五次告祭曲阜，七次东谒三陵，两次巡游天津，一次登赏嵩山，一次游览正定，多次避暑热

---

[1] 事见《清史稿·后妃列传·孝贤纯皇后》："恭俭，平居以通草绒花为饰，不御珠翠，岁时以鹿羊氆毹制为荷包进上，仿先世关外遗制，示不忘本也。上甚重之。"

河，堪称历代皇帝之最了。在交通不发达的18世纪，每游一次，要耗多少人力、物力、财力，可想而知了。

为此富察氏多次劝告皇帝，乾隆帝表面点头应承，但心里却不以为然，他另有一番情趣，依然挥霍奢侈。乾隆帝大修避暑山庄，所费亿万；大修圆明园，也不下亿万。圆明园里奇珍异物，令人目眩神迷。还下令在福海东边的同乐园中，添修一条买卖街，各种时新货物、茶馆饭店，样样俱有。开店的是内务府太监，跑堂的则须从宫外挑选声响口亮的人，龙驾过时，更得把叫卖声、报账声、核算声喊得沸沸扬扬，此起彼伏，乾隆帝听了方能龙颜大悦。

乾隆帝口头上一再讲要节俭从事，但实际并未从事节俭。皇后富察氏再三提醒劝诫，也不起什么作用。乾隆十三年（1748），富察氏随同乾隆帝东巡。三月，途经山东德州，准备乘船返回北京。她刚到德州，就得了感冒。赶巧，当地连日春雨纷纷，天气格外阴冷。她感冒没好，加之旅途劳累过度，转成肺炎，不治而死。享年37岁。有永琏、永琮二子。富察氏死后，乾隆帝很悲痛，昼夜兼程返回北京，将富察氏殡于长春宫，服缟素十二日。

皇后富察氏曾对乾隆帝说过："我百年之后，陛下如赐我谥号，就请赐

圆明园遗址

'孝贤'。[1]后来，乾隆帝遂谥富察氏为"**孝贤纯皇后**"。

乾隆帝悲痛之余，为孝贤纯皇后撰写了碑文，其中写道："忆昔宫廷相对之日，适当慧贤定谥之初。后忽哽咽以陈词，朕为欷而耸听。谓两言之征信，传奕禩以流芳。念百行以孝为先，而四德惟贤兼备。倘易名于他日，期纪实于平生。讵知畴昔所云，果作后来之谶。在皇后贻芳图史，洵乎克践前言。乃朕躬稽古右文，竟亦如酬凤诺。"字里行间情切意深，表达了乾隆帝对皇后的思念和敬重。

乾隆十七年（1752），孝贤纯皇后葬孝陵西胜水峪。后来便在这里修建了裕陵。

关于富察氏的死，也另有一种传说：乾隆帝东巡返回途中，至山东德州，乾隆帝对当地妓女非常眷恋，富察氏劝诫乾隆帝不要沉溺酒色，尤要自重，爱惜身体。这下可把乾隆帝惹恼了，大怒，不仅责骂富察氏，还打了她几个耳光。富察氏又气又恼，便跳到运河里自杀了，回京后只说是途中病死。这只是一种传说，富察氏实际上是病死的。

名家评说

易何以首乾坤？诗何以首关雎？惟人伦之伊始，因天俪之与齐。在青宫而养德，即治壶而淑身。纵糟糠之未历，实同甘而共辛。奉慈闱之温靖，为九卿之仪型。克俭于家，爱始缫品而育茧；克勤于邦，亦知较雨而课晴。入椒房兮阒寂，披凤幄兮空垂。春风秋月兮尽于此已，夏日冬夜兮知复何时？

——清·乾隆帝《述悲赋》

西疆未平，清高宗无此愉快，皇后千秋节，亦无此闹热，虢姨不来，内蛊何从而起？皇后富察氏之犹得永年。未可知也。

——蔡东藩《清史演义》

---

[1]语见《清史稿·后妃列传·孝贤纯皇后》："曰：'吾他日期以"孝贤"可乎？'"

附：高宗弘历（乾隆）贵妃魏佳氏

魏佳氏（1756～1776），高宗弘历（乾隆）贵妃。父亲为内管领清泰。乾隆三十年（1765）被封为令皇贵妃。谥号"孝仪纯皇后"。魏佳氏出身于中等官宦家庭，本系汉家女，后入满洲旗，改姓魏佳氏。他为高宗乾隆生了四个儿子、两个女儿，特别是她的儿子颙琰后为仁宗嘉庆皇帝，母以子贵，她遂从贵人进为令嫔、令贵妃、令皇贵妃，在乾隆盛世安安乐乐地生活了近50年。

魏佳氏，父亲系内管领清泰。她们家原来是汉族，姓魏，后来入旗改姓魏佳氏。她长得艳丽出众，光彩照人，入宫后以贵人的名分侍奉高宗，深得皇帝的宠爱。乾隆帝是清代有名的风流天子，他不仅在后宫中嫔妃如云，而且还常常有些风流艳遇，如他的香妃之恋、他暗恋皇后的嫂子傅夫人均被传为佳话，在以后的野史、小说、舞台、荧屏中不断演绎出一段段精彩的故事。魏佳氏给皇上生了四个儿子、两个女儿，这足以说明风流天子对她是情有独钟的，所以她很快从贵人升为令嫔，累进令贵妃。[1]

乾隆二十五年（1760）十月初六，魏佳氏在圆明园的天地一家春生了乾隆的第十五个儿子颙琰，这个小家伙长得高鼻梁、宽面颊，相貌俊秀，和乾隆十分相像，所以深得皇帝

乾隆雪景行乐图

---

[1] 事见《清史稿·后妃列传·孝仪纯皇后》："事高宗为贵人。封令嫔，累进令贵妃。"

喜爱。颙琰生活在富裕的帝王之家,有优裕的物质生活做基础,自幼就受到严格的皇家教育,加上他聪明机智,悟性尤佳,不仅书读得好,而且能写文章。他举止端庄凝重,为人内向多思,由此更得到乾隆的器重,母以子贵,魏佳氏在后宫的地位也相应提高,到乾隆三十年(1765)被进为令皇贵妃。

乾隆帝接受了历史上外戚为乱的教训,对后宫的管理非常严格。他用历史上著名的有德行的后妃为例,命宫人画出"宫训图"12幅,每到年节就在后宫中张挂,作为后妃们学习的榜样。其中有"徐妃直谏""曹后重农""樊姬谏猎""马后练衣""西陵教蚕"等等,在宫中举行宴席时乾隆帝还叫后妃们以"宫训图"中的人物为内容联句赋诗,他要求皇后只能管理六宫事,不得干预外朝事。乾隆帝的两个皇后富察氏、乌喇那拉氏先后于乾隆十三年、三十一年死去,按清朝后宫的编制:皇后居中宫;皇贵妃一,贵妃二,妃四,嫔六,贵人、常在、答应无定数,分居东西十二宫。据此,皇后去世就由皇贵妃魏佳氏执掌六宫事。由于她在宫中生活了30多年,对后宫人与人的关系有着深刻的体会,管理起来也游刃有余。加之她受皇后富察氏的影响,平时生活节俭,而且牢记皇帝的训示,从不干预朝政。

乾隆三十八年(1773),颙琰被乾隆立为皇储,按照雍正时定下的规矩,乾隆帝将颙琰的名字写在诏书上,密封之后放在乾清宫"正大光明"的匾额后面。魏佳氏眼看自己的儿子被立为皇

焦秉贞《仕女图》

储,自然是满心高兴,她常常告诫自己的儿子,要虚怀大度,多为百姓和社稷着想。她曾想象过儿子登上皇帝宝座的庄严盛大的情形,然而遗憾的是她却并未见到自己的儿子登基,这是因为她的丈夫乾隆帝不仅权力欲很强,而且身体又非常健康,一晃20年过去了,颙琰仍停滞在皇储的位置上,他被封为嘉亲王,从弱冠少年越过了青年而步入了中年时代,一直到乾隆六十年(1795)85岁的乾隆帝决定举行内禅让出帝位,自己退为太上皇,[1] 这种帝位传接方式在清朝是唯一一次,在整个中国古代社会也不多见。

清代凤舆(喜轿)

当然了,丈夫的内禅,儿子的即位,魏佳氏都没有看见,因为她早在此20年前乾隆四十年(1776)时便已故去,但是她儿子嘉庆皇帝登位后在倡导节俭,惩处和珅等事务的处理上无不受母亲魏佳氏的影响。

和珅这个人是历史上有名的佞臣,乾隆帝作为一代明君为什么会如此重用他呢?从某些野史的记载上看,还有一段吸引人的趣事。乾隆帝还是年近20的皇子时,一次因事进后宫,从一个妃子身边经过。这位雍正帝的妃子长得非常娇艳美貌,正对着镜子梳头,年轻的皇子乾隆从后面捂住她的双眼。当时乾隆只是与她开个玩笑,说不上有什么不正的心术,那妃子一时惊慌,用梳子向后击去,正好打在乾隆的额头上,还留下了一个小小的伤痕。翌日,皇子乾隆进宫向他的母亲——雍正帝的皇后请安、问候,皇后见他额头上的伤痕,问是怎么回事,乾隆支支吾吾不想说,却经不住母亲的再三盘问,只得把事情经过如实说了出来,皇后听了非常生气,怀疑这个妃子调戏太子,立即下令将这个妃子赐死。年轻的乾隆帝十分惊慌,想说明是自己的过错,不能责怪妃子,但在母亲的盛怒之下又

---

[1] 事见《清史稿·高宗本纪》:"谕曰:'朕于明年归政后,凡有缮奏事件,俱书太上皇帝'。"

不敢直说。后来当他辞别母亲跑到那个妃子的住所时，妃子已经上吊自尽，乾隆帝非常内疚，用手指在妃子的颈上按上朱印，默默许愿："是我害了你，魂如有灵，二十年之后再来与我相聚。"说完便满怀悲痛地回到自己的住所。

几十年弹指一挥，到了乾隆中期，有一天，乾隆帝到圆明园中闲逛。起初天气有些阴，到了中午云开日出，遍地阳光，晒的人透不过气来，乾隆正在生气，这时有人马上送来了一个人，乾隆一看此人唇红齿白，乃翩翩一美貌少年，于是就问他的情况。这个人就是和珅，他告诉乾隆帝是满洲正红旗的学生，现在銮仪卫当差，具体地说就是给乾隆帝抬轿子，地位很低。交谈中乾隆帝觉得此人面熟，似乎在什么地方见过。他回宫以后，这个年轻人的相貌始终在他脑海里盘旋，乾隆帝突然想到，和珅的面貌与那个妃子相似，于是便密召和珅入宫，让他跪在跟前，仔细端详，果然相似，更令人吃惊的是和珅的颈上也有一个痣，宛如手指的印痕，以此为据，乾隆帝便认定和珅是那妃子的后身，倍加怜爱，经询问，知道和珅颇通文墨，提升和珅为宫中总管。不管这个故事有没有真实性，但以后数十年和珅一直受到乾隆帝的宠信，直到最后和珅当了军机大臣，九门提督，甚至和乾隆帝做了儿女亲家，在朝中横行无忌，敲诈勒索，家产万贯。

嘉庆帝早在当太子的时候，就已洞悉和珅的奸佞贪婪，只是手中无权无法对他采取行动。在乾隆帝当太上皇的四年间，嘉庆帝也未敢处置和珅，直到嘉庆四年（1799）正月，89岁高龄的乾隆一命归天。就在他死的第二天，嘉庆帝立即

马术图。图中绘八旗将士为远方来客表现马上技艺的情景

北京前门商业区

撤销和珅的军机大臣和九门提督的职务，并且抄了他的家，将他赐死。[1] 他被抄没的家产共有109处，约有83处没有估价，仅算其中已估价的26处，价值就达2.2万两白银，整个家产折合白银8亿两之多。当时，清政府每年的财政收入约7000万两白银，和珅一个人的家产就相当于朝廷十余年的总收入。这个结果，包括嘉庆帝在内朝野上下无不吃惊，当时流行一句谚语：和珅倒，嘉庆饱。

　　魏佳氏的儿子嘉庆，从乾隆手中继承的不但有君临天下的权势，还有残阳如血的动荡时局。乾隆朝是清王朝盛衰的转折点，要扭转衰败的政局，中兴国家大业的担子相当沉重，嘉庆帝决心把它挑起来，他要整顿吏制，倡导节俭。在他当政的20多年里，他对自己要求非常严格，每天都要处理繁多的政务，从不懈怠。他崇尚清廉，以往各省官员觐见皇帝时按照俗例都要进奉贡物，官员们为了给自己邀宠求荣，竞相奉珍宝古玩，花样不断翻新。嘉庆四年（1799）嘉庆帝在惩办和珅的同时，通谕内阁说："地方官员操办的各种贡物，难道是自己掏腰包？想必都是从州县以下层层敲榨而来，官员们不断剥取于民间，百姓们怎能承

---

[1] 事见《清史稿·和珅列传》："内外诸臣疏言和珅罪当以大逆论，上犹以和珅尝任首辅，不忍令肆市，赐自尽。"

受得了，况且陈献上来的古玩珍宝，饥不可食，寒不可衣，真是不如粪土。"可见其意之坚。

魏佳氏没有想到，她儿子当皇帝后所做的一些事都是和她的丈夫相反的。比如说乾隆多次巡游地方时，各地官员都为他修建了许多奢丽的行宫，嘉庆帝觉得这实在过于铺张浪费。他认为行宫只是为了休息一宿而已，不必刻意修饰，如果一处行宫省下三四万两银子，十处就是三四十万两。嘉庆十四年（1809）嘉庆帝在巡幸五台山之前，特意打了招呼，要求地方官员在途中不得大肆铺张，务要求实俭朴。同年，在庆祝他五十大寿时，嘉庆下令不得在民间广陈戏乐，巷舞衢歌。御史景德为了讨好皇帝，奏请祝寿期间京城演戏十日，以后作为定例，立即被嘉庆帝革掉了职务，嘉庆帝就此对大臣们说："朕发现前代在这种场合的表现比较奢侈，每逢节庆，皆要欢宴聚会，连续多日上演戏曲，朕心中鄙薄此种做法，并引此为己之鉴。如若朕忘却了民间疾苦，奢侈地操办庆典，为臣乃应上疏劝谏，方是爱君之道。而景德竟向朕提出此等建议，他把朕当成了什么样的君主。"可见嘉庆倡导节俭，身体力行，确实扼制了奢侈之风。但他在位的年代里，没有出现中兴局面，皆因国势衰退，无力回天。

值得一提的是，魏佳氏最亲近的两个男人，父子两位皇帝行事如此不同，但这并不妨碍他们同时进入了史册。魏佳氏和她的丈夫、儿子一样直到道光年间还被加谥为"孝仪恭顺康裕慈仁端恪敏哲翼天毓圣纯皇后"。

附：高宗弘历（乾隆）容妃和卓氏

和卓氏（1734~1788），高宗弘历（乾隆）的妃子。父亲是回部台吉和扎麦。容妃是乾隆帝后妃中唯一的维吾尔族王妃。进宫时年已27岁。入宫后，她对乾隆帝百依百顺，待人和蔼可亲，为人不卑不亢，处理后宫事务进退有度。致使进宫三年就由贵人册封为容嫔。尽管她的地位一再上升，但并无丝毫傲气。她不求做出一番轰轰烈烈的事业，只求一生平安，最终如愿以偿，保全了自己和家族未遭灭顶之灾，过着安乐的生活。

和卓氏

一、传说香妃　越传越香

乾隆帝是清代著名的风流天子，关于他的爱情艳遇有许多传说和故事，而其中影响最大、流传最广的是香妃的传说。

传说中的香妃出生于南疆，生而体散异香。长成少女之后，貌美惊人，嫁与南疆小和卓木霍集占为妻，人称"香妃"。有关香妃的传闻，也灌入了乾隆帝的龙耳。乾隆帝从此坐卧不安。

不久，霍集占与哥哥在南疆宣布自立，武装叛清。乾隆帝心中眷恋香妃，恰好师出有名，急派伊犁将军兆惠出师南疆，叮嘱兆惠留意探访香妃下落。兆惠历经战阵杀了霍集占，生擒香妃，密奏皇上，送往京师。乾隆帝得知龙心大悦，命令沿途地方官吏小心照顾，不许因长途跋涉折损香妃半点娇颜。

香妃进宫之后，神色泰然，丝毫没有流露出忧郁。但只要乾隆帝一到，她便骤改红颜，凛如冰霜。

乾隆帝以为香妃是初到北京，不习风俗，便有意讨好。命令香妃的一切衣食住行全部按新疆回式安排。在西苑建宝月楼，楼外建回营和清真寺，仿土耳其式建筑模式，在武英殿西建浴德堂，赐浴香妃。企图淡化香妃相思情怀。不料香妃情钟亡夫，矢志守节，对乾隆帝的万般苦心，视而不见。一日，香妃被宫女劝得火起，竟从身上抽出一把寒光闪闪的匕首，对宫女说："我一定要报杀夫之仇。若加逼迫，正遂我的心愿。"宫女惊慌失措，回报乾隆帝，乾隆帝对于费尽心机得到的美人不忍相逼，无可奈何地命令宫女小心侍候。之后，他常来香妃居室小坐片刻，以慰自己。

此事被乾隆帝的母亲皇太后知道后，大吃一惊："宫内竟有这种事，此女报仇心切，久必为祸！"急召乾隆帝入见，说道："她既不从，不如成全她的志节。如不愿杀，可放她回去。"乾隆帝默然不语。不久，太后趁乾隆帝外出大祀时机，急召香妃至慈宁宫，赐以布帛，命人引入旁室缢死。

待乾隆帝闻知赶到时，香妃早已气绝身亡。乾隆帝懊悔非常，但人已归真也无可奈何，只好厚葬以寄深情，命令以妃礼葬之。乾隆帝日后又写了许多凄凄

清象牙镂雕香筒

伊犁大城

切切的追念香妃的诗句，以表怀念。

又有传说，香妃死后尸骨遗骸被运到家乡，葬在喀什噶尔坐落在城东北5公里处的一座伊斯兰教墓园，就是香妃墓，并有一架废旧驮轿和一幅香妃油画像为证；另有一说北京陶然亭中的香冢就是传说中的香妃墓。香妃究竟埋骨何处，谁也说不清楚。

据记载，历史上确有香妃其人，她的正式封号是容妃，即"容貌出众"之意。容妃生于雍正十二年（1734）九月十五日，是新疆伊斯兰教的始祖派噶木巴尔的后裔，世居叶尔羌，其族为和卓，故称容妃为和卓氏。[1] 其父阿里和卓木为回部第29世。

二、战火生涯　企盼和平

康熙年间，准噶尔汗噶尔丹在沙俄势力支持下，发动大规模武装叛乱。蒙古铁骑越过天山，横掠南疆，绳系当时教主阿布都什特和卓木（阿里和卓木堂叔），押往北疆伊犁。和卓家族第一次劫难自天而降。

阿布都什特死后，准噶尔汗策旺阿拉布坦率军再次攻进南疆。策旺亦效仿叔叔噶尔丹手法扣压玛罕木特并废黜和卓名号，将和卓家族包括阿里和卓在内的全部成员及一些教众掳往吐鲁番。

后来，玛罕木特含恨死于伊犁。自此数十年南疆没有自己的教主。而准噶尔汗策旺阿拉布坦对和卓家族的第二次劫难，更是凄惨。容妃自幼在这种恶劣的环境之中度过了她的童年、少年时期。

乾隆二十年（1755），乾隆帝谕令立即释放被准噶尔部囚禁多年的玛罕木特长子布那敦和卓木，派军队护送他回叶尔羌城，恢复和卓教主地位，统领回部；次子霍集占和卓木暂居伊犁，统领迁居伊犁从事农垦的回

容妃像

---

[1]《清史稿·后妃列传》关于容妃的记载全文为："容妃，和卓氏，回部台吉和扎赍女。初入宫，号贵人。累进为妃。薨。"

部事务。

容妃一家仍居伊犁，与霍集占共同管理穆斯林。这年容妃21岁。容妃与霍集占实际上是远房的堂兄妹关系，而不可能像传说中的香妃与霍集占是夫妻。

乾隆二十三年（1758），容妃的两个堂兄布那敦、霍集占又一次反清叛乱，其叔父额色尹和哥哥图尔都一并配合清政府军队作战，使大小和卓木腹背受敌，对于夺取战事的胜利起到了重要作用。次年八月，南疆大小和卓木叛乱被清兵平定的捷报传到北京，清廷为感谢容妃叔父、哥哥们的协助之恩，也为了笼络边疆少数民族，容妃一家受到清廷重视，被召入京师。于是，额色尹、图尔都等人带着家眷，骑着骆驼，浩浩荡荡地向北京进发了。

乾隆二十四年（1759）二月初，容妃随六叔帕尔萨、侄子巴巴和卓木一路风尘仆仆，最后一批到达北京，同叔叔、哥哥团聚于北京新家。

容妃亲身经历与目睹了分裂与统一国家的残酷战争，生灵涂炭、马尸横野的血腥战场在她脑海里留下了深刻的印象。从她童年起，战争的噩梦总是伴随着她，同时也伴随着和卓家族的荣衰之梦。因此，可以说，和平一直是她的愿望，如今她的愿望实现了。

当容妃随同六叔进京朝见天子的遥远路途中，她兴奋得难以自制，她的命运正在悄悄地变化。这年，容妃27岁。

三、窈窕温顺　容妃受宠

容妃从小生活在戈壁绿洲，从来没见过这么高大的房屋，繁华的街道，熙熙攘攘，车水马龙。看到这一切，她感到格外的兴奋。她端庄秀丽、善良勤快、热情活泼、能歌善舞。图尔都有一个好妹妹的消息传到了乾隆帝耳中。他早就听说回人女子窈窕娇美，一直未能亲眼得见，妃嫔之中，虽说不乏满、蒙、汉人，但却没有维吾尔族人。乾隆帝把图尔都的妹妹纳入宫中，可算是一举两得的美事，一来对安抚回部有利，二来后宫中又可多一位佳丽。于是乾隆帝决定纳容妃为妻。

乾隆二十五年（1760）二月四日，容妃身着回部服装，默默祈祷着跨入庄严神秘的紫禁城内宫的门槛，成为乾隆帝一生中唯一一位回部妻子。当年六月，她被封为贵人，时年27岁。乾隆二十七年（1762）五月，乾隆帝奉皇太后懿旨，册封和贵人为容嫔。乾隆三十三年（1768）六月，容嫔升为妃。

这年十月初六，在大学士尹继善的主持下，容妃穿着刚刚做好的满式朝服，戴着新赏的具有满族色彩的项圈、耳坠、数珠和朝服等，举行了隆重的晋封仪式。

容妃素无骄气，对乾隆帝嫔妃融洽相处，礼尚往来。也许是她没有生育子女的缘故，她把乾隆帝的最小女儿十公主视如掌上明珠，百般照顾，慈母之爱，时有流露。

容妃在宫中享有特殊的地位。细心的乾隆帝深知这位爱妻的所好所恶，对于容妃的宗教信仰十分尊重。赐给她的新疆哈密瓜等贡品就比一般妃嫔多些。他总是把上品花皮哈密瓜单赏容妃，而其他嫔妃则赏给二等青皮哈密瓜。乾隆帝赐给她的御膳大都是羊肉、鸡、鸭和素菜等菜肴。宫中曾有一位名努倪玛特的维吾尔族厨司，专门为她做"谷伦杞"（抓饭）和"滴非雅则"（洋葱炒的菜）等维吾尔饭菜。

清粉彩"百禄"尊

乾隆帝还特许容妃在宫中一直保持回部服饰，直到乾隆三十三年（1768），因为由嫔升妃才为容妃做了满族朝冠与朝服。

容妃对于皇上更不用说，更是竭力奉迎。进宫不到一年，她便恭请乾隆帝允许自己献上具有民族色彩的杂技班子进宫表演。在乾隆二十六年（1761）正月，维吾尔族杂技班的玩小羊、玩绳杆、斗羊等精彩节目表演给新年佳节增添了许多笑声。乾隆帝龙心大悦，先赏艺人，后赏容妃。她还经常亲点菜谱，命回部厨师做出各种可口的清真佳肴，奉献给乾隆帝品尝。

容妃在宫中，待人和蔼可亲，为人不卑不亢，协助太后处理后宫事务，进退有度。从两次的册封可以看出容妃与皇太后的关系十分融洽。进宫第三年，乾隆二十七年（1763）五月十六日，乾隆帝奉母亲懿旨册封29岁的和贵人为容嫔。同年容妃的哥哥图尔都晋封为辅国公。

乾隆帝对容妃的家属也很照顾。图尔都于乾隆四十三年（1778）死后无子，由侄子托克托袭辅国公。乾隆帝给予容妃及其家属很高的地位和优厚的待遇，这不能单从宠爱一个妃子的角度进行解释。清鼓励与外藩联婚，其目的是笼络各族上层人物支持朝廷，以加强中央政府对各民族的统治。

乾隆三十六年（1771）春，容妃随同乾隆帝东巡，登泰山，观日出，拜谒孔庙，领略了与江南旖旎风光迥然不同的鲁地风景。更使容妃欣慰的是，已婚十年，乾隆帝依然尊重她的生活习惯，格外照顾她的饮食起居。

曲阜孔庙大成殿

乾隆四十三年（1778），乾隆帝携嫔妃前往盛京避暑，一并拜谒祖陵，重游大清帝国的龙兴之地。在随行的六位妃嫔中，容妃的地位已居第二位。此后的数年里，容妃又伴随乾隆帝两次避暑热河行宫。在热河行宫澹泊敬诚殿的宴会上，容妃已坐在西边头座首位的位置。即使回到皇宫，在乾清宫论资排辈的万岁爷宴席上，她也坐到了东边桌第二位，距天子只有一人之隔了。容妃在宫中过着恬淡的生活，她没有染指权力的奢望，不想去偷偷品尝权力这个禁果，也不希望搞什么垂帘听政。她只求谨慎侍奉太后，小心处好宫廷复杂的人事关系，竭力取悦皇上，让居于宫外的兄长叔侄不致遭到灭顶之灾，让自己家族的教众能过上安居乐业的生活。

四、病殁宫中　流芳后世

从乾隆四十六年（1781）三月开始，南疆又有了小小的骚动。也许是因上述原因，乾隆四十八年（1783）九月十五日容妃的五十大寿的赏赐，直到第二年正月才由乾隆帝兑现。从此以后，容妃便很少在宫中露面。乾隆五十二年（1787）十月，容妃的贴身太监经常为她去御药房取药，从而证实容妃的确病了。当年年底到次年正月，容妃多次得到乾隆帝的单独恩典，赏赐果品。这三个月里容妃已经卧床不起，即使如此，她还惦念着乾隆帝，竭尽自己职责。在正月里，容妃在病榻上命回族厨师努倪马特六次专门给乾隆帝进奉热锅，两次进奉备

受乾隆帝称赏的"谷桦杞""滴非雅则",尽管她已不能陪侍乾隆帝共进晚餐。

乾隆五十三年(1788)四月,容妃的病越来越重,她对宫中朝夕相处的妃嫔和本宫女子以及她娘家的叔叔、婶婶、嫂嫂、姐妹等都寄以无限的深情,她把毕生积存的全部衣物和珍贵的首饰分赠给他们留作纪念。从她的赠物单上,可以看出她对家乡亲人的怀念之情与处理事情的分寸把握,以及圆通的人缘关系。容妃吩咐将她死后的遗留之物,分赠愉妃、颖妃、惇妃、婉嫔、循嫔、林贵人、禄贵人、明贵人、鄂常在、白常在每人玉器一盒,宫扇数柄,伽南香十八罗汉一盘和玉如意一柄作为遗念。尤其是对于乾隆帝的最小女儿十公主,更是怀有一种特殊的情感,不忍离去。因十公主明年将要出嫁,留给十公主的最多,共留下240多种东西;次之是大格格共赠150多种遗物。此外,侍奉过她的宫内首领、太监、宫女、仆女她也没有忘记,赠银钱、赠衣物,对他们的孝心表示临终的谢意。

容妃对娘家更是有着特殊的感情,她希望通过遗物使大家经常念起她。她赠给叔叔额色尹、帕尔萨,堂侄喀申、巴克尔、阿克伯塔等和婶母、侄媳、侄孙女等如意、鼻烟壶、纱缎。在她的赠物单上,对嫂子格外照顾,另加有银子200两,此时她的哥哥已经去世。对姐姐和妹妹除如意、鼻烟壶外,姐姐还赠有蓝大

裕陵隆恩殿

缎一匹，月白宁绸一匹；妹妹赠有酱色缎一匹，蓝大卷纱一匹。

容妃在清宫生活了28年，于乾隆五十三年（1788）四月十九日病死，终年55岁。其待遇是"奉移容妃金棺于纯惠皇贵妃园寝安葬，并设神位于舒妃之次"。嘉庆四年（1799），乾隆帝死，葬于裕陵。纯惠皇贵妃之园寝就在裕陵之侧。

仁宗颙琰（嘉庆）皇后钮祜禄氏

钮祜禄氏（1775～1849），清仁宗颙琰（嘉庆）皇后。父为礼部尚书恭阿拉。嘉庆六年（1781），钮祜禄氏被册封为皇后。谥号"孝和睿皇后"。钮祜禄氏是嘉庆皇帝的第二位皇后，是个工于心计的人。在一些人的心目中形象不佳，甚至是一个可憎的人。

一、皇帝猝死　皇后先知

钮祜禄氏出身名门，她父亲恭阿拉在乾隆朝曾出任过礼部尚书。在嘉庆登基称帝之前，钮祜禄氏为嘉庆帝的侧室福晋。嘉庆称帝后，钮祜禄氏被封为贵妃，中宫喜塔腊氏去世后，太上皇乾隆诏令钮祜禄氏继位中宫，她进而被封为皇贵妃。嘉庆六年（1781），钮祜禄氏被正式册封为皇后，系嘉庆帝的第二位皇后。[1] 钮祜禄氏是皇三子绵恺、皇四子绵忻的生身母亲。绵恺在嘉庆年间被封为惇郡王，在道光年间又成为亲王。绵忻在嘉庆年间已被封为瑞亲王。此外，钮祜禄氏还有一个女儿，只是这个女儿未成年就夭折了。

钮祜禄氏是个工于心计的人。在成为皇后的最初几年，她给人的印象比较平和，但渐渐地她在后宫中也弄起权术来。嘉庆后期，随着皇帝年迈多病，皇位继承人的矛盾也变得日益突出。出于对自己以后利益的考虑，钮祜禄氏对这个问题自然十分关切。

清王朝自雍正皇帝以后有一个不成文的规矩：何人继承皇位是由在位皇

---

[1] 事见《清史稿·后妃列传·孝和睿皇后》："孝淑皇后崩，高宗敕以后继位中宫。先封皇贵妃。六年，册为皇后。"

帝及早写在御书上，盛在铁匣子里，放在宫中正大光明殿匾额后面。只有在皇帝去世时大臣们才能打开匣子，按御书上的人选拥戴新的皇帝。嘉庆二十五年（1820）夏，嘉庆皇帝带着旻宁等人来到了承德避暑山庄。七月二十五日，原本身体好端端的嘉庆帝突然病倒，当天就与世长辞了。嘉庆皇帝的病来得突然，死得也快。在嘉庆帝临终之前，内大臣赛冲阿、禧恩等人聚在一起打开了盛有皇帝御书的铁匣子。只见上面写着让皇次子旻宁继承皇位。这样看来，旻宁继位乃是嘉庆遗命、无可厚非的。但身体好端端的嘉庆皇帝为什么要将铁匣带到承德来呢？嘉庆皇帝刚刚晏驾，远在北京的钮祜禄氏就派人快马加鞭传来了她的旨意：让旻宁继承皇位。当时并无现代化的通信手段，她是怎样知道皇帝驾崩信息的？似乎她对嘉庆帝的死早有预料。为什么她指定的新皇帝人选与嘉庆御书上所写的正相吻合，莫非她事先看过了御书？嘉庆帝驾崩前后发生一连串事情，是否隐含着钮祜禄氏的一番苦心？这幕新桃换旧符的短剧确有令人起疑之处，幸好当时的政坛上并未激起轩然大波。旻宁平安地登上了皇位，这便是道光皇帝。道光皇帝尊奉钮祜禄氏为皇太后，安排她住在寿康宫，并且对这位皇太后一直十分敬重。[1]

二、太后赐酒　皇后暴卒

后世的一些人坚持认为：钮祜禄氏在嘉庆驾崩、道光继位的过程中扮演了很微妙的角色。不过，这毕竟是人们根据某些现象推测的结果，并无真凭实据，尚无法成为定论。在后世的一些描述中，钮祜禄氏与道光帝皇后的死也有很大关系。这是怎么一回事情呢？

原来，道光皇帝先后有过四位皇后，其中第三位皇后也叫钮祜禄氏，皇太后是她的姑姑。皇后钮祜禄氏俏秀俊美，聪明机智，颇得道光帝的欢心。皇太后钮祜禄氏在道光帝面前说话很有分量，道光帝的后妃对她自然不敢怠慢。这样，太后和后妃们相处得倒是比较平静。道光十六年（1836），适逢太后钮祜禄氏六十大寿，皇宫内外隆重庆祝。这天，道光帝到太后处请安，闲谈时无意中谈起了皇后，道光帝禁不住对皇后的聪颖灵巧夸奖了几句。不料，太后钮祜禄氏却不以为然。她说："女子以德为重，德厚才能载福。若仅有点小聪明，那不算什么福相。"这些话后来传到了皇后那里，皇后当下便有些气愤。她想，我身为中

[1] 事见《清史稿·后妃列传·孝和睿皇后》："宣宗尊为皇太后，居寿康宫。"

承德避暑山庄烟雨楼

宫皇后，执掌六宫。而且自己亲生儿子（即后来的咸丰皇帝奕詝），居各皇子之首，日后继承皇位估计也没有问题，将来自己就是皇太后，这怎么能是没有福相呢？太后分明是在背后拆自己的台。于是，便想给太后点颜色看看。每当跟太后接触，言语中便带了些讥刺。太后钮祜禄氏很快觉察到皇后对自己的态度不恭，待她明白了其中原委，顿时火上心头。她几次当面训斥了皇后，在道光帝面前也指斥他管教不严。不过，皇后根本不吃太后这一套，她依然是我行我素，甚至和太后当面顶撞起来。就这样，一来二去，两人的关系日趋紧张。后宫嫔妃本来就无事生非，有些空隙，哪能闲得住。一些平素与皇后不和的妃子趁机在太后跟前添油加醋，挑拨是非，两位当朝最显贵女人的矛盾如弓在弦上，一触即发。

在与皇后的斗争中，太后钮祜禄氏施展了她老辣的手段。道光十九年（1839）腊月，京城里一连几天风雪交加，寒气袭人，皇后患了感冒，便未到太后那里去请安。谁知皇太后不仅不怨她，反以花甲之年不畏风寒，探望皇后病情，嘘寒问暖，煞是热情。皇后见到这番情景，想起自己以往对太后的不恭，心中不免有些愧疚。转年正月，皇后病愈，连忙去向太后请安。太后很是高兴，两人在一起说说笑笑，气氛极为亲切。婆媳情、姑侄情油然而生。她们的种种不愉快在谈笑声中化为乌有。过了一天，太后特地派人给皇后送来一瓶名酒，皇后很

清代册页画《见美人气倒图》

感激太后的情意,当着来人的面便饮了一杯,并连夸酒的味道不错。不想就在当天夜里,皇后突然去世了。

后人描叙的故事即使望风捕影,也事出有因吧?不过,有一点是十分清楚的,即孝和睿皇后钮祜禄氏在人们心目中的印象是不佳的,甚至是一个可憎的形象。

道光二十九年(1849)十二月,74岁的钮祜禄氏在寿康宫去世。咸丰三年(1853)钮祜禄氏被安葬在昌陵之西的昌西陵。从道光至咸丰年间,谥号累加,全称"孝和恭慈康豫安成钦顺仁正应天熙圣睿皇后"。

宣宗旻宁（道光）皇后钮祜禄氏

钮祜禄氏（1807～1840），清宣宗旻宁（道光）皇后。父亲为二等侍卫、一等男颐龄。道光十四年（1834），她被立为皇后。谥号"孝全成皇后"。钮祜禄氏在中国封建王朝数以万计的后宫佳丽中，她得到最珍贵的感情。在世时，和道光皇帝伉俪情深，去世后，道光皇帝不再立中宫，并立她唯一的儿子奕𬣞为皇太子，以报多年情谊。所以虽然享年只有33岁，那又有什么遗憾呢！

钮祜禄氏

一、南雁入宫　帝后情深

钮祜禄氏生于公元1807年，即嘉庆十二年，其父系侍卫颐龄，她比道光皇帝小25岁。

其父颐龄在苏州做官，她随父亲生活在苏州。这块灵秀的土地，培养了她独特的气质。苏州女子，多半慧秀，通行七巧板拼字，作为兰闺清玩，钮祜禄氏也特别爱好，熟能生巧，后来她竟发明新制，斫了木片若干方，随字可以拼凑。人人羡慕她聪明、灵敏，真乃"蕙质兰心并世无"。道光皇帝亲选秀女，颐龄便把女儿送入宫中。因她生长在苏州，出落得委婉娇柔，秀丽聪慧，这与旗下格格的开朗爽健是大异其趣的，所以独蒙帝眷。因之地位也不断地发生变化，不到一年从全嫔晋封为全妃，接着又获得了全贵妃的封号。道光十一年（1831）六月全贵妃生了皇四子奕𬣞，就是后来嗣位的咸丰皇帝。娇妻爱子，道光皇帝对钮祜禄氏真是"捧在手上怕掉了，含在嘴里怕化了"，宠爱有加。皇后佟佳氏于道光十三年（1833）去世后，道光皇帝将钮祜禄氏全贵妃晋升为皇贵妃，统摄六宫。[1] 第二年，又立钮祜禄氏为皇后，追封皇后父颐龄为一等承恩侯，由其孙瑚图哩袭爵。岂知好景不长，仅做了六年皇后，钮祜禄氏便于道光二十年（1840）正月暴崩。享年只有33岁。

皇后的突然去世，对道光皇帝是个非常严重的打击。年近花甲的道光时常哀戚。特谥大行皇后为"孝全"皇后，[2] 嗣后不再立中宫，也有意立皇后之子奕詝为皇太子，以报多年情谊。孝全皇后除生奕詝后来继皇位外，还有两个女儿。一个早年夭折，另一个即寿安固伦公主，嫁给奈曼部札萨克郡王。

二、千古疑案　众说纷纭

关于皇后的"暴崩"曾有各种说法。清宫词有这样两句："如意多因少小怜，蛾怀鸩毒兆当筵。"原注："孝全皇后由皇贵妃摄六宫事，旋正中宫；数年暴崩，事多隐秘。其时孝和皇太后尚在，家法森严，宣宗（道光）亦不敢违命也。"照这首词来看，孝全皇后的暴崩，好像是新年宫中家宴，为人下毒所致。这人究竟为何人？孝全皇后不仅能用七巧板"谱成六合同春字"，还在皇太后寿辰时填词写诗，大出风头。为此孝和皇太后对皇后的敏慧过人，未免有些惋惜，她以为"妇女以德为重，德厚乃能载福，若仗着一点才艺，恐非福相"，才对道光帝说出上面的一段话。但孝全皇后因有皇四子，前面3个皇子生后早殇，奕詝就是长子，有可能就是将来的皇上，所以不以为然。这话传到孝全皇后耳朵里，自然不高兴了，于是婆媳之间有了嫌隙，为此怀疑是皇太后所为；另有一种说法，道光十一年，孝全皇后生奕詝。

道光《喜溢秋庭图》

---

[1] 事见《清史稿·后妃列传·孝全成皇后》："十三年，进皇贵妃，摄六宫事。"
[2] 事见《清史稿·后妃列传·孝全成皇后》："宣宗亲定谥曰孝全皇后。"

第二年静贵妃也生皇子，即皇六子奕䜣。奕䜣颇英挺，道光皇非常爱之，曾想立奕䜣为皇太子。金合缄名，当时写上奕䜣名字的人又特别多。可是因为皇一、二、三子早殇，奕詝实为长子，按皇室规矩皇帝逡巡未决。相传，孝全皇后隐知皇帝有意立皇六子奕䜣后，曾阴谋设毒，想害死奕䜣，以绝后患。但她的亲生儿子奕詝从小和皇六子一起玩大，感情颇深。奕詝不忍心残害亲弟弟，偷偷告诉了奕䜣。这样皇六子才免于一死。所以有人猜测：是不是此事被皇太后所知，有所责备，因为孝和太后秉性严毅，后妃畏惮。孝全皇后因而羞怯，自己服毒而亡？

道光皇帝又不是三岁小孩儿，加之他和皇后恩爱无比，对于孝全皇后的死因，他又怎么能不怀疑呢？可是孝和皇太后尚健在，家法严毅，道光皇帝又素以孝顺著称，不敢违命，只得不了了之。这样鸩毒一案，遂成千古疑案，而这种所谓的疑案，在宫廷斗争中比比皆是，可称为帝王之家的"特产"了。

名家评说

　　鸩毒一案，千古传疑。不敢信其必有，亦不敢谓其必无。但钮祜禄氏挟才自恃，因宠生骄，姑妇之间，总不免有勃谿之隐，所以暴崩之后，遂生出种种疑议。

——蔡东藩《清史演义》

附：宣宗旻宁（道光）贵妃博尔济吉特氏

博尔济吉特氏（1812~1855），宣宗旻宁（道光）贵妃。父为刑部员外郎花良阿。道光十二年（1832）册封为静贵妃。博尔济吉特氏是道光皇帝的静皇贵妃，遥居宫中妃嫔之首，孝全皇后死后，她摄行六宫诸事整整10年，遗憾的是，皇后空缺，她却始终未得皇后封号。道光帝驾崩，她自恃抚育皇上奕詝如亲子，但直到死前的第八天才得到皇太后的封号。而死后虽按皇后礼办，却不系宣宗谥，从而创下了清代历史上皇后不系皇帝谥号的特例。

博尔济吉特氏

一、掌管六宫　抚育皇子

博尔济吉特氏，父亲是刑部员外郎花良阿。她生于嘉庆十七年（1812），小于道光皇帝30岁。她初入宫时为静贵人，后来晋封为静嫔，时常得幸侍奉皇上。道光皇帝的皇二子奕纲，皇三子奕继，都是她的亲骨肉，可惜一个2岁，一个3岁先后幼殇，静妃失去爱子，忍受了极大的悲痛。幸运的是她在道光十二年（1832）又生了一子，就是皇六子奕䜣。随即又被封为静贵妃。孝全成皇后钮祜禄氏死后，道光皇帝不愿另立中宫，晋封她为皇贵妃，在后宫嫔妃中名位最高，故摄行六宫之事。

孝全皇后的遗子奕詝即由静皇贵妃抚养。静皇贵妃视奕詝如同己出，非常疼爱。奕詝亦视皇贵妃如慈母，母子相依无间。奕詝与奕䜣不仅同在皇贵妃的照抚之下，且兄弟二人年龄只差一岁，同在书房读书；兼之当时道光皇帝的皇一、二、三子早殇，皇五子奕誴出嗣为惇亲王之子，不在宫中，皇七子还小，不足为

侣，他俩的感情自然就亲密多了。

清史书记载：奕䜣"与文宗（奕詝）同在书房，肄武事，共制枪法28势，刀法18势，宣宗（道光）赐以名，枪曰'棣华协力'，刀曰：'宝锷宣威'"。这无非是希望兄弟二人将来同心协力，共扬大清之威，确保祖宗传下来的帝业长青。可见道光皇帝用心良苦。据《祺祥故事》也记载：詝奕与奕䜣"如亲昆弟"。其实奕䜣的才能，无疑地胜过奕詝；道光皇帝也最钟爱这个皇儿，加之奕䜣长相颇似道光帝，故而道光帝渐悔初意，想改立皇六子奕䜣为皇储。不过孝全皇后崩逝，疑案未明，道光帝始终悲悼，倘若不把皇四子立为太子，总有些过意不去，因此犹而未决。

清缂丝凤凰牡丹挂屏

道光帝晚年，外侮内乱，相逼而来，家事又祸不单行。皇太后竟一病去逝。道光帝素性纯孝，悲伤过度，皇四子奕詝的福晋萨克达氏，又病殁。种种不如意之事，云集皇家，道光帝忧悲交加，积劳成疾，延至道光三十年正月十四日，病势加重，自知不起，谕令诸大臣到正大光明殿额后，取下秘匣，宣示御书。大臣们在秘密建储匣内竟发现两份谕旨，充分表现了当时道光帝的矛盾心情，虽决定传位给皇四子奕詝，但也不能委屈了另一个宠儿奕䜣，因而同时决定封奕䜣为亲王。

奕詝继位，改元咸丰，是为文宗，亦称咸丰帝。遵照先帝遗旨，封六弟奕䜣为恭亲王。咸丰三年恭亲王奕䜣受任军机大臣，虽为新进，但以亲王身份爵位最高，成为军机处掌印钥的"领班军机大臣"，咸丰皇帝也常召见奕䜣议事。

咸丰帝素受静皇贵妃抚养，视其为生母，因此尊她为："康慈皇贵太妃"，[1]居绮春园。皇上经常到此问安视膳，对她格外尊敬。正如清史书记载："一切礼秩，悉视母后，孝养特隆。"清代家规："皇子既受封，即须出宫，别居府邸，非奉谕旨，不得辄入。至皇兄弟亦不能轻入宫禁。"咸丰帝却命"恭亲

---

[1] 事见《清史稿·后妃列传·孝静成皇后》："孝全皇后崩，文宗方十岁，妃抚育有恩。文宗即位，尊为皇考康慈皇贵太妃，居寿康宫。"

王得朝夕入宫问安。"奕䜣既已分府,还能享受这种特殊待遇同奕䜣不忘静贵妃抚育之恩有关。

二、临终遂愿　乱中获封

　　静皇贵妃自从摄行六宫事以来已整整10年。只因道光帝痛失孝全皇后,不愿另立中宫,所以静皇贵妃始终未得皇后的封号。现今咸丰帝当朝,自恃抚育皇上如亲子,一心想得到太后的封号。而奕䜣也想通过生母晋封皇太后,以扩张自己的权势。但此事迟迟未决,于是奕詝、奕䜣兄弟间渐有芥蒂。以静皇贵妃的封号一事为导火线,积嫌到咸丰五年(1855),终于出现了明显的裂痕。

　　一天,静皇太妃刚醒未起床,咸丰皇上问安即到,太监准备禀告太妃,皇上为表亲近摇手令勿惊。太妃见床前有人影闪动,以为是刚来问安的亲子奕䜣还未离开。甚有怨气地说:"你为什么还在这里?我所知道的都告诉你了!他这个人性情不易知,不要生了嫌疑了。"

　　咸丰皇帝一听是对他有怨,怕再说下去双方都下不了台,立即喊了一声:"额娘"。太妃一听是皇上,立马翻身朝内卧,也没理睬皇上。自此皇上猜疑更大。

　　为什么不给静贵太妃加封皇太后封号,咸丰帝有自己的主见。认为:嗣皇帝的生母,被尊封为皇太后的,清代有例在先,如:顺治皇帝的生母孝庄文皇后、康熙皇帝生母孝康章皇后、雍正皇帝生母孝恭仁皇后等。而先帝妃嫔被嗣皇

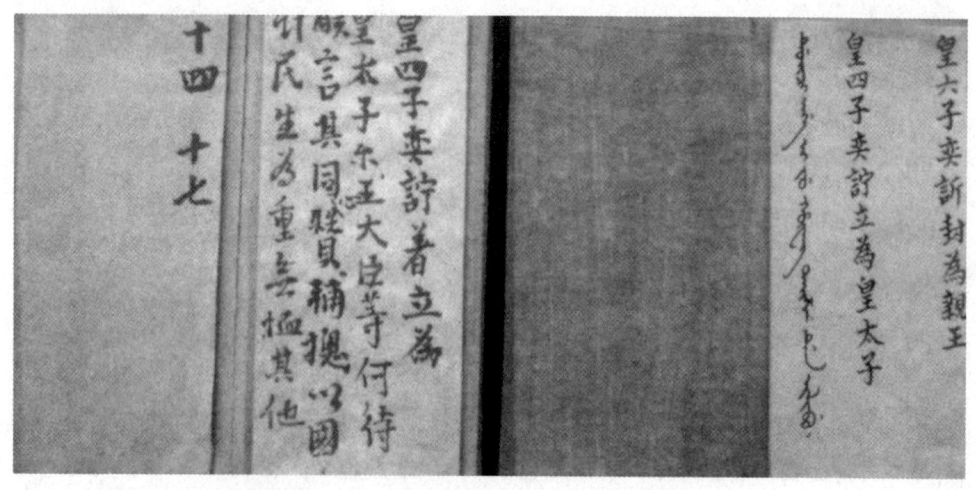

清道光皇帝的立储密旨,左侧为他临终前的笔迹

帝尊封为皇太后的前朝尚无先例。虽然静皇贵妃抚育自己有恩，视为亲母，但毕竟不是自己生身之母，所以不情愿封静皇贵妃为皇太后。

　　咸丰五年（1855）六月，静皇贵妃病情加剧，咸丰皇帝急入绮春园寝宫探视病情，恰巧碰到恭亲王奕䜣从里面出来，皇上询问："太妃病情如何？"奕䜣跪地泣哭，悲伤地说："已经危在旦夕了。看样子是只等皇太后的封号下来就瞑目了。"咸丰皇帝闻后悲从中来，更急于去看病人，只随口："哦，哦！"两声，便三步并两步走入寝宫去探望太妃。奕䜣等待皇上允诺已久，误认为"哦，哦！"就是皇上已经答应，赶忙回到军机处恭办皇太后封号事宜。礼部具奏，陈明一切仪典，准备尊封皇太后。恭亲王传旨，虽非咸丰皇上的本意，但生米已煮成熟饭，如果皇帝拒绝礼部请尊封皇太后的奏章，则将闹成天下笑话，所以不得不依奏。遂于咸丰五年秋七月一日传旨，尊静皇贵太妃为"康慈皇太后"。静皇贵太妃在忙乱误会中终于获得皇太后封号。

　　咸丰五年七月一日尊封皇太后，康慈皇太后圆了十数年的梦。七月九日安详平静地辞世而去，享年44岁。咸丰派奕䜣等恭理丧仪，一切均按皇后礼办理。咸丰服缟素二十七日，青袍褂百日。但有一项下旨：皇后"不系宣宗谥"。即不加宣宗成皇帝的"成"字，谥号是："孝静康慈弼天辅圣皇后"并于奉安东陵后，神牌回京，升祔奉先殿，而不祔太庙。[1] 从而创下了清代历史上皇后不系皇帝谥号的特例。

　　恭亲王行事，有时确也不免冲动冒失，加上恃才傲物，目中无人，因而被认为"狂妄自大"。上次传旨，封其亲生母亲为皇太后，虽属误会，但使人感到如同挟制，弄得咸丰帝左右维谷，多少有些违反自己的意愿，对恭亲王自然十分懊恼，因而又加深了一层矛盾。

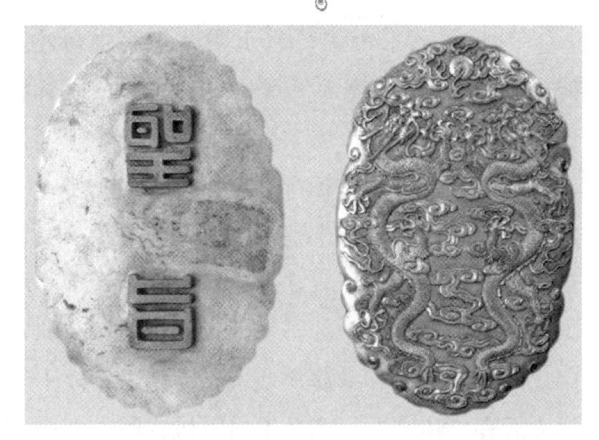

清龙纹铜合符

---

[1] 事见于《清史稿·后妃列传·孝静成皇后》："咸丰五年七日，太妃病笃，尊为康慈皇太后。……不系宣宗谥，不祔庙。"

封后而不系帝谥，起于明朝宪宗生母孝肃太后。孝肃周太后，是明英宗妃，明宪宗生母，死后不系帝祀以别嫡庶。其后明朝几个庶出太后都遵用其制。但在清朝历史上，上谥太后并无此前例。咸丰帝不以家法，而沿用前朝故事，一方面表示，孝静太后抚育有恩，侍奉如生母；一方面也表示嫡庶究竟有别。奕䜣知之，曾力争，无奈咸丰皇帝坚执不允更改。奕䜣十分愤恨地质问咸丰帝说："难道皇上已忘了太后养育之恩吗？"咸丰帝毫不示弱，心想太后养育之恩，已在封太后一事中报答过了，于是理直气壮答："此乃情礼并尽，无可非议。"于是兄弟之间意见冲突，愈演愈烈，皇太后过世才十五天，咸丰皇帝借口恭亲王"办理皇太后丧仪疏略"，令其退出军机，回上书房读书，并"设词不令奕䜣来见"，把恭亲王如同其他异母之弟一样看待，不再有"亲昆弟"之情感可言了。

同治帝即位时，奕䜣当国，两宫皇太后倚畀方隆，遂改康慈皇太后谥号，系宣宗之谥号："孝静成皇后"，神牌也得以升祔太庙。

文宗奕詝(咸丰)皇后钮祜禄氏

钮祜禄氏(1837～1881),文宗弈詝(咸丰)皇后。父亲是广西右江道穆阳阿。咸丰二年(1852)钮祜禄氏被立为皇后。穆宗即位后,尊为皇太后。谥号"孝贞显皇后"。在清朝历代皇后中,慈安皇后是最勤俭最有道德的。她宽厚仁爱,善良忠厚。但令人遗憾的是,也正是由于这种性格,滋长了慈禧的专横,让她轻易地把大权夺走。她和慈禧共同"垂帘"听政两次,虽形同虚设,但却做过一件令人拍手称快的大事,那就是机智地斩掉了慈禧的心腹太监安德海。她想劝阻慈禧骄横擅权的行为,当面烧毁了文宗给她制约慈禧的密诏。结果适得其反,不明不白地离开了人世。

钮祜禄氏

一、勤俭德高　母仪天下

文宗皇后钮祜禄氏是满洲镶黄旗人,出身高贵,是广西右江道员穆阳阿的女儿,生于道光十七年(1837)。在清文宗奕詝当皇帝之前,她就在奕詝宫中侍奉皇储。但那时她只是侧室,嫡福晋是富泰之女萨克达氏。[1]

道光二十九年,萨克达氏病逝。道光三十年奕詝即位,就是文宗,也称咸丰皇帝,马上晋封钮祜禄氏为孝慈皇贵妃。咸丰二年(1852)钮祜禄氏被立为皇后,从此开始"母仪天下"。

---

[1]事见《清史稿·后妃列传·孝德显皇后》:"文宗孝德显皇后,萨克达氏……文宗为皇子,道光二十七年,宣宗册后为嫡福晋。"

如果说，整个清廷的12位皇帝中，道光皇帝是最节俭者的话；那么，钮祜禄氏在清代所有皇后中，算得上是最勤俭最有道德的。有时赶上她过生日，朝内外的大臣官员们为了巴结皇帝和皇后，便纷纷前来献送厚礼，钮祜禄氏一概拒绝，绝不通融。她在对待人们送礼一事上，曾这样告诫当时尚为兰贵人的叶赫那拉氏说："我们这些人若多接受一份礼物，老百姓们就会多一份饥寒。所以，我们应该戒除这些陋习！"慈安皇后平时穿得都是布衣服，帷帐、罩幕与雨披等也一律不用绣品，尤其不愿用进口的洋纺织物，她说那些东西只是好看而不中用。宫中穿用的花盆底的绣鞋，鞋面上的花，她都督令宫女们绣上去，每年必定要亲手绣一双花鞋面，以此对宫中女子表率，倡导人人都干些力所能及的活。她平时的一举一动，严格遵守各种封建礼法，绝没有疏漏越轨之举。夏天天气再热，她也不露出身体来，洗澡时也从不用宫女、太监们伺候，不换上礼服就不去见皇帝，坐着时腰板挺直，走动时都是慢步徐行，从不快步疾走。对待下人，她也比较和善，从不疾言厉色。她的所作所为，简直成了咸丰皇帝眼中的女圣人。一次，咸丰皇帝为了游乐，下令花巨款整饰圆明园等居处，为劝阻他这种做法，一向温顺的钮祜禄氏竟拔下头上的簪子，披头散发的对咸丰皇帝进谏。为此咸丰皇帝对她更为敬重。

按照清朝宫中的规矩，妃嫔以下所有女子穿的服装，都必须是窄袖长袍，不许穿裙子，头上的髻要统一梳成横长式，站时要挺直腰板。等到被册立为妃时，穿着、梳头、行动才能稍微自由一些。叶赫那拉氏初选入宫（1852）刚被封为贵人时，由于不熟悉清宫里的礼制，偶尔梳过宫外满洲妇女们常梳的飞云髻，恰巧慈安皇后看到了。为此她传谕，申斥警告兰贵人要谨遵宫中法度。大概从这时起，兰贵人就对皇后有了不满，只是她当时地位不及皇后，又很善于伪装，善良的皇后又如何能看出来呢？

清代宫禁内有这样一种规定：能够与皇帝同房的妃嫔们要由皇后决定，到

钮祜禄氏是清代最勤俭的一位皇后，她所使用的帷帐、雨披等一律不用绣品。图为清代羽毛雨衣

傍晚的时候，由皇后选出一些写着妃嫔名号的牌子交太监呈给皇帝，皇帝留下哪个人的牌子，就召哪位妃嫔到皇帝寝宫去伺候。如果皇帝想到哪个妃嫔宫中去住，必须先由皇后传谕旨给那个妃嫔，饬令该妃嫔做好接驾准备，然后皇帝才前往彼处。但这种谕旨上必须要盖上皇后的金印（即要征得皇后的同意）。由此可见，皇后对于各个妃嫔的制约是很大的，她不让你见皇上，你就见不到，而妃嫔见不到皇帝面，是无望出人头地的。正是在这些方面，钮祜禄氏为叶赫那拉氏提供了很多方便，当然慈安皇后对其他嫔妃也不错。

其实，兰贵人（即后来的"慈禧太后"）之所以能够步步高升，与慈安皇后的提携是分不开的。她刚入宫时，先在皇后住处坤宁宫当差，皇后对她很好。以后为皇帝生了皇子载淳，地位才开始变化。按封建宗法制度，嫡庶之分极其严格。历史上正后夺取庶出的儿子占为己有，亲生母亲遭废黜甚至虐杀的事，不乏其例。可是，作为正后的钮祜禄氏，虽比叶赫那拉氏年轻两岁，却不争风吃醋，是个心地善良的人。加之叶赫那拉氏处心积虑又功夫到家的曲意奉迎，竟使她对叶赫那拉氏有了很大的好感，甚至在风流皇帝面前时常说叶赫那拉氏几句好话。不料，为此铸成了大错。

咸丰十年（1860），英法联军攻占大沽，兵进天津，直逼通州，欲进犯北京。咸丰皇帝带着皇后钮祜禄氏、懿贵妃叶赫那拉氏和皇子载淳一行，仓皇逃到热河行宫（今河北承德避暑山庄）。风流皇帝奕詝在北京时，沉溺于声色之中，由于纵欲过度，致使体弱多病，钮祜禄氏本性懦弱，根本无力劝止。御医诊治后说长饮鹿血，可补肾亏阳虚之症。于是设立鹿苑养了100多只鹿，天天取鹿血以供其饮用。此次仓皇逃往热河，鹿自然没有带走。

到了热河行宫，情况与京城里自然有极大不同。据说由于行宫内外的防禁

咸丰帝

并不太严，协办大学士肃顺便经常带着奕詝皇帝偷空子出外游乐，使其更加沉溺于声色之中而无力自拔了。这样导致了他本已虚弱的身体越来越坏。咸丰十一年七月，皇帝开始大量咯血，身体急剧恶化，于当月十七日在寝宫烟波致爽殿病逝。[1] 这一年，皇后才24岁，叶赫那拉氏也不过26岁。

按礼制，皇帝死的当天，皇后独自到皇帝灵前祭酒，此时身为皇贵妃的叶赫那拉氏还没有资格参加这个仪式，她对此心中是很不快的。

咸丰皇帝死后，仅有6岁的皇子载淳即皇帝位。他马上尊封钮祜禄氏为皇太后，上徽号为"慈安"；由于懿贵妃叶赫那拉氏是小皇帝的生母，所以也一并尊封为皇太后，上徽号为"慈禧"。称慈安太后为"母后皇太后"，称慈禧太后为"圣母皇太后"。[2] 两宫太后居住的宫院，慈安太后居上首，座东。慈禧太后居下首，座西。后来她们共同垂帘听政，同样是慈安太后坐皇帝座上首（东面），慈禧从下首（西面），因此慈安太后又称东太后，慈禧太后则称西太后。

二、节俭自爱　巧斩太监

辛酉政变之后，慈安、慈禧两宫太后，在养心殿共同垂帘听政。开始的时候，由于慈安太后位居正宫，名位高于慈禧太后，因此慈禧不敢太张狂，大权一度由慈安太后掌握着。一段时间里，节俭自爱的政风很浓。现在，以她为主垂帘听政时，注重节俭自然是顺理成章的事。她常以东南太平天国未灭，国家正处多事之秋为由，驳回一些阿谀奉承的大臣奏请大兴土木重修圆明园的奏折。

原圆明园管理大臣殷德以园务不能振兴为一大憾事，他百般恳求两宫皇太后，坚持要重新修复圆明园。这时太平天国农民革命虽已失败，但捻军和西北回民的武装斗争却气势正盛。慈安太后素来崇尚节俭，根本就不同意大兴土木的修园之举；而慈禧太后此时正韬光养晦，密谋夺权，也就颇为顾忌朝野内外对她所作所为的议论，无心过多地游乐。所以殷德的愿望，无法实现，心中深感不快。

北京城内有一个很有势力且人品极坏的大富豪名叫李三，他勾结广东商人李光照，投殷德所好，与殷德拉上了关系。他们在小皇帝载淳出外游玩时前往参见，哄骗小皇帝答应重修圆明园。李三与李光照暗自高兴，以为可借此次机会大

---

[1] 事见《清史稿·文宗本纪》。
[2] 事见《清史稿·穆宗本纪》："九月丙戌朔，上母后皇太后徽号曰慈安，圣母皇太后徽号曰慈禧。"

太平天国与清军作战图

捞一把。为了能取得慈禧太后的赞同，李光照前去用重金贿赂大太监安德海，安德海开口要价20万两白银，讨价还价一番后，终以10万两银子成交。李光照行贿之事不想被恭亲王奕訢等大臣侦知了，上报给慈安太后，素以节俭著称的钮祜禄氏大怒，立即命令刑部官员逮捕李光照下狱。接着传下懿旨，命逮捕奸商李光照，并追查行贿修园一案。后来，安德海虽因慈禧太后关照，度过了这一风波，所以重修圆明园之事直到同治皇帝亲政前，再也没被提起过。

在玩弄权术方面，慈安太后远远不是慈禧太后的对手。同治四年，恭亲王奕訢遭到慈禧太后的暗算，被革除了议政王的头衔。此后，慈禧太后完全把持了朝政，慈安太后的"听政"，也就只是作为一种陪衬，一个摆设。节俭的那一套做法当然也就随之消失了。

但是在诛杀安德海问题上，慈安太后起了决定性的作用。太监安德海是直隶南皮（今属河北）人，人称"小安子"。同治初年，他因受慈禧太后宠幸，开始干预国政。穆宗载淳尚未成年，但对安德海飞扬跋扈的一套非常不满，经常为一些事训斥安德海，而每次挨了训，安德海都要向慈禧太后诉委屈，慈禧太后马上便召载淳来指责一番，这样反而更加深了小皇帝对安德海的仇恨。

为除掉安德海，载淳曾找慈安太后密商办法，他们认为山东巡抚丁宝桢敢作敢为，因此在丁宝桢入京晋见时，令他俟机诛杀安德海，丁宝桢慨然允诺。同治八年（1869）七月，慈禧太后命安德海往南方采办宫中用物，安德海自然得意非常，他公然打着钦差大臣的旗号乘楼船沿运河南下，一路声势浩荡，招摇纳贿。安德海进入山东德州地界时，丁宝桢得知消息。他令总兵王正启率兵追安德海。等追到泰安，王正启抓住了安德海，并马上把他押送到济南府。[1] 安德海不识时务，死到临头还叫道："我奉皇太后的命令外出，谁敢冒犯我，那是他以卵击石自寻死路！"

逮住安德海后，丁宝桢便飞马上奏朝廷。慈安太后得到报告，立即召见军机大臣奕䜣及内务府大臣等商议处置办法。诸位大臣都说太监不得出都城之门乃是祖制，大清建立200多年来还从没有敢违犯的，如有违犯者要坚决处死不可饶恕，安德海应就地正法。慈安太后果断地以皇帝的名义降旨，在济南杀掉了安德海。这是她一生中干得最漂亮的事。

三、宽厚仁爱　反遭暗算

慈安太后为人宽厚仁爱，小皇帝载淳虽不是她亲生的儿子，但她与载淳的关系和对他的照顾却远远超过载淳的生母慈禧太后。曾有这样一个传说：载淳常常出宫游玩，他总是从后门出入，路旁有卖凉粉的，感到口渴时，就去喝凉粉，但从来不知道应当付钱。卖凉粉的见他举止不凡，认为他一定是大官的子弟，所以不敢向他要钱。有一次小皇帝看到别人喝了凉粉交钱，感到很奇怪，就问卖凉粉的小贩。小贩回答："我全家就靠这小买卖吃饭，怎么能不收钱呢？"载淳听完，非常内疚地说："那我吃喝你的就多了，我要多赏你一些。现在我写个条子给你，你拿条子去取钱，行吗？"小贩高兴地说："这当然可以！"于是小皇帝写了一张纸条给卖凉粉的小贩。小贩不识字，拿着字条去问朋友，其友人指着字条惊异地说："这是敕令广储司付给你白银500两啊！广储司在皇宫中，谁敢命令他们付钱呢？难道这个喝凉粉的，是当朝的皇帝！"小贩一听，哪敢去皇宫中取钱。朋友却极力怂恿他去试一试，于是小贩硬着头皮去了。官员立即向慈安太后做了汇报，慈安太后说："这真是胡闹！虽然是小孩开玩笑，但皇宫怎能失信

---

[1] 事见《清史稿·丁宝桢列传》："至泰安，宝桢先已入告，使骑捕而守之。……传送济南，宝桢曰：'宦竖私出，非制，且大臣未闻有命，必诈无疑。'"

于百姓呢！"马上命令照纸条上写的数目付银子。接着又召小皇帝来询问这事，载淳毫不隐讳地都承认了，慈安太后听完只是笑了笑。表现了她宽厚仁爱的性格。

为同治皇帝选立皇后，同样体现了慈安太后关心小皇帝的慈母之心。她怕载淳亲政以后，年纪太轻，不能胜任繁重的政务，所以得要一位成熟贤淑、识大体、而又能动笔墨的皇后，辅助皇帝。出于这种考虑，她先同载淳商量，征得了载淳的同意，在立后问题上，明确坚持要立载淳满意的钮祜禄氏为皇后。皇帝大婚之后，慈安太后对皇后钮祜禄氏更是百般关照，每次皇后来问安、伺膳，她都热情接待，并屡次催促皇后早早回宫，不必过于拘礼。但她却没有保护住皇后，由于慈禧太后的挑拨、干扰，致使帝后分居，造成了以后的悲剧。在载淳刚死后的

咸丰的第二位皇后——孝贞显皇后（慈安）

几天里，也多亏她安慰、开导皇后，才使钮祜禄氏有了生活的勇气。

穆宗死后，载湉被立为帝。即德宗，亦称光绪皇帝，本非出自慈安太后之愿，完全是慈禧太后的主张。由于德宗皇帝即位时年纪尚幼，两宫皇太后二次垂帘听政[1]。这时虽然是二人同时训政，但慈安太后已无一分权力。实权都掌握在慈禧太后手中。在光绪年间，她诚心信奉佛教，在宫中天天以持斋念佛为主要功课。这样，慈禧太后更觉无所约束，益加肆意弄权，胆大妄为了。

光绪一朝，慈安太后日益倦怠不闻外事，而慈禧太后则日益振奋统摄全局大权独揽。从生活上说，慈安太后崇尚节俭，不事铺张，吃饭以素食为主。而慈禧太后却肆无忌惮地挥霍。她在体和殿每日正餐两顿，每顿饭仅主食就有50多种，菜肴120多样，每天需用猪、牛、羊、鱼、兔肉500多斤，鸡鸭100多只，前前后后要有450多人伺候，花费白银达千两。耗费之大，实在惊人。同慈安太后

---

[1] 事见《清史稿·后妃列传·孝钦显皇后》："穆宗崩，太后定策立德宗，两太后复垂帘听政。"

形成了鲜明的对比。

慈禧太后经常单独召见大臣，决定大事要事逐渐地也不再告知慈安太后。过去她哪敢这样做，像同治年间补瑞麟为文华殿大学士这样的大事，她都要找慈安太后商量，取得慈安太后的同意后才可以实施。后来慈安太后竟成了可有可无之人。这使慈安太后心内愤愤不平，两人之间的矛盾也逐渐突出起来。

慈安太后打算劝阻慈禧太后的骄横擅权的独断行为，给她一个警告，使她收敛一些。在光绪七年（1881）的某一天晚上，慈安太后在自己宫中置办酒宴，说是为慈禧太后祝福。酒至半酣，慈安太后屏退左右侍从人员，先热情详细地追述了在热河行宫，肃顺擅权，两宫太后受挤，随后果断谋划辛酉政变，以及同治十一年间二人同时垂帘听政的事情，动情处抽泣垂泪良久。慈禧太后听了也悲不自胜。慈安见打动慈禧，忽然话题一转道："咱们姊妹现在都老了，说不定哪天就要离开尘世。相处20多年，所幸从来都是同心协力，连一句冲撞对方的话都没说过。而我这里存有一件东西，是过去从先帝文宗处接受过来的，现在它已经没什么作用了。"说完，慈安太后从袖子里拿出一个精微的信封递与慈禧太后，让她拆开看一下。慈禧太后接过信封，好奇的启封后细看，吓得脸色顿变，羞惭得不敢抬头看慈安太后。这封函内装的不是别的，正是清文宗交给慈安太后的遗诏。遗诏的大意是：

叶赫那拉氏是皇帝的亲生母亲，母以子贵，日后定会尊封为皇太后，我对此人实在是不能深信。此后如果她能安分守法也就罢了，否则，你可以出示这一纸诏书，命廷臣宣布我的遗命，把她除掉。

慈禧太后看完后，慈安太后把它要回，当着慈禧的面非

储秀宫，慈禧太后曾居此宫

常仗义地放在烛火上烧掉了。当时,慈禧太后惭愧与恼怒的心情交加,但仍勉强装出感激泪下的样子。慈安太后又对她百般劝解安慰,至此酒宴方才结束。过了几天,慈安太后偶然因有事到慈禧太后宫中,慈禧太后对她礼节周全非常恭敬,一反过去那样骄狂放纵,连一旁伺候的太监宫女都感到很奇怪。慈安太后也暗自高兴,认为是前日自己烧密旨的做法收到了预期的效果。两个人坐下来聊天,越聊越投机,时间稍长,慈安太后觉着腹内稍微有点饥饿,慈禧太后即令侍者捧来一盒糕饼,慈安太后吃着很香甜,很对口味,说这好像不是御膳房做的食物。慈禧太后回答:"这是我妹妹送给我的。姐姐您喜欢吃,明天我叫她再送一份来。"过了一两天,慈禧太后派人把糕饼几盒送进慈安太后宫中,花色味道与慈安太后上次吃过的一模一样。慈安太后只吃了一两个,顿时就觉得不舒服,不料到了晚上,竟撒手归西。享年仅45岁。种种迹象表明她是中毒而死的。

慈安太后死后,被埋葬在定陵东面的普祥峪,取名为"定东陵"。当初,钮祜禄氏刚被尊封为皇太后,已加上了"慈安"的徽号。后来国家有喜庆事,又迭加徽号,称为"慈安端康裕庆昭和庄敬皇太后"。到她死时,光绪皇帝给她加谥。宣统年间再加谥,这样,钮祜禄氏的谥号全称就是"孝贞慈安裕庆和敬诚靖仪天祚圣显皇后"。[1]

对慈安太后之死,另一种说法是,光绪六年(1880)冬季,慈禧太后得病,请御医诊治无效,朝廷便诏令各行省的总督巡抚推荐各省的良医进京会诊。李鸿章、刘坤一等都推荐了良医进京。慈禧太后一病就是几个月,这期间只能由慈安太后单独听政。慈禧太后久病不愈,慈安太后即前往探望,到那里却看到慈禧太后正与她宠爱的伶人金某睡在床上,慈安太后气愤之极,严厉地痛斥慈禧太后的丑行,慈禧太后吓得跪地谢罪,尔后将金某驱逐出宫,不久将他赐死(即逼令自杀)。慈安太后平常喜爱吃零食,她死的那一天,慈禧太后曾给她送过糕饼,糕饼送进几小时,慈安太后就死了。直到慈禧太后死后,金某家里的人才讲了这些情况。

---

[1] 事见《清史稿·后妃列传·孝贞显皇后》:"国有庆,累加上。……及崩,上谥。宣统加谥。"

名家评说

　　安得海之伏法，予服丁宝桢，予尤佩慈安太后。慈安太后遇事温厚，独于安得海一案，经恭王怂恿，即密令拿捕正法，此为慈安太后一生明断，迄今都人士，称颂不衰。

——蔡东藩《清史演义》

附：文宗奕𬣞（咸丰）贵妃叶赫那拉氏

叶赫那拉氏（1835~1908），文宗奕𬣞（咸丰）妃子，同治帝皇太后。父亲是安徽徽宁池广太道惠征。咸丰七年（1857）叶赫那拉氏被册封为懿贵妃。谥号"孝钦显皇后"。她是中国历史上把持国家政权时间最长的一位女性。从咸丰十一年（1861）咸丰帝病死于承德，他的6岁儿子载淳继承皇位，慈禧太后开始垂帘听政以来，连续操纵两位幼帝，玩弄内外权臣，随心所欲地统治中国，达48年之久。

叶赫那拉氏

一、女中枭雄　潜藏心机

慈禧于道光十五年（1835）十月初十出生于北京一个世代为官的中等官僚家庭，慈禧的曾祖父、祖父都是京官，曾官至员外郎。

慈禧的祖父惠显，曾在道光年间历任安徽按察使、驻藏大臣、工部左侍郎（兼京营右翼总兵）等职，后调任归化城副都统，是地方封疆大吏。

父亲惠征，曾做过几任地方官，后来在安徽宁太广池道任候补道员。她是惠征的长女，自小随父南来北往，见识较多，学会了官场中逢迎拍马、尔虞我诈的权术。

她的两个哥哥，一个叫照祥，后来官至护军统领，承袭恩公；一个叫桂祥，官至都统，也就是光绪皇后——隆裕皇后的父亲。她的妹妹后嫁于醇亲王，即光绪的母亲。

慈禧于咸丰元年（1851）被选为秀女。依照清代惯例，秀女一经选中，即由皇帝确定名位，并赐封号。咸丰二年二月十一日，慈禧被封为兰贵人，于咸丰

慈禧太后油画像

二年五月进宫。这是慈禧一生的转折点，从此以后，这位普通的官宦小姐开始和政治发生关系。

慈禧素好打扮，入宫后越发打扮得婀娜娉婷。她先在皇后钮祜禄氏居住的坤宁宫当差，起早贪黑，勤劳操作，诸事谨慎。只因皇帝政事较繁，慈禧尚无机会得受"天宠"。直到咸丰四年，一天咸丰帝退朝入宫，正值皇后奉太后之召，赴慈宁宫。宫娥们前呼后拥，侍候皇后，一见皇帝驾到，纷纷上前请安。慈禧也在其中，咸丰帝瞧见她身材苗条，口齿伶俐，满头青丝格外润泽，一双媚眼妩媚动人，当下令宫女们各自回宫，独留兰儿。自此她对皇上着意迎奉，颇懂取悦皇上的技巧，逐渐得到了咸丰皇帝的宠信。对下她讨好皇帝身边得宠的太监，对上她巴结皇太后，并取得其欢心。咸丰四年由贵人而晋升为懿嫔。咸丰六年生下儿子载淳（即后来的同治皇帝），是嫔妃中唯一有儿子的。母以子贵，生孩子的当天，慈禧升为懿妃。咸丰七年又被封为懿贵妃，地位只在皇后之下。本来权欲极强的慈禧，开始利用自己的特殊地位参与朝政，为日后篡权执政打下了基础。

第一次鸦片战争以后，列强入侵，促进了中国封建社会内部矛盾的迅速发展。导致了太平天国革命的爆发，而且发展迅猛。各地告急的奏章纷至沓来，弄得咸丰帝坐卧不宁。懿贵妃乘机帮他看奏章，出主意，策划镇压农民起义。

由于清廷腐败，它原有的"八旗""绿营"军都不能打仗，连连败北。咸丰帝为了镇压太平天国起义，命令长江南北的官僚地主举办地主武装——团练。礼部侍郎曾国藩，于咸丰三年因母丧守制在家，便领头办起了湘军，他不断指挥

湘军打太平军。[1] 懿贵妃看重他的才干，就不断劝说咸丰帝重用曾国藩，"要供给湘军粮饷，不使缺乏"。从此，曾国藩扶摇直上。成为满族统治者信任的汉族官僚。懿贵妃也就以此为契机，逐步参与政事，滋长了夺权的野心。

二、辛酉政变　两宫同治

咸丰十年（1860），第二次鸦片战争进入激烈阶段。由于清朝政府的腐败无能，英法联军的进攻连连得利。他们打天津，犯通州，向京师逼近。整日寻欢作乐、耽于声色的咸丰皇帝，被敌人的炮火吓得失魂落魄，携带皇后纽钴禄氏（慈安）、贵妃叶赫那拉氏（慈禧）和儿子载淳等人，假借"木兰秋狝"（打猎）之名，仓皇逃离北京紫禁城，逃到热河承德（今河北承德）避暑山庄。咸丰帝到达这里时，暑气早消，再加路上颠簸，便一病不起，他本来由于荒淫无度弄坏了身体，因而病情一天比一天严重。慈禧趁机帮助咸丰帝批阅奏本，这样她对朝廷里争权夺利、勾心斗角的动态，摸得一清二楚。

咸丰十一年七月十七日，咸丰帝病死于承德避暑山庄。咸丰皇帝将死之时，命大臣代笔遗诏，立独生子载淳为皇太子；当时载淳尚不满6岁，无法独立执政，便命其宠信的王公大臣怡亲王载垣、郑亲王端华、协办大学士户部尚书肃顺等八人为"赞襄政务王大臣"，协助载淳处理一切政务。[2] 肃顺等人都是咸丰皇帝在位初期，为施展个人宏图大志而重用的大臣，后来咸丰皇帝雄心日减，耽于声色，朝政便由他们把持了。八人中，肃顺胆大有远见，办事果断，他是核心，但因他骄傲自大，结怨甚多。咸丰皇帝临死前的这种安排，朝里朝外有许多人心怀不满，其

曾国藩像

---

[1] 事见《清史稿·曾国藩列传》："二年，典试江西，中途丁母忧归。三年，……而国藩已前奉旨办团练于长沙。
[2] 事见《清史稿·穆宗本纪》："七日，文宗不豫，壬寅，疾大渐，召御前大臣载垣、端华、景寿、肃顺，……赞襄政务。"

中最有意见的就是慈禧。

慈禧是一个素有政治野心的女人。她对肃顺等人包揽政柄，奉承咸丰皇帝，无视她的存在，压制她出头的做法早就非常憎恨。特别是有传说，肃顺曾建议咸丰皇帝铲除慈禧仅留其子，以免日后慈禧专权，咸丰皇帝犹豫未决，因此慈禧对肃顺等人恨之入骨。咸丰皇帝在世的时候，仇恨不敢表现出来，咸丰皇帝一死，眼见肃顺等人控制政权，岂可甘心。慈禧在权欲与仇恨的推动下，决定孤注一掷，发动政变，消灭对手，掌握政权。为此，慈禧周密谋划，采取了一系列颇为主动的步骤。

第一步，利用其皇帝生母的身份，控制了"同道堂"的印章。慈禧以小皇帝生母的身份，把属于皇帝掌管的"同道堂"印章牢牢地控制在自己手里，代子钤印，八大臣对此极为不满。于是慈禧便怂恿皇帝不予用印，因此辅政大臣首次发给内阁和地方官员的咨文，就没有印章。最后肃顺等人只好妥协让步。慈禧在第一回合的斗争中取得胜利。

第二步，联合其他势力，图谋政变。慈禧要打败肃顺等人，深感自己势单力薄，于是她决定联合那些对肃顺等人不满的人，共同对付肃顺等人。她联合的最主要对象就是恭亲王奕訢。恭亲王奕訢，是咸丰皇帝奕詝的同父异母弟弟，道光皇帝的第六个儿子。奕詝死前，由于和六弟关系不好，没有把奕訢列入辅政大臣之中；奕詝死后，肃顺等人又不许奕訢去热河奔丧。这一切，对于有政治野心的奕訢来说，内心极为不满。奕訢的这种心境和慈禧非常相似。对于慈禧来说，

英法联军攻击天津大沽炮台

奕訢不仅在内阁和军队里一直有众多的支持者，而且还得到了洋人的信赖。当初，咸丰皇帝在逃离北京时，留下奕訢与英法侵略军交涉，奕訢在谈判中满足了洋人的要求，在列强中引起"较好的反应"，这正是慈禧所要借重的。对于奕訢来说，慈禧是一把"尚方宝剑"。所以，当慈禧派宠信太监安德海秘密前往北京联络奕訢时，双方一拍即合。奕訢不顾肃顺等人的阻止，强行来热河装出一副悲痛欲绝的样子，奠祭咸丰皇帝。之后，慈禧单独召见了他，叔嫂密谋策划了政变的具体方案。然后，奕訢回到北京，开始联络人员、组织力量，为政变积极做准备。除此，慈禧还拉拢钮祜禄氏，让她相信肃顺等人心怀叵测，图谋不轨，并要钮祜禄氏和她一道垂帘听政。钮祜禄氏比她小两岁，和她本不和睦，虽心地比较善良，但缺乏主见，经不起她的花言巧语，曲意奉承，终于同意了她的主张。

第三步，慈禧和奕訢开始策动一批官员弹劾肃顺等辅政大臣，并制造皇太后垂帘听政的舆论。像胜保等咸丰皇帝在位时不得宠的大臣，纷纷指责肃顺等辅政大臣，说他们"揽君国大权，以臣仆而代纶音，挟至尊以令天下，实无以副寄托之重，而餍四海之心"；同时提出"为今之计，非皇太后亲理万机，召对群臣，无以通下情而正国体"。一时间，要求皇太后垂帘听政、撤销肃顺等人辅政的呼声响遍朝野。在这种气候下，慈禧大胆地做了一些政变前的试探动作，主要是削减了几个辅政大臣的军权。当载垣等人以事务繁忙为由，违心地要求减少他们的部分职务时，慈禧立即顺水推舟，以皇帝的名义下诏解除了载垣的銮仪卫、端华的步军统领、肃顺的管理理藩院的职务；并通过奕訢同兵部侍郎胜保相勾结，还收买了另一个掌握兵权的蒙古亲王僧格林沁，控制了北京周围的军队。对于慈禧的步步紧逼，八位辅政大臣中，肃顺主张"先行下手"，但其他人不同意，对此，肃顺在被捕后曾抱怨不已。

最后一步，利用回銮之机，发动政变。咸丰十一年（1861）九月二十三日，咸丰皇帝的灵柩要运回北京。慈禧以护送灵驾任务重要，让肃顺等人护送，自己却和慈安太后、小皇帝载淳绕小道提前四天回京。回京后，慈禧立即召集在京的王公大臣诉说了肃顺等人的"罪状"，并说"辅政之事"是肃顺等人伪造的诏书，并不是咸丰皇帝的"钦命"。大学士周祖培、贾桢等立刻上疏，要求皇太后临朝听政。胜保等武将更是气势汹汹地说："非皇太后临朝听政，召对群臣，没有办法通下情而正国体。"满朝文武见此情形，没有一个敢反对的。加上英法使馆早就扬言："只要朝廷不在北京，端华、肃顺继续掌政，我们就不认为中国已确实承认了条约。"以此施加压力。

咸丰十一年（1861）九月三十日，慈禧挟制载淳，传旨将载垣、端华、肃顺等人革职拿问，并严行议罪。接着突然将载垣、端华、肃顺3人逮捕，逼令载垣、端华自杀，将肃顺处斩，其余五人或革职或发遣。与此同时，凡拥戴垂帘听政的人都按功行赏，加官晋爵，其中当属恭亲王奕䜣头功，被封为议政王，在军机处行走，掌握了军政大权。[1]

恭亲王的府第恭王府花园

咸丰十一年（1861）十一月一日，慈禧与慈安在养心殿东暖阁垂帘听政。废弃载垣拟定的年号"祺祥"改为"同治"，以示两宫皇太后与小皇帝一同治理朝政。因为这一年是辛酉年，历史上称为"辛酉政变"；又由于这次政变发生在北京，外国人多称为"北京政变。"这次政变，开始了慈禧长达48年的黑暗统治，在慈禧一生中占有极其重要的位置。这一年，慈禧才27岁。

三、二次垂帘　罔顾国忧

慈禧垂帘听政后，为了巩固自己的地位，慈禧采取各种阴谋手段，培植亲信，排斥异己，逐渐在朝廷里形成了自己的势力范围，成为不可冒犯的大独裁者。

同治十二年（1873），同治皇帝已经18岁了。依照祖制，慈禧应该把政权交给皇帝，这叫做"还政"。对此，慈禧尽管十万分不愿意，却也毫无办法。偏

[1] 事见《清史稿·穆宗本纪》："诏赐载垣、端华自尽，肃顺处斩。……命恭亲王奕䜣为议政王，在军机处行走。"

偏同治皇帝不争气，由于慈禧多方干预他的私生活，在后妃之间制造诸种矛盾，竟让太监领着，微服化装到花街柳巷去寻欢作乐，结果染上了重病，同治十三年十二月便一命呜呼。慈禧与同治皇帝没有多少母子情谊。同治给慈安请安，还留下说一会儿话，在自己亲生母亲那里，反而连一句话也没有，母子关系越来越糟。在慈禧眼里，权力比儿子重要。同治皇帝长到14岁时，按照前朝惯例，就应该接掌政权（即亲政），可是慈禧根本不提这码事。直到同治皇帝17岁时，慈禧才不得不答应次年还政。但是多年来，慈禧的党羽已遍布宫中，同治皇帝即使掌握了政权，实际上也当不了多大的家。对于这一点，同治皇帝心里自然也很明白。同治皇帝在执政前后，也曾与慈禧发生过几次冲突，表示了他的不满，但最终也没起什么作用。

　　同治皇帝死了，但他没有留下孩子。按照规矩，可以选一个年长一些的晚辈，继承皇位。但是那样一来，慈禧就成了太皇太后（祖母辈），就不便于再继续听政。于是同治帝一断气，慈禧立即派亲信太监和士兵把守宫廷内外，然后召集亲王大臣进宫举行会议，提出继承皇位问题。慈安提出立恭王奕䜣的儿子载澂为帝，奕䜣害怕慈禧猜疑，提出立溥伦为帝。慈禧当然不会同意，驳回了两位提议人以后，自己提出立奕譞的儿子载湉来继承皇位，慈禧做出这种安排，可谓煞费心机：首先，载湉与同治皇帝载淳是同辈人，慈禧仍可以以皇太后的身份听政；其次，载湉年方4岁，不能理政，慈禧至少可以再控制十几年政权；

同治帝陵寝——惠陵

光绪帝像

再次,载湉不仅是咸丰皇帝的亲侄子,还是慈禧的亲外甥,便于控制。那些王公大臣,心里都明白,可嘴上谁敢说个"不"字。

同治十三年(1875)十二月底,载湉继承皇位,改元光绪。不到两天,慈禧便表示:"皇帝虽然有了,但年龄太小,现在时事艰难,万机待理,不得已,还要实行垂帘听政。"于是两宫太后再次垂帘听政。

常言说得好,一山容不得二虎。更何况慈禧是个权势欲极强的人。尽管慈安权欲心不强,性情又比较平和,但慈禧仍觉得她碍事,处处排挤她,对此慈安自然看得清楚。同治八年时,慈禧的宠信太监安德海在得到慈禧许可后,离开紫禁城,到地方上招摇勒索,被山东巡抚丁宝桢抓获。丁宝桢火速奏请慈安,慈安以安德海违背了"内监不得擅离京城"的祖训为由,命就地处斩。此事等慈禧得知,为时已晚,于是在历史上便发生了"前门接旨,后门开斩"的戏剧性一幕。由此,慈禧和慈安之间的矛盾进一步加剧。据说,咸丰帝死前,担心懿贵妃母以子贵做了太后,会恃尊跋扈,到那时皇后必不是她的对手,因此特意留下一道遗诏,在万不得已的时候,可以拿出来命大臣除掉她。生于侯门而毫无社会阅历的慈安,禁不住慈禧一套甜言蜜语,为了缓和关系竟将这遗诏当着她的面烧掉了。慈禧表面上满口称谢,心里反而更恨慈安。此后不久,光绪七年(1881)三月,慈安去世,年仅45岁。对于慈安之死,许多人怀疑为慈禧所害。从此慈禧独揽了听政大权。

除了慈安以外,慈禧还有一个心腹大患,那就是恭亲王奕䜣。慈禧和奕䜣,在发动政变时配合得还不错,但那只不过是互相利用而已。政变成功后,奕䜣平日就飞扬跋扈,现在以功臣的身份集宫内外大权于一身,再加上军机处里的人对他很恭维,洋人对他很赏识,不觉有些飘飘然起来,有时做

事竟不再把慈禧这个"女流之辈"放在眼里。这当然是慈禧绝对不能容忍的。光绪十年（1884），机会终于来了。这一年，法国入侵越南，把中国在越南的军队赶了出来，并把战火烧到中越边界。慈禧立即抓住时机，以奕䜣办事循旧，固执己见为由，彻底罢免了他，并且改组军机处。由此慈禧的统治地位大为巩固。

罢免奕䜣后，慈禧开始起用醇亲王载沣，醇亲王载沣是光绪皇帝的生父。鉴于这种身份，有大臣提出他不宜参与军机处事务。醇亲王载沣本人也再三推辞。但慈禧决计让他取代奕䜣，主持军机处事务。慈禧这样做，不仅因为醇亲王载沣是自己的亲妹夫，更看好的是他胆小怕事，很好控制。

由于慈禧始终把加强个人独裁统治放在第一位，因此在她心目中国家利益就成了次要的，甚至是可有可无的。光绪十年（1884），中法战争爆发。这是在慈禧把持政权过程中发生的第一场大的对外战争。为了避免战争危及自己的统治地位，她授权李鸿章与法国侵略者谈判，并乞求美英政府出面"调停"，希望大事化小，苟安于目前。慈禧不顾法军的一再猖狂挑衅，严令沿海守军"静以待之"。从而助长了侵略者的气焰，加快了他们发动战争的步伐。中国方面宣战以后，广大军民同仇敌忾，逐渐掌握了战争的主动权。光绪十一年，取得了震惊中外的镇南关大捷，法国侵略军一败涂地，受此影响，法国茹费理内阁倒台。但就在这个时候，慈禧却下令停战、撤兵，爱国官兵非常气愤。以慈禧为首的清政府却宣扬什么"见好就收"，与侵略者签订了不平等条约，连法国政府都感到意外。

就在中法战争激烈进行的同时，慈禧大兴土木，花费63万两白银修缮储秀宫，在一片歌舞升平，平安富贵的气氛中度过了自己的50大寿。

清廷军机处

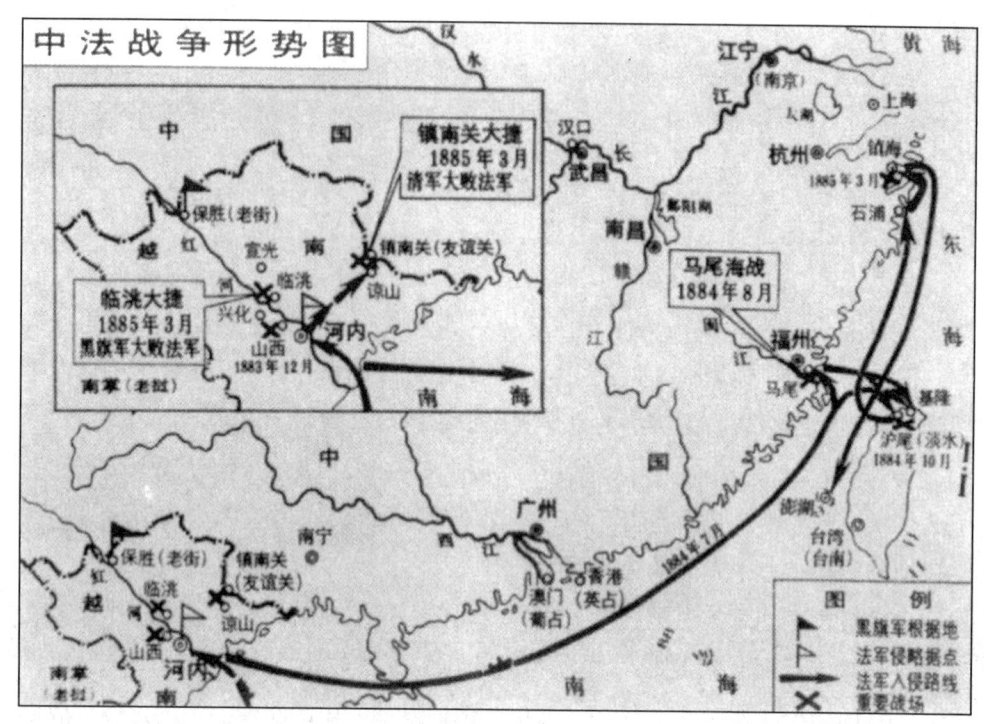

中法战争形势图

四、归政怡养　随心所欲

　　光绪十一年（1885），光绪皇帝载湉十五岁了，慈禧又到了结束听政的时候。她恋恋不舍地答应次年把政权交还给光绪皇帝。这时，一些王公大臣迎合慈禧的心意，奏请她在结束听政以后，再训政几年。慈禧非常痛快地答应了。

　　光绪十五年（1889），19岁的光绪皇帝已经完婚。慈禧独揽朝政的形式，无论从哪方面讲，都不能再继续下去了，在归政之前，她提出给自己建造一个好的"怡养之处"。于是便开始了大规模地修建三海（即南海、中海、北海）的工程。当时，内忧外困，清政府财政相当紧张。据记载，光绪十二年"顺直"（今河北、辽宁一带）境内发生多次大的火灾，各路饥民纷纷来京城讨饭。光绪十三年，"直隶"（今河北一带）先是大旱，继而黄河决口，物价飞涨，奸商横行。哪顾民众死活，慈禧只管随心所欲地追求豪华奢侈的生活。

　　修建三海，首先涉及将中海西面的蚕池口天主教堂（又称北堂）搬迁。这个教堂属于三海工程的范围，地势很好，登高一望，可以对皇宫禁苑一览无遗。

因此，慈禧对这块地方非常欣赏。按说，解决搬迁问题并不困难，教堂是在中国的土地上，而且妨碍了最大当权者的利益。但是，经办的大臣为了早日满足慈禧享乐的欲望，又不得罪洋人，竟从海军衙门经费中开支白银30余万两，将这块地方从传教士们手中"买回"，还送给传教士们一个更宽敞的传教场所，并且给他们一个个加官晋爵，真是令人啼笑皆非。

至于修建三海工程所耗的人力、物力、财力，更是惊人。贵重的紫檀楠木及细软摆设等，都是派人专程从天津、上海、广州等地采办的，有些成套的硬木桌椅，更不远千里、不惜重金从香港或东南亚采办而来。由于工程浩繁，期限紧迫，清廷指派醇亲王亲自负责，为工程监督、监修的官吏大员多达100余人。仅是工程所需木工就召雇了1万多人。慈禧对工程要求极为苛刻，指令各殿阁内外的油饰、糊饰，一律要"见新"，要完全按照她的意志设置，不许擅自更动。她一天两次派宠信太监李莲英去工地相看、督促，如同催命。这项工程计花掉白银2000余万两，而19世纪80年代清王朝驻德国公使李凤苞，秉承李鸿章的旨意与德国伏尔舰厂打交道，买了两艘6000马力的"定远"与"镇远"铁甲舰，一艘2800马力的"济远"钢甲舰，才花了白银400万两，修三海的钱，是买这些战舰的5倍。

三海工程结束后，慈禧便搬进去，开始了她的所谓"归政怡养"的生活。慈禧归政后，一方面，恣意享乐、听戏、作画、玩赏珍品，甚至专门让人修了一条从中海仪鸾殿到北海镜清斋的小铁路，从法国进口了一辆豪华的小火车，供自

北海琼华岛白塔

清代战舰镇远号

己享用。更有甚者,她不愿意听到机车的声响,便摘掉机车,改由太监拉着走;另一方面,她始终牢牢地掌握着国家大事的裁定权,重要事情都要亲自听取大臣奏议,重要奏章和咨文都要亲自阅定,即使不在养心殿上,光绪皇帝的一举一动都在她的严密监视之下。

光绪二十年(1894)十月初十日,是慈禧的六十大寿。慈禧作为一代女奸雄,在任何事情上都要高人一等。这次整寿庆典,她要争取超过历代皇后,乃至历代皇帝,要极其隆重一番。

为了搞好这次庆典,早在两年以前就开始着手筹备。光绪十八年,皇帝发下谕旨,认为慈禧寿典是举国盛事,所有应备仪式典礼,都必须专派大臣敬谨办理,并成立了庆典处,抽调众多亲王、大臣专门负责办理庆典事宜。待到庆典时,举行了一系列筵宴、演出,其奢华糜费已到了无以复加的程度。[1]

为了满足自己穷奢极欲的需求,慈禧公开向京内外的官吏们索取。王公大臣谁也不放过这个讨好慈禧的机会,绞尽脑汁,多方搜劫,向她进贡各种珍品和钱财。

正值慈禧庆寿之年,日本军阀借口"东学党事件"(朝鲜的一次农民起

---

[1] 事见《清史稿·后妃列传·孝钦显皇后》:"太后六十万寿,上请在颐和园受贺,仿康熙、乾隆间成例,自大内至园,跸路所经,设彩棚经坛,举行庆典。"

义），出兵朝鲜，并袭击中国在朝鲜的军队，接着又挑起了对中国海军的"黄海大东沟海战"。就在这战火纷飞、国败民亡的危急关头，慈禧、李鸿章之流竟以庆典为重、国事为轻，对日本侵略者一再忍让，乞求美英等国从中"调停"。结果就在光绪二十年十月十日，慈禧"六旬庆典"进入高潮时，日军攻占了大连，大肆杀烧抢掠。一方面是生灵涂炭、血流成河、国土沦丧，一方面是升殿受贺、大宴群臣、赏戏三天。这是多么鲜明的对照！只顾"一人庆有"，不管"国家疆无"。慈禧的投降卖国路线导致了中日甲午战争的失败，签订了丧权辱国的《马关条约》，承认日本对朝鲜的控制，割让辽东半岛、台湾和澎湖列岛，赔偿日本军费2亿两等，从而把中国进一步推向半封建、半殖民地的深渊，加重了中国人民的苦难。在《马关条约》签订不久，北京城门口就出现了一副讽刺慈禧的对联："万寿无疆，普天同庆；三军败绩，割地求和。"在那样黑暗专制的统治下，出现了这样的对联，说明人民愤怒之极。

在全国一片愤怒谴责声中，台湾人民发出檄文，声言要杀死李鸿章、孙毓汶、徐用仪等卖国贼，慈禧也感到众怒难犯，不得不免去李鸿章直隶总督、北洋大臣之职，仅留大学士虚衔。孙、徐先后退出军机处。慈禧把失地赔款的责任推给光绪皇帝，便带上李莲英跑到颐和园享福去了。

中日谈判签订《马关条约》

五、镇压变法　仓促西逃

中日甲午战争以后，随着民族危机空前严重和民族资本主义的初步发展，七八十年以来在少数先进知识分子中流传的改良主义思想，逐渐形成一股强劲的改良主义思潮。以康有为等人为代表，举起"变法""维新"的旗帜，向封建专制制度提出挑战。面对这种局势，光绪皇帝和慈禧太后的态度截然不同。

光绪帝很希望利用改良派这股力量对付后党，将慈禧手里的大权夺过来，使自己和国家的处境都得到改善。光绪二十四年（1898）六月十一日，光绪帝发表诏书，正式表示变法的决心。接着，他任用了康有为、梁启超、谭嗣同等人，一连发布了几十道改革的命令，决定修铁路、采矿产、办实业、开银行、改革官制、兴办新式学堂等。这些法令对于发展资本主义是有利的。这就是有名的"戊戌变法"。

对于光绪皇帝的这些举动和变法维新者的一系列活动，守旧大臣们纷纷向慈禧反映，希望她尽快出面阻止。善于搞阴谋诡计，而又阴险毒辣的慈禧，表面上不动声色，装出"既归政，则不再干政"的淡漠态度。但等光绪皇帝推行新政到了最热烈的时候，她突然打出自己的"三张牌"：一是迫使光绪皇帝下令免去他的老师维新派翁同龢的职务，并逐回原籍；二是下令凡授任新职的二品以上大臣，都必须到她面前谢恩，从而控制了用人权；三是任命她的亲信荣禄为直隶总督，并且加文渊阁大学士，统率董福祥、聂士成、袁世凯的北洋三军，从而掌握了军事权。同时她又设下一个更狠毒的圈套：让光绪皇帝陪着她到天津去阅兵，她企图利用阅兵的机会，由荣禄举行兵变，迫使光绪皇帝退位，另立一个新皇帝。

光绪帝得知慈禧的政变阴谋，密令维新派设法营救。维新派人士把希望寄托在统辖新军的直隶按察使袁世凯身上，由于

慈禧命令屠杀参与变法维新的人。
图为戊戌六君子之一谭嗣同

在举国以谈维新为时髦的时候，袁世凯也曾参加过维新人士组成的强学会。因此，维新派对他抱有幻想，建议光绪帝加以笼络。光绪帝召见了他，破格升他为兵部侍郎，专司练兵事务。谭嗣同还特地到他寓所，说出了维派计划：在慈禧和光绪帝阅兵时，实行兵谏，诛杀荣禄，软禁慈禧，拥戴光绪帝，并且说："如果你不同意，请你到颐和园去告密，杀掉我的脑袋，你可以得到高官厚禄。"袁世凯说："你把我姓袁的当成啥人了！皇上是我们共同效忠的圣主，你和我都受过他特别的好处，救护皇上，你我都有责任。"而且表示："杀掉荣禄，如同杀掉一条狗一样容易。"但是，很快袁世凯便赶到天津向荣禄告了密。荣禄慌忙进京，密报了慈禧。慈禧闻后连夜率人从颐和园回到紫禁城，直接闯入光绪皇帝寝宫，破口大骂光绪。然后，把亲信大臣召集来，把家法放到光绪皇帝面前，训斥道："天下是祖宗的天下，你怎么敢胡作非为？康有为的新法，能胜过祖宗立的法？你真是糊涂到顶点了！"接着，慈禧下令把光绪皇帝囚禁在瀛台（中南海里的一个小岛），并盗以光绪皇帝的名义发布上谕，说他身体不好，再三恳请慈禧太后"训政"。[1] 于是乎，慈禧又完全把持了朝廷大权，开始了她一生中的第三次"垂帘听政"。

百日维新失败了。但这一事变给中国人一条教训：靠皇帝变法不行，顽固的封建王朝必须用暴力推翻。

与此同时，慈禧命令搜捕和屠杀参与变法维新的人。除杀害了谭嗣同、杨锐等变法维新的骨干外，其他凡是参与变法维新或有此倾向的人，或罢官或放逐或下狱。接着，慈禧又取消了已经采取的各项变法措施，亲手葬送了这次使中国

皇后宝座

---

[1] 事见《清史稿·后妃列传·孝钦显皇后》："八月丁亥，太后遽自颐和园还宫，复训政。以上有疾，命居瀛台养疴。"

走向富强的机会。

镇压了变法维新运动以后，慈禧与帝国主义列强的矛盾日益激化。其一，慈禧要对参加变法维新的骨干分子斩尽杀绝，但是一些重要的维新人物却在帝国主义国家的掩护下逃走了。康有为在英国人的掩护下逃到了香港，梁启超也在日本人的掩护下逃往日本。这对于唯我独尊、为所欲为的慈禧来说，实在是不能容忍。

其二，慈禧囚禁了光绪皇帝，可对外界却宣布光绪皇帝病得很重。各国公使不相信，要求派法国医生进宫探病，慈禧坚决不允许，在各国公使的极力强求下，才答应把法国医生召进宫来，去给光绪皇帝看病。没想到，这位医生看完病以后对人们说："皇帝血脉正常，根本没有什么病。"对此，慈禧很是恼火。

珍妃井

其三，慈禧对光绪皇帝反对自己支持变法运动一直耿耿于怀，因此她要废掉光绪皇帝，另立一个听话的皇帝。不久，她选中了端郡王载漪的儿子溥儁，立为大阿哥（即皇储），准备继承皇位。没想到，她这种做法竟遭到了中外许多人的反对。慈禧派人去说服各国驻京公使，让他们前来祝贺。但各国公使都不来捧这个场，使得慈禧非常下不来台。

这时，中国大地上闹起了反帝灭洋的义和团运动。就连天津、北京也处处设"拳场"，反映了人民群众对帝国主义的极端愤恨。帝国主义列强要求慈禧对义和团予以镇压，并以保护使馆为名直接出兵。从渤海湾登陆，向津京进犯。慈禧对义和团是"剿"是"抚"举棋不定。恰巧在这时候，有一个谣言传入慈禧的耳朵，那就是洋人发出最后通牒，要求她把政权交给光绪皇帝。慈禧大怒，决定向美、英、法等八个国家宣战。光绪二十六年（1900）六月慈禧召开御前会议，正式向八国联军宣战。

谁知宣战才几天，慈禧出尔反尔，竟派荣禄前往各国使馆慰问，表示愿意马上停战议和。荣禄亲自领兵来到北御河桥，在一块木牌上写着"钦差大臣荣

禄，奉慈禧太后的命令，前来尽力保护使馆"。在战争进行最激烈的时候，慈禧派奕劻去慰问各国公使，送去瓜果、蔬菜、米面，放到使馆聚集的东交民巷街口，任由洋人自行拿用。慈禧还无耻地说："这是我关怀笼络外国人的一点意思。"充分表现了她对外"宣战"的骗局。在这种情况下，尽管义和团英勇战斗，不怕牺牲，也难以扭转不利局势，八国联军很快逼近了北京城。

光绪二十六年（1900）七月，慈禧扮成农妇模样，携带光绪皇帝和大阿哥，在部分大臣和太监的簇拥下，狼狈西逃。临行前，珍妃出面请求皇上不必西去，应该留下来处理和各国讲和的事情。慈禧平日最不喜欢珍妃，此时见她又反对自己，竟命令太监将珍妃推入井中淹死了。

在西逃过程中，慈禧这个不可一世的女人吃尽了苦头。但是，境况稍有好转，她便又威风起来。逃到西安以后，慈禧把巡抚衙门作为行宫，又过起了纸醉金迷的生活。单是每顿饭选菜谱就有100多种，鸡鸭鱼肉、燕窝海参，应有尽有，每天都要用200多两银子。可慈禧却说，这比在北京节约多了。

早在西逃路上慈禧就派李鸿章充当全权大臣，与八国联军谈判求和。并用光绪帝名义发布上谕，赖掉她"宣战"的责任，并把她利用过的义和团与主战派大臣作为替罪羊，斩杀了主"抚"的刚毅、徐桐等人，以此讨好洋人；同时一再催促李鸿章、奕劻等与侵略者讲和。

八国联军明知宣战责任在慈禧，也不再追究。因为他们发现慈禧仍可作为

《辛丑条约》的签订

殖民者统治中国最听话的工具。这样，清朝军队与八国联军很快就勾结起来，扼杀了义和团运动。

光绪二十六年（1900）底，外国侵略者提出"议和大纲"十二条，慈禧连忙下令："所有十二条大纲，应即照允。"没经过多少谈判就于第二年九月签订了《辛丑条约》。条约规定：中国赔偿各国军费白银4.5亿两，分39年还清，连本带息共计9.82亿两，以海关税、盐税等作抵押；允许各国在京、津和山海关驻兵；清政府保证禁止国内人民反对帝国主义的活动，等等。首先，惊人的巨额赔款加速了中国人民的贫困和社会经济的凋敝。苛捐杂税又一批一批地压在了全国人民头上。而"使馆区"的设立、炮台的平毁以及北京至山海关一带驻扎外国军队，则严重破坏了中国主权。清政府还义务地替侵略者镇压中国人民的反抗。这就表明清政府已完全变成了帝国主义豢养的一条走狗，卖国求荣的慈禧却为保住自己的地位满心欢喜。就在光绪二十七年（1901）八月，西安城张灯结彩，锣鼓喧天，慈禧一行3000多辆马车，满载着金银、古董，浩浩荡荡起驾回京。此番东归，绝非当初狼狈西逃时可比，一路上竟以黄沙铺路，大肆搜刮，大肆挥霍，穷奢极欲。

半路上，她突然接到卖国贼李鸿章病死的消息，十分悲痛。李鸿章死前又向她推荐了袁世凯为直隶总督兼北洋大臣。

光绪二十七年（1901）十一月，慈禧一行回到北京，结束了西逃生活。

她到京后10天，就举行盛大宴会招待各国驻华使节及其夫人，极尽献媚求宠之能事。

六、生命终结

慈禧西逃回到北京后，仍然将光绪皇帝囚禁在瀛台，自己大权独揽。参照"西法"，整顿一切政事。实质上，就是更加顺从帝国主义的驱使和控制，使清朝政府进一步买办化。慈禧不打自招地说："我们现在全力实行整顿政事，就是为了以后给各国提供更大的实惠。"于是帝国主义加紧了对中国的经济掠夺，中国的民族危机进一步加重。在这种情况下，反帝反封建的革命斗争也进入了一个新高潮，孙中山先生领导的资产阶级民主革命开始兴起。为了抵制日益发展的革命运动，挽救自己的统治地位，光绪三十二年（1906），慈禧开始玩弄"预备

立宪"的骗局，[1]实行了一些不伦不类、欺世盗名的改良政策。但是，此时，一场大的革命运动已如"山雨欲来风满楼"之势，慈禧即将走完了她一生中最后的岁月。

慈禧这个荒淫无度的女人，哪怕在她生命将近终结之时，也没有忘记利用权力及时行乐。光绪二十九年（1903），慈禧心血来潮，提出乘火车去谒祭东西祖陵，但当时并没有从北京城通往东西陵的铁路，为了满足慈禧的要求，只得立即抢修，结果单是铁路铺修到东陵，就花了153万多两白银。她过73岁生日时，仅袁世凯就送她两套玄狐裘袍褂，一枝旗妆大梁头横簪，两枝伽楠香木中镶宝石珠

反映帝后关系错位的慈禧寝陵隆恩殿前的陛石

凤，还有一枝一人高的大珊瑚。盛宣怀则送了一批宋、元、明三朝名家书画，又用1000两黄金，打造了9柄金光闪闪的大如意。其挥霍程度，可见一斑。

为了填补她精神上的空虚，她请美国女画家卡尔进宫为她画像，还经常赌博、玩狗……她的脾气喜怒无常。有一次，一个太监陪她下棋，说了句"奴才杀老祖宗这匹马。"她立刻大怒道："我杀你一家子！"叫人把这个太监拉出去，活活打死了。

慈禧直到生命的最后一刻，也没有放弃权力。光绪皇帝死后，她立即立了醇亲王载沣的儿子溥仪为皇帝，定年号为"宣统"。当时溥仪年仅3岁，自然什么事也不懂，因此慈禧又一次发布懿旨："小皇帝年纪还小，应当专心学习，所有军国政事，都按我的训令施行。"第二天，光绪三十四年（1908）十月二十三日，慈禧便死在了中海仪鸾殿，终年74岁。慈禧死后，由徽号加谥号通称："孝钦慈禧端佑康颐昭豫庄诚寿恭钦献崇熙配天兴圣显皇后。"

[1] 事见《清史稿·后妃列传·孝钦显皇后》："十一月，还京师。上仍居瀛台养疴。……三十二年七日，下诏预备立宪。"

清代《时局图》

慈禧的死，与傀儡皇帝光绪之死只一天之隔，而且帝后矛盾已是公开的秘密，因此，两人之死的关系，便成为历史上一大公案。一个时期以来，认为慈禧毒死了光绪皇帝的说法颇为流行，演义小说也多敷衍此说。但从实际情况看，这种说法不过是猜测而已。据记载，光绪皇帝早在死前五六天里就卧床不起，进入了弥留状态。因此，慈禧没有必要再采取什么措施。再说，慈禧的病是慢性的，在死前很长一段时间里，只是腹泻和胃燥，并无必死之兆，因此，她也不会担心会死在光绪皇帝之前。这些问题，从当时御医的诊断用药记录上可以看得很清楚。

慈禧一生给中国人民带来了巨大苦难。慈禧死后，慑于她的余威，清政府对她实行厚葬，浪费了国家大量的物力和财力。

光绪三十四年（1908）十一月十六日，慈禧入殓。慈禧的棺材，木料取自云南深山老林，光是运费就耗银数十万两。棺材成型后，用100匹高丽布缠裹衬垫，然后油漆达49次之多，抬棺的杠夫分十几班，每班128人。出殡那天，送葬队伍达十几里，所过之处，凡有碍的建筑物，无论大小，一律拆除。从北京城到东陵，走了7天，途中这么多的人要设多少临时住所。从慈禧断气，到把她埋入地宫，折腾了将近一年的时间，耗白银达120多万两。

慈禧厚葬的真正体现之处，还在于她的随葬品之多、之精、之珍、之异。慈禧的随葬品丰富珍贵，是世界上任何帝王都难以比拟的。

1928年，军阀孙殿英借搞军事演习和清剿土匪之名，把军队拉进东陵，炸开慈禧的地宫，盗走了珍宝，毁坏了慈禧的尸体，把整个坟墓搞得一塌糊涂。

名家评说

慈禧不是孤立的个人，她是传统文化和教育制度培育出来的社会上层人士的代表。与稗官野史的描绘相反，她生长在一个富有的满族官僚家庭，养尊处优，入宫后也一帆风顺。虽然少年时代没有受到足够的文化教育，执政初期出现过错别字连篇的笑话，但通过学习臣子为其编写的总结历代统治经验的《治平宝鉴》，学习书画，阅读小说、听说书和看戏，到了晚年，她居然敢自告奋勇给贴身女官补习中国文化了。无论在经典文化和通俗文化方面，她都具体而微地体现了中国士绅阶层所传承的中国文化。与此同时，在她身边还有一大批大臣和亲贵具体参与决策和施政，他们都是传统文化孕育出来的官僚。这些都是制约慈禧言行的决定性因素。

——袁伟时《慈禧的两面性及其启示——戊戌维新百年祭》

慈禧镇压了戊戌变法，扑灭维新派，但是她没有全部取消光绪颁布的"新政"……这些新政是慈禧"垂帘听政"的成果，它意味着大清帝国古老的中世纪社会制度正在向现代社会蜕变。如果把慈禧生前已认可的预备立宪的有关措施包括在内，则困扰20世纪中国的最大问题——政治体制改革，也在设立资政院、咨议局及有关的请愿活动中露出曙光。这有力地表明，如果措施得当，慈禧可以支持向西方学习，促进国家的现代化，把她说成是维新变法的天敌没有足够的根据。

——李锦全《论戊戌变法和清末新政中的慈禧》

穆宗载淳（同治）皇后阿鲁特氏

阿鲁特氏（1854~1875），清穆宗载淳（同治）皇后。父亲为户部尚书崇绮，母亲瓜尔佳氏。同治十一年（1872），阿鲁特氏被立为皇后。谥号"孝哲毅皇后"。阿鲁特氏婚运颇佳。她的婚典赶上了"百年难遇"，这就是自康熙皇帝之后200多年来首位在位皇帝大婚，因为康熙至同治之间的几位皇帝，即位时早已成年，已有了嫡福晋即皇后。而皇帝大婚自然要以最浩大、最隆重的仪式来庆贺了。这场大婚，筹备三年，花费巨大，耗资惊人，有史记载的我国"婚典"中，尚无出其右者。但遗憾的是，这些并未换来阿鲁特氏的幸福，婚后仅仅两年，她就和同治皇帝先后去世了。享年才21岁。

阿鲁特氏

一、状元闺秀　坎坷立后

穆宗皇后阿鲁特氏，生于咸丰四年（1854），是户部尚书崇绮之女。崇绮作为一个旗人，曾经创造了一个满朝议论、轰动京师的大新闻，在清代堪称空前绝后。

原来清朝的科举取士，自顺治三年（1646）到光绪三十年（1904），殿试112科，共录取进士26747名，除顺治壬辰年、乙未年两科满汉分榜，旗人有两个状元外，清朝的历代皇帝为了笼络汉族知识分子，凡状元、榜眼、探花这三个光宗耀祖的头衔，一向为汉人所得。这是顺治皇帝传下来的惯例，各朝皇帝心领神会，满朝文武也都心照不宣。

然而，同治四年（1865）的殿试，却打破了这个惯例，这就是旗人崇绮破

天荒地夺了一甲一名的状元。[1] 阿鲁特·崇绮，原为蒙古正蓝旗人，少年时家道中落。颇有身居闹市无人问的感慨，真正体察到了世态炎凉，于是关起门来读圣贤书。同治四年四月二十一日，小皇帝载淳在保和殿亲试会试及第的一榜新贡生265人，崇绮也在其中。殿试考官共有八人。崇绮凭借着几年寒窗发奋的苦功，很快就完成了试卷，因为明知旗人一甲三名肯定无望，心中十分坦然。当时考试，也和今天高考一样，试卷都是密封的。殿试结束，读卷大臣也是用两天时间集体阅卷，不过当时不是百分制，也不是五分制，而是画"圈"制。读卷大臣看到满意的文章，就在上面画一个圈，八个人都认为好的卷子上就有八个圈。录取分数线以得圈多少为序排定名次。第四天皇帝在养心殿"亲览"。同治皇帝那时才10岁，免不了是两宫皇太后做主，好在每本卷子上都画着圈，点起状元来倒也不难。两宫皇太后忽然发现，第一本竟是旗人崇绮的，感到事情不好办，于是让以协办大学士瑞常为首的读卷大臣和军机大臣们把卷子拿下去商量。这些人商议的结果是："只论文字，何分旗汉"。两宫皇太后也就钤印钦定了。这样崇绮金榜题名，身为魁首，自是春风得意，踌躇满志。以此事为转机，崇绮家又真的中兴起来。

阿鲁特氏作为状元的女儿，自幼就受到了良好的家庭教育。这位名门闺秀可以说是饱读诗书，知书达礼，温柔贤惠，冰清玉洁。但她被最终立为皇后，也并不是一帆风顺的。未来的皇后，要在成千上万个青少年"秀女"中筛选。其中既有"秀女"们一轮又一轮的激烈竞争，又有宫廷内外各派势力的矛盾角逐。经过多次慎重、认真的选择，到同治十一年（1872）初，合格的"秀女"只剩

阿鲁特氏是状元闺秀。图为清朝用于公布殿试结果的大金榜

---

[1] 事见《清史稿·崇绮列传》："是岁成一甲一名进士，立国二百数十年，满蒙人试汉文获授修撰者，止崇绮一人，士论荣之。"

10个，其中自然有阿鲁特氏。两宫皇太后事先已决定，这一年的二月初二大吉大利，定于这一天选出皇后。朝野内外议论纷纷，大部分认为户部侍郎崇绮的长女气度高华，德才俱胜，皇后非她莫属。

其实，关于皇后的人选，两宫太后一直在私下酝酿着，决定在崇绮的女儿与凤秀的女儿之间选出一人。谁知慈禧心中有鬼。原来她生在道光十五年，是乙未年，肖羊；而阿鲁特氏生于咸丰四年，是甲寅年，肖虎。如果属虎的人入选正位中宫，慈禧太后就变成了"羊落虎口"，这冲克非同小可。迷信意识浓厚的慈禧太后虽嘴上不便说出，但实际自然是要极力避免这种结局的出现。于是她便极力推举凤秀的女儿，说凤秀14岁的女儿富察氏美丽端庄，是皇后最合适的人选；而崇绮的长女阿鲁特氏已19岁，比同治皇帝还大两岁，又不是满族人，因此不宜立为皇后。慈安太后的意思刚好与慈禧太后相反，她认为阿鲁特氏虽然相貌不如富察氏，但"娶妻娶德，娶妾娶色"，立皇后以德行为最要紧，阿鲁特氏完全符合条件。虽说比皇帝大两岁，可懂的事就多，更能够照顾好皇帝，帮助皇帝读书。另外，选后虽讲命宫八字，但只要跟皇帝相合就行，与皇太后是不是犯冲，并不在考虑之列。慈禧太后担心的"羊落虎口"一事，慈安太后本就没想到。此事议而未决，只有等选立皇后大典由皇帝定了。

到了"二月二，龙抬头"这一天，宫中热闹极了，选立皇后大典的地点定在御花园的钦安殿。内务府的官员早就把大殿布置得喜气洋洋、富丽堂皇了。两

年画"人间狀元郎"

宫皇太后、皇帝在宝座上就坐，御案上放着一柄镶玉如意和几对红缎绣彩荷包。内务府大臣将入选的十名秀女带进殿来。行过大礼后，她们分成两排，依照父兄官职的大小分先后站立着。第一次算是复选，两宫皇太后已商量停当，先从十人中选出四个。这四人将是一后、一妃、两嫔。结果第一轮挑出了副都统赛尚阿的小女儿阿鲁特氏、知府崇龄的女儿赫舍里氏、刑部员外郎凤秀的女儿富察氏和当时身为翰林院日讲起注官侍官侍讲的崇绮的女儿阿鲁特氏。在第二轮开始前，关于皇后人选，两宫太后征求皇帝意见，他嗫嚅半晌，终于道出了自己的心愿，决定立阿鲁特氏为皇后。对此慈禧太后虽然很不满意，但毕竟已无法挽回了。当时慈禧还受慈安制约，没有后来那么大的权力，同时，皇帝载淳又是自己的亲生儿子，但由此埋下了很深的隐患。

休息过后，复临钦安殿。按照清廷祖传的方式，载淳亲自把镶着羊脂玉的如意递给阿鲁特氏。阿鲁特氏先蹲下身去请安，然后一手扶地，双膝跪下，她不慌不忙，娴熟地做完了这个礼节——接过玉如意，垂首谢恩。大局就这样定了下来，然后慈安太后把红缎绣花荷包赐与富察氏。

来到养心殿，即拟旨诏告天下皇后已选立。慈禧太后又定富察氏为慧妃，赛尚阿女儿阿鲁特氏及赫舍里氏均为嫔位。慈安太后表示同意，在这次立后问题上，慈安太后表现出了极少有的爽利果断。

皇后身份尊贵，理应出在上三旗。但才德俱备的秀女下五旗亦多的是：为解决这样的难题，清代定下一种制度，可以将后族的旗分改隶，原来是下五旗的，升到上三旗，名为"抬旗"。崇绮家原是蒙古正蓝旗，照京城八旗驻防的区域来说，应该抬到上三旗的镶黄旗。于是崇绮一家就沾女儿的光被抬为满洲镶黄旗。崇绮本人蒙恩被封为三等承恩公，从五品官连升三级，一下子成了二品高官。[1]

从皇帝亲授如意，立为皇后鼓吹送回家的那一刻起，阿鲁特氏即与她的祖父、父母、兄嫂废绝了家

清代女鞋

---

[1] 事见《清史稿·崇绮列传》："十一年，诏册其女为皇后，锡三等承恩公。历迁内阁学士，户部、吏部侍郎。"

人之礼。鼓吹送回家首先是一家人都跪在大门外迎接,而她则摆出皇后的身份,对跪着给她叩头的父母亲人,最多只能点一下头。等进入大门,随即奉入正室。内有宫女贴身侍候,外有乾清宫班上的侍卫守门,稽查门禁,极其严厉,尤其是青年男子,无论是多么直接重要的至亲,都不能进门。在里面,父亲要见女儿,也很不容易,几天见一次,见时做父亲的崇绮还必须恭具衣冠。皇后的母亲嫂子,与她倒是天天见面,但即如命妇进宫,只是为了侍候皇后。

二、皇家婚典　耗资惊人

八月十八日是"大征"之日。"大征"就是六礼中的"纳征",即到皇后家下聘礼。慈禧太后亲定礼部尚书灵桂、侍郎徐桐为"大征礼"的正副使,讨个"灵子桐孙"的吉利口采。聘礼由内务府负责准备,按康熙年间的规矩,是200两黄金,1万两白银;若干金银茶筒、银杯;1000匹贡缎;另外是20匹配备了鞍辔的骏马。而那1万两银子,是户部银库的炉房中特铸的,50两一个的大宝,凸出龙凤花纹,精巧别致。20匹骏马也要一色纯白,个头大小一样,配上簇新的皮鞍,雪亮的"铜活",黄弦缰衬着马脖子下面一朵极大的红缨,色彩极其鲜明。

为这20匹马上驷院就报销了七八万两银子,还不算专门花了几个月的工夫调教的费用。

另外,还有赐皇后祖父、父母、兄弟的金银衣物,也要随聘礼一起送去。送彩礼的队伍一路吹打到皇后私邸,崇绮一家早已在门外恭迎。"大征"的礼节自是隆重热烈。大征的仪物聘礼安排停当之后,皇后在宫女的随侍下方才出临大厅受诏。

等仪物聘礼授受完毕,崇绮又率领全家亲丁谢恩向禁宫所在的西北方向,行三跪九叩的大礼。接着匆匆赶到门外,跪送使臣。"大征"礼到此告成。

大征礼一过,就得准备大婚庆典了。此次同治皇帝的大婚,非同一般的庆典,这回巧逢康熙皇帝之后200多年来第一个在位皇帝大婚,

同治皇帝大婚喜瓷

可谓"百年难遇"（康熙至同治之间的几位皇帝，即位时早已成年，已有了嫡福晋即皇后）。在皇权社会里，这是北京城内的一大盛事，也是全国普天同庆的喜事，自然是要以最浩大、最隆重的仪式来庆贺了。

大婚吉日定在同治十一年九月十五日。照满洲的婚俗，发嫁妆须在吉期的前一天。因为阿鲁特氏的妆奁多达360台，需连发四天，因此从九月九日重阳节这天起，皇后就开始向宫中送嫁妆。妆奁中真是应有尽有，仅两广总督瑞麟与粤海关监督崇礼办来的紫檀木器，就有几十台。但有趣的是在这诸多桌案木器中，却独缺一张床。

床自然是有的，它早已被安置在坤宁宫东暖阁。这张床非同一般，准确地说，是一个阁间。特别值得一提的是，床东西柱房下置一张紫檀茶几，几上一对油灯，油中竟加上蜂蜜，期望皇帝和皇后，好得"蜜里调油"似的。床上的帐子本来是黄缎的，为表示喜庆则换成红色的。

吉期虽选定九月十五日，仪典却从十三日半夜里便已开始，太和殿前，陈设全部卤簿，丹陛大乐，先册封，后奉迎；十四日寅初时分（凌晨三点多钟），同治皇帝御驾太和殿，亲阅册宝。册封皇后的制敕，一篇精致堂皇的四六文，铸成金宝，缀于玉版，由内阁撰写、工部承制，仅此就花销了黄金1000多两。"皇后之宝"（大印）亦用赤金所铸，四寸四分高，一寸二分见方，交龙纽、满汉文，由礼部承制，也是花销了银子1000多两。

册封的使臣仍是灵桂和徐桐，他们受命下殿后，跟在供奉"玉册金宝"的龙亭后面——龙亭自然是被人抬着，直趋后邸。

阿鲁特氏大门口由崇绮率领全家亲丁跪接，二门中由崇绮夫人率子妇女儿跪接。等在大厅上安放好了册宝，皇后方始出堂，先正中向北跪下，听徐桐宣读册文，然后灵桂把玉册递给左面的女官，她跪着接过来再转奉皇后。金宝也是这样一套授受的手续。册立大典，到此完成。册封的二位使臣即回宫复命。

大婚的仪礼，原是满汉参合，而"六礼"中最后一个环节，也是最重要的一步，就是"亲迎"。皇帝大婚不亲迎皇后，于礼有悖。但果真亲迎，仪制上会生出无法折衷调和的麻烦，如果皇帝大驾临御，那么做新娘子的皇后，要不要跪接呢？如果跪接，于情于理都讲不通。因而必须有一个可行的办法代替。怎么办呢？当奉迎专使承旨奉迎皇后时，她们跪进朱笔，由皇帝在如意正中，朱笔大书一个"龙"字，然后将这柄如意放在凤舆中压轿，这便是"如朕亲临"之意，以此代替皇帝亲迎。

奉迎的仪节，当然又应以满洲的风俗为主。奉迎专使即使都是女眷，也要全部骑马。威风而又喜庆的马队仍由龙亭作为前导，一块来到后邸，崇绮带领全家仍有一番跪接仪式。等把凤舆在大堂安置好，十位福晋命妇便到正屋谒见皇后，然后侍候皇后梳妆，按照宫廷礼仪皇后头必须梳成双凤髻。皇后收拾停当，由众人服侍着坐上凤舆，凤舆在子初一刻（晚上十一点多钟）出后邸上路，皇后由大清门被抬入宫，到宫里时，当是十五日凌晨了。

一吃过午饭，文武百官，纷纷进宫，在太和殿前，按着品级排班；申初时分（下午三点多钟），同治皇帝临殿，先受百官朝贺，然后降旨遣发陈设在端门以内、午门以外的凤舆，奉迎皇后。奉迎的专使是两福晋、八命妇，两福晋是载淳皇帝的婶母，惇亲王奕誴和恭亲王奕䜣的福晋，八命妇原则上应是既结发、又有子孙的一品夫人。

皇宫中的礼仪是非常繁缛复杂的。皇后新娘子要跨过极旺的炭火盆，以示"红红火火"；跨过苹果马鞍，以示"平平安安"，这才能和皇帝拜堂。要拜天地、寿星，皇后还要单拜寿星。

然后皇帝皇后在东暖阁行坐帐礼，吃名为"子孙饽饽"的饺子。这饺子一下锅就得捞出来，呈给皇帝皇后，完全是生的，但不能说生，咬一口吐出来，藏在床褥下面，说是这样就可以早生皇子。接着皇帝暂时到前殿休息，等候作为奉迎专使的福晋命妇为皇后上头。在满洲人说来，叫做"开脸"，用棉线绞尽了脸上的汗毛，然后用煮熟的鸡蛋剥了壳，在脸上推过，立刻便现出了容光焕发的妇人颜色。等打扮好了，再

紫禁城

吃宫里称做"团圆膳"的合卺宴。到这里,帝后大婚盛典的全部仪礼始告完成。

不论大小官员以及吏役,凡跟"大婚"沾上边的,甚至不沾边的,都受到了封赏、得到了好处。在皇帝"大婚"的这一年,不管是刑部秋审,还是各省奏报的死刑重犯,一律停止勾决。这样一来,连被判死刑的罪犯,都沾上了皇恩。

这场筹备3年的"大婚",花销巨大,耗费惊人,有史记载的我国"婚典"中,尚无出其右者。据当时户部奏报,各省采办物料未经报部者不计,内务府寻常借款不计,特旨拨款不计,仅算各省报部和户部发放用于婚典的银两,就达1130万两。如此庞大的开支,相当于当时清王朝全国一年财政收入的一半。如果把这一大笔钱买成粮食,那将够1400万贫苦农民吃一年。为了娶阿鲁特氏皇后,多少人民的血汗付诸东流。

这次婚典,应该说,能想到的都想到了,从下聘礼正副使的官员灵桂、徐桐名字,讨个"灵子桐孙"吉利起,到跨火盆过马鞍的"红红火火"、"平平安安",到吃子孙饽饽的"早生皇子"一直到洞房点的油灯中加蜂蜜以示"蜜里调油",能花的银子不能花的银子都花了,但却应了一句古话:事与愿违,物极必反。等待阿鲁特氏的却是凄凉的厄运。

三、虎入羊口　皇帝逝去

皇帝婚后按惯例在东暖阁居住了两天,第三天回到养心殿,皇后阿鲁特氏搬到体顺堂居住。正位皇后的阿鲁特氏,其实也是很不自由的。两宫皇太后尚在,她这个做儿媳妇的要伺候两个婆婆,每天都要到太后处去请安、侍膳,以尽孝道。慈禧由于属相的矛盾,对阿鲁特氏横竖都看不上眼,处处事事挑毛病,找茬儿,每每加以指斥、责难。相反慈安太后对这个儿媳妇还是满意的,非常照顾、体贴这位才学渊博的新皇后。

所幸的是,大婚之后皇帝载淳同阿鲁特氏感情甚好。夫妻之间情趣高雅,宫中闲暇时皇帝载淳常以唐诗考她,皇后阿鲁特氏随问随答,背诵如流。皇帝喜欢她,也敬重她,两人相亲相爱,相敬如宾。按人之常情,慈禧见自己的亲儿子和媳妇感情好,应该高兴,可她却恰恰相反,格外不高兴。于是便对皇帝的私生活横加干预,不让皇帝与阿鲁特氏同居,"欲令慧妃专夕"。小皇帝载淳也有几分倔强,偏不依母亲,干脆谁的寝宫也不去,一人独居乾清宫。载淳与慈禧太后母子失和,更使慈禧太后迁怒于阿鲁特氏,认为是她挑唆儿子不听自己的话。这给皇后带来了更大的厄运。

小皇帝与母亲斗气离开后妃,而独居乾清宫,开始还可坚持,但载淳正值青年血气方刚,又刚新婚不久,时间一长,就有些心猿意马了。在奸猾的太监和奕䜣的品质极坏的花花公子载澄的唆使下,他化装来到宫外不远的烟花柳巷拈花宿柳,只一两年,到同治十三年十月三十日,便身染重病。慈禧太后在亲生儿皇帝得了不治之病后,首先传旨把同治迁到养心殿东暖阁,便于监视。阿鲁特氏皇后住在养心殿西侧的体顺堂,如要夫妻相会,晨昏省视,都要事先向首领太监禀明,才能进入暖阁面见皇帝。慈禧与皇后,婆媳之间早有不和,如今矛盾更加尖锐。十二月初四午后,皇后阿鲁特氏到养心殿东暖阁探视皇帝病情,当时正好皇帝神志清醒,载淳见她愁眉锁目泪痕宛在,不免关切,

孝哲毅皇后朝服像

便问缘由。阿鲁特氏一时忍耐不住,就把又受慈禧太后指责的经过,哭着告诉了载淳。这时早有监视太监专报西太后,说皇帝与皇后阁内私语。慈禧急来东暖阁,脱去花盆底高跟鞋,悄悄立在帷幔之后窃听,并示意左右,切勿声张。此时皇帝毫无察觉,皇帝安慰阿鲁特氏:"你暂且忍耐,待朕病好之后,总有出头的日子。"慈禧太后听到此处按捺不住心头的怒火,据说她当时的态度非常粗暴,与民间恶婆婆的行径无异,掀幕直入,一把揪住皇后阿鲁特氏的头发。由于用力过猛,皇后的一大撮头发连同头皮都被拉下来,又劈面猛击一掌,顿时皇后血流满面。皇后统摄六宫,为了维护自己的尊严,当慈禧太后来势汹汹之际,打击了她皇后的自傲,却逼出了她大家闺秀的自尊,立刻庄严地近于抗议,正色说道:"你不能打我,我是从大清门进来的。"此话不说还好,一说正如火上浇油——慈禧太后一生的恨事,正是不能正位中宫。阿鲁特氏的抗议正触犯了她的大忌,

慈禧索性一不做、二不休，厉声喝令："传杖！""传杖"是命内务府行杖，这只是对付犯了重大过失的太监、宫女的办法，今日竟施于皇后！载淳听了大惊，顿时昏厥，这一来才免了皇后的一顿刑罚。而同治皇帝则就此病势突然加重，终于第二天不治身亡。

关于同治皇帝的死因，有三种不同的说法，一说死于天花，一说死于梅毒，另一说死于疥疮。各有各的根据。比较有案可稽的论证，是近年《紫禁城杂志》出版的《故宫轶事》，其中徐艺圃先生所写的《同治帝之死》，从清室档案《万岁爷进药用药底簿》中，查阅了自同治十三年十月三十日载淳得病召御医李德立、庄守和入宫请脉时起，直至十二月初五日载淳病死时止，前后共37天的脉案、处方及106贴服药记录，肯定同治皇帝是死于天花无疑，而绝非死于梅毒或其他病症。但钱谷风先生、台湾作家高阳先生却依据大量的史料，肯定了载淳是死于梅毒，并且还与慈禧太后和皇后阿鲁特氏的矛盾激化有关这一传说。

亲自为载淳治病的御医李德立之曾孙李镇先生这样说："曾祖李德立就是给同治看病的御医。五十年以前，我的祖父在世时，我为此疑案当面问过他，他是德立公之长子，……关于曾祖为同治看病的亲身经历和慈禧懿旨'屏斥治罪'的内幕，曾祖因了解内情，差一点被慈禧逼令自尽。"因这是与家族命运休戚相关的大事，印象极为深刻。他说："同治确是死于梅毒，并将真相告我。时在1938年。我据此查阅有关史料，拟稿投北京《文言报》，被采用披露报端。先祖父及所识前清遗老阅后均额首称是，未闻异议。"

我们认为李镇之说更符合事实，同治皇帝当是死于梅毒，并非天花。而且他的死是与慈禧太后同皇后的矛盾激化直接相关，传说是有事实根据的。

清金桂月挂屏

同治皇帝死了,他活着的时候,慈禧那样恶狠狠地对阿鲁特氏,那么往后,她的日子又将怎么过呢?

四、香消玉殒　死因不明

皇帝载淳身死,庙号定为"穆宗",尊谥用"毅"字。穆宗皇帝的称号定了,穆宗皇后亦须有一封号;慈禧太后在内阁拟呈的字样中,圈定"嘉顺"二字。这无疑是给阿鲁特氏的一个警告,意思是顺从始可嘉,即使是逆来也要顺受。

阿鲁特氏与皇帝婚后在宫中两年多的时间,两人同居的日子尚不足两个月。这当然主要是由于慈禧太后从中作梗的缘故。现在载淳已死,在慈禧太后淫威下寡居的皇后,日子就更不好过了。

同治皇帝死后,定策迎接嗣皇帝进宫是头等大事。皇后理当参与,但这等大事慈禧太后却根本不许阿鲁特氏参与。选嗣皇帝,慈禧太后不选"溥"字辈的近支王子为同治皇帝立嗣,偏偏选中了年仅4岁的载淳堂弟、也是自己的亲外甥载湉为帝。其用心不言而喻,首先为了防止皇后仿效她扮演垂帘听政的把戏,其次能使自己可以继续以皇太后的身份合法地掌握大权。可谓老谋深算、用心良苦,年轻的阿鲁特氏绝对不是她的对手。

此后,阿鲁特氏以泪洗面,度日如年,过了不长时间,在光绪元年(1875)二月二十日半夜三更时分便香消玉殒了。距离皇帝死日仅差两个半月。在不到100天内年轻的皇帝皇后先后去世。

阿鲁特氏死时仅21岁。她活着时,慈禧太后对她百般挑剔折磨,死后的丧仪却颇隆重。当天即发出了一道上谕、一道懿旨,派礼亲王世铎领

载　湉

头办理，又加派恭亲王奕䜣主持，很是大操大办了一番。刚死时梓宫暂时安置在隆福寺。直到光绪五年三月，惠陵修好后，才与同治皇帝合葬在惠陵，光绪皇帝给阿鲁特氏加谥。到宣统年间又加谥，谥号全称是"孝哲嘉顺淑慎贤明恭端宪天彰圣毅皇后"。[1]

阿鲁特氏死后，慈禧太后的怒气并未全消，转而发泄到皇后父亲崇绮身上，一度革掉了他吏部侍郎的职务。

由于崇绮全不记女儿被慈禧太后逼死之仇，竟还一味巴结、效忠慈禧太后，故而复被起用。先任镶黄旗汉军副都统，1878年奉命查办吉林政务，署吉林将军。次年又任热河都统，1881年升任盛京将军，1884年调任户部尚书，可谓飞黄腾达，平步青云。之后他与徐桐等一起主张废光绪帝，因此更得慈禧太后宠信。[2] 1900年八国联军入侵北京，他又任留京办事大臣，随即退走保定自缢而死。

金廷标《瞎子说唱图》

年轻贤淑的皇后阿鲁特氏为什么会突然死去？说法有以下几种：

一说是同治皇帝死的当天，阿鲁特氏就曾吞金自尽，遇救不死，因此这次身死依然是自裁，以报皇帝于地下；

一说是因为同治皇帝之死，皇后哀伤过甚，缠绵病榻已久，并抱定必死的决心拒绝治疗而逝；

---

[1] 事见《清史稿·后妃列传·孝哲毅皇后》。
[2] 事见《清史稿·崇绮列传》："于是崇绮再出，与余桐比而言废立，甚得太后宠，恩眷与桐埒。"

另有一说是被慈禧太后迫害致死。从同治皇帝一崩,慈禧太后就归罪于阿鲁特氏,甚至诬赖她房帷不谨,以致同治皇帝发生"痘内陷"的剧变。嘉顺皇后遭遇了这样难堪的逆境,无复生趣,怏怏成病,终于不治;

再有一说是慈禧太后害死了皇后。慈禧太后认为,嘉顺皇后在世一日,便有一日的隐忧后患,决心置她于死地,于是秘密下令,断绝她的一切饮食,使皇后活活饿死。

诸种说法,孰是孰非,难以判断,但摆在我们面前的血淋淋的事实是:万恶的封建制度又吞噬了一个年轻的生命。

名家评说

同治帝之崩,相传为游荡所致,天花之毒,明系饰言,……嘉顺皇后,由此自尽。"昭阳从古谁身殉,彤史应居第一流。"我为嘉顺哭,犹为嘉顺幸。

——蔡东藩《清史演义》

德宗载湉（光绪）皇后叶赫那拉氏

叶赫那拉氏（1868～1913），德宗载湉（光绪）皇后。父亲桂祥为慈禧太后的兄弟。光绪十四年（1888）叶赫那拉氏被册封为皇后。谥号"孝定景皇后"。隆裕皇后叶赫那拉氏被选为光绪皇后以后，一直处于慈禧的卵翼之下，在帝后斗争、后妃斗争中慈禧处处都向着她，但在感情上她并没有占多大便宜，实际成了封建王朝内部斗争的牺牲品。她平平庸庸、平平安安地度过了一生，但有两点值得一提：她是封建王朝的末代皇太后；她虽被迫，但终究下诏同意共和，结束了清王朝对中国长达267年的统治，也结束了几千年的中国封建社会，用今天的观点来看，顺应时代的发展，她还是明智的。

叶赫那拉氏

一、名门望族　被立为后

隆裕皇后系那拉氏家族中人，生于同治七年（1868），比光绪帝大3岁。其父桂祥为慈禧太后的兄弟，她是慈禧太后的侄女。慈禧太后强行将其本家侄女立为皇后，主要是为了在光绪帝身边安插心腹，以便控制光绪帝，长期操纵清廷。为此她费尽了心机，这得从头说起。

光绪帝载湉继位时年仅4岁，慈禧太后大权独揽，"垂帘听政"。[1] 到光绪十三年（1887），光绪帝已经17岁，到了婚配的年龄。按照封建王朝的惯例，幼帝一经结婚，就要亲理朝政，太后必须"撤帘"归政。

---

[1] 事见《清史稿·后妃列传·孝钦显皇后》："穆宗崩，太后定策立德宗，两太后复垂帘听政。"

故宫保和殿

慈禧太后一面提前宣布给光绪帝成亲，让其"亲裁大政"，一面加紧给光绪帝选后、妃。她为什么要这样积极呢？难道慈禧愿意"撤帘"归政吗？当然不是。因为她自己就是从一个妃子渐次步入青云，成为清王朝的最高统治者的。她深知皇帝的后、妃对皇帝的思想及其政务活动的影响力，要巩固自己在清廷中的专权地位，牢牢地控制住亲政的光绪帝，未来的皇后人选对她是至关重要的。慈禧太后利用所谓"母子"情分和封建主义的"孝道"伦理，按着自己的意志，亲自主持了选后活动。

选后活动是在体和殿进行的，经过数次"备选"后的五名秀女依次排列，站在第一位的是慈禧的侄女都统桂祥之女，其次是江西巡抚德馨的两个女儿，站在最后的是礼部右侍郎长叙的两个女儿（即后来的珍妃姐妹）。慈禧太后上坐，光绪帝站立一旁，前面桌子上放着一柄镶玉的如意和两对绣花的荷包，按清宫惯例选中的皇后，给玉如意一柄，选中妃子，给荷包一对。

慈禧太后面色严肃，心情略有紧张，她看看站在一旁的光绪帝，一边把玉如意递给他，一边指着下面的秀女说："皇帝，选谁当皇后，你自己决定，合你心意的可把玉如意授给她。"

光绪帝抬头看了看慈禧太后，胆怯地回答说："这件大事应由皇爸爸（即慈禧太后）做主，儿臣不敢自作主张。"

慈禧太后假惺惺地说："皇后是你的，你自己选嘛！"

光绪帝拿着玉如意大胆地走到德馨的长女面前，正要授给她玉如意时，慈禧太后惊慌失措，猛然大叫一声："皇帝！"

光绪帝吓了一跳，连忙回头看了一眼慈禧太后，见她用嘴暗示站在第一位

光绪帝大婚图之十四——迎回皇后的喜轿进入天安门

的秀女。于是，光绪帝无可奈何地走到桂祥女儿的跟前，把玉如意授给她。

慈禧太后看到光绪帝中意的是德馨的女儿，如果入选妃嫔，必会有夺宠之忧，于是不允许光绪帝继续选妃，匆匆地命公主把两对荷包授给站在最后的长叙的两个女儿。

这场选后、妃的傀儡戏就这样草草地收了场。光绪十四年十月初五日（1888年11月18日），慈禧太后下懿旨宣布光绪帝的后、妃一并选定。光绪十五年正月（1889年2月），光绪帝举行大婚礼，正式册封桂祥的女儿为皇后。[1]

这次选后、妃活动与光绪帝自身的利害攸关，慈禧太后专横跋扈，公然无视光绪帝的意愿，强行决断，使光绪帝受了很大刺激，给他留下难以忘怀的怨痕，由此也为光绪帝与皇后终生"不睦"和围绕后、妃产生的许多纠葛埋下了种子。

二、帝后不睦　祸及后妃

大婚后，光绪帝住在养心殿，慈禧住在南海仪銮殿，皇后和珍、瑾二妃住

---

[1] 事见《清史稿·德宗本纪》："冬十月已卯朔，享太庙。癸未，懿旨，立叶赫那拉氏为皇后。"

乾清宫

在同豫轩。一天，慈禧突然传令同豫轩侍奉珍妃的宫女、太监等到仪銮殿，询问珍妃平日的起居情况。

慈禧太后暴跳如雷，大声喝问宫女太监，宫女太监惊恐万状，跪伏在地上，战战兢兢地说："珍主子平时很是谦和谨慎，从来没出过大差错。"慈禧听后更是大怒，怀疑宫女太监护着珍妃不说实话，喊过掌刑太监："给我打！"

虽然打得太监皮开肉绽，但仍和前面说的完全一样，慈禧气得火冒三丈。

这时珍妃正好赶到仪銮殿，她被眼前的情景弄懵了，还未及开口，慈禧便劈头盖脸地斥责她，把一腔怒气转向她，让太监掌嘴，命她说实话。珍妃一向被皇帝宠幸，如今当众受辱，痛不欲生，但仍不向太后低头。

慈禧更加恼怒，下令夺其妃号降为贵人，宫女太监减逐大半。[1]

这是为什么呢？原来慈禧太后"强迫指定"皇后，给光绪帝感情上留下了创伤，婚后那拉氏皇后又倒向慈禧太后一边，更促成光绪帝对皇后感情上的疏远。而珍妃年轻活泼，性情开朗，志趣广泛，视野开阔，遇事颇有见解，在光绪帝料理政务当中，给予大力协助，光绪帝当然宠爱她了。

光绪专宠珍妃，作为慈禧内侄女的那拉氏皇后因失宠，醋意大发，由嫉而恨，"那拉氏的怨毒愈积愈深，渐渐地她那怀恨珍妃的心几乎超过怀恨光绪的心了，她自己也知道无从再掩饰；而且觉得无须掩饰，她几乎在每个人的面前诅咒过珍妃。当她们每天早上一起到太后宫里去请安的时候，皇后从不曾把眼睛向珍妃瞧过一次，只当眼前没有这个人一样。"皇后为了泄愤，常在慈禧面前说珍妃

---

[1] 事见《清史稿·后妃列传·恪顺皇贵妃》："以忤太后，谕责其习尚奢华，屡有乞请，降贵人。"

的坏话。

其实珍妃入宫之初,慈禧太后并没有对她表现出恶感,反而见她聪慧乖巧,有时还让她侍在身旁批览奏章。到后来,慈禧太后得知那拉氏皇后"不得志于德宗",乃宠爱珍妃之故,才迁怒于珍妃姐妹。

光绪二十一年(1895)适值慈禧太后六十大寿,福州将军出缺,那拉氏皇后欲将此职位给她的舅舅,因珍妃颇得光绪帝宠爱,便低声下气地求珍妃请于光绪帝,珍妃却谢绝说:"谁去说都是一样。"

皇后十分恼火,认为珍妃恃宠而骄,竟敢违抗皇后的意志,气冲冲地跑到慈禧那里告珍妃欺压皇后。慈禧本来处处护着皇后,平时有对皇后小不敬者,都要受到严厉责罚,今天听说敢欺压皇后的竟是平日嫉恨的珍妃,便火冒三丈,说一定要给皇后出气。于是才有了仪銮殿当众辱打珍妃之事。

这次后、妃之争可以看作光绪时期后妃之争的一个缩影,对于这种后妃纠纷,不能归结为宫廷中的所谓"醋海兴波"。光绪时期的后妃之争除了风情醋意的原因之外,还反映了慈禧太后与光绪帝在政治上的矛盾。此后光绪帝更加厌恶皇后,她的生活更加孤独寂寞了。

下面这两个例子,便清楚地看出光绪、慈禧、那拉氏三方面是如何斗心劲儿的了。

有一天,慈禧太后到景仁宫去,行至流水观音地方,见撑船太监未穿宫袍,勃然大怒,认为这是对自己的大不敬,下令杖打,当时宫杖未到,便下令让人拿轿竿打,直打得太监皮开肉绽,哀痛不已。等到了景仁宫,仍然横眼立

中南海瀛台涵元殿

目，怒气未消，皇后和珍、瑾二妃都被慈禧的威风吓昏了过去，慈禧连忙去告诉光绪帝，光绪听后，气急败坏地说："死就死了，此后永不立后。"慈禧太后也无可奈何。

又一次，光绪帝发怒，把皇后的发簪拔下摔碎，那簪子是乾隆时的遗物，皇后向慈禧诉苦，慈禧表情沉郁，没有多说话，只是叫她以后注意点儿。这件事后，皇后与光绪帝分居，具体年月虽不可考订，到光绪死时已有十年。

戊戌政变后，光绪被囚在瀛台，身同囚犯，不准皇后、妃、嫔随便接触，破格准许皇后每月初一、十五两天到瀛台看望。觐见时，有多名太监在旁边监视，加之隆裕和光绪素无感情，一般只是三言两语问安后便退出，有时光绪帝一言不发，以目送之。

那拉氏皇后在孤寂的宫廷生活中，开始找些事来填补空虚，她学会了养蚕。每天观察蚕的生长，吐丝做茧，见蚕变成蛾飞出，感慨万分。丝成后，她还拿到慈禧太后那里去鉴赏，慈禧也取出年幼时所制的丝来与皇后的新丝比较，两者同样的精美。

这种孤寂平淡的生活很快被八国联军的炮火给打破了。光绪二十六年七月（1900年8月），八国联军攻入北京，那拉氏皇后随慈禧太后、光绪帝逃奔西安。次年回京后，仍然默默无闻地过着孤寂的生活。

三、无能太后　掌权不力

光绪三十四年（1908）光绪皇帝和慈禧太后先后去世。慈禧太后弥留之际，指定那拉氏皇后为太后（下称隆裕太后），隆裕太后以刚继位一天的小皇帝名义发布谕旨："嗣后军国政事，均由摄政王裁定，遇有重大事件，必须取皇太后懿旨者，由摄政王面请施行。"隆裕太后从此掌握了大权。[1]

隆裕为人，平庸无识，优柔寡断，比慈禧远远不如。慈禧在政治上残暴自私，但还有自己的见解，对于王公大臣也有一定的笼络手段。愚人之所以为愚人，就是无自知之明。隆裕虽取得了军国大事一定范围的决定权，但她还梦想"垂帘听政"，要实现这一梦想，摄政王载沣就成了绊脚石，但眼下却顾不及此，后宫真是"起火"了。

---

[1] 事见《清史稿·宣统本纪》："摄政王载沣奉太皇太后，懿旨监国。军国机务，中外奏章，悉取摄政王处分，称诏行之，大事并请皇太后懿旨。"

慈禧一死，后妃们争权夺利的斗争更加激烈，隆裕太后指使其宠信太监大总管小德张（即张兰德）直接参与了后宫的斗争。

慈禧下葬时，咸丰帝的几个遗孀如瑜妃等想利用这一机会大闹东陵，夺得清廷的大权。她们到东陵后，要挟说："我们不回宫了，我们要在这里守陵。"

小德张马上说："好吧，马上给你们盖房子。"为防有变，他把当时负责守卫东陵的张勋叫来安排。张勋十分紧张，说："那要请各位首领（太监）看好各家的主人。"

小德张布置完毕后，便同隆裕一同回宫。

瑜妃等见隆裕毫不让步，不再回西六宫去，而要走启祥门，闯入内宫。

小德张按着隆裕的旨意，早已派太监首领张吉安把住启祥门，瑜妃等虽然叫开了启祥门，大发脾气，还打了张吉安的嘴巴，但终究没敢进入内宫。

隆裕以为小德张此事处理得果断利落，对他更为信任。在隆裕的支持下，小德张更加大胆妄为，在宫外公开拉拢王公大臣，在宫内也是说一不二，同时对隆裕太后，更是百般奉承，投其所好。

清费丹旭《仕女图》

清代女鞋

宣统帝继位，隆裕心中抑郁不乐，小德张趁机怂恿，在宫中东部大兴土木，修建"水晶宫"，作为玩乐之所。按清代制度，在"国服"期间，不得兴修宫殿，何况当时清廷正在组建新式海陆军，所需经费极大，国库本来已经空虚了，建军的费用尚且不足。而隆裕不管这些，竟然下诏拨出巨款来兴修宫殿，引起朝野的不满和议论，后因为革命军起义而不得不停止，从这件事更可以看出隆裕的平庸无为，不识大体。

载沣生性懦弱，在政治上也无主见，他虽为监国摄政王，里有隆裕掣肘，外受奕劻、那桐等人挟制，没有任何作为的空间。对隆裕兴建"水晶宫"一事，本来可以用"违反祖制"、影响建军的正当理由进行阻拦，但由于他怯懦怕事，不敢多说话，也就不加可否地听之任之。这样一来，给太监小德张以可乘之机，他实际操纵了隆裕太后，从中饱得私肥，有些事他和隆裕太后一说，再难也可以办成。如：

隆裕在服丧期间，按制应换乘青色的轿子，制轿的费用竟达白银70多万两，小德张经手这件事，贪污之巨，令人咋舌。

先前宫中有几座佛殿，慈禧太后时年久失修，已经毁坏不堪。小德张怂恿隆裕修理，报销的钱数竟达200多万两。当时内务府大臣李乐告发报销不实在，并要求给予处分。隆裕知道这笔钱的经手人是小德张，便保持缄默，压下不问，隆裕与小德张的关系亲密，可见一斑。

宣统二年五月（1910年6月）载沣命毓朗、徐世昌为军机大臣。数日后，隆裕突然心血来潮下令载沣将这两个人撤去，载沣则婉言相劝请求暂缓行事，隆裕毫不让步，载沣不得已反驳说："太后不应干预用人行政大权。"

隆裕也无可奈何。隆裕常凭自己感情冲动来制约载沣行动，两人矛盾日深。

光绪死后，隆裕在他的砚台盒内，发现光绪用朱笔写的"必杀袁世凯"的手谕，自己不敢决断，便交给载沣处理，载沣犹豫不决，与奕劻、那桐等商量。奕劻、那桐力主保袁，让袁世凯自行称病辞职。

袁世凯辞职后，隆裕和载沣不留在北京加以控制，反而命他回家养病，这无异于"纵虎归山，养痈成患"。这件事充分说明隆裕和载沣毫无治国之才、政治远见，为此他们付出了代价，吃尽了苦头。

四、清帝退位　被迫共和

宣统三年（1911），辛亥革命爆发。武昌起义后，各省相继宣告独立，南方半个中国脱离了清政府的统治，清廷岌岌可危，不得已隆裕只得同意请袁世凯出山，任命他为内阁总理大臣，给予军政大权。袁世凯东山再起，首先搞垮了摄政王载沣，迫使隆裕下令摄政王归藩，禁止干预政事；同时袁世凯也与南方革命政府达成妥协，以当民国总统为条件逼迫清帝退位。从这也可以看出，袁世凯逼迫清帝退位，并非革命之举，而是借用革命党人之手，要自己取而代之。

袁世凯首先让邮传部大臣梁士诒唆使驻俄公使陆征祥等电请清帝退位。又指使姜桂题电奏清廷，请求朝廷恩准，将所存款项分别提回，接济军用。

面对这四面告急的场面，隆裕太后没有别的办法，只好答应这些请求，令宗人府传令各王公出钱赡军，但应者寥寥。于是袁世凯面奏隆裕，说军饷无着，对军队哗变的事甚为忧虑，请求隆裕拿出内帑黄金8万两充军饷。隆裕只得应允。

1912年1月16日，袁世凯又与内阁大臣联衔上奏清廷，奏请清帝退位。奏折

袁世凯（左三）在北京就任临时大总统的宣誓仪式上

中提出"民主如尧舜禅让",要求清帝退位,实行共和,并威吓说:"我皇太后皇上怎么能忍心让九庙祖宗受到炮火的震惊,怎么能忍心被驱出京城,政权被暴力推翻呢?"

之后袁世凯手捧奏折到养心殿见隆裕太后,隆裕坐在炕上沉默不语。袁世凯跪在红毡垫上,假戏真演,一时耸动着双肩,一时抽缩着鼻子,流着眼泪,向隆裕太后哭哭啼啼地诉说着。隆裕一言不发,只用手帕拭着泪水。

隆裕被袁世凯出色的表演弄得六神无主,不知所措,忙和王公贵族商量。皇族亲贵多把共和看成洪水猛兽,把袁世凯看作逆臣、革命党的奸细,千方百计想除掉他。载泽弹劾袁世凯"前借口军饷不足,不能开战;后颁短期公债,勒损亲贵大臣,合内帑黄金八万两,款近千万,仍不开战,是何居心?"隆裕被弄得将信将疑,更是举棋不定。

刚巧袁世凯从内宫出来遇到张先培等用炸弹袭击事件,袁世凯先前命人制造"革命党人已经遍布于北京城"的谣言,得到证实。他真是因祸得福,从此竟使隆裕开始相信他了。隆裕特派人前往慰问,而袁世凯则借此称病不入朝,把逼宫的任务交给亲信赵秉钧、胡惟德等人。

1912年1月17日,隆裕召集宗室王公召开御前会议,讨论是否实行共和的问题。奕劻和贝子溥伦主张自行退位,颁布共和。隆裕一听抱着宣统大哭,溥伟和载泽坚决反对,会议无结果而散。第二天,仍无结果,良弼、溥伟、铁良等王公大臣成立了保卫清室、反对议和的宗社党。

1912年1月19日,隆裕又召开

起义门(武昌首义遗址)

御前会议，赵秉钧、胡惟德等人也参加了，在退位问题上，双方展开了激烈的争论。最后赵秉钧当众指斥王公贵族会而不议，议而不决，声称再如此下去，就要辞职不干，说完扭头就走，胡惟德、梁士诒也愤然离去。隆裕吓得不知所措，会议依然无结果。蒙古王公纷纷出京，各回本旗，组织义务勤王敢死队。

几天的御前会议弄得隆裕头昏脑胀，茫然不知所措，除了抱着小皇帝大哭外，没有其他办法。太监总管小德张和贪官奕劻、那桐受了袁世凯的贿买，从内部对隆裕太后进行恫吓。小德张在隆裕面前危言耸听，说什么"各省纷纷独立，前敌军队撤不下来，外债无望，饷项难筹，若不答应民党的要求，则革命军杀到北京，您的生命难保"。倘能依从让位，则有"优待条件"，"仍可安居宫闱，长享尊荣富贵，袁世凯一切可以担保"。奕劻为了迫使清廷屈服，不惜当众撒谎。优柔寡断、平庸无识的隆裕，遇到为难之事只有啼哭，在这内外夹攻之下，开始动摇了。

几天的御前会议都解决不了问题，隆裕命胡惟德转告袁世凯仍按召集正式国民会议办法与国民政府议和，袁世凯置之不理。袁世凯又密令段祺瑞联合北洋将领电奏赞成共和、反对帝制。段祺瑞在其通电中说："昨闻恭王（溥伟）、泽公（载泽）阻挠共和，多愤愤不平，……压制则立即暴动，敷衍亦必全溃。十九标昨几叛去……是动机已兆，不敢再为迟延。"要求实行共和。袁世凯在同一天也上奏清廷，提出清帝退位后皇室优待条件问题，并威胁说如果不实行共和，他不保证清廷退位后受到优待。

优柔寡断、软弱无能的隆裕正在犹豫之中，这时京城发生了一起惊人事件，逼她主演了清帝退位这场戏。

26日宗社党的首领良弼被炸，京师震动，上朝时，隆裕掩面大哭说："梁士诒啊！赵秉钧啊！胡惟德啊！我母子二人性命，都在你三人手中，你们回去好好与袁世凯说说，务必保全我们母子二人性命。"

赵秉钧首先放声大哭，誓言保驾，满朝一片抽泣声。

王公贵族闻风丧胆，有些人潜往青岛、大连、天津的外国租界，藏匿不出。

隆裕更是惊慌不已，为保全清廷，尽力拉拢袁世凯。隆裕颁发懿旨封袁为一等侯爵，并命退归藩邸的载沣到袁世凯的住所传旨，督促袁世凯入宫谢恩。

袁世凯再三辞谢，恳请收回成命，隆裕固执己见，一心想拉住袁世凯，不

1916年袁世凯被迫宣布取消帝制。图为孙中山等人在日本聚会庆贺

准袁世凯的请求,袁世凯没有办法,只得接受。

隆裕一心想用封赏的办法拉拢袁世凯,使他效忠清室,这说明她毫无政治见识,错把奸臣当忠臣,以致一错再错。袁世凯虽接受了封赏,但能领情嘛?当然不会,为了自己统治天下的野心,继续进行逼宫活动。

1月29日,袁世凯命杨度在北京发起组织共和促进会,宣布目前主张君主立宪为时已晚,为救国家危亡,保全皇室,只有实行共和。这天,袁世凯上奏,催促清廷迅速做出选择,早早退位,并把一切推给朝廷自行处理,加紧刁难要挟。隆裕在其催逼下,整日抱着宣统皇帝痛哭流涕。载沣向来缺乏主见,此时更不敢参与决策。皇室贵族束手无策,乱作一团。

隆裕所能采取的唯一办法是尽可能拖延时日。2月1日,她召开御前会议,提出采取虚君共和政体,即君主不干预国政的办法把皇帝保留下来。民国政府和袁世凯都表示反对。隆裕经过反反复复考虑比较,觉得保留性命,退位后享受优待条件,总比宗族覆灭的结局强得多。她只好做出了皇帝退位,颁布共和的决定。[1]

1912年2月3日,隆裕授袁世凯以全权,与南方协商清帝退位条件,袁世凯的病马上不治而愈,当即把所拟的退位条件电告唐绍仪转伍廷芳;并密令段祺瑞

[1] 事见《清史稿·后妃列传·孝定景皇后》:"宣统三年十二月戊午,以太后命逊位。"

以前敌将领的名义发表通电，电文说，"现因几个王公阻挠共和，使全局危险，四面楚歌，万民受困，京津两地暗杀党林立，稍疏防范，祸变既生。"并声称："谨率全体将士入京，与王公剖陈利害。"电文字字句句透出刀光剑影，令人生畏。王公大臣看了，一个个面如土色、毛骨悚然，唯独溥伟觉得欺人太甚，发了几句牢骚，后来赵秉钧放出风，说要除掉他，把溥伟吓跑了。从此，再无人敢说一句反对退位的话。

2月8日，梁士诒携新拟的优待条件见隆裕，隆裕提出三条意见：一、留"大清皇帝尊号相承不替"十字；二、不用"逊位"一词；三、宫禁和颐和园随时听使居住。

2月11日，隆裕认可了优待条件的修正案，决定下诏退位。

2月12日，隆裕以宣统皇帝的名义颁发了三道诏旨，第一道是清帝退位诏，第二诏是公布优待条件，第三诏是劝谕臣民。

隆裕在极度惊吓、慌乱中度过了这3天，但她哪里知道，这3天改变了中国的历史，这是她一生中最光辉的3天。也就是在2月12日她主持了清王朝的最后一次御前会议。

这天，内阁总理大臣袁世凯率全体阁员、亲贵和朝廷官员同至养心殿，恭迎太后和年幼的皇帝进殿，并登上宝座，大臣们最后一次向皇帝山呼万岁。这时一位太监向隆裕太后呈递了退位诏书。隆裕太后在宣读诏书时，泪流满面。臣僚们匍匐在地，极度悲伤恐惧。

隆裕突然中止宣读，悲伤地放声大哭，将退位诏书交给世续和徐世昌盖上皇帝宝印，内阁成员随即依次在诏书上签名。在肃穆悲哀的气氛中，最后一次御前会议宣告结束了，清王朝宣告灭亡了。

五、残生终了　葬礼隆重

自宣布共和后，皇室虽然已失去了

袁世凯

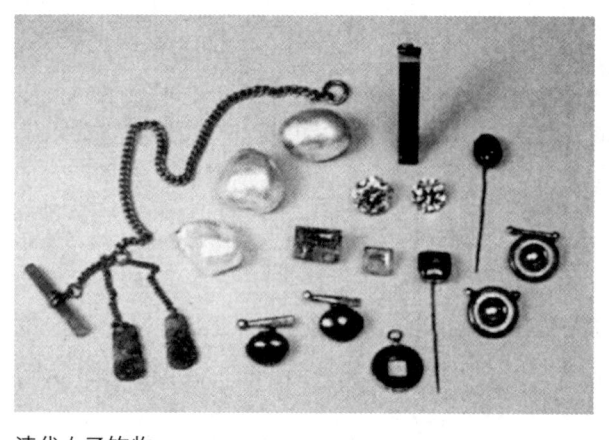

清代女子饰物

政权。但在清室宫中，仍然按照皇室的仪体，发布上谕。他们靠封建社会长期的影响，靠出卖宫里的珍宝和从中华民国政府领到的优待经费400万两白银，在宫中仍过着穷奢的生活，保持着皇家旧有的淫威。这不能不说是中国社会转型的一个怪胎。

隆裕太后仍然住在宫中，宫殿依旧，世道今非。她心情忧郁，很少与外人接触，甚至北京发生兵变时，她只隐隐约约地听见炮声，不知发生了什么事。她娘家被劫三四天后，她才知道，痛哭流涕，哀恸不已，但此时大势已去，无法挽回。这件事使她更加郁郁寡欢，与宣统帝的关系也日渐疏远，教养侍奉之事，一概交给太监去管。

隆裕整日忧郁，起居没有节制，饮食更是不加注意，她每天只吃些水果，全天精神恍恍惚惚，太监只得拿着水果袋跟着她。这样时间一长，自然得了大病。到了1913年，便卧床不起了。

她去世前，正值深夜，世续、溥伦及载沣在一边侍奉。此时隆裕太后已昏迷不省人事。据说溥伦拟议遗诏，授命醇亲王载沣掌管宫中事务之权，世续等大声呼唤，不见太后醒来。小德张来到榻前，在枕边对着太后耳朵大声呼唤说："现在世续等王爷为太后能更好贻养身体，宫中事务请下旨命醇亲王管理。"这样喊了3次，隆裕才慢慢睁开了眼，轻轻地点了点头，很久才说出一句话："叫皇帝来。"太监连忙把溥仪抱到床前，太后指着溥仪，使出全身的力气，慢慢地说："他太小了，你们不要难为他。"说完，两眼一闭，命丧黄泉。末代太后隆裕就这样结束了她平庸、孤寂的一生。

隆裕太后死讯传出，大总统袁世凯表示悼念、祭奠，参议院外交团发出了悼唁，国务院决定为她举行葬礼，并派吉员去办丧事，各党会团体也有表示追悼的，有的还提议为她铸造铜像。

参加隆裕的葬礼的除王公大臣外，还有国务总理和总统的代表、各国外交

官、各局长并各部代表及陆海军人等300多人。

  隆裕太后的葬礼如此之隆重庄严,是她生前不可能想到的。而参加人员代表面如此之广,也是历代皇后葬礼所不及的。从这个角度看,她最后还是享受了末代皇太后的福,为自己画了一个不错的句号。

名 家 评 说

  即是以观,叶赫亡清之谶,不特应于慈禧后一人之身,隆裕后亦与焉。皖中革命,先徐后熊,影响及仕途军界,清之不亡无几矣。隆裕后尚无亡国之咎,不过慈禧当国数十年,天人交怨。特假隆裕以泄其忿耳。

——蔡东藩《清史演义》

附：德宗载湉（光绪）珍妃他他拉氏

他他拉氏（1875～1900），德宗载湉（光绪）爱妃。父亲为户部右侍郎长叙，光绪二十年（1894）他他拉氏晋封为珍妃。谥号"恪顺皇贵妃。"在清朝的列位皇帝中，光绪皇帝载湉的后、妃最少，只有三位，其中珍妃在清末妃嫔当中有较大的影响，说她有较大影响，主要是她一生的悲惨遭遇，为朝野所同情。先被慈禧幽禁，而后又遭残害，人们感到她死得可惜，同情她的不幸遭遇，憎恨慈禧太后的心狠手辣。

他他拉氏

一、痛别亲人　册封进宫

珍妃姓他他拉氏，满洲正红旗人。生于清光绪元年（1875）。珍妃的祖父为陕甘总督裕泰，父长叙，曾官至户部右侍郎。珍妃的伯父为广州将军长善，珍妃幼年曾跟随伯父在广州生活。广州作为近代开放城市，中国古老文化与西方文明熏陶了她。在入宫前珍妃接触了解了许多新的东西，这些经历使她与别的满洲贵族小姐有所不同。珍妃在广州时，她的姐姐瑾妃也同时在广州。姐俩性格完全不同，瑾妃性格内向，珍妃性格外向，热情活泼，聪明伶俐，学什么都比瑾妃快。珍妃的伯父非常重视文化知识，特地聘请了当时很有才华的文廷式（光绪进士，翰林院侍读学士）来教授两位侄女学习。珍妃姐俩学习刻苦用功，经过几年的努力，珍妃不但诗词文章大有进步，而且琴、棋、书、画无一不晓。

珍妃在广州时，她的大哥志锐和二哥志钧也随伯父在广州生活，他们与珍妃的老师文廷式常在一起研究时事，探讨学问，颇有文名。珍妃的长兄在光绪六年（1881）中进士，授翰林院编修，官至伊犁将军；次兄在光绪九年中进士，亦

授翰林，官至正黄旗满洲副都统。珍妃在广州生活了十年左右，才随伯父高高兴兴地返回北京。等待她的却是不幸的命运。

光绪十四年（1888），光绪帝已经18岁，到了大婚的年龄。按着封建王朝的惯例，幼帝一结婚（称为大婚），就要亲理朝政，对于慈禧太后这个权力欲极强的女人，撤帘"归政"是不甘心的。她为了不失去手中的大权，应付皇帝将要亲政的局面，便积极为光绪帝选后、妃，企图通过皇后、妃子来达到影响和控制光绪的目的。这样，在她的精心策划之下，光绪帝选后、妃的傀儡戏就上演了。

不幸的珍妃姐妹作为秀女被送入宫中。

据珍妃的侄儿回忆说：珍妃与瑾妃临行前跪在母亲面前眼含热泪向亲人告别："额娘，我们走了！"因为母女心里都非常清楚，入宫就如同生离死别，宫廷家法森严，要想见面比登天还难，而且她们对慈禧的狠毒早有耳闻，说不准哪一天会祸从天降。为了使两个女儿今后在宫中安心生活，减轻思母之情，珍妃母亲"强抑泪水，伸手打了两女儿一人一个嘴巴，说道：'只当我没生你们这两个女儿！'转身进了里间屋……老太太进了里间屋一天没出来，也没有吃东西。"珍妃姐俩在与家人痛哭声中进了宫。

这天，体和殿布置得庄严富丽，正面挂着"康济阜成"的金色匾额，光绪帝选后、妃的活动将在这里举行。经过多次筛选的五名秀女依次排列，站在第一位的是都统桂祥之女叶赫那拉氏，即慈禧太后的亲侄女，其次是江西巡抚德馨的两个女儿，珍妃和她的姐姐站在最后。

任薰《人物图》

慈禧在众人的前呼后拥下被迎入正座，这场戏虽经她精心策划，但毕竟没有绝对的把握。她看了一眼站在一旁的光绪帝，把选皇后的证物———柄玉如意交给他，让光绪帝自己选后，光绪帝面露难色，不敢擅自做主。慈禧太后故作姿态，坚持让他自己选定。光绪帝这才慢慢地走到德馨长女面前，正要把玉如意授给她时，慈禧太后失态地大叫一声："皇帝！"暗示他把玉如意授给站在第一位的秀女。光绪帝只得走到桂祥的女儿面前，无可奈何地授给她玉如意。这样，慈禧太后的侄女便当选为皇后，即隆裕皇后。慈禧太后还不罢休，她看到光绪帝中意的是德馨的女儿，如果选入妃嫔，必会有夺宠之忧，于是不容光绪帝继续选妃，武断地命公主把选妃的证物———两对荷包授给站在最后的长叙的两个女儿，草草地结束了这场选妃活动，珍妃姐妹便被选入宫了。由此可见珍妃的入选与慈禧太后想利用后、妃控制光绪帝这一意图是直接联系的。她一入选便陷入了这一矛盾斗争之中，造成了她终生的悲剧。

光绪十五年（1889）正月，光绪帝举行大婚，正式册封长叙的两个女儿为瑾嫔、珍嫔，到光绪二十年（1894），逢慈禧太后六旬庆典，被晋封为瑾妃、珍妃。

二、受帝专宠　招来妒忌

珍妃入宫后，因为她较皇后和瑾妃年轻几岁，而且天真活泼，聪明伶俐，长得也比皇后和瑾妃漂亮些，因而深得光绪帝的宠爱。慈禧太后也很喜欢她，常让她在旁侍奉批览奏章，她在一旁看一会儿，便能领略奏章的要领，预料太后将做如何批示。正因为珍妃性格爽朗，思想开阔，遇事颇有见解，在光绪帝料理政务当中，给予很大协助。

珍妃平日住在景仁宫，但常和光绪帝同居养心殿，光绪帝很喜爱她，常与她一同吃饭。珍妃每天早上给慈禧太后请安后就回景仁宫，任意装束，她喜欢女扮男装，常与光绪帝互换装束，居然是一位美少年。珍妃还能歌善舞，"擅长书画、下棋，双手能写梅花篆字"。她的这许多优势，自然博得光绪帝的喜爱，光绪帝退朝后经常临幸珍妃的景仁宫。当时作为一朝天子的光绪在政治上不能独掌政权，受到以慈禧为首的顽固派的压制，生活上也受到慈禧太后严密控制和虐待，心中非常烦恼。现在能有珍妃这样一位年轻貌美、活泼伶俐的妃子来陪伴，心中自然很高兴，同珍妃在一起使他忘却了许多烦恼。按宫中惯例，妃子不能

乘八人轿，光绪帝特赏给珍妃乘坐，被慈禧见了，大光其火，搬出祖宗家法把珍妃狠狠训斥了一顿；并下令将轿子摔毁。光绪帝得知后十分不高兴，为此隆裕皇后在光绪面前说珍妃的坏话，光绪帝怒斥了她。这件事传到慈禧那里，慈禧以为这是珍妃受宠之故，更是恼恨珍妃。

清皇后袍

据太监张兰德回忆说："光绪皇上曾用库存的珍珠、翡翠串制珍珠旗袍一件，在阳光下光彩夺目。有一天二人在御花园散步，正在玩赏高兴时，被老祖宗撞见，珍主儿来不及换衣服了，老祖宗大怒地说：'好哇！连我都没舍得用这么多珍珠串珠袍，你一个妃子竟敢这样做，想当皇后怎么着？谁封的？载湉也太宠你了！'光绪皇上和珍主儿马上跪在地上叩头，请罪。老祖宗立即叫随身的崔二总管给扒下来。回宫后还打了珍主儿三十竹竿子。"慈禧与珍妃和光绪之间的隔阂越来越大，矛盾越积越深。

珍妃虽然贤德美丽，颇有才华，但置于慈禧太后的淫威之下，又有隆裕皇后时时的嫉妒和吹毛求疵，她的心情忧郁是可想而知的，如同一只被装进笼子的小鸟。为了寻求精神上的寄托，她和艺术交上了朋友。虽然慈禧也曾请宫廷女官缪嘉惠教她画画，但她仍不满足。当时摄影术已传入中国，但在宫中是被禁止的，人们认为照相机是"西洋淫巧之物"，照相能"伤神"，照相多了会"损寿"。然而珍妃却非常喜爱摄影，她在光绪二十年（1894）前后，暗中从宫外购进一架相机，背着慈禧太后，在她的住所景仁宫偷偷地研究起来。

平时珍妃不但给自己照，也给别人照，教太监照，也教光绪帝照。珍妃平时就喜欢穿男人的衣服，摄取各种姿势，照了许多化装照。其中一幅照片是光绪二十一年（1895）在中南海拍摄的。后来被慈禧无意中发现，大加申饬。这并没有阻止珍妃对摄影艺术的追求。此后，她又私下拿出积蓄，命身边一个姓戴的太监在东华门外（即今北京东华门大街附近）开设了一家照相馆。这件事被隆裕皇后得知，她马上告诉了慈禧。慈禧大怒，立即将那个姓戴的太监传来审问，太监在酷刑之下隐瞒不过，招了实情，珍妃受到责罚，戴太监被活活打死。此后，宫中再无人敢谈照相了。

当时的清廷腐败昏庸，拉官纤、私卖官缺之事，屡见不鲜。不想这事儿，也出在了珍妃身上。

光绪二十一年（1895），有一个叫耿九的人，想谋取粤海关道的职位。贿赂慈禧的小太监王长泰（即王有儿）、聂德平（即聂十八），王、聂二人在宫中和珍妃关系不错，珍妃经常和他们在一起，于是王、聂二人便私下里请求珍妃向光绪帝上奏这件事。这时还有个叫宝善的人，是慈禧一个本家侄女的岳父，驻兵凤凰城，日本进攻时，兵败且城池失守，想出钱运动免罪，也通过王、聂二位太监。二位太监又请求珍妃密请皇上，给珍妃送一件背心和两件大衣衣料作为礼物。这两件事后来都被慈禧知道了，慈禧大发雷霆，把珍妃叫来，用板子责打惩罚，并将王、聂两个太监充军黑龙江，行至营口，一并杀掉了。

同年，福州将军出缺，隆裕皇后想把这个职位给她的舅舅，由于珍妃在光绪帝面前得宠，便让她去对光绪帝说，珍妃婉言谢绝，说："谁去说都是一样。"隆裕皇后一向嫉恨珍妃，争风吃醋，这次看到珍妃竟敢公开顶撞她，怒火中烧，羞愤难当，急忙到慈禧太后面前告珍妃欺压皇后、恃宠而骄。慈禧太后一向护着隆裕，加上前有耿九、宝善之事，又闻得珍妃之胞兄志锜，通过她串通了奏事处的太监，拉官纤，私卖官缺，曾"卖到上海道鲁伯阳……四川盐道玉铭"等人，珍妃虽非主谋，也起了重要作用。经隆裕这么一挑拨，慈禧太后暴跳如雷，杖打珍妃，以"干预朝政"的罪名，夺珍妃和她姐姐瑾妃的封号降为贵人。把与之有牵连的太监，有的充军，有的驱逐出宫，据太监信修明回忆说：此案使"太后宫的掌案太监王俊如，其徒弟小太监宣五、聂八……奏事处总管太监郭小车子，奏事太监文澜亭……珍妃景仁宫的太监等，共同交内务府慎刑司立毙杖下，前后打死的太监60余人。"虽然只过了一年慈禧便赏还了珍妃和瑾妃的封

号，[1]但珍妃和慈禧的关系大大地恶化了。

三、参与变法　打入冷宫

光绪二十年（1894），中日甲午战争爆发，中国惨败，与日本签订了丧权辱国的《马关条约》，大小帝国主义国家乘虚而入，中国处于被瓜分的危急关头。

光绪帝面对甲午战争后民族危机日益沉重，大清江山日益衰落的形势，对慈禧的专权极为不满。他愤愤地说："太后如果不把权交给我，我宁愿退位，不愿做亡国之君。"光绪和慈禧之间便发生了争夺权力的斗争。那些"愤太后之干政"的"朝士之守正者"，出于愤懑与不平，便把光绪帝作为自己的寄托，向光绪帝靠拢，在清廷统治集团里逐渐形成一股政治势力，即帝党。帝党支持资产阶级维新派，掀起了戊戌变法运动。

珍妃是光绪帝的积极支持者，不仅在精神上而且在行动上为变法做了很多实事。珍妃的侄女唐海炘在回忆中说："珍妃支持戊戌变法，她常通过我父亲（即志锜、志锐的幼弟）把宫中的一些秘事告知维新党人。"另据太监张兰德回忆说："甲午年以后，光绪皇上要变法，每次召见完王公大臣，退朝后，总到珍主儿那里商量国事，珍主儿也总帮他拿主意。"

珍妃还向光绪帝极力推荐她早年的老师——江南著名学者文廷式。文廷式乃江南才子，在庚寅年（1890）大考中擢居榜眼，以一等第二升侍讲学士，在文化知识界颇有影响。他被提拔重用，为光绪帝的变法扩大了影响。在一定程度上给光绪帝增添了实力。

光绪帝不愿做亡国之君，与资产阶级维新派结合，发动了戊戌维新运动，希望通过变法自强，从慈禧手中夺回政权。但可惜的是变法的支持者只是一些先进的知识分子和没有实权的开明官僚，变法活动遭到了以慈禧为首的顽固势力的竭力反对，帝后两党的斗争异常激烈。后来由于袁世凯的告密，慈禧太后操纵朝政，变法很快失败了。维新派的领袖康有为、梁启超被迫出逃，维新派六君子倒在血泊中，国内形势急转直下，光绪变法带来的一线光明，又被骤然卷起的乌云给吞没了。

---

[1]事见《清史稿·后妃列传·恪顺皇贵妃》："以忤太后，……降贵人。逾年，仍封珍妃。"

宣传西学和变法的书刊

　　戊戌政变后，慈禧对光绪进行了3次训斥，逼光绪逐条认罪。当时慈禧召集顽臣于便殿，令光绪帝跪于案旁，并置竹杖于座前，造成杀气腾腾的气氛，以显示慈禧的淫威。慈禧太后怒斥光绪帝："天下，是祖宗的天下，你怎么敢任意妄为，众大臣我多年历选来辅佐你的，你竟敢不用！反而听信逆臣的蛊惑，改变祖宗成法！康有为变法，能胜过我祖宗成法？你这样昏庸糊涂，真是不肖子孙！"珍妃忙上前跪倒，请太后宽恕皇帝的罪过，慈禧大怒："你这贱人，配和我讲话吗？"珍妃悲痛不已，哀求道："皇帝是一国之主，圣母不能任意废黜……"话没讲完，慈禧上前一个嘴巴，厉声叫道："把这贱人给我拉出去，囚禁起来！"

　　珍妃被打入冷宫之后，不但失去了行动自由，还遭受慈禧所委派太监的虐待，生活非常凄惨。她住的冷宫是紫禁城内最差的地方，连起码的生活条件都没有，她"头、脸都很脏，身上长满了虱子，形如乞丐"。在这样的环境中珍妃之所以能顽强地活下去，是因为她寄希望于光绪帝，她坚信光绪帝一定能重整朝纲，做一个英明的君主，到那时她也就有了出头之日。

　　有一次，珍妃的姐姐瑾妃用重金买通了监看小太监，探望珍妃，此时珍妃正出天花，姐俩见面后，珍妃痛哭了一场，无限伤感地对瑾妃说："我恐怕再也见不到主子（指光绪）啦！"

　　光绪帝名为皇帝，却被慈禧囚禁在瀛台，夫妻相见成了很困难的事。后来，在出自同情感的太监的帮助下，光绪帝曾不止一次地在月夜中偷偷地来到囚禁珍妃的地方，然而他们只能隔着被紧紧封锁的门窗，相对而泣。光绪和珍妃的

悲剧，成为清朝封建政权极端腐朽的一个缩影。

珍妃满怀希望在冷宫中煎熬着、等待着，但是谁知等来的却是大祸临头。

四、临危直谏　井中惨死

光绪二十六年七月二十日（1900年8月14日），八国联军打到北京，城外炮声隐隐传来，宫中人心惶惶，乱作一团。慈禧太后改变了装束，穿上蓝布旗袍，挽着"旗头座"式发髻，打扮成村妇模样，准备挟光绪帝一起出逃。临走之前，她当然忘不了她的眼中钉珍妃。慈禧命人把珍妃从冷宫里带了出来，让她换好衣服一起走。但珍妃却披头散发，没换衣服就来了。慈禧一见就生气地说："到这时候了，你还装模作样，洋人进来了你活得了吗？赶紧换衣服走！"珍妃却说："老祖宗可以离京暂避一时，皇上应该坐镇京城，力挽危局。"慈禧听后非常生气，心想一个妃子竟敢在自己面前干涉朝政，胆子也太大了。由于时间紧迫，不能跟她多说，所以仍命令珍妃换了衣服一起走。珍妃见慈禧坚持要她一起出逃，心想，就是逃到外地也不会有她的好日子过，于是改变口气恳求说："皇阿玛，妃子现出天花，身染重病，两腿酸软实在走不了，让我出宫回娘家避难去吧！"慈禧见珍妃在这样的危急时刻，还敢不听自己的话，勃然大怒，命总管太监李莲英将珍妃处死。李莲英命令二总管崔玉桂和太监王某将珍妃连挟带提，拖到了贞顺门内的水井旁，崔玉桂挪开井盖，瞧着珍妃，珍妃泪流满面，厉声高喊："我死不足惜，这大清江山……"李莲英大声命令崔玉桂："把她扔下去！"崔玉桂如凶神附体，连扶带提地把珍妃拉过去。在悲惨的号哭声中，"扑通"一声，把珍妃扔到井里，并盖上了井盖。可怜的珍妃遇害时才仅仅25岁。[1]

珍妃的死，一方面是由于珍妃的才貌出众，受宠于光绪帝，使慈禧的侄女失宠，并引起一些后、妃争斗，慈禧对珍妃倍加嫉恨；另一方面，可以说是戊戌政变的余波。自从戊戌政变后，心狠手辣的慈禧对维新派和光绪帝恨之入骨，屡次想对光绪帝下黑手。但她碍于国内外舆论压力，怕引起封疆大吏的不满，怕帝国主义国家出面干涉，未能如愿。在这亡命之前，便把这口怨气一股脑发泄到珍妃身上。

慈禧害死了珍妃，还余怒未消，斥责光绪说："她就是叫你宠的，连我的话她都不听了，如果洋人进来把她糟蹋了，岂不玷污了大清国的国体。"光绪听

[1] 事见《清史稿·后妃列传·恪顺皇贵妃》："二十六年，太后出巡。沉于井。"

了一句话也说不出来，低着头，跟着慈禧一同上了车，仓皇逃出了北京城。

珍妃受难，她的姐姐瑾妃也受到牵连。慈禧西逃，没有带瑾妃同行，等瑾妃得到消息时，车驾已经疾驰出宫了。瑾妃只好连忙化装步行追赶，一路上兵荒马乱，狼狈不堪，竟将鞋子也跑掉了。后来，遇到了庄亲王载勋，才由载勋派人护送，追上了慈禧太后等一行人马。

珍妃死后不久，为了安慰光绪，更为了掩人耳目，慈禧太后发布谕旨："去年京师之变，仓猝之中珍妃扈随不及，即于宫中殉难。"并称赞珍妃不忍心看到京城之破，宗庙受辱，节烈可嘉，追赠贵妃称号。[1]

次年，即光绪二十七年（1901），八国联军在逼迫清政府签订了《辛丑条约》，满足了侵略要求之后，退出了北京。慈禧与光绪这才从西安返回。慈禧回京后，为了掩盖她残杀珍妃的罪行，对外宣称珍妃是为了免遭洋人污辱投井自杀的。又知会内务府备办棺材，命珍妃的家人打捞出尸体，装殓入棺，埋葬在阜成门外恩济庄太监公墓南面的宫女墓地。

光绪临死前，曾有一事求慈禧太后，请太后将残害珍妃的崔玉桂驱逐出宫，把其家产充公，慈禧答应了他。光绪帝对残害珍妃的仇敌临死不忘，可见他对珍妃的思念之情。光绪帝死后，葬于清西陵的崇陵，同时又将珍妃移袝于崇陵，并追封为恪顺皇贵妃。

慈禧死后，瑾妃为纪念被害的妹妹，在珍妃被害的那口井北面的小房（即今北京故宫珍宝馆北门贞顺门入口处）里布置了一个小灵堂，供着珍妃的牌位，上面挂着一块匾额"精卫通城"。珍妃被害的那口井，从此被叫做"珍妃井"。

名 家 评 说

德宗懦弱孝钦奸，珍妃难为姑媳间。
祸起仓皇君出走，胭脂井里葬红颜。

——张英玉《历代名媛百咏》

---

[1] 事见《清史稿·后妃列传·恪顺皇贵妃》："二十七年，上还京师。追进皇贵妃。"